Rechtliche Analyse der gegenwärtigen Struktur der regionalen Entwicklungszusammenarbeit der Europäischen Gemeinschaft

Europäische Hochschulschriften
Publications Universitaires Européennes
European University Studies

Reihe II
Rechtswissenschaft

Série II Series II
Droit
Law

Bd./Vol. 4586

PETER LANG
Frankfurt am Main · Berlin · Bern · Bruxelles · New York · Oxford · Wien

Andrea Schwimmbeck

Rechtliche Analyse der gegenwärtigen Struktur der regionalen Entwicklungszusammenarbeit der Europäischen Gemeinschaft

PETER LANG
Internationaler Verlag der Wissenschaften

Bibliografische Information der Deutschen Nationalbibliothek
Die Deutsche Nationalbibliothek verzeichnet diese Publikation in der Deutschen Nationalbibliografie; detaillierte bibliografische Daten sind im Internet über <http://www.d-nb.de> abrufbar.

Zugl.: Passau, Univ., Diss., 2007

D 739
ISSN 0531-7312
ISBN 978-3-631-56852-1

www.peterlang.de

MEINEN ELTERN

„Eine unserer mächtigsten Waffen ist der Dialog"

Nelson Mandela

Vorwort

Die vorliegende Arbeit wurde im Oktober 2006 von der juristischen Fakultät der Universität Passau als Dissertation angenommen. Literatur sowie Gesetzeslage wurden bis zu diesem Zeitpunkt umfänglich berücksichtigt. Des Weiteren weist die Arbeit auf sich bereits abzeichnende wichtige Änderungen der rechtlichen und politischen Rahmenbedingungen der Entwicklungszusammenarbeit der Europäischen Gemeinschaft hin.

Besonders bedanken möchte ich mich an dieser Stelle bei meinem Betreuer, Herrn Prof. Dr. Michael Schweitzer, der bei schwierigen Fragestellungen der Doktorabeit stets mit konstruktiven Anmerkungen zur Seite stand. Mein Dank gilt ferner Herrn Prof. Dr. Hartmut Söhn für die zügige Anfertigung des Zweitgutachtens.

Schließlich möchte ich mich bei meinem Freund, der viele Wochenenden ohne mich verbringen musste, sowie bei meinen Eltern und meiner Schwester von ganzem Herzen bedanken. Sie alle haben mich fortwährend durch ihre Worte und Gesten in meinem Vorhaben geduldig und liebevoll bestärkt – ohne diesen Rückhalt hätte ich diese Arbeit, aber auch den langen Weg der juristischen Ausbildung, nie so erfolgreich abschließen können.

Wallersdorf, im April 2007 Andrea Schwimmbeck

Inhaltsübersicht

INHALTSVERZEICHNIS

ABBILDUNGSVERZEICHNIS

A. Entwicklung – Entwicklungsländer - Entwicklungszusammenarbeit

Die Europäische Gemeinschaft wendet sich mit ihrer Politik der Entwicklungszusammenarbeit in Titel XX EGV an die „Entwicklungsländer" (vgl. Art. 177I, 178 EGV). Im Jahre 2004 gab sie hierfür 6,9 Mrd. Euro – etwa 11% der weltweit geleisteten Öffentlichen Entwicklungshilfe (Official Development Aid - ODA)[1] – aus. Der EG-Vertrag enthält indes weder eine verbindliche Auflistung dieser „Entwicklungsländer", auf die Titel XX generell Anwendung findet[2], noch deren Begriffsdefinition.

Der Rückgriff auf eine allgemein gültige Definition derjenigen Länder, die gemeinhin als Entwicklungsländer bezeichnet werden, liegt daher nahe. Eine derartige Definition existiert jedoch nicht. Einer der wesentlichen Gründe hierfür besteht darin, dass es an Konsens über den materiellen Inhalt von Entwicklung fehlt – und eine solche Übereinstimmung ist wiederum Voraussetzung für die Bestimmung von Entwicklungsländern[3].

Die Charta der Vereinten Nationen benutzt den Begriff Entwicklung nicht. Art. 55a) UN-Charta (Kapitel IX: Internationale Zusammenarbeit auf wirtschaftlichem und sozialem Gebiet)[4] beschreibt lediglich eine Förderung der Verbesserung des Lebensstandards, der Vollbeschäftigung und der Voraussetzungen für wirtschaftlichen und sozialen Fortschritt. Art. 177I 1. Spiegelstrich EGV spricht zwar von einer „nachhaltige[n] wirtschaftliche[n] und soziale[n] Entwicklung" – die Attribute vermögen jedoch keinesfalls, den Begriff Entwicklung zu konkretisieren.

Auch außerhalb von Gesetzestexten gelingt keine einheitliche Begriffsbestimmung. Vielmehr tragen verschiedene Faktoren zur Vielfalt des Entwicklungsbegriffes, gleichzeitig aber ebenso zur Schwierigkeit bei, eine allgemein akzeptierte Definition zu finden: Der Begriff Entwicklung ist nicht statisch - vielmehr ist er geschichtlichem Wandel unterworfen. Zu unterschiedlich sind auch die Sichtweisen der wissenschaftlichen Entwicklungsforschung mit ihren jeweiligen Entwicklungstheorien[5] sowie die jeweiligen politisch-ideologischen Vorstellungen, was die anvisierte Richtung gesellschaftlicher Veränderungen anbelangt. Schließlich treiben auch negative wie positive Erfahrungen aus inzwischen durchlaufenen Entwicklungsprozessen in den Entwicklungsländern sowie neue Herausforderungen die Veränderung des Begriffs voran[6].

Aufgrund dieser zahlreichen Verflechtungen würde eine vertiefte Darstellung der Wandlungen des Entwicklungsbegriffs seit den Anfängen der Entwicklungsforschung während des beginnenden Dekolonisationsprozesses nach dem Zweiten Weltkrieg den Rahmen einer juristischen Dissertation sprengen. Allerdings hat die Evolution der Entwicklungsforschung - und somit auch des Verständnisses von Entwicklung - die Entwicklungspolitik (auch) der Europä-

---

[1] Zahlen: Mitteilung der Kommission „*Jahresbericht 2005 über die Entwicklungspolitik der Europäischen Gemeinschaft und die Umsetzung der Außenhilfe im Jahr 2004*", KOM (2005) 292, endg. vom 15.7.2005, S. 2. Zum Begriff der „ODA" vgl. weiter unten in diesem Kapitel.

[2] Eine derartige Auflistung findet sich beispielsweise in Anhang II zum EGV für die Überseeischen Länder und Hoheitsgebiete, auf welche der Vierte Teil des EGV Anwendung findet.

[3] *Betz*, Stichwort „Entwicklungsländer", in: Wolfrum (Hrsg.), Handbuch VN, S. 123ff, 123f.

[4] Die UN-Charta ist abgedruckt in: *Sartorius II*, Nr. 1.

[5] Nach *Nohlen* (Stichwort „Entwicklungstheorien", in: Nohlen/ Nuscheler (Hrsg.), Handbuch der Dritten Welt, Bd. 1, S. 257ff, 257) sind Entwicklungstheorien „Theorien, welche den Entwicklungsprozess der aus der Dekolonisation hervorgegangenen Staaten der Dritten Welt in seinen Voraussetzungen, darunter den Ursachen der Unterentwicklung, und in seinen Merkmalen zu erklären versuchen sowie in starker Praxisorientierung in Form von Entwicklungsmodellen und Entwicklungsstrategien auf Veränderung der gesellschaftlichen Wirklichkeit abzielen".

[6] Voranstehend: *Nohlen*, Stichwort „Entwicklung", in: Nohlen (Hrsg.), Lexikon Dritte Welt, S. 227ff, 227f.

ischen Gemeinschaft maßgeblich beeinflusst; und viele ihrer Ziele und Strategien lassen sich im Lichte verschiedener Entwicklungstheorien[7] besser erklären und in einen Kontext zu global verfolgten Politiken setzen. Wo daher im Laufe der Ausführungen zur Entwicklungszusammenarbeit eine Auseinandersetzung mit einem spezifischen Aspekt der Entwicklungstheorien unerlässlich erscheint, so wird darauf explizit im jeweiligen Zusammenhang eingegangen werden.

Trotz aller bestehenden Divergenzen bezüglich des genauen Inhalts von Entwicklung lässt sich jedoch wenigstens ein „kleinster gemeinsamer Nenner" des momentanen Entwicklungs-

---

[7] Die Entwicklungsforschung ist durch die Paradigmen zweier gegensätzlicher Entwicklungstheorien geprägt worden: Modernisierung und Dependenz/ dependencia. Diese wiederum spalten sich in unzählige Teiltheorien auf. Eine Eingruppierung in diese zwei Richtungen ist folglich entwicklungstheoretisch durchaus problematisch, für einen groben Überblick aber unumgänglich.

Den verschiedenen Ausprägungen der Modernisierungstheorien, die sich seit dem Ende der 40er Jahre herauskristallisiert hatten und bis zum Ende der 60er Jahre die herrschende Lehrmeinung bildeten, war jedenfalls gemeinsam, dass sie „von einem Prozess der Nachahmung und der Angleichung unterentwickelter Gesellschaften an die entwickelten Gesellschaften der westlichen Industrieländer" (*Nohlen/ Mansilla*, Stichwort „Modernisierungstheorien", in: Nohlen/ Nuscheler (Hrsg.), Handbuch der Dritten Welt, Bd. 1, S. 572) ausgingen. Für die Modernisierungstheoretiker bedeuteten demnach unterentwickelte Gesellschaften Übergangsgesellschaften auf dem Weg von der Tradition zur Moderne. Faktoren, die sich als Hemmnisse für diesen wirtschaftlichen und technologischen und dadurch ihrer Meinung nach einhergehenden sozialen, politischen und mentalen Wandel gestalteten, wurden zumeist als endogen verursachte Modernisierungsdefizite verortet. Exogene Gesichtspunkte stufte man hingegen als positiv, da als Vorbild dienend, ein. Nicht näher beleuchtet wurde jedoch, inwiefern diese die Unterentwicklung zumindest aufrechterhielten. Der exogen zu steuernde Entwicklungsprozess verlief nach Auffassung der Modernisierungstheoretiker im Großen und Ganzen in der Weise ab, dass die unterentwickelten Länder die Entwicklung der entwickelten Staaten in vergleichbaren Schritten nachvollzogen. Im Laufe dieses Prozesses sollte dabei die entwicklungsländerinterne dualistische Struktur, die im Nebeneinander moderner und traditioneller Sektoren und Verhaltensweisen gesehen wurde, und folglich die Unterentwicklung überwunden werden (voranstehend: *Nohlen/ Mansilla*, Stichwort „Modernisierungstheorien", in: Nohlen/ Nuscheler (Hrsg.), Handbuch der Dritten Welt, Bd. 1, S. 572ff; *Menzel*, Das Ende der Dritten Welt und das Scheitern der großen Theorien, S. 15ff).

Vor allem die lateinamerikanische Wachstumskrise der 60er Jahre ließ diesen Theorieansatz jedoch in Kritik geraten; die spiegelbildlichen Dependencia (Abhängigkeits-) – Theorien entwickelten sich (im Folgenden: *Boeckh*, Stichwort „Dependencia-Theorien", in: Nohlen (Hrsg.), Lexikon Dritte Welt, S. 181ff; *Betz*, Stichwort „Entwicklungsländer", in: Wolfrum (Hrsg.), Handbuch VN, S. 123ff, 124f; *Menzel*, Das Ende der Dritten Welt und das Scheitern der großen Theorien, S. 18ff). Die Dependencia-Theoretiker gingen von der Prämisse aus, dass exogene, im Wesentlichen außenwirtschaftliche Faktoren als Entwicklungshindernis für die Länder der Peripherie (Entwicklungsländer) verantwortlich wären: Im Gegensatz zu den Ansätzen der Modernisierungstheorien sahen dependenztheoretische Arbeiten Unterentwicklung nämlich nicht als Folge einer mangelhaften Integration in die moderne Welt, sondern sehr wohl als Produkt einer sehr effektiven weltwirtschaftlichen bzw. – politischen Einbindung der Peripherie in die kapitalistischen Strukturen der „Zentren" bzw. „Metropolen" (Industrieländer). Die Vertreter der Dependencia-Theorien begriffen also Entwicklung/ Unterentwicklung weniger als *Stadium*, das die Länder der Peripherie zwecks Ausgleich des endogen verursachten Modernisierungsdefizits zu durchlaufen hätten; vielmehr betrachteten sie Entwicklung/ Unterentwicklung als *Struktur* und zugleich als *Ergebnis* eines historischen Prozesses, dessen Wurzeln nicht zuletzt bereits in der Kolonialisierung zu suchen seien. Aus der „Perpetuierung der Unterentwicklung" könnten die Entwicklungsländer nur durch unter anderem ein gewisses Maß an Unabhängigkeit herausgeführt werden, was zwangsläufig auf eine Veränderung der Außenbeziehungen hinauslaufen musste. Die genaue Beschaffenheit dieser Abhängigkeit, ihr kausaler Zusammenhang mit der Unterentwicklung sowie die Modalitäten der Loslösung aus dem Weltmarktzusammenhang wurden jedoch nie einheitlich eingeschätzt.

Ausführlich zu den Entwicklungstheorien: *Hein*, Unterentwicklung, S. 159ff; *Boeckh*, Entwicklungstheorien: Eine Rückschau, in: Nohlen/ Nuscheler (Hrsg.), Handbuch der Dritten Welt, Bd. 1, S. 110ff; *Menzel*, 40 Jahre Entwicklungsstrategie = 40 Jahre Wachstumsstrategie, in: Nohlen/ Nuscheler (Hrsg.), Handbuch der Dritten Welt, Bd. 1, S. 131ff; *Menzel*, Das Ende der Dritten Welt und das Scheitern der großen Theorien, S. 15ff; *Nohlen/ Nuscheler*, Was heißt Unterentwicklung, in: Nohlen/ Nuscheler (Hrsg.), Handbuch der Dritten Welt, Bd. 1, S. 31ff.

begriffes[8] ausmachen, der Entwicklung als eine „Verbesserung der Lebensbedingungen der Masse der Bevölkerung“[9] sieht.
Die Lebensbedingungen werden - entwicklungstheoriespezifisch variierend - in erster Linie an ökonomischen, schließlich an politischen, sozialen und kulturellen Komponenten[10] gemessen. Während die wirtschaftlichen Merkmale meist direkt messbar[11] sind, benötigt man für die teils schwere Quantifizierung der übrigen Komponenten sog. Entwicklungsindikatoren[12] als Ersatzmaßeinheit. Dabei gilt: Je vielschichtiger der darzustellende Aspekt, desto mehr Entwicklungsindikatoren sind erforderlich[13].

---

[8] Ausführlich zum Entwicklungsbegriff: *Hein*, Unterentwicklung, S. 147ff; *Nohlen/ Nuscheler*, Was heißt Entwicklung? in: Nohlen/ Nuscheler (Hrsg.), Handbuch der Dritten Welt, Bd. 1, S. 55ff; *Nohlen*, Stichwort „Entwicklung“, in: Nohlen (Hrsg.), Lexikon Dritte Welt, S. 227ff.
Wenngleich sich hinter den Modernisierungstheorien verschiedene Teiltheorien verbergen, so können ihre gemeinsamen unilinear-evolutionären Vorstellungen von Entwicklung im Groben wie folgt formuliert werden: „Aufholen und Nachahmen des zum Leit- und Idealbild verklärten westlichen Vorbilds“ (*Nohlen/ Nuscheler*, in: Was heißt Entwicklung? in: Nohlen/ Nuscheler (Hrsg.), Handbuch der Dritten Welt, Bd. 1, S. 59, mit weiteren Nachweisen) oder auch „Wachstum und Wandel“ (*Nohlen*, Stichwort „Entwicklung“, in: Nohlen (Hrsg.), Lexikon Dritte Welt, S. 227ff, 228; *Hein*, Unterentwicklung, S. 150), oder genauer: „Produktivitätssteigerung, Wirtschaftswachstum, insbesondere Industrialisierung, damit einhergehend Urbanisierung, Alphabetisierung, soziale Mobilisierung und schließlich Partizipation und Demokratisierung im Sinne westlicher parlamentarischer Systeme“ (*Menzel*, Das Ende der Dritten Welt und das Scheitern der großen Theorien, S. 17). Hierbei handelte es sich im Großen und Ganzen um ein normatives Konzept des Begriffes, mit dem gewisse Ziele definiert werden, an denen der „Entwicklungsstand“ einer Gesellschaft abgelesen werden kann (*Hein*, Unterentwicklung, S. 149).
Für die Dependenztheoretiker, die Entwicklung eher empirisch-historisch sehen, war diese stets im globalen Kontext zu sehen. Demzufolge hing sie immer von der spezifischen Integration der jeweiligen nationalen Gesellschaft in das sich ständig verändernde kapitalistische Weltsystem ab (vgl. *Hein*, Unterentwicklung, S. 149f). Nachholende Entwicklung – so die Prämisse der Dependenztheoretiker - war unter den Strukturbedingungen der internationalen Arbeitsteilung unmöglich; vielmehr betrachteten sie Unabhängigkeit als den Schlüssel für Entwicklung (vgl. *Nohlen/ Nuscheler*, in: Was heißt Entwicklung? in: Nohlen/ Nuscheler (Hrsg.), Handbuch der Dritten Welt, Bd. 1, S. 55ff, 60, 65).
Das bereits 1974 formulierte, seither viel zitierte „magische Fünfeck von Entwicklung“ von *Nohlen* und *Nuscheler* stellt auch mehr eine Synthese von fünf Ziel- und Mittelvorstellungen als eine Begriffsdefinition dar. Das aus fünf Komponenten (Wachstum, Arbeit, Partizipation, Unabhängigkeit/ Eigenständigkeit, Gleichheit/ Gerechtigkeit) zusammengesetzte „magische Fünfeck“ wird in seiner Definition von Entwicklung zusammengefasst als „die eigenständige Entfaltung der Produktivkräfte zur Versorgung der gesamten Gesellschaft mit lebensnotwendigen materiellen sowie lebenswerten kulturellen Gütern und Dienstleistungen im Rahmen einer sozialen und politischen Ordnung, die allen Gesellschaftsmitgliedern Chancengleichheit gewährt, sie an allen politischen Entscheidungen mitwirken und am gemeinsam erarbeiteten Wohlstand teilhaben lässt“ (*Nohlen/ Nuscheler*, Was heißt Entwicklung? in: Nohlen/ Nuscheler (Hrsg.), Handbuch der Dritten Welt, Bd. 1, S. 55ff, 73f, mit Verweis auf inzwischen notwendig gewordene Ergänzungen).

[9] Vgl. *Weltbank* (Hrsg.), Weltentwicklungsbericht 1992, S. 43; *Nohlen*, Stichwort „Entwicklung“, in: Nohlen (Hrsg.), Lexikon Dritte Welt, S. 227ff, 228; *Nohlen/ Nuscheler*, Was heißt Entwicklung?, in: Nohlen/ Nuscheler (Hrsg.), Handbuch der Dritten Welt, Bd. 1, S. 55ff, 57; *Hein*, Unterentwicklung, S. 148; *Todaro*, Economic Development, S. 13ff, 18f; *Pitschas*, Recht und Gesetz in der Entwicklungszusammenarbeit, VerwArchiv 1990, S. 465ff, 466.

[10] Vgl. Art. 177I EGV; Präambel III, V und Art. 1III des Cotonou-Abkommens (ABl. 2000 Nr. L 317/3ff).

[11] Z.B. das BNE (Bruttonationaleinkommen) pro Kopf.

[12] Laut *Nohlen* (Stichwort „Entwicklungsindikatoren“, in: Nohlen/ Nuscheler (Hrsg.), Handbuch der Dritten Welt, Bd. 1, S. 233) sind Entwicklungsindikatoren ‚Anzeiger' „zwecks Operationalisierung des Entwicklungsbegriffs und zwecks Messung des Entwicklungsstands und des Entwicklungsprozesses“. Ausführlich zu den Entwicklungsindikatoren: *Nohlen/ Nuscheler*, Indikatoren von Unterentwicklung und Entwicklung, in: Nohlen/ Nuscheler (Hrsg.), Handbuch der Dritten Welt, Bd. 1, S. 76ff; *Nohlen*, Stichwort „Entwicklungsindikatoren“, in: Nohlen/ Nuscheler (Hrsg.), Handbuch der Dritten Welt, Bd. 1, S. 233; *Weltbank*, (Hrsg.), World Development Report 1994, S. 153ff; *Hemmer*, Wirtschaftsprobleme der Entwicklungsländer, S. 8ff.

[13] *Nohlen/ Nuscheler*, Indikatoren von Unterentwicklung und Entwicklung, in: Nohlen/ Nuscheler (Hrsg.), Handbuch der Dritten Welt, Bd. 1, S. 82ff; mehrere Indikatoren werden rechnerisch in Index-Form ausgedrückt.

Wie jedoch bereits ausgeführt, ist es noch nicht gelungen, einen inhaltlichen Konsens für das Phänomen „Entwicklung“ zu finden und folglich ebenso wenig für die generell heranzuziehenden Indikatoren, die konstitutiv über die Einstufung als Entwicklungsland[14] oder Industrieland entscheiden. Und selbst bei eventueller Anwendung gleicher Indikatoren werden diese unterschiedlich gewertet, so dass die darauf basierenden Entwicklungsländerlisten von einem Ersteller zum anderen erneut variieren.

An dieser Stelle ist folglich festzuhalten, dass eine allgemein gültige Abgrenzung der Entwicklungsländer nicht existiert.

Von den in der Entwicklungspolitik tätigen Ländern und Organisationen wird dieses Definitionsproblem – wenn auch unterschiedlich - pragmatisch gelöst: Sie stellen ihre eigenen Verzeichnisse auf[15]. Die gängigsten Entwicklungsländerlisten sind die der Vereinten Nationen, der Weltbank, des Entwicklungshilfe-Ausschusses (DAC - Development Assistance Committee) der OECD und schließlich die der Europäischen Gemeinschaft.
Die erste Entwicklungsländerliste der Vereinten Nationen wurde 1963 veröffentlicht[16]. Im Laufe folgenden Jahre nahmen die VN in ihren Statistiken eine Dreiteilung der Welt vor, die sie im Wesentlichen bis 1989 aufrechterhielten: Sie unterschieden zwischen den Westlichen Industrieländern (USA, Kanada, Westeuropa, Australien, Neuseeland, Südafrika, Japan), den Staatshandelsländern (die kommunistischen Staaten Osteuropas und Ostasiens) und den Entwicklungsländern (alle übrigen Staaten)[17]. Eine gewisse Verwandtschaft dieser Aufteilung mit dem „Dritte Welt“ Begriff, der oftmals als Synonym für die Entwicklungsländer gebraucht wird, ist nicht von der Hand zu weisen[18]. Fasst man die beiden ersten Gruppen zusammen, so

---

[14] Ausführlich zu den Merkmalen der Entwicklungsländer: *Betz*, Stichwort „Entwicklungsländer“, in: Wolfrum (Hrsg.), Handbuch VN, S. 123ff; *Nohlen*, Stichwort „Entwicklungsländer“, in: Nohlen/ Nuscheler (Hrsg.), Handbuch der Dritten Welt, Bd. 1, S. 233ff.
Begreift man Entwicklung als zu durchlaufendes Stadium (modernisierungstheoretischer Ansatz), so lassen sich unter anderem folgende gemeinsame wirtschaftliche, soziale und schließlich politische Merkmale von Entwicklungsländern finden (nachfolgend: *Betz*, Stichwort „Entwicklungsländer“, in: Wolfrum (Hrsg.), Handbuch VN, S. 123ff; *Todaro*, Economic Development, S. 42ff; *BMZ* (Hrsg.), Medienhandbuch, S. 336; *Nohlen*, Stichwort „Entwicklungsländer“, in: Nohlen/ Nuscheler (Hrsg.), Handbuch der Dritten Welt, Bd. 1, S. 233ff): niedriger Lebensstandard (gekennzeichnet durch niedriges Pro-Kopf-Einkommen, ungenügende Ernährung, Gesundheitsfürsorge und Bildungsmöglichkeiten); niedrige Spar- und Investitionstätigkeit; geringe Produktivität der Arbeit; hoher Anteil der landwirtschaftlichen Bevölkerung an der Gesamtbevölkerung; hohe Arbeitslosigkeits- und Unterbeschäftigungsrate; niedriger technischer Ausbildungsstand und mangelndes technisches Know-how; von der Tradition bestimmtes Verhalten der Masse der Bevölkerung; nicht abgeschlossener „nation-building-process“ (Wandel vom rückständigen Entwicklungsland zum modernen Industriestaat).

[15] Zur Kritik an dieser Praxis: *Hemmer*, Wirtschaftsprobleme der Entwicklungsländer, S. 45f.

[16] UNGV-Res. 1885 (XVIII) vom 18.10.1963; weitere Bestätigungen: UNGV-Res. 3101 (XXVIII) vom 11.12.1973 – bestätigt durch Res. 3374 B (XXX) vom 28.11.1975: die Resolutionen von 1963 und 1973, die jeweils die Finanzierung des Einsatzes von Friedenstruppen der VN betrafen, führen die entwickelten Länder auf und klassifizieren alle übrigen Staaten als Entwicklungsländer („economically less developed countries“ bzw. „economically less developed Member States“).

[17] *Hemmer*, Wirtschaftsprobleme der Entwicklungsländer, S. 42.

[18] Die Herkunft des Begriffes „Dritte Welt“ geht bedeutungsgeschichtlich mit dem beginnenden Ost-West-Konflikt einher, der die Welt in eine erste, kapitalistische, und eine zweite, sozialistische, Welt spaltete. Alle übrigen Länder wurden als „Dritte Welt“ pauschalisiert. Eine problematische Kategorisierung, wirft man einen genaueren Blick auf diese strukturell heterogenen Länder, die die „Dritte Welt“ konstituieren sollen. Im Laufe der Zeit und nicht zuletzt wegen der Auflösung des Ost-West-Gegensatzes nahm der ursprünglich politische gemeinte Begriff einen Bedeutungswandel vor und hat im Zuge dessen eine entwicklungstheoretische Interpretation erfahren. Mangels allgemein akzeptierter Alternative zur „Dritten Welt“ wird der Begriff weiterhin verwendet (voranstehend und mehr hierzu: *Nohlen/ Nuscheler*, „Ende der Dritten Welt?“, in: Nohlen/ Nuscheler (Hrsg.), Handbuch der Dritten Welt, Bd. 1, S. 15ff; *Menzel*, Das Ende der Dritten Welt und das Scheitern der großen Theorien, S. 38ff).

konstituieren sie die sog. „Nord"-Länder, die Entwicklungsländer die sog. „Süd"-Länder. Obgleich diese schematische Zweiteilung unbefriedigend erscheint, da sie weder auf theoretisch exakt fundierten noch auf operational definierten Kriterien beruht, wird an ihr mangels brauchbarer Alternativen nach wie vor festgehalten[19]. Das strukturelle Konfliktverhältnis, das sich aus den divergierenden ökonomischen, politischen und sozialen Entwicklungsperspektiven beider Gruppen herauskristallisiert hat, wird oft als „Nord-Süd-Gefälle" bzw. „Nord-Süd-Konflikt" bezeichnet[20].
Obwohl die Vereinten Nationen mittlerweile viele Unterkategorien von Entwicklungsländern (Developing Countries bzw. Economies[21]) anerkennen, so stellen die am wenigsten entwickelten Länder (Least Developed Countries - LLDCs[22]) die in der Praxis wohl bedeutsamste Gruppe dar[23]. Den LLDCs werden von den Vereinten Nationen wesentlich günstigere Bedingungen bei der Entwicklungshilfevergabe eingeräumt[24]. Zur Festsetzung der Liste dieser LLDCs wurden ursprünglich vor allem ein Pro-Kopf-Einkommen von unter 100$[25], ein Industrieanteil am Bruttoinlandsprodukt (BIP) von höchstens 10% sowie eine Alphabetisie-

---

[19] *Hemmer*, Wirtschaftsprobleme der Entwicklungsländer, S. 42.

[20] Mehr hierzu: *Nohlen/ Thibaut*, Stichwort „Nord-Süd-Konflikt", in: Nohlen (Hrsg.), Lexikon Dritte Welt, S. 618ff.

[21] Andere Organisationen benutzen auch den Terminus „Less Developed Countries" - LDC. Wenn im Folgenden die Abkürzung LDC gebraucht wird, so bezieht sie sich jedoch auf „Entwicklungsländer" im Allgemeinen, d.h. ohne mit der Bezeichnung zugleich Bezug auf eine von einer bestimmten Organisation definierte Entwicklungsländergruppe zu nehmen.

[22] Obwohl bereits die UNGV-Res. 2768 (XXVI) vom 18.11.1971 die „Least Developed Countries" erstmalig erwähnte, so wurde diese Gruppe erst in den 80er Jahren von der UNCTAD (UN-Conference on Trade and Development – UN-Konferenz für Welthandel und Entwicklung) „offiziell" eingeführt (vgl. *Osmanczyk*, Stichwort „Least Developed Countries", Encyclopedia, S. 516). LL steht dabei für den Superlativ *Least* und dient zur Unterscheidung der LLDCs von den LDCs. Einige internationale Organisationen – auch die UN - verwenden die Abkürzung LDCs – statt LLDCs.

[23] Bis Anfang der 90er Jahre wurde noch die Gruppe der MSACs (Most Seriously Affected Countries) definiert. Auf der 6. - Sondergeneralversammlung im Mai 1974 wurde beschlossen, diesen ölimportierenden und stark außenhandelsabhängigen Ländern mit einem speziellen Programm zu helfen, da sie infolge der Ölkrise von der extremen Verteuerung der Rohölpreise besonders betroffen waren. Für die Gruppe der MSACs galten unter anderem folgende Bestimmungskriterien: niedriges Pro-Kopf-Einkommen; scharfer Preisanstieg bei wichtigen Importen im Vergleich zu den Exporten; hoher Schuldendienst (vgl. hierzu unten Kapitel C „Ziele der Entwicklungszusammenarbeit", Abschnitt C.I.2.2.1, Fn. 116); Schwierigkeiten, ausreichende Exporterlöse zu erzielen; niedrige Währungsreserven; gestiegene Transport- und Transitkosten; hohe Auslandsverflechtung (UNGV-Res. 3202 (S-VI) vom 1. Mai 1974 (Programme of Action on the establishment of a new international economic order); *Nohlen*, Stichwort „MSAC", in: Nohlen (Hrsg.), Lexikon Dritte Welt, S. 582, 583).
Weitere Untergruppen stellen die sog. „Landlocked Developing Countries" (UN-Abkürzung: „LLDC"!) und die „Small Island Developing Countries" (SIDs) dar, die sich wegen ihrer besonderen geographischen Lage und der daraus resultierenden Nachteile bzw. Schwierigkeiten um einen besonderen Status innerhalb der Gruppe der Entwicklungsländer bemühen (vgl. http://www.un.org/special-rep/ohrlls/lldc/default.htm (Stand: 9.5.2006) für die „LLDCs" sowie http://www.un.org/special-rep/ohrlls/sid/default.htm (Stand: 9.5.2006) für die SIDs). Die Gruppen werden folglich nach rein geographischen Gesichtspunkten festgelegt. Eine Liste dieser Länder findet auf: http://www.un.org/special-rep/ohrlls/lldc/list.htm (Stand: 9.5.2006), bzw. http://ww.un.org/special-rep/ohrlls/sid/list.htm (Stand: 9.5.2006). Eine noch nicht ganz gefestigte Entwicklungsländergruppe stellen die Länder dar, „deren Umwelt am anfälligsten ist" (Most Environmentally Vulnerable Countries) (*Beck*, Differenzierung von Rechtspflichten, S. 27).

[24] Beispielsweise für die 80er Jahre: „Substantial New Programme of Action" (SNPA) (vgl. UNGV-Res. 36/194 vom 17. Dezember 1981); und für die 90er Jahre: Erklärung von Paris und „Programme of Action" (POA); sowie für die Dekade 2001-2010: Erklärung von Brüssel und POA (vgl. UNGV-Res. 55/279 vom 12. Juli 2001 und 56/227 vom 24. Dezember 2001; http://www.un.org/special-rep/ohrlls/ldc/default.htm (Stand: 2.4.2004 und 9.5.2006)).

[25] Dieser Betrag wurde im Laufe der Jahre kontinuierlich angehoben.

rungsrate der Bevölkerung über 15 Jahre von unter 20% herangezogen[26]. Im Auftrag der 2. UN-Konferenz über die LLDCs von 1990 in Paris entwickelte der zuständige Ausschuss für Entwicklungsplanung[27] neue Kriterien[28]. Seit einer erneuten leichten Modifikation dieser Parameter im Jahre 2003[29] greift die UN nunmehr auf den „Human Assets Index (HAI)“[30] und den „Economic Vulnerability Index (EVI)[31]“ zurück und stellt, als Kriterium für niedriges Einkommen, auf ein durchschnittliches Bruttonationaleinkommen pro Kopf von unter 750 US-Dollar der letzten drei Jahre[32] sowie auf eine maximale Einwohnerzahl von 75 Millionen ab[33]. Nach diesen Kriterien umfasst die aktuelle LLDC-Liste 50 Länder[34].
Hinsichtlich der Kategorisierung als „allgemeines“ Entwicklungsland hingegen mangelt es an solchen konkret vereinbarten Bestimmungskriterien[35].
Neben den hier aufgeführten, hauptsächlich wirtschaftlich begründeten Entwicklungsländerkategorien gibt es innerhalb der Staatengemeinschaft der UNO noch weitere entwicklungspolitisch bedeutsame Klassifikationen, die nach überwiegend politischen Motiven abgegrenzt werden. Hierzu zählt zunächst die Gruppe der „Blockfreien Staaten“, deren Entstehung auf die Bandung-Konferenz (1955)[36] und die erste Gipfelkonferenz der Blockfreien in Belgrad (1961)[37] zurückgeht[38]. Der Begriff „Blockfreie Staaten“ impliziert bereits die ursprüngliche politische Zielsetzung dieses Zusammenschlusses unabhängig gewordener Entwicklungsländer[39], die darin bestand, durch gemeinsame Orientierung ihrer Außenpolitik im Ost-West-Konflikt unparteiisch zu bleiben. Dementsprechend waren auch die Kriterien für die Mitglied-

---

[26] *Osmanczyk*, Stichwort “developing, developed and highly developed countries”, Encyclopedia, S. 223; vgl. *UN-Chronicle*, Dec. 1990, Nr. 4, S. 53. Politisch bedingt setzte sich aber von Anfang an eine abweichende Vorgehensweise durch, wonach Länder, die mindestens zwei der drei Schwellenwerte unterschritten und dem dritten nahe kamen, dennoch als LLDC eingestuft wurden (*Sangmeister/ Nohlen*, Stichwort „LLDC“, in: Nohlen (Hrsg.), Lexikon Dritte Welt, S. 523f, 524).

[27] Committee for development planning/ policy (CDP). Der CDP ist ein Ausschuss des Wirtschafts- und Sozialrates der Vereinten Nationen (ECOSOC).

[28] *Sangmeister/ Nohlen*, Stichwort „LLDC“, in: Nohlen (Hrsg.), Lexikon Dritte Welt, S. 523f, 524.

[29] http://www.un.org/special-rep/ohrlls/ldc/ldc%20criteria.htm (Stand: 9.5.2006).

[30] Dieser Entwicklungsindex umfasst den Kalorienverbrauch pro Kopf, das Gesundheitswesen, die Einschulungsquote in Primar- und Sekundarschulen sowie die Alphabetisierungsrate der erwachsenen Bevölkerung, vgl. http://www.un.org/special-rep/ohrlls/ldc/ldc%20criteria.htm (Stand: 9.5.2006).
Bis 2003 verwendete die UN den „Augmented Physical Quality of Life Index (APQLI)“. Dieser Index umfasst dieselben Komponenten wie der „HAI“ (vgl. http://www.un.org/special-rep/ohrlls/ldc/ldc%20criteria.htm (Stand: 2.4.2004)).

[31] Dieser Wirtschaftsentwicklungsindex beruht unter anderem auf dem Anteil der industriellen Produktion und Dienstleistungen am BIP, der Instabilität der landwirtschaftlichen Produktion, der Exportorientierung der Wirtschaft sowie der Bevölkerungszahl (*BMZ* (Hrsg.) Medienhandbuch, S. 339).

[32] Bis 2003: BIP pro Kopf, berechnet aus dem Durchschnitt der vorangegangenen drei Jahre (http://www.un.org/special-rep/ohrlls/ldc/ldc%20criteria.htm (Stand: 2.4.2004)).

[33] Die Einstufungskriterien werden zunächst vom CDP (auch Timbergen-Ausschuss genannt) festgelegt. Darauf basierend schlägt der Wirtschafts- und Sozialrat der VN die Aufnahme bzw. den Ausschluss eines Landes in die LLDC-Liste vor. Die endgültige Entscheidung hierüber obliegt dann der Generalversammlung. Die Liste der LLDCs wird alle drei Jahre neu festgestellt (voranstehend: *BMZ* (Hrsg.), Medienhandbuch, S. 339; http://www.un.org/special-rep/ohrlls/ldc/ldc%20criteria.htm (Stand: 9.5.2006)).

[34] Abrufbar unter: http://www.un.org/special-rep/ohrlls/ldc/list.htm (Stand 9.5.2006).

[35] *Beck*, Differenzierung von Rechtspflichten, S. 25.

[36] Erste afroasiatische Konferenz, auf der 23 asiatische und sechs afrikanische Staaten vertreten waren, die die sog. „Prinzipien der friedlichen Koexistenz“ verabschiedeten. Näher hierzu: *Ploetz*, Der grosse Ploetz, S. 1388.

[37] Zu den dort aufgestellten Forderungen: *Ploetz*, Der grosse Ploetz, S. 1389.

[38] Im Nachfolgenden: *Betz*, Stichwort „Entwicklungsländer“, in: Wolfrum (Hrsg.), Handbuch VN, S. 123ff, 128f; *Nohlen/ Nuscheler*, „Ende der Dritten Welt?“, in: Nohlen/ Nuscheler (Hrsg.), Handbuch der Dritten Welt, Bd. 1, S. 15ff, 22; *Nohlen*, Stichwort „Blockfreiheit, Blockfreienbewegung“, in: Nohlen (Hrsg.), Lexikon Dritte Welt, S. 118f.

[39] Eine aktuelle Auflistung dieser Gruppe ist abrufbar unter: http://www.nam.gov.za/background/members.htm (Stand: 9.5.2006).

schaft formuliert[40]. In den 70er Jahren verlagerte sich allmählich der Schwerpunkt der Tätigkeit der Blockfreien von der Thematisierung des Ost-West-Gegensatzes und der Dekolonisationsfrage auf wirtschaftliche und entwicklungspolitische Fragestellungen; im globalen Nord-Süd-Konflikt etablierten sie sich quasi zum Hauptakteur. Eines ihrer Hauptanliegen, dem sie in diesem Kontext politischen Nachdruck verliehen, war die von den Entwicklungsländern geforderte Neue Weltwirtschaftsordnung[41]. Seit Beginn der 90er Jahre, dem Ende des Ost-West-Konflikts, verstehen sich die Blockfreien Staaten nunmehr ausschließlich als Interessenorganisation, als „pressure group einer nicht mehr blockpolitisch definierten Dritten Welt“[42], die sich politischer und wirtschaftlicher Probleme gleichermaßen annimmt[43].
Seit jeher arbeiten die Blockfreien Staaten eng mit der „Gruppe der 77“ zusammen, ein weiterer politischer Zusammenschluss von ursprünglich 77 Entwicklungsländern zur gemeinsamen Interessenvertretung und Stärkung der Verhandlungspositionen gegenüber den Industriestaaten[44]. Die „Gruppe der 77“ geht zurück auf die 1.-UNCTAD-Konferenz, die UN-Konferenz für Wirtschaft und Entwicklung[45], die 1964 in Genf stattfand, und wurde 1967 in Algier (Erklärung von Algier[46]) begründet. Aktuell zählt die Gruppe, die sich auch als „Sprachrohr“[47] der Dritten Welt vor allem in wirtschaftlichen Fragen sieht, 132 Mitglieder[48]. Die Mitgliedsstaaten dieses Zusammenschlusses treten innerhalb der VN geschlossen, d.h. nur mit einem Sprecher auf, nachdem sie sich auf eine gemeinsame Grundposition verständigt haben. Mit dieser Stimmenmacht war die „Gruppe der 77“ in der Vergangenheit befähigt, über die hauptsächlich von den Blockfreien stammenden Ideen bzw. Forderungen – insbesondere auf den UNCTAD-Konferenzen - konkret zu verhandeln und sich Gehör zu verschaffen. Mittlerweile zehren jedoch die wachsenden Divergenzen vor allem zwischen den verschiedenen Gruppen von Entwicklungsländern an der ursprünglichen Solidarität und schwächen infolgedessen die Verhandlungsmacht der „Gruppe der 77“.
Die Weltbankgruppe, bestehend aus der Internationalen Bank für Wiederaufbau und Entwicklung (International Bank for Reconstruction and Development – IBRD), der Internationalen Entwicklungsorganisation (International Development Association – IDA), der Internationalen Finanz-Corporation (International Finance Corporation - IFC) und der Multilateralen Investitionsgarantie-Agentur (Multilateral Investment Guarantee Agency – MIGA), teilt die

[40] „1. Betreiben einer auf Unabhängigkeit gegenüber den Machtblöcken in Ost und West gerichteten und an der friedlichen Koexistenz orientierten Politik; 2. Nichtbeteiligung an Militärbündnissen, die sich aus dem Ost-West-Gegensatz herleiten; 3. beständige Unterstützung nationaler Unabhängigkeitsbewegungen“ (*Nohlen*, Stichwort „Blockfreiheit, Blockfreienbewegung“, in: Nohlen (Hrsg.), Lexikon Dritte Welt, S. 118f, 118; vgl. *Betz*, Stichwort „Entwicklungsländer“, in: Wolfrum (Hrsg.), Handbuch VN, S. 123ff, 129).
[41] Zur Neuen Weltwirtschaftsordnung kurz, aber sehr informativ: *Nohlen*, Stichwort „Neue Weltwirtschaftsordnung“, in: Nohlen (Hrsg.), Lexikon Dritte Welt, S. 606ff; *Heinz*, Stichwort „Weltwirtschaftsordnung“, in: Wolfrum (Hrsg.), Handbuch VN, S. 1080ff; *Ferdowski*, Die Europäische Union und die Menschenrechte in Afrika, in: Ferdowski u.a. (Hrsg.), Vom Enthusiasmus zur Ernüchterung?, S. 3ff, 10ff.
[42] *Nohlen/ Nuscheler*, „Ende der Dritten Welt?“, in: Nohlen/ Nuscheler (Hrsg.), Handbuch der Dritten Welt, Bd. 1, S. 15ff, 22.
[43] Beispielsweise: regionale Abrüstung; friedliche Streitbeilegung; Verschuldung; Reaktivierung des Nord-Süd-Dialogs (*Nohlen*, Stichwort „Blockfreiheit, Blockfreienbewegung“, in: Nohlen (Hrsg.), Lexikon Dritte Welt, S. 118f, 119. Grundsätzlich sehr informativ: http://www.nam.gov.za/ (Stand: 9.5.2006)).
[44] Im Nachfolgenden: *Betz*, Stichwort „Entwicklungsländer“, in: Wolfrum (Hrsg.), Handbuch VN, S. 123ff, 129; *Nohlen/ Nuscheler*, „Ende der Dritten Welt?“, in: Nohlen/ Nuscheler (Hrsg.), Handbuch der Dritten Welt, Bd. 1, S. 15ff, 22; *Nohlen*, Stichwort „Gruppe der 77“, in: Nohlen (Hrsg.), Lexikon Dritte Welt, S. 347.
[45] UN Conference on Trade and Development.
[46] Zu den dort aufgestellten Forderungen: *Ploetz*, Der grosse Ploetz, S. 1389.
[47] *Betz*, Stichwort „Entwicklungsländer“, in: Wolfrum (Hrsg.), Handbuch VN, S. 123ff, 129; *BMZ* (Hrsg.), Medienhandbuch, S. 342.
[48] Eine Auflistung der Gruppe der 77 findet sich unter: http://www.g77.org/main/gen_info_2.htm (Stand: 9.5.2006).

Staaten in Länder bzw. Volkswirtschaften mit niedrigem (LICs - Low Income Countries), mittlerem (untere und obere Kategorie: Lower Middle Income Countries – LMCs und Upper Middle Income Countries – UMCs) und hohem Einkommen ein. Dabei werden die Staaten mit niedrigem und mittlerem Einkommen durchgängig als Entwicklungsländer bezeichnet[49]. Diese Klassifizierung, dessen Hauptkriterium das nach dem Atlas-Verfahren[50] der Weltbank berechnete Bruttonationaleinkommen (BNE) pro Kopf/ Jahr[51] ist, reflektiert jedoch nicht notwendigerweise den Grad der Entwicklung der jeweiligen Länder[52].
Eine weitere Gruppe, zu deren Bestimmung ökonomische Kriterien herangezogen werden, stellen die sog. „Schwellenländer", „Übergangsländer" oder „Newly Industrialized Countries" (NICs) bzw. „Take-off-Countries" dar, wie sie im internationalen Sprachgebrauch bezeichnet werden[53]. Die Begriffe fanden seit Mitte der 70er Jahre Eingang in die entwicklungspolitischen Debatten sowie in Analysen zur Dynamik der weltweiten Arbeitsteilung: Zu diesem Zeitpunkt begannen die ökonomischen Ausdifferenzierungsprozesse innerhalb der Entwicklungsländer, in denen die Gruppe der NICs eine scheinbar erfolgreiche industrielle Entwicklung demonstrierte, die Strukturmerkmale eines typischen Entwicklungslandes nach und nach ablegte und so allmählich die „Schwelle" zum Industrieland erreichte. Problematisch hieran ist, dass es, wie bereits beschrieben, an „den" Strukturmerkmalen eines typischen Entwicklungslandes und ergo an der Homogenität der Einstufungskriterien eines NICs fehlt. Hinzukommt, dass die diesbezüglichen Indikatoren mit ihren jeweiligen Grenzwerten willkürlich gewählt und ohne entwicklungspolitische Begründung sind. So verwundert es nicht, dass keine verbindliche Liste dieser Schwellenländer existiert; und für die Weltbank sind die NICs, die sich grundsätzlich mit den UMCs überschneiden, schlicht und einfach „Exporteure von Industriegütern".
Daneben gibt es verschiedene „schuldenbezogene" Ländergruppierungen. In dieser Kategorisierung widerspiegelt sich die entwicklungspolitische Bedeutung der seit den 80er Jahren als besonders problematisch empfundenen Schuldenlast[54]. Die jüngste Gruppe[55] in dieser Katego-

---

[49] *Weltbank* (Hrsg.), World Development Report 1994, S. IX, X.
Eine aktuelle Auflistung ist abrufbar unter: http://siteresources.worldbank.org/DATASTATISTICS/Resources/CLASS.XLS (Stand: 9.5.2006).

[50] *Weltbank* (Hrsg.), Weltentwicklungsbericht 2003, S. 303.

[51] Länder mit niedrigem Einkommen: bis US-$ 825 BNE pro Kopf im Jahr 2004; Länder mit mittlerem Einkommen, untere Kategorie: 826 bis 3255 US-$ BNE pro Kopf im Jahr 2004; Länder mit mittlerem Einkommen, obere Kategorie: 3256 bis 10065 US-$ BNE pro Kopf im Jahr 2004; Länder mit hohem Einkommen: mehr als US-$ 10066 BNE pro Kopf im Jahr 2004. Die Höhe des zur Grenzziehung zwischen den einzelnen Ländergruppen verwendeten BNE wird jährlich neu festgesetzt. Quelle: http://web.worldbank.org/WBSITE/EXTERNAL/DATASTATISTICS/0,,contentMDK:20421402~pagePK:64133150~piPK:64133175~theSitePK:239419,00.html (Stand: 9.5.2006).

[52] *Weltbank* (Hrsg.), World Development Report 1994, S. X.

[53] Im Folgenden: *Messner*, Stichwort „Schwellenländer", in: Nohlen (Hrsg.), Lexikon Dritte Welt, S. 708ff; *Hemmer*, Wirtschaftsprobleme der Entwicklungsländer, S. 45; *Nohlen/ Nuscheler*, „Ende der Dritten Welt?", in: Nohlen/ Nuscheler (Hrsg.), Handbuch der Dritten Welt, Bd. 1, S. 15ff, 24; *Betz*, Stichwort „Entwicklungsländer", in: Wolfrum (Hrsg.), Handbuch VN, S. 123ff, 128.

[54] *Hemmer*, Wirtschaftprobleme der Entwicklungsländer, S. 41.

[55] Weiterhin zählen die SILICs (Severly Indepted Low-Income Countries) sowie die SIMICs (Severly Indepted Middle-Income Countries) zu diesen schuldenbezogenen Ländergruppen. Zu ihnen werden jene Länder gezählt, bei denen drei der vier folgenden Schlüsselrelationen ein bestimmtes kritisches Niveau erreichen (prozentuale Verhältnisse im Jahr 2002: *Hemmer*, Wirtschaftsprobleme der Entwicklungsländer, S. 41; jeweilige aktuelle Zahlen in den jährlichen Weltentwicklungsberichten der Weltbank (Hrsg.)): 50% beim Verhältnis von Schulden zum Bruttosozialprodukt; 100% beim Verhältnis von Schulden zu Exporterlösen; 30% beim Verhältnis von Schuldendienst zu Exporterlösen (vgl. hierzu unten Kapitel C „Ziele der Entwicklungszusammenarbeit", Abschnitt C.I.2.2.1, Fn. 116); 20% beim Verhältnis von Zinsleistungen zu Exporterlösen.

rie bilden die HIPCs (Highly Indebted Poor Countries)[56]. 1996 lancierte die Weltbank eine Initiative zur Schuldenreduktion für diese Länder. Danach soll es den HIPCs ermöglicht werden, ihre Schuldenlast auf ein „erträgliches" Niveau zu senken[57].
Der Entwicklungshilfeausschuss der OECD, dem 23 Mitglieder[58] angehören, darunter die Kommission als Vertreterin der EG, überprüft und bewertet jährlich die Öffentliche Entwicklungshilfe/ ODA seiner Mitglieder an bestimmte Entwicklungsländer und -gebiete. Diese Entwicklungsländer[59] werden in Teil I einer Liste aufgeführt, die 1961 vom DAC aufgestellt und seither regelmäßig revidiert wurde, zuletzt im Dezember 2005[60]. Dabei gliedert sich Teil I der Liste wie folgt in verschiedene Einkommenskategorien[61]: die LLDCs[62], sonstige LICs (Low-Income-Countries)[63], die LMICs (Lower-Middle-Income-Countries)[64] und die UMICs (Upper-Middle-Income-Countries)[65].
Der DAC fasst unter die ODA alle Mittel, die von staatlichen Stellen, einschließlich von Ländern und Gemeinden oder von deren Vertretungen, an die genannten Entwicklungsländer – bzw. über multilaterale Institutionen an diese Länder - für die dortige wirtschaftliche Entwicklung und die Verbesserung der Lebensbedingungen vergeben werden, und zwar grundsätzlich zu vergünstigten Bedingungen[66]. Die ODA ist demnach von Maßnahmen der Privatwirtschaft und öffentlichen Leistungen, die nach Marktbedingungen erfolgen, zu unterscheiden. Für die Anerkennung und Bewertung der finanziellen Leistungen der Mitglieder als ODA wurden gemeinsam bestimmte Kriterien[67] erarbeitet. Vergleichsmaßstäbe sind beispielsweise die absolute Höhe der ODA eines Geberlandes und ihr Verhältnis zum Bruttosozialprodukt, der Umfang der bilateralen Entwicklungspolitik, der prozentuale Anteil der ODA an die LLDCs, die Höhe des Zuschusselements[68] und der nicht-gebundenen Hilfe[69], oder aber

[56] Eine Auflistung dieser hoch verschuldeten armen Länder ist abrufbar unter: http://www.imf.org/external/np/pp/eng/2006/032106.pdf, dort Seite 8, vgl. auch S. 10 (Stand: 9.5.2006).
[57] Mehr dazu: *Thibaut/ Schwehm*, Stichwort „Verschuldung", in: Nohlen (Hrsg.), Lexikon Dritte Welt, S. 854ff, 859, und unten Kapitel C „Ziele der Entwicklungszusammenarbeit", Abschnitt C.I.2.2.1, Fn. 116 sowie Kapitel E „Regionale Entwicklungszusammenarbeit der Europäischen Gemeinschaft", Abschnitt E.I.2.4.2.2.1.
[58] Die aktuelle Liste der DAC-Mitglieder ist abrufbar unter: http://www.oecd.org/document/38/0,2340,en_2649_33721_1893350_1_1_1_1,00.html (Stand: 9.5.2006).
[59] Der Begriff „Länder" umfasst auch die „Gebiete", vgl. http://www.oecd.org/dataoecd/43/51/35832713.pdf (Stand: 7.5.2006).
[60] Die aktuelle, ab 2006 geltende DAC-Liste Teil I ist abrufbar unter: http://www.oecd.org/dataoecd/43/51/35832713.pdf (Stand: 7.5.2006).
[61] Nachfolgend: aktuelle DAC-Liste Teil I, abrufbar unter http://www.oecd.org/dataoecd/43/51/35832713.pdf (Stand: 7.5.2006).
[62] In diese von den VN eingerichtete Kategorie werden nur Länder aufgenommen, die in Bezug auf Volkseinkommen, wirtschaftliche Diversifizierung, d.h. die Auffächerung der Produktions- oder Exportstruktur einer Volkswirtschaft, und Sozialentwicklung gewisse Schwellenwerte unterschreiten (*OECD/ DAC*, Außereuropäische interregionale Zusammenarbeit, Bericht 2002, abgedruckt in: *HIZ*, Bd. 15, III D 55 20, S. 1ff, S. 154).
[63] Sonstige nicht zu den LLDCs zählende Länder mit einem Pro-Kopf-Bruttonationaleinkommen unter 825 US-$ im Jahr 2004 (http://www.oecd.org/dataoecd/43/51/35832713.pdf (Stand: 7.5.2006)).
[64] Länder der mittleren Einkommensgruppe im unteren Bereich mit einem Pro-Kopf-Bruttonationaleinkommen von US-$ 826 bis 3255 im Jahr 2004 (http://www.oecd.org/dataoecd/43/51/35832713.pdf (Stand: 7.5.2006)). Bei gleichzeitiger Zugehörigkeit eines Landes zu den LLDCs wird es ausschließlich als LLDC aufgeführt (*OECD/ DAC*, Außereuropäische interregionale Zusammenarbeit, Bericht 2002, abgedruckt in: *HIZ*, Bd. 15, III D 55 20, S. 1ff, 154).
[65] Länder der mittleren Einkommensgruppe im oberen Bereich mit einem Pro-Kopf-Bruttonationaleinkommen von US-$ 3256 bis 10065 im Jahr 2004 (http://www.oecd.org/dataoecd/43/51/35832713.pdf (Stand: 7.5.2006)).
[66] Vgl.: http://www.oecd.org/dataoecd/26/14/26415658.PDF (Stand: 9.5.2006).
[67] *Nohlen*, Stichwort „DAC", in: Nohlen/ Nuscheler (Hrsg.), Handbuch der Dritten Welt, Bd. 1, S. 173ff, 173f; *OECD/ DAC*, Außereuropäische interregionale Zusammenarbeit, Bericht 2002, abgedruckt in: *HIZ*, Bd. 15, III D 55 20, S. 1ff, 156.
[68] Das Zuschusselement ist eine „Messgröße für den Grad der Vergünstigung (grant element) eines Darlehens oder Kredits, dessen finanzielle Bedingungen (Zinssatz, Laufzeit, d.h. die Zeit bis zur ersten Kapitalrückzahlung)

der Umfang, inwieweit die Geberländer ihre ODA über internationale Organisationen (u.a. IFAD, UNDP, Weltbankgruppe) der Entwicklungszusammenarbeit leisten.
Teil II der Liste umfasst die Übergangsländer und –gebiete, die Empfängerländer der sog. Öffentlichen Hilfe (Official Aid – OA) sind. Hierbei handelt es sich um die Transformationsländer[70] Mittel- und Osteuropas (MOEL bzw. CEECs)[71], die Neuen Unabhängigen Staaten der ehemaligen Sowjetunion (NUS bzw. NIS)[72] und andere fortgeschrittene Länder und Gebiete. Diese Übergangsländer entsprechen in etwa den oben beschriebenen NICs.
All diese Vorgaben sind für die Europäische Gemeinschaft jedoch rechtlich nicht verbindlich[73], so dass es der EG freisteht, eigene Listen zu verwenden, um den geographischen Anwendungsbereich ihrer Entwicklungszusammenarbeit festzulegen. Bei dieser Qualifizierung verfügt sie über einen Beurteilungsspielraum, in dessen Rahmen - wie von der Kommission angeführt - ökonomische, soziale und strukturelle Gesichtspunkte[74], darüber hinaus sehr wohl auch politische Aspekte einfließen[75]. Ab und an findet sich eine Auflistung der jeweils begünstigten Empfängerstaaten in einem Anhang des einschlägigen entwicklungspolitischen Sekundärrechts[76], was darauf hinausläuft, dass es in diesem Fall vom jeweiligen Hilfesektor abhängt, ob ein Land als Entwicklungsland gewertet wird oder nicht. Generell ist jedoch feststellbar, dass die DAC-Liste für die Einordnung als Entwicklungsland im Sinne der gemeinschaftlichen Entwicklungszusammenarbeit sicherlich faktische Maßstäbe gesetzt hat[77] bzw.

---

von den marktüblichen Bedingungen (angenommen wird eine Verzinsung von 10%) abweichen" (*Nohlen*, Stichwort „Zuschusselement", in: Nohlen/ Nuscheler (Hrsg.), Handbuch der Dritten Welt, Bd. 1, S. 909; vgl. auch: *OECD/ DAC*, Außereuropäische interregionale Zusammenarbeit, Bericht 2002, abgedruckt in: *HIZ*, Bd. 15, III D 55 20, S. 1ff, 159).

[69] Nicht-gebundene Hilfen sind öffentliche Zuschüsse oder Darlehen, die nicht mit einer Auflage des Entwicklungshilfegebers an den Nehmer versehen sind, die benötigten Güter und Dienstleistungen mit den zur Verfügung gestellten Mitteln ausschließlich im Geberland zu beschaffen (vgl. *OECD/ DAC*, Außereuropäische interregionale Zusammenarbeit, Bericht 2002, abgedruckt in: *HIZ*, Bd. 15, III D 55 20, S. 1ff, 155; *Zingel*, Stichwort „Gebundene Hilfe", in: Nohlen (Hrsg.), Lexikon Dritte Welt, S. 311).

[70] Als Transformationsländer bezeichnet man jene Länder, die sich im Übergang von einem autoritären zu einem demokratischen System befinden und im Zuge dieser Systemtransformation speziellen wirtschaftlichen und gesellschaftlichen Anpassungsproblemen ausgesetzt sind (*Nohlen/ Schwehm*, Stichwort „Transitionsstaaten", in: Nohlen (Hrsg.), Lexikon Dritte Welt, S. 797f, 797; *Hemmer*, Wirtschaftsprobleme der Entwicklungsländer, S. 47).

[71] Central and Eastern European Countries; eine Ausnahme bildet Albanien, das als Entwicklungsland (LMIC) gilt; die Staaten des ehemaligen Jugoslawiens (Bosnien und Herzegowina, Mazedonien, Serbien und Montenegro (LMICs) und Kroatien (UMIC) zählen ebenso zu den Entwicklungsländern (Quelle: *Kommission*, Consequences of enlargement for development policy, S. 79).

[72] New Independent States of the former Soviet Union; von diesen werden jedoch Armenien, Aserbaidschan, Georgien, Kirgisistan, Moldawien, Tadschikistan, Usbekistan (alle LICs), Kasachstan und Turkmenistan (beide LMIC) als Entwicklungsländer eingestuft (Quelle: *Kommission*, Consequences of enlargement for development policy, S. 79).

[73] *Zimmermann*, in: von der Groeben/ Schwarze (Hrsg.), EUV/ EGV, Art. 177, Rn. 58; *Schmalenbach*, in: Calliess/ Ruffert (Hrsg.), EUV/ EGV, Art. 177, Rn. 11; *Zimmermann/ Martenczuk*, in: Schwarze (Hrsg.), EU-Kommentar, Art. 177, Rn. 16.

[74] Mitteilung der Kommission über *„Die Entwicklungspolitik der Europäischen Gemeinschaft"*, KOM (2000) 212, endg. vom 26.4.2000, Einleitung S. 4 (abgedruckt in: *HIZ*, Bd. 14, III B 20 02).

[75] Vgl. *Zimmermann*, in: Groeben/ Thiesing/ Ehlermann (Hrsg.), EU-/ EG-Vertrag, Art. 130u, Rn. 55; *Zimmermann/ Martenczuk*, in: Schwarze (Hrsg.), EU-Kommentar, Art. 177, Rn. 16; *Hecker*, in: Lenz/ Borchardt (Hrsg.), EUV/ EGV, Art. 177, Rn. 4; *Schmalenbach*, in: Calliess/ Ruffert (Hrsg.), EUV/ EGV, Art. 177, Rn. 12.

[76] Zum Beispiel: Anhang I der VO (EG) Nr. 980/2005 des Rates vom 27. Juni 2005 *über ein Schema allgemeiner Zollpräferenzen* (ABl. 2005, Nr. L 169/1ff, 12ff) – gemäß Art. 3I der VO wird ein begünstigtes Land aus dem Anhang I der VO gestrichen, wenn es 3 Jahre hintereinander von der Weltbank als Land mit hohem Einkommen eingestuft wird; Anhang der VO (EG) Nr. 856/1999 des Rates vom 22. April 1999 *über einen besonderen Rahmen zur Unterstützung der traditionellen AKP-Bananenlieferanten* (ABl. 1999, Nr. L 108/2ff, 6).

[77] *Pitschas*, in: Streinz (Hrsg.), EUV/ EGV, Art. 177, Rn. 9.

von der Kommission als „illustratives Beispiel“[78] angeführt worden ist. Im jüngsten entwicklungspolitischen Strategiepapier scheint sich die EG Teil I der DAC-Liste gar uneingeschränkt anzuschließen[79]. Die Gründe hierfür dürften wohl überwiegend praktischer Natur sein, werden doch die ODA-Leistungen der Europäischen Gemeinschaft – d.h. die Hilfeleistungen der EG an eben die Staaten dieser Liste - jährlich in einem sog. „Joint review“ geprüft sowie detailliert alle zwei bis vier Jahre in einer umfassenden sog. „Peer Review“[80]. Abgesehen von dieser „Annäherung“ an die DAC-Kategorisierung von Entwicklungsländern hält die EG indes weiterhin daran fest, die historisch und geographisch begründete Dreiteilung[81] des Kreises der Begünstigten i.S.d. Titels XX EGV beizubehalten: Eine Gruppe bilden die afrikanischen, karibischen und pazifischen Vertragspartner des „Partnerschaftsabkommens von Cotonou“ (AKP-Staaten)[82], eine zweite bestimmte Mittelmeerdrittstaaten[83], die mit der Gemeinschaft Abkommen mit entwicklungspolitischer Komponente geschlossen haben, und die dritte Gruppe konstituieren schließlich die Länder Asiens und Lateinamerikas, die sog. ALA-Länder[84].
Nicht zu den Entwicklungsländern im Sinne des Titels XX EGV werden (aus gesamtwirtschaftlichen und politischen Überlegungen heraus[85]) von der Europäischen Gemeinschaft – ebenso wie von der OECD - die MOEL[86] einschließlich Russland sowie die NUS gezählt. Diese Länder werden als „Staaten, die den Übergang zur Markwirtschaft anstreben“, definiert[87]. Die Beziehungen der EG zu diesen Ländern werden nicht auf Titel XX, sondern auf

[78] Mitteilung der Kommission über *„Die Entwicklungspolitik der Europäischen Gemeinschaft“*, KOM (2000) 212, endg. vom 26.4.2000, Einleitung S. 4 (abgedruckt in: *HIZ*, Bd. 14, III B 20 02).
[79] Punkt 2, Fn. 2 des *„Europäische[...n] Konsens[es] über Entwicklung“*, Gemeinsame Erklärung des Rates, der im Rat vereinigten Vertreter der Regierungen der Mitgliedstaaten, des Europäischen Parlaments und der Kommission vom 20.12.2005, im Internet abrufbar unter: http://ec.europa.eu/comm/development/body/development_policy_statement/docs/edp_declaration_signed_20_12_2005_en.pdf (Stand: 31.5.2005).
[80] Die letzte „Peer Review“ der Entwicklungszusammenarbeit der EG war 2002; im Internet abrufbar unter: http://www.oecd.org/dataoecd/12/1/1935386.pdf (Stand 9.5.2006).
[81] Hierzu ausführlich unten Kapitel B „Geschichte der Entwicklungszusammenarbeit der Europäischen Gemeinschaft“, Abschnitte B.I, B.III.2, B.IV sowie B.V.
[82] Zu diesen Staaten unten Kapitel B „Geschichte der Entwicklungszusammenarbeit der Europäischen Gemeinschaft“, Abschnitte B.I, B.III.2 sowie Kapitel E „Regionale Entwicklungszusammenarbeit der Europäischen Gemeinschaft“, Abschnitt E.I.
Das „Partnerschaftsabkommen von Cotonou“ (ABl. 2000, Nr. L 317/3ff) wird im Rahmen dieser Arbeit auch als „Cotonou-Abkommen“ bzw. „Abkommen von Cotonou“ bezeichnet. Artikel des Partnerschaftsabkommens werden im Rahmen dieser Arbeit als „Art. XX Cotonou“ bezeichnet.
[83] Zu diesen Staaten unten Kapitel B „Geschichte der Entwicklungszusammenarbeit der Europäischen Gemeinschaft“, Abschnitt B.IV, sowie Kapitel E „Regionale Entwicklungszusammenarbeit der Europäischen Gemeinschaft“, Abschnitt E.II.
[84] Zu diesen Staaten unten Kapitel B „Geschichte der Entwicklungszusammenarbeit der Europäischen Gemeinschaft“, Abschnitt B.V.
[85] *Hecker*, in: Lenz/ Borchardt (Hrsg.), EUV/ EGV, Art. 177, Rn. 4; *Schmalenbach*, in: Calliess/ Ruffert (Hrsg.), EUV/ EGV, Art. 177, Rn. 12; *Zimmermann/ Martenczuk*, in: Schwarze (Hrsg.), EU-Kommentar, Art. 177, Rn. 16.
[86] Von den von der Kommission als MOEL-Staat eingestuften Ländern (vgl. Kommissionsmitteilung *„Stärkung der Mittelmeerpolitik der Europäischen Union: Entwicklung einer Partnerschaft Europa-Mittelmeer“*, KOM (1994) 427, endg. vom 19.10.1994, Anhang 4, Fn. 1, abgedruckt in: Sonderbeilage 2/95 des Bulletin EG, S. 7ff) gehören mittlerweile fast alle der EU an.
[87] *Schmalenbach*, in: Calliess/ Ruffert (Hrsg.), EUV/ EGV, Art. 177, Rn. 12. Vgl. auch die Empfängerstaaten der VO (EG, Euratom) Nr. 99/2000 des Rates vom 29.12.2000 *über die Unterstützung der Partnerstaaten in Osteuropa und Mittelasien* (ABl. 2000, Nr. L 12/1ff). Eine Ausnahme stellt die Mongolei dar, die gleichzeitig als „ALA-Staat“ und somit Entwicklungsland im Sinne des Titels XX EGV eingestuft wird (vgl. Mitteilung der Kommission *„Vorschlag für eine Verordnung des Europäischen Parlaments und des Rates über die Zusammenarbeit der Gemeinschaft mit den Ländern Asiens und Lateinamerikas und zur Änderung der Verordnung (EG) Nr. 2258/96 des Rates“*, KOM (2002) 340, endg. vom 2.7.2002, Anhang I).

den durch den Vertrag von Nizza im Jahre 2003 eingeführten Titel XXI des EGV gestützt und finden infolgedessen in dieser Arbeit keine Berücksichtigung[88].
Einen Grenzfall stellt auch die Republik Südafrika dar, die nicht „einheitlich" als Entwicklungsland behandelt wird[89].
Die „am meisten benachteiligten Entwicklungsländer" (Art. 177I 1. Spiegelstrich EGV), an die sich die Entwicklungszusammenarbeit der Europäischen Gemeinschaft primär richtet, sind nach dem Wortlaut nicht gleichbedeutend mit den „am wenigsten entwickelten Ländern" (LLDCs)[90]. Letzterer Kategorie, derer sich auch die Europäische Gemeinschaft bedient, werden beispielsweise im Rahmen der allgemeinen Handelspolitik bei der Vergabe allgemeiner Zollpräferenzen (APS – Allgemeines Präferenzsystem)[91] oder des Partnerschaftsabkommens von Cotonou[92] Sonderprivilegien eingeräumt. Diese Länder sind mit ernsthaften wirtschaftlichen und sozialen Schwierigkeiten konfrontiert, die es mit Hilfe angepasster, spezifischer Maßnahmen zu überwinden gilt, um das Entwicklungstempo dieser Staaten voranzutreiben[93]. Bei der Identifizierung der Staaten, die letztendlich unter diese Kriterien fallen, orientiert sich die EG bisweilen an der oben genannten LLDC-Liste der UN[94]. Diese so ermittelte LLDC-Liste der EG könnte nun als Entscheidungshilfe für die Qualifikation als „am meisten benachteiligtes Entwicklungsland" fungieren, ohne freilich rechtliche Verbindlichkeit im Rahmen des Titels XX zu beanspruchen[95]. Fakt ist jedoch, dass die Europäische Gemeinschaft in ihrer Praxis zwar den LLDCs eine Sonderbehandlung zukommen lässt, in keinem entwicklungspolitischen Regelwerk indes – soweit ersichtlich – die „am meisten benachteiligten Entwicklungsländer" explizit privilegiert behandelt. Von daher muss wohl *Zimmermann* zugestimmt werden, der davon ausgeht, dass sich beide Kategorien faktisch weitgehend decken und die LLDCs somit auch für die Zwecke der allgemeinen Entwicklungszusammenarbeit der EG[96] als „am meisten benachteiligte Entwicklungsländer" zu betrachten sind[97].
Im Rahmen des Partnerschaftsabkommens von Cotonou kennt die Gemeinschaft noch zwei weitere Länderkategorien: die AKP-Binnenstaaten[98] und die AKP–Inselstaaten[99]. Diese Staa-

---

[88] In manchen Bereichen, z.B. bezüglich der Anwendbarkeit des Allgemeinen Präferenzschemas bzw. –systems (APS), werden sie jedoch faktisch wie Entwicklungsländer behandelt, vgl. Anhang I der VO (EG) Nr. 980/2005 des Rates vom 27. Juni 2005 *über ein Schema allgemeiner Zollpräferenzen* (ABl. 2005, Nr. L 169/1ff, 12ff).
[89] Vgl. ausführlich unten im Kapitel E „Regionale Entwicklungszusammenarbeit der Europäischen Gemeinschaft", Abschnitt E.I, Fn. 7.
Südafrika ist seit 1998 formell Mitglied der AKP-Staaten (Protokoll Nr. 11 über den Beitritt der Republik Südafrika zum Vierten AKP-EG-Abkommen von Lomé in der Fassung des am 4. November 1995 in Mauritius unterzeichneten Abkommens, ABl. 1997, Nr. L 220/2ff); wesentliche Bestimmungen über die Handelspolitik oder die finanzielle Zusammenarbeit sind jedoch auf die Republik nicht anwendbar (Prot. Nr. 3 über den Status Südafrika (ABl. 2000 Nr. L 317/284ff)). Vorrangig (vgl. Art. 1II des Prot. Nr. 3) gilt vielmehr das Abkommen über Handel, Entwicklung und Zusammenarbeit (AHEZ, ABl. 1999, Nr. L 311/3ff) sowie eine Finanzverordnung, die auf Grundlage des Art. 179 EGV ergangen ist (VO (EG) Nr. 1726/2000 des EP und des Rates vom 29. Juni 2000 *über die Entwicklungszusammenarbeit mit Südafrika* (ABl. 2000, Nr. L 198/1ff)).
[90] Vgl. Liste der am wenigsten entwickelten Länder, Anhang I, Spalte D der VO (EG) Nr. 980/2005 des Rates vom 27. Juni 2005 *über ein Schema allgemeiner Zollpräferenzen* (ABl. 2005, Nr. L 169/1ff, 12ff), und vgl. Liste der am wenigsten entwickelten AKP-Staaten: Art. 85II in Verbindung mit Anhang VI des Cotonou-Abkommens (ABl. 2000, Nr. L 317/3ff, 277ff).
[91] Art. 12 i.V.m. Anhang I, Spalte D der VO (EG) Nr. 980/2005 des Rates vom 27. Juni 2005 *über ein Schema allgemeiner Zollpräferenzen* (ABl. 2005, Nr. L 169/1ff, 12ff).
[92] Art. 84ff in Verbindung mit Anhang VI des Cotonou-Abkommens (ABl. 2000, Nr. L 317/3ff, 277ff).
[93] Vgl. Art. 85I Cotonou (ABl. 2000, Nr. L 317/3ff).
[94] Präambel X der VO (EG) Nr. 980/2005 des Rates vom 27. Juni 2005 *über ein Schema allgemeiner Zollpräferenzen* (ABl. 2005, Nr. L 169/1ff, 12ff).
[95] Vgl. *Schmalenbach*, in: Calliess/ Ruffert (Hrsg.), EUV/ EGV, Art. 177, Rn. 12.
[96] D.h. für die Entwicklungszusammenarbeit außerhalb der Regelwerke, die LLDC-Listen aufgestellt haben.
[97] Vgl. *Zimmermann*, in: von der Groeben/ Schwarze (Hrsg.), EUV/ EGV, Art. 177, Rn. 63, Fn. 153.
[98] Art. 87f Cotonou, Art. 2f Anhang VI zum Cotonou-Abkommen (ABl. 2000, Nr. L 317/3ff, 277ff).

ten sind aufgrund ihrer meist relativ begrenzten Ressourcen, ihrer externen Abhängigkeiten, ihren hohen Produktionskosten, undiversifizierten Volkswirtschaften, geringen Exportkapazitäten sowie aufgrund ihrer geographischen Lage (Entfernung zum Meer/ abgelegene Insellage) in ihrem Entwicklungsprozess verlangsamt. Der weltweite Liberalismus erhöht darüber hinaus die schwache Position dieser Staaten und gestaltet ihre Integration in die Weltwirtschaft schwierig. Die Inselstaaten sind darüber hinaus meist sehr kleine Staaten und ihre Anfälligkeit für Naturkatastrophen liegt auf der Hand. Die Gemeinschaft versucht infolgedessen, diese Hemmnisse mittels spezifischer Bestimmungen und Maßnahmen zu „neutralisieren" und dadurch das Entwicklungstempo zu beschleunigen.

Die Entwicklungszusammenarbeit der Europäischen Gemeinschaft ist nicht einfach gleichzusetzen mit Entwicklungshilfe. Vielmehr beschreibt sie, worum es der Gemeinschaft schon seit jeher geht: EG und Entwicklungsländer sollen sich nicht als „Gebende und Nehmende"[100] gegenüberstehen; stattdessen gilt es, eine „Gleichheit zwischen den Partnern"[101] – eben eine Zusammenarbeit, eine partnerschaftliche Kooperation – herzustellen, um gemeinsam die wirtschaftliche, politische, soziale und menschliche Entwicklung des jeweiligen Staates voranzutreiben. Dieser Ansatz beruht mitunter auf einem entwicklungspolitischen Paradigma, das die EG zwar bereits früh proklamierte, dessen Realisierung sie jedoch erst im letzten Jahrzehnt energischer forciert hat: Die Entwicklungsländer müssen in erster Linie selbst die Verantwortung für ihre Entwicklung übernehmen[102]. Und hierbei leistet die EG die notwendige Unterstützung, indem sie unterschiedlichste entwicklungspolitische Instrumente bereitstellt, angefangen von der Formulierung gemeinsamer Entwicklungsziele und –prioritäten, der Lancierung technischer, finanzieller, aber auch humanitärer Hilfeprogramme - bis hin zum Einsatz für die Belange der Entwicklungsländer in internationalen Organisationen bzw. die Unterstützung globaler oder regionaler Initiativen zugunsten dieser Länder. Die Bemühungen der Partner, die Lebensbedingungen der Bevölkerung in den Entwicklungsländern zu verbessern, sollen indes weder auf einer ad-hoc Basis noch unabhängig voneinander erfolgen. Die gemeinschaftliche Entwicklungszusammenarbeit als Kooperationspolitik soll vielmehr auf „beiderseitige[n] Verpflichtungen im Dienste gemeinsamer Ziele"[103] basieren – eine Verbindlichkeit, die durch eine hohe Kontraktualität der entwicklungspolitischen Zusammenarbeit gewährleistet wird: Mit beinahe sämtlichen Entwicklungsländern hat die EG – gegebenenfalls zusammen mit den Mitgliedstaaten – mittlerweile entwicklungspolitische Abkommen geschlossen; die ersten davon bereits Anfang der 60er Jahre. Dabei hat es die EG stets verstanden, die jeweils herrschenden theoretischen Prämissen und Einsichten in die Entwicklungsproblematik, vor allem aber ihre eigenen politischen Zielsetzungen in die Beziehungen zu ihren Partnern einfließen zu lassen. Eines dieser jüngeren entwicklungspolitischen Paradigmen, das die EG seit einigen Jahren versucht, verstärkt zu implementieren, stellt die Erstreckung der Entwicklungspartnerschaft auch auf dezentrale Akteure, d.h. auf nicht-staatliche und dezentrale staatliche Akteure, dar. Dieser Aspekt, zusammen mit all den bereits genannten, trägt dazu bei,

---

[99] Art. 89f Cotonou. Art. 4f Anhang VI zum Cotonou-Abkommen (ABl. 2000, Nr. L 317/3ff, 277ff).

[100] S. 10 der Mitteilung der Kommission „*Entwicklungshilfe – Skizze der Gemeinschaftsaktion von morgen*" vom 5.11.1974, abgedruckt in: Sonderbeilage 8/74 zum Bulletin EG.

[101] S. 10 der Mitteilung der Kommission „*Entwicklungshilfe – Skizze der Gemeinschaftsaktion von morgen*" vom 5.11.1974, abgedruckt in: Sonderbeilage 8/74 zum Bulletin EG.

[102] Vgl. bereits S. 20 des Memorandums der Kommission „*Über eine gemeinschaftliche Politik der Zusammenarbeit mit den Entwicklungsländern*" vom 27.7.1971, Zusammenfassung in der Sonderbeilage 5/71 zum Bulletin EG.

[103] „*Grünbuch über die Beziehungen zwischen der Europäischen Union und den AKP-Staaten an der Schwelle zum 21. Jahrhundert*", KOM (1996) 570, endg. vom 20.11.1996, S. 6, fortan zitiert als: Grünbuch der Kommission über die AKP-EG Beziehungen vom November 1996.

dass es sich bei der Entwicklungszusammenarbeit der Europäischen Gemeinschaft mittlerweile um ein komplexes Geflecht vielgestaltiger Beziehungen zwischen der Gemeinschaft – und gegebenenfalls den Mitgliedstaaten - einerseits und den Entwicklungsländern andererseits handelt. Zu Recht also hat sie den Begriff „Entwicklungszusammenarbeit“ für ihre Aktivitäten gewählt, der sich insofern bewusst von dem der „Entwicklungshilfe“ absetzt[104].

Ziel der folgenden Arbeit ist es nun, Licht in diese vielfältigen Beziehungen der Europäischen Gemeinschaften zu ihren Partnerländern zu bringen. Dabei soll der Fokus auf die gegenwärtige bilaterale, regionale Entwicklungszusammenarbeit gelegt werden. Da die aktuellen entwicklungspolitischen Strukturen auf den Entwicklungen der letzten Jahrzehnte fußen, erscheint es für deren Verständnis unerlässlich, zunächst einmal die Geschichte der Entwicklungszusammenarbeit der EG seit Ende der 50er, Anfang der 60er Jahre nachzuzeichnen (Kapitel B). Im Anschluss daran werden die derzeitigen Konzepte der EG zu den besonderen und allgemeinen Zielen der Entwicklungszusammenarbeit gemäß Art. 177I, II EGV vorgestellt (Kapitel C). Obwohl der Einfluss der internationalen entwicklungspolitischen Zusagen und Zielsetzungen i.S.d. Art. 177III EGV auf die Zusammenarbeit mit den Partnerländern immer mehr steigt, muss – um nicht den Rahmen dieser Dissertation zu übersteigen – auf die nähere Untersuchung der internationalen Dimension der gemeinschaftlichen Entwicklungszusammenarbeit hingegen weitgehend verzichtet werden. Alsdann zeigt die Arbeit die primärrechtlichen Handlungsvorgaben für die Entwicklungskooperation auf (Kapitel D): Hierzu zählen zum einen die drei „K's“ – Koordinierung (Art. 180 EGV), Komplementarität (Art. 177I EGV) und Kohärenz (Art. 178 EGV), zum anderen die gemeinschaftsrechtlichen Handlungsformen. In letzterem Zusammenhang sollen indes nicht nur die in Titel XX EGV vorgesehenen Formen – Kooperationsabkommen (Art. 181I2 EGV), Verordnung (Art. 179I EGV) –, sondern zusätzlich auch das Assoziierungsabkommen (Art. 310 EGV) analysiert werden, greift die EG doch auf diese bereits vor der primärrechtlichen Verankerung der Entwicklungszusammenarbeit im EGV normierte, nicht-entwicklungsspezifische Handlungsform aus diversen Gründen auch heute noch gern zurück. Anschließend widmet sich die Dissertation ihrem Hauptschwerpunkt, der regionalen Entwicklungszusammenarbeit der Europäischen Gemeinschaft (Kapitel E). Das Adjektiv „regional“ soll in diesem Kontext den Gegensatz zur „globalen“ Entwicklungskooperation verdeutlichen, d.h. zur Zusammenarbeit, die sich zwar an alle Entwicklungsländer richtet, dafür allerdings eine thematische Eingrenzung vornimmt; diese ist in Verordnungen fixiert. Die regionale Entwicklungszusammenarbeit hingegen wendet sich – zumeist inhaltlich umfassend - an ein Entwicklungsland bzw. an eine Gruppe von Entwicklungsländern. Dabei lassen sich, wie bereits oben angemerkt, drei Regionen benennen, mit denen die EG entwicklungspolitische Beziehungen unterhält: die Gruppe der AKP-Staaten, der Mittelmeerdrittstaaten sowie die der ALA-Staaten. Während die Kooperation zur ersten Gruppe durch ein einziges Abkommen geregelt ist, haben sowohl die einzelnen Mittelmeerdritt- als auch die ALA-Staaten jeweils separate Verträge mit der EG abgeschlossen. Allerdings hält die Gemeinschaft für jede dieser Regionen eine einheitliche Finanzverordnung bereit, durch die diese deshalb „verbunden“ werden. Abgesehen davon kennzeichnen sich die Konventionen mit den Mittelmeerdrittstaaten – im Gegensatz zu denen der ALA-Staaten – durch im Wesentlichen gleiche Vertragsinhalte; eine „Typisierung“ der regionalen Zusammenarbeit mit diesen Staaten erscheint demnach eher möglich. Da jedoch eine gewisse Typisierung im Rahmen dieser Arbeit unerlässlich ist, vermag Kapitel E die regionale Entwicklungszusammenarbeit mit den ALA-Staaten nicht zu berücksichtigen; ausführlich beschrieben wird daher ausschließlich die regionale Entwicklungspartnerschaft mit den AKP-Staaten sowie mit Tunesien – als Repräsentant der Mittelmeerdrittstaaten. Eine Zusammenfassung die-

---

[104] Vgl. *Zimmermann/ Martenczuk*, in: Schwarze (Hrsg.), EU-Kommentar, Art. 177, Rn. 7.

ses Hauptschwerpunktes sowie ein Ausblick auf die künftige Entwicklungszusammenarbeit sollen diese Arbeit abschließen (Kapitel F).
Die Perspektive dieser Arbeit ist hauptsächlich eine rechtliche; politische und ökonomische Faktoren können indes nicht von der rechtlichen Analyse getrennt werden, da sie zum einen zum Verständnis der Rechtsvorschriften beitragen und zum anderen die Art und Weise der Durchführung der Bestimmungen entscheidend prägen. Andererseits führen gerade diese Rahmenbedingungen, gepaart mit der unglaublichen Dynamik der Entwicklungskooperation, dazu, dass eine umfassende rechtliche Analyse dieser Thematik problematisch, wenn nicht gar unmöglich erscheint. Ziel dieser Arbeit kann es von daher nur sein, einen vertieften Einblick in die rechtlichen Strukturen der gegenwärtigen Entwicklungszusammenarbeit der Europäischen Gemeinschaft zu geben.

B. Geschichte der Entwicklungszusammenarbeit der Europäischen Gemeinschaft

Wirft man einen Blick auf die heute sachlich umfassende, globale europäische Entwicklungszusammenarbeit, so erscheint es geradezu befremdlich, wie spät eine spezifische rechtliche Grundlage hierfür geschaffen wurde: Obwohl die politischen Anfänge bereits auf die Assoziierung[1] der überseeischen Länder und Gebiete zurückgehen, entbehrten sowohl der Vertrag zur Gründung der Europäischen Wirtschaftsgemeinschaft (EWGV)[2] als auch die spätere Einheitliche Europäische Akte (EEA)[3] einer diesbezüglichen Rechtsgrundlage. Erst im Titel XVII des Maastricht-Vertrages von 1993 (Titel XX EGV nach der Umnummerierung durch den Amsterdamer Vertrag[4]) wurde die Entwicklungszusammenarbeit als eigenständige Gemeinschaftspolitik aufgenommen. Bis zur dieser kontraktuellen Normierung unterzog sich die Entwicklungspolitik grundlegenden Änderungen, die überwiegend weltpolitische Veränderungen sowie entwicklungspolitische Paradigmenwechsel widerspiegelten. Wobei freilich zu konzedieren ist, dass sich die Entwicklungspolitik ohne die „politische[...] Gestaltungskraft"[5] der Gemeinschaft infolge einer konstruktiven Aufgabenwahrnehmung ihrer Organe gewiss weniger dynamisch fortbewegt hätte. Eben diese Gründe beschieden entwicklungspolitischen Konzepten aber auch nach Maastricht weiterhin mitunter kurze Halbwertszeiten. Ähnliches gilt für die heute geltenden Entwicklungsstandards.

Die Aufgabe dieses Kapitels wird es sein, die Entwicklungen der letzten Dekaden unter diesem Blickwinkel zu untersuchen - denn sie legen den Grundstein für das Verständnis der gegenwärtigen Entwicklungszusammenarbeit.

I. Anfänge: historisch bedingte regionale Konzentration der Entwicklungszusammenarbeit

Ziel des EWGV war es zunächst, die wirtschaftlichen Beziehungen seiner Gründungsmitglieder untereinander zu regeln; eine weitergehende Einbeziehung eines Entwicklungshilfeprogramms hätte die Gründungsväter überfordert[6]. Zu diesen wirtschaftlichen Verflechtungen gehörten auch die der Mitgliedsstaaten zu ihren überseeischen Ländern und Gebieten, die es in einer wie auch immer gearteten „Assoziierungsbestimmung" vertraglich zu normieren galt. Zu Beginn jener „Assoziierungsverhandlungen" jedoch konnte noch keiner damit rechnen, mit ihnen den Grundstein für eine Politik zu legen, für die es zum damaligen Zeitpunkt sogar noch an der dazugehörigen Begrifflichkeit mangelte - man denke nur an die heute so gängigen Begriffe wie Entwicklung, Entwicklungsländer, Entwicklungszusammenarbeit bzw. –politik, die Mitte der 50er Jahre keineswegs zum Bestandteil des alltäglichen Sprachgebrauchs gehörten.

---

[1] Ebenso: Assoziation.

[2] BGBl. II 1957, S. 1ff, 766ff. Der Vertrag zur Gründung der Europäischen Wirtschaftsgemeinschaft, zusammen mit dem Vertrag zur Gründung der Europäischen Atomgemeinschaft (EAG) nach dem Ort ihrer Unterzeichnung auch „Römische Verträge" genannt, trat am 1.1.1958 in Kraft.

[3] ABl. 1987, Nr. L 169/1ff. Die EEA trat am 1.7.1987 in Kraft.

[4] BGBl. II 1998, S. 387ff. Der Vertrag von Nizza (*Sartorius II*, Nr. 150) behält die Nummerierung bei. Werden fortan Vorschriften des EGV zitiert, so ist damit die durch den Amsterdamer Vertrag neu nummerierte Fassung des EGV gemeint.

[5] *Frisch*, in: Groeben/ Thiesing/ Ehlermann (Hrsg.), EU-/ EG-Vertrag, vor Art. 130u bis 130y, Rn. 1.

[6] *Arnim*, Die Entwicklungspolitik der Europäischen Gemeinschaften, in: ZfZ 1984, S. 290ff, 290.

1. Assoziierung der überseeischen Länder und Gebiete (ÜLGs)

Noch spät während der Verhandlungen der sechs Gründungsmitglieder[7] zur künftigen Europäischen Wirtschaftsgemeinschaft (EWG) machte Frankreich die vertragliche Normierung der „besonderen Beziehungen" der Wirtschaftgemeinschaft zu ihren überseeischen Kolonial- und Treuhandgebieten zur Bedingung für das Zustandekommen der EWG[8]. Hintergrund dieser Forderung war die außerordentlich enge wirtschaftliche und politische Verflechtung Frankreichs mit seinem Kolonialbesitz[9], die es im Zuge der europäischen Einigung keinesfalls einbüßen wollte. Ein anderer Aspekt für dieses Ansinnen muss aber auch in der Tatsache gesehen werden, dass sich jene Gebiete für Frankreich zu einer immer größeren finanziellen Belastung, ja Überforderung, entwickelten; eine Einbeziehung der Überseegebiete sollte zu einer Verlagerung und Aufteilung dieser Kosten auf die geplante EWG und damit auch seiner Mitgliedstaaten führen[10].
Nachdem Deutschland nach dem Ersten Weltkrieg keine Kolonialmacht mehr war, stießen hier die Pläne Frankreichs über die Angliederung der überseeischen Gebiete infolgedessen auf Ablehnung. Der einzig erkennbare Vorteil einer Assoziierung für die Staaten ohne Kolonialgebiete schien nämlich nur darin zu bestehen, Zugang zu neuen Märkten zu erlangen[11]. Letztendlich konnte sich aber Frankreich mit der Unterstützung in erster Linie von Belgien, aber auch von Italien durchsetzen, die ebenfalls Kolonien bzw. Treuhandgebiete einzubringen hatten und daher grundsätzlich ebenso von den genannten Beweggründen geleitet wurden[12]. Deutschland lenkte schließlich ein, wollte es doch die Gründung der Gemeinschaft nicht an dieser Frage scheitern lassen[13].
Die Einigung der Vertragsparteien über die Regelung der „besonderen Beziehungen"[14] zu den überseeischen Ländern und Gebieten[15] fand schließlich im Vierten Teil (Assoziierung der Überseeischen Länder und Gebiete, Art. 131 bis 136) des EWGV sowie in einem auf fünf Jahre befristeten Durchführungsabkommen[16] ihren Niederschlag. Die Römischen Verträge sowie das Durchführungsabkommen traten am 1.1.1958 in Kraft. Die Vorschriften des Vier-

---

[7] Belgien, Bundesrepublik Deutschland, Frankreich, Italien, Luxemburg und die Niederlande.
[8] Als Quellen für den geschichtlichen Überblick dieses Unterabschnitts wurden hauptsächlich benutzt: *Becker*, Partnerschaft von Lomé, S. 17ff; *Frisch*, in: Groeben/ Thiesing/ Ehlermann (Hrsg.), EU-/ EG-Vertrag, vor Art. 130u bis 130y, Rn. 1ff; *Brandtner/ Pirzio-Biroli*, Die Entwicklungspolitik der EU, in: Röttinger/ Weyringer (Hrsg.), Handbuch der europäischen Integration, S. 580ff; *Lister*, The European Community, S. 1ff.
Zur letzten Phase der Vertragsverhandlungen: *Loch*, Der Weg zu den Assoziierungsabkommen, in: Loch/ Hasenpflug (Hrsg.), Die Assoziierungs- und Präferenzpolitik der EG, S. 11ff, 21f.
[9] Ausführlich zum Kolonialbesitz Frankreichs, insbesondere zu seinen politischen Verflechtungen mit ihm: *Wolfram*, Die Assoziierung überseeischer Gebiete an die EWG, S. 65ff.
Einen chronologischen Überblick über die Unabhängigkeitsbewegungen seit 1945 verschafft: *Ploetz*, Der grosse Ploetz, S. 1386f.
[10] Zu diesen und weiteren Motiven: *Wolfram*, Die Assoziierung überseeischer Gebiete an die EWG, S. 41f; *Becker*, Partnerschaft von Lomé, S. 18; *Loth*, Der Weg nach Europa, S. 122.
[11] Zu weiteren vorgetragenen Bedenken: *Wolfram*, Die Assoziierung überseeischer Gebiete an die EWG, S. 42f.
[12] Zum Kolonialbesitz bzw. zur Treuhandsverwaltung dieser Länder sowie der Niederlanden (letztere standen der Assoziierung eher kritisch gegenüber): *Wolfram*, Die Assoziierung überseeischer Gebiete an die EWG, S. 81ff (Belgien), 83f (Niederlande), 84f (Italien).
[13] Zu weiteren Gründen für dieses Einlenken: *Becker*, Partnerschaft von Lomé, S. 18.
[14] Vgl. Art. 131I EWGV; bewusst vermied man den Begriff „kolonial", um die sich wandelnden Beziehungen der Kolonien zu ihren Mutterländern zu berücksichtigen (vgl. *Wolfram*, Die Assoziierung überseeischer Gebiete an die EWG, S. 53f). Zum umstrittenen Inhalt des Terminus „besondere Beziehungen": *Wolfram*, Die Assoziierung überseeischer Gebiete an die EWG, S. 53ff.
[15] Anhang IV zum EWGV legte die hiervon begünstigten Länder und Gebiete fest.
[16] BGBl. II 1957, S. 998ff. Dieses zweiteilige System – Verankerung der Assoziierung im EWGV und parallel hierzu Abschluss eines befristeten, auf Art. 136II EWGV gestützten Durchführungsabkommens - sollte den Mitgliedstaaten ermöglichen, nach Ablauf eines Abkommens stets neu über den genauen Inhalt der (als solche endgültig beschlossenen) Assoziation verhandeln zu können (vgl. *Becker*, Partnerschaft von Lomé, S. 20, Fn. 9).

ten Teils sahen eine „konstitutionelle Assoziierung“[17] dieser Gebiete vor: Mangels eigener Rechtspersönlichkeit und völkerrechtlicher Vertretungsmacht infolge fehlender Staatsqualität[18] war keine „klassische“, das heißt auf bi- oder multilateralen völkerrechtlichen Verträgen zwischen gleichberechtigten und souveränen Partnern basierende Assoziierung möglich[19]. Vielmehr mussten die Mutterländer und künftigen Mitglieder der EWG ihre abhängigen Gebiete, für die sie völkerrechtlich verantwortlich und ergo völkerrechtlich vertretungsbefugt waren, mit Zustimmung der restlichen Gründungsmitglieder durch eben diese Bestimmungen im Gründungsvertrag an die EWG „assoziieren“[20].
Rechtlich betrachtet begründet eine konstitutionelle Assoziierung ähnlich ihrem klassischen Pendant einen „Sonderstatus“ in internationalen Organisationen – hier in der EWG: Die „assoziierten“ Gebiete sind durch ein Rechtsverhältnis besonderer Art[21] an die EWG angeschlossen, ohne dadurch in eine mitgliedstaatliche Beziehung getreten zu sein (vgl. Art. 227III UA 1 EWGV/ Art. 299III UA 1 EGV). Dieses Rechtsverhältnis besonderer Art führt zu einer beschränkten Anwendbarkeit der Regeln des EWGV und somit zu einer beschränkten Teilnahme an den Rechten und Pflichten. Letztere werden jedoch allein durch die Mutterländer der Assoziierten wahrgenommen; zwischen den assoziierten Gebieten und der Gemeinschaft werden daher keine völkerrechtlichen Beziehungen hergestellt[22]. Konträr zur vertraglichen Assoziierung erübrigt sich hier indes eine institutionelle Teilnahme der assoziierten Gebiete, sind doch ihre Vertreter bereits in allen Organen der EWG repräsentiert[23].
Ziel dieser prinzipiell unbefristet angelegten Assoziierung war die „Förderung der wirtschaftlichen und sozialen Entwicklung der Länder und Hoheitsgebiete und die Herstellung enger Wirtschaftsbeziehungen zwischen ihnen und der gesamten Gemeinschaft“ (Art. 131II, vgl. auch Präambel VII EWGV). Dabei „soll die Assoziierung in erster Linie den Interessen der Einwohner dieser Länder und Hoheitsgebiete dienen und ihren Wohlstand fördern, um sie der von ihnen erstrebten wirtschaftlichen, sozialen und kulturellen Entwicklung entgegenzuführen“ (Art. 131III EWGV). So wurden im Vierten Teil des EWGV sowie im Durchführungsabkommen vor allem die Handelsbeziehungen[24] festgelegt. Langfristiges Ziel war es hierbei, gleichzeitig mit der innerhalb der EWG geplanten Zollunion die Zölle schrittweise abzuschaffen und befristete Handelsregelungen einzuführen[25]. Bereits in dieser Zielsetzung kommt die ursprüngliche entwicklungspolitische Konzeption der EWG zum Ausdruck: „Aid by trade“. Entwicklungspolitik – bzw. zu diesem Zeitpunkt noch: Assoziierungspolitik - wurde demnach nicht als einseitige Unterstützung der Entwicklungsländer/ der abhängigen Länder und Gebiete begriffen. Vielmehr kam ihr die Funktion als langfristig angelegte handelspolitische Strategie zu – was natürlich das wirtschaftliche Eigeninteresse der EWG an der Konzipierung einer solchen Politik deutlich reflektiert[26]. Dass vorbehaltlich etwaiger Schutzmaßnahmen darüber

---

[17] *Wolfram*, Die Assoziierung überseeischer Gebiete an die EWG, S. 50.
[18] Zum völkerrechtlichen Status dieser Kolonien: *Wolfram*, Die Assoziierung überseeischer Gebiete an die EWG, S. 65ff.
[19] Von diesem Assoziierungstypus geht Art. 310 EGV/ 238 EWGV aus. Hierzu detailliert unten Kapitel D „Gemeinschaftsrechtliche Handlungsvorgaben“, Abschnitt D.II.2.1.
[20] *Wolfram*, Die Assoziierung überseeischer Gebiete an die EWG, S. 36f, 50ff.
[21] Vgl. EuGH, Gutachten 1/94, WTO, Slg. 1994, I-5267ff, I-5394, Rn. 17.
[22] Vgl. *Wolfram*, Die Assoziierung überseeischer Gebiete an die EWG, S. 37, 49ff; *Martenczuk/ Zimmermann*, in: Schwarze (Hrsg.), EU-Kommentar, Art. 182, Rn. 7.
[23] *Wolfram*, Die Assoziierung überseeischer Gebiete an die EWG, S. 50. Mehr zu den beschränkten Einwirkungsmöglichkeiten der überseeischen Länder und Gebiete mit weiteren Fundstellen: *Becker*, Partnerschaft von Lomé, S. 23.
[24] Vgl. Art. 132 Nr. 1, 2, 133f EWGV, Art. 9ff des Durchführungsabkommens (BGBl. II, 1957, S. 998ff).
[25] *Bachmann*, Die Präferenzregelungen der EG, in: ZfZ 1989, S. 13ff, 34ff.
[26] Vgl. *Grabitz*, Die Entwicklungspolitik der Europäischen Gemeinschaften, in: EuR 1977, S. 217ff, 223f; *Lingnau*, Neue Elemente in der Entwicklungszusammenarbeit, S. 6.

hinaus weitere wesentliche Vorschriften des EWGV (Niederlassungsfreiheit[27], Freizügigkeit für Arbeitskräfte[28]) Anwendung fanden, ändert nichts an der grundsätzlichen Geltung dieses Paradigmas.
Zur Finanzierung dieser Assoziierung, die sich in der ersten Zeit im Wesentlichen auf die wirtschaftliche Infrastruktur konzentrierte, wurde der 1. Europäische Entwicklungsfonds (EEF)[29] ins Leben gerufen. Dieses entwicklungspolitische Kernstück stellt ein Sondervermögen ohne eigene Völkerrechtspersönlichkeit[30] dar, das durch einen völkerrechtlichen Vertrag zwischen den Mitgliedstaaten errichtet wird – ein rechtliches Konstrukt, das die finanziellen Lasten des kolonialen Erbes der vier Partner auf sämtliche Gründungsmitglieder zu verteilen vermochte. Während der ersten fünf Jahre flossen dem EEF von den Mitgliedstaaten 581 RE (Rechnungseinheiten) zu.

In dieser Phase bereits von einer europäischen Entwicklungspolitik ohne Wenn und Aber zu sprechen, ginge an der Realität vorbei: Zwar war in Absatz VII der Präambel des EWG die Formulierung enthalten, „die Verbundenheit Europas mit den überseeischen Ländern zu bekräftigen, und in dem Wunsch, entsprechend den Grundsätzen der Satzung der Vereinten Nationen[31] den Wohlstand der überseeischen Länder zu fördern", die hierauf hindeuten könnte. Diese Erklärung bezog sich aber ausschließlich auf die abhängigen Gebiete im Sinne der Art 131ff EWGV, für die die EWG Verantwortung übernehmen und infolgedessen allein in die Römischen Verträge einbeziehen wollte[32].

2. Abkommen von Jaunde, Lagos und Arusha

Fast alle so assoziierten Staaten hatten jedoch zu Beginn der 60er Jahre, noch vor Ablauf des ersten Durchführungsabkommens, ihre volle staatliche Unabhängigkeit[33] erlangt. Eine für die Zukunft des Assoziationsverhältnisses entscheidende Wendung, schieden sie doch automatisch aus dem Assoziationsverhältnis aus[34]. Mit Ausnahme von Guinea[35] bekundeten die 18 unabhängig gewordenen und somit völkerrechtlich souveränen Staaten durch Erklärungen[36] gegenüber der EWG ihren Willen, an der nunmehr vertraglichen Assoziierung festzuhalten[37]. Aber auch die Gemeinschaft hatte schon allein aus ökonomischen Überlegungen heraus großes Interesse an der Beibehaltung bzw. Erweiterung der bisherigen Beziehungen. Wohl blieb auch die moralische Verpflichtung bestehen, sich gegenüber den ehemaligen Kolonien ebenso nach ihrer Unabhängigkeit weiterhin solidarisch zu zeigen und so zu versuchen, die Folgen

[27] Vgl. Art. 132 Nr. 5 EWGV i.V.m. Art. 8 des Durchführungsabkommens (BGBl. II 1957, S. 998ff).
[28] Vgl. Art. 135 EWGV.
[29] Auch EDF – European Development Fund.
[30] *Henze*, Aufgaben- und Ausgabenkompetenz der EG, in: EuR 1995, S. 76ff, 77.
[31] Gemeint ist vor allem Art. 73 UN-Charta (abgedruckt in: *Sartorius II*, Nr. 1). Vgl. hierzu: *Wolfram*, Die Assoziierung überseeischer Gebiete an die EWG, S. 45.
[32] *Grabitz*, Die Entwicklungspolitik der Europäischen Gemeinschaften, in: EuR 1977, S. 217ff, 222f; *Arnim*, Die Entwicklungspolitik der Europäischen Gemeinschaften, in: ZfZ 1984, S. 290ff, 290.
[33] Infolgedessen teilte die Kommission die in Anhang IV (abgedruckt in: *Becker*, Partnerschaft von Lomé, S. 24, Fn. 24) aufgelisteten überseeischen Länder und Gebiete in zwei Gruppen auf: 1. Länder, die gegenüber ihren Mutterländern in derselben politischen und administrativen Stellung geblieben sind; 2. Länder, die mit der völligen Unabhängigkeit eine grundlegend neue Rechtsstellung erhalten haben.
[34] Vgl. *Bachmann*, Die Präferenzregelungen der EG, in: ZfZ 1989, S. 13ff, 34ff; S. 40f mit kurzem Hinweis auf die entgegenstehende Meinung.
[35] Zur vorübergehenden Loslösung Guineas vom Assoziierungsverhältnis mit der EWG: *Becker*, Partnerschaft von Lomé, S. 24f; *Wolfram*, Die Assoziierung überseeischer Gebiete an die EWG, S. 104f.
[36] Zum Charakter dieser Erklärungen: *Wolfram*, Die Assoziierung überseeischer Gebiete an die EWG, S. 94ff.
[37] *Kommission*, Europa – dritte Welt, ein Dialog, S. 22.

der Dekolonisierung ökonomisch und psychologisch aufzufangen[38]. Die Souveränität dieser neuen Staaten machte zwar einige Modifizierungen[39] des bestehenden Assoziationsverhältnisses unerlässlich, die grundlegenden Bestimmungen blieben jedoch erhalten[40]. Ein wichtiges Novum stellte die Schaffung eines „Ad-hoc-Assoziationsrates" dar, der sich aus dem EWG-Ministerrat und den erstmals gleichberechtigten, zuständigen Ministern der überseeischen Staaten zusammensetzte[41]. Die erste Tagung dieses Interimsausschusses fand Ende 1961, ein Jahr vor Ablauf des Durchführungsabkommens, statt. Ziel der versammelten 17 afrikanischen Staaten sowie Madagaskar (AASM – Assoziierte Afrikanische Staaten und Madagaskar)[42], des EWG-Ministerrates und der Kommission war es, nun erstmalig auf der Basis völliger Gleichberechtigung und im gegenseitigen Einvernehmen die Grundsätze und Zielsetzungen des Nachfolgeabkommens für das am 31.12.1962 ablaufende Durchführungsabkommen herauszuarbeiten[43].

Nach den sich an die gemeinsame Zielfindung anschließenden Verhandlungen wurde das erste Assoziationsabkommen[44], das Abkommen von Jaunde[45], am 20. Juli 1963 unterzeichnet. Das Abkommen trat am 1.6.1964 für eine Laufzeit von fünf Jahren in Kraft. Ziel dieses Abkommens war u.a. die weitere Förderung des wirtschaftlichen, sozialen und kulturellen Fortschritts zwischen den assoziierten Staaten und der Gemeinschaft. Hierzu sollten die gegensei-

---

[38] *Arnim*, Die Entwicklungspolitik der Europäischen Gemeinschaften, in: ZfZ 1984, S. 290ff, 290; *Grabitz*, Die Entwicklungspolitik der Europäischen Gemeinschaften, in: EuR 1977, S. 217ff, 217.

[39] Zu den Änderungen vgl. *Becker*, Partnerschaft von Lomé, S. 25.

[40] Ausführlich zu dieser Neuregelung des Assoziationsverhältnisses zwischen der EWG und den Assoziierten Afrikanischen Staaten und Madagaskar: *Everling*, Die Neuregelung des Assoziationsverhältnisses, in: ZaöRV 1964, S. 472ff; *Lister*, The European Community, S. 34ff.

[41] *Becker*, Partnerschaft von Lomé, S. 25.

[42] Burundi, Dahomé, Elfenbeinküste, Gabun, Kamerun, Kongo-Brazzaville, Kongo-Léopoldville, Madagaskar, Mali, Mauretanien, Niger, Obervolta, Ruanda, Senegal, Somalia, Togo, Tschad und Zentralafrikanische Republik.

[43] Mehr hierzu: *Becker*, Partnerschaft von Lomé, S. 26.

[44] Auch: Assoziierungsabkommen.

[45] ABl. 1964, S. 1431ff. Nach der Hauptstadt Kameruns, dem Ort seiner Unterzeichnung, benannt. In zahlreichen Dokumenten findet sich auch die Schreibweise „Yaoundé".

Obwohl in diesem und im folgenden Abkommen von Jaunde keine gemeinschaftsrechtliche Rechtsgrundlage genannt wurde, handelt es sich um Assoziationsverträge im Sinne von Art. 238 EWGV/ Art. 310 EGV (*Bachmann*, Die Präferenzregelungen der EG, in: ZfZ 1989, S. 13ff, 34ff, 37; vgl. auch *Grabitz*, Die Entwicklungspolitik der Europäischen Gemeinschaften, in: EuR 1977, S. 217ff, 224). Vertragspartner dieses Abkommens waren neben den AASM, den „assoziierten Staaten", die EWG und ihre sechs Mitgliedstaaten (vgl. die in der Präambel aufgelisteten Vertragsparteien). Es handelt sich deshalb um ein sog. „gemischtes Abkommen". Ausführlich zum Assoziationsabkommen unten Kapitel D „Gemeinschaftsrechtliche Handlungsvorgaben", Abschnitt D.II.2.1.

Die Assoziation mit den abhängig gebliebenen überseeischen Ländern und Gebieten wurde neu geregelt. Die Beziehungen zu den mittlerweile nur noch 21 ÜLGs sind nunmehr in den Art. 182-188 in Verbindung mit Anhang II EGV und dem jeweiligen Durchführungsbeschluss auf Grundlage des Art. 187 EGV (zuletzt: Beschluss 2001/822/EG des Rates vom 27.11.2001, ABl. 2001, Nr. L 314/1ff, ABl. 2001, Nr. L 324/1ff) geregelt. Als historischer Ausgangspunkt für die Entwicklungspolitik der EG ist die Assoziierung nach Art. 182ff EGV jedoch stets eng mit ihr verknüpft geblieben, was sich vor allem an der inhaltlichen und zeitlichen Parallelität zwischen dem Abschluss der Lomé- bzw. des Cotonou-Abkommen(s), den Jaunde-Nachfolgeabkommen, einerseits und der Durchführungsabkommen andererseits ablesen lässt. Die Verknüpfung zwischen den AKP-Staaten und den ÜLGs wird auch dann evident, wenn man das erheblich erleichterte Beitrittsverfahren eines unabhängig gewordenen ÜLGs zum Partnerschaftsabkommen von Cotonou (ABl. 2000, Nr. L 317/1ff), dem derzeitigen Lomé-Nachfolgeabkommen, betrachtet: die Erklärung XVI (ABl. 2000, Nr. L 317/320) zum Abkommen von Cotonou ist nach *Schmalenbach* (in: Schwarze (Hrsg.), EU-Kommentar, Art. 182, Rn. 1) eine antizipierte Einverständniserklärung der EG, ihrer Mitgliedstaaten und der AKP-Staaten zum Beitritt eines ehemaligen ÜLGs nach Art. 94 des Cotonou-Abkommens.

tigen Wirtschaftsbeziehungen entwickelt und die Wirtschaft sowie die Industrialisierung der assoziierten Staaten diversifiziert werden[46].
Inhaltlich fanden sich wiederum Bestimmungen über den Warenverkehr (Art. 2ff Jaunde I[47]). Ziel dieser handelspolitischen Regelungen war die schrittweise, reziproke Abschaffung von Zöllen, Abgaben gleicher Wirkung, mengenmäßigen Beschränkungen und Maßnahmen gleicher Wirkung (Art. 2I, II, 3I, II, 5I, 6I, II Jaunde I)[48] bei der Einfuhr von gewerblichen Erzeugnissen in die Gemeinschaft bzw. in die AASM-Staaten. Diese Präferenzen galten indes nur für „Ursprungserzeugnisse" aus den Mitgliedstaaten bzw. den assoziierten Staaten. Die Einfuhrförderung von Produkten durch Präferenzen erscheint nämlich grundsätzlich nur dann gerechtfertigt, wenn die eigentliche Wertschöpfung de facto auch in dem betreffenden präferenzbegünstigten Land stattfindet. Zu diesem Zwecke legen „Ursprungsregeln", hier ein Protokoll[49], z.B. Grad und Art der Be- und Verarbeitung fest, die erforderlich sind, damit einem Produkt die „Ursprungseigenschaft" zuerkannt werden kann, wenn zur Herstellung des betreffenden Erzeugnisses auf aus Drittstaaten importierte Materialien, Einzelteile etc. zurückgegriffen wird[50]. Ein Sonderregime bestand allerdings für gleichartige, mit europäischen Agrarprodukten konkurrierende AASM - Erzeugnisse, mithin für „sensible" Waren (Art. 11 Jaunde I).
Weitere Regelungen normierten das Niederlassungsrecht (Art. 29ff Jaunde I), den Dienstleistungsverkehr (Art. 29ff Jaunde I) sowie neu den Zahlungs- und Kapitalverkehr (Art. 35 Jaunde I). Neben der finanziellen Hilfe in Form von Investitionen war man nun auch gewillt, technische Unterstützung zu leisten (Art. 15ff Jaunde I). Darunter versteht man die Vermittlung technischer, wirtschaftlicher und organisatorischer Kenntnisse und Fähigkeiten an die Entwicklungsländer, d.h. entsendet und finanziert beispielsweise Berater, Ausbilder, Sachverständige oder andere Fachkräfte, liefert Ausrüstung und Material, oder aber stellt Dienst- und Werkleistungen zur Verfügung[51]. Die Mittel in Höhe von 666 Millionen RE[52] stellte nun der 2. EEF zur Verfügung, im Gegensatz zum 1. EEF nicht nur als nicht-rückzahlbare Zuschüsse, sondern auch in Form von Darlehen (vgl. Art. 16 Jaunde I). Zur Finanzierung steuerte fortan gleichfalls die Europäische Investitionsbank (EIB, 64 Millionen RE, Art. 16b Jaunde I) bei. Der Schwerpunkt der Förderung im Rahmen von Jaunde I lag auf dem produktiven Bereich und dessen Diversifizierung mit erhöhtem Augenmerk auf die Landwirtschaft[53].
Eine essenzielle Neuerung brachte schließlich die Schaffung paritätisch zusammengesetzter Organe, nachdem die konstitutionelle Assoziierung ja keine derartige institutionelle Teilnahme der Assoziierten erfordert hatte: Der Assoziationsrat (Art. 40ff Jaunde I), die Parlamentarische Konferenz (Art. 50 Jaunde I) und das Schiedsgericht (Art. 51 Jaunde I) ermöglichten fortan eine institutionalisiertere Zusammenarbeit, von der sich sowohl die EWG als auch die neuen unabhängigen Staaten eine konstruktivere Assoziierung erhofften.

---

[46] Vgl. Präambeln V, VI sowie Art. 1 des Abkommens von Jaunde. Die wichtigsten Regelungen beschreibt: *Becker*, Partnerschaft von Lomé, S. 27ff.
[47] Das Abkommen wird fortan zumeist als Jaunde I bezeichnet.
[48] Zu den Ausnahmen für die AASM: Art. 3II UA 3, 4, Art. 6III, Art. 10, S. 1, Art. 13 Jaunde I. Diese Ausnahmen wurden vom Grundsatz beherrscht, dass sie nicht zur Diskriminierung zwischen den Mitgliedstaaten führen durften (Art. 3II UA 3, Art. 6IV UA 2, Art. 10 S. 2 Jaunde I).
[49] Protokoll Nr. 3 (ABl. 1964, S. 1449).
[50] Voranstehend: *Brandtner/ Pirzio-Biroli*, Die Entwicklungspolitik der EU, in: Röttinger/ Weyringer (Hrsg.), Handbuch der europäischen Integration, S. 580ff, 615.
[51] Vgl. *Nohlen*, Stichwort „Technische Hilfe/ Zusammenarbeit", in: Nohlen (Hrsg.), Lexikon Dritte Welt, S. 778.
[52] Vgl. Protokoll Nr. 7 über den Wert der RE (ABl. 1964, S. 1456).
[53] Vgl. Art. 17 Jaunde I für einen Überblick über den genauen Verwendungszweck.

Kritik an Jaunde I gab es genug[54]. Dennoch hatte sich dieses Übereinkommen seit den doch wenig strukturierten Anfängen der Assoziierung in den Römischen Verträgen als ein durchaus bewährtes Kooperationsmodell herauskristallisiert, das von beiden Vertragsseiten nie wirklich in Abrede gestellt wurde und an dem grundsätzlich festgehalten werden sollte[55]. So schlossen die AASM, die EWG und ihre Mitgliedstaaten[56] am 29. Juli 1969 wiederum in Jaunde das zweite Abkommen ab, das am 1. Januar 1971 mit einer Laufzeit von fünf Jahren in Kraft trat[57]. Die programmatischen Ziele von Jaunde II wurden zwar um die Förderung der Industrialisierung und Begünstigung der regionalen Zusammenarbeit in Afrika gegenüber Jaunde I erweitert (Art. 1 UA 2 Jaunde II). Doch davon abgesehen bot Jaunde II inhaltlich kaum Neues: Es ließ die Regelungen[58] über die Organe (Art. 41ff Jaunde II[59]), das Niederlassungsrecht (Art. 31ff Jaunde II), den Dienstleistungs- (Art. 31ff Jaunde II) sowie den Zahlungs- und Kapitalverkehr (Art. 37 Jaunde II) im Wesentlichen unverändert. Für den Warenverkehr zwischen der EWG und den AASM galt nach der Umsetzung der Jaunde I - Bestimmungen das in den Art. 2I, 3I Jaunde II verankerte Prinzip völliger Zollfreiheit. Von dieser Zollbefreiung bei der Einfuhr in die Mitgliedstaaten teilweise ausgenommen waren erneut gewisse Agrarprodukte (Art. 2II Jaunde). Mengenmäßige Beschränkungen oder Maßnahmen gleicher Wirkung wurden beiderseits weitgehend aufgehoben (Art. 6I, 7I Jaunde II). Lediglich die Bestimmungen über die finanzielle und technische Zusammenarbeit (Art. 17ff Jaunde II) wurden aufgrund der Erfahrungen mit Jaunde I stärker modifiziert. Finanziert wurden die Investitionen gemäß Art. 18 Jaunde II wiederum vom 3. EEF (828 Millionen RE[60]) sowie von der EIB (90 Millionen RE).

Inzwischen aber mehrten sich gewichtige Stimmen innerhalb der Mitgliedstaaten der EWG dahingehend, die regionale Begrenzung der Assoziationspolitik überwinden zu wollen. Schließlich manifestierte sich dieser Wille 1966 in der Unterzeichnung eines Assoziationsabkommens, des sog. Lagos-Abkommens[61], durch Nigeria - als ehemalige britische Kolonie ohne koloniale Vergangenheit mit einem der EWG-Gründerstaaten - und die Gemeinschaft. Dieses Abkommen wurde jedoch u.a. wegen des Sezessionskrieges in Biafra nie ratifiziert[62]. Weitere Assoziationsverhandlungen fanden auch mit den nicht frankophonen Ländern der Ostafrikanischen Wirtschaftsgemeinschaft Kenia, Uganda und Tansania statt. Die Verhandlungen führten im Juli 1986 in Arusha, dem Sitz der Organisation der Ostafrikanischen Wirtschaftsgemeinschaft, zur Unterzeichnung eines Assoziationsabkommens, dem sog. Arusha-Abkommen. Aber auch dieses Abkommen scheiterte am Ratifizierungsverfahren. Hier jedoch bemühten sich die Parteien um erneute Assoziationsverhandlungen, so dass das sog. Arusha II-Abkommen[63] am 1.1.1971 in Kraft trat. Dieser im Wesentlichen an Jaunde II angelehnte

[54] *Frisch*, in: Groeben/ Thiesing/ Ehlermann (Hrsg.), EU-/ EG-Vertrag, vor Art. 130u bis 130y, Rn. 4.
[55] Vgl. *Clauss*, Die Dritte Phase der Europäisch-Afrikanischen Assoziierung, in: VRÜ 1968, S. 453ff, 453; *Becker*, Partnerschaft von Lomé, S. 36. Man sprach auch bereits von einem „neuartigen Modell der Nord-Süd-Beziehungen" (vgl. *Becker*, Partnerschaft von Lomé, S. 36).
[56] Wiederum handelte es sich also um ein „gemischtes Abkommen".
[57] ABl. 1970, Nr. L 282/2ff. Mit Wirkung zum 14. Mai 1973 trat darüber hinaus Mauritius als erste britische Kolonie Jaunde II bei (ABl. 1973, Nr. L 288/2ff). Dieses Beitrittsabkommen mit Mauritius war das erste Abkommen mit einem Entwicklungsland, das die EWG offen auf Art. 238 EWGV stützte (vgl. Präambel I des Abkommens).
[58] Ausführlich zum Inhalt des Abkommens: *Becker*, Partnerschaft von Lomé, S. 36ff.
[59] Das Zweite Abkommen von Jaunde wird fortan als Jaunde II bezeichnet.
[60] Vgl. Protokoll Nr. 7 über den Wert der RE (ABl. 1970, Nr. L 282/24).
[61] BGBl II 1969, S. 233ff.
[62] Voranstehend: *Becker*, Partnerschaft von Lomé, S. 34ff; *Hasenpflug*, Ausgestaltung und handelspolitische Wirkungen der EG-Assoziierungs- und Präferenzpolitik gegenüber den Entwicklungsländern, in: Loch/ Hasenpflug (Hrsg.), Die Assoziierungs- und Präferenzpolitik der EG, S. 49ff, 88ff.
[63] ABl. 1970, L 282/55ff.

Vertrag unterschied sich von jenem vor allem dadurch, dass den Ländern der Ostafrikanischen Wirtschaftsgemeinschaft keine finanzielle Hilfe zugesprochen wurde, d.h. keine Gelder des EEF oder der EIB in diese Länder flossen[64].

Rückblickend lässt sich resümieren, dass mit der über die Phase der kolonialen Abhängigkeit hinaus übernommenen Verantwortlichkeit für die ehemaligen Kolonien zunehmend der Gedanke einer allgemeinen Entwicklungspolitik gewachsen war. Erste Früchte dieses Gedankens waren die Abkommen von Jaunde sowie das Arusha II-Abkommen[65]. Gleichzeitig wurden in diesen Verträgen die Eckpfeiler der späteren Abkommen von Lomé festgelegt: ein frei ausgehandelter Kollektivvertrag mit einer mittelfristigen Laufzeit von fünf Jahren über Handel und Entwicklungshilfe technischer und finanzieller Art sowie mit gemeinsamen Einrichtungen auf ministerieller und parlamentarischer Ebene[66].

II. Erste Ansätze einer globalen Entwicklungszusammenarbeit

Ende der 60er, Anfang der 70er Jahre setzte sich – wenn auch zögerlich und nur bedingt entwicklungspolitisch motiviert – eine Entwicklungspolitik durch, die von ihrer geographischen Begrenzung auf Länder, denen gegenüber die EWG eine besondere geschichtliche Verantwortung trug, Abstand nahm: Die Nahrungsmittelhilfe als eine nicht an bestimmte Entwicklungsländer gebundene, globale Hilfe entstand; die Handelspolitik wurde zum Teil in gleicher Weise eingesetzt. Von einer *planmäßigen* Erstreckung auf alle Entwicklungsländer konnte allerdings erst die Rede sein, als auf der Pariser Gipfelkonferenz von 1972 eine diesbezügliche Ausdehnung der Entwicklungszusammenarbeit beschlossen wurde.

1. Nahrungsmittelhilfe

Ein erster zaghafter Schritt in Richtung „Globalisierung" der Entwicklungspolitik und gleichzeitig Loslösung bzw. Weiterentwicklung der Assoziationspolitik war 1967 der Beitritt der EWG zum ersten internationalen Nahrungsmittelhilfe-Übereinkommen (Teil der Internationalen Getreide-Übereinkunft)[67]. Rechtsgrundlage dieses Beitritts war Art. 113 EWGV/ Art. 133 EGV[68]. Mittels dieses Instrumentariums, das fortan Bestandteil der EG-Entwicklungszusammenarbeit sein sollte, war es der EWG möglich, an sämtliche Entwicklungsländer ohne vertragliche Vereinbarung Nahrungsmittelhilfe zu gewähren. Zwar verpflichtete das Übereinkommen die Gemeinschaft, regelmäßig eine bestimmte Menge Weizen und anderes Getreide an Entwicklungsländer bereitzustellen[69]; die Umsetzung dieser Verpflichtung hingegen oblag der autonomen Entscheidung der Kommission. Dieses erste weltweite Kooperationsinstrument stieß jedoch auch auf heftige Kritik: Der Gemeinschaft wurde vorgeworfen, die Nahrungsmittelhilfe als Maßnahme zur Beseitigung der Agrarüberschüsse

---

Auch hierbei handelte es sich um ein „gemischtes Abkommen", vgl. *Grabitz*, Die Entwicklungspolitik der Europäischen Gemeinschaften, in: EuR 1977, S. 217ff, 219.

64 Einen kurzen Überblick über die Regelungen verschafft: *Hasenpflug*, Ausgestaltung und handelspolitische Wirkungen der EG-Assoziierungs- und Präferenzpolitik gegenüber den Entwicklungsländern, in: Loch/ Hasenpflug (Hrsg.), Die Assoziierungs- und Präferenzpolitik der EG, S. 49ff, 88ff.

65 Vgl. *Arnim*, Die Entwicklungspolitik der Europäischen Gemeinschaften, in: ZfZ 1984, S. 290ff, 290.

66 *Kommission*, Europa – dritte Welt, ein Dialog, S. 22.

67 ABl. 1970, Nr. L 66/2ff, 25ff. Zu den diversen Revisionen des Abkommens: *Kuhn*, Humanitäre Hilfe der Europäischen Gemeinschaft, S. 153ff.

68 Vgl. den Beschluss des Rates vom 17.3.1970 (ABl. 1970, Nr. L 66/1). 1999 wurde das Nahrungsmittelhilfe-Übereinkommen neu ausgehandelt (ABl. 1999, Nr. L 222/40ff. Endgültige Genehmigung: ABl. 2000, Nr. L 163/37), wobei die EG ihren Beitritt nunmehr auf Art. 181I2 EGV stützt. Zu dieser entwicklungspolitischen Rechtsgrundlage unten Kapitel D „Gemeinschaftsrechtliche Handlungsvorgaben", Abschnitt D.II.2.2.

69 Art. II Abs. 1, 2 des Nahrungsmittelhilfe-Übereinkommens (ABl. 1970, Nr. L 66/25ff).

zu benutzen, mithin ohne diese Überschüsse nicht zur Nahrungsmittelhilfe bereit gewesen zu sein[70]. Nicht zu unterschätzen waren ebenso die negativen Folgen dieses Instrumentariums in den Empfängerländern: Ernährungsgewohnheiten der einheimischen Bevölkerung wurden geändert; örtliche Agrarproduktionen konnten mangels Wettbewerbsfähigkeit mit den verteilten Nahrungsmitteln nicht mehr bestehen bzw. ihnen wurde der Anreiz genommen, für den lokalen Markt zu produzieren; Abhängigkeiten von Nahrungsmittellieferungen entstanden[71].
Relativ lange sollte es allerdings dauern, bis die Konsequenzen aus diesen doch berechtigten Vorwürfen gezogen wurden: Erst das „Pisani-Memorandum" von 1982 forderte, die ernährungswirtschaftliche Abhängigkeit zu stoppen; die Nahrungsmittelhilfe sollte vielmehr so modifiziert werden, dass sie zur Ernährungssicherheit der Bevölkerung beiträgt und zur Unterstützung planmäßiger Ernährungsstrategien eingesetzt werden kann[72]. Idealiter wäre dann die Nahrungsmittelhilfe selbst überflüssig. Einen gewichtigen Schritt in diese Richtung vollzog die nunmehr auf Art. 235 EWGV/ Art. 308 EGV gestützte Verordnung *über die Nahrungsmittelhilfepolitik und -verwaltung*[73] von 1986. Hier koppelte die Gemeinschaft Zuteilungskriterien und Hilfeverwaltung von der Agrarpolitik ab und machte die Gewährung der Nahrungsmittelhilfe von deren entwicklungspolitischer Verträglichkeit abhängig – aus der Nahrungsmittelhilfe wurde ein eigenständiges entwicklungspolitisches Instrument. Um erneut einer Verflechtung von Agrarüberschüssen mit der Nahrungsmittelhilfe zu vermeiden, bedient sich die Gemeinschaft seither verstärkt sog. „Dreiecks-"[74] sowie „Substitutionsmaßnahmen"[75]. Seit 1988 verfügte die EWG darüber hinaus über zwei neue Finanzierungsinstrumente zur Durchführung von Vorratsprogrammen und Etablierung von Frühwarnsystemen betreffend die Nahrungsmittelsituation der Empfängerländer[76] sowie zur Kofinanzierung bei Nahrungsmittel- oder Saatgutkäufen von internationalen Organisationen und Nichtregierungsorganisationen (NROs)[77].
1996 schließlich wurden die eben genannten Instrumente in der Verordnung (EG) Nr. 1292/96 des Rates *über die Nahrungsmittelhilfepolitik und –verwaltung sowie über spezifische Maßnahmen zur Erhöhung der Ernährungssicherheit*[78] zusammengeführt und inhaltlich verfeinert. Diese Verordnung sieht weiterhin drei Arten von Unterstützung vor, nämlich die

---

[70] *Frisch*, in: Groeben/ Thiesing/ Ehlermann (Hrsg.), EU-/ EG-Vertrag, vor Art. 130u bis 130y, Rn. 6; *Fischer*, Die Entwicklungszusammenarbeit der Europäischen Gemeinschaft vor und nach Maastricht, S. 20.
[71] *Fischer*, Die Entwicklungszusammenarbeit der Europäischen Gemeinschaft vor und nach Maastricht, S. 20; *Kommission*, Europa – dritte Welt, ein Dialog, S. 74.
[72] „*Die Entwicklungspolitik der Europäischen Gemeinschaft*", Memorandum der Kommission („Pisani-Memorandum" – Pisani war der damalige Entwicklungskommissar) vom 4.10.1982, S. 11, 17 (abgedruckt in der Sonderbeilage 5/82 zum Bulletin EG).
[73] VO (EWG) Nr. 3972/86 des Rates vom 22.12.1986, ABl. 1986, Nr. L 370/1ff, geändert durch: ABl. 1990, Nr. L 174/6f. Vgl. auch bereits die VO (EWG) Nr. 1755/84 des Rates vom 19.6.1984 *über Maßnahmen zur Ablösung der Nahrungsmittelhilfelieferungen im Bereich der Ernährung* (ABl. 1984, Nr. L 165/7ff).
[74] Hierbei kauft die EWG bei Vorliegen bestimmter Voraussetzungen in einem anderen Entwicklungsland Nahrungsmittel auf und stellt diese dem bedürftigen Land zur Verfügung (vgl. Art. 3 der VO (EWG) Nr. 3972/86 (ABl. 1986, Nr. L 370/1ff)).
[75] Hier leistet die EWG Finanzhilfe und kauft mit dem Geld Kunstdünger etc. oder baut Lagerhäuser, um Ernteausfälle besser überbrücken zu können (*Kommission*, Europa – dritte Welt, ein Dialog, S. 74).
[76] VO (EWG) Nr. 2507/88 des Rates vom 4.8.1988 *über die Durchführung von Vorratsprogrammen und die Einrichtung von Frühwarnsystemen* (ABl. 1988, Nr. L 220/1ff, geändert durch: ABl. 1990, Nr. 174/6f).
[77] VO (EWG) Nr. 2508/88 des Rates vom 4.8.1988 *über die Durchführung von Kofinanzierungsmaßnahmen bei Nahrungsmittel- oder Saatgutkäufen von internationalen Organisationen und Nichtregierungsorganisationen* (ABl. 1988, Nr. L 220/4ff, geändert durch: ABl. 1990, Nr. L 174/6f).
[78] ABl. 1996, Nr. L 166/1ff, geändert durch: ABl. 2001, Nr. L 234/10 sowie ABl. 2003, Nr. L 284/1ff, 18f, Anhang II, Punkt 24. Ausführlich zu den Inhalten, Zielen, Hintergründen, Verbesserungsvorschlägen,... (zu) dieser VO: Kommissionsmitteilung „*Bewertung und künftige Ausrichtung der Verordnung (EG) Nr. 1292/96 des Rates über die Nahrungsmittelhilfepolitik und –verwaltung sowie über spezifische Maßnahmen zur Erhöhung der Ernährungssicherheit*", KOM (2001) 473, endg. vom 5.9.2001.

Nahrungsmittelhilfe, Maßnahmen zur Erhöhung der Ernährungssicherheit sowie Frühwarnsysteme und Vorratsprogramme[79]. Dabei legt die Gemeinschaft großen Wert darauf, dass die Hilfe in die Politik der Entwicklungsländer zur Erhöhung der Ernährungssicherheit eingebunden ist und keine nachteiligen Auswirkungen auf die normalen Produktions- und kommerziellen Einfuhrstrukturen der Empfängerländer hat[80].
Die Nahrungsmittel*sofort*hilfe hingegen wird als Teil der humanitären Hilfe betrachtet[81]. Ziel dieser Nahrungsmittelsoforthilfe im Besonderen und der humanitären Hilfe im Allgemeinen ist die Linderung menschlichen Leids als Folge von Naturkatastrophen, von durch Menschen verursachten Ereignissen wie Kriege oder Konflikte oder von vergleichbaren außergewöhnlichen Situationen[82]. Die Anfänge der humanitären Hilfe, die neben der Soforthilfe zur Gewährung des Lebensnotwendigen[83] auch die Katastrophenvorbeugung, -bereitschaft und – bewältigung sowie die Flüchtlingshilfe umfasst[84], reichen bis 1971 zurück[85].

2. Handelspolitik

Mit der Gemeinsamen Handelspolitik, geregelt im Dritten Teil des EWGV, verfügte die EWG seit ihrer Gründung über ein Instrument, das sie entwicklungspolitisch einsetzte[86]. Anfänglich nutzte die Gemeinschaft die Handelspolitik in Gestalt von Zollpräferenzen dazu, die Folgen des Dekolonisierungsprozesses hauptsächlich in Afrika wirtschaftlich aufzufangen, alsdann die in ihrem ökonomischen Einflussbereich liegenden Mittelmeerländer enger an sie zu binden. Die überwiegende Zahl dieser Präferenzregelungen beruht seither auf völkerrechtlichen Abkommen mit den jeweiligen Entwicklungsländern. Daneben – und im Rahmen dieses Unterabschnitts von Bedeutung – gewährt die Gemeinschaft seit 1971 Zollpräferenzen auf autonomer Basis, die sie ohne vertragliche Normierung durch einseitigen Rechtsakt festlegt. Diese gelten theoretisch global, das heißt für sämtliche Entwicklungsländer. Werden diesen Staaten jedoch bereits vertraglich (weitergehende) Präferenzen eingeräumt, so gehen die autonomen Zugeständnisse freilich ins Leere[87]. Schließlich hat sich die EWG allmählich weltweit für eine Stabilisierung der Rohstofferlöse eingesetzt: So ist sie im Laufe der Jahre einer Reihe von Rohstoffabkommen beigetreten und besitzt mittlerweile Beobachterstatus im Gemeinsamen Rohstoff-Fonds[88]. Die bereits angesprochene gemeinsame außenwirtschaftliche Zielsetzung

---

[79] Art. 2, 3ff, 6ff der VO (EG) Nr. 1292/96 (ABl. 1996, Nr. L 166/1ff).
[80] Präambeln II, V der VO (EG) Nr. 1292/96 (ABl. 1996, Nr. L 166/1ff).
[81] Vgl. Art. 1I2 der VO (EG) Nr. 1292/96 (ABl. 1996, Nr. L 166/1ff). Hierzu ausführlich: *Kuhn*, Humanitäre Hilfe der Europäischen Gemeinschaft, S. 148ff.
[82] Vgl. Präambel VII, Art. 1 UA 1 der VO (EG) Nr. 1257/96 des Rates vom 20.6.1996 *über die humanitäre Hilfe* (ABl. 1996, Nr. L 163/1ff).
[83] Die Soforthilfe umfasst demgemäß nicht nur *die Nahrungsmittel*soforthilfe, sondern etwa auch medizinische Versorgung, Errichtung von Unterkünften, technische und logistische Hilfe,...
[84] Für ausführliche Begriffsdefinitionen: *Kuhn*, Humanitäre Hilfe der Europäischen Gemeinschaft, S. 22ff, 10ff.
[85] *Kommission*, Europa – dritte Welt, ein Dialog, S. 74; *Lingnau*, Neue Elemente in der Entwicklungszusammenarbeit, S. 18. Ausführlich zur humanitären Hilfe: *Kuhn*, Humanitäre Hilfe der Europäischen Gemeinschaft, S. 26ff.
[86] Stichwort: „Aid by Trade".
[87] De facto kommt das System daher insbesondere den Staaten Asiens und Lateinamerikas zugute, deren Abkommen mit der Gemeinschaft nicht-präferentieller Natur sind (vgl. dazu unten Abschnitt B.V).
[88] Gründungsabkommen: ABl. 1990, Nr. L 182/2ff.
Der Gemeinsame Fonds, der als ein reines Finanzierungs- bzw. Dachinstrument bzgl. der in den separaten Rohstoffabkommen vorgesehenen Maßnahmen fungiert (näher: *Nohlen*, Stichwort „Gemeinsamer Fonds", in: Nohlen (Hrsg.), Lexikon Dritte Welt, S. 311), ist ein Element des „Integrierten Rohstoffprogramms" der UNCTAD IV Konferenz in Nairobi von 1976. Dieses Programm war der Versuch einer von den Entwicklungsländern geforderten, umfassend konzipierten Rohstoffpolitik zwischen Entwicklungsländern und Industrieländern (ausführlich hierzu: *Nohlen*, Stichwort „Integriertes Rohstoffprogramm", in: Nohlen (Hrsg.), Lexikon Dritte Welt, S.

hat Handels- und Entwicklungspolitik seither oft miteinander verschmelzen lassen, wenngleich mittlerweile im Vertrag zur Gründung der Europäischen Gemeinschaft (Art. 131ff - 177ff EGV) voneinander unterschieden wird[89].

Die EWG hat sich in der Handelspolitik mit der Einführung des Allgemeinen Präferenzsystems bzw. -schemas (APS) im Jahre 1971 sowohl eine globale als auch autonome Aktionsmöglichkeit gegenüber allen Entwicklungsländern geschaffen.
Ursprünglich war der Vorschlag, den Zollschutz für Halb- und Fertigerzeugnisse aus den Entwicklungsländern ganz oder teilweise wegfallen zu lassen, von den EWG-Ministern im Rahmen des GATT[90] vorgebracht worden. Das GATT ging jedoch hierauf nicht ein, widersprach dieses Vorbringen doch gegen Art. I GATT 1947/ 1994, der Meistbegünstigungsklausel, wonach die Vertragsparteien[91] verpflichtet sind, alle Zollvorteile, die sie einem anderen Staat einräumen, unvorzüglich und bedingungslos allen GATT-Vertragsparteien zu gewähren haben. Um den Prozess über präferentielle Zollsenkungen voranzutreiben, verlagerten die Entwicklungsländer daher die diesbezügliche Diskussion, die hauptsächlich im Rahmen der Forderung nach einer „Neuen Weltwirtschaftordnung" vorgetragen wurde, in die anstehenden UNCTAD-Konferenzen von Genf (1964) und Neu Delhi (1968). Insbesondere dem Engagement der „Gruppe der 77" war es zu verdanken, dass in Delhi schließlich die Resolution 21 (II) vom 26.3.1968 „zur Einführung eines allseits annehmbaren und allgemeinen[92] Systems nicht-gegenseitiger[93], nicht-diskriminierender[94] Präferenzen, das für Entwicklungsländer vorteilhaft ist", verabschiedet wurde[95]. Dieser Beschluss wurde alsdann in einem Übereinkommen innerhalb der UNO konkretisiert[96]. Die GATT-Konformität eines solchen Systems bezüglich des Meistbegünstigungsgrundsatzes wurde durch Erteilung einer Ausnahmegenehmigung (sog. „waiver", Art. XXV Ziffer 5 GATT 1947/ 1994) für die Zeit ab 1971 hergestellt, nachdem sich auch die Industrieländer auf die Einführung von Präferenzzöllen verständigt hatten[97]. Im November 1979 wurden die „UNCTAD-Präferenzen" in die GATT-

---

398f, 398; *Oppermann*, Europarecht, Rn. 1809. Zum Ganzen auch: *Kommission*, Europa – dritte Welt, ein Dialog, S. 72f).

[89] Vgl. *Oppermann*, Europarecht, Rn. 1812.

[90] General Agreement on Tariffs and Trade = Allgemeines Zoll- und Handelsabkommen. Das GATT 1947 in der durch das Übereinkommen zur Errichtung der WTO geänderten Fassung (GATT 1994) ist abgedruckt in: *Sartorius II*, Nr. 510.

[91] Zur EWG als „Vertragspartner sui generis" des GATT 1947 vgl.: *Petersmann*, Die EWG als GATT-Mitglied, in: EuR 1985, S. 78ff, 80; *Bachmann*, Die Präferenzregelungen der EG, in: ZfZ 1989, S. 13ff, 34ff, 14. Im Gegensatz zum GATT trat die EG der WTO (World Trade Organisation – Welthandelsorganisation) förmlich bei (vgl. Art. XI Abs. I, XIV des Übereinkommens zur Errichtung der WTO; Beschluss 94/800/EG des Rates vom 22.12.1994 ABl. 1994, Nr. L 336/1f). Hierdurch erlangte sie zugleich auch die Mitgliedschaft in den diversen multilateralen Handelsübereinkommen (vgl. *Schweitzer/ Hummer*, Europarecht, Rn. 639). Die EG ist grundsätzlich an das WTO-Recht gebunden (*Petersmann*, Darf die EG das Völkerrecht ignorieren?, in: EuZW 1997, S. 325ff).

[92] Die Präferenzen werden grundsätzlich von allen Industrieländern gewährt.

[93] Die begünstigten Entwicklungsländer sind nicht verpflichtet, den Industriestaaten gleichartige Zollvergünstigungen zu gewähren.

[94] Die Präferenzen werden allen Entwicklungsländern zugestanden.

[95] *Bachmann*, Die Präferenzregelungen der EG, in: ZfZ 1989, S. 13ff, 34ff, 41.

[96] *Bachmann*, Die Präferenzregelungen der EG, in: ZfZ 1989, S. 13ff, 34ff, 41.

[97] Vgl. *Arnim*, Die Entwicklungspolitik der Europäischen Gemeinschaften, in: ZfZ 1984, S. 290ff, 291; *Hummer*, Stichwort „Allgemeines Präferenzsystem", in: Nohlen (Hrsg.), Lexikon Dritte Welt, S. 39ff, 40. Noch in Delhi hatte sich nämlich abgezeichnet, dass ein einheitliches Präferenzsystem aller Industriestaaten nicht zustande kommen würde, schlossen die Industriestaaten doch jegliche rechtliche Verpflichtung zur Gewährung eines solchen aus (vgl. ebenda, S. 40).

Bestimmungen eingefügt (enabling clauses)[98]. Insoweit erübrigt sich die für das Abweichen von Art. I GATT 1947/ 1994 grundsätzlich erforderliche Ausnahmegenehmigung[99].
Als Reaktion auf diese Forderung setzte die EWG 1971 die auf Art. 133 EGV[100] gestützte APS – Verordnung[101] zunächst auf zehn Jahre befristet in Kraft. Mit dem System verfolgte die Gemeinschaft folgende Ziele: Um das wirtschaftliche Wachstum der begünstigten Entwicklungsländer zu beschleunigen, sollten ihre Exporterlöse gesteigert, ihre einseitige Fokussierung auf Rohstoffexporte durchbrochen und ihre „Individualisierung" unterstützt werden. Dementsprechend förderte das APS 1971 weder den Import von Rohstoffen noch von landwirtschaftlichen Grunderzeugnissen mit Ursprung in den Entwicklungsländern[102] in die Gemeinschaft. Vielmehr stellte es lediglich die Einfuhr von Industriegütern grundsätzlich zollfrei; für sehr viele sensible landwirtschaftliche Verarbeitungserzeugnisse sah es zumindest Zollsenkungen vor[103]. Konform mit seiner Zielsetzung erlaubte das seither mehrfach umgestaltete Schema darüber hinaus eine gewisse Modulierung der gewährten Vorteile nach Entwicklungsstand der begünstigten Länder, insbesondere eine Besserbehandlung der am wenigsten entwickelten Länder[104]. Mittlerweile wurden die Ziele des APS stark erweitert bzw. modifiziert: Das aktuelle Schema[105] vergibt neben einer sowohl nach Empfindlichkeit der

---

[98] Vgl. nunmehr: Art. XXXVI Ziffer 8 in Verbindung mit Anlage I des GATT 1947/ 1994.

[99] Vgl. *Bachmann*, Die Präferenzregelungen der EG, in: ZfZ 1989, S. 13ff, 34ff, 34. An dieser Stelle sei festgehalten, dass eine GATT-konforme Präferenzierung der Entwicklungsländer grundsätzlich unter Berufung auf eine bestehende Freihandelszone (vgl. Art. XXIV GATT 1947/ 1994; hierzu: *Bachmann*, Die Präferenzregelungen der EG, in: ZfZ 1989, S. 13ff, 34ff, 14f) möglich bzw. auf die „enabling clauses" (Art. XXXVI Ziffer 8 GATT 1947/ 1994) zu stützen ist oder aber eine Ausnahmegenehmigung eingeholt werden muss (Art. XXV Ziffer 5 GATT 1947/ 1994). Auf weitere Einzelheiten bzgl. der GATT-Konformität handelspolitischer Regelungen der Gemeinschaft soll indes im Rahmen dieser Arbeit nicht eingegangen werden.

[100] Dazu unten Kapitel D „Gemeinschaftsrechtliche Handlungsvorgaben", Abschnitt D.II.2.3.2, insbesondere Fn. 659.

[101] Genau genommen handelte es sich um mehrere „Teil-" VO, in denen jeweils verschiedene Warengruppen geregelt wurden: Industrieprodukte: VO (EWG) Nr. 1308/71 des Rates vom 21.6.1971 *über die Eröffnung, Aufteilung und Verwaltung von Gemeinschaftszollkontingenten betreffend bestimmte Waren mit Ursprung in Entwicklungsländern* (ABl. 1971, Nr. L 142/1ff); VO (EWG) Nr. 1309/71 des Rates vom 21.6.1971 *zur Eröffnung von Zollpräferenzen für bestimmte Erzeugnisse mit Ursprung in Entwicklungsländern* (ABl. 1971, Nr. L 142/13ff). Textilwaren: VO (EWG) Nr. 1310/71 des Rates vom 21.6.1971 *über die Eröffnung, Aufteilung und Verwaltung von Gemeinschaftszollkontingenten betreffend bestimmte Textilwaren mit Ursprung in Entwicklungsländern* (ABl. 1971, Nr. L 142/57ff); VO (EWG) Nr. 1311/71 des Rates vom 21.6.1971 *zur Eröffnung von Zollpräferenzen für bestimmte Textilerzeugnisse mit Ursprung in Entwicklungsländern* (ABl. 1971, Nr. L 142/63ff); VO (EWG) Nr. 1312/71 des Rates vom 21.6.1971 *über die Eröffnung, Aufteilung und Verwaltung von Gemeinschaftszollkontingenten betreffend bestimmte Textil- und Schuhwaren mit Ursprung in Entwicklungsländern* (ABl. 1971, Nr. L 142/69ff); VO (EWG) Nr. 1313/71 des Rates vom 21.6.1971 *zur Eröffnung von Zollpräferenzen für bestimmte Textil- und Schuhwaren mit Ursprung in Entwicklungsländern* (ABl. 1971, Nr. L 142/76ff). Landwirtschaftliche Verarbeitungserzeugnisse: VO (EWG) Nr. 1314/71 des Rates vom 21.6.1971 *über die Einführung eines allgemeinen Präferenzsystems für bestimmte Erzeugnisse der Kapitel 1 bis 24 des Gemeinsamen Zolltarifs zugunsten von Entwicklungsländern* (ABl. 1971, Nr. L 142/85ff). Außer Acht soll hier das APS betreffend EGKS-Waren bleiben.

[102] Zum Ursprungsbegriff des APS von 1971: VO (EWG) Nr. 802/68 des Rates vom 27.6.1968 *über die gemeinsame Begriffsbestimmung für den Warenursprung* (ABl. 1968, Nr. L 148/1ff).

[103] VO (EWG) Nr. 1314/71 des Rates vom 21.6.1971 *über die Einführung eines allgemeinen Präferenzsystems für bestimmte Erzeugnisse der Kapitel 1 bis 24 des Gemeinsamen Zolltarifs zugunsten von Entwicklungsländern* (ABl. 1971, Nr. L 142/85ff).

[104] Im APS von 1971 waren diesbezüglich erst Ansätze erkennbar (vgl. z.B. Präambel III der VO (EWG) Nr. 1308/71 des Rates vom 21.6.1971 *über die Eröffnung, Aufteilung und Verwaltung von Gemeinschaftszollkontingenten betreffend bestimmte Waren mit Ursprung in Entwicklungsländern* (ABl. 1971, Nr. L 142/1ff)). Erst das revidierte APS von 1981 führte eine explizit nach Entwicklungsstand differenzierende Präferenzbehandlung ein.

[105] Es handelt sich derzeit um die VO (EG) Nr. 980/2005 des Rates vom 27.6.2005 *über ein Schema allgemeiner Zollpräferenzen* (ABl. 2005, Nr. L 169/1ff. Fortan: APS 2005), das seit dem 1.7.2005 bzw. dem 1.1.2006 die VO (EG) Nr. 2501/2001 des Rates vom 10.12.2001 *über ein Schema allgemeiner Zollpräferenzen für den Zeitraum*

Ware (Art. 7 APS 2005) als auch nach Entwicklungsniveau (Art. 12ff APS 2005) der begünstigten „Entwicklungsländer“[106] differenzierenden Präferenzierung ebenfalls als Anreiz konzipierte „Zusatzpräferenzen“ an bestimmte Staaten, die sich erfolgreich um eine „nachhaltige Entwicklung“ sowie eine „verantwortungsvolle Staatsführung“[107] bemühen (Art. 8ff i.V.m. Anhang III APS 2005)[108].
Mit der schrittweisen multilateralen Liberalisierung des Welthandels und der damit verbundenen generellen Absenkung des Schutzniveaus im Rahmen der verschiedenen GATT-Runden, zuletzt der Uruguay Runde, den diversen Abkommen zur Vorbereitung auf den EG-Beitritt der mittel- und osteuropäischen Länder sowie den neuen regionalen Handelsabkommen der EG verliert die Präferenzpolitik jedoch an Wirksamkeit: Die Höhe der möglichen Präferenzen schrumpft („Präferenzerosion“)[109] bzw. die Präferenzen, die diese Abkommen gewähren, decken die autonomen Begünstigungen zumindest ab und sind daher vorrangig (vgl. Präambel XV APS 2005).

Zur Stabilisierung internationaler Rohstoffmärkte trat die Gemeinschaft auf Basis des Art. 133 EGV[110] bereits früh einer Vielzahl von Rohstoffabkommen bei[111] - ein weiteres weltweites, multilaterales Tätigkeitsfeld, in dem sich die Elemente der Handelpolitik ganz wesentlich mit denen der Entwicklungspolitik verschränken. Ursprünglich handelte es sich um einfache Verträge, die sich jedoch seit den siebziger Jahren –nicht zuletzt auch als Konsequenz der Forderungen der „Gruppe der 77“ nach einer „Neuen Weltwirtschaftsordnung“[112] - institutionell zu Spezialorganisationen entwickelt haben[113]. Die Rohstoffabkommen setzen sich aus Vereinbarungen zwischen Erzeuger- und Verbraucherländern über Produktionen, Export sowie den Preis von Rohstoffen und unverarbeiteten landwirtschaftlichen Erzeugnissen zusammen[114]. Diese Abkommen verfolgen alle das Ziel, stabile Preisverhältnisse herzustellen, übermäßige Preisschwankungen zu vermeiden und das Gleichgewicht zwischen Angebot und Nachfrage zu fördern[115]. Hieran sind Entwicklungsländer als Rohstoff-Exporteure naturgemäß interessiert, da die Preise für Rohstoffe und unverarbeitete Agrarprodukte typischerweise höheren oder zumindest häufigeren Preisschwankungen unterliegen als Industriegüter. Die Devisen- und Budgeteffekte solcher Schwankungen wiederum wirken sich negativ auf die

---

vom 1. Januar 2002 bis 31. Dezember 2004 (ABl. 2001, Nr. L 346/1ff; zuletzt geändert durch: ABl. 2003, Nr. L 332/1ff) aufhebt. Vgl. hierzu die Kommissionsmitteilungen *„Entwicklungsländer, internationaler Handel und nachhaltige Entwicklung: Die Rolle des Allgemeinen Präferenzsystems (APS) der Gemeinschaft im Jahrzehnt 2006/ 2015“*, KOM (2004) 461, endg. vom 7.7.2004, sowie *„Mittel und Wege zur besseren Integration der Entwicklungsländer in den Welthandel: Die Rolle des Allgemeinen Präferenzschemas (APS) in dem Jahrzehnt 1995 - 2004“*, KOM (1994) 212, endg. vom 1.6.1994.

[106] Mittlerweile werden die Präferenzen allerdings nicht mehr nur den „klassischen“ Entwicklungsländern, sondern auch den NUS sowie den MOEL gewährt (vgl. Anhang I des APS 2005).

[107] Zur „nachhaltigen Entwicklung“ sowie zur „verantwortungsvollen Staatsführung unten Kapitel C „Ziele der Entwicklungszusammenarbeit“, Abschnitte C.I.2.2.3 sowie C.II.3.1.

[108] Dieses sog. „APS+“ inhaltlich zusammenfassend: http://ec.europa.eu/comm/trade/issues/global/gsp/pr2112 05_de.htm (Stand: 31.5.2006).

[109] *Frisch*, in: Groeben/ Thiesing/ Ehlermann (Hrsg.), EU-/ EG-Vertrag, vor Art. 130u bis 130y, Rn. 7f.

[110] Vgl. hierzu unten Kapitel D „Gemeinschaftsrechtliche Handlungsvorgaben“, Abschnitt D.II.2.2.3.2, insbesondere Fn. 603.

[111] Vgl. die aktuellen Nachweise im Fundstellennachweis der EG 11.30.20.

[112] Die Rohstoffpolitik war bzw. ist ein zentrales Thema im Rahmen der Forderungen nach einer „Neuen Weltwirtschaftsordnung“, sahen doch die Entwicklungsländer Veränderungen auf diesem Gebiet, insbesondere feste vernünftige Preise, als zentrale Voraussetzung für die Überwindung ihrer Unterentwicklung an (*Becker*, Partnerschaft von Lomé, S. 56).

[113] *Oppermann*, Europarecht, Rn. 1808.

[114] *Nohlen*, Stichwort „Rohstoffabkommen“, in: Nohlen (Hrsg.), Lexikon Dritte Welt, S. 692f, 692.

[115] *Zimmermann*, in: Groeben/ Thiesing/ Ehlermann (Hrsg.), EU-/ EG-Vertrag, Art. 130u, Rn. 37.

Fähigkeit der Entwicklungsländer aus, eine kontinuierliche Entwicklungsstrategie durchzuführen - vor allem dann, wenn die Länder nur über wenige Ausfuhrerzeugnisse verfügen[116]. Der von ihnen erhoffte Schutz vor kurzfristigen Preisschwankungen ihrer Exportprodukte sowie vor langfristigem Preisverfall wird jedoch durch die unterschiedlichen Verfahrensweisen[117] der Rohstoffabkommen, aber auch durch ihre beschränkte Durchsetzungsfähigkeit gegenüber den Kräften des Weltmarktes[118] nur partiell erreicht[119]. Prekär ist ferner, dass diese Rohstoffabkommen eigentlich im Widerspruch zu den ursprünglichen Zielen des APS, die Ausrichtung auf den Export von Rohstoffen und unverarbeiteten Agrarprodukten zu drosseln, stehen.

3. Schlusserklärung von Paris 1972 als Wegweiser in Richtung globale Entwicklungszusammenarbeit

Obwohl die Europäische Wirtschaftsgemeinschaft ihre entwicklungspolitischen Aktivitäten nach und nach forcierte, konnte man zu Beginn der 70er Jahre keinesfalls ein stimmiges Gesamtkonzept, sondern eher einen „entwicklungspolitischen Flickenteppich"[120] erkennen: Die Unabhängigkeit ehemaliger Kolonien brachte die Jaunde-Abkommen hervor; die Haupterrungenschaft des Lagos II-Abkommens bestand lediglich in der Tatsache, dass es sich bei den Vertragspartnern um anglophone afrikanische Staaten handelte. Eine globale, allerdings weiterhin unstrukturierte Ausweitung erfuhr die Entwicklungspolitik erstmalig mit der Nahrungsmittelhilfe. Diese Wendung basierte allerdings, wie bereits beschrieben, keinesfalls auf einer Veränderung der nach wie vor dominierenden, primär von Frankreich vertretenen Konzeption einer regional auf die ehemaligen Kolonialgebiete begrenzten Entwicklungspolitik[121]. Zielbewusster und durchaus strukturiert, jedoch erst ansatzweise wurde bereits die Handelspolitik eingesetzt.

Für den Einsatz finanzieller und technischer Hilfe als Kooperationsinstrument auf Gemeinschaftsebene grundsätzlich auch außerhalb der Assoziationspolitik und der Nahrungsmittelhilfe fehlte es zum damaligen Zeitpunkt an zweierlei: erstens an einem „Fürsprecher" für eine weltweite Ausrichtung der Entwicklungszusammenarbeit, und zweitens an der diesbezüglichen Kompetenz der EWG[122].

Die Vehemenz der Stimmen, die sich schon immer für eine weltweite Ausdehnung der Entwicklungszusammenarbeit ausgesprochen hatten, wuchs indes kontinuierlich; die entwicklungspolitischen Lager drifteten auseinander[123]. Um diesem „fruchtlosen Streit über regional begrenzte und weltweite Lösungen für die Probleme der Entwicklungshilfe ein Ende"[124] zu setzen, nahm die Kommission in ihrem ersten entwicklungspolitischen Memorandum „*Über eine gemeinschaftliche Politik der Zusammenarbeit mit den Entwicklungsländern*" vom 27. Juli 1971[125] zu diesem elementaren Richtungsstreit Stellung. Eine der vier Leitlinien, die die Kommission in diesem Memorandum formulierte, legte zwar fest, dass die historisch gewach-

---

[116] *Sangmeister*, Stichwort „Exporterlösstabilisierung", in: Nohlen/ Nuscheler (Hrsg.), Handbuch der Dritten Welt, Bd. 1, S. 275f, 275; vgl. auch: *Becker*, Partnerschaft von Lomé, S. 57.

[117] Vgl. hierzu: *Nohlen*, Stichwort „Rohstoffabkommen", in: Nohlen (Hrsg.), Lexikon Dritte Welt, S. 692f, 692.

[118] Vgl. *Oppermann*, Europarecht, Rn. 1808.

[119] *Nohlen*, Stichwort „Rohstoffabkommen", in: Nohlen (Hrsg.), Lexikon Dritte Welt, S. 692f, 692. Zu weiteren Problemen: *Kuschel*, Das neue Lomé-Abkommen, in: EA 1990, S. 333ff, 336.

[120] *Frisch*, in: Groeben/ Thiesing/ Ehlermann (Hrsg.), EU-/ EG-Vertrag, vor Art. 130u bis 130y, Rn. 9.

[121] Vgl. *Frisch*, in: Groeben/ Thiesing/ Ehlermann (Hrsg.), EU-/ EG-Vertrag, vor Art. 130u bis 130y, Rn. 10.

[122] Vgl. Bulletin EG 7/8 – 1974, Ziffer 1202.

[123] Vgl. Bulletin EG 7/8 – 1974, Ziffer 1204.

[124] Memorandum der Kommission „*Über eine gemeinschaftliche Politik der Zusammenarbeit mit den Entwicklungsländern*" vom 27.7.1971, Zusammenfassung in der Sonderbeilage 5/71 zum Bulletin EG, S. 4.

[125] Zusammenfassung in der Sonderbeilage 5/71 zum Bulletin EG. Fortan zumeist „Memorandum über Entwicklungszusammenarbeit vom Juli 1971".

sene, „gebietsbezogene Politik der Zusammenarbeit mit den Entwicklungsländern [...] zu bewahren, auszubauen und zu verstärken ist“[126]. Gleichzeitig aber betonte sie die Notwendigkeit weltweiter Maßnahmen. Die geplante Erweiterung der EWG und das kontinuierlich wachsende Gewicht der Gemeinschaft auf der internationalen Bühne, insbesondere was ihre Stellung als wichtigster Partner der Entwicklungsländer im internationalen Handel anbelangt, zögen eine verstärkte Verantwortung gegenüber der restlichen Welt und somit gegenüber sämtlichen Entwicklungsländern nach sich und machten diese globale Ausrichtung unabdingbar[127]. Bei dieser mit sämtlichen, vor allem auch mit den asiatischen und lateinamerikanischen Entwicklungsländern angestrebten Zusammenarbeit wollte man sich vordergründig auf handelsbezogene Kooperationsmöglichkeiten konzentrieren[128]. Ins Auge fasste man ebenso die „Zusammenarbeit auf sozialer und menschlicher Ebene“[129]. Dieses entwicklungspolitische Element resultierte aus der Erkenntnis, dass Entwicklung nicht nur auf der Steigerung des Wirtschaftspotenzials beruhe, sondern Hand in Hand mit dem Fortschritt u.a. im Sozialbereich gehen müsse[130] - eine Facette des Entwicklungsbegriffs, die sich später auch noch in Art. 177I 1. Spiegelstrich EGV wieder finden wird. Im Bereich der Maßnahmen der technischen und finanziellen Zusammenarbeit sollte hauptsächlich die regionale Zusammenarbeit zwischen den Entwicklungsländern gefördert werden[131].

Dieses Memorandum und die hiermit eingeleitete Diskussion hatten die Weichen für den Wendepunkt der Entwicklungspolitik der Europäischen Wirtschaftsgemeinschaft auf der Pariser Gipfelkonferenz 1972 gestellt[132]. An dieser Konferenz nahmen neben den Staats- und Regierungschefs der sechs Mitgliedstaaten auch diejenigen der beitrittswilligen Staaten Großbritannien mit Nordirland, Dänemark und Irland teil. Die Pariser Schlusserklärung[133] löste den oben beschriebenen Richtungsstreit konstruktiv, indem sie eine „zweigleisig[e]“[134] Vorgehensweise anzeigte, wie sie bereits von der Kommission vorgebracht worden war: Sie proklamierte die Fortsetzung sowie den Ausbau der bisherigen Assoziationspolitik und der sich gerade anbahnenden, ebenfalls regional begrenzten Mittelmeerpolitik, und maß diesen Elementen „wesentliche Bedeutung“[135] zu[136]. Gleichzeitig sprach sie sich dafür aus, „schrittweise eine umfassende, weltweite Politik der Entwicklungshilfe zu verwirklichen“[137]. Diese globale Politik der Entwicklungshilfe sollte insbesondere Abkommen über Grundstoffe fördern, um die Märkte der Entwicklungsländer weltweit zu stabilisieren und ihre Ausfuhren zu steigern, sowie ferner die allgemeinen Präferenzen mit dem Ziel einer regelmäßigen und wesentlichen Steigerung der Einfuhren von Verarbeitungserzeugnissen erweitern. Schließlich sollte die künftige globale Entwicklungszusammenarbeit den Umfang der öffentlichen Hilfe erhöhen

---

[126] Memorandum über Entwicklungszusammenarbeit vom Juli 1971, S. 4; vgl. auch S. 24, 3. Leitlinie.

[127] Vgl. Memorandum über Entwicklungszusammenarbeit vom Juli 1971, S. 4, 6f. Diese Ausrichtung spiegelt sich zwar nicht explizit in einer der Leitlinien wider; jedoch ist sie integraler Bestandteil der Erläuterung zu den Leitlinien drei („Vertiefung des von der Gemeinschaft bei der Zusammenarbeit mit Entwicklungsländern bisher Erreichten“, S. 24, 26ff, insbesondere S. 28f) und vier („Bereitstellung zusätzlicher Möglichkeiten für die Zusammenarbeit der Gemeinschaft im finanziellen und technischen Bereich“, S. 24, 29ff).

[128] Memorandum über Entwicklungszusammenarbeit vom Juli 1971, S. 29, 34f.

[129] Memorandum über Entwicklungszusammenarbeit vom Juli 1971, S. 35f.

[130] Vgl. Memorandum über Entwicklungszusammenarbeit vom Juli 1971, S. 19.

[131] Memorandum über Entwicklungszusammenarbeit vom Juli 1971, S. 36f.

[132] Bulletin EG 7/8 – 1974, Ziffer 1204.

[133] Abgedruckt im 6. Gesamtbericht der Europäischen Gemeinschaften 1972, S. 7ff.

[134] Bulletin EG 7/8 – 1974, Ziffer 1204.

[135] Pariser Schlusserklärung, abgedruckt im 6. Gesamtbericht der Europäischen Gemeinschaften 1972, S. 7ff, 14.

[136] Vgl. Pariser Schlusserklärung, abgedruckt im 6. Gesamtbericht der Europäischen Gemeinschaften 1972, S. 7ff, 14.

[137] Pariser Schlusserklärung, abgedruckt im 6. Gesamtbericht der Europäischen Gemeinschaften 1972, S. 7ff, 14; vgl. auch S. 8f.

und die finanziellen Bedingungen dieser Hilfe, insbesondere zugunsten der am meisten benachteiligten Entwicklungsländer, verbessern[138].
Damit war der politische, aber auch juristische Weg zu einer globalen Entwicklungspolitik der EWG grundsätzlich geebnet, da die Gipfelkonferenz neben der beschriebenen Richtungsänderung ebenso die Übertragung eines sehr weitgehenden entwicklungspolitischen Mandats an die Gemeinschaft mit sich brachte[139].

III. Einfluss der erweiterten Europäischen Wirtschaftsgemeinschaft auf die Assoziations- bzw. Entwicklungspolitik – die Lomé-Abkommen

Diese auf der Pariser Gipfelkonferenz beschlossene globale Entwicklungspolitik sollte sich erst zögerlich manifestieren, stand doch erst 1976 finanzielle und technische Hilfe für die Entwicklungsländer Asiens und Lateinamerikas bereit[140], die ein wesentliches Element dieser Politik ausmachen sollte. Diese Verzögerung beruhte indes nicht zuletzt darauf, dass sich die EWG im Zuge ihrer Erweiterung erneut der regionalen Komponente ihrer Entwicklungskooperationen verstärkt widmen musste.

1. Erweiterung der EWG

Am 1.1.1973 traten das Vereinigte Königreich, Dänemark und Irland der EWG bei[141]. Mit dem Vereinigten Königreich kam ein Staat hinzu, der wie vor allem Frankreich enge Beziehungen zu seinen ehemaligen Kolonien pflegte. Da diese besonderen Beziehungen durch den Beitritt Großbritanniens zur EWG keinesfalls beeinträchtigt werden sollten, war ihre vertragliche Normierung infolgedessen wesentlicher Bestandteil der Beitrittsverhandlungen. Neben diesen strategisch-geopolitischen Interessen für den Abschluss einer solchen vertraglichen Vereinbarung stand im Kontext der Ölkrise von 1973 und dem damit verbundenen „Ölpreisschock" der EWG noch ein anderes, grundlegendes Motiv im Mittelpunkt dieser Überlegungen: die Sicherung der Rohstoffzufuhr[142]. Und nicht zuletzt sollte das geplante Abkommen auch ein Zugeständnis an die Forderung der Entwicklungsländer nach einer „Neuen Weltwirtschaftsordnung"[143] sein.
Schlussendlich kamen die Vertragspartner überein, in Fortsetzung der bisherigen Assoziationspolitik die noch abhängigen außereuropäischen Länder und Gebiete Großbritanniens gemäß Teil IV des EWGV[144] mit der Gemeinschaft zu assoziieren. Den 20 unabhängigen Com-

[138] Voranstehend: Pariser Schlusserklärung, abgedruckt im 6. Gesamtbericht der Europäischen Gemeinschaften 1972, S. 7ff, XVI f, 15.
Zu den Veränderungen, die die Pariser Gipfelkonferenz auf dem Gebiet der Entwicklungszusammenarbeit hervorbrachte: Bulletin EG 7/8 – 1974, Ziffer 1201ff, insbesondere 1205ff.
[139] Bulletin EG 7/8 – 1974, Ziffer 1204.
[140] Hierzu unten Abschnitt B.V.
[141] Als Quellen für den nachstehenden historischen Überblick dienten hauptsächlich: *Becker*, Partnerschaft von Lomé, S. 43ff, 48ff; *Frisch*, in: Groeben/ Thiesing/ Ehlermann (Hrsg.), EU-/ EG-Vertrag, vor Art. 130u bis 130y, Rn. 13ff; *Krohn*, Das Abkommen von Lomé, in: EA 1975, S. 177ff. Für einen ausführlichen Beitrag: *Lister*, The European Community, S. 58ff.
[142] *Kappel*, Scheitern der Lomé-Verhandlungen, E+Z 1995, S. 96f, 96.
[143] *Ferdowski*, Die Europäische Union und die Menschenrechte in Afrika, in: Ferdowski u.a. (Hrsg.), Vom Enthusiasmus zur Ernüchterung?, S. 3ff, 10; *Simmonds*, The Lomé Convention and the New International Economic Order, in: CMLRev. 1976, S. 315ff, 321.
[144] Vgl. die „Akte über die Beitrittsbedingungen und die Anpassungen der Verträge" (ABl. 1972, Nr. L 73/14ff), Art. 24, Ziffer 2.

monwealthstaaten[145] in Afrika, in der Karibik und im Pazifik (AKP-Staaten)[146] hingegen bot man in der Beitrittsakte Großbritanniens drei Alternativen an, ihre Beziehungen zur EGW vertraglich zu definieren[147].
Obwohl die 20 Commonwealthstaaten die Lösung favorisierten, zusammen mit den „Altassoziierten" ein einziges, umfassendes, dem Jaunde-Abkommen nachfolgendes, neues Assoziierungsabkommen mit der EWG auszuhandeln[148], so erzürnten sich doch viele dieser Staaten über dieses Angebot: Sie wollten sich nicht auf eine Beibehaltung des Status quo des Jaunde-Abkommens im neuen Vertragswerk einlassen, sondern vielmehr eine „echte[...] Erneuerung der Assoziation"[149] erzielen. Weitere Streitpunkte waren ebenso der Assoziierungsbegriff - Assoziierung wurde als „"Mitgliedschaft zweiter Klasse" mit neokolonialistischem Beigeschmack"[150] angesehen - und der Handelsverkehr – die AKP-Staaten wollten der EWG im Gegensatz zu den „Altassoziierten" keine Gegenpräferenzen zukommen lassen[151]. Bevor dieser Streit in zwei separaten Verträgen gemündet hätte, schaltete sich wiederum die Kommission 1973 in Form eines Memorandums[152] ein. Darin unterbreitete das Gemeinschaftsorgan den künftigen Vertragsparteien seine Vorschläge über den Abschluss *eines* Abkommens, wobei es die Belange der in Betracht kommenden Länder vollumfänglich zu berücksichtigen suchte[153]. Dieser Vorschlag sollte auf breiten Konsens stoßen und „politische Wegweiserfunktion" zeigen, konkretisiert im ersten „AKP-EWG-Abkommen von Lomé".

2. Abkommen von Lomé

Das erste Abkommen stellte wegen der noch relativ geringen Regelungsdichte eine Art völkerrechtliches „Rahmenabkommen"[154] dar; in den Nachfolgeabkommen sollten die Regelungen stetig präzisiert und verfeinert werden, das Hauptregelwerk indes blieb inhaltlich im We-

---

[145] Vgl. die in Anhang VI zur „Akte über die Beitrittsbedingungen und die Anpassungen der Verträge" hinzugefügten Länder, Art. 24, Ziffer 2 (ABl. 1972, Nr. L 73/137).

[146] Der Zusammenschluss in dieser Konstellation mag künstlich erscheinen - *Frisch* (Zur Zukunft des Lomé-Abkommens, in: afrika spectrum 1996, S. 57ff, 61) führt ihn auf gemeinsame Probleme (Zucker) sowie auf das Faktum zurück, dass die karibischen und pazifischen Staaten nicht auf die damals erhebliche bargaining-power Komponente Schwarzafrikas verzichten wollten.

[147] Vgl. die Vorschläge des Protokolls Nr. 22 I Ziffer 1 zur „Akte über die Beitrittsbedingungen und die Anpassungen der Verträge" (ABl. 1972, Nr. L 73/177).

[148] Vgl. 7. Gesamtbericht der Europäischen Gemeinschaften 1973, Ziffern 531f.

[149] Bull. EG 4 - 1973, Ziffer 1402.

[150] *Frisch*, in: Groeben/ Thiesing/ Ehlermann (Hrsg.), EU-/ EG-Vertrag, vor Art. 130u bis 130y, Rn. 14.

[151] Vgl. *Frisch*, in: Groeben/ Thiesing/ Ehlermann (Hrsg.), EU-/ EG-Vertrag, vor Art. 130u bis 130y, Rn. 14.

[152] Memorandum der Kommission an den Rat über *„Die künftigen Beziehungen zwischen der Gemeinschaft, den gegenwärtigen AASM sowie den im Protokoll Nr. 22 der Beitrittsakte genannten Ländern in Afrika, im karibischen Raum, im Indischen Ozean und im Pazifischen Ozean"* vom 9. April 1973, abgedruckt in der Sonderbeilage 1/73 zum Bulletin EG. Eine Zusammenfassung findet sich im Bulletin EG 4 – 1973, Ziffern 1403ff.

[153] Bulletin EG 4 - 1973, Ziffer 1403.
Was den Inhalt des Memorandums anbelangt, so ging das Verhandlungsangebot zunächst einmal sowohl an die Jaunde Länder, die 20 Adressaten des Protokolls Nr. 22 als auch - den „kolonialen Rahmen" überschreitend - an andere afrikanische Staaten mit vergleichbarer Struktur. Ergebnis dieser Verhandlungen sollte ein Abkommen sein, das einerseits den besagten Status quo nicht beeinträchtigte, andererseits aber auch die anglophonen Vertragspartner gleichzustellen suchte. Um den Streitpunkt „Gegenpräferenzen" zumindest zu entschärfen, plädierte die Kommission zwar für die Beibehaltung des Freihandels; sie bot den Vertragspartnern jedoch an, unter bestimmten Umständen Zölle bzw. mengenmäßige Beschränkungen gegenüber der Gemeinschaft beizubehalten/ einzuführen, sowie die Handelsbeziehungen zu Drittländern frei zu gestalten. Weiterhin unterbreitete sie den Vorschlag, ein System zur Stabilisierung der Erlöse aus Rohstoffexporten (das spätere „STABEX") einzuführen. Wichtigstes Finanzierungsinstrument im Bereich der finanziellen und technischen Zusammenarbeit bliebe der EEF. In den beizubehaltenden paritätischen Organen müssten die Voraussetzungen für einen „echten Dialog" verbessert werden (voranstehend: Bulletin EG 4 - 1973, Ziffer 1404ff).

[154] Vgl. *Baumgartner*, Institutionelle Aspekte des AKP-EWG-Abkommens von Lomé, in: EuR 1978, S. 105ff, 108, 111.

sentlichen erhalten. Kernelement aller seither mit den AKP-Staaten geschlossenen Abkommen ist jedoch das „Partnerschaftsprinzip" geblieben, das die Kommission folgendermaßen beschreibt: „Kooperationspolitik verstanden als beiderseitige Verpflichtungen im Dienste gemeinsamer Ziele"[155]. Und weiter führt sie aus: „Grundsätze wie die Globalverhandlung (Verhandlungen von Ländergruppe zu Ländergruppe, über mehrere Kapitel der Zusammenarbeit), der Dialog mit den einzelnen AKP-Staaten im Rahmen paritätischer Einrichtungen, der Vertragscharakter und die Vorhersehbarkeit der für die Hilfe bereitstehenden Ressourcen sind seither das Fundament der Kooperationspolitik der EU im Rahmen der Lomé-Abkommen"[156]. Diese Maximen wurden von den Vertragsparteien nie in Frage gestellt, auch wenn die Kooperationsinstrumente und –ziele als Konsequenz aus den gemachten Erfahrungen im Laufe der Zeit changierten und neue entwicklungstheoretische Erkenntnisse die Entwicklungszusammenarbeit färbten.
Im nachfolgenden Überblick sollen die wichtigsten Vorschriften des ersten „EWG-AKP-Abkommens von Lomé" dargestellt werden, ergänzt um bedeutende Neuerungen der Folgeabkommen.

2.1 Lomé I als neues Modell partnerschaftlicher Zusammenarbeit

Die Verhandlungen verliefen erfolgreich[157], so dass es im Februar 1975 in Lomé, der Hauptstadt Togos, zur Unterzeichnung des ersten *„AKP-EWG-Abkommen[s] von Lomé"*[158] durch 46 AKP-Staaten[159], die sich am 6.6.1975 im „Abkommen von Georgetown"[160] zusammenge-

---

[155] Grünbuch der Kommission über die AKP-EG Beziehungen vom November 1996, S. 6.

[156] Grünbuch der Kommission über die AKP-EG Beziehungen vom November 1996, S. 6.

[157] Angesichts des Ausbruchs der Ölkrise 1973 kein leichtes Unterfangen mehr: die Forderungen der rohstoffproduzierenden Entwicklungsländer waren hochgeschnellt, die finanzielle Belastbarkeit der Industrieländer indes gesunken, der Unmut der Industrieländer über die Entwicklungsländer und –hilfe wuchs (vgl. hierzu: *Becker*, Partnerschaft von Lomé, S. 45ff; *Krohn*, Das Abkommen von Lomé, in: EA 1975, S. 177ff, 185f, 188). Überdies standen die AKP-Staaten vor dem komplexen Problem, eine einheitliche Verhandlungsposition zu finden (*Krohn*, Das Abkommen von Lomé, in: EA 1975, S. 177ff, 180).

[158] ABl. 1976, Nr. L 25/2ff. Die „AKP-EWG-Abkommen von Lomé" werden fortan zumeist als „Lomé-Abkommen" bzw. „Abkommen von Lomé", das erste dieser Abkommen als „Lomé I" bezeichnet.
Das als „gemischter Vertrag" abgeschlossene Lomé-Abkommen wurde, obwohl nicht ausdrücklich erwähnt, auf Art. 238 EWGV (310 EGV) gestützt (*Baumgartner*, Institutionelle Aspekte des AKP-EWG-Abkommens von Lomé, in: EuR 1978, S. 105ff, 107). Ausführlich zum Assoziierungsabkommen unten Kapitel D „Gemeinschaftsrechtliche Handlungsvorgaben", Abschnitt D.II.2.1.
Bewusst verzichtete man auf die Bezeichnung Assoziation, weil die Mitglieder des Commonwealths den Terminus „associated states" mit einer nicht vollständigen Unabhängigkeit verbunden hätten (*Schiffler*, Das Abkommen von Lomé, in: JIB 1975, S. 320ff, 334).
Für Grönland wurde 1984 durch den neu eingefügten Art. 136a EWGV eine Sonderregelung getroffen.

[159] -19 Staaten, die bereits aufgrund der Jaunde-Abkommen mit der EWG assoziiert waren: Burundi, Dahomé, Elfenbeinküste, Gabun, Kamerun, Kongo, Madagaskar, Mali, Mauretanien, Mauritius, Niger, Obervolta, Ruanda, Senegal, Somalia, Togo, Tschad, Zaire und Zentralafrikanische Republik;
- 21 Staaten des Commonwealths: zwölf afrikanische: Botswana, Gambia, Ghana, Kenia, Lesotho, Malawi, Nigeria, Sambia, Sierra Leone, Swasiland, Tansania und Uganda. Sechs karibische Staaten: Bahamas, Barbados, Guayana, Grenada, Jamaika, Trinidad und Tobago. Drei im pazifischen Raum: Fidschi, Tonga und Westsamoa;
- Sechs weitere afrikanische Staaten: Äquatorialguinea, Äthiopien, Guinea, Guinea-Bissau, Liberia und Sudan.
Bis 1980 kamen hinzu: Komoren, Seychellen und Surinam, Sao Tomé und Principe, Kapverdische Inseln, Papua Neuguinea, Djibouti, Salomon, Tuvalu und Dominica, St. Lucia.

[160] Dokument ACP/27/005/00 Rév.16 (in der vom 28.11.2003 revidierten Fassung), im Internet abrufbar unter: http://www.acpsec.org/ (Stand: 31.5.2006), unter „Traités et Accords"). Diese Staatengruppe verfügt nach dem Vorbild des Lomé Abkommens über einen AKP-Ministerrat, einen AKP-Botschafterausschuss sowie über ein AKP-Generalsekretariat (vgl. http://www.acpsec.org/ (Stand: 31.5.2006), unter „Institutions ACP"), hat Beobachterstatus innerhalb der UNO und besitzt zumindest eine innerstaatliche Rechtspersönlichkeit. Zur streitigen Völkerrechtsfähigkeit und damit möglichen Qualifizierung als internationale Organisation, verneinend: *Vedder*, in: Grabitz/ Hilf (Hrsg.), EUV/ EGV, Altband II, Art. 238, Rn. 23 (dort finden sich auch allgemeine Ausführun-

schlossen hatten, der EGW und ihren nun neun Mitgliedern kam. Das Abkommen trat am 1.4.1976 in Kraft. Es hatte eine Laufzeit von fünf Jahren und endete am 1.3.1980 (Art. 91 Lomé I).
Obwohl es sich ausweislich der Präambel des Lomé-Abkommens um „ein neues Modell für die Beziehungen zwischen entwickelten Staaten und Entwicklungsstaaten“[161] handelte, so kann keineswegs von der Hand gewiesen werden, dass die Assoziationspolitik von Jaunde und Arusha notwendige Bedingung für den Abschluss des Lomé-Abkommens war: Denn diese Politik hatte die grundsätzliche Linie der Entwicklungszusammenarbeit vorgegeben; Erfahrungen aus diesen Jahren, vor allem das stärkere Verantwortungsbewusstsein gegenüber den Entwicklungsländern, spiegelten sich im neuen Abkommen wider. Gleichzeitig hatte man versucht, sich der speziellen Belange der „neuen“ Vertragspartner anzunehmen[162].

Das Abkommen war in sieben Titel unterteilt[163]: Handelspolitische Zusammenarbeit (Titel I, Art. 1ff Lomé I), Erlöse aus der Ausfuhr von Grundstoffen (Titel II, Art. 16ff Lomé I), industrielle Zusammenarbeit (Titel III, Art. 26ff Lomé I), finanzielle und technische Zusammenarbeit (Titel IV, Art. 40ff Lomé I), Niederlassung, Dienstleistungen, Zahlungs- und Kapitalverkehr (Titel V, Art. 62ff Lomé I), die Organe (Titel VI, Art. 69ff Lomé I) und schließlich Allgemeine und Schlussbestimmungen (Titel VII, Art. 84ff Lomé I).
Was die handelspolitische Zusammenarbeit[164] anbelangt, so wurde als elementarstes Novum die bestehende Freihandelszone für Industriegüter hauptsächlich auf Druck der Commonwealth-Vertragspartner hin aufgegeben: Zwar gewährte man gewerblichen Produkten mit Ursprung in den AKP-Staaten weiterhin freien Zugang zum Markt (Art. 2I, 3I Lomé I)[165], die EWG verzichtete jedoch auf Gegenpräferenzen (Art. 7I Lomé I). Die Vertragspartner verpflichteten sich aber im Gegenzug, diskriminierende Maßnahmen gegenüber den Mitgliedstaaten zu unterlassen (Art. 7IIa) Lomé I) sowie den Grundsatz der Meistbegünstigung (Art. 7IIa) Lomé I) gegenüber der Gemeinschaft[166] einzuhalten. Im Verhältnis zu anderen AKP-Staaten oder anderen Entwicklungsländern, die nicht Mitglieder des GATT waren, galt der Grundsatz indes nicht (Art. 7IIb) Lomé I). Bedeutsam war ferner die Neudefinition der Ursprungswaren insofern, als Lomé I sämtliche AKP-Staaten „zolltechnisch als Einheit“[167] behandelte (Art. 9 i.V.m Protokoll Nr. 1 Lomé I[168]). Auch die Zugangsbedingungen für Agrarerzeugnisse (Art. 2II Lomé I) wurden gegenüber den Jaunde- und Arusha-Abkommen verbessert; Maßnahmen zur Absatzförderung waren weiter vorgesehen (Art. 12ff Lomé I).
Die Einführung des sog. „STABEX“ - Systems, einem System und Fonds zur *Sta*bilisierung der *Ex*porterlöse landwirtschaftlicher Rohstoffe, die in die EWG eingeführt wurden, war von

gen zu dieser Staatengruppe). Zweifelnd: *Zimmermann*, in: von der Groeben/ Schwarze (Hrsg.), EUV/ EGV, Art. 179, Rn. 41. Bejahend: *Weber*, in: von der Groeben/ Schwarze (Hrsg.), EUV/ EGV, Art. 310, Rn. 31.
[161] Präambel VII Lomé I.
[162] Voranstehend vgl. *Becker*, Partnerschaft von Lomé, S. 51f.
[163] Detailliert zu den Lomé I Regelungen: *Becker*, Partnerschaft von Lomé, S. 52ff; *Krohn*, Das Abkommen von Lomé, in: EA 1975, S. 177ff.
[164] Als Ziele der handelspolitischen Zusammenarbeit, des früheren „Warenverkehrs“, nennt Art. 1 Lomé I u.a. die Förderung des Handels zwischen den Vertragsparteien unter Berücksichtigung ihres jeweiligen Entwicklungsstandes, die Beschleunigung des Wachstumstempos des Handels dieser Staaten sowie die Verbesserung der Bedingungen für den Zugang der Erzeugnisse aus den AKP-Staaten zum Markt der EWG.
[165] Ausnahmen konnten weiterhin aus nicht wirtschaftlichen Gründen (öffentliche Sittlichkeit/ Ordnung/ und Sicherheit etc) gerechtfertigt werden (Art. 4 Lomé I); bei ernsten wirtschaftlichen Störungen waren Schutzmaßnahmen vorgesehen, deren Durchführung an bestimmte Voraussetzungen geknüpft war (Art. 10 Lomé I).
[166] Gleichzeitig sollte diese Regelung die AKP-Staaten nicht hindern, weiter am Freihandelsprinzip mit der Gemeinschaft festzuhalten (vgl. *Krohn*, Das Abkommen von Lomé, in: EA 1975, S. 177ff, 181).
[167] *Krohn*, Das Abkommen von Lomé, in: EA 1975, S. 177ff, 181.
[168] „Protokoll Nr. 1 über die Bestimmung des Begriffs „Ursprungswaren“ und über die Methoden der Zusammenarbeit der Verwaltungen“ (ABl. 1976, Nr. L 25/41ff).

entscheidender Bedeutung. Denn das System bot eine Antwort auf die in den 70er Jahren energisch debattierte Rohstofffrage, noch bevor 1976 das Integrierte Rohstoffprogramm beschlossen wurde[169]. Erst im Partnerschaftsabkommen von Cotonou[170] sollte STABEX durch ein offeneres Beihilfesystem ersetzt werden. Das STABEX-System kompensierte finanziell die Einkommensverluste der Entwicklungsländer zum einen im Falle eines Rückgangs der Nachfrage nach bestimmten[171] Exportprodukten, von denen die Wirtschaften der AKP-Staaten abhängig waren, oder eines Preisverfalls bei diesen Produkten; zum anderen fand ein diesbezüglicher Ausgleich bei Produktionsrückgängen infolge unvorhersehbarer Umstände wie Naturkatastrophen statt[172]. Um in den Genuss dieser (automatisch bestehenden) Ausgleichsberechtigung zu gelangen, mussten dementsprechend folgende Voraussetzungen erfüllt sein: Zunächst musste ein in der Erzeugnisliste aufgezähltes Produkt die sog. „Abhängigkeitsschwelle" überschreiten, das heißt es musste im Jahr vor dem Anwendungsjahr mit einem Mindestanteil zum gesamten Export des Landes beigetragen haben (vgl. Art. 17II Lomé I). Des Weiteren verlangte die sog. „Auslöseschwelle", dass die Einbußen einen bestimmten Anteil der durchschnittlichen Erlöse für das Produkt im Vergleich zu den vier vorhergehenden Jahren überschritten (vgl. Art. 19I, II Lomé I). Das System konnte demgemäß mit einer „Versicherung gegen schlechte Jahre"[173] verglichen werden. Für die Finanzierung des Systems standen zunächst 375 Mio. RE[174] für die Laufzeit des Lomé-Abkommens zur Verfügung (Art. 18I Lomé). Die LLDCs unter den AKP-Staaten erhielten die STABEX-Mittel stets als Zuschüsse (Art. 21V i.V.m. Art. 48II Lomé I), die anderen Entwicklungsländer mussten die gewährten Gelder bei sich verbessernder Absatzlage grundsätzlich zurückgewähren (vgl. Art. 21I-IV Lomé I). Über die Verwendung der Mittel konnte jeder Staat selbst bestimmen (Art. 20 Lomé I). Obwohl nicht zuletzt aufgrund dieser fehlenden Mittelbindung das STABEX-System nicht selten heftiger Kritik standhalten musste, so erhielt es zumindest in den ersten Jahren seiner praktischen Anwendung als „neuartiges Modell der Entwicklungspolitik" viel Anerkennung[175].

Neu war auch der Abschluss des Zuckerabkommens (Art. 25 Lomé I i.V.m. Protokoll Nr. 3). Danach musste die EWG auf unbestimmte Zeit Rohrzucker, zu dessen Lieferung sich wiederum die zuckerproduzierenden AKP-Staaten verpflichteten, zu garantierten Preisen kaufen und einführen[176].

Auf ausdrücklichen Wunsch der AKP-Staaten[177], die im Aufbau der eigenen Industrie den Motor für die Erhöhung des Lebensstandards ihrer Bevölkerung sahen[178], wurde ein Titel ü-

[169] Vgl. hierzu bereits oben Abschnitt B.II.2, Fn. 112 sowie Fn. 88.

[170] ABl. 2000, Nr. L 317/3ff.

[171] Die – erweiterbaren (Art. 17III Lomé I) – Waren (-gruppen) waren in Art. 17I Lomé I aufgezählt.

[172] *Becker*, Partnerschaft von Lomé, S. 58.

[173] *Nohlen/ Thibaut*, Stichwort „STABEX", in: Nohlen (Hrsg.), Lexikon Dritte Welt, S. 741.
Dieser Überblick enthält auch eine kurze, jedoch informative Zusammenfassung über die weitere Entwicklung des Systems im Verlauf der nachfolgenden Lomé-Abkommen.

[174] Zur Berechnungsmethode des Wertes einer RE vgl. den Beschluss des Rats vom 21. April 1975 über die Definition und die Umrechnung der Europäischen Rechnungseinheit, in der die in Art. 42 des AKP-EWG-Abkommens von Lomé genannten Beträge der Hilfe ausgedrückt sind (ABl. 1975, Nr. L 104/35).

[175] Näher hierzu: *Becker*, Partnerschaft von Lomé, S. 61ff, und *Nohlen/ Thibaut*, Stichwort „STABEX", in: Nohlen (Hrsg.), Lexikon Dritte Welt, S. 741.

[176] Art. 25I Lomé I i.V.m. dem „Protokoll Nr. 3 betreffend AKP-Zucker" (ABl. 1976, Nr. L 25/114f). Näher hierzu, auch zu den mitunter negativen Erfahrungen mit dem Zuckerabkommen: *Becker*, Partnerschaft von Lomé, S. 63ff; *Krohn*, Das Abkommen von Lomé, in: EA 1975, S. 177ff, 183.

[177] *Krohn*, Das Abkommen von Lomé, in: EA 1975, S. 177ff, 183.

[178] Den Partnerländern nutzten all die Zollzugeständnisse nichts, wenn sie bestehende Arbeitsteilungsmuster (Export von billigen Rohstoffen, Import teurer Fertigwaren) weiter zementierten, indem sie ihre Industrie so rückständig ließen, dass diese kaum attraktive Exportprodukte hervorbringen konnte.

ber die industrielle Zusammenarbeit in das Abkommen aufgenommen, Art. 26ff Lomé I[179]. Hierin verpflichtete sich die EWG, die für die industrielle Entwicklung notwendige Infrastruktur (Verkehrs- und Fernmeldewesen, Energiebereich, industrielle Forschung und Berufsausbildung) zu schaffen (Art. 28 Lomé I). Weiter plante die Gemeinschaft, Industrien für die Verarbeitung von Rohstoffen und die Herstellung von Halb- und Fertigwaren in den AKP-Staaten auf- und auszubauen (Art. 29 Lomé I) und die industrielle Berufsausbildung von AKP-Bürgern zu unterstützen (Art. 30 Lomé I). Ferner sollten Hilfestellungen bei der Verbesserung des technischen Know hows gegeben (Art. 31 Lomé I), kleine und mittlere Industriebetriebe errichtet (Art. 32 Lomé I) sowie Maßnahmen auf dem Gebiet der Industrieinformation und –förderung (Art. 33 Lomé I) und der Handelsförderung (Art. 34 Lomé I) durchgeführt werden. Die hierfür erforderlichen Mittel wurden im Rahmen der technischen und finanziellen Zusammenarbeit (Art. 40ff Lomé I) von der EWG bereitgestellt (Art. 37 Lomé I). Schließlich riefen die Vertragsparteien einen Ausschuss für industrielle Zusammenarbeit (Art. 35I) sowie ein Zentrum für industrielle Entwicklung (ZIE)[180], das ersterem unterstand (vgl. Art. 35II c), 36 Lomé I), ins Leben, um für die Durchführung der vorgenannten Aufgaben Sorge zu tragen.

Die finanzielle und technische Zusammenarbeit, wie sie bereits in den Jaunde-Abkommen zum Einsatz gekommen war, wurde im Lomé-Abkommen unter Berücksichtigung der bereits gemachten Erfahrungen fortgeführt[181]. Die finanziellen Mittel in Höhe von 3390 Millionen RE stellten der Vierte EEF (3000 Millionen RE)[182] sowie die EIB (390 Millionen RE)[183] zur Verfügung (Art. 42 Lomé I). Was die zu fördernden Vorhaben und Aktionsprogramme anbelangt, so setzte Lomé I neben der finanziellen Unterstützung der handelspolitischen und industriellen Zusammenarbeit (vgl. Art. 46I Lomé I) sowie der technischen Hilfe (Art. 46I 3. Spiegelstrich Lomé I[184]) folgende Akzente: Maßnahmen der regionalen Zusammenarbeit der AKP-Staaten untereinander[185], Hilfe für die am wenigsten entwickelten Länder[186], spezifische

[179] Ziele waren gemäß Art. 26 a-g Lomé I unter anderem: Förderung des Ausbaus und der Diversifizierung der Industrie in den AKP-Staaten sowie neuer Beziehungen im industriellen Bereich zwischen der Gemeinschaft, den Mitgliedstaaten und den AKP-Staaten; Ausbau der Verbindungen zwischen der Industrie und den übrigen Wirtschaftsbereichen; Erleichterung des Transfers technologischer Kenntnisse nach den AKP-Staaten; Förderung des Absatzes der Industriewaren der AKP-Staaten auf den Auslandsmärkten mit dem Ziel einer Steigerung ihres Anteils am Welthandel mit diesen Waren sowie Förderung der Beteiligung von Staatsangehörigen der AKP-Staaten und von Marktteilnehmern der Gemeinschaft an der industriellen Entwicklung der AKP-Staaten.
Die „Beteiligung von Marktteilnehmern" – damit wurden Privatinvestitionen europäischer Unternehmer anvisiert - wurde trotz der Bedeutung dieses Ziels für den Erfolg der industriellen Zusammenarbeit von den AKP-Staaten nur zögerlich akzeptiert, vgl. *Krohn*, Das Abkommen von Lomé, in: EA 1975, S. 177ff, 184; *Becker*, Partnerschaft von Lomé, S. 70f.

[180] Eine kritische Bilanz dieser Institution nach den ersten 20 Jahren ihres Bestehens zeichnet: *Pietsch*, Revision von Lomé IV – Versuch einer Wertung, in: JEP 1996, S. 397ff, 408f.

[181] Ziel dieser Zusammenarbeit war erneut die „Beseitigung struktureller Ungleichgewichte in den AKP-Staaten" (Art. 40I Lomé I) und erstreckte sich wie bisher auf „Vorhaben und Aktionsprogramme, die wesentlich zur wirtschaftlichen und sozialen Entwicklung dieser Staaten beitragen" (Art. 40I Lomé I). Zu den darüber hinaus gesteckten Zielen, vgl. Art. 1 des „Protokoll[s] Nr. 2 über die Anwendung der finanziellen und technischen Zusammenarbeit" (ABl. 1976, Nr. L 25/104ff).

[182] Dieser Betrag schlüsselte sich wie folgt auf: 2100 Millionen RE in Form von Zuschüssen, 430 Millionen RE in Form von Sonderdarlehen, 95 Millionen RE in Form von haftendem Kapital sowie 375 Millionen RE in Form von Transfers zur Stabilisierung der Ausfuhrerlöse (Art. 42 Ziffer 1 Lomé I).

[183] Die EIB stellte „normale" Darlehen zur Verfügung (Art. 42 Ziffer 2 Lomé I).

[184] Vgl. auch Art. 6II, III des Prot. Nr. 2 (ABl. 1976, Nr. L 25/104ff). In gewisser Weise irreführend ist daher der Titel „finanzielle und technische Hilfe" – denn auch technische Hilfe muss finanziert werden.

[185] Art. 47 Lomé I i.V.m. Art. 7ff Prot. Nr. 2 (ABl. 1976, Nr. L 25/104ff).

[186] Art. 48 Lomé I i.V.m. Art. 10ff Prot. Nr. 2 (ABl. 1976, Nr. L 25/104ff). Die am wenigsten entwickelten Länder listet Art. 48II Lomé I auf; die Liste ist veränderbar, Art. 48III Lomé I.

Maßnahmen zugunsten der einheimischen Klein- und Mittelbetriebe[187], Finanzierung von Kleinstvorhaben[188] sowie Hilfe bei Naturkatastrophen[189].

All die soeben vorgestellten Bereiche der Entwicklungszusammenarbeit normierten allerdings nur, was an entwicklungspolitischen Maßnahmen *theoretisch* möglich war. Welche Hilfe einem AKP-Staat *tatsächlich* zukam, fixierten der beteiligte Staat und die EWG partnerschaftlich im Rahmen der sog. „Programmierung". Die diesbezüglichen Durchführungsmodalitäten, das „Programmierungsprinzip", war nunmehr vertraglich festgelegt und gestaltete sich folgendermaßen[190]: Zunächst ermittelte jeder AKP-Staat seine eigenen und grundsätzlich vom Inhalt des Lomé-Abkommens unabhängigen Entwicklungsziele und Prioritäten. Auf dieser Basis arbeiteten die zuständigen Stellen des jeweiligen Staates und der EWG ein „Nationales Richtprogramm (NIP[191])" für die Gemeinschaftshilfe aus. Dieses NIP enthielt Angaben über den Betrag, die Modalitäten, die Ziele der Hilfe (Art. 51II1 Lomé I) sowie über - aus dem Katalog der vertraglichen Offerten ausgewählte - generell ins Auge gefasste Vorhaben und Aktionsprogramme (Art. 52I1 Lomé I). Dadurch konnte sich der Staat ein „möglichst klares Bild" (Art. 51II1 Lomé I) davon machen, welche Hilfe er während des Anwendungszeitraums des Abkommens erwarten durfte. Alsdann war es den Staaten[192] möglich, konkrete Vorhaben und Aktionsprogramme bei der Gemeinschaft einzureichen, die diese einer Prüfung u.a. hinsichtlich ihrer Nutzungseffekte unterzog. Dabei sollte die von der Gemeinschaft bereitgestellte Hilfe idealiter „komplementär zu den eigenen Anstrengungen der AKP-Staaten" (Art. 51I Lomé I) sein. Anschließend wurde ein Finanzierungskonzept ausgearbeitet, das in einem Finanzierungsbeschluss der Gemeinschaft mündete. Für die nachfolgende Durchführung der von der Gemeinschaft finanzierten Vorhaben waren die jeweiligen AKP-Staaten selbst zuständig. Abschließend erfolgte eine Beurteilung der Auswirkungen und Ergebnisse des abgeschlossenen Vorhabens.

Der Inhalt der Vorschriften über die Niederlassung und Dienstleistungen (Art. 62ff Lomé I), Zahlungs- und Kapitalverkehr (Art. 65ff Lomé I) wurden weitgehend übernommen.
Zentrale Vorschriften des Lomé-Abkommens waren wie auch in den Jaunde Abkommen die Regelungen über die Organe (Art. 69ff Lomé I)[193]. Die positiven Erfahrungen - allen voran die Fähigkeit zum konstruktiven Dialog innerhalb der Institutionen und dadurch zu einer effektiven Entwicklungspolitik -, die man seit der Einführung des institutionellen Systems gemacht hatte, sollten unbedingt fortgesetzt werden[194]. So waren sowohl die Zusammensetzung

---

[187] Art. 46I 6. Spiegelstrich i.V.m. Art. 13ff Prot. Nr. 2 (ABl. 1976, Nr. L 25/104ff).
[188] Art. 46I 7. Spiegelstrich i.V.m. Art. 14ff Prot. Nr. 2 (ABl. 1976, Nr. L 25/104ff).
[189] Art. 59 Lomé I. Näher hierzu: *Becker*, Partnerschaft von Lomé, S. 84f.
[190] Art. 50ff Lomé I i.V.m. Kapitel II des Internen Abkommens über die Finanzierung und Verwaltung der Hilfe der Gemeinschaft (ABl. 1976, L 25/168ff). Zum kaum umgesetzten Petitum der AKP-Staaten, in alle Stadien der Projektfindung eingebunden zu werden: *Krohn*, Das Abkommen von Lomé, in: EA 1975, S. 177ff, 186.
[191] Auch: Nationales Indikativprogramm/ National Indicative Programme.
Zu den Problemen in der Praxis: *Fellner*, Die Vertragswerke von Lomé – eine Kurzeinführung, in: JEP 1994, S. 139ff, 152.
[192] Zu den übrigen Antragsberechtigten: Art. 49 Lomé I.
[193] Ausführlich zu den Organen des Lomé-Abkommens: *Baumgartner*, Institutionelle Aspekte des AKP-EWG-Abkommens von Lomé, in: EuR 1978, S. 105ff, 110ff. Nähere Ausführungen sowie Beispiele zu diesen Befugnissen liefert auch: *Becker*, Partnerschaft von Lomé, S. 104ff.
Baumgartner, Institutionelle Aspekte des AKP-EWG-Abkommens von Lomé, in: EuR 1978, S. 105ff, 110, präferiert den Terminus „Institutionen", da die Assoziierungsabkommen keine juristische Person geschaffen haben. Die Lomé und das nachfolgende Cotonou-Abkommen verwenden indes explizit den Begriff „Organe" des Abkommens, weshalb im Folgenden beide Termini parallel benutzt werden, ohne dadurch eine juristische Wertung treffen zu wollen.
[194] Hierzu *Becker*, Partnerschaft von Lomé, S. 101ff.

als auch die Funktion der paritätisch besetzten Organe des Lomé-Abkommens denen der Jaunde-Abkommen im Wesentlichen nachgebildet: Der Ministerrat[195], unterstützt vom Botschafterausschuss, und die Beratende Versammlung als Organe des Lomé-Abkommens (Art. 69 Lomé I) waren in erster Linie für die Verwaltung des Abkommens sowie für den Dialog über Fragen der Konvention oder andere die AKP-Staaten oder die EWG interessierende Fragen verantwortlich[196].
Der Ministerrat, paritätisch besetzt mit den Mitgliedern des Rates der Europäischen Gemeinschaften und Mitgliedern der Kommission der Europäischen Gemeinschaften einerseits und je einem Mitglied der Regierungen der AKP-Staaten andererseits (Art. 70I Lomé I), war als oberstes politisches „Leitungs- und Entscheidungsorgan"[197] ausgestaltet; zu diesem Zwecke konnte er Rechtsakte, darunter verbindliche Beschlüsse, fassen (Art. 74III Lomé I)[198]. Exekutivfunktionen übte er nicht aus[199]. Der Botschafterausschuss (Art. 76ff Lomé I), bestehend aus einem Vertreter jedes Mitgliedstaates und der Kommission einerseits und einem Vertreter jedes AKP-Staates andererseits (Art. 76I Lomé I), inkorporierte die „permanente Verbindung zwischen der Gemeinschaft und den AKP-Staaten"[200]. Er hatte eine beratende und unterstützende Funktion inne und übernahm in der Praxis die meisten der Verwaltungs- und Ausführungsaufgaben[201]. Bei Abstimmungen über Rechtsakte galt in beiden Organen das Einstimmigkeitsprinzip – neben dem Grundsatz der Parität eines der tragenden Charakteristika der Organe des Lomé-Abkommens[202]. Darüber hinaus machte dieses Prinzip einen intensiven und konstruktiven entwicklungspolitischen Dialog unabdingbar und schuf so ein essenzielles Wesensmerkmal der Lomé-Kooperation[203]. Die Umbenennung der „Parlamentarischen Konferenz der Assoziation" in „Beratende Versammlung" bei ansonsten im Wesentlichen unveränderter konsultativer Funktion[204] berücksichtigte, dass nicht alle AKP-Staaten über ein Parlament verfügten[205]. Ein Schiedsgericht, wie es die Jaunde-Abkommen (Art. 51 Jaunde I; Art. 53 Jaunde II) kannten, sah das Abkommen von Lomé indes nicht mehr vor. Stattdessen fun-

[195] Präambel II Lomé I stellte heraus, dass „auf der Grundlage völliger Gleichberechtigung zwischen Partnern eine enge und andauernde Zusammenarbeit im Geiste internationaler Solidarität" geschaffen werden sollte. Zu diesem Grundsatz passte eher der Terminus „Ministerrat"; auf die Bezeichnung „Assoziations"-rat wurde deshalb verzichtet.
[196] *Baumgartner*, Institutionelle Aspekte des AKP-EWG-Abkommens von Lomé, in: EuR 1978, S. 105ff, 110.
[197] *Baumgartner*, Institutionelle Aspekte des AKP-EWG-Abkommens von Lomé, in: EuR 1978, S. 105ff, 110.
[198] Mit dieser Beschlussfassungsbefugnis verfügte der Ministerrat über eine Rechtssetzungskompetenz, die es ihm ermöglichte, das Abkommen von Lomé mit sekundärem Assoziationsrecht auszufüllen. Ausführlich hierzu unten Kapitel D „Gemeinschaftsrechtliche Handlungsvorgaben", Abschnitte D.II.2.1.4, D.II.2.1.3.
[199] Der Ministerrat verfügte über folgende Befugnisse (Art. 74 Lomé I): Er legte die großen Leitlinien für die Arbeiten des Abkommens fest, prüfte die Ergebnisse des Abkommens und traf die für die Verwirklichung der Ziele des Abkommens erforderlichen Maßnahmen. Der Ministerrat konnte außerdem Ausschüsse, Gruppen oder Ad-hoc-Arbeitsgruppen einsetzen; auf Antrag einer der Vertragsparteien konnte ein Meinungsaustausch über Fragen stattfinden, die sich unmittelbar auf die durch dieses Abkommen erfassten Gebiete bezogen oder andere wirtschaftliche oder technische Fragen von beiderseitigem Interesse betrafen.
[200] *Baumgartner*, Institutionelle Aspekte des AKP-EWG-Abkommens von Lomé, in: EuR 1978, S. 105ff, 113.
[201] Zur genauen Aufgabenbeschreibung des Botschafterausschusses vgl. Art. 77 Lomé I sowie *Baumgartner*, Institutionelle Aspekte des AKP-EWG-Abkommens von Lomé, in: EuR 1978, S. 105ff, 113.
[202] Vgl. *Becker*, Partnerschaft von Lomé, S. 104, 111.
[203] Der entwicklungspolitische Dialog in den paritätisch besetzten Gremien gehörte von Anfang an zum Lomé-Komplex – nicht hingegen der Dialog über politische Themen. Hierzu ausführlich unten Kapitel C „Ziele der Entwicklungszusammenarbeit", Abschnitt C.II.3.2, insbesondere Fn. 531.
[204] Ausführlich zu den Funktionen der sich aus Mitgliedern des EP einerseits und den von den AKP-Staaten benannten Vertretern andererseits zusammengesetzten (Art. 80I Lomé) Beratenden Versammlung: *Baumgartner*, Institutionelle Aspekte des AKP-EWG-Abkommens von Lomé, in: EuR 1978, S. 105ff, 117f; *Becker*, Partnerschaft von Lomé, S. 112ff.
[205] *Baumgartner*, Institutionelle Aspekte des AKP-EWG-Abkommens von Lomé, in: EuR 1978, S. 105ff, 117.

gierte der Ministerrat als streitschlichtendes Organ; gelang ihm die Schlichtung nicht, war ein bestimmtes Streitschlichtungsverfahren vorgesehen (Art. 81 Lomé I).

Das Lomé-Abkommen wurde in der Nord-Süd-Auseinandersetzung der 70er Jahre um eine neue Weltwirtschaftordnung als Durchbruch und Modell für die Gestaltung der Beziehungen zwischen Industriestaaten einerseits und Entwicklungsländern andererseits gefeiert[206]. Zu dieser Einschätzung trugen in erster Linie das ausgefeilte Kooperationsinstrumentarium, aber auch das partnerschaftliche Grundkonzept bei. *Frisch*[207] zählt zu dieser „Lomé-Kultur"[208], wie er die kennzeichnenden Elemente dieser Kooperationsbeziehung tituliert, ferner den institutionalisierten Dialog, die Kontraktualität, die Berechenbarkeit sowie ein bestimmtes „soziales Klima"[209], womit er die menschlich-emotionale Dimension zu den Partnern meint[210]. Dass Afrika und Europa trotz der Narben, die die 100 Jahre Kolonialzeit hinterlassen hatte, „ihren Willen zu gegenseitiger enger Zusammenarbeit auf der Grundlage völliger Gleichberechtigung"[211] bezeugten, visualisierte gleichzeitig die herausragende politische Dimension, die diesem Abkommen zugesprochen werden muss. Darüber hinaus förderte das AKP-EWG-Abkommen nicht nur eine Nord-Süd-, sondern ebenfalls eine Süd-Süd-Annäherung: Indem die AKP-Staaten gezwungen waren, sich auf eine einheitliche Verhandlungsposition gegenüber der EWG zu verständigen, fungierte die Gemeinschaft als „Katalysator [hauptsächlich] der afrikanischen Einigung"[212] und wohl auch des Zusammenhalts der AKP-Gruppe als solche[213]. Vieles spricht demnach dafür, das erste Lomé-Abkommen 1976 als Beginn einer europäischen Entwicklungspolitik, die diese Bezeichnung auch tatsächlich verdient, anzusehen[214].

2.2 Konsolidierung des Erreichten: Lomé II

Das zweite „*AKP-EWG Abkommen von Lomé*"[215] trat am 1.1.1981 bis 28.2.1985 in Kraft und konsolidierte im Wesentlichen das Vorgängerabkommen[216], brachte jedoch auch einige Innovationen hervor.

---

[206] *Frisch*, in: Groeben/ Thiesing/ Ehlermann (Hrsg.), EU-/ EG-Vertrag, vor Art. 130u bis 130y, Rn. 18. Kritisch: *Lingnau*, Neue Elemente in der Entwicklungszusammenarbeit, S. 12.
[207] *Frisch*, Zur Zukunft des Lomé-Abkommens, in: afrika spectrum 1996, S. 57ff, 64.
[208] *Frisch*, Zur Zukunft des Lomé-Abkommens, in: afrika spectrum 1996, S. 57ff, 64.
[209] *Frisch*, Zur Zukunft des Lomé-Abkommens, in: afrika spectrum 1996, S. 57ff, 64.
[210] *Frisch*, Zur Zukunft des Lomé-Abkommens, in: afrika spectrum 1996, S. 57ff, 64. *Pietsch*, Revision von Lomé IV – Versuch einer Wertung, in: JEP 1996, S. 397ff, 400, bezeichnet dies als „das ungeschriebene Ziel der Grundsteinlegung einer Euro-afrikanischen Freundschaft".
[211] *Krohn*, Das Abkommen von Lomé, in: EA 1975, S. 177ff, 187.
[212] *Krohn*, Das Abkommen von Lomé, in: EA 1975, S. 177ff, 187.
Angesichts der Zersplitterung Afrikas in belgische, britische, französische, italienische, portugiesische und spanische Einflussgebiete war diese „Überwindung künstlicher Grenzen" (*Frisch*, in: Groeben/ Thiesing/ Ehlermann (Hrsg.), EU-/ EG-Vertrag, vor Art. 130u bis 130y, Rn. 18) ein von Afrika in hohem Maße honoriertes Ergebnis (vgl. *Krohn*, Das Abkommen von Lomé, in: EA 1975, S. 177ff, 187).
[213] Politische Würdigungen stellten indes eher das Verhältnis der EWG zu den afrikanischen Staaten heraus: Gemäß der Meinung ihrer Autoren waren die Länder im Pazifik und in der Karibik wegen ihres „demographischen und wirtschaftlichen Potentials sowie ihrer geopolitischen Lage" eher als „peripher" im „globalen Kräfteverhältnis" anzusehen, wie beispielsweise Krohn seine geographisch begrenzte Würdigung begründete (*Krohn*, Das Abkommen von Lomé, in: EA 1975, S. 177ff, 187, Fn. 13).
[214] *Frisch*, in: Groeben/ Thiesing/ Ehlermann (Hrsg.), EU-/ EG-Vertrag, vor Art. 130u bis 130y, Rn. 18.
[215] Im Folgenden meist: „Lomé II", ABl. 1980, Nr. L 347/2ff. Neu hinzugekommen waren: Benin und Kiribati. Später traten bei: Antigua und Barbuda, Belize, Vanuatu sowie Simbabwe.
Für eine ausführliche Darstellung dieses Abkommens: *Becker*, Entwicklungskooperation, S. 168ff; *Simmonds*, The Second Lomé Convention: The innovative features, in: CML Rev. 1980, S. 99ff; *Meyer*, Die zweite Konvention von Lomé, in: EA 1980, S. 11ff.
[216] *Meyer*, Die zweite Konvention von Lomé, in: EA 1980, S. 11ff, 12.
Im Bereich der Handelspolitik (Art. 1ff Lomé II) wurde nunmehr auch den Agrarprodukten mit Ursprung in den AKP-Staaten praktisch freier Marktzugang (Art. 2II Lomé II i.V.m. Protokoll Nr. 1 (ABl. 1980, Nr. L 347/73ff))

Als bedeutendstes Novum gilt das *Sy*stem zur *S*tabilisierung *min*eralischer Exporterlöse „SYSMIN“ (Art. 49ff Lomé II), das „STABEX“[217] ergänzte und wie dieses erst im Partnerschaftsabkommen von Cotonou[218] ersetzt werden sollte. Das Finanzierungssystem besaß die Funktion, denjenigen AKP-Staaten, deren Wirtschaft in hohem Maße von bestimmten Bergbauerzeugnissen (Art. 50 Lomé II) abhängig war, zu helfen, ihre Produktionsanlagen und Exportkapazitäten auch im Falle von Preis- und/ oder Erlöseinbrüchen aufrechterhalten zu können (vgl. Art. 49 Lomé II). Für die Finanzierung von SYSMIN standen für die Laufzeit von Lomé II 280 Millionen RE[219] bereit (Art. 51 Lomé II). Die Finanzhilfe wurde als Sonderdarlehen (Art. 56 i.V.m. 102 Lomé II) gewährt, wobei Vorzugsbedingungen für die am wenigsten entwickelten AKP-Staaten, die AKP-Binnen- sowie –Inselstaaten (Art. 56, 155III, 106 Lomé II) galten. Im Gegensatz zu STABEX erhielt hier das betreffende Land den Finanzierungsbeitrag allerdings zweckgebunden zur Finanzierung von Vorhaben, die darauf abzielten, die Produktions- und Exportkapazität zu erhalten (Art. 54I Lomé II). Um diesen Beitrag in Anspruch nehmen zu können, normierte Lomé II ähnlich wie für STABEX sowohl Abhängigkeits- als auch Auslöseschwellen. (Art. 53I, II/ 52 Lomé II)[220]. Technische und finanzielle Hilfe zur Unterstützung von Maßnahmen zur Exploration und zum Abbau mineralischer Rohstoffe zwecks Entwicklung des Bergbau- und auch Energiepotenzials sollten SYSMIN komplementieren (Art. 57ff Lomé II)[221].

Wenngleich der entwicklungsstrategische Schwerpunkt weiterhin auf der Industrialisierung und der Infrastruktur verblieb[222], galt erstmalig auch der ländlichen Entwicklung besondere Aufmerksamkeit (Art. 83ff Lomé II). Hierbei bestanden die wesentlichen Ziele darin, die landwirtschaftliche Produktion für den Binnen- und Auslandsmarkt zu verbessern und auszuweiten sowie die zunehmend kritischere Ernährungssicherheit der Bevölkerung der AKP-

gewährt, der Handel auch zwischen den AKP-Staaten untereinander weiter gefördert (Art. 1 UA 1 Lomé II) und die Absatzförderung verstärkt (Art. 20ff Lomé II); besondere Bestimmungen wurden für Rum und Bananen eingeführt (Art. 17ff Lomé II i.V.m. Protokoll Nr. 4 und 5 (ABl. 1980, Nr. L 347/140f)), das Zuckerprotokoll beibehalten (Art. 49 Lomé II i.V.m. Protokoll Nr. 7 (ABl. 1980, Nr. L 347/144f)).

Was die Privatinvestitionen im Rahmen der industriellen Zusammenarbeit (Art. 65ff Lomé II) anbelangt, so konnte die EWG den angestrebten verbindlichen Investitionsschutz für Unternehmer aus ihren Mitgliedsstaaten nicht durchsetzen, sondern musste sich damit begnügen, dass die AKP-Staaten selbst für diesbezügliche Fördermaßnahmen verantwortlich waren (Art. 60ff Lomé II sowie die „Gemeinsame Erklärung zu Art. 64 des Abkommens“ (ABl. 1980, Nr. L 347/167). Vgl. hierzu *Meyer*, Die zweite Konvention von Lomé, in: EA 1980, S. 11ff, 16f). Ansonsten wurden lediglich die einzelnen Maßnahmen der (überwiegend) bereits in Lomé I entwickelten Ziele der industriellen Zusammenarbeit verfeinert, teilweise erweitert.

Die Bestimmungen über den Zahlungs- und Kapitalverkehr sowie die Niederlassung und Dienstleistungen (Art. 156ff Lomé II) waren identisch; jene über die Organe (Art. 163ff Lomé II) ebenso nahezu inhaltsgleich.

[217] STABEX wurde unter anderem durch die Aufnahme weiterer Produkte ausgebaut, vgl. Art. 23ff Lomé II. Für die Finanzierung des Systems standen 550 Millionen RE zur Verfügung (Art. 31 Lomé II).

[218] ABl. 2000, Nr. L 317/3ff.

[219] Vgl. nunmehr den Beschluss des Rates vom Dezember 1980 „über die Ersetzung der Europäischen Rechnungseinheit durch die ECU zum Ausdruck der Beträge der Hilfe nach dem zweiten AKP-EWG-Abkommen und den früheren Abkommen“ (ABl. 1980, Nr. L 349/34f). Die ECU ist definiert in der VO (EWG) Nr. 3180/78 des Rates vom Dezember 1978 (ABl. 1978, Nr. L 379/1).

[220] Diese Abhängigkeits- und Auslöseschwellen wurden unter den nachfolgenden Abkommen leicht modifiziert. Im Gegensatz zu STABEX schaffte SYSMIN bei Eintritt der dargestellten Voraussetzungen keinen (automatischen) Rechtsanspruch auf Transferzahlung; vielmehr musste hierüber nach Antragstellung erst entschieden werden, Art. 53III Lomé II.

[221] Ausführlich hierzu und zur Wechselwirkung zwischen globaler Entwicklungsstrategie und der Lösung der Energiefrage: *Becker*, Entwicklungskooperation, S. 185ff. Der Förderung des Energiepotenzials mineralischer Rohstoffe wurde auch im Rahmen der industriellen Zusammenarbeit (Art. 76 Lomé II) besondere Aufmerksamkeit geschenkt.

[222] *Nohlen/ Barrios*, Stichwort „Lomé-Abkommen“, in: Nohlen (Hrsg.), Lexikon Dritte Welt, S. 525ff, 526.

Staaten zu gewährleisten (Art. 83I Lomé II)[223]. Dies sollte unter anderem (vgl. Art. 84 Lomé II) durch eine „integrierte ländliche Entwicklung“ erreicht werden, die insbesondere bäuerliche Familienbetriebe und Genossenschaften sowie handwerkliche und kommerzielle Tätigkeiten im ländlichen Raum zu stärken suchte. Des Weiteren verfolgten die Vertragspartner Vorhaben zur besseren Nutzung vorhandener Wasservorkommen und zur Schaffung von Produktionsanreizen für die Bauern; auch strebten sie Maßnahmen für die Viehzucht, die Fischerei, die Ackerbauforschung, zur Entwicklung und Nutzung der forstwirtschaftlichen Ressourcen oder aber zur Ausbildung einheimischer Führungskräfte an. Ein „Technisches Zentrum für Zusammenarbeit in der Landwirtschaft und im ländlichen Bereich“ wurde errichtet, das für die nötige Unterstützung im Bereich der Agrarforschung und -technik sorgen sollte (Art. 88 Lomé II).

Das Finanzvolumen für die finanzielle und technische Hilfe, deren Instrumente bei im Wesentlichen gleich bleibenden Inhalten (teilweise) verfeinert und weiter ausgebaut wurden[224], betrug 5227 Millionen RE (Art. 95I Lomé II)[225].

Ein eigener Titel (Art. 155 Lomé II) wurde für die am wenigsten entwickelten AKP-Staaten wegen ihrer spezifischen Art der Bedürfnisse, für die AKP-Binnenstaaten und AKP-Inselstaaten wegen ihrer geographischen Lage geschaffen, um ihren spezifischen Entwicklungsproblemen Herr zu werden.

2.3 Lomé III: hin zur selbstbestimmten Entwicklung

Beim „*Dritte[...n] AKP-EWG-Abkommen*“ von Lomé[226], das am 1.3.1985 vorläufig, am 1.5.1986 endgültig mit einer Laufzeit bis zum 28.2.1990 in Kraft trat, fällt zunächst eine grundlegende Umstrukturierung des Vertragswerkes ins Auge: Noch vor dem operativen Teil des Abkommens wurden erstmalig „Grundlagen der AKP-EWG-Zusammenarbeit“ (Art. 1ff Lomé III) formuliert, die die gesamte Ausrichtung der Kooperation prägten. Alsdann beschrieb Lomé III im Zweiten Teil die Bereiche der Zusammenarbeit (Art. 26ff Lomé III)[227]

---

[223] Darüber hinaus wollten die Vertragspartner die Lebensbedingungen der ländlichen Bevölkerung und die Produktivität und Diversität ihrer ländlichen Tätigkeit verbessern, den Wert der ländlichen Produktion noch im Inland steigern, die soziale und kulturelle Entwicklung der Landbevölkerung vorantreiben und deren Fähigkeit erhöhen, ihre Entwicklung selbst zu sichern (Art. 83II Lomé II).

[224] Der Titel VII „finanzielle und technische Zusammenarbeit“ gliederte sich nunmehr ausführlich in 13 Kapitel, wobei an finanziell förderungsfähigen Vorhaben hauptsächlich die Bereiche „regionale Zusammenarbeit“ (Art. 133ff Lomé II), „Kleinstvorhaben“ (Art. 145ff Lomé II) und „technische Hilfe und Finanzierung der Klein- und Mittelbetriebe“ (Art. 144 Lomé II) ausgebaut wurden. Ein neuer Schwerpunkt lag auf der „technischen Zusammenarbeit“ (Art. 138ff Lomé II).

[225] Dabei stellten der Fünfte EEF 4542 Millionen RE in Form von Zuschüssen, Sonderdarlehen sowie haftendem Kapital (Art. 101I Lomé II) und die EIB 685 Millionen RE in Form von Darlehen (EIB, Art. 101I Lomé II) bereit (Art. 95II Lomé II).

[226] ABl. 1986, Nr. L 86/3ff. Im Folgenden meist als „Lomé III“ bezeichnet.
Inzwischen neu hinzugekommen waren (mittlerweile 65 AKP-Staaten): Mosambik, St. Christoph und Nevis, St. Vincent und die Grenadinen. Im Laufe des Abkommens kam Angola hinzu.
Ausführlich zum Abkommen: *Megret* u.a. (Hrsg.), La convention de Lomé, S. 149ff; *Frisch*, „Lomé III“, in: EA 1985, S. 57ff (auch zu den Abkommensverhandlungen); *Simmonds*, The Third Lomé Convention, in: CMLRev. 1985, S. 389ff; *Kranz*, Lomé, le dialogue et l'homme, in: RTDE 1988, S. 451ff, 454ff. Zu den damals erhobenen Forderungen an die künftige Entwicklungszusammenarbeit: *Köhler*, Entwicklungspolitik der Europäischen Gemeinschaft, EA 1987, S. 709ff.

[227] Die relativ neuen Bereiche „landwirtschaftliche und ländliche Entwicklung - Erhaltung der Bodenschätze“ (Art. 26ff Lomé III), „Entwicklung des Bergbau- und Energiepotentials“ (Art. 75ff Lomé III) und die „regionale Zusammenarbeit“ (Art. 101ff Lomé III) wurden erweitert; die Kooperationsbereiche „Entwicklung der Fischerei“ (Art. 50ff Lomé III), „Verkehrs- und Kommunikationswesen“ (Art. 84ff Lomé III) sowie „Zusammenarbeit im kulturellen und sozialen Bereich“ (Art. 114ff Lomé III) waren völlig neu. Die traditionellen Gebiete der Zusammenarbeit „industrielle Entwicklung“ (Art. 60ff Lomé III) und „Entwicklung des Handels und der Dienstleistungen“, einschließlich des Fremdenverkehrs (Art. 95ff Lomé III), enthielten keine substanziellen Neuerungen.

und im anschließenden Dritten Teil erst die Instrumente zur Umsetzung dieser Zusammenarbeit[228]. Für die Durchführung des Abkommens stand ein Finanzvolumen von 8,5 Milliarden ECU zur Verfügung[229].
Bereits aus jenen allgemeinen Bestimmungen ergibt sich die Verlagerung des Fokus der Zusammenarbeit: weg von der Förderung der industriellen Zusammenarbeit, hin zu einer auf den Menschen zentrierten (Art. 10 Lomé III)[230] sowie zu einer „self-reliant" Entwicklung, d.h. zu einer „autonomere[n] und sich selbsttragende[n] Entwicklung" (Art. 4 Lomé III), die „von außen her nur gefördert, nicht aber bewirkt werden kann"[231]. Dementsprechend wurde die landwirtschaftliche und ländliche Entwicklung zum vorrangigen Ziel[232] der Zusammenarbeit erklärt. Diese sollte - nicht zuletzt in Anbetracht der Hungerkatastrophen in den AKP-Staaten - in erster Linie die Selbstversorgung und die Ernährungssicherheit der AKP-Staaten sicherstellen, daneben das Produktionssystem entwickeln sowie den Lebensrahmen der ländlichen Bevölkerung verbessern, mithin ihre „grundlegenden Bedürfnisse"[233] befriedigen (Art. 12, 5, 26ff Lomé III). Zu erreichen suchte man dies unter anderem durch diverse, teilweise schon in

---

[228] Hier nahm Lomé III keine wesentlichen Änderungen vor. Erwähnenswert ist neben einer Lockerung der Ursprungsregelung (ein höherer Anteil an Verarbeitungselementen durfte aus „Nicht-AKP-Staaten" kommen, Art. 138 Lomé III i.V.m. Protokoll Nr. 1 (ABl. 1986, Nr. L 86/98ff)) die Einführung einer gewissen Verwendungskontrolle im Rahmen von STABEX gewährten Mittel (Art. 147II, 170f Lomé III). Ferner weitete Lomé IIII den Investitionsschutz aus (Art. 240ff Lomé III; hierzu: *Frisch*, „Lomé III", in: EA 1985, S. 57ff, 67).
[229] Davon 7,4 Milliarden aus dem 6. EEF und 1,1 Milliarden von der EIB, Art. 194 Lomé III.
[230] Hierzu ausführlich unten Kapitel C „Ziele der Entwicklungszusammenarbeit", Abschnitt C.II.2.
[231] *Frisch*, „Lomé III", in: EA 1985, S. 57ff, 61.
Wieder einmal mehr war Wegbereiter dieser Verschiebung der prioritären Ziele der europäischen Entwicklungszusammenarbeit ein Memorandum, das sog. „Pisani-Memorandum" der Kommission (Memorandum der Kommission über „Die Entwicklungspolitik der Europäischen Gemeinschaft" vom 4.10.1982, abgedruckt in: Bulletin EG, Sonderbeilage 2/82), das unter anderem die schlechte Bilanz der zwei vorangegangenen Entwicklungsdekaden als Grund für eine notwendige Neuorientierung zitierte (ebenda, S. 10ff).
Global betrachtet basierte diese Neuorientierung auf gewissen entwicklungspolitischen Strategien der späten 70er Jahre, insbesondere auf der sog. „grundbedürfnisorientierten Entwicklungstheorie" und den Konzepten der „self-reliance", der Eigenständigkeit der Entwicklung: In Abkehr von den Wachstumsstrategien als Teil der Modernisierungstheorien versuchte man Ende der 70er, Anfang der 80er Jahre, Wachstum nunmehr „mit" oder sogar „durch" Umverteilung zu erreichen. Hierfür wurde u.a. die grundbedürfnisorientierte Strategie entwickelt. Diese setzte vor allem auf die Deckung eines Mindestbedarfs an Gütern des privaten Verbrauchs sowie auf die Bereitstellung grundlegender öffentlicher Dienste – mithin materieller Grundbedürfnisse. Daneben fokussierte diese Strategie aber auch immaterielle Grundbedürfnisse wie die Garantie politischer Partizipation und der Menschenrechte. Über verschiedene Stadien sollte letztendlich das Ziel der Selbstverantwortlichkeit („self-reliance") und der Partizipationsfähigkeit der Menschen, aber auch deren Arbeitsproduktivität und damit indirekt wieder das Wirtschaftswachstum erlangt werden (voranstehend: *Sangmeister*, Stichwort „Grundbedürfnisse, grundbedürfnisorientierte Entwicklungsstrategien", in: Nohlen (Hrsg.), Lexikon Dritte Welt, S. 343ff; *Menzel*, Das Ende der Dritten Welt und das Scheitern der großen Theorien, S. 158ff). Das in diesem Kontext ins Spiel gebrachte Konzept der „self-reliance" stellt zwar eigentlich ein eigenständiges Konzept dar, steht aber offensichtlich in Wechselwirkung zu den grundbedürfnisorientierten Strategien. Speziell diese Strategie der „self-reliance" sucht zur Entwicklung des Menschen und der Befriedigung seiner Grundbedürfnisse einen eigenen, den jeweiligen Traditionen angepassten Entwicklungsweg, indem sie die eigenen materiellen und menschlichen Ressourcen zu mobilisieren versucht, um sich autonom und selbsttragend entwickeln zu können. Im Vordergrund steht dabei die ländliche Entwicklung, die die Ernährungssicherheit und die Selbstversorgung mit Nahrungsmitteln sicherstellt, die Förderung des (Aus-) Bildungssektors sowie die Schaffung einer auf inländischen Rohstoffen und landwirtschaftlichen Produkten basierenden Industriestruktur, die die Bedürfnisse der breiten Masse fokussiert, die Bevölkerung durch Anwendung geeigneter Technologien in den Arbeitsprozess integriert und dadurch Arbeit und Kaufkraft schafft (voranstehend: Katharina Focke, Unterbericht „Self-reliance als Entwicklungsprinzip" im Gesamtbericht von Ulrich Irmer im Namen des Ausschusses für Entwicklung und Zusammenarbeit über das Umfeld des Nachfolgeabkommens von Lomé II, EP, Sitzungsdokumente 1983-1984, Dok. 1-605/83/II vom 12.8.1983, S. 5ff; vgl. hierzu auch die Neuformulierung der Ziele der industriellen Zusammenarbeit, Art. 61I Lomé III, sowie der Zusammenarbeit im kulturellen und sozialen Raum, Art. 114 Lomé III).
[232] Erkennbar am Aufrücken vom Titel IV (Lomé II) in den Titel I.
[233] Art. 4 Lomé III.

Lomé II entwickelte Programme für ländliche Entwicklung (Art. 26ff Lomé III) und durch Hilfestellung bei der Erzeugung und Vermarktung landwirtschaftlicher Grundstoffe (Art. 44ff Lomé III)[234]. Diesen Maßnahmen zur Seite gestellt wurden *langfristige* Aktionen zur Lösung von Umweltproblemen (Art. 11 Lomé III), explizit zur Bekämpfung der Dürre und der Wüstenbildung (Art. 38ff Lomé III), da ansonsten alle Entwicklungsbemühungen, auf lange Zeit hin gesehen wohl sogar die Existenz bestimmter AKP-Staaten, zunichte gemacht werden würden.

Eine ebenso bemerkenswerte Errungenschaft von Lomé III ist im Rahmen der finanziellen und technischen Zusammenarbeit (Art. 185ff Lomé III) die allmähliche Abkehr von punktuellen, das heißt zeitlich, technisch und ökonomisch abgrenzbaren Einzelprojekten hin zur Förderung entwicklungspolitischer Schwerpunktbereiche bzw. –themen mit erst anschließender deduktiver Projektauswahl. Der „Projektansatz" wurde also zunehmend durch einen „Programmansatz"[235] ausgetauscht (Art. 187b), 188 Lomé III)[236].

2.4 Für ein Mehr an Kontinuität: zehn Jahre Lomé IV

Mit dem „*Vierte[...n] AKP-EWG-Abkommen*" von Lomé[237], in Kraft getreten am 1.9.1991[238], wurde erstmals ein Abkommen mit zehn Jahren Laufzeit geschlossen. Jedoch ermöglichte eine Revisionsklausel eine Überprüfung nach fünf Jahren (Art. 366II Lomé IV 1989); ebenso wurde die finanzielle Dotierung des Abkommens in zwei Fünf-Jahres-Finanzprotokollen[239] festgelegt. Für den Zeitraum bis März 1995 wurden 12 Milliarden ECU zur Verfügung gestellt, davon hielten der 7. EEF 10,8 Milliarden ECU, die EIB 1,2 Milliarden ECU bereit[240]. Im Gegensatz zu den vorangegangenen Fonds vergab der 7. EEF als indirekter Beitrag zur Verringerung der explodierenden Schuldenlast und chronischen Zahlungsbilanzprobleme der AKP-Staaten nunmehr neben Risikokapital ausschließlich nicht-rückzahlbare Zuschüsse (Art. 233I Lomé IV 1989)[241].

Lomé IV 1989 setzte eine Reihe neuer Akzente bzw. nahm selektive Verbesserungen vor. So markierte das Abkommen mit der Einführung der „dezentralisierten Zusammenarbeit" (stär-

---

[234] Hierzu wurde der „Ausschuss für landwirtschaftliche Grundstoffe" geschaffen, Art. 47 Lomé III.

[235] Eine OECD – Definition subsumiert unter Programmhilfe „alle Beiträge, die einem Empfängerland für allgemeine [oder besondere] Entwicklungszwecke zur Verfügung gestellt werden [...], und die nicht an spezifische Projektmaßnahmen gebunden sind" (abgedruckt in: *Van Reisen*, Global Player EU, S. 38).

[236] Mehr zum Ganzen: *Frisch*, „Lomé III", in: EA 1985, S. 57ff, 67.

[237] ABl. 1991, Nr. L 229/3ff, im Folgenden meist „Lomé IV 1989" – nach dem Jahr der Unterzeichnung. Neu hinzukamen: Dominikanische Republik, Haiti, später noch Namibia als 69. Staat.
Für eine ausführliche Darstellung: *Megret* u.a. (Hrsg.), La convention de Lomé, S. 497ff; *Brandtner/ Pirzio-Biroli*, Die Entwicklungspolitik der EU, in: Röttinger/ Weyringer (Hrsg.), Handbuch der europäischen Integration, S. 580ff, 594ff; *Betz*, Lomé IV, in: Jahrbuch Dritte Welt 1991, S. 104ff (auch zu den veränderten Rahmenbedingungen des Lomé-Abkommens (Verschuldenskrise, fortschreitende Marginalisierung in der Weltwirtschaft, Vollendung des Europäischen Binnenmarktes 1992) und zum Verhandlungsverlauf); *Lingnau*, Neue Elemente in der Entwicklungszusammenarbeit, S. 46ff; *Simmonds*, The Fourth Lomé Convention, in: CMLRev. 1991, S. 521ff; *Fellner*, Die Vertragswerke von Lomé – eine Kurzeinführung, in: JEP 1994, S. 139ff. Übersichten bei: *Kuschel*, Das neue Lomé-Abkommen, in: EA 1990, S. 333ff; *Cova*, Lomé IV: une Convention pour 10 ans, in: RMC 1990, S. 1f; *Brigaldino*, Neue Konturen der Zusammenarbeit, in: APUZ B20/1994, S. 26ff. Eine kritische Neubewertung der AKP-EWG-Beziehungen im Kontext des internationalen (Wirtschafts-) Rechts nimmt *Addo*, International Law Problems of the EEC-ACP-Relationship, in: GYIL 1990, S. 37ff, vor.

[238] Zu den Übergangsbestimmungen vgl. ABl. 1990, Nr. L 84/1, 2f.

[239] ABl. 1991, Nr. L 229/133 für das erste, ABl. 1998, Nr. L 156/29f für das zweite Finanzprotokoll. Die Protokolle sind Bestandteile des Vertrages (vgl. Art. 368 Lomé IV 1989).

[240] Art. 231 i.V.m Art. 1a), b) des ersten Finanzprotokolls (ABl. 1991, Nr. L 229/133).

[241] Weitere Beiträge finden sich in einem neuen Unterabschnitt „Verschuldung", Art. 239ff Lomé IV 1989, sowie ergänzend die Anhänge L, LI. Weitergehenden Forderungen hatte sich die EWG verschlossen, war diese doch an den 170 Mrd. DM Schulden der AKP-Staaten nur zu 1% beteiligt (*Betz*, Lomé IV, in: Jahrbuch Dritte Welt 1991, S. 104ff, 105, 110, der sich hier auch kritisch gegenüber dieser Argumentation äußert).

kere Beteiligung dezentraler Akteure der Zusammenarbeit, Art. 5I UA 2, 13, 20ff Lomé IV 1989)[242], der Anerkennung der „Rolle der Frau“ (Art. 4 UA 1, 13 UA 2, 143b) UA 2, 150, 153 Lomé IV 1989)[243], vor allem aber mit der Einführung einer sog. Menschenrechtsklausel in Art. 5 Lomé IV 1989 einen ersten Wendepunkt in Sachen „Politisierung“ der EWG-AKP-Zusammenarbeit[244]. Darüber hinaus wurde die Umwelt (Umwelterhaltung und –verbesserung) als Grundbedingung für eine dauerhafte und ausgewogene Entwicklung (vgl. Art. 6II Lomé IV 1989) identifiziert und zu einem der primären, auch sektorübergreifenden Bereiche der Zusammenarbeit[245] erhoben (Art. 14, 33ff Lomé IV 1989).

Die essenziellste Neuerung von Lomé IV 1989 im Bereich der Instrumente der Zusammenarbeit[246] aber war wohl die Normierung des neuen Unterabschnitts Strukturanpassungshilfe (Art. 243ff Lomé IV 1989). Ausgangspunkt dieser innovativen Regelung waren die bereits angesprochene eklatante Auslandsverschuldung sowie die massiven Budgetdefizite der Entwicklungsländer. Eine Lösung dieser die Volkswirtschaften gravierend belastenden Probleme versprach man sich von Strukturanpassungsmaßnahmen bzw. –programmen (SAP)[247]. Damit ist „– zunächst allgemein und abstrakt formuliert - die gewünschte Politik seitens eines Schuldnerstaates gemeint, seine volkswirtschaftlichen Ausgaben auf ein langfristig finanzierbares Niveau zur Vermeidung künftiger Haushaltsdefizite und Zahlungsbilanzkrisen abzusen-

---

[242] Hierzu: *Windmeißer*, Der Menschenrechtsansatz in der EZ, S. 135ff.

[243] Detailliert zur Rolle der Frau in Lomé IV 1989: *Lingnau*, Neue Elemente in der Entwicklungszusammenarbeit, S. 53ff.

[244] Ausführlich hierzu unten Kapitel C „Ziele der Entwicklungszusammenarbeit“, Abschnitt C.II, insbesondere Abschnitt C.II.2.

[245] Zur „Umwelt“ als eigenständige Thematik in Lomé IV 1989: *Lingnau*, Neue Elemente in der Entwicklungszusammenarbeit, S. 50ff. Des Weiteren wurden primär die Bereiche Unternehmen (Art. 110ff Lomé IV 1989) und Dienstleistungen (Art. 114ff Lomé IV 1989) verfeinert bzw. verstärkt; die kulturelle und soziale Zusammenarbeit (Art. 139ff Lomé IV 1989) enthielt den neuen Bereich „Bevölkerung und Demographie“ (Art. 155 Lomé IV 1989): Ein überfälliges Thema, bedenkt man, dass Sub-Sahara-Afrika, ausgehend von einer Bevölkerung von 659 Millionen (Jahr 2000), 2,6% (Durchschnitt der Jahre 1990-2000) Bevölkerungszuwachs jährlich verzeichnet (vgl. dazu der Weltdurchschnitt (1990-99): 1,7%). Zudem belastet die enorme Verstädterung – wiederum ist Sub-Sahara-Afrika Spitzenreiter mit einer Zuwachsrate von 2,6% jährlich (Durchschnitt der Jahre 1990-99) - die Infrastruktur sowie die sozialen Dienstleistungen schwer (voranstehend: Grünbuch der Kommission über die AKP-EG Beziehungen vom November 1996, S. 2; Quelle der demographischen Indikatoren: *Weltbank*, Weltentwicklungsberichte 1997, 1999, 2000/2001, abgedruckt in: *Nohlen*, Stichwort „Bevölkerung“, in: Nohlen (Hrsg.), Lexikon Dritte Welt, S. 102ff, 103).

[246] Handelspolitik (Art. 167ff Lomé IV 1989): Wegen des bereits sehr hohen Liberalisierungsstandes nur begrenzt weitere Lockerung, insbesondere weitere Senkung der Ursprungsanteile der Ursprungsregelungen. Grundstoffpolitik (Art. 186ff Lomé IV 1989): Im Rahmen des STABEX (Art. 186ff Lomé IV 1989; 1,5 Milliarden ECU) künftig Bericht über u.a. die Verwendung der (nunmehr als Zuschüsse, Art. 240Ib) Lomé IV 1989) gewährten Transfermittel, wobei die Mittel nach wie vor in anderen Bereichen als der Rohstoffproduktion eingesetzt werden konnten, um die Produktionsstruktur der AKP-Staaten zu diversifizieren – vor allem bei aussichtsloser Rehabilitierung des betroffenen Sektors (Art. 186II, 209ff Lomé IV 1989; zu diesen und weiteren Neuerungen: *Muller*, STABEX, in: RMC 1991, S. 383ff); auch im Rahmen von SYSMIN (Art. 214ff Lomé IV 1989; 480 Millionen ECU) wurde u.a. verstärkt auf die Diversifizierung mittels erweiterter Verwendungsmöglichkeiten der Transfermittel geachtet (für eine kurze Bilanz des Systems unter den letzten beiden Abkommen sowie einen kurzen Überblick über die Neuerungen unter Lomé IV 1989: *Martin*, Le SYSMIN, in: RMC 1991, S. 26ff). Entwicklungsfinanzierung (Art. 220ff Lomé IV 1989): weiterer Ausbau der privaten Investitionsförderung und – schutzes (Art. 258ff Lomé IV 1989) sowie des Programmansatzes (Art. 281ff Lomé IV 1989).

[247] Über dieses Thema informieren kurz, prägnant und informativ: *Nuscheler*, Stichwort „Strukturanpassung“, S. 744, *Sottoli*, Stichwort „Kompensatorische Maßnahmen“, S. 481f, *Tetzlaff*, Stichwort „Weltbank“, S. 868ff, 872f, *Windfuhr*, Stichwort „IWF“, S. 427ff, 430ff, alle in: Nohlen (Hrsg.), Lexikon Dritte Welt. Ausführlich hierzu: *Tetzlaff*, Strukturanpassung, in: Nohlen/ Nuscheler (Hrsg.), Handbuch der Dritten Welt, Bd. 1, S. 420ff; *Lingnau*, Neue Elemente in der Entwicklungszusammenarbeit, S. 60ff. Vgl. auch das Spezialdossier „Structural Adjustment“, in: The Courier 1988, Nr. 111, S. 50ff.
Nachfolgende Ausführungen – auch in den Fußnoten - basieren auf diesen Quellen.

ken"[248]. Es galt mithin, mittels SAP die Staatsverschuldung zu verringern, die internationale Wettbewerbsfähigkeit zu verbessern und ergo die Kreditwürdigkeit wiederzuerlangen. Zu diesem Zwecke verknüpften bereits die internationalen Kreditgeber, allen voran die Bretton Woods - Institutionen IWF und Weltbank[249], die Vergabe neuer Kredite an die Entwicklungsländer an die Implementierung radikaler Wirtschafts- und Finanzreformen – eben Strukturanpassungen. Die gewährten Kredite wurden demgemäß neben politischen ebenso mit makroökonomischen und sonstigen wirtschaftlichen Auflagen[250] versehen, klammerten jedoch die soziale Dimension dieser Strukturanpassung aus. Die Auswirkungen dieser Anpassung[251] waren infolgedessen in sozialer und gesellschaftspolitischer Hinsicht fatal. Zudem stand diese Politik im absoluten Gegensatz zur „self-reliance", deren Anspruch auf Selbstbestimmung sich gleichermaßen auf wirtschaftliche und soziale Belange bezog[252].
Speziell die Strukturanpassungspolitik der EWG wendete sich „wirtschaftlich durchführbar[en]" und „sozial wie politisch tragbar[en]" (Art. 243g) Lomé IV 1989) Reformen der Staaten zu, die - vor dem Hintergrund des oben zitierten Ziels, die Auslandsschulden abzubauen und die Devisenreserven zu erhöhen - die Beschäftigung, die inländische Produktion, die ökonomische Diversifizierung und die Produktivität zu erhöhen, Exporte anzuregen sowie die Privatisierung voranzutreiben suchten[253]. Idealiter wurden diese Reformprogramme von den jeweiligen Staaten nach umfassender Problemanalyse selbst konzipiert und ergo internalisiert (Art. 244a) Lomé IV 1989)[254]. Um in den Genuss der Strukturanpassungshilfe der Ge-

---

[248] *Tetzlaff*, Strukturanpassung, in: Nohlen/ Nuscheler (Hrsg.), Handbuch der Dritten Welt, Bd. 1, S. 420ff, 420.

[249] Zu den Strukturanpassungsprogrammen von Weltbank und den sog. „Bereitschaftskreditabkommen" der IWF: *Tetzlaff*, Strukturanpassung, in: Nohlen/ Nuscheler (Hrsg.), Handbuch der Dritten Welt, Bd. 1, S. 420ff, 431ff; *Lingnau*, Neue Elemente in der Entwicklungszusammenarbeit, S. 60ff.
Allgemein werden Strukturanpassungsprogramme als „Ausgangspunkt für den Vormarsch des Neoliberalismus als neue hegemonische Entwicklungsstrategie" (*Sottoli*, Stichwort „Neoliberalismus", in: Nohlen (Hrsg.), Lexikon Dritte Welt, S. 599f, 599) gesehen. Seine Vertreter forderten unter Hinweis auf den Entwicklungserfolg der „Vier kleinen Tiger" (Hongkong, Singapur, Südkorea und Taiwan) die bereits genannten Strategien für die Entwicklungsländer (mehr zum Neoliberalismus als Unterform neuerer Wachstumstheorien: *Sottoli*, Stichwort „Neoliberalismus", in: Nohlen (Hrsg.), Lexikon Dritte Welt, S. 599f; *Menzel*, Das Ende der Dritten Welt und das Scheitern der großen Theorien, S. 169ff; *Dickson*, The Demise of the Lomé Protocols: Revising European Development Policy, in: EFARev. 2000, S. 197ff, 203ff).

[250] Man sprach auch von „ökonomischer Konditionalität". Die Auflagen bestanden in der Reduzierung der wirtschaftlichen und gesellschaftlichen Rolle des Staates, in Kürzungen bei den Staatsausgaben (Personal, soziale und staatliche Investitionen) zur Konsolidierung der Staatsfinanzen, in der Deregulierung der Wirtschaft (im Sinne einer Privatisierung rentabler bzw. Schließung unwirtschaftlicher, staatlich geleiteter Betriebe), der Wechselkurse und des Außenhandels sowie in der Exportförderung durch u.a. die Produktion wettbewerbsfähiger Exportgüter durch Lohn- und Steuersenkungen etc..

[251] Die von den SAP unter anderem umfassten Kürzungen im Sozialbudget betrafen naturgemäß die ärmeren Bevölkerungsschichten; die Entlassungen im öffentlichen Dienst ließen die Arbeitslosigkeit steigen, die politische Akzeptanz der SAP schwand. Erst in den späten 80er Jahren wurden flankierende Maßnahmen zur sozialen und politischen Abfederung dieser Programme initiiert („kompensatorische Maßnahmen der Strukturanpassung"). Darüber hinaus brachte fehlende politische Glaubwürdigkeit die Durchführung der Strukturanpassung ins Wanken: Bislang nicht selten hatte sich die Staatsklasse durch vermeintlich „notwendige" Reformen allenfalls selbst schamlos bereichert. Dass die verordneten Reformen dieser „parasitären Selbstprivilegierung" (*Tetzlaff*, Strukturanpassung, in: Nohlen/ Nuscheler (Hrsg.), Handbuch der Dritten Welt, Bd. 1, S. 420ff, 427) Einhalt gebieten sollten, indiziert ihre fehlende Popularität auch bei der Staatselite.
Mit der Kritik an den negativen Auswirkungen der Strukturanpassungsprogrammen von Weltbank und IWF setzt sich auseinander: *Betz*, The Social Effects of Adjustment Policy in LDCs, in: Intereconomics 1990, S. 125ff (mit vielen weiterführenden Hinweisen zu diesem Thema).

[252] *Tetzlaff*, Strukturanpassung, in: Nohlen/ Nuscheler (Hrsg.), Handbuch der Dritten Welt, Bd. 1, S. 420ff, 427.

[253] Vgl. Art. 243 Lomé IV 1989 und *Menck*, Entwicklungspolitik, in: Weidenfeld/ Wessels (Hrsg.), Jahrbuch der europäischen Integration 1989/90, S. 229ff, 230.

[254] Hier steckt mitunter die Krux der bis Anfang der 90er Jahre wenig erfolgreichen SAP von IWF und Weltbank: die fehlende „Anpassungskapazität" vor allem afrikanischer Volkswirtschaften, worunter die „Fähigkeit eines Staates [verstanden wird], ein Zahlungsbilanzproblem zu erkennen und die notwendigen Konsequenzen

meinschaft zu gelangen, mussten diese unternommenen Reformen jedoch von den internationalen Kapitalgebern (IWF, Weltbank) anerkannt sein (Art. 246II Lomé IV 1989). Dabei bestand der Unterstützungsbeitrag der EWG für diese Reformen darin, mittels sektoraler und globaler Importprogramme (in Devisen ausbezahlte Zahlungsbilanzhilfen[255]) sowie technischer Hilfe bei der Implementierung der SAP behilflich zu sein. Anerkennenswerterweise negierte die EWG die negativen sozialen Auswirkungen der Reformen nicht, sondern bezog Aktionen zur Abmilderung ihrer sozialen Härten (Art. 243g), 244f) Lomé IV 1989) in ihre Hilfe mit ein. Dieses Anliegen drückte sich ferner darin aus, dass sämtliche gemeinschaftliche Unterstützungsmaßnahmen sich den sozialen, kulturellen, politischen und wirtschaftlichen Gegebenheiten innerhalb der betroffenen Staaten einzufügen hatten (Art. 244b), c), d) Lomé IV 1989). Neben dieser länderspezifischen Differenzierung wurde ferner darauf geachtet, dass die Maßnahmen den langfristigen Entwicklungszielen wie Ernährungssicherheit oder Umweltschutz unterworfen wurden (Art. 244c) Lomé IV 1989). Die Mittel des EEF für diese Unterstützungsprogramme stellten Zuschüsse[256] dar und beliefen sich auf eine Summe von 1,15 Milliarden ECU (Art. 245I Lomé IV 1989, Art. 1Ia) des ersten Finanzprotokolls[257]). Hinzu kamen Mittel aus anderen EEF – Fazilitäten, so dass die Europäische Union (EG und Mitgliedstaaten) im Zeitraum 1991 – 1996 fast 40%, einschließlich ihrer Beiträge zu den Bretton Woods Institutionen über 60% der weltweiten Anpassungshilfen stellte[258].

1994/95 fand die Halbzeitüberprüfung (mid-term review) statt, der aufgrund der „grundlegend veränderten weltwirtschaftlichen Rahmenbedingungen“[259] ein stärkeres Gewicht als ursprünglich beigemessen wurde. Zu diesen Faktoren zählten: Die Auflösung des Ost-Blocks[260], damit verbunden die Ausweitung der Marktwirtschaft, Demokratisierungsprozesse bei gleichzeitiger

---

mit hinreichenden Ressourcen zu ziehen“ (*Tetzlaff*, Strukturanpassung, in: Nohlen/ Nuscheler (Hrsg.), Handbuch der Dritten Welt, Bd. 1, S. 420ff, 430).

[255] Art. 247II, IV, 224c), 225 Lomé IV 1989. Vgl. hierzu: Mitteilung der Kommission „*Wirtschaftsprogramme und Strukturanpassungshilfen der Gemeinschaft: Bilanz und Perspektiven*“, KOM (2000) 58, endg. vom 4.2.2000, Punkt 2.1.2. Zahlungsbilanzhilfen sind Zuschüsse, „die für bestimmte Ausgaben in harter Fremdwährung gedacht sind, z.B. für die Rückzahlungen ausstehender Schulden oder [wie hier] für den Import von Waren“ (*Van Reisen*, Global Player EU, S. 39) in bestimmten Sektoren (Sektorimportprogramm) oder einer breiten Produktpalette (Globalimportprogramm), und die den Devisenmangel der Regierung des Empfängerlandes beheben sollen (ebenda, S. 38, 41). Im revidierten Lomé IV Abkommen ging man dazu über, den größten Teil der Hilfe in Form direkter Haushaltsbeihilfen zuzuweisen (Mitteilung der Kommission „*Wirtschaftsprogramme und Strukturanpassungshilfen der Gemeinschaft: Bilanz und Perspektiven*“, KOM (2000) 58, endg. vom 4.2.2000, Punkt 2.1.2). Haushaltsbeihilfen sind „Zahlungen [normalerweise in heimischer Währung], die direkt an den Regierungshaushalt des Empfängerlandes geleistet werden. Dabei kann es sich um allgemeine Haushaltszuschüsse oder Zuschüsse zu bestimmten Bereichen (z.B. Gesundheit oder Bildung) handeln“ (*Van Reisen*, Global Player EU, S. 39).

[256] Ein essenzieller Unterschied also zu den mit harten ökonomischen Auflagen verbundenen *Krediten* von Weltbank und IWF.

[257] ABl. 1991, Nr. L 229/133. Für eine ausführliche Bewertung und Darstellung der Strukturanpassungsprogramme im Rahmen des 7. EEF und den ersten Jahren des 8. EEF: Mitteilung der Kommission „*Wirtschaftsprogramme und Strukturanpassungshilfen der Gemeinschaft: Bilanz und Perspektiven*“, KOM (2000) 58, endg. vom 4.2.2000, Punkt 2.1.

[258] Mitteilung der Kommission „*Wirtschaftsprogramme und Strukturanpassungshilfen der Gemeinschaft: Bilanz und Perspektiven*“, KOM (2000) 58, endg. vom 4.2.2000, Punkt 2.1.

[259] *Brigaldino*, Neue Konturen der Zusammenarbeit, in: APUZ B20/1994, S. 26ff, 30 (dieser bietet dort (S. 31ff) auch eine gute Übersicht über sonstige Rahmenbedingungen der Halbzeitverhandlungen); *Babarinde/ Faber*, From Lomé to Cotonou, in: EFARev. 2004, S. 27ff, 28ff; vgl. bereits: Mitteilung der Kommission über "*Development cooperation policy in the run-up to 2000*", SEC (92) 915, endg. vom 15.5.1992, Punkte II1, II2, II3. Ausführlich zu dieser Thematik: *Benedikt*, Veränderungen der EU-Entwicklungspolitik im europäischen Integrationsprozess der 90er Jahre, in: JEP 2002, S. 119ff.

[260] *Babarinde/ Faber*, From Lomé to Cotonou, in: EFARev. 2004, S. 27ff, 31; *Lingnau*, Neue Elemente in der Entwicklungszusammenarbeit, S. 86ff.

Ausbreitung von gewaltsamen, internen politischen und ethnischen Konflikten[261], die fortschreitende Marginalisierung der AKP-Staaten[262], der Legitimitätsverlust der Entwicklungszusammenarbeit angesichts zunehmend negativer Einstellung ihr gegenüber[263], die Liberalisierung und Globalisierung des Welthandels[264], der Beitritt neuer Staaten[265] sowie nicht zuletzt der Maastrichter Vertrag[266].

Das „*Abkommen zur Änderung des Vierten AKP-EG-Abkommens von Lomé*", das am 1.6.1998 in Kraft[267] endgültig in Kraft trat, war dann auch umfassender als geplant. Beispielsweise setzten die Vertragspartner die bereits in Lomé IV 1989 begonnene Abkehr von der politischen Neutralität in Form einer „politischen Konditionalisierung" fort[268]. Ferner widmete Lomé IV 1995 der in Lomé IV 1989 ebenfalls eingeführten „dezentralen Zusammenarbeit" neben dem programmatischen Hinweis in Art. 12a einen eigenen Abschnitt (Abschnitt 4a), Art. 251a) – e) Lomé IV 1995), der die Eigenständigkeit dieser Kooperationsmethode bestätigte und ihren Inhalt präzisierte[269]. Hinzukamen Änderungen im Bereich des Handels, dessen zentrale Bedeutung zur Beschleunigung des Entwicklungsprozesses noch stärker als bisher prononciert wurde[270]. Eine weitere bedeutende und schon seit langem geforderte Innovation war die Integrierung eines Leistungskriteriums[271] in die Zusammenarbeit bei der Entwicklungsfinanzierung: Die Mittelauszahlungen wurden fortan tranchiert - 70% des Gesamtvolumens stand sofort bereit (Art. 282II2 Lomé IV 1995), die übrigen 30% nur bei Erfüllung gewisser Voraussetzungen wie die erzielten Fortschritte in der sektorspezifischen Politik eines Landes während der (in der Regel) ersten drei Jahre nach Inkrafttreten (1.3.1995) des zweiten Finanzprotokolls[272] (Art. 282III3, IV Lomé IV 1995)[273]. Der Gesamtbetrag des

---

[261] *Brigaldino*, Neue Konturen der Zusammenarbeit, in: APUZ B20/1994, S. 26ff, 30.

[262] *Kappel* (Scheitern der Lomé-Verhandlungen, E+Z 1995, S. 96f, 97) resümiert dies folgendermaßen: „Die AKP-Staaten führen inzwischen mehr oder weniger ein Randdasein, ihr Anteil an den internationalen Investitionen und am Welthandel ist marginal. Selbst die Rohstoffexporte sind, von Öl abgesehen, unbedeutend. Viele Länder gelten als Sozialfälle, in anderen gibt es Bürgerkriege, die alle Entwicklungsanstrengungen zunichte gemacht haben". Grundlegend hierzu: *Elsenhans*, Eklektizismus zur Erreichung von Kohärenz, in: Kappel (Hrsg.), Weltwirtschaft und Armut, S. 1ff.

[263] Grünbuch der Kommission über die AKP-EG Beziehungen vom November 1996, S. 3f.

[264] Dazu: *Lebullenger*, La rénovation de la politique communautaire du développement, in: RTDE 1994, S. 631ff, 632ff.

[265] *Babarinde/ Faber*, From Lomé to Cotonou, in: EFARev. 2004, S. 27ff, 31f.

[266] Stichworte: Einfluss der Verwirklichung des Binnenmarktes auf die Entwicklungsländer (überblicksmäßig: *Betz*, Lomé IV, in: Jahrbuch Dritte Welt 1991, S. 104ff, 106f; *Lingnau*, Neue Elemente in der Entwicklungszusammenarbeit, S. 88ff; sehr ausführlich: *Taube*, Festung oder offenes Haus?, in: NORD-SÜD aktuell, S. 660ff) und Schaffung einer Rechtsgrundlage für die Entwicklungszusammenarbeit (dazu unten Abschnitt B.VI).

[267] ABl. 1998, Nr. L 156/3ff. Im Folgenden meist „Lomé IV 1995" – nach dem Jahr der Unterzeichnung. Neu hinzu kamen Eritrea, 1998 Südafrika als qualifiziertes Mitglied.
Eine kurze Übersicht über die vorangegangenen Verhandlungen und die Positionen der Parteien liefert: *Kappel*, Scheitern der Lomé-Verhandlungen, E+Z 1995, S. 96f, 96f.

[268] Zum Ganzen ausführlich unten Kapitel C „Ziele der Entwicklungszusammenarbeit", Abschnitt C.II, insbesondere Abschnitte C.II.2, C.II.3.2 und C.II.4.1.

[269] Detailliert: *Pippan*, Menschenrechte und Demokratie, S. 255ff sowie unten Kapitel C „Ziele der Entwicklungszusammenarbeit", Abschnitt C.II.3.2.

[270] Weitere Entwicklung, Diversifizierung und Steigerung des Handels, Verbesserung der globalen Wettbewerbsfähigkeit (Art. 15a, 135f Lomé IV 1995; vgl. hierzu *Wolf*, Partnerschaft auf dem Prüfstand, in: Integration 1997, S. 160ff, 167); Ausdehnung der Präferenzregelung bis auf wenige Ausnahmen (Protokoll Nr. 1 Lomé IV 1995, ABl. 1998, Nr. L 156/30ff); finanzielle Aufstockung von STABEX (1,8 Milliarden ECU), SYSMIN (575 Millionen ECU) und der SAP-Unterstützung (1,4 Milliarden ECU) (Art. 1Ia) des zweiten Finanzprotokolls (ABl. 1998, Nr. L 156/29f)).

[271] Die bisherige mangelhafte Verwendungskontrolle hatte dazu geführt, dass erhebliche Summen zweckentfremdet wurden oder sich etwa Eliten – meist geringfügig an der Entwicklung des Staates interessiert - an den Finanzmitteln in unverschämter Weise bereicherten.

[272] ABl. 1998, Nr. L 156/29f.

neuen Protokolls für das revidierte Lomé-Abkommen belief sich auf 14,625 Milliarden ECU, davon 12,967 Milliarden aus dem 8. EEF (Art. 1 des zweiten Finanzprotokolls)[274].

Abbildung 1: Entwicklung der AKP-EG Partnerschaft während der letzten 40 Jahre

Jahr	Vertrag	Anzahl der Staaten AKP	 Europa	Höhe des EEF (inkl. der Überseeischen Länder und Hoheitsgebiete) in Millionen Euro
1957	Assoziation			569,4
1963	Jaunde I	18	6	730,4
1969	Jaunde II	18	6	887,3
1975	Lomé I	46	9	3 053,3
1980	Lomé II	58	9	4 207,0
1985	Lomé III	65	10	7 882,6
1990	Lomé IV 1989	68	12	11 583,0
1995	Lomé IV 1995	70	15	13 151,1
2000	Cotonou	77	15	14 300,0

Quelle: Europäische Kommission, abgedruckt in: *David*, 40 years of Europe-ACP partnership, in: The Courier, September 2000, special issue Cotonou Agreement, S. 11ff, 12.

Über die Revision hinaus wurde jedoch zunehmend Kritik[275] an der Lomé-Kooperation geübt. Sie machte sich hauptsächlich (weiterhin) an der Komplexität des Abkommens[276], an der unzureichenden Anwendung von Leistungskriterien sowie an der uneffizienten Projektplanung und -evaluierung fest und ging sogar soweit, die Kooperationsform als solche in Frage zu stellen: So setzten sich unter anderem immer mehr Regionalisierungstendenzen, d.h. Bestrebungen, die Lomé-Abkommen in mehrere regionale aufzusplittern, durch[277]. Auch von Renationalisierung der Entwicklungspolitik war häufig die Rede[278]. Diese Diskussionen waren nicht zuletzt Folge auch der bereits erwähnten veränderten geopolitischen Rahmenbedingungen, insbesondere des außenwirtschaftlichen und –politischen Attraktivitätsverlusts des Lomé-Komplexes zugunsten neuer Märkte im Osten, aber auch in Lateinamerika und in Asien. Eine umfassende Revision war demnach angezeigt.

Diese Revision begann mit einem im November 1996 von der Kommission veröffentlichten Grünbuch und mündete schließlich im Partnerschaftsabkommen von Cotonou, das am 23.6.2000 unterzeichnet wurde. Sowohl dieses Grünbuch als auch das Partnerschaftsabkom-

[273] Diese Art der „anreizorientierten" Mittelbereitstellung wird als „gleitende Programmierung" bzw. „phased programming" bezeichnet, vgl. Grünbuch der Kommission über die AKP-EG Beziehungen vom November 1996, S. 52. Kritik brachte allerdings die Tatsache ein, dass es dem revidierten Abkommen an genauen „Performance – Kriterien" fehlte.

[274] Die Neuerungen von Lomé IV 1995 - Konditionalität, verstärkte Kontrolle bei der Mittelverwendung, Forderung nach demokratischen Grundsätzen und dezentralisierter Zusammenarbeit - sind nach Meinung *Kappels* „Ausdruck der geopolitischen Umorientierung der EU" (*Kappel*, Scheitern der Lomé-Verhandlungen, E+Z 1995, S. 96f, 97).

[275] Beispielsweise von: *Pietsch*, Revision von Lomé IV – Versuch einer Wertung, in: JEP 1996, S. 397ff; *Kappel*, Scheitern der Lomé-Verhandlungen, E+Z 1995, S. 96f, 97; *Lingnau*, Perspektiven der Lomé-Kooperation, in: Internationales Afrikaforum 1996, S. 255ff, 257ff.

[276] *Pietsch*, Revision von Lomé IV – Versuch einer Wertung, in: JEP 1996, S. 397ff, 409f.

[277] Vgl. dazu: *Pietsch*, Revision von Lomé IV – Versuch einer Wertung, in: JEP 1996, S. 397ff, 404f.

[278] *Kappel*, Scheitern der Lomé-Verhandlungen, E+Z 1995, S. 96f, 96.

men werden Gegenstand des Kapitels E „Regionale Entwicklungszusammenarbeit der Europäischen Gemeinschaft“, Abschnitt E.I, sein.

IV. Mittelmeerabkommen

Der zweite regionale Schwerpunkt der Entwicklungszusammenarbeit der Gemeinschaft – und zugleich auch dieser Arbeit – beruht aufgrund geschichtlicher und geographischer Gegebenheiten auf den sog. „Mittelmeerdrittländern“. Im Unterschied zu den ÜLGs waren diese zu Zeiten der Gründung der EWG bis auf Algerien allesamt von ihren früheren Mutterländern unabhängig. Aus diesem Grunde kamen sie für eine konstitutionelle Assoziierung von vornherein nicht in Betracht. Ein entwicklungspolitisch differierender Weg war vorgezeichnet, wenngleich, wie im Folgenden zu sehen sein wird, das Lomé-Modell in vielerlei Hinsicht kopiert werden sollte.

1. Grundlagen für die Schaffung der Mittelmeerpolitik

Die wirtschaftspolitischen Beziehungen der Europäischen Wirtschaftsgemeinschaft zu den „Mittelmeerdrittländern“, den Ländern des Maghreb (Tunesien, Marokko, Algerien)[279] und des Mashrik (Ägypten, Jordanien, Syrien, Libanon)[280], waren seit jeher eng[281]. Sie sind – neben der augenscheinlich geographischen Nähe – Relikt der Kolonialherrschaft hauptsächlich Frankreichs: Algerien war zu Zeiten der Gründung der EWG sogar noch französisches ÜLG[282], erhielt infolgedessen bis zu seiner Unabhängigkeit 1962 Gelder aus dem ersten EEF und genoss die oben erwähnten Handelserleichterungen[283] – und zwar über 1962 hinaus[284]. Zugunsten der unabhängigen Staaten der Frankenzone, d.h. Marokko und Tunesien, war wegen ihrer privilegierten Wirtschaftsbeziehungen zu Frankreich[285] eine Absichtserklärung bei Unterzeichnung des Vertrages zur Gründung der EWG von den Regierungsvertretern der Gründungsstaaten abgegeben worden. In dieser Erklärung[286] bekundeten die Regierungsver-

---

[279] Weitere Maghreb-Staaten sind theoretisch Mauretanien (dies ist ein AKP-Staat) und Libyen. Mit Libyen bestehen keine entwicklungspolitischen Beziehungen, hatte es seit jeher Angebote der Gemeinschaft, Vertragsverhandlungen aufzunehmen, abgelehnt (vgl. *Müller*, Die Handelsregelungen in den Abkommen der Europäischen Gemeinschaft mit den Mittelmeerländern, in: Regul (Hrsg.), Die Europäischen Gemeinschaften und die Mittelmeerländer, S. 119ff, 130). Momentan scheint sich indes eine gewisse Verhandlungsbereitschaft aufzutun. „Maghreb“ bedeutet wörtlich übersetzt „Land, wo die Sonne untergeht“ (vgl. *Faber*, The European Community and development cooperation, S. 37, Fn. 109).

[280] „Mashrik“ bedeutet wörtlich übersetzt „Land, wo die Sonne aufgeht“ (vgl. *Faber*, The European Community and development cooperation, S. 46, Fn. 142).

[281] Die Kommission bezeichnet als weitere „Mittelmeerdrittländer“ Israel und Türkei (Mitteilung der Kommission über die *„Stärkung der Mittelmeerpolitik der Europäischen Union: Entwicklung einer Partnerschaft Europa-Mittelmeer“*, KOM (1994) 427, endg. vom 19.10.1994, Anhang 4, Fn. 1, abgedruckt in: Sonderbeilage 2/95 zum Bulletin EG, S. 7ff). Die Beziehungen zur Türkei als EU-Beitrittskandidat sowie zu Israel, das nicht als Entwicklungsland gilt (vgl. z.B. *Vedder*, in: Grabitz/ Hilf (Hrsg.), EUV/ EGV, Altband II, Art. 238, Rn. 42), werden jedoch im Rahmen dieser Arbeit nicht behandelt.
Der Begriff „Mittelmeerdrittländer“ ist also insofern nicht korrekt, als er erstens die nördlichen Anrainerstaaten der EU in der Adria sowie Libyen ausklammert und zweitens Jordanien nicht an das Mittelmeer angrenzt.

[282] Vgl. *Regul*, Struktur und Perspektiven einer Mittelmeerpolitik, in: Regul (Hrsg.), Die Europäischen Gemeinschaften und die Mittelmeerländer, S. 25ff, 29; S. 28ff zu den kolonialen Verflechtungen auch der anderen Mittelmeeranrainerstaaten mit den Mitgliedstaaten der EWG.

[283] Vgl. oben Abschnitt B.I.1.

[284] Näher: *Faber*, The European Community and development cooperation, S. 34f; *Renier*, Les accords de coopération, in: RMC 1978, S. 123ff, 124.

[285] 90% der tunesischen und marokkanischen Exporte konnten zollfrei in den französischen Markt eingeführt werden (*Faber*, The European Community and development cooperation, S. 35). Zu weiteren Symptomen der Abhängigkeit der Maghreb-Staaten zum einstigen Mutterland: *Salah*, Les relations économiques Maghreb-CEE: suggestions pour une nouvelle politique, in: RMC 1992, S. 300ff, 300.

[286] BGBl. II 1957, S. 760ff.

treter, zur wirtschaftlichen und sozialen Entwicklung dieser Staaten beitragen und hierfür alsbald nach Inkrafttreten des EWGV in Verhandlungen über eine „wirtschaftliche Assoziierung“ der beiden Staaten an die Gemeinschaft treten zu wollen.
Diese handelspolitischen Verflechtungen, die im Übrigen auch zu den restlichen Mittelmeeranrainerstaaten bestanden, galt es beizubehalten und auf den gesamten Europamarkt auszudehnen. Trotzdem kam die Annäherung an die Maghreb- und Mashrik-Staaten im Gegensatz zu den Ländern des Mittelmeernordrandes, die sich bereits unmittelbar nach Gründung der EWG um eine bevorzugte Stellung im europäischen Markt erfolgreich bemüht hatten[287], nur schleppend voran: Erst 1969 schloss die EWG Assoziierungsabkommen nach Art. 238 EWGV[288] mit Tunesien[289] und Marokko[290] ab. Obwohl die Gemeinschaft in jener Absichtserklärung ursprünglich eine umfassende Assoziation inklusive finanzieller und technischer Hilfe anvisiert hatte[291], widersetzte sie sich während der Vertragsverhandlungen solchen Konzessionen, so dass diese zeitlich auf fünf Jahre begrenzten Abkommen inhaltlich nicht über die Gewährung gegenseitiger Handelspräferenzen hinausgingen[292]. Anfang der 70er Jahre finalisierte schließlich Ägypten[293] einen nicht präferentiellen Vertrag mit der EWG, der deshalb als „Handelsabkommen“ im Sinne des Art. 113 EWGV qualifiziert wurde. Zeitnah unterzeichnete die EWG ein „Handelsabkommen“ (Art. 113 EWGV) mit dem Libanon[294], das jedoch nie in Kraft getreten ist[295]. In Algerien wirkte noch sehr lange Zeit der zermürbende Unabhängigkeitskampf nach[296]; des Weiteren bestanden divergierende Auffassungen bezüglich der fortan gewährten Präferenzen sowie des Ob darüber hinaus gehender Hilfen[297] – allesamt Faktoren, die Verhandlungen über eine vertragliche Zusammenarbeit verhinderten[298]. Und auch die Beziehungen zu Jordanien und Syrien waren zu Beginn der 70er Jahre noch nicht reif für Kooperationsgespräche.

Davon, dass diese Mittelmeer- zusammen mit den Lomé-Abkommen bald den „harten Kern der Südpolitik der Gemeinschaft“[299] ausmachen werden, ist daher Anfang der 70er Jahre noch nichts zu spüren. Vielmehr entbehrten die bislang geschlossenen Abkommen einer einheitlichen Konzeption, waren „Resultate einer Politik vieler kleiner und unkoordinierter Schrit-

Eine inhaltgleiche Absichtserklärung existierte auch zugunsten von Libyen, das mit Italien enge Verbindungen unterhielt (BGBl. II 1957, S. 762). Vertragsverhandlungen wurden aber, wie bereits erwähnt, abgelehnt.

287 Vgl. *Kommission*, Europa – dritte Welt, ein Dialog, S. 40. Zu den Abkommen mit den nördlichen Mittelmeeranrainerstaaten: *Müller*, Die Handelsregelungen in den Abkommen der Europäischen Gemeinschaft mit den Mittelmeerländern, in: Regul (Hrsg.), Die Europäischen Gemeinschaften und die Mittelmeerländer, S. 119ff, 120ff, 126ff.

288 Zu den Assoziierungsabkommen ausführlich unten Kapitel D „Gemeinschaftsrechtliche Handlungsvorgaben“, Abschnitt D.II.2.1.

289 ABl. 1969, Nr. L 198/3ff; verlängert durch ABl. 1975, Nr. L 84/8ff.

290 ABl. 1969, Nr. L 197/5ff; verlängert durch ABl. 1975, Nr. L 84/13ff.

291 Vgl. *Faber*, The European Community and development cooperation, S. 34, Fn. 97.

292 Näher zu den Inhalten der Abkommen sowie zu den vorangegangenen Vertragsverhandlungen: *Faber*, The European Community and development cooperation, S. 35ff; *Renier*, Les accords de coopération, in: RMC 1978, S. 123ff, 124.

293 ABl. 1973, Nr. L 251/1ff.

294 ABl. 1974, Nr. L 18/3ff.

295 *Kommission*, Europa – dritte Welt, ein Dialog, S. 56.

296 *Kommission*, Europa – dritte Welt, ein Dialog, S. 40.

297 Ausführlicher: *Renier*, Les accords de coopération, in: RMC 1978, S. 123ff, 124; *Faber*, The European Community and development cooperation, S. 35.

298 Wie oben angemerkt, genoss Algerien jedoch auch über 1962 hinaus präferentiellen Zugang zum Gemeinschaftsmarkt, so dass die fehlenden konventionellen Verbindungen de facto nicht all zu schwer wogen.

299 *Kommission*, Europa – dritte Welt, ein Dialog, S. 37. Vgl. auch: *Renier*, Les accords de coopération, in: RMC 1978, S. 123ff, 123.

te"[300], zu der unter anderem zweifellos die divergierende politische Entwicklung der ehemaligen Kolonien nach ihrer Unabhängigkeit[301], ihre unterschiedlichen Entwicklungsstände[302], aber auch die unterschiedlichen Interessen der EWG gegenüber den einzelnen Maghreb- und Mashrik-Staaten beigetragen hatten. Darüber hinaus verfolgten ebenso die Mitgliedstaaten denkbar kontroverse Ansichten über die gegenwärtige und künftige Politik gegenüber den Mittelmeerdrittstaaten[303]. Bevor die Mittelmeer-Abkommen also jenen „harten Kern" der Südpolitik konstituieren konnten, mussten erst politische Entscheidungen in Richtung einer kohärenten Mittelmeerpolitik getroffen werden. Und wieder einmal sollte es die Kommission sein, die Ende der 60er Jahre beschloss, diesen Prozess in die Hand zu nehmen.

2. „Globaler Mittelmeeransatz"

In ihrem ersten Memorandum „*Über eine gemeinschaftliche Politik der Zusammenarbeit mit den Entwicklungsländern*" vom 27.7.1971[304] zog die Kommission nicht zuletzt auf Betreiben des Parlaments hin[305] richtungweisende Bilanzen auch über ihre bisherige Mittelmeerpolitik. In diesem Papier betonte sie die nach wie vor „enge Verflechtung der politischen und wirtschaftlichen Interessen", die dazu beitrug, dass „die Entwicklung des Mittelmeerraums als natürliche Fortsetzung der europäischen Integration angesehen"[306] wurde. Die Kommission vertrat daher die Auffassung, dass die bislang abgeschlossenen Abkommen das Interesse Europas am Mittelmeerraum nur unzureichend widerspiegelten und dass die EWG durch sie erst einen beschränkten Beitrag zur Entwicklung dieses Raums beigetragen hätte[307]. Umgekehrt erkannte sie freilich zutreffend die „zwingende[n] Notwendigkeiten"[308] der Mittelmeerländer, ihrerseits die Kooperation mit Europa zu festigen, wenn sie beispielsweise darauf hinwies, dass die EWG in den Bereichen des Handels, Fremdenverkehrs, der Beschäftigung, Kapitalbewegungen und des Transfers von Know-how ihr „Hauptpartner" war. An diese Interessen beider Seiten anknüpfend, plädierte die Kommission für homogenere und wirksamere Abkommen, weshalb Bestimmungen sowohl über die technische und finanzielle Zusammenarbeit als auch über soziale Aspekte die bisherigen Handelsregelungen ergänzen sollten[309].
Die Ansichten des Parlaments und der Kommission stießen bereits im Oktober 1972 auf der Pariser Gipfelkonferenz der Staats- und Regierungschefs der erweiterten Gemeinschaft auf große Resonanz. In der abschließenden Pariser Schlusserklärung[310] stipulierten sie, dass die Gemeinschaft „der Verwirklichung ihrer Verpflichtungen gegenüber den Ländern des Mittelmeerraums, mit denen Abkommen geschlossen wurden oder zu schließen sind, die in einer

[300] *Müller*, Die Handelsregelungen in den Abkommen der Europäischen Gemeinschaft mit den Mittelmeerländern, in: Regul (Hrsg.), Die Europäischen Gemeinschaften und die Mittelmeerländer, S. 119ff, 121.
[301] Vgl. hierzu z.B. *Lucron*, Méditerranée, Lomé: des politiques globales?, in: RMC 1988, S. 321ff, 321.
[302] Vgl. z.B. *Lucron*, Méditerranée, Lomé: des politiques globales?, in: RMC 1988, S. 321ff, 321f.
[303] *Faber*, The European Community and development cooperation, S. 38.
[304] Zusammenfassung in der Sonderbeilage 5/71 zum Bulletin EG.
[305] Vgl. die Nachweise bei *Faber*, The European Community and development cooperation, S. 40.
[306] Memorandum über Entwicklungszusammenarbeit vom Juli 1971, S. 12.
Diese Verflechtungen waren während der letzten Jahre etwa in Gestalt massiver Arbeiterwanderungen nach Europa oder beginnenden Fremdenverkehrs aus der Gemeinschaft sogar noch intensiviert worden. Hierzu ausführlich z.B.: *Allaya*, Die Arbeiterwanderung aus den Mittelmeerländern nach Europa, in: Regul (Hrsg.), Die Europäischen Gemeinschaften und die Mittelmeerländer, S. 135ff; *Vanhove*, Fremdenverkehr und Zahlungsbilanz der EG-Länder und der Mittelmeerländer, in: Regul (Hrsg.), Die Europäischen Gemeinschaften und die Mittelmeerländer, S. 225ff.
[307] Memorandum über Entwicklungszusammenarbeit vom Juli 1971, S. 12.
[308] Memorandum über Entwicklungszusammenarbeit vom Juli 1971, S. 28.
[309] Voranstehend: Memorandum über Entwicklungszusammenarbeit vom Juli 1971, S. 28.
[310] Abgedruckt im 6. Gesamtbericht der Europäischen Gemeinschaften 1972, S. 7ff.

globalen und ausgewogenen Sicht [Hervorhebung durch d. Verf.] behandelt werden müssen, wesentliche Bedeutung"[311] zumaß.
Über die praktische Umsetzung des „mediterranen Globalkonzepts", besonders über die Gewährung von Gegenpräferenzen, diskutierten die Mitgliedstaaten anfangs kontrovers[312]. Klarheit bestand jedoch dahingehend, dass „global" nicht bedeuten konnte, ein einheitliches, multilaterales Vertragswerk wie gegenüber den AKP-Staaten zu etablieren. Denn zum einen waren die Mittelmeerländer bereits nach ihrer geographischen Lage insoweit in zwei Lager getrennt, als nur die europäischen Nordrandländer beitrittsfähige Kandidaten zur EWG waren[313] - ein Fakt, der die inhaltliche Gestaltung der künftigen Verbindungen naturgemäß divergieren ließ. Zum anderen verhinderten grundlegende geschichtliche, wirtschaftliche und politische[314] Unterschiede innerhalb der Mittelmeeranrainer einen undifferenzierten Ansatz. Und schließlich konkurrierten wichtige, unter die Gemeinsame Agrarpolitik fallende Güter der mediterranen Mitgliedstaaten Frankreich und Italien mit den typischen landwirtschaftlichen Exporterzeugnissen[315] der übrigen Mittelmeerländer. Auch auf dem Gebiet der Handelsregelungen musste daher eine von Land zu Land ausgewogene und interessensgerechte Lösung gefunden werden[316]. Die AKP-Handelsregelungen konnten hingegen einheitlich normiert werden: Konträr zu den Mittelmeerdrittstaaten war der Export der AKP-Staaten in die Gemeinschaft vor allem an sensiblen Gütern - bis auf Zucker, dessen Import in einem separaten Protokoll fixiert wurde – nämlich kaum nennenswert. Dieses handelspolitische Faktum mag daher trotz ähnlicher geschichtlicher und politischer Gegensätze der AKP-Staaten dezisiv für den Abschluss eines kollektiven Abkommens ihnen gegenüber gewesen sein[317].
Divergierende Regelungen waren demgemäß trotz allem Bemühen um Einheitlichkeit und Gleichbehandlung unverzichtbar. „Global" enthielt folglich aus geographischer Sicht lediglich einen „interpretativen Mindeststandard" dahingehend, dass prinzipiell keine Mittelmeerstaaten von einer Zusammenarbeit ausgenommen sein durften. Die Auslegung war vielmehr „thematisch" vorzunehmen[318]: Verschiedenste, d.h. nicht nur handelspolitische Instrumentarien sollten dazu beitragen, die soziale und wirtschaftliche Entwicklung der mediterranen Entwicklungsländer voranzutreiben[319].
Ab Sommer 1973 stellte die Kommission schließlich Verhandlungsrichtlinien[320] für diese künftigen „globalen Abkommen" vor, die für die Maghreb- und Mashrik-Staaten folgende wesentliche – und thematisch zumindest umfassendere - Vertragsinhalte vorsahen: unbegrenzte Laufzeit, einseitige Handelspräferenzen sowie finanzielle und technische Hilfe. Be-

[311] Punkt 11 der Pariser Schlusserklärung, abgedruckt im 6. Gesamtbericht der Europäischen Gemeinschaften 1972, S. 7ff, 14.
[312] Hierzu ausführlich: *Faber*, The European Community and development cooperation, S. 42f.
[313] Vgl. Art. 237 EWGV, nunmehr Art. 49I EUV.
[314] Insbesondere die Gegensätze Israel – arabische Staaten; Griechenland – Türkei (*Brandtner/ Pirzio-Biroli*, Die Entwicklungspolitik der EU, in: Röttinger/ Weyringer (Hrsg.), Handbuch der europäischen Integration, S. 580ff, 586). Besonders der Zusammenarbeit mit Israel kommt noch heute aufgrund der Rolle des Staates im Nahost-Friedensprozess eine Schlüsselfunktion zu.
[315] Wein, Olivenöl, Gemüse und Obst (*Faber*, The European Community and development cooperation, S. 35f).
[316] Voranstehend: *Müller*, Die Handelsregelungen in den Abkommen der Europäischen Gemeinschaft mit den Mittelmeerländern, in: Regul (Hrsg.), Die Europäischen Gemeinschaften und die Mittelmeerländer, S. 119ff, 124f.
[317] So zumindest: *Lucron*, Méditerranée, Lomé: des politiques globales?, in: RMC 1988, S. 321ff, 322.
[318] Ähnlich: *Salah*, Les relations économiques Maghreb-CEE: suggestions pour une nouvelle politique, in: RMC 1992, S. 300ff, 301; *Renier*, Les accords de coopération, in: RMC 1978, S. 123ff, 124.
[319] Dementsprechend übersetzten einige Kommissionsveröffentlichungen die relevante Passage der Pariser Schlusserklärung auch nicht mit „global", sondern verwendeten hierfür das Adjektiv „umfassend" (vgl. z.B. *Kommission*, Europa – dritte Welt, ein Dialog, S. 41). In diese Auslegung fügt sich gleichermaßen die Aussage der Kommission in ihrem Memorandum über Entwicklungszusammenarbeit vom Juli 1971.
[320] Zu diesen Richtlinien näher: *Faber*, The European Community and development cooperation, S. 43f.

stimmungen über die Gleichbehandlung von Wanderarbeitnehmern sollten indes nur in die Abkommen mit den Maghreb-Staaten integriert werden.

3. Abschluss der „globalen" Mittelmeerabkommen

Die Verhandlungen erwiesen sich als lang und hart. Sie mündeten 1976 in auf Art. 238 EWGV/ Art. 310 EGV gestützten Assoziierungsabkommen, tituliert als „Kooperationsabkommen"[321] mit Tunesien, Algerien[322] und Marokko[323], gefolgt von „Kooperationsabkommen" mit Ägypten[324], Jordanien[325], Syrien[326] und Libanon[327], die 1977 unterschriftsreif waren. Sie alle entsprachen obigem entwicklungspolitischen „Grundschema"[328], weshalb im Folgenden ausschließlich das „*Kooperationsabkommen zwischen der Europäischen Wirtschaftsgemeinschaft und der Tunesischen Republik*"[329] dargestellt wird.
Dieser Vertrag wurde am 25. April 1976 unterzeichnet und trat endgültig am 1. November 1978 in Kraft[330]. Im Gegensatz zu den Abkommen von Lomé war es auf unbefristete Dauer geschlossen – ein Konzept, das zwar ohne Zweifel der nachhaltigen Lösung langfristiger Entwicklungsprobleme zu Gute kam[331], jedoch nicht erlaubte, auf Veränderungen jedweder Art adäquat zu reagieren. Deshalb sah das Regelungswerk vor, dass ab 1984 Verbesserungsvorschläge, basierend auf vorangegangenen Evaluierungen, in den Vertrag eingearbeitet werden könnten (vgl. Art. 54[332]). Ebenfalls auf einem Evaluierungsprinzip basierte das „*Protokoll Nr. 1 über die finanzielle und technische Zusammenarbeit*"[333], das zwar Bestandteil des Vertrages (Art. 55), jedoch auf fünf Jahre befristet war und alsdann u.a. basierend auf den Ergebnissen der jährlichen Überprüfung neu kontrahiert wurde (Art. 16f des Protokolls).

Das Kooperationsabkommen selbst gliederte sich in vier Titel: wirtschaftliche, technische und finanzielle Zusammenarbeit (Titel I, Art. 2ff), handelspolitische Zusammenarbeit (Titel II, Art. 8ff), Zusammenarbeit im Bereich der Arbeitskräfte (Titel III, Art. 39ff) sowie allgemeine und Schlussbestimmungen (Titel IV, Art. 43ff). Dabei verfolgten all diese unterschiedlichen Bereiche der Zusammenarbeit das sowohl in der Präambel als auch in Art. 1 verbalisierte Ziel, eine „globale"[334] bzw. „umfassende"[335] Zusammenarbeit zwischen den Vertragspartnern zu

---

[321] Ähnlich wie bei der Lomé-Kooperation wurde auch hier der Terminus „Assoziierung"/ „Assoziation" explizit vermieden.
[322] ABl. 1978, Nr. L 263/2ff.
[323] ABl. 1978, Nr. L 264/2ff.
[324] ABl. 1978, Nr. L 266/2ff.
[325] ABl. 1978, Nr. L 268/2ff.
[326] ABl. 1978, Nr. L 269/2ff.
[327] ABl. 1978, Nr. L 267/2ff.
[328] *Flory*, Handelspolitik und Entwicklungspolitik, in: Kommission, Dreißig Jahre Gemeinschaftsrecht, S. 409ff, 428.
[329] ABl. 1978, Nr. L 265/2ff. Das Abkommen wurde – wie alle anderen Assoziierungsabkommen und auch die Übereinkünfte im Rahmen der Zusammenarbeit mit den AKP-Staaten – als „gemischter Vertrag" abgeschossen (detailliert zum Assoziierungsabkommen: Kapitel D „Gemeinschaftsrechtliche Handlungsvorgaben", Abschnitt D.II.2.1).
[330] Seine handelsrechtlichen und institutionellen Bestimmungen waren bereits durch ein Interimsabkommen gemäß Art. 113 EWGV ab 1. Juli 1976 (*Grabitz*, Die Entwicklungspolitik der Europäischen Gemeinschaften, in: EuR 1977, S. 217ff, 227, Fn. 43) in Kraft gesetzt worden (ABl. 1976, Nr. L 141/195ff).
[331] Vgl. *Renier*, Les accords de coopération, in: RMC 1978, S. 123ff, 124.
[332] Werden in diesem Unterabschnitt Artikel ohne Zuweisung zu einem bestimmten Vertrag genannt, so handelt es sich um Artikel des „Kooperationsabkommens" mit Tunesien von 1976.
[333] ABl. 1978, Nr. L 265/35ff.
[334] Art. 1.
[335] Präambel II. Auch hier legt sich also der Vertragstext keinesfalls auf eine „geographische" Interpretation fest.

unterstützen, um zur wirtschaftlichen und sozialen Entwicklung Tunesiens beizutragen und die bereits vorhandenen Beziehungen weiter zu verfestigen.
Titel I über die nunmehr auch „wirtschaftliche, technische und finanzielle Zusammenarbeit" versprach nicht zuletzt angesichts seiner Stellung im Vertragswerk viel, beschränkte sich jedoch in der Aufzählung allgemeiner Zielvorgaben der wirtschaftlichen Zusammenarbeit: Zu diesen zählten beispielsweise die Diversifizierung der Wirtschaftsstruktur, die Förderung der Industrialisierung und der Modernisierung der Landwirtschaft Tunesiens, die Absatzförderung seiner Exporte, eine industrielle Zusammenarbeit, eine Kooperation im Bereich der Wissenschaft, der Technologie und des Umweltschutzes[336], die Erschließung der tunesischen Energiequellen und die einwandfreie Durchführung der langfristigen Lieferverträge für Erdöl(-erzeugnisse)[337], eine Zusammenarbeit auf dem Fischereisektor sowie die Förderung von Privatinvestitionen (Art. 4). Konkrete Implementierungsmodalitäten legte der Vertragstext nicht einmal im Ansatz fest. Diese Aufgabe überließ er vollends dem später noch genauer vorzustellenden „Kooperationsrat" (Art. 5II)[338]. Hierbei hatte sich der Rat indes an die generelle Anweisung zu halten, die Maßnahmen der Gemeinschaft lediglich ergänzend zu den eigenen Entwicklungsbemühungen Tunesiens zu konzipieren (Art. 2) - eine Prämisse, die seit Lomé I galt. Was die finanzielle und technische Zusammenarbeit betrifft, so wurde sie separat in dem bereits zitierten Protokoll Nr. 1 geregelt, das erst im Anschluss an die Beschreibung des Abkommens Gegenstand dieser Untersuchung sein wird.
Weitaus detaillierter gestaltete sich das Regelwerk für die bereits etablierte handelspolitische Zusammenarbeit[339]. Wohl unter dem Einfluss von Lomé I, das für die AKP-Staaten keine reziproken Präferenzen statuierte, verzichtete die EWG auf (die teilweise schon gewährten) Gegenpräferenzen[340], während es Tunesien sogar gestattet war, im Interesse seiner Industrialisierung und Entwicklung neue Zölle und Abgaben gleicher Wirkung einzuführen bzw. bestehende zu erhöhen (Art. 27II). Weiter genossen die Industrieprodukte mit Ursprung[341] in Tunesien überwiegend freien Zugang[342] zum Gemeinschaftsmarkt (Art. 9ff). Hiervon ausgenommen waren wie auch in den Lomé-Abkommen die „sensiblen" landwirtschaftlichen Erzeugnisse tunesischen Ursprungs, für die Spezialregelungen galten (Art. 15ff)[343]. Im Rahmen der für beide Produktkategorien geltenden Bestimmungen verpflichtete sich Tunesien im Gegenzug, die Meistbegünstigungsklausel gegenüber der Gemeinschaft anzuwenden (Art. 26I). Beide Parteien einigten sich ferner auf ein Diskriminierungsverbot (Art. 32) sowie auf die Zulässigkeit von Schutzmaßnahmen unter anderem im Falle ernster wirtschaftlicher Störungen (Art. 36ff)[344]. Im Zusammenhang mit den Handelsgeschäften wurde darüber hinaus eine ge-

---

[336] Bereits 1976 hatte die EWG mit 12 der damals 18 Mittelmeeranrainerstaaten die Konvention von Barcelona gegen die Verschmutzung des Mittelmeers abgeschlossen (*Flory*, Handelspolitik und Entwicklungspolitik, in: Kommission, Dreißig Jahre Gemeinschaftsrecht, S. 409ff, 428).
[337] Die Zusammenarbeit im Bereich der Energie bestand nur mit Algerien und Tunesien.
[338] Im Bereich der industriellen Zusammenarbeit beispielsweise orientierte man sich an den Instrumenten der Lomé-Kooperation. Spezielle Gremien (bspw. Ausschuss für industrielle Zusammenarbeit, Zentrum für industrielle Entwicklung) setzte der Rat jedoch nicht ein (vgl. *Faber*, The European Community and development cooperation, S. 47).
[339] Die Ziele der handelspolitischen Zusammenarbeit sind inhaltsgleich mit denen von Lomé I, vgl. oben Abschnitt B.III.2.1, Fn. 164. Ausführlicher zur handelspolitischen Zusammenarbeit sowie ihrer Bedeutung für die Maghreb-Staaten: *Renier*, Les accords de coopération, in: RMC 1978, S. 123ff, 125ff, 128.
[340] Vgl. *Faber*, The European Community and development cooperation, S. 46.
[341] Zum Begriff der Ursprungsware im Rahmen dieses Abkommens: Art. 30 i.V.m. dem Protokoll Nr. 2 (ABl. 1978, Nr. L 265/38ff).
[342] D.h. weder mengenmäßige Beschränkungen oder Maßnahmen gleicher Wirkung noch Zölle oder Abgaben gleicher Wirkung waren verboten, Art. 9I. Zu den wenigen Ausnahmen: Art. 12.
[343] Ausführlich: *Faber*, The European Community and development cooperation, S. 44f.
[344] Vgl. auch Art. 34 („ordre-public" Vorbehalt) und Art. 35 (Maßnahmen bei Dumping-Praktiken der anderen Vertragspartei).

wisse Liberalisierung des Zahlungsverkehrs vereinbart (Art. 33). Ein finanzielles Ausgleichsystem ähnlich STABEX oder aber Rohstoffprotokolle waren nicht vorgesehen.
Bemerkenswert ist, dass erstmals soziale Bestimmungen über die „Zusammenarbeit im Bereich der Arbeitskräfte" (Titel III) Eingang in ein Assoziierungsabkommen fanden[345]. Die bedeutende Anzahl von Wanderarbeitnehmern aus den Maghreb-Staaten nach Europa hatte einheitliche, gemeinschaftliche Regelungen erforderlich werden lassen, wenngleich der Inhalt dieser Rechte lediglich eine Konsolidierung der bereits durch bilaterale Verträge mit einzelnen Mitgliedstaaten erlangten Vorteile[346] darstellte, teilweise sogar hinter diesem Standard zurückblieb[347]: Art. 39 gebot zunächst den Mitgliedstaaten, die in ihrem Hoheitsgebiet beschäftigten tunesischen Arbeitnehmer nicht aufgrund deren Nationalität im Hinblick auf die Arbeits- und Entlohnungsbedingungen gegenüber ihren eigenen Staatsangehörigen zu benachteiligen. Gleiches galt für Wanderarbeiter aus den Mitgliedstaaten, die in Tunesien berufstätig waren. Noch weiter ging Art. 40I, der unter bestimmten, in den Absätzen II – IV definierten Voraussetzungen („vorbehaltlich")[348] den in einem der Mitgliedstaaten tätigen tunesischen Arbeitnehmern und den mit ihnen zusammenlebenden Familienmitgliedern auch auf dem Gebiet der sozialen Sicherheit[349] eine gegenüber den Staatsangehörigen des betreffenden Mitgliedstaates unterschiedlose Behandlung zuteil werden ließ. Dies galt, wenngleich leicht modifiziert, auch für die in tunesischem Hoheitsgebiet beschäftigten mitgliedstaatlichen Arbeitnehmer und ihre Familienangehörigen (Art. 40V). Eine Liberalisierung des Niederlassungsrechts und Dienstleitungsverkehrs wie in Lomé I wurde indes nicht normiert.
Die institutionelle Struktur des Vorgängerabkommens von 1969[350] wurde weitgehend beibehalten und gewährleistete, wie auch bei Lomé, einen Dialog zwischen den in den Organen paritätisch vertretenen Vertragspartnern: Der „Kooperationsrat", unterstützt vom nunmehr fest etablierten „Kooperationsausschuss", war primär für die Verwirklichung der Ziele und für das reibungslose Funktionieren des Abkommens zuständig (Art. 43I, II). Zu diesem Zwecke war das Gremium, das sich paritätisch aus den Mitgliedern des Rates der Europäischen Gemeinschaften und der Kommission einerseits und den Mitgliedern der Regierung Tunesiens andererseits zusammensetzte (Art. 44I), befugt, Rechtsakte, darunter verbindliche Beschlüsse, im gegenseitigen Einvernehmen zu erlassen (Art. 43I, II, III, 44 III). Weiter fungierte der Kooperationsrat als streitschlichtende Institution (Art. 51 I)[351]. Insgesamt betrachtet gestalteten sich jedoch die Befugnisse des Kooperationsrates begrenzter[352] als die des Ministerrates in Lomé

---

345 Diese sollten erst später in Lomé II verankert werden („Gemeinsame Erklärung betreffend die Arbeitskräfte, die Staatsangehörige einer der Vertragsparteien sind und sich rechtmäßig im Hoheitsgebiet eines Mitgliedstaats oder eines AKP-Staats aufhalten", Anhang XV, ABl. 1980, Nr. L 347/170).

346 Diese Regelungen ließ das Assoziierungsabkommen unberührt, soweit diese eine günstigere Behandlung vorsahen, Art. 42; zu den Inhalten dieser zweiseitigen Abkommen ausführlicher: *Nadifi*, Le statut juridique des travailleurs maghrébins résidant dans la CEE, in: RMC 1989, S. 289ff, 291ff.

347 Hier wurde argumentiert, weitergehende Rechte würden in die ausschließliche Kompetenz der Mitgliedstaaten fallen (vgl. *Nadifi*, Le statut juridique des travailleurs maghrébins résidant dans la CEE, in: RMC 1989, S. 289ff, 290). Dieses Argument ist indes unbeachtlich, wurde das Assoziierungsabkommen doch als „gemischtes Abkommen", d.h. unter Beteiligung der Mitgliedstaaten, geschlossen. Speziell zu dieser Thematik unten Kapitel D „Gemeinschaftsrechtliche Handlungsvorgaben", Abschnitt D.II.2.1.2.3.

348 EuGH, Rs. C-18/90, Office national de l'emploi (ONEM)/ Bahia Kziber, Slg. 1991, I-199ff, I-225f, Ziffer 18.

349 Der Begriff „soziale Sicherheit" ist gleichbedeutend mit Art. 4 der VO (EWG) Nr. 1408/71 *über die Anwendung der Systeme der sozialen Sicherheit auf Arbeitnehmer und Selbständige sowie deren Familienangehörige, die innerhalb der Gemeinschaft zu- und abwandern*, abgedruckt in: *Sartorius II*, Nr. 185 (z.B. EuGH, Rs. C-18/90, Office national de l'emploi (ONEM)/ Bahia Kziber, Slg. 1991, I-199ff, I-226, Ziffern 25f).

350 Art. 10ff (ABl. 1969, Nr. L 198/3ff).

351 Fruchteten die Bemühungen des Rates nicht, so war wie auch bei Lomé I ein besonderes Streitschichtungsverfahren vorgesehen (Art. 51II).

352 Neben den bereits beschriebenen Zuständigkeiten besaß der Rat die Befugnis, weitere Ausschüsse zur Unterstützung seiner Aufgabenerfüllung einzusetzen (Art. 46II); anders als bei Lomé I aber war es der Rat, der als

I. Auch die Rolle des Kooperationsausschusses[353] wurde im Abkommen nicht näher konkretisiert; vielmehr sprach der Vertragstext lediglich von einer wie auch immer gearteten „unterstützenden" Funktion des Ausschusses (Art. 46I).

Wie bereits angeklungen, ergänzte das *„Protokoll Nr. 1 über die finanzielle und technische Zusammenarbeit"*[354], Rechtsgrundlage für finanzielle Maßnahmen zur Förderung der wirtschaftlichen und sozialen Entwicklung Tunesiens (Art. 1 des 1. Finanzprot.), das Kooperationsabkommen. Das Finanzprotokoll wurde wie das Kooperationsabkommen auf Grundlage des Art. 238 EWGV/ Art. 310 EGV abgeschlossen und ist demnach ebenso als Assoziierungsabkommen zu qualifizieren.
Im Gegensatz zur Lomé-Zusammenarbeit allerdings wurde hier kein Fonds errichtet, um die Finanzierung der Entwicklungskooperation sicherzustellen. Stattdessen stammten die Finanzbeiträge in Höhe von 95 RE[355] für den Zeitraum bis zum 31. Oktober 1981 aus Mitteln der EIB (41 Millionen RE)[356] und des Gemeinschaftshaushaltes (54 Millionen RE)[357]. Auch eine Kofinanzierung bestimmter Vorhaben zusammen mit tunesischen, (mitglied-)staatlichen oder internationalen Kredit- und Entwicklungsstellen und -instituten wurde ins Auge gefasst (Art. 7 des 1. Finanzprot.). Die „finanzierungsfähigen" Vorhaben, die im Gegensatz zu Lomé I ausschließlich projektbezogen waren, umfassten zum einen technische Hilfe im Bereich der Ausbildung (Art. 3I 2., 3. Spiegelstrich des 1. Finanzprot.). Zum anderen waren Maßnahmen zur Implementierung der bereits aufgezählten Ziele der wirtschaftlichen und industriellen Zusammenarbeit einer Gemeinschaftsfinanzierung zugänglich (Art. 3I 1. Spiegelstrich des 1. Finanzprot., Art. 5). Trotz theoretisch weit gefächerter Finanzbereiche flossen die Hilfen jedoch de facto zu über 50% in den Aufbau der Infrastruktur, gefolgt von Industrieförderungsmaßnahmen[358].
Darüber hinaus legte das Protokoll gewisse „Programmierungsprinzipien" fest, die jedoch verglichen mit Lomé sehr unpräzise ausfielen[359]: Zunächst ermittelte Tunesien in einem „Entwicklungsplan" seine Zielsetzungen und Prioritäten. Auf dieser Basis bestimmten die EWG und Tunesien einvernehmlich die „spezifischen Ziele der technischen und finanziellen Zusammenarbeit" (Art. 9I UA 1 des 1. Finanzprot.). Bereits im Anschluss daran waren die in Art. 8 des Finanzprotokolls genannten Antragsteller – ggf. mit Zustimmung Tunesiens - befähigt, Finanzierungsanträge für konkrete Vorhaben etc. bei der Gemeinschaft zu stellen. Sodann prüfte diese zusammen mit Tunesien die Anträge. Wurde ihnen stattgegeben, so lag die

---

Bindeglied zwischen den Parlamenten der beiden Vertragsparteien fungierte (Art. 47). Weiter stellte er sich als Forum für Konsultationen betreffend handelsrechtliche Fragestellungen zur Verfügung (Art. 48f).

[353] Dieser bestand paritätisch aus einem Vertreter jedes Mitgliedstaates und einem Vertreter der Kommission einerseits und Vertretern Tunesiens andererseits (Art. 46I).

[354] ABl. 1978, Nr. L 265/35ff. Im Folgenden mit „1. Finanzprot." abgekürzt.

[355] Zum Vergleich die bereitgestellten Beträge in den jeweiligen Art. 2 der Finanzprotokolle für: *Algerien*: 114 Millionen RE (70 Millionen Darlehen der EIB/ 19 Millionen Sonderdarlehen und 25 Millionen Zuschüsse aus Mitteln des Gemeinschaftshaushalts, ABl. 1978, Nr. L 263/37ff); *Marokko*: 130 Millionen RE (56 Millionen/ 58 Millionen, 16 Millionen, ABl. 1978, Nr. L 264/35ff); *Ägypten*: 170 Millionen RE (93 Millionen/ 14 Millionen, 63 Millionen, ABl. 1978, Nr. L 266/27ff); *Jordanien*: 40 Millionen RE (18 Millionen/ 4 Millionen, 18 Millionen, ABl. 1978, Nr. L 268/21ff); *Libanon*: 30 Millionen RE (20 Millionen/ 2 Millionen, 8 Millionen, ABl. 1978, Nr. L 267/21ff); *Syrien*: 60 Millionen RE (34 Millionen/ 7 Millionen, 19 Millionen, ABl. 1978, Nr. L 269/19ff).

[356] Art. 2Ia), 6I des 1. Finanzprot. - die EIB stellte diese Summe in Form von Darlehen zur Verfügung.

[357] Art. 2Ib), c) des 1. Finanzprot.. Dieser Betrag schlüsselte sich wie folgt auf: 39 Millionen RE als Sonderdarlehen (Art. 6II des 1. Finanzprot.), 15 Millionen RE in Form nicht-rückzahlbarer Zuschüsse (Art. 2Ib), c) des 1. Finanzprot.).

[358] Voranstehend: *Renier*, Les nouveaux protocoles financiers, in: RMC 1982, S. 484ff, 485, 488.

[359] Nachfolgend vgl. Art. 9ff des 1. Finanzprot..

Verantwortung der nachfolgenden Durchführung[360] der Vorhaben bei den jeweiligen Begünstigten nach Art. 8 des Finanzprotokolls.

Zwar konzentrierte sich die Zusammenarbeit mit Tunesien - pars pro toto für die Kooperationsabkommen mit den Maghreb- und Mashrik-Staaten -, wie angemerkt, auf einfachere Formen; die Regelungsdichte, vor allem im Rahmen der wirtschaftlichen, technischen und finanziellen Hilfe, blieb gleichermaßen hinter dem „Lomé-Standard" zurück. Ebenso wenig avancierte das Globalkonzept zu einem Kollektivabkommen. Nichtsdestotrotz ist die Ähnlichkeit des entwicklungs- und handelspolitischen Instrumentariums des Abkommens mit Tunesien mit dem der Lomé-Kooperation frappierend[361]. Nicht zuletzt aus diesen Grunde galten die neuen Kooperationsverträge mit den Mittelmeerstaaten zusammen mit Lomé I zu Recht[362] als in der damaligen Nord-Süd-Auseinandersetzung um eine neue Weltwirtschaftsordnung konsensfähiger Wegweiser für zukünftige entwicklungspolitische Übereinkünfte[363].

Am 31. Oktober 1981 lief das erste Protokoll über die finanzielle und technische Hilfe aus. Erst Ende 1982 aber kontrahierte die EWG mit Tunesien das Nachfolgeprotokoll[364] und unterbrach so – rechtlich möglich[365] - die Kontinuität der finanziellen Hilfe. Dieses zweite Finanzprotokoll stellte für den Zeitraum bis 31. Oktober 1986 139 Millionen ECU[366] zur Verfügung (Art. 2I des 2. Finanzprot.). Hiervon steuerten die EIB 78 Millionen ECU[367], der Gemeinschaftshaushalt 61 Millionen ECU[368] bei. Was die tatsächliche sektorale Aufteilung der Finanzmittel anbelangt, so flossen immer noch mehr als 40% in den Aufbau der Infrastruktur, jeweils ein Viertel der bereitgestellten Summe kam jedoch nunmehr auch der Förderung der Landwirtschaft und der Industrie zugute[369].

---

[360] Zu den Durchführungsmodalitäten: Art. 12 des 1. Finanzprot..

[361] Einen genaueren Vergleich der beiden Formen der Zusammenarbeit liefert: *Lucron*, Méditerranée, Lomé: des politiques globales?, in: RMC 1988, S. 321ff, 326f.

[362] Zu den Gründen dieser Einschätzung vgl. bereits oben Abschnitt B.III.2.1.

[363] Vgl. *Renier*, Les accords de coopération, in: RMC 1978, S. 123ff, 127f.

[364] ABl. 1982, Nr. L 337/44ff. Für eine ausführliche Bewertung dieses zweiten Finanzprotokolls (nachfolgend: „2. Finanzprot.") sowie der der übrigen Maghreb- und Mashrik-Staaten: *Renier*, Les nouveaux protocoles financiers, in: RMC 1982, S. 484ff, 485ff.

[365] Art. 17 des 1. Finanzprotokolls verpflichtete die Vertragsparteien nämlich nur, ein Jahr vor Ablauf des Protokolls zu *prüfen*, „welche Bestimmungen [...] für einen etwaigen weiteren Zeitraum vorgesehen werden können" – eine Verpflichtung dahingehend, vor Ablauf der geltenden Protokolle neue abzuschließen, begründet die Bestimmung indes nicht (ebenso: *Bourin*, La troisième génération de protocoles financiers avec les pays du Maghreb et du Mashrek, in: RMC 1989, S. 19ff, 24). Die Praxis behalf sich infolgedessen damit, vor Abschluss der neuen Protokolle die nicht gebundenen Mittel des Vorgängerprotokolls für Übergangsmaßnahmen zu verwenden (hierzu kritisch: *Bourin*, La troisième génération de protocoles financiers avec les pays du Maghreb et du Mashrek, in: RMC 1989, S. 19ff, 24).

[366] Die ECU ist definiert in der VO (EWG) Nr. 3180/78 des Rates vom Dezember 1978 (ABl. 1978, Nr. L 379/1).
Im Vergleich die Finanzvolumina für die übrigen Staaten (jeweils Art. 2 der Protokolle): *Algerien*: 151 Millionen ECU (107 Millionen Darlehen der EIB/ 16 Millionen Sonderdarlehen und 28 Millionen Zuschüsse aus Mitteln des Gemeinschaftshaushaltes, ABl. 1982, Nr. L 337/2ff); *Marokko*: 199 Millionen ECU (90 Millionen/ 42 Millionen, 67 Millionen, ABl. 1982, Nr. L 337/30ff); *Ägypten*: 276 Millionen ECU (150 Millionen/ 50 Millionen, 76 Millionen, ABl. 1982, Nr. L 337/9ff); *Jordanien*: 63 Millionen ECU (37 Millionen/ 7 Millionen, 19 Millionen, ABl. 1982, Nr. L 337/16ff); *Libanon*: 50 Millionen ECU (34 Millionen/ 5 Millionen, 11 Millionen, ABl. 1982, Nr. L 337/23ff); *Syrien*: 97 Millionen ECU (64 Millionen/ 11 Millionen, 22 Millionen, ABl. 1982, Nr. L 337/37ff).

[367] „Normale" Darlehen, Art. 2Ia), 6I des 2. Finanzprot..

[368] Davon sollten 24 Millionen ECU als Sonderdarlehen (Art. 2Ib) 1. Spiegelstrich, 6II des 2. Finanzprot.) und weitere 37 Millionen RE als nicht-rückzahlbare Zuschüsse verwendet werden (Art. 2Ib) 2. Spiegelstrich des 2. Finanzprot.). Der Anteil der Zuschüsse erhöhte sich demnach gravierend gegenüber dem Vorgängerprotokoll.

[369] *Kommission*, Gesamtbericht 1988, S. 381.

Darüber hinaus wurde der Inhalt des ersten Finanzprotokolls nahezu wörtlich übernommen. Die Auswirkungen des bereits erfolgten bzw. bevorstehenden Beitritts der drei Mittelmeerstaaten Griechenland (1981), Spanien und Portugal (1985) zur Gemeinschaft sollten erst in den Verhandlungen über das dritte Finanzprotokoll, vor allem aber über die im Kooperationsabkommen vorgesehene Revision sichtbar werden.

4. Einfluss der Süd-Erweiterung der EWG auf die Mittelmeerpolitik

Die geplante Erweiterung der Europäischen Wirtschaftsgemeinschaft konnte nicht spurlos an der Mittelmeerpolitik vorbeigehen: Denn mit Portugal und Spanien wechselten zwei Länder ins „Gemeinschaftslager", die im Großen und Ganzen die gleichen mediterranen Erzeugnisse produzierten wie ihre künftigen Handelspartner aus dem südlichen Mittelmeerraum und die den Bedarf der EWG mehr als decken sollten[370]. Darüber hinaus würden die Beitrittskandidaten noch mehr „sensible" Industrieprodukte, vor allem Textilwaren, auf den Gemeinschaftsmarkt werfen, für die den mediterranen Vertragspartnern in den vergangenen Jahren ohnehin bereits Exportselbstbeschränkungen auferlegt worden waren[371]. Schließlich befürchteten die südlichen Mittelmeeranrainer eine Schmälerung der finanziellen Mittel, die stattdessen für die neuen Gemeinschaftsstaaten benötigt würden. Angesichts der nach wie vor herausragenden wirtschaftspolitischen Bedeutung[372] der Zusammenarbeit mit den südlichen Mittelmeerländern stellten sich trotzdem sämtliche Mitgliedstaaten einschließlich Spanien und Portugal geschlossen hinter das Ziel einer Beibehaltung, ja Vertiefung der Mittelmeerpolitik der künftig erweiterten Gemeinschaft, jedoch in neuem, modifiziertem Gewande[373].
Diesen Gesichtspunkten Rechnung tragend formulierte die Kommission anschließend Leitlinien über die Mittelmeerpolitik der erweiterten Gemeinschaft[374], die vom Rat am 30. März 1985, dem Vorabend des Beitritts Portugals und Spaniens, angenommen wurden[375]. Darin bekräftigte der Rat u.a., die traditionellen Handelsströme zu erhalten, den Rückstand der Mittelmeerländer im Bereich der landwirtschaftlichen Nahrungsmittelproduktion zu verringern[376], die Diversifizierung ihrer Produkte voranzutreiben sowie die finanzielle und technische Zusammenarbeit fortzusetzen, um im Sinne des Globalkonzepts die Mittelmeerpolitik anlässlich der Erweiterung der Gemeinschaft noch weiter zu verstärken[377]. Ende November 1985 mandatierte der Rat schließlich die Kommission, im Einklang mit den aufgestellten Grundsätzen Verhandlungen mit den Drittländern aufzunehmen[378].

Bereits Ende 1986[379] konnte das „*Zusatzprotokoll zum Kooperationsabkommen zwischen der Europäischen Wirtschaftsgemeinschaft und der Tunesischen Republik*"[380] paraphiert werden,

---

370 Ausführlich: *Renier*, Les conséquences de l'élargissement de la Communauté Européenne pour les pays méditerranéens, in: RMC 1984, S. 161ff, 162ff.

371 Detailliert: *Renier*, Les conséquences de l'élargissement de la Communauté Européenne pour les pays méditerranéens, in: RMC 1984, S. 161ff, 164f.

372 Hierzu ausführlicher: Bulletin EG 7/8 – 1985, Ziffer 1.3.1; *Kommission*, Europa – dritte Welt, ein Dialog, S. 38f; *Cova*, Les conséquences de l'élargissement pour les pays associés: un dossier insoluble, in: RMC 1982, S. 377f.

373 Voranstehend vgl. *Kommission*, Europa – dritte Welt, ein Dialog, S. 44; *Cova*, Les conséquences de l'élargissement pour les pays associés: un dossier insoluble, in: RMC 1982, S. 377f, 377.

374 Vgl. dazu: *Kommission*, Europa – dritte Welt, ein Dialog, S. 45.

375 Die Erklärung ist abgedruckt in: Bulletin EG 3 – 1985, Ziffer 2.2.19.

376 Die Abhängigkeit der Mittelmeerländer von Nahrungsmitteleinfuhren hatte drastisch zugenommen. Im Zeitraum von 1981 – 83 z.B. konnten Algerien und Ägypten ihren Getreidebedarf nur zu 31% bzw. 35% selbst decken (Bulletin EG 9 – 1985, Ziffer 1.3.2).

377 Vgl. Punkte 4, 6, 2, 1 der Erklärung, Bulletin EG 3 – 1985, Ziffer 2.2.19.

378 *Kommission*, Gesamtbericht 1985, S. 338.

379 Bulletin EG 12 – 1986, Ziffer 2.2.18.

das das Kapitel „handelspolitische Zusammenarbeit" modifizierte. So wurden - um Tunesien die Aufrechterhaltung seiner traditionellen Agrarprodukte in die Gemeinschaft zu gewährleisten -, bestimmten, im Anhang[381] zum Protokoll aufgelisteten landwirtschaftlichen Erzeugnissen die gleichen Wettbewerbsbedingungen garantiert, wie sie laut Beitrittsvertrag Spaniens und Portugals während einer Übergangzeit auch für die gleichen spanischen und portugiesischen Erzeugnisse vorgesehen waren (Art. 1 des Zusatzprot.): Die restlichen, nach dem Kooperationsabkommen bestehenden Zölle gegenüber diesen landwirtschaftlichen Produkten wurden parallel zum Zollabbau gegenüber Spanien und Portugal aufgehoben. Zum selben Zweck sah das Zusatzprotokoll ferner für bestimmte sensible Güter spezifische Maßnahmen wie etwa einen kontingentierten Zollabbau[382] vor. Im Übrigen wurden die im Kooperationsabkommen etablierten Zollsenkungen für sonstige Agrarprodukte beibehalten; die weitgehende Zollfreiheit für Industrieprodukte blieb ebenso unangetastet. Ein weiteres Novum des Zusatzprotokolls war die Einsetzung des „Ausschusses für wirtschaftliche und handelspolitische Zusammenarbeit" (Art. 5 des Zusatzprotokolls). Diesem wurde die Verantwortung für einen regelmäßigen Informationsaustausch über Angelegenheiten betreffend die handelspolitische, wirtschaftliche, technische und finanzielle Zusammenarbeit übertragen[383]. Wie auch das Kooperationsabkommen sah das Zusatzprotokoll die Möglichkeit einer Vertragsrevision ab 1995 vor (Art. 6 des Zusatzprotokolls).

Die übrigen Grundsätze der Ratserklärung vom März 1985 sollten, wie oben angemerkt, primär in die für den Zeitraum vom 1. November 1986 bis 31. Oktober 1991 zu schließenden Finanzprotokolle einfließen. Dementsprechend erfuhr das dritte Finanzprotokoll mit Tunesien[384], Ende 1988 unterzeichnet, eine Neuausrichtung, die im Folgenden darzustellen sein wird: Das für den fünfjährigen Zeitraum zur Verfügung gestellte Finanzvolumen in Höhe von 224 Millionen ECU (Art. 2I des 3. Finanzprot.)[385] umfasste neben Darlehen der EIB (131 Millionen ECU)[386] und nicht-rückzahlbaren Zuschüssen (87 Millionen ECU)[387] nunmehr auch Risikokapital aus Haushaltsmitteln der Gemeinschaft (6 Millionen ECU)[388]. Intention der Vertragspartner war es, letzteres hauptsächlich für die Zusammenarbeit in der Industrie zu

[380] ABl. 1987, Nr. L 297/36ff. Rechtsgrundlage hierfür war Art. 54 des „Kooperationsabkommens" mit Tunesien.
Zusatzabkommen mit: *Algerien*, ABl. 1987, Nr. L 297/2ff; *Marokko*, ABl. 1988, Nr. L 224/18ff; *Ägypten*, ABl. 1987, Nr. L 297/11ff; *Jordanien*, ABl. 1987, Nr. L 297/19ff; *Libanon*, ABl. 1987, Nr. L 297/29ff; *Syrien*, ABl. 1988, Nr. L 327/58ff.

[381] ABl. 1987, Nr. L 297/40ff.

[382] Z.B. Art. 1V, VI, 3I des Zusatzprot..

[383] Art. 5I UA 1, 1., 2. Spiegelstrich des Zusatzprot.

[384] ABl. 1988, Nr. L 22/34ff. Fortan: „3. Finanzprotokoll".
Die Verwaltung der finanziellen und technischen Hilfe wurde nunmehr durch die VO (EWG) Nr. 3973/86 geregelt, die für alle Mittelmeerländer (Mashrek, Maghreb, Malta, Zypern) gleichermaßen galt (ABl. 1986, Nr. L 370/5ff).

[385] Zum Vergleich die Finanzvolumina (jeweils Art. 2 der Protokolle) für: *Algerien*: 239 Millionen ECU (183 Millionen der EIB/ 52 Millionen nicht-rückzahlbare Zuschüsse und 4 Millionen Risikokapital aus Haushaltsmitteln der Gemeinschaft, ABl. 1988, Nr. L 22/2ff); *Marokko*: 324 Millionen ECU (151 Millionen / 162 Millionen und 11 Millionen, ABl. 1988, Nr. L 224/33ff); *Ägypten*: 449 Millionen ECU (249 Millionen/ 189 Millionen und 11 Millionen, ABl. 1988, Nr. L 22/10ff); *Jordanien*: 100 Millionen ECU (63 Millionen/ 35 Millionen und 2 Millionen, ABl. 1988, Nr. L 22/18ff); *Libanon*: 73 Millionen ECU (53 Millionen/ 19 Millionen und 1 Million, ABl. 1988, Nr. L 22/26ff); *Syrien*: 146 Millionen (110 Millionen/ 34 Millionen und 2 Millionen, ABl. 1992 [!], Nr. L 352/22ff).

[386] Art. 2Ia), 6I des 3. Finanzprot..

[387] Art. 2Ib), 6III des 3. Finanzprot..

[388] Art. 2Ic), 6II des 3. Finanzprot.; Art. 2IV des 3. Finanzprot. zu den angedachten Formen von Risikokapital, Absatz III zum begünstigten Personenkreis. Detailliert zum Einsatz von Risikokapital als Finanzierungsmodalität: *Bourin*, La troisième génération de protocoles financiers avec les pays du Maghreb et du Mashrek, in: RMC 1989, S. 19ff, 22f.

verwenden[389]. Darüber hinaus war eine verstärkte Zusammenarbeit in den Bereichen Forschung und Technologie, Handel, sonstige Dienstleistungen sowie Ausbildung anvisiert[390]. Die Entwicklung der Zusammenarbeit in den vorgenannten Bereichen war dazu gedacht, einen der drei neuen Schwerpunkte der Kooperation, die Stärkung der wirtschaftlichen Beziehungen, voranzutreiben[391]. Eine weitere Priorität setzte man - konform mit der Ratserklärung – auf die Entwicklung und Diversifizierung der landwirtschaftlichen Produktion, um die Abhängigkeit von Nahrungsmitteleinfuhren zu reduzieren[392]. Diversifiziert werden sollte ferner die Ausfuhr von Agrarerzeugnissen, um eine größere Komplementarität, d.h. gegenseitige Ergänzung zwischen dem südlichen und nördlichen Mittelmeerraum hinsichtlich der dem Markt zur Verfügung gestellten Produkte zu erzielen[393]. Um den diversen, nicht nur ökonomischen Interdependenzen im gesamten Mittelmeerraum, aber auch in den angrenzenden Ländern Rechnung zu tragen[394], sollte schließlich, als dritter Eckpfeiler, die regionale und multilaterale Zusammenarbeit unterstützt werden[395]. Diese neue theoretische Schwerpunktsetzung vermochte indes nicht, die tatsächlich erfolgte sektorale Aufteilung der Finanzhilfen gegenüber der Mittelverwendung des Vorgängerprotokolls nennenswert zu verändern[396].

Darüber hinaus wurde das „Programmierungsprinzip" nach dem Vorbild der Lomé- Abkommen verfeinert und dadurch die Zusammenarbeit vorhersehbarer gestaltet[397]: Nach Festlegung der nationalen Entwicklungsziele auf einzelstaatlicher Ebene bestimmten die zuständigen Stellen Tunesiens und der EWG zusammen im Dialog die Sektoren, in denen die Gemeinschaft nach Maßgabe des „Kooperationsabkommens" sowie seines Zusatzprotokolls ihre Hilfe bereitstellte, sowie die hierfür in Frage kommenden Aktionen (Art. 9I des 3. Finanzprot.). Die Ergebnisse dieses Procedere wurden anschließend in einem beide Parteien bindenden „Nationalen Richtprogramm (NIP)" fixiert (Art. 9II des 3. Finanzprot.), das einer Überprüfung, Bewertung sowie ggf. Modifikation unterzogen wurde (Art. 9III, IV des 3. Finanzprot.). Auch die durchgeführten Maßnahmen sollten fortan evaluiert werden (Art. 11II des 3. Finanzprot.).

5. Die „neue Mittelmeerpolitik"

Nach dem eben Dargestellten enttäuschte die Tragweite der Modifikationen anlässlich des Beitritts Portugals und Spaniens eher: Die Änderungen im Rahmen der handelspolitischen Zusammenarbeit fielen insgesamt betrachtet relativ moderat aus; die Kooperation blieb auf sehr wenige Bereiche beschränkt; neue, in die Lomé-Abkommen bereits inkorporierte und ausgeschöpfte entwicklungspolitische Instrumentarien blieben weitgehend unbeachtet.

---

389 Art. 2III UA 1, 3I 2. Spiegelstrich, 3II 2. Spiegelstrich des Prot..

390 Art. 3I 2. Spiegelstrich, II 2., 3., 4., 5. Spiegelstrich des 3. Finanzprot..

391 Art. 3I 2. Spiegelstrich des 3. Finanzprot..

392 In diesem Ansinnen spiegelt sich in gewisser Weise die „grundbedürfnisorientierte Entwicklungsstrategie" wider, die bereits Einzug in Lomé III gehalten hatte (vgl. oben Abschnitt B.III.2.3, vor allem Fn. 231).

393 Vgl. Art. 3I 1. Spiegelstrich, 3II 1. Spiegelstrich des 3. Finanzprot..

394 Ausführlicher zu den Gründen für diese Schwerpunktsetzung: *Kommission*, Europa – dritte Welt, ein Dialog, S. 47; Bulletin EG 9 – 1985, Ziffer 1.3.2.

395 Art. 3I 3. Spiegelstrich des 3. Finanzprot.. Vgl. zur Umsetzung dieser Zielsetzung Art. 9I 4. Spiegelstrich, Art. 12II des 3. Finanzprot. sowie: *Bourin*, La troisième génération de protocoles financiers avec les pays du Maghreb et du Mashrek, in: RMC 1989, S. 19ff, 20.

396 *Kommission*, Gesamtbericht 1992, S. 298; *Kommission*, Union Européenne – Maghreb: 25 ans de coopération 1976 - 2001, S. 12.
Zur Umsetzung des dritten Finanzprotokolls auch: Sonderbericht des Rechnungshofes Nr. 1/98 *über die finanzielle und technische Zusammenarbeit mit den Drittländern des Mittelmeerraums, zusammen mit den Antworten der Kommission* (ABl. 1998, Nr. C 98/1ff).

397 Hierzu detailliert: *Bourin*, La troisième génération de protocoles financiers avec les pays du Maghreb et du Mashrek, in: RMC 1989, S. 19ff, 20f.

So verwundert es nicht, dass die kritische soziale und wirtschaftliche Lage[398] im Mittelmeerbassin nur wenige Jahre später, Anfang der 90er Jahre, erneut nach einer Verstärkung der Europa-Mittelmeer-Zusammenarbeit verlangte[399]. Nicht von der Hand zu weisen ist jedoch, dass wiederholt politische Rahmenbedingungen - die infolge der Golfkrise instabile wirtschaftspolitische Situation vor allem in den Mashrik-Staaten – diesen Entwicklungsgang forciert hatten[400]. Hinzukam die Forderung der mediterranen Mitgliedstaaten, die Mittelmeerdrittstaaten nach der Öffnung der Union in Richtung der mittel- und osteuropäischen Länder (MOEL) nicht zu vernachlässigen[401]. So beeilte sich der Rat, zum Zwecke einer weiteren wirtschaftlichen und politischen Konsolidierung der Beziehungen einen „Gesamtbeschluss“ für eine „*neue Mittelmeerpolitik*“[402] zu entwickeln, der drei Aspekte umfasste[403]: erstens die Intensivierung der finanziellen und technischen Zusammenarbeit in den neuen Finanzprotokollen; zweitens die Schaffung einer neuen, sämtliche Mittelmeerdrittländer einschließenden „horizontalen“ finanziellen Zusammenarbeit; und drittens die erneute Verstärkung des euromediterranen Handelsverkehrs insbesondere mit Agrarprodukten. Schließlich betonten die Ratsmitglieder die grundlegende Bedeutung der Achtung der Menschenrechte und der Förderung demokratischer Werte – bei diesem Teil der Erklärung sollte es jedoch wieder einmal bei einer politischen Ankündigung bleiben.

Wie im Gesamtbeschluss vorgesehen, wurden Ende 1991 die vierten Finanzprotokolle ausgehandelt und unterzeichnet, so auch mit Tunesien[404]. Darin wurde die Finanzhilfe auf 284 Millionen ECU (Art. 2I des 4. Finanzprot.)[405] aufgestockt, wovon 168 Millionen auf Darlehen der EIB[406], 101 Millionen auf Zuschüsse[407] sowie 15 Millionen auf Risikokapitalbeiträge[408] entfielen[409]. Für eine erhebliche Dynamisierung der euro-mediterranen Beziehungen sorgte die

[398] Zu nennen wären beispielsweise: Bevölkerungsexplosion, hohe Arbeitslosigkeit, schwaches Wirtschaftswachstum, Zahlungsbilanzschwierigkeiten, hohe Verschuldung, starke Lebensmittelabhängigkeit (ausführlicher hierzu: *Cova*, Une nouvelle politique méditerranéenne, in: RMC 1990, S. 349f, 349), geringe Eingliederung in die Weltwirtschaft, geringe Wettbewerbsfähigkeit ihrer Wirtschaft, starke Abhängigkeit von europäischen Devisen (*Ben Salem*, Maghreb-CEE–pays de l'est, in: RMC 1991, S. 451ff, 460).

[399] Vgl. *Kommission*, Gesamtbericht 1989, S. 355; Kommissionsmitteilung „*Auf dem Weg zu einer neuen Mittelmeerpolitik*“, Zusammenfassung in: Bulletin EG 11 – 1989, Ziffer 2.2.29; Mitteilung „*Auf dem Weg zu einer neuen Mittelmeerpolitik: Vorschläge für den Zeitraum von 1992 – 1996*“, Zusammenfassung in: Bulletin EG 5 – 1990, Ziffer 1.3.24.

[400] Vgl. Schlussfolgerungen des Rates vom 17.9.1990, Punkt 1, abgedruckt in: Bulletin EG 9 – 1990, Ziffer 1.3.23.

[401] Vgl. *Droutsas*, Die Mittelmeerpolitik der EU, in: ecolex 1997, S. 131ff, 131f. Zum Einfluss der „Ost-Orientierung“ auf die Maghreb-EG-Beziehungen ausführlich: *Ben Salem*, Maghreb-CEE–pays de l'est, in: RMC 1991, S. 451ff, 457ff.

[402] Bulletin EG 12 – 1990, Ziffer 1.4.15.

[403] Nachfolgend vgl. die „*Allgemeinen Leitlinien für eine neue Mittelmeerpolitik (1992-1996)*“, Zusammenfassung in: Bulletin EG 12 – 1990, Ziffer 1.4.15.

[404] ABl. 1988, Nr. L 18/35ff. Fortan: „4. Finanzprot.“.

[405] Dazu im Vergleich die Finanzmittel (jeweils Art. 2 der Prot.) für: *Algerien*: 350 Millionen ECU (280 Millionen ECU Darlehen der EIB/ 52 Millionen nicht-rückzahlbare Zuschüsse und 22 Millionen Risikokapitalbeiträge aus Haushaltsmitteln der Gemeinschaft, ABl. 1992, Nr. L 94/14ff); *Marokko*: 438 Millionen ECU (220 Millionen/ 193 Millionen und 25 Millionen, ABl. 1992, Nr. L 352/14ff); *Ägypten*: 568 Millionen ECU (310 Millionen/ 242 Millionen und 16 Millionen, ABl. 1992, Nr. L 94/22ff); *Jordanien*: 126 Millionen ECU (80 Millionen/ 44 Millionen und 2 Millionen, ABl. 1992, Nr. L 94/30ff); *Libanon*: 69 Millionen ECU (45 Millionen/ 22 Millionen und 2 Millionen, ABl. 1992, Nr. L 94/38ff); *Syrien*: 158 Millionen ECU (115 Millionen/ 41 Millionen und 2 Millionen, ABl. 1994, Nr. L 32/45ff).

[406] Art. 2Ia), 7I des 4. Finanzprot..

[407] Art. 2Ib) des 4. Finanzprot..

[408] Art. 2Ic), II, 7II des 4. Finanzprot..

[409] Zur Verwendung der Mittel im Rahmen der vierten Finanzprotokolle: *Kommission*, Union Européenne – Maghreb: 25 ans de coopération 1976 - 2001, S. 14; Sonderbericht des Rechnungshofes Nr. 1/98 *über die finan-*

Ergänzung der Palette förderungswürdiger Vorhaben um die Zusammenarbeit im Umweltbereich (Art. 3I 3. Spiegelstrich des 4. Finanzprot.)[410] sowie um Stützungsmaßnahmen für die im Rahmen der Strukturanpassungsprogramme durchgeführten Wirtschaftsreformen (Art. 4 des 4. Finanzprot.): Beide Komponenten hatten bereits Einzug in Lomé IV 1989 gehalten und wurden – vor allem, was die Strukturanpassungshilfe angeht – nahezu identisch auf die Europa-Mittelmeer-Zusammenarbeit übertragen[411]. So erfolgte beispielsweise auch hier die Stützung durch sektorale und globale Importprogramme (in Devisen ausbezahlte Zahlungsbilanzhilfen[412])[413] oder mittels technischer Hilfe bei der Umsetzung international (mit der Weltbank, dem IWF) gebilligter Strukturanpassungsmaßnahmen (SAP)[414] einschließlich Aktionen zur Abmilderung ihrer sozialen Härten[415]. Weiterhin hatten sich die betreffenden gemeinschaftlichen Unterstützungsmaßnahmen für die SAP der besonderen sozialen und wirtschaftlichen Lage Tunesiens anzupassen[416]. Für die Finanzierung all dieser Maßnahmen stellte die EWG nicht-rückzahlbare Zuschüsse zur Verfügung[417].
Die regionale Zusammenarbeit hingegen nahmen die Vertragspartner vom förderungswürdigen Maßnahmenkatalog des Finanzprotokolls aus und unterstellten sie stattdessen dem „Unterstützungsregime" der auf Art. 235 EWGV/ 308 EGV gestützten Verordnung (EWG) Nr. 1763/92 des Rates vom 29. Juni 1992 *über die finanzielle Zusammenarbeit mit allen Drittländern im Mittelmeerraum*[418], die bereits im Gesamtbeschluss des Rates zur Ergänzung der bilateral abgeschlossenen Finanzprotokolle angedacht war[419]. Für die Durchführung dieses Mehrjahresprogramms (1992 – 1996) veranschlagte die Gemeinschaft einen Betrag von 230 Millionen ECU[420]. Von dieser Fazilität für regionale Zusammenarbeit sollten ferner (erneut) die Kooperation im Umweltbereich[421] sowie Investitionen zugunsten europäischer Firmen zwecks Bildung von „Joint Ventures"[422] profitieren.
Der dritte Aspekt des Gesamtbeschlusses des Rates realisierte sich schließlich in der auf Art. 113 EWGV/ 133 EGV basierenden Verordnung (EWG) Nr. 1764/92 *zur Änderung der Einfuhrregelung der Gemeinschaft für bestimmte Agrarerzeugnisse mit Ursprung in Ägypten, Algerien, Israel, Jordanien, Libanon, Malta, Marokko, Syrien, Tunesien und Zypern*[423]. Hierin

---

zielle und technische Zusammenarbeit mit den Drittländern des Mittelmeerraums, zusammen mit den Antworten der Kommission (ABl. 1998, Nr. C 98/1ff).

[410] Hier sollte die Umweltpolitik Tunesiens durch die Ausbildung von Sachverständigen, technische Hilfe sowie durch Investitionsbeiträge unterstützt werden. Zudem wurde in Anbetracht des immensen Bevölkerungswachstums Hilfe für die tunesische Bevölkerungspolitik und seine Familienplanungsprogramme angeboten, Art. 3II 5. Spiegelstrich des 4. Finanzprot..

[411] Zum Kontext der Strukturanpassungsmaßnahmen vgl. bereits oben Abschnitt B.III.2.4.

[412] Vgl. die Mitteilung der Kommission „*Wirtschaftsreformprogramme und Strukturanpassungsprogramme der Gemeinschaft: Bilanz und Perspektiven*", KOM (2000) 58, endg. vom 4.2.2000, Punkte 2.1.2, 3.2.1.

[413] Vgl. hierzu: Art. 4II 2. Spiegelstrich des 4. Finanzprot..

[414] Art. 4I des 4. Finanzprot..

[415] Art. 4II 1. Spiegelstrich, UA 2 des 4. Finanzprot..

[416] Art. 3I 2. Spiegelstrich der VO (EWG) Nr. 1762/92 des Rates vom 29. Juni 1992 *zur Durchführung der zwischen der Gemeinschaft und den Drittländern des Mittelmeerraums geschlossenen Protokolle über finanzielle und technische Zusammenarbeit* (ABl. 1992, Nr. L 181/1ff), die die VO (EWG) Nr. 3973/86 (ABl. 1986, Nr. L 370/5ff) aufhob (Art. 12 der VO (EWG) Nr. 1762/92).

[417] Art. 4I des 4. Finanzprot.. Für eine Bewertung der gemeinschaftlichen Unterstützung für die Strukturanpassung: Mitteilung der Kommission „*Wirtschaftsreformprogramme und Strukturanpassungsprogramme der Gemeinschaft: Bilanz und Perspektiven*", KOM (2000) 58, endg. vom 4.2.2000, Punkt 3.2.

[418] ABl. 1992, Nr. L 181/5ff. Vgl. Art. 3I 1. Spiegelstrich, 3II der VO (EWG) Nr. 1763/92.

[419] Vgl. Art. 1I der VO (EWG) Nr. 1763/92 (ABl. 1992, Nr. L 181/5ff).

[420] Art. 2II der VO (EWG) Nr. 1763/92 (ABl. 1992, Nr. L 181/5ff).

[421] Art. 3I 2. Spiegelstrich, 3III der VO (EWG) Nr. 1763/92 (ABl. 1992, Nr. L 181/5ff).

[422] Art. 3I 3. Spiegelstrich, 3IV der VO (EWG) Nr. 1763/92 (ABl. 1992, Nr. L 181/5ff).

[423] ABl. 1992, Nr. L 181/9ff.

wurden grundsätzlich[424] die restlichen Zölle für viele Agrarprodukte[425] Anfang 1992 sowie Anfang 1993 in zwei gleichen Raten beseitigt[426].

Bereits in diesen letzten Modifikationen der Europa-Mittelmeer-Zusammenarbeit vor dem Barcelona-Prozess manifestiert sich die stärkere Regionalisierung der Kooperation: Denn obwohl zum einen der Inhalt der Verordnung (EWG) Nr. 1763/92 weiter in den bilateralen vertraglichen Finanzprotokollen hätte normiert werden können, entschied sich die EWG, einen „horizontalen" Ansatz in Form einer für sämtliche Mittelmeerdrittstaaten anwendbaren Verordnung einzuschlagen, was sie folgendermaßen begründet: „Um dem regionalen Charakter dieser Zusammenarbeit, die keinem Land speziell unverhältnismäßig stark zugute kommen soll, besonderen Nachdruck zu verleihen, achtet die Gemeinschaft auf ein Gleichgewicht ihrer Interventionen zwischen den betroffenen Regionen und Ländern"[427]. Zum anderen verabschiedete sich die Gemeinschaft von den in den Assoziierungsabkommen sowie den in den jeweiligen Zusatzprotokollen vorgesehenen bilateralen Zollsenkungen und vereinheitlichte diese in Verordnungen[428]. Schließlich regelte bereits seit geraumer Zeit eine weitere „horizontale" Verordnung die Durchführung sämtlicher mit den Drittländern des Mittelmeerraums geschlossenen Protokolle über finanzielle und technische Zusammenarbeit[429]. In dieser Hinsicht hatte sich daher die Europa-Mittelmeer-Zusammenarbeit dem „kollektiven" Lomé-Abkommen angenähert –ganz zu schweigen von dem entwicklungspolitischen Instrumentarium, das stets bemüht war, den im Rahmen der Lomé-Kooperation hervorgebrachten, zumindest großen Innovationen nachzueifern. Raum für intensivere und flexiblere Vertragsänderungen blieb kaum, waren doch die „Kooperationsabkommen" selbst grundsätzlich unbefristet, so dass die Mittelmeerdrittländer keinen Anspruch auf umfassende Neuverhandlungen hatten[430]. Impulse für Modifikationen gingen somit weniger von neuen, von den Entwicklungsländern befürworteten entwicklungspolitischen Strategien aus, als vielmehr vom Bestreben nach einer Beseitigung der potenziellen Gefährdung der Stabilität und des Wohlstandes im Mittelmeerbecken – aufgrund nach wie vor

[424] Vgl. zu den Einschränkungen: Art. 1II, 2 der VO (EWG) Nr. 1764/92 (ABl. 1992, Nr. L 181/9ff).
[425] Vgl. Art. 1I i.V.m. Anhang I der VO (EWG) Nr. 1764/92 (ABl. 1992, Nr. L 181/9ff).
[426] Art. 1I der VO (EWG) Nr. 1764/92 (ABl. 1992, Nr. L 181/9ff).
[427] Art. 1III1 der VO (EWG) Nr. 1763/92 (ABl. 1992, Nr. L 181/5ff).
[428] Hierzu zwangen sie wohl aber auch die Zusatzprotokolle zu den „Kooperationsabkommen", deren Art. 6 erneute Vertragsrevisionen erst ab 1995 vorsah (vgl. z.B. Art. 6 des Zusatzprotokolls mit Tunesien, ABl. 1987, Nr. L 297/36ff). Rechtlich gesehen kann die einseitige VO nicht den zweiseitigen völkerrechtlichen Vertrag ändern (vgl. Art. 39ff WVK (Wiener Vertragsrechtskonvention = Wiener Übereinkommen über das Recht der Verträge, abgedruckt in: *Sartorius II*, Nr. 320)) – die mediterranen Vertragspartner werden sich indes kaum auf für sie ungünstigere vertragliche Regelungen berufen. Die EG ist weder Vertragspartei der WVK (aufgrund Art. 81 WVK auch nicht möglich) noch der Wiener Konvention über das Recht der Verträge zwischen Staaten und internationalen Organisationen von 1986 (abgedruckt in: BGBl. II 1990, S. 1415ff („WVK II")). Die Vertragsbestimmungen der Konvention – noch ist unklar, welche Konvention bevorzugt wird - werden von der EG dennoch angewendet, soweit sie kodifiziertes Völkergewohnheitsrecht darstellen. Hierzu und allgemein zur Anwendung der WVK durch den EuGH/ EuG: *Kuijper*, The Court and the Tribunal of the EC and the Vienna Convention on the Law of Treaties 1969, in: LIEI 1998, S. 1ff.
[429] Vgl. bereits in den Fn. 416, 384.
[430] Art. 54 des „Kooperationsabkommens" mit Tunesien (ABl. 1978, Nr. L 265/2ff) verpflichtete nur dazu, *ab* 1984 etwaige Verbesserungen aufgrund der bis dahin gemachten Erfahrungen zu prüfen, die alsdann in den Vertrag eingearbeitet werden *können*. Sogar noch weniger verbindlich war Art. 6 des Zusatzprotokolls mit Tunesien (ABl. 1987, Nr. L 297/36ff).

Mittelmeerbecken – aufgrund nach wie vor bestehender gegenseitiger Abhängigkeiten[431] Garant für selbiges auch in der Gemeinschaft selbst[432].

Abbildung 2: Protokolle über die finanzielle und technische Zusammenarbeit (Summe in Millionen Euro)

	1. Protokoll	2. Protokoll	3. Protokoll	4. Protokoll
Tunesien	95⁺	139	224	284
Algerien	114⁺	151	239	350
Marokko	130⁺	199	324	438
Ägypten	170⁺	276	449	568
Jordanien	40⁺	63	100	126
Libanon	30⁺	50	73	69
Syrien	60⁺	97	146	158

⁺ Die Umrechnung von RE/ ECU/ Euro erfolgte 1:1:1 (vgl. *Renier*, Les nouveaux protocoles financiers, in: RMC 1982, S. 484ff, 485; *Kommission*, Union Européenne – Maghreb : 25 ans de coopération, S. 6).

V. Zusammenarbeit mit den „nicht-assoziierten Entwicklungsländern"

Die politische Direktive der Pariser Schlusserklärung von 1972[433], schrittweise eine globale Entwicklungspolitik[434] aufzubauen, hatte bei den sog. „nicht-assoziierten Entwicklungsländern"[435] hohe Erwartungen ausgelöst. Diese richteten sich vor allem auf die finanzielle und technische Zusammenarbeit. Die Handelsbeziehungen waren bereits über das APS geregelt, das die Gemeinschaft, wie bereits beschrieben, als Schritt zur Heranführung der nicht von der Assoziierungspolitik begünstigten Entwicklungsstaaten – also hauptsächlich der Entwick-

---

[431] Diese bestehen vor allem in den Bereichen Umweltschutz, Energieversorgung, Migration, Handel, Investitionen. Näher hierzu: Mitteilung der Kommission über die *„Stärkung der Mittelmeerpolitik der Europäischen Union: Entwicklung einer Partnerschaft Europa-Mittelmeer"*, KOM (1994) 427, endg. vom 19.10.1994, Punkt 4 und Anhang 4 (genaue Daten), abgedruckt in: Sonderbeilage 2/95 zum Bulletin EG, S. 7ff.

[432] Vgl. Bulletin EG 11 – 1989, Ziffer 2.2.29; Mitteilung der Kommission über die *„Stärkung der Mittelmeerpolitik der Europäischen Union: Entwicklung einer Partnerschaft Europa-Mittelmeer"*, KOM (1994) 427, endg. vom 19.10.1994, Punkte 8ff, abgedruckt in: Sonderbeilage 2/95 zum Bulletin EG, S. 7ff.

[433] Abgedruckt im 6. Gesamtbericht der Europäischen Gemeinschaften 1972, S. 7ff.

[434] Vgl. bereits oben Abschnitt B.II.3.

[435] Der Begriff „nicht-assoziierte Entwicklungsländer" tauchte zum ersten Mal in einer Ratsentschließung Anfang der 70er Jahre auf, in der eine weiter angelegte Entwicklungspolitik mit Entwicklungsländern, die noch nicht durch ein Assoziierungsabkommen mit der Gemeinschaft verbunden waren, grundsätzlich befürwortet wurde (*Kommission*, Europa – dritte Welt, ein Dialog, S. 69).
Die Zusammenarbeit mit dieser Ländergruppe soll hier nur vollständigkeitshalber aufgenommen werden, da den Schwerpunkt dieser Arbeit die Kooperation mit den AKP- sowie den Mittelmeerdrittstaaten konstituiert. Aus diesem Grunde erschöpfen sich die folgenden Ausführungen lediglich auf die Darstellung der wesentlichen Elemente dieser Zusammenarbeit. Ausführliche Beiträge zur Zusammenarbeit mit den ALA-Staaten bringen: *Kommission*, Europa – dritte Welt, ein Dialog, S. 67 (bis zum Jahr 1988); *Holland*, The EU and the Third World, S. 52ff. Vgl. auch die Kommissionsmitteilungen: *„Leitlinien für die Zusammenarbeit mit den Entwicklungsländern Lateinamerikas und Asiens"*, KOM (1990) 176, endg. vom 8.5.1990, *„Auf dem Weg zu einer neuen Asien-Strategie"*, KOM (1994) 314, endg. vom 13.7.1994, *„Europäische Union – Lateinamerika – Die Partnerschaft heute und die Perspektiven für ihren Ausbau (1996 – 2000)"*, KOM (1995) 495, endg. vom 23.10.1995, *„Über eine neue Partnerschaft zwischen der Europäischen Union (EU) und Lateinamerika an der Schwelle zum 21. Jahrhundert"*, KOM (1999) 105, endg. vom 9.3.1999, sowie *„Europa und Asien – Strategierahmen für vertiefte Partnerschaften"*, KOM (2001) 469, endg. vom 4.9.2001.

lungsländer Asiens und Lateinamerikas (ALA-Staaten)[436] - an die Position der AASM bzw. der späteren AKP-Staaten verstand; letzteren wurde ja bereits in den Jaunde- bzw. Lomé-Abkommen eine präferentielle Behandlung ihrer Exporte in die EWG zugesichert. In diese erste von insgesamt vier Phasen in den Beziehungen zu diesen Staaten[437] fiel auch die Nahrungsmittelhilfe der EWG, die seit ihren Anfängen Ende der 60er Jahre vor allem Indonesien, Indien, Bangladesch, Thailand, den Philippinen und Pakistan zugute kam[438].
Die politische Weisung der Pariser Schlusserklärung manifestierte sich schließlich u.a. in der Verabschiedung eines Programms für finanzielle und technische Hilfe an die ALA-Länder im Jahre 1976 und der Bereitstellung einer wenn auch bescheidenen Summe im Gemeinschaftshaushalt[439]. Der neue Mitgliedstaat Großbritannien hatte hierzu sicher seinen Teil beigetragen, stärkte er doch stetig das Bewusstsein der Gemeinschaft, die Entwicklungskooperation global zu begreifen[440]. In dieser zweiten Phase der Zusammenarbeit wurde geographisch den LLDCs Lateinamerikas und Asiens, thematisch der Deckung des Bedarfs an Nahrungsmitteln, der regionalen Integration und der Überwindung von Krisensituationen im Rahmen der finanziellen und technischen Zusammenarbeit Priorität eingeräumt[441].
Wenngleich es bereits in der zweiten Phase vereinzelt zum Abschluss von *handelsrechtlichen*[442] Kooperationsabkommen[443] gekommen war – erst in den 80er Jahren drängte vor allem

---

[436] Die Suche nach diesem Terminus war erst 1985 erfolgreich, nachdem Mosambik und Angola in die Lomé-Gruppe übergewechselt waren (*Frisch*, in: Groeben/ Thiesing/ Ehlermann (Hrsg.), EU-/ EG-Vertrag, vor Art. 130u bis 130y, Rn. 22).
ALA-Länder sind (Mitteilung der Kommission „*Vorschlag für eine Verordnung des Europäischen Parlaments und des Rates über die Zusammenarbeit der Gemeinschaft mit den Ländern Asiens und Lateinamerikas und zur Änderung der Verordnung (EG) Nr. 2258/96 des Rates*", KOM (2002) 340, endg. vom 2.7.2002, Anhang I): a) Asien: Afghanistan, Bahrein, Bangladesch, Bhutan, Birma/ Myanmar, China, Indien, Indonesien, Iran, Irak, Jemen, Kambodscha, Demokratische Volksrepublik Korea, Laos, Malaysia, Malediven, Mongolei, Nepal, Oman, Osttimor, Pakistan, Philippinen, Saudi Arabien, Sri Lanka, Thailand, Vietnam.
b) Latein- und Zentralamerika: Argentinien, Bolivien, Brasilien, Chile, Costa Rica, Ecuador, El Salvador, Guatemala, Honduras, Kolumbien, Kuba, Mexiko, Nicaragua, Panama, Paraguay, Peru, Uruguay, Venezuela.
Zur Qualifizierung der NUS als (überwiegend asiatische) „Länder, die den Übergang zur Marktwirtschaft" anstreben, sowie zur Sonderstellung der Mongolei bereits oben Kapitel A „Entwicklung – Entwicklungsländer - Entwicklungszusammenarbeit". Fn. 87.
[437] Vgl. *Kommission*, Europa – dritte Welt, ein Dialog, S. 68; *Breitwieser*, Entwicklungspolitisches Engagement der EU, in: JEP 1994, S. 101ff, 118ff. Diese gehen noch von drei Phasen aus, was darauf zurückzuführen ist, dass die Beiträge vor 16 bzw. elf Jahren verfasst worden sind.
[438] *Breitwieser*, Entwicklungspolitisches Engagement der EU, in: JEP 1994, S. 101ff, 119.
[439] *Kommission*, Europa – dritte Welt, ein Dialog, S. 77. Die Hilfe wurde auf Art. 235 EWGV/ Art. 308 EGV gestützt (vgl. *Flory*, Handelspolitik und Entwicklungspolitik, in: Kommission (Hrsg.), Dreißig Jahre Gemeinschaftsrecht, S. 409ff, 430); eine sekundärrechtliche Rechtsgrundlage über die Art und Weise ihrer Gewährung und Verwaltung wurde erst 1992 geschaffen, die diesbezügliche Notwendigkeit sollte der EuGH indes erst 1998 feststellen: In Rs. C-106/96, Vereinigtes Königreich/ Kommission, Slg. 1998, I-2729ff judizierte er, dass finanzielle Hilfen, die als „bedeutende Gemeinschaftsaktion" einzustufen sind, neben ihrer Bereitstellung im Gemeinschaftshaushalt eines Basisrechtsaktes zur Bewilligung dieser Aufgaben bedürfen (I-2755f, Ziffern 26ff).
[440] Vgl. auch *Flory*, Handelspolitik und Entwicklungspolitik, in: Kommission (Hrsg.), Dreißig Jahre Gemeinschaftsrecht, S. 409ff, 430.
[441] *Kommission*, Europa – dritte Welt, ein Dialog, S. 68, 77.
[442] Neben *entwicklungs*politischen, auf Art. 181I2 EGV beruhenden Kooperationsabkommen (hierzu unten Kapitel D „Gemeinschaftsrechtliche Handlungsvorgaben", Abschnitt D.II.2.2) gibt es gleichermaßen auf Art. 133III EGV fußende *handels*politische Kooperationsabkommen. Letztere können Bestimmungen über die gesamte inhaltliche Bandbreite der Gemeinsamen Handelspolitik aufnehmen (*Vedder*, in: Grabitz/ Hilf (Hrsg.), EUV/ EGV, Art. 133, Rn. 51). Derartige rein handelspolitische Kooperationsabkommen werden im Rahmen dieser Arbeit nicht untersucht. Wird daher von Kooperation(sabkommen) gesprochen, ist daher stets die *entwicklungs*politische Kooperation gemeint. Um handelsrechtliche Kooperationsabkommen zu kennzeichnen, sollen diese mit dem Adjektiv „handelspolitisch/ -rechtlich") versehen werden.
[443] Hervorzuheben ist hier insbesondere das handelspolitische Kooperationsabkommen mit Indien (ABl. 1973, Nr. L 82/2ff), mit dem die Gemeinschaft mitunter die ältesten vertraglichen Beziehungen im Rahmen der ALA-

die Kommission[444] auf eine verstärkte „Formalisierung der Beziehungen“[445] mit den ALA-Staaten. Zudem brachten die neuen Mitgliedstaaten Portugal und Spanien ein „koloniales Erbe“ in die Gemeinschaft ein: Ihre besonderen Beziehungen zu den Staaten Mittel- und Südamerikas, die es in völkerrechtlichen Verträgen beizubehalten bzw. zu vertiefen galt. Tatsächlich verlängerte bzw. schloss die EWG sodann eine Serie von Abkommen mit Staaten[446] oder Staatengruppen[447] auf der Grundlage des Art. 113 und 235 EWGV (Art. 133, 308 EGV) ab, die inhaltlich hauptsächlich die Handels- und Wirtschaftsbeziehungen verstärkt wissen wollten. Das „Pisani-Memorandum“ hatte zwar den Weg für eine thematische Anreicherung der Verträge frei gemacht[448], doch die EG und ihre ALA-Vertragspartner machten von dieser Option zunächst nur zögerlich Gebrauch.

Mittlerweile lässt sich sogar eine vierte Phase der Beziehungen identifizieren, eingeläutet durch den Abschluss entwicklungspolitischer Verträge der sog. „dritten Generation“[449]. Diese

---

Zusammenarbeit unterhält. Die Beziehungen zu Indien haben seitdem eine Vorreiterfunktion für die Kooperation mit den übrigen ALA-Staaten.

Dem Abkommen mit Indien folgte das „Abkommen über handelspolitische Zusammenarbeit“ mit Sri Lanka (ABl. 1975, Nr. L 247/2ff), mit Pakistan (ABl. 1976, Nr. L 168/2ff) und Bangladesch (ABl. 1976, Nr. L 319/2ff) sowie das „Kooperationsabkommen“ mit den Mitgliedsländern des Verbandes Südostasiatischer Nationen (A-SEAN-Staaten) - Indonesien, Malaysia, Philippinen, Singapur und Thailand (ABl. 1980, Nr. L 144/2ff) sowie Protokoll über die Erstreckung des Kooperationsabkommens auf Vietnam (ABl. 1999, Nr. L 117/31ff).

Latein- und Zentralamerika: „Handelsabkommen“ mit Uruguay (ABl. 1973, Nr. L 333/2ff) sowie mit Brasilien (ABl. 1974, Nr. L 102/24ff); Abkommen mit Mexiko (ABl. 1975, L 247/11ff).

[444] Memorandum der Kommission „*Die Entwicklungspolitik der Europäischen Gemeinschaft*“ („Pisani-Memorandum“) vom 4.10.1982, S. 26 (abgedruckt in: Sonderbeilage 5/82 zum Bulletin EG).

[445] *Kommission*, Europa – dritte Welt, ein Dialog, S. 68, dort auch zu den Hintergründen für diesen neuen Kurs.

[446] *Asien inklusive Naher Osten* (ohne Partnerländer der Mittelmeer-Zusammenarbeit): „Abkommen über handelspolitische und wirtschaftliche Zusammenarbeit“ mit Indien (ABl. 1981, Nr. L 328/6ff) und mit China (ABl. 1985, Nr. L 250/2ff); „Kooperationsabkommen“ mit der Arabischen Republik Jemen (ABl. 1985, Nr. L 26/2ff, nach der Vereinigung der Arabischen Republik Jemen mit der Demokratischen Volksrepublik Jemen ausgedehnt auf das gesamte Gebiet der Republik Jemen (ABl. 1995, Nr. L 57/77f); „Abkommen über handelspolitische, wirtschaftliche und entwicklungspolitische Zusammenarbeit“ mit Pakistan (ABl. 1986, Nr. L 108/2ff).

Lateinamerika: „Rahmenabkommen“ mit Brasilien (ABl. 1982, Nr. L 281/2ff); „Rahmenabkommen über die Zusammenarbeit“ mit Mexiko (ABl. 1991, Nr. L 340/2ff).

[447] „Kooperationsabkommen“ mit dem Council of Arab Economic Unity ((CAEU), ABl. 1982, Nr. L 300/23ff); „Kooperationsabkommen“ mit dem Andenpakt (ABl. 1984, Nr. L 153/2ff; dieser durch das Cartagena-Abkommen ins Leben gerufene Pakt, bestehend aus den Mitgliedstaaten Bolivien, Kolumbien, Ekuador, Peru, Venezuela, besitzt Völkerrechtspersönlichkeit (*Zimmermann*, in: Groeben/ Thiesing/ Ehlermann (Hrsg.), EU-/ EG-Vertrag, Art. 130u, Rn. 27, Fn. 63)); „Kooperationsabkommen“ mit den zentralamerikanischen Ländern Costa Rica, El Salvador, Guatemala, Honduras, Nicaragua, Panama (ABl. 1986, Nr. L 172/2ff) sowie mit den Vertragsparteien des Kooperationsrates der Arabischen Golfstaaten (Vereinigte Arabische Emirate, Bahrein, Saudi-Arabien, Oman, Katar und Kuwait, ABl. 1989, Nr. L 54/3ff).

[448] Memorandum der Kommission „*Die Entwicklungspolitik der Europäischen Gemeinschaft*“ vom 4.10.1982, S. 17ff (abgedruckt in: Sonderbeilage 5/82 zum Bulletin EG).

[449] Dies sind jene Drittstaatenverträge der EG, die über klassische handelsrechtliche Instrumente der Entwicklungszusammenarbeit („erste Generation“) und einer wirtschaftlichen Zusammenarbeit („zweite Generation“) hinaus auch die Sozialordnung der Entwicklungsländer berücksichtigen, mithin eine Menschenrechts- und Demokratieklausel sowie Bestimmungen über den politischen Dialog enthalten (vgl. GA *La Pergola*, Schlussanträge zu EuGH, Rs. C-268/94, Portugal/ Rat, Slg. 1996, I-6177ff, I-6182, Ziffer 9).

Mit Staatengruppen: „Interregionales Rahmenabkommen über die Zusammenarbeit“ mit dem Mercado Común del Sur (MERCOSUR, ebenso völkerrechtsfähig (*Zimmermann*, in: Groeben/ Thiesing/ Ehlermann (Hrsg.), EU-/ EG-Vertrag, Art. 130u, Rn. 27, Fn. 65)) und seinen Teilnehmerstaaten (Belize, El Salvador, Guatemala, Honduras, Costa Rica, Nicaragua, Honduras; ABl. 1996, Nr. L 69/4ff); „Rahmenabkommen über die Zusammenarbeit“ mit dem Andenpakt und seinen Mitgliedstaaten (ABl. 1998, Nr. L 127/11ff) sowie mit den zentralamerikanischen Staaten Costa Rica, El Salvador, Guatemala, Honduras, Nicaragua und Panama (ABl. 1999, Nr. L 63/39ff). Folgende Abkommen werden zurzeit neu aufgelegt: „Abkommen über politischen Dialog und Zusammenarbeit“ mit den zentralamerikanischen Staaten Costa Rica, El Salvador, Guatemala, Honduras, Nicaragua zum Teil bereits auf Art. 130y I2 a.F./ 181I2 n.F. EGV[450] gestützten Abkommen enthalten Bestimmungen über die Förderung der Menschenrechte, der demokratischen Prinzipien und (teilweise) des Rechtsstaates sowie (zumeist) über den politischen Dialog.

Wesentlich ist, dass sämtliche ALA-Abkommen trotz ihrer inhaltlichen Fortentwicklung seit jeher nicht-präferentiellen Charakter besitzen, was die Handelsbeziehungen angeht. Denn diese werden ungleich der Lomé- und Mittelmeerpolitik nach wie vor durch das APS geregelt. Ein weiteres Charakteristikum, das den Verträgen schon immer eigen ist, besteht darin, kein vertragliches Quantum der finanziellen Kooperation festzulegen. Viele Verträge sehen zwar dem Grunde nach eine Verpflichtung zur Leistung finanzieller und technischer Unterstützung vor. Über deren tatsächliche Gewährung gegenüber grundsätzlich allen ALA-Staaten entscheidet jedoch seit 1992 die auf Art. 308 EGV gestützte Verordnung (EWG) Nr. 443/92 vom 25.2.1992 *über die finanzielle und technische Hilfe zugunsten der Entwicklungsländer Asiens und Lateinamerikas sowie über die wirtschaftliche Zusammenarbeit mit diesen Ländern*[451]. Insofern bleiben sowohl die Handelspolitik als auch die Entwicklungshilfe diesen Ländern gegenüber weitgehend autonome Instrumente der Gemeinschaft.

VI. Vertrag von Maastricht

Die geplante eigenständige Kodifizierung der Entwicklungszusammenarbeit im durch den Maastrichter Unionsvertrag (Vertrag über die Europäische Union (EUV)) geänderten Vertrag

und Panama (KOM (2003) 677, endg. vom 10.11.2003) sowie mit der Andengemeinschaft (KOM (2003) 695, endg. vom 14.11.2003).
Mit Staaten: a) Asien inklusive Naher Osten (ohne Partnerländer der Mittelmeer-Zusammenarbeit): „Abkommen über die handelspolitische und wirtschaftliche Zusammenarbeit" mit der Mongolei (ABl. 1993, Nr. L 41/46ff); „Kooperationsabkommen über Partnerschaft und Entwicklung" mit Indien (ABl. 1994, Nr. L 223/24ff); „Kooperationsabkommen" mit Sri Lanka (ABl. 1995, Nr. L 85/33ff), Vietnam (ABl. 1996, Nr. L 136/29ff), Nepal (ABl. 1996, Nr. L 137/15ff), Laos (ABl. 1997, Nr. L 334/15ff), Jemen (ABl. 1998, Nr. L 72/8ff) sowie mit Kambodscha (ABl. 1999, Nr. L 269/18ff); „Kooperationsabkommen über Partnerschaft und Entwicklung" mit Bangladesch (ABl. 2001, Nr. L 118/48ff).
b) Latein- und Zentralamerika: „Rahmenabkommen über die handelspolitische und wirtschaftliche Zusammenarbeit" mit Argentinien (ABl. 1990, Nr. L 295/67ff); „Rahmenabkommen über Zusammenarbeit" mit Chile (ABl. 1991, Nr. L 79/2ff); „Rahmenabkommen über die Zusammenarbeit" mit Uruguay (ABl. 1992, Nr. L 94/2ff); „Rahmenabkommen über Zusammenarbeit" mit Paraguay (ABl. 1992, Nr. L 313/72ff); „Rahmenabkommen über die Zusammenarbeit zur Vorbereitung einer politischen und wirtschaftlichen Assoziation" mit Chile (ABl. 1996, Nr. L 209/5ff; das Abkommen ist wohl auf Art. 238 EGV a.F./ 310 EGV n.F. gestützt (hierzu unten Kapitel D „Gemeinschaftsrechtliche Handlungsvorgaben", Abschnitt D.II.2.1); „Abkommen über wirtschaftliche Partnerschaft, politische Koordinierung und Zusammenarbeit" mit Mexiko (ABl. 2000, Nr. L 276/45ff; dieses Abkommen stützt sich neben Art. 133, 181I2 EGV auf Art. 44II, 47, 55, 57II, 71, 80II EGV); „Abkommen zur Gründung einer Assoziation" mit Chile (ABl. 2002, Nr. L 352/3ff; dieses Abkommen basiert auf Art. 310 EGV, vgl. den Beschluss des Rates, ABl. 2002, Nr. L 352/1); „Rahmenabkommen über die Zusammenarbeit" mit Brasilien (ABl. 1995, Nr. L 262/54ff).

[450] Zu dieser Rechtsgrundlage vgl. unten Kapitel D „Gemeinschaftsrechtliche Handlungsvorgaben", Abschnitt D.II.2.2.

[451] ABl. 1992, Nr. L 52/1ff. Inhaltlich umfasst diese VO u.a. den Schutz der Menschenrechte, die Unterstützung des Demokratisierungsprozesses, die Förderung einer effizienten und gerechten öffentlichen Verwaltung, den Umweltschutz, die Liberalisierung des Handels und die stärkere Betonung der kulturellen Dimension. Diese Themen bilden den Gegenstand des politischen Dialogs (Art. 1 S. 3 der VO). Das Gesetzgebungsverfahren für die Nachfolgeverordnung (Mitteilung der Kommission „*Vorschlag für eine Verordnung des Europäischen Parlaments und des Rates über die Zusammenarbeit der Gemeinschaft mit den Ländern Asiens und Lateinamerikas und zur Änderung der Verordnung (EG) Nr. 2258/96 des Rates*", KOM (2002) 340, endg. vom 2.7.2002) ist noch nicht abgeschlossen. Die neue VO soll nunmehr auf Art. 179I1 EGV gestützt werden (zu dieser Rechtsgrundlage unten Kapitel D „Gemeinschaftsrechtliche Handlungsvorgaben", Abschnitt D.II.2.3).

zur Gründung der Europäischen Gemeinschaft (EGV)[452] nahm die Kommission zum Anlass, eine Art „Bestandsaufnahme“ der vergangenen 30 Jahre Entwicklungspolitik durchzuführen und gleichzeitig die neuen geopolitischen Veränderungen, die auch und vor allem die Entwicklungsländer betrafen, aufzuzeigen. Die Ergebnisse dieser gleichermaßen umfassenden wie kritischen Untersuchung zusammen mit Antworten auf die neuen Herausforderungen fasste die Kommission in ihrer Mitteilung über *„Development cooperation policy in the run-up to 2000“* vom 15.5.1992[453] zusammen, die vom Rat und den im Rat vereinten Vertreter der Regierungen der Mitgliedstaaten in ihrer Erklärung vom 18.11.1992[454] gebilligt wurde.

In den ersten 30 Jahren seit den Anfängen europäischer Entwicklungspolitik hatte die Gemeinschaft trotz fehlenden expliziten Mandats graduell eine global ausgerichtete Kooperation hervorgebracht, die sich in einem fortschreitenden Ausbau des entwicklungspolitisch autonomen Instrumentariums, ferner in einem dichten Netz vertraglicher Beziehungen manifestierte. Und um die Entwicklungszusammenarbeit schließlich in Zahlen auszudrücken: Im Jahr 1989 betrugen die EG Nettoauszahlungen[455] 2,809 Milliarden US-Dollar; hinzukommen 23,085 Mrd. US-Dollar seitens der damals 12 Mitgliedstaaten[456] - womit die Union bereits im Zeitraum 1988/89 ca. 41% der weltweiten ODA leistete[457].
Doch trotz dieses beeindruckenden Instrumentariums: Gewichtige Gründe dafür, an diesem einerseits zwar prinzipiell festzuhalten, es andererseits jedoch zu verfeinern, partiell sogar umzustrukturieren, lieferte die von der Kommission in jener Mitteilung beschriebene gegenwärtige Situation in den meisten Entwicklungsländern[458]. Vorab sei jedoch angemerkt, dass die Lage von Region zu Region, zumal von Land zu Land, teilweise stark differierte, weshalb hier nur einige allgemeine „Trends“ der Kommissionsmitteilung in reziptiver Form[459] skizziert werden: Das Wirtschaftswachstum vor allem in Subsahara-Afrika und Lateinamerika nahm teilweise stark ab, die Investitionen sowie die „Terms of Trade“[460] sanken[461]. Gleichzei-

---

[452] Die Europäische Wirtschaftsgemeinschaft wurde durch den Vertrag von Maastricht in Europäische Gemeinschaft umbenannt.
[453] SEC (1992) 915, endg. vom 15.5.1992, abgedruckt in: *Kommission*, Development Cooperation Policy, S. 9ff (die Mitteilung ist im Deutschen auch als „Horizonte 2000" bekannt, deshalb fortan zumeist: „Horizonte 2000“). Vgl. auch den Annex zu „Horizonte 2000", *„The Community's relations with the developing countries viewed in the context of the political union"*, vom 28.4.1992, abgedruckt in: *Kommission*, Development Cooperation Policy, S. 21ff, fortan meist „Annex zu „Horizonte 2000"".
[454] Erklärung über *„Aspects on development cooperation in the run-up to 2000“*, vom 18.11.1992, abgedruckt in: *Kommission*, Development Cooperation Policy, S. 73ff. Vgl. auch das EP, Entschließung vom 18.10.1993 zur *„Politik der Entwicklungszusammenarbeit bis zum Jahr 2000“*, ABl. 1993, Nr. C 279/18ff.
[455] „Netto“ bedeutet in diesem Zusammenhang, dass beispielsweise zurückzuzahlendes Kapital von Krediten etc. bereits abgezogen ist (*Cox/ Chapman*, The European Community External Cooperation Programmes, S. 1, Fn. 2).
[456] Zahlen: Annex zu „Horizonte 2000", Punkt I.3, Tabelle 11.
[457] Annex zu „Horizonte 2000", Punkt I.3, Tabelle 10.
[458] Rühmliche Ausnahmen sind einige wenige Staaten Südostasiens, vor allem die „vier kleinen Tiger“ Hongkong, Singapur, Südkorea und Taiwan.
[459] Dies impliziert natürlich, dass die hier dargestellte Auffassung der Kommission keineswegs umfassend oder unangreifbar ist. Kritisch denn auch: *Kesper/ Lauth/ Schwersensky*, Europäische Entwicklungspolitik nach dem Vertrag von Maastricht, in: Außenpolitik 1993, S. 403ff. Die wirtschaftspolitischen Hintergründe, Motive etc. der Gemeinschaft für ihre Entwicklungspolitik sollen jedoch soweit erläutert werden, als es zum Verständnis dieser Politik im Rahmen dieser Arbeit angezeigt ist; weitergehende Analysen in diesem Bereich müssen hingegen fachspezifischen Erörterungen vorbehalten bleiben (vgl. z.B. die Hinweise bei *Pietsch*, Entwicklungszusammenarbeit nach Maastricht – Strukturwandel internationaler Beziehungen, in: AJPIL 1995, S. 379ff).
[460] Die „Terms of Trade“ geben an, wie viele Mengeneinheiten an Importgütern ein Land für eine Mengeneinheit der Exportgüter im internationalen Tausch erwerben kann (*Boeckh/ Speier*, Stichwort „Terms of Trade", in: Nohlen (Hrsg.), Lexikon Dritte Welt, S. 782ff, 782).
[461] Horizonte 2000, Punkt I.1.1. Detailliert: Annex zu „Horizonte 2000", Punkte I.1.1, I.1.3, I.4.2.1.

tig herrschte in Subsahara-Afrika und in den Maghreb-Staaten nach wie vor rapides Bevölkerungswachstum mit all seinen negativen Auswirkungen nicht nur auf die Befriedigung der grundlegenden Bedürfnisse[462]. Die Auswertung sozialer Indikatoren[463] wies zwar auf einen allgemeinen Aufwärtstrend der Entwicklungsländer in Sachen menschliche und soziale Entwicklung hin. Dennoch galt dies erneut nicht für Afrika und Lateinamerika, wo eher eine Verschlechterung der diesbezüglichen Situation in den 80er Jahren eingetreten war. Und auch wenn sich global gesehen der Anteil der in Armut Lebenden verringert hatte – in absoluten Zahlen gemessen blieb die Anzahl der von der Armut Betroffenen gleich, das Einkommen verteilte sich – hauptsächlich in Lateinamerika - noch ungleichmäßiger als in den Anfängen europäischer Entwicklungspolitik[464]. Weiters hatten die Abschwächung des Wirtschaftswachstums auch in den Industriestaaten, die relativen Preisabfälle für Rohstoffe[465], die anhaltende Verschuldenskrise[466], das Zurückgehen der Nettofinanzströme[467] zu Beginn der 80er Jahre[468], und die mangelnde Verfügbarkeit ausländischer Devisen[469] die wirtschaftliche und soziale Entwicklung allgemein gebremst. Um diese Probleme in den Griff zu bekommen, insbesondere aber vor dem Hintergrund der Finanzkrise von 1982, hatte eine wachsende Anzahl an Staaten damit begonnen, radikale makroökonomische und diverse innenpolitische Strukturreformen durchzuführen[470]; die gewünschten Ergebnisse ließen bis dato allerdings weitgehend auf sich warten. Angesichts globaler ökologischer Herausforderungen[471] war schließlich seit Mitte der 80er Jahre ein wachsendes Umweltbewusstsein zu verzeichnen, das von der Entwicklungspolitik verlangte, ökologische Aspekte in die Entwicklungsstrategien einzubeziehen, damit auch und gerade die Entwicklungsländer ihre spezifischen Umweltprobleme[472] rasch lösen konnten[473].

Den Grund für diese doch äußerst ernüchternde Lage sah die Kommission in der mangelnden Effektivität der internationalen Hilfe – die der Gemeinschaft und der Mitgliedstaaten eingeschlossen. Denn obwohl beispielsweise der Anteil des Bruttosozialprodukts, den die DAC-Länder jährlich für die Öffentliche Entwicklungshilfe von 1970 - 1988 ausgegeben hatten, gleich geblieben war (0,35%), und auch global betrachtet eine Steigung der ODA um effektiv 2,8% jährlich verzeichnet werden konnte[474] - gemessen an diesen Mittelbindungen waren, wie dargestellt, lediglich mediokre Ergebnisse erzielt worden. Was diese Ineffektivität speziell auf

---

[462] Horizonte 2000, Punkt I.1. 2.

[463] Beispielsweise die Lebenserwartung, Kindersterblichkeitsrate, tägliche Kalorienzufuhr, Bildung/ Analphabetismus, Zugang zu Trinkwasser und zur Gesundheitsversorgung, Prozent der unter der Armutsgrenze Lebenden (Annex zu „Horizonte 2000", Punkt I.2, Tabelle 8). Darüber hinaus war es gelungen, die größeren Epidemien erfolgreich zu bekämpfen (Horizonte 2000, Punkt I.2.4).

[464] Horizonte 2000, Punkt I.1.2.a. Ausführlich: Annex zu „Horizonte 2000", Punkt I.2.

[465] Horizonte 2000, Punkt I.1.3; Annex zu „Horizonte 2000", Punkt I.1.3.

[466] Horizonte 2000, Punkt I.1.3. Ausführlich: Annex zu „Horizonte 2000", Punkt I.1.5.

[467] Darunter fallen z.B.: ausländische Direktinvestitionen und Bankkredite, ODA, Exportkredite, NGO-Hilfeleistungen, etc., abzüglich der Zinsen und der zurückzubezahlenden Summe (Annex zu „Horizonte 2000", Punkte I.1.4, I.3.1).

[468] Diese konnten teilweise nicht einmal den Schuldendienst decken. Zum Ganzen: Horizonte 2000, Punkt I.1.3; Annex zu „Horizonte 2000", Punkte I.1.4, I.4.2.2.

[469] Horizonte 2000, Punkt I.1.3. Ausführlich: Annex zu „Horizonte 2000", Punkt I.1.4.

[470] Hierzu bereits oben Abschnitt B.III.2.4.

[471] Zu nennen wären beispielsweise der Treibhauseffekt, Klimaänderungen, Zerstörung der Ozonschicht, Giftmüllbeseitigung (Horizonte 2000, Punkt I.1.6.a).

[472] Als da z.B. wären: Wüstenbildung, Bodenerosion, abnehmende Wasserressourcen, ökologische Konsequenzen infolge der Ausbeutung des Regenwaldes, insbesondere für die Artenvielfalt (Horizonte 2000, Punkt I.1.6.a).

[473] Horizonte 2000, Punkt I.1.6.a.

[474] Zahlen: Horizonte 2000, Punkt I.2.1. Ausführlich hierzu: Annex zu „Horizonte 2000", Punkt I.3.1.

der Ebene der Gemeinschaft und der Mitgliedstaaten betraf[475], so kritisierte die Kommission, dass die bislang praktizierte Zusammenarbeit bei der Formulierung, Überwachung und „Stoßrichtung" ihrer Operationen – Faktoren, die zunehmend als „sine qua non"[476] effektiver Hilfe eingestuft wurden - nicht eng genug war, um eine „konzertierte, konsistente und effiziente Politik"[477] betreiben zu können. Neben diesem „Koordinierungsdefizit" bemängelte das Gemeinschaftsorgan ferner die fehlende gegenseitige Ergänzung – „Komplementarität" - bilateraler und gemeinschaftlicher Hilfe, deren jeweiliger „Mehrwert" („comparative advantage") über den Einsatz der einen oder anderen Politikebene entscheiden sollte[478]. Darüber hinaus beanstandete sie mangelnde „Kohärenz" – die Abgleichung anderer, die Entwicklungsländer ebenfalls berührender Gemeinschaftspolitiken mit der Entwicklungszusammenarbeit – sowie die Tatsache, dass die Gemeinschaft und die Mitgliedstaaten nicht nach außen, zum Beispiel in internationalen Foren, als Einheit auftraten und dadurch die Identität der Union untergraben wurde[479]. Weiter benannte die Kommission das Faktum, dass Entwicklungsstrategien bislang vorwiegend außerhalb der betreffenden Länder konzipiert worden waren, sowie divergierende Geberinteressen als Gründe für die bisherige Ineffektivität der Entwicklungshilfe[480]. Um die „methodischen Gesichtspunkte" der Kommissionsmitteilung vom Mai 1992 für die künftige Ausgestaltung der Entwicklungszusammenarbeit zu komplettieren, bleibt abschließend der verstärkte Differenzierungsbedarf der Politik anzumerken: Jede Region, ja jedes Land wies unterschiedliche Entwicklungsstände auf, dementsprechend variierten die jeweiligen individuellen Bedürfnisse. Primäre Aufgabe der Entwicklungspolitik sollte es deshalb fortan sein, diesen Spezifitäten noch stärker Rechnung zu tragen und einen auf das einzelne Land/ Region abgestimmten „policy mix"[481] zu erarbeiten.

Zu all diesen Effizienzdefiziten kommen schließlich neue geopolitische Veränderungen, die die Entwicklungspolitik gleichermaßen vor neue Herausforderungen stellten[482]: Seit dem Zusammenbruch des Ostblocks und dem Ende des Kalten Krieges mehrten sich die Stimmen, die Hilfe zu „konditionalisieren", d.h. deren Gewährung an die Beachtung gewisser Effektivitäts-, aber auch politischer Kriterien zu koppeln, nachdem die Entwicklungsländer die bisher uneingeschränkte Hilfe wohl überwiegend ihrer geostrategischen Bedeutung im Ost-West-Konflikt zu verdanken hatten. Das allgemeine Interesse an der Entwicklungshilfe für den Süden sank, stattdessen wendete es sich den osteuropäischen Nachbarn zu. Gleichzeitig hatten sich traditionelle Interdependenzen zwischen Nord-Süd grundlegend verändert bzw. an Bedeutung eingebüßt: Die Rolle der Entwicklungsländer als wichtige Rohstofflieferanten war im Abnehmen begriffen; stattdessen bestimmten neben dem Handel, den Auslandsinvestitionen und dem Schuldenproblem nunmehr beispielsweise politische Instabilitäten, das Bevölkerungswachstum und die Migration, das ökologische Gleichgewicht, Drogen oder aber Krankheiten wie AIDS das Beziehungsgeflecht, die sich für den Norden als steigende Risikofaktoren für auch seine Sicherheit und Stabilität darstellten. Eine neue Form der Abhängigkeit bestand nach der Kommission ferner darin, dass der Wettbewerb für beinahe alle Produkte, die das Wirtschaftswachstum entscheidend beeinflussten, einen sowohl für die Industrie- als auch

---

475 Bei den Entwicklungsländern selbst kritisierte die Kommission: Mangel an klar definierten Entwicklungsstrategien, administrative Schwächen bei der Programmierung, Implementierung und Überwachung der Aktionen, Natur der dort regierenden Regimes, Förderung des Wettbewerbs der unterschiedlichen Geber untereinander durch die Regierung, anstelle einer Koordinierung dieser Hilfen (Horizonte 2000, Punkt I.2.5).

476 Horizonte 2000, Punkt I.2.7.

477 Horizonte 2000, Punkt I.2.7: „concerted, consistent and efficient policy".

478 Vgl. Horizonte 2000, Punkte III.3, V.1.

479 Horizonte 2000, Punkt III.1; Punkte III.1-4 zu den Auswirkungen dieser Mängel.

480 Horizonte 2000, Punkt I.2.6. Detailliert: Annex zu „Horizonte 2000", Punkt I.3.2.

481 Horizonte 2000, Punkt V.3.2.

482 Nachfolgend: Horizonte 2000, Punkt II; Annex zu „Horizonte 2000", Punkte I.4.1, II.1.

die Entwicklungsländer einheitlichen, globalen strukturellen Rahmen in Gestalt der WTO mitsamt all ihrer multilateralen Handelsabkommen bekommen sollte. Schließlich darf der infolge der Verwirklichung des Binnenmarktes wachsende Einfluss der EG auf die internationalen Wirtschaftsbeziehungen keineswegs vernachlässigt werden, den es gerade auch im Sinne der Entwicklungsländer geltend zu machen galt.

Titel XVII (Art. 130u – 130y EGV, nach der Umnummerierung durch den Amsterdamer Vertrag[483] nunmehr Titel XX, Art. 177 – 181 EGV) des EGV, der am 1. November 1993 in Kraft trat, ist deshalb im Wesentlichen in zweierlei Hinsicht von großer Bedeutung:
Zum einen schafft er auf Betreiben hauptsächlich der Niederlande, ferner Dänemarks, Italiens und der Kommission hin[484] endlich[485] die primärrechtliche Absicherung der inzwischen weit gediehenen Entwicklungszusammenarbeit, die in Art. 3I r) EGV als allgemeines Vertragsziel angedacht ist. Neben den Vorschriften über die Assoziierungs-, Handels- und Agrarpolitik sowie über das „Vertragslückenschließungsverfahren"[486] des Art. 308 EGV verfügt die Gemeinschaft nunmehr über zusätzliche Kompetenzgrundlagen für ihre entwicklungspolitischen Aktivitäten: Art. 179I EGV für die autonomen Maßnahmen, Art. 181I1 EGV für die vertragliche Zusammenarbeit. Zuvor bestehende Tendenzen, die Entwicklungskooperation der geplanten intergouvernementalen Gemeinsamen Außen- und Sicherheitspolitik (GASP) zu unterstellen und somit der Gemeinschaftskompetenz zu entziehen, haben sich letztendlich nicht durchsetzen können[487]. Ganz im Gegenteil: Der Stellenwert der Entwicklungszusammenarbeit als solche und darüber hinaus als eigener, gemeinschaftlicher Politikbereich soll vor allem durch die Einfügung eines eigenen Titels verdeutlicht werden[488]. Gleichwohl ist die Maastrichter Regierungskonferenz mit dieser Konzeption nur teilweise den in der Vergangenheit wiederholt vorgetragenen Forderungen nach einer verstärkten Europäisierung der Entwicklungspolitik[489] gefolgt. Vielmehr hält der EGV am bereits geltenden Grundsatz der Komplementarität, d.h. der gegenseitigen Ergänzung im Verhältnis zwischen nationaler und europäischer Entwicklungszusammenarbeit, fest, indem er den Grundsatz auch primärrechtlich verankert (Art. 177I EGV).
Neben diesem institutionellen Rahmen liefert Titel XX zum anderen nunmehr einen zieldefinierten und methodischen Schlüssel dafür, die Lehren aus der Vergangenheit zu ziehen, Kri-

[483] Der Amsterdamer Vertrag brachte im Wesentlichen lediglich redaktionelle Veränderungen. Die einzige inhaltliche Modifikation betraf die Tatsache, dass im Rahmen des Art. 179I1 n.F./ 130w I1 a.F. EGV das Kooperations- (Art. 189c a.F./ 252 n.F. EGV) gegen das Kodezisionsverfahren (Art. 189b a.F./ 251 n.F. EGV) ausgetauscht wurde.
Der Vertrag von Nizza (*Sartorius II*, Nr. 150) behält die Nummerierung bei.

[484] *Zimmermann*, in: von der Groeben/ Schwarze (Hrsg.), EUV/ EGV, Art. 177, Rn. 13.
Zu den dahinter stehenden politischen Motiven für die Einführung des Titels XVII EGV a.F.: *Lebullenger*, La rénovation de la politique communautaire du développement, in: RTDE 1994, S. 631ff, 642.

[485] Zwar gab es bereits während der Verhandlungen zur Einheitlichen Europäischen Akte diesbezügliche Forderungen seitens der Niederlande; sie stießen jedoch auf wenig Gegenliebe bei den übrigen Mitgliedstaaten (*Cloos* u.a., Le Traité de Maastricht, S. 346).

[486] *Schweitzer/ Hummer*, Europarecht, Rn. 339.

[487] Ausführlich hierzu, auch zu den Gründen, warum die Regierungskonferenz die Entwicklungszusammenarbeit in der Kompetenz der EG belassen wollte: *Cloos* u.a., Le Traité de Maastricht, S. 347; *Zimmermann*, in: von der Groeben/ Schwarze (Hrsg.), EUV/ EGV, Art. 177, Rn. 13f.

[488] *Benedek*, in: Grabitz/ Hilf (Hrsg.), EUV/ EGV, vor Art. 177-181, Rn. 12.

[489] *Lingnau*, Neue Elemente in der Entwicklungszusammenarbeit, S. 94ff; Frisch, E+Z 1994, S. 231ff; Vgl. z.B. *Faber*, The European Community and development cooperation, S. 193ff; Focke, Die entwicklungspolitische Rolle des Europäischen Parlaments: Rückblick und Zukunftsperspektiven, in: Nuscheler/ Schmuck (Hrsg.), Die Süd-Politik der EG: Europas entwicklungspolitische Verantwortung in der veränderten Weltordnung, S. 59ff, 73f. Vgl. auch das EP, Entschließung vom 18.10.1993 zur „*Politik der Entwicklungszusammenarbeit bis zum Jahr 2000*", Ziffer 12 (ABl. 1993, Nr. C 279/18ff).

tikpunkte und Defizite der bislang pragmatisch und keineswegs strukturierten Entwicklungskooperation zu beseitigen, gleichzeitig aber den neuen Herausforderungen erfolgreich zu begegnen – mithin die Politik zu erneuern: Erstmalig formuliert Art. 177I EGV die besonderen Ziele der Entwicklungszusammenarbeit, als da wären die nachhaltige wirtschaftliche und soziale Entwicklung insbesondere der am meisten benachteiligten Entwicklungsländer, die harmonische, schrittweise Eingliederung der Entwicklungsländer in die Weltwirtschaft sowie die Armutsbekämpfung. Dabei sind auch die im Rahmen der Vereinten Nationen und anderer internationaler Organisationen gegebenen Zusagen zu beachten und die in diesem Rahmen gebilligten Zielsetzungen zu berücksichtigen (Art. 177III EGV). „Einer der bahnbrechendsten Aspekte des Vertrages von Maastricht“[490] und gleichzeitig ein entscheidender „Qualitätssprung in der Entwicklung der im wesentlichen wirtschaftlich ausgerichteten Gemeinschaft hin zu einer politischen Gemeinschaft“[491] ist indes darin auszumachen, dass die Gemeinschaft im Rahmen der Entwicklungspolitik das allgemein-politische Ziel zu verfolgen hat, Demokratie und Rechtsstaatlichkeit in den Entwicklungsländern fortzuentwickeln und die Menschenrechte und Grundfreiheiten zu wahren (Art. 177II EGV). Dieses viel zitierte Ende der politischen Neutralität hatte die Gemeinschaft zwar bereits - wenngleich noch regional begrenzt - Mitte der 80er Jahre, spätestens Anfang der 90er Jahre global umfassend eingeläutet[492]. Erst der EGV jedoch schafft - ähnlich wie bei der „übrigen“ Entwicklungskooperation - die primärrechtliche Bestätigung sowie institutionelle Absicherung der bereits existierenden Praxis. Was speziell die Methodik zur Durchführung der Entwicklungskooperation anbelangt, so normiert Titel XX EGV in Art. 180 EGV primärrechtlich die bislang auf einem „freiwilligen à la carte Prinzip“[493] beruhende, von der Kommission als defizitär bemängelte Koordinierung mit den Mitgliedstaaten. Eine derartige Abstimmung soll, wie noch zu sehen sein wird, sowohl auf der Ebene der Politikdefinierung als auch der Überwachung entwicklungspolitischer Aktionen stattfinden. Weiters ist ein abgestimmtes Auftreten ebenso in internationalen Organisationen und auf internationalen Konferenzen vorgesehen, um die angestrebte Identität der Union auf der Weltbühne zu gewährleisten. Ferner formuliert Art. 178 EGV zur Abhilfe der kritisierten Kohärenzprobleme eine entwicklungspolitische Querschnittsklausel, derzufolge Maßnahmen in anderen Politikbereichen auf ihre „Entwicklungsverträglichkeit“[494] hin zu überprüfen und gegebenenfalls abzuändern sind. Und schließlich regelt der EGV die oben anvisierte Regionalisierung nunmehr insofern, als die Entwicklungsförderung des Art. 177I EGV unterschiedliche Entwicklungsstufen[495] berücksichtigt wissen will.

Bevor diese Arbeit die gegenwärtigen Formen bilateraler Entwicklungszusammenarbeit eingehend untersucht, beleuchtet sie zunächst detailliert all die vorgenannten Ziele und gemeinschaftlichen Handlungsvorgaben.

---

[490] Mitteilung der Kommission „*Die Menschenrechte in den Außenbeziehungen der Europäischen Union: Von Rom zu Maastricht und danach*“, KOM (1995) 567, endg. vom 22.11.1995, Punkt 2 (fortan meist: Kommissionsmitteilung über Menschenrechte in den Außenbeziehungen vom November 1995).

[491] Kommissionsmitteilung über Menschenrechte in den Außenbeziehungen vom November 1995, Punkt 5.

[492] Vgl. bereits oben Abschnitt B.III.2.4, und unten Kapitel C „Ziele der Entwicklungszusammenarbeit“, Abschnitt C.II.2.

[493] Vgl. Kommissionsmitteilung über „*Identifying priority areas for the coordination of development cooperation policies between the Community and the Member States*“, KOM (1993) 123, endg. vom 24.3.1993, Einleitung, abgedruckt in: *Kommission*, Development Cooperation Policy, S. 95ff.

[494] *Frisch*, in: Groeben/ Thiesing/ Ehlermann (Hrsg.), EU-/ EG-Vertrag, vor Art. 130u bis 130y, Rn. 31.

[495] 1. Spiegelstrich: Förderung der Entwicklung insbesondere der „am meisten benachteiligten Entwicklungsländer“; 2. Spiegelstrich: „harmonische, schrittweise“, d.h. dem jeweiligen Entwicklungsstand angepasste Integration in die Weltwirtschaft.

C. Ziele der Entwicklungszusammenarbeit

Oberstes Ziel der Entwicklungspolitik, so wie die Gemeinschaft es in ihrer *„Erklärung zur Entwicklungspolitik der Europäischen Gemeinschaft"*, besser bekannt als *„Overall Policy Statement"* (OPS)[1], vom 10. November 2000 für dieses neue Jahrzehnt definiert, „muss die Minderung der Armutsreduzierung unter der Perspektive ihrer letztendlichen Beseitigung sein"[2]. Dieses Ziel impliziert nach ihrer Auffassung die Unterstützung einer nachhaltigen wirtschaftlichen, sozialen und umweltrelevanten Entwicklung sowie die Förderung der schrittweisen Einbeziehung der Entwicklungsländer in die Weltwirtschaft[3]. Diese Positionierung der Entwicklungszusammenarbeit enthält in ihrem Kern die Vorgaben des Art. 177I EGV, die bereits Ende 1992 von den Regierungsvertretern der Mitgliedstaaten ausdrücklich auch als für ihre bilaterale Politik anerkannt wurden[4]. An diesen Vorgaben wird sich auch die nachfolgende Darstellung der besonderen Entwicklungsziele in Abschnitt I „Besondere Ziele der Entwicklungszusammenarbeit: Förderung der nachhaltigen wirtschaftlichen und sozialen Entwicklung der Entwicklungsländer, ihrer Eingliederung in die Weltwirtschaft und die Armutsbekämpfung" in erster Linie orientieren. Gleichzeitig enthält die Definition zum einen eine Modifizierung der primärrechtlichen Regelung insofern, als sie die Armutsreduzierung/-bekämpfung zur Priorität in den entwicklungspolitischen Beziehungen erhebt und ihr infolgedessen die anderen, grundsätzlich gleichrangigen Entwicklungsziele unterordnet. Zum anderen erweitert sie den Entwicklungsbegriff des Art. 177I EGV um eine „umweltrelevante" Dimension. Diese und andere Facetten und Prioritäten der aktuellen gemeinschaftlichen Entwicklungspolitik sollen daher bei der anschließenden Erörterung ebenso gebührend Berücksichtigung finden.

Ferner beruht die Entwicklungspolitik der Gemeinschaft auf dem „Grundsatz der nachhaltigen, ausgewogenen und partizipativen Entwicklung von Mensch und Gesellschaft. Die Förderung der Menschenrechte, der Demokratie, der Rechtsstaatlichkeit und der ordnungsgemäßen Verwaltung der öffentlichen Angelegenheiten sind Bestandteil dieser Politik"[5]. Hierin spiegeln sich die „allgemeinen Ziele" der Entwicklungszusammenarbeit wider, die die EG verpflichten, sowohl in Verträgen mit Entwicklungsländern als auch in autonomen entwicklungspolitischen Rechtsakten Menschenrechts- und Demokratiebestimmungen aufzunehmen. Abschnitt II „Allgemeine Ziele der Entwicklungszusammenarbeit: Demokratisierung, Rechtsstaatlichkeit, Menschenrechte und Grundfreiheiten"[6] wird sich diesen primärrechtlichen Zielvorgaben des Art. 177II EGV widmen, die wiederum von den Mitgliedstaaten explizit auch für ihre nationale Entwicklungspolitik gebilligt wurden[7].

Doch stehen „besondere" und „allgemeine" Entwicklungsziele nicht separat, isoliert nebeneinander. Denn die Gemeinschaft bemüht sich entsprechend den auf den wichtigsten UN-

---

[1] Erklärung des Rates und der Kommission, Referenz 13458/00, DEVGEN 140. Fortan zumeist: OPS vom November 2000.

[2] OPS vom November 2000, Punkt 7. Zuletzt: Mitteilung der Kommission *„Jahresbericht 2005 über die Entwicklungspolitik der Europäischen Gemeinschaft und die Umsetzung der Außenhilfe im Jahr 2004"*, KOM (2005) 292, endg. vom 15.7.2005, S. 3.

[3] OPS vom November 2000, Punkt 7.

[4] Erklärung des Rates und der im Rat vereinigten Vertreter der Regierungen der Mitgliedstaaten über *„Aspects of development cooperation policy in the run-up to 2000"* vom 18.11.1992, insbesondere Punkt 18 (abgedruckt in: *Kommission*, Development Cooperation Policy, S. 73ff).

[5] OPS vom November 2000, Punkt 6.

[6] Der hier und fortan benutzte Terminus „allgemeine Ziele" ist eigentlich unsauber, denn Art. 177II EGV geht von einem einzigen allgemeinen Ziel aus.

[7] Erklärung des Rates und der im Rat vereinigten Vertreter der Regierungen der Mitgliedstaaten über *„Aspects of development cooperation policy in the run-up to 2000"* vom 18.11.1992, insbesondere Punkt 18.

Konferenzen[8] eingegangenen Verpflichtungen verstärkt um eine verbesserte Verknüpfung und dadurch auch Kompatibilität der politischen, wirtschaftlichen, sozialen, menschlichen und umweltpolitischen Dimensionen, kurz, um die Nachhaltigkeit der Entwicklung[9]. Diesen vielschichtigen Ansatz prononcieren zwei wichtige Gemeinschaftsdokumente aus dem Jahr 2000, nämlich die Kommissionsmitteilung über *„Die Entwicklungspolitik der Europäischen Gemeinschaft"* vom 26.4.[10] und die bereits vorgestellte *„Overall Policy Statement"* des Rates und der Kommission vom 10.11.. Gemäß diesen Papieren betrachtet die Gemeinschaft

> „die Entwicklungspolitik als einen mehrdimensionalen Prozeß, der [unter anderem] ein ausgewogenes allgemeines Wachstum, soziale Einrichtungen, Umwelt, Geschlechterfragen, Kapazitäten und Institutionenaufbau, Entwicklung des privaten Sektors, Menschenrechte und verantwortungsvolle Staatsführung umfaßt" [11].

Die so verstandene mehrdimensionale Entwicklung, zumal die Verquickung der einzelnen Aspekte untereinander, macht es ergo schwierig, eine Maßnahme dem einen oder anderen „Entwicklungsbereich"[12] zuzuordnen. Die anschließende Darstellung versucht dennoch, sich nach der eingangs vorgestellten Struktur des EGV zu richten.

I. Besondere Ziele der Entwicklungszusammenarbeit: Förderung der nachhaltigen wirtschaftlichen und sozialen Entwicklung der Entwicklungsländer, ihrer Eingliederung in die Weltwirtschaft und die Armutsbekämpfung

1. Vorschrift des Art. 177I EGV

Art. 177I EGV kann als für die Entwicklungszusammenarbeit der Europäischen Gemeinschaft wichtigste Bestimmung qualifiziert werden, stellt sie doch rechtlich richtungweisende Weichen für diese Zusammenarbeit: So lässt zunächst bereits der Wortlaut des Art. 177I EGV („Die Politik der Gemeinschaft [...als...] Ergänzung der entsprechenden Politik der Mitglied-

---

[8] UN-Konferenzen von Rio (Weltkonferenz über Umwelt und Entwicklung, 1992; *Nohlen/ Hillebrands*, Stichwort „Welt-Umweltkonferenz", in: Nohlen (Hrsg.), Lexikon Dritte Welt, S. 882ff), Wien (Konferenz über die Menschenrechte, 1993), Kairo (Weltbevölkerungskonferenz 1994; *Nohlen*, Stichwort „Weltbevölkerungskonferenz", in: Nohlen (Hrsg.), Lexikon Dritte Welt, S. 876), Kopenhagen (Weltgipfel für soziale Entwicklung 1995; *Sottoli/ Falk*, Stichwort „Weltsozialgipfel", in: Nohlen (Hrsg.), Lexikon Dritte Welt, S. 881f), Peking (Weltfrauenkonferenz, 1995; *Sottoli*, Stichwort „Weltfrauenkonferenz", in: Nohlen (Hrsg.), Lexikon Dritte Welt, S. 877f), Istanbul (Habitat II, 1996; *Falk/ Schwehm u.a.*, Stichwort „HABITAT", in: Nohlen (Hrsg.), Lexikon Dritte Welt, S. 361), Rom (Welternährungskonferenz, 1996; *Krennerich*, Stichwort „Welternährungskonferenz", in: Nohlen (Hrsg.), Lexikon Dritte Welt, S. 876f), Monterrey (Konferenz über Entwicklungsfinanzierung, 2002; Bulletin EG 3 – 2002, Ziffer 1.6.48) und Johannesburg (Weltgipfel für nachhaltige Entwicklung, 2002). Die Literaturangaben in Klammern verweisen auf kurze, informative Zusammenfassungen über die Inhalte der Konferenzen, inklusive Angaben zu den dort verabschiedeten politischen Erklärungen, Aktionsplänen, etc. und vielen weiterführenden Hinweisen.

[9] Mitteilung der Kommission *„Die Entwicklungspolitik der Europäischen Gemeinschaft"*, KOM (2000) 212, endg. vom 26.4.2000 (abgedruckt in: *HIZ*, Bd. 14, III B 20 02), Punkt 1. Fortan zumeist: (Kommissions-) Mitteilung über die Entwicklungspolitik vom April 2000.

[10] Mitteilung über die Entwicklungspolitik vom April 2000, Punkt 1.

[11] Mitteilung über die Entwicklungspolitik vom April 2000, Punkt 1. Vgl. ebenso OPS vom November 2000, Punkte 6ff, 12ff.

[12] Die in den folgenden Abschnitten C.I und C.II erläuterten Ziele sollen grundsätzlich in jedem Entwicklungsland erreicht werden. Jedes Land besitzt allerdings ein unterschiedliches Entwicklungsniveau und/ oder divergierende Entwicklungsziele; zudem sind vielleicht bereits andere Geber vor Ort. Deshalb gilt es, die Entwicklungszusammenarbeit der EG auf das jeweilige Land abzustimmen. Dies geschieht im Rahmen der sog. „Programmierung". Hierzu ausführlich unten Kapitel E „Regionale Entwicklungszusammenarbeit der Europäischen Gemeinschaft", Abschnitte E.I.2.4.4, E.II.3.3.

staaten") darauf schließen, dass die gemeinschaftliche Entwicklungszusammenarbeit von der mitgliedstaatlichen rechtlich getrennt ist, wenngleich auch nicht völlig unverbunden[13]. Des Weiteren ergibt eine Zusammenschau mit Art. 179I1, 181I2 EGV, dass die EG auch außerhalb von Art. 310 EGV, gegebenenfalls auch Art. 133 EGV, über entwicklungspolitische Kompetenzen verfügt[14].

Bedeutsam im Kontext dieses Kapitels ist hingegen die dem Art. 177I EGV zugeschriebene Aussage, wonach er trotz der Unbestimmtheit seiner „besonderen"[15] Zielvorgaben rechtlich verbindlich ist:
Zum einen erhebt er die Entwicklungszusammenarbeit zur Gemeinschaftsaufgabe[16], schreibt ergo das *„Ob"* der Rechtsetzung verpflichtend vor[17], ohne jedoch einen direkten Anspruch der Entwicklungsländer auf Gewährung bestimmter Hilfeleistungen zu statuieren[18]. Denn ein solcher setzt im Gegensatz zur Qualifizierung als Gemeinschaftsaufgabe einen eindeutigen und klaren, zumindest hinreichend bestimmten Anspruchsinhalt voraus[19]. Der Vertragstext des Art. 177I EGV enthält indes – wie hier bereits vorweg zu konstatieren ist - sehr weit und allgemein formulierte Zielbestimmungen, erfordert ergo für seine Umsetzung zwingend eine weitere Konkretisierung: So verzichtet er auf eine Ausdifferenzierung sowohl der Inhalte der besonderen Zielvorgaben und somit ebenso der Entwicklungshilfe als auch des exakten Hilfebeitrags seitens der Gemeinschaft. In letzterem Punkt nämlich beschränkt sich seine Formulierung darin, zu statuieren, dass die EG diese besonderen Ziele *„fördert"*, und zwar in *„Ergänzung"* zu den Mitgliedstaaten. Art und Weise der Förderung bleiben somit gänzlich unbekannt, zumal der Wortlaut die Gemeinschaft nicht auffordert, die Vorgaben allein zu verwirklichen. Darüber hinaus indiziert bereits die besondere Hervorhebung der „am meisten benachteiligten Entwicklungsländer" in Art. 177I 1. Spiegelstrich EGV, dass die EG nicht alle Entwicklungsstaaten gleich zu behandeln hat, sondern sie ihre Hilfe je nach Entwicklungsniveau durchaus variieren kann bzw. sogar muss – was den möglichen Anspruchsinhalt noch unbestimmter erscheinen lässt. Davon ganz abgesehen, dass, wie im Kapitel A „Entwicklung –

---

[13] Hierzu unten im Kapitel D „Gemeinschaftsrechtliche Handlungsvorgaben", Abschnitt D.II.1.
[14] Ausführlich zu den Kompetenzgrundlagen unten im Kapitel D „Gemeinschaftsrechtliche Handlungsvorgaben", Abschnitt D.II.2.
[15] Dieser allgemein gebräuchliche Begriff entstand wohl aus einem Umkehrschluss zu Art. 177II EGV, wo im Gegensatz zu Art. 177I EGV von den *„allgemeinen"* Zielen die Rede ist.
[16] *Zimmermann*, in: von der Groeben/ Schwarze (Hrsg.), EUV/ EGV, Art. 177, Rn. 17; *Pitschas*, in: Streinz (Hrsg.), EUV/ EGV, Art. 177, Rn. 1.
[17] *Pitschas*, in: Streinz (Hrsg.), EUV/ EGV, Art. 177, Rn. 1; *Hecker*, in: Lenz/ Borchardt (Hrsg.), EUV/ EGV, Art. 177, Rn. 3.
[18] *Hecker*, in: Lenz/ Borchardt (Hrsg.), EUV/ EGV, Art. 177, Rn. 3; *Pitschas*, in: Streinz (Hrsg.), EUV/ EGV, Art. 177, Rn. 6.
[19] Die Frage nach einem direkten Anspruch der Entwicklungsländer auf Teilhabe an der Entwicklungshilfe kann m.E. nicht direkt, unmittelbar mit Hilfe der Kriterien beantwortet werden, die der EuGH (seit EuGH, Rs. 26/62, N.V. Algemene Transporten Expeditie Ondermening Van Gend & Loos/ Niederländische Finanzverwaltung, Slg 1963, S. 1ff, 25ff) zur unmittelbaren Anwendbarkeit von Primärrecht entwickelt hat. Denn hier geht es um einen möglichen Anspruch eines nicht der EU angehörigen Staates direkt gegen die Gemeinschaft, dort um die Begründung der unmittelbaren Anwendbarkeit einer Norm des Primärrechts, die vor mitgliedstaatlichen und EG-Behörden und Gerichten als unmittelbar geltendes Recht von natürlichen und/ oder juristischen Personen zu beachten ist. Völkerrechtliche Maßstäbe der Anspruchsbegründung können ebenso wenig herangezogen werden, da nach der Judikatur des EuGH (seit EuGH, Rs. 6/64, Flaminio Costa/ E.N.E.L., Slg. 1964, S. 1251ff, 1269) das gemeinschaftliche Primärrecht eine *Rechtsordnung sui generis*, nicht aber völkerrechtlicher Natur ist. Jedoch ist kein Grund ersichtlich, warum für die Herleitung eines Anspruchs „Dritter" gegen die EG geringere Maßstäbe gelten sollten als für die Begründung der unmittelbaren Anwendbarkeit einer Norm für natürliche/ juristische Personen. Aus diesen Erwägungen heraus sind die Kriterien dieser Rechtsprechung als Maßstab für die Erörterung eines möglichen Anspruchs „der" Entwicklungsländer auf Teilhabe an der Entwicklungshilfe der EG herangezogen worden.

Entwicklungsländer - Entwicklungszusammenarbeit" erörtert, noch nicht einmal eine verbindliche Fixierung *der* Entwicklungsländer als potenzielle Anspruchsinhaber existiert. Stattdessen beruht diese Festlegung auf einer Ermessensentscheidung, bei der die *aktuellen* ökonomischen, sozialen und strukturellen Gegebenheiten der Länder ausschlaggebend sind. Mangels eindeutigem und hinreichend bestimmtem Anspruchsinhalt scheidet daher ein Anspruch „der" Entwicklungsländer auf Gewährung bestimmter Unterstützungsleistungen aus. Ein derartiger Anspruch kann nach bislang herrschender Meinung ebenso wenig aus dem Völkerrecht hergeleitet werden[20]. Dies hat zur Folge, dass die nachfolgend vorgestellten Konzepte der EG sowohl zu den Zielvorgaben des Art. 177I EGV als auch die Art und Weise ihrer Implementierung nicht an einem übergeordneten (völkerrechtlichen) Maßstab gemessen werden können. Maßstäbe für die Bewertung stellen daher vielmehr u.a. Kriterien internationaler Organisationen, die die EG in ihre Entwicklungspolitik integriert hat bzw. zu deren Erfüllung sie sich völkerrechtlich verbindlich verpflichtet hat, oder aber primärrechtliche Vorgaben wie etwa die „drei K"s Koordinierung, Komplementarität und Kohärenz[21], dar.
Zum anderen trifft Art. 177I EGV bezüglich des „*Wie*" eine rechtlich verbindliche inhaltliche Festlegung derjenigen Ziele, die die Gemeinschaftsorgane bei der Ausarbeitung, Annahme und Durchführung entwicklungspolitischer Maßnahmen zu verfolgen haben[22].

Hergeleitet wird dieses Ergebnis, die rechtliche Verbindlichkeit hinsichtlich des „Ob" sowie des „Wie", aus seiner strukturellen Vergleichbarkeit mit Art. 174I EGV[23], der eine gleichermaßen unbestimmte Beschreibung der umweltpolitischen Zielvorgaben der EG enthält, die jedoch dem ungeachtet als verbindlich angesehen werden[24].

Die Konsequenz dieser Verpflichtungswirkung liegt einerseits darin, dass entwicklungspolitische „Maßnahmen" – seien es Verordnungen, Verträge etc., einen „Numerus Clausus" der Formen von Entwicklungszusammenarbeit gibt es nicht[25] – keine „sachfremden", d.h. andere als die in Art. 177I EGV genannten Ziele schwerpunktmäßig verfolgen dürfen[26]. Wobei natürlich einschränkend zweierlei konstatiert werden muss: Wie bereits oben angeklungen, bedürfen die Zielregelungen ob ihrer Unbestimmtheit bzw. ihrer inhaltlich breiten Fassung erstens einer Konkretisierung durch die Gemeinschaftsorgane. Aufgrund der Tatsache, dass der EuGH den Organen bei ähnlich breit gesteckten Zielkatalogen grundsätzlich einen weiten

---

[20] Ausführlich: *Scharpenack*, Das „Recht auf Entwicklung". Des Weiteren: *Ipsen*, Völkerrecht, § 59, Rn. 62; *Schläppi*, Menschenrechte, S. 144ff, 321ff; *Hörndler*, Menschenrechte und Entwicklungshilfe, S. 9ff, Fn. 49 mit weiteren Nachweisen; *Pippan*, Menschenrechte und Demokratie, S. 92ff; *Pellens*, Rechtsgrundlagen und Verfahren, S. 7ff, und wohl auch *Benedek*, Menschenrechte, in: Liebmann/ Amon (Hrsg.), Dimensionen 2000, S. 146f. Anders: *Odendahl*, Das Recht auf Entwicklung. Für die Existenz eines solchen Anspruchs fehlt es nach h.M. an einer völkerrechtlichen Anspruchsgrundlage, die sowohl die Berechtigten (ein Entwicklungsland) und Verpflichteten (einen Industriestaat) als auch den konkreten Inhalt des Anspruchs (die Leistung bestimmter Entwicklungshilfe) nennen müsste.

[21] Hierzu unten Kapitel D „Gemeinschaftsrechtliche Handlungsvorgaben", Abschnitt D.I.

[22] *Zimmermann*, in: von der Groeben/ Schwarze (Hrsg.), EUV/ EGV, Art. 177, Rn. 17.

[23] *Zimmermann*, in: von der Groeben/ Schwarze (Hrsg.), EUV/ EGV, Art. 177, Rn. 17.

[24] *Oppermann*, Europarecht, Rn. 2007; *Grabitz/ Nettesheim*, in: Grabitz/ Hilf (Hrsg.), EUV/ EGV, Altband I, Art. 130r, Rn. 10; *Krämer*, in: von der Groeben/ Schwarze (Hrsg.), EUV/ EGV, Art. 174, Rn. 11ff.

[25] *Pitschas*, in: Streinz (Hrsg.), EUV/ EGV, Art. 177, Rn. 7.

[26] Eine derartige Verletzung der Zielbestimmungen wäre auch grundsätzlich justiziabel (vgl. z.B. *Grabitz/ Nettesheim*, in: Grabitz/ Hilf (Hrsg.), EUV/ EGV, Altband I, Art. 130r, Rn. 12, für den strukturgleichen Art. 174I EGV): So könnte z.B. eine VO oder ein Vertrag mit der Begründung, sachfremde Ziele zu verfolgen, über eine Nichtigkeitsklage (Art. 230 EGV) überprüft werden, nationale Vollzugsakte eines Vertrags mit der gleichen Begründung im Wege der Vorabentscheidung (Art. 234 EGV).

gesetzgeberischen Ermessens- und Beurteilungsspielraum eingeräumt hat[27], dürfte ihnen auch hier ein relativ weites „Beurteilungsermessen"[28] zustehen[29]. Der EuGH hat sich daher auf die Prüfung der Frage zu beschränken, ob die Gemeinschaftsorgane bei der Ausübung dieses Ermessens keinen offensichtlichen Irrtum oder Ermessensmissbrauch begangen und ob die Beteiligten die Grenzen ihres Ermessensspielraums nicht offensichtlich überschritten haben[30]. Demgemäß können Aspekte unter die Vorgaben subsumiert werden, deren Ermittlung sich zwar im Rahmen dieses Spielraums hält, jedoch auf den ersten Blick „befremdlich" erscheinen. Und zweitens sind die Zielvorgaben des Art. 177I EGV - trotz abschließender Aufzählung[31] - im Hinblick auf seinen Absatz III durchaus offen: Denn die EG ist keineswegs gehindert, gegebenenfalls sogar verpflichtet, völkerrechtlich verbindliche sowie politisch „verpflichtende", internationale Zusagen oder andere Zielsetzungen betreffend die Entwicklungspolitik bei ihrer gemeinschaftlichen Entwicklungszusammenarbeit umzusetzen[32]. Und die gegenwärtige Praxis manifestiert, wie ehrgeizig die EG darin ist, auch die „bloß" politisch verbindlichen Zusagen in ihre Entwicklungszusammenarbeit zu integrieren (vgl. Art. 177III EGV)[33]. Die Kooperation mit und in entwicklungspolitisch tätigen Organisationen ist indes

[27] Vgl. *Priebe*, in: Grabitz/ Hilf (Hrsg.), EUV/ EGV, Art. 33, Rn. 2f, mit vielen Nachweisen aus der diesbezüglich ständigen Rechtsprechung des EuGH.

[28] Vgl. nur EuGH, Rs. 110/63, Alfred Willame/ Kommission der EAG, Slg. 1965, S. 859ff, 878 (der gemeinschaftliche Ermessensbegriff unterscheidet nicht zwischen Beurteilungsspielraum und Ermessen wie beispielsweise das deutsche Verwaltungsrecht, vgl. *Ehricke*, in: Streinz (Hrsg.), EUV/ EGV, Art. 230, Rn. 79). *Pitschas*, Die völkerrechtliche Verantwortlichkeit der EG, S. 159.

[29] Vgl. im Ergebnis: *Grabitz/ Nettesheim*, in: Grabitz/ Hilf (Hrsg.), EUV/ EGV, Altband I, Art. 130r, Rn. 12, für den strukturgleichen Art. 174I EGV.

[30] EuGH, Rs. C-110/97, Niederlande/ Rat, Slg. 2001, I-8763ff, I-8824, Ziffer 62 (mit weiteren Fundstellen). Zu den Grenzen der Ausübung gesetzgeberischen Ermessens: *Calliess*, Subsidiaritäts- und Solidaritätsprinzip in der Europäischen Union, S. 278ff.

[31] Art. 177I EGV nennt keine bloßen „Regelbeispiele", worauf beispielsweise der Zusatz „insbesondere" hindeuten würde.

[32] Art. 177III 1. Alt. EGV transformiert entwicklungspolitische Zusagen, die die EG sowie die Mitgliedstaaten im Rahmen - d.h. nicht notwendigerweise als Mitglied - der UN (z.B. UNCTAD, UNDP) und anderer entwicklungspolitisch tätiger internationaler Organisationen (z.B. Bretton Woods Institutionen, OECD) gegeben haben, in die Gemeinschaftsrechtsordnung (*Zimmermann/ Martenczuk*, in: Schwarze (Hrsg.), EU-Kommentar, Art. 177, Rn. 27f). Dies betrifft zum einen völkerrechtlich verbindliche Zusagen; insofern kodifiziert die Vorschrift lediglich das Prinzip des „pacta sunt servanda" (*Zimmermann/ Martenczuk*, in: Schwarze (Hrsg.), EU-Kommentar, Art. 177, Rn. 27). Zum anderen entfaltet die Vorschrift aber auch eine konstitutive Wirkung, indem sie auch politisch „verpflichtende" Zusagen in das Gemeinschaftsrecht inkorporiert (*Zimmermann/ Martenczuk*, in: Schwarze (Hrsg.), EU-Kommentar, Art. 177, Rn. 27; *Zimmermann*, in: von der Groeben/ Schwarze (Hrsg.), EUV/ EGV, Art. 177, Rn. 74; *Pitschas*,, in: Streinz (Hrsg.), EUV/ EGV, Art. 177, Rn. 33; unklar: *Schmalenbach*, in: Calliess/ Ruffert (Hrsg.) (Hrsg.), EUV/ EGV, Art. 177, Rn. 19; *Geiger*, EUV/ EGV, Art. 177, Rn. 8). Die sonstigen Zielsetzungen sind nach Art. 177III 2. Alt. EGV lediglich zu „berücksichtigen", d.h. „als wichtiger Gesichtspunkt in den Entscheidungsprozess einzustellen und zu erwägen" (*Geiger*, EUV/ EGV, Art. 177, Rn. 8; ähnlich: *Schmalenbach*, in: Calliess/ Ruffert (Hrsg.), EUV/ EGV, Art. 177, Rn. 20). Dabei handelt es sich bei diesen Zielsetzungen um programmatische Erklärungen, d.h. politische Absichtserklärungen (z.B. Resolutionen), die nach allgemeinem Völkerrecht keine Außenwirkung besitzen (*Schmalenbach*, in: Calliess/ Ruffert (Hrsg.), EUV/ EGV, Art. 177, Rn. 20; *Benedek*, in: Grabitz/ Hilf (Hrsg.), EUV/ EGV, Art. 177, Rn. 49), und für die auch keine völkerrechtlich oder politisch verbindliche Zusage seitens der EG/ Mitgliedstaaten erfolgt ist (ansonsten Art. 177III 1. Alt. EGV, vgl. *Schmalenbach*, in: Calliess/ Ruffert (Hrsg.), EUV/ EGV, Art. 177, Rn. 19). Die Berücksichtigungspflicht derartiger Zielsetzungen besteht jedoch nur im Falle ihrer Billigung durch die EG/ Mitgliedstaaten (insoweit unklar die deutsche, aufschlussreich indes die französische Fassung des Art. 177III EGV: „[La CE et les États membres...] tiennent compte des objectifs qu'ils ont agrées dans le cadre des Nations Unies [...]" (abgedruckt bei: *Cloos* u.a., Le Traité de Maastricht, S. 349). Im Ergebnis ebenso: *Zimmermann*, in: von der Groeben/ Schwarze (Hrsg.), EUV/ EGV, Art. 177, Rn. 78).

[33] Zur Übernahme der „Millennium-Entwicklungsziele" der UN, die im Wesentlichen die auf den vergangenen UN-Entwicklungskonferenzen verabschiedeten wirtschaftlichen und sozialen Entwicklungsziele zusammenfassen z.B.: *Kommission*, Report on Millennium Development Goals; Mitteilung der Kommission *„Beschleunigte*

nicht Gegenstand dieser Arbeit, so dass auf jene Zusagen/ Zielsetzungen in der folgenden Untersuchung nur insoweit eingegangen wird, als es zum Verständnis des Kontextes unerlässlich ist.

Andererseits haben die Gemeinschaftsorgane trotz ihres Beurteilungsermessens *grundsätzlich* die Gesamtheit der Zielvorgaben zu verfolgen. Denn das „Ob“ der Rechtsetzung, und zwar hinsichtlich jeder einzelnen Zielvorgabe, steht ja, wie eingangs festgestellt, verbindlich fest. Einschränkend ist allerdings zunächst anzumerken, dass diese Ermessensbindung nicht soweit geht, als beispielsweise jede *einzelne* entwicklungspolitische Maßnahme *sämtlichen*, grundsätzlich gleichberechtigt nebeneinander[34] stehenden Zielsetzungen *gleichzeitig* entsprechen, d.h. sie fördern muss[35]. Hiergegen spricht der Wortlaut des Art. 177I EGV, der lediglich verschiedene *Optionen* bereithält, ohne jedoch damit eine gleichzeitige Berücksichtigungspflicht aufzustellen. In der Praxis wäre ein derartiges Postulat ohnehin nicht tragbar: Denn eine Verordnung vermag beispielsweise ein viel geringeres Regelungsvolumen umzusetzen als etwa ein umfassendes Entwicklungsabkommen. Und in der Wahl der Maßnahmen sind die Gemeinschaftsorgane hingegen frei, schreibt doch Titel XX keineswegs vor, welche Ziele mit Hilfe welcher Maßnahme zu implementieren sind (arg ex 179I, 181I2 EGV).

Absolut unzulässig wäre es dagegen m.E., wenn eine oder mehrere Ziele zugunsten anderer *überhaupt* bzw. *auf Dauer* unbeachtet blieben[36]. Dieses Ergebnis belegt – wenn auch lediglich partiell - des Weiteren eine Interpretation des Wortlauts des Art. 177I 2. Spiegelstrich EGV, der eine „harmonische, schrittweise“ Integration der Entwicklungsländer in die Weltwirtschaft normiert. Wie noch auszuführen sein wird[37], implizieren diese Termini nämlich neben der Beachtung ökologischer Besonderheiten in erster Linie die verbindliche Berücksichtigung der besonderen wirtschaftlichen und sozialen (inklusive armutsbedingter) Spezifitäten dieser Staaten bei der Art und Weise ihrer Eingliederung. Insofern zwingt quasi Art. 177I 2. Spie-

---

Verwirklichung der entwicklungspolitischen Millenniumsziele“, KOM (2005) 132, endg. vom 12.4.2005; Mitteilung der Kommission „*Stärkeres Engagement für die Verwirklichung der Millennium – Entwicklungsziele - Entwicklungsfinanzierung und Wirksamkeit der Entwicklungszusammenarbeit*“, KOM (2005) 133, endg. vom 12.4.2005 (zugleich Umsetzung der Verpflichtungen der Monterrey-Konferenz 2002 über Entwicklungsfinanzierung). Die acht Millennium–Entwicklungsziele lauten wie folgt: (1) Beseitigung der extremen Armut und des Hungers; (2) Grundschulbildung für alle; (3) Geschlechtergleichstellung und Stärkung („Empowerment“) der Frauen; (4) Eindämmung der Kindersterblichkeit; (5) Verbesserung der Muttergenesung; (6) Bekämpfung von AIDS und anderen Erkrankungen; (7) Gewährleistung eines nachhaltigen Umweltschutzes; (8) Mitwirkung in einer weltweiten Partnerschaft im Dienste der Entwicklung (voranstehend: *Kommission*, Report on Millennium Development Goals, Punkte 3, 4). Vor allem die sozialen und ökologischen Millennium-Entwicklungsziele sind mit den vom DAC verabschiedeten Ziele beinahe inhaltsgleich (*DAC*, Shaping the 21st Century, insbesondere S. 8ff). Bzgl. der Verpflichtungen des Weltsozialgipfels in Kopenhagen 1995: Mitteilung der Kommission „*Über die Rolle der allgemeinen und beruflichen Bildung im Rahmen der Armutsminderung in den Entwicklungsländern*“, KOM (2002) 116, endg. vom 6.3.2002, insbesondere Punkt 3. Zur Umsetzung der Entwicklungsagenda von Doha, aber auch der auf dem Weltgipfel für Entwicklungsfinanzierung in Monterrey 2002 sowie für nachhaltige Entwicklung in Johannesburg 2002 eingegangenen Verpflichtungen: Mitteilung der Kommission „*Handel und Entwicklung – Unterstützung der Entwicklungsländer bei der Nutzung der Vorteile des Handels*“, KOM (2002) 513, endg. vom 18.9.2002. Bzgl. des Monterrey-Konsenses: Mitteilung der Kommission „*Umsetzung des Konsenses von Monterrey in die Praxis: Beitrag der Europäischen Union*“, KOM (2004) 150, endg. vom 5.3.2004. Hinsichtlich der Konzepte insbesondere der Weltfrauenkonferenz 1995 in Peking: Mitteilung der Kommission „*Gleichstellung der Geschlechter als Querschnittsaufgabe für die Entwicklungszusammenarbeit der Gemeinschaft – Ein Aktionsprogramm*“, KOM (2001) 295, endg. vom 21.6.2001.

[34] *Zimmermann*, in: von der Groeben/ Schwarze (Hrsg.), EUV/ EGV, Art. 177, Rn. 54.

[35] Vgl. die Schlussanträge des GA *Jacobs* zu EuGH, Rs. C-311/90, Josef Hierl/ Hauptzollamt Regensburg, Slg. 1992, I-2061ff, I-2073, Ziffer 7, zu den inhaltlich ähnlich breiten Zielen der Gemeinsamen Agrarpolitik.

[36] Eine diesbezügliche vertragswidrige Untätigkeit der zuständigen Gemeinschaftsorgane könnte also theoretisch bei Vorliegen der weiteren Voraussetzungen als Vertragsverletzung im Sinne des Art. 232I EGV festgestellt werden. Vgl. *Grabitz/ Nettesheim*, in: Grabitz/ Hilf (Hrsg.), EUV/ EGV, Altband I, Art. 130r, Rn. 14, 12, für den strukturgleichen Art. 174I EGV.

[37] Siehe unten Abschnitt C.I.2.3.

gelstrich EGV primärrechtlich dazu, (langfristig betrachtet) das Ziel der Eingliederung in die Weltwirtschaft nicht isoliert zu verfolgen, sondern gewisse soziale und wirtschaftliche Implikationen mit zu berücksichtigen. Und Ähnliches ergibt sich aus dem Konzept der „Nachhaltigkeit" (vgl. Art. 177I 1. Spiegelstrich EGV): Ein Aspekt der „Nachhaltigkeit" besteht nämlich darin, dass Elemente wirtschaftlicher Entwicklungsförderung sich nicht kontraproduktiv auf die soziale und umweltrelevante Entwicklung auswirken dürfen. Vielmehr haben sie dem ökologischen und sozialen Kontext, insbesondere dem Aspekt der Armutsbekämpfung, Rechnung zu tragen mit dem Ziel, sich gegenseitig zu stärken. Selbiges gilt für den umgekehrten Fall[38]. Ein Entwicklungsaspekt kann demnach andere nicht einfach auf Dauer „ausblenden". Eine „vorübergehende"[39] bzw. „zeitweilige"[40] Priorisierung gegenüber den übrigen Zielvorgaben hingegen räumt der EuGH den Gemeinschaftsorganen bei vergleichbaren Zielkatalogen explizit ein. Ob eine derartige Fokussierung angezeigt ist, entscheiden wirtschaftliche, politische oder sonstige Gegebenheiten und Umstände, die die Organe im Rahmen ihres Beurteilungsermessens zu bewerten haben. Hier spielen auch internationale Zusagen sowie Zielsetzungen i.S.d. Art. 177III EGV eine gewichtige Rolle, die infolge ihrer Verpflichtungs- bzw. Berücksichtigungspflicht die Prioritäten der Entwicklungszusammenarbeit zu determinieren vermögen. In der Praxis der Entwicklungszusammenarbeit wird diese Schwerpunktsetzung in erster Linie durch die Kommission, die den politischen Kurs in der Union maßgeblich bestimmt, schließlich von vielerlei externen Faktoren beeinflusst, als da wären: neue entwicklungstheoretische Erkenntnisse, gewonnen nicht zuletzt im Rahmen langwieriger Debatten internationaler Konferenzen[41]; die individuellen und sich im Laufe der Zeit stetig ändernden Bedürfnisse der Entwicklungsländer, vor allem wenn es darum geht, bilaterale Entwicklungsabkommen auszuhandeln; die „globalen", auf gemeinsame Nenner zu bringenden Nöte dieser Länder, wenn es gilt, autonome Verordnungen zu formulieren. All diese Erwägungen haben mitunter zur Fokussierung der Armutsbekämpfung im Rahmen (nicht nur[42]) der gemeinschaftlichen Entwicklungszusammenarbeit beigesteuert[43]. Zu dieser „Fokussierung" ist indes Folgendes anzumerken: Die Gemeinschaftsstrategien zur Armutsbekämpfung setzen sich entsprechend der unzähligen Facetten von Armut aus vielerlei Förderkomponenten zusammen. Diese sind streng genommen den Zielvorgaben des Art. 177I, II EGV zuzuordnen, werden jedoch im Kontext der Fokussierung auf Armutsbekämpfungsstrategien in deren Dienste gestellt. Da die Milderung der Armut demzufolge nicht „isoliert" von den übrigen Zielbestimmungen verfolgt werden kann, lässt sich insofern auch nicht von einem „echten" Vorrang bzw. einer „isolierten" Prioritätensetzung sprechen.
Die Frage, ob hier nicht mehr nur ein „vorübergehender", sondern bereits ein längerfristiger Vorrang der Armutslinderung vorliegt, dessen gemeinschaftsrechtliche Zulässigkeit wohl abzulehnen wäre, stellt sich ergo erst gar nicht.

---

[38] Mitteilung der Kommission *„Nachhaltige Entwicklung in Europa für eine bessere Welt: Strategie der Europäischen Union für die nachhaltige Entwicklung"*, KOM (2001) 264, endg. vom 15.5.2001, Punkt I. Ausführlich zur Nachhaltigkeit unten Abschnitt C.I.2.2.3.

[39] EuGH, verb. Rs. 56 bis 60/74, Kurt Kampffmeyer Mühlenvereinigung KG und andere/ Kommission und Rat der Europäischen Gemeinschaft, Slg. 1976, S. 711ff, 744, Ziffer 13.

[40] Vgl. z.B. EuGH, Rs. C-311/90, Josef Hierl/ Hauptzollamt Regensburg, Slg. 1992, I-2061ff, 2081, Ziffer 13; EuGH, Rs. C-280/93, BRD/ Rat, Slg. 1994, I-4973ff, I-5057, Ziffer 47.

[41] Vgl. oben Fn. 33.

[42] Zum internationalen „Status" der Armutsbekämpfung: *Van Reisen*, Directing EU Policy Towards Poverty Eradication, S. 7, 9f.

[43] Vgl. die diesbezüglichen Ausführungen der Kommission in den in oben Fn. 33 genannten Dokumenten sowie die Mitteilung der Kommission über die Entwicklungspolitik vom April 2000, Punkt 3, vgl. ebenso Punkt 1, S. 10.

„Nachhaltige Entwicklung" berücksichtigt darüber hinaus, dass, wie noch zu sehen sein wird, die einzelnen Zielsetzungen bzw. die verschiedenen Facetten der Entwicklung zumindest mittelbar miteinander verwoben sind und kaum voneinander separiert werden können. Bestätigt wird diese Zusammengehörigkeit zudem durch die Nennung von „wirtschaftliche[r] und soziale[r] Entwicklung" in einem Atemzug (Art. 177I 1. Spiegelstrich EGV). Um diesem Faktum sowie den vorgenannten vertraglichen Geboten nach einer gemeinsamen Verwirklichung der Zielbestimmungen des Art. 177I, II EGV zu erfüllen, muss die Gemeinschaft somit eine Entwicklung in den Entwicklungsländern fördern, die nicht in einzelne „soziale", „wirtschaftliche" oder „politische" Schubladen aufzugliedern ist, sondern „ganzheitlich", mehrdimensional vonstatten zu gehen hat. M.E. ergibt sich aus all diesen Erwägungen deshalb die primärrechtliche Legitimität für den mehrdimensionalen Entwicklungsbegriff der Gemeinschaft, der bereits das Kapitel einleitend zitiert worden ist und im Folgenden dargestellt wird[44].

2. Autonome Formulierung der besonderen Zielbestimmungen

Bis zum Maastrichter Vertrag hatte die Europäische (Wirtschafts-) Gemeinschaft – wie im vorangegangenen Kapitel ausführlich dargestellt - eine Entwicklungszusammenarbeit hervorgebracht, die eher einem „entwicklungspolitischen Flickenteppich"[45] ähnelte, als unter anderem einen strukturierten Ansatz dahingehend erkennen zu lassen, worin die Ziele dieser Politik nun genau bestehen bzw. wie diese in Beziehung zueinander gesetzt werden sollten. Erst die Kodifizierung der Zielvorgaben vermochte diese Diskussionen zu kanalisieren, d.h. um die nunmehr vertraglich fixierten Entwicklungsziele kreisen zu lassen: So äußerten sich die Gemeinschaftsorgane in Gestalt unzähliger „uneigentlicher Rechtsakte" detailliert zur konkreten Ausgestaltung des Art. 177I EGV, der ja lediglich einen ausfüllungsbedürftigen Rahmen vorgibt - um alsdann die Praxis auch tatsächlich entsprechend zu gestalten. Dies mag vielleicht verwundern, ist doch diese gewählte äußere Form im engeren Sinne rechtlich unverbindlich. Die erhebliche politische Gestaltungswirkung der „uneigentlichen Rechtsakte" vermag jedoch offenbar dieses rechtliche „Manko" auszugleichen.

Angezeigt ist deshalb zunächst, im Rahmen eines Exkurses einen Blick auf diese Gestaltungswirkung uneigentlicher Rechtsakte zu werfen. Nachfolgend sollen in idealtypischer und demonstrativer Art und Weise die Konzeptionen erläutert werden, die die Gemeinschaft, mitunter zusammen mit den Mitgliedstaaten[46], grundsätzlich unter die Zielregelungen des Art. 177I EGV subsumiert. Dabei wird auf Dokumente der Gemeinschaftsorgane, insbesondere der Kommission[47], zurückgegriffen, in denen sie explizit zu den Vorgaben des Art. 177I EGV

[44] In diese Richtung gehend ebenfalls GA *La Pergola*, Schlussanträge zu EuGH, Rs. C-268/94, Portugal/ Rat, Slg. 1996, I-6177ff, I-6183f, Ziffer 12, Fn. 9, Ziffer 13: Nach seiner Auffassung umreißen die Ziele des Art. 177 EGV einen komplexen Begriff der Entwicklung, der das Ergebnis der Wechselwirkung zwischen den wirtschaftlichen, sozialen und politischen Aspekten von Entwicklung ist. Dieser neue Inhalt von Entwicklung trägt dem Evolutionsprozess der Politik der Entwicklungszusammenarbeit Rechnung, wie ihn bereits die neueren entwicklungspolitischen Verträge verinnerlicht haben.

[45] *Frisch*, in: Groeben/ Thiesing/ Ehlermann (Hrsg.), EU-/ EG-Vertrag, vor Art. 130u bis 130y, Rn. 9.

[46] Die Mitgliedstaaten können nämlich in einer Art Rollentausch als „im Rat vereinigte Vertreter der Regierungen der Mitgliedstaaten" zusammen mit dem Rat „uneigentliche Rechtsakte" verabschieden.

[47] Der Grund hierfür besteht darin, dass es primär die Kommission ist, die die Realisierung der besonderen Entwicklungsziele durch ihre unzähligen Dokumente, überwiegend in Form von Mitteilungen, prägt. Diese Papiere wurden anschließend vom Rat, dem EP sowie gegebenenfalls auch dem Wirtschafts- und Sozialausschuss in weiteren uneigentlichen Rechtsakten inhaltlich weitgehend bestätigt, weshalb auf sie zumeist nicht explizit eingegangen wird (im Internet können sie aber im Zusammenhang mit der jeweiligen Mitteilung im PreLex - Verzeichnis der EG (http://prelex.europa.eu, Stand: 30.5.2006), das einen Überblick über den Werdegang der interinstitutionellen Verfahren verschafft, abgerufen werden). Bei den allgemeinen Entwicklungszielen hingegen setzt sich besonders das EP seit jeher um eine Verbesserung der diesbezüglichen Politik ein. Seinen Dokumenten kommt dort daher weitaus mehr appellierender denn repetierender Charakter zu, weshalb im Abschnitt C.II oft auf sie einzugehen sein wird.

als Ganzes Stellung nehmen. Diese Standpunkte finden sich im Großen und Ganzen in der folgenden Darstellung wieder. Darüber hinaus werden uneigentliche Rechtsakte ausgewertet, die einen spezifischen Aspekt der einzelnen Zielregelungen detailliert beleuchten – hier können naturgemäß lediglich die wichtigsten Thesen Berücksichtigung finden. Infolge der Subjektivität und der Begrenztheit einer solchen Auswahl erhebt die Darstellung indes keinen Anspruch auf Vollständigkeit und Uniformität der Konzepte[48].

2.1 Exkurs: Uneigentliche Rechtsakte

Neben den noch vorzustellenden, primärrechtlich geregelten „eigentlichen" Formen gemeinschaftlichen Tätigwerdens greifen die Gemeinschaftsorgane überaus häufig auf die vielgestaltigen, sog. „uneigentlichen" Rechtsakte, auch als Akte „sui generis"[49] oder „soft law"[50] tituliert, zurück. Auf dem Gebiet der Entwicklungszusammenarbeit besteht mittlerweile sogar ein Großteil der angenommenen Texte aus solch formellrechtlich betrachtet unverbindlichen Rechtshandlungen. Bringt man den Inhalt dieser Akte auf einen – ergo groben - Nenner, so besteht dieser in einer diskussionsauslösenden Stellungnahme zu einem bestimmten, oft grundlegenden entwicklungspolitischen Aspekt, die das Ziel verfolgt, die Entwicklungspolitik in einer wie auch immer gearteten Weise – zunächst rechtlich unverbindlich - voranzutreiben. Auch das Ende solcher Dispute wird oftmals durch eben diese Rechtsakte markiert. Dieser Meinungsbildungsprozess kann alsdann sogar als „Motor" sowie als Vorbereitung für ein formelles Rechtsetzungsverfahren und den abschließenden Erlass des förmlichen Rechtsaktes dienen[51]. Die integrationspolitische Bedeutung dieser uneigentlichen Rechtshandlungen liegt folglich auf der Hand[52].

Diese Rechtsakte, deren Existenz an mancher Stelle des EGV[53], auch in Titel XX[54], angedeutet wird, sind von der Beachtung des Enumerationsprinzips des Art. 5I EGV befreit[55]; ihr Erlass bedarf demnach weder einer besonderen Rechtsgrundlage noch einer bestimmten, in der jeweiligen Kompetenz vorgeschriebenen Handlungsform. Ausnahmsweise kann darum von einem gewissen „Typenerfindungsrecht" der Gemeinschaft gesprochen werden. Die daraus resultierende Vielfalt und infolgedessen begrenzte Systematisierungsfähigkeit der uneigentlichen Rechtshandlungen mögen Gründe dafür sein, dass ihre rechtsdogmatische Erschließung bis heute weitgehend vernachlässigt worden ist[56]. Auch die nachfolgende Erläuterung beschränkt sich nur auf einen überwiegend rezeptiven Überblick über die im Rahmen der Ent-

---

[48] GA *La Pergola* (Schlussanträge zu EuGH, Rs. C-268/94, Portugal/ Rat, Slg. 1996, I-6177ff, I-6188, Ziffer 21 am Ende und Fn. 24) vertritt zwar die These, dass die Ziele des Art. 177 EGV eine Kodifizierung des damaligen Status quo entwicklungspolitischer Verträge darstellten, die damalige Praxis der Gemeinschaft somit für die Bestimmung der Inhalte erheblich sei. Jedoch sollen im Nachfolgenden die *aktuellen* Konzepte dargestellt werden; die damals „aktuellen" Verträge können aber diesen gegenwärtigen Stand nicht mehr widerspiegeln.

[49] *Oppermann*, Europarecht, Rn. 577.

[50] *Kommission*, The consequences of enlargement for development policy, S. 83; *Werther-Pietsch*, Strategie für Entwicklung, S. 25; *Meier*, Die „Mitteilung" der Kommission, in: Baur u.a. (Hrsg.), FS für Ernst Steindorff, S. 1303ff, 1303 mit weiteren Nachweisen. Die Bezeichnung „law" ist eigentlich missverständlich, da, wie noch genauer darzustellen sein wird, den Akten keine rechtliche Verbindlichkeit zukommt.

[51] Vgl. *Everling*, Probleme atypischer Rechts- und Handlungsformen, in: Bieber/ Ress (Hrsg.), Dynamik des Europäischen Gemeinschaftsrechts, S. 417ff, 420; dort auch zu weiteren Motiven für die Verabschiedung uneigentlicher Rechtshandlungen.

[52] Vgl. auch *Everling*, Probleme atypischer Rechts- und Handlungsformen, in: Bieber/ Ress (Hrsg.), Dynamik des Europäischen Gemeinschaftsrechts, S. 417ff, 419ff.

[53] Vgl. *Oppermann*, Europarecht, Rn. 577.

[54] Vgl. unten Kapitel D „Gemeinschaftsrechtliche Handlungsvorgaben", Abschnitte D.I.1.2, D.II.2.3.1.

[55] *Oppermann*, Europarecht, Rn. 536. Auch im Übrigen dürften diese formell unverbindlichen Akte keinen weiteren rechtsstaatlichen Erfordernissen (bspw. Veröffentlichungs- und Begründungspflichten) unterliegen (vgl. *Oppermann*, Europarecht, Rn. 595).

[56] Vgl. *Everling*, Probleme atypischer Rechts- und Handlungsformen, in: Bieber/ Ress (Hrsg.), Dynamik des Europäischen Gemeinschaftsrechts, S. 417ff, 417; *Oppermann*, Europarecht, Rn. 577.

wicklungszusammenarbeit relevanten Varianten der von den Gemeinschaftsorganen[57] erlassenen Rechtsakte sui generis und erhebt deshalb keinesfalls den Anspruch einer umfassenden Darstellung.

Gemeinsam ist diesen Rechtshandlungen im Wesentlichen de facto nur, dass sie durch die Begründung gewisser politischer Verhaltenserwartungen[58] „wenigstens politische Effekte“[59] erzielen möchten[60]: Denn trotz fehlender formeller Rechtsverbindlichkeit kommt ein faktischer Konsens dahingehend zustande, zunächst in einer bestimmten Manier zu agieren oder aber eine bestimmte Haltung einzunehmen, was einer Art Selbstbindung der Gemeinschaftsorgane - gegebenenfalls ebenfalls der Mitgliedstaaten - gleichkommt[61], die den Politikkurs nicht selten recht intensiv zu gestalten vermag. Diese rein tatsächliche, politische Bindungswirkung erlaubt zwar nicht, einseitiges, insbesondere willkürliches oder unbegründetes Abgehen von jener gemeinsam eingenommenen Position zu sanktionieren, beinhalten doch die Akte ungeachtet ihrer politischen Gestaltungswirkung nicht mehr als eine allzeit reversible Festlegung des politischen Kurses. Ein derartiges Abweichen will Oppermann allerdings als eine Art „politisch-moralischer Treubruch oder zumindest als unfreundlicher Akt“[62] qualifizieren, woraufhin vor allem mit nachteiligen Reaktionen seitens der anderen beteiligten Organe bzw. der anderen Mitgliedstaaten[63] sowie möglicherweise auch der kritischen öffentlichen Meinung zu rechnen ist.
Die Intensität der politischen Verpflichtungswirkung variiert indes; hierbei sind Form, Verfasser sowie Inhalt des uneigentlichen Aktes als determinierende Faktoren zu nennen. Je enger also die Parallele zu den Zielen, Instrumenten und Rechtsetzungsvorgängen der Gemeinschaft gezogen werden kann, desto größer wird die normative Wirkung ausfallen. Der Grad der Verbindlichkeit erlaubt demnach eine gewisse Differenzierung zwischen den verschiedenen Gestaltungsformen:
Die „Entschließung“[64] ist die Form uneigentlicher Rechtshandlungen, derer sich der Rat der Union im Bereich der Entwicklungszusammenarbeit am häufigsten[65] bedient. Zugleich nimmt sie den höchsten Grad normativer Verbindlichkeit[66] ein – nicht zuletzt aufgrund der von ihr

---

[57] Unbeachtlich bleiben deshalb die Akte des Europäischen Rates sowie die Handlungen im Rahmen der GASP/ PJZS (vgl. hierzu: *Oppermann*, Europarecht, Rn. 580, 582).
[58] Vgl. *Bothe*, „Soft Law“, in: Von Münch (Hrsg.), Staatsrecht – Völkerrecht – Europarecht, S. 761ff, 768ff.
[59] *Oppermann*, Europarecht, Rn. 577.
[60] Auf Akte, die geeignet sind, Rechtswirkungen nach außen zu erzielen (auch diese rechnet *Oppermann* (Europarecht, Rn. 578, 591) zu den uneigentlichen Rechtsakten.), soll hier nicht eingegangen werden.
[61] Vgl. *Oppermann*, Europarecht, Rn. 481. Darüber hinaus zählen manche Akte sui generis explizit zum „acquis communautaire“ (vgl. *Everling*, Probleme atypischer Rechts- und Handlungsformen, in: Bieber/ Ress (Hrsg.), Dynamik des Europäischen Gemeinschaftsrechts, S. 417ff, 421).
[62] *Oppermann*, Europarecht, Rn. 481 (dort auch zum eventuellen Entstehen von Gemeinschaftsgewohnheitsrecht durch ständige Übung in Rechtsüberzeugung aller).
[63] Diese Reaktion entspricht der sog. „Retorsion“ - eine „an sich dem Völkerrecht voll entsprechende Zwangsmaßnahme, welche die Antwort auf ein entweder dem Völkerrecht ebenfalls entsprechendes „unfreundliches“ Verhalten eines anderen Staates oder auf eine Völkerrechtsverletzung sein kann“ (*Bleckmann*, Völkerrecht, Rn. 1090). Zumindest im Rahmen eines Verstoßes gegen völkerrechtliches soft law ist ein derartiges Verhalten legitimiert (vgl. *Bleckmann*, Völkerrecht, Rn. 228; zum im Rahmen dieser Arbeit relevanten völkerrechtlichen soft law vgl. unten Kapitel E „Regionale Entwicklungszusammenarbeit der Europäischen Gemeinschaft“, Abschnitt E.II.1, Fn. 452).
[64] Z.B. Entschließung zur „*Komplementarität der Entwicklungszusammenarbeit der Europäischen Gemeinschaft und der Mitgliedstaaten*“ vom 21.5.1999, Zusammenfassung in Bulletin EG 5 – 1999, Ziffer 1.3.45.
[65] *Werther-Pietsch*, Strategie für Entwicklung, S. 26.
[66] Theoretisch sind „Beschlüsse“ des Rates in dieser Hierarchie noch höher anzusiedeln; im Rahmen der Entwicklungszusammenarbeit kommt ihnen indes eine marginale Bedeutung zu, weshalb hier nur auf die allgemeinen Ausführungen hierzu bei *Everling*, Probleme atypischer Rechts- und Handlungsformen, in: Bieber/ Ress

beanspruchten politischen Verpflichtung, die sie in die Nähe zu den Empfehlungen und Stellungnahmen (Art. 249V EGV) rücken lässt[67] sowie der Tatsache, dass der Rat Hauptrechtsetzungsorgan der Gemeinschaft ist. Diese hohe Verpflichtungswirkung bedingt nach *Everling* die Anwendung des Art. 10 EGV – des Prinzips der „Gemeinschaftstreue"[68] bzw. der „Pflichten zur loyalen Zusammenarbeit"[69] - dahingehend, dass im Falle des Abweichens eines Mitgliedstaates in der Praxis von der im Rechtsakt zum Ausdruck gekommenen Haltung zumindest das Vorliegen wichtiger Gründe und deren Darlegung verlangt werden muss[70]. Inhaltlich betrachtet liefern die Entschließungen in der Regel programmatische Vorgaben für das weitere Vorgehen der Gemeinschaft und statuieren die Auffassung des Rates zu einer speziellen Sachfrage bzw. zu einem bestimmten Dossier[71]. Dabei kann die Abgabe dieser Äußerung nicht selten durch eine (unten noch zu behandelnde) Mitteilung der Kommission – ebenfalls ein Rechtsakt sui generis - initiiert worden sein. Soweit eine Entschließung inhaltlich zur „Sicherung, Förderung und Verstärkung"[72] der Gemeinschaftsziele beiträgt und der Rat sich im Rechtsetzungsverfahren von ihr leiten ließ, geht *Everling* sogar davon aus, dass sie vom EuGH bei der Auslegung dieses Gemeinschaftsrechtsaktes herangezogen werden kann[73]. Überschreitet der Inhalt einer Entschließung die Grenzen der Gemeinschaftskompetenz oder herrscht Unklarheit hierüber[74], so ergeht neben dem Akt des Rates zusätzlich[75] eine Rechtshandlung der personengleichen, jedoch in Funktion als Repräsentanten der Mitgliedstaaten agierenden „im Rat vereinigten Vertreter der Regierungen der Mitgliedstaaten"[76]. Diese Vor-

---

(Hrsg.), Dynamik des Europäischen Gemeinschaftsrechts, S. 417ff, sowie bei *Oppermann*, Europarecht, Rn. 579ff, verwiesen werden soll.

[67] *Oppermann*, Europarecht, Rn. 586.

[68] So der Terminus des Großteils des Schrifttums, vgl. die Nachweise bei: *Kahl*, in: Calliess/ Ruffert (Hrsg.), EUV/ EGV, Art. 10, Rn. 3, Fn. 11.

[69] EuGH, Rs. 230/81, Luxemburg/ EP, Slg. 1983, S. 255ff, S. 287, Ziffer 37.

[70] *Everling*, Probleme atypischer Rechts- und Handlungsformen, in: Bieber/ Ress (Hrsg.), Dynamik des Europäischen Gemeinschaftsrechts, S. 417ff, 422f, 425.

[71] *Werther-Pietsch*, Strategie für Entwicklung, S. 26; *Kommission*, The consequences of enlargement for development policy, S. 83; *Everling*, Probleme atypischer Rechts- und Handlungsformen, in: Bieber/ Ress (Hrsg.), Dynamik des Europäischen Gemeinschaftsrechts, S. 417ff, 418. Vgl. auch Entschließung des Rates und der im Rat vereinigten Vertreter der Regierungen der Mitgliedstaaten über „*Menschenrechte, Demokratie und Entwicklung*", Bulletin EG 11 – 1991, Punkte 2, 3: Ausdrückliches Ziel der Entschließung ist es, konkrete Leitlinien, Verfahren und Handlungsvorgaben zu formulieren.

[72] *Everling*, Probleme atypischer Rechts- und Handlungsformen, in: Bieber/ Ress (Hrsg.), Dynamik des Europäischen Gemeinschaftsrechts, S. 417ff, 426. Eine Wirkung, die die Anwendung des Gemeinschaftsrechts hingegen hindert oder beschränkt, kann den Entschließungen indes keinesfalls zukommen (ebenda, S. 423ff).

[73] *Everling*, Probleme atypischer Rechts- und Handlungsformen, in: Bieber/ Ress (Hrsg.), Dynamik des Europäischen Gemeinschaftsrechts, S. 417ff, 425; *Bothe*, „Soft Law", in: Von Münch (Hrsg.), Staatsrecht – Völkerrecht – Europarecht, S. 761ff, 774. Vgl. hierzu *Kommission*, The consequences of enlargement for development policy, S. 83 – jedoch im Zusammenhang mit „Declarations"/ „Erklärungen" des Rates: "Legal significance should be assessed under the basic principles of interpretation, according to which the key factor when interpreting the meaning of a legal provision should in all cases be the underlying intention of its originator".
Diese Fragestellung ist jedoch nicht zu verwechseln mit der Frage nach der Wirkung auslegender Erklärungen von Gemeinschaftsorganen zu Gemeinschaftsrecht; dazu unten Abschnitt D.II.1.

[74] Vgl. *Schweitzer/ Hummer*, Europarecht, Rn. 185; *Everling*, Probleme atypischer Rechts- und Handlungsformen, in: Bieber/ Ress (Hrsg.), Dynamik des Europäischen Gemeinschaftsrechts, S. 417ff, 418. Hier ist die Nähe zur Ausgangssituation bei den „gemischten Verträgen" (dazu unten Kapitel D „Gemeinschaftsrechtliche Handlungsvorgaben", Abschnitt D.II.2.1.2.3) offensichtlich.

[75] *Schweitzer/ Hummer*, Europarecht, Rn. 185.

[76] Vgl. zum Beispiel die in Fn. 71 genannte Entschließung. Dass es sich rechtlich gesehen um zwei Entschließungen handelt, geht aus der Formulierung „Entschließung des Rates und der im Rat vereinigten Vertreter der Regierungen der Mitgliedstaaten" nicht unmittelbar hervor. Zur Rechtsnatur der uneigentlichen Rechtshandlungen der im Rat vereinigten Vertreter der Regierungen der Mitgliedstaaten: *Schweitzer/ Hummer*, Europarecht, Rn. 183; *Oppermann*, Europarecht, Rn. 584f.

gehensweise verleiht den Entschließungen noch mehr politische Bedeutung im Bezug zu den Mitgliedstaaten, da aus ihnen nicht nur implizit[77] hervorgeht, dass sie von der inhaltlichen Zustimmung der Mitgliedstaaten getragen werden[78]. Entschließungen werden nicht nur vom Rat, sondern auch häufig vom Europäischen Parlament angenommen[79]. Diese können sich an die anderen Organe und/ oder die Mitgliedstaaten richten. Für den politischen Bindungswert sorgt hier in erster Linie der politisch-moralische Aspekt, der Akten des demokratisch gewählten Parlaments eigen ist.

Darüber hinaus ergibt sich in der Gemeinschaftspraxis eine Fülle weiterer uneigentlicher Rechtsakte, deren Bezeichnungen variieren[80]. Hier eine „Verpflichtungshierarchie" auszumachen stößt auf das Problem, dass diese Akte noch weniger als die Entschließung einer Schematisierung bzw. Generalisierung zugänglich sind; es kommt folglich immer auf eine Einzelfallbetrachtung an[81]. Von daher sollen im Folgenden die für die Entwicklungszusammenarbeit unter anderem[82] besonders relevanten „Erklärungen", „Schlussfolgerungen", „Mitteilungen", „Memoranden" und „Grünbücher" dargestellt werden, ohne dass die Reihenfolge ihrer Darstellung Rückschlüsse auf einen etwaigen Verpflichtungsgrad gibt:
Auf „Erklärungen"[83] rekurriert der Rat (und ggf. die im Rat vereinigten Vertreter der Regierungen der Mitgliedstaaten[84]) überwiegend dann, wenn eine bestimmte Haltung gegenüber Drittstaaten dokumentiert werden soll[85]. Politisches Gewicht verleiht der Erklärung wiederum die „moralisch-politische Selbstbindung der dahinterstehenden Autorität"[86] des Rates als Rechtsetzungsorgan. Nicht zuletzt deshalb können ebenso Erklärungen unter den oben dargelegten Umständen bei der Auslegung der Vertragsbestimmungen durch den EuGH von Bedeutung sein[87]. Nimmt der Rat (und ggf. die „Vereinigten") hingegen „Schlussfolgerungen"[88] an, so markiert dies grundsätzlich den Abschluss eines langwierigen, kontrovers geführten

---

[77] Da die Ratsmitglieder nach mitgliedstaatlichem Verfassungsrecht den Weisungen ihrer jeweiligen Regierungen unterliegen (*Oppermann*, Europarecht, Rn. 284), sie also grundsätzlich den Standpunkt eines Mitgliedstaates und nicht eine hiervon losgelöste, persönliche Meinung vertreten, spiegeln auch die Entschließungen etc. des Rates die jeweiligen Zustimmungen der Mitgliedstaaten wider.

[78] Vgl. *Bothe*, „Soft Law", in: Von Münch (Hrsg.), Staatsrecht – Völkerrecht – Europarecht, S. 761ff, 770.

[79] Bsp.: EP, Entschließung zu *„Menschenrechte in der Außenpolitik der Europäischen Union"* (ABl. 1994, Nr. C 128/370f). Legislativresolutionen im Rahmen des Haushalts- und Gesetzgebungsverfahrens bleiben außer Betracht.

[80] Eine tabellarische Übersicht der uneigentlichen Rechtsakte findet sich beispielsweise bei: *Werther-Pietsch*, Strategie für Entwicklung, S. 27ff; *Kommission*, The consequences of enlargement for development policy, S. 107ff. *Kommission*, Annual Report 2004, Punkt 6.5, listet die im Jahr 2003 angenommenen Texte auf.

[81] Vgl. ebenso *Oppermann*, Europarecht, Rn. 589.

[82] Zu weiteren Formen: *Werther-Pietsch*, Strategie für Entwicklung, S. 27ff.

[83] Erklärung des Rates und der im Rat vereinigten Vertreter der Regierungen der Mitgliedstaaten über die *„Menschenrechte, Demokratie und Entwicklung"* vom 25.5.1993, Bulletin 5 – 1993, Ziffer 1.3.41 (Zusammenfassung).

[84] Auch hier können die „Vereinigten" eine ergänzende Erklärung fassen, um kompetenzrechtlichen Problemen Genüge zu leisten.

[85] Vgl. *Werther-Pietsch*, Strategie für Entwicklung, S. 26.

[86] *Werther-Pietsch*, Strategie für Entwicklung, S. 26.

[87] *Everling*, Probleme atypischer Rechts- und Handlungsformen, in: Bieber/ Ress (Hrsg.), Dynamik des Europäischen Gemeinschaftsrechts, S. 417ff, 426.

[88] Bspw. Schlussfolgerungen des Rates über die *„Dezentrale Zusammenarbeit"* vom 15.7.1996, Bulletin EG 7/8 – 1996, Ziffer 1.4.72 (Zusammenfassung). Auch hier können die „Vereinigten" bei kompetenzrechtlicher Notwendigkeit gesonderte Schlussfolgerungen erlassen, vgl. z.B. Schlussfolgerungen des Rates und der im Rat vereinigten Vertreter der Regierungen der Mitgliedstaaten zur *„Durchführung der Entschließung vom November 1991 über Menschenrechte, Demokratie und Entwicklung"* vom 18.11.1992, Bulletin EG 11 – 1992, Ziffer 1.4.50 (Zusammenfassung).

Meinungsaustausches, an dessen Ende sich nun ein Kompromiss herauskristallisiert hat, der das weitere Procedere vorgibt und eine konsensfähige Politikentwicklung ermöglicht[89].
Das Gros der Akte sui generis seitens der Kommission hingegen besteht aus „Mitteilungen"[90]. Diese werden zum einen aus Informationsgründen erlassen, so etwa, um auf Defizite, Fortschritte etc. der entwicklungspolitischen Praxis hinzuweisen; zum anderen aber, um zu einem bestimmten Vorgehen der Gemeinschaftsorgane im Bereich der Entwicklungszusammenarbeit zu animieren, insbesondere, um einen spezifischen, meist sektoriellen Teilbereich in eine bestimmte Richtung voranzutreiben. Nimmt die Kommission die Mitteilungen gerade in letzter Funktion an, so sind sie überwiegend an den Rat und das Parlament adressiert. Diese setzen sich inhaltlich meist in Gestalt von Entschließungen mit der Mitteilung auseinander und vermögen so den politischen Bindungswert der Akte der Kommission zu kumulieren. Durch eine ähnliche Funktionsweise charakterisieren sich gleichfalls die „Memoranden"[91] der Kommission. Wie bereits ausgeführt[92], fungieren diese „im Zusammenspiel der europäischen Institutionen als Grundlage für einen meinungsbildenden Gedankenaustausch"[93] und sollen zu konkreten Maßnahmen animieren[94]. In der Vergangenheit der europäischen Entwicklungszusammenarbeit wurden mit Hilfe der Memoranden zumeist die Leitlinien für die Entwicklungspolitik der nächsten Jahre gezeichnet oder aber sie stellten mittels des politischen Diskurses, den sie auslösten, die Weichen für Wendepunkte in der Entwicklungszusammenarbeit. In jüngerer Zeit setzte die Kommission zu ganz ähnlichen Zwecken auch „Grünbücher"[95] ein. „Grünbücher sind von der Kommission veröffentlichte Mitteilungen, die zur Diskussion über einen bestimmten Politikbereich dienen. Sie richten sich vor allem an interessierte Dritte, Organisationen und Einzelpersonen, die dadurch die Möglichkeit erhalten, an der jeweiligen Konsultation und Beratung teilzunehmen. In bestimmten Fällen ergeben sich daraus legistische Maßnahmen"[96] – so die offizielle gemeinschaftsrechtliche Definition[97]. Gerade in Ansehung der ähnlichen Wirkungsweisen von Mitteilung, Memorandum und Grünbuch wird wieder deutlich, dass die Kommission nicht auf einen bestimmten Typ festgelegt ist. Dabei ist zwar anzumerken, dass aufgrund der „Rarität" und infolgedessen Signalwirkung der Memoranden und der Grünbücher diese beiden Formen gewiss stärker im Fokus der Diskussionen innerhalb der Gemeinschaftsorgane, aber auch der kritischen Öffentlichkeit stehen. Nichtsdestotrotz griff die Kommission die letzten beiden Male auf „Mitteilungen" zurück, wenn es dar-

---

89 Vgl. *Werther-Pietsch*, Strategie für Entwicklung, S. 26. Auch Schlussfolgerungen des Rates dürfte der EuGH bei der Auslegung des eigentlichen Gemeinschaftsrechts zu berücksichtigen haben, falls diese „auf Sicherung, Förderung und Verstärkung der mit den Vertragsbestimmungen verfolgten Ziele gerichtet sind" (*Everling*, Probleme atypischer Rechts- und Handlungsformen, in: Bieber/ Ress (Hrsg.), Dynamik des Europäischen Gemeinschaftsrechts, S. 417ff, 426).

90 Vgl. z.B. Mitteilung der Kommission über die Entwicklungspolitik vom April 2000.

91 Z.B. Memorandum über Entwicklungszusammenarbeit vom Juli 1971.

92 Vgl. bereits oben Kapitel B „Geschichte der Entwicklungszusammenarbeit der Europäischen Gemeinschaft", Abschnitt B.II.3, sowie Abschnitte B.III.1 und B.III.2.3, Fn. 231.

93 *Frisch*, „Lomé III", in: EA 1985, S. 57ff, 60.

94 Memorandum über Entwicklungszusammenarbeit vom Juli 1971, S. 5, 8, 39.

95 Vgl. bereits oben Kapitel B „Geschichte der Entwicklungszusammenarbeit der Europäischen Gemeinschaft", Abschnitt B.III.2.4, und ausführlich unten Kapitel E „Regionale Entwicklungszusammenarbeit der Europäischen Gemeinschaft", Abschnitt E.I.1.

96 http://europa.eu.int/documents/comm/index_de.htm (Stand 31.5.2006), S. 1.
Sowohl die Memoranden als auch die Grünbücher weisen allerdings explizit darauf hin, dass sie keinesfalls etwaigen künftigen formellen Vorschlägen der Kommission oder Vertragsverhandlungen im Falle bevorstehender Legislativmaßnahmen vorgreifen wollen (vgl. Grünbuch der Kommission über die AKP-EG Beziehungen vom November 1996, S. IV; Bulletin EG, 4 - 1973, Ziffer 1403).

97 Vgl. auch die Definition von Entwicklungskommissar Pinheiro, Grünbuch der Kommission über die AKP-EG Beziehungen vom November 1996, S. IV, und unten Kapitel E „Regionale Entwicklungszusammenarbeit der Europäischen Gemeinschaft", Abschnitt E.I.1.

um ging, entwicklungspolitisch wichtige Inhalte, in concreto die Leitlinien für die Entwicklungszusammenarbeit der nächsten Jahre[98], publik zu machen. Von daher lässt sich abschließend wohl nur so viel verallgemeinern, als dass die Kommission Mitteilungen, Memoranden und Grünbücher nicht für jeweils spezifische Zwecke reserviert, sondern diese Typen insofern mehr oder weniger undifferenziert verwendet.

2.2 Nachhaltige soziale und wirtschaftliche Entwicklung

Bereits der Wortlaut des Art. 177I 1. Spiegelstrich EGV indiziert, dass die Fragen der wirtschaftlichen und sozialen Entwicklung in einem wie auch immer gearteten, jedoch untrennbaren Zusammenhang stehen, die eine Form die andere bedingt und umgekehrt[99]. Nichtsdestotrotz soll nachfolgend eine Qualifizierung vorgenommen werden, die sich am Schwerpunkt einer Aktion orientiert, so dass diese sich einem der beiden Entwicklungselemente zuordnen lässt.

Beide Komponenten der Entwicklung stehen schließlich unter dem Aspekt der „Nachhaltigkeit", der alsdann erläutert wird. Dabei gilt das besondere Augenmerk der nachhaltigen sozialen und wirtschaftlichen Entwicklung den „am meisten benachteiligten Entwicklungsländern", die jedoch bereits in Kapitel A „Entwicklung – Entwicklungsländer - Entwicklungszusammenarbeit" näher beschrieben wurden.

2.2.1 Wirtschaftliche Entwicklung

Dem wirtschaftlichen Wachstum mitsamt seiner einzelnen Aspekte kommt seit jeher eine essenzielle Rolle im Rahmen der Entwicklungsförderung der Europäischen Gemeinschaft zu. So verwundert es nicht, dass die Elemente der Unterstützung der wirtschaftlichen Entwicklung, wie sie schon die Kommissionsmitteilung über „*Development cooperation policy in the run-up to 2000*" vom 15.5.1992[100] und der dazugehörige Annex[101] beschreiben, als solche nach wie vor Gültigkeit besitzen. Geändert hat sich mittlerweile jedoch die „Absolutheit" dieser Elemente: Wie bereits angemerkt, ist die Reduzierung bzw. Bekämpfung der Armut in all ihren Facetten oberstes Ziel der Entwicklungszusammenarbeit. Die Konsequenz hieraus besteht darin, dass die Maßnahmen zur Förderung der ökonomischen Entwicklung noch mehr als bisher nicht nur (isoliert) dem Wirtschaftswachstum, sondern zumindest mittel- oder langfristig auch der Armutsverringerung als wesentlicher Komponente sozialer Entwicklung dienen müssen, um letztendlich die Nachhaltigkeit der Entwicklung sicherstellen zu können. Es gilt demnach generell, die Wechselwirkungen zu identifizieren und zu analysieren, um Synergieeffekte zu erreichen. Im Nachfolgenden müssen diese Verbindungen allerdings weitgehend auf bloße Hinweise beschränkt bleiben[102] bzw. werden teilweise in den Abschnitten 2.2.3 („Nachhaltigkeit der Entwicklung") und 2.4 („Armutsbekämpfung") explizit aus dieser Perspektive beleuchtet. Im Fokus der nachstehenden Darstellung soll daher - relativ isoliert - die Förderung der wirtschaftlichen Entwicklung stehen, bei der es primär um die Wiederherstellung der ökonomischen Grundlagen für das Wachstum[103] geht. In diesem Kontext verfolgt die

---

[98] Mitteilung über die Entwicklungspolitik vom April 2000; Mitteilung der Kommission „*Vorschlag für eine Gemeinsame Erklärung des Rates, des Europäischen Parlaments und der Kommission – Die Entwicklungspolitik der Europäischen Union – „Der Europäische Konsens*"", KOM (2005) 311, endg. vom 13.7.2005.

[99] Dies entspricht auch der Praxis, vgl. die Minimalforderungen für Entwicklung, abgedruckt in: Grünbuch der Kommission über die AKP-EG Beziehungen vom November 1996, S. 20, Fn. 1.

[100] Horizonte 2000 (SEC (1992) 915, endg. vom 15.5.1992, abgedruckt in: *Kommission*, Development Cooperation Policy, S. 9ff).

[101] Annex zu „Horizonte 2000".

[102] Ihre detaillierte Darstellung würde den Rahmen dieser Arbeit übersteigen. Zudem sind bislang nur wenige Wechselwirkungen empirisch belegt.

[103] Horizonte 2000, Punkt IV.2.3.

EG u.a. grundsätzlich folgende, teilweise ineinander übergehende bzw. sich überschneidende Unterziele[104]:

- Die Unterstützung der makroökonomischen Stabilität:

Die Wiederherstellung bzw. Konsolidierung[105] der inneren und äußeren makroökonomischen Stabilität[106] ist anerkanntermaßen ausschlaggebend für ein gesundes und beständiges Wachstum der Entwicklungsländer, worauf auch die Gemeinschaft bereits vielfach hingewiesen hat[107]. Zudem sorgt die makroökonomische Politik im Rahmen einer effizienten und strengen Verwaltung der öffentlichen Ressourcen dafür, dass die Früchte des Wachstums ausgewogen verteilt werden[108] und stellt damit eine wichtige Komponente in den Strategien zur Armutsbekämpfung dar. Vor diesem Hintergrund unterstützt die Gemeinschaft bereits seit Ende der 80er Jahre in enger Absprache mit dem IWF und der Weltbank gesamtwirtschaftliche Strategien der Entwicklungsländer. Dabei hat sie sich stets darum bemüht, Wirtschafts- und Sozialpolitik nicht zuletzt vor dem Hintergrund ihrer Nachhaltigkeit[109] zu integrieren[110]. Denn einerseits vermögen sich makroökonomische Reformen „nur dann nachhaltig aus[zu]wirken, wenn sie in vollem Umfang den Zielen der Entwicklung von Mensch und Gesellschaft Rechnung tragen“[111]; andererseits sind sie „unhaltbar“ bzw. finden keine Akzeptanz, wenn sie sich nicht „auf einen Konsens in der Gesellschaft über ihre Ziele und Methoden verlassen können“[112]. Schließlich müssen die negativen sozialen Folgen der Reformen abgefedert werden[113].

Der Schwerpunkt dieser gesamtwirtschaftlichen Stabilitätsmaßnahmen liegt unter anderem[114] auf einer disziplinierten Steuer- und Währungspolitik sowie einem transparenten und effizienten Haushaltsvollzug[115], die zur Senkung der Inflation, zur Wiederherstellung der Zahlungsbilanzgleichgewichte und zur Konsolidierung der Staatshaushalte führen sollen.

---

[104] Die folgenden Ausführungen geben lediglich die wichtigsten Konzeptionen der EG wieder; ein Zusammenhang zu etwaigen wirtschaftspolitischen Theorien wird nicht hergestellt.

[105] Für Entwicklungsländer, die hierin bereits erste Erfolge erzielt haben.

[106] Zu den vier Säulen der makroökonomischen Stabilität zählen: Preisniveaustabilität, hoher Beschäftigungsgrad, außenwirtschaftliches Gleichgewicht, stetiges Wirtschaftswachstum (vgl. §1 StWG, Art. 2 1. Spiegelstrich EUV).

[107] Annex zu „Horizonte 2000“, Punkt III.2.2.2 (i). Vgl. auch die Mitteilung über die Entwicklungspolitik vom April 2000, Punkt 4.3 (3); OPS vom November 2000, Punkt 16; Kommissionsmitteilung über *„Handel und Entwicklung: Unterstützung der Entwicklungsländer bei der Nutzung der Vorteile des Handels“*, KOM (2002) 513, endg. vom 18.9.2002, Punkte 1.3, 1.5, 3.4, fortan zumeist: Kommissionsmitteilung über Handel und Entwicklung vom September 2002; Mitteilung der Kommission *„Wirtschaftsreformprogramme und Strukturanpassungsprogramme der Gemeinschaft: Bilanz und Perspektiven“*, KOM (2000) 58, endg. vom 4.2.2000, u.a. Punkt 4.1.

[108] OPS vom November 2000, Punkt 16.

[109] Zum Inhalt der Nachhaltigkeit ausführlich unten Abschnitt C.I.2.2.3.

[110] Zu dieser Politik vgl. bereits oben Kapitel B „Geschichte der Entwicklungszusammenarbeit der Europäischen Gemeinschaft“, Abschnitte B.III.2.4, B.IV.5. Vgl. auch Mitteilung über die Entwicklungspolitik vom April 2000, Punkt 4.3 (3); Mitteilung der Kommission *„Wirtschaftsreformprogramme und Strukturanpassungsprogramme der Gemeinschaft: Bilanz und Perspektiven“*, KOM (2000) 58, endg. vom 4.2.2000, Punkt 2.3.1.2.

[111] OPS vom November 2000, Punkt 16.

[112] Mitteilung der Kommission *„Wirtschaftsreformprogramme und Strukturanpassungsprogramme der Gemeinschaft: Bilanz und Perspektiven“*, KOM (2000) 58, endg. vom 4.2.2000, Punkt 3.2.2.1, vgl. auch Punkt 4.1.

[113] Vgl. bereits Annex zu „Horizonte 2000“, Punkt III.2.2.2 (i).

[114] Vgl. Annex zu „Horizonte 2000“, Punkt III.2.2.2 (i); Mitteilung über die Entwicklungspolitik vom April 2000, Punkt 4.3 (3); Grünbuch der Kommission über die AKP-EG Beziehungen vom November 1996, S. 20, Fn. 1; Art. 22Ia) Cotonou (ABl. 2000, Nr. L 317/3ff); Punkt Ib), UA 2, 2. Spiegelstrich des Anhangs II zur Verordnung (EG) Nr. 2698/2000 des Rates vom 27.11.2000 *zur Änderung der Verordnung (EG) Nr. 1488/96 über finanzielle und technische Begleitmaßnahmen (MEDA) zur Reform der wirtschaftlichen und sozialen Strukturen im Rahmen der Partnerschaft Europa-Mittelmeer* (ABl. 2000, Nr. L 311/1ff), fortan zumeist: MEDA II.

[115] Zu diesem Punkt insbesondere: Mitteilung der Kommission *„Wirtschaftsreformprogramme und Strukturanpassungsprogramme der Gemeinschaft: Bilanz und Perspektiven“*, KOM (2000) 58, endg. vom 4.2.2000, Punkte

lanzgleichgewichte und zur Konsolidierung der Staatshaushalte führen sollen. Hierfür gilt es unter anderem, den Zufluss ausländischer Finanzmittel, etwa in Form von Exporterträgen, ODA, kommerziellen Krediten oder ausländischen Investitionen, zu steigern. Ein besonders wichtiger Punkt in diesem Kontext ist auch die Verringerung des Schuldendienstes infolge der eklatanten Auslandsschulden der Entwicklungsländer, besonders der sog. „Highly Indepted Poor Countries" (HIPC)[116]. Denn die nichtverkraftbaren Schuldenlasten, unter denen zahlreiche Entwicklungsländer leiden, bedrohen die wirtschaftliche und finanzielle Stabilität der jeweiligen Länder[117].

- Wirtschaftliche Stabilitätsmaßnahmen:

Den Weg wirtschaftlicher Reformprogramme hat seit Ende der 80er Jahre eine Vielzahl von Entwicklungsländern eingeschlagen. Derartige Reformen werden letztendlich zur eben beschriebenen makroökonomischen Stabilisierung lanciert, gehen ebenso über eine kurzfristige Anpassung hinaus und bedeuten eine Neuorientierung der Wirtschaftspolitik sowie eine Umstrukturierung der Verwaltung und Institutionen[118]. Die Gemeinschaft fasst hierunter zunächst einmal die Liberalisierung der wirtschaftlichen Aktivitäten[119], die es durch die Unterstützung

---

2.3.1.4, 4.3. Vgl. auch Mitteilung der Kommission über Handel und Entwicklung vom September 2002, Punkt 3.4.
Im Rahmen dieser Arbeit wird dieser Aspekt unten im Abschnitt C.II, insbesondere in C.II.3.1, ausführlich erläutert.

[116] Annex zu „Horizonte 2000", Punkt III.2.2.2 (i); OPS vom November 2000, Punkt 16.
Wie bereits erläutert, war die Verschuldung von den Industrieländern bzw. den internationalen Finanzinstitutionen lange Zeit als Druckmittel dazu benutzt worden, marktwirtschaftliche Reformen (Stichwort: Strukturanpassungen) durchzuführen. 1996 initiierte die Weltbank hingegen erstmals eine Initiative zur Schuldenreduktion für 41 hoch verschuldete arme Länder, die „HIPC-Initiative", die auch soziale Ziele in die versuchte Außensteuerung inkorporiert. Die Initiative wird zwischen den bilateralen öffentlichen Gläubigern und den internationalen Finanzinstitutionen wie der Weltbank und dem IWF koordiniert. Sie soll den Entwicklungsländern – in der Mehrzahl Subsahara-Staaten - die Möglichkeit offerieren, ihre Schuldenlast auf ein „erträgliches" Niveau zu senken. „Erträglich" bedeutet in diesem Zusammenhang, dass die Gesamtschulden nicht mehr als 200%, und die Schuldendienstzahlungen nicht mehr als 25% der Exporterlöse ausmachen.
Diese Schuldendienstzahlungen umfassen die Zins- und Tilgungsleistungen der Schuldnerstaaten auf gewährte Kredite. Sie sind mittlerweile zu einem schier unlösbaren Problem vieler Entwicklungs-, aber auch einiger Schwellenländer geworden, dessen Ausmaß mittels des „Schuldendienstquotienten" (auch Schuldendienstquote oder -relation) dargestellt wird: Dieser Quotient gibt den Schuldendienst auf die öffentliche Verschuldung in % der Exporte von Gütern und Dienstleistungen an.
Um also in den Genuss dieser längst fälligen Initiative in Gestalt von Forderungsverzichten (bis zu 90%) zu kommen, müssen die betreffenden Staaten eine den Leitprinzipien der internationalen Finanzorganisationen entsprechende Wirtschaftpolitik gewährleisten („Washington-Konsensus"; vgl. hierzu überblicksmäßig: *Sottoli*, Stichwort „Washington-Konsensus", in: Nohlen (Hrsg.), Lexikon Dritte Welt, S. 866f); des Weiteren aber – und darin unterscheiden sich die Aktion von den „gewöhnlichen" Strukturanpassungshilfen, die ebenfalls auf diesen Leitprinzipien basieren - sind die Staaten verpflichtet, soziale Reformen durchzuführen, die erkennbar die Grundversorgung im Gesundheits- und Bildungsbereich verbessern. Auf dem G-8 Gipfel 1999 in Köln wurde die Initiative erweitert, indem das Kriterium „erträgliches" Niveau an Gesamtschulden im Verhältnis zu den Exporterlösen von 200% auf 150% gesenkt wurde.
Voranstehend: *Nohlen*, Stichwort „Schuldendienst", S. 707f; *Thibaut/Schwehm*, Stichwort „Verschuldung", S. 854ff, alle in: Nohlen (Hrsg.), Lexikon Dritte Welt; http://www.bundesfinanzministerium.de/cln_04/nn_2368/DE/Internationale__Beziehungen/Internationale__Schuldenstrategie__und__Umschuldung/node.html__ n nn=true (Stand: 30.5.2006).

[117] Mitteilung der Kommission „*Auf dem Weg zu einer globalen Partnerschaft für nachhaltige Entwicklung*", KOM (2002) 82, endg. vom 13.2.2002, Punkt 3.6.

[118] Vgl. Grünbuch der Kommission über die AKP-EG Beziehungen vom November 1996, S. 20.

[119] Horizonte 2000, Punkt IV.2.3; Annex zu „Horizonte 2000", Punkt III.2.2.2 (ii). Vgl. auch: Erklärung des Rates und der im Rat vereinigten Vertreter der Regierungen der Mitgliedstaaten über „*Aspects on development cooperation in the run-up to 2000*", vom 18.11.1992, Punkt 9, abgedruckt in: *Kommission*, Development Cooperation Policy, S. 73ff.

(markt-) wirtschaftlicher und institutioneller Reformen voranzutreiben gilt. So müssen die Entwicklungsländer auf innenwirtschaftspolitischer Ebene beispielsweise dirigistische Vorschriften beseitigen, dafür einen starken, vertrauenseinflößenden, ergo investitionsfreundlichen Rechtsrahmen schaffen, die Banken- und Finanzsysteme reformieren, administrative Kontrollen weiter reduzieren und Preise deregulieren. Außenwirtschaftspolitisch plädiert die EG für eine Anpassung der Wechselkurse an realistischere und flexible Niveaus, eine Liberalisierung der (Außen-) Handelsregelungen sowie für eine Überprüfung der Investitions- und Finanzvorschriften[120]. Darüber hinaus steht das Engagement in Richtung Reformierung bzw. Privatisierung rentabler bzw. Schließung unwirtschaftlicher, staatlich geleiteter Betriebe im Mittelpunkt der Restrukturierung der Wirtschaft[121]. Ferner drängt die Gemeinschaft auf die Einführung niedrigerer und vernünftigerer Steuern, allgemein einer gerechten Einkommenspolitik sowie flexiblerer Arbeitsmarkt- und Beschäftigungsregeln, die allesamt für eine Umstrukturierung in Richtung einer existenzfähigen Wirtschaft vonnöten sind und ihr Wachstum beschleunigen, Arbeitsplätze schafft, Ungleichheit abbaut und ferner Reichtum umverteilt[122]. Von all diesen strukturellen Anpassungen verspricht sich die Gemeinschaft ferner eine Ankurbelung der Wirtschaft vor allem insofern, als es ausländischen wie einheimischen Geschäftsleuten (wieder) ermöglicht werden soll, Investitionen in einem stabilen wirtschaftspolitischen Umfeld zu tätigen, das erlaubt, Unternehmen vernünftig sowie frei von staatlicher Willkür und lähmender Bürokratie zu führen[123]. Dabei werden namentlich Investitionen durch multilaterale Unternehmen favorisiert, da sie sich in der Regel nachhaltiger auswirken als kurzfristige Kapitalzuströme und darüber hinaus andere Nutzeffekte u.a. in Gestalt von Technologietransfer, Humanressourcenentwicklung oder aber der Steigerung der Exportkapazitäten des jeweiligen Entwicklungslands mit sich bringen[124]. Diese Wirtschaftsreformen sollen des Weiteren die Wirtschaft des Landes für den Wettbewerb und die globalen Märkte öffnen, die Exporte ausbauen, die internationale Wettbewerbsfähigkeit wiederherstellen bzw. opti-

---

[120] Voranstehend: Annex zu „Horizonte 2000", Punkt III.2.2.2 (ii). Vgl. auch: Art. 22Ib) Cotonou (ABl. 2000, Nr. L 317/3ff); Kommissionsmitteilungen über *„Governance in Entwicklungsländern"*, KOM (2003) 615, endg. vom 20.10.2003, Punkt 53, sowie über *„Wirtschaftsreformprogramme und Strukturanpassungsprogramme der Gemeinschaft: Bilanz und Perspektiven"*, KOM (2000) 58, endg. vom 4.2.2000, Punkt 3.2.2.1.

[121] Vgl. Annex zu „Horizonte 2000", Punkt III.2.2.2 (ii). Dies soll bewirken, dass der öffentliche Sektor sich wieder auf seine eigentlichen (Ordnungs-) Aufgaben konzentriert und lebenswichtige Dienste und Basisinfrastruktur bereitstellt, wodurch mitunter die öffentlichen Versorgungsbetriebe wieder effizienter arbeiten können (vgl. Grünbuch der Kommission über die AKP-EG Beziehungen vom November 1996, S. 20). Die von den Bretton Woods Institutionen darüber hinaus anvisierte „Entstaatlichung", der Reduzierung der Rolle des Staates (vgl. oben Kapitel B „Geschichte der Entwicklungszusammenarbeit der Europäischen Gemeinschaft", Abschnitt B.III.2.4, insbesondere Fn. 250), ist von der Gemeinschaft schon früh relativiert worden, steht diese Vorgehensweise doch in Widerspruch zu den staatlichen Steuerkapazitäten, die benötigt werden, um der Komplexität der Anpassungen Herr zu werden (vgl. Horizonte 2000, Punkt IV.2.3; Annex zu „Horizonte 2000", Punkt III.2.2.2 (ii)).

[122] Vgl. Annex zu „Horizonte 2000", Punkt III.2.2.2 (ii); vgl. auch die Kommissionsmitteilung über *„Wirtschaftsreformprogramme und Strukturanpassungshilfen der Gemeinschaft: Bilanz und Perspektiven"*, KOM (2000) 58, endg. vom 4.2.2000, Punkt 3.2.2.1; Mitteilung der Kommission über die Entwicklungspolitik vom April 2000, Punkt 3.2.

[123] Annex zu „Horizonte 2000", Punkt IIII.2.2.2 (ii); vgl. auch: Mitteilung der Kommission *„Wirtschaftsreformprogramme und Strukturanpassungsprogramme der Gemeinschaft: Bilanz und Perspektiven"*, KOM (2000) 58, endg. vom 4.2.2000, Punkt 3.2.2.1; Kommissionsmitteilung über *„Governance in Entwicklungsländern"*, KOM (2003) 615, endg. vom 20.10.2003, Punkt 53. Zum sog. „Länderrisiko" (Risiko eines Kurswechsels in der Wirtschafts- und Handelspolitik) als Faktor, von dem Investitionsentscheidungen abhängig gemacht werden: Grünbuch der Kommission über die AKP-EG Beziehungen vom November 1996, S. 20.
Damit überschneiden sich diese Förderelemente mit jenen der „Good Governance"; hierzu ausführlich unten Abschnitt C.II.3.1.

[124] Vgl. Mitteilung der Kommission *„Auf dem Weg zu einer globalen Partnerschaft für nachhaltige Entwicklung"*, KOM (2002) 82, endg. vom 13.2.2002, Punkte 2, 3.5.

mieren, neben Direktinvestitionen auch andere ausländische Devisen anziehen und daher insgesamt das Wachstum ankurbeln[125]. Um darüber hinaus der „Schlüsselrolle [der Strukturanpassungspolitik an sich] in der Nachhaltigkeit und des Zugangs zu grundlegenden sozialen Dienstleistungen“[126] gerecht zu werden, setzen die Reformen ebenfalls eine systematische Berücksichtigung der sozialen Dimension des wirtschaftlichen Übergangsprozesses, insbesondere auch der Armutsverringerung, voraus[127].

- Die Schaffung eines dynamischen, wettbewerbsfähigen privaten Unternehmenssektors:

Die Entwicklung eines dynamischen Privatsektors betrachtet die Gemeinschaft ebenfalls bereits seit geraumer Zeit als „Schlüsselfaktor wirtschaftlichen Wachstums“[128]: Der private Sektor ist „Wachstumsmotor und schafft Beschäftigung und Einkommen“[129] – womit er gleichzeitig einen gewichtigen Beitrag zur sozialen Entwicklung und zur Armutsreduzierung des Landes beisteuert. Nicht zu vernachlässigen sind gleichermaßen die Steuerleistungen florierender Unternehmen, die die Fundamente des öffentlichen Sektors, primär verantwortlich für die Finanzierung des Gesundheitssektors und anderer sozialer Leistungen, zu unterstützen vermögen[130]. Ferner ist der private Sektor mittlerweile zu einem wichtigen Akteur und Partner im Entwicklungsprozess herangewachsen[131]. Und nicht zuletzt bedingen auch die oben anvisierten Liberalisierungsmaßnahmen und die forcierte Öffnung der Märkte Politiken zur Förderung neuer wettbewerbsfähiger Unternehmen. Werden nämlich die einheimischen Betriebe durch entsprechende staatliche Maßnahmen nicht einmal für den nationalen Markt konkurrenzfähig gemacht, so können diese erst recht nicht auf dem internationalen Markt mithalten, geschweige denn von ihm profitieren. Internationale Wettbewerbsfähigkeit setzt demnach nach Auffassung der EG zunächst die Entwicklung lebensfähiger Produktionszweige auf nationaler Ebene voraus[132].

In diesem Sinne verfolgt die Kommission im Rahmen der Unternehmensentwicklung eine Strategie, die u.a. folgende Bereiche umschließt[133]: Neben Maßnahmen zur Schaffung des

---

[125] Annex zu „Horizonte 2000", Punkt III.2.2.2 (ii). Vgl. auch: Mitteilung der Kommission „*Wirtschaftsreformprogramme und Strukturanpassungsprogramme der Gemeinschaft: Bilanz und Perspektiven*“, KOM (2000) 58, endg. vom 4.2.2000, Punkt 3.2.2.1; Mitteilung der Kommission über Handel und Entwicklung vom September 2002, Punkt 1.3, vgl. auch Punkt 3.4.

[126] Mitteilung über die Entwicklungspolitik vom April 2000, Punkt 4.3 (3).

[127] Vgl. Mitteilung der Kommission „*Wirtschaftsreformprogramme und Strukturanpassungsprogramme der Gemeinschaft: Bilanz und Perspektiven*“, KOM (2000) 58, endg. vom 4.2.2000, Punkte 4.3, 2.3.1.2, 2.3.2.1, 3.2.2.1; Mitteilung über die Entwicklungspolitik vom April 2000, Punkte 4.3 (3), 3.2; OPS vom November 2000, Punkt 16; Horizonte 2000, Punkt IV.2.3.
Zu den Gründen für diese Berücksichtigung bereits oben im Punkt „Unterstützung der makroökonomischen Stabilität“.

[128] Kommissionsmitteilung über „*Governance in Entwicklungsländern*“, KOM (2003) 615, endg. vom 20.10.2003, Punkt 53. Vgl. auch: Annex zu „Horizonte 2000", Punkt III.2.2.3; Mitteilung über die Entwicklungspolitik vom April 2000, Punkt 3.4; Kommissionsmitteilung über „*Die soziale Verantwortung der Unternehmen: ein Unternehmensbeitrag zur nachhaltigen Entwicklung*“, KOM (2002) 347, endg. vom 2.7.2002, insbesondere Punkt 3.

[129] Mitteilung über die Entwicklungspolitik vom April 2000, Punkt 3.4.

[130] Kommissionsmitteilung über „*Governance in Entwicklungsländern*“, KOM (2003) 615, endg. vom 20.10.2003, Punkte 52f.

[131] Mitteilung über die Entwicklungspolitik vom April 2000, Punkt 3.4.

[132] Näher: Annex zu „Horizonte 2000", Punkt III.2.2.3; Mitteilung über Handel und Entwicklung vom September 2002, Punkt 3.4.

[133] Nachfolgend vgl.: Annex zu „Horizonte 2000", Punkt III.2.2.3; Mitteilung über die Entwicklungspolitik vom April 2000, Punkt 3.4; Mitteilung der Kommission „*Wirtschaftsreformprogramme und Strukturanpassungsprogramme der Gemeinschaft: Bilanz und Perspektiven*“, KOM (2000) 58, endg. vom 4.2.2000, Punkt 2.3.2.2; Mitteilung über Handel und Entwicklung vom September 2002, Punkt 3.4; Kompendium der Kooperationsstrate-

wirtschaftlichen und institutionellen Rahmens für ein wettbewerbs- und investitionsfreundliches Klima[134] konzentriert sie sich auf die Herausbildung dynamischer, lebens- und wettbewerbsfähiger Unternehmen an sich, indem sie primär die Gründung, Niederlassung, Erweiterung, Diversifizierung, Sanierung, Modernisierung privater bzw. die Privatisierung öffentlicher Unternehmen unterstützt. Ferner gilt es, Absatz- und Exportleistungen zu steigern, was sich die Kommission vor allem durch die (Wieder-) Herstellung einer geeigneten und zuverlässigen technischen Infrastruktur (Transport und Kommunikation) verspricht[135]. Gleichermaßen wichtig sind hierbei Aktionen zur Entwicklung der „industriellen" bzw. „unternehmerischen Fähigkeiten" (Verarbeitung, Vermarktung, Distribution, Beförderung, sonstige handelsrelevante Bereiche), gezielte Maßnahmen zur Wert- und Volumensteigerung des Angebots sowie zur Anpassung der Erzeugnisse an die Erfordernisse der Märkte. Und auch die Anwendung der grundlegenden Arbeitsnormen vermag erheblich zur Produktivitätssteigerung in den Entwicklungsländern beizutragen[136].
Besondere Aufmerksamkeit wird darüber hinaus[137] hauptsächlich den Kleinst-, aber auch den Klein- und Mittelunternehmen sowie der Verbesserung der Qualität und Verfügbarkeit von Finanzdienstleistungen geschenkt. Als bedeutendes Element im Rahmen des Ausbaus des Privatsektors hat sich außerdem die Unterstützung der grenzübergreifenden Zusammenarbeit bei Investitionen herauskristallisiert, die nachhaltig ausländische Investitionen und Wirtschaftskooperationen begünstigen soll. Gemäß ihrem prioritären Entwicklungsziel bezieht die EG schließlich den Aspekt der Armutsreduzierung schwerpunktmäßig in die Förderaktionen mit ein, indem sie beispielsweise der lokalen Entwicklung verstärkt Rechnung trägt oder aber die Dienstleistungssektoren ausbaut, die besser auf die Bedürfnisse der Armen zugeschnitten sind.

- Die Unterstützung des Handels:

Die gegenseitige Stützung und Ergänzung von Handels- und Entwicklungspolitik betrachtet die Gemeinschaft als eine der großen Aufgaben dieses Jahrzehnts[138]. Der Grund hierfür ist, dass der Handel ebenso für die Entwicklungsländer einen essenziellen Faktor für Wachstum und Reichtum darstellt und sich dadurch als notwendige, wenn auch nicht hinreichende Voraussetzung für „die langfristige Nachhaltigkeit der Armutsverringerung"[139] qualifiziert. Das Ausmaß, in dem der Handel zur langfristigen Armutslinderung beiträgt, hängt indes wesentlich von den vorherrschenden „Rahmenbedingungen", namentlich der Einbeziehung sozialer Aspekte in die Politikentwürfe sowie der Implementierung interner politischer, struktureller und institutioneller Reformen, ab[140]. Daher müssen handelspolitische Reformen Teil einer

---

gien, KOM (2000) 424, endg. vom 5.6.2000, Punkte 2.3, 2.6.1, 2.6.2, fortan zitiert als: Kompendium der Kooperationsstrategien vom Juni 2000.

[134] Damit überschneiden sich die unterstützten Bereich teilweise mit den „Wirtschaftlichen Stabilitätsmaßnahmen" sowie mit jenen der „Good Governance" (hierzu ausführlich unten Abschnitt C.II.3.1).

[135] Erneut sind teilweise Überlappungen mit der „Wiederherstellung der makroökonomischen Stabilität" sowie den „Wirtschaftlichen Stabilitätsmaßnahmen" auszumachen.

[136] Vgl. die Belege in der Mitteilung der Kommission über Handel und Entwicklung vom September 2002, Punkt 3.4.

[137] Nachfolgend: Mitteilung über die Entwicklungspolitik vom April 2000, Punkt 3.4.

[138] Mitteilung über die Entwicklungspolitik vom April 2000, Punkt 3.3. Vgl. auch OPS vom November 2000, Punkt 14.

[139] Mitteilung über die Entwicklungspolitik vom April 2000, Punkt 4.3 (1), vgl. auch Punkt 3.3. Mitteilung über Handel und Entwicklung vom September 2002, Punkt 1.3 (hier wird auch auf Studien verwiesen, die belegen, dass das vom Handel ausgelöste Wachstum den Armen relativ gesehen im gleichen Maße zugute kommt wie dem Rest der Bevölkerung).

[140] Vgl. Mitteilung über Handel und Entwicklung vom September 2002, Zusammenfassung S. 6 und Punkte 1.3 (mit weiteren Nachweisen), 1.5.

breiter angelegten, die genannten Elemente umschließenden Strategie für Armutsminderung und nachhaltige Entwicklung sein. Mithin gilt es, die Verflechtungen von Handels- und Entwicklungspolitik besser zu identifizieren und zwecks Erreichens von Synergieeffekten Handelsfragen alsdann in die entwicklungspolitischen Strategiepapiere einzubeziehen[141].
Diese Zusammenhänge berücksichtigend konzentriert sich die Gemeinschaft neben der Hilfe für den Abbau tarifärer und nichttarifärer Handelsschranken[142] auf den Ausbau der Handelskapazitäten durch handelsbezogene Entwicklungshilfe in folgenden Bereichen, die sich größtenteils mit den bereits beschriebenen Unterstützungsschwerpunkten überschneiden[143]: Die EG fördert die makroökonomische Politik und Steuerpolitik, besonders auch die fiskalische Anpassung[144], denn offene Märkte ohne eine solide makroökonomische und Finanzpolitik bedeuten für die Entwicklungsländer eine noch höhere Anfälligkeit für Finanzkrisen[145]. Ferner unterstützt sie die Umstrukturierung und die Wettbewerbsfähigkeit des Privatsektors. Schließlich engagiert sich die Gemeinschaft für die regionale Zusammenarbeit und Integration, um die Aktionen auf nationaler Ebene insbesondere durch Abkommen mit regionalen Vereinigungen zu verstärken und zu stützen[146].

- Die Entwicklung anderer Wirtschaftszweige:

Weiter trägt die Gemeinschaft dazu bei, den Energiesektor[147] zu fördern und Dienstleistungen wie den See- und Luftverkehr und/ oder den Tourismus in den Entwicklungsländern zu unterstützen[148]. Namentlich vor dem Hintergrund der Transformation der Wirtschaften der Industrieländer in Richtung Informations- und Wissensgesellschaft gilt dabei besonderes Augenmerk der Forschung sowie der Informations- und der Kommunikationstechnologie[149]. Die in diesem Bereich gewonnenen Erkenntnisse sind essenziell, begünstigen sie doch u.a. durch ihren entscheidenden Beitrag zur Wettbewerbsfähigkeit den Aufschwung des Privatsektors und vermögen durch ihre adäquate Anwendung die soziale Entwicklung, beispielsweise was das Gesundheitswesen oder aber die Nahrungsmittelsicherheit anbelangt, voranzutreiben. Au-

---

[141] Vgl. Mitteilung über Handel und Entwicklung vom September 2002, Punkte 3, 3.1, 4; Mitteilung über die Entwicklungspolitik vom April 2000, Punkt 3.3; OPS vom November 2000, Punkt 16; Mitteilung der Kommission *„Auf dem Weg zu einer globalen Partnerschaft für nachhaltige Entwicklung"*, KOM (2002) 82, endg. vom 13.2.2002, Punkt 3.1. Zur praktischen Umsetzung dieses Postulats vgl. unten Abschnitt C.I.2.4.

[142] Hierzu ausführlicher unten Abschnitt C.I.2.3.

[143] Nachfolgend: Mitteilung über Handel und Entwicklung vom September 2002, Punkte 3, 3.4, 1.3; Mitteilung über die Entwicklungspolitik vom April 2000, Punkt 3.3; Kompendium der Kooperationsstrategien vom Juni 2000, Punkt 2.6.1.

[144] Angesichts der Verringerung der Staatseinnahmen infolge der im Zuge der Handelsliberalisierung implementierten Zollsenkungen sollen beispielsweise Zollreformen zur Stärkung der Zollverwaltung und der Zolldurchsetzung gefördert werden. Steuerliche Umstrukturierungen sollen des Weiteren dort eine Unterstützung erfahren, wo Zölle in erster Linie Einkommenszwecken dienten (Mitteilung über Handel und Entwicklung vom September 2002, Punkt 3.4).

[145] Mitteilung der Kommission *„Auf dem Weg zu einer globalen Partnerschaft für nachhaltige Entwicklung"*, KOM (2002) 82, endg. vom 13.2.2002, Punkt 2.

[146] Näher zur regionalen Zusammenarbeit und Integration unten Abschnitt C.I.2.3.

[147] Vgl. Mitteilung der Kommission *„Die Zusammenarbeit mit den Entwicklungsländern im Energiebereich"*, KOM (2002) 408, endg. vom 17.7.2002.

[148] Kompendium der Kooperationsstrategien vom Juni 2000, Punkte 2.7.1, 2.7.2, 2.7.3. Vgl. auch die Mitteilung der Kommission *„Strategie der Europäischen Gemeinschaft zur Förderung der Entwicklung eines nachhaltigen Tourismus in den Entwicklungsländern"*, KOM (1998) 563, endg. vom 14.10.1998.

[149] Mitteilung der Kommission *„Informations- und Kommunikationstechnologien im Dienste der Entwicklung. Die Rolle der IKT in der Entwicklungspolitik der EG"*, KOM (2001) 770, endg. vom 14.12.2001; Schlussfolgerungen des Rates zu den *„Informations- und Kommunikationstechnologien und zur Entwicklungszusammenarbeit"* vom 17.2.2005, Zusammenfassung abgedruckt in: Bulletin EG 1/2 - 2005, Ziffer 1.3.101; Kompendium der Kooperationsstrategien vom Juni 2000, Punkt 2.7.4; OPS vom November 2000, Punkt 22; Annex zu „Horizonte 2000", Punkt III.2.2.4 (ii).

ßerdem gilt der Zugang zu globalen Netzen und modernen Dienstleistungen als eines der Schlüsselelemente für die Integration in die Weltwirtschaft. Schenkt man der Entwicklung dieser Technologien hingegen nicht genügend Aufmerksamkeit, so können sie sich als weiterer Marginalisierungsfaktor entpuppen[150].

Einen letzten Schwerpunkt setzt die Gemeinschaft schließlich auf die Schaffung bzw. Erhaltung eines verlässlichen und nachhaltigen Transportsystems[151]. Dabei geht sie von der Prämisse aus, dass effiziente Verkehrsdienstleistungen sowie –infrastruktur erforderlich sind, um den Zugang der Bevölkerung zu grundlegenden sozialen und sonstigen Dienstleistungen sowie zu den Märkten sicherzustellen. Ferner sorgen diese für eine optimierte Verteilung der produzierten oder aber importierten Güter. Zudem entwickelt sich formelle, aber auch informelle Wirtschaft entlang der Transportwege. Und nicht zuletzt benötigt die in den letzten Jahren forcierte Regionalintegration[152] auf sie zugeschnittene Verkehrswege, da letztere vielerorts tendenziell die alten Handelsströme bedienen.

2.2.2 Soziale Entwicklung

Die Elemente der sozialen Entwicklung waren zwar ebenso bereits Anfang der 90er Jahre Gegenstand zahlreicher uneigentlicher Rechtsakte. Doch kann ihr anfängliches Schattendasein neben der traditionell im Mittelpunkt stehenden wirtschaftlichen Entwicklung nicht negiert werden, denn überwiegend fanden soziale Komponenten lediglich unter dem Aspekt des Ausgleichs negativer sozialer Folgen der Strukturanpassungen und sonstiger wirtschaftlicher Reformprogramme Berücksichtigung[153]. Erst die großen UN-Konferenzen[154] der 90er Jahre brachten eine Veränderung des Entwicklungskonzepts mit sich, das nunmehr die „sozialen und menschlichen Aspekte der Entwicklung, die nachhaltige Bewirtschaftung und Nutzung der Ressourcen und die Umwelt“[155] in das Zentrum stellt. Diese neue Dimension des Entwicklungsbegriffs hat die EG - wie eingangs gezeigt[156] - vollends in ihre Entwicklungspolitik inkorporiert. Zwar werden, wie im vorhergehenden Abschnitt angeklungen, soziale Ausgleichsmaßnahmen nach wie vor durchgeführt; doch bemüht sich die EG verstärkt darum, die Notwendigkeit hierfür erst gar nicht entstehen zu lassen, sondern Maßnahmen zur wirtschaftlichen Entwicklung von vornherein mit den sozialen Gegebenheiten abzustimmen. Zudem

---

[150] Voranstehend vgl.: Mitteilung der Kommission über die Entwicklungspolitik vom April 2000, Punkt 1; OPS vom November 2000, Punkt 22. Vgl. auch: Kompendium der Kooperationsstrategien vom Juni 2000, Punkt 2.7.4, Ziffer 78.

[151] Mitteilung der Kommission über die Entwicklungspolitik vom April 2000, Punkt 4.3. (4); OPS vom November 2000, Punkt 17; Mitteilung der Kommission *„Förderung eines nachhaltigen Verkehrs im Rahmen der Entwicklungszusammenarbeit“*, KOM (2000) 422, endg. vom 6.7.2000; Kompendium der Kooperationsstrategien vom Juni 2000, Punkt 2.2.

[152] Speziell hierzu unten Abschnitt C.I.2.3.

[153] Vgl. z.B. die Ausführungen zu den Zielen des Art. 177I EGV der Horizonte 2000 - Mitteilung (Punkt IV.2.3) sowie der dazugehörige Annex zu „Horizonte 2000" (Punkt III.2.2.2 (iii)), die äußerst spärlich bis kaum den sozialen Entwicklungsaspekt beschreiben bzw. soziale Elemente überwiegend unter dem Aspekt des Ausgleichs der negativen sozialen Folgen der Strukturanpassungen betrachten. Anders bereits die Erklärung des Rates und der im Rat vereinigten Vertreter der Regierungen der Mitgliedstaaten über *„Aspects on development cooperation in the run-up to 2000“*, vom 18.11.1992, Punkt 6 (abgedruckt in: *Kommission*, Development Cooperation Policy, S. 73ff), in der auch soziale und ökologische Aspekte als Garant einer nachhaltigen Entwicklung angesehen werden.

[154] Vgl. bereits oben Abschnitt C.I.1, Fn. 8, 33.

[155] Mitteilung über die Entwicklungspolitik vom April 2000, Punkt 1. Vgl. auch OPS vom November 2000, Punkt 11.

[156] Vgl. ferner die Entschließung des Rates über *„Menschliche und soziale Entwicklung und die Entwicklungspolitik der EU“* vom 22.11.1996 (zitiert nach: *Benedek*, in: Grabitz/ Hilf (Hrsg.), EUV/ EGV, Art. 177, Rn. 13), in der der Rat fordert, die soziale und menschliche Entwicklung in den Mittelpunkt der Entwicklungszusammenarbeit zu stellen.

verfolgt die EG mittlerweile soziale Elemente zunehmend, wenn nicht sogar überwiegend, als eigenständige Ziele und stellt nicht selten wirtschaftliche Förderaspekte in den Dienste dieser Zielvorgaben. Und wie auch im Rahmen der Wirtschaftsförderung wird die soziale Entwicklung gemäß der obersten Entwicklungspriorität der EG stets unter dem Aspekt beleuchtet, inwiefern sie geeignet ist, zur Armutsbekämpfung und der Nachhaltigkeit beizutragen bzw. es erfahren verstärkt diejenigen Komponenten eine Unterstützung, die diese Prioritäten am besten zu erreichen geeignet sind. In diesem Sinne gehören zu den essenziellen Zielen der Förderung der sozialen Entwicklung unter anderem:

- Der Zugang zu Bildung und Ausbildung, insbesondere zur Grundschulausbildung:

Die Gemeinschaft qualifiziert den Zugang zu grundlegenden sozialen Dienstleistungen, neben Gesundheitsdiensten insbesondere zur (allgemeinen und besonderen) Bildung, als Schlüsselelement jeder Strategie zur Armutsreduzierung[157]. Sie vertritt nämlich die Auffassung[158], dass Bildung die öffentliche Gesundheit, die soziale Kohäsion, gesellschaftliche und politische Partizipation und Chancengleichheit, die wirtschaftliche Wachstumsrate und Produktivität, Einkommen und Lebensstandard positiv beeinflusst sowie für eine gerechtere Verteilung der Früchte des Wachstums sorgt. Denn die (Aus-) Bildung vermittelt ein Minimum an Kenntnissen in diesen Bereichen und erleichtert Personen mit (zumindest) Grundschulabschluss den Einstieg in die Arbeitswelt.

Vor diesem Hintergrund gilt das besondere Engagement der Gemeinschaft[159] zunächst der Grundbildung[160], namentlich der Primarbildung[161] sowie der Lehrerausbildung. In diesem Kontext wirkt die Gemeinschaft in erster Linie darauf hin, dass die Entwicklungsländer ihre Bildungssysteme effizienter und qualitativ hochwertiger gestalten, sie die Primarbildung für alle zugänglich und kostenlos gestalten, und dass sie sich den ärmsten und anfälligsten Bevölkerungsgruppen widmen. Hierbei sollen die Länder vor allem für einen gleichberechtigten Zugang der Mädchen und Frauen zum Bildungswesen sorgen[162]. Ferner setzt sich die EG dafür ein, dass dem Thema AIDS/ HIV und seinen Auswirkungen auf die Bildungssysteme

---

[157] Mitteilung der Kommission über die Entwicklungspolitik vom April 2000, Punkt 4.3 (3); OPS vom November 2000, Punkt 16.

[158] Nachfolgend vgl.: Mitteilung der Kommission über *„Die Rolle der allgemeinen und beruflichen Bildung im Rahmen der Armutsminderung in den Entwicklungsländern"*, KOM (2002) 116, endg. vom 6.3.2002, Punkt II.1 (dort Anhang II zur Lage im Bildungswesen in den Entwicklungsländern); Entschließung des EP über die *„Rolle der allgemeinen und beruflichen Bildung im Rahmen der Armutsminderung in den Entwicklungsländern"* vom 15.5.2003, Zusammenfassung abgedruckt in: Bulletin EG 5 – 2003, Ziffer 1.6.50. Vgl. bereits auch: Mitteilung der Kommission *„Coordination between the Community and its Member States on education and training schemes in developing countries"*, KOM (1994) 399, endg. vom 26.9.1994, abgedruckt in: *Kommission*, Development Cooperation Policy, S. 241ff; Ratsentschließung über *"Education and training in the developing countries"* vom 25.11.1994, abgedruckt in: *Kommission*, Development Cooperation Policy, S. 257ff.

[159] Nachfolgend: Mitteilung der Kommission über *„Die Rolle der allgemeinen und beruflichen Bildung im Rahmen der Armutsminderung in den Entwicklungsländern"*, KOM (2002) 116, endg. vom 6.3.2002, Punkt III.1.

[160] Die „Grundbildung" umfasst die „formale (d.h. in einer Bildungseinrichtung absolvierte) Primarbildung, bezieht sich aber auch auf alle Fertigkeiten, Kenntnisse, Verhaltensweisen, Werte und Beweggründe, die erforderlich sind, damit ein Mensch Lesen und Schreiben lernen und die erforderlichen Grundlagen erwerben kann, um einen Lebensweg zu beschreiten, auf dem er sein Lernen fortsetzen kann" (Anhang 1 der Mitteilung der Kommission über *„Die Rolle der allgemeinen und beruflichen Bildung im Rahmen der Armutsminderung in den Entwicklungsländern"*, KOM (2002) 116, endg. vom 6.3.2002)

[161] „Die Bildungsgänge im Rahmen der Primarbildung sollen den Kindern eine solide Grundlage in den Grundfertigkeiten Lesen, Schreiben und Rechnen sowie Einblicke in andere Fächer vermitteln" (Anhang 1 der Mitteilung der Kommission über *„Die Rolle der allgemeinen und beruflichen Bildung im Rahmen der Armutsminderung in den Entwicklungsländern"*, KOM (2002) 116, endg. vom 6.3.2002).

[162] Zur Benachteiligung der Mädchen im Bildungswesen siehe die Mitteilung der Kommission über *„Die Rolle der allgemeinen und beruflichen Bildung im Rahmen der Armutsminderung in den Entwicklungsländern"*, KOM (2002) 116, endg. vom 6.3.2002, Anhang 2, Punkt 2.

Aufmerksamkeit geschenkt sowie auch in Krisenzeiten ein Minimum an Unterricht aufrechterhalten wird. Weitere Schwerpunkte ihrer Strategie legt die Gemeinschaft schließlich auf die berufsbezogene Ausbildung und auf regionaler Ebene auf die Hochschulbildung[163], beinhaltet doch eine „ausgewogene Entwicklung des Bildungswesens“[164] auch, dass Kinder und Jugendliche auf verschiedenen Bildungsstufen ausgebildet werden und dass deren Kenntnisse und Qualifikationen den Arbeitsmarktanforderungen entsprechen.
Damit sich all diese Strategien nachhaltig auswirken können, müssen sie im Einklang mit den makroökonomischen Reformen durchgeführt werden[165].

- Die Verbesserung des Gesundheitswesens:

„Gesundheit ist ein Schlüsselfaktor für wirtschaftliches Wachstum und Entwicklung, Krankheit dagegen ist Ursache und Folge von Armut“[166] – so positioniert die Kommission die Bedeutung des Gesundheitswesens und fügt folgende Erläuterungen hinzu[167]: Eine optimalere Gesundheitslage verbessert die Lebensqualität, mehrt die Aufstiegschancen und stellt bessere Lebensbedingungen sicher. Dieses Mehr an Lebensqualität wird an die Kinder weitergegeben, indem in deren Ausbildung investiert wird. Eine Verbesserung der geistigen Entwicklung sowie des materiellen Lebensstandards wiederum vermögen die Arbeitsproduktivität des Einzelnen zu steigern und das Pro-Kopf-Einkommen zu heben. Eine gesunde Bevölkerung schließlich ist in der Lage, ihre sozialen Lebensbedingungen, aber auch die gesamtwirtschaftliche Stabilität durch ein Mehr an Steuereinnahmen sowie ein Weniger an Gesundheitskosten zu verbessern. Umgekehrt bringen schwere Krankheiten wie etwa HIV/ AIDS das ökonomische Wachstum ins Stocken und lassen die ansonsten für Investitionen in die öffentliche Gesundheit verfügbaren finanziellen Mittel versiegen. Und ganz allgemein gesprochen gehen Krankheit und Armut Hand in Hand, treiben doch die Behandlungskosten für Krankheiten die Haushalte (noch mehr) in die Armut. Fakt ist ferner, dass die armen Bevölkerungsschichten unverhältnismäßig oft von übertragbaren Krankheiten (HIV/ AIDS, Malaria, Tuberkulose, Atemwegs- und Durchfallerkrankungen, parasitäre Krankheiten) betroffen sind und die höchsten Geburtenraten aufweisen – mitunter, um die hohe Kindersterblichkeitsrate zu kompensieren und für soziale Absicherung zu sorgen. Darüber hinaus zeugt ihre extrem hohe Kinder- und Müttersterblichkeitsquote nicht selten von einer unzureichenden Gesundheitsversorgung bzw. einer zögerlichen Inanspruchnahme vorhandener Einrichtungen. Und nicht zuletzt sind die Armen tendenziell stärker Umweltbelastungen ausgesetzt, die ihre Gesundheitssituation noch mehr verschlechtern[168].

---

[163] Detailliert: Mitteilung der Kommission über *„Die Rolle der allgemeinen und beruflichen Bildung im Rahmen der Armutsminderung in den Entwicklungsländern“*, KOM (2002) 116, endg. vom 6.3.2002, Punkte III.2, III.3. Zur Umsetzung dieser drei Prioritäten: *ebenda*, Punkt IV.

[164] Mitteilung der Kommission über *„Die Rolle der allgemeinen und beruflichen Bildung im Rahmen der Armutsminderung in den Entwicklungsländern“*, KOM (2002) 116, endg. vom 6.3.2002, Punkt II.1.

[165] Vgl. Mitteilung der Kommission über die Entwicklungspolitik vom April 2000, Punkt 4.3 (3).

[166] Mitteilung der Kommission *„Gesundheit und Armutsbekämpfung in Entwicklungsländern“*, KOM (2002) 129, endg. vom 22.3.2002, Punkt 1; vgl. auch die gleichnamige Entschließung des EP vom 4.9.2003, Zusammenfassung in Bulletin EG 9 – 2003, Ziffer 1.6.65 sowie die Ratsentschließung *„Health and Poverty“* vom 30.5.2002, Dok. 8958/92 (zitiert nach: *Kommission*, Report on Millennium Development Goals, Punkt 3.4, Fn. 23). Zur Schlüsselrolle der Gesundheitsvorsorge für die Armutsbekämpfung auch: Mitteilung der Kommission über die Entwicklungspolitik vom April 2000, Punkt 4.3 (3); OPS vom November 2000, Punkt 16.

[167] Nachfolgend: Mitteilung der Kommission *„Gesundheit und Armutsbekämpfung in Entwicklungsländern“*, KOM (2002) 129, endg. vom 22.3.2002, Punkt 2; Punkt 3 zur weltweiten Gesundheitslage.

[168] Dazu näher unten Abschnitt C.I.2.2.3.

Vor diesem Hintergrund hat sich die Gemeinschaft folgende vier Ziele für ihre Unterstützung gesetzt[169]: Erstens die Verbesserung der gesundheits-, AIDS- und bevölkerungspolitischen Lage in den jeweiligen Ländern, besonders für die Ärmsten; zweitens die Maximierung der positiven und die Minimierung der möglichen negativen gesundheitlichen Auswirkungen der Unterstützung anderer Sektoren durch die EG; drittens der Schutz der Bedürftigsten vor Armut durch die Unterstützung ausgewogener und gerechter Finanzierungsmechanismen für das Gesundheitswesen, und schließlich die Investitionen in die Entwicklung spezifischer globaler Kollektivgüter, das heißt „kollektive[r] Güter [...], die sich über Grenzen, Generationen und Bevölkerungsgruppen hinweg nutzen lassen“[170] (z.B. Entwicklung von Arzneimitteln oder Diagnosetechniken[171]). Infolgedessen konzentrieren sich die Maßnahmen der EG u.a.[172] auf den Ausbau der Gesundheitssysteme, um den Zugang zu qualitativ hochwertigen Versorgungsleistungen zu erleichtern und deren faire Finanzierung abzusichern, sowie auf die gezielte Bekämpfung übertragbarer Krankheiten[173]. Und nicht zuletzt zur Kontrolle des Bevölkerungswachstums versucht sie, die reproduktive und sexuelle Gesundheit und die diesbezüglichen Rechte, insbesondere von Müttern, zu stärken. Schließlich engagiert sie sich für die Ausdehnung der sozialen Absicherung und die Gewährleistung einer mit hohen Standards für die menschliche Gesundheit vereinbaren Umwelt, kontrolliert die Investitionen ihrer Entwicklungspolitik und deren Auswirkungen auf den Gesundheitsbereich und betont erneut[174] die

[169] Mitteilung der Kommission *„Gesundheit und Armutsbekämpfung in Entwicklungsländern“*, KOM (2002) 129, endg. vom 22.3.2002, Punkt 5.
Zur Entwicklung der EG-Politik in den Bereichen Gesundheit, AIDS und Bevölkerungspolitik bis 2001: Mitteilung der Kommission *„Beschleunigte Aktion zur Bekämpfung der wichtigsten übertragbaren Krankheiten im Rahmen der Armutslinderung“*, KOM (2000) 585, endg. vom 20.9.2000, sowie das nachfolgende *„Aktionsprogramm“*, KOM (2001) 96, endg. vom 21.2.2001; Mitteilung der Kommission *„Größere Solidarität im Kampf gegen AIDS in Entwicklungsländern“*, KOM (1998) 407, endg. vom 3.7.1998 (Zusammenfassung in: Bulletin EG 7/8 – 1998, Ziffer 1.4.61); Mitteilung der Kommission über *„AIDS policy of the Community and the Member States in the developing world“*, KOM (1993) 479, endg. vom 7.1.1994 (abgedruckt in: *Kommission*, Development Cooperation Policy, S. 179ff); Entschließung des Rates über *„The fight against HIV/ AIDS in the developing countries“* vom 6.5.1994 (abgedruckt in: *Kommission*, Development Cooperation Policy, S. 201ff); Mitteilung der Kommission *„The Community and the Member States' policy on cooperation with developing countries in the field of health“*, KOM (1994) 77, endg. vom 24.3.1994 (abgedruckt in: *Kommission*, Development Cooperation Policy, S. 205ff); Entschließung des Rates über *„Cooperation with the developing countries in the field of health“* vom 6.5.1994 (abgedruckt in: *Kommission*, Development Cooperation Policy, S. 215ff); Mitteilung der Kommission über *„Demography, family planning and cooperation with developing countries“*, SEK (1992) 2002, endg. vom 4.11.1992 (abgedruckt in: *Kommission*, Development Cooperation Policy, S. 81ff); Entschließung des Rates und der im Rat vereinigten Vertreter der Regierungen der Mitgliedstaaten über *„Family planning in population policies in developing countries“* vom 19.11.1992 (abgedruckt in: *Kommission*, Development Cooperation Policy, S. 89ff). Eine Zusammenfassung der strategischen Prioritäten viele dieser Mitteilungen findet sich im Anhang 2 der Mitteilung der Kommission *„Gesundheit und Armutsbekämpfung in Entwicklungsländern“*, KOM (2002) 129, endg. vom 22.3.2002.

[170] Mitteilung der Kommission *„Auf dem Weg zu einer globalen Partnerschaft für nachhaltige Entwicklung“*, KOM (2002) 82, endg. vom 13.2.2002, Punkt 3.6, Fn. 28.

[171] Mitteilung der Kommission *„Gesundheit und Armutsbekämpfung in Entwicklungsländern“*, KOM (2002) 129, endg. vom 22.3.2002, Punkt 4.

[172] Mitteilung der Kommission *„Gesundheit und Armutsbekämpfung in Entwicklungsländern“*, KOM (2002) 129, endg. vom 22.3.2002, Punkte 5, 6, vgl. auch die Zusammenfassung auf S. 3.

[173] Vgl. zu diesem Unterstützungsschwerpunkt aus letzter Zeit die Mitteilungen der Kommission *„Ein europäisches Gesamtkonzept für Außenmaßnahmen zur Bekämpfung von HIV/ AIDS, Malaria und Tuberkulose“*, KOM (2004) 726, endg. vom 26.10.2004, sowie *„Europäisches Aktionsprogramm zur Bekämpfung von HIV/ AIDS, Malaria und Tuberkulose durch Außenmaßnahmen (2007 – 2011)“*, KOM (2005) 179, endg. vom 27.4.2005.

[174] Vgl. Mitteilung der Kommission *„Gesundheit und Armutsbekämpfung in Entwicklungsländern“*, KOM (2002) 129, endg. vom 22.3.2002, Punkt 5; Mitteilung der Kommission über die Entwicklungspolitik vom April 2000, Punkt 4.3 (3).

Bedeutung der makroökonomischen Rahmenbedingungen für ein nachhaltiges Gelingen ihrer Gesundheitspolitik.

- Die Gleichstellung der Geschlechter und die Stärkung der Rolle der Frau („empowerment"):

Die EG ist gemäß Art. 3II EGV primärrechtlich verpflichtet, „Ungleichheiten [zwischen Frauen und Männern[175]] zu beseitigen und die Gleichstellung von Männern und Frauen zu fördern", und zwar auch im Rahmen ihrer Tätigkeit auf dem Gebiet der Entwicklungszusammenarbeit, Art. 3II i.V.m. Art. 3I r) EGV. Die Einführung dieser Thematik speziell in die Entwicklungskooperation ist auch geboten, stehen doch die Ungleichheit der Geschlechter und die Armut in einem ursächlichen Zusammenhang[176]: Derzeit besteht ein unverhältnismäßig hoher Anteil, etwa 70%, der weltweit in Armut lebenden Menschen aus Frauen. Sie erfüllen zwar die ihnen zugeteilte Rolle in der Gesellschaft – im Allgemeinen eine reproduktive, produktive und (unentgeltliche) gemeinschaftliche Management-Rolle[177] -, sind dabei jedoch zahlreichen Hindernissen ausgesetzt: So verweigert man ihnen nicht selten die Ausübung ihrer individuellen Menschenrechte und hindert sie daran, wirtschaftliche und natürliche Ressourcen zu kontrollieren; ferner werden sie etwa bei der Mitgestaltung der Entwicklung, dem Zugang zu grundlegenden sozialen Dienstleistungen sowie bei der politischen Partizipation nach wie vor erheblich benachteiligt. Dementsprechend weisen die Länder mit „Gleichstellungsdefiziten" wesentliche Schwächen in den genannten Bereichen auf. Die diskriminierungsfreie Partizipation der Frau erscheint daher für eine nachhaltige und erfolgreiche Entwicklung unerlässlich. Denn Verbesserungen in diesen Gebieten schlagen sich nachweislich u.a. in höherer Produktivität und Einkommen, vernünftigerem Umgang mit natürlichen Ressourcen, sinkenden Säuglings-, Kinder- und Müttersterblichkeitsraten, verbesserter körperlicher Entwicklung der Kinder sowie wachsender Ernährungssicherheit nieder.

Daraus ergibt sich zunächst[178] das Ergreifen spezifischer Maßnahmen zur Verbesserung der Lage der Frau sowie zur Aufwertung ihrer Rolle. In den letzten Jahren, spätestens seit der Weltfrauenkonferenz 1995 in Peking[179], hat sich hingegen immer mehr die Erkenntnis durchgesetzt, dass das Interesse nicht nur isoliert den Rollen, Aufgaben und Bedürfnissen etc. der Frau gelten darf, sondern in gleicher Weise auch der Situation des Mannes geschenkt werden muss. Denn am Prozess, der letztendlich die Ursachen des Sozialgefälles zwischen den Geschlechtern wirksam eliminieren soll, müssen Frauen *und* Männer gleichermaßen beteiligt werden, ist das Verhältnis der Geschlechter zueinander zu verändern (sog. „Gender-Ansatz"). Dementsprechend beleuchtet dieser Ansatz „die unterschiedlichen, in Wechselbeziehung zu-

---

[175] Ein derartiger Bezug ergibt ein Vergleich mit der englischen und französischen Fassung, vgl. *Streinz*, in: Streinz (Hrsg.), EUV/ EGV, Art. 3, Rn. 46.

[176] Nachfolgend: Mitteilung der Kommission *„Gleichstellung der Geschlechter als Querschnittsaufgabe für die Entwicklungszusammenarbeit der Gemeinschaft – ein Aktionsprogramm"*, KOM (2001) 295, endg. vom 21.6.2001, Punkt 2 und Zusammenfassung; VO (EG) Nr. 2836/98 des Rates vom 22.12.1998 *über die Berücksichtigung der Geschlechterperspektive bei der Entwicklungszusammenarbeit* (ABl. 1998, Nr. L 354/5ff), Präambel I ff; VO (EG) Nr. 806/2004 des EP und des Rates vom 21.4.2004 *zur Förderung der Gleichstellung der Geschlechter im Rahmen der Entwicklungszusammenarbeit* (ABl. 2004, Nr. L 143/40ff), Präambel IV ff.
Ein weiteres Schlüsseldokument in diesem Bereich stellt bspw. die Mitteilung der Kommission über die *„Berücksichtigung der geschlechterspezifischen Fragen in der Entwicklungszusammenarbeit"*, KOM (1995) 423, endg. vom 18.9.1995, dar.

[177] *Schmid*, Stichwort „Gender", in: Nohlen (Hrsg.), Lexikon Dritte Welt, S. 311ff, 312.

[178] Mitteilung der Kommission *„Gleichstellung der Geschlechter als Querschnittsaufgabe für die Entwicklungszusammenarbeit der Gemeinschaft – ein Aktionsprogramm"*, KOM (2001) 295, endg. vom 21.6.2001, Punkt 3.

[179] Nachfolgend: Mitteilung der Kommission *„Gleichstellung der Geschlechter als Querschnittsaufgabe für die Entwicklungszusammenarbeit der Gemeinschaft – ein Aktionsprogramm"*, KOM (2001) 295, endg. vom 21.6.2001, Punkte 3, 4, insbesondere Punkt 4.1; *Schmid*, Stichwort „Gender", in: Nohlen (Hrsg.), Lexikon Dritte Welt, S. 311ff. Zum Ganzen auch: *Kommission*, Gender Equality.

einander stehenden entwicklungsbezogenen Rollen, Aufgaben und Möglichkeiten von Frauen und Männern als kulturspezifische und von der Gesellschaft geformte Phänome[ne], die sich im Laufe der Zeit, insbesondere als Folge politischer Maßnahmen, wandeln können“[180]. Hieraus resultiert ein zweiter, additiver Maßnahmenschwerpunkt, die Berücksichtigung der Bedürfnisse und Prioritäten *beider* Geschlechter, um langfristig existierende Disparitäten zu beseitigen und den gegenüber dem Mann untergeordneten Status der Frau aufzuheben („empowerment“)[181]. Dies versucht die EG mit Hilfe der sog. „Gender-Mainstreaming-Strategie“ zu erreichen, die „über die Planung, (Re) Organisation, Verbesserung und Bewertung politischer Prozesse bezweckt, dass die üblicherweise beteiligten Akteure bei *allen* [Hervorhebung d.d. Verf.] entwicklungspolitischen Konzepten, Strategien und Maßnahmen auf allen Ebenen und in allen Phasen dem Aspekt der Gleichstellung der Geschlechter Rechnung tragen“[182]. Eine derartige durchgängige Berücksichtigung der Geschlechtergleichstellung in sämtlichen Bereichen gemeinschaftlicher Entwicklungszusammenarbeit, zumal in den sechs prioritären Bereichen[183], macht dieses Förderelement demnach zur Querschnittsaufgabe („mainstreaming“)[184]. Allgemein verspricht sich die Gemeinschaft von dieser „Doppelstrategie“ eine wirksamere und nachhaltige Entwicklung sowie positive Effekte auf die Armutsminderung[185].

- Die Ernährungssicherung:

Etwa 760 Millionen Menschen, darunter knapp 200 Millionen Kinder, leiden nach Schätzungen der FAO, der Ernährungs- und Landwirtschaftsorganisation der UN, unter chronischer Unterernährung. Die Bewältigung dieser Unterernährung, des Hungers, ist nach Auffassung der Gemeinschaft der erste Schritt in Richtung Bekämpfung der Armut[186]. Die „Ernährungssicherungs-“ bzw. die „Nahrungsmittelsicherheitspolitik“ spielt mitunter deshalb - zusammen mit der Förderung der Bildung und des Gesundheitswesens - eine herausragende Rolle in den zur Eindämmung der Armut eingesetzten Strategien[187]. Dabei ist es Ziel dieser Politik, dass „Nahrungsmittel mit angemessenem Nährwert in ausreichender Menge zur Verfügung stehen und den Haushalten und dem einzelnen jederzeit zugänglich sein müssen“[188]. Diese Zielvor-

---

[180] Art. 1III der VO (EG) Nr. 2836/98 des Rates vom 22.12.1998 *über die Berücksichtigung der Geschlechterperspektive bei der Entwicklungszusammenarbeit* (ABl. 1998, Nr. L 354/5ff); vgl. auch: Mitteilung der Kommission *„Gleichstellung der Geschlechter als Querschnittsaufgabe für die Entwicklungszusammenarbeit der Gemeinschaft – ein Aktionsprogramm“*, KOM (2001) 295, endg. vom 21.6.2001, Anhang I, Stichwort „Geschlechterspezifische Analyse“.

[181] *Schmid*, Stichwort „Gender“, in: Nohlen (Hrsg.), Lexikon Dritte Welt, S. 311ff, 312.

[182] Art. 2a) der VO (EG) Nr. 806/2004 des EP und des Rates vom 21.4.2004 *zur Förderung der Gleichstellung der Geschlechter im Rahmen der Entwicklungszusammenarbeit* (ABl. 2004, Nr. L 143/40ff). Vgl. ebenso: Mitteilung der Kommission *„Gleichstellung der Geschlechter als Querschnittsaufgabe für die Entwicklungszusammenarbeit der Gemeinschaft – ein Aktionsprogramm“*, KOM (2001) 295, endg. vom 21.6.2001, Anhang I, Stichwort „Die Gleichstellung der Geschlechter als Querschnittsaufgabe“.

[183] Zu diesen sogleich unten Abschnitt C.I.2.4.

[184] Detailliert hierzu: Mitteilung der Kommission *„Gleichstellung der Geschlechter als Querschnittsaufgabe für die Entwicklungszusammenarbeit der Gemeinschaft – ein Aktionsprogramm“*, KOM (2001) 295, endg. vom 21.6.2001, Punkt 5.1. Vgl. auch die OPS vom November 2000, Punkt 20, sowie die *„Rahmenstrategie zur Gleichstellung der Geschlechter (2001-2005)“*, KOM (2000) 335, endg. vom 7.6.2000.

[185] Mitteilung der Kommission *„Gleichstellung der Geschlechter als Querschnittsaufgabe für die Entwicklungszusammenarbeit der Gemeinschaft – ein Aktionsprogramm“*, KOM (2001) 295, endg. vom 21.6.2001, Punkt 3.

[186] Voranstehend: *Kommission*, Fighting Hunger, S. 2, 10.

[187] OPS vom November 2000, Punkt 18; Mitteilung der Kommission über die Entwicklungspolitik vom April 2000, Punkt 4.3 (5).

Zur Entwicklung dieser Politik vgl. Mitteilung der Kommission über *„Coordination between the Community and the Member States concerning food security and practices“*, KOM (1994) 165, endg. vom 4.5.1994 (abgedruckt in: *Kommission*, Development Cooperation Policy, S. 221ff); Entschließung des Rates über "*Food security and practices*" vom 25.11.1994 (abgedruckt in: *Kommission*, Development Cooperation Policy, S. 235ff).

[188] Kompendium der Kooperationsstrategien vom Juni 2000, Punkt 2.1.2.

gabe spiegelt zwei wesentliche Komponenten der Strategie der Gemeinschaft zur Ernährungssicherung wider, nämlich den älteren, angebotsbezogenen („supply approach") sowie den neuen, nachfrageorientierten („demand approach") Ansatz[189]. Erstere, noch Mitte der 90er Jahre ausschließlich praktizierte Vorgehensweise der EG basiert auf der These, dass Ernährungssicherheitsprobleme vornehmlich auf die fehlende Verfügbarkeit von Nahrungsmitteln zurückzuführen seien („supply approach"). Und da die Unterstützung einer erfolgreichen Gesamtentwicklung als effektivstes Mittel für die Herstellung der allgemeinen Verfügbarkeit von Lebensmitteln qualifiziert wird[190], setzt die Gemeinschaft folgende Akzente in ihrer Ernährungssicherungspolitik[191]: Im Zentrum stehen zunächst Maßnahmen, die Investitionen in die Agrarwirtschaft, namentlich in Produktion und Forschung, anzuregen und dadurch insgesamt die ländliche Entwicklung[192] voranzutreiben vermögen, denn Hunger ist in erster Linie ein Phänomen ländlicher Gegenden. Darüber hinaus kann die Ernährungssicherung nur dann nachhaltig sein, wenn die vernünftige Nutzung der Umwelt und der natürlichen Ressourcen in die Politik integriert wird. Ebenso gilt der Unterstützung der regionalen Integration und Kooperation[193] besondere Aufmerksamkeit, da Nahrungsmittelsicherheit oft nur durch ein regionales System von Produkten und Verteilung verfolgt werden kann. Ferner engagiert sich die EG für die Verbesserung der Markteffizienz und die Senkung der Handelsschranken sowie für den Ausbau effizienter Wirtschaftsinfrastruktur, um die allgemeine Nahrungsmittelverfügbarkeit zu erhöhen, des Weiteren für die Bekämpfung übertragbarer Krankheiten, die das produktive Humankapital der ruralen Bevölkerung enorm schwächen.
Erst allmählich setzte sich das Bewusstsein durch, dass Nahrungssicherungsprobleme vorrangig auf fehlendem (wirtschaftlichen oder physischen) Zugang zu Nahrungsmitteln gründen. Sie beruhen mithin auf einem Faktor, der der Nachfrageseite („demand approach"), namentlich den kaufkraftschwachen Privathaushalten in Stadt und Land, in denen der Nahrungsmittelverbrauch der Menschen geregelt wird, zuzuordnen ist[194]. Aus diesem Grunde konzentriert sich die Gemeinschaft mittlerweile vermehrt auf die Stärkung der Kaufkraft, die sie sich u.a.[195] durch Maßnahmen zur Diversifizierung und Erhöhung der in der Landwirtschaft, vor allem aber auch im Privatsektor erzielten Einkünfte verspricht. Gleichzeitig lanciert sie spezielle Programme, die sozial schwache Gruppen dabei unterstützen, adäquateres Einkommen aus arbeitsintensiven, nicht-landwirtschaftlichen Tätigkeiten zu beziehen.
Eine derart kohärente Politik der Ernährungssicherung ist geeignet, die Notwendigkeit der Nahrungsmittel*hilfe,* vor allem die Nahrungsmittel*sofort*hilfe als Teil der humanitären Hilfe zu reduzieren[196]. Nichtsdestotrotz ist gerade letztere Hilfeform zusammen mit Frühwarnsystemen und Krisenpräventionsvorkehrungen Bestandteil langfristiger Armutsbekämpfungsstrategien insofern, als sie in Zeiten der Not infolge und Rehabilitation nach Krisen Leben zu schützen und Vermögenswerte zu erhalten vermag und den Weg für eine künftige langfristige

---

[189] *Kommission*, Fighting Hunger, S. 10.
[190] Länder, in denen die Wirtschaft floriert, der regionale und internationale Handel eine solide Stellung innehat und in denen die Märkte funktionieren, verfügen grundsätzlich über ausreichende Nahrungsmittel, vgl. Anhang 6 der Mitteilung der Kommission „*Bewertung und künftige Ausrichtung der Verordnung (EG) Nr. 1282/96 des Rates über die Nahrungsmittelhilfepolitik und –verwaltung sowie über spezifische Maßnahmen zur Erhöhung der Ernährungssicherheit*", KOM (2001) 473, endg. vom 5.9.2001.
[191] Nachfolgend: *Kommission*, Fighting Hunger, S. 16. Vgl. hierzu auch: Mitteilung der Kommission über die Entwicklungspolitik vom April 2000, Punkt 4.3 (5).
[192] Hierzu sogleich weiter unten in diesem Abschnitt.
[193] Zu dieser sogleich ausführlich unten Abschnitt C.I.2.3.
[194] *Kommission*, Fighting Hunger, S. 10.
[195] *Kommission*, Fighting Hunger, S. 16.
[196] Vgl. Mitteilung der Kommission über die Entwicklungspolitik vom April 2000, Punkt 4.3 (5); OPS vom November 2000, Punkt 18. Zur Nahrungsmittelsoforthilfe als Teil der humanitären Hilfe bereits oben Kapitel B „Geschichte der Entwicklungszusammenarbeit der Europäischen Gemeinschaft", Abschnitt B.II.1.

Entwicklung ebnet[197]. Jedoch insistiert die Gemeinschaft, dass die Lebensmittelhilfe keinesfalls Strategien ersetzt, die darauf abzielen, den Wurzeln für die fehlende Nahrungsmittelsicherheit auf den Grund zu gehen[198].

- Die ländliche Entwicklung:

Die Fokussierung der Entwicklungszusammenarbeit auf die ländliche Entwicklung gebieten folgende Faktoren[199]: In den meisten Entwicklungsländern wohnt der größte Teil der Bevölkerung auf dem Land, bestreitet ihren Lebensunterhalt überwiegend im Zusammenhang mit der Landwirtschaft[200] und ist damit für die Ernährungssicherheit nicht zuletzt auch des gesamten Landes verantwortlich. Dabei reichen die Erträge in der Realität nicht einmal für ihren eigenen Bedarf. Mitunter auch deshalb sind Hunger und äußerste Armut in erster Linie Kennzeichen ländlicher Gebiete. Folge, aber auch Ursache dieser Armut, namentlich der Suche nach Ernährungssicherheit, sind massive Umweltschäden. Andererseits fördert der Agrarsektor das Wachstum auch in anderen Wirtschaftszweigen; in vielen Entwicklungsländern ist er sogar alleiniger Wachstumsmotor und konstituiert ergo die Basis für die Eingliederung dieser Länder in die Weltwirtschaft. Ein weiterer Punkt, der für eine Intensivierung der ländlichen Entwicklung spricht, ist ihre Schlüsselrolle bei der Verringerung von Ungleichheiten (zwischen Regionen, Ethnien, Religionen,...) und Konfliktpotenzialen (mangelnder Zugang zu Produktionsmitteln, fehlender politischer Einfluss).
Vor diesem Hintergrund verfolgt die Gemeinschaft im Hinblick auf die ländliche Entwicklung nunmehr[201] einen kohärenten, „integrierten"[202] Politikansatz – mithin eine umfassende Sichtweise, die die Ziele der Armutsminderung, der Ernährungssicherung und der nachhaltigen Bewirtschaftung natürlicher Ressourcen mit umfasst. Dabei setzt die EG auf folgende sechs Aktionsschwerpunkte[203]: Erstens auf die Unterstützung einer Sektor- und Wirtschaftspolitik, die ein breit fundiertes Wachstum begünstigt; zweitens auf die Gewährleistung eines gleichberechtigten Zugangs zu Produktionsfaktoren (Land, Wasser, Kredit, ländliche Infrastruktur, Märkte, Produktionsmittel, etc.), und drittens auf Investitionen in das Humankapital, insbesondere in den Bereichen Bildung, Gesundheit, Ernährung, Bevölkerung, Trinkwasserversorgung sowie Abwasserentsorgung. Ferner fördert die Gemeinschaft die nachhaltige Bewirtschaft der natürlichen Ressourcen sowie die Verringerung der Risikogefährdung (Klima, Umwelt, Gesundheit, Konflikte, Märkte, etc) durch Risikomanagement und die Bereitstellung von Sicherheitsnetzen. Schließlich hilft sie beim Aufbau wirksamer rechenschaftspflichtiger, dezentraler und partizipatorischer Institutionen, um die soziale wie politische Marginalisierung der ruralen Bevölkerung zu überwinden.

---

[197] Vgl. hierzu auch die Mitteilung der Kommission *„Verknüpfung von Soforthilfe, Rehabilitation und Entwicklung – Eine Bewertung"*, KOM (2001) 153, endg. vom 23.4.2001.

[198] Voranstehend vgl. *Kommission*, Fighting Hunger, S. 3.

[199] Nachstehend: Mitteilung der Kommission *„Bekämpfung der ländlichen Armut"*, KOM (2002) 429, endg. vom 25.7.2002, Punkt 3, Punkt 4 ausführlich zu den Merkmalen ländlicher Armut; Annex zu „Horizonte 2000", Punkt III.2.2.2 (ii); Kompendium der Kooperationsstrategien vom Juni 2000, Punkt 2.1.3.

[200] Vielerorts auch mit der Viehwirtschaft, und/ oder der Fischerei (hierzu: Mitteilung der Kommission, *„Fischerei und Armutsbekämpfung"*, KOM (2000) 724, endg. vom 8.11.2000).

[201] Zur Entwicklung der Politikansätze für die ländliche Entwicklung: Mitteilung der Kommission *„Bekämpfung der ländlichen Armut"*, KOM (2002) 429, endg. vom 25.7.2002, Punkt 5 und Anhang 2.

[202] Ausführlich zu diesem Konzept: Mitteilung der Kommission *„Bekämpfung der ländlichen Armut"*, KOM (2002) 429, endg. vom 25.7.2002, Punkt 5.

[203] Ausführlich zum Nachfolgenden: Mitteilung der Kommission *„Bekämpfung der ländlichen Armut"*, KOM (2002) 429, endg. vom 25.7.2002, Punkte 6, 7. Vgl. auch die Schlussfolgerungen des Rates zur *„Bekämpfung der ländlichen Armut"* vom 27.1.2003, Zusammenfassung abgedruckt in: Bulletin EG 1/ 2 - 2003, Ziffer 1.6.86; Mitteilung der Kommission über die Entwicklungspolitik vom April 2000, Punkt 4.3 (5); OPS vom November 2000, Punkt 18.

- Bekämpfung der Armut:

Die Bekämpfung der Armut ist zwar ein zentrales Element der sozialen Entwicklungsförderung. Doch nimmt sie innerhalb der Ziele der Entwicklungszusammenarbeit bekanntermaßen einen besonderen Rang ein, der ihr auch hier in Form getrennter, ausführlicherer Ausführungen im Abschnitt 2.4 zugestanden wird.

2.2.3 Nachhaltigkeit der Entwicklung

„Sustainable development" – übersetzt ‚dauerhafte, langfristig tragfähige, zukunftsfähige', oder, wie es die deutsche Fassung des (nunmehrigen) Art. 177I 1. Spiegelstrich EGV seit Maastricht normiert, „nachhaltige" Entwicklung ist ein Begriff, auf den die Gemeinschaft bereits vor der vertraglichen Fixierung der Entwicklungszusammenarbeit zurückgegriffen hat[204]. Doch existiert nach wie vor weder ein internationaler Konsens über die genaue Bedeutung, geschweige denn eine genaue, einheitliche und allgemeingültige Definition von „sustainable development", noch besteht Einigkeit über diesbezügliche Umsetzungsmethoden[205]. Die EG bedient sich in dem hier relevanten Zusammenhang eines Konzepts bzw. einer Definition, wie sie im Wesentlichen 1987 durch den Brundtland-Bericht der von der UN eingesetzten Kommission für Umwelt und Entwicklung in die internationale Diskussion eingeführt wurde[206]. Danach ist eine Entwicklung nachhaltig, „die die Bedürfnisse der Gegenwart befriedigt, ohne zu riskieren, dass künftige Generationen ihre eigenen Bedürfnisse nicht befriedigen können"[207]. Nachhaltige Entwicklung bietet die „positive langfristige Perspektive einer wohlhabenderen und gerechteren Gesellschaft"[208]. Dabei konstituiert der „dreidimensionale Charakter der nachhaltigen Entwicklung" den Stützpfeiler der diesbezüglichen Strategie der Gemeinschaft – will heißen, „dass eine solche Entwicklung nur erreicht werden kann, wenn wirtschaftliches Wachstum, soziale Eingliederung und Umweltschutz in Europa wie in anderen Teilen der Welt Hand in Hand gehen"[209].

---

[204] Vgl. z.B. Horizonte 2000, Punkt IV.2.3; Erklärung des Rates und der im Rat vereinigten Vertreter der Regierungen der Mitgliedstaaten über *„Aspects of development cooperation policy in the run-up to 2000"* vom 18.11.1992, insbesondere Punkte 5, 6, 9, abgedruckt in: *Kommission*, Development Cooperation Policy, S. 73ff; Entschließung des Rates und der im Rat vereinigten Vertreter der Regierungen der Mitgliedstaaten über ein *„Gemeinschaftsprogramm für Umweltpolitik und Maßnahmen im Hinblick auf eine dauerhafte und umweltgerechte Entwicklung"* vom 1.2.1993, Kapitel 12 (ABl. 1993, Nr. C 138/1ff; hier wurde noch mit *„dauerhaft"* übersetzt). Damit trägt die Gemeinschaft bereits seit längerem aktuellen entwicklungstheoretischen Strömungen Rechnung, die die bisherigen wachstumsorientierten Strategien der „nachholenden Entwicklung" kritisieren und zugleich auf die Verflechtungen zwischen Wachstum, Unterentwicklung und Über- bzw. Fehlentwicklung, Ressourcenverbrauch und Umweltbelastung verweisen (*Strübel*, Stichwort „Sustainable Development", in: Nohlen (Hrsg.), Lexikon Dritte Welt, S. 759f, 759).

[205] Verschiedene Begriffsdefinitionen trägt z.B. *Messner*, Zum Verhältnis von Nachhaltigkeit und Breitenwirkung, in: E+Z 2001, S. 13ff, 16, zusammen. Zur Uneinheitlichkeit des Begriffs etc. auch: *Chaltiel*, L'Union Européenne et le dévelopment durable, in: RMC 2003, S. 24ff, 24; *Birnie/ Boyle*, International Law and the Environment, S. 123f, mit weiterem Hinweis.

Birnie/ Boyle (International Law and the Environment, S. 122f) verneinen die völkergewohnheitsrechtliche Verpflichtungswirkung von „sustainable development". Ebenso: *Beyerlin*, Staatliche Souveränität und internationale Umweltschutzkooperation, in: Beyerlin u.a. (Hrsg.), Recht zwischen Umbruch und Bewahrung, S. 937ff, 950f.

[206] Der Bericht ist abgedruckt in: *Hauff (Hrsg.)*, Unsere gemeinsame Zukunft; auf S. 46 befindet sich die genaue Definition von „dauerhafter Entwicklung", die folgenden Seiten erläutern das Konzept detailliert.

[207] Zuletzt: Mitteilung der Kommission *„Überprüfung der EU-Strategie der nachhaltigen Entwicklung 2005: Erste Bestandsaufnahme und künftige Leitlinien"*, KOM (2005) 37, endg. vom 9.2.2005, Teil I, Punkt 1. Vgl. hierzu auch das Spezialdossier „Sustainable development" in: The Courier 2002, Nr. 193, S. 21ff.

[208] Mitteilung der Kommission *„Nachhaltige Entwicklung in Europa für eine bessere Welt: Strategie der Europäischen Union für die nachhaltige Entwicklung"*, KOM (2001) 264, endg. vom 15.5.2001, Punkt I.

[209] Mitteilung der Kommission *„Überprüfung der EU-Strategie der nachhaltigen Entwicklung 2005: Erste Bestandsaufnahme und künftige Leitlinien"*, KOM (2005) 37, endg. vom 9.2.2005, Teil II, Punkt 5.1. Diesem Konzept folgend: Spezialdossier „Sustainable development" in: The Courier 2002, Nr. 193, S. 22ff, 22. Vgl. bereits

In der Kommentarliteratur wird in diesem Kontext „Nachhaltigkeit" recht einseitig in Zusammenhang zur ökologischen Dimension von Entwicklung gebracht[210] – ein Bezug, der auch ohne Zweifel gegeben ist. Denn die Verflechtungen von Umweltschutz und Entwicklung sind international, insbesondere auch von der Gemeinschaft[211], schon seit langem anerkannt. Diese vielschichtigen Ursachen- und Folgeketten und deren Verknüpfungen hier darzustellen, würde den Rahmen dieser Arbeit übersteigen. Resümieren lässt sich indes[212], dass die massiven Umweltzerstörungen[213] in den Entwicklungsländern mit nicht selten globalen Auswirkungen zumeist auf menschliches Verhalten[214] zurückzuführen sind. Die Menschen brauchen demnach die Ressourcenbasis, ihre direkte oder indirekte Lebensgrundlage, auf und gefährden damit nicht nur ihre gegenwärtige soziale[215] und wirtschaftliche[216] Entwicklung, sondern auch die künftiger Generationen – daher die oben zitierte Doppelstrategie. Da dieses Phänomen in erster Linie in Ländern/ Regionen zu beobachten ist, die sich durch besondere Armut kennzeichnen, und umgekehrt die dortige Bevölkerung am meisten unter Umweltschäden leidet[217], ist es deshalb erstens angezeigt, die menschliche, soziale und wirtschaftliche Entwicklung voranzutreiben. Zweitens gilt es, Umweltbelange systematisch in die Entwicklungspolitik einzubinden, zumal Investitionen in die Umwelt ihrerseits geeignet sind, das Wachstum zu stimulieren und die Armut zu bekämpfen, mithin Entwicklung zu fördern[218]. Die Förderung einer *nachhaltigen*, langfristig tragfähigen Entwicklung beinhaltet demnach die Beachtung ökologischer Erfordernisse[219] - oder anders ausgedrückt: (Soziale und wirtschaftliche) Ent-

---

auch: Mitteilung der Kommission „*Auf dem Weg zu einer globalen Partnerschaft für nachhaltige Entwicklung*", KOM (2002) 82, endg. vom 13.2.2002, Punkte 1, 2.

[210] *Cloos* u.a., Le Traité de Maastricht, S. 348; *Pitschas*, in: Streinz (Hrsg.), EUV/ EGV, Art. 177, Rn. 13ff; *Zimmermann*, in: von der Groeben/ Schwarze (Hrsg.), EUV/ EGV, Art. 177, Rn. 55f; *Zimmermann/ Martenczuk*, in: Schwarze (Hrsg.), EU-Kommentar, Art. 177, Rn. 20; *Schmalenbach*, in: Calliess/ Ruffert (Hrsg.), EUV/ EGV, Art. 177, Rn. 14.

[211] Ausführlich zu diesem „Erkenntnisprozess": *Vonessen*, Europäische Entwicklungshilfe, S. 60ff.

[212] Nachfolgend: Mitteilung der Kommission „*Auf dem Weg zu einer globalen Partnerschaft für nachhaltige Entwicklung*", KOM (2002) 82, endg. vom 13.2.2002, Punkt 1; Mitteilung der Kommission „*Gesundheit und Armutsbekämpfung in Entwicklungsländern*", KOM (2002) 129, endg. vom 22.3.2002, Punkte 2, 3; Stellungnahme des Wirtschafts- und Sozialausschusses zum Thema „*Einbeziehung von Umweltbelangen und nachhaltiger Entwicklung in die Entwicklungspolitik*", Punkte 2.5, 2.5.1 (ABl. 2001, Nr. C 14/87ff); Mitteilung der Kommission „*Bekämpfung der ländlichen Armut*", KOM (2002) 429, endg. vom 25.7.2002, Punkt 3 und Anhang 1. Vgl. auch: Mitteilung der Kommission über die Entwicklungspolitik vom April 2000, Punkt 4.3 (5). Ausführlich zum Ganzen mit vielen weiterführenden Hinweisen: *Vonessen*, Europäische Entwicklungshilfe, S. 22ff.

[213] Gestörte ökologische Gleichgewichte, rückläufige Biodiversität, Klimaveränderungen, verstärkte Wüstenbildung, großflächige Überschwemmungen, mangelnde Versorgung mit frischem, bezahlbarem Trinkwasser, oder aber äußerst defizitäre Abwasser- und Abfallentsorgung.

[214] Beispielsweise die Überweidung bzw. –nutzung und –düngung der Böden, die großflächige Abholzung der Wälder, die radikale Dezimierung der Fischbestände, der hohe Rohstoff- sowie Energieverbrauch, die fehlende oder mangelnde Umweltverträglichkeitsprüfung in der Industrie.

[215] Die Zerstörung der Umwelt beeinträchtigt in erster Linie die Gesundheitslage sowie die Ernährungssicherung der Menschen.

[216] Die Zerstörung natürlicher Ressourcen (Boden, Wasser, Wälder) begrenzt die Produktionsmittel; Aufwendungen zur Beseitigung der Umweltschäden mindern das zur Verfügung stehende Kapital für andere Entwicklungsvorhaben; niedrige Umweltstandards mindern die Wettbewerbsfähigkeit der Exporte; geschwächtes Humankapital schwächt die Produktivität.

[217] Diesen Zusammenhang erläutert insbesondere: Mitteilung der Kommission „*Bekämpfung der ländlichen Armut*", KOM (2002) 429, endg. vom 25.7.2002, Anhang 1.

[218] Vgl. Mitteilung der Kommission „*Bekämpfung der ländlichen Armut*", KOM (2002) 429, endg. vom 25.7.2002, Anhang 1; *Vonessen*, Europäische Entwicklungshilfe, S. 33.

[219] Neben den oben in Fn. 210 zitierten Kommentatoren ferner: *Vonessen*, Europäische Entwicklungshilfe, S. 94; *Klein*, in: H/K/M/M-G (Hrsg.), EUV/ EGV, Art. 130u, Rn. 5; *Benedek*, in: Grabitz/ Hilf (Hrsg.), EUV/ EGV, Art. 177, Rn. 14; GA *La Pergola*, Schlussanträge zu EuGH, Rs. C-268/94, Portugal/ Rat, Slg. 1996, I-6177ff, I-6183f, Ziffer 13. Vgl. auch Präambel XXI der *VO* (EG) Nr. 2493/2000 des EP und des Rates vom 7.11.2000 *über Maßnahmen zur Förderung der vollen Einbeziehung der Umweltaspekte in den Entwicklungsprozess der*

wicklung muss umweltverträglich (= nachhaltig) sein. Begründet wird damit ergo ein weiteres gemeinschaftsrechtlich verbindliches Kriterium, das den Umweltschutz als einen der drei Säulen der nachhaltigen Entwicklung rechtfertigt[220]. In Verbindung mit entwicklungsrechtlichen Kompetenzen (Art. 179I, 181I2 EGV) ist die Gemeinschaft infolgedessen berechtigt, aber auch verpflichtet[221], Umweltaspekte zum Zwecke der Nachhaltigkeit in Programme zur sozialen und/ oder wirtschaftlichen Entwicklung zu integrieren bzw. diesen Entwicklungsprozess unterstützende, jedoch eigenständige Umweltmaßnahmen zu implementieren[222].
Dabei macht der Schutz der Umwelt nicht vor den Zielvorgaben des Art. 177I 2. und 3. Spiegelstriches EGV Halt: So stipuliert bereits Art. 6 EGV, dass die „Erfordernisse des Umweltschutzes“[223] bei der Festlegung und Durchführung der in Art. 3 EGV genannten Gemeinschaftspolitiken und somit auch sämtlicher Zielvorgaben der Entwicklungszusammenarbeit einbezogen werden müssen[224]. Aber auch ohne diese Querschnittsklausel ergibt Teleologie und Terminologie des Art. 177I EGV, dass der Schutz der Umwelt nicht nur Bestandteil der Zielvorgaben seines 1., sondern trotz der fehlenden Erwähnung des Terminus „nachhaltig“ ebenso des 2. und 3. Spiegelstrichs ist: Denn genau betrachtet dienen sowohl die Eingliederung in die Weltwirtschaft (2. Spiegelstrich) als auch die Armutsbekämpfung (3. Spiegelstrich) der wirtschaftlichen und sozialen Entwicklung bzw. kann die Linderung der Armut (primär) als Element des sozialen und die Integration in den Welthandel (hauptsächlich) als Bestandteil des wirtschaftlichen Entwicklungsprozesses qualifiziert werden[225]. Dies will heißen, dass auch ohne eine explizite Nennung der beiden Kriterien in jeweils separaten Spiegelstrichen diese bereits aufgrund von Art. 177I 1. Spiegelstrich EGV zu fördern wären. Ihre ausdrückliche Hervorhebung ist wohl hauptsächlich auf ihre besondere Bedeutung in der damaligen und immer noch aktuellen entwicklungstheoretischen Diskussion zurückzuführen, kann allerdings keinesfalls dazu führen, die beiden Elemente dem Nachhaltigkeitsgebot zu

---

Entwicklungsländer (ABl. 2000, Nr. L 288/1ff). An Gemeinschaftsdokumenten bspw.: Erklärung des Rates und der im Rat vereinigten Vertreter der Regierungen der Mitgliedstaaten über „*Aspects of development cooperation policy in the run-up to 2000*“ vom 18.11.1992, Punkt 6; Entschließung des Rates und der im Rat vereinigten Vertreter der Regierungen der Mitgliedstaaten über ein „*Gemeinschaftsprogramm für Umweltpolitik und Maßnahmen im Hinblick auf eine dauerhafte und umweltgerechte Entwicklung*“ vom 1.2.1993, Kapitel 12 (ABl. 1993, Nr. C 138/1ff). Mitteilungen der Kommission: Horizonte 2000, Punkt IV.2.3; über die Entwicklungspolitik vom April 2000, insbesondere Punkt 1; „*Einbeziehung von Umweltaspekten und nachhaltiger Entwicklung in die Politik der wirtschaftlichen und entwicklungspolitischen Zusammenarbeit*“, KOM (2000) 264, endg. vom 18.5.2000; „*Nachhaltige Entwicklung in Europa für eine bessere Welt: Strategie der Europäischen Union für eine nachhaltige Entwicklung*“, KOM (2001) 264, endg. vom 15.5.2001; „*Auf dem Weg zu einer globalen Partnerschaft für nachhaltige Entwicklung*“, KOM (2002) 82, endg. vom 13.2.2002, insbesondere Punkt 3.3. Stellungnahme des Wirtschafts- und Sozialausschusses zum Thema „*Einbeziehung von Umweltbelangen und nachhaltiger Entwicklung in die Entwicklungspolitik*“ vom 16.1.2001 (ABl. 2001, Nr. C 14/87ff).

[220] Unter alleiniger Heranziehung des Art. 177I 1. Spiegelstrich EGV von einer dritten, rechtlich gesehen gleichrangigen Säule der Entwicklung neben der sozialen und wirtschaftlichen auszugehen, wäre m.E. indes unzutreffend: Die Entwicklungszusammenarbeit fördert die „nachhaltige wirtschaftliche und soziale Entwicklung“ (Art. 177I 1. Spiegelstrich EGV) – nach dem Syntax beschreibt das Nachhaltigkeitsgebot die „wirtschaftliche und soziale Entwicklung“ näher, ohne indes den Anspruch eines gleichrangigen Entwicklungszieles zu erheben (ob sich dies eventuell zusammen mit Art. 6 EGV ergibt, soll hier nicht untersucht werden).

[221] Vgl. *Vonessen*, Europäische Entwicklungshilfe, S. 94; *Pitschas*, in: Streinz (Hrsg.), EUV/ EGV, Art. 177, Rn. 13.

[222] Hier dürfte aber wohl zusätzlich Art. 175I EGV als Rechtsgrundlage heranzuziehen sein (vgl. z.B. VO (EG) Nr. 2493/2000 des EP und des Rates vom 7.11.2000 über *Maßnahmen zur Förderung der vollen Einbeziehung der Umweltaspekte in den Entwicklungsprozess der Entwicklungsländer* (ABl. 2000, Nr. L 288/1ff)).

[223] Wie diese Verpflichtung inhaltlich ausgestaltet ist, erläutert detailliert: *Vonessen*, Europäische Entwicklungshilfe, S. 95ff.

[224] Detailliert: *Vonessen*, Europäische Entwicklungshilfe, S. 93ff.

[225] Man beachte nur die bereits erwähnten Schwierigkeiten in Bezug auf die Einordnung eines Förderschwerpunktes in die Struktur der Zielvorgaben des EGV.

entziehen. Für die Einbeziehung ökologischer Aspekte in die Strategien speziell zur Armutsbekämpfung spricht darüber hinaus, dass grundsätzlich „selbständige" Aspekte der sozialen Entwicklungsförderung vor dem Hintergrund der gemeinschaftlichen Schwerpunktsetzung in den Dienste der Strategien zur Armutsreduzierung gestellt, ihnen quasi untergeordnet werden[226]; diese Vorgehensweise ist zwar rechtlich zulässig, darf jedoch im Ergebnis nicht dazu führen, dass die Gemeinschaft dadurch den primärrechtlichen Vorgaben, hier der Einhaltung der Nachhaltigkeit, absprechen kann. Was den Wortlaut des 3. Spiegelstriches - „*harmonische*" Eingliederung – anbelangt, so lässt dieser durchaus den Schluss zu, dass darunter nicht nur die Beachtung der wirtschaftlichen und sozialen Rahmenbedingungen des jeweiligen Entwicklungslandes zu subsumieren ist, worauf sich die einschlägige Literatur zumeist beschränkt[227], sondern ebenso ökologischen Gesichtspunkten Rechnung zu tragen ist. Einer „*harmonischen*" Integration ist dies gewiss zuträglich, belastet doch ungezügelte Globalisierung nachweislich die Umwelt[228] und realisiert sich so zuungunsten der Bevölkerung, was nach Sinn und Zweck dieses Kriteriums ja gerade vermieden werden soll. Bereits Teleologie und Wortlaut des Art. 177I EGV sprechen daher m.E. entscheidend dafür, dass sich die primärrechtliche Verpflichtung zur Beachtung der Nachhaltigkeit, hier speziell der Umweltverträglichkeit, auch auf die Zielvorgaben der Eingliederung in die Weltwirtschaft und der Armutsbekämpfung erstreckt[229]. Die EG ist mithin verpflichtet, nicht einfach „Entwicklungspolitik", sondern umweltbewusste Entwicklungspolitik zu betreiben[230].
In der Praxis hat die Gemeinschaft Umweltfragen in der Entwicklungspolitik zu einem Querschnittsthema erhoben. Sie verfolgt demnach eine Strategie, die Umweltbelange in *sämtliche* Zielvorgaben des Art. 177I EGV systematisch integriert[231], wobei nicht deutlich wird, aufgrund welcher Bestimmung[232]. Daneben begreift die EG den Umweltschutz als eigenständig zu verfolgendes, jedoch die soziale und wirtschaftliche Entwicklung unterstützendes Ziel[233].

Wie bereits angeklungen, übersieht die Kommentarliteratur indes geflissentlich, dass sich das Konzept der Nachhaltigkeit nicht nur in der Beachtung umweltspezifischer Gesichtspunkte erschöpft, sondern gemäß des einleitend zitierten dreidimensionalen Charakters von Nachhaltigkeit gleichfalls soziale und wirtschaftliche Entwicklungskomponenten beinhaltet. Denn

---

226 Vgl. explizit: OPS vom November 2000, Punkt 9.

227 Näher hierzu unten Kapitel C.I.2.3.

228 Vgl. Mitteilung der Kommission „*Auf dem Weg zu einer globalen Partnerschaft für nachhaltige Entwicklung*", KOM (2002) 82, endg. vom 13.2.2002, Punkt 2.

229 Anders *Vonessen*, Europäische Entwicklungshilfe, S. 94, der den Schutz der Umwelt nur auf die Zielvorgabe des Art. 177I 1. Spiegelstrich EGV beziehen will und für die anderen beiden Art. 130rII EGV a.F., nunmehr die umweltspezifische Querschnittsklausel des Art. 6 EGV, heranzieht.

230 *Vonessen*, Europäische Entwicklungshilfe, S. 94f.

231 Ausführlich zu diesen Förderelementen bzw. –strategien, die in den beiden vorangegangenen Abschnitten bereits teilweise angesprochen worden sind: Mitteilung der Kommission „*Einbeziehung von Umweltbelangen und nachhaltiger Entwicklung in die Politik der wirtschaftlichen und entwicklungspolitischen Zusammenarbeit*", KOM (2000) 264, endg. vom 18.5.2000.
Zu den einzelnen Unterstützungsschwerpunkten vgl. die Mitteilungen der Kommission: „*Aktionspläne zur Erhaltung der biologischen Vielfalt für die Gebiete, Erhaltung der natürlichen Ressourcen, Landwirtschaft, Fischerei sowie Entwicklung und wirtschaftliche Zusammenarbeit*", KOM (2001) 162, endg. vom 27.3.2001; „*Wasserbewirtschaftung in der Politik von Entwicklungsländern und Prioritäten für die Entwicklungszusammenarbeit der EU*", KOM (2002) 132, endg. vom 12.3.2002, insbesondere Punkt 2.2; „*Klimaänderungen und Entwicklungszusammenarbeit*", KOM (2003) 85, endg. vom 11.3.2003; „*Rechtsdurchsetzung, Politikgestaltung und Handel im Forstsektor (FLEGT)*", KOM (2003) 251, endg. vom 21.5.2003.

232 Vgl. OPS vom November 2000, Punkt 20; Mitteilung der Kommission über die Entwicklungspolitik vom April 2000, Punkt 4.3 (6) am Ende.

233 OPS vom November 2000, Punkt 20; vgl. auch Art. 1II der *VO* (EG) Nr. 2493/2000 des EP und des Rates vom 7.11.2000 *über Maßnahmen zur Förderung der vollen Einbeziehung der Umweltaspekte in den Entwicklungsprozess der Entwicklungsländer* (ABl. 2000, Nr. L 288/1ff).

Entwicklung konstituiert sich aus vielen verschiedenen Dimensionen, die zudem miteinander zu verknüpfen sind, um zukunftsfähige Entwicklung gewährleisten zu können[234]. Die rechtliche Basis für diese Interpretation ist jedenfalls gegeben: Nachhaltigkeit indiziert zwar die Beachtung von Umweltgesichtspunkten – jedoch nicht ausschließlich, gebietet Nachhaltigkeit ja allgemein formuliert eine tragfähige, zukunftsfähige Entwicklung. Und dieses Gebot bezieht sich nach der Syntax des Art. 177I 1. Spiegelstrich EGV sowohl auf die wirtschaftliche als auch auf die soziale Entwicklung in all ihren Facetten.

Dies bedeutet erstens, dass möglichst umfassend die verschiedenen Dimensionen von Entwicklung zu fördern sind, denn einseitige, ergo unausgewogene Entwicklung kann kaum von Dauer sein. In diesem Kontext ist denn auch die prioritäre Funktion des zu Beginn des Kapitels zitierten mehrdimensionalen Entwicklungsbegriffs zu sehen, die darin besteht, dem Konzept der Nachhaltigkeit gerecht zu werden[235].

Zweitens müssen neben dem ökologischen[236] ebenso der soziale (inklusive u.a. der menschliche und politische[237]) mit dem wirtschaftlichen Entwicklungsprozess in Beziehung gesetzt werden: Die Gemeinschaft hat demzufolge sicherzustellen, dass sich Elemente wirtschaftlicher Entwicklungsförderung nicht kontraproduktiv auf die soziale und/ oder ökologische Entwicklung auswirken, sondern der Umwelt und dem sozialen Kontext, insbesondere dem Aspekt der Armutsbekämpfung, Rechnung tragen mit dem Ziel, sich gegenseitig zu stärken und Synergieeffekte freizusetzen. Selbiges gilt für den umgekehrten Fall[238]: „[...d]as Wirtschaftswachstum [muss] den Fortschritt im sozialen Bereich fördern und die Umwelt respektieren, [...] die Sozialpolitik [muss] die Leistung der Wirtschaft unterstützen und die Umweltpolitik kostenwirksam sein“[239]. Diese Strategie trägt nicht zuletzt dem komplexen Faktum Rechnung, dass die einzelnen Bestandteile des Entwicklungsbegriffes eng miteinander verwoben sind - eine Tatsache, die auch trotz momentan noch unzureichend erforschter Ursachen- und Folgeketten feststeht. Weiter berücksichtigt sie, dass sich – wie oben hergeleitet[240] - das Erfordernis der Nachhaltigkeit ebenso auf die Armutsbekämpfung sowie die Eingliede-

---

[234] Vgl. Mitteilung der Kommission über die Entwicklungspolitik vom April 2000, Punkt 1; Mitteilung der Kommission *„Auf dem Weg zu einer globalen Partnerschaft für nachhaltige Entwicklung“*, KOM (2002) 82, endg. vom 13.2.2002, Punkt 3; Erklärung des Rates und der im Rat vereinigten Vertreter der Regierungen der Mitgliedstaaten über *„Aspects of development cooperation policy in the run-up to 2000“* vom 18.11.1992, Punkte 6, 9 (abgedruckt in: *Kommission*, Development Cooperation Policy, S. 73ff).

[235] Vgl. Mitteilung der Kommission über die Entwicklungspolitik vom April 2000, Punkt 1. Vgl. nunmehr auch Art. 3 der neuen Europäischen Verfassung (ABl. 2004, Nr. C 310/1ff), in der die Union aufgefordert wird, auf „die nachhaltige Entwicklung Europas auf der Grundlage eines ausgewogenen Wirtschaftswachstums und von Preisstabilität, eine in hohem Maße wettbewerbsfähige soziale Marktwirtschaft, die auf Vollbeschäftigung und sozialen Fortschritt abzielt, sowie ein hohes Maß an Umweltschutz und Verbesserung der Umweltqualität“ hinzuwirken – für die externe Dimension von Nachhaltigkeit kann nichts anderes gelten. Vgl. bereits auch Art. 2 1. Spiegelstrich EUV.

[236] Dies ergibt sich, wie in den vorhergehenden Absätzen erläutert, aus der ökologischen Dimension von Nachhaltigkeit.

[237] Insbesondere diese beiden zuletzt genannten Aspekte werden hauptsächlich im nachfolgenden Abschnitt C.II behandelt.

[238] Voranstehend vgl.: Mitteilung der Kommission *„Nachhaltige Entwicklung in Europa für eine bessere Welt: Strategie der Europäischen Union für die nachhaltige Entwicklung“*, KOM (2001) 264, endg. vom 15.5.2001, Punkt I. Ähnlich: Stellungnahme des Wirtschafts- und Sozialausschusses zum Thema *„Einbeziehung von Umweltbelangen und nachhaltiger Entwicklung in die Entwicklungspolitik“* (ABl. 2001, Nr. C 14/87ff).

[239] Mitteilung der Kommission *„Nachhaltige Entwicklung in Europa für eine bessere Welt: Strategie der Europäischen Union für die nachhaltige Entwicklung“*, KOM (2001) 264, endg. vom 15.5.2001, Punkt I.

[240] Die oben dargestellte teleologische Herleitung bzgl. der Armutsbekämpfung gilt hier entsprechend. Hinsichtlich der Auslegung von „harmonisch“ dergestalt, dass die Eingliederung in die Weltwirtschaft sozialen Faktoren Rechnung tragen muss, um nachhaltig zu sein, detailliert unten Abschnitt C.I.2.3.

rung in die Weltwirtschaft erstreckt, so dass dieses Kriterium die Messlatte für sämtliche Zielvorgaben des Art. 177I EGV konstituiert[241].
Die Praxis der Gemeinschaft setzt im Rahmen ihrer „externen Dimension der Strategie für nachhaltige Entwicklung“[242] die vorgenannten Vorgaben auch tatsächlich um, ist sie doch bestrebt, diese einzelnen Dimensionen des Entwicklungsprozesses und ihre Zusammenhänge in den allgemeinen[243] und besonderen Strategiepapieren[244] zu erfassen und so weit wie möglich bei der Implementierung der Programme zu berücksichtigen. Dabei hebt die EG insbesondere folgende sechs Bereiche hervor, von denen sie sich in verstärktem Maße eine Förderung der nachhaltigen Entwicklung verspricht[245]: Erstens die kohärente Gestaltung der Gemeinschaftspolitiken (Art. 178 EGV)[246] in Sachen Nachhaltigkeit, denn entwicklungspolitische Widerspruchsfreiheit läuft ins Leere, wird sie durch konterkarierende Politiken unterminiert[247]. Zweitens die Verbesserung der Finanzierung der nachhaltigen Entwicklung. Schließlich nennt die Gemeinschaft vier Bereiche, die allesamt zu jenen „prioritären Bereichen“ gemeinschaftlicher Entwicklungszusammenarbeit[248] zählen: die bereits beschriebenen umweltbezogenen Maßnahmen, die Nutzung der Globalisierung insbesondere in Gestalt des Handels, die Bekämpfung der Armut und die Förderung der sozialen Entwicklung, sowie „Good Governance“ auf allen Ebenen. Mit letzterem Aspekt will die Gemeinschaft neben einer verantwortungsvollen und transparenten Staatsführung nicht zuletzt die „partizipative Grundlage“[249] für eine nachhaltige Entwicklung stärken und schenkt daher der dezentralen Zusammenarbeit, insbesondere der Kooperation mit NGOs und der Zivilgesellschaft als nichtstaatlichen Entwicklungsakteuren, besonderes Augenmerk[250].
Insofern, als ein stimmiges, widerspruchsfreies Miteinander der verschiedenen Ziele innerhalb der Entwicklungszusammenarbeit bzw. innerhalb der Gemeinschaftspolitiken angestrebt wird, korreliert dieses Vorgehen mit der Sicherstellung der „*inneren Kohärenz*“ – ein Ergeb-

---

[241] Hier aber muss ebenso festgehalten werden, dass die Armutsbekämpfung und die Weltwirtschaft *ihrerseits* wieder entscheidend zur nachhaltigen Entwicklung beitragen – Wechselwirkungen, die hier nicht weiter erläutert werden können.
Da bestimmte Elemente der Entwicklung, etwa die menschliche und politische Entwicklung, auch oder sogar vorrangig den allgemeinen Zielen des Art. 177II EGV zuzuordnen sind, ist sogar zu resümieren, dass – zumindest faktisch – das Nachhaltigkeitsgebot Maßstab selbst für Art. 177II EGV ist. Dies gilt jedoch insofern eingeschränkt, als die Zielvorgaben des Art. 177II EGV weniger nachhaltig *umzusetzen* sind, als diese, allen voran „Good Governance“, vielmehr entscheidend zur nachhaltigen Entwicklung *beizutragen* vermögen.
[242] Vgl. Mitteilung der Kommission „*Auf dem Weg zu einer globalen Partnerschaft für nachhaltige Entwicklung*“, KOM (2002) 82, endg. vom 13.2.2002, Punkt 1.
[243] Vgl. z.B. Mitteilung der Kommission über die Entwicklungspolitik vom April 2000, Punkte 3.3, 4.3; OPS vom November 2000, Punkte 14ff.
[244] Die wichtigsten Aspekte dieser Papiere wurden bereits oben in den Abschnitten C.I.2.2.1 und C.I.2.2.2 behandelt. Auch ihre Verknüpfungen untereinander wurden vereinzelt angesprochen; eine ausführliche Erläuterung würde jedoch aufgrund der Komplexität dieser Materie erneut den Rahmen dieser Arbeit übersteigen.
[245] Nachfolgend: Mitteilung der Kommission „*Auf dem Weg zu einer globalen Partnerschaft für nachhaltige Entwicklung*“, KOM (2002) 82, endg. vom 13.2.2002, Punkt 3. Vgl. ebenso die Mitteilung der Kommission über die Entwicklungspolitik vom April 2000, Punkt 1. Zuletzt: Mitteilung der Kommission „*Überprüfung der EU-Strategie der nachhaltigen Entwicklung 2005: Erste Bestandsaufnahme und künftige Leitlinien*“, KOM (2005) 37, endg. vom 9.2.2005, Teil I, Punkt 4, S. 17ff.
[246] Zu dieser „äußeren Kohärenz“ (Art. 178 EGV) ausführlich unten Kapitel D „Gemeinschaftsrechtliche Handlungsvorgaben“, Abschnitt D.I.3.
[247] Vgl. auch die Kommissionsmitteilung über Handel und Entwicklung vom September 2002, Punkt 3.2.
[248] Zu diesen „prioritären Bereichen“ unten im Abschnitt C.I.2.4.
[249] Mitteilung der Kommission „*Auf dem Weg zu einer globalen Partnerschaft für nachhaltige Entwicklung*“, KOM (2002) 82, endg. vom 13.2.2002, Punkt 3.5.
[250] Zur „Good Governance“ sowie zur dezentralen Zusammenarbeit detailliert unten Abschnitt C.II, insbesondere C.II.3.

nis, das der EGV mithilfe der „Koordinierung" (Art. 180 EGV)[251] zu erreichen sucht - bzw. der *„äußeren Kohärenz"* (Art. 178 EGV). Oder anders herum betrachtet: Koordinierung und Kohärenz, letztendlich auch die Komplementarität (Art. 177I EGV)[252], dienen nicht zuletzt auch der Realisierung nachhaltiger Entwicklung. M.E. kann daher durchaus gefolgert werden, dass das Nachhaltigkeitspostulat als Messlatte für die gesamte Entwicklungspolitik der EG heranzuziehen ist.

Ob der Vielschichtigkeit des Konzepts der nachhaltigen Entwicklung ist abschließend eine Zusammenfassung angezeigt:
Nach dem Konzept der Gemeinschaft beruht nachhaltige Entwicklung auf drei miteinander verwobenen Säulen, nämlich der ökologischen, wirtschaftlichen und sozialen Entwicklung. Der Umweltschutz als dritter Pfeiler, der sich im Gegensatz zu den anderen beiden nicht explizit aus dem Wortlaut des Art. 177I 1. Spiegelstrich EGV ergibt, wird teleologisch daraus hergeleitet, dass (soziale/ wirtschaftliche) Entwicklung nur dann nachhaltig sein kann, wenn sie sich nicht ihrer natürlichen Grundlagen beraubt. Diese drei Dimensionen, und zwar in all ihren Facetten, gilt es nun zu fördern, sei es isoliert, sei es im Zusammenhang mit der Verstärkung einer der anderen Elemente. Jedenfalls aber müssen bestehende Interdependenzen stets aufgedeckt werden, um Synergieeffekte zu erreichen; kontraproduktive Auswirkungen sind zu vermeiden. Dabei macht m.E. das Konzept der Nachhaltigkeit nicht vor den Zielen der Integration in die Weltwirtschaft sowie der Armutsbekämpfung halt, wie der Wortlaut des Art. 177I EGV auf den ersten Blick vermuten lässt. Vielmehr werden diese aufgrund ihrer Verflechtung mit den Zielvorgaben des Art. 177I 1. Spiegelstriches EGV ebenfalls vom Nachhaltigkeitsgebot mit eingeschlossen.

2.3 Harmonische, schrittweise Eingliederung in die Weltwirtschaft

„Ohne Integration [der Entwicklungsländer] in die Weltwirtschaft, sei es direkt oder durch regionale Handelsabkommen, wird Entwicklung nicht nachhaltig sein"[253]. Von dieser These geht die Kommission u.a. in ihren Mitteilungen über die Entwicklungspolitik vom April 2000 sowie über Handel und Entwicklung vom September 2002 aus. Sie belegt diese These damit, dass die Beteiligung am Welthandel sich als das wirksamste Mittel dafür erwiesen hat, die für eine eigenständige soziale und wirtschaftliche Entwicklung erforderlichen Ressourcen selbst zu erwirtschaften. Denn die Wachstumsregionen verdanken ihren ökonomischen Aufschwung in weitaus höherem Maße - neben den Privatinvestitionen - den steigenden Exporten als der Entwicklungshilfe[254]. Es geht demnach der Gemeinschaft darum, den Entwicklungsländern dabei behilflich zu sein, „Nutzen aus der Globalisierung[[255]] zu ziehen"[256], insbesondere mit

---

[251] Zur „Koordinierung" unten ausführlich Kapitel D „Gemeinschaftsrechtliche Handlungsvorgaben", Abschnitt D.I.1.

[252] Vgl. unten Kapitel D „Gemeinschaftsrechtliche Handlungsvorgaben", Abschnitt D.I.2.

[253] Mitteilung der Kommission über die Entwicklungspolitik vom April 2000, Punkt 4.3 (1).

[254] Mitteilung über die Entwicklungspolitik vom April 2000, Punkt 1, vgl. auch Punkt 3.3; Mitteilung der Kommission über Handel und Entwicklung vom September 2002, Punkt 1.3, dort Fn. 11 mit weiterem Nachweis. Gleichzeitig weist die Kommission allerdings darauf hin, dass der genaue Zusammenhang zwischen der Öffnung des Handels und dem Wirtschaftswachstum nach wie vor strittig ist (vgl. die Mitteilung über Handel und Entwicklung vom September 2002, Punkt 1.3, Fn. 12 mit weiterem Nachweis). Allgemein zum Beitrag des Handels zur sozialen und wirtschaftlichen Entwicklung sowie zur Armutsbekämpfung bereits oben Abschnitt C.I.2.2.1.

[255] Mit dem Begriff Globalisierung werden grundsätzlich „Tendenzen einer zunehmenden weltweiten wirtschaftlichen, politischen und kulturellen Verflechtung beschrieben, die weitreichende Veränderungen der Rahmenbedingungen nationaler wie internationaler Politik zur Folge haben" (*Windfuhr*, Stichwort „Globalisierung", in: Nohlen (Hrsg.), Lexikon Dritte Welt, S. 332ff, 332). Die Gemeinschaft betrachtet in diesem Kontext in erster Linie jenen Aspekt der Globalisierung, der „sich aus den Liberalisierungsstrategien und de[m] technologische[n] Fortschritt ergibt" (Mitteilung der Kommission über die Entwicklungspolitik vom April 2000, Punkt 1).

[256] OPS vom November 2000, Punkt 14.

Gewinn am internationalen Waren-, Kapital-, Dienstleistungs- und Beschäftigungsmarkt teilzunehmen und Zugang zu Know-how zu erlangen[257], „die Auswirkungen dieses Prozesses in den Griff zu bekommen und die damit verbundenen nachteiligen Folgen auf ein Mindestmaß zu beschränken“[258]. Gleichzeitig muss die Eingliederung der Entwicklungsländer in den Welthandel dazu dienen, ihrer zunehmenden, nicht nur wirtschaftlichen Ausgrenzung[259] aus einer zusammenwachsenden Welt Einhalt zu gebieten[260].

Die „harmonische, schrittweise Eingliederung der Entwicklungsländer in die Weltwirtschaft“ (Art. 177I 2. Spiegelstrich EGV), die sich - wie aus dem vorhergehenden Absatz ersichtlich - mit den Zielen einer wirtschaftlichen und sozialen Entwicklung überschneidet, beinhaltet ein grundsätzliches Bekenntnis zu einem liberalisierten Welthandel[261]. Denn im Zentrum der „Weltwirtschaft“, die von der WTO, aber auch den Bretton Woods Institutionen dominiert wird, stehen Liberalisierungsbestrebungen, die sich nach dem Zusammenbruch des Systems sozialer Planwirtschaft nach 1989 weitgehend gegenüber den binnenorientierten, importsubstituierenden, mit teilweiser Abkopplung vom Weltmarkt verbundenen Entwicklungsstrategien durchsetzen konnten[262]. Dieses Bekenntnis erfährt allerdings eine Einschränkung dahingehend, dass die Anbindung an den Weltmarkt nach dem Wortlaut des Art. 177I 2. Spiegelstrich EGV *„harmonisch“* sowie *„schrittweise“* vonstatten zu gehen hat. Hierzu betont die Gemeinschaft, dass „die Liberalisierung des Handels [...] kein Selbstzweck [ist] und [...] den Entwicklungsländern nicht übermäßige Belastungen aufbürden“[263] darf. Vielmehr muss sie sich „in einem Rhythmus vollziehen, der der Anfälligkeit ihrer Volkswirtschaften Rechnung trägt, und sie muss eine Maximalwirkung der langfristigen Dynamisierungseffekte auf die Gesellschaft und zugleich eine Minimalwirkung der Anpassungskosten anstreben“[264].
Demnach bedeutet *„harmonisch“* namentlich eine Beachtung der besonderen wirtschaftlichen und sozialen Spezifitäten der Entwicklungsländer – die Berücksichtigung ökologischer Aspekte wurde bereits oben im Abschnitt 2.2.3 erläutert. Andernfalls nämlich realisiert sich die Integrierung zulasten strukturschwacher Entwicklungsländer, die sich unvorbereitet dem har-

---

[257] Grünbuch der Kommission über die AKP-EG Beziehungen vom November 1996, S. 22; Mitteilung der Kommission über die Entwicklungspolitik vom April 2000, Punkt 1. Allgemein zu den Vorteilen eines regelgestützten multilateralen Handelssystems: Mitteilung der Kommission über Handel und Entwicklung vom September 2002, Punkt 2.1; vgl. ebenso: Mitteilung der Kommission *„Auf dem Weg zu einer globalen Partnerschaft für nachhaltige Entwicklung“*, KOM (2002) 82, endg. vom 13.2.2002, Punkt 2.

[258] OPS vom November 2000, Punkt 14. Vgl. hierzu auch: Mitteilung über Handel und Entwicklung vom September 2002, Punkt 1.3; Mitteilung über die Entwicklungspolitik vom April 2000, Punkt 1. Ebenfalls in diesem Sinne ist die bereits genannte Mitteilung der Kommission *„Auf dem Weg zu einer globalen Partnerschaft für nachhaltige Entwicklung“*, KOM (2002) 82, endg. vom 13.2.2002, insbesondere Punkt 3.1, zu verstehen. Zu den Schwierigkeiten bei der Umsetzung der WTO-Übereinkommen: Mitteilung der Kommission über Handel und Entwicklung vom September 2000, Punkt 2.2.

[259] Zum Marginalisierungsfaktor (Informations- und Kommunikations-) Technologie und Forschung bereits oben Abschnitt C.I.2.2.1. Die Stellung der Entwicklungsländer im Welthandel beschreibt die Mitteilung der Kommission über Handel und Entwicklung vom September 2002, Punkte 1.1, 1.2.

[260] Vgl. Grünbuch der Kommission über die AKP-EG Beziehungen vom November 1996, S. 22; Mitteilung über die Entwicklungspolitik vom April 2000, Punkt 1.

[261] *Zimmermann*, in: von der Groeben/ Schwarze (Hrsg.), EUV/ EGV, Art. 177, Rn. 64.

[262] Als Beleg hierfür mag die eifrige Beteiligung der Entwicklungsländer in den internationalen Organisationen der Weltwirtschaft dienen (*Benedek*, in: Grabitz/ Hilf (Hrsg.), EUV/ EGV, Art. 177, Rn. 19). Einschränkend muss jedoch hinzugefügt werden, dass dieser „Kurswechsel“ in vielen Entwicklungsländern weniger das Ergebnis rationaler Entscheidungen der Wirtschaftsakteure, als vielmehr das Resultat der mit makroökonomischen und politischen Auflagen verbundenen Strukturanpassungspolitik ist (*Sottoli*, Stichwort „Neoliberalismus“, in: Nohlen (Hrsg.), Lexikon Dritte Welt, S. 599f, 599).

[263] Mitteilung der Kommission über die Entwicklungspolitik vom April 2000, Punkt 3.3.

[264] OPS vom November 2000, Punkt 14.

ten Wind der Weltmarktkonkurrenz ausgesetzt sehen[265]. Die Konsequenz dieser primärrechtlichen Vorgabe besteht nun darin, (neben Umweltmaßnahmen) sowohl Maßnahmen zur Ankurbelung der Wettbewerbs- und Wirtschaftskraft als auch Unterstützungsprogramme zur Milderung der sozialen Härten der Globalisierung zu implementieren, wie bereits in Abschnitt 2.2.1 angesprochen. Daneben bleibt Raum für den Ausbau regionaler Integrationsformen als Zwischenstufe für wettbewerbsschwache Entwicklungsländer auf dem Wege zur Integration in die Weltwirtschaft. Auf eine derartige Form der Unterstützung deutet auch der fünfte Erwägungsgrund der Präambel des EGV hin, der zum Zwecke der Förderung einer *harmonischen* Entwicklung der Volkswirtschaften normiert, „den Abstand zwischen einzelnen Gebieten und den Rückstand weniger begünstigter Gebiete“[266] zu verringern. Diese Formulierung mag zwar auf den ersten Blick indizieren, „lediglich“ die Kluft zwischen Entwicklungs- und Industriestaaten zu schließen. Eine genauere Wortlautinterpretation ergibt indes, dass die EG darüber hinaus zumindest nicht gehindert ist, auf eine stärkere Entwicklung regionaler wirtschaftlicher Integrationsbestrebungen zwischen den Entwicklungsländern hinzuwirken[267].
Das Adverb „*schrittweise*“ ermöglicht eine Reihe von Ausnahmen – namentlich vom Grundsatz der reziproken Anwendung der Präferenzregelungen - und Übergangsregeln in den für die Entwicklungsländer normativen wirtschafts- und handelsrechtlichen Bestimmungen. Eine solche Vorgehensweise trägt erneut der Wirtschafts- und Wettbewerbskraft, dadurch zumindest mittelbar ebenfalls der sozialen Struktur dieser Länder Rechnung, weshalb aus dieser Perspektive betrachtet „schrittweise“ als Unterfall von „harmonisch“ zu qualifizieren ist. Allerdings enthält dieser Terminus eine weitere, eigenständige Bedeutung insofern, als er zulässt, die Entwicklungsländer zumindest mittel- oder langfristig an die *volle* Teilnahme an den multilateralen Übereinkommen unter *gleichen* Bedingungen heranzuführen; der Wortlaut schließt ein derartiges Hinwirken der EG jedenfalls nicht aus[268].

Die erfolgreiche Einbindung der Entwicklungsländer ist von vielerlei Faktoren[269] abhängig. Viele davon, etwa Elemente der Restrukturierung der Wirtschaft, der Unterstützung des Handels, der Förderung des Privatsektors oder die Informations- und Kommunikationstechnologie, waren entsprechend ihrem „Förderschwerpunkt“ zwar bereits Gegenstand des Abschnitts 2.2.1 „Wirtschaftliche Entwicklung“, dienen jedoch zumindest mittelbar ebenso der Integration in die Weltwirtschaft. Im Nachfolgenden sollen diese Elemente indes nicht mehr aufgegriffen, sondern lediglich die für die Ziele des Art. 177I 2. Spiegelstrich EGV spezifisch implementierten Programmschwerpunkte vorgestellt werden.

- Die Unterstützung einer wirksamen Beteiligung am multilateralen Handelssystem:

Zur Stärkung der Handelskapazitäten der Entwicklungsländer zum Zwecke ihrer effektiven Teilnahme am multilateralen Handelssystem konzentriert sich der gemeinschaftliche Beitrag zunächst auf eine Hilfe beim WTO-Beitritt und bei den multilateralen Handelsverhandlungen.

---

[265] Siehe bereits auch Annex zu „Horizonte 2000“, Punkt III.2.2.4 (i); OPS vom November 2000, Punkt 14 und oben Abschnitt C.I.2.2.1.

[266] Präambel V des EGV.

[267] Ähnlich: *Zimmermann*, in: von der Groeben/ Schwarze (Hrsg.), EUV/ EGV, Art. 177, Rn. 64. Ausführlich zur Regionalintegration weiter unten in diesem Abschnitt.

[268] Zu einem ähnlichen Ergebnis kommen: *Zimmermann/ Martenczuk*, in: Schwarze (Hrsg.), EU-Kommentar, Art. 177, Rn. 21; *Benedek*, in: Grabitz/ Hilf (Hrsg.), EUV/ EGV, Art. 177, Rn. 21.
Dieses Ergebnis entspricht auch der Intention der Gemeinschaft, vgl.: Art. 34II1 Cotonou (ABl. 2000, Nr. L 317/3ff); Präambel V des Europa-Mittelmeer-Abkommens mit Tunesien (ABl. 1998, Nr. L 97/2ff).

[269] Vgl. Grünbuch der Kommission über die AKP-EG Beziehungen vom November 1996, S. 21f; Annex zu „Horizonte 2000“, Punkt III.2.2.4 (i); Mitteilung der Kommission über Handel und Entwicklung vom September 2002, Punkte 1.3, 1.4, 1.5, 1.6; Mitteilung der Kommission „*Governance in den Entwicklungsländern*“, KOM (2003) 615, endg. vom 20.10.2003, Punkte 49ff.

Hierbei setzt die EG hauptsächlich auf Schulungsprogramme für Verhandlungsführer und Verwaltungskräfte der Entwicklungsländer sowie auf Beiträge zur Deckung ihrer logistischen Kosten. Gleichzeitig versucht sie, die Interessen dieser Länder sowie die dortigen wirtschaftlichen und sozialen Zwänge in den internationalen Foren für die Regulierung von Handel und Investitionen, insbesondere im Rahmen der WTO, gebührend zu berücksichtigen[270]. Ferner hilft sie bei der Umsetzung sowie Anwendung bestehender und künftiger WTO-Übereinkünfte, die hohe finanzielle Belastungen mit sich bringen und/ oder die Errichtung spezifischer ordnungspolitischer und institutioneller Rahmenbedingungen erfordern[271].

- Förderung eines effektiven Marktzugangs:

Die Handelspolitik ist auch insofern ein wichtiges Element (nicht nur) der gemeinschaftlichen Entwicklungspolitik, als das vertragliche und/ oder das autonome System der Handelspräferenzen den Entwicklungsländern erleichterten Zugang zu den Märkten der EU-Industriestaaten gewährt, indem Zölle oder mengenmäßige Beschränkungen vollständig abgebaut oder zumindest erheblich abgesenkt werden – ein Faktor, der sowohl das Wirtschaftswachstum der Entwicklungsländer als auch deren Einbindung in die Weltwirtschaft zu unterstützen geeignet ist[272]. Zwar hat die Uruguay-Runde multilateraler Handelsverhandlungen zum Abbau tarifärer Handelshemmnisse und infolgedessen zur Erosion der von der EG gewährten Präferenzen geführt. Nichtsdestotrotz sind die Gemeinschaftspräferenzen nach wie vor in weiten Bereichen großzügiger, wenngleich dem akuten Handlungsbedarf in Sachen Liberalisierung des Handels in jenen Bereichen, in denen vor allem die ärmeren Entwicklungsländer überwiegend tätig sind, namentlich in der Landwirtschaft[273], immer noch nicht ausreichend Rechnung getragen worden ist.

Der Zugang zum Gemeinschafts-, aber auch zum internationalen Markt wird jedoch immer komplizierter und scheitert zunehmend an komplexen nichttarifären Handelshemmnissen, mit deren Überwindung die Entwicklungsländer überfordert sind: Statt tarifärer Hemmnisse schränken nämlich mehr und mehr die Wettbewerbspolitik, Antidumpingmaßnahmen und Ausgleichszölle, Umweltschutz- und arbeitsrechtliche Bestimmungen, Vorschriften betreffend das geistige Eigentum, die Investitionen und das Zollverfahren, vor allem aber technische, gesundheits- und pflanzenschutzrechtliche Normen die Exportmöglichkeiten ein[274]. Für die Gemeinschaft bedeutet dies, den Entwicklungsländern dabei zu helfen und sie zu encou-

[270] Mitteilung über die Entwicklungspolitik vom April 2000, Punkt 2.1. Die EG setzt sich z.B. im Rahmen der derzeitigen WTO-Verhandlungsrunde stark für die Anliegen der Entwicklungsländer und ihre differenzierte Behandlung ein, was sich nicht zuletzt in Gestalt der „Entwicklungsagenda von Doha", die ebenda 2001 von der WTO-Ministerkonferenz verabschiedet wurde, manifestiert. Diese Agenda will die Frage der Entwicklung in den Mittelpunkt des multilateralen Handelssystems stellen. Ausführlich hierzu bspw. die Mitteilungen der Kommission über Handel und Entwicklung vom September 2002, Punkt 2.3, sowie *„Auf dem Weg zu einer globalen Partnerschaft für nachhaltige Entwicklung"*, KOM (2002) 82, endg. vom 13.2.2002, Punkt 3.1. Die Entwicklungsagenda von Doha kann unter http://www.wto.org/english/thewto_e/minist_e/min01_e/mindecl_e.htm (30.5.2006) abgerufen werden.

[271] Voranstehend: Mitteilung der Kommission über Handel und Entwicklung vom September 2002, Punkt 3.3, vgl. auch Punkt 4.

[272] Hierzu und zu anderen Vorteilen dieser Abkommen vgl.: Mitteilung der Kommission über die Entwicklungspolitik vom April 2000, Punkte 3.3, 2.1; OPS vom November 2000, Punkt 14; Grünbuch der Kommission über die AKP-EG Beziehungen vom November 1996, S. 22f; Mitteilung über Handel und Entwicklung vom September 2002, Punkt 1.6. Allgemein zu den Handelsstrategien, die den Entwicklungsländern grundsätzlich zur Förderung ihrer Eingliederung in die Weltwirtschaft zur Verfügung stehen: Grünbuch der Kommission über die AKP-EG Beziehungen vom November 1996, S. 22.

[273] Mitteilung der Kommission über Handel und Entwicklung vom September 2002, Punkt 1.4.

[274] Voranstehend z.B.: Grünbuch der Kommission über die AKP-EG Beziehungen vom November 1996, S. 22; Mitteilung der Kommission über Handel und Entwicklung vom September 2002, Punkte 1.4, 3.3, 4; Mitteilung der Kommission über die Entwicklungspolitik vom April 2000, Punkt 2.1.

ragieren, internationale Standards auf Basis multilateral verhandelter Normen zu integrieren bzw. nationale Vorschriften an diese anzupassen, den einschlägigen internationalen Übereinkommen beizutreten[275] bzw. diese effektiv umzusetzen und die Kapazitäten der Länder in diesen Bereichen auszubauen[276].

- Die Regionalintegration:

Die Gemeinschaft ist der Auffassung, dass regionale Integration und Kooperation, mithin „die Integration zwischen benachbarten Volkswirtschaften“[277], ein „Schlüsselelement für nachhaltige Entwicklung“[278] und ein „wesentliches Mittel zur Förderung der Integration in der Weltwirtschaft darstellt“[279]. Denn vielerorts bremst die beschränkte Marktgröße die wirtschaftliche Entwicklung. Gleichzeitig, so muss betont werden, laufen diejenigen Entwicklungsländer, die von regionalen Zusammenschlüssen ausgeschlossen sind, Gefahr, mit Handels- und Investitionsverlagerungen zu ihren Ungunsten konfrontiert zu werden[280]. Hier setzen regionale Handels- und Wirtschaftskooperationen an, die neben der Vergrößerung von Absatzmärkten beispielsweise die Effizienz zu steigern, den Wettbewerb zwischen den beteiligten Entwicklungsländern dergleichen Stufe zu erhöhen und Anreize für ausländische Direktinvestitionen zu schaffen vermögen[281]. Eine derartige Süd-Süd-Integration und -Kooperation ist deshalb für viele kleinere und/ oder strukturschwache Entwicklungsländer der erste Schritt in Richtung Erweiterung ihres Wirtschaftsraumes als notwendige Zwischenform zur Vorbereitung auf den alsbald härteren Konkurrenzdruck des Welthandels[282]. Idealiter stellt eine solche Zusammenarbeit darüber hinaus den Rahmen für eine Abstimmung der Politiken, namentlich der Wettbewerbspolitik, für eine Rechtsanpassung oder aber die Entwicklung regionaler Dienstleistungen und Infrastrukturnetze der involvierten Länder zur Verfügung, um die Integration weiter zu fundieren. Daneben können zum Zwecke des Einsparens, ferner des Konzentrierens von Ressourcen Institutionen und Kapazitäten auf regionaler Ebene aufgebaut werden, auch und vor allem im so essenziellen Bereich „nichttarifäre Handelshemmnisse“[283]. Zu Recht gilt daher die regionale Integration und Kooperation als „die einzig effektive Art grenzüberschreitende Probleme anzugehen“[284], insbesondere Konfliktprävention und Friedenskonsolidierung

---

[275] Z.B. das TRIPS (Trade Related Aspects of Intellectual Property Rights (= Abkommen über handelsrelevante Aspekte geistigen Eigentums), ABl. 1994, Nr. L 336/213ff); das WTO-Übereinkommen über technische Handelshemmnisse („TBT“ (Technical Barriers to Trade) -Übereinkommen, ABl. 1994, Nr. L 336/86ff).

[276] Mitteilung der Kommission über die Entwicklungspolitik vom April 2000, Punkt 3.3. Ausführlich zu den anvisierten Unterstützungsschwerpunkten: Mitteilung der Kommission über Handel und Entwicklung vom September 2002, Punkt 3.3.

[277] *Menck*, Die Förderung der regionalen Zusammenarbeit zwischen den Entwicklungsländern durch die Europäische Union, in: APUZ B 12/96, S. 18ff, 18 (die folgenden Seiten beschreiben detailliert den Inhalt dieses Konzepts sowie die Förderelemente der EG).

[278] Mitteilung der Kommission über die Entwicklungspolitik vom April 2000, Punkt 4.3 (2).

[279] Mitteilung der Kommission *„Wirtschaftsreformprogramme und Strukturanpassungshilfen der Gemeinschaft: Bilanz und Perspektiven“*, KOM (2000) 58, endg. vom 4.2.2000, Punkt 2.3.1.3, vgl. auch Zusammenfassung S. 3. Des Weiteren: Mitteilung der Kommission *„Unterstützung regionaler wirtschaftlicher Integrationsbestrebungen in den Entwicklungsländern durch die Europäische Gemeinschaft“*, KOM (1995) 219, endg. vom 16.6.1995, Zusammenfassung in: Bulletin EG 4 – 1995, Ziffer 1.4.4.4; Mitteilung der Kommission über Handel und Entwicklung vom September 2002, Punkt 1.6; OPS vom 10.1.2000, Punkt 15; Mitteilung der Kommission über die Entwicklungspolitik vom April 2000, Punkt 4.3 (2).

[280] Grünbuch der Kommission über die AKP-EG Beziehungen vom November 1996, S. 23.

[281] Mitteilung der Kommission über Handel und Entwicklung vom September 2002, Punkt 1.6.

[282] Vgl. Annex zu „Horizonte 2000“, Punkt III.2.2.4 (i).

[283] Voranstehend sowie zu weiteren positiven Effekten der Regionalintegration: Mitteilung der Kommission über Handel und Entwicklung vom September 2002, Punkt 1.6.

[284] Mitteilung der Kommission über die Entwicklungspolitik vom April 2000, Punkt 4.3 (2). Vgl. auch OPS vom November 2000, Punkt 15; Mitteilung der Kommission über Handel und Entwicklung vom September 2000, Punkt 1.6.

zu betreiben, und somit nachhaltig Entwicklung zu gewährleisten und die Armut zu bekämpfen[285].

2.4 Armutsbekämpfung

„Oberstes Ziel der Entwicklungspolitik der Gemeinschaft muss die Minderung der Armut unter der Perspektive ihrer letztendlichen Beseitigung sein“[286]. Diese Positionierung gemeinschaftlicher Entwicklungsziele kam schon vor Inkrafttreten des Maastrichter Vertrages explizit in der Mitteilung der Kommission über *„The Campaign against poverty in developing countries“*[287] zum Ausdruck und ist in der bereits viel zitierten Mitteilung der Kommission über die Entwicklungspolitik vom April 2000 sowie in der gemeinsamen Erklärung des Rates und der Kommission zur Entwicklungspolitik der Europäischen Gemeinschaft (OPS) nochmals bekräftigt und verstärkt worden. Der Fokus auf die Armutsbekämpfung ist zwar im Rahmen der vorangegangenen Abschnitte schon vielfach zum Ausdruck gekommen, bedarf indes einer weiteren Vertiefung bzw. Zusammenfassung des bereits Dargestellten.

Menschen gelten nach dem heutigen Verständnis (nicht nur) der Gemeinschaft als arm, „wenn ihnen eine angemessene und nachhaltige Lebensqualität in [...den] Bereichen [...] Sicherheit der Nahrungsmittelversorgung, wirtschaftliche, soziale und ökologische Sicherheit, bürgerliche Rechte und politisches Empowerment“[288] verwehrt bleiben. Armut – ein Phänomen, dass sich demnach nicht mehr nur in einem bloßen Mangel an Einkünften und finanziellen Mitteln erschöpft, auch wenn die derzeitige Situation hier nach wie vor alarmierend ist: Weltweit leben 2,8 der insgesamt 6 Milliarden Menschen, d.h. knapp die Hälfte der Weltbevölkerung, mit weniger als 2 € am Tag[289]; das Einkommen des reichsten Fünftels der Weltbevölkerung betrug 1998 das Neunzigfache des ärmsten Fünftels – 1960 hatte es erst das Dreißigfache erreicht[290]. Und während der materielle Wohlstand global betrachtet wächst, werden seine Früchte immer ungleicher verteilt – nicht nur, wie eben demonstriert, zwischen den Ländern, sondern auch innerhalb vieler Länder. Das Kernproblem der Armut besteht infolgedessen nicht im absoluten Mangel an Ressourcen, sondern vielmehr in der Ungleichheit ihrer Verteilung[291] - wobei sich dieser „relative“ Mangel, wie schon zitiert, ferner auf folgende Faktoren erstreckt: Zugang zu einer angemessenen Ernährung, zu Erziehung, Bildung, Gesundheitswesen, natürlichen Ressourcen, Trinkwasser, Grund und Boden, Beschäftigung, Krediten, In-

---

[285] Vgl. Mitteilung der Kommission über die Entwicklungspolitik vom April 2000, Punkt 4.3 (2). Vgl. auch OPS vom November 2000, Punkt 15; Mitteilung der Kommission über Handel und Entwicklung vom September 2000, Punkt 1.6.

[286] OPS vom November 2000, Punkt 7.

[287] KOM (1993) 518, endg. vom 16.11.1993 (abgedruckt in: *Kommission*, Development Cooperation Policy, S. 139ff), bestätigt durch: Entschließung des Rates über *„Fight against poverty"* vom 2.12.1993 (*Kommission*, Development Cooperation Policy, S. 173ff). Vgl. ferner bereits: Erklärung des Rates und der im Rat vereinigten Vertreter der Regierungen der Mitgliedstaaten über *„Aspects of development cooperation policy in the run-up to 2000“* vom 18.11.1992, Punkt 14 (abgedruckt in: *Kommission*, Development Cooperation Policy, S. 73ff). Ausführlich zu den Armutsbekämpfungsstrategien vor 2000: *Ay/ Kappel*, Hindernisse und Potentiale in EU-Konzeptionen zur Armutsbekämpfung, in: JEP 1999, XV/2, S. 309ff.

[288] Mitteilung der Kommission *„Auf dem Weg zu einer globalen Partnerschaft für nachhaltige Entwicklung“*, KOM (2002) 82, endg. vom 13.2.2002, Punkt 3.2.

[289] Mitteilung der Kommission *„Überprüfung der EU-Strategie der nachhaltigen Entwicklung 2005: Erste Bestandsaufnahme und künftige Leitlinien"*, KOM (2005) 37, endg. vom 9.2.2005, Teil I, Punkt 4.

[290] Mitteilung der Kommission *„Auf dem Weg zu einer globalen Partnerschaft für nachhaltige Entwicklung“*, KOM (2002) 82, endg. vom 13.2.2002, Punkt 1.

[291] Voranstehend: Mitteilung der Kommission *„Auf dem Weg zu einer globalen Partnerschaft für nachhaltige Entwicklung“*, KOM (2002) 82, endg. vom 13.2.2002, Punkt 3.2.

formation, politischer Mitwirkung, Dienstleistungen sowie zur Infrastruktur[292]. Konsens besteht nun dahingehend, dass der *Mangel* an den vorgenannten *„grundlegenden Fähigkeiten“*[293] vom Armutsbegriff mit umfasst wird; Armut manifestiert sich demnach in vielen verschiedenen Facetten, die sich mit Komponenten wirtschaftlicher, vor allem aber sozialer Entwicklung überschneiden[294]. Um daher dieser Komplexität der Armut Herr zu werden, verfolgt die Gemeinschaft ein „ganzheitliches Vorgehen“[295] in ihren diesbezüglichen Strategien: Diese beziehen einerseits die zitierten sozialen Dimensionen mit ein, andererseits aber stellen sie auch Aktionsmittel für nachhaltiges Wirtschaftswachstum einschließlich für die Eingliederung in die Weltwirtschaft in ihre Dienste, gilt doch Wachstum als eine der wesentlichen Bedingungen für die Armutslinderung[296]. Armut, so resümiert die Gemeinschaft weiter, herrscht jedoch nicht erst, wenn die genannten Mängel tatsächlich eingetreten sind, sondern bereits dann, wenn ein diesbezügliches *„Risiko“* bzw. eine *„Gefährdung“* besteht[297]. Infolgedessen müssen die Strategien zur Armutslinderung ferner eine Festigung des wirtschaftlichen und handelspolitischen, politischen und institutionellen, sozialen, kulturellen sowie ökologischen Gefüges der Entwicklungsländer anvisieren, um dieses Risikopotenzial zu „neutralisieren“[298]. All diese Förderelemente, deren inhaltlicher Ursprung nicht zuletzt in den zahlreichen einschlägigen regionalen wie internationalen Menschenrechtspakten zu sehen ist[299], sollen es zudem erlauben, die Entwicklungsländer in die Lage zu versetzen, ihre Armut selbst zu bekämpfen[300].

Anders herum formuliert bedeutet all dies, dass die EG theoretisch die gesamten primärrechtlichen entwicklungspolitischen Zielvorgaben – auch die „allgemeinen Ziele“ des Art. 177II EGV – auf die Armutsreduzierung hin ausrichten will. Jede einzelne Sektorpolitik ist daher daraufhin zu untersuchen, inwieweit sie auch zur Armutslinderung am besten beizutragen

---

[292] Voranstehend: OPS vom November 2000, Punkt 8. Ebenso: Mitteilung über die Entwicklungspolitik vom April 2000, Punkt 3.1; Mitteilung der Kommission *„Auf dem Weg zu einer globalen Partnerschaft für nachhaltige Entwicklung“*, KOM (2002) 82, endg. vom 13.2.2002, Punkt 3.2.

[293] Mitteilung der Kommission über die Entwicklungspolitik vom April 2000, Punkt 3.1. Damit bedient sich die Gemeinschaft des Armutsbegriffs des Forschers Amartya Sen, der für seine Forschungen 1998 mit dem Nobelpreis für Wirtschaftswissenschaften ausgezeichnet wurde (*Sen*, Ökonomie für den Menschen, S. 110ff: Armut als Mangel an fundamentalen Verwirklichungschancen).

[294] OPS vom November 2000, Punkt 8; Mitteilung über die Entwicklungspolitik vom April 2000, Punkt 3.1; Mitteilung der Kommission *„Auf dem Weg zu einer globalen Partnerschaft für nachhaltige Entwicklung“*, KOM (2002) 82, endg. vom 13.2.2002, Punkt 3.2 (dort werden diese einzelnen Faktoren noch einmal explizit in Zusammenhang zur Armut gestellt).

[295] Mitteilung der Kommission über die Entwicklungspolitik vom April 2000, Punkt 3.2.

[296] OPS vom November 2000, Punkt 9.

[297] Vgl. OPS vom November 2000, Punkt 8; Mitteilung über die Entwicklungspolitik vom April 2000, Punkt 3.1.

[298] Vgl. Mitteilung der Kommission über die Entwicklungspolitik vom April 2000, Punkt 3.1; OPS vom November 2000, Punkt 8.

[299] Genannt seien z.B.: Allgemeine Erklärung über Menschenrechte (abgedruckt in: *Sartorius II*, Nr. 19); Internationaler Pakt über wirtschaftliche, soziale und kulturelle Rechte (abgedruckt in: *Sartorius II*, Nr. 21); Übereinkommen zur Beseitigung jeder Form von Diskriminierung der Frau (abgedruckt in: *Sartorius II*, Nr. 23); Übereinkommen über die Rechte des Kindes (abgedruckt in: *Sartorius II*, Nr. 29); die zahlreichen Übereinkommen der Internationalen Arbeitsorganisation (IAO) (die einzelnen Übereinkommen sind abrufbar unter: http://www.ilo.org/ilolex/german/docs/cvlist.htm (Stand 30.5.2006)). Damit stößt die Armutsreduzierung und mit ihr ihre wirtschaftlichen und sozialen Komponenten an die menschenrechtliche Sphäre, die jedoch hier – zumindest in diesem Zusammenhang - nicht behandelt wird. Vgl. hierzu: *Werther-Pietsch*, Strategie für Entwicklung, S. 33f; *Van Reisen*, Directing EU Policy Towards Poverty Eradication, S. 8. Welchen Mindeststandard an wirtschaftlichen, sozialen und kulturellen Menschenrechten die EG mit ihren Partnerländern vereinbart hat, wird unten im Abschnitt C.II.4.2 angesprochen.

[300] Mitteilung der Kommission über die Entwicklungspolitik vom April 2000, Einleitung S. 5.

vermag, ihr wenigstens nicht zuwiderläuft und muss dementsprechend implementiert werden[301].
Vor diesem Hintergrund erscheint es daher beinahe banal, wenn die Gemeinschaft die Armutsminderung als „Querschnittsthema“[302] qualifiziert. Bei näherer Betrachtungsweise aber erscheint diese Einordnung einleuchtend, denn *die* Armut gibt es nicht, sondern lediglich verschiedene Facetten von ihr, die es im Rahmen der bereits aufgeführten Sektorpolitiken mittels jenes „ganzheitlichen Ansatzes“ und seiner „armutsorientierten“ Ausrichtung der einzelnen Sektoren in Angriff zu nehmen gilt.

Die Mitteilung der Kommission über die Entwicklungspolitik vom April 2000 sowie die OPS vom November 2000 brachten, wie bereits eingangs formuliert, eine grundlegende Neuorientierung der Entwicklungszusammenarbeit mit sich. Vorangegangen waren zahlreiche Kritiken dahingehend, dass sie über keine umfassende Gesamtstrategie (Stichwort: „entwicklungspolitischer Flickenteppich“) verfügte und ihre Ziele zu zahlreich, zu vage und nicht nach Prioritäten gereiht waren[303]. Des Weiteren bewogen ständig knapper werdende finanzielle und Humanressourcen auf Gemeinschaftsebene die EG dazu, „weniger, dies aber besser [zu] tun, um größere Wirkung zu erzielen“[304]. Vor diesem Hintergrund konkretisierte die Gemeinschaft sechs vorrangige Aktionsbereiche, einen sog. „integrierten Rahmen[...] als Leitfaden“[305] für die künftige gemeinschaftliche Entwicklungszusammenarbeit, den sie nach zwei bzw. drei Hauptkriterien ermittelte[306]: Zum einen muss die Gemeinschaft in diesen prioritären Bereichen einen „Mehrwert“[307] haben. Und zum anderen war die Wahl davon abhängig, inwieweit die Aktionsfelder zur nachhaltigen Entwicklung[308], vor allem aber zur Armutsverringerung beizutragen vermögen. Grund genug, diese prioritären Bereiche, die den „integrierte[...n] Rahmen für Gemeinschaftsaktionen“[309] ausmachen und nicht bloße Makulatur geblieben sind, sondern die derzeitige Entwicklungszusammenarbeit entscheidend prägen, hier kurz zusammenzufassen. Kurz deshalb, da ihre Komponenten bereits in den vorhergehenden Abschnitten – orientiert nach der Struktur des Art. 177I EGV – beschrieben worden sind:

(1) „Handel und Entwicklung einschließlich der Formulierung einer Handelspolitik, Unterstützung bei der Integrierung in das multilaterale Handelssystem und den Weltmarkt, u.a. durch handelsrelevante technische Hilfe und Unterstützung bei der Kapazitätssteigerung in puncto Handel und Wettbewerbsfähigkeit“;

---

[301] Vgl. Mitteilung der Kommission über die Entwicklungspolitik vom April 2000, Punkt 3.2.
Diese Vorgehensweise gleicht m.E. fast vollständig der im Rahmen des Nachhaltigkeitsgebots angewandten Methodik, wenngleich auch die verfolgten Ziele auf den ersten Blick differieren: dort die Sicherstellung einer langfristig tragfähigen Entwicklung; hier das Erreichen des Oberziels der Armutsbekämpfung. Allerdings: Nachhaltige Entwicklung geht letztendlich mit der Armutsverminderung einher und umgekehrt. Man könnte auch sagen, zentrales Ziel der nachhaltigen Entwicklung ist die Armutsreduzierung (so: *Werther-Pietsch*, Strategie für Entwicklung, S. 33). Gefolgert werden darf also, dass die beiden Vorgaben miteinander verwoben sind. Und wenngleich ihre genaue Verflechtung unklar ist – fest steht weiter, dass die Methodik ihrer beider Umsetzung nach der Vorstellung der Gemeinschaft gleich ist (vgl. hierzu unten Fn. 308).

[302] Mitteilung über die Entwicklungspolitik vom April 2000, Punkt 4.3 (6) am Ende, Punkt 3.2. Die OPS vom November 2000, Punkte 20f, enthält zwar diesbezüglich keine eindeutige Qualifizierung, die Ausführungen in den Punkten 8f laufen jedoch letztendlich genau auf diese Einordnung hinaus.

[303] Mitteilung über die Entwicklungspolitik vom April 2000, Einleitung S. 4f.

[304] Mitteilung der Kommission über die Entwicklungspolitik vom April 2000, Punkt 4.3.

[305] Mitteilung der Kommission über die Entwicklungspolitik vom April 2000, Punkt 4.1.

[306] OPS vom November 2000, Punkt 12; Mitteilung der Kommission über die Entwicklungspolitik vom April 2000, Punkt 4.3.

[307] Ausführlich hierzu unten Kapitel D „Gemeinschaftsrechtliche Handlungsvorgaben“, Abschnitt D.I.2.2.

[308] Dies bekräftigt die oben in Fn. 301 aufgestellten Folgerungen: die Verflechtung der Nachhaltigkeit mit der Armutsreduzierung sowie die ihnen gemeinsame Methodik ihrer Umsetzung.

[309] Mitteilung über die Entwicklungspolitik vom April 2000, Punkt 4.1.

(2) „Regionale Integration und Kooperation einschließlich der Inangriffnahme von grenzübergreifenden wirtschaftlichen, sozialen und ökologischen Problemen";
(3) „Unterstützung einer makroökonomischen Politik mit ausdrücklichem Bezug zu Armutsminderungsstrategien, insbesondere zu Sektorprogrammen in sozialen Bereichen (Gesundheit und Bildung)";
(4) „Transport";
(5) „Ernährungssicherung und Strategien zur ländlichen Entwicklung";
(6) „Aufbau institutioneller Kapazitäten [in all den oben genannten Aktionsfeldern], verantwortungsvolle Verwaltungsführung und Rechtsstaatlichkeit"[310].

Daneben listen die Gemeinschaftsorgane[311] die folgenden Querschnittsthemen auf, die nach denselben Maßstäben ermittelt wurden: Menschenrechte, Gleichstellung der Geschlechter, sowie der Umweltschutz[312].

Diese sechs prioritären und Querschnittsbereiche sollen dementsprechend jenen „ganzheitlichen Ansatz" reflektieren, der der Komplexität der Armut, mithin all jenen „grundlegenden Fähigkeiten" Rechnung trägt und für eine ausgewogene Verteilung der Früchte des Wachstums sorgt. Was letzteren Aspekt betrifft, so ist zu konstatieren, dass die EG hierfür keine spezifischen Maßnahmen vorgesehen hat, sie sich die Beseitigung von Ungleichheiten demnach bereits von der Förderung der genannten Bereiche verspricht, zumindest aber erhofft. Zweifel darüber, ob diese Strategie grundsätzlich als Erfolg versprechend einzustufen ist, kommen indes auf, wirft man einen Blick auf die Auswahl dieser Bereiche, die theoretisch jene unzähligen Facetten von Armut reflektieren sollten: Man kann sich nämlich des Eindrucks nicht erwehren, dass sich die EG wider ihrer klaren Worten eher für einen stark ökonomisch und strukturpolitisch[313], eindeutig neoliberal[314] akzentuierten Ansatz denn für eine Politik entschieden hat, die die Förderelemente wirtschaftlichen Wachstums in den Dienste der Armutsbekämpfung stellt.
Die Gründe für diese wirtschaftliche Ausrichtung der gemeinschaftlichen Armutsreduzierungsstrategie in Gestalt bestimmter prioritärer und Querschnittsthemen lassen sich aus dem oben Gesagten leicht herleiten: Die Beschränkung der Entwicklungszusammenarbeit der EG auf diese Themen entsprang nämlich eigentlich der Notwendigkeit, die Tätigkeitsbereiche aus Effizienzgründen auf einige wenige konzentrieren zu müssen. Und diese Felder wurden nicht nur danach ausgewählt, inwieweit sie zur Armutsverringerung beizutragen vermögen; vielmehr zog man hierfür Nachhaltigkeits- und Mehrwertkriterien gleichermaßen heran. Gerade das letzte Kriterium sorgte indes dafür, dass wirtschaftliche und strukturpolitische Bereiche in den Kreis der vorrangigen Aktionsfelder aufgenommen wurden, verfügt die EG hier doch über bedeutende komparative Vorteile[315]. Genau genommen verfolgt die EG mit ihrer „Armutsbekämpfungsstrategie" demnach dreierlei: Armutsbekämpfung, nachhaltige Entwicklung und Wirtschafts- und Strukturpolitik. Allerdings: Geht nicht nachhaltige Entwicklung letzt-

[310] Voranstehende Zitate: Mitteilung der Kommission über die Entwicklungspolitik vom April 2000, Punkt 4.3. Zur verantwortungsvollen Staatsführung sowie zur Rechtsstaatlichkeit unten Abschnitt C.II.3.1.
[311] OPS vom November 2000, Punkt 20; Mitteilung über die Entwicklungspolitik vom April 2000, Punkt 4.3 (6) am Ende.
[312] Zu weiteren Querschnittsthemen der Kommission (z.B. die Armutsminderung): Mitteilung über die Entwicklungspolitik vom April 2000, Punkt 4.3 (6) am Ende.
[313] Ebenso: *Benedikt*, Veränderungen der EU-Entwicklungspolitik im europäischen Integrationsprozess der 90er Jahre, in: JEP 2002, S. 119ff, 127.
[314] Vgl. oben Kapitel B „Geschichte der Entwicklungszusammenarbeit der Europäischen Gemeinschaft", Abschnitt B.III.2.4, Fn. 249.
[315] Ausführlich hierzu unten Kapitel D „Gemeinschaftsrechtliche Handlungsvorgaben", Abschnitt D.I.2.2.2.

endlich mit der Armutsminderung einher? Und: Qualifiziert die EG nicht doch zu Recht wirtschafts- und strukturpolitische Elemente als essenzielle Faktoren auch zur Eindämmung der Armut?
Darüber also, ob sich die EG künftig weiter den Vorwurf gefallen lassen muss, dass die „Armutsreduzierung [...] mehr politikpräsentierende als politikleitende Priorität [...und] vor allem ein möglicher Nebeneffekt von Wirtschaftswachstum“[316] geblieben ist, wird vornehmlich ihre Praxis entscheiden, d.h. inwieweit die Gemeinschaft tatsächlich gewillt ist und es vermag, die vorrangigen und Querschnittsbereiche dergestalt einzusetzen, dass sie dem prioritären Ziel Armutsreduzierung Geltung verschaffen.

Neben all diesen lang- bzw. mittelfristig geplanten, nach dem jeweiligen Entwicklungsniveau *differenzierenden*[317] Strategien bleibt am Ende anzumerken, dass die EG freilich auch gezielte Maßnahmen zur Milderung von Notsituationen, etwa die bereits beschriebene Nahrungsmittelsoforthilfe und andere humanitäre Hilfe, durchführt - um „akute“ Armut und menschliches Leid zu vermeiden und zu lindern[318]. Dabei umfasst die humanitäre Hilfe zum einen unmittelbare Hilfeaktionen zur Rettung und Erhaltung von Menschenleben in und nach Notsituationen und zum anderen Maßnahmen, die den ungehinderten Zugang zu den Opfern sowie die ungehinderte Beförderung der Hilfe erleichtern. Nach dieser Soforthilfe sind möglicherweise Rehabilitationsmaßnahmen unabdingbar, um wieder Entwicklungs- und Wiederaufbaumaßnahmen durchführen zu können[319]. Schließlich beinhaltet die humanitäre Hilfe aber auch Maßnahmen zur Vorbereitung auf diese Gefahren sowie solche zur Verhütung von Katastrophen oder vergleichbaren außergewöhnlichen Umständen[320].

II. Allgemeine Ziele der Entwicklungszusammenarbeit: Demokratisierung, Rechtsstaatlichkeit, Menschenrechte und Grund freiheiten

Die Einhaltung der Menschenrechte und Grundfreiheiten und die Achtung demokratischer Grundsätze ist für die Zugehörigkeit zur Europäischen Union – und somit auch zur Europäi-

---

[316] *Benedikt*, Veränderungen der EU-Entwicklungspolitik im europäischen Integrationsprozess der 90er Jahre, in: JEP 2002, S. 119ff, 128.

[317] Punkt 4.2, Einleitung S. 5 der Mitteilung über die Entwicklungspolitik vom April 2000, Punkt 3.2 nennt einen primären, einen sekundären und schließlich einen tertiären Schwerpunkt in der Armutsbekämpfungsstrategie der EG, der sich am Entwicklungsstand der Länder orientiert (LLDCs und LICs; MICs; restliche Entwicklungsländer). Ausführlich: *Van Reisen*, Directing EU Policy Towards Poverty Eradication, S. 16ff. Vgl. ebenso OPS vom November 2000, Punkt 11.
In diesem Kontext ist anzumerken, dass sich die EG an den von Weltbank und IWF initiierten „Poverty Reduction Strategy Papers“ (PRSP)/ Armutsverminderungsstrategien“ beteiligen. Diese PRSP stehen in Zusammenhang mit der oben im Abschnitt C.I.2.2.1, Fn. 116 vorgestellten HIPC-II – Initiative. Denn Voraussetzung an der Beteiligung an dieser Initiative ist ferner, dass die Länder sich bereit erklären, unter breiter Beteilung der Zivilgesellschaft eine solche Armutsverminderungsstrategie zu konzipieren und zu implementieren. Der Schuldenerlass wird damit mit entwicklungspolitischen Zielen verknüpft. Bei Vorliegen der qualitativen Mindestvoraussetzungen für ein Armutsstrategiepapier können auch weitere Finanzmittel gewährt werden (voranstehend und zum Ganzen ausführlich inklusive informativer Links: *Meyer*, Entschuldung und Armutsbekämpfung, in: E+Z 2003, S. 408ff).

[318] Vgl. hierzu bereits oben Kapitel B „Geschichte der Entwicklungszusammenarbeit der Europäischen Gemeinschaft“, Abschnitt B.II.1.

[319] Vgl. hierzu auch: Mitteilung der Kommission „*Verknüpfung von Soforthilfe, Rehabilitation und Entwicklung – Eine Bewertung*“, KOM (2001) 153, endg. vom 23.4.2001.

[320] Voranstehend: Präambeln I, III, IV, V, VII der VO (EG) Nr. 1257/96 des Rates vom 20.6.1996 *über die humanitäre Hilfe* (ABl. 1996, Nr. L 163/1ff). Vgl. auch den Sonderbericht Nr. 2/97 des Rechnungshofes *über die humanitären Hilfen der Europäischen Union zwischen 1992 und 1995 zusammen mit den Antworten der Kommission* (ABl. 1997, Nr. C 143/1ff).

schen Gemeinschaft als Teil einer ihrer Säulen - konstituierend[321]. Art. 6II EUV führt zu den Grundrechten aus: „Die Union achtet die Grundrechte, wie sie in der am 4. November 1950 in Rom unterzeichneten Europäischen Konvention zum Schutze der Menschenrechte und Grundfreiheiten gewährleistet sind und wie sie sich aus den gemeinsamen Verfassungsüberlieferungen der Mitgliedstaaten als allgemeine Grundsätze des Gemeinschaftsrechts ergeben". Was die Aktionen im außenpolitischen Bereich betrifft, so hat die Gemeinsame Außen- und Sicherheitspolitik (GASP) „die Entwicklung und Stärkung von Demokratie und Rechtsstaatlichkeit sowie die Achtung der Menschenrechte und Grundfreiheiten" (Art. 11I 5. Spiegelstrich EUV) zum Ziel. Der Entwicklungszusammenarbeit gebietet der EGV in Art. 177II EGV, zum „allgemeinen Ziel" der „Fortentwicklung und Festigung der Demokratie und des Rechtsstaats sowie [...der] Wahrung der Menschenrechte und Grundfreiheiten" beizutragen. Gegenstand der nachfolgenden Darstellung ist indes ausschließlich die Menschenrechts- und Demokratiepolitik im Bereich der Entwicklungszusammenarbeit der EG[322]. Hierfür wird zunächst die primärrechtliche Bestimmung des Art. 177II EGV zu untersuchen sein. Alsdann soll die Entwicklung der Menschenrechts- und Demokratiebestimmungen in den vertraglichen Beziehungen der EG zu den Entwicklungsländern, die bereits Mitte/ Ende der 80er Jahre das Ende der politischen Neutralität einläutete[323], ausführlich dargestellt werden[324]. Schließlich ist es unabdingbar, die Menschenrechts-, Demokratie- und Rechtsstaatskonzepte der Europäischen Gemeinschaft bzw. Union zu erläutern, da Art. 177II EGV keine diesbezüglichen Vorgaben enthält, was die Beziehungen zu Entwicklungsländern anbelangt. In diesem Zusammenhang wird auch die Umsetzung dieser Konzeptionen, d.h. den Beitrag der Gemeinschaft zur Realisierung der allgemeinen Ziele, darzustellen sein. Dieser lässt sich im Wesentlichen in zwei Kategorien einteilen: Zum einen sind hier die „negativen Maßnahmen" zu nennen, worunter die Änderung, Einschränkung, Unterbrechung oder die vollständige Beendigung der Entwicklungszusammenarbeit mit denjenigen Entwicklungsländern, die sich schwerer Menschenrechtsverletzungen, schwerer Verstöße gegen das Rechtsstaatsprinzip und/ oder einer längeren Unterbrechung des Demokratisierungsprozesses haben zuschulde kommen lassen, verstanden wird. Ziel derartiger Sanktionen ist, die dortige Situation zu verbessern. Der Beitrag kann aber zum anderen auch darin bestehen, „positive Maßnahmen" durchzuführen. Hierunter werden alle finanziellen und technischen Unterstützungsmaßnahmen sowie Maß-

[321] Vgl. Präambel III EUV sowie Art. 6I EUV. Neue Beitrittskandidaten müssen die drei sog. „Kopenhagener Kriterien" (vgl. hierzu: Sonderbeilage 3/92 zum Bulletin EG, S. 11; *Meng*, in: von der Groeben/ Schwarze (Hrsg.), EUV/ EGV, Art. 49 EUV, Rn. 57ff) erfüllen, die 1993 auf der Regierungskonferenz in Kopenhagen aufgestellt wurden und nicht zuletzt wegen der steten Bekräftigung dieser Kriterien auf den folgenden Regierungskonferenzen als „unabdingbares Beitrittsregime" (*Meng*, in: von der Groeben/ Schwarze (Hrsg.), EUV/ EGV, Art. 49 EUV, Rn. 57) bezeichnet werden können. Zum politischen Kriterium (neben dem wirtschaftlichen und dem Acquis - Kriterium) gehört auch die Achtung demokratischer Grundsätze, der Rechtsstaatlichkeit und der Menschenrechte.

[322] Diesbezügliche Maßnahmen auf dem Gebiet der wirtschaftlichen, finanziellen und technischen Zusammenarbeit mit Nichtentwicklungsländern (Art. 181a EGV) und Maßnahmen im Bereich der GASP werden lediglich behandelt, soweit es zum Verständnis jener Politik unerlässlich ist

[323] Dennoch hinkte auch diese Entwicklung jenen entwicklungspolitischen Strategien hinterher, die bereits in den 70er Jahren politische Aspekte in die Diskussion einbrachten. Zu nennen sind hier insbesondere die sog. „grundbedürfnisorientierte Entwicklungstheorie" (Befriedigung materieller und immaterieller Grundbedürfnisse inklusive politischer Partizipation und der Menschenrechte) und die Konzepte der „self-reliance", der Eigenständigkeit der Entwicklung, die auch die Teilhabe der Bevölkerung an den politischen Entscheidungen anstrebte (vgl. oben Kapitel B „Geschichte der Entwicklungszusammenarbeit der Europäischen Gemeinschaft", Abschnitt B.III.2.3, Fn. 231). Eine Antwort darauf, warum trotz dieser Ansätze politische Kriterien nur zögerlich in die praktische Entwicklungszusammenarbeit Eingang fanden, versucht *Windmeißer*, Der Menschenrechtsansatz in der EZ, S. 58ff, zu geben.

[324] Ausführlich zu den Gründen für eine Integration menschenrechtlicher Anliegen in die Entwicklungszusammenarbeit: *Schläppi*, Menschenrechte, S. 207ff.

nahmen des politischen Dialogs gefasst, mit denen ein unmittelbarer oder mittelbarer Beitrag zur Förderung der Menschenrechte, demokratischer Grundsätze und rechtsstaatlicher Prinzipien in Entwicklungsländern erbracht wird[325]. All diese Maßnahmen sind allerdings an gewisse völkerrechtliche Vorbehalte geknüpft; darüber hinaus stehen die Menschenrechts- und Demokratieklauseln in völkerrechtlichen Verträgen nicht zur ausschließlichen Diskretion einer Vertragspartei, weshalb der Schutzbereich der Bestimmungen anhand einer Vertragsauslegung zu ermitteln ist. Ausführungen über diese letzten beiden Aspekte sollen deshalb das Kapitel abrunden.

1. Vorschrift des Art. 177II EGV

Seit dem Vertrag von Maastricht gebietet Art. 177II EGV als „allgemeines Ziel" der Entwicklungszusammenarbeit die „Fortentwicklung und Festigung der Demokratie und des Rechtsstaats sowie [...die] Wahrung der Menschenrechte und Grundfreiheiten". In dieser Regelung wird das im dritten Erwägungsgrund der Präambel zum EUV sowie das in Art. 6I EUV enthaltene allgemeine Bekenntnis zu den „Grundsätzen der Freiheit, der Demokratie, der Achtung der Menschenrechte und Grundfreiheiten sowie der Rechtsstaatlichkeit" für den spezifisch gemeinschaftspolitischen Sektor Entwicklungszusammenarbeit konkretisiert. Gleichzeitig entspricht die Bestimmung des Art. 177II EGV inhaltlich der Schlusserklärung der Wiener Menschenrechtskonferenz von 1993, die unter anderem betont, dass „Demokratie, Entwicklung, Achtung der Menschenrechte und Grundfreiheiten [einander] bedingen und stärken"[326].

Art. 177II EGV ist nicht nur als bloße Beschreibung der Auswirkungen der Realisierung der besonderen Zielvorgaben des Art. 177I EGV zu begreifen, was seine Formulierung auf den ersten Blick vermuten lassen könnte: Die Förderung der besonderen Ziele des Art. 177I „trägt dazu bei", die allgemeinen Ziele des Art. 177II EGV zu verfolgen. Vielmehr beansprucht Absatz II des Art. 177 EGV ebenso wie sein Absatz I rechtliche Verbindlichkeit bzgl. des „*Ob*" der Rechtssetzung. Die Bestimmung verpflichtet demnach die EG, in Verbindung mit Art. 179I (autonome Zusammenarbeit) bzw. Art. 181I2 oder 310 EGV (vertragliche Zusammenarbeit im Rahmen von Kooperations- oder Assoziierungsabkommen) sowohl in Verträgen mit Entwicklungsländern als auch in autonomen entwicklungspolitischen Rechtsakten Menschenrechts-, Rechtsstaats- und Demokratiebestimmungen aufzunehmen[327], wobei die Wahl der Mittel den Gemeinschaftsorganen überlassen ist. Sie verfügt demgemäß nicht nur über einen programmatischen Inhalt, sondern enthält die materielle Berechtigung bzw. sogar Verpflichtung für die Einbeziehung solcher Klauseln. Ansonsten, das heißt ohne eine solche rechtliche Qualifikation, wäre die Gemeinschaft nämlich nicht fähig, die Ziele des Art. 177II EGV umzusetzen[328].

Dies wurde vom EuGH grundsätzlich bestätigt, als er feststellte, „daß die Gemeinschaft beim Erlaß von Maßnahmen im Bereich der Entwicklungszusammenarbeit das Ziel der Achtung der Menschenrechte [und der demokratischen Grundsätze] beachten *muß*"[329]. Obwohl diese Ausführungen in Bezug zum Kooperationsabkommen mit Indien getroffen wurden, gelten sie

[325] *Pippan*, Menschenrechte und Demokratie, S. 199.

[326] Teil I Punkt 8 der Schlusserklärung. Die Erklärung ist abgedruckt in: EuGRZ 1993, S. 550ff.

[327] Ausführlich zu den Kompetenzen speziell hinsichtlich der Aufnahme von Menschenrechts- und Demokratieklauseln: *Pippan*, Menschenrechte und Demokratie, S. 157ff, 219ff; *Hoffmeister*, Menschenrechts- und Demokratieklauseln, S. 390ff; *Riedel/ Will*, Human Rights Clauses, in: Alston, The EU and Human Rights, S. 723ff, 732ff. Allgemein zu den Kompetenzen der EG unten Kapitel D „Gemeinschaftsrechtliche Handlungsvorgaben", Abschnitt D.II.

[328] *Zimmermann/ Martenczuk*, in: Schwarze (Hrsg.), EU-Kommentar, Art. 177, Rn. 25.

[329] EuGH, Rs. C–268/94, Portugal/ Rat, Slg. 1996, I-6177ff, I-6216f, Ziffer 23 (Hervorhebung durch die Verfasserin), vgl. auch Ziffer 24.

ebenso für autonome entwicklungspolitische Rechtsakte, benutzte doch der EuGH explizit den Terminus „Maßnahme“[330] und generalisierte insoweit seine rechtliche Aussage.
Auf den ersten Blick bekräftigt diese Aussage scheinbar vollends den bereits dargestellten Rechtsgehalt des Art. 177II EGV als im Zusammenspiel mit Art. 179I, 181I2 oder 310 EGV hinreichende Rechtsgrundlage für den Erlass von Bestimmungen zur Fortentwicklung bzw. Wahrung der Ziele des Art. 177II EGV. Bei näherer Betrachtung hingegen vermag diese rechtliche Qualifizierung nicht uneingeschränkt zu gelten – zumindest nicht unproblematisch. Denn der EuGH bestätigte in jenem Urteil lediglich, dass solche Klauseln rechtlich zulässig sind, in denen die Achtung der Menschenrechte und demokratischer Grundsätze zu sog. „wesentlichen Bestandteilen“[331] eines Abkommens[332] erhoben werden. Er begründete seine Ansicht zum einen damit, dass eine solche „Wesentlichkeitsklausel“ nicht per se über das in Art. 177II genannte Ziel hinausginge und infolgedessen ebenso wenig auf Art. 308 EGV als Rechtsgrundlage zurückzugreifen sei[333]. Vielmehr könne eine solche Bestimmung „ein wichtiger Faktor bei der Ausübung des Rechts sein, nach internationalem Recht [Art. 60 WVK[334]] die Suspendierung oder Beendigung eines Abkommens über die Entwicklungszusammenarbeit zu erreichen, wenn der Drittstaat die Menschenrechte [oder demokratische Prinzipien] nicht gewahrt hat“[335]. Demnach konzentriert sich der EuGH ausschließlich auf die „negative“ Dimension derartiger Menschenrechts- und Demokratieklauseln[336], er betrachtet folglich diese Klauseln lediglich als negative Anwendungsvoraussetzung des Vertrages, da sie die völkerrechtliche Rechtfertigung liefern, vertraglich vereinbarte Hilfe bei Verletzung eines „wesentlichen Bestandteils“ durch die andere Vertragspartei auszusetzen etc.. Zum anderen führte der EuGH aus, dass das die Grundlage seiner Betrachtungen bildende Kooperationsabkommen mit Indien die „Frage der Achtung der Menschenrechte und der demokratischen Grundsätze nicht als einen besonderen Bereich der Zusammenarbeit vorsieht“[337]. Hier nämlich wäre nach Auffassung des EuGH die materielle Berechtigung des Art. 177II EGV überschritten. Unter welchen Voraussetzungen sich ein solcher „besonderer Bereich“ konstituiert, hat der EuGH indes nicht näher ausgeführt.
Nun könnte aus obiger Begründung des EuGH geschlossen werden, dass ein „besonderer Bereich“ bereits dann vorliegt, wenn sich die Menschenrechts- und Demokratieklauseln in Verträgen bzw. Verordnungen nicht in der beschriebenen negativen Funktion erschöpfen, sondern sie darüber hinaus als Grundlage des Dialogs über diese Elemente fungieren oder sie gar explizit positive Aktionen in diesem Bereich vorsehen[338]. Oder vielleicht erst dann, wenn die Rechtshandlung ausschließlich der Trias des Art. 177II EGV dient, somit nicht gleichzeitig wirtschaftliche und soziale Entwicklungselemente stärkt? Aus dem EuGH – Urteil jedenfalls lassen sich m.E. keine befriedigenden, geschweige denn eindeutigen Schlüsse ziehen. Und ob der EuGH an diesem scheinbaren Abgrenzungskriterium des „besonderen Bereichs“ festhalten will, das sich nicht einmal ansatzweise aus Art. 177II EGV ergibt, erscheint m.E. darüber hinaus äußerst zweifelhaft.

---

[330] Im Folgenden wird dieser Terminus allerdings nicht benutzt werden, da ansonsten eine Verwechslungsgefahr mit den „Negativ-/ Positivmaßnahmen“ besteht.
[331] Zu diesen Klauseln ausführlich unten Abschnitt C.II.2.
[332] Die nachfolgenden Ausführungen gelten aus dem bereits genannten Grunde gleichwohl für sonstige Rechtshandlungen wie Verordnungen.
[333] Vgl. EuGH, Rs. C–268/94, Portugal/ Rat, Slg. 1996, I-6177ff, I-6178, 1. Leitsatz.
[334] *Sartorius II*, Nr. 320.
[335] EuGH, Rs. C–268/94, Portugal/ Rat, Slg. 1996, I-6177ff, I-6217, Ziffer 27.
[336] Die Fortentwicklung rechtsstaatlicher Prinzipien war nicht Inhalt jener Bestimmung des Kooperationsabkommens, so dass die Ausführungen des EuGH diesen Aspekt zwar nicht behandeln, auf ihn aber gleichwohl anwendbar sind.
[337] EuGH, Rs. C–268/94, Portugal/ Rat, Slg. 1996, I-6177ff, I-6218, Ziffer 28.
[338] Zu dieser intendierten „positiven“ Dimension der Klauseln unten Abschnitt C.II.2.

Die Frage, wie weit die Berechtigung des Art. 177II EGV reicht, muss m.E. vielmehr danach entschieden werden, ob die Demokratie-, Rechtsstaatlichkeits- und Menschenrechtspolitik als eigenständiges Ziel der Entwicklungszusammenarbeit zu begreifen ist. Dann nämlich wäre sie separat und losgelöst von den übrigen besonderen Zielbestimmungen zu verfolgen und rechtfertigte eigenständige Rechtsakte der Gemeinschaft.
Für die Qualifizierung als eigenständiges Ziel spricht Folgendes: Die Funktion des Art. 177 EGV besteht darin, sämtliche Ziele gemeinschaftlicher Entwicklungszusammenarbeit zu beschreiben. Neben den Vorgaben, die sich aus der internationalen Debatte ergeben (Art. 177III EGV), zitiert der Gesetzgeber zunächst die „klassischen", „traditionellen" sozialen und wirtschaftlichen Ziele in Absatz I. Alsdann widmet er sich den „allgemeinen" politischen Zielen des Absatzes II. Diese spiegeln konträr zu Art. 177I EGV modernere entwicklungspolitische Konzeptionen wider, die sich erst allmählich gegen die klassischen Entwicklungsziele zu behaupten vermochten und von daher erst in jene Verträge der sog. „dritten Generation"[339] inkorporiert wurden[340], obwohl sie im Rahmen der Kodifizierung der Entwicklungszusammenarbeit bereits Berücksichtigung gefunden hatten. Dabei manifestiert sich der große Wert, den der EGV der Demokratie- und Menschenrechtsförderung zumisst, sowohl in der gesonderten Nennung in einem eigenen Absatz[341] als auch im Wortlaut, wie der EuGH selbst einräumt[342]. Dass sich die Bedeutung dieser Politik nicht nur im Rahmen der Entwicklungszusammenarbeit erschöpft, erklärt m.E. den Terminus „allgemeine" Ziele – im Gegensatz zu den „besonderen" des Art. 177I EGV. Keinesfalls aber kann in diesen Formulierungen eine Privilegierung dahingehend erkannt werden, allein den wirtschaftlichen und sozialen Entwicklungselementen des Art. 177I EGV zuzugestehen, Gegenstand eigenständiger Rechtsakte der Gemeinschaft zu sein, die politische Dimension der Entwicklung hingegen in die Rolle des unselbständigen Anhängsels der besonderen Entwicklungsziele zu verweisen, die per se keine Rechtfertigung für entwicklungspolitische Rechtsakte liefert[343]. Eine solche „Herabstufung" bzw. künstliche rechtliche Differenzierung wäre ferner keinesfalls nachvollziehbar. Davon abgesehen ist die Demokratie-, Rechtsstaats- und Menschenrechtsförderung in der Regel stets mit der wirtschaftlichen und (vor allem) sozialen Entwicklung verquickt, ja sogar als wesentliche Voraussetzung einer nachhaltigen Entwicklung einzustufen. Dieses Faktum trat bereits im Abschnitt I zu Tage, soll explizit aus der Perspektive der Menschenrechte, Demokratie und der Rechtsstaatlichkeit nochmals unten in den Abschnitten 2 und 3.1 beleuchtet werden und wurde in diesem Zusammenhang auch ausdrücklich vom EuGH bekräftigt[344]. Deshalb stellen *sämtliche* Rechtshandlungen, die im Dienste der Förderung jener Trias stehen, insofern eine „notwendige Ergänzung zur Verwirklichung der sonstigen entwicklungspolitischen Ziele der EG dar"[345] und müssen infolgedessen von Art. 177II EGV in Zusammenspiel mit den genannten Rechtsgrundlagen grundsätzlich umfasst sein. Somit kann es keine Rolle spielen, *wie* die Gemeinschaft die Ziele des Art. 177II EGV verwirklicht, d.h. ob sie sich positiver Förder- oder negativer Sanktionsmaßnahmen bedient, und ob der hauptsächliche Regelungsinhalt da-

---

339 Vgl. zu dieser Kategorisierung oben Kapitel B „Geschichte der Entwicklungszusammenarbeit der Europäischen Gemeinschaft", Abschnitt B.V, Fn. 449, speziell zur Entwicklung der Menschenrechts- und Demokratieklauseln in den Abkommen mit den Entwicklungsländern unten Abschnitt C.II.2.
340 Hierzu ausführlich der nachfolgende Abschnitt C.II.2.
341 Vgl. auch *Zimmermann*, in: von der Groeben/ Schwarze (Hrsg.), EUV/ EGV, Art. 177, Rn. 68.
342 EuGH, Rs. C-268/94, Portugal/ Rat, Slg. 1996, I-6177ff, 6178, 1. Leitsatz, I-6217, Ziffer 24, vgl. ebenso Ziffer 25.
343 Im Ergebnis ebenso: *Pippan*, Menschenrechte und Demokratie, S. 221f.
344 EuGH, Rs. C-268/94, Portugal/ Rat, Slg. 1996, I-6177ff, I-6127, Ziffer 25, sowie GA *La Pergola*, Schlussanträge zu EuGH, Rs. C-268/94, Portugal/ Rat, Slg. 1996, I-6177ff, I-6190ff, Ziffern 27, 29.
345 *Pippan*, Menschenrechte und Demokratie, S. 222.

bei auf der Förderung der besonderen Ziele oder aber primär oder gar ausschließlich auf den allgemeinen Vorgaben liegt.
Gegen eine Einstufung als eigenständiges Ziel der Entwicklungszusammenarbeit spricht allerdings, dass nach der Konzeption des Art. 177II EGV die Rechtsakte im Rahmen der „besonderen“ Entwicklungszusammenarbeit einen Beitrag zur Umsetzung der „allgemeinen Ziele“ zu leisten haben: „Die Politik der Gemeinschaft in diesem Bereich [d.h. die Entwicklungszusammenarbeit] *trägt dazu bei*[346], das allgemeine Ziel einer Fortentwicklung und Festigung der Demokratie [...] zu verfolgen“[347]. Konsequenterweise müsste dann umgekehrt die Implementierung der allgemeinen Ziele stets im Kontext der besonderen Vorgaben erfolgen, d.h. die allgemeinen hätten quasi stets die besonderen Ziele zu untermauern, stützen und auch einzubetten[348]. Problematisch ist daher die rechtliche Zulässigkeit einer Rechtshandlung, die sich als (vermeintlich einzigen) Schwerpunkt die Verbesserung der politischen Rahmenbedingungen in den Entwicklungsländern gesetzt hat, ohne jedoch gleichzeitig explizit den besonderen Zielen zu dienen – eine Frage, die m.E. allerdings positiv zu beantworten ist: Die vorgestellte, dem Wortlaut streng verschriebene Betrachtung verkennt nämlich[349], dass – wie bereits erläutert - sich wirtschaftliche, soziale und politische Elemente keineswegs strikt isolieren lassen. Vielmehr ist eine erfolgreiche Demokratie- und Menschenrechtspolitik regelmäßig mit der Förderung der wirtschaftlichen und sozialen Entwicklung verknüpft. Dies hat zur Konsequenz, dass - funktional, inhaltlich betrachtet - vermeintlich einseitig „politische“ Rechtsakte ohne Zweifel gleichfalls und nicht nur unerheblich zur sozialen und wirtschaftlichen Entwicklung beitragen; sie verfügen daher über eine „implizite“ soziale und wirtschaftliche Zielrichtung, die ebenso gut explizit als Hauptziel ausgewiesen sein könnte. Die Norm berücksichtigt daher de facto, wozu sie Art. 177II EGV verpflichtet. Solch materielle Gesichtspunkte, nicht der Wortlaut einer Norm hingegen sind es, die letztendlich über ihre rechtliche Einordnung entscheiden müssen[350]. Selbst wenn man also Art. 177II EGV nicht als eigenständiges entwicklungspolitisches Ziel anerkennt, lassen sich m.E. zumindest Verordnungen, und unter Berücksichtigung der Tatsache, dass den Rechtssetzungsorganen die Wahl der Mittel überlassen ist, ebenso Verträge rechtfertigen, die sich ausschließlich auf die allgemeinen Ziele des Art. 177II EGV beziehen[351].
Welcher Auffassung man sich auch immer anschließen mag: Aus rechtlicher Sicht spricht nichts dagegen[352], dass in der Praxis die politische Dimension gleichberechtigt neben der so-

[346] Hervorhebung durch die Verfasserin.
[347] *Hilpold* (EU Development Cooperation at a Crossroads, in: EFARev. 2002, S. 53ff, 68) schreibt, dass diese Gewichtung mitunter notwendig war, um die EG-Kompetenz auf diesem Gebiet zu rechtfertigen.
[348] So jedenfalls im Ergebnis auch: *Zimmermann/ Martenczuk*, in: Schwarze (Hrsg.), EU-Kommentar, Art. 177, Rn. 24.
[349] Davon abgesehen könnte die Formulierung „trägt dazu bei“ auch dahingehend ausgelegt werden, dass die Zusammenarbeit von der demokratischen Ordnung des mit der Gemeinschaft zusammenarbeitenden Staates und der Gewährleistung der fraglichen Rechte in diesem Staat abhängt – so jedenfalls GA *La Pergola*, Schlussanträge zu EuGH, Rs. C-268/94, Portugal/ Rat, Slg. 1996, I-6177ff, I-6190, Ziffer 26. Diese Auslegung würde ebenso wenig eine permanente Berücksichtigungspflicht hinsichtlich der Ziele des Art. 177I EGV implizieren.
[350] Vgl. z.B. EuGH, Rs. 45/ 86, Kommission/ Rat, Slg. 1987, S. 1493ff, 1520, Ziffer 11.
[351] Mit ähnlicher Begründung ebenso *Zimmermann/ Martenczuk*, in: Schwarze (Hrsg.), EU-Kommentar, Art. 177, Rn. 24.
Andres aber einer der Streithelfer des Rates, das Königreich Dänemark, im Urteil EuGH, Rs. C – 268/94, Portugal/ Rat, Slg. 1996, I-6177ff, I-6216, Ziffer 20: Art. 308 (und nicht Art. 181/ 179/ 310) EGV wäre die richtige Rechtsgrundlage, wenn Hauptziel eines Abkommens der Schutz der Menschenrechte wäre.
[352] Insbesondere nicht die Aussage des EuGH, wonach „keine Bestimmung des Vertrages des Gemeinschaftsorganen *allgemein* [Hervorhebung durch die Verfasserin] die Befugnis [verleiht], Vorschriften auf dem Gebiet der Menschenrechte zu erlassen oder völkerrechtliche Verträge in diesem Bereich zu schließen“ (Gutachten 2/94, Beitritt der EG zur EMRK, Slg. 1996, I-1759ff, I-1787, Ziffer 27), insbesondere der EMRK beizutreten. Denn hier geht es nicht um eine solch „generalisierende“ Ermächtigung, sondern ausschließlich um die „besondere“

zialen und wirtschaftlichen steht[353], d.h. eigenständig verfolgt wird[354] und sogar zu einem der sechs prioritären Bereiche zählt[355]. Daneben qualifiziert die Gemeinschaft die Ziele des Art. 177II EGV, in diesem Zusammenhang gleichfalls „Good Governance", zusätzlich als „Querschnittsthemen"[356]. Demzufolge versucht sie ohnehin, grundsätzlich die politischen Zielvorgaben stets in die Förderung der Vorgaben des Art. 177I EGV zu integrieren – eine Vorgehensweise, die bereits mit der strengen Wortlautinterpretation des Art. 177II konform geht.

Schließlich trifft Art. 177II EGV bezüglich des „*Wie*" eine rechtlich verbindliche inhaltliche Festlegung derjenigen Ziele, die die Gemeinschaftsorgane bei der Ausarbeitung, Annahme und Durchführung entwicklungspolitischer Rechtsakte bzw. Abkommen zu verfolgen haben[357]. Infolge der breit gefassten Ziele des Art. 177II EGV dürfte den Rechtsetzungsorganen erneut ein weites Beurteilungsermessen[358] hinsichtlich der konkreten Inhalte der gemeinschaftlichen Menschenrechts-, Rechtsstaats- und Demokratiepolitik zuzugestehen sein. Insbesondere ist den Gemeinschaftsorganen politisches Ermessen einzuräumen, inwieweit sie – im völkerrechtlich zulässigen Rahmen und vor allem entsprechend der jeweils vertraglich vereinbarten Klauseln - im Falle der Verletzung der Grundsätze von Demokratie, Rechtsstaatlichkeit und Menschenrechten agieren wollen. Zwar ist die Gemeinschaft als eine der Säulen der Europäischen Union an eine bestimmte Konzeption der Menschenrechte und Grundfreiheiten gebunden, namentlich wie sie sich aus der Europäischen Konvention zum Schutze der Menschenrechte und Grundfreiheiten (EMRK)[359] sowie den gemeinsamen Verfassungsüberlieferungen der Mitgliedstaaten als allgemeine Grundsätze des Gemeinschaftsrechts ergibt (vgl. Art. 6II EUV). Jedoch erlaubt ihr Art. 177II EGV im Rahmen der Beziehungen zu Entwicklungsländern einen gewissen Spielraum, um spezifische entwicklungsrelevante Besonderheiten der jeweiligen Kooperationspartner in der Menschenrechtskonzeption berücksichtigen zu können[360]. Ähnlich verhält es sich im Bereich der Wahrung demokratischer Prinzipien:

Bestimmung des Art. 177II EGV. Diese verpflichtet die EG dazu, im spezifischen Kontext der Zusammenarbeit mit Entwicklungsländern die Menschenrechte zu wahren und die Demokratie und den Rechtsstaat fortzuentwickeln. Um dieses explizit normierte Ziel wirksam verfolgen zu können, muss daher die EG über die materiellrechtliche Berechtigung verfügen, im Zusammenspiel mit den entwicklungspolitischen Rechtsgrundlagen derartige Rechtsakte zu erlassen bzw. Verträge abzuschließen. Über die Existenz einer solch *speziellen* Befugnis hatte der EuGH in jenem Gutachten allerdings nicht zu entscheiden, so dass aus diesem Gutachten keineswegs zwingend zu folgern ist, dass eine derartige Ermächtigung nicht bestehe.

[353] In diesem Sinne ohnehin: *Cloos* u.a., Le Traité de Maastricht, S. 349.

[354] Als Beispiel sei hier die VO (EG) Nr. 975/1999 des Rates vom 29.4.1999 *zur Festlegung der Bedingungen für die Durchführung von Maßnahmen auf dem Gebiet der Entwicklungszusammenarbeit, die zu dem allgemeinen Ziel der Fortentwicklung und Festigung der Demokratie und des Rechtsstaates sowie zur Wahrung der Menschenrechte und Grundfreiheiten beitragen* (ABl. 1999, Nr. L 120/1ff, geändert durch die VO (EG) Nr. 1882/2003 des EP und des Rates vom 29.9.2003, Anhang III, Ziffer 89 (ABl. 2003, Nr. L 284/1ff, 52), zuletzt geändert und verlängert durch: VO (EG) Nr. 2240/2004 des EP und des Rates vom 15.12.2004 (ABl. 2004, Nr. L 390/3ff)).

[355] Hinsichtlich der genauen Elemente des Art. 177II EGV, die von der EG unter einen der prioritären Bereiche subsumiert werden, differieren die Gemeinschaftsdokumente indes. Vgl. die Kommissionsmitteilung über die Entwicklungspolitik vom April 2000, Punkt 4.3 (6): (demokratische) Institutionen, verantwortungsvolle Staatsführung, Rechtsstaatlichkeit, wohl auch Menschenrechte; OPS vom November 2000, Punkt 20: demokratische Institutionen, verantwortungsvolle Staatsführung und Rechtsstaatlichkeit.

[356] Über die genauen Elemente differieren die Gemeinschaftsdokumente erneut. Vgl. die Kommissionsmitteilung über die Entwicklungspolitik vom April 2000, Punkt 4.3 (6): verantwortungsvolle Staatsführung, Menschenrechte, Rechtsstaatlichkeit und demokratische Institutionen; OPS vom November 2000, Punkt 19: Menschenrechte.

[357] *Zimmermann*, in: von der Groeben/ Schwarze (Hrsg.), EUV/ EGV, Art. 177, Rn. 66.

[358] Vgl. bereits oben Abschnitt C.I.1. Die dortigen Ausführungen gelten hier entsprechend.

[359] *Sartorius II*, Nr. 130.

[360] Voranstehend: *Zimmermann/ Martenczuk*, in: Schwarze (Hrsg.), EU-Kommentar, Art. 177, Rn. 26; *Zimmermann*, in: von der Groeben/ Schwarze (Hrsg.), EUV/ EGV, Art. 177, Rn. 71f.

Da die eine Form der Demokratie nicht existiert, verfügt die Gemeinschaft unter Einhaltung demokratischer Mindeststandards des Völkerrechts erneut über einen ausreichenden Spielraum, die Demokratieförderung flexibel zu gestalten. Selbiges gilt schließlich für im Rahmen der Fortentwicklung der Rechtsstaatlichkeit[361].

Abschließend bleibt anzumerken, dass Art. 177II EGV fast wortgleich mit dem bereits zitierten Art. 11I 5. Spiegelstrich EUV ist. Hierdurch wird gewährleistet, dass im Falle der Überschneidung des Anwendungsbereichs der Entwicklungszusammenarbeit mit dem der intergouvernementalen GASP die Gemeinschaft und die Mitgliedstaaten eine diesbezüglich parallele, kohärente Politik verfolgen[362]. Dies dürfte vor allem im Bereich Menschenrechte, aber auch im Hinblick auf Fragen der Wahrung von Demokratie und Rechtsstaatlichkeit des Öfteren vorkommen, da die Förderung dieser Grundsätze in einem vertraglich nicht näher definierten Verhältnis sowohl dem Kompetenzbereich der Gemeinschaft als auch dem Bereich der zwischenstaatlichen GASP zugeordnet wurde[363]. Wenn demnach die Mitgliedstaaten Maßnahmen zur „Entwicklung und Stärkung von Demokratie und Rechtsstaatlichkeit" bzw. zur „Achtung der Menschenrechte und Grundfreiheiten" (Art. 11I 5. Spiegelstrich EUV) in den Entwicklungsländern ergreifen, können sich daraus im Einzelfall schwierige Probleme der Kompetenzabgrenzung bzw. –überlappung zwischen der Union bzw. den Mitgliedstaaten und der Gemeinschaft ergeben[364]. Diese sind, zumindest soweit die EG Verordnungen und Verträge auf spezifisch entwicklungspolitischer Grundlage erlässt (Art. 179I, 181I2 EGV), in erster Linie über das Koordinierungsgebot (Art. 180 EGV)[365] sowie das Kohärenzgebot des Art. 3II EUV zu lösen[366].

2. Entwicklung der allgemeinen Zielbestimmungen in den vertraglichen Beziehungen zu den Entwicklungsländern

Die nachfolgenden Ausführungen verschaffen einen Überblick über die Entwicklung der vertraglichen Menschenrechts-, Rechtsstaats- und Demokratiepolitik der Europäischen Gemeinschaft. Denn ungleich den „klassischen" Zielen des Art. 177I EGV bedurfte es hier einiger Anläufe, um den Entwicklungsländern, aber auch der EG, die herausragende Bedeutung jener Trias bewusst machen zu können. Ohne diese allmähliche Bewusstseinsänderung aber wäre es wohl kaum zu einer vertraglichen Normierung der „allgemeinen Ziele" des Art. 177II EGV gekommen. Gleichzeitig stellt die folgende Darstellung die mittlerweile fünf Generationen

---

361 Zu den völkerrechtlichen Vorgaben für die von der EG verwendeten Demokratie-, Menschenrechts- und Rechtsstaatlichkeitsklauseln unten Abschnitt C.II.4.

362 Vgl. für alle: *Zimmermann*, in: von der Groeben/ Schwarze (Hrsg.), EUV/ EGV, Art. 177, Rn. 67.
Primär einschlägig für die Kohärenz, d.h. für die Vermeidung bzw. zumindest Verminderung von Widersprüchlichkeiten der Maßnahmen im außenpolitischen Bereich – wozu auch die Entwicklungszusammenarbeit zählt - zwischen der Gemeinschaft und den Mitgliedstaaten ist jedoch Art. 3II EUV. Auf horizontaler Ebene, d.h. innerhalb der verschiedenen Gemeinschaftspolitiken, ist das Kohärenzgebot in Art. 178 EGV kodifiziert. Ausführlich hierzu: unten Kapitel D „Gemeinschaftsrechtliche Handlungsvorgaben", Abschnitt D.I.3. Zum Kohärenzgebot speziell im hier behandelten Zusammenhang: *Pippan*, Menschenrechte und Demokratie, S. 313ff.

363 Vgl. *Pietsch*, Entwicklungszusammenarbeit nach Maastricht – Strukturwandel internationaler Beziehungen, in: AJPIL 1995, S. 379ff, 384.

364 *Zimmermann*, in: Schwarze (Hrsg.), EU-Kommentar, Art. 177, Rn. 24.

365 Ausführlich zur Koordinierung unten Kapitel D „Gemeinschaftsrechtliche Handlungsvorgaben", Abschnitt D.I.1.

366 So jedenfalls auch die Kommission in ihrer Mitteilung *„Die Rolle der Europäischen Union (EU) bei der Förderung der Menschenrechte und der Demokratisierung in Drittländern"*, KOM (2001) 252, endg. vom 8.5.2001, Punkt 2 (fortan zumeist: Kommissionsmitteilung über die Rolle der EU bei der Förderung der Menschenrechte und der Demokratisierung vom Mai 2001); Schlussfolgerungen des Rates *„Menschenrechte und Demokratisierung in Drittländern"* vom 25.6.2001, Ref. PRES/01/250 vom 20.9.2000.

von Menschenrechts-, Rechtsstaats- und Demokratieklauseln vor. Diese haben sich mit der Zeit, namentlich parallel zum Bedeutungszuwachs der Förderung von Menschenrechten, rechtsstaatlichen und demokratischen Grundsätzen, inhaltlich stark fortentwickelt – und sind angesichts bestehender inhaltlicher Kontroversen nach wie vor einer permanenten Weiterentwicklung zugänglich.

Die Verträge von Jaunde und Arusha enthielten sich jeglicher politischer Bestimmungen; ebenso verhielt es sich mit dem ersten Lomé-Abkommen, unterzeichnet 1975, lässt man einmal das Bekenntnis zu den Grundsätzen der Vereinten Nationen[367] außer Betracht. Als Grund hierfür kann angeführt werden, dass viele der AKP-Staaten erst vor kurzem die Unabhängigkeit auf der politischen Weltbühne erreicht hatten; die Reaktionen hinsichtlich externer Einflussnahmen auf diese neu gewonnene staatliche Souveränität – somit ebenso auf das souveräne Recht eines Staates, seine Politik so zu gestalten, wie er es für richtig empfindet - fielen ausgesprochen heikel aus. Die Gemeinschaft ließ infolgedessen ihr Anliegen nach einer Einbeziehung menschenrechtlicher Aspekte in die Zusammenarbeit zunächst ruhen[368]. Andererseits, so muss betont werden, war für die EWG diese Nichteinmischung in innere Angelegenheiten der AKP-Staaten in Zeiten des Kalten Krieges auch durchaus von Vorteil: So konnte sie vertragliche Beziehungen sowie entwicklungspolitischen Dialog ebenso mit solchen Regimes pflegen, die aus politischen sowie ideologischen Gründen für die bilateralen Beziehungen ihrer Mitgliedstaaten tabu waren. Die Länder Äthiopien, Angola und Mosambik mit ihren marxistischen Regierungen seien hier beispielhaft genannt[369].

Im Laufe der folgenden Jahre sensibilisierte sich das Beziehungsgeflecht zwischen der Gemeinschaft und den AKP-Staaten im Hinblick auf die Verwirklichung (vor allem) der Menschenrechte im Rahmen der Entwicklungszusammenarbeit jedoch zunehmend: Die EWG sah sich vor dem moralischen und rechtlichen Dilemma[370], vertraglich kaum revidierbar zur Zahlung von Geldern an Staaten verpflichtet zu sein, die dauerhaft und erheblich die Menschenrechte missachteten[371]. Die Einbringung von Menschenrechtsreferenzen in das zweite Abkommen von Lomé[372], Ende 1979 unterzeichnet, scheiterte indes trotz diesbezüglich massiven Drängens seitens des Parlaments[373] nicht zuletzt am energischen Widerstand der Mitgliedstaaten[374].

---

[367] Vgl. Präambel IV Lomé I (ABl. 1976, Nr. L 25/2ff).
Eine ähnliche Referenz weist das „Kooperationsabkommen" mit Tunesien auf, vgl. Präambel I (ABl. 1978, Nr. L 265/2ff).

[368] Vgl. *Hilpold*, Konditionalität, in: ZEuS 2002, S. 239ff, 242; *Pippan*, Menschenrechte und Demokratie, S. 32.
Ein weiterer Gesichtpunkt der Beibehaltung der politischen Neutralität war, dass im Rahmen der bereits angesprochenen Diskussion um die Neue Wirtschaftsordnung das „Recht auf Entwicklung" als globaler und absoluter Anspruch verstanden wurde, der es nicht duldete, von politischer Konditionalität abhängig gemacht zu werden; derartige (Menschenrechts-) Anliegen sollten nach Auffassung der AKP-Staaten in von der Entwicklungskooperation getrennten Foren behandelt werden. Was die Einfügung von Demokratieklauseln anbelangt, so scheiterte dies nicht zuletzt an der völlig unterschiedlichen Definition von Demokratie der Lomé-Vertragspartner (*Hilpold*, Konditionalität, in: ZEuS 2002, S. 239ff, 242).

[369] Vgl. *Frisch*, Zur Zukunft des Lomé-Abkommens, in: afrika spectrum 1996, S. 57ff, 62.

[370] *Riedel/ Will*, Human Rights Clauses, in: Alston (Hrsg.), The EU and Human Rights, S. 723ff, 723.

[371] Besonders massiv waren die Menschenrechtsverletzungen unter der brutalen Schreckensherrschaft Idi Amins in Uganda, einem AKP-Staat. Ausführlich hierzu: *Oestreich*, Menschenrechte, vor allem S. 43ff, 304ff; *Hoffmeister*, Menschenrechts- und Demokratieklauseln, S. 11ff.

[372] ABl. 1980, Nr. L 347/2ff.

[373] Was die Haltung des Parlaments zur Integration von Menschenrechten und Demokratie speziell in die Entwicklungszusammenarbeit anbelangt, so sprach es sich schon immer dezidiert für eine Abkehr von jener „politischen Neutralität" aus. Um die Glaubwürdigkeit dieser Politik gegenüber den Empfängerstaaten der Entwicklungskooperation zu erhalten, aber auch zu stärken, ist das Parlament stets bemüht gewesen, dieselben Maßstäbe ebenso an die europainterne Menschenrechts- und Demokratiepolitik anzulegen.

[374] Ausführlich zu den einzelnen Standpunkten der beteiligten Organe sowie zu den Verhandlungen: *Oestreich*, Menschenrechte, S. 58ff.

Im Rahmen der Verhandlungen zu Lomé III[375], im Dezember 1984 unterzeichnet, konnten die AKP-Staaten zwar nicht mehr einwenden, die Thematisierung der Menschenrechtsfrage habe „den Anstrich des Exports bzw. der Aufoktroyierung westlicher Werte“[376] und widerspräche dem Prinzip der Souveränität sowie der Nichteinmischung, hatte doch die OAU[377] selbst mit der Annahme einer eigenen Menschenrechtscharta[378] 1981 die Frage des Menschenrechtsschutzes „institutionalisiert“. Jedoch bestanden nun gravierende Unterschiede bzgl. der inhaltlichen Ausgestaltung der Menschenrechtsbestimmungen[379]. Der Konsens reichte schließlich für einen menschenrechtlichen Bezug in der Präambel (4. Erwägungsgrund) sowie – stark verklausuliert - in den Vertragszielen (Art. 4 Lomé III)[380]. Aus einer gemeinsamen Erklärung (Anhang I) zu Art. 4 Lomé III ging allerdings hervor, dass sich das nunmehr vertraglich normierte Konzept der Menschenwürde primär auf die Menschenrechte der „zweiten Generation“, d.h. auf die wirtschaftlichen, sozialen und kulturellen Rechte, beschränkte[381]. Diese dennoch positiv zu bewertende Einbeziehung der Menschenrechtsthematik[382] fand Widerhall im Kooperationsabkommen EWG-Zentralamerika von 1985[383], wo erstmals außerhalb der EWG-AKP-Zusammenarbeit eine wenn auch nur programmatische Bezugnahme auf die Menschrechte, darüber hinaus aber ebenso auf „demokratische Werte“ (Absatz XII der Präambel) erfolgte.

Obwohl die in Lomé IV 1989[384] enthaltenen Menschenrechtsbestimmungen wiederum nur im Sinne einer positiven Referenz konzipiert waren, d.h. keine eigenständigen Rechtsgrundlagen für Negativsanktionen beinhalteten, so markierte das Abkommen dennoch einen Wendepunkt in den Menschenrechtsklauseln. Dieser Erfolg war mitunter möglich, da nach dem Ende des Ost-West Konflikts und der damit verbundenen ideologischen Rhetorik Raum für eine versachlichte Menschenrechtsdiskussion gewonnen worden war[385]; aber auch ein weitgehender Konsens über demokratische Grundsätze stellte sich ein. Des Weiteren hatte die Gemeinschaft in der Einheitlichen Europäischen Akte (EEA)[386] von 1986 mit der rechtlichen Verankerung und damit dem Ausbau der bislang nur informell betriebenen Europäischen Politischen Zu-

---

375 ABl. 1986, Nr. L 86/2ff. Ausführlich zu den Menschenrechten in Lomé III: *Oestreich*, Menschenrechte; *Kranz*, Lomé, le dialogue et l'homme, in: RTDE 1988, S. 451ff, 466ff.

376 *Hilpold*, Konditionalität, in: ZEuS 2002, S. 239ff, 244.

377 Organization of African Unity.

378 "African Charter of Human and Peoples' Rights", auch Banjul-Charta genannt. Die Charta, abgedruckt in EuGRZ 1986, S. 677ff, trat 1986 in Kraft.
Zur Bedeutung und zum Inhalt dieser Charta vgl.: *Oestreich*, Menschenrechte, S. 127ff; *Grohs*, Die Europäische Union und die Menschenrechte in Afrika, in: Ferdowski u.a. (Hrsg.), Vom Enthusiasmus zur Ernüchterung?, S. 48ff (v.a. auch zum Durchsetzungsorgan der Charta sowie zu ihrem Einfluss auf die staatliche Gesetzgebung).

379 *Oestreich*, Menschenrechte, S. 264ff. Die AKP-Länder stellten im Gegensatz zu den Europäern nicht so sehr auf die Realisierung der individuellen Freiheitsrechte ab, sondern betonten vielmehr einseitig die wirtschaftlichen, kulturellen und sozialen Rechte sowie das Recht auf Entwicklung.

380 Vgl. hierzu: *Oestreich*, Menschenrechte, S. 283f.

381 *Oestreich*, Menschenrechte, S. 284.
Zur Kategorisierung der Menschenrechte in eine „erste“ (bürgerliche und politische Menschenrechte), „zweite“ (wirtschaftliche, soziale und kulturelle Menschenrechte) und „dritte Generation“ (kollektive „Solidaritätsrechte“ auf Entwicklung, Frieden, intakte Umwelt und auf Beteiligung am gemeinsamen Erbe der Menschheit): *Schläppi*, Menschenrechte, S. 63ff.

382 Für eine Bewertung dieser Bestimmung vgl. auch: *Hilpold*, EU Development Cooperation at a Crossroads, in: EFARev. 2002, S. 53ff, 59f.

383 Kooperationsabkommen zwischen der EWG und den Republiken Costa Rica, El Salvador, Guatemala, Honduras, Nicaragua und Panama (ABl. 1986, Nr. L 172/2ff).

384 ABl. 1991, Nr. L 229/3ff. Ausführlich zu den Menschenrechten in Lomé IV 1989: *Windmeißer*, Der Menschenrechtsansatz in der EZ, S. 102ff, 111ff.

385 *Hilpold*, Konditionalität, in: ZEuS 2002, S. 239ff, 246.

386 ABl. 1987, Nr. L 169/1ff.

sammenarbeit (EPZ)[387] den bisher politisch grundsätzlich neutralen Bereich der Außenpolitik der Gemeinschaft verlassen. Die Kommission, voll an der EPZ beteiligt, brachte in der Folgezeit noch verstärkter politische Gesichtspunkte in die Entwicklungszusammenarbeit ein[388]. Bereits in der Präambel von Lomé IV 1989 wurde jener Wendepunkt manifest: Nunmehr drei bzw. vier Absätze der Präambel beinhalteten weitgehende Bezugnahmen auf verschiedene, mitunter regional begrenzte Menschenrechtspakte[389] und betonten die Notwendigkeit der Beachtung und Gewährleistung nicht nur der wirtschaftlichen, sozialen und kulturellen, sondern auch der bürgerlichen und politischen Rechte (Präambel V)[390]. Der Mensch wurde in den Mittelpunkt der Entwicklung, als ihr zentraler Träger und Nutznießer, gerückt (Präambel IV). Als wesentliches Novum galt jedoch die erstmalige Aufnahme einer eigenständigen Menschenrechtsklausel in Art. 5 Lomé IV 1989, die den positiven Zusammenhang zwischen Entwicklung, Achtung der Menschenrechte und Partizipation der Bevölkerung am Entwicklungsprozess ausführlich beschrieb[391]: Absatz I bezeichnete - ähnlich der Präambel - den Menschen als zentrale Figur der Entwicklung und deklarierte die Achtung der Menschenrechte als einen „Grundfaktor" für eine echte Entwicklung[392]. Zudem wurde eine „echte Beteiligung der Bevölkerung an den Entwicklungsbemühungen"[393] gefordert[394]. Absatz II enthielt ein Bekenntnis zur Menschenwürde[395] und garantierte das Recht auf nicht diskriminierende Behandlung, die Grundrechte der Person, sowie die Menschenrechte der zweiten und nunmehr auch der ersten Generation, wie es bereits die Präambel zum Ausdruck brachte. Des Weiteren wurden die Interdependenz[396] sowie die Unteilbarkeit[397] dieser Rechte betont. Absatz III eröffnete die Möglichkeit, Fonds für private und öffentliche Initiativen zur Förderung der Menschenrechte

---

387 Die EPZ war der Vorläufer der GASP (Gemeinsamen Außen- und Sicherheitspolitik), die, als intergouvernementale Zusammenarbeit konzipiert, außen-, sicherheits- sowie verteidigungspolitische Zielsetzungen verfolgt, Art. 11 ff EUV.

388 Vgl. *Pippan*, Menschenrechte und Demokratie, S. 39ff; *Frisch*, in: Groeben/ Thiesing/ Ehlermann (Hrsg.), EU-/ EG-Vertrag, vor Art. 130u ff, Rn. 35.

389 Wie die Vorgängerkonventionen nahm Lomé IV 1989 Bezug auf die Grundsätze der UN-Charta (Absatz III; die UN-Charta ist abgedruckt in: *Sartorius II*, Nr. 1), rief nunmehr aber ebenso die Allgemeine Erklärung der Menschrechte (AEMR; *Sartorius II*, Nr. 19), den Internationalen Pakt über bürgerliche und politische Rechte (IPbpR; *Sartorius II*, Nr. 20) sowie den Internationalen Pakt über wirtschaftliche, soziale und kulturelle Rechte (IPwskR; *Sartorius II*, Nr. 21) in Erinnerung (Absatz V). Ebenso betonte sie die positiven regionalen Beiträge der Europäischen Konvention zum Schutze der Menschenrechte und der Grundfreiheiten (EMRK; *Sartorius II*, Nr. 130), der Banjul-Charta sowie der Amerikanischen Menschenrechtscharta (AMRK; EuGRZ 1980, S. 435ff) zum Menschenrechtsschutz innerhalb der Gemeinschaft und den AKP-Staaten (Absatz VI).

390 Auch Präambel IV betonte nunmehr die „Menschenwürde in *all* [Hervorhebung durch die Verfasserin] ihren Erscheinungsformen".

391 *Pippan*, Menschenrechte und Demokratie, S. 41.

392 Demnach sind die Menschenrechte Ziel der Entwicklung und nicht ihr Produkt; sie werden simultan, nicht jedoch erst im Anschluss an ökonomische Entwicklung verwirklicht. Zu diesem Ansatz: *Hilpold*, EU Development Cooperation at a Crossroads, in: EFARev. 2002, S. 53ff, 62.

393 Art. 5I UA 2 Lomé IV 1989.

394 Noch also wurde die Regierungsform der Demokratie nicht explizit erwähnt. Jene Forderung nach der Einrichtung einer Partizipation der Bevölkerung stellt jedoch die Grundessenz der Demokratie dar (vgl. *Hilpold*, Konditionalität, in: ZEuS 2002, S. 239ff, 247). Zu den Zusammenhängen zwischen demokratischer Regierungsform und Entwicklung vgl.: *Schläppi*, Menschenrechte, S. 234ff.

395 Explizit zur Menschenwürde: *Windmeißer*, Der Menschenrechtsansatz in der EZ, S. 113ff; anders: *Hoffmeister*, Menschenrechts- und Demokratieklauseln, S. 265f.

396 Die Wechselwirkung zwischen bzw. Bedingtheit der Menschenrechte der verschiedenen Generationen.

397 „Jede Form von Diskriminierung zwischen bürgerlichen und politischen Rechten einerseits und wirtschaftlichen, sozialen und kulturellen Rechten andererseits ist ausgeschlossen" (Mitteilung der Kommission *„The inclusion of respect for democratic principles and human rights in agreements between the community and third countries"*, KOM (1995) 216, endg. vom 23.5.1995, Punkt 32; fortan meist: Kommissionsmitteilung über die Berücksichtigung der Achtung demokratischer Grundsätze und der Menschenrechte vom Mai 1995). Zur Unteilbarkeit auch: *Schläppi*, Menschenrechte, S. 66ff).

einzurichten. Jedoch ist festzuhalten, dass trotz dieser menschenrechtlichen Formulierungen die Achtung der Menschenrechte noch nicht zu einem so wesentlichen Vertragsbestandteil erhoben wurde, um auf diesen Bestimmungen basierend nach allgemeinem Völkerrecht (Art. 60 WVK) gegen den Verletzerstaat vorgehen zu können[398].

In der Folge konnte sich schließlich die Zusammenarbeit mit den Nicht-AKP-Staaten der Impulswirkung der Lomé IV 1989 - Menschenrechtsklauseln nicht entziehen, so dass es auch im Rahmen der Zusammenarbeit mit den ALA-Staaten zu einer zunehmenden Verrechtlichung der Menschenrechts- und Demokratiefrage[399] kam. Als Beispiel mag das 1990 unterzeichnete Rahmenabkommen mit Argentinien dienen, das mit der Einfügung einer sog. *„Grundlagenklausel“* zugleich Vorreiterfunktion für andere Abkommen vor allem mit lateinamerikanischen Staaten besaß. Unter dem Titel „Demokratische *Grundlage* [Hervorhebung durch die Verfasserin] der Zusammenarbeit“ hieß es in Art. 1 des Rahmenabkommens:

(1) „Die Kooperationsbeziehungen zwischen der Gemeinschaft und Argentinien und alle Bestimmungen dieses Abkommens stützen sich auf die Wahrung der demokratischen Grundsätze und der Menschenrechte, von denen sich die Gemeinschaft und Argentinien in ihrer Innen- und Außenpolitik leiten lassen.
(2) Die Stärkung der Demokratie und die regionale Integration sind die wichtigsten Grundsätze dieses Abkommens und ein gemeinsames Anliegen beider Vertragsparteien. [...]“[400].

Nur wenig später erhielten weitere Verträge dieser sog. dritten Generation[401], so auch erstmalig ein Assoziationsabkommen mit einem Mittelmeerdrittstaat, nämlich mit Tunesien[402] (unterzeichnet 1995), eine sog. *„(einfache) Wesentlichkeitsklausel“*, verbunden mit einer *„(bulgarischen) Nichterfüllungsklausel“*[403]. Diese Entwicklung war möglich geworden, nachdem der Rat in einer regionalspezifischen Erklärung vom Mai 1992[404] die Aufnahme von Menschenrechts- und Demokratieklauseln gegenüber den KSZE[405]-Staaten systematisiert hatte: Im Sinne dieser Erklärung wurde in den neuen Verträgen mit KSZE-Staaten die Achtung demokratischer Grundsätze und der Menschenrechte als „wesentliches Element“ des Vertrages („KSZE-

---

[398] Vgl. Kommissionsmitteilung über die Berücksichtigung der Achtung demokratischer Grundsätze und der Menschenrechte vom Mai 1995, Abschnitt B; *Windmeißer*, Der Menschenrechtsansatz in der EZ, S. 116ff. Im Ergebnis auch: *Arts*, Integrating Human Rights into Development Cooperation, S. 198. Differenzierend: *Hoffmeister*, Menschenrechts- und Demokratieklauseln, S. 253ff. Zu Art. 60 WVK unten im Abschnitt C.II.4.1.

[399] Diese Fortentwicklung des Gedankens der Partizipation der Bevölkerung ist nicht zuletzt der Diskussion um ein Recht auf Demokratie zu verdanken. Grundlegend dazu: *Franck*, The Emerging Right to Democratic Governance, in: AJIL 1992, S. 46ff.

[400] ABl. 1990, Nr. L 295/67ff.

Absatz I wurde von der Gemeinschaft fortan als *Grundlagenklausel* in den jeweiligen Art. 1 der Parallelabkommen mit weiteren lateinamerikanischen Staaten aufgenommen, so im Rahmenabkommen mit Chile (ABl. 1991, Nr. L 79/2ff), Uruguay (ABl. 1992, Nr. L 94/2ff) und Paraguay (ABl. 1992, Nr. L 313/71ff). Auch das Handels- und Kooperationsabkommen mit der Mongolei (ABl. 1993, Nr. L 41/46ff) und das Abkommen über Handel und Zusammenarbeit mit Macao (ABl. 1992, Nr. L 404/27ff) enthielten Grundlagenklauseln.

Zum völkerrechtlichen Rechtsgehalt der Grundlagenklausel: *Hoffmeister*, Menschenrechts- und Demokratieklauseln, S. 255ff.

[401] Etwa mit Vietnam (ABl. 1996, Nr. L 136/29ff), Nepal (ABl. 1996, Nr. L 137/15ff), Südafrika (ABl. 1994, Nr. L 341/62f).

[402] Art. 2, 90 (ABl. 1998, Nr. L 97/2ff).

[403] Teilweise konnte in der Folgezeit in neu abgeschlossene Abkommen nur eine Wesentlichkeitsklausel eingefügt werden: bspw. in das Rahmenabkommen mit Brasilien (Vorschlag der KOM, ABl. 1992, Nr. C 163/12ff), mit den Anden-Staaten (ABl. 1998, Nr. L 127/11ff) und mit den Zentralamerikanischen Staaten (ABl. 1999, Nr. L 63/39ff) sowie in das Kooperationsabkommen mit Indien (ABl. 1994, Nr. L 223/24ff) und mit Sri Lanka (ABl. 1995, Nr. L 85/33ff).

[404] Erklärung vom 11. Mai 1992 *„Achtung der demokratischen Grundsätze und der Menschenrechte sowie der Grundsätze der Marktwirtschaft“*, Bulletin EG 5 – 1992, Ziffer 1.2.13.

[405] Konferenz für Sicherheit und Zusammenarbeit in Europa. Die KSZE wurde 1995 umbenannt in OSZE – Organisation für Sicherheit und Zusammenarbeit in Europa.

Wesentlichkeitsklausel")[406] deklariert, dessen Nichterfüllung nuancierte Reaktionen nach vorangegangener Konsultation nach sich zog („*bulgarische Nichterfüllungsklausel*"[407]). Dieses Instrumentarium wurde nun leicht modifiziert in die oben genannten Verträge mit Entwicklungsländern transportiert[408]. Leicht abgewandelt deshalb, weil in den Verträgen mit den KSZE-Staaten in der Wesentlichkeitsklausel Bezug auf KSZE-Menschenrechts- und Demokratiestandards genommen wurde, die nicht für obige Entwicklungsländer gelten, so dass hier eigene Referenzen aufgenommen werden mussten. Zur Unterscheidung hat sich weitgehend die Bezeichnung „*(einfache) Wesentlichkeitsklausel*" für die *Standardklauseln* der Nicht-KSZE-Staaten eingebürgert.
Diesen universellen Ansatz festigten die Richtlinien des Rates vom 29.5.1995[409], die er auf Vorschlag der Kommission[410] erlassen hatte. Danach sollten in (sämtlichen) zukünftigen Drittstaatenverträgen die bislang uneinheitlich verwendeten Menschenrechts- und Demokratieklauseln systematisiert werden, indem neben der Verankerung eines Menschenrechts- und Demokratiebezugs in der Präambel *Standardklauseln* für eine Definition der „*wesentlichen Vertragsbestandteile*", für einen Artikel über die *Nichterfüllung* sowie für eine *gemeinsame Erklärung über die Auslegung* der Nichterfüllungsklausel eingeführt werden[411]:

Art. X ((einfache) Wesentlichkeitsklausel): „Respect for the democratic principles and fundamental human rights established by [the Universal Declaration of Human Rights]/ [...] inspires the domestic and external policies of the Community and of [the country or group of countries concerned] and constitutes an essential element of this agreement"[412];

Art. Y („bulgarische" Nichterfüllungsklausel): „If either Party considers that the other Party has failed to fulfil an obligation under this Agreement, it may take appropriate measures. Before so doing, except in cases of special urgency, it shall supply the Association Council with all relevant information required for a thorough examination of the situation with a view to seeking a solution acceptable to the Parties.

[406] Vgl. die Abkommen mit Estland, Lettland und Litauen (ABl. 1992, Nr. L 403/2ff, 11ff, 20ff) und Albanien (ABl. 1992, Nr. L 343/2ff) als erste Abkommen, die die KSZE-Wesentlichkeitsklausel inkorporierten.

[407] Die „*bulgarische*" *Nichterfüllungsklausel* erhielt ihren Namen nach dem Europaabkommen mit Bulgarien (ABl. 1994, Nr. L 358/3ff), in dem zum ersten Mal die Klausel vertraglich fixiert wurde. Die „baltische Nichterfüllungsklausel" – benannt nach den Abkommen mit den drei baltischen Staaten Estland, Lettland und Litauen (ABl. 1992, Nr. L 403/2ff, 11ff, 20ff) - sah hingegen eine *sofortige* Aussetzungsandrohung vor, vgl. Art. 21III der jeweiligen Abkommen. Der Rat bevorzugte jedoch alsbald die abgestufte „bulgarische" Suspendierungsklausel, die sich in der Folgezeit auch in anderen Drittstaatenverträgen durchsetzen sollte.

[408] *Hoffmeister*, Menschenrechts- und Demokratieklauseln, S. 175f, 179f.

[409] Schlussfolgerungen des Rates zu den „*Menschenrechtsklauseln in den Abkommen der Gemeinschaft mit Drittländern*" vom 29. Mai 1995, Bulletin EG 5 – 1995, Ziffer 1.2.3.

[410] Kommissionsmitteilung über die Berücksichtigung der Achtung demokratischer Grundsätze und der Menschenrechte vom Mai 1995.

[411] An diesen insofern nicht verhandelbaren Intentionen des Rates scheiterte dann auch die Neugestaltung diverser vertraglicher Beziehungen, insbesondere mit asiatischen Staaten. Andere Staaten wie Kambodscha (Art. 1, 19, ABl. 1999, Nr. L 269/18ff), Laos (Art. 1, 19, ABl. 1997, Nr. L 334/15ff) und Bangladesch (Art. 1, 16, ABl. 2001, Nr. L 118/48ff) hingegen akzeptierten die Aufnahme derartiger Klauseln (vgl. *Pippan*, Menschenrechte und Demokratie, S. 140f, mit weiteren Nachweisen). Selbiges trifft inzwischen für das Abkommen mit der durch die PLO vertretenen Palästinensischen Behörde (Art. 2, 70, ABl. 1997, Nr. L 187/3ff), mit Jordanien (Art. 2, 101, ABl. 2002, Nr. L 129/3ff), Jemen (Art. 1,18, ABl. 1998, Nr. L 72/18ff), den MERCOSUR Staaten (Art. 1, 35, ABl. 1996, Nr. L 69/4ff), mit Chile (Art. 1I, 200, ABl. 2002, Nr. L 352/3ff) sowie mit Mexiko (Art. 1, 58, ABl. 2000, Nr. L 276/45ff) zu.

[412] Diese Definition kann im Einzelfall variieren (Abschnitt D, Ziffer (b) 1 der Kommissionsmitteilung über die Berücksichtigung der Achtung demokratischer Grundsätze und der Menschenrechte vom Mai 1995). Zitiert wird hier lediglich der für nicht OSZE-Staaten relevante Teil.

In the selection of the measures, priority must be given to those which least disturb the functioning of this Agreement. These measures shall be notified immediately to the Association Council and shall be the subject of consultations within the Association Council if the other Party so requests"[413];

Art. Z (gemeinsame Erklärung über die Auslegung der Nichterfüllungsklausel): „(a) The Parties agree, for purpose of the correct interpretation and practical application of this Agreement, that the term „cases of special urgency" in Article Y means a case of the material breach of the Agreement by one of the Parties. A material breach of the Agreement consists in:

(i) repudiation of the Agreement not sanctioned by the general rules of international law;

(ii) violation of essential elements of the Agreement, namely its Article X.

(b) The parties agree that the „appropriate measures" referred to in Article Y are measures taken in accordance with international law. If a party takes a measure in a case of special urgency as provided for under Article Y, the other party may avail itself of the procedure relating to settlement of disputes"[414].

Hierbei ist hinzuzufügen, dass diese Klauseln nicht primär als Instrument für Suspendierungsmaßnahmen konzipiert worden sind, sondern ihren hauptsächlichen Nutzen bereits während der etwaigen Sanktionen vorgelagerten Konsultationsphase zum Tragen bringen sollen[415]. Der Rat stimmte darüber hinaus für die Einbeziehung der Grundsätze des Rechtsstaates sowie der guten Regierungsführung. Ebenso akzeptierte er das Novum der Kommission, dass die Allgemeine Erklärung der Menschenrechte den Schutzbereich für Nicht-KSZE-Staaten bestimmen sollte (deshalb auch *AEMR-Wesentlichkeitsklausel* genannt)[416].
Dem starken Einfluss dieser allgemeinen Praxis der EG konnte sich auch die Revision des Lomé IV – Abkommens nicht entziehen: Dem Wesen nach ist auch der neu gefasste Art. 5 Lomé IV 1995[417] eine Wesentlichkeitsklausel[418]. Von den in den anderen Drittstaatenverträgen inkorporierten Klauseln unterscheidet sich die Vorschrift aber dadurch, dass sie die umfangreichen Absätze von Art. 5 Lomé IV 1989 übernahm und den Text mit Begriffen wie „demokratische Prinzipien", „Rechtsstaatlichkeit" und „verantwortungsvolle Regierungsführung" anreicherte, demnach den Schutzbereich in Art. 5I UA 2 Lomé 1995 erweiterte[419]. Dabei wurde die Achtung der Menschenrechte, der demokratischen Grundsätze und nunmehr auch der Rechtsstaatlichkeit zu einem „wesentlichen Bestandteil" (Art. 5I UA 3 Lomé IV 1995) des Abkommens erhoben. Diese neue Bestimmung komplettierte eine Nichterfüllungsklausel (Art. 366a Lomé IV 1995), in Abweichung zur „bulgarischen" Klausel jedoch ent-

---

413 Abschnitt D, Ziffer (b) 2 der Kommissionsmitteilung über die Berücksichtigung der Achtung demokratischer Grundsätze und der Menschenrechte vom Mai 1995.

414 Abschnitt D, Ziffer (b) 3 der Kommissionsmitteilung über die Berücksichtigung der Achtung demokratischer Grundsätze und der Menschenrechte vom Mai 1995.
In neueren Abkommen (MERCOSUR, Art. 35, ABl. 1996, Nr. L 69/4ff; Chile, Art. 200, ABl. 2002, Nr. L 352/3ff; Mexiko, Art. 58, ABl. 2000, Nr. L 276/45ff; Südafrika, Art. 3, ABl. 1999, Nr. L 311/ 3ff) wurde diese gemeinsame interpretative Erklärung mit gewissen Modifikationen als zusätzlicher Absatz in den Text der Suspendierungsklausel selbst aufgenommen

415 Vgl. z.B. Kommissionsmitteilung über die Rolle der EU bei der Förderung der Menschenrechte und der Demokratisierung vom Mai 2001, Punkt 3.1.1; Mitteilung der Kommission *„Intensivierung der EU-Maßnahmen für die Mittelmeer-Partnerländer in den Bereichen Menschenrechte und Demokratisierung – Strategische Leitlinien"*, KOM (2003) 294, endg. vom 21.5.2003, Punkt 5.1.1. Vgl. auch: *Riedel/ Will*, Human Rights Clauses, in: Alston (Hrsg.), The EU and Human Rights, S. 723ff, 751.

416 Abschnitt D, Ziffer (b) 1 der Kommissionsmitteilung über die Berücksichtigung der Achtung demokratischer Grundsätze und der Menschenrechte vom Mai 1995.

417 ABl. 1998, Nr. L 156/3ff.

418 *Hoffmeister*, Menschenrechts- und Demokratieklauseln, S. 176. Zu Art. 5 Lomé IV 1995 ausführlich: *Windmeißer*, Der Menschenrechtsansatz in der EZ, S. 211ff.

419 *Hoffmeister* (Menschenrechts- und Demokratieklauseln, S. 176) sieht deshalb die Bestimmung als eine Menschenrechts- und Demokratieklausel sui generis an. So im Ergebnis auch: *Pippan*, Menschenrechte und Demokratie, S. 137f.

sprechend den Wünschen der AKP-Staaten[420] mit einer deutlich stärkeren Betonung des Konsultationsmechanismus im Falle von Negativmaßnahmen[421]. Die verantwortungsvolle Regierungsführung wurde - im Zusammenhang mit der Gewährleistung einer „echte[n] Beteiligung der Bevölkerung an den Entwicklungsbemühungen" - als „besonderes Ziel der Aktionen der Zusammenarbeit" (Art. 5I UA 2, S. 2, 3 Lomé IV 1995) deklariert. Während Art. 5II Lomé IV 1995 im Wesentlichen gleich blieb, eröffnete Absatz III neben der Bereitstellung finanzieller Mittel zur Förderung der Menschenrechte nunmehr auch die Möglichkeit, Maßnahmen „zugunsten der Demokratisierung, der Festigung des Rechtsstaates und der verantwortungsvollen Regierungsführung"[422] zu unterstützen.
Eine abgewandelte Menschenrechts-, Rechtsstaats- und Demokratieklausel enthält das neue Partnerschaftsabkommen von Cotonou[423] (Art. 9 Cotonou). Zunächst beinhaltet die Präambel VII neben der bereits bekannten Bezugnahme auf die Grundsätze der UN-Charta, der Achtung der AEMR sowie der beiden UN-Pakte von 1966 eine umfassende Referenz auf Übereinkünfte des humanitären Völkerrechts[424] sowie auf diverse Sozialpakte[425]. Mit der Aufnahme letzterer entschied sich die Gemeinschaft wohl für einen „Mittelweg", was die Diskussion[426] um die Einführung einer gesonderten Sozialklausel in die vertragliche (und auch autonome) Entwicklungszusammenarbeit anbelangt: Im Rahmen dieser Debatte wird angedacht, mittels der Inkorporierung einer derartigen Regelung[427] bestimmte soziale, insbesondere Arbeitsrechte, zu verstärken[428]. Art. 9 Absatz I Cotonou bekennt sich wie die Vorgängerkonvention zu den vier Elementen als feste Bestandteile einer nachhaltigen Entwicklung. Während Absatz II UA

---

[420] Ausführlich hierzu: *Hoffmeister*, Menschenrechts- und Demokratieklauseln, S. 171, Rn. 278.
[421] Vgl. die Gemeinsame Erklärung zu Art. 366a, Anhang LXXXIII Lomé IV 1995 (ABl. 1998, Nr. L 156/55f).
[422] Art. 5III UA 1, S. 1 Lomé IV 1995.
[423] ABl. 2000, Nr. L 317/3ff. Ausführlich zu Art. 9 Cotonou unten Kapitel E „Regionale Entwicklungszusammenarbeit der Europäischen Gemeinschaft", Abschnitt E.I.2.2.2.2; vgl. auch Abschnitt E.I.2.2.2.3.
[424] Die Genfer Abkommen von 1949 (Genfer Abkommen über die Behandlung der Kriegsgefangenen, (*Sartorius II*, Nr. 53), Genfer Übereinkommen zum Schutze von Zivilpersonen in Kriegszeiten (*Sartorius II*, Nr. 54)), das Übereinkommen über die Rechtsstellung der Staatenlosen von 1954, das Genfer Abkommen über die Rechtsstellung der Flüchtlinge von 1951 (*Sartorius II*, Nr. 28) sowie das New Yorker Protokoll über die Rechtsstellung der Flüchtlinge von 1967 (*Sartorius II*, Nr. 28a).
[425] Das Übereinkommen über die Rechte des Kindes von 1989 (*Sartorius II*, Nr. 29), das Übereinkommen zur Beseitigung jeder Form von Diskriminierung der Frau von 1979 (*Sartorius II*, Nr. 23) und das Internationale Übereinkommen zur Beseitigung jeder Form der Rassendiskriminierung.
[426] Vgl. hierzu: *Riedel/ Will*, Human Rights Clauses, in: Alston (Hrsg.), The EU and Human Rights, S. 723ff, 744ff; *Pippan*, Menschenrechte und Demokratie, S. 183ff.
[427] Im Hauptteil der Verordnung/ des Vertrages, nicht nur in der Präambel – deshalb kann das Vorgehen der EG als „Mittelweg" bezeichnet werden.
[428] In diesem Sinne heißt es nunmehr in Absatz XII des Vorspruchs, dass „die Grundrechte der Arbeitsnehmer zu achten [sind] und den in den einschlägigen Übereinkommen der Internationalen Arbeitsorganisation niedergelegten Grundsätzen Rechnung zu tragen" ist. Ähnliches findet sich im Abkommen mit Südafrika (Präambel XVI, ABl. 1999, Nr. L 311/3ff) sowie im Kooperationsabkommen mit Bangladesch (Präambel III, ABl. 2001, Nr. L 118/48ff).
Sozialklauseln enthält bereits seit längerem das APS (hierzu: *Brandtner/Rosas*, Trade Preferences and Human Rights, in: Alston (Hrsg.), The EU and Human Rights, S. 699ff, 713ff), so auch wieder die derzeit geltende VO (EG) Nr. 980/2005 des Rates vom 27.6.2005 *über ein Schema allgemeiner Zollpräferenzen* (ABl. 2005, Nr. L 169/1ff): Art. 8I, 9I a) i.V.m. Anhang III, Teil A, bietet als Anreiz konzipierte *Zusatz*präferenzen für Entwicklungsländer (vgl. bereits oben Kapitel B „Geschichte der Entwicklungszusammenarbeit der Europäischen Gemeinschaft", Abschnitt B.II.2), die – u.a. - bestimmte Übereinkommen zu den Arbeitnehmerrechten ratifiziert haben und auch tatsächlich umsetzen. Die in Anhang III, Teil A aufgelisteten Übereinkommen dürften im Großen und Ganzen mit dem nach Meinung der Kommission universell gültigen arbeitsrechtlichen Mindeststandard kongruieren, vgl. Kommissionsmitteilung „*Der Zusammenhang zwischen dem Handelssystem und den international anerkannten Arbeitsnormen*", KOM (1996) 402, endg. vom 24.7.1996, EG Bulletin 7/8 - 1996, Ziffer 1.4.35 (Zusammenfassung).

1 bereits Bekanntes aufgreift (Unteilbarkeit, Interdependenz und Universalität[429] der Menschenrechte), definieren UA 2 erstmals „demokratische Grundsätze" sowie UA 3 das Rechtsstaatsprinzip. Alsdann werden, wie auch in der Vorgängerkonvention, die Menschenrechte, demokratische Grundsätze und auch die Rechtsstaatlichkeit[430] als „wesentliche Elemente" des Abkommens deklariert (Absatz II UA 4). Die korrespondierende Nichterfüllungsklausel enthält Art. 96 Cotonou. Ein weiteres definitorisches Novum enthält Art. 9III Cotonou, der die verantwortungsvolle Staatsführung präzisiert, anschließend zum „fundamentalen Element" erhebt und bei schweren Fällen von Korruption Sanktionen erlaubt (Art. 97)[431].

Bislang also lassen sich fünf verschiedene Generationen von Menschenrechts- und Demokratieklauseln identifizieren[432]: Der historisch gewachsene Art. 5 Lomé IV 1989 und die Grundlagenklausel, die allmählich gegen die (einfache) Wesentlichkeitsklausel ausgetauscht wurde. Als eine Kombination aus der Vorgängervorschrift von Lomé IV 1989 und der Wesentlichkeitsklausel präsentiert sich Art. 5 Lomé IV 1995 als vierter Typus. Schließlich eröffnet Art. 9 Cotonou neue Dimensionen, indem er zusätzlich die verantwortungsvolle Staatsführung zum fundamentalen Element erhebt und einen Verstoß gegen dieses Gebot – wenn auch nur sehr beschränkt - sanktionieren lässt[433]. All diese Haupttypen lassen sich mit einer Nichterfüllungsklausel kombinieren. Hier dominiert im Rahmen der Nicht-AKP-Staaten die „bulgarische" Klausel; für die AKP-Staaten ist Art. 96f Cotonou einschlägig. Diese gehen im jeweiligen Vertragsverhältnis als spezielles Völkerrecht den Verfahrensbestimmungen der WVK (Art. 65ff) vor[434].

3. Autonome Formulierung der allgemeinen Zielbestimmungen

Bereits bevor die Demokratie- und Menschenrechtspolitik im Rahmen der europäischen Entwicklungszusammenarbeit durch die Einführung des Art. 130u II EGV a.F. eine globale Note erfuhr, und noch während die Einbeziehung derartiger Bezüge weitgehend auf die AKP- und lateinamerikanische Staaten begrenzt war, sollten in den frühen 90er Jahren die Gemeinschaftsorgane, aber auch die Mitgliedstaaten[435], einen globalen Ansatz verankern: Sowohl der Europäische Rat, die Kommission als auch der Rat nahmen in der Folgezeit in Form „unei-

---

429 Hierzu unten Abschnitt C.II.3.1.

430 Vgl. nunmehr ebenso die jeweiligen Art. 1I der noch nicht in Kraft getretenen Abkommen *über politischen Dialog und Zusammenarbeit* mit den zentralamerikanischen Staaten (KOM (2003) 677, endg. vom 10.11.2003) und mit der Andengemeinschaft (KOM (2003) 695, endg. vom 14.11.2003). Deren jeweilige Art. 56 enthalten eine einfache Nichterfüllungsklausel.

431 Das Eintreten für die Grundsätze verantwortungsvoller Staatsführung – ohne sie indes zu präzisieren oder gar zum fundamentales Element zu erheben - bekräftigen nunmehr auch die jeweiligen Art. 1III der noch nicht in Kraft getretenen Abkommen *über politischen Dialog und Zusammenarbeit* mit den zentralamerikanischen Staaten (KOM (2003) 677, endg. vom 10.11.2003) und mit der Andengemeinschaft (KOM (2003) 695, endg. vom 14.11.2003).

432 So auch: *Werther-Pietsch*, Strategie für Entwicklung, S. 127. Vgl. hierzu: *Riedel/ Will*, Human Rights Clauses, in: Alston (Hrsg.), The EU and Human Rights, S. 723ff, 726ff.

433 Dass die verantwortungsvolle Staatsführung nur zu einem fundamentalen Element erhoben und beschränkt „sanktionsfähig" ist, mag noch der uneingeschränkten Qualifikation als neue Generation von „Menschenrechts- und Demokratieklauseln" entgegenstehen.

434 Zum völkerrechtlichen Verfahren bei fehlender Nichterfüllungsbestimmung: *Hoffmeister*, Menschenrechts- und Demokratieklauseln, S. 376ff. Für die Zuständigkeit sowie das Verfahren im Innenverhältnis gilt grundsätzlich Art. 300II, III EGV. Ausführlich hierzu: *Hoffmeister*, Menschenrechts- und Demokratieklauseln, S. 434ff; *Pippan*, Menschenrechte und Demokratie, S. 171ff.

435 Mittels des Europäischen Rates bzw. mittels eines gemeinsamen Aktes sui generis mit dem Rat. Letzterenfalls agieren die Mitgliedstaaten in ihrer Funktion als „im Rat vereinigte Vertreter der Regierungen der Mitgliedstaaten" (zu diesem „Rollentausch" der Mitgliedstaatenvertreter bereits oben Abschnitt C.I.2.1).

gentlicher Rechtsakte"[436] ausführlich Stellung zu einer Verankerung der Menschenrechte, der demokratischen Grundsätze und rechtsstaatlicher Prinzipien in der weltweiten Entwicklungszusammenarbeit. Nicht selten waren die Gemeinschafts- bzw. EU-Organe dabei vom Europäischen Parlament, das von vielen Autoren sogar als „Motor" oder „Protagonist" vor allem der Politik der Menschenrechts- und Demokratiepolitik beschrieben wird[437], angeregt worden. Mit einer Vielzahl von Initiativen, insbesondere seinen seit 1983 alle zwei Jahre verabschiedeten „Entschließungen zu den Menschenrechten in der Welt und zur Menschenrechtspolitik der Europäischen Union"[438], dezidierten Hinweisen auf einzelne Menschenrechtsverletzungen[439] sowie seinen konstruktiv-kritischen Kommentaren zur europäischen Menschenrechts- und Demokratiepolitik, trug es dazu bei, dass die von der Gemeinschaft gegenüber dritten Ländern einschließlich Entwicklungsländern unternommenen Aktionen um die Menschenrechtsdimension erweitert werden konnten.
All diese Rechtsakte bieten infolgedessen Definitionen der Begrifflichkeiten Demokratie, Rechtsstaatlichkeit und Menschenrechte an; an ihnen lassen sich aber auch die positiven wie negativen Ansätze der Menschenrechts- und Demokratiepolitik im Rahmen der Entwicklungszusammenarbeit der Gemeinschaft hervorragend ablesen, d.h. wie die Umsetzung bzw. die Förderung dieser Elemente erfolgen soll - und ähnlich wie im Rahmen des Art. 177I EGV auch tatsächlich erfolgt ist. Nach der Schaffung einer spezifischen Rechtsgrundlage im Maastrichter Vertrag sind jene Gemeinschaftsdokumente weiter essenziell geblieben, enthält Art. 177II EGV doch keine genaue Erläuterung des dahinter stehenden Menschenrechts-, Rechtsstaats- bzw. Demokratiekonzepts.
Im Nachfolgenden sollen nun in idealtypischer und demonstrativer Art und Weise die Schwerpunkte der Strategie der Gemeinschaft zur Förderung der Ziele des Art. 177II EGV definiert und anschließend erläutert werden. Dabei werden bedeutende Stellungnahmen der Organe ausgewertet. Infolge der Subjektivität und der Begrenztheit dieser Auswahl kann die Darstellung wie auch bei Art. 177I EGV keinen Anspruch auf Vollständigkeit und Uniformität der Konzepte erheben[440].

3.1 Interdependenz von Menschenrechten, Demokratie, Rechtsstaatlichkeit, verantwortungsvoller Regierungsführung und Entwicklung

Die Achtung der Menschenrechte und der demokratischen Grundsätze werden per se als maßgebliche Werte[441] verstanden. Jedoch werden diese Werte gleichermaßen als wesentliche

---

[436] Hierzu bereits oben Abschnitt C.I.2.1.

[437] Vgl. z.B. *Benedek*, Menschenrechte, in: Liebmann/ Amon (Hrsg.), Dimensionen 2000, S. 150; *Oestreich*, Menschenrechte, S. 226ff. Ausführlich zu dieser bedeutenden Rolle des Parlaments: *Rack/ Lausegger*, The Role of the European Parliament: Past and Future, in: Alston (Hrsg.), The EU and Human Rights, S. 801ff.

[438] In diesen, nicht spezifisch auf die Entwicklungszusammenarbeit bezogenen Berichten wird nicht nur der Status quo der außer- und innereuropäischen Menschenrechtssituation beschrieben, sondern werden ebenso konkrete Handlungsanweisungen an den Rat und die Kommission sowie die Mitgliedstaaten formuliert. Vgl. zum Beispiel für das Jahr 2003: Entschließung zu den Menschenrechten in der Welt im Jahr 2003 und die Politik der Europäischen Union in diesem Bereich, Dok. P5_TA-PROV(2004)0376.

[439] Ein Hinweis auf diese Vielzahl von Entschließungen gibt das Bulletin EG im Kapitel „Menschenrechte", Abschnitt „Aktionen außerhalb der Europäischen Union".

[440] Schwerpunktmäßig wurden Dokumente über Menschenrechte und Demokratie in der Entwicklungspolitik bzw. Außenpolitik allgemein ausgewertet. Regionenspezifisch fanden aufgrund der im Rahmen dieser Arbeit gesetzten Schwerpunkte lediglich die Konzepte für die AKP-Staaten sowie für die Mittelmeer-Partnerländer Berücksichtigung.

[441] Vgl. z.B. Erklärung des Europäischen Rates in Rom vom 15.11.1990 zur *„Tätigkeit der Gemeinschaft und ihrer Mitgliedstaaten im Bereich der Menschenrechte im Jahr 1990"*, Absätze 3, 5 (abgedruckt im Bulletin EG 12 - 1990, Ziffer 1.5.3); Entschließung des Rates und der im Rat vereinigten Vertreter der Regierungen der Mitgliedstaaten über *„Menschenrechte, Demokratie und Entwicklung"* vom November 1991, Punkt 2 (abgedruckt im Bulletin EG 11 - 1991, Ziffer 2.3.1); Annex zu „Horizonte 2000", Punkt III 2.2.1; Erklärung des Rates und

Voraussetzung für eine tragfähige, nachhaltige soziale und wirtschaftliche Entwicklung begriffen. Gleichzeitig bedingen auch Demokratie und Menschenrechte einander[442]. Diese Interdependenz beschrieb die Kommission folgendermaßen:

„Wenn die Wahrung der Menschenrechte die Voraussetzung für die volle Entfaltung des einzelnen ist, so ist die demokratisch geordnete Gesellschaft die Voraussetzung für die Ausübung dieser Rechte, denn nur sie ist der Ort, an dem diese Entfaltung sich vollziehen kann; indes bedingen wiederum die Menschenrechte die demokratische Ordnung der Gesellschaft, da diese ihre Existenz auf den vom einzelnen freiwillig und persönlich geleisteten Beitrag zur Gemeinschaft gründet“[443].

Nachdem der Europäische Rat in Rom bereits im Dezember 1990 darauf hingewiesen hatte, dass die „wechselseitige Beziehung zwischen Demokratie, Menschenrechten und dauerhafter Entwicklung [...] immer offenkundiger geworden“[444] ist, griff der Europäische Rat in Luxemburg diese Idee in seiner Erklärung über Menschenrechte vom Juni 1991 erneut auf und formulierte:

„Demokratie, Pluralismus, Achtung der Menschenrechte, in einen konstitutionellen Rahmen eingefügte Institutionen und aus regelmäßigen und ordnungsgemäß durchgeführten Wahlen hervorgegangene verantwortungsvolle Regierungen sowie die Anerkennung der legitimen Bedeutung des Individuums in der Gesellschaft sind Vorbedingungen für eine nachhaltige wirtschaftliche und soziale Entwicklung“[445].

Wenige Zeit später stimmte dem auch der Rat zu und bekannte, dass „die Menschenrechte und die Demokratie Teil eines umfassenderen Katalogs von Erfordernissen zur Erzielung ei-

---

der im Rat vereinigten Vertreter der Regierungen der Mitgliedstaaten über *„Menschenrechte, Demokratie und Entwicklung“* vom 25.5.1993, Ziffer 1.3.41 (Zusammenfassung abgedruckt im Bulletin EG 5 – 1993).

[442] Es muss jedoch bereits an dieser Stelle angemerkt werden, dass sowohl das genaue wechselseitige Verhältnis dieser Prinzipien, ihre Bedingtheit als auch die Frage nach ihrer Rangordnung bislang – auch in den einschlägigen vertraglichen Bestimmungen - ungelöst sind, vgl. ebenso: *Hilpold*, Konditionalität, in: ZEuS 2002, S. 239ff, 249; *Schläppi*, Menschenrechte, S. 33f. Hierzu bestätigte das EP in seiner Entschließung *„Menschenrechte, Demokratie und Entwicklung“*, Punkt 8 (ABl. 1993, Nr. C 255/47ff), bereits, dass, „ungeachtet der großen Vielfalt der Beziehungen zwischen Menschenrechten, Demokratie und Entwicklung in der Welt und der Tatsache, daß es keinen direkten Zusammenhang zwischen der Wirtschaftsentwicklung und den Demokratisierungsfortschritten gibt, Fortschritte im Sinne der Demokratie auch der Wirtschaftsentwicklung nützen und Fortschritte bei der Wirtschaftsentwicklung der Demokratie förderlich sind“.

[443] Kommissionsmitteilung über Menschenrechte in den Außenbeziehungen vom November 1995, Punkt 33. Vgl. bereits auch die Kommissionsmitteilung *„Demokratisierung, Rechtsstaatlichkeit, Menschenrechte und verantwortungsvolle Staatsführung: die Herausforderungen der Partnerschaft zwischen der Europäischen Union und den AKP-Staaten“*, KOM (1998) 146, endg. vom 12.3.1998, Punkt II.5, fortan zumeist: Kommissionsmitteilung über Demokratisierung, Rechtsstaatlichkeit, Menschenrechte und verantwortungsvolle Staatsführung vom März 1998.

[444] Erklärung des Europäischen Rates in Rom vom 15.11.1990 zur *„Tätigkeit der Gemeinschaft und ihrer Mitgliedstaaten im Bereich der Menschenrechte im Jahr 1990“*, 5. Absatz (abgedruckt im Bulletin EG 12 - 1990, Ziffer 1.5.3). Die Schaffung eines stabilen rechtsstaatlich-demokratischen Rahmens, in dem auch die Achtung der Menschenrechte gewährleistet wird, ist nach der dort (Absatz 5) vertretenen Auffassung des Europäischen Rates notwendige Voraussetzung für soziale Stabilität, eine gerechte Einkommensverteilung und dynamisches Wirtschaftswachstum - ein Modell, das lange Zeit umstritten war (vgl. Schläppi, Menschenrechte, S. 234ff und *Hein*, Unterentwicklung, S. 307ff, mit jeweils vielen weiterführenden Verweisen).

[445] Erklärung über *„Menschenrechte“* des Europäischen Rates in Luxemburg vom Juni 1991, Absatz 8 (abgedruckt im Bulletin EG 6-1991, Ziffer I.45). Diese Erklärungen sind nicht im engeren Sinne rechtsverbindlich, beeinflussen jedoch als „allgemeine politische Zielvorstellungen“ (Art. 4I EUV) die weitere Entwicklung innerhalb der EU/ EG.

Vgl. auch: Kommissionsmitteilung *„Intensivierung der EU-Maßnahmen für die Mittelmeer-Partnerländer in den Bereichen Menschenrechte und Demokratisierung – Strategische Leitlinien“*, KOM (2003) 294, endg. vom 21.5.2003, Punkt 4.5.1; Mitteilung der Kommission *„Auf dem Weg zu einer globalen Partnerschaft für nachhaltige Entwicklung“*, KOM (2002) 82, endg. vom 13.2.2002, Punkt 3.5; OPS vom November 2000, Punkt 19; Kommissionsmitteilung über die Entwicklungspolitik vom April 2000, Punkt 4.3 (6); GA *La Pergola*, Schlussanträge zu EuGH, Rs. C-268/94, Portugal/ Rat, Slg. 1996, I-6177ff, I-6183f, Ziffer 13.

ner ausgewogenen und tragfähigen Entwicklung"[446] seien und stellte, wie auch bereits der Europäische Rat in Luxemburg, diesen Elementen die Rechtsstaatlichkeit[447] und u.a. eine „verantwortungsvolle Regierungsführung"[448] zur Seite.

Was die Menschenrechte an sich anbelangt, so bekennen sich die Organe zur Unteilbarkeit und Universalität der Menschenrechte der ersten und zweiten Generation: Diese Menschenrechte dürfen durch keine einzelne national, kulturell oder religiös begründete Bestimmung eingeschränkt werden und zwischen bürgerlichen und politischen sowie wirtschaftlichen, sozialen und kulturellen Rechten ist jede Form der Diskriminierung ausgeschlossen[449]. Aus der vorgestellten Gemeinschaftspraxis sowie aus den hier betrachteten einschlägigen Dokumenten geht hervor, dass die Gemeinschaft dabei den völkerrechtlichen Standard der verschiedenen internationalen, aber auch regionalen Pakte und Erklärungen als Maßstab und Grundlage ihrer Menschenrechtspolitik gegenüber den Entwicklungsländern[450] sieht. Diese Übereinkünfte wurden zwar bereits im Zusammenhang mit der Darstellung der Entwicklung der vertraglichen Menschenrechtsklauseln herausgestellt[451], sollen jedoch hier noch einmal übersichtshalber aufgelistet werden[452]: Quasi standardmäßig verweist die Gemeinschaft auf die UN-Charta

---

[446] Entschließung des Rates und der im Rat vereinigten Vertreter der Regierungen der Mitgliedstaaten über *„Menschenrechte, Demokratie und Entwicklung"* vom November 1991, Punkt 2 (abgedruckt im Bulletin EG 11 – 1991, Ziffer 2.3.1). Diese Entschließung zählt als grundlegend und bislang wohl wichtigster Beitrag (*Pippan*, Menschenrechte und Demokratie, S. 57; *Benedek*, Menschenrechte, in: Liebmann/ Amon (Hrsg.), Dimensionen 2000, S. 159) für die Konsolidierung der Demokratie- und Menschenrechtspolitik. Ausdrückliches Ziel der Entschließung ist es, „konkrete Leitlinien, Verfahren und Handlungsvorgaben zu formulieren", einen mit den Mitgliedstaaten gemeinsamen „Policy-Rahmen" (*Hoffmeister*, Menschenrechts- und Demokratieklauseln, S. 103) zu entwerfen, um die Effizienz der Initiativen sicherzustellen (Punkte 2, 3 der Entschließung).
Ähnlich zur Interdependenz das EP: die Entschließungen über *„Menschenrechte, Demokratie und Entwicklung"*, Punkt 1 (ABl. 1991, Nr. C 326/259f), und Punkte 8, 9 (ABl. 1993, Nr. C 255/47ff); über die *„Demokratisierung Afrikas"*, Punkt 6 (ABl. 1994, Nr. C 205/565ff); über *„Menschenrechte in der Außenpolitik der Europäischen Union"*, Punkt 1 (ABl. 1994, Nr. C 128/370f).

[447] Entschließung des Rates und der im Rat vereinigten Vertreter der Regierungen der Mitgliedstaaten über *„Menschenrechte, Demokratie und Entwicklung"* vom November 1991, Punkte 1, 4 (abgedruckt im Bulletin EG 11 – 1991, Ziffer 2.3.1).

[448] Entschließung des Rates und der im Rat vereinigten Vertreter der Regierungen der Mitgliedstaaten über *„Menschenrechte, Demokratie und Entwicklung"* vom November 1991, Punkt 2 (abgedruckt im Bulletin EG 11 – 1991, Ziffer 2.3.1). Daneben stellte der Rat noch die Reduktion der Militärausgaben (Punkte 2, 9).

[449] Kommissionsmitteilung über Menschenrechte in den Außenbeziehungen vom November 1995, Punkt 32.
Zur Unteilbarkeit vgl. bereits oben Abschnitt C.II.2, Fn. 397. Weitere Bekenntnisse zur Unteilbarkeit und/ oder Universalität finden sich in: Entschließung des Rates und der im Rat vereinigten Vertreter der Regierungen der Mitgliedstaaten über *„Menschenrechte, Demokratie und Entwicklung"* vom November 1991, Punkt 2 (abgedruckt im Bulletin EG 11 – 1991, Ziffer 2.3.1); Erklärung des Rates und der im Rat vereinigten Vertreter der Regierungen der Mitgliedstaaten über *„Menschenrechte, Demokratie und Entwicklung"* vom 25.5.1993, Bulletin 5 – 1993, Ziffer 1.3.41 (Zusammenfassung); EP, Entschließung zur *„Demokratisierung Afrikas"* vom 6.5.1994, Punkt 8 (ABl. 1994, Nr. C 205/565ff), und über die *„Menschenrechte in der Außenpolitik der Europäischen Union"* vom 21.4.1994, Punkt 1 (ABl. 1994, Nr. C 128/370f); Kommissionsmitteilung über Demokratisierung, Rechtsstaatlichkeit, Menschenrechte und verantwortungsvolle Staatsführung vom März 1998, Punkt II 3.

[450] Zum EU-internen Maßstab bereits oben Abschnitt C.II.1.

[451] Vgl. oben Abschnitt C.II.2. Ferner: EP, Entschließung über die *„Menschenrechte in der Außenpolitik der Europäischen Union"* vom April 1994, Punkt 1 (ABl. 1994, Nr. C 128/370f); Kommissionsmitteilung über Menschenrechte in den Außenbeziehungen vom November 1995, Punkt 31; die Teilnehmer der Europa-Mittelmeer-Konferenz von Barcelona vom 27./ 28.11.1995 in ihrer *„Erklärung von Barcelona"*, abgedruckt im Bulletin EG 5 – 1995, S. 153ff, 154; Kommissionsmitteilung über Demokratisierung, Rechtsstaatlichkeit, Menschenrechte und verantwortungsvolle Staatsführung vom März 1998, Punkt II 3.

[452] Oben im Abschnitt C.II.2, Fn. 389, 424 sowie 425 befinden sich die Fundstellen der im Folgenden zitierten Übereinkünfte.

– im Menschenrechtskontext sind insbesondere Art. 1 Nr. 3, 55c) relevant – sowie auf die in der AEMR verbürgten Grundsätze, die ausdrücklich den Schutzbereich der Menschenrechte in der Zusammenarbeit mit nicht KSZE-Staaten konstituieren sollen[453]. Ferner nimmt sie oftmals Bezug auf den IPbpR sowie den IPwskR. Neuere Abkommen weisen darüber hinaus auf Übereinkünfte des humanitären Völkerrechts, wie die Genfer Abkommen von 1949 (Genfer Abkommen über die Behandlung der Kriegsgefangenen, Genfer Übereinkommen zum Schutze von Zivilpersonen in Kriegszeiten), das Übereinkommen über die Rechtsstellung der Staatenlosen von 1954, das Genfer Abkommen über die Rechtsstellung der Flüchtlinge von 1951 und das New Yorker Protokoll über die Rechtsstellung der Flüchtlinge von 1967, sowie auf diverse Sozialpakte, etwa das Übereinkommen über die Rechte des Kindes, das Übereinkommen zur Beseitigung jeder Form von Diskriminierung der Frau oder aber das Internationale Übereinkommen zur Beseitigung jeder Form von Rassendiskriminierung, hin.

Zur Bestimmung des Demokratiestandards verfügt man hingegen - nicht zuletzt auch vor dem Hintergrund differierender Wertvorstellungen sowie unterschiedlicher demokratischer Traditionen in den einzelnen Ländern - über keinen universellen Rahmen[454]. Im März 1998 nahm die Kommission in ihrer Mitteilung über Demokratisierung, Rechtsstaatlichkeit, Menschenrechte und verantwortungsvolle Staatsführung[455] erstmals ausführlich Stellung zu ihrem Demokratiekonzept, in der sich erneut die Verquickung von Demokratie und Menschenrechten, aber auch von Menschenrechten und Rechtsstaatlichkeit[456], manifestiert. Auch im Rahmen dieser Mitteilung präferiert die Kommission ausdrücklich den Begriff „demokratische Grundsätze" gegenüber „Demokratie". Damit soll ihrer Überzeugung Ausdruck verliehen werden, dass es im Hinblick auf die schon mehrfach zitierte Souveränität jedes Staates die *eine* Form der Demokratie nicht gibt: „each country and society [is] free to choose and develop its own model"[457]. Das Konglomerat „demokratische Grundsätze" jedoch versammelt nach Auffassung der Kommission die universell anerkannten Prinzipien, die die Organisation des Staates unterstützen und essenziell für die Ausübung der Rechte und Grundfreiheiten sind[458]. Weiterhin vertritt die Kommission den Standpunkt, dass Demokratie über einen dynamischen Prozess, der die sozio-ökonomischen und kulturellen Gegebenheiten eines Staates berücksichtigen muss, zu erreichen ist[459]. Das Gemeinschaftsorgan baut diesen Demokratisierungsprozess

---

Zur Frage, ob und ggf. inwieweit dieser Maßstab der Gemeinschaft auf völkerrechtliche Bestimmungen übertragbar ist, die grundsätzlich nicht zur ausschließlichen Diskretion der Gemeinschaft stehen: siehe unten Abschnitt C.II.4.2.

453 Hierzu oben Abschnitt C.II.2.

454 *Ipsen*, Völkerrecht, § 30, Rn. 7.

455 Obgleich formal nur auf die AKP-EG-Zusammenarbeit bezogen, so unterstrich der Rat in seinen Schlussfolgerungen zur Mitteilung vom März 1998 die Relevanz dieser Mitteilung auch für andere Partnerländer (der relevante Teil dieser Schlussfolgerungen ist abgedruckt in: *Pippan*, Menschenrechte und Demokratie, S. 71). Zur Adaption dieser Linie der EG auf EU-Ebene im Rahmen der GASP, vgl. der Gemeinsame Standpunkt der EU-Außenminister vom 25.5.1998 betreffend die *„Menschenrechte, die demokratischen Grundsätze, die Rechtsstaatlichkeit und die verantwortungsvolle Staatsführung in Afrika"* (ABl. 1998 Nr. L 158/1f).

456 Hierzu: *Schläppi*, Menschenrechte, S. 34ff.

457 Kommissionsmitteilung über Demokratisierung, Rechtsstaatlichkeit, Menschenrechte und verantwortungsvolle Staatsführung vom März 1998, Punkt II 5. Das EP meint diesbezüglich, dass es „für die Demokratie ein allgemeingültiges Modell" nicht gäbe, dass „aber die Demokratie ein universeller Wert ist, auf den alle Menschen Anspruch haben und den alle Regierungen anstreben müssen" (Entschließung über die *„Menschenrechte, Demokratie und Entwicklung"* vom 13.7.1993, Punkt 4 (ABl. 1993, Nr. C 255/47ff)). Vgl. auch: EP, Entschließung zur *„Demokratisierung Afrikas"* vom 6.5.1994, Punkt 13 (ABl. 1994, Nr. C 205/565ff).

458 Punkt II 5 der Kommissionsmitteilung über Demokratisierung, Rechtsstaatlichkeit, Menschenrechte und verantwortungsvolle Staatsführung vom März 1998.

459 Punkt II 5 der Kommissionsmitteilung über Demokratisierung, Rechtsstaatlichkeit, Menschenrechte und verantwortungsvolle Staatsführung vom März 1998. Ähnlich: die Teilnehmer der Europa-Mittelmeer-Konferenz

im Wesentlichen auf drei interdependenten und unteilbaren Grundsätzen bzw. Prinzipen[460] auf, die gleichzeitig anzustrebende Ziele eines Staates auf dem Weg zu einer demokratischen und rechtsstaatlichen Regierungsform sowie Aktionsbereiche für den Einsatz verfügbarer Finanzmittel[461] darstellen sollen: „*Legitimität*", „*Legalität*" sowie „*effektive Umsetzung*"[462]. Die demokratische Legitimierung der Staatsgewalt durch allgemeine, freie und geheime Wahlen auf lokaler und nationaler Ebene, die von der Bevölkerung anerkannt werden, bietet Gewähr für die „*Legitimität*". „*Legalität*" definiert die Kommission als das Vorhandensein klarer Regeln, die in nicht-diskriminierender Weise auf alle Staatsbürger angewandt werden. Dies sollen geeignete verfassungs- und verwaltungsrechtliche Vorschriften sowie eine Verfassung, die die Menschenrechte und Grundfreiheiten anerkenne, gewährleisten. Schließlich erfordert nach Auffassung der Kommission eine „*effektive Umsetzung*" gesetzestreue, rechtsstaatliche Vorgehensweisen der Behörden. Um dies zu gewährleisten, seien die Förderung und der Schutz der Menschenrechte, die Gewaltentrennung und die effektive Ausübung der drei Gewalten, Institutionen zur gesellschaftlichen Partizipation an der Entscheidungsfindung auf nationaler, regionaler und vor allem auch lokaler Ebene, politischer und institutioneller Pluralismus sowie die Transparenz und die Integrität der Institutionen unerlässlich[463].

Die Kommission konstatiert in Punkt II 4 jener Kommissionsmitteilung über Demokratisierung, Rechtsstaatlichkeit, Menschenrechte und verantwortungsvolle Staatsführung vom März 1998, dass Rechtsstaatlichkeit („rule of law") einer der Grundprinzipien jedes demokratischen Systems ist[464], in dem Rechte gefördert, aber auch eingeklagt werden können. Interessant in

von Barcelona vom 27./ 28.11.1995 in ihrer „*Erklärung von Barcelona*", abgedruckt im Bulletin EG 5 – 1995, S. 153ff, 154. Das EP ist in Einschränkung der unter Fn. 457 zitierten Haltung jedoch ebenso der Auffassung, dass „die Demokratie unter Respektierung der kulturellen Autonomie und der Traditionen eines jeden Volkes aufgebaut" werden muss und „in erster Linie eine Angelegenheit der betroffenen Völker [...ist] und nicht auf Dauer von außen verordnet" werden kann (Entschließung über die „*Menschenrechte, Demokratie und Entwicklung*" vom 13.7.1993, Punkte 4, 10 (ABl. 1993, Nr. C 255/47ff)). Ähnlich bereits: Annex zu „Horizonte 2000", Punkt III.2.2.1.

[460] Kommissionsmitteilung über Demokratisierung, Rechtsstaatlichkeit, Menschenrechte und verantwortungsvolle Staatsführung vom März 1998, Punkt II 6. Zu dieser Interdependenz und Unteilbarkeit führt die Kommission anhand des Beispiels der Abhaltung von Wahlen aus, dass jedes einzelne Prinzip zwar ein wichtiger Faktor im Demokratisierungsprozess ist. Gleichwohl verwandelt es - isoliert fungierend - noch nicht einen Staat in eine Demokratie oder gibt ihm die politische Stabilität, um fortbestehen zu können. Vielmehr müssen viele Prozesse, Faktoren etc. kollektiv und interaktiv zusammenwirken, um Demokratisierung vorzubereiten und diese alsdann zu konsolidieren (ebenda, Punkt II 6).

[461] Die nachfolgenden Erörterungen interpretieren Begrifflichkeiten völkerrechtlicher Verträge (explizit des Lomé IV-Abkommens, jedoch besitzen die Ausführungen Relevanz für Abkommen mit sämtlichen Partnerländern, vgl. oben Fn. 455). Es darf allerdings nicht übersehen werden, dass völkerrechtliche Abkommen nicht der einseitigen Auslegung einer Vertragspartei unterliegen. Wie aber noch zu zeigen sein wird (unten Abschnitt C.II.4.2), sind die Ausführungen dennoch als authentische Vertragsauslegung zu qualifizieren, da sie die völkerrechtlichen Vorgaben im Großen und Ganzen widerspiegeln (vgl. Art. 31IIIc) WVK; so auch: *Windmeißer*, Der Menschenrechtsansatz in der EZ, S. 218f, 220, 222ff).

[462] Für das Nachfolgende: Punkt II 7ff der Kommissionsmitteilung über Demokratisierung, Rechtsstaatlichkeit, Menschenrechte und verantwortungsvolle Staatsführung vom März 1998. Ähnlich das EP in seiner Entschließung zur „*Demokratisierung Afrikas*" vom 6.5.1994, Punkte 5, 6, 12, 11 (ABl. 1994, Nr. C 205/565ff) sowie bereits der Annex zu „Horizonte 2000", Punkt III.2.2.1.

[463] Gerade bei letzterem Prinzip, der „effektiven Umsetzung", vermengen sich offensichtlich demokratische mit rechtsstaatlichen Prinzipien (z.B. die Gewaltenteilung als maßgebliches Element eines Rechtsstaates).

[464] In Punkt II 7 der Kommissionsmitteilung über Demokratisierung, Rechtsstaatlichkeit, Menschenrechte und verantwortungsvolle Staatsführung vom März 1998 meint die Kommission hingegen umgekehrt, die Realisierung jener drei demokratischen Prinzipien sei Ziel auf dem Weg zur Rechtsstaatlichkeit. Die folgenden Ausführungen zum Rechtsstaatlichkeitskonzept der Gemeinschaft werden die genauen Wechselwirkungen nicht klarstellen können, sondern nur erkennen lassen, dass demokratische und rechtsstaatliche Prinzipien fließend inein-

diesem Kontext ist die Feststellung der Kommission, dass das Prinzip der Beschränkung der Staatsgewalt, das sie in der Rechtsstaatlichkeit begründet sieht, sich am besten im Rahmen eines repräsentativen Systems umsetzen lässt, das seine Gewalt vom souveränen Willen des Volkes ableitet. Ferner fordert die Kommission für die Verwirklichung der „rule of law" die Effektivität und Unabhängigkeit der drei Gewalten, unter anderem eine Legislative, die die Menschenrechte und Grundfreiheiten respektiert und ihnen zur Durchsetzung verhilft, eine Judikative bzw. allgemein ein Rechtssystem, das die Gleichheit vor dem Gesetz garantiert, einen effektiven und zugänglichen Rechtsweg, einen Justizvollzug, der die Menschenrechte respektiert, sowie eine effektive Exekutive, die dem Gesetz Geltung verschafft.

Ebenso wird in eben dieser Mitteilung das Konzept der „verantwortungsvollen Staatsführung"[465] als weiteres Erfordernis einer tragfähigen und ausgewogenen Entwicklung durch die Kommission ausgelegt. Ganz allgemein gesprochen bezieht sich „*Governance*" zunächst „auf die Fähigkeit des Staates, im Dienst seiner Bürger zu handeln [..., d.h.] auf die Regeln, Verfahren und das Verhalten, über die [...] öffentliche Ämter ausgeübt, öffentliche Ressourcen verwaltet und öffentliche Regulierungsbefugnisse wahrgenommen werden"[466]. „*Good* Governance", die jene Trias des Art. 177II EGV ergänzen soll[467], begreift die Kommission schließlich als die transparente und verantwortungsvolle Verwaltung der menschlichen, natürlichen, wirtschaftlichen und finanziellen Ressourcen – einschließlich der Entwicklungshilfe[468] - eines Landes im Hinblick auf eine gerechte und nachhaltige wirtschaftliche und soziale Entwicklung[469]. Mithin könnte man das Konzept als in erster Linie „Frage der nationalen Politik"[470]

---

ander übergehen. Eine genaue Untersuchung dieser Verflechtungen nimmt *Schläppi*, Menschenrechte, S. 34ff, vor.

[465] Punkt II 12ff der Kommissionsmitteilung über Demokratisierung, Rechtsstaatlichkeit, Menschenrechte und verantwortungsvolle Staatsführung vom März 1998. Gleichermaßen wird der englische Ausdruck „Good Governance" verwandt.
Das Konzept der „Good Governance" wird generell in den verschiedensten Zusammenhängen gebraucht. Ursprünglich stammt dieser Begriff aus der Ursachenforschung für den Staatenzerfall bzw. rührt von den Diskussionen um Anknüpfungspunkte für Strategien zur Überwindung der Probleme eines „failed state" her (hierzu: *Windmeißer*, Der Menschenrechtsansatz in der EZ, 161ff; vgl. auch *Hein*, Unterentwicklung, S. 93ff). Eine einheitliche Linie, was aktuell den Inhalt des Konzepts betrifft, ist indes nicht auszumachen. Zu diesem Faktum *Hilpold* (EU Development Cooperation at a Crossroads, in: EFARev. 2002, S. 53ff, 69): "Its vagueness qualifies it for different uses in widely diverging situations where certain goals are to be achieved without it being possible to define detailed standards which have to be respected". In diesem Kontext wird nachfolgend ausschließlich seine Bedeutung im Zusammenhang mit der Entwicklungszusammenarbeit der Gemeinschaft zu den Entwicklungsländern betrachtet.

[466] Mitteilung der Kommission über „*Governance in den Entwicklungsländern*", KOM (2003) 615, endg. vom 20.10.2003, Punkt 4.

[467] Punkt II 13 der Kommissionsmitteilung über Demokratisierung, Rechtsstaatlichkeit, Menschenrechte und verantwortungsvolle Staatsführung vom März 1998.

[468] So auch die Kommissionsmitteilung über die Entwicklungspolitik vom April 2000, Punkt 5.1. *Pippan* will deshalb die Einbeziehung des Good Governance – Konzepts auch als ein „Vehikel zur Steigerung der Wirksamkeit [...der] entwicklungspolitischen Maßnahmen" (*Pippan*, Menschenrechte und Demokratie, S. 71) der Gemeinschaft verstanden wissen, war doch die Effizienz der Zusammenarbeit in der Vergangenheit nicht selten durch „Mißwirtschaft, Klientelismus, Ineffizienz und Korruption" (ebenda) zunichte gemacht worden.

[469] Punkt II 14 Kommissionsmitteilung über Demokratisierung, Rechtsstaatlichkeit, Menschenrechte und verantwortungsvolle Staatsführung vom März 1998. Ähnlich: Kommissionsmitteilung über die Entwicklungspolitik vom April 2000, Punkt 5.1. Bereits in der Entschließung des Rates und der im Rat vereinigten Vertreter der Regierungen der Mitgliedstaaten über „*Menschenrechte, Demokratie und Entwicklung*" vom November 1991 (abgedruckt im Bulletin EG 11 – 1991, Ziffer 2.3.1) unterstrich der Rat die Bedeutung der „verantwortungsvollen Regierungsführung": „Souveräne Staaten haben sicherlich das Recht, ihre eigenen Verwaltungsstrukturen zu schaffen und sich ihre eigenen verfassungsrechtlichen Strukturen zu geben, doch eine ausgewogene Entwicklung kann auf Dauer nur wirksam erzielt werden, wenn eine Reihe allgemeiner Grundsätze des Regierens beachtet werden" (ebenda, Punkt 5). Vgl. auch die Kommissionsmitteilung über die Entwicklungspolitik vom April 2000,

gleichermaßen als „verantwortungsbewusstes Entwicklungsmanagement“[471] umschreiben. Eine jüngere Kommissionsmitteilung über „*Governance in den Entwicklungsländern*“[472] bietet eine weitere Definition an und subsumiert unter „Good Governance“ die Steigerung des „grundlegende[n] Maß[es] an Qualität und Leistungsfähigkeit jedes politischen-administrativen Systems [...:] In dem Maße, in dem die Konzepte Menschenrechte, Demokratisierung und Demokratie, Rechtsstaatlichkeit, Zivilgesellschaft, Dezentralisierung und effiziente öffentliche Verwaltung im Zuge der Weiterentwicklung der Gesellschaft zu einem komplexeren politischen System an Bedeutung und Relevanz gewinnen, entwickelt sich „Governance“ zu „Good Governance““[473]. Das Konzept der verantwortungsvollen Staatsführung bleibt demnach in jene politische und institutionelle Umgebung eingebettet, die die Menschenrechte, demokratische Prinzipien und die Rechtsstaatlichkeit achtet[474]. Und man kann wohl aus den zitierten Definitionen und den sogleich vorzustellenden Aspekten von Good Governance sogar schließen, dass sich diese der Elemente der Trias des Art. 177II EGV zu ihrer Umsetzung bedient. Jedoch setzt Good Governance früher an, in dem sie besonderes Augenmerk bereits auf die Verwaltung der Ressourcen legt und dadurch das Konzept (hauptsächlich) der Demokratisierung ausdehnt.

Zur Konkretisierung des Konzepts von verantwortungsvoller Staatsführung legt die Kommission nun vier miteinander verbundene und sich gegenseitig ergänzende Aspekte fest, die sich mit demokratischen, aber auch rechtsstaatlichen Prinzipen überschneiden[475]: Erstens verlangt Good Governance Gerechtigkeit und Rechtsstaatlichkeit bei der Verwaltung und der Verteilung der Ressourcen. Dies erfordert nach Auffassung der Kommission ein unabhängiges und allgemein zugängliches Justizsystem, das allen Bürgern allgemeinen Zugang zu den Ressourcen garantiert und ihr Recht, sich gegen Ungleichheiten gerichtlich zur Wehr zusetzen, anerkennt. In diesem Zusammenhang verlangt sie ebenso die Schaffung eines rechtlichen und regulativen Rahmens, der den Privatsektor zu Initiativen und Investitionen ermutigen soll[476].

---

die die verantwortungsvolle Staatsführung als „Schlüsselelement[...] für die Sicherstellung von sozialem Frieden und Stabilität als auch von wirtschaftlichem Wachstum“ (ebenda, Punkt 4.3 (6)) ansieht. Ähnlich: OPS vom November 2000, Punkt 19; Mitteilung der Kommission „*Auf dem Weg zu einer globalen Partnerschaft für nachhaltige Entwicklung*“, KOM (2002) 82, endg. vom 13.2.2002, Punkt 3.5; Mitteilung der Kommission über „*Governance in den Entwicklungsländern*“, KOM (2003) 615, endg. vom 20.10.2003, Punkte 1f.

470 Mitteilung der Kommission über „*Governance in den Entwicklungsländern*“, KOM (2003) 615, endg. vom 20.10.2003, Punkt 6, vgl. auch Punkte 14ff, 91.

471 *Frisch*, Zur Zukunft des Lomé-Abkommens, in: afrika spectrum 1996, S. 57ff, 70.

472 KOM (2003) 615, endg. vom 20.10.2003.

473 Mitteilung der Kommission über „*Governance in den Entwicklungsländern*“, KOM (2003) 615, endg. vom 20.10.2003, Punkt 4.

474 Vgl. auch Art. 9III UA 1, S. 1 Cotonou (ABl. 2000, Nr. L 317/3ff).

475 Punkt II 15 der Kommissionsmitteilung über Demokratisierung, Rechtsstaatlichkeit, Menschenrechte und verantwortungsvolle Staatsführung vom März 1998.

Zu den allgemeinen Grundsätzen der „verantwortungsvollen Regierungsführung“ zählten der Rat und die im Rat vereinigten Vertreter der Regierungen der Mitgliedstaaten in ihrer Entschließung über „*Menschenrechte, Demokratie und Entwicklung*“ vom November 1991 (abgedruckt im Bulletin EG 11 – 1991, Ziffer 2.3.1) „eine vernünftige Wirtschafts- und Sozialpolitik, demokratische Beschlussfassung, angemessene Transparenz des Regierens und finanzielle Verantwortlichkeit, Schaffung eines mit marktwirtschaftlichen Grundsätzen kompatiblen Entwicklungsumfelds, Maßnahmen zur Bekämpfung der Korruption sowie Wahrung der Rechtsstaatlichkeit, der Menschenrechte sowie der Presse– und Meinungsfreiheit“ (ebenda, Punkt 5). Eine Analyse dieser Elemente bietet: *Denters*, Good Governance and development cooperation, in: Ginther/ Denters/ de Waart (Hrsg.), Sustainable development, S. 308ff. Vgl. bereits auch EP, Entschließung zur „*Demokratisierung Afrikas*“, Punkt 25 (ABl. 1994, Nr. C 205/565ff).

476 Vgl. zur Rolle der Good Governance im Rahmen der Förderung eines dynamischen Unternehmenssektors auch: Mitteilung der Kommission über „*Governance in den Entwicklungsländern*“, KOM (2003) 615, endg. vom 20.10.2003, Punkte 52ff sowie bereits oben Abschnitt C.I.2.2.1 („Wirtschaftliche Stabilitätsmaßnahmen“/ „Die Schaffung eines dynamischen, wettbewerbsfähigen privaten Unternehmenssektors“).

Zweitens, so die Kommission, müssen die Institutionen in der Lage sein, die Ressourcen effizient im Interesse der wirtschaftlichen und sozialen Entwicklung zu verwalten, und damit ebenso die Befähigung besitzen, eine Politik, die dem Bedarf der Bevölkerung entspricht, zu formulieren, voranzutreiben und stringent umzusetzen. Hierfür ist es unabdingbar, öffentliche wie private Kapazitäten aufzubauen. Drittens fordert die Kommission Transparenz. Transparenz im Kontext der verantwortungsvollen Regierungsführung bedeutet, dass die Verwaltung und die Verteilung der Ressourcen einer genauen Prüfung und Kontrolle unterworfen sind und Verantwortung für diese Abläufe übernommen wird. Diese Faktoren gelten nämlich als Garant dafür, das Vertrauen der Entwicklungsorganisationen zu gewinnen und institutionelle Integrität zu gewährleisten. Gemäß der Prämisse, dass Entwicklung ohne die Beteiligung der Zivilgesellschaft undenkbar ist, nennt das Gemeinschaftsorgan schließlich als vierten Aspekt die Partizipation der Bevölkerung an den Entscheidungen, die im Zusammenhang mit der Verwaltung und der Verteilung der Ressourcen getroffen werden.
Schlussendlich wird die Korruption als entscheidendes Hindernis für die verantwortungsvolle Regierungsführung identifiziert[477]. Die Bekämpfung der Korruption bzw. korrupten Verhaltens ist mittlerweile in vielen Gemeinschaftsdokumenten als wesentliches Merkmal verantwortungsvoller Staatsführung bekräftigt worden[478]. So auch in Art. 9III UA 2, S. 2 Cotonou[479], wo es zudem als (einziges) Element der Good Governance sanktionsbewehrt ist (Art. 9III UA 2 i.V.m. Art. 97 Cotonou).
Die vorgestellten Definitionen mögen nun zwar darauf hindeuten, dass verantwortungsvolle Staatsführung weniger ein Unterziel von - und noch weniger gleichberechtigtes Ziel neben - Demokratie, Rechtsstaatlichkeit und Menschenrechten, als vielmehr ein Unterziel nachhaltiger Entwicklung im Sinne des Art. 177I EGV ist[480]. Insofern wäre die Erläuterung des Konzepts an dieser Stelle deplaziert. Fakt ist aber, dass die Gemeinschaft mit der genauen Ausgestaltung dieser Wechselwirkungen jongliert. Denn an anderer Stelle betrachtet die Kommission „Strukturen und Qualität der Regierungsführung [...als] wesentliche Faktoren [auch] der Wahrung oder Verletzung von Menschenrechten und Grundfreiheiten“[481]. Schließlich spricht der neue Art. 9 Cotonou, die bislang einzig in Kraft befindliche entwicklungspolitische Vertragsbestimmung, die das Verhältnis von Good Governance zu Art. 177II EGV ausdifferen-

---

[477] Punkt II 16 der Kommissionsmitteilung über Demokratisierung, Rechtsstaatlichkeit, Menschenrechte und verantwortungsvolle Staatsführung vom März 1998.

[478] Mitteilungen der Kommission: „*Auf dem Weg zu einer globalen Partnerschaft für nachhaltige Entwicklung*“, KOM (2002) 82, endg. vom 13.2.2002, Punkt 3.5; „*Governance in den Entwicklungsländern*“, KOM (2003) 615, endg. vom 20.10.2003, Punkte 31ff; „*Eine umfassende EU-Politik zur Bekämpfung der Korruption*“, KOM (2003) 317, endg. vom 28.5.2003.

[479] ABl. 2000, Nr. L 317/3ff.

[480] Zu diesem Ergebnis kommt auch: *Windmeißer*, Der Menschenrechtsansatz in der EZ, S. 226f. In diesem Sinne auch: *Ginther*, Sustainable development, in: Ginther/ Denters/ de Waart (Hrsg.), Sustainable development, S. 150ff, S. 157ff; Konsens von Monterrey (die hier relevante Kernaussage ist zusammengefasst in: Mitteilung der Kommission „*Governance in den Entwicklungsländern*“, KOM (2003) 615, endg. vom 20.10.2003, Punkt 2). Vgl. auch Ziel 8, Unterziel 12 der Millennium-Entwicklungsziele des UN-Millenniumserklärung (abgedruckt in: *Kommission*, Report on Millennium Development Goals, Punkt 4.2). Good Governance und die drei Elemente sind nach Windmeißers Auffassung dergestalt miteinander verwoben, dass letztere lediglich die *Instrumente* zur Umsetzung der transparenten und verantwortungsvollen Verwaltung der Ressourcen eines Landes bereitstellen. Reduziert man das Konzept verantwortungsvoller Staatsführung auf den so begriffenen Zusammenhang, so ergibt sich ihrer Meinung nach folgende Definition: „Es bezeichnet das Ziel, (Entwicklungs-) Staaten, die aus [bestimmten] Gründen [...] dazu nicht von sich aus in der Lage sind, dabei zu unterstützen, regelmäßig verantwortungsvolle Entscheidungen über Ressourcen sowohl auf politischer (vor allem Budgetierung) als auch Verwaltungsebene (vor allem Finanzverwaltung aber auch Beschaffungswesen) herbeizuführen, insbesondere hierzu die Korruption, die Entscheidungen auf beiden Ebenen maßgeblich gefährdet, zu bekämpfen“ (ebenda, S. 226).

[481] Mitteilung der Kommission „*Governance in den Entwicklungsländern*“, KOM (2003) 615, endg. vom 20.10.2003, Punkt 1.

ziert, in einem Atemzug von den Elementen Menschenrechte, Demokratie, Rechtsstaat und Good Governance (Art. 9I UA 2 Cotonou). Die Bestimmung rüttelt darüber hinaus aber auch an obiger Qualifizierung, die das Konzept von verantwortungsvoller Staatsführung in deren Funktion als Vehikel zur Implementierung nachhaltiger Entwicklung erschöpft sieht: Art. 9I UA 2 Cotonou identifiziert nämlich alle vier Elemente als „fester Bestandteil einer nachhaltigen Entwicklung". Sie bestätigt daher erneut, dass neben den Verflechtungen Good Governance – nachhaltige Entwicklung eine vergleichbare, ebenfalls nicht genau bestimmbare Interdependenz sehr wohl auch zwischen der Förderung nachhaltiger Entwicklung und den Zielen des Art. 177II EGV besteht. Diese Interdependenz degradiert jedoch die allgemeinen Entwicklungsziele nicht zu lediglich unselbständigen Unterzielen nachhaltiger Entwicklung; warum dies für die verantwortungsvolle Staatsführung dennoch gelten soll, ist kaum nachvollziehbar. *Allein* bestehende Wechselwirkungen vermögen daher nicht, Good Governance als *bloßen* Realisator nachhaltiger Entwicklung einzustufen. Dem Verständnis, dass verantwortungsvolle Staatsführung eher dem Kontext des Art. 177II EGV zuzuordnen ist, zumal sie sich zu ihrer Verwirklichung ja auch hauptsächlich dessen Elemente zunutze macht und sich somit innerhalb seines sachlichen Geltungsbereiches bewegt, steht daher m.E. nichts entgegen.

3.2 Positive und negative Maßnahmen und Politikdialog als Eckpfeiler der Demokratie-, Rechtsstaats- und Menschenrechtspolitik

Bereits in der Mitteilung der Kommission über „*Menschenrechte, Demokratie und Politik der Entwicklungszusammenarbeit*" vom März 1991[482] wurden positive Unterstützungsmaßnahmen und negative Sanktionsmaßnahmen sowie ein offener politischer Dialog als Handlungsformen zur Achtung der Menschenrechte und demokratischer Grundsätze vorgeschlagen. Negativmaßnahmen sollten jedoch auf den Fall schwerer Menschenrechtsverletzungen beschränkt bleiben. Die schon vielfach zitierte Entschließung über „*Menschenrechte, Demokratie und Entwicklung*" des Rates und der im Rat vereinigten Vertreter der Regierungen der Mitgliedstaaten vom November 1991 bestätigte[483] diese drei Komponenten als Eckpfeiler der europäischen Förderungsstrategie und unterstrich erneut den Vorrang[484] positiver Maßnahmen. Bei „schweren und fortgesetzten Verstößen gegen die Menschenrechte oder einer größeren Unterbrechung demokratischer Prozesse"[485], aber auch bei schweren Verstößen gegen rechtsstaatliche Prinzipien sollen nach Auffassung des Rates und der Minister die Gemeinschaft und ihre Mitgliedstaaten indes auch nuancierte, d.h. die Verhältnismäßigkeit zwischen Verstoß und Sanktion wahrende[486] negative Maßnahmen anstreben. Hierbei kommen beispielsweise in Betracht:

- Änderungen des Inhalts der Programme oder der Kanäle der Zusammenarbeit;
- Modifikation der Verfahren, die zur Umsetzung des Kooperationsprogramms angewendet werden;

[482] SEK (1991) 61, endg. vom 25.3.1991.

[483] Punkt 4 (abgedruckt im Bulletin EG 11 – 1991, Ziffer 2.3.1).

[484] Vgl. Punkt 6 der Entschließung des Rates und der im Rat vereinigten Vertreter der Regierungen der Mitgliedstaaten über „*Menschenrechte, Demokratie und Entwicklung*" vom November 1991 (abgedruckt im Bulletin EG 11 – 1991, Ziffer 2.3.1). Der in der Kommissionsmitteilung über die Berücksichtigung der Achtung demokratischer Grundsätze und der Menschenrechte vom Mai 1995 vorgesehene Aktionsrahmen begünstigt auch weiterhin eindeutig die Durchführung positiver Aktionen. Vgl. ebenso die Mitteilung der Kommission „*Governance in den Entwicklungsländern*", KOM (2003) 615, endg. vom 20.10.2003, Punkt 26.

[485] Entschließung des Rates und der im Rat vereinigten Vertreter der Regierungen der Mitgliedstaaten über „*Menschenrechte, Demokratie und Entwicklung*" vom November 1991, Punkt 6 (abgedruckt im Bulletin EG 11 – 1991, Ziffer 2.3.1).

[486] Vgl. z.B.: Mitteilung der Kommission „*Governance in den Entwicklungsländern*", KOM (2003) 615, endg. vom 20.10.2003, Punkt 26.

- Aufschiebung erforderlicher Unterzeichnungen oder Beschlüsse im Prozess der Zusammenarbeit;
- Einschnitte bei Programmen der kulturellen, wissenschaftlichen oder technischen Zusammenarbeit;
- Verschiebung der Tagung eines gemischten Ausschusses;
- Weigerung, Initiativen des Partners stattzugeben;
- Verschiebung von Entscheidungen zur Umsetzung der Zusammenarbeit sowie neuer Projekte;
- Aussetzung der Zusammenarbeit mit den betreffenden Staaten;
- Verweigerung, Kooperationsbeziehungen mit Staaten aufzunehmen oder weiterzuentwickeln, die in der Kritik stehen, demokratische Grundsätze und die Menschenrechte zu missachten[487].

Dabei wird stets angestrebt, die verantwortlichen Regierungen, nicht aber die Bevölkerung und besonders ihre ärmsten Teile zu treffen[488]. Erreicht wird dies unter anderem dadurch, dass die Entwicklungshilfe z.B. bei Aussetzung der offiziellen Zusammenarbeit auf nichtstaatliche oder informelle Netze transferiert wird. In Erwägung gezogen wird folglich ein Austausch der Kooperationspartner: Statt der „konventionellen" Ansprechpartner in Gestalt der Regierungen der jeweiligen Länder wird verstärkt die Kooperation mit dem Nichtstaatssektor gesucht. Des Weiteren legt die Gemeinschaft erhöhtes Augenmerk auf die konkret anvisierten Förderprogramme, d.h. sie belegt nicht jedes Programm mit (denselben) Sanktionen. Auch bleiben die humanitäre Hilfe und die Soforthilfe, die den besonders gefährdeten Bevölkerungsteilen unmittelbar zugute kommen, in jeden Fall aufrecht erhalten[489].

Bereits früh[490] ließen die Gemeinschafts- bzw. EU-Organe anklingen, dass sich das gemeinschaftliche Menschenrechts-, Rechtsstaats- und Demokratiekonzept nicht in der bloßen Förderung der Menschenrechte der ersten und zweiten Generation, des Rechtsstaates sowie des Demokratisierungsprozesses erschöpft, sondern vielmehr einen ganzheitlichen Ansatz anstrebt, der gleichermaßen politische wie gesellschaftliche Aspekte mit einbezieht[491]. Dieser Ansatz wird verständlicher, wirft man einen Blick auf die Hauptansatzpunkte, die sich mitt-

---

[487] Voranstehend: Punkt 6 der Entschließung des Rates und der im Rat vereinigten Vertreter der Regierungen der Mitgliedstaaten über *„Menschenrechte, Demokratie und Entwicklung"* vom November 1991 (abgedruckt im Bulletin EG 11 – 1991, Ziffer 2.3.1); vgl. Annex 2 der Kommissionsmitteilung über die Berücksichtigung der Achtung demokratischer Grundsätze und der Menschenrechte vom Mai 1995; Mitteilung der Kommission *„Governance in den Entwicklungsländern"*, KOM (2003) 615, endg. vom 20.10.2003, Punkt 26.

[488] Vgl. Punkte 6 und 7 der Entschließung des Rates und der im Rat vereinigten Vertreter der Regierungen der Mitgliedstaaten über *„Menschenrechte, Demokratie und Entwicklung"* vom November 1991 (abgedruckt im Bulletin EG 11 – 1991, Ziffer 2.3.1); Kommissionsmitteilung über die Berücksichtigung der Achtung demokratischer Grundsätze und der Menschenrechte vom Mai 1995, Punkt B, UA 5, 2. Spiegelstrich; Kommissionsmitteilung über Menschenrechte in den Außenbeziehungen vom November 1995, Punkt 64.

[489] Vgl. u.a. Punkt 7 der Entschließung des Rates und der im Rat vereinigten Vertreter der Regierungen der Mitgliedstaaten über *„Menschenrechte, Demokratie und Entwicklung"* vom November 1991 (abgedruckt im Bulletin EG 11 – 1991, Ziffer 2.3.1).
Bezüglich der umfangreichen Anwendungspraxis der Gemeinschaft wird auf die einschlägige Literatur verwiesen: *Pippan*, Menschenrechte und Demokratie, S. 275ff; *Windmeißer*, Der Menschenrechtsansatz in der EZ, S. 377ff, 413ff; *Hoffmeister*, Menschenrechts- und Demokratieklauseln, S. 453ff, vor allem 528ff; *Hartmann*, Demokratisierungsprozesse in Afrika, S. 425ff, 428ff; *Werther-Pietsch*, Strategie für Entwicklung, S. 135f.

[490] Vgl. u.a. Erklärung über *„Menschenrechte"* des Europäischen Rates in Luxemburg vom Juni 1991, Punkte 7, 9 (abgedruckt im Bulletin EG 6-1991, Ziffer I.45).

[491] Vgl. ebenso *Pippan*, Menschenrechte und Demokratie, S. 52.

lerweile für die Unterstützung positiver Maßnahmen[492] herauskristallisiert haben und in denen sich jene zusätzlichen Aspekte widerspiegeln[493]:

(1) Förderung und Schutz der Menschenrechte und Grundfreiheiten, wie sie in der AEMR und in sonstigen internationalen Pakten niedergelegt sind[494]:

- Förderung und Schutz der bürgerlichen, politischen, wirtschaftlichen, sozialen und kulturellen Rechte;
- Förderung und Schutz der Menschenrechte von besonders gefährdeten Gruppen (vor allem von diskriminierten und unter Armut oder Benachteiligung leidenden Menschen, von Minderheiten, ethnischen Gruppen, autochthonen Völkern, Folteropfern, Opfern von Menschenrechtsverletzungen, Strafgefangenen, Frauen, Kindern, Flüchtlingen und Vertriebenen);
- Unterstützung von (Aus-) Bildungs-, Sensibilisierungs- und Beobachtungsmaßnahmen im Bereich der Menschenrechte;
- Unterstützung lokaler, nationaler, regionaler oder internationaler Einrichtungen, inklusive der NGOs, deren Tätigkeit im Zusammenhang mit dem Schutz der Menschenrechte steht;
- Förderung der Chancengleichheit und der Verbreitung nichtdiskriminierender Verfahrensweisen, einschließlich Maßnahmen zur Bekämpfung von Rassismus und Fremdenfeindlichkeit.

(2) Förderung der Rechtsstaatlichkeit[495]:

- Maßnahmen zur Förderung der Unabhängigkeit der Judikative;
- Unterstützung verfassungsrechtlicher und gesetzgeberischer Reformen[496];
- Unterstützung eines die menschliche Person achtenden Strafvollzugssystems;
- Unterstützung von Initiativen zur Abschaffung der Todesstrafe.

(3) Förderung des Demokratisierungsprozesses[497]:

- Förderung der Gewaltenteilung und Unterstützung institutioneller Reformen, Unterstützung staatlicher Bemühungen um eine klare Trennung zwischen zivilen und militärischen Zuständigkeiten;

---

[492] Für eine ausführliche Auseinandersetzung mit den Positivmaßnahmen der EG: *Simma/ Aschenbrenner/ Schulte*, Human Rights Considerations in the Development Co-operation Activities of the EC, in: Alston (Hrsg.), The EU and Human Rights, S. 571ff. Explizit zur Demokratieförderung: *Youngs*, European Union Democracy Promotion Policies: Ten Years On, in: EFARev. 2001, S. 355ff, 356ff. Zur gemeinschaftsinternen Zuständigkeit sowie zum Verfahren: *Pippan*, Menschenrechte und Demokratie, S. 236ff; ebenda, S. 283ff zur gemeinschaftlichen Anwendungspraxis.

[493] Im Folgenden soll der Katalog möglicher Einsatzfelder zusammengefasst dargestellt werden, wie er seit 1999 sekundärrechtlich verankert ist (vgl. Art. 2 der VO (EG) Nr. 975/1999 des Rates vom 29.4.1999 *zur Festlegung der Bedingungen für die Durchführung von Maßnahmen auf dem Gebiet der Entwicklungszusammenarbeit, die zu dem allgemeinen Ziel der Fortentwicklung und Festigung der Demokratie und des Rechtsstaats sowie zur Wahrung der Menschenrechte und Grundfreiheiten beitragen* (ABl. 1999, Nr. L 120/1ff, zu den Änderungen bzw. zur Verlängerung dieser VO oben Abschnitt C.II.1, Fn. 354. In diesem Abschnitt C.II zumeist nur „VO (EG) Nr. 975/1999"). In diesem Katalog finden sich die von Kommission und Rat entwickelten Konzepte, aber auch bislang unberücksichtigte Vorschläge des EP, wieder. Bzgl. der einzelnen Förderungsansätze vgl.: Entschließung des Rates und der im Rat vereinigten Vertreter der Regierungen der Mitgliedstaaten über „*Menschenrechte, Demokratie und Entwicklung*" vom November 1991, Punkt 4 (abgedruckt im Bulletin EG 11 – 1991, Ziffer 2.3.1); Schlussfolgerungen des Rates und der im Rat vereinigten Vertreter der Regierungen der Mitgliedstaaten zur „*Durchführung der Entschließung vom November 1991 über Menschenrechte, Demokratie und Entwicklung*" vom 18.11.1992, Bulletin EG 11 – 1992, Ziffer 1.4.50 (Zusammenfassung); Erklärung des Rates und der im Rat vereinigten Vertreter der Regierungen der Mitgliedstaaten über „*Menschenrechte, Demokratie und Entwicklung*" vom 25.5.1993, Bulletin EG 5 – 1993, Ziffer 1.3.41 (Zusammenfassung); Kommission, „*Bericht über die Durchführung von Maßnahmen zur Förderung der Achtung der Menschenrechte und der Einhaltung demokratischer Grundsätze im Zeitraum 1996 – 1999*", KOM (2000) 726, endg. vom 14.11.2000.

[494] Art. 2 Nr. 1 der VO (EG) Nr. 975/1999.

[495] Art. 2 Nr. 2 a) der VO (EG) Nr. 975/1999.

[496] Vgl. hierzu konkretisierend die bereits oben dargelegten Ausführungen der Kommission zur Rechtsstaatlichkeit: Kommissionsmitteilung über Demokratisierung, Rechtsstaatlichkeit, Menschenrechte und verantwortungsvolle Staatsführung vom März 1998, Punkt II A 3.

[497] Art. 2 Nr. 2 b), c), e), f), g) der VO (EG) Nr. 975/1999.

- Förderung des Pluralismus sowohl auf politischer Ebene als auch auf Ebene der Zivilgesellschaft;
- Förderung der Beteiligung der Bevölkerung an Entscheidungsprozessen auf nationaler, regionaler und lokaler Ebene unter Beachtung der gleichberechtigten Teilhabe von Männern und Frauen;
- Vorbereitung und Begleitung von Wahlen;
- Unterstützung von Bemühungen zur Förderung der Bildung von Gruppierungen demokratischer Länder innerhalb von Gremien der Vereinten Nationen, Fachagenturen und regionalen Organisationen[498].

(4) Förderung einer verantwortungsvollen Staatsführung[499]:
- Förderung einer transparenten und verantwortungsvollen Verwaltung der menschlichen, natürlichen, wirtschaftlichen und finanziellen Ressourcen eines Landes im Hinblick auf eine gerechte und nachhaltige wirtschaftliche und soziale Entwicklung[500];
- Kapazitäts- und Institutionenaufbau in allen Sektoren[501];
- Verbesserung der Transparenz der Verwaltung;
- Vorbeugung und Bekämpfung der Korruption.

(5) Maßnahmen zur Konfliktprävention[502]:
- Unterstützung der Entwicklung konfliktpräventiver Strukturen;
- Unterstützung von Maßnahmen zur Überbrückung bestehender Trennungslinien zwischen Gruppen mit unterschiedlicher Identität sowie zur Erleichterung eines friedlichen Ausgleichs zwischen verschiedenen Gruppeninteressen;
- Förderung der Durchsetzung und Achtung des humanitären Völkerrechts durch die Konfliktparteien;
- Unterstützung internationaler, regionaler und lokaler Organisationen (inklusiver NGOs), die mit der Verhütung und Beilegung von Konflikten und mit der Behandlung von deren Folgen befasst sind.

Bereits aus diesen Hauptansatzpunkten[503] wird offenkundig, dass als Kooperationspartner der Gemeinschaft zwar primär die Regierungen, aber auch zunehmend die Zivilgesellschaft bzw.

---

[498] Art. 2 Nr. 2 h) der durch die VO (EG) Nr. 2240/2004 (ABl. 2004, Nr. L 390/3ff) geänderten VO (EG) Nr. 975/1999.

[499] Art. 2 Nr. 2 d) der VO (EG) Nr. 975/1999.

[500] Vgl. ergänzend die Kommissionsmitteilung über Demokratisierung, Rechtsstaatlichkeit, Menschenrechte und verantwortungsvolle Staatsführung vom März 1998, Punkt II 14.

[501] Mitteilung der Kommission *„Governance in den Entwicklungsländern“*, KOM (2003) 615, endg. vom 20.10.2003, Punkt 42.

[502] Art. 2 Nr. 3 der VO (EG) Nr. 975/1999.
Die Kommissionsmitteilung über Menschenrechte in den Außenbeziehungen vom November 1995 erläuterte die Bedeutung der Menschenrechte und demokratischer Grundsätze für die Konfliktprävention (Punkt 72ff, vor allem Punkt 75ff), nachdem sich bereits in der internationalen Gemeinschaft mehr und mehr die Einsicht durchgesetzt hatte, dass „zwischen Menschenrechten einerseits und dem Weltfrieden, der internationalen und regionalen Sicherheit, der Gesamtsituation eines Landes, seiner politischen Stabilität sowie seiner Sozial- und Wirtschaftsentwicklung ein erheblicher Zusammenhang“ (Punkt 72) bestand. Infolgedessen trat der diesbezügliche „Präventivaspekt“ (Punkt 73) der Aktionen zur Förderung der Menschenrechte und Demokratie in den Vordergrund. Vgl. auch Mitteilung der Kommission *„Konfliktprävention durch die Europäische Union (EU)“*, KOM (2001) 211, endg. vom 11.4.2001, vor allem Punkt 1.B. (Staaten mit Konfliktpotenzial sind für gewöhnlich diejenigen, in denen der Demokratisierungsprozess am wenigsten fortgeschritten ist).

[503] Manche Berichte nehmen auch eine Dreiteilung vor: (1) Aktionen zur Umstrukturierung des öffentlichen Sektors; (2) Aktionen zur Entwicklung einer pluralistischen Zivilgesellschaft; (3) Aktionen zum Schutz der am stärksten gefährdeten Gruppen. Eine solche inhaltliche Differenzierung nimmt beispielsweise die Kommission vor (*„Bericht über die 1993 erfolgte Durchführung der Entschließung des Rates und der im Rat vereinigten Vertreter der Regierungen der Mitgliedstaaten über Menschenrechte, Demokratie und Entwicklung vom 28. November 1991“*, KOM (1994) 42, endg. vom 23.2.1994; *„Bericht über die Durchführung von Maßnahmen zur Förderung der Achtung der Menschenrechte und der Einhaltung demokratischer Grundsätze im Zeitraum 1996 – 1999“*, KOM (2000) 726, endg. vom 14.11.2000). Die genauen Begrifflichkeiten indes schwanken.

der Nichtstaatssektor[504], insbesondere die Nichtregierungsorganisationen (NROs/ NGOs[505]), eingebunden werden. Dieser Ansatz ist Bestandteil der sog. „dezentralen Zusammenarbeit“[506], die nicht als neues Instrument, sondern als Ergänzung der herkömmlichen Konzeptions- und Durchführungsformen zu verstehen ist[507]. Das Konzept der „dezentralen Zusammenarbeit“, das seit Lomé IV 1989[508] allmählich in das Entwicklungsdogma der Gemeinschaft Einzug hält, kommt nicht von ungefähr: Eine immer breiter und gewichtiger werdende Schicht verschiedener Akteure wurde dazu encouragiert, einen größeren Beitrag zur Entwicklung zu leisten; darüber hinaus hat sich die Rolle des Staates infolge der Implementierung politischer Reformen, der Unterstützung des Liberalisierungsprozesses und der Dezentralisierung verändert[509].

Grundlegendes Ziel[510] der „dezentralen Zusammenarbeit“ ist zunächst, die Initiativen der Zivilgesellschaft[511] zu stärken. Eine enge Zusammenarbeit mit der Zivilgesellschaft sowie deren

---

504 Unter diesen Terminus wird eine Reihe von Organisationen subsumiert, „in denen sich die maßgeblichen (vorhandenen oder im Entstehen begriffenen) gesellschaftlichen Strukturen eines Landes – ausgenommen öffentliche Verwaltung und Regierung – zusammenfinden. NSA [nichtstaatliche Akteure…] dienen der Vertretung der Interessen der Allgemeinheit oder Einzelner“ (Kommissionsmitteilung *„Mitwirkung der regierungsunabhängigen Akteure in der Entwicklungszusammenarbeit der EG“*, KOM (2002) 598, endg. vom 7.11.2002, Punkt 1.2). Als Beispiele nennt die Mitteilung Nichtregierungsorganisationen, lokale Körperschaften, Kirchen und Religionsgemeinschaften, Gewerkschaften, Berufs- und Unternehmensverbände, Bildungsstätten, privatwirtschaftliche Vereinigungen, Wirtschaftsverbände, Hochschulen, Kulturvereinigungen und die Medien.

505 Non Governmental Organisation. Da dem NGO-Sektor Organisationen mit sehr unterschiedlichen Zielen, Strukturen und Motiven zuzuordnen sind und auch die einschlägigen Rechtsvorschriften stark variieren, kann weder eine allgemeingültige noch eine juristische Definition gebildet werden. Die Kommission benutzt jedoch NGO als Abkürzung für Organisationen, denen grundsätzlich folgende Merkmale gemeinsam sind: Die NGOs werden nicht zum Zwecke der persönlichen Bereicherung ins Leben gerufen; sie arbeiten auf freiwilliger Basis; die Organisationen unterscheiden sich aber von formlosen oder ad-hoc gebildeten Gruppierungen durch einen gewissen Grad an Formalität oder Institutionalität; auch sind sie insbesondere von Behörden und sonstigen staatlichen Stellen sowie von politischen Parteien oder wirtschaftlichen Vereinigungen unabhängig; und schließlich verfolgen die NGOs aufgrund ihrer Wertvorstellungen uneigennützige Ziele (Mitteilung der Kommission *„Ausbau der partnerschaftlichen Zusammenarbeit zwischen der Kommission der Europäischen Gemeinschaften und Nichtregierungsorganisationen“*, KOM (2000) 11, endg. vom 18.1.2000, Punkt 1.2).

506 Siehe hierzu: Schlussfolgerungen des Rates über die *„Dezentrale Zusammenarbeit“* vom 15.7.1996, Bulletin EG 7/8 – 1996, Ziffer 1.4.72 (Zusammenfassung); Bericht der Kommission über *„Die Umsetzung der dezentralen Zusammenarbeit“*, KOM (1996) 70, endg. vom 1.3.1996 (Zusammenfassung abgedruckt in: Bulletin EG 3 – 1996, Ziffer 1.4.36). *Pippan*, Menschenrechte und Demokratie, S. 66f, 250ff, liefert interessante Hintergrundinformationen.

507 Bericht der Kommission über *„Die Umsetzung der dezentralen Zusammenarbeit“*, KOM (1996) 70, endg. vom 1.3.1996 (Zusammenfassung abgedruckt in: Bulletin EG 3 – 1996, Ziffer 1.4.36).

508 Vgl. oben Kapitel B „Geschichte der Entwicklungszusammenarbeit der Europäischen Gemeinschaft“, Abschnitt B.III.2.4.

509 *Desesquelles*, The non-governmental actors, in: The Courier, Nr. 181 (2000), S. 6ff, 6; *Loquai*, Support for Democratic Decentralisation, S. 9. Vgl. zu diesem veränderten Entwicklungsdogma der Gemeinschaft bereits oben Abschnitt C.I.1, Fn. 121.

510 Im Rahmen dieser Arbeit, vor allem in dem hier betrachteten Kontext, können freilich nur sehr wenige Aspekte der „dezentralen Zusammenarbeit“ herausgegriffen werden. Für eine umfassende Studie wird auf *Loquai*, Support for Democratic Decentralisation, verweisen.

511 Der Begriff der Zivilgesellschaft überschneidet sich größtenteils mit dem der nichtstaatlichen Akteure (ausführlich zum Begriff der Zivilgesellschaft z.B.: *DIE* (Hrsg.), Förderung der Zivilgesellschaft in Entwicklungsländern, S. 1, Fn. 2). So subsumiert die Mitteilung über die Entwicklungspolitik vom April 2000 in Punkt 5.2 unter „Zivilgesellschaft“ Menschenrechtsgruppen und –organisationen, Basisorganisationen, Frauen- und Jugendverbände, Kinderschutzorganisationen, Umweltbewegungen, Bauernverbände, Gewerkschaften, Verbraucherverbände, religiöse Organisationen, Strukturen zur Förderung der Entwicklung (NGOs, Lehr- und Forschungsanstalten), Kulturvereinigungen und die Medien. Dabei richtet sich die Auswahl der Partner „nach der Art und Weise, wie diese auf die Bedürfnisse der Bevölkerung eingehen, nach ihren spezifischen Kompetenzen, ihrem demokratischen Aufbau, der Transparenz ihrer Vorgehensweise und Verwaltung und ihrer Fähigkeit, die Zivilgesellschaft in den Partnerländern zu stärken“ (ebenda, Punkt 5.2).

Förderung sind nach Auffassung der Kommission nämlich wichtig, „um eine größtmögliche Partizipation sämtlicher gesellschaftlicher Gruppen zu gewährleisten und damit die Voraussetzungen für mehr Gerechtigkeit, die Teilhabe der Armen an den Vorteilen des Wirtschaftswachstums und eine Stärkung der demokratischen Gesellschaftsstrukturen zu schaffen“[512]. Und auch der Rat identifiziert eine fehlende politische Partizipation des Volkes als eine der Hauptursachen für die politischen, aber auch wirtschaftlichen Probleme der Entwicklungsländer. Insbesondere geht er davon aus, dass ein positiver Zusammenhang zwischen einer möglichst breiten politischen Beteiligung der Bevölkerung und einer Konsolidierung der Demokratie besteht[513]. Darüber hinaus verspricht sich die EG von der „dezentralen Zusammenarbeit“ eine besser an den Bedürfnissen der jeweiligen Empfänger ausgerichtete Umsetzung der Hilfe[514]. Insbesondere den NGOs als „zunehmend [...] wichtiger Bestandteil der Zivilgesellschaft“[515] kommt in diesem Kontext[516] zum einen die Aufgabe zu, durch ihre Zusammenarbeit mit der „Basis“, d.h. mit den lokalen Partnern, auf längere Sicht die endogenen Gesellschaftsstrukturen zu stärken und dadurch einen essenziellen Beitrag zur Förderung der Menschenrechte und der Demokratisierung „von unten“ zu leisten („bottom-up“ approach[517])[518]. Zum anderen werden die NGOs als Vehikel angesehen, über die die Entwicklungshilfe auch den ärmsten und benachteiligsten Bevölkerungsschichten zugute kommt[519]. Denn sie sind in

---

[512] Kommissionsmitteilung über die Entwicklungspolitik vom April 2000, Punkt 5.2. Ebenso: OPS vom November 2000, Punkt 11; Kommissionsmitteilung *„Intensivierung der EU-Maßnahmen für die Mittelmeer-Partnerländer in den Bereichen Menschenrechte und Demokratisierung – Strategische Leitlinien“*, KOM (2003) 294, endg. vom 21.5.2003, Punkt 4.1.

[513] Vgl. bspw. OPS vom November 2000, Punkt 11; Kommissionsmitteilung über den *„Ausbau der partnerschaftlichen Zusammenarbeit zwischen der Kommission der Europäischen Gemeinschaften und Nichtregierungsorganisationen“*, KOM (2000) 11, endg. vom 18.1.2000, Punkt 1.3.1; EP, Entschließung zur *„Demokratisierung Afrikas“* vom 6.5.1994, Punkte 26, 15 (ABl. 1994, Nr. C 205/565ff).

[514] Zu den Grundideen, auf denen die dezentrale Zusammenarbeit basiert, auch: *Desesquelles*, The non-governmental actors, in: The Courier, Nr. 181 (2000), S. 6ff, 8.

[515] Mitteilung der Kommission *„Ausbau der partnerschaftlichen Zusammenarbeit zwischen der Kommission der Europäischen Gemeinschaften und Nichtregierungsorganisationen“*, KOM (2000) 11, endg. vom 18.1.2000, Punkt 1.3.1.

[516] Neben der seit Ende der 70er Jahre bestehenden Kofinanzierung von NGOs, durch die diverse Entwicklungshilfeprojekte unterstützt werden (näher: *Kommission*, Europa – dritte Welt, ein Dialog, S. 78), arbeitet die EG mit diesen Organisationen grundsätzlich auf den vielfältigsten Gebieten der Entwicklungszusammenarbeit zusammen (hierzu: *Pippan*, Menschenrechte und Demokratie, S. 243ff). Die gegenwärtige Zusammenarbeit mit europäischen NGOs regelt die *VO* (EG) Nr. 1658/98 des Rates vom 17.7.1998 *über die Kofinanzierung von Maßnahmen mit in der Entwicklungszusammenarbeit tätigen europäischen Nichtregierungsorganisationen (NRO) in den für die Entwicklungsländer wichtigen Bereichen* (ABl. 1998, Nr. L 213/1ff, geändert durch: VO (EG) Nr. 1882/2003 des EP und des Rates vom 29.9.2003, Anhang II, Punkt 28 (ABl. 2003, Nr. L 284/1ff, 20)). Vgl. auch Bericht der Kommission über *„Die Zusammenarbeit mit den in der Entwicklung tätigen europäischen Nichtregierungsorganisationen (NROE) in den für die Entwicklungsländer wichtigen Bereichen“*, KOM (1999) 248, endg. vom 25.5.1999; Mitteilung der Kommission *„Mitwirkung der regierungsunabhängigen Akteure in der Entwicklungszusammenarbeit der EG“*, KOM (2002) 598, endg. vom 7.11.2002, Punkt 1.3.

[517] Vgl. für viele: *Youngs*, European Union Democracy Promotion Policies: Ten Years On, in: EFARev. 2001, S. 355ff, 362.

[518] Vgl. EP, Entschließung zur *„Rolle der NRO bei der Entwicklungszusammenarbeit“*, Punkte 14, 6 (ABl. 1992, Nr. C 150/273ff). Eine entsprechende Schwerpunktsetzung nimmt daher das Kofinanzierungssystem der EG mit den europäischen NGOs vor, vgl. Art. 2I UA 2, 1., 2., 4. und 5. Spiegelstrich der *VO* (EG) Nr. 1658/98 des Rates vom 17.7.1998 *über die Kofinanzierung von Maßnahmen mit in der Entwicklungszusammenarbeit tätigen europäischen Nichtregierungsorganisationen (NRO) in den für die Entwicklungsländer wichtigen Bereichen* (ABl. 1998, Nr. L 213/1ff).
Und wie bereits beschrieben: im Fall von Reaktionen der EG auf Verstöße gegen Menschenrechte und/ oder demokratische Grundsätze wird die Hilfe auf nichtstaatliche Kanäle umgeleitet. Die Bedeutung der NGOs im Rahmen der Menschenrechts- und Demokratiepolitik kann also nicht hoch genug eingeschätzt werden.

[519] Vgl. *Cox/ Chapman*, The European Community External Cooperation Programmes, S. 39; EP, Entschließung zur *„Rolle der NRO bei der Entwicklungszusammenarbeit“*, Punkt 5 (ABl. 1992, Nr. C 150/273ff).

der Lage, zu diesen Schichten Kontakt aufzunehmen und als Sprecher für Personen aufzutreten, deren Stimme ansonsten oftmals nicht ausreichend Gehör findet.
An diese anvisierte Stärkung der Zivilgesellschaft knüpft ein weiteres Ziel der „dezentralen Zusammenarbeit" an: Im Rahmen dieser Zusammenarbeit ist die Gemeinschaft bestrebt, „dezentrale Akteure" als unmittelbar Betroffene in die Kooperation zu integrieren, sie an ihr „partizipieren" zu lassen. Neben die „klassischen" Kooperationspartner sollen also nichtstaatliche Organisationen und Gruppen, aber auch staatliche Institutionen auf lokaler Ebene, treten. Diese sollten – ebenso wie ihre jeweiligen Regierungen[520] - schrittweise stärker Verantwortung bereits bei der (Strategie-) Planung und anschließend auch bei der Umsetzung der ihre Länder betreffenden Entwicklungspolitiken und –programme übernehmen; anvisiert wird demnach, die Bevölkerung in die Lage zu versetzen, ihre Entwicklung selbst in die Hand zu nehmen. In dieser Eigenverantwortung bzw. Urheberschaft („Ownership") und Partizipation der Partnerländer einschließlich seiner Bevölkerung sieht die Gemeinschaft nämlich den „Schlüssel zum Erfolg der entwicklungspolitischen Maßnahmen"[521]. Dieses entwicklungspolitische Paradigma der „Ownership" ist mittlerweile allgemein quasi als conditio sine qua non für eine nachhaltige Entwicklung anerkannt[522]. Zu diesem Zwecke ist es allerdings erst einmal unabdingbar, diese Akteure – wie oben beschrieben - zu mobilisieren und ihre Einrichtungen auszubauen, um sie zu „mündigen" Kooperationspartnern zu erziehen[523]. Erst dann nämlich vermögen sie, sich an den genannten Planungs- und Ausführungsschritten stärker zu beteiligen[524]. Und diese intensivierte Partizipation soll erreichen, dass möglichst breite Gesellschaftsschichten die Hilfeprogramme umfassender akzeptieren, sich mit ihnen identifizieren und letztendlich ein Gefühl der Mitverantwortung (neben der Regierung), der Urheberschaft, für die Entwicklungsprogramme entwickeln.
Zur Ausführung des Konzepts der „dezentralen Zusammenarbeit" bedient sich die Gemeinschaft verschiedener Ansätze, wie etwa der direkten finanziellen Förderung der „neuen" Kooperationspartner im Rahmen spezifischer Themenprogramme oder aber ihrer Integration in die regionale Entwicklungszusammenarbeit mit den AKP-, ALA- und Mittelmeerländern („partizipative Dimension" der dezentralen Zusammenarbeit)[525]. Daneben besteht die Möglichkeit einer Art horizontalen Zusammenarbeit dieser dezentralen Akteure mit ihren europäischen Pendants (sog. „integrative Dimension")[526] sowie die bereits beschriebene Umleitung der Hilfe auf nichtstaatliche Kanäle („substitutive Dimension")[527]. Es bleibt indes zu konsta-

[520] Dazu unten Kapitel D „Gemeinschaftsrechtliche Handlungsvorgaben", Abschnitt D.I.1.2.2.
[521] OPS vom November 2000, Punkt 11. Vgl. auch die Kommissionsmitteilung über die Entwicklungspolitik vom April 2000, Punkte 5.1, 5.2; Kommissionsmitteilung „*Mitwirkung der regierungsunabhängigen Akteure in der Entwicklungszusammenarbeit der EG*", KOM (2002) 598, endg. vom 7.11.2002, Punkt 1.1.
[522] Vgl. *Schmid*, Stichwort „Ownership", in: Nohlen (Hrsg.), Lexikon Dritte Welt, S. 641f, 641; *Frisch*, Zur Zukunft des Lomé-Abkommens, in: afrika spectrum 1996, S. 57ff, 64f; *Desesquelles*, The non-governmental actors, in: The Courier, Nr. 181 (2000), S. 6ff, 6.
[523] So unter anderem die Intention des Art. 1 3. Spiegelstrich der mittlerweile nicht mehr rechtskräftigen VO (EG) Nr. 1659/1998 des Rates *über die dezentralisierte Zusammenarbeit* (ABl. 1998, Nr. L 213/6ff, bis zum 31.12.2003 verlängert durch die VO (EG) Nr. 955/2002 des EP und des Rates vom 13.5.2002 *zur Verlängerung der Geltungsdauer und Änderung der Verordnung (EG) Nr. 1659/98 des Rates über die dezentralisierte Zusammenarbeit* (ABl. 2002, Nr. L 148/1f)).
[524] Zu den Auswirkungen einer solchen Partizipation im Rahmen von Entwicklungsprojekten: *Taylor*, The right of participation in development projects, in: Ginther/ Denters/ de Waart (Hrsg.), Sustainable development and Good Governance, S. 205ff, 206ff.
[525] Vgl. hierzu: Mitteilung der Kommission „*Mitwirkung der regierungsunabhängigen Akteure in der Entwicklungszusammenarbeit der EG*", KOM (2002) 598, endg. vom 7.11.2002, Punkt 1.3.
[526] Vgl. z.B. Art. 70b) Cotonou (ABl. 2000, Nr. L 317/3ff). Diese Form der Zusammenarbeit soll die „Mobilisierung der fachlichen Kompetenz, der neuartigen Vorgehensweisen und der Mittel der Akteure der dezentralen Zusammenarbeit für die Entwicklung" (Art. 70b) S. 1 Cotonou) der Entwicklungsländer ermöglichen.
[527] Ausführlich hierzu: *Pippan*, Menschenrechte und Demokratie, S. 252f.

tieren, dass all diese Ansätze noch in den Kinderschuhen stecken, so dass es bis zur allgemeinen Akzeptanz und der realen Umsetzung dieses Konzepts der dezentralen Zusammenarbeit und der Partizipation noch einen langen und beschwerlichen Weg zu beschreiten gilt[528].

Ein weiterer Eckpfeiler der gemeinschaftlichen Menschenrechts-, Rechtsstaats- und Demokratiepolitik, zusammen mit dem Aufbau einer Zivilgesellschaft, ist bereits seit der Kommissionsmitteilung über „*Menschenrechte, Demokratie und Politik der Entwicklungszusammenarbeit*" vom März 1991[529] der „offene[...] und konstruktive[...]"[530] Politikdialog[531] mit den Regierungen der Entwicklungsländer, aber auch dem dortigen Nichtstaatssektor. Dieses Vorgehen beruht auf der Erkenntnis, dass „[...d]as wirksamste Mittel, um Veränderungen zu bewirken, [...] eine positive und konstruktive Partnerschaft mit den Regierungen, die auf Dialog, Unterstützung und Ermutigung beruht"[532], ist. Denn die Regierungen sind es, die die Hauptverantwortung für die Wahrung der Menschenrechte, rechtsstaatlicher und demokratischer Grundsätze tragen. Erst wenn der Dialog mit ihnen nicht fruchtet, ist es angebracht, Sanktionen anzudenken[533].
Grundsätzlich soll mit Hilfe des Politikdialogs erreicht werden, gemeinsam entwicklungspolitische Prioritäten und Ziele flexibel auf der Grundlage der individuellen Bedürfnisse des Partnerlandes zu identifizieren, und die Umsetzung dieser Politiken zu diskutieren[534]. Speziell im hier untersuchten Zusammenhang bedeutet dies, wann immer es notwendig[535] und möglich ist[536], wertvolle Informationen und Meinungen auszutauschen, das gegenseitige Verständnis und den gegenseitigen Respekt zu verbessern und nachhaltige institutionelle und politische Reformen sowie die Achtung der Menschenrechte, demokratischer und rechtsstaatlicher Grundsätze zu fördern[537]. Auch die verantwortungsvolle Staatsführung soll verstärkt im Rahmen des Dialogs erörtert werden[538].

---

[528] Vgl. hierzu *Desesquelles*, The non-governmental actors, in: The Courier, Nr. 181 (2000), S. 6ff, 9.

[529] SEK (1991) 61, endg. vom 25.3.1991. Zu möglichen Gründen hierfür auch: *Loquai*, Support for Democratic Decentralisation, S. 15ff.

[530] Entschließung des Rates und der im Rat vereinigten Vertreter der Regierungen der Mitgliedstaaten über „*Menschenrechte, Demokratie und Entwicklung*" vom November 1991, Punkt 4 (abgedruckt im Bulletin EG 11 – 1991, Ziffer 2.3.1).

[531] Zur Frage der Kompetenzabgrenzung zwischen politischem Dialog (d.h. „Dialog über politische Themen im eigentlichen Sinne" (*Frisch*, Zur Zukunft des Lomé-Abkommens, in: afrika spectrum 1996, S. 57ff, 62): Kompetenzen der Mitgliedstaaten) und dem „policy dialogue"/ Politikdialog bzw. dem dialogue on policies (der bereits während der „politischen Neutralität" bestehende Dialog über entwicklungspolitische Themen: Zuständigkeit der EG nach Art. 177II i.V.m. 179I1 EGV) und deren rechtliche Konsequenz (Abschluss eines gemischten Vertrages im Falle eines „politischen Dialogs"): *Pippan*, Menschenrechte und Demokratie, S. 268ff, 264f; *Gilsdorf*, Die Außenkompetenzen der EG, in: EuR 1996, S. 145ff, 164f.

[532] Kommissionsmitteilung über die Rolle der EU bei der Förderung der Menschenrechte und der Demokratisierung vom Mai 2001, Punkt 3.1.

[533] Vgl. Kommissionsmitteilung über die Rolle der EU bei der Förderung der Menschenrechte und der Demokratisierung vom Mai 2001, Punkt 3.1.

[534] Vgl. *Pippan*, Menschenrechte und Demokratie, S. 264f; Kommissionsmitteilung über die Rolle der EU bei der Förderung der Menschenrechte und der Demokratisierung vom Mai 2001, Punkt 3.1.2; Mitteilung der Kommission „*Governance in den Entwicklungsländern*", KOM (2003) 615, endg. vom 20.10.2003, Punkt 18.

[535] Annex zu „Horizonte 2000", Punkt III.2.2.1.

[536] Kommissionsmitteilung über die Rolle der EU bei der Förderung der Menschenrechte und der Demokratisierung vom Mai 2001, Punkt 3.1.

[537] Kommissionsmitteilung über die Rolle der EU bei der Förderung der Menschenrechte und der Demokratisierung vom Mai 2001, Punkt 3.1; Annex zu „Horizonte 2000", Punkt III.2.2.1.

[538] OPS vom November 2000, Punkt 11; Mitteilung der Kommission „*Governance in den Entwicklungsländern*", KOM (2003) 615, endg. vom 20.10.2003, Punkte 17ff.

Der Dialog ist sowohl auf der bi-, aber auch auf der multilateralen bzw. regionalen[539] Ebene mit den Regierungen beheimatet. In vielen Abkommen ist der bilaterale Dialog[540] inzwischen rechtlich normiert[541], teilweise sind Menschenrechte, Demokratie und Rechtsstaatlichkeit ausdrücklich als seine Themen deklariert[542]. Darüber hinaus ist er mittlerweile in sämtlichen Verträgen der Dritten Generation im Rahmen der Klauseln über „wesentliche Bestandteile" und der nachfolgenden Suspendierungsklausel verankert, die gewisse Konsultationsverfahren als institutionalisierte Form des Dialogs vorschreiben. Durch diese Verfahren soll ein Rückgriff auf die Strafklausel erst gar nicht notwendig werden. Diese beiden in den Abkommen grundsätzlich vorgesehenen funktionellen Ausprägungen des Dialogs verstärken sich, denn nach Ansicht der Kommission verleiht eine „systematischere Einbeziehung von Menschenrechts- und Demokratiefragen in den [...] Dialog den Klauseln über die wesentlichen Bestandteile mehr Substanz"[543] und ermöglicht „beiden Parteien, [...] die wirksamsten Maßnahmen für die Schaffung politischer und wirtschaftlicher Stabilität zu ermitteln"[544]. Immer größere Bedeutung erfährt der Dialog mit der Zivilgesellschaft einschließlich der NROs – nicht zuletzt als Konsequenz der stetig wachsenden Rolle, die man ihr die letzten Jahre verstärkt zumisst[545].

Um aber für die Zukunft eine höhere Effizienz des Dialogs über Menschenrechte, Demokratie und Rechtsstaatlichkeit gewährleisten zu können, sollte er transparenter gestaltet werden. Angedacht wird ferner, wann immer möglich gemeinsam mit den Partnerländern bestimmte Ziele[546] zu formulieren, um an ihnen Fortschritte und allgemeine Tendenzen messen, d.h. eine gewisse Evaluierung durchführen zu können[547]. Des Weiteren sollte vor allem der positive Ansatz des Politikdialogs viel stärker als bisher in den Vordergrund gestellt werden; nur so können über ihn auch die vielzähligen anderen Länder erreicht werden, die vor menschenrechtlichen Herausforderungen stehen, ohne dass diese bereits ein Stadium erreicht hätten, das

---

[539] Weitere Modalitäten zum Dialog mit den einzelnen Regionen sind in Anhang 1 der Kommissionsmitteilung über die Rolle der EU bei der Förderung der Menschenrechte und der Demokratisierung vom Mai 2001, und nunmehr auch in der Mitteilung der Kommission *„Intensivierung der EU-Maßnahmen für die Mittelmeer-Partnerländer in den Bereichen Menschenrechte und Demokratisierung – Strategische Leitlinien"*, KOM (2003) 294, endg. vom 21.5.2003, Punkt 5.1, enthalten.

[540] Hier ist zwar stets vom „politischen Dialog" die Rede. Allerdings werden auch rein entwicklungspolitische Aspekte thematisiert, so dass es sich bei dem dort normierten Dialog sowohl um einen politischen als auch um einen Politikdialog handelt (zur Abgrenzung vgl. oben Fn. 531).

[541] Beispielsweise in Art. 3 der Abkommen mit den Mittelmeerdrittländern, z.B. im Assoziierungsabkommen mit Tunesien (ABl. 1998, Nr. L 97/2ff).

[542] Art. 8IV2 Cotonou (ABl. 2000, Nr. L 317/3ff).

[543] Kommissionsmitteilung über die Rolle der EU bei der Förderung der Menschenrechte und der Demokratisierung vom Mai 2001, Punkt 3.1.1.

[544] Kommissionsmitteilung über die Rolle der EU bei der Förderung der Menschenrechte und der Demokratisierung vom Mai 2001, Punkt 3.1.1.

[545] Kommissionsmitteilung über die Rolle der EU bei der Förderung der Menschenrechte und der Demokratisierung vom Mai 2001, Punkt 3.1.3.

[546] Hier werden vorgeschlagen: die Untersuchung der Einhaltung internationaler Verträge und Übereinkommen, denen die Partner zugestimmt haben, sowie der derzeitigen Vorbehalte gegenüber diesen Pakten; die Ratifizierung weiterer internationaler Instrumente; die friedliche Lösung vorhandener oder potenzieller Konflikte; konkrete Verbesserungen bei der Achtung der Vorgaben des Art. 177II EGV (voranstehend vgl.: Kommissionsmitteilung über die Rolle der EU bei der Förderung der Menschenrechte und der Demokratisierung vom Mai 2001, Punkt 3.1.2; Mitteilung der Kommission *„Intensivierung der EU-Maßnahmen für die Mittelmeer-Partnerländer in den Bereichen Menschenrechte und Demokratisierung – Strategische Leitlinien"*, KOM (2003) 294, endg. vom 21.5.2003, Punkt 5.1.1).

[547] Kommissionsmitteilung über die Rolle der EU bei der Förderung der Menschenrechte und der Demokratisierung vom Mai 2001, Punkt 3.1.2.

einen (in der Praxis doch negativ orientierten) ad-hoc Politikdialog gemäß der Nichterfüllungsklauseln erforderlich machen würde[548].

4. Völkerrechtliche Vorgaben

Trotz der bereits angesprochenen Defizite und der nach wie vor häufig geäußerten Kritik[549] an der europäischen Menschenrechts- und Demokratiepolitik muss sehr wohl festgehalten werden, dass die Gemeinschaft innerhalb der doch relativ kurzen Zeit, in der sie kontinuierlich ihre frühere politische Neutralität abgelegt hat, Wesentliches auf diesem Gebiet erreicht hat: Man darf nämlich dabei trotz all der in vielen Punkten gewiss gerechtfertigten Kritik nicht vergessen, dass sich die EG mit ihrer Konditionalitätspolitik immer auf einer heiklen Gradwanderung zwischen ihrer politischen Verantwortung und der Souveränität der Entwicklungsländer befindet, die es verbietet, als richtig empfundene Maßstäbe unilateral durchzusetzen, sondern vielmehr gebietet, behutsam, vor allem aber partnerschaftlich vorzugehen.
Vor diesem Hintergrund werden zunächst die völkerrechtlichen Schranken für die Konditionalisierung der Entwicklungszusammenarbeit aufzuzeigen sein. Anschließend geht die Arbeit auf den normativen Gehalt der vertraglichen Menschenrechts-, Rechtsstaats- und Demokratieklauseln ein, kann dieser doch (theoretisch) nicht unilateral von der EG festgelegt werden. Da die Entwicklungskooperation in dieser Arbeit allerdings grundsätzlich nicht unter dem Aspekt des Völkerrechts analysiert wird, beschränken sich die folgenden Darstellungen weitgehend auf die Auswertung bereits vorhandener Literatur auf diesem Gebiet.

4.1 Völkerrechtliche Schranken für negative und positive Maßnahmen

Was die Gestaltung des autonomen, d.h. außervertraglichen Bereichs der Entwicklungszusammenarbeit anbelangt, so setzt das Völkerrecht der *negativen* Konditionalisierung als Ausfluss der Souveränität des Geberstaates keine engen Schranken[550]: Zunächst ist nochmals darauf hinzuweisen, dass nach wohl herrschender Meinung[551] eine völkerrechtliche Pflicht der Industrieländer zur Gewährung bestimmter Hilfeleistungen an Entwicklungsstaaten nach wie vor auszuschließen ist. Der Hilfe leistende Staat kann ergo frei darüber bestimmen, ob und wie er diese zur Verfügung stellt. Und in den seltensten Fällen kommt dabei ein Verstoß gegen das völkerrechtliche Interventionsverbot[552] in Betracht[553]. Denn selbst wenn bislang noch

---

[548] Vgl. *Arts*, Political dialogue, in: The Courier, Nr. 200 (2003), S. 21ff, 23.

[549] Vgl. hierzu auch den kritischen Sonderbericht des Rechnungshofes *über die Verwaltung der EU-Unterstützung zugunsten der Förderung von Menschenrechten und Demokratie in Drittländern durch die Kommission, zusammen mit den Antworten der Kommission* (ABl. 2000, Nr. C 230/1ff).

[550] Nachfolgend: *Pippan*, Menschenrechte und Demokratie, S. 92ff; *Hoffmeister*, Menschenrechts- und Demokratieklauseln, S. 183ff; *Schläppi*, Menschenrechte, S. 318ff. Vgl. auch: *Oestreich*, Menschenrechte, S. 358ff.

[551] Vgl. die Nachweise bereits oben Abschnitt C.I.1, Fn. 20.

[552] Darunter wird die Einmischung eines Staates in die inneren und äußeren Angelegenheiten eines anderen Staates verstanden, wobei die Einmischung Angelegenheiten erfassen muss, die der ausschließlichen staatlichen Zuständigkeit unterliegen („domestic jurisdiction"/ „domaine reservé"). Hierzu zählen lediglich die Bereiche, die nicht durch einen völkerrechtlichen Vertrag, das Völkergewohnheitsrecht oder eine sonstige Bestimmung des Völkerrechts geregelt sind. Gleichzeitig muss die Intervention unter Androhung oder Anwendung von Zwang erfolgen. Während sich der klassische Interventionsbegriff im Einsatz bzw. der Androhung militärischer Gewalt erschöpfte, umfasst die Diskussion um den erweiterten Interventionsbegriff darüber hinaus politische, wirtschaftliche und sonstige Maßnahmen. Das Fehlen allgemein anerkannter Abgrenzungskriterien zur Bestimmung dieser Arten von „Zwang" erschwert indes einen Konsens.
Das zwischenstaatliche Interventionsverbot gilt völkergewohnheitsrechtlich (vgl. IGH, Miltary and Paramilitary Activities in and against Nicaragua (Nicaragua vs. United States of America), Urteil vom 26. Juni 1986, Rn. 186ff, abgedruckt in: *Dörr*, Kompendium völkerrechtlicher Rechtssprechung, S. 447ff; zur Bindung der EG an Völker(gewohnheits)recht: EuGH, Rs. C-286/90, Anklagemyndigheden/ Peer Michael Poulsen u. Diva Navigation Corp., Slg. 1992, I-6019ff, I-6052, Ziffer 9; EuGHE, Rs. T-115/94, Opel Austria GmbH/ Rat, Slg. 1997, II-39ff, II-70, Ziffer 90) und findet seine positivrechtliche Grundlage in Art. 2 Nr. 1 UN-Charta, der das Prinzip der souveränen Gleichheit der UN-Mitglieder festlegt (voranstehend: *Ipsen*, Völkerrecht, § 59, Rn. 50ff).

nicht abschließend ausdiskutiert ist, welcher Menschenrechts- und Demokratiestandard noch innerhalb des „domaine reservé“[554] liegt (völkerrechtsvertraglich und völkergewohnheitsrechtlich bindende Standards fallen nicht mehr in die diskretionär vom Staat zu behandelnde Materie[555]), und im konkreten Fall zumindest nicht auszuschließen ist, dass eine spezifische Konditionalisierung seitens der Gemeinschaft die ausschließlich innerstaatlichen Angelegenheiten berührt – für das Vorliegen eines Verstoßes gegen das Interventionsverbot muss zusätzlich eine unzulässige Ausübung von Zwang hinzukommen. Dabei muss der Druck der Maßnahme geeignet sein, die Willensfreiheit des betroffenen Staates zu beseitigen, d.h. er muss eine solche Intensität erreichen, dass der Regierung keine andere Wahl bleibt, als sich dem Druck und damit den Forderungen des Sanktionierenden zu beugen[556]. Diese doch strenge Voraussetzung wird indes wohl nur dann erfüllt werden, wenn etwa durch die Sanktionen gegen den betroffenen Staat wegen dessen außergewöhnlicher ökonomischer Abhängigkeit von den Hilfeleistungen der Gemeinschaft im konkreten Einzelfall eine Zwangswirkung auf die Willensbildung der Regierung dieses Staates ausgeübt wird[557]. Ein die Existenz der Bevölkerung (!) bedrohender Entzug lebenswichtiger Nahrungsmittel und medizinischer Versorgung kann gleichermaßen unzulässigen Zwang bedeuten[558].

Positive Fördermaßnahmen zur Durchsetzung bestimmter menschenrechtlicher, demokratischer und rechtsstaatlicher Standards offerieren aus völkerrechtlicher Sicht hingegen naturgemäß weniger „Interventionspotential“ als Negativmaßnahmen. Dennoch kann im Rahmen positiver Maßnahmen ein unzulässiger Druck zu bejahen sein, wenn die Gemeinschaft Gruppen oder Organisationen unterstützt, die den (gewaltsamen) Sturz der im Amt befindlichen Regierung herbeiführen wollen[559].

---

[553] So auch im Ergebnis: *Ipsen*, Völkerrecht, § 59, Rn. 62; Erklärung des Europäischen Rates vom 15.11.1990 zur *„Tätigkeit der Gemeinschaft und ihrer Mitgliedstaaten im Bereich der Menschenrechte im Jahr 1990“*, Absatz 4 (abgedruckt im Bulletin EG 12 - 1990, Ziffer 1.5.3); Kommissionsmitteilung über Menschenrechte in den Außenbeziehungen vom November 1995, Punkt 33; Erklärung über *„Menschenrechte“* des EP vom Juni 1991, Absatz 3 (abgedruckt im Bulletin EG 6-1991, Ziffer I.45); Entschließung des EP über *„Menschenrechte in der Außenpolitik der Europäischen Union“* vom 21.4.1994, Punkt 4 (ABl. 1994, Nr. C 128/370f). All diese Dokumente weisen auf die Relativität des völkerrechtlichen Grundsatzes des Interventionsverbotes hin: Danach ist die Achtung der Menschenrechte ein rechtmäßiges Anliegen der Völkergemeinschaft, das nicht als Einmischung in die inneren Angelegenheiten eines Landes betrachtet wird.

[554] Vgl. Fn. 552.

[555] Zum Bestand an völkergewohnheitsrechtlich geltenden Menschenrechten mit jeweils weiteren Nachweisen: *Hoffmeister*, Menschenrechts- und Demokratieklauseln, S. 209ff; *Ipsen*, Völkerrecht, § 50, Rn. 1ff.

[556] Vgl. *Hoffmeister*, Menschenrechts- und Demokratieklauseln, S. 187, mit vielen weiteren Nachweisen zu diesem Kriterium. So auch IGH, Miltary and Paramilitary Activities in and against Nicaragua (Nicaragua vs. United States of America), Urteil vom 26. Juni 1986, Rn. 205, abgedruckt in: *Dörr*, Kompendium völkerrechtlicher Rechtssprechung, S. 447ff.

Diese Erkenntnis ist von großer Bedeutung für die Konditionalitätspolitik der Gemeinschaft: Denn inzwischen machen nicht nur Menschenrechts- und Demokratiekomponenten die Konditionalisierung aus, sondern ebenso Aspekte der guten Regierungsführung und der Rechtsstaatlichkeit (vgl. *Pippan*, Menschenrechte und Demokratie, S. 109).

[557] Vgl. *Hoffmeister*, Menschenrechts- und Demokratieklauseln, S. 192. Auf den S. 190ff untersucht dieser ausführlich mögliche Negativmaßnahmen im Hinblick auf ihre Vereinbarkeit mit dem Interventionsverbot. Ebenso *Pippan*, Menschenrechte und Demokratie, S. 106ff.

[558] Vgl. auch Ziffer I.31, letzter Satz der Wiener Erklärung über Menschenrechte (abgedruckt in: EuGRZ 1993, S. 520ff): „Die Weltkonferenz über Menschenrechte hält fest, dass Nahrungsmittel nicht als Werkzeug zur Ausübung politischen Drucks verwendet werden dürfen“. Ausführlich: *Hoffmeister*, Menschenrechts- und Demokratieklauseln, S. 192ff.

[559] Vgl. *Pippan*, Menschenrechte und Demokratie, S. 201ff; *Schläppi*, Menschenrechte, S. 260ff, insbesondere 269ff, 296ff, vgl. auch S. 299ff, 302f zur möglichen Qualifikation dieses Handelns als Verstoß gegen das Verbot der Anwendung indirekter Gewalt. Vgl. auch *Ipsen*, Völkerrecht, § 59, Rn. 59.

Im Rahmen der vertraglichen Entwicklungszusammenarbeit enthalten die Abkommen zumindest in der Präambel, überwiegend jedoch in einer „Wesentlichkeitsklausel" ein ausdrückliches Bekenntnis zur Menschenrechts- und Demokratieförderung, immer öfter auch zum Rechtsstaatsprinzip, so dass den Empfängerstaaten bereits die Berufung auf eine Einmischung in den „domaine reservé" versagt ist[560]. Jedoch sind der Gestaltung der negativen Konditionalisierung insbesondere durch die völkerrechtliche Maxime „pacta sunt servanda", dem Grundsatz der Vertragstreue, der in Art. 26 WVK kodifiziert ist, Grenzen gesetzt: Die Beendigung oder Aussetzung einzelner Vertragspflichten oder gar des gesamten Vertrages wegen der Missachtung der Menschenrechte, demokratischer und/ oder rechtsstaatlicher Grundsätze seitens des Vertragspartners stellt eine Vertragsverletzung[561] dar und bedarf daher eines völkerrechtlichen Rechtfertigungsgrundes[562]. Dies führte anfänglich mangels entsprechender Menschenrechts- und Demokratieklauseln sowohl zu inhaltlichen Beschränkungen der Durchsetzung der vereinbarten Standards als auch zu prozeduralen Schwierigkeiten[563]. Seit den syste-

---

[560] So auch: *Zimmermann*, in: von der Groeben/ Schwarze (Hrsg.), EUV/ EGV, Art. 179, Rn. 30.

[561] Unterhalb der Schwelle der Vertragsverletzung bewegen sich in der Regel folgende Verstöße: die Verweigerung der Weiterentwicklung bereits vorhandener Vertragsbeziehungen, Verzögerung vertraglich vereinbarter Leistungen und Mittel, die Verschiebung von Entscheidungen zur Umsetzung der Zusammenarbeit sowie neuer Projekte. Eine Änderung des Inhalts der Programme oder der Kanäle der Zusammenarbeit hingegen stellt zumeist eine Vertragsverletzung dar (vgl. hierzu ausführlich: *Pippan*, Menschenrechte und Demokratie, S. 112ff; *Hoffmeister*, Menschenrechts- und Demokratieklauseln, S. 196ff).

[562] Hier kommen hauptsächlich in Betracht: die Beendigung oder Suspendierung eines Vertrages infolge einer Vertragsverletzung (Art. 60 WVK), einer nachträglichen Unmöglichkeit der Erfüllung (Art. 61 WVK) oder einer grundlegenden Änderung der beim Vertragsschluss gegebenen Umstände (Art. 62 WVK). Obwohl die EG nicht Vertragspartei der Konvention ist (vgl. bereits oben B „Geschichte der Entwicklungszusammenarbeit der Europäischen Gemeinschaft", Abschnitt B.IV.5, Fn. 428), ist sie aufgrund der gewohnheitsrechtlichen Geltung der Art. 60ff WVK an diese Bestimmungen gebunden, vgl. nunmehr explizit EuGH, Rs. C-162/96, A. Racke GmbH & Co./ Hauptzollamt Mainz, Slg. 1998, I-3655ff, 3656, 3. Leitsatz, I-3699f, Ziffer 24; *Hoffmeister*, Die Bindung der Europäischen Gemeinschaft an das Völkergewohnheitsrecht der Verträge, in: EWS 1998, S. 365ff.
Unter Umständen greift aber das völkergewohnheitsrechtlich anerkannte Instrument der Repressalie: Die Repressalie ist ein völkerrechtswidriger Akt, der gerechtfertigt ist, da damit ein vorausgegangener Völkerrechtsbruch eines anderen Staates beantwortet wird, um diesen zur Einhaltung seiner völkerrechtlichen Pflichten zu bewegen. Bei erga omnes Pflichten wird vertreten, dass auch dritte Staaten unter bestimmten Umständen Gegenmaßnahmen ergreifen dürfen, sog. Drittstaatenrepressalie (*Ipsen*, Völkerrecht, § 59, Rn. 45f; *Pippan*, Menschenrechte und Demokratie, S. 123, mit weiteren Nachweisen. Für eine ausführliche Darlegung der Möglichkeiten und Grenzen der Drittstaatenrepressalie im Rahmen der Entwicklungszusammenarbeit (nicht EG-spezifisch): *Schläppi*, Menschenrechte, S. 332ff). Erga omnes Pflichten umfassen derart bedeutende Rechte, dass alle Staaten ein rechtliches Interesse an ihrem Schutz haben. Dazu zählen auch die Prinzipien und Regeln betreffend die grundlegenden Menschenrechte einschließlich des Schutzes vor Sklaverei und Rassendiskriminierung (vgl. IGH, Barcelona Traction, Light and Power Company, Ltd., Urteil vom 5.2.1970, abgedruckt in: *Dörr*, Kompendium völkerrechtlicher Rechtssprechung, S. 266ff, Rn. 34).

[563] Die in der WVK verankerten Rechtfertigungsgründe ermöglichen aufgrund ihrer strengen Voraussetzungen nur in den seltensten Ausnahmefällen ein Vorgehen der EG. Liegt tatsächlich ein solcher Fall vor, ist das anzuwendende Verfahren fraglich, da die Art. 65ff WVK wohl nicht zum Bereich des Völkergewohnheitsrechts zu rechnen sind, die Gemeinschaft demnach nicht an die Einhaltung dieser Bestimmungen gebunden ist (so auch der EuGH jüngst in: EuGH, Rs. C-162/96, A. Racke GmbH & Co./ Hauptzollamt Mainz, Slg. 1998, I-3688ff, 3708, Ziffer 59).
Die Drittstaatenrepressalie verlangt eine strenge Verhältnismäßigkeitsprüfung und beschränkt dadurch erheblich die Auswahl der Mittel. Und bei der Definition jener „grundlegenden Menschenrechte" ergibt sich wiederum ein ähnliches Problem wie bei der Eingrenzung des „domaine reservé" im Rahmen des Interventionsverbotes. Zudem ist nicht endgültig geklärt, welches Verfahren erstens dieser unilateralen Selbsthilfe vorauszugehen hat, und zweitens für die Anwendung der Repressalie selbst gilt.
Zum Voranstehenden vgl.: *Pippan*, Menschenrechte und Demokratie, S. 117ff, 122ff; *Schläppi*, Menschenrechte, S. 345ff, 332ff; *Hoffmeister*, Menschenrechts- und Demokratieklauseln, S. 200ff, 208ff; *Oestreich*, Menschenrechte, S. 407ff, 410ff.

matischen Richtlinien vom Mai 1995[564] wurden in den meisten entwicklungspolitischen Vertragswerken - in vielen Abkommen auch schon vorher - die Achtung der Menschenrechte, der demokratischen Grundsätze und im Rahmen der AKP-EG-Kooperation seit Lomé IV 1995 ebenfalls die Respektierung der Rechtsstaatlichkeit zu „wesentlichen Bestandteilen" erhoben. Mittels dieser expliziten Festlegung der „wesentlichen Bestandteile" stellt die Gemeinschaft nunmehr sicher, dass eine Verletzung dieser Prinzipien jedenfalls eine „erhebliche Vertragsverletzung i.S.d. Art. 60I, III 3b) 2. Alt. WVK darstellt und infolgedessen die Aussetzung bzw. Beendigung (Art. 60II WVK) des Vertrages über eine völkerrechtliche Rechtfertigung verfügt.
Diese „Wesentlichkeitsklauseln" sind überwiegend mit „Nichterfüllungsklauseln" kombiniert, in denen, gegebenenfalls mit diese ergänzenden Erläuterungen im Vertragstext bzw. im Anhang, das Procedere im Falle einer Vertragsverletzung geregelt ist.

4.2 Schutzbereich der Demokratie- und Menschenrechtsklauseln

Bei den Menschenrechts- und Demokratieklauseln handelt es sich um Klauseln in völkerrechtlichen Verträgen, die nicht zur ausschließlichen Diskretion einer Vertragspartei stehen. Infolgedessen bedürfen sie einer Auslegung, die „in Übereinstimmung mit der gewöhnlichen, seinen Bestimmungen in ihrem Zusammenhang zukommenden Bedeutung und im Lichte seines Zieles und Zweckes" (Art. 31I WVK)[565], das heißt nach Treu und Glauben, erfolgt, wobei die historische Auslegung ergänzend (Art. 32 WVK)[566] heranzuziehen ist. Aufgrund der Spezifika der vielzähligen regionalen Abkommen der Gemeinschaft müssen sich deshalb die folgenden Ausführungen auf die Wesentlichkeitsklausel sowie auf Art. 9II UA 4 Cotonou beschränken.
In Anwendung dieser genannten Methodik ermittelt die wohl herrschende Auffassung[567] das historisch entwickelte Menschenrechts- und Demokratieverständnis der Vereinten Nationen als maßgeblichen völkerrechtlichen Rahmen auch für die Menschenrechts- und Demokratieklauseln in den Abkommen der EG. Denn die für die Auslegung heranzuziehenden (vgl. 31II WVK) Präambeln der entwicklungspolitischen Verträge nennen die Begriffe „Menschenrechte", „demokratische Prinzipien" in einem Atemzug mit den Grundsätzen der UN-Charta. Ein inhaltlicher Zusammenhang ist kaum von der Hand zu weisen, so dass zur Auslegung dieser Termini insofern unmittelbar auf die vielfach als Konkretisierung des Art. 55Ic) UN-Charta qualifizierte Allgemeine Erklärung der Menschenrechte[568] zurückgegriffen werden kann. Zur Interpretation auslegungs- und ergänzungsbedürftiger Bestimmungen werden alsdann die beiden UN-Menschenrechtspakte (IPbpR, IPwskR)[569] von 1966 herangezogen. Bestehen immer noch Auslegungszweifel, so können diverse regionale Pakte Indizien für eine konsensfähige Auslegung liefern.
Dieser normative Gehalt gilt unproblematisch für die Standardklauseln seit 1995, da diese einen expliziten Bezug auf die AEMR enthalten und damit deren Standard für verbindlich

---

[564] Schlussfolgerungen des Rates zu den *„Menschenrechtsklauseln in den Abkommen der Gemeinschaft mit Drittländern"* vom 29. Mai 1995, Bulletin EG 5 – 1995, Ziffer 1.2.3.
[565] Zur Anwendung des Art. 31 WVK durch den EuGH vgl. z.B. Gutachten 1/91, Slg. 1991, I-6079ff, I-6101, Ziffer 14 (EWR I); EuGH, Rs. C-416/96, Nour Eddline El-Yassini/ Secretary of State for the Home Department, Slg. 1999, I-1209ff, I-1242, Ziffer 47.
[566] Art. 31f WVK sind kodifiziertes Völkergewohnheitsrecht, vgl. *Ipsen*, Völkerrecht, § 11, Rn. 11.
[567] *Hoffmeister*, Menschenrechts- und Demokratieklauseln, S. 271ff, und *Pippan*, Menschenrechte und Demokratie, S. 144ff, mit jeweils weiteren Nachweisen sowie ausführlicher Begründung; vgl. auch *Riedel/ Will*, Human Rights Clauses, in: Alston, The EU and Human Rights, S. 723ff, 749.
[568] Vgl. *Hoffmeister*, Menschenrechts- und Demokratieklauseln, S. 271, mit weiteren Nachweisen.
[569] Es darf auch nicht vergessen werden, dass bis 1995 der IPbpR von 133, der IPwskR von 134 Staaten ratifiziert wurde, die Pakte somit für die meisten Vertragsstaaten ohnehin bindend sind (*Benedek*, Menschenrechte, in: Liebmann/ Amon (Hrsg.), Dimensionen 2000, S. 145ff, 148).

erklären[570]. Dieser Schutzbereich ist indes auch auf Art. 9 Cotonou zu übertragen. Die Klausel bezieht sich zwar nicht ausdrücklich auf die AEMR, doch die für die Auslegung heranzuziehenden (vgl. 31II WVK) Präambeln verweisen ausdrücklich unter anderem auf die Grundsätze der UN-Charta, die AEMR und die beiden Weltpakte (Präambel VII) sowie auf die regionalen Instrumente EMRK, Banjul-Charta und der AMRK als „positive regionale Beiträge zur Achtung der Menschenrechte" (Präambel VIII).

In diesem Sinne umfasst der Menschenrechtsschutz folgende Rechte: Das Recht auf Leben, uneinschränkbare Freiheitsrechte (das Verbot der Sklaverei, der Zwangsarbeit, der Folter und der unmenschlichen oder erniedrigenden Behandlung oder Strafe), diverse Gleichheitsrechte (insbesondere Gleichheit vor dem und durch das Gesetz, sachgemäße Gleichbehandlung in Bezug auf alle in der AEMR niedergelegten Rechte), Verfahrensgrundrechte (das Gebot, als Rechtsperson anerkannt zu werden, das Recht auf einen effektiven Rechtsbehelf, diverse Garantien beim Freiheitsentzug und das Recht auf ein faires gerichtliches Verfahren), einschränkbare[571] Freiheitsrechte (Privatleben, Integrität und Geheimheit der Korrespondenz, Gedanken-, Gewissens- und Religionsfreiheit, Meinungs-, Meinungsäußerungs- und Informationsfreiheit, Versammlungs- und Vereinigungsfreiheit) sowie wirtschaftliche, soziale und kulturelle Rechte (Recht auf soziale Sicherheit, angemessene Arbeits- und Erholungsbedingungen, angemessenen Lebensstandard, Wohnung und Gesundheitsschutz, Bildung – zumindest kostenloser Grundschulunterricht -, auf Teilnahme am kulturellen Leben sowie Rechte der Kinder und Mütter auf besonderen Schutz)[572]. Letztere jedoch begründen grundsätzlich keinen unmittelbaren Anspruch gegen den Staat, sondern bedürfen zunächst „innerstaatlicher Maßnahmen" (vgl. Art. 2I IPwskR)[573].

Art. 21 AEMR hebt in Form der Aufstellung von Wahlrechtsgrundsätzen das Recht auf politische Teilhabe hervor und ermöglicht dadurch eine inhaltliche Präzisierung der korrelierenden inneren Dimension des Selbstbestimmungsrecht der Völker (vgl. Art. 1 der beiden UN-Pakte), des Grundsatzes der Volkssouveränität. Ein gewisser Konsens hinsichtlich demokratischer Grundsätze[574] lässt sich demzufolge am Recht, unmittelbar oder durch frei gewählte Vertreter an öffentlichen Angelegenheiten teilzunehmen, festmachen; indes bleibt offen, zu welchem konkreten Demokratiesystem[575] diese Wahl führen muss. Des Weiteren besteht inhaltliche Übereinstimmung über die dieser zugrunde liegenden Wahlrechtsgrundsätze (allgemeine, gleiche, geheime, periodische und – begrenzt - freie bzw. „echte"[576] Wahlen)[577].

---

570 Eine entscheidende völkerrechtliche Konsequenz, wurde doch die AEMR als Empfehlung ohne Befolgungszwang im Sinne des Art. 10 UN-Charta erlassen.

571 Zu den Voraussetzungen für die Einschränkung: *Hoffmeister*, Menschenrechts- und Demokratieklauseln, S. 314ff.

572 Umfassend zum Voranstehenden: *Hoffmeister*, Menschenrechts- und Demokratieklauseln, S. 274ff.

573 *Hoffmeister*, Menschenrechts- und Demokratieklauseln, S. 322.

574 Vgl. bereits die diesbezüglichen Ausführungen der Kommissionsmitteilung über Demokratisierung, Rechtsstaatlichkeit, Menschenrechte und verantwortungsvolle Staatsführung vom März 1998.

575 Art. 17I Cotonou (ABl. 2000, Nr. L 317/3ff) präferiert jedoch in gewisser Weise ein parlamentarisches System, denn die Teilnahme von Nichtparlamentariern an den Sitzungen der Paritätischen Parlamentarischen Versammlung hängt von deren vorheriger Zustimmung ab.

576 Politischen Pluralismus präferieren die Gemeinschaft und ihre AKP-Vertragspartner jedoch im Rahmen ihrer positiven Maßnahmen. So werden die verschiedensten nicht-staatlichen Einrichtungen als partizipatorische Elemente zur Förderung der Demokratisierung und der Festigung des Rechtsstaates finanziell unterstützt, was den Pluralismus zweifelsohne fördert (vgl. 9IV UA I i.V.m. Art. 58 Cotonou (ABl. 2000, Nr. L 317/3ff)). Einen Hinweis, dass pluralistische Elemente künftig auch bei den Negativmaßnahmen eine Rolle spielen können, zeigt Art. 9II UA 2, S. 2 Cotonou: Danach sind demokratische Grundsätze „weltweit anerkannte Grundsätze, auf die sich die Organisation des Staates stützt, um [...] das *Vorhandensein von Partizipationsmechanismen zu gewährleisten*" (Hervorhebung der Verf.).

Aus den genannten universellen und regionalen Menschenrechtspakten lässt sich auch der Schutzbereich der Rechtsstaatlichkeit herleiten, wie er jedoch nur in Art. 9II UA 4 Cotonou zu den „wesentlichen Elementen" gerechnet wird. Dieser umfasst dabei primär die Rechtsbindung und die Gewaltenteilung, die sich vor allem in der Unabhängigkeit und Unparteilichkeit der Gerichte ausdrückt. Der Schutzbereich schließt zwar ebenfalls das Recht auf faires Verfahren ein, jedoch lediglich im Sinne der Gewährleistung fundamentaler Prozessgarantien als da wären das Recht auf effektiven Rechtsbehelf, auf bestimmte Garantien bei Freiheitsentzug sowie das Recht auf Verteidigungsgarantien im Strafprozess[578].

Was den Schutzbereich der verantwortungsvollen Staatsführung anbelangt, so kann momentan lediglich statuiert werden, dass der Konkretisierungsprozess um seine allgemeingültigen Prinzipien und ihres Zusammenwirkens nach wie vor unvollendet ist[579]. Zwar zeigen die

---

[577] Voranstehend und umfassend hierzu wiederum: *Hoffmeister*, Menschenrechts- und Demokratieklauseln, S. 325ff. Vgl. nunmehr Art. 9II UA 2, S. 2, 3 Cotonou (ABl 2000, Nr. L 317/3ff): „Die demokratischen Grundsätze sind weltweit anerkannte Grundsätze, auf die sich die Organisation des Staates stützt, um die Legitimität der Staatsgewalt, die Legalität des staatlichen Handelns, die sich in seinem Verfassungs-, Rechts- und Verwaltungssystem widerspiegelt, und das Vorhandensein von Partizipationsmechanismen zu gewährleisten [..., wobei] jedes Land seine eigene demokratische Kultur" entwickelt. Die gewählte Formulierung könnte durchaus auf eine vertragliche Fixierung der von der Kommissionsmitteilung über Demokratisierung, Rechtsstaatlichkeit, Menschenrechte und verantwortungsvolle Staatsführung vom März 1998 (Punkte 7ff) unilateral eingeführten Säulen demokratischer Grundsätze hindeuten. Lediglich von der „effektiven Umsetzung" verabschieden sich die Vertragspartner, indem sie lediglich ein Element dieser „effektiven Umsetzung", die Partizipation, herausfiltern und als „dritten demokratischen Grundsatz" in das Vertragswerk aufnehmen. Allerdings verweist die Definition auf „weltweit anerkannte Grundsätze" – und wird dadurch erneut einer Interpretation zugänglich, die ihren Mindestkonsens in dem soeben dargestellten Schutzbereich findet.
Die Literatur hingegen nennt drei Säulen demokratischer Ordnung: 1. Wettbewerb für Regierungsmacht, 2. politische Partizipation bei der Wahl der Regierung und bei der Bestimmung der Politik, und 3. bürgerliche und politische Freiheiten (vgl. *Schläppi*, Menschenrechte, S. 33 mit weiteren Nachweisen). Die Nennung des letzten Elements führte vor allem in der politischen Diskussion häufig dazu, dass die bürgerlichen und politischen Menschenrechte äußerst vereinfacht mit Demokratie gleichgesetzt werden. Dies bedarf insofern dringender Relativierung, als ein gemeinsamer Nenner beider Elemente nur darin bestehen kann, dass „die Achtung der bürgerlichen und politischen Rechte [...] zentrale gesellschaftliche, rechtliche und politische Voraussetzung [ist], dass Systeme politischer Partizipation überhaupt funktionieren können" (*Schläppi*, Menschenrechte, S. 34; ähnlich: *Benedek*, in: Grabitz/ Hilf (Hrsg.), EUV/ EGV, Art. 177, Rn. 33).

[578] Ausführlich: *Hoffmeister*, Menschenrechts- und Demokratieklauseln, S. 368ff, 290ff, und kongruent die Kommissionsmitteilung über Demokratisierung, Rechtsstaatlichkeit, Menschenrechte und verantwortungsvolle Staatsführung vom März 1998, Punkt II 4. Art. 9II UA 3 Cotonou (ABl. 2000, Nr. L 317/3ff) enthält erstmalig eine vertragliche Definition des Schutzbereichs, die jedoch den gerade ermittelten Standard nicht erweitert: „Die Struktur des Staatswesens und die Kompetenzen der einzelnen Gewalten beruhen auf dem Rechtsstaatsprinzip, das vor allem ein funktionierendes und allen zugängliches Rechtsschutzsystem, unabhängige Gerichte, die die Gleichheit vor dem Gesetz gewährleisten, und eine uneingeschränkt an das Gesetz gebundene Exekutive verlangt". Diese Bestimmung („beruhen"), zusammen mit dem bereits zitierten Art. 9II UA 2, S. 1 Cotonou, wo nur von der Interdependenz von Demokratisierung, Entwicklung und dem Schutz der Grundfreiheiten und Menschenrechte die Rede ist, lassen darauf schließen, dass Rechtsstaatlichkeit als Teilaspekt demokratischer Grundsätze qualifiziert wird (so auch: *Windmeißer*, Der Menschenrechtsansatz in der EZ, S. 397). Als wesentliches Element des Cotonou-Abkommens steht es jedoch in Art. 9II UA 3 wieder gleichberechtigt neben der Achtung der Menschenrechte und den demokratischen Grundsätzen. *Hoffmeister* (Menschenrechts- und Demokratieklauseln, S. 374f) wiederum weist darauf hin, dass sich der Schutzbereich der Menschenrechte mit dem der Rechtsstaatlichkeit überschneidet. Das Verhältnis der drei Elemente, ihre Bedingtheit sowie ihre Rangordnung dürften deshalb nach wie vor ungeklärt bleiben.

[579] *Hilpold*, Konditionalität, in: ZEuS 2002, S. 239ff, 253: Er bezeichnet das Gebot verantwortungsvoller Staatsführung als eine „„lex imperfecta", die für eine Perfektionierung der Heranreifung eines Konsenses harrt, der gegenwärtig noch nicht absehbar ist" (ebenda S. 253). Vgl. ebenso: *Arts*, Integrating Human Rights into Development Cooperation, S. 41; *Windmeißer*, Der Menschenrechtsansatz in der EZ, S. 225, die aber zutreffend darauf hinweist, dass etliche Instrumente, die die Elemente Demokratie, Rechtsstaatlichkeit und Menschenrechte zur Umsetzung der Good Governance zur Verfügung stellen, bereits praktisch universell anerkannt in den Art.

Kommissionsmitteilungen über Demokratisierung, Rechtsstaatlichkeit, Menschenrechte und verantwortungsvolle Staatsführung vom März 1998[580], über „*Governance in Entwicklungsländern*" vom Oktober 2003[581] sowie der Katalog von Positivmaßnahmen zur Förderung einer verantwortungsvollen Staatsführung (Art. 2 Nr. 2d) VO Nr. 975/1999[582]) gewisse Kriterien auf. Diese dürfen indes aus den erwähnten Gründen nicht auf die vertragliche Zusammenarbeit übertragen werden. Zudem sind jene Definitionen nach wie vor Versuche, sich dem Konzept der „Good Governance" anzunähern, es zu präzisieren – naturgemäß begleitet von Unsicherheiten[583]. Dies erklärt auch die Haltung der AKP-Staaten, die zwar das Konzept als solches wieder im neuen Abkommen von Cotonou[584] integriert wissen wollten, sich jedoch aufgrund des Fehlens eines universellen definitorischen Konsenses sträubten, etwaige Elemente dennoch verbindlich zu normieren, zudem als „wesentliches Element" und folglich Rechtsgrundlage für Suspensionen zu verankern[585]. Man einigte sich schließlich dennoch auf eine Präzisierung der verantwortungsvollen Staatsführung, die sich im Wesentlichen an den bereits aufgestellten Kriterien der EG orientiert (Art. 9III UA 1 Cotonou)[586]. Alsdann wurde es als „fundamentales Element" deklariert, und nur Fälle schwerer Korruption berechtigen zu Sanktionen (Art. 97 Cotonou). Die Kommission selbst konzediert allerdings, dass „keine einheitliche, alle Tatbestandsmerkmale umfassende Definition von Korruption"[587] existiert und differenziert darüber hinaus zwischen einem „strafrechtlichen" sowie einem „präventiven" Korruptionsbegriff[588]. Konkretisierungsfortschritte erhofft sie sich allerdings durch den politischen Dialog, im Rahmen dessen auch der wirtschaftliche, soziale, kulturelle und historische Hintergrund des jeweiligen Landes berücksichtigt werden kann[589] – womit das Gemeinschaftsorgan gleichzeitig ausdrückt, dass eine für alle Entwicklungsländer einheitliche Defini-

---

25, 26, 2III IPbpR enthalten sind (ebenda, S. 225ff). Zum völker(gewohnheits)rechtlich anerkannten Gehalt des Prinzips auch: *Denters*, Good Governance and development cooperation, in: Ginther/ Denters/ de Waart (Hrsg.), Sustainable development, S. 308ff, 312ff.

580 Punkt II B.

581 KOM (2003) 615, endg. vom 20.10.2003.

582 ABl. 1999, Nr. L 120/1ff, zu den Änderungen bzw. zur Verlängerung dieser VO oben Abschnitt C.II.1, Fn. 354.

583 Unter anderem auch deshalb kritisch zur Einbeziehung des Prinzips in die Konditionalitätspolitik der EG: *Denters*, Good Governance and development cooperation, in: Ginther/ Denters/ de Waart (Hrsg.), Sustainable development, S. 308ff, 310ff, v.a. S. 311. Zu den einzelnen Definitionsversuchen während der Verhandlungen zum Cotonou-Abkommen: *Werther-Pietsch*, Strategie für Entwicklung, S. 138ff.

584 ABl. 2000, Nr. L 317/3ff.

585 Vgl. *Windmeißer*, Der Menschenrechtsansatz in der EZ, S. 392; *Werther-Pietsch*, Strategie für Entwicklung, S. 142f.

586 „In einem politischen und institutionellen Umfeld, in dem die Menschenrechte, die demokratischen Grundsätze und das Rechtsstaatsprinzip geachtet werden, ist verantwortungsvolle Staatsführung die transparente und verantwortungsbewusste Verwaltung der menschlichen, natürlichen, wirtschaftlichen und finanziellen Ressourcen und ihr Einsatz für eine ausgewogene und nachhaltige Entwicklung. Sie beinhaltet klare Beschlussfassungsverfahren für Behörden, transparente und verantwortungsvolle Institutionen, den Vorrang des Gesetzes bei der Verwaltung und Verteilung der Ressourcen und Qualifizierung zur Ausarbeitung und Durchführung von Maßnahmen insbesondere zur Verhinderung und Bekämpfung der Korruption" (Art. 9III UA 1 Cotonou (ABl. 2000, Nr. L 317/3ff)). Näher: *Windmeißer*, Der Menschenrechtsansatz in der EZ, S. 399f. *Werther-Pietsch* kritisiert jedoch, dass die aufgenommene Definition die mögliche normative Tragweite stark einschränkt, indem die nichtstaatlichen Akteure als potenzielle Adressaten von guter Regierungsführung praktisch unerwähnt bleiben - ihre Einbeziehung an diesem Verhaltenskodex sieht sie und andere indes als essenziell (*Werther-Pietsch*, Strategie für Entwicklung, S. 137ff).

587 Kommissionsmitteilung „*Eine umfassende EU-Politik zur Bekämpfung der Korruption*", KOM (2003) 317, endg. vom 28.5.2003, Punkt 2.

588 Kommissionsmitteilung „*Eine umfassende EU-Politik zur Bekämpfung der Korruption*", KOM (2003) 317, endg. vom 28.5.2003, Punkt 2.

589 Kommissionsmitteilung „*Eine umfassende EU-Politik zur Bekämpfung der Korruption*", KOM (2003) 317, endg. vom 28.5.2003, Punkt 7b).

tion und somit Handhabe grundsätzlich nicht angestrebt wird. Eine Vorgehensweise, die angesichts der „Sanktionsfähigkeit" schwerer Fälle von Korruption erhebliche Rechtsunsicherheit aufwirft.
Eine derartige Integrierung dieses Konzepts als „fundamentales Element" findet sich momentan nur im Partnerschaftsabkommen von Cotonou, weshalb weitergehende Bestimmungen seines Inhalts noch nicht getroffen werden müssen[590].

Bislang kann resümiert werden, dass der normative Gehalt der Klauseln hinsichtlich der Trias Menschenrechte, Demokratie und Rechtsstaatlichkeit keinen neuen internationalen Standard aufstellt, sondern sich in einer gegenseitigen Bestätigung allgemein anerkannter Werte und Prinzipien erschöpft[591] – ein Acquis, den es für die verantwortungsvolle Staatsführung erst noch zu erreichen gilt. Dennoch stellt sich auch für die auf den ersten Blick scheinbar „ausdefinierten" drei Prinzipien die ernsthafte Frage, ob es nicht sinnvoll wäre, gemeinsam mit den jeweiligen Vertragspartnern präzise Konzepte zu formulieren, welche Rechte – gegebenenfalls unter Berücksichtigung kultureller Besonderheiten im zulässigen Rahmen - nun genau Gegenstand von Unterstützungsmaßnahmen, aber auch – im Falle ihrer Verletzung - von Sanktionen sind. Dies dürfte sowohl der Rechtssicherheit und der Objektivität der Demokratie- und Menschenrechtspolitik als auch als konkreter Ansporn für die Regierungen dienen.

---

[590] Abzuwarten bleibt deshalb die Entwicklung nach dem Inkrafttreten der beiden Abkommen mit den zentralamerikanischen Staaten und der Andengemeinschaft, die das Konzept integriert haben, ohne es jedoch zu definieren oder gar zu fundamentalen Bestandteilen zu erheben (vgl. jeweilige Art. 8, KOM (2003) 677 und 598). Sanktioniert werden kann jedoch nach der einfachen Nichterfüllungsklausel *jegliche* Vertragsverletzung (vgl. die jeweiligen Art. 56II), somit auch die Verletzung von Good Governance.
Punkt IV des Anhang II i.d.F. von MEDA II (ABl. 2000, Nr. L 311/1ff) enthält zwar Positivmaßnahmen zur Förderung der verantwortungsvollen Staatsführung. Diese listet der Anhang präzise und abschließend auf, so dass keine nähere Inhaltbestimmung vorzunehmen ist.

[591] *Brandtner/ Rosas*, Human Rights and the External Relations of the European Community, in: EJIL 1998, S. 468ff, 474f. Eine gewisse Erweiterung des internationalen Standards kann man jedoch nunmehr in Art. 9II UA 2 Cotonou für den Bereich demokratischer Grundsätze erkennen, wenn man die Definition tatsächlich als vertragliche Fixierung jener „Säulen demokratischer Grundsätze" begreift.

D. GEMEINSCHAFTSRECHTLICHE HANDLUNGSVORGABEN

I. Drei „K"s

Wie im Kapitel B „Geschichte der Entwicklungszusammenarbeit der Europäischen Gemeinschaft" ausführlich dargestellt, konnte sich die Entwicklungspolitik der Europäischen Gemeinschaft aus historischen Gründen nicht konsistent und strukturiert herausbilden, sondern glich lange Zeit einem „entwicklungspolitischen Flickenteppich"[1]. Mangelnde Effizienz war vorprogrammiert, zumal sich darüber hinaus diverse andere Gemeinschaftspolitiken oft kontraproduktiv zur Entwicklungszusammenarbeit gestalteten. Und auch die Mitgliedstaaten hielten trotz ständig steigender Aktivitäten der Gemeinschaft ihre nationalen Entwicklungsprogramme unbeeindruckt fest - zu einer einheitlichen Darstellung Europas in der Außen- und Sicherheitspolitik trug diese Praxis sicher nicht bei.

Erst der Maastrichter Vertrag etablierte mehrere Prinzipien, von denen man sich versprach, das Tätigwerden von EG und Mitgliedstaaten zu strukturieren sowie die verschiedenen, die Entwicklungsländer berührenden Gemeinschaftspolitiken mit den Zielvorgaben des Art. 177 EGV in Einklang zu bringen – die drei „K"s, „Koordinierung", „Komplementarität" und „Kohärenz", bislang sporadisch beachtet, wurden vertraglich fixiert. Dabei bedeutet „Koordinierung"[2] eine Abstimmung mitgliedstaatlicher und gemeinschaftlicher Entwicklungspolitiken zum Zwecke der Vermeidung von Doppelarbeit und inhaltlicher Unstimmigkeiten. „Komplementarität" setzt Koordinierung voraus, geht jedoch weiter, indem sie eine Arbeitsteilung in Abhängigkeit von den jeweils vorliegenden „komparativen Vorteilen" der beiden Ebenen anvisiert. Das „Kohärenzgebot" hingegen will Widersprüchlichkeiten zwischen der Entwicklungspolitik und anderer, die Entwicklungsländer tangierenden Gemeinschaftspolitiken zumindest vermindern.

Im folgenden Abschnitt sollen diese Prinzipien nun ausführlich besprochen werden.

1. Koordinierung

Eine erste Norm, die nicht zuletzt zur Gewährleistung einer effizienten Erreichung der Zielvorgaben des Art. 177 EGV[3] das Verhältnis zwischen mitgliedstaatlicher und gemeinschaftlicher Entwicklungspolitik ausdifferenziert, stellt Art. 180 EGV dar. Dieser statuiert die gemeinschaftsrechtliche Pflicht der Gemeinschaft und der Mitgliedstaaten, ihre Politik auf dem Gebiet der Entwicklungszusammenarbeit zu „koordinieren", insbesondere[4] dabei ihre Hilfsprogramme abzustimmen (vgl. Art. 180II EGV)[5], wobei „abstimmen" als Synonym zu „koordinieren" zu werten ist[6]. Koordination bedeutet nun zunächst grundsätzlich, dass die EU-

---

[1] *Frisch*, in: Groeben/ Thiesing/ Ehlermann (Hrsg.), EU-/ EG-Vertrag, vor Art. 130u bis 130y, Rn. 9.

[2] Im Rahmen dieser Arbeit gleichbedeutend mit „Koordination".

[3] Einschließlich völkerrechtlich und politisch verbindlicher Zusagen im Sinne des Art. 177III 1. Alt. EGV. Zu dieser Thematik ausführlich unten Abschnitt D.II.2.2.1.3.

[4] *Pitschas*, Die völkerrechtliche Verantwortlichkeit der EG, S. 176.

[5] Vor dem Maastrichter Vertrag beruhte die Koordinierung zwischen der EG und den Mitgliedstaaten auf einem freiwilligen „à la carte" Prinzip (Mitteilung der Kommission über *„Procedures for coordination between the Community and the Member States for coordination between the Community and the Member States at policy and operational levels"*, KOM (1993) 195, endg. vom 10.5.1993, Punkt I.1, abgedruckt in: *Kommission*, Development Cooperation Policy, S. 123ff, fortan meist: Kommissionsmitteilung über Kooperationsverfahren vom Mai 1993. Unter Punkt I findet sich eine gute Darstellung der Umsetzung der Koordinierung vor Maastricht). Für eine ausführliche Darstellung der Entwicklung des Koordinierungsgebotes: *Urban*, Die Koordinierung der Entwicklungszusammenarbeit, S. 49ff.

[6] Vgl. *Zimmermann*, in: von der Groeben/ Schwarze (Hrsg.), EUV/ EGV, Art. 180, Rn. 3.

Entwicklungshilfegeber[7] ein größeres Wissen darüber erlangen, was jeder einzelne tut, der auf einem bestimmten Gebiet, in einem Land oder einer Region interveniert. Auf diesem Wissen aufbauend kann anschließend eine wirksame Zusammenarbeit stattfinden, bei der es darum geht, u.a. die gemeinschaftlichen und mitgliedstaatlichen entwicklungspolitischen Grundsätze, die Ausübung der Rechtssetzungstätigkeit, die regionalen, thematischen und sektoralen Schwerpunkte, Strategien, Programme und sonstige Aktivitäten, eben die Entwicklungspolitiken von Gemeinschaft und Mitgliedstaaten, *gegenseitig* abzustimmen und die durch diese Absprache herbeigeführte Situation nicht einseitig zu verändern[8]. Dieses Koordinations- bzw. Koordinierungsgebot, das sich aus der unbedingten Formulierung des Art. 180I EGV ergibt[9], wird gemeinhin[10] als spezielle Ausprägung der in Art. 10 EGV kodifizierten „Pflichten zur loyalen Zusammenarbeit"[11] bzw. „Gemeinschaftstreue"[12] gesehen, indem es die beiden Komponenten des Art. 10 EGV – positive Förderungs- und negative Unterlassungspflicht – im vorgenannten Sinne konkretisiert.
Zusammen mit dem im nächsten Abschnitt zu erörternden Komplementaritätsgrundsatz soll dieser Koordinierungsauftrag dazu führen, aus dem Nebeneinander der 25 nationalen Entwicklungspolitiken und der gemeinschaftlichen Entwicklungspolitik schrittweise eine effiziente, kohärente[13] Gesamtpolitik zu gestalten.

1.1 Ziele der Koordinierung

Gemeinschaftliche und mitgliedstaatliche Entwicklungspolitik stehen demnach – zumindest in der Theorie - keineswegs unverbunden nebeneinander. Zum Zwecke der wechselseitigen Ergänzung von gemeinschaftlicher und mitgliedstaatlichen Entwicklungspolitiken[14], der Steige-

---

[7] Das heißt der EG und der Mitgliedstaaten. Darüber hinaus natürlich auch der außereuropäischen Geber. Die Koordinierung auf internationaler Ebene soll jedoch nur am Rande Erwähnung finden, da die Zusammenarbeit mit internationalen Gebern nicht Gegenstand dieser Arbeit ist.

[8] Ähnlich: *Kommission*, Jahresbericht 2003, Punkt 1.4; *De Fleurieu*, EU's coordination and harmonisation, in: The Courier, Nr. 196 (2003), S. 18ff, 18; *Werther-Pietsch*, Strategie für Entwicklung, S. 59.

[9] Art. 180I EGV normiert einen unmittelbaren Auftrag bei der rechtlichen Ausgestaltung der Entwicklungszusammenarbeit (auch) der EG; jeder entwicklungspolitischen Maßnahme ist deshalb die Behauptung des jeweils erlassenden Gemeinschaftsorgans inhärent, das Gebot ordnungsgemäß erfüllt zu haben. *Insoweit* ist der Grundsatz auch justiziabel und etwa im Rahmen einer Klage gegen den Rechtsakt überprüfbar (so zumindest für das Kohärenzgebot des Art. 178 EGV: *Schmidt*, Entwicklungspolitik der Europäischen Union, in: RIW 1995, S. 268ff, 270; *Hecker*, in: Lenz/ Borchardt (Hrsg.), EUV/ EGV, Art. 178, Rn. 1; *Pieper*, in: Bleckmann, Europarecht, Ziffer 1465; *Klein*, in: H/K/M/M-G (Hrsg.), EUV/ EGV, Art. 130v, Rn. 1).

[10] Genannt seien: *Pitschas*, Die völkerrechtliche Verantwortlichkeit der EG, S. 176; *Zimmermann*, in: von der Groeben/ Schwarze (Hrsg.), EUV/ EGV, Art. 180, Rn. 2; *Benedek*, in: Grabitz/ Hilf (Hrsg.), EUV/ EGV, Art. 180, Rn. 1; *Kahl*, in: Calliess/ Ruffert (Hrsg.), EUV/ EGV, Art. 10, Rn. 7.

[11] EuGH, Rs. 230/81, Luxemburg/ EP, Slg. 1983, S. 255ff, S. 287, Ziffer 37.

[12] Vgl. z.B.: *Kahl*, in: Calliess/ Ruffert (Hrsg.), EUV/ EGV, Art. 10, Rn. 3, Fn. 11.

[13] Siehe z.B.: Kommissionsmitteilung über Kooperationsverfahren vom Mai 1993, Einleitung; Ratsentschließung über „Procedures for coordination between the Community and its Member States" vom 2.12.1993, Punkt A.3, abgedruckt in: *Kommission*, Development Cooperation Policy, S. 135f.
Wird in diesem Abschnitt von „Kohärenz" gesprochen, so ist damit ein Aspekt der „*inneren Kohärenz*" (*Benedek*, in: Grabitz/ Hilf (Hrsg.), EUV/ EGV, Art. 178, Rn. 5) gemeint, nämlich das stimmige, widerspruchsfreie Miteinander zwischen den Entwicklungspolitiken der Gemeinschaft und der Mitgliedstaaten. Zur Einhaltung eines weiteren Aspekts der „inneren Kohärenz", nämlich der Einheitlichkeit etc. zwischen den verschiedenen Zielen und Maßnahmen der EG-Entwicklungspolitik, verpflichtet das Nachhaltigkeitsgebot des Art. 177I EGV (vgl. bereits oben Kapitel C „Ziele der Entwicklungszusammenarbeit", Abschnitt C.I.2.2.3).
Ist die Rede von der internationalen Koordinierung, die, wie bereits angedeutet, hier nur am Rande Erwähnung finden soll, kommt eine weitere Variante der Kohärenz ins Spiel, nämlich die „internationale Kohärenz", das heißt die Herstellung widerspruchsfreier Entwicklungspolitiken der EU und der internationalen Organisationen (vgl. *Benedek*, in: Grabitz/ Hilf (Hrsg.), EUV/ EGV, Art. 178, Rn. 7; Kommissionsmitteilung über die Entwicklungspolitik vom April 2000, Punkt 2.2.1).

[14] Zum Zusammenhang zwischen dem Koordinierungsgebot und dem Prinzip der Komplementarität, d.h. wechselseitiger Ergänzung, ausführlich unten Abschnitt D.I.2.2.1.

rung der Wirksamkeit, der Effizienz, der Nachhaltigkeit[15] und der Sichtbarkeit der Entwicklungshilfemaßnahmen sowie im weiteren Sinne auch zur einheitlichen Darstellung Europas in der Außen- und Sicherheitspolitik gilt es vielmehr, mittels eines Zusammenwirkens von Gemeinschaft und Mitgliedstaaten eine kohärente, d.h. eine sich nicht überlappende, einheitliche, stimmige und widerspruchsfreie Politik im Hinblick auf die Verwirklichung der Ziele des Art. 177 EGV hervorzubringen[16]. Dieses Kohärenzziel der Abstimmung, aus dem sich letztendlich die eingangs beschriebenen Förderungs- und Unterlassungspflichten ergeben, erwähnt Art. 180I EGV im Gegensatz zu anderen vergleichbaren Vorschriften wie dem Art. 165I EGV zwar nicht explizit. Doch ist es dem Koordinierungsgebot zumindest implizit zu entnehmen, da dieses nur Sinn macht, wenn es auf Einheitlichkeit etc. abzielt[17]. Für die Gemeinschaft ergibt sich diese Finalität überdies bereits aus Art. 177I EGV: Komplementarität mit seinem wechselseitigen Ergänzungsgebot setzt zwangsläufig Kohärenz voraus[18].
Die Notwendigkeit zur Erzielung besserer Ergebnisse sowie zur Erhöhung der Sichtbarkeit der EU liegt auf der Hand[19]: Zunächst ist hervorzuheben, dass die Europäische Union mehr denn je bestrebt ist, ihre Präsenz auf der internationalen Bühne, vor allem in internationalen Debatten, zu verstärken und damit ihrer Eigenschaft als wichtigster Geber (eingerechnet die Hilfe ihrer Mitgliedstaaten) öffentlicher Entwicklungshilfe weltweit Nachdruck zu verleihen. Des Weiteren verlangt der Druck nicht zuletzt der öffentlichen Meinung, die Mittel der Entwicklungshilfe zu reduzieren oder zumindest zu stabilisieren. Demgegenüber steht der stetig wachsende Bedarf vor allem der ärmsten Entwicklungsländer. Hinzu kommt, dass die Entwicklungszusammenarbeit immer komplexer geworden ist: Neue Prioritäten (z.B. Konfliktprävention, Entwicklung des Privatsektors), Akteure (z.B. NGOs, Zivilgesellschaft) und Ansätze (beispielsweise die dezentralisierte Zusammenarbeit) erfordern theoretisch den Einsatz höherer finanzieller und personeller Ressourcen[20]. Als die Stelle, an der der entscheidende Hebel zur Lösung dieser Spannungsverhältnisse anzusetzen ist, gestaltet sich die Verbesserung der Wirksamkeit („value for money"[21]), aber auch der Plastizität der Hilfe. Beides erhoffen sich die Gemeinschaftsorgane sowohl vom Grundsatz der Koordinierung[22] als auch vom noch vorzustellenden Prinzip der Komplementarität, Art. 177I EGV.

---

[15] Vgl. bereits oben Kapitel C „Ziele der Entwicklungszusammenarbeit", Abschnitt C.I.2.2.3.

[16] Vgl. Horizonte 2000, Punkte III.1.1, 1.4; Kommissionsmitteilung über Kooperationsverfahren vom Mai 1993, Einleitung; Ratsentschließung über *„Procedures for coordination between the Community and its Member States"* vom 2.12.1993, Punkt A.3, abgedruckt in: *Kommission*, Development Cooperation Policy, S. 135f; EP, Entschließung über *„Die gegenseitige Ergänzung der Politik der Gemeinschaft auf dem Gebiet der Entwicklungszusammenarbeit und der entsprechenden Politik der Mitgliedstaaten"* vom 21.2.1997, Punkte 5, 20 (ABl. 1997, Nr. C 85/178ff); Kommissionsmitteilung über die Entwicklungspolitik vom April 2000, Punkt 2.2.3; OPS vom November 2000, Punkt 34; *Klein*, in: H/K/M/M-G (Hrsg.), EUV/ EGV, Art. 130x, Rn. 1; *Hecker*, in: Lenz/ Borchardt (Hrsg.), EUV/ EGV, Art. 180, Rn. 3.

[17] So auch: *Pitschas*, Die völkerrechtliche Verantwortlichkeit der EG, S. 176. Im Ergebnis auch: *Benedek*, in: Grabitz/ Hilf (Hrsg.), EUV/ EGV, Art. 178, Rn. 5. Ähnlich: *Pitschas*, in: Streinz (Hrsg.), EUV/ EGV, Art. 180, Rn. 4.

[18] Ähnlich: *Pitschas*, in: Streinz (Hrsg.), EUV/ EGV, Art. 180, Rn. 1.

[19] Mitteilung der Kommission *„Umsetzung des Konsenses von Monterrey in die Praxis: Beitrag der Europäischen Union"*, KOM (2004) 150, endg. vom 5.3.2004, Punkte 3.1, 3.2, fortan zumeist: Kommissionsmitteilung über die Umsetzung des Konsenses von Monterrey vom März 2004; Kommissionsmitteilung über *„Die Komplementarität der Entwicklungspolitik der Gemeinschaft und der Mitgliedstaaten"*, KOM (1999) 218, endg. vom 6.5.1999, Punkt 1.

[20] *Bossuyt u.a.*, Improving the Complementarity, S. 3.

[21] *Bossuyt u.a.*, Improving the Complementarity, S. 2.

[22] Vgl. *Hecker*, in: Lenz/ Borchardt (Hrsg.), EUV/ EGV, Art. 180, Rn. 3.

Mit der Koordinierung strebt die Gemeinschaft schließlich an, die administrative Last der Empfängerländer, die die Vielzahl der Geber mittlerweile[23] mit sich bringt, zu reduzieren. Denn jeder Geber postuliert eigene Politiken, Prioritäten, Verfahren und Prozesse, mit denen die Empfängerländer gleichzeitig konform zu gehen haben – Anforderungen, die Zeit kosten, und denen die oft knappen Managementkapazitäten der Empfängerländer nicht entsprechen können[24]. Hier will die EG erreichen, dass sich sämtliche Geber quasi „kanalisieren", um die Anzahl der Ansprechpartner für und somit auch die Komplexität der zu erfüllenden Anforderungen an die Empfängerstaaten möglichst gering zu halten.

1.2 Inhalt der Koordinierung

Art. 180I1 EGV verlangt, dass EG und Mitgliedstaaten „ihre Politik auf dem Gebiet der Entwicklungszusammenarbeit [...] koordinieren". Dabei ist der Terminus „Politik" m.E. und wie bereits einleitend definiert weit auszulegen. Er geht daher über die Koordination im Hinblick auf die Formulierung politischer Strategien hinaus und bezieht ebenso operatives Zusammenwirken mit ein, wofür Art. 180I EGV die Abstimmung der Hilfsprogramme (Art. 180I1 2. Alt. EGV), das Ergreifen gemeinsamer Maßnahmen (Art. 180I2 EGV) sowie die mitgliedstaatliche Durchführung von Hilfsprogrammen der Gemeinschaft (Art. 180I3 EGV) exemplarisch nennt. Nur diese weite Auslegung ermöglicht nämlich, Abstimmung (Art. 180I1 2. Alt. EGV), Zusammenarbeit (Art. 180I2 EGV) und mitgliedstaatliche Durchführung von Hilfsprogrammen (Art. 180I3 EGV) konsequent als Facetten der Koordinierung einordnen zu können. Für eine solche Einordnung hat sich indes der Gesetzgeber entschieden, will er doch in Art. 180II EGV unzweifelhaft alle in Absatz I genannten Aspekte unter „Koordinierung" verstanden wissen. Nicht aber geht er davon aus, dass die unterschiedlichen Begrifflichkeiten des Art. 180I EGV jeweils einem eigenständigen und von der Koordinierung zu unterscheidenden, unterschiedlichen Bedeutungsgehalt zuzuführen sind[25]. Schließlich dehnt Art. 180I1 3. Alt EGV die „Politik" - Abstimmung auf eine hier nur am Rande zu behandelnde internationale Ebene aus. Somit ergeben sich drei Ebenen der „Politik" - Koordinierung, nämlich die „strategisch-politische"/ „policy", die „operative"/ „operationelle" und die „internationale". Eine solche Dreiteilung nehmen denn auch sowohl das Schrifttum[26] - zumindest überwiegend[27]- als auch die Gemeinschaftsorgane[28] vor. Gleichzeitig wird betont, dass die drei Ebenen eine starke Interdependenz aufweisen[29] und infolgedessen ein konsistenter Ansatz der

---

[23] 1960 gab es sieben Entwicklungshilfegeber, in den 90er Jahren waren es bereits mehr als 50 (*De Fleurieu*, EU's coordination and harmonisation, in: The Courier, Nr. 196 (2003), S. 18ff, 18).

[24] Kommissionsmitteilung über Kooperationsverfahren vom Mai 1993, Einleitung; Ratsentschließung über *„Procedures for coordination between the Community and its Member States"* vom 2.12.1993, Punkt A, abgedruckt in: *Kommission*, Development Cooperation Policy, S. 135f; Kommissionsmitteilung über die Umsetzung des Konsenses von Monterrey vom März 2004, Punkte 3.1, 3.2; *De Fleurieu*, EU's coordination and harmonisation, in: The Courier, Nr. 196 (2003), S. 18ff, 18.

[25] Anders: *Pitschas*, in: Streinz (Hrsg.), EUV/ EGV, Art. 180, Rn. 2f.

[26] Z.B. *Klein*, in: H/K/M/M-G (Hrsg.), EUV/ EGV, Art. 130x, Rn. 2; *Benedek*, in: Grabitz/ Hilf (Hrsg.), EUV/ EGV, Art. 180, Rn. 2ff; *Frisch*, Grundzüge einer europäischen Entwicklungspolitik nach Maastricht, in: IPG 1994, S. 122ff, 124f. Ähnlich: *Pietsch*, Entwicklungszusammenarbeit nach Maastricht – Strukturwandel internationaler Beziehungen, in: AJPIL 1995, S. 379ff, 394ff; *Jorna*, Complementarity between EU and Member States development policies, in: The Courier, Nr. 154 (1995), S. 78ff, 79f.

[27] Anders z.B. *De Fleurieu*, EU's coordination and harmonisation, in: The Courier, Nr. 196 (2003), S. 18ff, 18f; wiederum anders: *Lehtinen*, Coordination of European Development, S. 9f, Punkt 1.1.2.

[28] Vgl. z.B. Kommissionsmitteilung über Kooperationsverfahren vom Mai 1993, Punkte 2, 3. Vgl. auch Interview mit Kommissar *Pinheiro*, „L'avenir des relations entre l'Union Européenne et les pays ACP", in: RMC 1997, S. 233ff, S. 234.

[29] Streng genommen ergibt sich nämlich folgende Verknüpfung der drei Ebenen: Die policy geht der operativen Koordinierung grundsätzlich voraus. Haben sich EG und Mitgliedstaaten auf diesen beiden Ebenen abgestimmt, so können sie das Ergebnis dieser Absprachen – wie anvisiert - geschlossen und einheitlich auf internationaler Ebene einbringen. Aus diesem Blickwinkel betrachtet stellen also die ersten beiden Ebenen die Voraussetzung

Verfahren und Instrumente innerhalb der verschiedenen Bereiche unerlässlich ist[30]. Letztere unterliegen dem Ermessen[31] der Beteiligten, formuliert doch Art. 180 EGV keine Vorgaben hinsichtlich des „Wie" der Umsetzung des Koordinierungspostulats.
Quasi „Motor" der Koordinierung ist die Kommission, der gemäß Art. 180II EGV ein „Initiativrecht" dahingehend zuerkannt wird, Schritte zur Förderung der Koordinierung auf allen drei Ebenen zu unternehmen. Ausweislich des Wortlauts von Art. 180II EGV liegt es im Ermessen der Kommission, ob („kann")[32] und gegebenenfalls „wie" („alle Initiativen") sie tätig wird[33]. So offen und flexibel diese Formulierung anmutet, so breit gefächert sind auch tatsächlich die bislang praktizierten Modi. Sie reichen vom Wissensaustausch mit (nationalen) Experten, über das Zurverfügungstellen adäquater Foren für den essenziellen Meinungs- und Informationsaustausch bis hin zur Annahme politisch verbindlicher, uneigentlicher Rechtsakte – vorwiegend in Gestalt von „Mitteilungen", „Leitlinien" sowie „Berichten", die thematisch die verschiedenen Ebenen der Koordinierung umfassen[34]. Allerdings sind all diese Initiativen ungleich den Vorschlägen auf der Grundlage des formellen Initiativrechts nach den Art. 250ff EGV rechtlich unverbindlich – sowohl für die Mitgliedstaaten[35] als auch für die Gemeinschaftsorgane. Letztere sind also zumindest rechtlich nicht verpflichtet, sich mit der Kommissionsinitiative inhaltlich zu befassen[36], geschweige denn, diese in formell verbindliches Gemeinschaftsrecht umzusetzen[37]. Politisch jedoch lässt sich eine gewisse Bindungswirkung der uneigentlichen Rechtsakte – mitunter auch für die Mitgliedstaaten - keineswegs negieren, und in der Praxis beantwortet der Rat die Akte der Kommission überwiegend mit Schlussfolgerungen, Entschließungen oder dergleichen – allesamt uneigentliche Rechtshandlungen[38].

---

für die dritte dar (ähnlich: *Zimmermann/ Martenczuk*, in: Schwarze (Hrsg.), EU-Kommentar, Art. 180, Rn. 2; *Geiger*, EUV/ EGV, Art. 180, Rn. 1). Andererseits werden auch auf internationaler Ebene strategische Leitlinien entworfen und alsdann die daraufhin initiierten Projekte/ Programme aufeinander abgestimmt - mithin policy - und operative Koordinierung betrieben.

[30] Kommissionsmitteilung über Kooperationsverfahren vom Mai 1993, Einleitung; Ratsentschließung über *„Procedures for coordination between the Community and its Member States"* vom 2.12.1993, Punkt A.4, abgedruckt in: *Kommission*, Development Cooperation Policy, S. 135f.

[31] Vgl. zu diesem Beurteilungsermessen bereits oben Kapitel C „Ziele der Entwicklungszusammenarbeit", Abschnitt C.I.1.

[32] Hierzu kann sie aber nach Meinung *Urbans* das EP auffordern (*Urban*, Die Koordinierung der Entwicklungszusammenarbeit, S. 79. Als Begründung zieht sie hierfür das „Initiativ-Initiativrecht" des EP nach Art. 192II EGV heran; ebenda, S. 111f zum insgesamt beschränkten Einfluss des EP, die Koordinierung voranzutreiben). Zur Umsetzung in der Praxis der „Partnerschaft Europa-Mittelmeer": z.B. Art. 4I i.d.F. von MEDA II (ABl. 2000, Nr. L 311/1ff): Verantwortung der Kommission für die erforderliche Koordination mit den Mitgliedstaaten bei der Programmierung und Programmdurchführung.

[33] Ebenso: *Pitschas*, in: Streinz (Hrsg.), EUV/ EGV, Art. 180, Rn. 19; *Zimmermann/ Martenczuk*, in: Schwarze (Hrsg.), EU-Kommentar, Art. 180, Rn. 5; *Zimmermann*, in: von der Groeben/ Schwarze (Hrsg.), EUV/ EGV, Art. 180, Rn. 8. Die voranstehenden Kommentatoren verlangen jedoch, dass, falls die Kommission Initiativen ergreift, sie nicht nur dazu angehalten sei, die Koordinierung zu fördern, sondern auch den Zielvorgaben des Art. 177 EGV entsprechen müsse. Diesem ist zuzustimmen, da Art. 180I1 EGV die Gemeinschaft und somit auch die Kommission verpflichtet, „ihre Politik auf dem Gebiet der Entwicklungszusammenarbeit" zu koordinieren – und diese gemeinschaftliche Entwicklungspolitik hat unabdingbar die Ziele des Art. 177 EGV zu fördern.

[34] Zum Voranstehenden ausführlich in den folgenden Abschnitten D.I.1.2.1, D.I.1.2.2.

[35] *Zimmermann/ Martenczuk*, in: Schwarze (Hrsg.), EU-Kommentar, Art. 180, Rn. 5; *Zimmermann*, in: von der Groeben/ Schwarze (Hrsg.), EUV/ EGV, Art. 180, Rn. 9.

[36] Eine „Befassungspflicht" der Gemeinschaftsorgane nimmt *Schmalenbach* in den Grenzen der Organtreue bzw. der Pflicht der Organe zur loyalen Zusammenarbeit an (in: Calliess/ Ruffert (Hrsg.), EUV/ EGV, Art. 180, Rn. 11; vgl. *Calliess*, in: Calliess/ Ruffert (Hrsg.), EUV/ EGV, Art. 7, Rn. 22 zur Organtreue).

[37] *Schmalenbach*, in: Calliess/ Ruffert (Hrsg.), EUV/ EGV, Art. 180, Rn. 11; *Pitschas*, in: Streinz (Hrsg.), EUV/ EGV, Art. 180, Rn. 20.

[38] Zu diesen bereits oben Abschnitt C.I.2.1.

Im Folgenden sollen die eingangs genannten drei Ebenen der Koordinierung dargestellt werden, wobei die gerade geschilderte „integrative Funktion" der Kommission in allen Bereichen sichtbar werden wird.

1.2.1 Policy Koordinierung

Koordinierung beginnt auf politischer Ebene und unter Einbeziehung möglichst vieler Akteure der Entwicklungszusammenarbeit. Dabei geht es primär darum, soweit wie möglich gemeinsam entwicklungspolitische Leitlinien und Strategien zu formulieren, von diesen Absprachen nicht einseitig abzuweichen sowie die parallelen[39] Außenkompetenzen koordiniert wahrzunehmen.
Art. 180I EGV schreibt primärrechtlich weder inhaltliche Schwerpunkte noch das Verfahren der Koordinierung vor. Dementsprechend machten sich die Gemeinschaftsorgane zunächst einmal daran, diese beiden Komplexe näher zu untersuchen, bevor die eigentliche policy – Koordinierung beginnen konnte. Uneigentliche Rechtsakte von Kommission[40] und Rat[41] beispielsweise stellten früh thematische Prioritäten für die Koordinierung vor[42] und skizzierten potenzielle Interventionsbereiche kooperativen Zusammenwirkens mit den Mitgliedstaaten. Dokumente über das im Rahmen einer effektiven Koordinierung anzuwendende Verfahren[43] folgten. Idealtypisch wurden in diese Papiere so zeitig wie möglich die Meinung und die Erfahrung auch nationaler Experten mit einbezogen und die gemeinsamen Standpunkte zur Koordinierung festgehalten[44].
Bezüglich des Abstimmungsverfahrens zur Angleichung der entwicklungspolitischen Konzepte setzt man seither zum einen auf die regelmäßig stattfindenden, „normalen" Koordinierungsprozesse in den verantwortlichen Foren[45]. Gleichermaßen bedeutend sind zum anderen ad hoc Zusammenkünfte, beispielsweise in den zuständigen Gremien des Rates[46], zwischen den zuständigen Dienststellenleitern oder aber zwischen Vertretern der Kommission und der

---

[39] Hierzu unten Abschnitt D.II.1.
[40] Mitteilung der Kommission über „*Identifying priority areas for the coordination of development cooperation policies between the Community and the Member States*", KOM (1993) 123, endg. vom 24.3.1993, abgedruckt in: *Kommission*, Development Cooperation Policy, S. 95ff. Annahme durch die Schlussfolgerungen des Rates über „*Coordination of development policies*" vom 25.5.1993, abgedruckt in: *Kommission*, Development Cooperation Policy, S. 119f.
[41] Schlussfolgerungen über „*Coordination of development policies*" vom 25.5.1993, abgedruckt in: *Kommission*, Development Cooperation Policy, S. 119f.
[42] Obwohl die Mitteilung über „*Identifying priority areas for the coordination of development cooperation policies between the Community and the Member States*" (KOM (1993) 123, endg. vom 24.3.1993, abgedruckt in: *Kommission*, Development Cooperation Policy, S. 95ff) viele mögliche Bereiche der Koordinierung behandelt (u.a. Umwelt, Bevölkerung, Rolle der Frau, Beschäftigung, Strukturanpassung, Gegenwertfonds, Demokratie und Menschenrechte, Privatsektor, Handelsbeziehungen), wurden vor allem folgende Themen als „main priority objectives" ermittelt: Armutsbekämpfung, Gesundheitswesen, (Aus-) Bildung, Nahrungsmittelsicherheit sowie Fragen der Auslandsverschuldung (ebenda, Einleitung (dort auch zu den Kriterien, die zur Einstufung eines Gebiets als prioritärer Bereich führten); vgl. auch die Schlussfolgerungen des Rates über „*Coordination of development policies*" vom 25.5.1993, abgedruckt in: *Kommission*, Development Cooperation Policy, S. 119f, Punkte 4, 5).
Ausführlich zu den Inhalten, über die man sich in den 90er Jahren im Rahmen der policy-Koordinierung geeinigt hatte: *Urban*, Die Koordinierung der Entwicklungszusammenarbeit, S. 112ff.
[43] Kommissionsmitteilung über Kooperationsverfahren vom Mai 1993; Ratsentschließung über „*Procedures for coordination between the Community and its Member States*" vom 2.12.1993, abgedruckt in: *Kommission*, Development Cooperation Policy, S. 135f.
[44] Vgl. Kommissionsmitteilung über Kooperationsverfahren vom Mai 1993, Punkt III.1.
[45] *Pitschas*, in: Streinz (Hrsg.), EUV/ EGV, Art. 180, Rn. 10.
[46] Kommissionsmitteilung über Kooperationsverfahren vom Mai 1993, Punkt I.2.1; *Schmalenbach*, in: Calliess/ Ruffert (Hrsg.), EUV/ EGV, Art. 180, Rn. 4, mit weiteren Nachweisen.

Mitgliedstaaten[47]; informelle, spontane Treffen finden ferner in den Verwaltungsausschüssen der regionalen Kooperationen[48] statt. Neuerdings werden auch „Interservice Taskgroups"/ dienststellenübergreifende Arbeitsgruppen[49] zum Zwecke der Koordinierung eingesetzt. In all den vorgenannten Gremien werden neue Entwicklungsmodelle diskutiert, kooperativ gemeinsame Standpunkte, politische Leitlinien sowie Länder-, Sektor- oder themenspezifische Strategien[50] entwickelt, in jüngerer Zeit auch fortwährend Vorschläge zur Erarbeitung bzw. Verbesserung der Länderstrategiepapiere[51] diskutiert[52]. Im Anschluss hieran sind die Gemeinschaftsorgane am Zuge, das gemeinsam Gefundene in politisch, optimal rechtlich verbindliche Dokumente[53] zu gießen, die allesamt als Anknüpfungspunkt für gemeinsame Aktionen etc. auf operativer Ebene oder zumindest als Bezugsrahmen der nationalen Hilfe fungieren sollen. Nicht zuletzt in Folge dieser Treffen wurden seit 2000 etliche Sektorrichtlinien in jenen sechs prioritären Bereichen für die Entwicklungszusammenarbeit[54] erlassen, die eigene Kapitel über Koordinierung enthalten; diese Bereiche ersetzen denn auch jene vormals entworfenen thematischen Prioritäten der Koordinierung[55]. Ohne Zweifel eine Methode der Politikformulierung, die – bislang zu oft nur theoretisch[56] - die europäische Integration vorantreibt. Alsdann offerieren informelle Sitzungen der Kommission für die Generaldirektoren für

[47] Kommissionsmitteilung über Kooperationsverfahren vom Mai 1993, Punkt I.2.1.

[48] Zu diesen Ausschüssen vgl. unten Abschnitte D.II.2.1.3 und D.II.2.2.2.
Vgl. insbesondere Art. 63, 44, 45g), 72, 76f des Europa-Mittelmeer-Abkommens mit Tunesien (ABl. 1998, Nr. L 97/2ff).

[49] Vgl. *Kommission*, Annual Report 2004, Punkt 1.3.1.

[50] Kommissionsmitteilung über Kooperationsverfahren vom Mai 1993, Punkte I.2.1, III.1; *Klein*, in: H/K/M/M-G (Hrsg.), EUV/ EGV, Art. 130x, Rn. 2; *Benedek*, in: Grabitz/ Hilf (Hrsg.), EUV/ EGV, Art. 180, Rn. 10; Kommissionsmitteilung über die Entwicklungspolitik vom April 2000, Punkt 2.2.3.

[51] Diese Länderstrategiepapiere fixieren, grob formuliert, die Entwicklungsstrategie der EG für ein bestimmtes Entwicklungsland. Da sie als Hoffnungsträger zur Realisierung vornehmlich der Komplementarität betrachtet werden, sind sie erst im Abschnitt D.I.2 (dort D.I.2.2.2) genauer vorzustellen. Doch sei bereits an dieser Stelle ihre Bedeutung gerade auch für die Koordinierung kurz skizziert: Das Länderstrategiepapier muss soweit wie möglich mit den entsprechenden Förderstrategien der Mitgliedstaaten komplementär und somit auch kohärent sein, so dass die Mitgliedstaaten bei der Erstellung der Papiere zwingend zu beteiligen sind.

[52] Vgl. *Klein*, in: H/K/M/M-G (Hrsg.), EUV/ EGV, Art. 130x, Rn. 1; *Kommission*, Annual Report 2004, Punkt 2.4.2.

[53] Rechtlich verpflichtende Bestimmungen enthalten z.B.: Art. 28 der VO (EG) Nr. 1292/96 des Rates vom 27.6.1996 über die „*Nahrungsmittelhilfepolitik und –verwaltung sowie über spezifische Maßnahmen zur Erhöhung der Ernährungssicherheit*" (ABl. 1996, Nr. L 166/1ff); Art. 4I i.d.F. von MEDA II (ABl. 2000, Nr. L 311/1ff). Weitere Beispiele bei: *Urban*, Die Koordinierung der Entwicklungszusammenarbeit, S. 123f. Daneben hindert bereits das Koordinierungsgebot in seiner negativen Ausprägung die Mitgliedstaaten daran, die getroffenen Politikabsprachen durch gegenläufige Maßnahmen zu unterminieren.

[54] Zu den prioritären Bereichen oben im Kapitel C „Ziele der Entwicklungszusammenarbeit", Abschnitt C.I.2.4. Die hierzu verabschiedeten Gemeinschaftsdokumente wurden bereits abschließend im Kapitel C „Ziele der Entwicklungszusammenarbeit", Abschnitt C.I.2, zitiert.

[55] Die Fokussierung auf diese sechs Bereiche resultiert daraus, dass diese von den Gemeinschaftsorganen als unabdingbar für die zuvorderst anvisierte Armutsbekämpfung, zudem als im Rahmen der Komplementarität (unten Abschnitt D.I.2.2.2) noch zu diskutierende „Mehrwertbereiche" identifiziert worden sind, auf die sich die Entwicklungszusammenarbeit und mit ihr die Koordinierungsbereiche soweit wie möglich konzentrieren soll.

[56] Bislang haben sich die Mitgliedstaaten nicht einmal auf gemeinsame uneigentliche Rechtsakte mit den Gemeinschaftsorganen über Koordinierung eingelassen. Und die gemeinsam mit nationalen Experten entworfenen und von den Gemeinschaftsorganen angenommenen uneigentlichen Rechtsakte, Länderstrategiepapiere, etc., werden von der Mehrheit der Mitgliedstaaten de facto nicht als Bezugsdokumente für ihre bilaterale Hilfe genutzt (vgl. Kommissionsmitteilung über die Umsetzung des Konsenses von Monterrey vom März 2004, Punkt 3.1). Als Beitrag zur Umsetzung des Monterrey - Konsenses verpflichteten sich zwar die EU-Außenminister auf dem Europäischen Ratsgipfel von Barcelona im März 2002 u.a. dazu, konkrete Schritte zur Koordinierung der Entwicklungshilfepolitik und zur Harmonisierung der Erbringungsverfahren zu unternehmen – eine Verpflichtung, deren Umsetzung die Kommission jedoch erneut äußerst unzufrieden stimmt. Zum Ganzen: Kommissionsmitteilung über die Umsetzung des Konsenses von Monterrey vom März 2004, Punkt 3.

Entwicklung aus allen Mitgliedstaaten ein effektives Forum des Meinungs- und Erfahrungsaustausches über bewährte Verfahren („best practice") und gemeinsame Anliegen im Zusammenhang mit der wirksamen Umsetzung der Koordinierung dieser Entwicklungsstrategien[57].

Policy – Koordinierung umschließt neben der Formulierung der Politikentwürfe schließlich die Abstimmung der entwicklungspolitischen Außenkompetenzen in den genannten Foren. Mithin haben sich Gemeinschaft und Mitgliedstaaten zu konsultieren, bevor sie entwicklungspolitisch tätig werden. Darüber hinaus haben beide Seiten jegliche Maßnahmen zu unterlassen, die aufgrund laufender Verträge bestehende Verpflichtungen oder aber Regelungsinhalte einseitiger entwicklungspolitischer Rechtsakte konterkarieren könnten[58]. Dabei kann diese Koordinierung entweder vor oder nach dem Entwerfen der entwicklungspolitischen Strategien und Leitlinien stattfinden. Dies hängt u.a. davon ab, ob grundlegende Politikentwürfe entwickelt werden, die es (erst) im Anschluss daran erforderlich machen, Verträge neu auszuhandeln bzw. Verordnungen etc. abzuändern oder neu zu verabschieden, oder aber ob es darum geht, existente Entwicklungshilfeabkommen bzw. Verordnungen umzusetzen und hierfür im Rahmen der Politikkoordinierung konkrete Strategien etc. zu entwerfen[59].

1.2.2 Operative Koordinierung

Der Begriff „operative/ operationelle", d.h. „technische" Koordinierung wird gewöhnlich weit verstanden und umfasst daher Mechanismen der Planung bis hin zur Durchführung von Projekten und Programmen im Anschluss an die Formulierung der politischen Leitlinien im Rahmen der policy - Koordinierung[60]. Auch hier gilt es, zunächst einen Überblick über die vielfältigen Projekte/ Programme zu gewinnen und diese alsdann miteinander in Einklang zu bringen.

Am 9. März 1998 verabschiedete der Rat erstmalig *„Leitlinien zur Verstärkung der operativen Koordinierung zwischen der Gemeinschaft und den Mitgliedstaaten im Bereich der Entwicklungszusammenarbeit"*[61]. Diese Leitlinien sind bis heute dezisiv gebliebenen, weshalb sie nun im Folgenden dargestellt werden. Dabei fließen Ergänzungen des Konzepts, wie sie im Laufe der folgenden Jahre in anderen uneigentlichen Rechtsakten vorgenommen worden sind, in die Darstellung mit ein.

Die Punkte 1 und 2 des Papiers setzen sich mit mehreren Grundsätzen auseinander, die nach Auffassung des Rates die Basis jedes kooperativen Zusammenwirkens ausmachen. So betont der Rat zunächst, dass die Koordinierungstätigkeiten individuell, d.h. je nach spezifischer Lage im Entwicklungsland und im betreffenden Sektor, abzustimmen sind. Eine enge Zusammenarbeit mit dem jeweiligen Empfängerland ist dabei unerlässlich – vor allem auch vor dem Hintergrund der Tatsache, dass sich die Gemeinschaft mittelfristig als Ziel gesetzt hat, die Führungsrolle der jeweiligen Regierungen bei der *allgemeinen*, mithin der Koordinierung

[57] *Kommission*, Jahresbericht 2003, Punkt B.1.4.2.3; *Kommission*, Annual Report 2004, Punkt 2.4.2. Vgl. auch: *De Fleurieu*, EU's coordination and harmonisation, in: The Courier, Nr. 196 (2003), S. 18ff, 19.

[58] Vgl. *Pitschas*, Die völkerrechtliche Verantwortlichkeit der EG, S. 170, 176; *Pitschas*, in: Streinz (Hrsg.), EUV/ EGV, Art. 180, Rn. 5.
Ausführlich hierzu unten Abschnitt D.II.1. Dort auch zur Anwendbarkeit des Subsidiaritätsgrundsatzes (Art. 5II EGV) in diesem Zusammenhang.

[59] Entwicklungshilfeabkommen, aber auch Verordnungen, sind nämlich zumeist zeitlich unbegrenzt bzw. auf mehrere Jahre angelegt, zudem zeigen sie überwiegend nur *Möglichkeiten* der Entwicklungszusammenarbeit auf – weshalb ihrer Umsetzung meist zwingend eine Konkretisierung vorauszugehen hat.

[60] Vgl. Kommissionsmitteilung über Kooperationsverfahren vom Mai 1993, Punkt I.2.2; *Schmidt*, Entwicklungspolitik der Europäischen Union, in: RIW 1995, S. 268ff, 269.

[61] Abgedruckt in: ABl. 1998, Nr. C 97/1ff. Fortan meist „Leitlinien des Rates zur operativen Koordinierung vom März 1998".

der von sämtlichen Gebern herrührenden Entwicklungshilfe[62], auszubauen. Zu diesem Zwecke ist die EG im Rahmen eines umfassenden Dialogs gemeinsam mit den Mitgliedstaaten und anderen Gebern, Vertretern der Zivilgesellschaft sowie dem jeweiligen Empfängerland letzterem bei der eigenständigen Erarbeitung einer *eigenen* nationalen Entwicklungsstrategie[63] behilflich („bottom-up approach“[64]). Auf dieses nationale Strategiepapier, das „Grundsätze, Strategien und Modelle für die Entwicklung [... der] Wirtschaft und Gesellschaft“[65] im jeweiligen Entwicklungsstaat enthält, richten sich alsdann die entwicklungspolitischen Tätigkeiten der Geber aus[66]. Diese Vorgehensweise soll bewirken, dass hier die nationale Regierung, die, wie Studien ergeben haben, von außen oktroyierte Konzepte im Regelfall nur widerwillig annimmt oder gar ablehnt, quasi Farbe bekennen muss: Sie ist gezwungen, sich selbst mit der Lage im Lande auseinanderzusetzen, diese zu bewerten und darauf aufbauend adäquate Strategien auszuarbeiten, mit denen sie sich identifizieren kann und für deren Umsetzung sie sich ergo bereit zeigt, Verantwortung zu übernehmen. Durch die Übertragung von Verantwortung kann sie zudem Expertise in Sachen strategischer Planung sowie in Managementfragen erlangen[67]. Hierin spiegelt sich also ein weiterer Aspekt des Konzepts der „Urheberschaft“ bzw. der „Ownership“[68] wider[69]. Und von dieser „Urheberschaft“ und der daraus folgenden Identifizierung des Partnerlandes mit seiner nationalen Entwicklungsstrategie erhofft sich die EG, dass sich auch das Land selbst für die Beurteilung der Zweckmäßigkeit der Kooperationsmaßnahmen der Geber verantwortlich zeigt[70] und es letztendlich sogar - wie von der EG anvisiert - die Federführung für die allgemeine Koordinierung der Entwicklungshilfe übernimmt[71]. In diese allgemeine Koordinierung, die ebenso das Netz vorhandener Koordinierungsmechanismen anderer Geber auf der Ebene des jeweiligen Empfängerstaates mit umfasst, wird sich die EU-Koordinierung[72] langfristig eingliedern. Dabei will sich die EU-

---

[62] Im Folgenden wird der Begriff „allgemeine Koordinierung“ als Oberbegriff für die Koordinierung der gesamten Entwicklungshilfe innerhalb eines Partnerlandes benutzt, in dem verschiedene Geber intervenieren, sei es nebeneinander oder miteinander.

[63] Die Konzipierung der Entwicklungsstrategien durch die Empfängerländer selbst empfiehlt auch der Rat in seiner Entschließung zur *„Komplementarität der Entwicklungszusammenarbeit der Europäischen Gemeinschaft und der Mitgliedstaaten“* vom 21.5.1999, Zusammenfassung in Bulletin EG 5 – 1999, Ziffer 1.3.45.

[64] *Bossuyt u.a.*, Improving the Complementarity, S. 4.

[65] Art. 4 S.1 Cotonou (ABl. 2000, Nr. L 317/3ff).

[66] Vgl. hierzu unten Abschnitt D.I.2.2.2. Führen die Entwicklungsländer gemäß ihrer nationalen Entwicklungsstrategie selbst Programme durch, so können sie unter bestimmten Voraussetzungen durch Haushaltszuschüsse unterstützt werden oder aber die Geber engagieren sich umfassend durch entsprechende Programmhilfe.

[67] Mitteilung der Kommission *„Jahresbericht 2005 über die Entwicklungspolitik der Europäischen Gemeinschaft und die Umsetzung der Außenhilfe im Jahr 2004“*, KOM (2005) 292, endg. vom 15.7.2005, S. 5.

[68] Mitteilung der Kommission über *„Die Komplementarität der Entwicklungspolitik der Gemeinschaft und der Mitgliedstaaten“*, KOM (1999) 218, endg. vom 6.5.1999, Punkt 6.2.1.

[69] Zur „Ownership“ bereits oben Kapitel C „Ziele der Entwicklungszusammenarbeit“, Abschnitt C.II.3.2. Zur Integrierung dieses entwicklungspolitischen Paradigmas ist es beispielsweise bereits im Cotonou-Abkommen gekommen, wo es als eines der Hauptterrungenschaften der erneuerten AKP-EG-Zusammenarbeit angesehen wird. Ausführlich dazu unten Kapitel E „Regionale Entwicklungszusammenarbeit der Europäischen Gemeinschaft“, Abschnitt E.I.

[70] Mitteilung der Kommission über *„Die Komplementarität der Entwicklungspolitik der Gemeinschaft und der Mitgliedstaaten“*, KOM (1999) 218, endg. vom 6.5.1999, Punkte 3.3, 6.2.1.

[71] Vgl. auch OPS vom November 2000, Punkt 32, sowie Schlussfolgerungen des Rates über die *„Operative Koordinierung zwischen der Gemeinschaft und ihren Mitgliedstaaten“* vom 18. Mai 2000, Zusammenfassung in Bulletin EG 5 – 2000, Ziffer 1.6.54.
Im Jahre 2004 arbeitete der Rat zusammen mit Experten der Kommission und der Mitgliedstaaten einen Arbeitsplan als Beitrag zur Harmonisierung der von den Gebern angewandten Verfahren aus, der dem Partnerland eine tragende Rolle im Koordinierungsprozess einräumt (näher: Mitteilung der Kommission *„Jahresbericht 2005 über die Entwicklungspolitik der Europäischen Gemeinschaft und die Umsetzung der Außenhilfe im Jahr 2004“*, KOM (2005) 292, endg. vom 15.7.2005, S. 10f).

[72] D.h. zwischen der Gemeinschaft und den Mitgliedstaaten.

Koordinierung stets auf den zusätzlichen Nutzen, der speziell durch ihre Mitwirkung am allgemeinen Koordinierungsprozess entsteht, besinnen[73]. Im Rahmen dieser internationalen Koordinierungstätigkeiten soll die EU einheitlich auftreten – was zur hier zu besprechenden operativen Koordinierung zurückführt, ist diese (neben der vorausgehenden politisch-strategischen Abstimmung) doch unabdingbar für ein einheitliches Vorgehen von EG und Mitgliedstaaten[74].

Für diese operative Koordinierung summiert der Rat alsdann die wichtigsten Instrumente, die der Gemeinschaft und den Mitgliedstaaten diesbezüglich[75] grundsätzlich zur Verfügung stehen[76]. Dabei ist anzumerken, dass diese Modalitäten teilweise bereits seit vielen Jahren vorgeschlagen, allerdings kaum ausgeschöpft worden sind[77]:

- Regelmäßig abzuhaltende, thematische bzw. sektorbezogene Treffen zwischen Vertretern der Mitgliedstaaten und der EG-Delegationen:
  Ihre Funktion besteht im Wesentlichen darin, sich über die aktuell unterstützten und künftig zu setzenden Sektorprioritäten und Maßnahmen zu informieren, Doppelmaßnahmen sowie zeitliche Überschneidungen[78] zu vermeiden, stattdessen die Komplementarität der Aktionen von Gemeinschaft und Mitgliedstaaten zu verbessern und möglichst ein koordiniertes und kohärentes Vorgehen unter Federführung des Empfängerstaates bei der Umsetzung ihrer sektoriellen Programme zu vereinbaren[79].
- Wechselseitiger Informationsaustausch:
  Eine sogar primärrechtliche allgemeine Pflicht gemäß Art. 180I EGV zur gegenseitigen Information wird überwiegend[80] aus der Tatsache hergeleitet, dass ohne einen derartigen Informationsfluss eine gegenseitige Abstimmung erst gar nicht möglich wäre. Inhaltlich umfasst dieser regelmäßig vor Ort stattfindende, wenn möglich schriftliche Informationsaustausch Auskünfte der Gemeinschaft und der Mitgliedstaaten über ihre Politik, ihre

---

[73] Leitlinien des Rates zur operativen Koordinierung vom März 1998, Punkt 2. Vgl. auch: Kommissionsmitteilung über die Umsetzung des Konsenses von Monterrey vom März 2004, Punkt 3.6 (b); Art. 65III2, IV Cotonou (ABl. 2000, Nr. L 317/3ff).

[74] Vgl. auch nunmehr: Kommissionsmitteilung über die Umsetzung des Konsenses von Monterrey vom März 2004, Punkte 3.2, 3.6 (a).

[75] Festzustellen bleibt, dass manche der sogleich vorzustellenden Modalitäten operativer Koordinierung gewiss auch im Rahmen der policy – Koordinierung Anwendung finden.

[76] Leitlinien des Rates zur operativen Koordinierung vom März 1998, Punkt 5.

[77] Vgl. bereits die Vorschläge über mögliche Kooperationsinstrumente in: Ratsentschließung über *„Procedures for coordination between the Community and its Member States"* vom 2.12.1993, Punkt C, abgedruckt in: *Kommission*, Development Cooperation Policy, S. 135f.

[78] Hierzu vgl. Bericht der Kommission über die *„Operative Koordinierung zwischen der Gemeinschaft und den Mitgliedstaaten der Europäischen Union im Bereich der Entwicklungszusammenarbeit"*, KOM (2000) 108, endg. vom 1.3.2000, Punkt 3.1.3.

[79] Diese Sitzungen werden überwiegend gut angenommen, vgl. Bericht der Kommission über die *„Operative Koordinierung zwischen der Gemeinschaft und den Mitgliedstaaten der Europäischen Union im Bereich der Entwicklungszusammenarbeit"*, KOM (2000) 108, endg. vom 1.3.2000, Punkt 3.1, vgl. auch Punkte 3.2.1, 4.1. Im Rahmen der Europa-Mittelmeer-Partnerschaft (vgl. hierzu ausführlich unten Kapitel E „Regionale Entwicklungszusammenarbeit der Europäischen Gemeinschaft", Abschnitt E.II) haben sich die Teilnehmer beispielsweise verpflichtet, regelmäßig sektorale Ad-hoc-Sitzungen auf Minister- oder Expertenebene durchzuführen, zu der auch Vertreter der Zivilgesellschaft eingeladen werden können (Erklärung von Barcelona, S. 158, abgedruckt in: Bulletin EG 11 – 1995, S. 153ff). In gewisser Weise lassen sich die themenspezifischen Dialoge der Vertragspartner im Rahmen des Europa-Mittelmeer-Abkommens mit Tunesien (ABl. 1998, Nr. L 97/2ff) ebenso hierunter subsumieren (Art. 3ff (politischer Dialog), Art. 44a) (wirtschaftspolitischer Dialog), Art. 69ff (Dialog im sozialen Bereich), Art. 74I (Dialog im kulturellen Bereich)).

[80] Z.B. *Zimmermann/ Martenczuk*, in: Schwarze (Hrsg.), EU-Kommentar, Art. 180, Rn. 1; *Benedek*, in: Grabitz/ Hilf (Hrsg.), EUV/ EGV, Art. 180, Rn. 1.

Evaluierungen, Missionen sowie ihre laufenden und künftigen Maßnahmen[81]. Als Ideal wird auch die Einführung eines Datenbankmodells empfunden[82]. Langfristig hingegen soll ein Beitrag dazu geleistet werden, die zum effektiven Informationsaustausch erforderlichen institutionellen Kapazitäten der Regierungen der Partnerländer aufzubauen. Bislang findet der Kontakt zu den Empfängerländern überwiegend in den vorhandenen Gremien (z.B. EEF-Ausschuss[83], ECHO[84], Institutionen der Kooperations- und Assoziierungsabkommen[85], spezielle Ausschüsse, die Verordnungen konstituieren[86]) statt[87].

- Gemeinsame Studien, Analysen und Evaluierungen:
  Diese bieten sich verstärkt in Sektoren und Bereichen an, in denen mehrere Mitgliedstaaten und die Gemeinschaft, gegebenenfalls auch andere Geber, im Einsatz sind[88]. Dabei ist es dem Rat auch hier wichtig, dass der Partnerstaat alsbald eine tragendere Rolle einnimmt.

---

[81] Vgl. auch OPS vom November 2000, Punkt 30. Vgl. bereits die Forderung des EP in seiner Entschließung über *„Die gegenseitige Ergänzung der Politik der Gemeinschaft auf dem Gebiet der Entwicklungszusammenarbeit und der entsprechenden Politik der Mitgliedstaaten"* vom 21.2.1997, Punkt 16 (ABl. 1997, Nr. C 85/178ff).

[82] Wie Anfang 2002 vom Rat beschlossen, hat die Kommission in gemeinsamer Verantwortung mit den Mitgliedstaaten seit 2003 gemeinsame „Country Fact Files"/ faktische Länderdateien eingerichtet, die jährlich erneuert werden sollen. Diese Länderdateien sind kleine Dokumente, die beispielsweise alle formellen Übereinkünfte und Verträge zwischen der EU und einem Partnerland auflisten. Des Weiteren führt ein Fact File alle EU-Politiken auf, die das jeweilige Land betreffen können (womit sie zweifelsohne auch der noch zu beschreibenden Kohärenz der Gemeinschaftspolitiken gemäß Art. 178 EGV dient), wobei allerdings der Schwerpunkt der Politikbeschreibung auf der Entwicklungspolitik liegt (ausführlich: *Kommission*, Annual Report 2004, Punkt 2.4; *Kommission*, Jahresbericht 2003, Punkt 1.4.2.4).

[83] Vgl. zur diesbezüglichen Funktion des EEF-Ausschusses: Art. 23 des Internen Abkommens zwischen den im Rat vereinigten Vertretern der Regierungen der Mitgliedstaaten über die Finanzierung und Verwaltung der Hilfe der Gemeinschaft im Rahmen des Finanzprotokolls zum Partnerschaftsabkommen von Cotonou (ABl. 2000, Nr. L 317/355ff).

[84] 1992 nahm das Europäische Amt für humanitäre Hilfe „ECHO" (European Community Humanitarian Office) seine Arbeit auf, um die humanitäre Hilfe effizienter koordinieren und abwickeln zu können. ECHO ist zuständig sowohl für die Programmierung als auch für das Projektmanagement der Soforthilfe, der Nahrungsmittelsoforthilfe, der Katastrophenverhütung und –bereitschaft sowie für die diesbezügliche Koordination, Information, finanzielle und juristische Angelegenheiten. Ausführlich hierzu: *Holland*, The EU and the Third World, S. 100ff; *Kuhn*, Humanitäre Hilfe der Europäischen Gemeinschaft, S. 249ff.

[85] Vgl. zum Beispiel die diesbezügliche Funktion des politischen Dialogs im Abkommen von Cotonou (ABl. 2000, Nr. L 317/3ff), der vom Ministerrat geführt wird (Art. 8II, 15II, III UA 3). Vgl. auch Art. 3ff (politischer Dialog), Art. 44a) (wirtschaftspolitischer Dialog), Art. 69ff (Dialog im sozialen Bereich), Art. 74I (Dialog im kulturellen Bereich), Art. 44b) (Informationsaustausch im Rahmen der wirtschaftlichen Zusammenarbeit) des Europa-Mittelmeer-Abkommens mit Tunesien (ABl. 1998, Nr. L 97/2ff).

[86] Art. 26, 28 der VO (EG) Nr. 1292/96 des Rates vom 27.6.1996 über die *„Nahrungsmittelhilfepolitik und –verwaltung sowie über spezifische Maßnahmen zur Erhöhung der Ernährungssicherheit"* (ABl. 1996, Nr. L 166/1ff). Vgl. aber z.B. im Rahmen der Partnerschaft Europa-Mittelmeer: gegenseitiger Informationsaustausch ist nicht auf die von der VO konstituierten Ausschüsse begrenzt, Art. 5II, III i.d.F. von MEDA II (ABl. 2000, Nr. L 311/1ff).

[87] Vgl. Kommissionsmitteilung über Kooperationsverfahren vom Mai 1993, Punkt I.2.2.

[88] Die Studien, Analysen und Evaluierungen, die in der Hälfte der Fälle gemeinsam finanziert werden, erfolgen größtenteils in den Bereichen „Regierung und Zivilgesellschaft", „Gesundheit" und „Landwirtschaft" (vgl. Kommissionsbericht über die *„Operative Koordinierung zwischen der Gemeinschaft und den Mitgliedstaaten der Europäischen Union im Bereich der Entwicklungszusammenarbeit"*, KOM (2000) 108, endg. vom 1.3.2000, Punkt 3.1.2). Vgl. hierzu auch Art. 17f des Internen Abkommens zwischen den im Rat vereinigten Vertretern der Regierungen der Mitgliedstaaten über die Finanzierung und Verwaltung der Hilfe der Gemeinschaft im Rahmen des Finanzprotokolls zum Partnerschaftsabkommen von Cotonou (ABl. 2000, Nr. L 317/355ff); Art. 73 des Europa-Mittelmeer-Abkommens mit Tunesien (ABl. 1998, Nr. L 97/2ff); Art. 4II i.d.F. von MEDA II (ABl. 2000, Nr. L 311/1ff); Art. 30 der VO (EG) Nr. 1292/96 des Rates vom 27.6.1996 über die *„Nahrungsmittelhilfepolitik und –verwaltung sowie über spezifische Maßnahmen zur Erhöhung der Ernährungssicherheit"* (ABl. 1996, Nr. L 166/1ff).

- Gemeinsame Programme:
  Von der Möglichkeit[89], „gemeinsame Maßnahmen“ zu ergreifen, geht bereits Art. 180I2 EGV aus. Doch im Gegensatz zu Art. 179I1 EGV[90] sind hierunter trotz des weit gefassten Terminus lediglich faktisch gemeinsame Vorgehensweisen, nicht jedoch Rechtsakte im Sinne des Gemeinschaftsrechts zu subsumieren[91]. Ferner fallen politisch verbindliche „uneigentliche Rechtsakte“[92] seitens des Rates zusammen mit den Vertretern der Regierungen der Mitgliedstaaten unter Art. 180I2 EGV[93].
  Die Ratsleitlinien heben die Umsetzung gemeinsamer Programme, idealerweise Sektorprogramme wie z.B. über die Armutsbekämpfung, beispielhaft für das Ergreifen gemeinsamer Maßnahmen hervor. Darüber hinaus wäre gleichwohl die mit allen oder aber einzelnen Mitgliedstaaten gemeinsame Entwicklung, Verwaltung und/ oder Finanzierung von Maßnahmen, Projekten bzw. Programmen denkbar[94].

---

[89] Hier steht den Beteiligten ein Ermessen bzgl. des Ob und, innerhalb der sogleich zu beschreibenden rechtlichen Grenzen, des Wie gemeinsamer Maßnahmen zu, vgl. zu diesem Beurteilungsermessen bereits Kapitel C „Ziele der Entwicklungszusammenarbeit“, Abschnitt C.I.1.

[90] Der Begriff „Maßnahme“ umfasst bei Art. 179I EGV sowohl ein faktisches Vorgehen als auch gemeinschaftliche Rechtsakte, vgl. näher unten Abschnitt D.II.2.3, insbesondere unter D.II.2.3.1.

[91] *Zimmermann*, in: von der Groeben/ Schwarze (Hrsg.), EUV/ EGV, Art. 180, Rn. 5; *Zimmermann/ Martenczuk*, in: Schwarze (Hrsg.), EU-Kommentar, Art. 180, Rn. 3. Im Ergebnis auch: *Schmalenbach*, in: Calliess/ Ruffert (Hrsg.), EUV/ EGV, Art. 180, Rn. 8. Wohl ebenso: *Benedek*, in: Grabitz/ Hilf (Hrsg.), EUV/ EGV, Art. 180, Rn. 16. Anders: *Pitschas*, in: Streinz (Hrsg.), EUV/ EGV, Art. 180, Rn. 15.
Die unterschiedliche Interpretation ein und desselben Begriffs rechtfertigt m.E. die Tatsache, dass im Gegensatz zu Art. 180I2 EGV Art. 179I1 EGV den Rat in Gestalt des Verweises auf Art. 251 EGV explizit dazu ermächtigt, Rechtsakte im Sinne des Art. 249 EGV zu erlassen. Davon abgesehen sieht das Gemeinschaftsrecht keine gemeinsamen Verordnungen, Richtlinien etc. von EG und Mitgliedstaaten vor. Wollen die Gemeinschaft und die Mitgliedstaaten hingegen gemeinsame Verträge mit den Partnerländern schließen, so können sie auf die Rechtsgrundlagen, die ihnen Art. 181I2 (Kooperationsabkommen; hierzu ausführlich unten Abschnitt D.II.2.2) und Art. 310 EGV (Assoziierungsabkommen; vgl. unten Abschnitt D.II.2.1) zur Verfügung stellen, zurückgreifen und diese Abkommen als „gemischte Verträge“ (vgl. hierzu unten Abschnitt D.II.2.1.2.3) abschließen. Eine diesbezüglich weite Auslegung des Art. 180I2 EGV ist deshalb ebenso wenig angezeigt.

[92] Zu den uneigentlichen Rechtsakten ausführlich oben Kapitel C „Ziele der Entwicklungszusammenarbeit“, Abschnitt C.I.2.1.

[93] Dieses Ergebnis ist zunächst damit zu begründen, dass gemeinsame uneigentliche Rechtsakte von Gemeinschaft und Mitgliedstaaten im Gegensatz zu gemeinsamen Verordnungen, Richtlinien etc. grundsätzlich möglich sind. Zudem lässt sich hier nicht einwenden, dass eine Ausweitung des Maßnahmenbegriffs auf uneigentliche Rechtsakte nicht angezeigt sei, da diese ebenso auf Art. 179I1 EGV gestützt werden könnten: Denn abgesehen davon, dass der Erlass uneigentlicher Rechtsakte keiner besonderen Rechtsgrundlage bedarf, werden im Rahmen von Art. 179I1 EGV gemeinsame uneigentliche Rechtsakte in der Regel nur bei Kompetenzabgrenzungsproblemen verabschiedet; sie stellen also eher die Ausnahme dar. Hier aber richtet sich das Koordinierungsgebot ausweislich des Wortlauts des Art. 180I1 EGV sowohl an die Gemeinschaft als auch an die Mitgliedstaaten. Von daher macht es konsequenterweise Sinn, dass die beiden Ebenen grundsätzlich gemeinsame Akte sui generis verabschieden; die Ausnahme (gemeinsame Akte sui generis) soll also im Rahmen des Art. 180I2 EGV theoretisch als Regel gelten, weshalb eine diesbezügliche gesetzliche Normierung („gemeinsame Maßnahmen“, Art. 180I2 EGV) m.E. durchaus angezeigt war.
Im Ergebnis wohl auch: *Zimmermann*, in: von der Groeben/ Schwarze (Hrsg.), EUV/ EGV, Art. 180, Rn. 5, Fn. 4: „Allenfalls könnte man daran denken, daß solche gemeinsamen Maßnahmen in der Form einstimmiger Beschlüsse *sui generis* ergehen könnten“.

[94] *Schmalenbach*, in: Calliess/ Ruffert (Hrsg.), EUV/ EGV, Art. 180, Rn. 7; *Benedek*, in: Grabitz/ Hilf (Hrsg.), EUV/ EGV, Art. 180, Rn. 16, 7; *Zimmermann*, in: von der Groeben/ Schwarze (Hrsg.), EUV/ EGV, Art. 180, Rn. 5.
Vgl. zur Umsetzung im Rahmen der „Partnerschaft Europa-Mittelmeer“ beispielsweise: Art. 4I i.d.F. von MEDA II (ABl. 2000, Nr. L 311/1ff; Koordinierung mit den Mitgliedstaaten bei der Programmierung der zu finanzierenden Maßnahmen/ Bereiche), Art. 4II (Kofinanzierung); Art. 44d), 45g), 62II UA 1 des Europa-Mittelmeer-Abkommens mit Tunesien (ABl. 1998, Nr. L 97/ 2ff; gemeinsame Aktionen und Programme im Rahmen der wirtschaftlichen Zusammenarbeit), Art. 72 (die Bestimmung spricht allgemein von einer Koordinierung der Maßnahmen der sozialen Zusammenarbeit), Art. 74II (Kooperationsmaßnahmen und –programme sowie ge-

- Mitgliedstaatliche Durchführung von Hilfsprogrammen der Gemeinschaft:
  Diese Variante wird zwar in den Leitlinien nicht explizit aufgeführt; doch stipuliert Art. 180I3 EGV, dass die Mitgliedstaaten einen Beitrag zur Durchführung der von der EG beschlossenen Hilfsprogramme leisten. Dem Wortlaut nach ist zwar primär die Gemeinschaft zum Handeln aufgefordert; doch „erforderlichenfalls" führen die Mitgliedstaaten die Hilfeprogramme durch[95], leisten rechtliche oder programmatische Hilfe[96] oder aber finanzieren diese außerhalb ihrer verpflichtenden Beiträge zum Entwicklungsbudget[97]. Dabei räumt die Subsumtion des Begriffes „erforderlichenfalls" weder den Mitgliedstaaten[98] noch der Gemeinschaft einen einseitigen Ermessensspielraum ein. Die Frage nach dem „Ob" mitgliedstaatlichen Tätigwerdens ist vielmehr im Kontext des Koordinierungskonzepts zu entscheiden und gebietet ergo eine Abstimmung *aller* Akteure darüber, wer letztendlich die gemeinschaftlichen Hilfsprogramme durchführt. Denn wie bereits erörtert, stellt ebenso Art. 180I3 EGV ein Exempel der (operativen) Koordinierung dar. Dieser Qualifizierung und damit gleichzeitig dem Koordinierungsgedanken, der sämtliche Aspekte des Art. 180I EGV durchdringt, widerspräche es aber, stünde der einen oder anderen Seite eine *einseitige* Verpflichtungsbefugnis gegenüber der jeweils anderen zu – davon abgesehen, dass selbst der Wortlaut der Bestimmung keinesfalls eine solche Befugnis zugesteht[99]. Nichtsdestotrotz kommt dem Terminus „erforderlichenfalls" eine eigenständige Bedeutung insofern zu, als in die gemeinsame Abstimmung über das Ob der mitgliedstaatlichen Unterstützung natürlich Aspekte wie die tatsächlichen, rechtlichen oder finanziellen Kapazitäten[100] der Gemeinschaft einfließen, deren Fehlen („erforderlichenfalls") prima facie für eine unterstützende mitgliedstaatliche Intervention spricht. Welchen Beitrag hingegen die Mitgliedstaaten gegebenenfalls konkret leisten, liegt bereits nach dem Wortlaut („Die Mitgliedstaaten tragen [...] bei"] in ihrem Ermessen[101].
- Harmonisierung und Anpassung der Modalitäten der Entwicklungshilfe:
  Sind im Rahmen der Gesamttätigkeit von EG und Mitgliedstaaten erhebliche Überschneidungen oder aber Lücken auszumachen, so sind die betroffenen nationalen oder gemeinschaftlichen Programme anzupassen. Unerlässlich hierbei ist erneut, dass sich die Koordinierungstätigkeiten der Mitgliedstaaten und der Delegationen vor Ort abspielen und diese dabei so eng wie möglich mit dem Partnerland zusammenarbeiten[102]. Daneben sollten die

---

meinsame Aktivitäten im Rahmen auch der kulturellen Zusammenarbeit), Art. 76 („enge [...] Koordinierung" mit Tunesien und anderen Gebern bei der Unterstützung der Strukturanpassungspolitik), Art. 77 („koordiniertes Vorgehen" bei außerordentlichen makroökonomischen und finanziellen Problemen).
Partnerschaftsabkommen von Cotonou (ABl. 2000, Nr. L 317/3ff): Art. 65 (Kofinanzierung).
Aufgrund dieser beiderseitigen Beteiligung dürfte wohl von einer gemeinsamen Verantwortlichkeit auszugehen sein (so auch: *Pitschas*, in: Streinz (Hrsg.), EUV/ EGV, Art. 180, Rn. 15).

[95] Dennoch bleiben in diesem Falle die Programme Hilfsprogramme der EG selbst, für die sie gegenüber den Partnerländern weiterhin verantwortlich bleibt (*Zimmermann*, in: von der Groeben/ Schwarze (Hrsg.), EUV/ EGV, Art. 180, Rn. 6; *Zimmermann/ Martenczuk*, in: Schwarze (Hrsg.), EU-Kommentar, Art. 180, Rn. 4; *Pitschas*, in: Streinz (Hrsg.), EUV/ EGV, Art. 180, Rn. 16).

[96] *Pitschas*, in: Streinz (Hrsg.), EUV/ EGV, Art. 180, Rn. 17.

[97] *Benedek*, in: Grabitz/ Hilf (Hrsg.), EUV/ EGV, Art. 180, Rn. 18.

[98] Anders: *Zimmermann/ Martenczuk*, in: Schwarze (Hrsg.), EU-Kommentar, Art. 180, Rn. 4.

[99] So jedenfalls im Ergebnis: *Schmalenbach*, in: Calliess/ Ruffert (Hrsg.), EUV/ EGV, Art. 180, Rn. 9; *Pitschas*, in: Streinz (Hrsg.), EUV/ EGV, Art. 180, Rn. 18. Wohl auch: *Benedek*, in: Grabitz/ Hilf (Hrsg.), EUV/ EGV, Art. 180, Rn. 18.

[100] Vgl. *Benedek*, in: Grabitz/ Hilf (Hrsg.), EUV/ EGV, Art. 180, Rn. 18; *Zimmermann/ Martenczuk*, in: Schwarze (Hrsg.), EU-Kommentar, Art. 180, Rn. 4; *Schmalenbach*, in: Calliess/ Ruffert (Hrsg.), EUV/ EGV, Art. 180, Rn. 9; *Zimmermann*, in: von der Groeben/ Schwarze (Hrsg.), EUV/ EGV, Art. 180, Rn. 6. Wohl auch: *Pitschas*, in: Streinz (Hrsg.), EUV/ EGV, Art. 180, Rn. 17.

[101] So auch: *Schmalenbach*, in: Calliess/ Ruffert (Hrsg.), EUV/ EGV, Art. 180, Rn. 10.

[102] OPS vom November 2000, Punkt 31.

beiden Geberebenen graduell ihre Verfahren der Hilfegewährung harmonisieren, insbesondere was die Form der von den Empfängerländern einzureichenden Finanzierungsvorschläge, der Finanzierungsvereinbarungen oder aber die Verfahren für die Programmdurchführung anbelangt[103]. Ein wichtiger Schritt hierzu bestand zunächst auf Gemeinschaftsebene darin, diverse gemeinschaftsinterne Gremien ins Leben zu rufen, die innerhalb der verschiedenen für die Entwicklungshilfe zuständigen Generaldirektionen der Kommission das Verfahren der Hilfegewährung vereinheitlicht und vereinfachen haben[104]. Eine vergleichbare Harmonisierung soll nach Wünschen der Kommission nun mit den mitgliedstaatlichen Verfahren erfolgen[105].

Abschließend verpflichtete der Rat die Gemeinschaft und die Vertreter der Mitgliedstaaten, über die ergriffenen Maßnahmen und Fortschritte im Bereich der Koordinierung Bericht zu erstatten. Dabei behielt er sich vor, die Leitlinien weiter auszugestalten, sollten die Berichte dazu Anlass geben[106]. Ihren ersten Bericht über die *„Operative Koordinierung zwischen der Gemeinschaft und den Mitgliedstaaten der Europäischen Union im Bereich der Entwicklungszusammenarbeit“*[107] veröffentlichte die Kommission im März 2000. In dem Bericht, der sich auf eine im Spätsommer 1999 durchgeführte Erhebung bei den Delegationen der Kommission und den in den Entwicklungsländern tätigen Mitgliedstaaten stützt, resümiert die Kommission, dass sich zwar die Koordinierung zwischen der EG und den Mitgliedstaaten trotz der relativ kurzen Zeitspanne seit der Annahme der Richtlinien kontinuierlich verbessert hat[108]. Jedoch deckt die Studie einen erheblichen Verbesserungsbedarf auf – insbesondere, was den Informationsaustausch von Seiten der Mitgliedstaaten an die Gemeinschaft, die stärkere Zusammenarbeit bei gemeinschaftlichen und mitgliedstaatlichen Maßnahmen auf demselben Sektor[109], vor allem aber was die Beteiligung der Partnerregierungen am Koordinie-

[103] Zu diesbezüglichen Forderungen auch: Schlussfolgerungen des Rates über die *„Operative Koordinierung zwischen der Gemeinschaft und ihren Mitgliedstaaten“* vom 18. Mai 2000, Zusammenfassung in Bulletin EG 5 – 2000, Ziffer 1.6.54.

[104] Ursprünglich schuf man für diese Aufgabe 1997 den SCR, den „Service commun Relex“ (Gemeinsamer Dienst für die Verwaltung der Gemeinschaftshilfe für Drittländer; hierzu ausführlicher: *Holland*, The EU and the Third World, S. 87ff). Im Zuge der Reform der Außenbeziehungen (hierzu: *Holland*, The EU and the Third World, S. 98ff) wurde dieser bereits 2001 durch eine einheitliche Verwaltungsinstitution, dem Amt für Zusammenarbeit ‚EuropeAid', ersetzt, dessen Funktion darin besteht, die Verwaltung und Umsetzung der Hilfe zu harmonisieren, zu vereinfachen und effizienter zu gestalten. In diesem Sinne übernimmt EuropeAid seither im Rahmen der von den GD Außenbeziehungen (Zusammenarbeit mit den Mittelmeerdrittländern) und Entwicklung (AKP-EG Zusammenarbeit) initiierten Programmplanung die Kontrolle des gesamten Projektzyklus (Auswahl und Prüfung der Projekte und Programme, Ausarbeitung der Finanzierungsbeschlüsse, Durchführung, Monitoring und Evaluierung von Projekten und Programmen). Eine Ausnahme hierzu stellt „ECHO“ (vgl. bereits oben Fn. 84) dar, das für das Projektmanagement der humanitären Hilfe der EG zuständig bleibt. Zu EuropeAid: http://ec.europa.eu/comm/europeaid/index_de.htm (Stand: 30.5.2006), mit vielen weiterführenden Links.

[105] Derartige Anstrengungen erfolgten 2003 in den Sektoren Gesundheitswesen und Bildung (ausführlicher: *Kommission*, Annual Report 2004, Punkt 2.4.2). Momentan ist geplant, eine Richtlinie mit einheitlichen Verfahrensbestimmungen zu verabschieden (Kommissionsmitteilung über die Umsetzung des Konsenses von Monterrey vom März 2004, Punkt 3.6 (a)).

[106] Leitlinien des Rates zur operativen Koordinierung vom 9.3.1998, Punkte 8, 11.

[107] KOM (2000) 108, endg. vom 1.3.2000. Hierzu auch *Werther-Pietsch*, Strategie für Entwicklung, S. 59f.

[108] Vgl. Bericht der Kommission über die *„Operative Koordinierung zwischen der Gemeinschaft und den Mitgliedstaaten der Europäischen Union im Bereich der Entwicklungszusammenarbeit“*, KOM (2000) 108, endg. vom 1.3.2000, Punkt 4.1.

[109] Vgl. Bericht der Kommission über die *„Operative Koordinierung zwischen der Gemeinschaft und den Mitgliedstaaten der Europäischen Union im Bereich der Entwicklungszusammenarbeit“*, KOM (2000) 108, endg. vom 1.3.2000, Punkt 3.2.

rungsprozess[110] betrifft. Diese Schwachstellen aufgreifend nahm der Rat am 21. Januar 2001 erneut Leitlinien an[111]. Dabei unterbreitet das Gemeinschaftsorgan zwar entsprechend der negativen Ergebnisse des Kommissionsberichts Verbesserungsvorschläge, setzt dabei aber eher auf die optimale Ausschöpfung des bereits existenten Sammelsuriums an Instrumenten[112] als auf die Entwicklung neuer Ansätze. Dementsprechend bekannt erscheinen die Hauptaspekte der Leitlinien vom Januar 2001, auf deren Darstellung deshalb verzichtet wird. Erwähnt sei aber der Appell des Rates, wonach vor allem mit Hilfe der für jedes Empfängerland ausgearbeiteten Länderstrategien[113] eine enge Abstimmung während der gesamten Phasen des Projektmanagements sicherzustellen ist. Zuletzt evaluierte 2004 die Kommission den Koordinierungsprozess – überwiegend ermahnte auch sie die bereits bekannten Mängel und konnte m.E. keine essenziellen Verbesserungsvorschläge unterbreiten[114].

1.2.3 Internationale Koordinierung

Wie bereits im Rahmen der operativen Koordinierung angeklungen, beschränken die EG und die Mitgliedstaaten die Koordinierung ihrer Entwicklungshilfe nicht auf eine unionsinterne Zusammenarbeit; vielmehr erweitern bzw. verstärken[115] sie diese, indem sie sich bemühen, in Partnerländern, in denen mehrere Geber intervenieren, die EU-Entwicklungshilfe mit der anderer Geber abzustimmen. Eine solche Vorgehensweise postulieren gleichermaßen Art. 19 EUV[116] und als dessen gemeinschaftsrechtliche Ausformung Art. 180II 3. Alt. EGV, der die Koordinierungspflicht von Gemeinschaft und Mitgliedstaaten auch auf internationale Organisationen und Konferenzen erstreckt.

Das Zusammenspiel mit internationalen Gebern der EG im Bereich der Entwicklungszusammenarbeit ist zwar - wie bereits wiederholt erwähnt - nicht Gegenstand dieser Arbeit; nichtsdestotrotz soll vollständigkeitshalber auf existente Instrumente der verstärkten Koordinierung hingewiesen werden.

- Aktive Beteiligung sowie systematische und dynamische unionsinterne Koordination zwischen der Gemeinschaft und den Mitgliedstaaten in internationalen Organisationen und auf internationalen Konferenzen, die sich mit entwicklungshilferelevanten Fragen befassen[117]:

  Eine gelungene enge Koordinierung, aus der die Entwicklung eines gemeinsamen Standpunkts der Union resultiert und so ein einheitliches Auftreten ermöglicht, trägt ohne Zweifel dazu bei, die Sichtbarkeit und den Einfluss der EU auf der internationalen Bühne zu

---

[110] Bericht der Kommission über die *„Operative Koordinierung zwischen der Gemeinschaft und den Mitgliedstaaten der Europäischen Union im Bereich der Entwicklungszusammenarbeit"*, KOM (2000) 108, endg. vom 1.3.2000, Punkt 3.3.

[111] *„Guidelines for strengthening operational co-ordination between the Community, represented by the Commission, and the Member States in the field of External assistance"* (zitiert nach: *De Fleurieu*, EU's coordination and harmonisation, in: The Courier, Nr. 196 (2003), S. 18ff, 20, Fn. 5). Die Leitlinien blieben bislang unveröffentlicht. Eine kurze Zusammenfassung findet sich aber im Internet unter: http://www.europa.eu.int/scad plus/printversion/de/lvb/r12003.htm (Stand 30.5.2006), Punkt 5.

[112] Ähnlich bereits: Kommissionsmitteilung über Kooperationsverfahren vom Mai 1993, Punkt I.2.3, vorletzter Absatz.

[113] Vgl. oben Abschnitt D.I.1.2.1, Fn. 51.

[114] Vgl. Kommissionsmitteilung über die Umsetzung des Konsenses von Monterrey vom März 2004, Punkte 3.1, 3.6.

[115] Deshalb auch „erweiterte" bzw. „verstärkte" Koordinierung.

[116] Im Rahmen der Zusammenarbeit auf internationaler Ebene besteht deshalb ein Spannungsverhältnis ob der Einordnung der jeweiligen Aktion in den Bereich der intergouvernementalen Zusammenarbeit der GASP oder aber der Entwicklungspolitik (vgl. *Klein*, in: H/K/M/M-G (Hrsg.), EUV/ EGV, Art. 130x, Rn. 3).

[117] Nachfolgend: Kommissionsmitteilung über Kooperationsverfahren vom Mai 1993, Punkte I.2.3, III.3; OPS vom November 2000, Punkt 33.

stärken. Unabdingbare Vorbedingungen[118] hierfür sind beispielsweise ein regelmäßiger Informationsaustausch, systematische bilaterale Kontakte zwischen Experten der Mitgliedstaaten und der EG sowie „coordination meetings"/ Koordinationstreffen vor den Konferenzen bzw. Plenarsitzungen der verschiedenen internationalen Gremien[119]. Zur Vorbereitung auf Konferenzen arbeitet die Kommission seit den letzten Jahren auch Mitteilungen oder Berichte aus[120]. Diese werden von Rat und Parlament in Form uneigentlicher Rechtsakte beantwortet[121].

- Stärkung der Partnerschaft mit den Vereinten Nationen:
  Vom Aufbau einer effizienteren Partnerschaft mit den Vereinten Nationen in den Bereichen Entwicklungshilfe und humanitäre Hilfe[122] verspricht sich die Kommission u.a. eine effektivere operationelle Zusammenarbeit in bestimmten prioritären Bereichen der Entwicklungshilfe mit sowie eine stärkere Einbindung der Gemeinschaft in die sachpolitischen Dialoge in der UNO-Familie, d.h. ihren Sonderorganisationen, Fonds und Programmen. Zu diesem Zwecke wurden auf der Basis einer internen Untersuchung sowie einer nachfolgenden politischen Analyse in einer ersten Phase bis Ende 2003 zunächst „strategische Partner" unter den UN-Gremien ausgewählt[123], mit denen nun in verschiedenen Zeitabständen Partnerschaftsabkommen abgeschlossen werden. Mit anderen Unterorganisationen wird je nach Relevanz und Dossier auf einer ad-hoc Basis kooperiert[124].
- Unterstützung von Initiativen internationaler Organisationen zur Harmonisierung der Geberpraxis bzw. von bereits vorhandenen Koordinierungsmechanismen:
  Derartige Harmonisierungsvorhaben sind in jüngerer Zeit beispielsweise[125] vom DAC[126] und der Weltbank[127] initiiert worden und stellen ein zentrales Element zur Verbesserung

[118] Selbstverständlich tragen die im Rahmen der operativen Koordinierung vorgestellten Modalitäten größtenteils ebenso dazu bei, einen gemeinsamen Standpunkt der Union zu finden.

[119] Entwicklungspolitisch bedeutsame Gremien sind beispielsweise der DAC, der Runde Tisch der UNDP, die „Consultive Groups"/ Konsultativgruppen und „Boards"/ Ausschüsse der Weltbank, die einschlägigen Foren des IWF, oder aber die Treffen über bestimmte Bereiche, die von den jeweils zuständigen und für die Entwicklungspolitik wichtigen Unterorganisationen und Fonds der UNO organisiert werden.

[120] Kommissionsmitteilungen: *„Die vorrangigen Ziele der Europäischen Union für den von der Organisation der Vereinten Nationen für Ernährung und Landwirtschaft ausgerichteten Welternährungsgipfel"*, KOM (1996) 509, endg. vom November 1996, zum Welternährungsgipfel in Rom 1996; *„10 Jahre nach Rio: Vorbereitung auf den Weltgipfel für nachhaltige Entwicklung im Jahr 2002"*, KOM (2001) 53, endg. vom 6.2.2001, zum Weltgipfel für nachhaltige Entwicklung in Johannesburg 2002; *„Preparation of the International Conference on Financing for Development (Monterrey Mexico, 18-22 March 20002)"*, KOM (2002) 87, endg. vom 13.2.2002, zur Konferenz über Entwicklungsfinanzierung in Monterrey.

[121] Vgl. z.B. für den Weltgipfel für nachhaltige Entwicklung in Johannesburg 2002: Schlussfolgerungen des Rates vom 8.3.2001 (PRES/2001/93), vom 31.5.2001 (Zusammenfassung in: Bulletin EG 5 – 2001, Ziffer 1.9.11), vom 8.11.2001 (Zusammenfassung in: Bulletin EG 11 – 2001, Ziffer 1.4.35) sowie vom 22.7.2002 (Zusammenfassung in: Bulletin EG 7/8 – 2002, Ziffer 1.4.14); Entschließung des EP vom 16.5.2002 (Zusammenfassung in: Bulletin EG 5 – 2002, Ziffer 1.4.35).

[122] Mitteilung der Kommission über den *„Aufbau einer effizienten Partnerschaft mit den Vereinten Nationen in den Bereichen Entwicklung und humanitäre Hilfe"*, KOM (2001) 231, endg. vom 2.5.2001.

[123] Zur Vorauswahl Anfang 2003: *Kommission*, Annual Report 2004, Punkt 2.5.1.

[124] Voranstehend: *Kommission*, Jahresbericht 2003, Punkt 1.5.2; *Kommission*, Annual Report 2004, Punkt 2.5.1.

[125] Zu weiteren Harmonisierungsinitiativen: *Kommission*, Jahresbericht 2003, Punkt 1.5.1; *Kommission*, Annual Report 2004, Punkt 2.4.2.

[126] Die Kommission leistete insbesondere aktive Unterstützung für die Arbeit der 2000 eingerichteten DAC „Task Force on Donor Practices"/ Task Force zur Geberpraxis. Ihre Aufgabe bestand darin, die Geberpraxis zu ermitteln und zu dokumentieren. Die Arbeiten dieser Task Force mündeten 2002 in sechs Referenzunterlagen für bewährtes Verfahren („Good Practice Reference Papers"), die effektive Maßstäbe für eine bessere Harmonisierung setzen, sämtliche Phasen des Projektzyklus erfassen und letztendlich zu einer Entlastung der Kapazitäten der Partnerländer für die Verwaltung der Hilfe führen sollen (ausführlich zur Task Force: *Kommission*, Jahresbericht 2003, Punkt 1.5.1; *De Fleurieu*, EU's coordination and harmonisation, in: The Courier, Nr. 196 (2003), S.

der Effizienz der Entwicklungshilfe dar. Die Etablierung viel versprechender neuer Initiativen mag sinnvoll sein; doch grundsätzlich sollen sich EG und Mitgliedstaaten an bereits bestehenden, erprobten Strukturen[128] beteiligen[129] und ihre Funktionsweise optimal gestalten[130].

- Koordinierung mit anderen bilateralen Gebern:
  Ein koordiniertes Zusammenwirken mit anderen bilateralen Gebern (USA, Kanada, Japan,...) erfolgt im Wesentlichen im Rahmen der EU-Gipfeltreffen (Art. 4 EUV)[131].

1.3 Fazit

Obwohl die unionsinterne Koordinierung zunehmend fortschreitet und über gute, wenn auch teilweise noch auszubauende Instrumente verfügt[132], so konnte eine Studie des ECDPM immer noch eine Reihe von Hindernissen identifizieren, die einer besseren Koordinierung entgegenstehen[133]. So weist sie neben den bereits erwähnten Problemen u.a. darauf hin, dass der Umfang der Befugnisse der Vertreter der Mitgliedstaaten oft stark variiert – was insbesondere die vorzugswürdige Koordinierung vor Ort schwächt. Interessant ist ferner ihre Einschätzung, wonach fortbestehende wirtschaftliche oder politische Interessen, die keinen transparenten Austausch erlauben, oder aber ein falsches Verständnis von Koordinierung als ein Mittel, die Aktivitäten der Kommission zu kontrollieren, den oftmals einseitigen Informationsaustausch in Richtung Mitgliedstaaten bedingen[134]. Schließlich stehen dem Hauptanliegen des Rates, nämlich die Rolle der Partnerländer im Koordinierungsprozess zu stärken, laut der Studie un-

---

18ff, 19, vgl. auch S. 20; *Oswald/ Bäse/ Meyer*, Geberharmonisierung steigert die Effizienz, in: E+Z 2004, S. 76f, 77.

[127] Die Weltbank startete eine Online Partnerschaft namens „Country Analytical World Partnership": 25 multi- und bilaterale Geberorganisationen lancierten bei der Weltbank eine gemeinsame Website, auf der u.a. gemeinsame Informationen über analytische Arbeiten in den Entwicklungsländer geteilt werden, und die internationalen Gebern und ihren Partnern helfen soll, Ressourcen effektiver zu nutzen, Doppelarbeit zu vermeiden und Kapazitäten zu verstärken (näher: *De Fleurieu*, EU's coordination and harmonisation, in: The Courier, Nr. 196 (2003), S. 18ff, 19).

[128] Vgl. z.B. durch die UN: 1997 Einsetzung des UNDAF (UN Development Assistance Framework; im Internet unter: http://www.un.org.in/undaf.htm (Stand 30.5.2006)), des CCA (Common Country Assessment (ebenfalls unter http://www.un.org.in/undaf.htm (Stand 30.5.2006)); seitens der Weltbank: 1999 Start der CDF (Comprehensive Development Framework) und – zusammen mit dem IWF - der PRSP (Poverty Reduction Strategy Papers, hierzu bereits oben Kapitel C „Ziele der Entwicklungszusammenarbeit", Abschnitt C.I.2.4, Fn. 317): Diese sollen in LICs die Koordinierung und die Komplementarität unter den Gebern fördern (voranstehend: *De Fleurieu*, EU's coordination and harmonisation, in: The Courier, Nr. 196 (2003), S. 18ff, 20; *Lehtinen*, Coordination of European Development, S. 8, Punkt 1.1.1).

[129] Ähnlich auch die Empfehlung von: *Lehtinen*, Coordination of European Development, S. 16, Punkt 4.1, der darauf hinweist, dass das Ziel, eine spezielle EU-Koordinierung aufzubauen, in einem Land, das bereits über viele sich überschneidende Koordinierungsstrukturen verfügt, fragwürdig erscheint.

[130] Ausführlich zum Voranstehenden: Leitlinien des Rates zur operativen Koordinierung vom März 1998, Punkte 2ff, 6. Vgl. ebenso die Schlussfolgerungen des Rates über die „*Operative Koordinierung zwischen der Gemeinschaft und ihren Mitgliedstaaten*" vom 18. Mai 2000, Zusammenfassung in Bulletin EG 5 – 2000, Ziffer 1.6.54.

[131] *Hecker*, in: Lenz/ Borchardt (Hrsg.), EUV/ EGV, Art. 180, Rn. 4. Aufgrund dieser Verortung dürfte ein solches Vorgehen eher als Maßnahme der GASP als der Entwicklungspolitik anzusehen sein.

[132] Vgl. *Lehtinen*, Coordination of European Development, S. 17f, Punkt 4.3.

[133] *Lehtinen*, Coordination of European Development, S. 15ff, Punkt 4.1. Vgl. auch EP, Entschließung über „*Die gegenseitige Ergänzung der Politik der Gemeinschaft auf dem Gebiet der Entwicklungszusammenarbeit und der entsprechenden Politik der Mitgliedstaaten*" vom 21.2.1997, v.a. Punkte 4, 6ff (ABl. 1997, Nr. C 85/178ff). Zum Mangel an Koordinierung auch: *Reis Coutinho*, Coordination, in: Cosgrove-Sacks (Hrsg.), Europe, Diplomacy and Development, S. 225ff, 229ff.

[134] So bereits die Kommissionsmitteilung über Kooperationsverfahren vom Mai 1993, Punkt I.2.3, vorletzter Absatz.

ter anderem[135] Eigeninteressen des Landes selbst entgegen: Denn das gegenwärtige System sich überlappender Koordinierungsstrukturen verschafft manchen Regierungsbeamten größere finanzielle Vorteile. Der zitierte Kommissionsbericht[136] verhehlt indessen nicht, dass gerade in Ländern, die sich im Krieg befinden oder in denen die negativen Konditionalitätsklauseln zur (teilweisen) Aussetzung der gemeinschaftlichen Hilfemaßnahmen führten, die Regierungen überwiegend unbeteiligt an der EU-Koordinierung sind/ waren. Als ein gewichtiger Ansatzpunkt zur Verbesserung der Koordinierung im Rahmen der Europäischen Union kann demnach die nachhaltige Stabilisierung der politischen Lage, die die Gemeinschaft im weiteren Sinne mit den diversen Aspekten ihrer Menschenrechts- und Demokratiepolitik verfolgt, in den jeweiligen Empfängerländern ausgemacht werden.

2. Komplementarität

Die Politik der Gemeinschaft auf dem Gebiet der Entwicklungszusammenarbeit stellt ausweislich des Wortlauts des Art. 177I EGV eine „Ergänzung der entsprechenden Politik der Mitgliedstaaten" dar, wobei diese Ergänzungspolitik im Hinblick auf die Ziele des Art. 177 EGV[137] gewährleistet werden muss. Diese Handlungsvorgabe, die sich aus der diesbezüglich unbedingten Formulierung des Art. 177I EGV entnehmen lässt[138], ruft die Gemeinschaft im Wesentlichen dazu auf, sich mit den Mitgliedstaaten darüber abzustimmen, wer am besten geeignet ist, eine bestimmte Aufgabe innerhalb der Entwicklungspolitik wahrzunehmen[139]. Mithin geht es daher um eine Arbeitsteilung zwischen den beiden Geberebenen, die unabdingbar eine funktionierende gegenseitige Abstimmung, d.h. Koordinierung, voraussetzt. Der Terminus „*Ergänzung*" ist deshalb insofern unzutreffend, als er doch eher eine „lückenschließende" Kompetenz der Gemeinschaft nahe legt[140]. Die Gemeinschaftspolitik sollte aber keinesfalls lückenfüllend als „26. Entwicklungspolitik" – neben den 25 nationalen – in Erscheinung treten[141]. Zutreffender ist daher die von der Gemeinschaft gewählte Bezeichnung „Komplementarität", die korrekt ausdrückt, dass Art. 177I EGV eine *gegenseitige* Ergänzung der Politiken vorschreibt, um schlussendlich ebenso wie das Koordinierungsgebot *eine* Entwicklungspolitik *Europas* hervorzubringen.

---

[135] Zu weiteren Gründen: Bericht der Kommission über die *„Operative Koordinierung zwischen der Gemeinschaft und den Mitgliedstaaten der Europäischen Union im Bereich der Entwicklungszusammenarbeit"*, KOM (2000) 108, endg. vom 1.3.2000, Punkt 3.3

[136] *„Operative Koordinierung zwischen der Gemeinschaft und den Mitgliedstaaten der Europäischen Union im Bereich der Entwicklungszusammenarbeit"*, KOM (2000) 108, endg. vom 1.3.2000, Punkt 3.3.

[137] Einschließlich völkerrechtlich und politisch verbindlicher Zusagen im Sinne des Art. 177III 1. Alt. EGV, vgl. Mitteilung der Kommission *„Die Komplementarität der Entwicklungspolitik der Gemeinschaft und der Mitgliedstaaten"*, KOM (1999) 218, endg. vom 6.5.1999, Punkt 2 (fortan meist: Kommissionsmitteilung über Komplementarität vom Mai 1999): Die dort genannten „Verpflichtungen" unterscheiden nicht zwischen den völkerrechtlich verbindlichen und den unverbindlichen, (lediglich) politischen Verpflichtungserklärungen. Siehe zu dieser Thematik auch ausführlich unten Abschnitt D.II.2.2.1.3.

[138] Zur Justiziabilität insofern, als Art. 177I EGV einen unmittelbaren Handlungsauftrag formuliert, oben Abschnitt D.I.1, Fn. 9.

[139] Vgl. *Bossuyt u.a.*, Improving the Complementarity, S. 1; *Schmidt*, Entwicklungspolitik der Europäischen Union, in: RIW 1995, S. 268ff, 269.

[140] Ähnlich: *Frisch*, Grundzüge einer europäischen Entwicklungspolitik nach Maastricht, in: IPG 1994, S. 122ff, 123. Vgl. auch: *Zimmermann/ Martenczuk*, in: Schwarze (Hrsg.), EU-Kommentar, Art. 180, Rn. 1; *Pitschas*, in: Streinz (Hrsg.), EUV/ EGV, Art. 177, Rn. 29.

[141] Vgl. z.B. Kommissionsmitteilung über die Entwicklungspolitik vom April 2000, Punkt 2.2.3. *Van Reisen*, Global Player EU, S. 14, und *Bossuyt u.a.*, Improving the Complementarity, S. 2, sprachen entsprechend der damals 15 Mitgliedstaaten von der „15+1" Formel.

2.1 Ziele der Komplementarität

Auch die Komplementarität strukturiert demnach das Zusammenspiel zwischen gemeinschaftlicher und mitgliedstaatlicher Entwicklungspolitik, indem sie verlangt, zur Maximierung der Synergie- und Spareffekte[142] die beteiligten Instrumente zu optimieren – oder mit anderen Worten ausgedrückt: Durch eine verbesserte Aufgabenverteilung zwischen einzelstaatlicher und gemeinschaftlicher Ebene sowie einen gezielteren Einsatz der Human- und Finanzressourcen sollen die Qualität, Effizienz und Nachhaltigkeit der einzelnen entwicklungspolitischen Programme gesteigert werden. Mit einer verbesserten Komplementarität fokussiert die Europäische Union[143] schließlich ihre deutlichere Sichtbarkeit auf der internationalen Bühne[144]. Die diesbezügliche Notwendigkeit ist bereits im Abschnitt 1.1 herausgearbeitet worden, weshalb hier nur auf ihn Bezug genommen wird.

2.2 Inhalt der Komplementarität

Im folgenden Abschnitt gilt es zunächst einmal, das Gebot der *wechselseitigen* Ergänzung von mitgliedstaatlicher und gemeinschaftlicher Entwicklungspolitik inklusive der korrelierenden Pflichten der Mitgliedstaaten herzuleiten. Im Anschluss daran soll das derzeitige Konzept der Gemeinschaft zur Komplementarität ausführlich dargestellt werden.

2.2.1 Gebot der wechselseitigen Ergänzung

„Die Politik der Gemeinschaft auf dem Gebiet der Entwicklungszusammenarbeit [... stellt] eine Ergänzung der entsprechenden Politik der Mitgliedstaaten dar[...]" (Art. 177I EGV). Diese unglücklich gewählte Formulierung lässt auf den ersten Blick berechtigte Zweifel darüber aufkommen, ob der EGV der Entwicklungspolitik der EG nicht doch eher eine dienende Funktion gegenüber der der Mitgliedstaaten zugewiesen hat. Die Gemeinschaft wäre infolgedessen nur dann aufgerufen zu handeln, wenn und soweit sich auf den jeweiligen nationalen Ebenen Lücken auftun. Damit wäre sie in die Rolle als „26. Entwicklungspolitik" verwiesen. Ein Aspekt, der wohl gegen eine derartige Rollenverteilung spricht und durchaus vermuten lässt, dass der Gesetzgeber eher eine komplementäre, sich *wechselseitig* ergänzende europäische Gesamtpolitik vor Augen hatte, liegt in der Tatsache begründet, dass der Wortlaut statt des eigentlich grammatikalisch richtigen Plurals „ihre Politiken" ausdrücklich im Singular[145] formuliert. Diese Vermutung bestärkt denn auch eine Zusammenschau mit dem Koordinierungsauftrag des Art. 180I EGV: Die *wechselseitige* Koordinierungspflicht des Art. 180I EGV impliziert, dass die Entwicklungspolitiken beider Ebenen gleichberechtigt nebeneinander stehen. Andernfalls bräuchte nichts mehr *ab*gestimmt werden, eine Ebene *be*stimmte ja. Dies klärt m.E. abschließend die Auslegung des Terminus „Ergänzung" (Art. 177I EGV), der zwangsläufig im Sinne *gegenseitiger* Ergänzung zu interpretieren ist, setzte doch die Interpretationsalternative - eine *lückenfüllende* Ergänzung - unabdingbar ein Unter- bzw. Überordnungsverhältnis voraus. Aus Art. 177I i.V.m. Art. 180I EGV ergibt sich demnach unzweifelhaft das primärrechtliche Gebot an die Gemeinschaft, eine Komplementaritätspolitik zu betreiben.

---

[142] *Hecker*, in: Lenz/ Borchardt (Hrsg.), EUV/ EGV, Art. 180, Rn. 3; Kommissionsmitteilung über Komplementarität vom Mai 1999, Punkt 3.

[143] Gemeint sind EG und Mitgliedstaaten.

[144] Kommissionsmitteilung über Komplementarität vom Mai 1999, Punkte 1, 2. Ähnlich: *Jorna*, Complementarity between EU and Member States development policies, in: The Courier, Nr. 154 (1995), S. 78ff, 79. Dieser trennt jedoch die beiden Grundsätze Komplementarität und Koordinierung nicht stringent.

[145] Der Wortlaut fasst das Konglomerat der Entwicklungspolitiken der Mitgliedstaaten als Gesamtheit auf. Dies lässt m.E. bereits vermuten, dass es im Rahmen des Art. 177I EGV weniger um die Individualisierung dieser jeweiligen einzelstaatlichen Politiken, als vielmehr darum geht, herauszustellen, dass die Ergänzung i.S.d. Artikels *zwei* „Bezugsobjekte" kennt, nämlich die Politik der EG und die Politik der Mitgliedstaaten.

Die korrelierende Pflicht der Mitgliedstaaten allerdings lässt sich m.E. nicht aus Art. 180I EGV[146] allein deduzieren. Denn diese Sichtweise liefe mehr oder weniger darauf hinaus, in der Koordinierung mit ihrem Kohärenzziel ein Synonym zur Komplementarität zu sehen. In diese Richtung bewegen sich zwar leider ebenso die einschlägigen Mitteilungen der Kommission[147], die quasi permanent Koordinierung und Komplementarität vermengen und keine klare Trennlinie zwischen beiden Konzepten zu ziehen vermögen[148]. M.E. resultiert diese ungenaue Grenzziehung nicht zuletzt aus der Tatsache, dass die Gemeinschaftsorgane die Koordinierung als „das beste Mittel zur Gewährleistung der Komplementarität"[149] identifizieren. Demgemäß erschöpfen sich ihre Konzepte zum Thema Komplementarität, wie noch im Abschnitt 2.2.2 zu sehen sein wird, überwiegend in der Aufzählung bestimmter Instrumente vor allem der operativen Koordinierung. M.E. gestaltet sich aber das Verhältnis der vorgenannten Postulate dergestalt, dass zwar - wie dargestellt – das Ziel der Koordinierung in der Herstellung einer kohärenten Politik liegt. Das Komplementaritätsgebot geht aber über die Sicherstellung einer „lediglich" einheitlichen und widerspruchsfreien Politik hinaus und verlangt zusätzlich ein arbeitsteiliges Zusammenwirken, das sich strikt am Mehrwertprinzip orientiert – ein Spezifikum der Komplementarität, das übrigens trotz aller konzeptionellen Ambiguität mittlerweile auch von den Gemeinschaftsorganen[150] anerkannt worden ist. Und nur diese Interpretation vermag denn auch die Diktion des EGV zu erklären, die strikt zwischen „Koordinierung" und „Ergänzung" unterscheidet (vgl. Art. 177I - 180I EGV; Art. 164 – Art. 165I EGV).
Infolgedessen ist zur dogmatischen Herleitung einer diesbezüglichen Verpflichtung der Mitgliedstaaten ergänzend[151] Art. 10 EGV hinzuzuziehen, der primär die Funktionsfähigkeit der EG[152] sicherstellen will. Hierzu ist zunächst zu konstatieren, dass die EG zwar autonom und eigenständig Recht setzt. Indessen ist sie u.a. zur Sicherung der Wirksamkeit gemeinschaftsrechtlicher Bestimmungen bzw. zur Erfüllung ihrer Aufgaben wie hier der Herstellung der eben hergeleiteten Politik *wechselseitiger* Ergänzung auf die Mitgliedstaaten angewiesen. Denn verweigerten sich diese dem Prinzip der auf dem jeweiligen Mehrwert basierenden Arbeitsteilung und orientierten sich lediglich am Einheitlichkeitsgebot des Art. 180I EGV, wäre das Komplementaritätsgebot in seiner praktischen Wirksamkeit beeinträchtigt[153]. Das Vorlie-

[146] So aber: *Zimmermann/ Martenczuk*, in: Schwarze (Hrsg.), EU-Kommentar, Art. 180, Rn. 1; *Zimmermann*, in: von der Groeben/ Schwarze (Hrsg.), EUV/ EGV, Art. 180, Rn. 1; ähnlich auch: *Geiger*, EUV/ EGV, Art. 180, Rn. 1; *Schmalenbach*, in: Calliess/ Ruffert (Hrsg.), EUV/ EGV, Art. 180, Rn. 3. Im Ergebnis wohl auch: *Schmidt*, Entwicklungspolitik der Europäischen Union, in: RIW 1995, S. 268ff, 269; *Pitschas*, in: Streinz (Hrsg.), EUV/ EGV, Art. 180, Rn. 1. Auch *Kahl* (in: Calliess/ Ruffert (Hrsg.), EUV/ EGV, Art. 10, Rn. 7) ist der Auffassung, dass sich bereits im Kooperationsprinzip selbst der funktional-arbeitsteilige Ansatz widerspiegelt.
[147] Vgl. z.B. die unten Abschnitt D.I.2.2.2, Fn. 180 zitierten Mitteilungen sowie erneut aus jüngster Zeit die Kommissionsmitteilungen über die Umsetzung des Konsenses von Monterrey vom März 2004, Punkt 3.1, sowie über *„Stärkeres Engagement für die Verwirklichung der Millenniums-Entwicklungsziele – Entwicklungsfinanzierung und Wirksamkeit der Entwicklungszusammenarbeit"*, KOM (2005) 133, endg. vom 12.4.2005, Punkt 3.
[148] Auch *Bossuyt* ist der Auffassung, dass sich letztendlich die beiden Grundsätze teilweise vermischen und eine genaue Abgrenzung unmöglich scheint (*Bossuyt u.a.*, Improving the Complementarity, S. 1).
[149] Kommissionsmitteilung über Komplementarität vom Mai 1999, Punkt 6. Vgl. auch: Mitteilung der Kommission über *„Complementarity between the development policies and actions of the Union and the Member States"*, KOM (1995) 160, endg. vom 3.5.1995, Punkt 5, abgedruckt in: *Kommission*, Development Cooperation Policy, S. 264f; Ratsentschließung über *„Complementarity between the development policies and actions of the Union and the Member States"*, vom 1.6.1995, Punkt 3, abgedruckt in: *Kommission*, Development Cooperation Policy, S. 267ff.
[150] Vgl. *Kommission*, Jahresbericht 2003, Punkt 1.4; *Kommission*, Annual Report 2004, Punkt 2.4.
[151] Art. 10 EGV kann trotz Vorliegens einer speziellen Konkretisierungsnorm –hier des Art. 180I EGV - herangezogen werden, wenn und soweit die betreffende Pflicht nicht in dieser Norm geregelt ist (*Kahl*, in: Calliess/ Ruffert (Hrsg.), EUV/ EGV, Art. 10, Rn. 15, 18, mit vielen Hinweisen zur diesbezüglichen Rechtsprechung des EuGH; *von Bogandy*, in: Grabitz/ Hilf (Hrsg.), EUV/ EGV, Art. 10, Rn. 31).
[152] Vgl. für viele: *Kahl*, in: Calliess/ Ruffert (Hrsg.), EUV/ EGV, Art. 10, Rn. 11.
[153] Vgl. EuGH, Rs. 14/68, Walt Wilhelm u.a./ Bundeskartellamt, Slg. 1969, S. 1ff, S. 14, Ziffer 6.

gen der Voraussetzungen[154] für die Begründung einer Rechtspflicht aus Art. 10 EGV ist demnach unzweifelhaft zu bejahen: Hier kann mit hinreichender Bestimmtheit ein Ge- bzw. Verbot[155] der Mitgliedstaaten ermittelt werden, welches die Funktionsfähigkeit der EG in akzessorischer Weise insofern sichert, als es einem Sollzustand dient, der bereits aus einer anderen Vorschrift des EGV, nämlich des Art. 177I i.V.m. Art. 180I EGV, folgt. Wie abschließend gefordert wird, unterminiert das arbeitsteilige Kooperationsverhältnis ebenso wenig die „Grenzen der innergemeinschaftlichen Gewaltengliederung"[156], da dieses erstens bereits im Vertrag selbst angelegt ist und zweitens die Ausübung auch und gerade der entwicklungspolitischen Parallelkompetenzen von EG und Mitgliedstaaten gewährleistet[157].
Zusammenfassend bedeutet dies also, dass nicht nur die gemeinschaftliche Entwicklungspolitik die mitgliedstaatliche ergänzen muss, sondern sich gleichermaßen die nationalen Politiken in Abhängigkeit von den jeweils vorhandenen komparativen Vorteilen an die gemeinschaftliche anzunähern haben.

2.2.2 Inhalt des gegenwärtigen Komplementaritätskonzepts der EG

Das Primärrecht prononciert keinerlei Vorgaben an die inhaltliche Ausgestaltung der Komplementarität, die daher insoweit im Ermessen[158] der Beteiligten steht. So verwundert es nicht, dass der insofern konkretisierungsbedürftige Grundsatz seit seiner vertraglichen Fixierung durch den Maastrichter Vertrag bereits vielfach Gegenstand diverser[159] „uneigentlicher Rechtsakte"[160] der Kommission sowie des Rates war: Hierin oblag es den Gemeinschaftsorganen – zumindest politisch verbindlich -, ihre Vorstellungen von einer komplementären Entwicklungspolitik der Gemeinschaft zu Papier zu bringen. Im Folgenden soll deshalb die diesbezüglich jüngste Mitteilung der Kommission über *„Die Komplementarität der Entwick-*

---

[154] Die nachstehend aufgeführten drei Voraussetzungen werden überwiegend zur Begründung einer Rechtspflicht aus Art. 10 EGV genannt; ihnen gegenüber wird den speziellen Tatbestandsmerkmalen der jeweiligen Alternativen des Art. 10 EGV kaum eine eigenständige Bedeutung zugemessen (*von Bogandy*, in: Grabitz/ Hilf (Hrsg.), EUV/ EGV, Art. 10, Rn. 12ff; ähnlich: *Kahl*, in: Calliess/ Ruffert (Hrsg.), EUV/ EGV, Art. 10, Rn. 15).

[155] Je nach Formulierung können die Pflichten der Mitgliedstaaten als Ge- (Art. 10I EGV) oder Verbot (Art. 10II EGV) gefasst werden (Gebot zum arbeitsteiligen Zusammenwirken – Verbot, Maßnahmen, zu ergreifen, die die Arbeitsteilung gefährden), ohne dabei ihren normativen Inhalt zu verlieren. Ob dieser Tatsache bezieht sich der EuGH bzgl. der Herleitung der Pflichten häufig nur auf Art. 10 EGV als Ganzes (vgl. *Hatje*, in: Schwarze (Hrsg.), EU-Kommentar, Art. 10, Rn. 45; *von Bogandy*, in: Grabitz/ Hilf (Hrsg.), EUV/ EGV, Art. 10, Rn. 25), so dass wohl auch hier eine exakte Einordnung unterbleiben kann.

[156] *Von Bogandy*, in: Grabitz/ Hilf (Hrsg.), EUV/ EGV, Art. 10, Rn. 22.

[157] Zur Anwendbarkeit des Subsidiaritätsgrundsatzes (Art. 5II EGV) in diesem Zusammenhang unten Abschnitt D.II.1.

[158] Vgl. zu diesem Beurteilungsermessen bereits Kapitel C „Ziele der Entwicklungszusammenarbeit", Abschnitt C.I.1.

[159] Zu den Komplementaritätsansätzen vor Maastricht: *Holland*, The EU and the Third World, S. 114, mit weiteren Hinweisen. Zur weiteren Entwicklung: Horizonte 2000, Punkte III, IV, V; Erklärung des Rates und der im Rat vereinigten Vertreter der Regierungen der Mitgliedstaaten über *„Aspects of development cooperation policy in the run-up to 2000"* vom 18.11.1992, insbesondere die Ziffern 19ff, abgedruckt in: *Kommission*, Development Cooperation Policy, S. 73ff; Mitteilung der Kommission über *„Complementarity between the development policies and actions of the Union and the Member States"*, KOM (1995) 160, endg. vom 3.5.1995, Punkte 2ff, abgedruckt in: *Kommission*, Development Cooperation Policy, S. 264f; Ratsentschließung über *„Complementarity between the development policies and actions of the Union and the Member States"* vom 1.6.1995, abgedruckt in: *Kommission*, Development Cooperation Policy, S. 267f (zum Voranstehenden sowie allgemein zur Entwicklung des Verständnisses von Komplementarität: vgl. *Bossuyt u.a.*, Improving the Complementarity, S. 3f; *Forwood*, Complementarity, in: Cosgrove-Sacks (Hrsg.), Europe, Diplomacy and Development, S. 215ff, 217f; *Jorna*, Complementarity between EU and Member States development policies, in: The Courier, Nr. 154 (1995), S. 78ff, 78; *Holland*, The EU and the Third World, S. 115).

[160] Hierzu ausführlich oben Kapitel C „Ziele der Entwicklungszusammenarbeit", Abschnitt C.I.2.1.

lungspolitik der Gemeinschaft und der Mitgliedstaaten"[161] vorgestellt werden, um einen Überblick über das aktuelle Konzept der Gemeinschaftsorgane zur Komplementarität zu vermitteln. Dabei wurden Ergänzungen oder punktuelle inhaltliche Schwerpunktverlagerungen des Konzepts nach Verabschiedung der Mitteilung mit berücksichtigt.

Wie bereits einleitend formuliert, geht es bei der Komplementarität um möglichst arbeitsteiliges Tätigwerden von EG und Mitgliedstaaten. Hierfür gilt es, die Aktionsfelder zu identifizieren, in denen die Maßnahmen der Gemeinschaft verglichen mit den Leistungen der Mitgliedstaaten einen deutlichen „Mehrwert"[162] erbringen, d.h. komparative Vorteile ausgeschöpft werden können[163]. Eine derartige Vorgehensweise entspricht auch der dem Streben nach Komplementarität zugrunde liegenden Prämisse, wonach „die Gemeinschaft [...] in ihrer Entwicklungszusammenarbeit weniger, dies aber besser tun"[164], ihre Bemühungen ergo auf gewisse Kernbereiche konzentrieren muss. Vor diesem Hintergrund fixierte die Gemeinschaft im Jahr 2000 in der Kommissionsmitteilung über die Entwicklungspolitik[165] sowie in der *„Overall Policy Statement*" des Rates und der Kommission[166] die bereits oben im Kapitel C „Ziele der Entwicklungszusammenarbeit", Abschnitt C.I.2.4 vorgestellten sechs „vorrangigen Aktionsbereiche" sowie einige wenige Querschnittsthemen. Maßgeblich für die Auswahl dieser Bereiche war ja – neben dem Beitrag der Felder zur Armutsbekämpfung und zur nachhaltigen Entwicklung -, dass die EG dort über einen „generellen" Mehrwert verfügt. Generell deshalb, da diese komparativen Vorteile und somit auch die auf ihnen basierende Arbeitsteilung naturgemäß „von Fall zu Fall und von Land zu Land"[167] zu bewerten sind. Diese prioritären Bereiche sowie Querschnittsbereiche sollen an dieser Stelle nochmals kurz in Erinnerung gerufen werden:

- Handel und Entwicklung;
- Regionale Integration und Kooperation;
- Unterstützung der makroökonomischen Politik;
- Transport;
- Ernährungssicherheit, sowie
- Aufbau institutioneller Kapazitäten[168].

Daneben[169] stehen die Querschnittsthemen Menschenrechte, Gleichstellung der Geschlechter und Umweltschutz[170].

---

[161] KOM (1999) 218, endg. vom 6.5.1999, bereits zitiert als: Kommissionsmitteilung über Komplementarität vom Mai 1999. Die Mitteilung wurde vom Rat in seiner Entschließung zur *„Komplementarität der Entwicklungszusammenarbeit der Europäischen Gemeinschaft und der Mitgliedstaaten*" vom 21.5.1999 angenommen. Eine Zusammenfassung der Entschließung findet sich im Bulletin EG 5 – 1999, Ziffer 1.3.45. Über die Bedeutung der Komplementarität nachfolgend z.B. auch: Kommissionsmitteilung über die Entwicklungspolitik vom April 2000, Punkt 2.2.3; OPS vom November 2000, Punkte 35ff; EP, Entschließung über *„Die gegenseitige Ergänzung der Politik der Gemeinschaft auf dem Gebiet der Entwicklungszusammenarbeit und der entsprechenden Politik der Mitgliedstaaten*" vom 21.2.1997 (ABl. 1997, Nr. C 85/178ff).

[162] *Kommission*, Jahresbericht 2003, Punkt 1.4; *Kommission*, Annual Report 2004, Punkt 2.4; Kommissionsmitteilung über Komplementarität vom Mai 1999, Zusammenfassung, S. 2. Vgl. auch OPS vom November 2000, Punkt 35.

[163] Kommissionsmitteilung über Komplementarität vom Mai 1999, Zusammenfassung und Punkte 4.1, 5.2.

[164] Kommissionsmitteilung über die Entwicklungspolitik vom April 2000, Punkt 4.3.

[165] KOM (2000) 212, endg. vom 26.4.2000, dort Punkte 4.3.

[166] Dok. 13458/00 vom 10.11.2000, DEVGEN 140, dort Punkte 14ff.

[167] Kommissionsmitteilung über Komplementarität vom Mai 1999, Punkt 5.2. Vgl. auch: OPS vom November 2000, Punkt 35.

[168] Vgl. bereits auch die Kommissionsmitteilung über Komplementarität vom Mai 1999, Punkt 5.2; Horizonte 2000, Punkt III.3.

Dabei beruht der Mehrwert dieser Gemeinschaftshilfe unter anderem auf folgenden komparativen Faktoren[171]:

- Überwiegend[172] ausschließliche Zuständigkeit für die Handelspolitik, daher gute Ausgangsposition für die Integration der Handelsdimension in die Entwicklungspolitik;
- Die Gemeinschaft als „Ausdruck der kollektiven Erfahrungen, die Europa auf dem Gebiet der Regionalintegration gesammelt hat“[173];
- Beachtliches und anerkanntes Fachwissen in Sachen makroökonomischer Reformen, insbesondere in Verbindung mit der Integrierung sozialer Komponenten;
- Fähigkeit, kritische Massen an Finanzhilfe zu mobilisieren, die die Finanzkapazitäten bilateraler Geber übersteigen;
- Langjährige Erfahrung auch in den Bereichen Transport und Ernährungssicherung;
- Größere politische und wirtschaftliche Neutralität der Gemeinschaft durch die Verfolgung allgemeiner Gemeinschaftsinteressen;
- Kultur und Werte der Entwicklungszusammenarbeit als starke und positive Botschaft für die Partner in den Entwicklungsländern;
- Aufgrund der europäischen Sozialwerte, der Diversität der Sozialsysteme und der Bedeutung der Umweltbelange Vorbildfunktion der EG in Sachen Nachhaltigkeit der Entwicklung;
- Kapazität, in politisch sensiblen Situationen als Ansprechpartner oder Koordinator zu fungieren;
- Umfangreiches Netz örtlicher Vertretungen infolge bestehender Entwicklungshilfeabkommen mit praktisch allen Entwicklungsländern, sowie schließlich
- Möglichkeit, innerhalb einer großen Anzahl von europäischen und internationalen Stellen zu wählen, die die Hilfe durchführen.

Diese komparativen Vorteile vor Augen entwarf die Kommission verschiedene Konzepte, um Komplementarität bestmöglich zu verwirklichen[174]. Diese lassen erkennen, welch unverzichtbare Rolle das Gemeinschaftsorgan hier einer funktionierenden Koordinierung beimisst. Gleichzeitig aber steckt die Kommission die Grenzen zwischen den beiden Postulaten nicht exakt ab, perpetuiert ergo die Unsicherheit über ihre jeweiligen Inhalte. Und dies, obwohl die Gemeinschaft eigentlich die mehrwertabhängige Arbeitsteilung zum Charakteristikum der Komplementarität erklärt hat[175].

---

[169] OPS vom November 2000, Punkt 20; Kommissionsmitteilung über die Entwicklungspolitik vom April 2000, Punkt 4.3 (6) am Ende.

[170] Zu weiteren Querschnittsthemen der Kommission (z.B. die Armutsminderung): Kommissionsmitteilung über die Entwicklungspolitik vom April 2000, Punkt 4.3 (6) am Ende.

[171] Kommissionsmitteilung über die Entwicklungspolitik vom April 2000, Einleitung S. 5 und Punkte 2.4 (hier befindet sich auch eine Auflistung der komparativen Vorteile gegenüber internationalen Finanzinstitutionen und anderen multilateralen Gremien) und insbesondere 4.3: Dort wird nach der Darstellung eines prioritären Bereichs sein jeweiliger komparativer Vorteil explizit erörtert. Vgl. auch: *Bossuyt u.a.*, Improving the Complementarity, S. 4.

[172] Vgl. hierzu unten Abschnitt D.II.1, insbesondere Fn. 272.

[173] Kommissionsmitteilung über die Entwicklungspolitik vom April 2000, Punkt 2.4.

[174] Kommissionsmitteilung über Komplementarität vom Mai 1999, Punkt 4.
Zur Praxis im Rahmen der Partnerschaft Europa-Mittelmeer: Art. 4I, 5III i.d.F. von MEDA II (ABl. 2000, Nr. L 311/1ff) i.V.m. Beschluss 96/706/EG des Rates vom 6.12.1996, *„Leitlinien für die MEDA-Richtprogramme“*, Punkt 5 (ABl. 1996, Nr. L 325/21ff): Koordination zwischen der EG, den Mitgliedstaaten und dem Empfängerstaat zur Feststellung des Mehrwerts im Rahmen der Programmierung und Programmdurchführung der durch die MEDA – VO finanzierten Programme.

[175] Vgl. oben Abschnitt D.I.2.2.1.

Vorab aber konstatiert die Kommission zunächst einmal, dass Komplementarität primär auf zwei Ebenen hergestellt wird, nämlich zum einen im Empfängerland bei der Programmierung und Durchführung der Maßnahme und zum anderen bei der Personalverwaltung.
Was die Ebene des Empfängerlandes anbelangt, so bemüht sich die EG verstärkt darum, ihre bisherige Projekthilfe vollständig durch einen sektorbezogenen Programmansatz zu substituieren. Diesen Ansatz stuft die Gemeinschaft nämlich als zentrales Feld sich ergänzender Politiken ein[176], bleibt doch im Rahmen der speziell auf ein bestimmtes Vorhaben hin ausgerichteten Projekthilfe kaum Raum hierfür. Im Rahmen dieser Sektorpolitik schlug die Kommission 1999 noch zwei Konzepte vor: Das erste bestand in der *Aufteilung*[177] der gemeinschaftlichen und mitgliedstaatlichen Aktionsbereiche nach Sektoren und/ oder verschiedenen Bereichen innerhalb desselben Sektors. Die nicht nachlassenden Forderungen nach Effizienzsteigerungen und nach Sichtbarkeit der Hilfe veranlassten hingegen die Gemeinschaft, sich auf ihr zweites Konzept zu konzentrieren: Komplementarität zwischen den verschiedenen Politikebenen soll durch eine *Konzentration*, d.h. durch eine grundsätzliche Begrenzung der Tätigkeit der EG auf die genannten prioritären Aktionsfelder sowie die Bereiche, in denen die Querschnittsaufgaben auszuführen sind, hergestellt werden[178]. Dies sieht dergestalt aus, dass sich die Gemeinschaft hier so weit wie möglich direkt zu engagieren versucht und/ oder anbietet, die Führungs- und Koordinierungsrolle unter sämtlichen Gebern innerhalb des jeweiligen Entwicklungslandes zu übernehmen[179]. Im Einzelfall kann aber dennoch auf eine Kofinanzierung zurückgegriffen werden. Eine Koordinierung über die genaue Vorgehensweise bleibt daher unabdingbar[180]. In anderen, nicht zentralen Bereichen jedoch beschränkt sich der Einsatz der Gemeinschaft beispielsweise darauf, ihr Wissen für Programme der Mitgliedstaaten oder der Entwicklungshilfeorganisationen zur Verfügung zu stellen, für deren Hilfe eine Kofinanzierung bereitzustellen und diesen Gebern die Führungsrolle zu überlassen[181].
Die zweite Komponente der Realisierung der Komplementarität befindet sich, wie bereits angeführt, auf der Ebene der Verwaltung der Humanressourcen[182]. Ausgangspunkt für die Erwägungen der Kommission ist das Faktum, dass Gemeinschaft und Mitgliedstaaten über hochspezialisierte und zahlenmäßig bedeutende Humanressourcen verfügen. Fungieren beide Ebenen isoliert, ohne sich auf ihre jeweiligen komparativen Vorteile zu besinnen, so stellt

---

[176] Zur Umsetzung in der Praxis im Rahmen der Partnerschaft Europa-Mittelmeer beispielsweise: Art. 4I i.V.m. Art. 5II, III, IV i.d.F. von MEDA II (ABl. 2000, Nr. L 311/1ff).

[177] Näher: Kommissionsmitteilung über Komplementarität vom Mai 1999, Punkt 4.1.2.

[178] Nachfolgend: Kommissionsmitteilung über die Entwicklungspolitik vom April 2000, Einleitung S. 5, Punkt 4.3; OPS vom November 2000, Punkt 12. Vgl. bereits: Kommissionsmitteilung über Komplementarität vom Mai 1999, Punkt 4.1.2; Ratsentschließung zur *„Komplementarität der Entwicklungszusammenarbeit der Europäischen Gemeinschaft und der Mitgliedstaaten"* vom 21.5.1999, Zusammenfassung in: Bulletin EG 5 – 1999, Ziffer 1.3.45.

[179] Die EG befürwortet einen Ansatz, wonach in jedem Land ein einziger Geber diese Rolle übernimmt und als Hauptansprechpartner für die nationalen Behörden agiert. Die Notwendigkeit einer solchen Führungsrolle zur Herstellung von Komplementarität entsteht allerdings dann nicht, wenn das Entwicklungsland *eigene* Sektorprogramme durchführt, die die EG „nur" finanziell, etwa in Form von Haushaltsbeihilfen, unterstützt (vgl. Kommissionsmitteilung über Komplementarität vom Mai 1999, Punkte 4.1.1, 4.1.2).

[180] Wie das jeweilige Engagement der EG im jeweiligen prioritären (Querschnitts-) Bereich aussehen könnte, beschreiben auch die einschlägigen Mitteilungen, die zumeist spezielle Abschnitte über die Komplementarität enthalten, z.B. über *„Bekämpfung der ländlichen Armut"*, KOM (2002) 429, endg. vom 25.7.2002, Punkt 9.2; über *„Die Rolle der Allgemeinen und Beruflichen Bildung im Rahmen der Armutsminderung in den Entwicklungsländern"*, KOM (2002) 116, endg. vom 6.3.2002, Punkt V; über Handel und Entwicklung vom September 2002, Punkt 3.2; über *„Gesundheit und Armutsbekämpfung in Entwicklungsländern"*, KOM (2002) 129, endg. vom 22.3.2002, Punkt 5, S. 18ff.

[181] Vgl. aber Art. 65III2, IV Cotonou (ABl. 2000, Nr. L 317/3ff), der es leider verpasst, die Kofinanzierung auf diesem Prinzip zu basieren.

[182] Kommissionsmitteilung über Komplementarität vom Mai 1999, Punkt 4.2; Kommissionsmitteilung über die Entwicklungspolitik vom April 2000, Punkt 4.3, Einleitung S. 5; OPS vom November 2000, Punkt 12.

dies gewiss keinen zufrieden stellenden Status quo im Hinblick auf sich ergänzende Strukturen dar. Deshalb gilt es, diese Ressourcen zu potenzieren, indem das Personal beider Seiten stärker miteinander „vernetzt" wird: Diese Vernetzung soll zum einen dergestalt aussehen, dass sich die beiden Stellen intensiver koordinieren, um ihre gemeinsamen Aufgaben entsprechend der genannten prioritären und Querschnittsbereiche zum Zwecke der Arbeitsteilung und der Ausschöpfung des jeweiligen Mehrwertes aufzugliedern und sich hierauf zu konzentrieren[183]. Zum anderen wird anvisiert, die Frequenz gemeinsamer Treffen und Missionen der mitgliedstaatlichen und gemeinschaftlichen Experten zu erhöhen, um dadurch ein intensiveres „knowledge management"[184] - einen Austausch von Informationen und Know-how – betreiben zu können[185].

Zuletzt schlägt die Kommission neue bzw. noch im Anfangsstadium begriffene Initiativen zum weiteren Ausbau der Komplementarität vor, die sie nach deren Kurz- oder Mittelfristigkeit differenziert[186]. Als kurzfristige und bereits angelaufene Maßnahmen im Rahmen der operationellen Koordinierung etwa nennt sie den systematischen Informationsaustausch, die gemeinsame Abgleichung und Prüfung bestehender Papiere über Unterstützungsstrategien für die Empfängerländer[187] sowie den Vergleich der mehrjährigen Finanzplanung von EG und Mitgliedstaaten[188]. Dieser Austausch soll nach Auffassung der Kommission (auch) als Forum für die Ermittlung konkreter Verbesserungsvorschläge der Komplementarität dienen. Selbiges wird mit der Einbeziehung der Mitgliedstaaten in die jährlichen Überprüfungen der gemeinschaftlichen AKP-Hilfeprogramme durch die Kommission anvisiert[189].

Mittelfristig hingegen möchte die Kommission - wie bereits beschrieben[190] - die Empfängerländer bei deren eigenständigen Erarbeitung einer eigenen nationalen Entwicklungsstrategie unterstützen. Dieses Ziel ist im Rahmen der Komplementarität gleichermaßen von Bedeutung, konstituieren doch diese Papiere zusammen mit den sechs prioritären Bereichen sowie den Querschnittsthemen den Rahmen für die Ausarbeitung neuer flankierender Unterstützungsstrategien, der „Länderstrategiepapiere" (LSP; Country Strategy Papers/ CSP) der Gemeinschaft. Und diese LSP stellen die neuen Hoffnungsträger für die Verstärkung der Komplementarität, aber auch der Koordinierung und Kohärenz dar[191], seit Ende 2000 der sog. „Standardrahmen"[192] eingeführt wurde, der die Inhalte der Papiere und das Verfahren für ihre Er-

---

[183] Kommissionsmitteilung über die Entwicklungspolitik vom April 2000, Punkt 4.3; OPS vom November 2000, Punkt 12.

[184] Kommissionsmitteilung über Komplementarität vom Mai 1999, Punkt 4.2.2.

[185] Voranstehend: Kommissionsmitteilung über Komplementarität vom Mai 1999, Punkt 4.2.2.

[186] Nachfolgend: Kommissionsmitteilung über Komplementarität vom Mai 1999, Punkt 6. Mit diesen Vorschlägen geht die Kommission weitgehend konform mit den diesbezüglichen Empfehlungen des Rates in seiner Entschließung zur *„Komplementarität der Entwicklungszusammenarbeit der Europäischen Gemeinschaft und der Mitgliedstaaten"* vom 21.5.1999, Zusammenfassung in Bulletin EG 5 – 1999, Ziffer 1.3.45.

[187] Dies ist zugleich eine Forderung der *„Leitlinien zur Verstärkung der operativen Koordinierung zwischen der Gemeinschaft und den Mitgliedstaaten im Bereich der Entwicklungszusammenarbeit"*, Punkt 5, abgedruckt in: ABl. 1998, Nr. C 97/1ff.

[188] In der Praxis werden die eben vorgestellten Exempel umgesetzt z.B. im Rahmen der Partnerschaft Europa-Mittelmeer, Art. 4I i.d.F. von MEDA II (ABl. 2000, Nr. L 311/1ff).

[189] Art. 17f des Internen Abkommens zwischen den im Rat vereinigten Vertretern der Regierungen der Mitgliedstaaten über die Finanzierung und Verwaltung der Hilfe der Gemeinschaft im Rahmen des Finanzprotokolls zum Partnerschaftsabkommen von Cotonou (ABl. 2000, Nr. L 317/355ff).

[190] Vgl. oben Abschnitt D.I.1.2.2.

[191] Vgl. z.B. die Schlussfolgerungen des Rates zum *„Fortschrittsbericht über die Umsetzung des Standardrahmens für die Länderstrategiepapiere"* vom 18.3.2003, Dok. 6377/03, Punkte 2, 7. Ausführlich: *Kloster*, Länderstrategiepapiere für die europäische EZ, in: E+Z 2000, S. 239ff, 240f.

[192] Vgl. die Schlussfolgerungen des Rates zum *„Standardrahmen für die Länderstrategiepapiere"* vom 10.11.2000, Zusammenfassung abgedruckt in: Bulletin EG 11 – 2000, Ziffer 1.6.44.

stellung dementsprechend festlegt[193]: So muss ein solches Länderstrategiepapier u.a. neben der Darstellung des entwicklungspolitischen Programms des jeweiligen Empfängerlandes eine Analyse seiner politischen, wirtschaftlichen und sozialen Lage sowie der noch zu bewältigenden Probleme beinhalten. Des Weiteren soll es einen Überblick über den Stand der Entwicklungszusammenarbeit mit dem Entwicklungsland, und zwar bezogen sowohl auf die Hilfe der EG, der Mitgliedstaaten als auch anderer wichtiger Geber, verschaffen. An die vorhergehenden Punkte anknüpfend hat das Papier alsdann die genaue Unterstützungsstrategie der Gemeinschaft für das Land festzulegen. Dabei muss explizit auf die Kohärenz[194] der geplanten Strategie mit anderen Politikfeldern der Gemeinschaft bzw. der EU sowie auf ihre Komplementarität mit den Förderstrategien der Mitgliedstaaten geachtet werden. Ergänzend soll eine Matrix im Anhang des Papiers die Ergebnisse der Koordinierung der Geberaktivitäten dokumentieren. Was schließlich das Verfahren zur Erstellung dieser Papiere anbelangt, so sind sowohl das Empfängerland als auch die Mitgliedstaaten einzubinden. Von diesen Koordinierungsmechanismen verspricht sich die EG die Gewährleistung größtmöglicher Komplementarität der geplanten Gemeinschaftsstrategie mit den mitgliedstaatlichen Planungen[195] und somit die Verbesserung der Arbeitsteilung gemäß dem Mehrwertprinzip[196]. Um sicherzustellen, dass die Länderstrategien den vorgenannten Vorgaben genügen, ist eine „Interservice Quality Support Group"[197] eingesetzt worden. Dass es dabei allmählich – zumal durch die jährlichen Überprüfungen der LSP - zu einem Konsens gemeinschaftlicher und mitgliedstaatlicher Prioritäten und Ziele kommt, liegt im Sinne der Vorstellungen der Kommission[198]: Denn diese intendiert die „Entwicklung wirklich europäischer Strategien"[199], die das Ideal der Komplementarität näher rücken lassen.

2.3 Fazit

In der Vergangenheit hat indes die Umsetzung des Prinzips vielerlei Rückschläge[200] erleiden müssen. Die Gründe hierfür sind vielschichtig, oft aber scheiterten die Bemühungen bereits an mangelndem politischen Willen[201] und gegenläufigen politischen Interessen. Nun hat sich zwar im Laufe der Jahre ein immer breiter werdender Konsens auch innerhalb der Mitgliedstaaten[202] dahingehend herauskristallisiert, dass aus den eingangs genannten Notwendigkeiten heraus eine komplementäre Politik gefunden werden muss. Doch diese grundsätzliche Über-

---

[193] Zum Nachstehenden ausführlich: *Kloster*, Länderstrategiepapiere für die europäische EZ, in: E+Z 2000, S. 239ff.

[194] Hierzu unten Abschnitt D.I.3.

[195] Dieses Ziel setzt also die Bereitschaft der Mitgliedstaaten voraus, ihrerseits ihre Förderstrategien entsprechend der Diskussionen zur Fortentwicklung der LSP der EG zu modifizieren etc..

[196] Kritisch: *Kloster*, Länderstrategiepapiere für die europäische EZ, in: E+Z 2000, S. 239ff, 241, der die diesbezüglichen Vorgaben an das Verfahren als unzureichend ansieht.

[197] Schlussfolgerungen des Rates zum „*Fortschrittsbericht über die Umsetzung des Standardrahmens für die Länderstrategiepapiere*" vom 18.3.2003, Dok. 6377/03, Punkt 3.

[198] So auch das Ergebnis einer kommissionsinternen Umfrage: *Bossuyt u.a.*, Improving the Complementarity, S. 4.

[199] Kommissionsmitteilung über Komplementarität vom Mai 1999, Zusammenfassung, S. 3. Vgl. auch Kommissionsmitteilung über die Entwicklungspolitik vom April 2000, Punkt 2.2.3.

[200] Die Studie von *Bossuyt* untersuchte die praktische Umsetzung der Komplementarität im Rahmen der Programme zur Armutsbekämpfung und stieß dabei neben guten Ansätzen leider auch auf viele grundlegende Schwächen. Zu den Ergebnissen: *Bossuyt u.a.*, Improving the Complementarity, S. 6ff.

[201] Ein starker politischer Wille sowohl seitens der Kommission als auch der Mitgliedstaaten erscheint unerlässlich für die erfolgreiche Realisierung des Prinzips (Kommissionsmitteilung über Komplementarität vom Mai 1999, Punkt 3.1. Ähnlich: EP, Entschließung über „*Die gegenseitige Ergänzung der Politik der Gemeinschaft auf dem Gebiet der Entwicklungszusammenarbeit und der entsprechenden Politik der Mitgliedstaaten*" vom 21.2.1997, Punkt 2 (ABl. 1997, Nr. C 85/178ff)).

[202] Zu ihren Bedenken: *Bossuyt u.a.*, Improving the Complementarity, S. 6; *Forwood*, Complementarity, in: Cosgrove-Sacks (Hrsg.), Europe, Diplomacy and Development, S. 215ff, 218f.

einstimmung kann nicht darüber hinweg täuschen, dass die „konzeptionelle Verwirrung“[203] über den Inhalt der Komplementarität nach wie vor entschieden ihre Umsetzung blockiert. Ist jedoch kein Konsens über den genauen Inhalt der Handlungsvorgabe auszumachen, können erst recht keine Überprüfungsmechanismen greifen. Trotz gut über einem Jahrzehnt primärrechtlich verankerter Befugnisse ist also die Gemeinschaft gehalten, ihre Politik der Komplementarität voranzutreiben und gegebenenfalls zusammen mit den Mitgliedstaaten noch einmal neu zu überdenken[204].

3. Kohärenz

Schließlich und endlich ist die Gemeinschaft sowohl durch den EUV als auch den EGV vertraglich zur *„äußeren Kohärenz“*[205], d.h. zur Vermeidung oder zumindest Verminderung von Widersprüchlichkeiten zwischen den Zielen ihrer Entwicklungspolitik und ihren Prioritäten und Zielen in anderen Bereichen verpflichtet: Zunächst gebietet Art. 3II EUV ein kohärentes Vorgehen der Union[206] im Rahmen ihrer auswärtigen Politiken, worunter außen-, sicherheits-, wirtschafts- und entwicklungspolitische Maßnahmen zu subsumieren sind[207]. Und weiter verlangt Art. 178 EGV, dass die Organe der EG[208] bei sämtlichen in Art. 3 EGV[209] stipulierten Gemeinschaftspolitiken, die mit Auswirkungen auf die Entwicklungsländer verbunden sein können, die Entwicklungsziele des Art. 177 EGV berücksichtigen. Hierbei kommen vor allem die Handels- und die Agrarpolitik in Betracht, die sich durch häufige Wechselwirkungen mit

---

[203] „Conceptual confusion“: *Bossuyt u.a.*, Improving the Complementarity, S. 2; *Lehtinen*, Coordination of European Development, S. 11, Punkt 2.

[204] Vgl. Kommissionsmitteilung *„Stärkeres Engagement für die Verwirklichung der Millenniums-Entwicklungsziele – Entwicklungsfinanzierung und Wirksamkeit der Entwicklungszusammenarbeit“*, KOM (2005) 133, endg. vom 12.4.2005, Punkt 3.

[205] *Benedek*, in: Grabitz/ Hilf (Hrsg.), EUV/ EGV, Art. 178, Rn. 5 (dort auch zu weiteren Formen der Kohärenz). Zur „inneren“ sowie zur „internationalen Kohärenz“ vgl. bereits oben Abschnitt D.I.1, Fn. 13. Die Differenzierungen variieren aber beträchtlich, vgl. z.B. *Pechstein*, Das Kohärenzgebot als entscheidende Integrationsdimension der Europäischen Union, in: EuR 1995, S. 247ff, 253f; *Hoebnik*, Coherence and Development Policy, in: Forster/ Stokke (Hrsg.), Policy coherence, S. 323ff, 329ff.

[206] Über die Adressaten des Kohärenzgebots des Art. 3II EUV herrscht Uneinigkeit, da die Union als ausdrücklich genannter Adressat mangels Völkerrechtssubjektivität nicht Trägerin völkerrechtlicher Pflichten sein kann. Werden Rat und Kommission im Rahmen der GASP und der PJZS tätig, steht weitgehend unstreitig fest, dass Zuordnungsobjekte ihres Organhandelns und damit Adressaten des Kohärenzgebotes die Vertragsstaaten des EUV sind (*Pechstein*, Das Kohärenzgebot als entscheidende Integrationsdimension der Europäischen Union, in: EuR 1995, S. 247ff, 254f; *Geiger*, EUV/ EGV, Art. 3 EUV, Rn. 6, 10; *Hilf/ Pache*, in: Grabitz/ Hilf (Hrsg.), EUV/ EGV, Art. 3 EUV, Rn. 25; *Blanke*, in: Calliess/ Ruffert (Hrsg.), EUV/ EGV, Art. 3 EUV, Rn. 16. Anders: *Krenzler/ Schneider*, Die Gemeinsame Außen- und Sicherheitspolitik der Europäischen Union, in: EuR 1994, S. 144ff, 147). Handeln die Organe jedoch auf der Grundlage der Gemeinschaftsverträge, ist streitig, ob die Gemeinschaften die Pflicht zur Achtung des Kohärenzgebotes aufgrund von Art. 3II EUV (*Pechstein*, Das Kohärenzgebot als entscheidende Integrationsdimension der Europäischen Union, in: EuR 1995, S. 247ff, 254; *Hilf/ Pache*, in: Grabitz/ Hilf (Hrsg.), EUV/ EGV, Art. 3 EUV, Rn. 25; *Blanke*, in: Calliess/ Ruffert (Hrsg.), EUV/ EGV, Art. 3 EUV, Rn. 16) oder erst über Art. 10 EGV (*Geiger*, EUV/ EGV, Art. 3 EUV, Rn. 11; *Krenzler/ Schneider*, Die Gemeinsame Außen- und Sicherheitspolitik der Europäischen Union, in: EuR 1994, S. 144ff, 158) trifft.

[207] Speziell zur Kohärenz von Entwicklungszusammenarbeit und intergouvernementaler GASP: *Koulaïmah-Gabriel*, The EU and the Developing World, in: Forster/ Stokke (Hrsg.), Policy coherence, S. 346ff.

[208] Bereits der Wortlaut beschränkt die Einhaltung des Kohärenzgebots auf die EG; Adressaten des Gebots sind somit nicht die Mitgliedstaaten (ebenso: *Benedek*, in: Grabitz/ Hilf (Hrsg.), EUV/ EGV, Art. 178, Rn. 2; *Schmalenbach*, in: Calliess/ Ruffert (Hrsg.), EUV/ EGV, Art. 178, Rn. 2; *Zimmermann*, in: von der Groeben/ Schwarze (Hrsg.), EUV/ EGV, Art. 178, Rn. 2). Differenzierend aber: *Schmidt*, Entwicklungspolitik der Europäischen Union, in: RIW 1995, S. 268ff, 270.

[209] *Schmidt*, Entwicklungspolitik der Europäischen Union, in: RIW 1995, S. 268ff, 270; *Schmalenbach*, in: Calliess/ Ruffert (Hrsg.), EUV/ EGV, Art. 178, Rn. 3; *Pitschas*, in: Streinz (Hrsg.), EUV/ EGV, Art. 178, Rn. 1.

der Entwicklungspolitik auszeichnen. Im Folgenden soll nun die spezifisch entwicklungspolitische Kohärenzregelung[210] des Titels XX näher untersucht werden.

3.1 Ziele der Kohärenz

Das vordringliche Ziel des Kohärenzgebotes ist evident: Aktionen anderer Politiken sollen mit den Entwicklungszielen weitestgehend harmonieren und dadurch die Effektivität und Nachhaltigkeit der Entwicklungshilfe so wenig wie möglich konterkarieren[211]. Anders als bei der Komplementarität und der Koordinierung aber wird hier die Steigerung der Wirksamkeit der Entwicklungszusammenarbeit nicht „intern", durch diverse Maßnahmen innerhalb der Entwicklungspolitik, sondern vielmehr von „außen" implementiert. Umgekehrt vermag das Kohärenzgebot positive Rückkopplungseffekte auf die Stärkung, Optimierung und Effizienz auch der anderen Gemeinschaftspolitiken zu erzielen[212] - nicht zuletzt hierfür müssen Synergieeffekte zwischen den einzelnen Politiken aufgedeckt und alsdann genutzt werden. All diese Faktoren zusammengenommen sollen schließlich die Legitimität und Glaubwürdigkeit der Gemeinschaft insgesamt erheblich verbessern[213].

3.2 Inhalt der Kohärenz

Im Gegensatz zu den Komplementaritäts- und Koordinierungsgeboten ist die inhaltliche Ausgestaltung des Kohärenzprinzips durch Dokumente der Gemeinschaftsorgane bislang äußerst spärlich[214]. Dies mag vor allem an den bisweilen widerstreitenden Interessen und Zielen der Entwicklungszusammenarbeit und der anderen, die Entwicklungsländer tangierenden Gemeinschaftspolitiken liegen, die in der Praxis oft kaum miteinander in Einklang zu bringen sind. Auch die Kohärenzdiskussionen im Schrifttum verliefen kaum substanzieller. Die folgenden Ausführungen zur Umsetzung des Kohärenzgebotes folgen daher so weit wie möglich den Konzepten der Gemeinschaftsorgane, werden jedoch, soweit lückenhaft, durch die entsprechenden Stellungnahmen im Schrifttum ergänzt.
Die Ziele des Art. 177 EGV[215], mithin die „Entwicklungsverträglichkeit"[216] wird durch Art. 178 EGV in Gestalt einer „Querschnittsklausel"[217] zu einer Aufgabe erhoben, die es bei allen Gemeinschaftspolitiken, die die Entwicklungsländer „berühren können" (Art. 178 EGV) - sei es bei der Festlegung der Richtlinien dieser Politiken, beim Erlass von Rechtsakten oder aber bei einzelnen Durchführungsmaßnahmen[218] - zu „berücksichtigen" (Art. 178 EGV)[219] gilt.

---

[210] Obwohl Art. 178 EGV den Terminus „Kohärenz" nicht benutzt, wurde die Vorschrift im allgemeinen Sprachgebrauch fast zeitgleich zu ihrer Einführung im Maastrichter Vertrag als die „Kohärenzregelung" bezeichnet (vgl. *Schmidt*, Entwicklungspolitik der Europäischen Union, in: RIW 1995, S. 268ff, 269).

[211] Ähnlich: Entschließung des EP zur „*Kohärenz der verschiedenen Unionspolitiken mit der Entwicklungspolitik*", Punkt E (ABl. 2000, Nr. C 339/258ff); *Koulaïmah-Gabriel*, The EU and the Developing World, in: Forster/ Stokke (Hrsg.), Policy coherence, S. 346ff, 346f.

[212] Vgl. *Benedek*, in: Grabitz/ Hilf (Hrsg.), EUV/ EGV, Art. 178, Rn. 3.

[213] Vgl. *Hoebnik*, Coherence and Development Policy, in: Forster/ Stokke (Hrsg.), Policy coherence, S. 323ff, 325.

[214] Zum „Schattendasein" der Kohärenz: *Hoebnik*, Coherence and Development Policy, S. 13ff.

[215] Dies gilt wohl auch für die von der Gemeinschaft lediglich gebilligten Zielsetzungen internationaler Organisationen i.S.d. Art. 177III 2. Alt. EGV (zu diesen vgl. bereits oben Kapitel C „Ziele der Entwicklungszusammenarbeit", Abschnitt C.I.1, insbesondere Fn. 32). Zwar werden diese im Gegensatz zu den Zusagen der 1. Alt. nicht unmittelbar verbindlich, doch sind sie zu „berücksichtigen" – und dies gilt nicht nur für den Bereich der Entwicklungszusammenarbeit, wirken die Inhalte dieser Zielsetzungen entgegen der Auffassung *Zimmermanns* (in: von der Groeben/ Schwarze (Hrsg.), EUV/ EGV, Art. 178, Rn. 3) nicht lediglich „isoliert", sondern vermögen durchaus auf andere Politiken auszustrahlen. Die Auswirkungen bestimmter Zielsetzungen machen wohl kaum vor Kompetenzgrenzen halt (vgl. hingegen unten Abschnitt D.II.2.2.1.3).

[216] *Frisch*, Grundzüge einer europäischen Entwicklungspolitik nach Maastricht, in: IPG 1994, S. 122ff, 126.

[217] Vgl. für alle z.B. *Benedek*, in: Grabitz/ Hilf (Hrsg.), EUV/ EGV, Art. 178, Rn. 1.

[218] Vgl. *Schmidt*, Entwicklungspolitik der Europäischen Union, in: RIW 1995, S. 268ff, 271; OPS vom November 2000, Punkt 39.

Dabei macht zwar der Wortlaut des Art. 178 EGV deutlich („können"), dass die Wahrscheinlichkeit der Betroffenheit eines Entwicklungslandes genügt, um entwicklungspolitische Belange prüfen zu müssen[220]. Was indes exakt unter den Terminus „berücksichtigen" zu subsumieren ist, bleibt unklar. Die Gemeinschaftsorgane und das Schrifttum konnten sich allerdings über einen „Mindeststandard"[221] des Berücksichtigungsgebotes einigen, den die Kommission in ihrer Mitteilung über *„Die Entwicklungspolitik der Europäischen Gemeinschaft"* vom April 2000 folgendermaßen beschreibt: „Das Mindeste, was erwartet werden kann, ist, dass jene, die die Entscheidungen treffen, dies in vollem Wissen um diese [positiven oder negativen] indirekten Auswirkungen der Politiken tun. Gründliche Analyse und Quantifizierung dieser Auswirkungen werden gefördert werden"[222]. Daraus ergibt sich ein zweistufiges Vorgehen bei den Bemühungen der Gemeinschaft, die „andere[n] Politiken so harmonisch wie möglich im Verhältnis zu den entwicklungspolitischen Zielen zu gestalten"[223]:

- Feststellung seitens der Gemeinschaftsorgane, ob und ggf. inwieweit die Ziele bzw. Zwecke einer bestimmten Gemeinschaftspolitik (oder aber eines Teilaspekts von ihr) die Entwicklungsziele tangieren und/ oder Auswirkungen auf diese haben.

Falls die Feststellung positiv ausfällt,

- Vornahme einer Interessenabwägung zwischen den einzelnen Zielen/ Zwecken unter Beachtung der Verhältnismäßigkeit[224].

Wann immer möglich, soll diese Abstimmung bei der Planung und Durchführung der konfligierenden Politik vermeiden, dass letztere durch inhaltliche Unstimmigkeiten mit entwicklungspolitischen Maßnahmen etc. die Vorgaben der Entwicklungszusammenarbeit behindert oder gar zunichte macht[225]. Ein heikles Unterfangen, ziehen hier doch die verantwortlichen Akteure noch weniger als bei der Umsetzung der Koordinierung oder der Komplementarität an einem Strang: Neben unterschiedlichen mitgliedstaatlichen Auffassungen im Rat stehen die anderen Politiksektoren jeweils für eigenständige, oft völlig konträre, jedoch legitime Zielsetzungen und Interessen[226], die meist von mächtigeren EG-Gremien verfolgt, darüber

---

[219] Vgl. bereits auch: Leitlinie eins des Memorandums über Entwicklungszusammenarbeit vom Juli 1971, S. 24 (vgl. auch die Ausführungen auf den S. 7, 15ff, 19ff, 23): „Berücksichtigung der Zusammenarbeit mit den Entwicklungsländern in allen Bereichen der Gemeinschaftspolitik".

[220] Wird in diesem Abschnitt von „(widerstreitenden/ konfligierenden/ tangierenden etc.) anderen/ übrigen" etc. Politiken gesprochen, so sind nur die Politiken gemeint, die in dem eben beschriebenen Sinne die Entwicklungsländer berühren *können*.

[221] *Benedek*, in: Grabitz/ Hilf (Hrsg.), EUV/ EGV, Art. 178, Rn. 4.

[222] Mitteilung über die Entwicklungspolitik vom April 2000, Punkt 2.2.2. Ähnlich bereits: *„Die Kohärenz der Gemeinschaftspolitiken mit den Zielen der Politik der Entwicklungszusammenarbeit"*, SEK (1994) 1935, endg. vom 21.11.1994 (zitiert nach: *Benedek*, in: Grabitz/ Hilf (Hrsg.), EUV/ EGV, Art. 178, Rn. 8). Vgl. auch: *Zimmermann/ Martenczuk*, in: Schwarze (Hrsg.), EU-Kommentar, Art. 178, Rn. 1f; *Benedek*, in: Grabitz/ Hilf (Hrsg.), EUV/ EGV, Art. 178, Rn. 4, 6; *Zimmermann*, in: von der Groeben/ Schwarze (Hrsg.), EUV/ EGV, Art. 178, Rn. 1f; *Geiger*, EUV/ EGV, Art. 178, Rn. 1, Art. 177, Rn. 8.

[223] *Frisch*, in: Groeben/ Thiesing/ Ehlermann (Hrsg.), EU-/ EG-Vertrag, vor Art. 130u bis 130y, Rn. 31.

[224] Voranstehend vgl. *Benedek*, in: Grabitz/ Hilf (Hrsg.), EUV/ EGV, Art. 178, Rn. 4.

[225] Vgl.: *Benedek*, in: Grabitz/ Hilf (Hrsg.), EUV/ EGV, Art. 178, Rn. 12; *Klein*, in: H/K/M/M-G (Hrsg.), EUV/ EGV, Art. 130v, Rn. 1; *Schmalenbach*, in: Calliess/ Ruffert (Hrsg.), EUV/ EGV, Art. 178, Rn. 1.

[226] Nun sind das Allgemeine Präferenzsystem der Gemeinschaft oder aber die internationalen Rohstoffübereinkommen gewiss Musterexemplare, was die Einbeziehung von Entwicklungsfragen beispielsweise in den Handel anbelangt. Und in der Tat korrelieren zahlreiche entwicklungspolitische Ziele mit den wirtschaftlichen und politischen Zielsetzungen anderer, die Entwicklungsländer gleichermaßen tangierenden Politiken (diese Parallelen skizziert: Grünbuch über die AKP-EG Beziehungen vom November 1996, S. 2f). Von diesem Gleichlauf ist indes in der eher „entwicklungsfeindlichen" Realität oftmals wenig zu spüren. Wie sehr die Durchführung beispielsweise der Gemeinsamen Agrarpolitik die Entwicklungsländer tatsächlich negativ berühren kann, zeigt eines der viel zitierten Beispiele aus den letzten Jahren: Aus Angst vor der Rinderseuche BSE ging die Nachfrage nach Rindfleisch in Europa schlagartig zurück. So beschloss die EG, ihren Fleischüberschuss ins südliche

hinaus nicht selten von einer viel einflussreicheren Lobby unterstützt werden und größere Akzeptanz unter den Europäern finden[227]. Eine für alle Seiten optimale Lösung erscheint utopisch und ist - davon abgesehen - rechtlich ebenso wenig vorgeschrieben: Denn die Entwicklungsziele genießen gegenüber den Zielen der widerstreitenden Politiken zum einen keinerlei Vorrang, sind erstere doch ausweislich des Wortlauts von Art. 178 EGV lediglich zu „berücksichtigen" - ein Terminus, der per se zumindest Gleichrangigkeit voraussetzt[228]. Eine etwaige Priorität der entwicklungspolitischen Vorgaben machte zudem die anderen Politiken zu „heimlichen Entwicklungspolitiken" und nähme so Titel XX des EGV das Gros seines Anwendungsbereiches – ein Ansinnen, dass wohl kaum dem Sinn und Zweck des Art. 178 EGV entsprechen dürfte. Zum anderen sind die Entwicklungsziele bei der Formulierung und Implementierung anderer Politiken nicht zwingend zu integrieren[229]. Der Gesetzestext strebt nämlich konträr zu anderen Querschnittsklauseln keinen Gleichrang zu anderen Politikzielen insoweit an, als die Gemeinschaft die Ziele des Art. 177 EGV bei der Festlegung und Durchführung der von ihr verfolgten Politiken, die die Entwicklungsländer berühren können, *einbeziehen muss*[230]. Zwar schreibt Art. 178 EGV den Prozess des Berücksichtigens im Sinne einer ausdrücklichen, bewussten und ernsten Mitprüfung der Entwicklungsziele und ihrer Abwägung mit den speziellen Zielen und Zwecken des Vorhabens[231] zwingend vor, nicht jedoch das Resultat hieraus[232]. Ebenso wenig impliziert die Existenz einer Querschnittsklausel für sich genommen die Einräumung einer gegenüber den anderen Politikzielen gleichrangigen Position. Vielmehr trägt eine solche Klausel grundsätzlich (nur) der Tatsache Rechnung, dass eine bestimmte Politik Querschnittscharakter besitzt. Über die Frage, welche konkrete Bedeutung der Querschnittspolitik in den sie tangierenden Politiken zukommt, entscheidet indes der Wortlaut der einzelnen Klausel. Und hier besagt „berücksichtigen" im Endeffekt, dass es eine Politik- und/ oder Rechtsänderung nicht verbindlich vorschreibt[233] bzw. keinesfalls „die Freiheit der politischen Prioritätensetzung"[234] einschränkt; ob und inwieweit demnach die Ent-

---

Afrika subventioniert zu exportieren und dort zu Dumpingpreisen zu verkaufen, ist doch der subventionierte Export von Überschüssen aus europäischer Produktion eine gängige Praxis der Gemeinsamen Agrarpolitik (auch die Nahrungsmittelhilfe resultierte anfangs aus solchen Überschüssen). Auf dem Markt der Afrikanischen Zollunion kam es infolgedessen zu Preisstürzen innerhalb eines Jahres um ca. 20%; Kleinbauern aus Namibia, Botswana und Swaziland, die finanzielle und technische Unterstützung seitens der EG zum Ausbau ihrer Viehzucht erhielten, konnten in diesem unfairen Wettbewerb nicht weiter konkurrieren und verloren ihren Absatzmarkt (voranstehend: *Wolf*, Partnerschaft auf dem Prüfstand, in: Integration 1997, S. 160ff, 167f; *Koulaïmah-Gabriel/ Oomen*, Improving Coherence, S. 2. Zu weiteren Inkohärenzen, vor allem mit der Gemeinsamen Agrar- und Handelspolitik, vgl. z.B.: *Koulaïmah-Gabriel/ Oomen*, Improving Coherence, S. 2ff; *Pietsch*, Revision von Lomé IV – Versuch einer Wertung, in: JEP 1996, S. 397ff, 405f; *Bell*, The Quest for Coherence, in: Cosgrove-Sacks (Hrsg.), Europe, Diplomacy and Development, S. 206ff, 207ff). Zu den Zielen der Fischereipolitik: *Linard*, Greater coherence for international fisheries agreements, in: The Courier, Nr. 197 (2003), S. 15f.

[227] Ähnlich: *Hoebnik*, Coherence and Development Policy, S. 4; *Koulaïmah-Gabriel/ Oomen*, Improving Coherence, S. 1f.

[228] Ähnlich: *Frisch*, Grundzüge einer europäischen Entwicklungspolitik nach Maastricht, in: IPG 1994, S. 122ff, 126.

[229] *Schmidt*, Entwicklungspolitik der Europäischen Union, in: RIW 1995, S. 268ff, 271; *Zimmermann*, in: von der Groeben/ Schwarze (Hrsg.), EUV/ EGV, Art. 178, Rn. 1; *Zimmermann/ Martenczuk*, in: Schwarze (Hrsg.), EU-Kommentar, Art. 178, Rn. 1.

[230] So etwa Art. 6 EGV.

[231] *Schmidt*, Entwicklungspolitik der Europäischen Union, in: RIW 1995, S. 268ff, 271.

[232] *Koulaïmah-Gabriel*, The EU and the Developing World, in: Forster/ Stokke (Hrsg.), Policy coherence, S. 346ff, 351.

[233] *Schmidt*, Entwicklungspolitik der Europäischen Union, in: RIW 1995, S. 268ff, 271.

[234] *Schmidt*, Entwicklungspolitik der Europäischen Union, in: RIW 1995, S. 268ff, 271. Andererseits schreibt er, dass die Entwicklungsziele gleichberechtigt neben den jeweils speziellen Zielen des Vorhabens etc. stehen (ebenda, S. 271) – eine Aussage, die m.E. aber die von ihm zitierte „Freiheit der politischen Prioritätensetzung" sehr wohl einschränkt.

wicklungsziele in die Entscheidung integriert werden und dadurch eine Politik- und/ oder Rechtsänderung herbeigeführt wird, ist eine politische Wahl[235]. Die Gemeinschaftsorgane sind mithin nicht gehalten, eine Politik „trotz ihrer potentiell negativen, indirekten und unbeabsichtigten Auswirkungen auf die Entwicklungsländer“[236] zu unterbinden. Bestehen allerdings mehrere denkbare und operable Varianten künftiger Politikgestaltung, müssen die Organe freilich die für die Entwicklungsländer „mildeste“ optieren[237]. Diese schafft zwar Inkohärenzen im Sinne des Art. 178 EGV nicht vollständig aus der Welt, stellt sich aber als Kompromiss dar, in welchem die jeweilige Bedeutung der betroffenen Politikziele, -sektoren, Akteure etc. je nach Einzelfall sorgfältig abgewogen worden ist[238]. Selbst wenn also zusammenfassend die entwicklungspolitischen Ziele dergestalt nachrangig sind, als sie nicht zwingend in andere Politiken einzubeziehen sind, so gebietet bereits das Gebot der Verhältnismäßigkeit die beschriebene Abwägung, käme doch der Querschnittsklausel des Art. 178 EGV ansonsten keinerlei rechtliche und praktische Relevanz zu.

Ein erster Schritt zur Umsetzung dieser Vorgaben war die Identifizierung „besonders sensibler Bereiche“[239] der Kohärenz. Als prioritäre „sensible Bereiche“ der Kohärenz galten früher die Friedenskonsolidierung, Konfliktvermeidung und –beilegung[240], Ernährungssicherheit, Migration sowie die Fischerei[241]. Mittlerweile ist jedoch einhellig anerkannt, dass eine „Kohärenzkontrolle“[242] darüber hinaus auch vor allem für die Bereiche Handel, Landwirtschaft, Umwelt, Energie, Forschung und technologische Entwicklung, Einwanderung und Asyl, Gesundheit, Wettbewerb, Verbraucherschutz und humanitäre Hilfe relevant ist[243]. Das Europäische Parlament appelliert darüber hinaus, den Grundsatz der Kohärenz auch in den Bereichen

---

[235] Vgl. Kommissionsmitteilung über die Entwicklungspolitik vom April 2000, Punkt 2.2.2; Grünbuch der Kommission über die AKP-EG Beziehungen vom November 1996, S. 33. Ähnlich auch: *Schmidt*, Entwicklungspolitik der Europäischen Union, in: RIW 1995, S. 268ff, 271; *Zimmermann/ Martenczuk*, in: Schwarze (Hrsg.), EU-Kommentar, Art. 178, Rn. 2; *Schmalenbach*, in: Calliess/ Ruffert (Hrsg.), EUV/ EGV, Art. 178, Rn. 1; *Zimmermann*, in: von der Groeben/ Schwarze (Hrsg.), EUV/ EGV, Art. 178, Rn. 2.

[236] Kommissionsmitteilung über die Entwicklungspolitik vom April 2000, Punkt 2.2.2.

[237] Vgl. Kommissionsmitteilung über die Entwicklungspolitik vom April 2000, Punkt 2.2.2.
Zur Justiziabilität insofern, als Art. 177I EGV einen unmittelbaren Handlungsauftrag formuliert, oben Abschnitt D.I.1, Fn. 9. Darüber hinaus dürfte dann, wenn die negativen Auswirkungen eines zu erlassenden Rechtsaktes auf die Entwicklungsländer offensichtlich und, was z.B. die Anzahl der Betroffenen und/ oder den Grad der Auswirkungen angeht, nicht unerheblich sind, die Begründungspflicht im Sinne des Art. 253 EGV auch zumindest die Feststellung umfassen, die entwicklungspolitischen Zielvorgaben berücksichtigt zu haben (wohl zustimmend: *Hecker*, in: Lenz/ Borchardt (Hrsg.), EUV/ EGV, Art. 178, Rn. 1; unklar: *Schmidt*, Entwicklungspolitik der Europäischen Union, in: RIW 1995, S. 268ff, 271. Andere Auffassung: *Zimmermann*, in: von der Groeben/ Schwarze (Hrsg.), EUV/ EGV, Art. 178, Rn. 1; *Schmalenbach*, in: Calliess/ Ruffert (Hrsg.), EUV/ EGV, Art. 178, Rn. 1; *Zimmermann/ Martenczuk*, in: Schwarze (Hrsg.), EU-Kommentar, Art. 178, Rn. 1). Denn in dem beschriebenen Fall handelt es sich bzgl. des „Ob“ der Berücksichtigung der Entwicklungsziele sehr wohl um einen „tragenden Grund“, bei dessen Fehlen der Gedankengang der erlassenden Organe kaum mehr verständlich sein wird (vgl. *Calliess*, in: Calliess/ Ruffert (Hrsg.), EUV/ EGV, Art. 253, Rn. 9, mit Nachweisen der diesbezüglich ständigen Rechtsprechung des EuGH). Nicht bzw. zumindest beschränkt justiziabel ist jedoch das Resultat der Abwägungen, das, wie bereits erläutert, eine politische Ermessensentscheidung des Gesetzgebers und keine (voll) überprüfbare Rechtsfrage (dazu bereits oben Kapitel C „Ziele der Entwicklungszusammenarbeit“, Abschnitt C.I.1) darstellt.

[238] *Hoebnik*, Coherence and Development Policy, in: Forster/ Stokke (Hrsg.), Policy coherence, S. 323ff, 325. Vgl. auch: *Koulaïmah-Gabriel*, The EU and the Developing World, in: Forster/ Stokke (Hrsg.), Policy coherence, S. 346ff, 354.

[239] OPS vom November 2000, Punkt 39.

[240] Diese Bereiche fallen jedoch teilweise unter die GASP und insoweit unter das Kohärenzgebot des Art. 3II EUV (vgl. *Werther-Pietsch*, Strategie für Entwicklung, S. 61).

[241] Entschließung des Rates zur *„Kohärenz der Entwicklungszusammenarbeit der Europäischen Gemeinschaft und ihrer anderen Politiken“* vom 5. Juni 1997, Zusammenfassung in Bulletin EG 6 – 1997, Ziffer 1.4.52.

[242] Kommissionsmitteilung über die Entwicklungspolitik vom April 2000, Punkt 2.2.2.

[243] Kommissionsmitteilung über die Entwicklungspolitik vom April 2000, Punkt 2.2.2.

Ausfuhr- und Investitionskredite, Waffenhandel und in allen internationalen Kooperationsverhandlungen anzuwenden[244]. Nach jahrelanger Zurückhaltung der Kommission sind mittlerweile Bemühungen erkennbar, diese Kohärenzkontrolle unter anderem[245] dergestalt durchzuführen, dass vermehrt Mitteilungen zu den genannten Bereichen angenommen werden, die sich eingehend mit den Verflechtungen zwischen der Entwicklungspolitik und dem jeweiligen Sektor auseinandersetzen und zudem meist Grundprinzipien künftigen Handelns stipulieren[246]. Dabei ergehen diese Kommissionsmitteilungen oftmals nach Anregung durch den Rat oder aber werden mit Ratsschlussfolgerungen oder dergleichen beantwortet und ggf. ergänzt[247]. Ferner hat sich die Kommission dazu verpflichtet, alle erforderlichen Anstrengungen zu unternehmen, um zu gewährleisten, dass dem Kohärenzgebot in ihren Vorschlägen immer mehr Bedeutung zukommt[248], insbesondere der Entwicklungsproblematik im Beschlussfassungsprozess innerhalb der Kommission besonders Rechnung getragen wird[249]. Zu diesem Zwecke, aber auch, um fundierte Mitteilungen zur Kohärenz verabschieden zu können, müssen mitunter durch eingehende und systematische Analysen verlässliche Daten und Informationen über potenzielle Auswirkungen einer Politik gewonnen werden[250]. Infolgedessen ist die optimale Ausschöpfung bestehender bzw. der Aufbau innovativer[251] Koordinierungsmech-

---

[244] Entschließung des EP vom 17.2.2000 über die *„Kohärenz der verschiedenen Unionspolitiken mit der Entwicklungspolitik"*, Punkte L, 1, 15 (ABl. 2000, Nr. C 339/258ff). Wie bereits der Titel der Entschließung verrät, handelt es sich hier nicht nur um Gemeinschaftspolitiken.

[245] Zu den Kohärenzbemühungen in den Bereichen „Forschung und technologische Entwicklung": *Kommission*, Annual Report 2004, Punkt 2.4.1.3; im Bereich „Transport": *Kommission*, Annual Report 2004, Punkt 2.4.1.4; im Bereich „Drogen": *Kommission*, Annual Report 2004, Punkt 2.4.1.7.

[246] Vgl. z.B. die Mitteilung *„Verknüpfung von Soforthilfe, Rehabilitation und Entwicklung – eine Bewertung"*, KOM (2001) 153, endg. vom 23.4.2001 (zu den ergriffenen Folgemaßnahmen: *Kommission*, Annual Report 2004, Punkt 2.4.1.6); Kommissionsmitteilung über Handel und Entwicklung vom September 2002; *„Einbeziehung von Migrationsbelangen in die Beziehungen der Europäischen Union zu Drittländern"*, KOM (2002) 703, endg. vom 3.12.2002; vgl. auch die hierauf basierende VO (EG) Nr. 491/2004 des EP und des Rates vom 10.3.2004 zur *Errichtung eines Programmes für die finanzielle und technische Hilfe für Drittländer im Migrations- und Asylbereich (AENEAS)*, ABl. 2004, Nr. L 80/1ff (hierzu auch: *Kommission*, Jahresbericht 2003, Punkt 1.4.1.3; *Kommission*, Annual Report 2004, Punkt 2.4.1.1); zur Einbindung von Entwicklungsfragen in das öffentliche Auftragswesen, Mitteilung der Kommission *„Aufhebung der Lieferbindungen: für eine wirksame Hilfe"*, KOM (2002) 639 vom 18.11.2002 (hierzu vgl. unten Kapitel E „Regionale Entwicklungszusammenarbeit der Europäischen Gemeinschaft", Abschnitt E.I.2.4.4.3; *Kommission*, Jahresbericht 2003, Punkt 1.4.1.4).

[247] Vgl. *Kommission*, Annual Report 2004, Punkt 2.4.1.1.

[248] Kommissionsmitteilung über die Entwicklungspolitik vom April 2000, Punkt 2.2.2.

[249] OPS vom November 2000, Punkt 39. Auch hier tritt die Problematik hinzu, dass die widerstreitenden Sektoren kompetentiell unterschiedlichen Generaldirektionen der Kommission zuzuordnen sind.

[250] OPS vom November 2000, Punkt 39.

[251] Zu diesem Zwecke wurde in der GD Entwicklung ein „Focal Point"/ ein „Brennpunkt" für Kohärenz eingerichtet (*Benedek*, in: Grabitz/ Hilf (Hrsg.), EUV/ EGV, Art. 178, Rn. 10): Diese Stelle überwacht sämtliche Politiken und Maßnahmen, die die Belange der Entwicklungsländer berühren können (vgl. *Koulaïmah-Gabriel/ Oomen*, Improving Coherence, S. 5). Gelegentlich werden auch „Interservice Groups"/ dienststellenübergreifende Arbeitsgruppen eingerichtet: Diese bestehen aus Repräsentanten der verschiedenen Generaldirektorate der Kommission, die für die Entwicklungszusammenarbeit zuständig sind und/ oder Direktorate, deren Politiken wahrscheinlich Auswirkungen auf die Entwicklungspolitik haben. Ihre Aufgabe besteht darin, neue entwicklungspolitische Ansätze, die die Kommission in Mitteilungen etc. kommuniziert, umzusetzen, indem vorhandene Schwierigkeiten, optimale Verfahrens- und Vorgehensweisen aufgespürt sowie umfassende Analysen über bestimmte Szenarien durchgeführt werden (vgl. *Kommission*, Annual Report 2004, Punkt 2.4.1.6. Zur diesbezüglichen Forderung des EP, Entschließung zur *„Kohärenz der verschiedenen Unionspolitiken mit der Entwicklungspolitik"* vom 17.2.2000, Punkt 7 (ABl. 2000, Nr. C 339/ 258ff). *Kommission*, Jahresbericht 2003, Punkt 6.3.4, zur Umsetzung im Rahmen der Partnerschaft Europa-Mittelmeer). Eine ähnliche, jedoch mehr operative Funktion haben die (ebenfalls im Rahmen der Koordinierung eingesetzten, vgl. oben Abschnitt D.I.1.2.1) dienststellenübergreifenden „Task Forces" (mittlerweile unter anderem im für die Entwicklungszusammenarbeit so wichtigen Bereich Handel und Entwicklung eingerichtet (vgl. Kommissionsmitteilung über Handel und Entwicklung vom

nismen zwischen den verantwortlichen Gremien – auch außerhalb der Kommission - unabdingbar[252]. Weiter wollen die Kommission und der Rat neue Verfahren der Folgenabschätzung, die seit 2003 bei allen wichtigen politischen Reformvorhaben eingesetzt werden, auch als Instrument für die Überprüfung der Kohärenz vor allem in jenen „besonders sensiblen Bereichen" etablieren[253]. Und auch in den neueren Abkommen werden gewisse Mechanismen zur Gewährleistung der Kohärenz integriert[254].
Von der vom Parlament geforderten Formulierung „gemeinsamer Strategien" und „kohärenter Standards" primär für Armutsbeseitigung, Umweltschutz, Menschenrechte und verantwortungsvolle Staatsführung ist man aber noch weit entfernt[255]. Zwar vermögen die Gemeinschaftsorgane auf die gerade vorgestellte Weise gewiss, isolierten oder sogar zufälligen Widersprüchlichkeiten in einzelnen noch zu entwerfenden Maßnahmen beizukommen. Handelt es sich indes um ein „strukturelles" Kohärenzproblem, das eine gesamte Politik betrifft, werden Inkohärenzen kaum ohne ein Neuüberdenken ihrer Zielsetzungen zu bewältigen sein[256]. Wohl mitunter im Bewusstsein dieser Tatsache erbrachte die Kommission 2002 - teilweise nach Aufforderung durch den Rat - Vorschläge zur Änderung an der Gemeinsamen Agrar[257]- und Fischereipolitik[258], um unter anderem einen größeren Grad an Übereinstimmung mit den Entwicklungszielen zu erreichen[259]. Eine bedeutende und die Kommissionsvorschläge aufgreifende Reform der Gemeinsamen Agrarpolitik wurde schließlich Mitte 2003 angenommen[260]. 2003 kam es zu einer Serie von Umsetzungsmaßnahmen des neuen Ansatzes in der Fischereipolitik seitens der Kommission[261]. Einen weiteren hoffnungsvollen Ansatz zur Gewährleistung verbesserter Kohärenz auf Länderebene offerieren ohne Zweifel auch die bereits vorgestellten Länderstrategiepapiere, die einen eigenen Abschnitt über die Kohärenz der Entwicklungszusammenarbeit mit anderen Politiken enthalten[262].

September 2002, Punkt 4, S. 30f)). Und wie bereits erwähnt (Abschnitt D.I.1.2.2, Fn. 82), dienen die „country fact files" gleichermaßen der Gewährleistung der äußeren Kohärenz.

[252] Vgl. Kommissionsmitteilung über die Entwicklungspolitik vom April 2000, Punkt 2.2.2; *Koulaïmah-Gabriel/ Oomen*, Improving Coherence, S. 4f.

[253] *Kommission*, Jahresbericht 2003, Punkt 1.4.1.1. Seit 2003 werden bei allen Verhandlungen über Handelsabkommen mit den Entwicklungsländern sog. „Sustainability Impact Assessments" (SIAs; ~ Nachhaltigkeitsbewertungen) durchgeführt, die die potenziellen ökonomischen, sozialen und ökologischen Auswirkungen eines Handelsabkommens bewerten. Dabei werden umfangreiche Konsultationen mit allen Interessensvertretern inklusive der Zivilgesellschaft durchgeführt. Mehr Informationen hierzu: *Kommission*, Annual Report 2004, Punkt 1.3.1.

[254] Vgl. z.B. Art. 12 Cotonou (ABl. 2000, Nr. L 317/3ff).

[255] Entschließung des EP vom 17.2.2000 über die *„Kohärenz der verschiedenen Unionspolitiken mit der Entwicklungspolitik"*, Punkt 5 (ABl. 2000, Nr. C 339/258ff).

[256] Vgl. *Koulaïmah-Gabriel/ Oomen*, Improving Coherence, S. 4.

[257] Mitteilung der Kommission *„Halbzeitbewertung der Gemeinsamen Agrarpolitik"*, KOM (2002) 394, endg. vom 10.7.2002.

[258] Mitteilung über die *„Reform der Gemeinsamen Fischereipolitik („Fahrplan")"*, KOM (2002) 181, endg. vom 28.5.2002; Mitteilung über einen *„Integrierten Rahmen für partnerschaftliche Fischereiabkommen mit Drittländern"*, KOM (2002) 637, endg. vom 23.12.2002.

[259] *Kommission*, Jahresbericht 2003, Punkt 1.4.2.1. Kritisch gegenüber diesem Kommissionsansatz: *Linard*, Greater coherence for international fisheries agreements, in: The Courier, Nr. 197 (2003), S. 15f, 16.

[260] VO (EG) Nr. 1782/2003 des Rates vom 29.9.2003 *mit gemeinsamen Regeln für Direktzahlungen im Rahmen der Gemeinsamen Agrarpolitik und mit bestimmten Stützungsregeln für Inhaber landwirtschaftlicher Betriebe und zur Änderung bestimmter Verordnungen* (ABl. 2003, Nr. L 270/1ff). Weitere Informationen zu dieser Reform: *Kommission*, Annual Report 2004, Punkt 2.4.1.2. Zu den separaten Reformvorschlägen für Baumwolle, Tabak, Olivenöl und Zucker: Mitteilung *„Vervollständigung des Modells einer nachhaltigen Landwirtschaft für Europa durch die Reform der Gemeinsamen Agrarpolitik – Tabak, Olivenöl, Baumwolle und Zucker"*, KOM (2003) 554, endg. vom 23.9.2003.

[261] Vgl. *Kommission*, Annual Report 2004, Punkt 2.4.1.2.

[262] *Kloster*, Länderstrategiepapiere für die europäische EZ, in: E+Z 2000, S. 239ff, 240.

3.3 Fazit

Bis vor wenigen Jahren konnte man zu Recht behaupten, die Implementierung des Kohärenzgebotes befinde sich trotz etlicher Jahre vertraglicher Normierung immer noch in den Kinderschuhen[263]. Angesichts der gegensätzlichen sektoralen, nationalen und institutionellen Interessen, die bei der Entscheidungsfindung theoretisch in Einklang zu bringen sind, verwundert dies nicht. Dennoch hat in den letzten Jahren ein gewisser internationaler Sensibilisierungsprozess[264] ob der Bedeutung nachhaltiger Entwicklung und damit indirekt ebenso der Kohärenz stattgefunden, der auch nicht vor EG-Kreisen halt macht. Ein sowohl einheitlicher als auch effektiver Ansatz lässt allerdings bislang noch auf sich warten: Abgesehen von den bereits beschriebenen Defiziten besteht beispielsweise[265] kein Beschwerdeverfahren für Betroffene in den Entwicklungsländern[266], geschweige denn ein Reaktionsmechanismus bei Aufdeckung bestehender Inkohärenzen; weder dienststellenübergreifende Arbeitsgruppen noch „Entwicklungsverträglichkeitsprüfungen", die die (potenziellen) Auswirkungen geplanter Maßnahmen untersuchen und praktische Schritte vorschlagen, sind *Standard*; darüber hinaus fehlt es an Stellen, die die Umsetzung der Kohärenz überwachen. Die Kommission hat bislang jedenfalls ihren seit Jahren „geschuldeten" Bericht über die Kohärenz der Politiken in Verbindung mit der Entwicklungszusammenarbeit noch nicht abgeliefert[267].

Wenn also auch jene Sensibilisierung einen großen Schritt in Richtung Verbesserung der Kohärenz bedeuten mag – bis andere Politiken allerdings tatsächlich bereit sind, zumindest ansatzweise, dafür jedoch stringent, Konzessionen zugunsten entwicklungspolitischer Belange einzuräumen, dürfte noch viel Zeit vergehen.

II. Gemeinschaftsrechtliche Handlungsformen

Die Gemeinschaft wird nach Maßgabe des Prinzips der begrenzten Einzelermächtigung „innerhalb der Grenzen der ihr in diesem Vertrag zugewiesenen Befugnisse und gesetzten Ziele tätig" (Art. 5I EGV). Art. 3r) EGV normiert die „Politik auf dem Gebiet der Entwicklungszusammenarbeit" als Aufgabe der Gemeinschaft. Die Bedeutung dieser Bestimmung erschöpft sich jedoch primär in ihrer Heranziehung als Anwendungs- und Auslegungsmaßstab der Vorschriften des EGV[268]. Denn ausweislich des Enumerationsprinzips erwachsen der Gemeinschaft konkrete Befugnisse grundsätzlich[269] noch nicht per se aus einer Aufgabenzuweisung,

---

[263] Vgl. die Studien unter anderem von: *Koulaïmah-Gabriel/ Oomen*, Improving Coherence; *Hoebnik*, Coherence and Development Policy. Wiederholt energisch zur Kohärenz auffordernd auch das Parlament, Entschließung zur „*Kohärenz der verschiedenen Unionspolitiken mit der Entwicklungspolitik*" vom 17.2.2000 (ABl. 2000, Nr. C 339/258ff).

[264] Nicht zuletzt die einschlägigen internationalen Konferenzen mögen zu dieser Bewusstseinsänderung beigetragen haben. Für die Änderungen in der Gemeinsamen Agrarpolitik war mitunter die Entwicklungsagenda von Doha, die von der WTO-Ministerkonferenz 2001 verabschiedet wurde, richtungweisend. Eine kurze Übersicht über die Agenda verschafft beispielsweise: *Hecker*, in: Lenz/ Borchardt (Hrsg.), EUV/ EGV, Art. 178, Rn. 4. Die Entwicklungsagenda von Doha kann unter http://www.wto.org/english/thewto_e/minist_e/ min01_e/mindecl_e.htm (30.5.2006) abgerufen werden.

[265] Zu weiteren Verbesserungsvorschlägen: *Koulaïmah-Gabriel/ Oomen*, Improving Coherence, S. 5ff; *Hoebnik*, Coherence and Development Policy, S. 13ff.

[266] Die Klagen, die der EGV prinzipiell dem Einzelnen zur Verfügung stellt, dürften hier nicht zulässig sein, da Art. 178 EGV grundsätzlich wohl keine Individualinteressen schützt.

[267] Inzwischen widmet sie der Umsetzung der Kohärenz wenigstens einen Abschnitt in ihren jährlichen und bereits zitierten Jahresberichten/ Annual Reports.

[268] *Schweitzer/ Hummer*, Europarecht, Rn. 1036, 1041, jeweils mit Nachweis der Rechtsprechung.

[269] Als Ausnahme zum Prinzip der begrenzten Einzelzuständigkeit sind das Vertragslückenschließungsverfahren des Art. 308 EGV (vgl. hierzu beispielsweise *Oppermann*, Europarecht, Rn. 527ff) sowie die „implied power"-Lehre des EuGH (hierzu unter anderem *Oppermann*, Europarecht, Rn. 523ff) inklusive der stillschweigend mitgeschriebenen Vertragsschließungskompetenzen nach der AETR-Judikatur (hierzu unten Abschnitte D.II.1 und D.II.2.1.2.1) anzusehen.

sondern vielmehr erst aus den entsprechenden expliziten oder zumindest auslegungsmäßig nachweisbaren Kompetenzzuteilungen des EGV[270].
Bevor die wichtigsten entwicklungspolitisch relevanten Zuständigkeiten der Gemeinschaft zu untersuchen sein werden, soll das Zusammenspiel zwischen mitgliedstaatlicher und gemeinschaftlicher Entwicklungspolitik, wie es Titel XX verbalisiert, näher beleuchtet werden.

1. Verhältnis zur nationalen Entwicklungspolitik der Mitgliedstaaten

Die Gemeinschaft besitzt auf dem Gebiet der Entwicklungszusammenarbeit – soweit entwicklungspolitisch motivierte Maßnahmen nach ihrem „wesentlichen Gegenstand"[271] nicht in den Bereich der Handelspolitik[272] fallen - keine ausschließliche Kompetenz[273]. Die Annahme einer solchen Kompetenz scheidet aus, da ansonsten bereits ihre bloße Existenz den Mitgliedstaaten die Ausübung ihrer Zuständigkeit verwehren müsste[274]. Gerade Gegenteiliges aber trifft auf die Entwicklungszusammenarbeit der Gemeinschaft zu, ergeht sie doch in „Ergänzung" (Art. 177I EGV) der entsprechenden nationalen Politik und setzt so de jure das Vorhandensein mitgliedstaatlicher Entwicklungspolitik voraus. Eine Verlagerung der gesamten Entwicklungszusammenarbeit auf Gemeinschaftsebene ist demnach keinesfalls vorgesehen[275]. Etwas anderes ergibt sich ebenso wenig für die gemeinschaftliche Befugnis zur Kontrahierung völkerrechtlicher Kooperationsabkommen (Art. 181I2 EGV)[276]. Zwar kann bei der Auslegung des Art. 181 EGV nicht die dem Maastrichter Vertrag beigefügte Erklärung Nummer 10 der Regierungskonferenz negiert werden, wonach die Artikel 111V, 174IV UA 2 und 181 EGV „nicht die Grundsätze berühren, die sich aus dem Urteil des EuGH in der AETR-Rechtssache[277] ergeben"[278]. Im AETR-Urteil judizierte der EuGH, dass sich eine Rechtsetzungskompetenz der Gemeinschaft zum Abschluss internationaler Abkommen nicht nur aus einer ausdrücklichen Erteilung im EWGV ergäbe, sondern „auch aus anderen Vertragsbestimmungen und aus in ihrem Rahmen ergangenen Rechtsakten der Gemeinschaftsorgane fließen"[279] könne. Wann genau aus der Befugnis der Gemeinschaft zum Erlass gemeinschaftsinterner Vorschriften die entsprechende implizite Vertragsschlusskompetenz im Außenverhältnis hergeleitet werden konnte, blieb – vor allem auch vor dem Hintergrund nachfolgender Judikatur - vieldeutig und viel gedeutet[280]. Jedenfalls aber: Hat die Gemeinschaft ihre interne Zuständigkeit tatsächlich ausgeübt, wird sie in dem durch diesen Rechtsakt geregelten Sach-

---

[270] *Ukrow*, in: Calliess/ Ruffert (Hrsg.), EUV/ EGV, Art. 3, Rn. 1; *Oppermann*, Europarecht, Rn. 513.

[271] EuGH, Rs. C-268/94, Portugal/ Rat, Slg. 1996, I-6177ff, I-6220, Ziffer 39. Ausführlich dazu unten Abschnitt D.II.2.2.1.3.

[272] Die Gemeinsame Handelspolitik untersteht zumindest in ihrem „Kern" (*Oppermann*, Europarecht, Rn. 1741) der ausschließlichen Kompetenz der EG (in der Rechtsprechung beispielsweise: EuGH, Gutachten 1/78, Internationales Naturkautschuk-Übereinkommen, Slg. 1979, S. 2871ff, 2910, Ziffer 39. In der Literatur z.B. *Vedder*, in: Grabitz/ Hilf (Hrsg.), EUV/ EGV, Art. 133, Rn. 8, mit vielen Nachweisen dieser herrschenden Meinung im Schrifttum; *Gilsdorf*, Die Außenkompetenzen der EG, in: EuR 1996, S. 145ff, 149; *Fischer*, Handels- und Assoziierungsabkommen, in: KSE Bd. 25, S. 1ff, 13f; *Zuleeg*, in: von der Groeben/ Schwarze (Hrsg.), EUV/ EGV, Art. 5, Rn. 8f; *Schweitzer/ Hummer*, Europarecht, Rn. 343. Differenzierter: *Bourgeois*, in: von der Groeben/ Schwarze (Hrsg.), EUV/ EGV, Art. 133, Rn. 29ff).

[273] In der Rechtsprechung: EuGH, Rs. C-268/94, Portugal/ Rat, Slg. 1996, I-6177ff, I-6219, Ziffer 36.

[274] *Von Bogandy/ Nettesheim*, in: Grabitz/ Hilf (Hrsg.), EUV/ EGV, EUV/ EGV, Altband I, Art. 3b, Rn. 12. Vgl. auch *Calliess*, in: Calliess/ Ruffert (Hrsg.), EUV/ EGV, Art. 5, Rn. 25, mit weiteren Nachweisen.

[275] Vgl. *Klein*, in: H/K/M/M-G (Hrsg.), EUV/ EGV, Art. 130u, Rn. 3; *Henze*, Aufgaben- und Ausgabenkompetenz der EG, in: EuR 1995, S. 76ff, 82.

[276] Grundsätzlich zu dieser Kontrahierungskompetenz unten Abschnitt D.II.2.2.

[277] EuGH, Rs. 22/70, Kommission/ Rat, Slg. 1971, S. 263ff. Für eine ausführliche Besprechung des AETR-Urteils: *Sasse*, Zur auswärtigen Gewalt der Europäischen Wirtschaftsgemeinschaft, in: EuR 1971, S. 208ff.

[278] Abgedruckt in: *Sartorius II*, Nr. 148.

[279] EuGH, Rs. 22/70, Kommission/ Rat, Slg. 1971, S. 263ff, 274f, Ziffern 15/19.

[280] Vgl. *Pitschas*, Die völkerrechtliche Verantwortlichkeit der EG, S. 153ff, mit vielen Nachweisen.

bereich unstreitig ausschließlich zuständig und entzieht[281] mithin den Mitgliedstaaten ihre Zuständigkeit in diesem Bereich[282]. Diese implizite ausschließliche Gemeinschaftszuständigkeit leitet der EuGH aus dem Prinzip der Gemeinschaftstreue (Art. 10 EGV) her, das mitunter besagt, dass „die Mitgliedstaaten außerhalb des Rahmens der Gemeinschaftsorgane keine Verpflichtungen eingehen können, welche Gemeinschaftsrechtsnormen, die zur Verwirklichung der Vertragsziele ergangen sind, beeinträchtigen oder in ihrer Tragweite ändern können"[283]. Dabei geht der EuGH sogar so weit, bereits das *Risiko* sich widersprechender Verpflichtungen für die Begründung ausschließlicher Kompetenzen der EG genügen zu lassen. Die Mitgliedstaaten dürfen folglich nicht einmal tätig werden, wenn sie gewillt sind, mit dem Gemeinschaftsrecht kompatible Abkommen abzuschließen[284]. Die Erklärung Nr. 10 widerspricht daher auf den ersten Blick der Unberührtheitsklausel des Art. 181II EGV, die besagt, dass die Befugnis der EG, mit dritten Staaten und in der Entwicklungszusammenarbeit tätigen internationalen Organisationen Kooperationsabkommen zu schließen, nicht die Zuständigkeit der Mitgliedstaaten berührt, ebenfalls solche Abkommen abzuschließen. Parallele, koexistierende[285] Kompetenzen könnten dann nämlich entgegen des klaren Wortlauts des Art. 181II EGV nicht (weiter) bestehen. Dieser scheinbare Widerspruch ist aber dahingehend aufzulösen, dass auslegende Erklärungen zu Bestimmungen des EGV[286] - worunter die Erklärung Nummer 10 einzuordnen ist - zumindest dann unbeachtlich bleiben[287], wenn sie wie im vorliegenden Fall von Wortlaut und Systematik sowie der daraus folgenden Zweckbestimmung des Vertragstextes klar abweichen[288]. Denn den Erklärungen, die nicht formeller Bestandteil des EGV sind – gemäß Art. 311 EGV zählen hierzu lediglich die Protokolle -, kann nicht die gleiche Geltungskraft zukommen wie den Vertragsbestimmungen selbst; hier müssen sich zweifelsfrei die tatsächlich zum Vertragsinhalt gewordenen Regelungsvorstellungen durchsetzen[289].

---

281 Hierzu sogleich Fn. 283.

282 Ausführlich hierzu: *Pitschas*, Die völkerrechtliche Verantwortlichkeit der EG, S. 178ff.
Diese Aussage wirft im Übrigen die Frage auf, ob nicht eher von einer konkurrierenden denn von einer ausschließlichen stillschweigenden Vertragsschlusskompetenz der EG auszugehen ist. Diese ist indes zu verneinen, da bereits der Erlass des *Sekundär*rechts die externen Kompetenzen der Mitgliedstaaten verdrängt, ohne dass die EG ihre *Vertragsschluss*kompetenz vorher wahrgenommen haben muss (vgl. *Pitschas*, Die völkerrechtliche Verantwortlichkeit der EG, S. 182, Fn. 408).

283 EuGH, Rs. 22/70, Kommission/ Rat, Slg. 1971, S. 263ff, 275, Ziffern 20/22.
Die implizite ausschließliche Außenkompetenz wird deshalb m.E. wieder zu einer konkurrierenden Zuständigkeit (vgl. hierzu unten Abschnitt D.II.2.1.2.1, Fn. 376), tritt das Sekundärrecht außer Kraft. Dann nämlich existiert kein Sekundärrecht (mehr), dass durch das Tätigwerden der Mitgliedstaaten beeinträchtigt werden könnte.

284 Detailliert: *Pitschas*, Die völkerrechtliche Verantwortlichkeit der EG, S. 178ff.

285 Hierzu sogleich im Text.

286 Dies sind Erklärungen von Rat, Kommission, der Mitgliedstaaten oder wie hier der Maastrichter Konferenz der Regierungsvertreter der Mitgliedstaaten mit interpretativem Gehalt, mittels derer die Verfasser versuchen, ihre Rechtsansichten als Anwendungsdirektiven für bestimmte Vertragsbestimmungen normativ fortwirken zu lassen (vgl. *Herdegen*, Auslegende Erklärungen, in: ZHR 1991, S. 52ff, 52f).

287 Grundsätzlich kritisch gegenüber ihrer interpretativen Wirkung: *Everling*, Probleme atypischer Rechts- und Handlungsformen, in: Bieber/ Ress (Hrsg.), Dynamik des Europäischen Gemeinschaftsrechts, S. 417ff, 426f. Grundsätzlich bejahend hingegen: *Herdegen*, Auslegende Erklärungen, in: ZHR 1991, S. 52ff, 57ff, mit weiteren Nachweisen der unterschiedlichen Auffassungen hierzu.

288 *Herdegen*, Auslegende Erklärungen, in: ZHR 1991, S. 52ff, 59. Vgl. auch *Everling*, Probleme atypischer Rechts- und Handlungsformen, in: Bieber/ Ress (Hrsg.), Dynamik des Europäischen Gemeinschaftsrechts, S. 417ff, 428. Im Ergebnis ebenso: *Vonessen*, Europäische Entwicklungshilfe, S. 87.

289 Vgl. *Herdegen*, Auslegende Erklärungen, in: ZHR 1991, S. 52ff, 59.

Infolgedessen vermag hier - abweichend von der AETR-Judikatur - allein das Risiko[290] divergierender entwicklungspolitischer Abkommen nicht, den Mitgliedstaaten ihre diesbezügliche parallele Kompetenz abzusprechen. Zumal es sich bei der Entwicklungszusammenarbeit um eine genuin nach außen gerichtete Politik handelt. Demnach kann es keine interne Befugnis geben, die ihr entspräche und aufgrund derer beeinträchtigungsfähiges gemeinschaftsinternes Sekundärrecht im Sinne der AETR-Erklärung erlassen werden könnte[291]. Konterkarierende Verpflichtungen sind daher im Gegensatz zu den von der AETR-Erklärung umfassten Bereichen grundsätzlich[292] nur im Außenverhältnis denkbar. Und selbst diese Gefahr wird als gering eingeschätzt[293]. Des Weiteren kommt hier die entwicklungspolitische Besonderheit hinzu, dass die beiden Ebenen primärrechtlich zu gegenseitiger Ergänzung und Koordinierung (Art. 177I, 180I EGV) verpflichtet sind - ein Postulat, das gerade auch inhaltlich kollidierende Entwicklungspolitik von vornherein zu verhindern sucht, jedoch bei den impliziten Zuständigkeiten bereits strukturell fehlt. Bereits aus teleologischen Gründen ließe sich daher keine ausschließliche Zuständigkeit herleiten[294].
Allerdings ist der Erklärung Nummer 10 der Regierungskonferenz nicht jegliche Bedeutung abzusprechen, bekräftigt sie doch die Grenzen für ein Tätigwerden der Mitgliedstaaten, wie sie sich bereits aus 180I EGV als spezieller Ausprägung des Postulats der Gemeinschaftstreue (Art. 10 EGV)[295] ergibt: Denn auch die AETR-Rechtsprechung repetiert, wie bereits ausgeführt[296], die in diesem Gebot liegenden Grenzen der Vertragsschlusskompetenzen der Mitgliedstaaten, die dort anzusiedeln sind, wo ihre völkerrechtlichen Verpflichtungen bestehende Kontrakte der EG bzw. deren gemeinschaftsinterne Umsetzungsakte[297] beeinträchtigen oder in ihrer Tragweite ändern könnten[298].

---

[290] Art. 181 und andere Bestimmungen des Titels XX EGV legen eine Auslegung dahingehend nahe, die mitgliedstaatliche Zuständigkeit auch dann nicht zu versagen, wenn und soweit die Gemeinschaft ihre Kompetenz ausgeübt hat. Dazu sogleich im Text.

[291] Der Grundsatz der AETR-Entscheidung, wonach aus der internen Rechtsetzungsbefugnis zugleich die Kompetenz im Außenverhältnis folge, findet daher im Rahmen des Art. 181 EGV keine Anwendung. Insoweit ist deshalb auch die Erklärung Nr. 10 überflüssig (ausführlicher: *Vonessen*, Europäische Entwicklungshilfe, S. 85f. Ähnlich *Zimmermann/ Martenczuk*, in: Schwarze (Hrsg.), EU-Kommentar, Art. 181, Rn. 6).
Selbst wenn man sich auf den Standpunkt stellte, der EGV sähe zumindest punktuell eine interne Kompetenz für technische und finanzielle Hilfe an strukturell rückständige Mitgliedstaaten (vgl. Art. 158ff EGV) vor: Hier wird vergessen, dass die AETR-Rechtsprechung die von dieser internen Rechtsetzungsbefugnis abgedeckten Politikfelder lediglich der Regelung durch einen völkerrechtlichen Vertrag zugänglich macht – und zwar unter Beibehaltung des gemeinschaftsinternen Wirkungsbereiches (vgl. *Vedder*, Die Wirtschaftskooperation der Gemeinschaft mit Drittländern, in: Griller/ Hummer (Hrsg.), Die EU nach Nizza, S. 191ff, 212). Die Befugnis, an *dritte* Staaten vertraglich finanzielle und technische Hilfe zu leisten, lässt sich daher nach der AETR-Rechtsprechung nicht begründen (so im Ergebnis auch: *Vonessen*, Europäische Entwicklungshilfe, S. 78; derartige Erweiterungen des gemeinschaftsinternen Geltungsbereichs lässt der EuGH nach seiner im Gutachten 1/94 konkretisierten AETR-Rechtsprechung nur ausnahmsweise zu (vgl. EuGH, Gutachten 1/94 (WTO), Slg. 1994, I-5267ff, I-5415ff, Ziffern 90ff)).

[292] Erlässt die EG Umsetzungsakte zu den Kontrakten, können die Vertragsverpflichtungen der Mitgliedstaaten freilich auch diese internen Akte konterkarieren. Um beeinträchtigungsfähiges Sekundärrecht im Sinne der AETR-Rechtsprechung handelt es sich hier aber nicht (vgl. EuGH, Rs. 22/70, Kommission/ Rat, Slg. 1971, S. 263ff, 274f, Ziffern 15/19, 20/22), da es nicht aus der Wahrnehmung bestehender gemeinschaftsinterner Befugnisse entsteht.

[293] Vgl. GA *Jacobs*, Schlussanträge zu EuGH, Rs. C-316/91, Parlament/ Rat, Slg. 1994, I-625ff, I-641, Ziffer 49, vgl. auch I-640f, Ziffer 47.

[294] Ebenso: *Pitschas*, in: Streinz (Hrsg.), EUV/ EGV, Art. 181, Rn. 12; *Schmalenbach*, in: Calliess/ Ruffert (Hrsg.), EUV/ EGV, Art. 181, Rn. 6.

[295] Hierzu oben Abschnitt D.I.1.

[296] Vgl. EuGH, Rs. 22/70, Kommission/ Rat, Slg. 1971, S. 263ff, 275, Ziffern 20/22.

[297] Hier nur auf die gemeinschaftsinternen Umsetzungsakte abzustellen (so z.B. *Schmalenbach*, in: Calliess/ Ruffert (Hrsg.), EUV/ EGV, Art. 181, Rn. 6), wäre m.E. aus zweierlei Gründen verfehlt: Erstens sind bereits die Abkommen selbst ab ihrem Inkrafttreten Bestandteil der Gemeinschaftsrechtsordnung (hierzu ausführlich unten

Abgesehen von dieser überwiegend deklaratorischen Funktion wollen *Zimmermann* und *Martenczuk* der Erklärung im Kontext des Art. 181 EGV eine weitere, eigenständige Bedeutung zuerkennen: Sie interpretieren die Erklärung dahingehend, dass die AETR-Rechtsprechung, soweit sie sich aus der Wahrnehmung anderweitiger Innenkompetenzen der Gemeinschaft ergibt, durch Art. 181 EGV nicht eingeschränkt werde[299]. Schließt demnach die EG ein Kooperationsabkommen ab, dessen Inhalt zwar nicht vollumfänglich von der Kontrahierungskompetenz des Art. 181 EGV gedeckt wird, diese restliche Zuständigkeit jedoch nach der AETR-Judikatur aus der Ausübung der entsprechenden Innenkompetenzen erwächst[300], so wird diese der Gemeinschaft hier zustehende ausschließliche Kompetenz nicht dadurch „rückgängig" gemacht, dass sie den gesamten Vertrag – also auch betreffend der ausschließlichen impliziten Vertragsschließungsbefugnis – auf dem Papier lediglich auf Art. 181 EGV stützt[301]. Mithin besitzt die EG für den Teil des Abkommens, für den sich die gemeinschaftliche Zuständigkeit aufgrund der AETR-Rechtsprechung ergibt, weiterhin eine ausschließliche Kompetenz, obwohl das gesamte Abkommen (nur) auf Art. 181 EGV gegründet ist; insofern verdrängt also die ausschließliche Vertragsschlusskompetenz der EG Art. 181 EGV[302]. Dieser Interpretation ist zuzustimmen, geht sie doch konform sowohl mit der Entstehungsgeschichte der Erklärung[303] als auch mit der kompetenzrechtlichen Judikatur des EuGH, wenngleich ihr Anwendungsbereich äußerst begrenzt sein dürfte[304].

Bereits die voranstehenden Ausführungen gehen immanent davon aus, dass Art. 181II EGV eine parallele Zuständigkeit konstituiert. Auf ein solches Verhältnis der entwicklungspolitischen Kompetenzen von EG und Mitgliedstaaten deutet bereits Art. 181I1 EGV hin, indem er einleitend sowohl die Gemeinschaft als auch die Mitgliedstaaten in die internationale Zusammenarbeit einbezieht, und zwar „im Rahmen ihrer jeweiligen Befugnisse". Dass damit eine parallele Konkurrenz zur Vertragsschließungskompetenz der EG gemeint ist, lässt sich aber Art. 181I 1 EGV nicht mit letzter Sicherheit entnehmen. Denn auch auf dem Gebiet konkurrierender Zuständigkeit können die Mitgliedstaaten weiterhin tätig sein, wenn und soweit

---

Abschnitte D.II.2.1.4, D.II.2.2.2) und von daher „beeinträchtigungsfähig". Zweitens sind die Umsetzungsakte nicht als kollisionsfähiges Sekundärrecht im Sinne der AETR-Doktrin zu qualifizieren (vgl. bereits oben Fn. 292), so dass diese Rechtsprechung hier auch insoweit nicht eins zu eins übertragen werden kann.

[298] Ähnlich: GA *La Pergola*, Schlussanträge zu EuGH, Rs. C-268/94, Portugal/ Rat, Slg. 1996, I-6177ff, I-6186, Ziffer 18; *Pitschas*, Die völkerrechtliche Verantwortlichkeit der EG, S. 176, Fn. 380; *Macleod/ Hendry/ Hyett*, The External Relations of the European Communities, S. 343; *Schmalenbach*, in: Calliess/ Ruffert (Hrsg.), EUV/ EGV, Art. 181, Rn. 6. Wohl auch: *Geiger*, EUV/ EGV, Art. 181, Rn. 3. Im Ergebnis ebenso: *Zimmermann/ Martenczuk*, in: Schwarze (Hrsg.), EU-Kommentar, Art. 181, Rn. 7. Für eine nachträgliche Beschränkung der Vertragsschlusskompetenz auch bzgl. des Abschlusses gemeinschaftsrechtskompatibler Abkommen: *Hecker*, in: Lenz/ Borchardt (Hrsg.), EUV/ EGV, Art. 181, Rn. 1; *Pitschas*, in: Streinz (Hrsg.), EUV/ EGV, Art. 181, Rn. 11. Vgl. dazu bereits auch oben Abschnitt D.I.1.2.1.

[299] *Zimmermann/ Martenczuk*, in: Schwarze (Hrsg.), EU-Kommentar, Art. 181, Rn. 6.

[300] *Zimmermann/ Martenczuk*, in: Schwarze (Hrsg.), EU-Kommentar, Art. 181, Rn. 6, zitieren als Beispiel den Bereich der Landwirtschaft.

[301] Wohl auch *Vedder*, Die Wirtschaftskooperation der Gemeinschaft mit Drittländern, in: Griller/ Hummer (Hrsg.), Die EU nach Nizza, S. 191ff, 211f, für den strukturgleichen Art. 181aIII EGV.

[302] Vgl. *Vedder*, Die Wirtschaftskooperation der Gemeinschaft mit Drittländern, in: Griller/ Hummer (Hrsg.), Die EU nach Nizza, S. 191ff, 212.

[303] Diese ist beschrieben bei *Cloos* u.a., Le Traité de Maastricht, S. 355f.

[304] *Vedder* (Die Wirtschaftskooperation der Gemeinschaft mit Drittländern, in: Griller/ Hummer (Hrsg.), Die EU nach Nizza, S. 191ff, 212) weist allerdings zutreffend darauf hin, dass die Zuordnung völkerrechtlicher Abkommen zu den Kompetenzgrundlagen nach dem „wesentlichen Gegenstand" (vgl. oben Fn. 271) des Vertrages erfolgt und nicht nach allen Einzelbereichen. Dieser wird wohl überwiegend im Bereich der Entwicklungszusammenarbeit liegen, so dass das Abkommen nicht zusätzlich auf die impliziten Vertragsschließungskompetenzen zu stützen ist und somit die AETR-Judikatur außen vor bleibt (vgl. hierzu auch unten Abschnitt D.II.2.2.1.3, insbesondere Fn. 549).

die Gemeinschaft ein Sachgebiet noch nicht abschließend geregelt hat und dies das Subsidiaritätsprinzip auch nicht verlangt (Art. 5II EGV)[305]. Durch die Wahrnehmung dieser Kompetenz schmälert bzw. verdrängt die EG aber den „potenziellen Wirkungsbereich" der Mitgliedstaaten. Dass eine solche rechtliche Konsequenz nicht beabsichtigt ist, verdeutlicht m.E. jedoch der Wortlaut des Art. 181II EGV, der statuiert, dass die Ausübung der entwicklungspolitischen Kompetenzen durch die Gemeinschaft „nicht die Zuständigkeit der Mitgliedstaaten [berührt,...] internationale Abkommen zu schließen". Hier wird sehr wohl betont, dass der Aktionsradius der Mitgliedstaaten uneingeschränkt erhalten bleiben soll, die Entwicklungshilfepolitik der EG nicht die der Mitgliedstaaten ablöst, mithin beide Ebenen theoretisch kumulativ Abkommen über die gleiche Materie abschließen können[306].
Dieses Ergebnis bestärkt eine Zusammenschau weiterer Vorschriften, aus der sich eine parallele Befugnis darüber hinaus generell für das Gebiet der Entwicklungszusammenarbeit herleiten lässt: Die entwicklungspolitische Zusammenarbeit der Gemeinschaft ergeht in „Ergänzung der entsprechenden Politik der Mitgliedstaaten", Art. 177I EGV. Des Weiteren haben die Gemeinschaft und ihre Mitgliedstaaten ihre Entwicklungspolitik zu koordinieren und ihre Hilfsprogramme gegenseitig abzustimmen, Art. 180I EGV. Aus diesen beiden Postulaten sollen bekanntlich sich *gegenseitig* ergänzende Politiken resultieren[307]. Dieses Ziel beweise nach *La Pergola*, dass die beiden Politiken „von einander unabhängig sind, und verbietet es, zwischen ihnen irgendeine, und sei es auch nur funktionale Rangordnung zu errichten"[308]. Ginge man hier nicht von einem echten Nebeneinander der verschiedenen Tätigkeiten auf Gemeinschafts- sowie auf Mitgliedstaatenebene aus, von fortbestehenden Zuständigkeiten der Mitgliedstaaten, so wären diese Bestimmungen nämlich sinnentleert. Denn im Falle einer bestehenden konkurrierenden Zuständigkeit dürften die Mitgliedstaaten erst gar nicht (mehr) gesetzgeberisch tätig werden, wenn und soweit die EG diesen Sachbereich unter Beachtung des Art. 5II, III EGV bereits abschließend geregelt und insoweit die mitgliedstaatliche Entwicklungspolitik abgelöst hat[309]. Dann aber könnten sich EG und Mitgliedstaaten nicht mehr vorab „koordinieren", um komplementäre Politiken hervorzubringen; vielmehr müsste die EG insofern eher „delegieren", als sie die nicht wahrgenommenen bzw. nicht wahrzunehmenden Kompetenzbereiche an die Mitgliedstaaten quasi weiterreicht. Eine derartig alternativ - konkurrierende Befugnis beraubte daher die primärrechtlich geforderte Koordinierung um ihre Grundlage[310]. Die entwicklungspolitische Zuständigkeit der Gemeinschaft muss demnach parallel zu der der Mitgliedstaaten verlaufen[311].

---

305 Vgl. *von Bogandy/ Nettesheim*, in: Grabitz/ Hilf (Hrsg.), EUV/ EGV, Altband I, Art. 3b, Rn. 13. So im Ergebnis denn auch: *Geiger*, EUV/ EGV, Art. 181, Rn. 3: konkurrierende Zuständigkeit.

306 *Pitschas* (Die völkerrechtliche Verantwortlichkeit der EG, S. 174ff) hingegen zieht kumulativ Art. 177I EGV sowie die Vielschichtigkeit der Entwicklungshilfe, insbesondere die von ihr geforderte Einbeziehung mehrerer Ebenen, als Begründung für die parallele Zuständigkeit heran.

307 Vgl. oben vor allem im Abschnitt D.I.2.2.1.

308 GA *La Pergola*, Schlussanträge zu EuGH, Rs. C-268/94, Portugal/ Rat, Slg. 1996, I-6177ff, I-6185, Ziffer 16.

309 Vgl. *von Bogandy/ Nettesheim*, in: Grabitz/ Hilf (Hrsg.), EUV/ EGV, Altband I, Art. 3b, Rn. 13.

310 Ähnlich: *Pitschas*, Die völkerrechtliche Verantwortlichkeit der EG, S. 176.

311 Vgl. EuGH, Rs. C-316/91, EP/ Rat, Slg. 1994, I-625ff, I-661, Ziffer 26 (jedoch noch zur Rechtslage vor Maastricht); *Von Borries*, Subsidiaritätsprinzip, in: EuR 1994, S. 263ff, 275; *Henze*, Aufgaben- und Ausgabenkompetenz der EG, in: EuR 1995, S. 76ff, 82; *Macleod/ Hendry/ Hyett*, The External Relations of the European Communities, S. 342f; *Schmalenbach*, in: Calliess/ Ruffert (Hrsg.), EUV/ EGV, Art. 177, Rn. 10, Art. 180, Rn. 1, Art. 181, Rn. 5; *Zimmermann/ Martenczuk*, in: Schwarze (Hrsg.), EU-Kommentar, Art. 177, Rn. 14f, Art. 181, Rn. 7; *Benedek*, in: Grabitz/ Hilf (Hrsg.), EUV/ EGV, Art. 177, Rn. 1; *Pitschas*, in: Streinz (Hrsg.), EUV/ EGV, Art. 177, Rn. 28, Art. 181, Rn. 10; *Forwood*, Complementarity, in: Cosgrove-Sacks (Hrsg.), Europe, Diplomacy and Development, S. 215ff, 217. Unklar: GA *La Pergola*, Schlussanträge zu EuGH, Rs. C-268/94, Portugal/ Rat, Slg. 1996, I-6177ff: Dieser argumentiert für „gleichrangige" Kompetenzen (I-6184, Ziffer 14), für eine Kompetenz ohne jegliche Rangordnung (I-6185, Ziffer 16), an anderer Stelle aber spricht er von „konkurrierender Kompetenz" (I-6186, Ziffer 18; I-6187, Ziffer 20 am Ende).

Das Vorliegen einer parallelen Kompetenz ermöglicht demzufolge, dass die Mitgliedstaaten „selbst Verpflichtungen gegenüber den Drittländern, kollektiv oder individuell und sogar zusammen mit der Gemeinschaft, ein[...]gehen“[312] können. Selbiges gilt für autonome Maßnahmen. Davon grundsätzlich unabhängig ist die Gemeinschaft befugt, Normen zu erlassen. Bevor eine bzw. die beiden Ebenen aber rechtsetzend tätig werden, gebietet der erörterte Koordinierungsauftrag gemäß Art. 180I EGV[313], sich abzusprechen, und zwar aus zweierlei Gründen: Erstens, um soweit wie möglich eine komplementäre Entwicklungspolitik zu gestalten. Und zweitens, um keinesfalls bei bereits bestehenden entwicklungspolitischen Regelungen der gleichen Materie konterkarierendes Recht zu schaffen. Setzen sowohl Gemeinschaft als auch Mitgliedstaat(en) in diesem Sinne Recht, sind gemeinschaftliche und mitgliedstaatliche Regelungen alsdann nebeneinander anwendbar[314]. Trotz dieser „Verknüpfungsmechanismen“ ist natürlich die Gefahr divergierender Normen nicht vollends gebannt. Sollten sich beispielsweise autonome Rechtsakte widersprechen, ist nationales Recht aufgrund des Anwendungsvorrangs des Gemeinschaftsrechts unanwendbar[315]. Komplizierter gestaltet sich die Lage bei Entwicklungshilfeabkommen: Schließen nämlich die Mitgliedstaaten entgegen der Grenzen ihrer Vertragsschlusskompetenzen mit dem Gemeinschaftsrecht kollidierende Abkommen, und sind diese dennoch gültig (vgl. Art. 27, 46 WVK[316])[317], so sind sie theoretisch aufgrund des Art. 10 EGV gehalten, diese externen Verpflichtungen nicht in nationales Recht umzusetzen[318] bzw. dieses nicht anzuwenden[319]. Kommen sie aber dieser Loyalitätspflicht nach, sind sie für die Nichteinhaltung dieser Bindungen gegenüber den Vertragspartnern völkerrechtlich verantwortlich. Verhalten sie sich hingegen völkerrechtkonform, verstoßen sie gegen das Gemeinschaftsrecht. Diese unbefriedigende Konsequenz ist aber angesichts der bereits oben beschriebenen geringen Wahrscheinlichkeit sich widersprechender Verträge zu akzeptieren. Darüber hinaus muss hinzugefügt werden, dass der Koordinierungszwang des Art. 180I EGV den Abschluss sog. „gemischter Abkommen“ begünstigt[320], d.h. von Abkommen, bei denen Gemeinschaft und Mitgliedstaaten gemeinsam eine Vertragspartei bilden[321] und so die Gefahr divergierender Verpflichtungen von vornherein gebannt wird.

Umstritten, m.E. jedoch zu verneinen ist die Frage, ob die EG bei der Ausübung ihrer entwicklungspolitischen Zuständigkeit über jene sich aus Titel XX ergebenden Komplementaritäts- und Koordinierungsgebote, die das Verhältnis von gemeinschaftlicher und mitgliedstaatlicher Entwicklungspolitik ausdifferenzieren, hinaus noch das Subsidiaritätsprinzip des Art. 5II EGV zu beachten hat. Eine weit verbreitete Ansicht bejaht dies zumeist unkritisch unter Hinweis auf den Wortlaut des Art. 5II EGV, wonach lediglich in Bereichen, die in die ausschließliche Zuständigkeit fallen, das Subsidiaritätsprinzip keine Anwendung finde. Infolge-

Zum Verhältnis europäischer und nationaler Entwicklungspolitik vor Maastricht: *Knopf*, Europarechtliche und völkerrechtliche Fragen einer Entwicklungspolitik, S. 69ff.
Für eine konkurrierende Zuständigkeit aber: *Klein*, in: H/K/M/M-G (Hrsg.), EUV/ EGV, Art. 130u, Rn. 3; *Schmidt*, Entwicklungspolitik der Europäischen Union, in: RIW 1995, S. 268ff, 268f.

[312] EuGH, Rs. C-316/91, Parlament/ Rat, Slg. 1994, I-625ff, I-661, Ziffer 26.

[313] Vgl. bereits oben Abschnitt D.I.1.2.1.

[314] Vgl. z.B. *von Bogandy/ Nettesheim*, in: Grabitz/ Hilf (Hrsg.), EUV/ EGV, Altband I, Art. 3b, Rn. 14, mit Rechtsprechungsnachweis.

[315] Vgl.: *Schweitzer/ Hummer*, Europarecht, Rn. 345; *Oppermann*, Europarecht, Rn. 633.

[316] *Sartorius II*, Nr. 320.

[317] Hierzu *Oppermann*, Europarecht, Rn. 1721.

[318] *Pitschas*, Die völkerrechtliche Verantwortlichkeit der EG, S. 180; vgl. auch *Vedder*, Die auswärtige Gewalt des Europa der Neun, S. 123.

[319] *Von Bogandy*, in: Grabitz/ Hilf (Hrsg.), EUV/ EGV, Art. 10, Rn. 70.

[320] So auch: *Pitschas*, Die völkerrechtliche Verantwortlichkeit der EG, S. 176.

[321] Zu den „gemischten Abkommen“ unten Abschnitt D.II.2.1.2.3.

dessen sei bei der in die parallele Zuständigkeit fallenden Entwicklungszusammenarbeit stets zu prüfen, ob und inwieweit die Ziele des Art. 177 EGV, die die in Betracht kommende Maßnahme verfolgt, auf der Ebene der Mitgliedstaaten nicht ausreichend erreicht werden können und daher wegen ihres Umfangs oder ihrer Wirkungen besser auf Gemeinschaftsebene erzielt werden können, vgl. 5II EGV[322]. Gründe, die für die Erreichung jener Ziele einen spezifisch gemeinschaftlichen Beitrag erforderten, sieht *Henze* im „weltweite[n] Netz von EG-Delegationen und [...den] fest institutionalisierten Beziehungen zwischen EG-Stellen und den AKP-Staaten [,...die] durch nationale Institutionen nicht ohne weiteres ersetzbar“[323] seien. Genannt wird ebenso der enorme Finanzbedarf der Entwicklungszusammenarbeit, der die Budgets der Mitgliedstaaten überlasten und infolgedessen ein Tätigwerden der Gemeinschaft erfordern solle[324]. Als Bereiche, die die EG besser und wirksamer als die Mitgliedstaaten durchführen könne, werden auch pauschal die Unterstützung regionaler Integration, die Strukturanpassung, die Katastrophensofort- sowie die Nahrungsmittelhilfe zitiert[325].
An dieser Stelle kann allerdings dahingestellt bleiben, ob diese Argumente tatsächlich ausreichen, um sowohl dem „Erforderlichkeitskriterium“ als auch dem „Effizienzkriterium“ des Art. 5II EGV zu genügen und somit den Weg für ein Tätigwerden der Gemeinschaft freimachen. Denn Folgendes spricht m.E. gegen eine strikte Anwendung des Subsidiaritätsprinzips[326]: Der Subsidiaritätsgedanke verfolgt gemäß seinem Sinn und Zweck das Ziel, die nationale Identität der Mitgliedstaaten zu wahren[327] und die Entscheidungen möglichst bürgernah zu treffen[328]; wenn möglich, sollen demnach Maßnahmen auf mitgliedstaatlicher Ebene getroffen werden. Vor diesem Hintergrund dürfte als sachlicher Anwendungsbereich dieses Prinzips in erster Linie das Gros gemeinschaftlicher Zuständigkeit, nämlich die konkurrierende Gesetzgebung, in Betracht kommen[329]. Denn hier muss die Kompetenzausübungsregel[330] des Art. 5II EGV über die bedeutsame Frage entscheiden, ob die Gemeinschaft *oder* die Mit-

---

[322] *Klein*, in: H/K/M/M-G (Hrsg.), EUV/ EGV, Art. 130u, Rn. 3; *Flaesch-Mougin*, Le traité de Maastricht, in: CDE 1993, S. 351ff, 364; *Schmalenbach*, in: Calliess/ Ruffert (Hrsg.), EUV/ EGV, Art. 180, Rn. 2: Diese will das Prinzip im Rahmen der Koordinationspflicht des Art. 180 EGV prüfen. Ebenso: *Schmidt*, Entwicklungspolitik der Europäischen Union, in: RIW 1995, S. 268ff, 269 (dieser geht indes von einer konkurrierenden Zuständigkeit aus und qualifiziert Art. 180 EGV rechtlich als „Subsidiaritätsprinzip-Rahmenregelung“); *Kesper/ Lauth/ Schwersensky*, Europäische Entwicklungspolitik nach dem Vertrag von Maastricht, in: Außenpolitik 1993, S. 403ff, 410.
Seit dem Vertrag von Amsterdam präzisiert das Protokoll Nr. 30 über die Anwendung der Grundsätze der Subsidiarität und der Verhältnismäßigkeit (abgedruckt in: *Sartorius II*, Nr. 151), das Bestandteil des EGV ist (Art. 311 EGV), das Subsidiaritätsprinzip.

[323] *Henze*, Aufgaben- und Ausgabenkompetenz der EG, in: EuR 1995, S. 76ff, 82. Kritisch: *Vonessen*, Europäische Entwicklungshilfe, S. 89. Die Frage nach transnationalen Aspekten zählt das Protokoll Nr. 30 jedoch explizit als Leitlinie bei der Subsidiaritätsprüfung auf (ebenda, Punkt 5, 1. Spiegelstrich). Vgl. aber *Zuleeg*, in: von der Groeben/ Schwarze (Hrsg.), EUV/ EGV, Art. 5, Rn. 31, wonach die „Möglichkeit einer internationalen Zusammenarbeit der Mitgliedstaaten [zumindest nicht per se...] die Gemeinschaftsgewalt“ verdränge.

[324] Vgl. *Dehousse*, Community Competences, in: Dehousse (Hrsg.), Europe after Maastricht, S. 103ff, 111. Wiederum kritisch: *Vonessen*, Europäische Entwicklungshilfe, S. 89f.

[325] *Schmidt*, Entwicklungspolitik der Europäischen Union, in: RIW 1995, S. 268ff, 269.

[326] Einige Autoren erwähnen die Beachtung des Subsidiaritätsprinzips ohnehin nur im Kontext konkurrierender Zuständigkeit (wohl vor dem Hintergrund eines Kommissionsdokuments, das das Subsidiaritätsprinzip als „Kompetenzausübungsprinzip im Bereich konkurrierender Zuständigkeit“ einordnet (*Schweitzer/ Hummer*, Europarecht, Rn. 901, mit weiterem Nachweis, vgl. auch Rn. 344)) oder lehnen es für die parallele Zuständigkeit gänzlich ab (*Henze*, Aufgaben- und Ausgabenkompetenz der EG, in: EuR 1995, S. 76ff, 82).

[327] *Oppermann*, Europarecht, Rn. 522. Vgl. auch Art. 6III EUV.

[328] Vgl. Präambel XII des EUV. Hierzu ausführlicher z.B.: *Calliess*, Subsidiaritäts- und Solidaritätsprinzip in der Europäischen Union, S. 26f, 139ff; *Von Borries*, Subsidiaritätsprinzip, in: EuR 1994, S. 263ff, 271f.

[329] Vgl. *Schmidt*, Entwicklungspolitik der Europäischen Union, in: RIW 1995, S. 268ff, 269.

[330] Vgl. Punkt 3 des Protokolls Nr. 30 über die Anwendung der Grundsätze der Subsidiarität und der Verhältnismäßigkeit (*Sartorius II*, Nr. 150); *Zuleeg*, in: von der Groeben/ Schwarze (Hrsg.), EUV/ EGV, Art. 5, Rn. 26.

gliedstaaten gesetzgeberisch tätig werden dürfen[331]; für die Gemeinschaft bedeutet dies also eine Beschränkung der Ausübung ihrer „eigentlich" existenten Befugnisse[332]. Im Rahmen der parallelen Zuständigkeit hingegen geht es nicht darum, zu bestimmen, welche Ebene befugt ist, die jeweilige Maßnahme zu erlassen – beide sind nämlich grundsätzlich *nebeneinander* befähigt. Und von eben dieser Prämisse gehen ja auch Art. 177I, 180I[333] und Art. 181II EGV[334] aus.

Dies will jedoch nicht bedeuten, dass die Ausübung der parallelen Kompetenzen durch die Gemeinschaft keinerlei Begrenzung erfährt. Denn Titel XX statuiert bekanntermaßen sehr wohl inhaltliche Vorgaben an den agierenden Gesetzgeber: So sind die gesetzgeberischen Möglichkeiten der Gemeinschaft von vornherein durch die Grundsätze der Koordinierung, vor allem aber der Komplementarität, beschränkt. Bei strikter Anwendung des Subsidiaritätsprinzips wäre darüber hinaus der Kern der Komplementaritätsdiskussion, nämlich die Frage nach dem „Mehrwert", den komparativen Vorteilen gemeinschaftlicher Entwicklungszusammenarbeit, überflüssig, wenn nicht gar rechtlich zumindest bedingt tragbar: Zwar gleicht die Identifizierung des Mehrwerts strukturell der Prüfung des Art. 5II EGV[335], was mitunter zu kongruierenden Ergebnissen führt. Doch in die Debatte um die komparativen Vorteile mischen sich mitunter Erwägungen, die hier legitim und richtungweisend, im Rahmen der Subsidiaritätsprüfung jedoch unbeachtlich oder gar sachfremd bzw. anders zu gewichten wären. Die Mehrwertdiskussion ist indes auf die Spezifitäten des Verhältnisses gemeinschaftliche – mitgliedstaatliche Entwicklungspolitik zugeschnitten und aufgrund dieser Spezialität m.E. vorrangig[336]. Zudem stellt diese zusammen mit dem Koordinierungsgebot das Anliegen des

---

[331] Vgl.: *Von Borries*, Subsidiaritätsprinzip, in: EuR 1994, S. 263ff, 276; *Schima*, Das Subsidiaritätsprinzip im Europäischen Gemeinschaftsrecht, S. 116.

[332] *Zuleeg*, in: von der Groeben/ Schwarze (Hrsg.), EUV/ EGV, Art. 5, Rn. 26; *Dehousse*, Community Competences, in: Dehousse (Hrsg.), Europe after Maastricht, S. 103ff, 110f.

[333] Art. 180I1 EGV setzt sogar explizit voraus, dass sowohl die Mitgliedstaaten als auch die Gemeinschaft gleichzeitig Hilfsprogramme durchführen. Ähnlich: *Pitschas*, in: Streinz (Hrsg.), EUV/ EGV, Art. 180, Rn. 6.

[334] Auch *Benedek* (in: Grabitz/ Hilf (Hrsg.), EUV/ EGV, Art. 177, Rn. 2) ist wohl dahingehend zu verstehen, dass im Rahmen des Art. 181 EGV nicht der Subsidiaritätsgrundsatz, sondern lediglich die Koordinierungspflicht des Art. 180 EGV gelte.

[335] Vgl. besonders die augenscheinlichen Übereinstimmungen der komparativen Vorteile oben Abschnitt D.I.2.2.2 und die gerade genannten Bereiche, in denen von einzelnen Autoren nach einer Art. 5II EGV – Prüfung ein spezifisch gemeinschaftlicher Entwicklungsbeitrag gefordert wird.

[336] *Calliess* (Subsidiaritäts- und Solidaritätsprinzip in der Europäischen Union, S. 113) anerkennt zwar auch prinzipiell die Existenz von Bestimmungen in Kompetenznormen des EGV, die die Anwendung des Subsidiaritätsprinzips des Art. 5II EGV entweder verschärfen oder aber einschränken können und ihm ergo als leges speciales vorgehen. Allerdings legt er den Begriff „ergänzend" im Rahmen des Titels XVIII („Forschung und technologische Entwicklung") dahingehend aus, dass die EG nur dann tätig werden dürfe, wenn „bereits begonnene Aktionen der Mitgliedstaaten Lücken aufweisen, die dann unter den Voraussetzungen des Negativ- und Positivkriteriums [= Erforderlichkeits- und Effektivitätskriteriums] des Art. 3b II EGV [Art. 5II EGV n.F.] durch die Gemeinschaft ausgefüllt werden können" (ebenda, S. 128). Die Annahme einer lediglich lückenfüllenden Kompetenz der EG im Rahmen des Titels XVIII ist m.E. jedoch angesichts bestehender Koordinierungspflichten zum Zwecke kohärenter mitgliedstaatlicher und gemeinschaftlicher Politiken im Bereich der Forschung und Technologie (vgl. Art. 165I EGV) ebenso verfehlt wie im Bereich des insoweit strukturähnlichen Titels XX (ähnlich: *Pitschas*, Die völkerrechtliche Verantwortlichkeit der EG, S. 169ff). Legt man indes hier wie dort eine „echte" parallele Zuständigkeit zugrunde, ist an der Aussage festzuhalten, dass sich eine solche *gegenseitige* Ergänzung nicht mit den beiden Kriterien des Art. 5II EGV handhaben lässt, sondern vielmehr nach einer auf die spezifischen Anforderungen hin maßgeschneiderten, eigenständigen und von Art. 5II EGV losgelösten Kompetenzverteilung verlangt, wie sie in der oben vorgestellten Konzeption der Gemeinschaftsorgane zur Koordinierung und Komplementarität manifest wird. Dementsprechend könnte alsdann höchstens gefolgert werden, die beiden Postulate seien zwar eine Konkretisierung und somit Unterfall des Subsidiaritätsprinzips, jedoch mit einer von den Voraussetzungen des Art. 5II EGV losgelösten, eigenständigen Konzeption (so im Ergebnis: *Forwood*, Complementarity, in: Cosgrove-Sacks (Hrsg.), Europe, Diplomacy and Development, S. 215ff, 216. Auch *Vonessen* (Europäische Entwicklungshilfe, S. 90) interpretiert Art. 180I EGV als Ausnahmevorschrift zu Art. 5II

Art. 5II EGV ohnehin weitgehend sicher[337]. Die Verordnungspraxis der Gemeinschaft ist neuerdings zwar uneinheitlich, weisen doch die Präambeln dreier jüngerer Verordnungen[338] explizit darauf hin, den Erfordernissen des Subsidiaritätsgrundsatzes gerecht zu werden. Allerdings wurden diese Rechtsakte just in den „Mehrwertbereichen" der Gemeinschaft erlassen, können darum zumindest nicht belegen, dass die Anwendung des Subsidiaritätsgrundsatzes zu anderen Ergebnissen führt. Der zusätzlichen Heranziehung des Subsidiaritätsprinzips bedarf es ergo nicht.

2. Kompetenzgrundlagen

Seit Maastricht[339] hält der Vertrag zwar einen eigenen Titel XX über die Entwicklungszusammenarbeit bereit. Doch die darin enthaltenen Befugnisse der Gemeinschaft sind keines-

---

EGV für den Bereich der Entwicklungszusammenarbeit). Ähnlich: *Pitschas*, in: Streinz (Hrsg.), EUV/ EGV, Art. 177, Rn. 30 (das Subsidiaritätsprinzip dürfe nicht der „Verantwortungspartnerschaft" der infolge der Komplementarität notwendigen konsultativen Abstimmung entgegengestellt werden), Art. 180, Rn. 7 (mit der Aufnahme des Titels XX in den EGV hat die „Subsidiaritätsvorstellung insofern eine eigene Ausrichtung erhalten, als an die Stelle der Trennung von Politikebenen die funktionelle Komplementarität gesetzt wurde").

337 Im Ergebnis wohl auch *Benedek*, in: Grabitz/ Hilf (Hrsg.), EUV/ EGV, Art. 177, Rn. 1f, wenn dieser schreibt, dass die parallele Zuständigkeit der Gemeinschaft, die die entsprechende Politik der Mitgliedstaaten ergänzt, dem Grundsatz der Subsidiarität *entspricht* – wenngleich die Grundsätze der Komplementarität und der Subsidiarität nicht identisch sind. Ähnlich auch: *Frisch*, Grundzüge einer europäischen Entwicklungspolitik nach Maastricht, in: IPG 1994, S. 122ff, 123f; *Vedder*, Die Wirtschaftskooperation der Gemeinschaft mit Drittländern, in: Griller/ Hummer (Hrsg.), Die EU nach Nizza, S. 191ff, 210, für den strukturgleichen Art. 181a EGV; *Vonessen*, Europäische Entwicklungshilfe, S. 90f; GA *La Pergola*, Schlussanträge zu EuGH, Rs. C-268/94, Portugal/ Rat, Slg. 1996, I-6177ff, I-6187, Ziffer 20 am Ende: „die Festlegung [des Kriteriums der Koordinierung] beseitigt die Gefahr wechselseitiger Überschneidungen zwischen Gemeinschaftshandeln und staatlichem Handeln. Die [...] Zuständigkeit [...] kann somit in voller Übereinstimmung mit dem Subsidiaritätsgrundsatz funktionieren". La Pergola nimmt in diesem Zusammenhang (vgl. zu seiner unklaren Positionierung bereits oben Fn. 311) sogar konkurrierende Zuständigkeit an, geht jedoch davon aus, dass das Koordinierungsgebot dem Anliegen des Art. 5II EGV gerecht wird.

338 VO (EG) Nr. 1567/2003 des EP und des Rates vom 15.7.2003 *über die Unterstützung von Strategien und Aktionen im Bereich der reproduktiven und sexuellen Gesundheit und der damit verbundenen Rechte in den Entwicklungsländern* (ABl. 2003, Nr. L 224/1ff), Präambel XXIII; VO (EG) Nr. 1568/2003 des EP und des Rates vom 15.7.2003 *über die Bekämpfung armutsbedingter Krankheiten (HIV/ Aids, Tuberkulose und Malaria) in den Entwicklungsländern* (ABl. 2003, Nr. L 224/7ff), Präambel XXIII; VO (EG) Nr. 806/2004 des EP und des Rates vom 21.4.2004 *zur Förderung der Gleichstellung der Geschlechter im Rahmen der Entwicklungszusammenarbeit* (ABl. 2004, Nr. L 143/40ff), Präambel XV.

339 Die Rechtsgrundlage für die vertragliche Entwicklungsassoziierung existierte bereits seit den Römischen Verträgen. Für entwicklungspolitisch motivierte, jedoch in den Bereich der Gemeinsamen Handelspolitik einzuordnende Maßnahmen stand bereits Art. 113 EWGV zur Verfügung (ausführlich: *Knopf*, Europarechtliche und völkerrechtliche Fragen einer Entwicklungspolitik, S. 46ff). Die autonome Nahrungsmittelhilfe wurde ursprünglich als Mittel „zur Verbesserung des Marktgleichgewichts zur Entlastung von Überschüssen" (*Knopf*, Europarechtliche und völkerrechtliche Fragen einer Entwicklungspolitik, S. 57) angesehen und fußte dementsprechend auf Art. 43 EWGV. Vertragliche Abkommen hingegen basierten auf Art. 113 EWGV (kritisch: *Knopf*, Europarechtliche und völkerrechtliche Fragen einer Entwicklungspolitik, S. 58). Später wurde die Nahrungsmittelhilfe auf die Vertragslückenschließungskompetenz des Art. 308 EGV/ 235 EWGV gestützt (*Brandtner*, Die Entwicklungspolitik der EG, in: Röttinger/ Weyringer (Hrsg.), Handbuch der europäischen Integration, S. 601ff, 613), wobei man das Vertragsziel der Entwicklungshilfe aus einer Zusammenschau verschiedenster Normen gewann (hierzu ausführlich: *Knopf*, Europarechtliche und völkerrechtliche Fragen einer Entwicklungspolitik, S. 25ff; *Grabitz*, Die Entwicklungspolitik der Europäischen Gemeinschaften, in: EuR 1977, S. 217ff, 222ff. Vgl. auch: *Brandtner/ Pirzio-Biroli*, Die Entwicklungspolitik der EU, in: Röttinger/ Weyringer (Hrsg.), Handbuch der europäischen Integration, S. 580ff, 593). Schwieriger und ergo umstrittener war die Kompetenzbegründung für die finanzielle und technische Hilfe, wobei mit unterschiedlichen Argumenten die Maßnahme der Handelspolitik unterstellt oder das Vertragslückenschließungsverfahren des Art. 235 EWGV herangezogen wurde (ausführlich: *Grabitz*, Die Entwicklungspolitik der Europäischen Gemeinschaften, in: EuR 1977, S. 217ff, 235ff; *Knopf*, Europarechtliche und völkerrechtliche Fragen einer Entwicklungspolitik, S. 55f, 64ff); je nach Zielsetzung der finanziellen Hilfe wurde ihr jedoch teilweise (*Grabitz*, Die Entwicklungspolitik der Europäischen Gemeinschaf-

falls abschließend in dem Sinne, als entwicklungspolitisch motivierte Maßnahmen ausschließlich auf die Kompetenzen dieses Titels gestützt werden müssten. Vielmehr entscheidet einerseits der inhaltliche Schwerpunkt über die Wahl der Rechtsgrundlage – und dieser kann beispielsweise ebenso in der Handels- oder Agrarpolitik liegen. Andererseits – und dies betrifft überwiegend die völkerrechtlichen Abkommen der EG - beeinflussen vielfach historische und politische Erwägungen, aber auch inhaltliche, insbesondere institutionelle Anforderungen an die vertraglichen Beziehungen den Rückgriff auf eine bestimmte, möglicherweise außerhalb der Art. 177ff EGV liegende Rechtsgrundlage.
Gegenstand der nachfolgenden Ausführungen sind die gegenwärtig wichtigsten entwicklungspolitischen Kompetenzgrundlagen[340]. Den bedeutendsten Stellenwert innerhalb der entwicklungspolitischen Zuständigkeiten der EG nimmt zweifelsohne Art. 310 EGV ein: Sowohl die historisch gewachsenen „Assoziierungsabkommen" mit den AKP-Staaten als auch die Abkommen mit den geographisch nahen Mittelmeerdrittstaaten basieren auf dieser Befugnis. Daneben steht die völkerrechtliche Vertragsschlusskompetenz des Art. 181I2 EGV, auf den die Gemeinschaft ihre „Kooperationsabkommen" mit den Entwicklungsländern Süd- und Mittelamerikas sowie Asiens stützt. Die autonome Rechtsetzung hingegen erfolgt überwiegend auf Basis des Art. 179I EGV, der abschließend darzustellen ist.

2.1 Art. 310 EGV: Assoziierungsabkommen

Assoziierungs- bzw. Assoziationsabkommen nach Art. 310 EGV sind im Verfahren nach Art. 300 EGV, insbesondere gemäß der assoziationsrechtlichen Sonderbestimmungen des Art. 300II UA 1, S. 2, III UA 2 EGV geschlossene[341], dauerhafte völkerrechtliche Vertragsverhältnisse zwischen der Gemeinschaft und einem oder mehreren Drittstaaten oder einer oder mehreren internationalen Organisationen, die regelmäßig über reine Handelsabkommen (Art. 133 EGV) hinausgehende, „besondere und privilegierte Beziehungen"[342] im Bereich der wirtschaftlichen Zusammenarbeit konstituieren und die eine eigenständige Willensbildung in hierfür eingesetzten Institutionen ermöglichen[343].

---

ten, in: EuR 1977, S. 217ff, 237; anders: *Knopf*, Europarechtliche und völkerrechtliche Fragen einer Entwicklungspolitik, S. 64ff) die Gemeinschaftskompetenz aberkannt.
Zu den Kompetenzen vor Maastricht auch: *Barbagallo*, Evolution of the Legal Framework, in: Cosgrove-Sacks (Hrsg.), Europe, Diplomacy and Development, S. 193ff.

[340] Aufgrund der Schwerpunktsetzung der vorliegenden Arbeit werden indes nicht die Befugnisse erörtert, auf denen die Zusammenarbeit der EG mit den internationalen Organisationen auf dem Gebiet der Entwicklungszusammenarbeit basiert. An dieser Stelle seien deshalb die Kompetenzen der Art. 302, 304 EGV nur genannt und auf die entsprechende Kommentierung der EGV Kommentare verwiesen. Ebenso wenig Berücksichtigung findet Art. 308 EGV, der trotz Vorrangs des Art. 179I1 EGV (hierzu unten Abschnitt D.II.2.3.2) nach wie vor als Rechtsgrundlage für die technische und finanzielle Zusammenarbeit mit den Mittelmeerdrittländern herangezogen wird (siehe unten Kapitel E „Regionale Entwicklungszusammenarbeit der Europäischen Gemeinschaft", Abschnitt E.II.3).

[341] Was die Bedeutung des EP gerade im Bereich der vertraglichen Außenbeziehungen anbelangt, so wurden ihm durch die einzelnen Vertragsrevisionen verstärkt Kompetenzen zugewiesen: Die EEA 1986 brachte dem EP ein obligatorisches Zustimmungsrecht beim Abschluss von Assoziierungsabkommen der Gemeinschaft mit dritten Staaten. Der Maastrichter Vertrag 1992 erweiterte dieses Zustimmungserfordernis auf zusätzliche völkerrechtliche Abkommen, z.B. auf die unten im Abschnitt D.II.2.2 noch zu erörternden Kooperationsabkommen (vgl. Art. 300III UA 2 EGV). Der Vertrag von Nizza (2003) ermöglicht es nunmehr dem EP, Gutachten über die Vereinbarkeit geplanter Drittstaatenverträge mit dem EGV einzuholen (Art. 300VI EGV).

[342] EuGH, Rs. 12/86, Meryem Demirel/ Stadt Schwäbisch Gmünd, Slg. 1987, I-3719ff, 3751, Ziffer 9.

[343] *Weber*, in: von der Groeben/ Schwarze (Hrsg.), EUV/ EGV, Art. 310, Rn. 11. Ähnlich: *Schmalenbach*, in: Calliess/ Ruffert (Hrsg.), EUV/ EGV, Art. 310, Rn. 11; *Hirsch*, Die Rechtsprechung des Europäischen Gerichtshofes zu Assoziierungsabkommen, in: BayVBl. 1997, S. 449ff, 449; *Herrnfeld*, in: Schwarze (Hrsg.), EU-Kommentar, Art. 310, Rn. 1, der jedoch jeweils das streitige Merkmal der materiellen Regelungskompetenz des Art. 310 EGV (vgl. sogleich Abschnitt D.II.2.1.2.1) in die Definition mit aufnimmt.

Im Folgenden wird zunächst dieser Assoziierungsbegriff näher darzustellen sein – jedoch ausschließlich in dem im Rahmen dieser Arbeit relevanten Zusammenhang. Daran anschließend folgen Ausführungen zur streitigen Sachkompetenz des Art. 310 EGV, bevor auf die Institutionen und abschließend auf die rechtliche Struktur der Assoziierungsabkommen eingegangen wird.

2.1.1 Begriff der Assoziierung im hier relevanten Kontext

Die Konnotation des Terminus „Assoziierung" variiert je nach Zusammenhang sowohl innerhalb des EGV als auch innerhalb des Art. 310 EGV[344]; zudem bedient sich die vertragliche Anwendungspraxis einer uneinheitlichen Terminologie. Eine begriffliche Klarstellung bzw. Abgrenzung ist demnach angezeigt.

Das Assoziierungsabkommen im Sinne des Art. 310 EGV ist von der bereits erläuterten „konstitutionellen Assoziierung" bestimmter Überseeischer Länder und Gebiete (Art. 182ff EGV) zu unterscheiden: Diese kann mangels Staatsqualität der Assoziierten nicht durch völkerrechtlichen Vertrag ins Leben gerufen werden[345]. Im Hinblick auf diese ursprüngliche, postkoloniale Ausprägung der Assoziierung unter doch ungleichen „Partnern" ist es wohl zu erklären, dass die auf Art. 310 EGV gestützten Assoziierungsabkommen nicht selten als „Kooperationsabkommen"[346] oder „Partnerschaftsabkommen"[347] bezeichnet werden: Der oftmals angeprangerte Anstrich der „Ungleichheit der Vertragspartner" soll so von vornherein vermieden werden[348]. Die daraus resultierende heterogene Terminologie der Vertragspraxis stiftet naturgemäß Verwirrung über die dem Abkommen zugrunde liegende Rechtsnatur und ergo über die Kompetenzgrundlage; die gewählte Begrifflichkeit kann indes nicht über die rechtliche Qualifikation der Maßnahme bestimmen[349].

Auf Art. 310 EGV gründende Assoziierungsabkommen liegen vielmehr vor, wenn die eingangs definierten, zumeist aus dem Wortlaut ableitbaren Tatbestandsvoraussetzungen erfüllt werden[350]. Was zunächst die Vertragsparteien anbelangt, so ist davon auszugehen, dass Staaten und internationale Organisation als pars pro toto für Völkerrechtssubjekte stehen. Theoretisch wäre es also denkbar, dass die EG gleichermaßen mit „stabilisierten de-facto Regimes" und partiellen Völkerrechtssubjekten auf Grundlage des Art. 310 EGV Assoziierungen abschließt[351]. Weiter charakterisieren völkervertraglich begründete „besondere und privilegierte

[344] Ebenso wenig existiert ein einheitlicher völkerrechtlicher Assoziationsbegriff: *Bleckmann*, in: Bleckmann, Europarecht, Ziffer 1365; *Meessen*, Das Abkommen von Lomé als gemischter Vertrag, in: EuR 1980, S. 36ff, 38.

[345] Vgl. hierzu bereits oben Kapitel B „Geschichte der Entwicklungszusammenarbeit der Europäischen Gemeinschaft", insbesondere Abschnitt B.I.1.

[346] Zu den „Kooperationsabkommen" mit den Mittelmeerdrittstaaten bereits oben Kapitel B „Geschichte der Entwicklungszusammenarbeit der Europäischen Gemeinschaft", Abschnitt B.IV.3.

[347] Vgl. das „Partnerschaftsabkommen von Cotonou", ausführlich unten im Kapitel E „Regionale Entwicklungszusammenarbeit der Europäischen Gemeinschaft", Abschnitt E.I.

[348] So auch: *Schmalenbach*, in: Calliess/ Ruffert (Hrsg.), EUV/ EGV, Art. 310, Rn. 2; *Meessen*, Das Abkommen von Lomé als gemischter Vertrag, in: EuR 1980, S. 36ff, 38, Fn. 8.

[349] Vgl. bereits die Antwort der Kommission auf die schriftliche Anfrage Nr. 731/77 (ABl. 1987, Nr. C 88/2ff); *Vedder*, in: Grabitz/ Hilf (Hrsg.), EUV/ EGV, Altband II, Art. 238, Rn. 4a; *Schmalenbach*, in: Calliess/ Ruffert (Hrsg.), EUV/ EGV, Art. 310, Rn. 2; *Herrnfeld*, in: Schwarze (Hrsg.), EU-Kommentar, Art. 310, Rn. 8.

[350] *Weber*, in: von der Groeben/ Schwarze (Hrsg.), EUV/ EGV, Art. 310, Rn. 6; *Schmalenbach*, in: Calliess/ Ruffert (Hrsg.), EUV/ EGV, Art. 310, Rn. 2.

[351] So die Argumentation beim insofern wortgleichen Art. 133V UA 1 EGV: *Vedder*, in: Grabitz/ Hilf (Hrsg.), EUV/ EGV, Art. 133, Rn. 80. Dass die Gemeinschaft das „Europa-Mittelmeer-*Interimsassoziationsa*bkommen über Handel und Zusammenarbeit" mit der partiell völkerrechtsfähigen Palästinensischen Befreiungsorganisation (PLO) zugunsten der Palästinensischen Behörde für das Westjordanland und den Gaza-Streifen (ABl. 1997, Nr. L 187/3ff) – neben Art. 133V UA 1 EGV (!) - dennoch auf Art. 181I2 EGV stützte, ohne jedoch inhaltlich hinter den übrigen, auf Art. 310 EGV fußenden Europa-Mittelmeer-Assoziierungsabkommen zurückzubleiben, mag

Beziehungen"[352], eben „gegenseitige[...] Rechte[...] und Pflichten" (Art. 310 EGV), die Assoziierung. Dabei ist „gegenseitig" nicht als „gleichwertig" oder „ausgewogen" auszulegen; denn vor allem der hier relevanten und sogleich vorzustellenden „Entwicklungsassoziation" ist ein solches Ungleichgewicht zwischen den Vertragsparteien eigen: Sie will gerade mittels „ungleicher" Verpflichtungen dazu dienen, die Entwicklung der assoziierten Staaten zu fördern[353]. Das Ungleichgewicht zwischen den reziproken Verpflichtungen ist daher „im Wesen des Abkommens selbst begründet"[354]. Dieses Reziprozitätskriterium der Assoziierung ist allerdings ein typisches Merkmal auch anderer völkerrechtlicher Verträge und kann daher kaum als klares Abgrenzungskriterium zum Kooperationsabkommen (Art. 181I2 EGV) bzw. zum bloßen Handelsabkommen (Art. 133III EGV) dienen. Ein Großteil des Schrifttums[355] misst ergo folgendem Wortlautkriterium besondere Bedeutung zu: „gemeinsames Vorgehen und besonderes Verfahren", das sich ebenfalls in Art. 300III UA 2 EGV wieder findet, wo von einem „besonderen institutionellen Rahmen" die Rede ist. Darunter versteht man die Einsetzung paritätisch besetzter Organe, die im Rahmen der ihnen zugewiesenen Aufgaben verbindliche Entscheidungen für die Vertragsparteien treffen und dadurch die Assoziierung lenken und weiterentwickeln können[356]. Aber auch dieses Charakteristikum hat in den letzten zehn Jahren deutlich an Kontur verloren, da etliche neue Kooperationsabkommen i.S.d. Art. 181I2 EGV aus dieser Zeit eine ähnliche Institutionalisierung[357] erfahren haben[358]. Aus jener Anforderung nach der Schaffung eines „besonderen institutionellen Rahmens" folgt ein weiteres Kriterium, nämlich das der dauerhaften Verbindung[359] zwischen den Vertragsparteien – manifest in meist auf unbestimmte Zeit[360] angelegten Verträgen bzw. in zeitlich begrenzten Abkommen mit periodischen Vertragsrevisionen[361]. Das vom EuGH in seiner Demirel-Entscheidung aufgestellte zusätzliche, nicht aus dem Wortlaut ableitbare Kriterium der „teil-

---

vielleicht darauf zurückzuführen sein, dass das *Interims*assoziationsabkommen nach dem Beschluss des Rates vom 2.6.1997 (ABl. 1997, Nr. L 187/1f) lediglich den Weg für die Aufnahme von Verhandlungen über den Abschluss des „eigentlichen" Assoziationsabkommens ebnen soll. Zur PLO als partiellem Völkerrechtssubjekt: *Ipsen*, Völkerrecht, § 27, Rn. 14.

[352] EuGH, Rs. 12/86, Meryem Demirel/ Stadt Schwäbisch Gmünd, Slg. 1987, I-3719ff, 3751, Ziffer 9.

[353] Vgl. EuGH, Rs. 87/75, Conceria Daniele Bresciani/ Italienische Finanzverwaltung, Slg. 1976, S. 129ff, 141, Ziffern 22f.

[354] EuGH, Rs. 87/75, Conceria Daniele Bresciani/ Italienische Finanzverwaltung, Slg. 1976, S. 129ff, 141, Ziffern 22f.
Vgl. z.B.: Art. 1II 3. Spiegelstrich des Europa-Mittelmeer-Abkommens mit Tunesien (ABl. 1998, Nr. L 97/2ff); Art. 1I Cotonou (ABl. 2000, Nr. L 317/3ff).

[355] *Weber*, in: von der Groeben/ Schwarze (Hrsg.), EUV/ EGV, Art. 310, Rn. 8; *Bleckmann*, in: Bleckmann, Europarecht, Ziffer 1369; *Schmalenbach*, in: Calliess/ Ruffert (Hrsg.), EUV/ EGV, Art. 310, Rn. 3. Wohl auch: *Booß*, in: Lenz/ Borchardt (Hrsg.), EUV/ EGV, Art. 310, Rn. 3f.

[356] *Vedder*, in: Grabitz/ Hilf (Hrsg.), EUV/ EGV, Altband II, Art. 238, Rn. 6; *Weber*, in: von der Groeben/ Schwarze (Hrsg.), EUV/ EGV, Art. 310, Rn. 8; *Schmalenbach*, in: Calliess/ Ruffert (Hrsg.), EUV/ EGV, Art. 310, Rn. 3.

[357] Die diesbezügliche rechtliche Zulässigkeit ergibt sich aus Art. 300III UA 2 EGV, der von „Abkommen im Sinne des Artikels 310 sowie sonstiger Abkommen, die [...] einen besonderen institutionellen Rahmen schaffen", spricht. Aufgrund dieser terminologischen Konnexität („sonstiger") ist m.E. davon auszugehen, dass hierunter die Einrichtung von Gremien, die wie bei der Assoziierung zur Verabschiedung verbindlicher Beschlüsse befugt sind, fällt (vgl. hierzu unten Abschnitte D.II.2.1.3, D.II.2.1.4), zu subsumieren ist (ebenso: *Booß*, in: Lenz/ Borchardt (Hrsg.), EUV/ EGV, Art. 310, Rn. 1; *Schmalenbach*, in: Calliess/ Ruffert (Hrsg.), EUV/ EGV, Art. 300, Rn. 34).

[358] Vgl. unten Abschnitt D.II.2.2.2: Erst dort soll abschließend beleuchtet werden, inwiefern dieses die Assoziierung eigentlich konstituierende Merkmal weiterhin zur Differenzierung taugt.

[359] *Weber*, in: von der Groeben/ Schwarze (Hrsg.), EUV/ EGV, Art. 310, Rn. 9.

[360] Siehe z.B. Art. 104 UA 1 des Europa-Mittelmeer-Abkommens mit Jordanien (ABl. 2002, Nr. L 129/3ff); Art. 93 UA 1 des Europa-Mittelmeer-Abkommens mit Tunesien (ABl. 1998, Nr. L 97/2ff).

[361] Beispielweise Art. 95III Cotonou (ABl. 2000, Nr. L 317/3ff).

weisen Teilhabe am Gemeinschaftssystem"[362] wird in der Literatur nicht zuletzt aufgrund der Gemeinschaftspraxis, die dieses Merkmal - vom EuGH unkritisiert - weitgehend ignoriert, entweder abgelehnt[363] oder bleibt gar unberücksichtigt[364].

Ist nun der Begriff des Assoziierungsabkommens im Sinne des Art. 310 EGV hinreichend geklärt, gilt es jetzt, diesen Abkommenstypus entsprechend seines politischen Fernziels[365] zu differenzieren. Demgemäß ist zwischen der (Vor-) Beitritts-[366], der Freihandels-[367] und der Entwicklungsassoziierung zu unterscheiden[368]. Ausschließlich der letzte Typus, d.h. das entwicklungspolitisch motivierte Assoziierungsabkommen, ist im Rahmen dieser Arbeit von Relevanz. In diesen Anwendungsbereich des Art. 310 EGV fallen beispielsweise die als „Kooperationsabkommen" titulierten Verträge mit den Mashrik- und Maghreb-Staaten[369], die diese bereits teilweise ersetzenden neuen „Europa-Mittelmeer-Abkommen"[370], die Jaunde-

---

[362] EuGH, Rs. 12/86, Meryem Demirel/ Stadt Schwäbisch Gmünd, Slg. 1987, S. 3719ff, 3751, Ziffer 9.

[363] *Schmalenbach*, in: Calliess/ Ruffert (Hrsg.), EUV/ EGV, Art. 310, Rn. 10; *Weber*, in: von der Groeben/ Schwarze (Hrsg.), EUV/ EGV, Art. 310, Rn. 10.

[364] *Booß*, in: Lenz/ Borchardt (Hrsg.), EUV/ EGV, Art. 310, Rn. 1 (der Verfasser erwähnt zwar das Kriterium; im Rahmen seiner Ausführungen zu den Tatbestandsvoraussetzungen fehlt es indes); *Herrnfeld*, in: Schwarze (Hrsg.), EU-Kommentar, Art. 310, Rn. 1ff; *Bleckmann*, in: Bleckmann, Europarecht, Ziffern 1368ff; *Oppermann*, Europarecht, Rn. 1880ff; *Rohde/ Kaltenborn*, Neuere Entwicklungen im Assoziationsrecht, in: FS Bleckmann, S. 237ff, 240f.
Vgl. zum Ganzen: *Schmalenbach*, in: Calliess/ Ruffert (Hrsg.), EUV/ EGV, Art. 310, Rn. 7ff.

[365] *Schmalenbach*, in: Calliess/ Ruffert (Hrsg.), EUV/ EGV, Art. 310, Rn. 35. Vgl. auch *Knopf*, Europarechtliche und völkerrechtliche Fragen einer Entwicklungspolitik, S. 40f.

[366] So werden Abkommen bezeichnet, die Staaten ermöglichen sollen, sich der EU anzunähern und die damit gleichzeitig den späteren Beitritt vorbereiten (vgl. *Knopf*, Europarechtliche und völkerrechtliche Fragen einer Entwicklungspolitik, S. 40). Näher: *Herrnfeld*, in: Schwarze (Hrsg.), EU-Kommentar, Art. 310, Rn. 10; *Weber*, in: von der Groeben/ Schwarze (Hrsg.), EUV/ EGV, Art. 310, Rn. 61ff.

[367] Diese dient dem Aufbau enger wirtschaftlicher Beziehungen in Form der Errichtung von Freihandelszonen oder gar von Zollunionen (*Knopf*, Europarechtliche und völkerrechtliche Fragen einer Entwicklungspolitik, S. 40). Näher: *Herrnfeld*, in: Schwarze (Hrsg.), EU-Kommentar, Art. 310, Rn. 9; *Weber*, in: von der Groeben/ Schwarze (Hrsg.), EUV/ EGV, Art. 310, Rn. 56ff.

[368] Anders: *Hakura*, The Euro-Mediterranean policy, in: CMLRev. 1997, S. 337ff, 350ff: Er unterscheidet zwischen der Entwicklungsassoziierung, der Beitrittsassoziierung und der Assoziierung, die einen Beitritt ersetzt („association [...as] substitutes for membership", ebenda, S. 351); unter letztere subsumiert er die Europa-Mittelmeer-Kooperation subsumiert. Abgesehen davon, dass die Qualifizierung nicht allgemein anerkannt ist, ist m.E. eine derartige Einordnung aus den sogleich in Fn. 370 vorgebrachten Erwägungen abzulehnen.

[369] Vgl. bereits oben Kapitel B „Geschichte der Entwicklungszusammenarbeit der Europäischen Gemeinschaft", insbesondere Abschnitt B.IV.3.

[370] Zu den einzelnen Abkommen unten Kapitel E „Regionale Entwicklungszusammenarbeit der Europäischen Gemeinschaft", Abschnitt E.II, insbesondere Fn. 428.
Diese Abkommen werden nach wie vor zu den Entwicklungsassoziierungen gezählt, obwohl eines ihrer Kernelemente nunmehr die schrittweise Errichtung einer Freihandelszone und somit eine Einordnung auch unter die Freihandelsassoziation denkbar wäre. Fakt ist jedoch, dass die Europa-Mittelmeer-Abkommen als die die vormaligen „Kooperationsabkommen" ersetzenden Übereinkünfte noch heute eine ausgeprägte entwicklungspolitische Zielsetzung aufweisen: Im Zentrum der Zusammenarbeit steht nach wie vor die Förderung der wirtschaftlichen und sozialen Entwicklung und die entsprechende finanzielle Unterstützung (letzteres ist autonom geregelt) – ganz im Gegensatz zu den „Freihandelsassoziierungen", die mit europäischen *Industrie*drittstaaten geschlossen wurden. Diese entwicklungspolitische Komponente der euro-mediterranen Zusammenarbeit ist seit jenen „Kooperationsabkommen" stets fortentwickelt und um mehrere neue Dimensionen erweitert – wie eben um die Schaffung einer Freihandelszone (ausführlich zur Europa-Mittelmeer Freihandelszone unten Kapitel E „Regionale Entwicklungszusammenarbeit der Europäischen Gemeinschaft", Abschnitt E.II.2.3). Dies nicht zuletzt deshalb, um die Integration der Partnerstaaten in die Weltwirtschaft zu fördern – erklärtes Ziel der Entwicklungszusammenarbeit, Art. 177I 2. Spiegelstrich EGV. Davon abgesehen war die Errichtung einer Freihandelszone wesentliches Merkmal von Jaunde I (vgl. oben Kapitel B „Geschichte der Entwicklungszusammenarbeit der Europäischen Gemeinschaft", Abschnitt B.I.2) – ein Abkommen, das vom EuGH als „Entwicklungsassoziie-

Abkommen, die Lomé-Abkommen einschließlich des „Partnerschaftsabkommens von Cotonou“[371], sowie neuerdings auch ein Assoziierungsabkommen mit Lateinamerika[372]. Die denkbaren Inhalte dieser Abkommen soll nun der folgende Abschnitt klären.

2.1.2 Sachkompetenz

Sowohl das Bestehen als auch der Umfang der Sachkompetenz der Europäischen Gemeinschaft zum Abschluss von Assoziationsverträgen ist nach wie vor umstritten, hat jedoch nicht zuletzt infolge der zunehmenden Integrationsdichte des EGV an praktischer Bedeutung verloren[373]. In diesem Zusammenhang soll ferner die interessante Frage beantwortet werden, ob das Primärrecht neben diesem gemeinschaftsrechtlichen Integrationsstand, der die inhaltliche Grenze der Assoziationsabkommen definiert, bestimmte Handlungsvorgaben an die Rechtsetzungsorgane statuiert. Anschließend wird der sog. „gemischte Vertrag“ in Grundzügen darzustellen sein. Die Gemeinschaft bedient sich dieser Rechtsfigur regelmäßig in ihrer assoziationsrechtlichen Vertragspraxis, was den Streit über die Kompetenzverteilung weiter entschärft.

2.1.2.1 Enge und weite Auslegung

Eine restriktive Ansicht[374] wertet Art. 310 EGV als Verfahrensvorschrift, nicht jedoch als eigenständige Kompetenzgrundlage. Denn die Bestimmung enthalte keine Regelung darüber, welche Materien aus dem Zuständigkeitsbereich der EG Gegenstand einer Assoziierung sein können bzw. welchem Zweck eine solche Assoziierung zu dienen vermag. Dementsprechend eröffne die Vorschrift der Gemeinschaft nur insoweit eine Regelungskompetenz, als diese sich aus expliziten (etwa Art. 133, 181 EGV) oder impliziten (AETR-Rechtsprechung[375]) Vertragsschließungskompetenzen ableiten lasse. Eine weitergehende Auffassung sei auch nicht angezeigt, denn vor allem aufgrund der impliziten Kompetenzen, die der EuGH in der AETR-Entscheidung sowie in seiner nachfolgenden Judikatur[376] der EG zusprach, verfüge diese über einen ausreichenden Regelungsbereich für Assoziierungsabkommen[377]. Die Besonderheit von Art. 310 EGV, die quasi ihre Existenz neben den expliziten und impliziten

---

rung“ qualifiziert wurde (vgl. EuGH, Rs. 87/75, Conceria Daniele Bresciani/ Italienische Finanzverwaltung, Slg. 1976, S. 129ff, 141, Ziffern 22f).

[371] Trotz der schrittweisen Errichtung einer Freihandelszone mit einigen der AKP-Staaten (vgl. unten Kapitel E „Regionale Entwicklungszusammenarbeit der Europäischen Gemeinschaft“, Abschnitt E.I.2.3.2.1) ist an der Einordnung als „Entwicklungsassoziierung“ festzuhalten. Zur Begründung vgl. oben Fn. 370.

[372] Abkommen zur Gründung einer Assoziation mit Chile (ABl. 2002, Nr. L 352/3ff). Des Weiteren existiert ein Abkommen über Handel, Entwicklung und Zusammenarbeit mit Südafrika (ABl. 1999, Nr. L 311/3ff), das im Rahmen der AKP-EG-Zusammenarbeit einen Sonderstatus besitzt (dazu unten Kapitel E „Regionale Entwicklungszusammenarbeit der Europäischen Gemeinschaft“, Abschnitt E.I, Fn. 7).

[373] Für ausführliche Darstellungen: *Krück*, Völkerrechtliche Verträge, S. 64ff; *Vedder*, Die auswärtige Gewalt des Europa der Neun, S. 59ff; *Pellens*, Rechtsgrundlagen und Verfahren, S. 23ff.

[374] Ausführlich hierzu: *Knopf*, Europarechtliche und völkerrechtliche Fragen einer Entwicklungspolitik, S. 42ff; *Meessen*, Das Abkommen von Lomé als gemischter Vertrag, in: EuR 1980, S. 36ff, 39f; *Oppermann*, Europarecht, Rn. 1883.

[375] EuGH, Rs. 22/70, Kommission/ Rat, Slg. 1971, S. 263ff, 274f, Ziffern 15/19, und oben Abschnitt D.II.1.

[376] Hierzu bereits oben Abschnitt D.II.1, Fn. 280.

In seinem Gutachten 1/94 präzisierte der EuGH schließlich seine AETR-Rechtsprechung. Zwar räumte er ein, dass sich eine implizite externe Gemeinschaftskompetenz ausnahmsweise allein aus den entsprechenden internen Kompetenzvorschriften herleiten lasse, nämlich dann, wenn die Materie zwangläufig zugleich Drittstaaten betrifft und daher eine rein interne Regelung nicht wirksam wäre (EuGH, Gutachten 1/94, Slg. 1994, I-5267ff, 5413f, Ziffern 85f (WTO)). Davon abgesehen bleibe es aber beim Grundsatz, dass „eine interne Zuständigkeit nur dann eine ausschließliche externe Zuständigkeit begründen [kann], wenn sie ausgeübt wird“ (ebenda, I-5414, Ziffer 89; vgl. auch I-5411, Ziffer 77). Vor Erlass besteht indes eine konkurrierende Zuständigkeit (*Schmalenbach*, in: Calliess/ Ruffert (Hrsg.), EUV/ EGV, Art. 300, Rn. 13, mit weiteren Nachweisen).

[377] *Meessen*, Das Abkommen von Lomé als gemischter Vertrag, in: EuR 1980, S. 36ff, 39; *Knopf*, Europarechtliche und völkerrechtliche Fragen einer Entwicklungspolitik, S. 45.

Vertragsschlusskompetenzen rechtfertige, bestehe demnach darin, der Gemeinschaft die Befugnis zum Abschluss völkerrechtlicher Verträge *mit einem besonderen institutionellen Gefüge* zu verleihen[378].

Spätestens seit den Maastricht-Novellierungen der Neufassung des Art. 310 EGV, der Einfügung der Verfahrensvorschrift des Art. 300III UA 2 EGV sowie der Erweiterung der Ziele der Gemeinschaft auf die Entwicklungszusammenarbeit in Art. 3r) EGV in Verbindung mit Titel XX, der diese Politik der EG als Aufgabe und Kompetenz zuweist, ist indes der herrschenden Meinung im Schrifttum[379] Vorzug zu geben: Diese begreift Art. 310 EGV als eine über den handelspolitischen Bereich hinausgehende und mit dem jeweiligen gemeinschaftlichen Integrationsstand korrespondierende Vertragsschlusskompetenz. Art. 310 EGV verleiht der Gemeinschaft demnach eine ausschließliche Kontrahierungskompetenz in sämtlichen ihr durch den EGV gemeinschaftsintern zugewiesenen (die ausschließliche, konkurrierende oder parallele Zuständigkeit betreffenden) Sachgebieten; die von der Assoziierungsbefugnis zu unterscheidenden gemeinschafts*internen* Durchführungszuständigkeiten, d.h. Art und Umfang der Innenkompetenzen, bleiben demnach hiervon unberührt[380].
Für die Annahme einer originären Sachkompetenz spricht zunächst der Wortlaut des Art. 310 EGV („Die Gemeinschaft kann [...] Abkommen schließen [...]")[381]. Unterstützt wird diese Deutung des Art. 310 EGV nunmehr durch die Tatsache, dass mit dem Maastrichtvertrag Art. 238II und III EWGV und somit die Bestimmungen über das Verfahren entfielen; die entsprechenden Vorschriften finden sich stattdessen in Art. 300III UA 2 EGV wieder, der rein verfahrensrechtlicher Natur ist. Art. 310 EGV lässt sich deshalb sinnvollerweise nur noch als eigenständige Regelungskompetenz begreifen[382]. Zudem hätte Art. 310 EGV bei einer Beschränkung auf ausdrücklich zugewiesene bzw. implizit begründete Vertragsschließungskom-

---

378 *Meessen*, Das Abkommen von Lomé als gemischter Vertrag, in: EuR 1980, S. 36ff, 39; *Knopf*, Europarechtliche und völkerrechtliche Fragen einer Entwicklungspolitik, S. 42, 45f.

379 Ausführlich: *Fischer*, Assoziationsrecht, S. 80ff. Vgl. auch: *Fischer*, Handels- und Assoziierungsabkommen, in: KSE Bd. 25, S. 1ff, 16ff; *Hirsch*, Die Rechtsprechung des Europäischen Gerichtshofes zu Assoziierungsabkommen, in: BayVBl. 1997, S. 449ff, 449; *Bleckmann*, in: Bleckmann, Europarecht, Ziffer 1377; *Herrnfeld*, in: Schwarze (Hrsg.), EU-Kommentar, Art. 310, Rn. 5; *Weber*, in: von der Groeben/ Schwarze (Hrsg.), EUV/ EGV, Art. 310, Rn. 12ff; *Geiger*, EUV/ EGV, Art. 310, Rn. 4; *Grabitz*, Die Entwicklungspolitik der Europäischen Gemeinschaften, in: EuR 1977, S. 217ff, 233; *Krück*, Völkerrechtliche Verträge, S. 64ff; *Krück*, Die Freizügigkeit der Arbeitnehmer, in: EuR 1984, S. 289ff, 297ff; *Mégret* u.a. (Hrsg.), Relations extérieures, S. 84, 87; *Pitschas*, Die völkerrechtliche Verantwortlichkeit der EG, S. 149; *Becker*, Partnerschaft von Lomé, S. 130f; *Vedder*, Die auswärtige Gewalt des Europa der Neun, S. 59ff; *Vedder*, in: Grabitz/ Hilf (Hrsg.), EUV/ EGV, Altband II, Art. 238, Rn. 8ff.

380 *Bleckmann*, Der gemischte Vertrag im Europarecht, in: EuR 1976, S. 301ff, 305; *Weber*, in: von der Groeben/ Schwarze (Hrsg.), EUV/ EGV, Art. 310, Rn. 18; *Vedder*, in: Grabitz/ Hilf (Hrsg.), EUV/ EGV, Altband II, Art. 238, Rn. 16; *Krück*, Die Freizügigkeit der Arbeitnehmer, in: EuR 1984, S. 289ff, 299; wohl auch: *Herrnfeld*, in: Schwarze (Hrsg.), EU-Kommentar, Art. 310, Rn. 5.
Wenngleich die Kompetenz zum Abschluss von Assoziierungsabkommen bereits nach der Natur der Sache eine ausschließliche ist (nur die Gemeinschaft kann Assoziierungsabkommen im Sinne des Art. 310 EGV schließen; vgl. *Dauses*, Die Beteiligung der Europäischen Gemeinschaften an multilateralen Völkerrechtsübereinkommen, in: EuR 1979, S. 119ff, 144; *Stein*, Der gemischte Vertrag, S. 73f, mit weiteren Nachweisen. Anders: *Pitschas*, Die völkerrechtliche Verantwortlichkeit der EG, S. 177f), bestimmen sich Art und Umfang der Innenkompetenzen des einzubeziehenden Sachgebiets – und somit gleichzeitig die Frage der gemeinschafts*internen* Durchführung - nach dessen Rechtsnatur (*Gilsdorf*, Die Außenkompetenzen der EG, in: EuR 1996, S. 145ff, 149; ausführlich, auch mit Hinweisen diesbezüglich anderer Ansichten: *Fischer*, Assoziationsrecht, S. 104ff). Oder anders formuliert: Diesbezügliches Sekundärrecht muss, soweit es nicht die Gremien der Assoziierung aufgrund ihrer im Assoziierungsabkommen eingeräumten Befugnisse erlassen, auf die jeweils einschlägigen, spezifischen Kompetenzbefugnisse des EGV gestützt werden.

381 *Herrnfeld*, in: Schwarze (Hrsg.), EU-Kommentar, Art. 310, Rn. 4.

382 *Bleckmann*, in: Bleckmann, Europarecht, Ziffer 1377. Ähnlich: *Weber*, in: von der Groeben/ Schwarze (Hrsg.), EUV/ EGV, Art. 310, Rn. 13.

petenzen keine eigenständige Bedeutung mehr[383] – dies umso mehr, als beispielsweise Handels- und Kooperationsabkommen als „sonstige Abkommen" i.S.d. Art. 300III UA 2 EGV in zunehmendem Maße eine institutionelle Verdichtung erfahren[384].

Was den materiellen Umfang dieser Assoziationskompetenz anbelangt, so bringt das Schrifttum[385] einmal die systematische Stellung des Art. 310 EGV im Sechsten Teil des EGV („Allgemeine und Schlußbestimmungen"), der die Regelung der Teile Eins bis Fünf umfasst, ins Spiel. Zum anderen zieht es seine Nähe zu Art. 308 EGV – vor der Aufhebung durch den Maastrichter Vertrag auch zu Art. 236 (Vertragsänderung) und Art. 237 (Beitritt zur EWG) EWGV – als Beleg dafür heran, dass auch die Assoziierung nicht auf eine oder einige bestimmte Materien beschränkt ist, sondern vielmehr das gesamte Vertragsspektrum umfasst und auch eine gewisse Erweiterung der Handlungsbefugnisse der EG nicht ausschließt[386]. Eine Interpretation, die ihre Bestätigung auch in der Entstehungsgeschichte der Vorschrift findet[387].

Eine Bestätigung dieser „weiten" Auslegung des Art. 310 EGV sieht das Schrifttum[388] im „Demirel"-Urteil, wo der EuGH bezüglich der Arbeitnehmerfreizügigkeit ohne Rekurs auf möglicherweise bestehende implizite Vertragsschlusskompetenzen im Sinne der AETR-Rechtsprechung[389] ausführt, dass aufgrund der Tatsache, dass ein Assoziierungsabkommen besondere und privilegierte Beziehungen mit einem Drittstaat schafft, „Artikel 238 der Gemeinschaft notwendigerweise die Zuständigkeit dafür einräumen [muss], die Erfüllung der Verpflichtungen gegenüber Drittstaaten in allen vom EWG-Vertrag erfaßten Bereichen sicherzustellen"[390]. Die Freizügigkeit der Arbeitnehmer stellt einen vom Vertrag erfassten Bereich dar, woraus folge, dass die diese Materie betreffenden Verpflichtungen in die Zuständigkeit der Gemeinschaft im Rahmen des Art. 310 EGV fielen[391]. Dies gelte auch dann, wenn die gemeinschaftsinterne Durchführungskompetenz bei den Mitgliedstaaten liege[392].

Der wesentliche Unterschied der Art. 310–Zuständigkeit zu den impliziten Vertragszuständigkeiten nach der AETR-Rechtsprechung besteht demnach darin, auch dann über eine ausschließliche assoziationsrechtliche Kompetenz zu verfügen, wenn die Gemeinschaft ihre parallele interne Zuständigkeit noch nicht ausgeübt hat[393]. Wenn man mit *Vedder* als äußerste

[383] *Weber*, in: von der Groeben/ Schwarze (Hrsg.), EUV/ EGV, Art. 310, Rn. 13; ähnlich: *Vedder*, in: Grabitz/ Hilf (Hrsg.), EUV/ EGV, EUV/ EGV, Altband II, Art. 238, Rn. 9.

[384] Vgl. bereits oben Abschnitt D.II.2.1.1, insbesondere auch Fn. 357.

[385] *Vedder*, Die auswärtige Gewalt des Europa der Neun, S. 60ff; *Krück*, Völkerrechtliche Verträge, S. 64ff.

[386] Art. 308 EGV, Art. 236, 238 EWGV thematisier(t)en nämlich nicht punktuell eine besondere Kompetenz, sondern den Vertrag in seiner Gesamtheit. Auch betreffen sie mehr oder weniger die Modifizierung des E(W)GV. Ausführlich: *Vedder*, Die auswärtige Gewalt des Europa der Neun, S. 60ff; *Krück*, Völkerrechtliche Verträge, S. 65ff; *Fischer*, Handels- und Assoziierungsabkommen, in: KSE Bd. 25, S. 1ff, 16ff; *Pitschas*, Die völkerrechtliche Verantwortlichkeit der EG, S. 150f.

[387] Art. 310 EGV wurde 1957 hauptsächlich mit der politischen Intention entworfen, andere europäische Staaten im Hinblick auf einen späteren Beitritt an die Gemeinschaft anzunähern (vgl. *Vedder*, Die auswärtige Gewalt des Europa der Neun, S. 61; *Schmalenbach*, in: Calliess/ Ruffert (Hrsg.), EUV/ EGV, Art. 310, Rn. 36; *Bachmann*, Die Präferenzregelungen der EG, in: ZfZ 1989, S. 13ff, 34ff, 36). Zu diesem Zwecke muss es theoretisch möglich sein, die gesamte inhaltliche Bandbreite des EGV (wenngleich modifiziert) auf das Verhältnis zwischen den Vertragspartnern zu transponieren.

[388] Nachweise bei: *Schmalenbach*, in: Calliess/ Ruffert (Hrsg.), EUV/ EGV, Art. 310, Rn. 15. Kritisch: *Weber*, in: von der Groeben/ Schwarze (Hrsg.), EUV/ EGV, Art. 310, Rn. 15.

[389] Vgl. die Schlussanträge von GA *Darmon* zu EuGH, Rs. 12/86, Meryem Demirel/ Stadt Schwäbisch Gmünd, Slg. 1987, S. 3719ff, 3741.

[390] EuGH, Rs. 12/86, Meryem Demirel/ Stadt Schwäbisch Gmünd, Slg. 1987, S. 3719ff, 3751, Ziffer 9.

[391] EuGH, Rs. 12/86, Meryem Demirel/ Stadt Schwäbisch Gmünd, Slg. 1987, S. 3719ff, 3751, Ziffer 9.

[392] EuGH, Rs. 12/86, Meryem Demirel/ Stadt Schwäbisch Gmünd, Slg. 1987, S. 3719ff, 3751, Ziffer 10.

[393] So mit ausführlicher Begründung: *Weber*, in: von der Groeben/ Schwarze (Hrsg.), EUV/ EGV, Art. 310, Rn. 17.

Grenze für den materiellen Regelungsgehalt die in Art. 2, 3 EGV vorgegebenen Ziele annimmt[394], so ist ferner theoretisch denkbar, ein Ziel aus diesem Katalog im Verhältnis zu Drittstaaten verfolgen zu können, das der Gesetzgeber gemeinschaftsintern noch nicht in einer entsprechenden expliziten Kompetenzzuweisung konkretisiert hat[395]. Ähnlich wie bei Art. 308 EGV erlaubt ergo Art. 310 EGV eine gewisse Modifizierung des sachlichen Anwendungsbereichs des EGV. Weiters kann die Gemeinschaft eine Materie gegenüber Drittstaaten regeln, die der EGV eigentlich nur im Verhältnis zu Angehörigen der Mitgliedstaaten innerhalb der Gemeinschaft regelt, beispielsweise die vier Grundfreiheiten[396]. Art. 310 EGV ermächtigt nämlich die EG, in den Assoziierungen diese Freiheiten sowohl der Marktbürger in dem Drittstaate[397] als auch der Staatsangehörigen des Drittstaates innerhalb der Gemeinschaft zu normieren[398]. *Insofern* also erweitert Art. 310 EGV den personellen bzw. territorialen Geltungsbereich bestimmter Normen des EGV und stellt nicht nur wie die AETR-Rechtsprechung eine völkerrechtliche Handlungskompetenz zur Verfügung[399].

Zusammenfassend und wie bereits einleitend angemerkt muss an dieser Stelle jedoch festgehalten werden, dass die Auseinandersetzung um die originäre Sachkompetenz für den hier betrachteten Bereich der Entwicklungsassoziierung nicht zuletzt infolge der oben erwähnten Integration der Politik der Entwicklungszusammenarbeit als Aufgabe und Kompetenztitel für die Gemeinschaft und den daraus resultierenden Zuständigkeiten weitgehend an Bedeutung verloren hat: Denn sowohl die enge als auch die weite Auslegung erlauben, Assoziationsabkommen mit den Zielen des Art. 177 EGV zu schließen. Ebenso unproblematisch sind darüber hinaus auch die Außenkompetenzen u.a.[400] für die in Entwicklungsassoziierungen häufig geregelten, vergemeinschafteten Bereiche der Arbeitnehmerfreizügigkeit[401], der Niederlassungs-[402], Dienstleistungs-, Zahlungs- sowie Kapitalverkehrsfreiheit, des Handels, des Dienst-

[394] *Vedder*, in: Grabitz/ Hilf (Hrsg.), EUV/ EGV, Altband II, Art. 238, Rn. 14, mit weiteren Nachweisen. Hierbei orientiert er sich an Art. 308 EGV, der in Ausnahme zu Art. 5I EGV gleichfalls lediglich an die Zielbestimmungen des Art. 2, 3, EGV zur Begründung von Gemeinschaftskompetenzen anknüpft.

[395] Im Rahmen der AETR - Kompetenz wird eine allein auf die Ziele gestützte Herleitung stillschweigender Zuständigkeiten überwiegend abgelehnt (*Pitschas*, Die völkerrechtliche Verantwortlichkeit der EG, S. 152; *Vedder*, in: Grabitz/ Hilf (Hrsg.), EUV/ EGV, Altband II, Art. 238, Rn. 14, hält diese Differenzierung aufgrund des Erfordernisses der Einstimmigkeit im Rat beim Abschluss von Assoziierungsabkommen (Art. 300II UA 1, S. 2 EGV; auf die Weise können die Mitgliedstaaten nicht gewollten Ausweitungen des Geltungsbereichs des EGV Einhalt gebieten) sowie des Zustimmungserfordernisses des EP (Art. 300III UA 2 EGV) für gerechtfertigt).

[396] Zum Geltungsbereich von Abkommen, die sich auf die impliziten AETR-Befugnisse stützen, bereits oben Abschnitt D.II.1, Fn. 291.

[397] *Krück*, Völkerrechtliche Verträge, S. 65.

[398] Ausdrücklich für die Arbeitnehmerfreizügigkeit: EuGH, Rs. 12/86, Meryem Demirel/ Stadt Schwäbisch Gmünd, Slg. 1987, S. 3719ff, 3751, Ziffer 9.

[399] Vgl. *Krück*, Völkerrechtliche Verträge, S. 66; *Krück*, Die Freizügigkeit der Arbeitnehmer, in: EuR 1984, S. 289ff, 298; *Fischer*, Handels- und Assoziierungsabkommen, in: KSE Bd. 25, S. 1ff, 109; *Vedder*, Die auswärtige Gewalt des Europa der Neun, S. 142; *Vedder*, in: Grabitz/ Hilf (Hrsg.), EUV/ EGV, Altband II, Art. 238, Rn. 12. Kritisch: *Schmalenbach*, in: Calliess/ Ruffert (Hrsg.), EUV/ EGV, Art. 310, Rn. 16. Ohne Begründung gegen die Erweiterung des territorialen Geltungsbereichs: *Weber*, in: von der Groeben/ Schwarze (Hrsg.), EUV/ EGV, Art. 310, Rn. 18.

[400] Nachfolgend: *Vedder*, in: Grabitz/ Hilf (Hrsg.), EUV/ EGV, Altband II, Art. 238, Rn. 12f; *Weber*, in: von der Groeben/ Schwarze (Hrsg.), EUV/ EGV, Art. 310, Rn. 18f; *Herrnfeld*, in: Schwarze (Hrsg.), EU-Kommentar, Art. 310, Rn. 5, mit weiteren Nachweisen.

[401] Hier zeigt sich der praktisch wohl relevanteste Anwendungsfall des Art. 310 EGV (vgl. EuGH, Rs. 12/86, Meryem Demirel/ Stadt Schwäbisch Gmünd, Slg. 1987, S. 3719ff, 3751, Ziffer 9), da der EG ja die diesbezügliche Regelungskompetenz im Verhältnis zu *Dritt*staaten nach der AETR-Doktrin überwiegend versagt wird (*Hailbronner*, Die Freizügigkeit türkischer Staatsangehöriger, in: EuR 1984, S. 54ff, 60f; *Krück*, Die Freizügigkeit der Arbeitnehmer, in: EuR 1984, S. 289ff, 296; vgl. bereits auch oben Abschnitt D.II.1, Fn. 291).

[402] Zumindest mittelbar bestätigt durch: EuGH, Rs. 65/77, Jean Razanatsimba, Slg. 1977, S. 2229ff, 2238ff, Ziffern 9ff: Der EuGH unterwirft die in Lomé I enthaltene Regelung über die Niederlassungsfreiheit seiner Aus-

leistungssektors, des Schutzes des geistigen Eigentums, der Landwirtschaft, des Umweltschutzes, der Koordination der Wirtschaftspolitik sowie der Einwanderungspolitik. Nach wie vor heikel geblieben sind jedoch die Bestimmungen über die Finanzhilfe[403]; ebenso wenig fallen die in intergouvernementaler Zusammenarbeit verbleibenden Befugnisse der 2. (Außen- und Sicherheitspolitik[404]) und 3. (Innen- und Justizpolitik) Säule in die Vertragsschlusskompetenz der Gemeinschaft[405].

2.1.2.2 Umfang der Bindung an die entwicklungspolitischen Vorgaben des Titels XX

Nach dem eben Festgestellten ist die EG zweifelfrei dazu befähigt, die Ziele des Art. 177 EGV in ihren entwicklungspolitisch motivierten Assoziierungsabkommen zu verfolgen. Dies bedeutet m.E. aber umgekehrt, dass die Gemeinschaft – wenn sie auf Basis des Art. 310 EGV entwicklungspolitisch tätig wird -, sogar verpflichtet ist, die Zielvorgaben des Art. 177 EGV zu beachten. Diese Verpflichtung umfasst sowohl das „Ob" als auch das „Wie" der Rechtsetzung. Bzgl. des „Ob" ist zunächst klarzustellen, dass Art. 177 EGV selbstverständlich keine Rechtsetzungspflicht für ein entwicklungspolitisches *Assoziations*abkommen begründet. Wenn aber die Gemeinschaft in diese Richtung tätig wird, so ist sie gehalten, *grundsätzlich*

---

legungszuständigkeit, welche wiederum aufgrund einer EGV - Ermächtigung erlassenes Gemeinschaftsrecht voraussetzt (hierzu unten Abschnitt D.II.2.1.2.3, Fn. 443). Auch hier besitzt die Gemeinschaft nach der AETR-Doktrin erneut keine Regelungskompetenz für das Verhältnis zu Drittstaaten, vgl. z.B. *Knopf*, Europarechtliche und völkerrechtliche Fragen einer Entwicklungspolitik, S. 38.

[403] Vgl. EuGH, Gutachten 1/78, Internationales Naturkautschuk-Abkommen, Slg. 1979, S. 2871ff, 2916ff, Ziffern 52ff, insbesondere 58, 60, und Antwort des Rates auf die schriftliche Anfrage Nr. 396/77, ABl. 1977, Nr. C 277/7f, 8: Danach hängt die Gemeinschaftskompetenz von der Budgetierung der Finanzmittel im Gemeinschaftshaushalt ab, und zwar unabhängig davon, ob die Mittel von der EG oder aus Beiträgen der Mitgliedstaaten stammen. Die gängige Praxis stellt die Finanzmittel in den Haushalt ein, so dass diese – zugegebenermaßen bedenklich – über die Begründung von Gemeinschaftskompetenzen entscheidet; dies gilt jedoch (momentan noch) nicht für die Mittel an die AKP-Staaten aus dem EEF. Letztere Vorgehensweise wurde vom EuGH allerdings unter Hinweis darauf, dass die Finanzmittel nicht im Gemeinschaftshaushalt budgetiert sind und es auch nicht müssen, für zulässig erklärt (EuGH, Rs. C-316/91, EP/ Rat, Slg. 1994, I-625ff, I-663ff, Ziffern 34ff): Dabei verwies der EuGH zunächst auf die parallele Zuständigkeit der EG und der Mitgliedstaaten auf dem Gebiet der Entwicklungszusammenarbeit im *Innenverhältnis* (also nicht auf die Frage nach der Regelungsbefugnis des Art. 310 EGV nach außen), wonach es Sache der beiden Ebenen sei, Quelle sowie Modalitäten der Finanzierung zu wählen. Diese Wahl fiel auf die Einrichtung des Fonds durch die Mitgliedstaaten (Internes Abkommen zwischen den im Rat vereinigten Vertretern der Regierungen der Mitgliedstaaten über die Finanzierung und Verwaltung der Hilfe der Gemeinschaft im Rahmen des Finanzprotokolls zu den am 23. Juni 2000 in Cotonou, Benin, unterzeichneten Partnerschaftsabkommen [...]", ABl. 2000, Nr. L 317/355ff), der ausschließlich durch deren Mittel gespeist wird. Dadurch hätten nach Auffassung des EuGH die Mitgliedstaaten die Verpflichtung zur Leistung von Finanzhilfe unmittelbar übernommen. Ausgaben für diese Hilfe seien daher keine Ausgaben der Gemeinschaft und von daher ebenso wenig in den Gemeinschaftshaushalt einzustellen. Auch die Tatsache, dass Gemeinschaftsorgane an der Verwaltung des EEF beteiligt sind, ändere an dieser Einschätzung nichts. Nicht gesehen hat er dabei aber, dass die Finanzhilfen im Rahmen des EEF auch für Bereiche zur Verfügung gestellt werden, die nach ihrem wesentlichen Gegenstand (vgl. unten Abschnitt D.II.2.2.1.3) der in der ausschließlichen Kompetenz der EG liegenden Handelspolitik zuzuordnen sind. Ob hier die EG und die Mitgliedstaaten die Wahl haben, über die Quelle der Finanzierung und somit gleichermaßen über die Budgetierung zu entscheiden, erscheint äußerst fraglich.

Im Ergebnis entscheidet also grundsätzlich die Praxis über die Art der Budgetierung und damit über die Begründung bzw. Vorenthaltung umfassender Gemeinschaftskompetenzen auf dem Gebiet der Finanzhilfe im Rahmen des Art. 310 EGV (bedenklich hierzu auch: *Weber*, in: von der Groeben/ Schwarze (Hrsg.), EUV/ EGV, Art. 310, Rn. 24). Ausführlich zu den Finanzhilfekompetenzen: *Vedder*, in: Grabitz/ Hilf (Hrsg.), EUV/ EGV, Altband II, Art. 238, Rn. 17f; *Weber*, in: von der Groeben/ Schwarze (Hrsg.), EUV/ EGV, Art. 310, Rn. 24; *Grabitz*, Die Entwicklungspolitik der Europäischen Gemeinschaften, in: EuR 1977, S. 217ff, 234f.

[404] Hierunter fällt der politische Dialog, soweit bestimmte Themen in den Bereichen der GASP fallen, vgl. oben Kapitel C „Ziele der Entwicklungszusammenarbeit", insbesondere Abschnitt C.II.3.2, Fn. 531.

[405] *Herrnfeld*, in: Schwarze (Hrsg.), EU-Kommentar, Art. 310, Rn. 5.

sämtliche Zielvorgaben zu beachten. Zur Beantwortung der Frage, ob die EG dieser Verpflichtung nachkommt, müssen allerdings ergänzend die im Rahmen des Titels XX erlassenen und in Zusammenhang zum Assoziierungsabkommen stehenden Rechtsakte und gegebenenfalls auch Kooperationsabkommen herangezogen werden. Es darf nämlich der Gemeinschaft auch im Rahmen der Assoziierung nicht verwehrt sein, darüber zu bestimmen, mit Hilfe welcher Instrumentarien sie welches Ziel zu implementieren gedenkt. Und da Art. 310 EGV nun einmal nicht zum Erlass autonomer Rechtsakte befähigt, ist die EG gewissermaßen gezwungen, auf Titel XX fußende entwicklungspolitische Verordnungen etc. zu erlassen. Hinsichtlich des „Wie" stellt Art. 177 EGV eine rechtlich verbindliche inhaltliche Festlegung derjenigen Ziele dar, die die Gemeinschaftsorgane bei der Ausarbeitung, Annahme und Durchführung von Entwicklungsassoziierungen zu verfolgen haben. Dies lässt sich mittelbar aus dem Prinzip der begrenzten Einzelermächtigung (Art. 5I EGV) herleiten, der u.a. verlangt, dass die Rechtsetzungsorgane nur in den von der herangezogenen Befugnis umfassten Sachbereiche tätig werden dürfen. Eine Beschränkung des gegenständlichen Regelungsbereichs ist Art. 310 EGV aber nur insofern zu entnehmen, als er auf „gegenseitige Rechte und Pflichten" verweist. Und diese orientieren sich inhaltlich am gemeinschaftsinternen Integrationsstand bzw. lassen sich ggf. (nur) aus den Zielen der Art. 2, 3 EGV herleiten[406]. Auf letztere kann allerdings m.E. nicht mehr zurückgegriffen werden, wenn diese mit fortschreitender Integration in einem eigenständigen Sachbereich ausdifferenziert worden sind. Dann nämlich manifestiert sich der Wille des Gesetzgebers dort abschließend. So eben bei Art. 3r) EGV, dessen Ziele in Art. 177I, II EGV eine Konkretisierung erfahren haben; lediglich Art. 177III EGV offeriert die Möglichkeit, die Ziele um die im Rahmen internationaler Organisationen gegebenen Zusagen etc. zu „aktualisieren", ermöglicht aber keinesfalls, solche „autark" einzuführen. Der Gemeinschaft ist demnach kein „Zielfindungsrecht" zuzubilligen, fände doch eine derartige Inhaltserweiterung überhaupt keine Stütze mehr im Wortlaut der Art. 310, 177 EGV, die aber das Enumerationsprinzip (Art. 5I EGV) verlangt[407].

Weit problematischer ist die Beantwortung der Frage, inwiefern bzw. ob die Gemeinschaft im Rahmen ihrer entwicklungspolitisch motivierten Assoziierungspolitik an die drei „K"s – Komplementarität, Koordinierung, Kohärenz – gebunden ist.
Relativ eindeutig gestaltet sich die Lösung hinsichtlich des Kohärenzgebotes des Art. 178 EGV. Denn diese Querschnittsklausel statuiert bekanntermaßen[408] keine Pflicht, die etwa bei der Politikformulierung, beim Erlass oder der Durchführung von Maßnahmen im Rahmen der Entwicklungszusammenarbeit selbst anfällt. Das primärrechtliche Gebot zur Prüfung der „Entwicklungsverträglichkeit" wendet sich vielmehr an alle außerhalb des Titels XX liegenden Gemeinschaftspolitiken, die die Entwicklungsländer berühren können. Zwar trifft dies prinzipiell auch auf Art. 310 EGV zu – doch berücksichtigen Entwicklungsassoziierungen ja ihrem Wesen nach bereits die Ziele des Art. 177 EGV.
Was die Komplementaritäts- und Koordinierungsgebote zunächst im Rahmen der Umsetzungsmaßnahmen von Assoziationsabkommen anbelangt, so wurde bereits festgehalten[409], dass die gemeinschafts*internen* Durchführungszuständigkeiten, d.h. Art und Umfang der Innenkompetenzen, von der Assoziierungsbefugnis nach außen losgelöst sind. Diese bestimmen sich vielmehr nach der Rechtsnatur des konkret zu implementierenden Sachgebietes. Ist also

---

[406] Siehe bereits oben Abschnitt D.II.2.1.2.1.
[407] Freilich sind die Ziele des Art. 177I, II EG so weit gefasst, dass eine derart unzulässige Inhaltserweiterung wohl kaum auftreten dürfte. Hierzu und zu den anderen hier angesprochenen Aspekten bzgl. des „Ob" und „Wie" der Rechtsetzung bereits oben Kapitel C „Ziele der Entwicklungszusammenarbeit", Abschnitte C.I.1, C.II.1.
[408] Hierzu bereits oben Abschnitt D.I.3, insbesondere D.I.3.2.
[409] Abschnitt D.II.2.1.2.1, insbesondere Fn. 380.

das materielle Schwergewicht der Maßnahme inhaltlich im Bereich der Entwicklungszusammenarbeit des Titels XX auszumachen und ergo Art. 179I1 EGV als Ermächtigungsgrundlage heranzuziehen, so unterfällt sie (fast) uneingeschränkt den Bestimmungen dieses Titels[410] – einschließlich den vorgenannten Prinzipien.
Für die Pflicht zur Berücksichtigung der beiden Gebote bereits bei der Konzipierung der Assoziierungspolitik und der Verhandlung, inhaltlichen Ausgestaltung etc. ihrer Abkommen spricht, dass diese Handlungsvorgaben nach ihrem Sinn und Zweck die Qualität und die Effizienz der entwicklungspolitischen Programme steigern sollen. Ferner geht es darum, die Sichtbarkeit europäischer Entwicklungshilfemaßnahmen zu verbessern[411]. Diese Motive durchziehen indes die Entwicklungspolitik als solche, und zwar unabhängig davon, ob sie nach Titel XX oder nach Art. 310 EGV umgesetzt wird, zumal Art. 177I und Art. 180 EGV eigentlich eine Politik kodifizieren, die im Großen und Ganzen der (wenn auch inkonsequent gehandhabten) Praxis vor Maastricht auch und gerade im Rahmen der Entwicklungsassoziierungen entspricht[412]. Gälten die beiden Gebote nicht (mehr) für diese Assoziationen, wäre das Gros entwicklungspolitischer Verträge betroffen und daher die Realisierung jener Ziele weitgehend in Frage gestellt. Gegen die Anwendbarkeit der Pflicht zur gegenseitigen Ergänzung und Koordinierung ist allerdings zunächst einzuwenden, dass die Assoziierung besondere und privilegierte Beziehungen begründet, die eigenen Regeln folgen und sogar zu einer gewissen Erweiterung des Geltungsbereichs des EGV führen können. Müsste ein solches Abkommen denselben spezifischen Handlungsvorgaben der jeweiligen Materie genügen wie ein „normaler" völkerrechtlicher, auf besonderen oder impliziten Rechtsgrundlagen basierender Vertrag, wäre den Assoziierungen ein gutes Stück ihrer „Eigenarten" und Gestaltungsspielräume genommen. Dieses Ergebnis widerspricht auch nicht dem Prinzip der begrenzten Einzelermächtigung (Art. 5I EGV): Denn dieses statuiert bzgl. des „Wie" der Rechtsetzung nur, dass die in der Befugnis zur Verfügung gestellte Handlungsform zu beachten ist[413]. Keinerlei Vorgaben hingegen statuiert es hinsichtlich der hier relevanten Fragestellung, ob es darüber hinaus die spezifischen Besonderheiten des Titels, in dem die Materie grundsätzlich angesiedelt ist, zu berücksichtigen gilt. Eine diesbezügliche Geltung müsste der Gesetzgeber vielmehr primärrechtlich verankern, sei es allgemein bei Art. 310 EGV oder speziell bei Art. 177ff EGV. Tut er es nicht, ist sehr fraglich, ob an einer etwaigen bereits bestehenden Praxis festzuhalten ist[414]. Im Fall der Entwicklungszusammenarbeit kommt hinzu, dass die ausschließliche Assoziierungszuständigkeit in Widerspruch zu Koordinierung und Komplementarität, die per se eine parallele Kompetenz voraussetzen[415], steht. Sollte letztere ausnahmsweise vorrangig sein, müsste dies ebenfalls aus dem EGV hervorgehen – was nicht erkennbar ist. Somit bleibt als Zwischenergebnis an dieser Stelle festzuhalten, dass eine rechtliche Pflicht zur Beachtung des Koordinierungs- und Komplementaritätsgebots nicht hergeleitet werden kann.
Tatsächlich aber bemüht sich die Entwicklungszusammenarbeit, wie noch zu sehen sein wird, auch im Rahmen der Assoziierungspolitik, die Vorgaben der Koordinierung und der Komplementarität weitestgehend umzusetzen. Dieses Bemühen ist Ausdruck der politischen Verpflichtung der Gemeinschaft, diesen Prinzipien umfassend in ihrer Entwicklungspolitik gerecht zu werden. Und hierbei unterscheidet sie nicht zwischen den Abkommen mit den ALA-Staaten, die auf Art. 181I2 EGV fußen und solchen mit den AKP- und Mittelmeerdrittstaaten,

[410] Hierzu unten Abschnitt D.II.2.3.
[411] Siehe oben Abschnitte D.I.2.1 und D.I.1.1.
[412] Vgl. Kapitel B „Geschichte der Entwicklungszusammenarbeit der Europäischen Gemeinschaft", Abschnitt B.VI.
[413] *Schweitzer/Hummer*, Europarecht, Rn. 335.
[414] Die Beibehaltung historisch bedingter Besonderheiten der Entwicklungszusammenarbeit fixierte Maastricht aber durchaus in Art. 179III EGV.
[415] Vgl. oben Abschnitt D.II.1.

die in Art. 310 EGV ihre Rechtsgrundlage finden: Alle unterfallen der Entwicklungszusammenarbeit, für die jene zwei Postulate richtungweisend sein sollen. Jene politische Verpflichtung rührt von den oben in den Abschnitten I.1 und I.2 ausgewerteten uneigentlichen Rechtsakten her, die eben eine Differenzierung der entwicklungspolitischen Kooperation je nach Rechtsgrundlage nicht kennen, sondern die stipulierten Handlungsgrundsätze auf die gesamte Zusammenarbeit verstanden wissen wollen[416]. Nun haben die beiden Postulate beispielsweise Eingang in das entwicklungspolitische Assoziationswerk wie das Europa-Mittelmeer-Abkommen mit Tunesien[417] oder aber das Partnerschaftsabkommen von Cotonou[418] Eingang[419] gefunden. Hier kann sich die Gemeinschaft zumindest einseitig nicht bzw. nicht so ohne weiteres von den einschlägigen vertraglichen Verpflichtungen lösen. Was aber die Zusammenarbeit mit Staaten anbelangt, die etwa völlig neu zu regeln ist bzw. noch am Anfang steht, kann die Gemeinschaft theoretisch von diesen Prinzipien abweichen, ohne rechtliche Konsequenzen befürchten zu müssen: Die uneigentlichen Rechtsakte begründen zwar eine Art politische Selbstbindung der Gemeinschaftsorgane. Doch ungeachtet dessen beinhalten die Akte nicht mehr als eine allezeit reversible Festlegung des politischen Kurses[420]. Die Zukunft wird also zeigen, ob die Organe gewillt sind, an diesem Kurs festzuhalten. Momentan jedoch stehen die Zeichen eher auf seine Intensivierung denn auf seine Reversion.

2.1.2.3 Gemischte Verträge

Um Kompetenzgrenzen Rechnung zu tragen und nicht zuletzt, um die Unsicherheiten der Auslegung des Art. 310 EGV zu umgehen, schließen die Gemeinschaft und ihre Mitgliedstaaten in der Regel „gemischte Abkommen" mit ihren Vertragspartnern[421]. Nicht von der Hand zu weisen sein dürfte ferner die Motivation der Gemeinschaft, wonach die Beteiligung der Mitgliedstaaten als „eine Art psychologischer Ersatz für den nationalen Kompetenzverlust infolge der teilweisen Vergemeinschaftung der Außenbeziehungen"[422] darstellt.
Ein gemischter Vertrag ist ein „völkerrechtliches Abkommen, bei dem die Gemeinschaft gemeinsam mit einem, mehreren oder allen ihren Mitgliedstaaten dem oder den Vertragspartnern gegenübertritt"[423]. Die gemeinschaftsrechtliche Zulässigkeit gemischter Abkommen, die sich vor allem aufgrund der Tatsache kritisch gestaltete, dass die mitgliedschaftliche Teilnahme am Vertragsschließungsverfahren die Gemeinschaftskompetenzen auszuhöhlen vermochte[424], wird mittlerweile nicht mehr bestritten; zudem hat der Vertrag von Nizza die

---

[416] Vgl. insbesondere auch die Kommissionsmitteilung über die Entwicklungspolitik vom April 2000, Einleitung S. 4 („die Entwicklungspolitik der Gemeinschaft [...] inkludiert im besonderen jene Länder, die in der Vergangenheit von Instrumenten wie dem Lomé-Abkommen, ALA oder MEDA Verordnungen [= Mittelmeerdrittländer] betroffen waren"), Punkte 2.2, 5.3 (Koordinierung und Komplementarität umspannt die gesamte Entwicklungspolitik).
[417] ABl. 1998, Nr. L 97/2ff.
[418] ABl. 2000, Nr. L 317/3ff.
[419] Unter Beibehaltung der ausschließlichen Zuständigkeit fließen die Handlungsvorgaben indes „nur" in die konkrete Ausgestaltung der Abkommens ein, und zwar in dem Sinne, als z.B. Mehrwertbereiche wesentliche Regelungsmaterien der Entwicklungsassoziierungen sind oder aber die Mitgliedstaaten und die Gemeinschaft vertraglich zur Koordinierung verpflichtet werden.
[420] Detailliert: Kapitel C „Ziele der Entwicklungszusammenarbeit", Abschnitt C.I.2.1.
[421] Aus dieser Vertragspraxis kann jedoch nicht zwingend gefolgert werden, dass Art. 310 EGV restriktiv auszulegen ist und ergo explizite oder implizite Vertragsschließungskompetenzen voraussetzt (näher: *Vedder*, in: Grabitz/ Hilf (Hrsg.), EUV/ EGV, Altband II, Art. 238, Rn. 15; *Weber*, in: von der Groeben/ Schwarze (Hrsg.), EUV/ EGV, Art. 310, Rn. 12. Anders: *Knopf*, Europarechtliche und völkerrechtliche Fragen einer Entwicklungspolitik, S. 43; *Schmalenbach*, in: Calliess/ Ruffert (Hrsg.), EUV/ EGV, Art. 310, Rn. 13).
[422] *Oppermann*, Europarecht, Rn. 1711.
[423] *Stein*, Der gemischte Vertrag, S. 59.
[424] *Krück*, Völkerrechtliche Verträge, S. 103; *Vedder*, in: Grabitz/ Hilf (Hrsg.), EUV/ EGV, Altband II, Art. 238, Rn. 18.

Rechtsfigur des gemischten Vertrages im EGV ausdrücklich anerkannt (Art. 133VI UA 2 EGV). Die Problematik dieser Verträge soll an dieser Stelle deshalb nicht vertieft werden[425]. Quasi Ausfluss dieser Bedenken ist jedoch die Rechtsprechung des EuGH, wonach gemischte Verträge nur dann für zulässig erachtet werden, wenn sie die interne Kompetenzverteilung zwischen der E(W)G und den Mitgliedstaaten unberührt lassen und zudem die Mitwirkung der Mitgliedstaaten für die Verwirklichung des Abkommens erforderlich ist[426]. In konsequenter Weiterführung der weiten Auslegung des Art. 310 EGV wäre der Abschluss eines gemischten Abkommens nur mehr dann erforderlich, wenn der Vertrag auch Sachgebiete regelt, die in die ausschließliche Zuständigkeit der Mitgliedstaaten fallen[427]. Der EuGH schließt allerdings bereits seit geraumer Zeit eine gleichzeitige Beteiligung der Mitgliedstaaten erst dann aus, wenn die Gemeinschaft vollumfänglich ausschließlich zuständig ist – „fakultativ", das heißt rechtlich nicht gebotene, gemischte Abkommen[428] werden somit einschließlich der oben beschriebenen Vertragspraxis zulässig[429].

Diese Vertragspraxis hat indes dazu geführt, dass es ihr trotz gelegentlich zwischen „Gemeinschaft" und „Mitgliedstaaten" unterscheidender, jedoch zum Zwecke klarer Kompetenzzuweisung nicht durchgängig eingehaltener Abkommensformulierungen[430] überwiegend an Transparenz in Sachen Kompetenzgrenzen im Verhältnis EG – Mitgliedstaaten, aber auch gegenüber den Vertragspartnern, mangelt[431]; ebenso wenig finden sich sog. „Trennungsklauseln" in den hier betrachteten Entwicklungsassoziierungsabkommen. „Trennungsklauseln" sind Bestimmungen in einem gemischten Vertrag, aus denen sich unter Umständen ergeben kann, ob die Mitgliedstaaten, die Gemeinschaft oder beide zusammen zuständig sind[432].
Was zunächst die externe völkerrechtliche Verantwortlichkeit anbelangt, so besteht diese sowohl für die Mitgliedstaaten als auch die Gemeinschaft, und zwar für den *gesamten* Vertragsinhalt. Hier muss mangels gemeinschaftsrechtlicher Lösungsmöglichkeiten auf allgemeine völkerrechtliche Konstruktionen zurückgegriffen werden: So folgt die kumulative völker-

---

[425] Für ausführliche Darstellungen des gemischten Vertrages z.B.: *Stein*, Der gemischte Vertrag, S. 59ff; *Bleckmann*, Der gemischte Vertrag im Europarecht, in: EuR 1976, S. 301ff; *Ehlermann*, Mixed Agreements - A List of Problems, in: O'Keeffe/ Schermers (Hrsg.), Mixed Agreements, S. 3ff; *Rosas*, Mixed Union – Mixed Agreement, in: Koskenniemi (Hrsg.), International Law Aspects of the European Union, S. 125ff; *Macleod/ Hendry/ Hyett*, The External Relations of the European Communities, S. 142ff.

[426] Vgl. EuGH, Gutachten 1/76, Slg. 1977, S. 741ff, 756f, Ziffer 7 (Rheinschiffahrtsstillegungsfonds); *Vedder*, in: Grabitz/ Hilf (Hrsg.), EUV/ EGV, Altband II, Art. 238, Rn. 18; *Meessen*, Das Abkommen von Lomé als gemischter Vertrag, in: EuR 1980, S. 36ff, 40f.

[427] So mit ausführlicher Begründung *Weber*, in: von der Groeben/ Schwarze (Hrsg.), EUV/ EGV, Art. 310, Rn. 21f, und wohl auch: *Gilsdorf*, Die Außenkompetenzen der EG, in: EuR 1996, S. 145ff, 160ff, 163.

[428] *Rosas*, Mixed Union – Mixed Agreement, in: Koskenniemi (Hrsg.), International Law Aspects of the European Union, S. 125ff, 131f, spricht deshalb von „obligatory" und „facultative" mixity. Ebenso: *Leal-Arcas*, The EC and Mixed Agreements, in: CFARev. 2001, S. 483ff, 494ff.

[429] Z.B. EuGH, Rs. C-316/91, EP/ Rat, Slg. 1994, I-625ff, I-661, Ziffer 26; EuGH, Gutachten 1/94, Slg. 1994, I-5267ff, 5417ff, Ziffern 97f, 103ff (WTO). Vgl. auch EuGH, Rs. C-476/98, Kommission/ BRD, Slg. 2002, I-9855ff, I-9901ff, Ziffern 103ff (Open skies). Ausführlich: *Rosas*, Mixed Union – Mixed Agreement, in: Koskenniemi (Hrsg.), International Law Aspects of the European Union, S. 125ff, 128ff.

[430] Das Partnerschaftsabkommen von Cotonou (ABl. 2000, Nr. L 317/3ff) unterscheidet zwar eingangs (Art. 1I) zwischen „der Gemeinschaft" und „ihren Mitgliedstaaten"; im weiteren Abkommenstext ist jedoch häufig (nur) von „den Vertragsparteien" die Rede, ohne zu differenzieren, wer nun genau Anspruchsverpflichteter ist. Selbiges trifft als Vertreter der Europa-Mittel-Abkommen auf das Abkommen mit Tunesien (ABl. 1998, Nr. L 97/2ff; vgl. hierzu insbesondere auch Art. 92) zu.
Zur Abgrenzung der völkerrechtlichen Verantwortlichkeit nach dem Vertragswortlaut: *Stein*, Der gemischte Vertrag, S. 102ff.

[431] *Vedder*, in: Grabitz/ Hilf (Hrsg.), EUV/ EGV, Altband II, Art. 238, Rn. 17; *Herrnfeld*, in: Schwarze (Hrsg.), EU-Kommentar, Art. 310, Rn. 6; *Weber*, in: von der Groeben/ Schwarze (Hrsg.), EUV/ EGV, Art. 310, Rn. 21.

[432] Vgl. *Stein*, Der gemischte Vertrag, S. 94; *Pitschas*, Die völkerrechtliche Verantwortlichkeit der EG, S. 239.

rechtliche Bindung unter anderem aus dem Grundsatz der Rechtssicherheit dritter Vertragspartner im internationalen Rechtsverkehr, dem zufolge diese sich nicht diffizile Kompetenzverteilungen zwischen der Gemeinschaft und ihren Mitgliedstaaten entgegenzuhalten brauchen (vgl. Art. 27 WVK[433])[434]. Der EGV mit seiner maßgeblich durch die EuGH-Judikatur geprägten Kompetenzverteilung und mit der Bindung der Mitgliedstaaten an Gemeinschaftsabkommen (Art. 300VII EGV) sei eine „res inter alios acta“[435] und entfalte daher mangels Offenkundigkeit nach außen keine Drittwirkung (vgl. Art. 46 WVK)[436]. Zudem will der EuGH gemischte Verträge nach außen hin als Einheit betrachtet wissen[437]. Eine Verteilung dieser externen Bindungswirkung findet hingegen statt, wenn das Vertragswerk etwa *konkrete* Trennungsklauseln[438] bereithält oder aber der Vertragswortlaut selbst stringent im oben genannten Sinne differenziert, und dadurch *explizit* festgelegt wird, wer Berechtigter und Verpflichteter der einzelnen Vertragsvorschrift ist. Dann nämlich ist die Verteilung der Kompetenzen den dritten Vertragsparteien bekannt und es besteht kein Grund mehr, aus Rechtssicherheitsgründen die partiell fehlende völkerrechtliche Rechts- und Handlungsfähigkeit zu fingieren.

Was das Innenverhältnis betrifft, so gilt Folgendes: Um die Arbeit in den Institutionen der Assoziierung nicht durch dieses kaum zu durchschauende Kompetenzgeflecht zu gefährden, gleichzeitig aber die bei ihnen verbliebenen Zuständigkeiten nicht „aus der Hand“ geben zu müssen, bedienen sich die Mitgliedstaaten „Interner Durchführungsabkommen“[439], die für einzelne Abkommen abgeschlossen werden. Darin wird unter anderem zunächst dem Rat - unter Mitwirkung der Kommission - übertragen, die gemeinsame Haltung in den Institutionen der Assoziierung auch in Fragen festzulegen, die die Zuständigkeit der Mitgliedstaaten betref-

---

[433] *Sartorius II*, Nr. 320.

[434] *Oppermann*, Europarecht, Rn. 1713. Ebenso, jedoch teilweise mit unterschiedlicher Begründung: *Bleckmann*, Der gemischte Vertrag im Europarecht, in: EuR 1976, S. 301ff, 303; *Stein*, Der gemischte Vertrag, S. 104ff; *Krück*, Völkerrechtliche Verträge, S. 140ff; *Schmalenbach*, in: Calliess/ Ruffert (Hrsg.), EUV/ EGV, Art. 300, Rn. 26; *Schweitzer/ Hummer*, Europarecht, Rn. 670; *Weber*, in: von der Groeben/ Schwarze (Hrsg.), EUV/ EGV, Art. 310, Rn. 22. Vgl. auch: EuGH, Rs. C-316/91, EP/ Rat, Slg. 1994, I-625ff, I-661f, Ziffer 29. Zurückhaltender: *Hailbronner*, in: H/K/M/M-G (Hrsg.), EUV/ EGV, Art. 228, Rn. 19. Für eine Aufteilung der Bindung: *Pitschas*, Die völkerrechtliche Verantwortlichkeit der EG, S. 240ff.

[435] *Vedder*, in: Grabitz/ Hilf (Hrsg.), EUV/ EGV, Altband II, Art. 228, Rn. 19, vgl. auch Rn. 22, Art. 238, Rn. 17a.

[436] Vgl. auch *Oppermann*, Europarecht, Rn. 1721.

[437] *Rosas*, Mixed Union – Mixed Agreement, in: Koskenniemi (Hrsg.), International Law Aspects of the European Union, S. 125ff, 140, und *Meessen*, Das Abkommen von Lomé als gemischter Vertrag, in: EuR 1980, S. 36ff, 47, jeweils mit Nachweisen aus der Rechtsprechung.

[438] „Konkrete Trennungsklauseln“ verpflichten die EG und teilweise zugleich die Mitgliedstaaten, Erklärungen darüber abzugeben, wie die Zuständigkeiten zwischen der EG und den Mitgliedstaaten bezüglich des vom Vertrag normierten Sachbereichs aufgeteilt sind (vgl. *Pitschas*, Die völkerrechtliche Verantwortlichkeit der EG, S. 240). Stimmen mitgeteilte und tatsächliche Kompetenzverteilung überein, findet eine entsprechende völkerrechtliche Bindung statt. Ausführlich zur Verteilung völkerrechtlicher Bindungswirkung mittels Trennungsklauseln: *Stein*, Der gemischte Vertrag, S. 94ff (S. 108ff zur Problematik bei fehlender Kongruenz. Hierzu auch: *Leal-Arcas*, The EC and Mixed Agreements, in: CFARev. 2001, S. 483ff, 499ff; *Krück*, Völkerrechtliche Verträge, S. 142ff).
Bei lediglich „abstrakten Trennungsklauseln" – diese nehmen nur abstrakt auf die gemeinschaftsinterne Zuständigkeitsverteilung Bezug – wird eine Aufteilung der völkerrechtlichen Bindungswirkung überwiegend abgelehnt (*Stein*, Der gemischte Vertrag, S. 95ff; *Schmalenbach*, in: Calliess/ Ruffert (Hrsg.), EUV/ EGV, Art. 300, Rn. 26; *Weber*, in: von der Groeben/ Schwarze (Hrsg.), EUV/ EGV, Art. 310, Rn. 20, 22. Differenzierend: *Vedder*, in: Grabitz/ Hilf (Hrsg.), EUV/ EGV, Altband II, Art. 228, Rn. 19. Anders: *Pitschas*, Die völkerrechtliche Verantwortlichkeit der EG, S. 244ff).

[439] *Martenczuk*, From Lomé to Cotonou, in: EFARev. 2000, S. 461ff, 485, hält den Abschluss dieser Internen Abkommen auch als Auswirkung des vom EuGH aufgestellten Gebotes zur engen Zusammenarbeit zwischen EG und Mitgliedstaaten im Rahmen gemischter Verträge (z.B.: EuGH, Gutachten 1/94, Slg. 1994, I-5267ff, I-5419ff, Ziffern 106ff (WTO)).

fen[440]. Zuständigkeitswahrend wirkt sodann eine Bestimmung, wonach es den Mitgliedstaaten obliegt, die entsprechenden Vorschriften zur Durchführung der Beschlüsse und Empfehlungen dieser Gremien, die in den Kompetenzbereich der Mitgliedstaaten fallen, zu erlassen[441]. Aber auch ohne diese Internen Durchführungsabkommen verbleibt die gemeinschaftsinterne Durchführungskompetenz auf Gebieten, die in die ausschließliche Zuständigkeit der Mitliedstaaten fallen, bei diesen; selbiges gilt bei konkurrierender Zuständigkeit, solange und soweit die Gemeinschaft noch kein Sekundärrecht erlassen hat[442]. Erst diese gemeinschaftsinterne Kompetenzaufteilung, aber auch die Frage nach der Rechtsprechungszuständigkeit des EuGH im Rahmen des Vorabentscheidungsverfahrens (Art. 234 EGV) für Bestimmungen gemischter Abkommen[443] machen demnach eine genaue Bestimmung der Zuständigkeiten unerlässlich[444].

2.1.3 Institutionelle Struktur der Assoziierung

Die zumeist in gemischten Abkommen begründeten Assoziierungsverhältnisse sind bilateral und paritätisch[445]. Die Bilateralität rührt daher, dass sich trotz der Vielzahl der Beteiligten lediglich zwei Vertragsparteien gegenüberstehen: Auf der einen Seite treten die Gemeinschaft und ihre Mitgliedstaaten – auch bei gemischten Abkommen - als einheitliche Vertragspartei auf; auf der anderen Seite steht ein Staat, eine Staatengruppe wie bei den AKP-Staaten, oder aber eine internationale Organisation (Art. 310 EGV).

[440] Vgl. beispielsweise Art. 1 des Internen Abkommens zwischen den im Rat vereinigten Vertretern der Regierungen der Mitgliedstaaten über die zur Durchführung des AKP-EG-Partnerschaftsabkommens zu treffenden Maßnahmen und die dabei anzuwendenden Verfahren (ABl. 2000, Nr. L 317/376f).

[441] Art. 2 des Internen Abkommens (ABl. 2000, Nr. L 317/376f).

[442] Diese Fallgruppe folgt obiger Auffassung des EuGH, wonach auch im Falle konkurrierender Zuständigkeit der Abschluss eines gemischten Abkommens möglich sei.

[443] Dieser besitzt relativ unstreitig eine Auslegungszuständigkeit für Bestimmungen des Abkommens, die im Verhältnis zwischen der EG und den Mitgliedstaaten in die ausschließliche oder konkurrierende Zuständigkeit der EG fallen (z.B. EuGH, Rs. 12/86, Meryem Demirel/ Stadt Schwäbisch Gmünd, Slg. 1987, S. 3719ff, 3751, Ziffern 10ff (Zuständigkeit für Bestimmungen, die in die konkurrierende Kompetenz fallen); *Meessen*, Das Abkommen von Lomé als gemischter Vertrag, in: EuR 1980, S. 36ff, 48; *Vedder*, in: Grabitz/ Hilf (Hrsg.), EUV/ EGV, Altband II, Art. 228, Rn. 23; *Hirsch*, Die Rechtsprechung des Europäischen Gerichtshofes zu Assoziierungsabkommen, in: BayVBl. 1997, S. 449ff, 450; *Herrnfeld*, in: Schwarze (Hrsg.), EU-Kommentar, Art. 310, Rn. 20; *Weber*, in: von der Groeben/ Schwarze (Hrsg.), EUV/ EGV, Art. 310, Rn. 22, 44).
Ob der EuGH auch eine Auslegungskompetenz für Bestimmungen in Anspruch nimmt, die in die ausschließliche Zuständigkeit der Mitgliedstaaten fallen, um dadurch die oben angesprochene Einheitlichkeit gemischter Verträge nach außen durch eine einheitliche Auslegung nach innen zu komplementieren (so: GA *Darmon*, Schlussanträge zu EuGH, Rs. 12/86, Meryem Demirel/ Stadt Schwäbisch Gmünd, Slg. 1987, S. 3719ff, 3742, Ziffer 15), hat er bislang noch nicht explizit entschieden (vgl. die diesbezügliche Untersuchung bei *Rosas*, Mixed Union – Mixed Agreement, in: Koskenniemi (Hrsg.), International Law Aspects of the European Union, S. 125ff, 140f; vgl. auch bei: *Koutrakos*, The Interpretation of Mixed Agreements and the Preliminary Reference Procedure, in: CFARev. 2002, S. 25ff, 34ff), wird aber im Schrifttum weitgehend abgelehnt (vgl. die in dieser Fn. genannten Autoren). Die Autoren führen zu Recht an, dass eine Bestimmung in einem gemischten Abkommen, die isoliert betrachtet werden kann, und für die die EG gemeinschaftsintern unter keinem Aspekt zuständig ist, nicht als Gemeinschaftshandlung i.S.d Art. 234 b) EGV qualifiziert werden kann und daher nicht der Auslegungskompetenz des EuGH unterliegt (*Hirsch*, Die Rechtsprechung des Europäischen Gerichtshofes zu Assoziierungsabkommen, in: BayVBl. 1997, S. 449ff, 450). Ferner wird richtig vorgebracht, dass bei Annahme einer solchen Auslegungszuständigkeit der Kompetenzübergriff der EG, der bei Abschluss des Abkommens aufgrund der mitgliedstaatlichen Beteiligung vermieden wurde, durch innerhalb der Gemeinschaft bindende Entscheidungen des EuGH nachgeholt werden würde (*Meessen*, Das Abkommen von Lomé als gemischter Vertrag, in: EuR 1980, S. 36ff, 48).

[444] Ausführlich: *Stein*, Der gemischte Vertrag, S. 173ff; *Weber*, in: von der Groeben/ Schwarze (Hrsg.), EUV/ EGV, Art. 310, Rn. 22; *Vedder*, in: Grabitz/ Hilf (Hrsg.), EUV/ EGV, Altband II, Art. 228, Rn. 23.

[445] EuGH, Rs. C-316/91, EP/ Rat, Slg. 1994, I-625ff, I-662, vor allem in Ziffer 33; *Becker*, Partnerschaft von Lomé, S. 151, 173; *Baumgartner*, Institutionelle Aspekte des AKP-EWG-Abkommens von Lomé, in: EuR 1978, S. 105ff, 108.

Die Parität manifestiert sich in den institutionellen Strukturen der Entwicklungsassoziation. Diese verfügt trotz unterschiedlicher Terminologie über weitgehend identische „Organe"[446], in denen sich die Vertragspartner gleichberechtigt wieder finden. Die nachfolgende Strukturbeschreibung orientiert sich im Wesentlichen am Partnerschaftsabkommen von Cotonou[447] als dem am weitesten ausdifferenzierten Assoziierungsabkommen: Als oberstes politisches Leitorgan ist der „Ministerrat"[448] ausgestaltet, der sich paritätisch aus den Mitgliedern der Kommission und den Mitgliedern des Rates der Gemeinschaft einerseits und aus Vertretern der Regierungen der anderen Vertragsparteien[449] andererseits zusammensetzt. Er wacht über die Durchführung des Abkommens und fasst verbindliche Beschlüsse zur Durchführung[450], aber auch – und das unterscheidet ihn von den entsprechenden Gremien der Kooperation - zur Fortentwicklung[451] der Assoziation. Für diese Beschlüsse gilt das Konsensprinzip[452]. Mithin bestimmt er also über den politischen Kurs der Assoziation. Dabei erfolgt die interne Willensbildung der Vertragspartner nach den für diese geltenden innerstaatlichen bzw. innergemeinschaftlichen Bestimmungen[453]. Der gemeinsame Standpunkt der Gemeinschaft wird folglich nach dem Verfahren des Art. 300II UA 2, UA 1, UA 3 EGV ermittelt[454]. Soweit es um die Verhandlung von Fragen geht, die auch oder ausschließlich in die Zuständigkeit der Mitgliedstaaten fallen, gilt für diese – sofern abgeschlossen - das bereits vorgestellte „Interne

---

[446] Zum streitbaren Terminus „Organe" vgl. bereits oben B „Geschichte der Entwicklungszusammenarbeit der Europäischen Gemeinschaft", Abschnitt B.III.2.1, Fn. 193. Ausführlicher zu den einzelnen Institutionen im Cotonou-Abkommen: unten Kapitel E „Regionale Entwicklungszusammenarbeit der Europäischen Gemeinschaft", Abschnitt E.I.2.6; zu den Institutionen im Rahmen der neuen Europa-Mittelmeer Partnerschaft: ebenda, Abschnitt E.II.2.7.

[447] Art. 14ff Cotonou (ABl. 2000, Nr. L 317/3ff).

[448] Art. 15 Cotonou (ABl. 2000, Nr. L 317/3ff). „Assoziationsrat" in den Europa-Mittelmeer-Abkommen, z.B. mit Jordanien (Art. 89ff; ABl. 2002, Nr. L 129/3ff), mit Tunesien (Art. 78ff; ABl. 1998, Nr. L 97/2ff); ebenso im Assoziierungsabkommen mit Chile (Art. 3ff; ABl. 2002, Nr. L 352/3ff).

[449] Art. 15I Cotonou (ABl. 2000, Nr. L 317/3ff). Ähnlich: Art. 4I des Assoziierungsabkommens mit Chile (ABl. 2002, Nr. L 352/3ff) sowie Art. 90I des Europa-Mittelmeer-Abkommens mit Jordanien (ABl. 2002, Nr. L 129/3ff).

[450] Art. 5I des Assoziierungsabkommens mit Chile (ABl. 2002, Nr. L 352/3ff); Art. 91I, II des Europa-Mittelmeer-Abkommens mit Jordanien (ABl. 2002, Nr. L 129/3ff).

[451] Im Cotonou-Abkommen (ABl. 2000, Nr. L 317/3ff): z.B. Art. 100 (Modifikationsbefugnis für Anhänge und Protokolle), Art. 15IIa) (Schlüsselrolle im zu beiderseitigen Verbindlichkeiten führenden politischen Dialog), Art. 95III UA 3, IV UA 2 (Befugnis zum Erlass der erforderlichen Übergangsmaßnahmen bis zum Inkrafttreten sowohl neuer Bestimmungen bei Vertragsrevisionen als auch eines neuen Abkommens). Europa-Mittelmeer-Abkommen mit Jordanien (ABl. 2002, Nr. L 129/3ff): bspw. Art. 3ff (Schlüsselrolle des Assoziationsrates beim politischen Dialog, der die Partnerschaft entwickeln oder aber neue Formen der Zusammenarbeit ermöglichen soll), Art. 13I (Konkretisierungsbefugnis bestimmter Regelungen) oder Art. 53IVa) (Verlängerungsbefugnis bestimmter Hilfemaßnahmen). Europa-Mittelmeer-Abkommen mit Tunesien (ABl. 1998, Nr. L 97/2ff): z.B. Art. 3ff, 69f (Schlüsselfunktion des Assoziationsrates im politischen und sozialen Dialog), Art. 44a) i.V.m. Art. 5II UA 2 i.d.F. von MEDA II (ABl. 2000, Nr. L 311/1ff: Die Ergebnisse dieses wirtschaftspolitischen Dialogs haben maßgeblichen Einfluss auf die nationale Programmierung im Rahmen der MEDA-Finanzverordnung), Art. 18II (Vereinbarung gegenseitiger Zugeständnisse im Bereich des Handels mit Agrarprodukten im Rahmen des Assoziationsrates), Art. 31II (Befugnis zur Liberalisierung des Dienstleistungsverkehrs und des Niederlassungsrechts).

[452] Z.B.: Art. 15III Cotonou (ABl. 2000, Nr. L 317/3ff); Art. 5II des Assoziierungsabkommens mit Chile (ABl. 2002, Nr. L 352/3ff); Art. 91III des Europa-Mittelmeer-Abkommens mit Jordanien (ABl. 2002, Nr. L 129/3ff); Art. 80 UA 3 des Europa-Mittelmeer-Abkommens mit Tunesien (ABl. 1998, Nr. L 97/2ff).
Die Durchführung der Beschlüsse des Assoziationsrates obliegt – je nach gemeinschaftsinterner Zuständigkeit – der Gemeinschaft oder den Mitgliedstaaten, vgl. EuGH, Rs. 12/86, Meryem Demirel/ Stadt Schwäbisch Gmünd, Slg. 1987, S. 3719ff, 3751, Ziffer 10.

[453] *Weber*, in: von der Groeben/ Schwarze (Hrsg.), EUV/ EGV, Art. 310, Rn. 35.

[454] Näher: *Martenczuk*, Decisions of bodies, in: Kronenberger (Hrsg.), The European Union and the International Legal Order, S. 141ff, 157f.

Durchführungsabkommen"[455]. Die AKP-Staaten koordinieren sich schließlich nach den Bestimmungen des Georgetown-Abkommens[456].
Zum Zwecke seiner Unterstützung ist der Ministerrat befugt, besondere Ausschüsse[457] einzusetzen. Im Rahmen der Lomé- bzw. des Partnerschaftsabkommen(s) von Cotonou hat sich mittlerweile ein „Botschafterausschuss"[458] als eigenständiges Exekutivorgan entwickelt, dem Aufgaben des Rates übertragen werden können; primär kümmert er sich aber um die Durchführung der Ratsbeschlüsse[459], sofern kein Tätigwerden von Gemeinschaft bzw. Mitgliedstaaten erforderlich ist. Der Botschafterausschuss setzt sich paritätisch aus den Ständigen Vertretern der Mitgliedstaaten bei der EU sowie einem Vertreter der Kommission einerseits und aus den Botschaftern der AKP-Staaten bei der EU andererseits zusammen[460].
Schließlich wird die Assoziation zumeist von einer „Parlamentarischen Versammlung"[461] konsultativ unterstützt. Diese besteht – wiederum paritätisch und bilateral - aus Vertretern der EU, die zugleich Mitglieder des Europäischen Parlaments sind, und Vertretern der AKP-Staaten, die entweder Mitglieder der Parlamente der AKP-Staaten oder aber von diesem benannt sind, zusammen[462].
Des Weiteren ist in den Assoziationsabkommen in der Regel ein mehrstufiger Streitschlichtungsmechanismus vorgesehen[463]: Im Falle einer Streitigkeit über die Auslegung oder Anwendung des Abkommens, die zwischen den Vertragsparteien[464] entstehen, können diese zunächst den Assoziationsrat mit der Angelegenheit befassen. Nach Möglichkeit führt der Rat eine Lösung des Konflikts herbei, meist[465] durch Beschluss, zu deren Umsetzung alsdann die Parteien verpflichtet sind. Vermag dieser keine Einigung – angesichts des Einstimmigkeitsprinzips kein ganz unwahrscheinlicher Fall – zu erzielen, gelangt die Angelegenheit in die nächste Stufe, in der ein „ad-hoc Schiedsgericht" angerufen werden kann: Jede Streitpartei bestellt innerhalb einer bestimmten Frist jeweils einen Schiedsrichter. Ein dritter Schiedsrich-

---

[455] Oben Abschnitt D.II.2.1.2.3, insbesondere auch Fn. 440.

[456] Vgl. oben Kapitel B „Geschichte der Entwicklungszusammenarbeit der Europäischen Gemeinschaft", Abschnitt B.III.2.1, insbesondere Fn. 160.

[457] Z.B. Art. 83 Cotonou (ABl. 2000, Nr. L 317/3ff): AKP-EG-Ausschuss für Zusammenarbeit bei der Entwicklungsfinanzierung; Art. 38 Cotonou: Paritätischer Ministerausschuss für Handelsfragen. Unbenannte „Sonderausschüsse" (Art. 7) und „Gemischter Beratender Ausschuss" (Art. 10) im Assoziierungsabkommen mit Chile (ABl. 2002, Nr. L 352/3ff).

[458] Art. 16 Cotonou (ABl. 2000, Nr. L 317/3ff); „Assoziationsausschuss" in den Europa-Mittelmeer-Abkommen, z.B. mit Jordanien (Art. 92ff; ABl. 2002, Nr. L 129/3ff) und mit Tunesien (Art. 81ff; ABl. 1998, Nr. L 97/2ff). Ebenso im Assoziierungsabkommen mit Chile (Art. 6; ABl. 2002, Nr. L 352/3ff). Dieser Ausschuss kann in manchen Abkommen sogar einvernehmlich verbindliche Beschlüsse fassen, z.B. Art. 94 bzw. Art. 83 des Europa-Mittelmeer-Abkommens mit Jordanien bzw. mit Tunesien; Art. 6IV des Assoziierungsabkommens mit Chile.

[459] Art. 15IV, 16II UA 1 Cotonou.

[460] Art. 16I UA 1 Cotonou (ABl. 2000, Nr. L 317/3ff). Anders z.B. im Europa-Mittelmeer-Abkommen mit Jordanien (Art. 93I; ABl. 2002, Nr. L 129/3ff), Tunesien (Art. 82I; ABl. 1998, Nr. L 97/2ff) und im Assoziierungsabkommen mit Chile (Art. 6I; ABl. 2002, Nr. L 352/3ff): Vertreter der Mitglieder des Rates und der Kommission einerseits und Vertreter der Regierung des Assoziationsstaates andererseits.

[461] Art. 17 Cotonou (ABl. 2000, Nr. L 317/3ff). „Parlamentarischer Assoziationsausschuss" im Assoziierungsabkommen mit Chile (Art. 9; ABl. 2002, Nr. L 352/3ff). In vielen Europa-Mittelmeer-Abkommen, z.B. mit Tunesien, ist eine solche Versammlung bzw. ein solcher Ausschuss jedoch immer noch nicht eingerichtet worden.

[462] Art. 17I1, 2 Cotonou. Für den Fall, dass in einem Staat kein Parlament besteht: Art. 17I3 Cotonou und die Gemeinsame Erklärung III zur Teilnahme an der Paritätischen Versammlung (ABl. 2000, Nr. L 317/316).

[463] Z.B. Art. 98 Cotonou (ABl. 2000, Nr. L 317/3ff). Als Beispiele für die Europa-Mittel-Abkommen mit Tunesien (ABl. 1998, Nr. L 97/2ff): Art. 86; mit Jordanien (ABl. 2002, Nr. L 129/3ff): Art. 97.

[464] Streitigkeiten können demnach in folgenden „Varianten" vorkommen: zwischen einem oder mehreren Mitgliedstaaten oder der Gemeinschaft einerseits und einem oder mehreren Vertragspartnern andererseits (vgl. Art. 98I Cotonou (ABl. 2000, Nr. L 317/3ff)).

[465] Z.B. Art. 86III des Europa-Mittelmeer-Abkommens mit Tunesien (ABl. 1998, Nr. L 97/2ff). Art. 98IIa) Cotonou (ABl. 2000, Nr. L 317/3ff) stipuliert diesbezüglich keine explizite Entscheidungsform.

ter wird entweder vom Assoziationsrat oder von den beiden bereits bestellten Richtern benannt. Die Schiedssprüche dieses Schiedsgerichts, die für Organe der Gemeinschaft, einschließlich des EuGH, grundsätzlich verbindlich sind[466], ergehen mit Stimmenmehrheit. Anschließend ist jede Streitpartei verpflichtet, die zur Durchführung des Schiedsspruchs erforderlichen Maßnahmen zu treffen.
Daneben können die Vertragsparteien – nicht jedoch die Gemeinschaft (Art. 34I IGH-Statut[467]) - den Internationalen Gerichtshof anrufen. Dieser ist allerdings nur zuständig, soweit im Einzelfall eine allgemeine (Art. 36I IGH-Statut) oder konkrete (Art. 36II IGH-Statut) Unterwerfung der Parteien unter seine Gerichtsbarkeit vorliegt.

Doch trotz dieser ausgeprägten Institutionalisierung wird den Assoziierungen die Anerkennung als internationale Organisation weitgehend versagt[468]. Als Begründung wird überwiegend auf die fehlende Völkerrechtsubjektivität der Assoziierung hingewiesen[469]. Eine solche ist bei keiner der Assoziationen explizit verankert, noch ergibt sie sich indirekt aus der Einräumung bestimmter Rechte[470] oder der Übernahme von Pflichten, deren Wahrnehmung implizit Rechtsfähigkeit nach außen, d.h. auch über das bilaterale Gebilde hinaus, voraussetzt[471]. Weiter ist die *selbständige* Wahrnehmung eigener Aufgaben wesentliches Merkmal für die völkerrechtliche Rechtsfähigkeit internationaler Organisationen[472]. Die Assoziierungsorgane können jedoch weder innerhalb noch außerhalb der Assoziation mit einem eigenen, vom Willen der Vertragspartner *unabhängigen* Verbandswillen agieren[473]. Denn die Organe stellen „lediglich" völkerrechtliche Vertrags- oder Kollektivorgane dar, durch die die Parteien gemeinsam und einvernehmlich handeln; in dieser Eigenschaft als Vertrags- und Kollektivorgane verpflichten sie denn auch die Parteien[474]. Ferner sind die Institutionen weder in personeller noch in finanzieller Hinsicht autonom[475]. Belegt wird diese Annahme abschließend durch die Tatsache, dass die in den Assoziierungen etablierten Streitbeilegungsverfahren keine Sachverhalte zwischen den Organen und den einzelnen Mitgliedern der Assoziation zu schlichten befugt sind[476].

---

[466] Vgl. hierzu EuGH, Gutachten 1/91, Slg. 1991, I-6079ff, I-6108ff, Ziffern 37ff (EWR I).
[467] *Sartorius II*, Nr. 2.
[468] Nicht unstreitig. Vgl. die Nachweise bei *Weber*, in: von der Groeben/ Schwarze (Hrsg.), EUV/ EGV, Art. 310, Rn. 33. Ausführlich: *Hilf*, Die Organisationsstruktur, S. 186f, 190.
Voraussetzung der Anerkennung einer Vereinigung als Internationale Organisation und damit als Völkerrechtsubjekt ist, dass sie eine auf Dauer angelegte Vereinigung von mindestens zwei Völkerrechtssubjekten auf dem Gebiet des Völkerrechts ist, die mit der selbständigen Wahrnehmung eigener Aufgaben betraut und zumindest mit einem eigenen handlungsfähigen Organ ausgestattet ist (*Ipsen*, Völkerrecht, § 6, Rn. 2ff).
[469] *Becker*, Partnerschaft von Lomé, S. 133; *Oppermann*, Europarecht, Rn. 1816.
[470] Die durch die Assoziierungen eingeräumten Vorrechte und Befreiungen beispielsweise stehen in den Regel nur der EG, den Mitgliedstaaten und den Vertragspartnern (z.B. der AKP-Staatengruppe) zu, nicht jedoch der Assoziation als solche (vgl. z.B. im Rahmen der EG-AKP-Zusammenarbeit: Protokoll Nr. 2 über Vorrechte und Befreiungen (ABl. 2000, Nr. L 317/281ff).
[471] Vgl. *Weber*, in: von der Groeben/ Schwarze (Hrsg.), EUV/ EGV, Art. 310, Rn. 3. Vgl. auch: *Hilf*, Die Organisationsstruktur, S. 187, Fn. 81.
[472] *Ipsen*, Völkerrecht, § 6, Rn. 5.
[473] *Hilf*, Die Organisationsstruktur, S. 187.
[474] Vgl.: *Hilf*, Die Organisationsstruktur, S. 187f, 190; *Vedder*, Rechtswirkungen von Assoziationsratsbeschlüssen, in: EuR 1994, S. 202ff, 210.
[475] Die Organe und das Personal werden von der EG, ihren Mitgliedstaaten und den anderen Vertragsparteien finanziert, vgl. für das Cotonou-Abkommen das Protokoll Nr. 1 über die Verwaltungskosten der gemeinsamen Organe (ABl. 2000, Nr. L 317/280).
[476] Art. 98 Cotonou (ABl. 2000, Nr. L 317/3ff). Vgl. auch: *Hilf*, Die Organisationsstruktur, S.187.

2.1.4 Rechtliche Struktur der Assoziierung

Nach ständiger Rechtsprechung des EuGH stellen Assoziierungsabkommen als völkerrechtliche Verträge einen „integrierenden Bestandteil der Gemeinschaftsrechtsordnung“[477] dar, sobald sie in Kraft getreten sind[478] und – bei gemischten Verträgen – soweit sie nicht in die ausschließliche Zuständigkeit der Mitgliedstaaten fallen[479]. Der EuGH begründete dies mit der gemeinschaftsinternen Pflicht der Mitgliedstaaten zur Durchführung und Beachtung geschlossener Völkerrechtsverträge gemäß Art. 300VII EGV, die „auch und vor allem der Gemeinschaft gegenüber [...], die die Verantwortung für die ordnungsgemäße Durchführung des Abkommens übernommen“[480] hat, bestehe. Selbiges gilt natürlich entsprechend für die Organe (Art. 300VII EGV). Infolgedessen seien die Mitgliedstaaten an diese Abkommen in gleicher Weise wie an Rechtsakte der Organe, die nur innerhalb der Gemeinschaft anwendbar sind, gebunden[481]. In ihrem Rang stehen die Abkommen – soweit sie im Falle gemischter Verträge

---

[477] EuGH, Rs. 181/73, R. & V. Haegeman/ Belgien, Slg. 1974, S. 449ff, 460, Ziffern 2/6 (ständige Rechtsprechung). Nunmehr einschränkend für die WTO-Übereinkünfte aufgrund ihrer „(Rechts-) Natur und Struktur“, bspw.: EuGH, Rs. C-149/96, Portugal/ Rat, Slg. 1999, I-8425ff, I-8435ff, Ziffern 34ff, insbesondere Ziffer 47.

[478] EuGH, Rs. 181/73, R. & V. Haegeman/ Belgien, Slg. 1974, S. 449ff, 460, Ziffern 2/6.

[479] Dies ist umstritten, denn in der Haegeman- (Rs. 181/73, Slg. 1974, S. 449ff, 460, Ziffern 2/6) und weiteren einschlägigen Entscheidungen hat der EuGH diesbezüglich nicht nach Kompetenzbereichen der EG und der Mitgliedstaaten differenziert. Dies kann dahingehend ausgelegt werden, dass der EuGH zumindest implizit auch die die ausschließlichen Zuständigkeitsbereiche der Mitgliedstaaten betreffenden Bestimmungen als „integrierenden Bestandteil der Gemeinschaftsrechtsordnung“ qualifiziert. Gegen eine solche Qualifizierung sprechen aber m.E. zu Recht die im Schrifttum erhobenen Einwendungen, wonach der Abschluss eines gemischten Vertrages nicht zu einer (konkludenten) Kompetenzverschiebung (Art. 48 EUV) zwischen den beiden Ebenen führt (so z.B. *Bleckmann*, Der gemischte Vertrag im Europarecht, in: EuR 1976, S. 301ff, 308f). Dies belegen beispielsweise die zuständigkeitswahrenden Regelungen der bereits beschriebenen „Internen Abkommen“ (z.B. ABl. 2000, Nr. L 317/376f) eindeutig (*Vedder*, in: Grabitz/ Hilf (Hrsg.), EUV/ EGV, Altband II, Art. 228, Rn. 22, mit ausführlicher Auseinandersetzung mit den divergierenden Auffassungen; *Meessen*, Das Abkommen von Lomé als gemischter Vertrag, in: EuR 1980, S. 36ff, 41. Im Ergebnis auch: *Schmalenbach*, in: Calliess/ Ruffert (Hrsg.), EUV/ EGV, Art. 300, Rn. 69, mit weiteren Nachweisen der unterschiedlichen Meinungen hierzu. Vgl. bereits auch die Argumentation zur Auslegungszuständigkeit des EuGH oben Abschnitt D.II.2.1.2.3, Fn. 443). Die Gemeinschaft besitzt daher für Bestimmungen, die in die ausschließliche mitgliedstaatliche Zuständigkeit fallen, keinerlei Handlungskompetenz, weshalb diese Bestimmungen nicht unter Art. 300VII EGV zu subsumieren sind (insoweit handelt es sich nicht um ein Abkommen der Gemeinschaft. Vgl. ebenso: *Herrnfeld*, in: Schwarze (Hrsg.), EU-Kommentar, Art. 310, Rn. 16; *Vedder*, in: Grabitz/ Hilf (Hrsg.), EUV/ EGV, Altband II, Art. 228, Rn. 55), ergo nicht integrierender Bestandteil der Gemeinschaftsrechtsordnung werden und ebenso wenig geeignet sind, unmittelbare Geltung zu entfalten (vgl. *Vedder*, in: Grabitz/ Hilf (Hrsg.), EUV/ EGV, Altband II, Art. 238, Rn. 34; *Herrnfeld*, in: Schwarze (Hrsg.), EU-Kommentar, Art. 310, Rn. 17; *Meessen*, Das Abkommen von Lomé als gemischter Vertrag, in: EuR 1980, S. 36ff, 43f; *Schmalenbach*, in: Calliess/ Ruffert (Hrsg.), EUV/ EGV, Art. 300, Rn. 69, mit vielen weiteren Nachweisen).
Die Regelungsbereiche, die in die ausschließliche Zuständigkeit der Mitgliedstaaten fallen, werden somit nur nach Maßgabe des nationalen Verfassungsrechts in den jeweiligen mitgliedstaatlichen Rechtsordnungen wirksam und ggf. unmittelbar anwendbar (*Vedder*, in: Grabitz/ Hilf (Hrsg.), EUV/ EGV, Altband II, Art. 228, Rn. 23, dort auch zur Vereinbarkeit der kumulativen völkerrechtlichen Verpflichtungen nach außen mit dieser differenzierten gemeinschaftsinternen Wirkung. Vgl. auch: *Schmalenbach*, in: Calliess/ Ruffert (Hrsg.), EUV/ EGV, Art. 300, Rn. 70).

[480] EuGH, Rs. 104/81, Hauptzollamt Mainz/ C.A. Kupferberg & Cie. KG a.A., Slg. 1982, S. 3641ff, 3662, Ziffer 13.

[481] EuGH, Rs. 104/81, Hauptzollamt Mainz/ C.A. Kupferberg & Cie. KG a.A., Slg. 1982, S. 3641ff, 3662, Ziffer 11.

keine ausschließlichen Kompetenzen der Mitgliedstaaten betreffen[482] - alsdann zwischen Primär- und Sekundärrecht[483].
Aus der Annahme der Assoziationsabkommen als Bestandteile des Gemeinschaftsrechts folgt, dass eine Bestimmung eines solchen Abkommens dann unmittelbar anwendbar[484] ist, „wenn sie unter Berücksichtigung ihres Wortlauts und im Hinblick auf den Sinn und Zweck des Abkommens eine klare und eindeutige Verpflichtung enthält, deren Erfüllung oder deren Wirkung nicht vom Erlaß eines weiteren Aktes abhängen"[485]. Oder anders formuliert: Um unmittelbare Wirkung zu entfalten, darf die Vorschrift nicht nur rein programmatischen Charakter besitzen und lediglich allgemein gehaltene, ausfüllungsbedürftige Verpflichtungen auferlegen; vielmehr muss es sich um eine hinreichend genaue, nicht an Bedingungen[486] geknüpfte Vorschrift handeln, die die Rechtsstellung des Einzelnen unmittelbar regeln kann[487]. Mithin geht es um die „Vollzugsfähigkeit"[488] einer Norm. Dabei wendet der EuGH eine großzügige Auslegung zugunsten einer unmittelbaren Anwendbarkeit an[489], bei deren Beimessung die Personen, für die diese Bestimmung gilt, berechtigt sind, sich vor nationalen und EG-Gerichten und Behörden auf sie zu berufen. Dementsprechend sind nach der Rechtsprechung des EuGH das die Entwicklungsassoziation charakterisierende Ungleichgewicht der Verpflichtungen sowie der Umstand, dass diese nicht auf einen künftigen Beitritt der assoziierten

---

[482] *Vedder*, in: Grabitz/ Hilf (Hrsg.), EUV/ EGV, Altband II, Art. 228, Rn. 55 (mit Hinweis auf die andere Auffassung); *Herrnfeld*, in: Schwarze (Hrsg.), EU-Kommentar, Art. 310, Rn. 18. Zur Begründung vgl. bereits oben Fn. 479.

[483] *Meessen*, Das Abkommen von Lomé als gemischter Vertrag, in: EuR 1980, S. 36ff, 43f; *Vedder*, in: Grabitz/ Hilf (Hrsg.), EUV/ EGV, Altband II, Art. 228, Rn. 55; *Herrnfeld*, in: Schwarze (Hrsg.), EU-Kommentar, Art. 310, Rn. 18 (voranstehende Fundstellen jeweils mit Begründung sowie Nachweisen der ständigen Rechtsprechung des EuGH).

[484] Synonym werden verwendet: direkte/ unmittelbare Wirkung, Individualwirksamkeit (vgl. die Nachweise bei *Schmalenbach*, in: Calliess/ Ruffert (Hrsg.), EUV/ EGV, Art. 300, Rn. 59).

[485] EuGH, Rs. 12/86, Meryem Demirel/ Stadt Schwäbisch Gmünd, S. 3719ff, 3752, Ziffer 14. Vgl. bereits: EuGH, Rs. 87/75, Conceria Daniele Bresciani/ Italienische Finanzverwaltung, Slg. 1976, S. 129ff, 140, Ziffer 16; EuGH, Rs. 104/81, Hauptzollamt Mainz/ C.A. Kupferberg & Cie. KG a.A., Slg. 1982, S. 3641ff, 3665, Ziffer 23. Diese Judikatur wurde seither vielfach bestätigt, siehe die Nachweise bspw. bei *Booß*, in: Lenz/ Borchardt (Hrsg.), EUV/ EGV, Art. 310, Rn. 7.
Teilweise prüft der EuGH darüber hinaus vorab „Rechtsnatur und Systematik" (EuGH, Rs. 104/81, Hauptzollamt Mainz/ C.A. Kupferberg & Cie. KG a.A., Slg. 1982, S. 3641ff, 3665, Ziffer 22; vgl. auch: Verb. Rs. C-300/98 und C-392/98, Parfums Christian Dior SA/ TUK Consultancy BV u.a., Slg. 2000, I-11307ff, I-11359f, Ziffern 42f) des Abkommens selbst. Dies scheint insbesondere dann der Fall zu sein, wenn bereits die Einordnung des Abkommens als integrierender Bestandteil der Gemeinschaftsordnung streitig ist – wie etwa bei den WTO-Übereinkünften. Überprüft wird dennoch unter der Rubrik „unmittelbare Wirkung" – Resultat der Tatsache, dass der EuGH oftmals nicht genau zwischen der unmittelbaren Geltung des Abkommens in der Gemeinschaftsrechtsordnung und der Individualwirksamkeit einzelner Bestimmungen differenziert.

[486] Sieht eine klar und eindeutig formulierte Bestimmung den Erlass von Durchführungsvorschriften vor, so ist genau zu prüfen, ob hiervon die unmittelbare Anwendbarkeit der Norm *abhängen* soll, oder ob die Durchführungsvorschriften „lediglich" die Beachtung der Norm *erleichtern* sollen (vgl. z.B. EuGH, Rs. C-18/90, Office national de l'emploi (ONEM)/ Bahia Kziber, Slg. 1991, I-199ff, I-226, Ziffer 19).

[487] Vgl. z.B.: EuGH, Rs. C-18/90, Office national de l'emploi (ONEM)/ Bahia Kziber, Slg. 1991, I-199ff, I-226, Ziffer 22; EuGH, Rs. 12/86, Meryem Demirel/ Stadt Schwäbisch Gmünd, Slg. 1987, S. 3719ff, S. 3753f, Ziffern 23f; EuGH, Rs. 104/81, Hauptzollamt Mainz/ C.A. Kupferberg & Cie. KG a.A., Slg. 1982, S. 3641ff, 3665, Ziffer 23.

[488] *Vedder*, in: Grabitz/ Hilf (Hrsg.), EUV/ EGV, Altband II, Art. 228, Rn. 52, mit weiteren Nachweisen.

[489] *Schmalenbach*, in: Calliess/ Ruffert (Hrsg.), EUV/ EGV, Art. 310, Rn. 25, mit weiteren Nachweisen.
Zur diesbezüglich bislang vorliegenden Judikatur des EuGH zur Entwicklungsassoziierung (jeweils mit weiteren Nachweisen): *Hirsch*, Die Rechtsprechung des Europäischen Gerichtshofes zu Assoziierungsabkommen, in: BayVBl. 1997, S. 449ff, 451ff; *Weber*, in: von der Groeben/ Schwarze (Hrsg.), EUV/ EGV, Art. 310, Rn. 74; *Schmalenbach*, in: Calliess/ Ruffert (Hrsg.), EUV/ EGV, Art. 310, Rn. 25; *Zimmermann*, in: von der Groeben/ Schwarze (Hrsg.), EUV/ EGV, Art. 179, Rn. 25; *Meessen*, Das Abkommen von Lomé als gemischter Vertrag, in: EuR 1980, S. 36ff, 44f.

Staaten zur Gemeinschaft abzielt[490], und dass die Vertragspartner einen institutionellen Rahmen[491] sowie Streitschlichtungsmechanismen geschaffen haben[492], nicht geeignet, per se die unmittelbare Anwendbarkeit von Bestimmungen eines Abkommens auszuschließen. Ferner steht die bloße Existenz von Schutzklauseln der unmittelbaren Wirkung von Bestimmungen, von denen nach Maßgabe dieser Klauseln abgewichen werden kann, nicht entgegen[493].

Was das sekundäre Assoziationsrecht[494] anbelangt, so werden die einvernehmlich gefassten, verbindlichen Ministerratsbeschlüsse gleich dem primären Assoziationsrecht als völkerrechtliche Übereinkünfte der Vertragsparteien qualifiziert[495]. Diese schließt die EG im vereinfachten völkerrechtlichen Verfahren[496] durch ihre Vertreter im Ministerrat, bei dem es sich ja, wie bereits oben im Abschnitt 2.1.3 festgestellt, um ein völkerrechtliches Kollektivorgan handelt. Insoweit sind diese Beschlüsse Organakte der Gemeinschaft und somit Gemeinschaftsrecht wie im formellen völkerrechtlichen Verfahren abgeschlossene Verträge auch[497]. Die logische Konsequenz dieser Qualifizierung besteht nach dem neueren Schrifttum darin, diese Beschlüsse ohne Transformationsakt[498] in gemeinschaftliches Recht als integrierenden Bestandteil der Gemeinschaftsrechtsordnung einzustufen[499]. Dogmatisch unterstützend wird mitunter als weitere Begründung angeführt, das „gemeinsame Vorgehen" nach Art. 310 EGV beinhalte eine Hoheitsübertragung seitens der EG an die Organe des Abkommens, derartige Beschlüsse

---

490 Vgl. z.B. EuGH, Rs. C-18/90, Office national de l'emploi (Onem)/ Bahia Kziber, Slg. 1991, I-199ff, I-226, Ziffer 21.

491 Z.B. EuGH, Rs. 104/81, Hauptzollamt Mainz/ C.A. Kupferberg & Cie. KG a.A., Slg. 1982, S. 3641ff, 3664, Ziffer 20.

492 EuGH, Rs. 70/87, Vereinigung der Ölmühlenindustrie der EWG (Fediol)/ Kommission, Slg. 1989, S. 1781ff, 1831, Ziffer 21.

493 Beispielsweise: EuGH, Rs. C-192/89, S.Z. Sevince/ Staatssecretaris van Justice, Slg. 1990, I-3461ff, I-3504, Ziffer 25.

494 Ausführlich beispielsweise: *Martenczuk*, Decisions of bodies, in: Kronenberger (Hrsg.), The European Union and the International Legal Order, S. 141ff; *Gilsdorf*, Rechtswirkungen der im Rahmen von Gemeinschaftsabkommen erlassenen Organbeschlüsse, in: EuZW 1991, S. 459ff; *Vedder*, Rechtswirkungen von Assoziationsratsbeschlüssen, in: EuR 1994, S. 202ff.

495 *Baumgartner*, Institutionelle Aspekte des AKP-EWG-Abkommens von Lomé, in: EuR 1978, S. 105ff, 111f; *Gilsdorf*, Rechtswirkungen der im Rahmen von Gemeinschaftsabkommen erlassenen Organbeschlüsse, in: EuZW 1991, S. 459ff, 460; *Herrnfeld*, in: Schwarze (Hrsg.), EU-Kommentar, Art. 310, Rn. 19; *Schmalenbach*, in: Calliess/ Ruffert (Hrsg.), EUV/ EGV, Art. 310, Rn. 26, 34; *Vedder*, Rechtswirkungen von Assoziationsratsbeschlüssen, in: EuR 1994, S. 202ff, 210; *Weber*, in: von der Groeben/ Schwarze (Hrsg.), EUV/ EGV, Art. 310, Rn. 47.

496 *Gilsdorf*, Rechtswirkungen der im Rahmen von Gemeinschaftsabkommen erlassenen Organbeschlüsse, in: EuZW 1991, S. 459ff, 461.

497 *Vedder*, Rechtswirkungen von Assoziationsratsbeschlüssen, in: EuR 1994, S. 202ff, 211.

498 Die Begriffe „Transformation"/ „Übertragung"/ „Vollzug"/ „Umsetzung" etc. sollen im Zusammenhang mit der unmittelbaren Geltung sowie der Individualwirksamkeit (von Normen) völkerrechtlicher Verträge untechnisch in dem Sinne verwendet werden, als damit Partei weder für das monistische noch das dualistische Verständnis des Verhältnisses von Gemeinschaftsrecht und Völkerrecht ergriffen wird.

499 *Gilsdorf*, Rechtswirkungen der im Rahmen von Gemeinschaftsabkommen erlassenen Organbeschlüsse, in: EuZW 1991, S. 459ff, 461; *Macleod/ Hendry/ Hyett*, The External Relations of the European Communities, S. 138; *Schmalenbach*, in: Calliess/ Ruffert (Hrsg.), EUV/ EGV, Art. 310, Rn. 34; *Vedder*, Rechtswirkungen von Assoziationsratsbeschlüssen, in: EuR 1994, S. 202ff, 211; *Weber*, in: von der Groeben/ Schwarze (Hrsg.), EUV/ EGV, Art. 310, Rn. 50. Für das Erfordernis eines Transformationsaktes zur Begründung der gemeinschaftsinternen Wirkung: *Bleckmann*, in: Bleckmann, Europarecht, Ziffer 1380, der anscheinend Art. 300VII EGV hier als nicht einschlägig ansieht.
Hinsichtlich der Beschlüsse, die im Falle gemischter Verträge in die ausschließliche Zuständigkeit der Mitgliedstaaten fallen, gilt im Bezug auf deren unmittelbare Geltung sowie Individualwirksamkeit das oben in Rn. 479 Gesagte.

mit für sie bindender Wirkung zu erlassen[500]. Weiter wird richtig gefolgert, diejenigen Beschlüsse als unmittelbar anwendbar zu betrachten, die die Kriterien erfüllen, die diesbezüglich für das primäre Assoziationsrecht aufgestellt wurden[501].

Der EuGH, der bislang noch keine eindeutige Stellungnahme zur Rechtsnatur der Assoziationsbeschlüsse abgegeben hat[502], kommt mit anderer Dogmatik zum gleichen Ergebnis: Er deklariert diese Beschlüsse[503] aufgrund ihres „unmittelbaren Zusammenhangs" mit dem Abkommen – die Akte dienen seiner Zielverwirklichung[504] - als integrierenden Bestandteil der Gemeinschaftsrechtsordnung[505]. Der Notwendigkeit eines vorherigen gemeinschaftsinternen Umsetzungsaktes hingegen erteilte er eine klare Absage[506]. Für die Bejahung der unmittelbaren Anwendbarkeit dieser justiziablen[507] Beschlüsse sollen alsdann die zum primären Assoziationsrecht entwickelten Kriterien herangezogen werden[508].

Wenngleich also zumindest der Großteil des Schrifttums sowie Rechtsprechung zum selben Ergebnis kommen, so ist der Begründung der Literatur dennoch der Vorzug zu geben: Zum einen macht sie nämlich das Abstellen auf das eher konturlose Kriterium des „unmittelbaren Zusammenhangs" entbehrlich. Zum anderen qualifiziert das Schrifttum die Rechtsnatur der Assoziierungsbeschlüsse dogmatisch nachvollziehbar. An diese Einstufung anknüpfend vermag es ferner, die Wirkung der Beschlüsse im Gemeinschaftsrecht gerade im Hinblick auf die entsprechende Handhabung im Rahmen des primären Assoziationsrechts konsequent zu erklären[509].

---

[500] *Gilsdorf*, Rechtswirkungen der im Rahmen von Gemeinschaftsabkommen erlassenen Organbeschlüsse, in: EuZW 1991, S. 459ff, 461; *Weber*, in: von der Groeben/ Schwarze (Hrsg.), EUV/ EGV, Art. 310, Rn. 49f.

[501] *Gilsdorf*, Rechtswirkungen der im Rahmen von Gemeinschaftsabkommen erlassenen Organbeschlüsse, in: EuZW 1991, S. 459ff, 462; *Vedder*, Rechtswirkungen von Assoziationsratsbeschlüssen, in: EuR 1994, S. 202ff, 212ff; *Schmalenbach*, in: Calliess/ Ruffert (Hrsg.), EUV/ EGV, Art. 310, Rn. 34; *Weber*, in: von der Groeben/ Schwarze (Hrsg.), EUV/ EGV, Art. 310, Rn. 49; *Herrnfeld*, in: Schwarze (Hrsg.), EU-Kommentar, Art. 310, Rn. 19; *Booß*, in: Lenz/ Borchardt (Hrsg.), EUV/ EGV, Art. 310, Rn. 7. Zurückhaltender *Martenczuk* (Decisions of bodies, in: Kronenberger (Hrsg.), The European Union and the International Legal Order, S. 141ff, 157f), der für das Vorliegen unmittelbarer Anwendbarkeit darüber hinaus ein Handeln innerhalb der im Abkommen eingeräumten Kompetenzen sowie die Einhaltung des Art. 300II EGV verlangt. Für das Erfordernis eines Transformationsaktes: *Hailbronner*, in: H/K/M/M-G (Hrsg.), EUV/ EGV, Art. 228, Rn. 49. Dabei wird aus seiner Argumentation nicht deutlich, ob er diesen Akt für die Begründung der unmittelbaren Anwendbarkeit oder bereits für die Qualifizierung als Bestandteil der Gemeinschaftsrechtsordnung als notwendig erachtet.

[502] *Weber*, in: von der Groeben/ Schwarze (Hrsg.), EUV/ EGV, Art. 310, Rn. 47ff.

[503] Auch die unverbindlichen (vgl. die Nachweise bei: *Macleod/ Hendry/ Hyett*, The External Relations of the European Communities, S. 138).

[504] EuGH, Rs. C-227/94, Taflan-Met u.a./ Bestuur van de Sociale Verzekeringsbank u.a., Slg. 1996, I-4085ff, I-4109, Ziffer 18.

[505] Ständige Rechtsprechung, bspw.: EuGH, S.Z. Sevince/ Staatssecretaris van Justitie, Rs. 192/89, Slg. 1990, I-3461ff, 3501, Ziffer 9. Ausführlich zur Entwicklung der Rechtsprechung des EuGH und zur Frage der Auslegungskompetenz des EuGH hinsichtlich sekundären Assoziationsrechts: *Martenczuk*, Decisions of bodies, in: Kronenberger (Hrsg.), The European Union and the International Legal Order, S. 141ff, 156ff, 160ff. Dazu kritisch: *Hailbronner*, in: H/K/M/M-G (Hrsg.), EUV/ EGV, Art. 228, Rn. 40f.

[506] EuGH, Rs. 30/88, Griechenland/ Kommission, Slg. 1989, S. 3711ff, 3737f, Ziffern 13ff, 16.

[507] EuGH, Rs. C-192/89, S.Z. Sevince/ Staatssecretaris van Justice, Slg. 1990, I-3461ff, I-3501f, Ziffern 10f; auch hier begründet der EuGH seine Auslegungszuständigkeit pauschal mit der Sicherung der einheitlichen Anwendung aller zur Gemeinschaftsrechtsordnung gehörenden Bestimmungen, ohne jedoch die Beschlüsse, die in die ausschließliche Zuständigkeit der Mitgliedstaaten fallen, hiervon explizit auszunehmen. Es stellt sich demnach die gleiche rechtliche Frage wie oben Abschnitt D.II.2.1.2.3, Fn. 443.

[508] EuGH, Rs. C-192/89, S.Z. Sevince/ Staatssecretaris van Justice, Slg. 1990, I-3461ff, I-3501f, Ziffern 14f; EuGH, Rs. C-227/94, Taflan-Met u.a./ Bestuur van de Sociale Verzekeringsbank u.a., Slg. 1996, I-4085ff, I-4110, Ziffer 25. Ausführlich: *Martenczuk*, Decisions of bodies, in: Kronenberger (Hrsg.), The European Union and the International Legal Order, S. 141ff, 158ff.

[509] So auch: *Schmalenbach*, in: Calliess/ Ruffert (Hrsg.), EUV/ EGV, Art. 310, Rn. 34, Art. 300, Rn. 76; *Vedder*, Rechtswirkungen von Assoziationsratsbeschlüssen, in: EuR 1994, S. 202ff, 211.

2.2 Art. 181I2 EGV: Kooperationsabkommen

Kooperationsabkommen[510] im Sinne des Art. 181I2 EGV sind nach dem Verfahren des Art. 300 EGV abgeschlossene, völkerrechtliche Abkommen zwischen der Gemeinschaft und dritten Ländern, internationalen Organisationen sowie partiellen Völkerrechtssubjekten mit Territorialbezug zur Verfolgung der entwicklungspolitischen Zielvorgaben des Art. 177 EGV. Diese gemeinsame Handlungsform nach außen kongruiert mit der gemeinschaftsinternen Verpflichtung der EG und ihrer Mitgliedstaaten in Art. 181I1 EGV, mit dritten Völkerrechtssubjekten auf dem Gebiet der Entwicklungszusammenarbeit international zusammenzuarbeiten, eben zu *kooperieren*[511] - daher wohl der Terminus „Kooperationsabkommen".

Im Unterabschnitt „Sachkompetenz" werden neben der konstitutiven Natur des Art. 181I2 EGV die möglichen Vertragspartner eines Kooperationsabkommens und dessen potenziellen Inhalt darzustellen sein. Alsdann sollen die rechtlichen und institutionellen Strukturen der Kooperation illustriert werden. Abschließend wird der Versuch unternommen, das Kooperations- vom Assoziierungsabkommen sowie von den handelsrechtlichen Verträgen abzugrenzen.

2.2.1 Sachkompetenz

2.2.1.1 Konstitutive Natur des Art. 181I2 EGV

Der EuGH[512] und die herrschende Meinung im Schrifttum[513] vertreten die Auffassung, dass Art. 181I2 EGV eine eigenständige Ermächtigungsgrundlage zum Abschluss völkerrechtlicher Verträge[514] darstellt. Vereinzelt finden sich allerdings Auffassungen im Schrifttum[515], die der Vorschrift nur eine überwiegend deklaratorische Natur zuerkennen, da sich eine entsprechende Kompetenz bereits aus der AETR-Doktrin ergäbe, die auch nach der Einführung des Art. 181 EGV noch Geltung besitzt[516]. Diesen Ansichten ist bereits grundsätzlich entgegenzuhalten, dass, wenn der EGV eine explizite Rechtsgrundlage etabliert, ein Rückgriff auf implizite Zuständigkeiten strukturell ausgeschlossen ist. Diese lassen sich nämlich nicht (mehr) begründen, da sie de jure die Nichtexistenz explizit verankerter Kompetenzen voraussetzen. Ferner fällt die Entwicklungspolitik, wie bereits oben im Abschnitt I.1 festgehalten, ihrer Natur nach in den Bereich der Außenbeziehungen. Von daher kann es keine kongruie-

---

[510] Zu den Fundstellen der zahlreichen Kooperationsabkommen vgl. bereits oben Kapitel B „Geschichte der Entwicklungszusammenarbeit der Europäischen Gemeinschaft", Abschnitt B.V, Fn. 449.

[511] Vgl. *Schmalenbach*, in: Calliess/ Ruffert (Hrsg.), EUV/ EGV, Art. 181, Rn. 1.

[512] EuGH, Rs. C-268/94, Portugal/ Rat, Slg. 1996, I-6177ff, I-6214ff, Ziffern 14ff.

[513] *Pitschas*, in: Streinz (Hrsg.), EUV/ EGV, Art. 181, Rn. 5; *Pitschas*, Die völkerrechtliche Verantwortlichkeit der EG, S. 149; *Macleod/ Hendry/ Hyett*, The External Relations of the European Communities, S. 340; *Schmalenbach*, in: Calliess/ Ruffert (Hrsg.), EUV/ EGV, Art. 181, Rn. 3; *Benedek*, in: Grabitz/ Hilf (Hrsg.), EUV/ EGV, Art. 181, Rn. 1; *Zimmermann*, in: von der Groeben/ Schwarze (Hrsg.), EUV/ EGV, Art. 181, Rn. 8f; *Hecker*, in: Lenz/ Borchardt (Hrsg.), EUV/ EGV, Art. 181, Rn. 2; *Zimmermann/ Martenczuk*, in: Schwarze (Hrsg.), EU-Kommentar, Art. 181, Rn. 5.

[514] Nach *Vedder* (Die Wirtschaftskooperation der Gemeinschaft mit Drittländern, in: Griller/ Hummer (Hrsg.), Die EU nach Nizza, S. 191ff, 207) sind unter Hinweis auf die diesbezügliche Sichtweise des EuGH (Gutachten 1/75, Slg. 1975, S. 1355ff, 1360) unter „Abkommen" neben den völkerrechtlichen Verträgen ganz allgemein auch andere die EG bindenden völkerrechtlichen Instrumente zu subsumieren (so wohl auch: *Zimmermann/ Martenczuk*, in: Schwarze (Hrsg.), EU-Kommentar, Art. 181, Rn. 4; GA *La Pergola*, Schlussanträge zu EuGH, Rs. C-268/94, Portugal/ Rat, Slg. 1996, I-6177ff, I-6185, Ziffer 17). Auf Art. 310 EGV, der gleichfalls von „Abkommen" spricht, kann dies nicht übertragen werden, da „gegenseitige Rechte und Pflichten" nur ein (zumindest) zweiseitiger völkerrechtlicher Vertrag zu begründen vermag.

[515] *Zimmermann/ Martenczuk*, in: Schwarze (Hrsg.), EU-Kommentar, Art. 181, Rn. 5; *Zimmermann*, in: von der Groeben/ Schwarze (Hrsg.), EUV/ EGV, Art. 181, Rn. 9. Unter Hinweis auf die Auffassung zum wortgleichen Art. 174IV EGV noch weitergehender (Kompetenzwahrnehmungsnorm): *Klein*, in: H/K/M/M-G (Hrsg.), EUV/ EGV, Art. 181, Rn. 1.

[516] Vgl. Erklärung Nr. 10 der Regierungskonferenz von Maastricht (abgedruckt in: *Sartorius II*, Nr. 148) sowie oben Abschnitt D.II.1.

rende interne Rechtsetzungskompetenz geben. Und selbst wenn man annähme, diese internen Zuständigkeiten seien allgemeiner in - immerhin punktuell bestehenden - Kompetenzen für finanzielle und technische Hilfe *an Mitgliedstaaten* zu suchen, wie sie z.B. die Art. 158ff EGV vorsehen: dieser Bereich könnte nach der AETR-Rechtsprechung nicht im Verhältnis *zu den Entwicklungsländern* geregelt werden[517]. Eine Vertragsschließungsbefugnis nach dieser Judikatur lässt sich demnach unter keinem Gesichtspunkt herleiten, so dass es sich bei Art. 181I2 EGV um eine konstitutive Zuständigkeit handeln muss.

2.2.1.2 Entwicklungskooperation mit „dritten Ländern" und „internationalen Organisationen"

Vertragspartner dieser Kontrakte können nach dem Wortlaut des Art. 181I1 EGV, auf den S. 2 aufbaut, zum einen „dritte Länder" sein, worunter Empfänger-, aber auch andere Geberstaaten zu subsumieren sind[518]. Eine Einschränkung dahingehend, die AKP-Staaten aufgrund der Unberührtheitsklausel des Art. 179III EGV nicht zu diesen „dritten Ländern" zu zählen, d.h. den Beziehungen zu diesen Staaten die Rechtsform des Kooperationsabkommens nach Art. 181I2 EGV grundsätzlich zu versagen, macht die herrschende Meinung[519] nicht. Freilich betrifft Art. 179III EGV nicht per se den Abschluss völkerrechtlicher Verträge, sondern regelt im Kontext des Art. 179I, II EGV die *Durchführung* der „Zusammenarbeit [...] im Rahmen des AKP-EG-Abkommens" (Art. 179III EGV)[520]. Und dieses Abkommen ist nun einmal historisch bedingt eine Assoziierung gemäß Art. 310 EGV – diese rechtliche Grundlage dürfte daher wohl ebenfalls vom Anwendungsbereich der Unberührtheitsklausel prinzipiell mit umfasst sein. Infolgedessen zieht das Schrifttum aus Art. 179III EGV wesentliche Schlüsse auch und gerade für die heranzuziehende Ermächtigungsgrundlage der AKP-EG-Zusammenarbeit – mithin implizit ebenso für die hier relevante Frage nach dem Ausschluss der AKP-Staaten als potenzielle Vertragspartner der Kooperation: So wird aus dem Wortlaut der Vorschrift gemeinhin die rechtliche *Möglichkeit* entnommen, die Beziehungen zu den AKP-Staaten weiterhin in der bisherigen Form aufrechtzuerhalten[521]. Unterschiedlich interpretiert das Schrifttum allerdings die Teleologie des Art. 179III EGV: Sie wird in der Beibehaltung zum einen des strengeren Vertragsschließungsverfahrens (Art. 300II UA 1, S. 2, III UA 2 EGV)[522], zum anderen des Prinzips der Finanzierung der Zusammenarbeit mit den AKP-Staaten außerhalb des Gemeinschaftshaushalts und somit der fehlenden Kontrolle des Parlaments hierüber[523]

---

[517] Zum Voranstehenden bereits oben Abschnitt D.II.1, Fn. 291.

[518] *Zimmermann*, in: von der Groeben/ Schwarze (Hrsg.), EUV/ EGV, Art. 181, Rn. 4.

[519] *Henze*, Aufgaben- und Ausgabenkompetenz der EG, in: EuR 1995, S. 76ff, 82; *Schmalenbach*, in: Calliess/ Ruffert (Hrsg.), EUV/ EGV, Art. 179, Rn. 10; *Zimmermann/ Martenczuk*, in: Schwarze (Hrsg.), EU-Kommentar, Art. 179, Rn. 9; *Zimmermann*, in: von der Groeben/ Schwarze (Hrsg.), EUV/ EGV, Art. 179, Rn. 19; *Pitschas*, in: Streinz (Hrsg.), EUV/ EGV, Art. 179, Rn. 20. Ebenso ohne Begründung: *Klein*, in: H/K/M/M-G (Hrsg.), EUV/ EGV, Art. 130y, Rn. 4; wohl auch *Hecker*, in: Lenz/ Borchardt (Hrsg.), EUV/ EGV, Art. 179, Rn. 1, der nur von der „Möglichkeit" spricht, die AKP-EG-Beziehungen weiterhin durch Art. 310 EGV zu regeln. Anders: *Macleod/ Hendry/ Hyett*, The External Relations of the European Communities, S. 341.

[520] Vgl. *Schmalenbach*, in: Calliess/ Ruffert (Hrsg.), EUV/ EGV, Art. 179, Rn. 10.

[521] *Hecker*, in: Lenz/ Borchardt (Hrsg.), EUV/ EGV, Art. 179, Rn. 9; *Zimmermann/ Martenczuk*, in: Schwarze (Hrsg.), EU-Kommentar, Art. 179, Rn. 8; *Zimmermann*, in: von der Groeben/ Schwarze (Hrsg.), EUV/ EGV, Art. 179, Rn. 18.

[522] *Hecker*, in: Lenz/ Borchardt (Hrsg.), EUV/ EGV, Art. 179, Rn. 9; *Zimmermann/ Martenczuk*, in: Schwarze (Hrsg.), EU-Kommentar, Art. 179, Rn. 8; *Zimmermann*, in: von der Groeben/ Schwarze (Hrsg.), EUV/ EGV, Art. 179, Rn. 18.

[523] *Cloos* u.a., Le Traité de Maastricht, S. 352; *Zimmermann/ Martenczuk*, in: Schwarze (Hrsg.), EU-Kommentar, Art. 179, Rn. 8; *Zimmermann*, in: von der Groeben/ Schwarze (Hrsg.), EUV/ EGV, Art. 179, Rn. 18; *Benedek*, in: Grabitz/ Hilf (Hrsg.), EUV/ EGV, Art. 179, Rn. 53; *Schmalenbach*, in: Calliess/ Ruffert (Hrsg.), EUV/ EGV, Art. 179, Rn. 11. Ähnlich: *Pitschas*, in: Streinz (Hrsg.), EUV/ EGV, Art. 179, Rn. 20.

gesehen. Letztere Auffassung dürfte wohl die Erklärung Nr. 12 der Vertreter der Regierungen der Mitgliedstaaten zum Maastrichter Vertrag[524] bestätigen, wonach der EEF weiterhin durch einzelstaatliche Beiträge finanziert werden soll[525]. Doch weder die rechtliche Bedeutung, die man Art. 179III EGV beimisst, noch dessen Sinn und Zweck exkludieren das Zurückgreifen auf Art. 181I2 EGV als Basis für das Zusammenwirken mit den AKP-Ländern. Denn der Wortlaut offeriert eine *Befreiung* („berührt nicht") von den spezifischen entwicklungspolitischen Rechtsgrundlagen. Keinesfalls aber statuiert er, dass sich der Gesetzgeber auf die Rechtsgrundlage des Art. 310 EGV für die AKP-EG-Zusammenarbeit festgelegt hätte. Eine derartige Intention hätte zudem aus Gründen der Rechtssicherheit einer eindeutigen Formulierung im Vertragstext bedurft. Und auch die diversen Interpretationsansätze spiegeln lediglich die *Option* wider, historisch Begründetes fortzuführen[526]. Die EG bleibt demnach befugt, in naher oder ferner Zukunft die AKP-EG-Kooperation auf Art. 181I2 EGV zu gründen; die Staaten in Afrika, in der Karibik und im Pazifik sind somit grundsätzlich als mögliche Vertragspartner von Kooperationsabkommen anzusehen. Ferner ist die EG zu Kooperationsabkommen mit einzelnen oder Gruppen von AKP-Staaten befugt, wenn und soweit das AKP-EG-Abkommen einen Bereich nicht abschließend regelt[527], wird doch die Zusammenarbeit im Rahmen des AKP-EG-Abkommens hier von vornherein nicht „berührt".

Zum anderen ist es möglich, Abkommen mit internationalen Organisationen einschließlich ihrer Untergliederungen und Fachorganisationen abzuschließen[528]. Insoweit die Kooperation mit diesen Organisationen – die UN und die UNDP als eines ihr Unterorgane seien stellvertretend genannt[529] - auf dem Gebiet der Entwicklungszusammenarbeit betroffen ist, bildet Art. 181 EGV eine lex specialis zu Art. 302 EGV, der (lediglich) generell die internationale Beziehungspflege normiert[530]. Was allerdings die Zusammenarbeit der Gemeinschaft mit der

Hier wäre die AKP-EG-Zusammenarbeit ebenfalls von Art. 179I1 EGV dispensiert: Grundsätzlich wird nämlich die Finanzierung der (thematischen und regionalen) Entwicklungszusammenarbeit über auf Art. 179I1 bzw. 308 EGV gestützte Verordnungen geregelt. Die Finanzierung läuft somit über den Gemeinschaftshaushalt mit der Konsequenz der Finanzkontrolle des EP, Art. 279 EGV. Demgegenüber vollzieht sich die finanzielle Zusammenarbeit mit den AKP-Staaten durch den von den Mitgliedstaaten konstituierten und aus ihren Haushalten finanzierten EEF, der nicht budgetiert und auch nicht „budgetierungspflichtig" ist und somit außerhalb der Finanzkontrolle des EP verbleibt (falsch deshalb: *Benedek*, in: Grabitz/ Hilf (Hrsg.), EUV/ EGV, Art. 179, Rn. 54). Zum Ganzen bereits oben Abschnitt D.II.2.1.2.1, Fn. 403).

[524] Abgedruckt in: *Sartorius II*, Nr. 148.

[525] Entgegen *Heckers* (in: Lenz/ Borchardt (Hrsg.), EUV/ EGV, Art. 179, Rn. 11) Auffassung steht diese Erklärung m.E. jedoch nicht der Budgetisierung des EEF entgegen, da sie lediglich die *Quelle* der Finanzierung regelt. Aber auch Beiträge der Mitgliedstaaten sind „budgetisierungsfähig", so dass der Übertragung des Fonds in den Gesamthaushaltsplan grundsätzlich nichts entgegensteht.

[526] So im Ergebnis auch: Henze, Aufgaben- und Ausgabenkompetenz der EG, in: EuR 1995, S. 76ff, 82; *Klein*, in: H/K/M/M-G (Hrsg.), EUV/ EGV, Art. 130w, Rn. 4; *Zimmermann/ Martenczuk*, in: Schwarze (Hrsg.), EU-Kommentar, Art. 179, Rn. 9; *Zimmermann*, in: von der Groeben/ Schwarze (Hrsg.), EUV/ EGV, Art. 179, Rn. 19; *Schmalenbach*, in: Calliess/ Ruffert (Hrsg.), EUV/ EGV, Art. 179, Rn. 10; *Benedek*, in: Grabitz/ Hilf (Hrsg.), EUV/ EGV, Art. 179, Rn. 53. Wohl auch *Hecker*, in: Lenz/ Borchardt (Hrsg.), EUV/ EGV, Art. 179, Rn. 1, der von der „Möglichkeit" spricht, die AKP-EG-Beziehungen weiterhin durch Art. 310 EGV zu regeln.

[527] So jedenfalls für Maßnahmen i.S.d Art. 179I EGV: *Schmalenbach*, in: Calliess/ Ruffert (Hrsg.), EUV/ EGV, Art. 179, Rn. 13; *Zimmermann*, in: von der Groeben/ Schwarze (Hrsg.), EUV/ EGV, Art. 179, Rn. 18.

[528] *Schmalenbach*, in: Calliess/ Ruffert (Hrsg.), EUV/ EGV, Art. 181, Rn. 2; *Zimmermann*, in: von der Groeben/ Schwarze (Hrsg.), EUV/ EGV, Art. 181, Rn. 5.

[529] Der internationale Ansatz der europäischen Entwicklungszusammenarbeit ist nicht Gegenstand dieser Arbeit. Insofern sei die Zusammenarbeit mit den internationalen Organisationen hier nur vollständigkeitshalber aufgeführt. Auf die weiterführenden Hinweise bei: *Benedek*, in: Grabitz/ Hilf (Hrsg.), EUV/ EGV, Art. 181, Rn. 5ff, 17ff, wird verwiesen.

[530] Ausführlich: *Pitschas*, in: Streinz (Hrsg.), EUV/ EGV, Art. 181, Rn. 4. Im Ergebnis ebenso: *Zimmermann*, in: von der Groeben/ Schwarze (Hrsg.), EUV/ EGV, Art. 181, Rn. 7.

OECD anbelangt, so ist Art. 304 spezieller[531]. Die Kooperation mit dem Europarat ist auf Art. 303 EGV zu stützen.
Des Weiteren sind die EG und ihre Mitgliedstaaten befugt, mit partiellen Völkerrechtssubjekten und stabilisierten de-facto Regimes, die weder als Staaten noch als internationale Organisationen zu qualifizieren sind, völkerrechtlich zu kooperieren. Denn trotz unterschiedlicher Terminologie in Art. 310 EGV („Staaten") und Art. 181I2 EGV („Länder") sind die Begriffe „Staaten" und „Länder" dahingehend bedeutungsgleich, als sie – zusammen mit der Nennung der internationalen Organisationen - pars pro toto für Völkerrechtssubjekte stehen. Somit ist nicht auf die Staatsqualität, sondern auf die Völkerrechtsubjektivität abzustellen. Kontrakte mit partiellen Völkerrechtssubjekten wie der PLO[532] sind somit unproblematisch möglich[533]. Nicht in den Anwendungsbereich des Art. 181 EGV, sondern des Art. 304 fallen indes die Beziehungen zu den Nichtregierungsorganisationen[534].

2.2.1.3 Materielle Reichweite der „Ziele"

Art. 181I2 EGV legt nicht dezidiert fest, wie weit die Handlungsformermächtigung der EG inhaltlich exakt reicht. Zieht man S. 1 hinzu, wird zumindest klar, dass die Kompetenz „im Rahmen ihrer [...] Befugnisse", infolgedessen nicht unbeschränkt besteht. Diese der EG übertragenen entwicklungspolitischen Befugnisse ergeben sich aus Art. 179I EGV[535], wonach der Rat die „zur Verfolgung der Ziele des Artikels 177 erforderlichen Maßnahmen" erlässt.
Unstreitig fallen darunter die Ziele des Art. 177I, II[536] EGV. Des Weiteren können völkerrechtlich verbindliche Zusagen der EG[537] i.S.d. Art. 177III 1. Alt. EGV Gegenstand völkerrechtlicher Kontrakte sein. Denn diese werden über Art. 177III EGV als besondere Form der Eingliederung völkerrechtlicher Verpflichtungen in den gemeinschaftlichen Rechtsraum inkorporiert[538] und sind daher für die Organe der Gemeinschaft verbindlich (vgl. Art. 300VII EGV). Darüber hinaus kongruieren gemeinschaftliche und internationale Entwicklungsziele oftmals, so dass kaum verständlich wäre, jene als Vertragsgegenstand zu qualifizieren, diese hingegen hiervon auszuschließen. Misst man mit der wohl herrschenden Auffassung politisch verbindlichen Zusagen die gleiche Rechtswirkung, d.h. ihre Eingliederung in die Gemein-

---

531 *Schmalenbach*, in: Calliess/ Ruffert (Hrsg.), EUV/ EGV, Art. 181, Rn. 2; *Pitschas*, in: Streinz (Hrsg.), EUV/ EGV, Art. 181, Rn. 3.

532 Europa-Mittelmeer-Interimsassoziationsabkommen mit der PLO (ABl. 1997, Nr. L 187/3ff).

533 Vgl. hierzu bereits oben Abschnitt D.II.2.1.1. So auch im Ergebnis: *Benedek*, in: Grabitz/ Hilf (Hrsg.), EUV/ EGV, Art. 181, Rn. 2; *Zimmermann/ Martenczuk*, in: Schwarze (Hrsg.), EU-Kommentar, Art. 181, Rn. 2; *Schmalenbach*, in: Calliess/ Ruffert (Hrsg.), EUV/ EGV, Art. 181, Rn. 3 (allerdings mit konträrer Begründung).

534 *Schmalenbach*, in: Calliess/ Ruffert (Hrsg.), EUV/ EGV, Art. 181, Rn. 3, Art. 177, Rn. 2; *Zimmermann*, in: von der Groeben/ Schwarze (Hrsg.), EUV/ EGV, Art. 181, Rn. 6; *Osteneck*, in: Schwarze (Hrsg.), EU-Kommentar, Art. 302, Rn. 7, 9ff.
Dem lässt sich auch nicht entgegenhalten, dass sich die EG bereits durch den Abschluss des Interimsassoziationsabkommen mit der PLO einem zu engen Verständnis des Terminus „Länder" entzogen hat und von daher zumindest NGOs mit einer hinreichend gefestigten institutionellen Struktur sowie ausreichend Einfluss in einer Region in den Kreis der Vertragspartner einzubeziehen sind (so aber *Pitschas*, in: Streinz (Hrsg.), EUV/ EGV, Art. 181, Rn. 6). Denn für diese Abgrenzungskriterien finden sich - konträr zur Völkerrechtssubjektivität – keinerlei Anhaltspunkte im Wortlaut des Art. 181I2, 1 EGV. Zum anderen bergen die vorgeschlagenen Aspekte einen erheblichen Rechtsunsicherheitsfaktor, verwässern sie doch den potenziellen Kreis der akzeptierten Vertragspartner, was der Gesetzgeber angesichts des insoweit eindeutigen Wortlauts (Länder und internationale Organisationen) kaum intendiert haben dürfte.

535 *Pitschas*, Die völkerrechtliche Verantwortlichkeit der EG, S. 149.

536 Bzgl. der Ziele des Art. 177II EGV vgl. oben Kapitel C „Ziele der Entwicklungszusammenarbeit", Abschnitt C.II.1.

537 Art. 177III EGV führt nicht dazu, dass die EG Zusagen der Mitgliedstaaten zu erfüllen hat (*Zimmermann*, in: von der Groeben/ Schwarze (Hrsg.), EUV/ EGV, Art. 177, Rn. 75).

538 *Zimmermann*, in: von der Groeben/ Schwarze (Hrsg.), EUV/ EGV, Art. 177, Rn. 74. Zum Nachfolgenden bereits oben Kapitel C „Ziele der Entwicklungszusammenarbeit", Abschnitt C.I.1, insbesondere Fn. 32.

schaftsrechtsordnung, zu, so muss das Gesagte auch für diese gelten. Verträge zur Umsetzung von seitens der EG lediglich gebilligten Zielsetzungen internationaler Organisationen i.S.d. Art. 177III 2. Alt. EGV sind mit *Zimmermann*[539] jedoch zu Recht von der Anwendung des Art. 181I2 EGV ausgeschlossen. Diese Zielsetzungen unterliegen nämlich nach dem Wortlaut des Art. 177III 2. Alt. EGV nur einer „einfachen" Berücksichtigungspflicht, entfalten dementsprechend nicht die gleiche Rechtswirkung. Intendierte die Gemeinschaft eine solche gleichwohl, wäre sie nicht gehindert, den Inhalt einer Zielsetzung durch die Abgabe einer diesbezüglichen Zusage mit unmittelbarer (zumindest gemeinschaftsinterner) Verbindlichkeit zu versehen. Tut sie es nicht, bleibt es dabei, dass die gebilligte Zielsetzung lediglich als wichtiger Gesichtspunkt beim Vertragsschließungsverfahren einzustellen und zu erwägen ist. Nur so kann nämlich vermieden werden, dass die EG verpflichtet ist, Zielsetzungen umzusetzen, die sie zwar gebilligt hat, die aber möglicherweise den primärrechtlichen Zielen des Art. 177I, II EGV widersprechen und so bei einer Befolgungs*pflicht* Konflikte nach sich zögen. Denn wie bereits oben[540] ausführlich dargestellt: Würde man Zielsetzungen zu einem Vertragsgegenstand erheben und somit insoweit den Zielen des Art. 177I, II und III 1. Alt. EGV gleichsetzen, müsste die EG diese Zielsetzungen obligatorisch implementieren, da mit dieser Qualifikation das „Ob" gemeinschaftlichen Tätigwerdens festgeschrieben wäre.

Ob ein Abkommen über Entwicklungszusammenarbeit die Ziele des Art. 177 EGV im soeben hergeleiteten Umfang verfolgt[541], sich also innerhalb des Umfangs der Vertragsschlusskompetenz nach Art. 181I2 EGV bewegt und daher rechtlich als Kooperationsabkommen eingeordnet werden kann – bei der Beantwortung dieser Frage sind nach der Rechtsprechung des EuGH materielle Gesichtspunkte[542] heranzuziehen, wobei sich die Feststellungen hierüber auf „objektive, gerichtlich nachprüfbare Umstände gründen"[543] müssen: Danach kommt es in erster Linie darauf an, ob das Abkommen nach seinem „wesentlichen Gegenstand[...]"[544] die Ziele des Art. 177 EGV verfolgt; unerheblich sind hingegen einzelne Bestimmungen des Abkommens, sofern „diese Bestimmungen in [...] besonderen [, d.h. außerhalb dieser Zielsetzungen liegenden] Bereichen nicht Verpflichtungen von solcher Tragweite mit sich bringen, daß diese Verpflichtungen in Wirklichkeit anderen Zielen dienen als der Entwicklungszusammenarbeit"[545]. Diese doch großzügigen Abgrenzungskriterien ergeben sich aus den weit gefassten Zielen, namentlich des Art. 177I EGV, und zwar in dem Sinne, als „die zu ihrer Verfolgung notwendigen Maßnahmen verschiedene besondere Bereiche betreffen können"[546]. Die Konsequenz dieser Rechtsprechung besteht folglich darin, dass die Regelung dieser de facto außerhalb der Ziele des Art. 177 EGV[547] liegenden Bereiche im Kooperationsabkom-

---

[539] So *Zimmermann* (in: von der Groeben/ Schwarze (Hrsg.), EUV/ EGV, Art. 179, Rn. 9) jedenfalls für Art. 179I EGV. Undifferenziert: EuGH, Rs. C-268/94, Portugal/ Rat, Slg. 1996, I-6177ff, I-6220, Ziffer 37; *Pitschas*, Die völkerrechtliche Verantwortlichkeit der EG, S. 149; *Schmalenbach*, in: Calliess/ Ruffert (Hrsg.), EUV/ EGV, Art. 181, Rn. 4.

[540] Kapitel C „Ziele der Entwicklungszusammenarbeit", insbesondere Abschnitt C.I.1, vgl. aber auch Abschnitt C.II.1.

[541] Wird fortan undifferenziert von der Verfolgung etc. der „Ziele des Art. 177 EGV" gesprochen, so sind diese stets im soeben deduzierten Umfang gemeint.

[542] Wie auch bei den Assoziierungen kann nicht die Bezeichnung des Abkommens (auch die Kooperationsabkommen des Art. 181I2 EGV werden unterschiedlich tituliert, vgl. oben Kapitel B „Geschichte der Entwicklungszusammenarbeit der Europäischen Gemeinschaft", Abschnitt B.V, Fn. 449) über seine rechtliche Qualifizierung entscheiden.

[543] EuGH, Rs. 45/86, Kommission/ Rat, Slg. 1987, S. 1493ff, 1520, Ziffer 11.

[544] EuGH, Rs. C-268/94, Portugal/ Rat, Slg. 1996, I-6177ff, I-6220, Ziffer 39.

[545] EuGH, Rs. C-268/94, Portugal/ Rat, Slg. 1996, I-6177ff, I-6220, Ziffer 39, mit weiteren Rechtsprechungsnachweisen.

[546] EuGH, Rs. C-268/94, Portugal/ Rat, Slg. 1996, I-6177ff, I-6220, Ziffer 37.

[547] Somit auch außerhalb des Art. 177II EGV. Die Möglichkeit, dass bereits die allgemeinen Ziele selbst „besondere Bereiche" eines Abkommens konstituieren können, wurde bereits oben (Kapitel C „Ziele der Entwicklungs-

men - wie beispielsweise[548] Energie, Fremdenverkehr, Kultur, Bekämpfung des Drogenmissbrauchs oder geistiges Eigentum -, nicht auf andere Rechtsgrundlagen gestützt werden muss oder aber die Mitwirkung der Mitgliedstaaten am Abschluss des Abkommens erforderlich macht[549]. Einschränkend judiziert der EuGH allerdings, dass die Bestimmungen über die Kooperation in diesen besonderen Bereichen keine allgemeine Ermächtigung zum Erlass von Maßnahmen der Zusammenarbeit jedweder Art in diesen Bereichen enthalten bzw. nicht die konkreten Modalitäten dieser Zusammenarbeit regeln dürfen[550]. Denn in diesem Fall entstünden Verpflichtungen der oben genannten Tragweite mit der Folge, dass hier die Heranziehung von Art. 181I2 EGV als alleinige Rechtgrundlage der Kompetenzverteilung zwischen der Gemeinschaft und ihren Mitgliedstaaten sowie der Rechtsgrundlage der Handlungen, die die EG zur Ausübung der Kooperation in dem besonderen Bereich heranzieht, vorgreifen würde[551].

Bestehen dennoch zwei oder mehrere inhaltliche Schwerpunkte, oder dienen einzelne Bestimmungen in der Tat anderen als den in Art. 177 EGV prononcierten Zielen, so sind die Gemeinschaftsorgane verpflichtet, die Maßnahme auf der Grundlage aller einschlägigen Regelungszuständigkeiten zu erlassen, es sei denn, durch diesen Rückgriff auf mehrere Rechtsgrundlagen würde das Verfahren des Art. 181I2 i.V.m. Art. 300 EGV ausgehöhlt werden[552]. Was dies betrifft, so dürften zum einen die qualifizierten Mehrheitserfordernisse im Rat (Art. 300II UA 1, S. 1 EGV), zum anderen die Beteiligung des Parlaments (Anhörung/ Stellungnahme, Art. 300III UA 1 EGV) kaum durch die Heranziehung anderer Ermächtigungsgrundlagen in Frage gestellt werden, konstituieren diese Verfahrensvoraussetzungen doch durchweg[553] Mindeststandards.

Darüber hinaus kann die Gemeinschaft das Kooperationsabkommen auch als gemischtes Abkommen schließen[554], ist doch die Zuständigkeit nach Art. 181I2 EGV eine parallele[555]. Und wie bereits erörtert, ist eine gleichzeitige Beteiligung der Mitgliedstaaten ja erst dann ausgeschlossen, wenn die Gemeinschaft vollumfänglich ausschließlich zuständig ist[556]. Dementsprechend können die Mitgliedstaaten des Weiteren beteiligt werden, wenn „wesentliche" Kooperationsbereiche in das Abkommen Eingang finden, die in die konkurrierende Gemeinschaftskompetenz fallen; sie sind hingegen zu involvieren, wenn die Vertragsparteien Be-

---

zusammenarbeit", Abschnitt C.II.1) abgelehnt. Solche Regelungsinhalte hingegen als „besondere Bereiche" zu betrachten, die de facto weder unter die allgemeinen, die besonderen noch die internationalen Entwicklungsziele des Art. 177III EGV fallen, macht Sinn und lässt sich auch insoweit aus dem Wortlaut herleiten, weshalb in dem hier untersuchten Zusammenhang kein Grund besteht, das Abgrenzungskriterium des „besonderen Bereichs" in Frage zu stellen.

[548] Vgl. EuGH, Rs. C-268/94, Portugal/ Rat, Slg. 1996, I-6177ff, I-6222ff, Ziffern 49ff.

[549] EuGH, Rs. C-268/94, Portugal/ Rat, Slg. 1996, I-6177ff, I-6219, Ziffer 35.
Damit müssen implizite Kompetenzen nach der AETR-Rechtsprechung neben Art. 181I2 EGV tatsächlich kaum herangezogen werden, vgl. oben Abschnitt D.II.1, Fn. 301).

[550] Ist dies der Fall, müsse anschließend jedoch stets geprüft werden, ob die Maßnahmen, zu denen die Bestimmungen in den besonderen Bereichen ermächtigen, bzw. ob die konkreten Modalitäten dieser Kooperation nicht dennoch in den Rahmen der Ziele des Art. 177 EGV fallen, vgl. z.B. EuGH, Rs. C-268/94, Portugal/ Rat, Slg. 1996, I-6177ff, I-6224, Ziffer 54, I-6226, Ziffer 63.

[551] Vgl. EuGH, Rs. C-268/94, Portugal/ Rat, Slg. 1996, I-6177ff, I-6221f, Ziffern 45, 47.

[552] EuGH, Rs. C-300/89, Kommission/ Rat, Slg. 1991, I-2867ff, I-2901, Ziffern 17ff.

[553] Nur im Falle von Abkommen i.S.d. Art. 133III EGV wird das EP nicht angehört. Zur Lösung dieses Problems in der Abkommenspraxis unten Abschnitt D.II.2.2.3.2.

[554] Vgl. EuGH, Rs. C-316/91, Parlament/ Rat, Slg. 1994, I-625ff, I-661, Ziffer 26. *Henze*, Aufgaben- und Ausgabenkompetenz der EG, in: EuR 1995, S. 76ff, 83.

[555] Vgl. oben Abschnitt D.II.1.

[556] Vgl. EuGH, Gutachten 1/94, Slg. 1994, I-5267ff, 5417ff, Ziffern 97f, 103ff (WTO); EuGH, Rs. C-476/98, Kommission/ BRD, Slg. 2002, I-9855, I-9901ff, Ziffern 103ff (Open skies), sowie oben Abschnitt D.II.2.1.2.3.

stimmungen - wie seit einiger Zeit über den politischen Dialog[557] - aufnehmen, die in die ausschließliche Zuständigkeit der Mitgliedstaaten fallen.

2.2.2 Institutionelle und rechtliche Aspekte der Kooperation

Ebenso wie die Entwicklungsassoziierungen kennzeichnen sich die Kooperationsverhältnisse durch Bilateralität und Parität. Dabei gilt der Grundsatz der Bilateralität selbst dann, wenn die Kooperation durch gemischte Verträge begründet wird. Denn trotz der Vielzahl der Beteiligten stehen sich lediglich zwei Vertragsparteien gegenüber: die Gemeinschaft und ihre Mitgliedstaaten „einerseits" sowie ein Staat, eine Staatengruppe, eine internationale Organisation oder ein partielles Völkerrechtssubjekt „andererseits".

Das Paritätsprinzip spiegelt sich in der institutionellen Struktur der Kooperationsabkommen wider: So setzen diese regelmäßig einen „Gemischten Ausschuss"[558] ein, der paritätisch aus Vertretern beider Seiten besteht. Diese Vertreter sind nicht genauer definiert, meist sind sie hohe Beamte[559] der jeweiligen Vertragspartei, zumindest aber stammen sie aus „ausreichend"[560] oder „angemessen"[561] hoher Ebene. Der Ausschuss trägt überwiegend Sorge für das ordnungsgemäße Funktionieren des Abkommens und setzt Prioritäten zur Erreichung seiner Ziele, wofür er zweckdienliche, aber unverbindliche Empfehlungen ausspricht[562]. Bislang lediglich im „Europa-Mittelmeer-Interimsassoziationsabkommen" mit der PLO sowie im „Abkommen über wirtschaftliche Partnerschaft, politische Koordinierung und Zusammenarbeit" mit Mexiko ist der Gemischte Ausschuss[563] bzw. der „Gemischte Rat"[564] ausnahmsweise zu im Konsens gefassten, verbindlichen Beschlüssen[565] befähigt. Eine nähere Untersuchung der diesbezüglichen Beschlussfassungsbefugnis dieser zwei Institutionen ergibt allerdings, dass sich die explizit festgelegten Kompetenzen inhaltlich in der Sicherstellung der

---

[557] Abkommen über politischen Dialog und Zusammenarbeit mit den zentralamerikanischen Staaten (KOM (2003) 677, endg. vom 10.11.2003) sowie mit der Andengemeinschaft und ihren Mitgliedern (KOM (2003) 695, endg. vom 14.11.2003); Abkommen über wirtschaftliche Partnerschaft, politische Koordinierung und Zusammenarbeit mit Mexiko (ABl. 2000, Nr. L 276/45ff); Interregionales Rahmenabkommen mit dem Mercado Común del Sur [MERCOSUR] und seinen Teilnehmerstaaten (ABl. 1996, Nr. L 69/4ff).

[558] Bspw. Art. 22 des Kooperationsabkommens über Partnerschaft und Entwicklung mit Indien (ABl. 1994, Nr. L 223/24ff); Art. 12 des Kooperationsabkommens über Partnerschaft und Entwicklung mit Bangladesch (ABl. 2001, Nr. L 118/48ff); Art. 14 des Kooperationsabkommens mit Kambodscha (ABl. 1999, Nr. L 269/18ff); Art. 52 des Abkommens über politischen Dialog und Zusammenarbeit mit der Andengemeinschaft (KOM (2003) 695, endg. vom 14.11.2003).

[559] Art. 12II des Kooperationsabkommens über Partnerschaft und Entwicklung mit Bangladesch (ABl. 2001, Nr. L 118/48ff).

[560] Z.B. Art. 14II des Kooperationsabkommens mit Kambodscha (ABl. 1999, Nr. L 269/18ff).

[561] Art. 22II UA 2 des Kooperationsabkommens über Partnerschaft und Entwicklung mit Indien (ABl. 1994, Nr. L 223/24ff).

[562] Vgl. beispielsweise zuletzt: Art. 52 des Abkommens über politischen Dialog und Zusammenarbeit mit den zentralamerikanischen Staaten (KOM (2003) 677, endg. vom 10.11.2003); Art. 52 des Abkommens über politischen Dialog und Zusammenarbeit mit der Andengemeinschaft (KOM (2003) 695, endg. vom 14.11.2003); Art. 12 des Kooperationsabkommens über Partnerschaft und Entwicklung mit Bangladesch (ABl. 2001, Nr. L 118/48ff); Art. 14 des Kooperationsabkommens mit Kambodscha (ABl. 1999, Nr. L 269/18ff); Art. 22 des Kooperationsabkommens über Partnerschaft und Entwicklung mit Indien (ABl. 1994, Nr. L 223/24ff).

[563] Art. 63ff des Europa-Mittelmeer-Interimsassoziationsabkommens mit der PLO (ABl. 1997, Nr. L 187/3ff).

[564] Art. 45ff des Abkommens über wirtschaftliche Partnerschaft, politische Koordinierung und Zusammenarbeit mit Mexiko (ABl. 2000, Nr. L 276/45ff).

[565] Art. 47 des Abkommens über wirtschaftliche Partnerschaft, politische Koordinierung und Zusammenarbeit mit Mexiko (ABl. 2000, Nr. L 276/45ff); Art. 63I UA 2, 64II des Europa-Mittelmeer-Interimsassoziationsabkommens mit der PLO (ABl. 1997, Nr. L 187/3ff).
Der Standpunkt der Gemeinschaft bestimmt sich wiederum nach Art. 300II UA 2 EGV.

ordnungsgemäßen Durchführung der Kooperationsverträge erschöpfen[566]. Und auch außerhalb dieser enumerativen Kompetenzen ist der Ausschuss bzw. der Rat nur dann zum Erlass verbindlicher Beschlüsse befähigt, soweit dies zur Erreichung der im Vertrag genannten Ziele „erforderlich" ist[567]. Zur Fortentwicklung der Kooperation sind die beiden Gremien dagegen nicht ermächtigt[568]. Diese liegt vielmehr in der Hand der Vertragsparteien selbst[569] - wie im Übrigen generell bei den Entwicklungskooperationen. Den Gemischten Ausschuss bzw. Rat als „politisches Leitorgan"[570] zu charakterisieren, wäre daher verfehlt.

Unterstützt wird der Gemischte Ausschuss in seiner Aufgabenerfüllung durch eigens hierfür generierte Arbeitsgruppen[571] oder Unterausschüsse[572].

Ausgeklügelter ist die institutionelle Struktur lediglich im bereits erwähnten Abkommen mit Mexiko: In Anlehnung an die Institutionen der Assoziierungsabkommen wurde der bereits erwähnte „Gemischte Rat" etabliert, der primär die Durchführung des Abkommens überwacht und aus Mitgliedern des Rates und der Kommission einerseits und aus Mitgliedern der Regierung Mexikos andererseits besteht[573]. Bei der Erfüllung seiner Aufgaben ist ihm ein „Gemischter Ausschuss" behilflich, der sich paritätisch aus Vertretern der Mitglieder des Rates und der Kommission einerseits und aus Vertretern der Regierung Mexikos andererseits zusammensetzt. Ähnlich wie bei der Assoziation kann der Rat ihm auch Befugnisse zur selbständigen Wahrnehmung übertragen[574]. Darüber hinaus ist es dem Rat erlaubt, weitere Unterausschüsse zu seiner Unterstützung einzusetzen[575].

Ein mehrstufiges Streitbeilegungsverfahren, wie es die Assoziationen kennen, existiert bislang nur im Abkommen mit der PLO[576]: Danach obliegt es in erster Linie dem Gemischten

---

[566] Vgl. z.B. Art. 8III, 23III, 30III UA 1 des Europa-Mittelmeer-Interimsassoziationsabkommens mit der PLO (ABl. 1997, Nr. L 187/3ff). So auch: Art. 5f, 9f, 11II, 12II des Abkommens über wirtschaftliche Partnerschaft, politische Koordinierung und Zusammenarbeit mit Mexiko (ABl. 2000, Nr. L 276/45ff).

[567] 63I des Europa-Mittelmeer-Interimsassoziationsabkommens mit der PLO (ABl. 1997, Nr. L 187/3ff). Dieses Erforderlichkeitskriterium fehlt hingegen Art. 47 UA 1 S. 1 des Abkommens über wirtschaftliche Partnerschaft, politische Koordinierung und Zusammenarbeit mit Mexiko (ABl. 2000, Nr. L 276/45ff).

[568] So findet im Rahmen des Abkommens über wirtschaftliche Partnerschaft, politische Koordinierung und Zusammenarbeit mit Mexiko (ABl. 2000, Nr. L 276/45ff) zwar ein politischer Dialog auf Ebene des Gemischten Rates statt; dieser Dialog soll allerdings ausweislich des Wortlautes des Art. 3I (lediglich) zu einer engeren Konsultation hinsichtlich Menschenrechts- und Demokratiefragen in den internationalen Organisationen, denen die Vertragspartner angehören, führen, nicht aber die Kooperation als solche fortentwickeln (vgl. hierzu die Funktion des Dialogs im Rahmen der Assoziation oben Abschnitt D.II.2.1.3, Fn. 451). Relativ weitgehend jedoch bereits: Art. 7III, 10V des Europa-Mittelmeer-Interimsassoziationsabkommens mit der PLO (ABl. 1997, Nr. L 187/3ff).

[569] Vgl. z.B. die Evolutivklausel des Art. 43 des Abkommens über wirtschaftliche Partnerschaft, politische Koordinierung und Zusammenarbeit mit Mexiko (ABl. 2000, Nr. L 276/45ff), derzufolge es den *Vertragsparteien* selbst obliegt, die Bereiche der Zusammenarbeit auszubauen/ zu ergänzen.

[570] So die Funktion des „Ministerrates"/ „Assoziationsrates" bei den Entwicklungsassoziationen (vgl. oben Abschnitt D.II.2.1.3).

[571] Z.B. Art. 22II UA 3 des Kooperationsabkommens über Partnerschaft und Entwicklung mit Indien (ABl. 1994, Nr. L 223/24ff); Art 12III des Kooperationsabkommens über Partnerschaft und Entwicklung mit Bangladesch (ABl. 2001, Nr. L 118/48ff).

[572] Art. 52III des Abkommens über politischen Dialog und Zusammenarbeit mit den zentralamerikanischen Staaten (KOM (2003) 677, endg. vom 10.11.2003).

[573] Art. 45ff des Abkommens über wirtschaftliche Partnerschaft, politische Koordinierung und Zusammenarbeit mit Mexiko (ABl. 2000, Nr. L 276/45ff). Vgl. auch Art. 25f des interregionalen Rahmenabkommens mit dem MERCOSUR (ABl. 1996, Nr. L 69/4ff): „Kooperationsrat", gleiche Zusammensetzung und Funktion, allerdings ohne Befugnis zum Erlass verbindlicher Beschlüsse.

[574] Art. 48 des Abkommens über wirtschaftliche Partnerschaft, politische Koordinierung und Zusammenarbeit mit Mexiko (ABl. 2000, Nr. L 276/45ff).

[575] Art. 49 des Abkommens über wirtschaftliche Partnerschaft, politische Koordinierung und Zusammenarbeit mit Mexiko (ABl. 2000, Nr. L 276/45ff).

[576] Art. 67 des Europa-Mittelmeer-Interimsassoziationsabkommens mit der PLO (ABl. 1997, Nr. L 187/3ff).

Ausschuss, über Streitigkeiten der Vertragsparteien verbindlich zu beschließen. Gelingt die Beilegung des Streits nicht, so können Schiedsrichter mit der Angelegenheit befasst werden.

Die Kooperation als solche kann nicht als internationale Organisation qualifiziert werden, fehlt es ihr doch – ebenso wie der Assoziierung - an der entsprechenden Völkerrechtsfähigkeit[577]: Eine Auswertung der Vertragstexte der Kooperationsabkommen ergibt, dass der Kooperation weder ausdrücklich noch indirekt völkerrechtliche Rechtsfähigkeit verliehen wird. Zudem sind ihre Institutionen keine vom Willen der Vertragsparteien unabhängigen Gremien, sondern vielmehr deren völkerrechtliche Vertretungsorgane. In diesem institutionellen Rahmen agieren die Parteienvertreter gemeinsam, um die ordnungsgemäße Durchführung des Abkommens sicherzustellen.

Hinsichtlich der gemeinschaftsinternen und völkerrechtlichen Verbindlichkeit der Kooperation als Völkerrechtsvertrag gelten die Ausführungen zum Assoziierungsabkommen entsprechend[578]: Aufgrund der Eigenschaft als völkerrechtliches Abkommen sowie der Natur und Struktur der Entwicklungskooperation[579] sind ihre justiziablen[580] Bestimmungen ab ihrem Inkrafttreten „integrierender Bestandteil der Gemeinschaftsrechtsordnung"; bei gemischten Verträgen indes nur, soweit sie nicht in die ausschließliche Zuständigkeit der Mitgliedstaaten fallen. Infolgedessen können diese Bestimmungen auch ohne Transformationsakt unter den für das primäre Assoziationsrecht aufgestellten Bedingungen unmittelbare Wirkung entfalten[581]. Dafür spricht zudem, dass – wie im Abschnitt 2.2.3.1 aufzuzeigen sein wird - die Wahl der Rechtsgrundlage infolge der vor allem inhaltlichen Ähnlichkeit von Entwicklungskooperation und -assoziation oftmals eine rein politische bzw. historisch begründete Entscheidung sein wird. Dadurch darf aber nicht der Rechtsschutz des Einzelnen beschnitten werden, der sich im Falle einer Assoziierung bei Vorliegen der Voraussetzungen unmittelbarer Wirkung auf deren Bestimmungen berufen könnte.
Die vereinzelt möglichen, im gegenseitigen Einvernehmen zustande gekommenen, verbindlichen Beschlüsse des Gemischten Ausschusses bzw. des Gemischten Rates als völkerrechtliche Vertretungsorgane sind ebenso wie das sekundäre Assoziationsrecht als im vereinfachten

---

[577] Vgl. oben Abschnitt D.II.2.1.3 – die dort angeführte Argumentation ist auf die Kooperation übertragbar.

[578] Vgl. oben Abschnitt D.II.2.1.4.

[579] Hier kann die inhaltliche und strukturelle Vergleichbarkeit der Kooperation mit der Entwicklungsassoziation aufgeführt werden, die in ständiger Rechtsprechung integrierender Bestandteil des Gemeinschaftsrechts ist. Diese Vergleichbarkeit manifestiert sich u.a. in der Begründung asymmetrischer entwicklungspolitischer Verpflichtungen (vgl. EuGH, Rs. C-149/96, Portugal/ Rat, Slg. 1999, I-8425ff, I-8438, Ziffer 42) sowie in der Etablierung einer institutionellen Struktur.
Die WTO-Übereinkünfte beruhen hingegen „auf der Grundlage der Gegenseitigkeit [...] zum gemeinsamen Nutzen" (Präambel III des Übereinkommens zur Gründung der WTO, abgedruckt in: *Sartorius II*, Nr. 500). Dieses Prinzip würde in Abrede gestellt, wenn die Gerichte einer der Vertragsparteien die Bestimmungen der Übereinkünfte unmittelbar anwenden, andere dies aber ablehnen. Da diese Gefahr bei den asymmetrischen Entwicklungskooperationen nicht besteht, ist die einschränkende Judikatur des EuGH bzgl. der WTO-Übereinkünfte (siehe den Nachweis oben Abschnitt D.II.2.1.4, Fn. 477) nicht zu übertragen (vgl. EuGH, Rs. C-149/96, Portugal/ Rat, Slg. 1999, I-8425ff, I-8438, Ziffer 45).

[580] Vgl. dazu bereits oben Abschnitt D.II.2.1.2.3, Fn. 443.

[581] Die Bestimmungen des Kooperationsabkommens sind nicht mit der „große[n] Geschmeidigkeit" (, d.h. der Vielzahl der Abweichungen von den allgemeinen Regeln) der Bestimmungen des GATT vergleichbar, dem der EuGH deshalb generell keine Individualwirksamkeit zuerkennt (EuGH, Verb. Rs. 21-24/72, International Fruit Company u.a./ Produktschap voor groenten en fruit, Slg. 1972, S. 1219ff, 1228ff, Ziffern 19ff). Ausführlicher zur unmittelbaren Wirkung völkerrechtlicher Abkommensbestimmungen, einschließlich der Besonderheiten beim Abschluss gemischter Abkommen, bereits oben Abschnitt D.II.2.1.2.3.

völkerrechtlichen Verfahren geschlossene völkerrechtliche Übereinkünfte zu qualifizieren[582]. Hier lässt sich das Ergebnis freilich nicht mehr weiter dogmatisch durch eine dem Art. 310 EGV entsprechende Bestimmung („gemeinsames Vorgehen") festigen. Dieser zusätzlichen Argumentation bedarf es aber eigentlich streng genommen nicht. Hier erlangt nämlich nicht das Recht aus einer anderen, von der EG verschiedenen „Quelle" innergemeinschaftliche Wirksamkeit, sondern das der Gemeinschaftsorgane selbst. Etwaige Kompetenzübertragungen an ein „externes" Rechtsetzungsorgan, unmittelbar in der EG wirkende Beschlüsse zu fassen[583], sind daher nach dem momentanen Stand der Rechtsentwicklung nicht vonnöten[584].

2.2.3 Abgrenzung zu anderen Rechtsgrundlagen

2.2.3.1 Assoziationsrecht

Juristisch zufrieden stellend lässt sich die Abgrenzung der Entwicklungskooperation zur Entwicklungsassoziation des Art. 310 EGV nicht lösen: Beide Rechtsfiguren sind gleichermaßen anwendbar, ohne dass der EGV den Vorrang einer der beiden anordnete. Von daher vermag die Frage, in welche Rechtsform die Entwicklungszusammenarbeit einzukleiden ist, letztendlich nur vor dem Hintergrund historischer und geographischer motivierter Beweggründe der EG beantwortet werden – was darauf hinaus läuft, dass die Vertragspraxis hierüber entscheidet und damit implizit mitbestimmt, ob das gegenüber der Kooperation strengere Vertragsschließungsverfahren der Assoziation zum Zuge kommt: So muss im Rat statt eines qualifizierten Mehrheits- ein einstimmiger Beschluss (Art. 300II UA 1, S. 1/ 2 EGV) herbeigeführt, statt bloßer Anhörung des Parlaments muss seine Zustimmung (Art. 300III UA 1/ UA 2, 1. Alt. EGV) eingeholt werden. Letzteres gilt aber auch für das Kooperationsabkommen, wenn es denn Gremien etabliert, die verbindliche Beschlüsse fassen können (Art. 300III UA 2, 2. Alt. EGV)[585].

Bekanntermaßen stellt der EuGH für die Feststellung der richtigen Rechtsgrundlage auf den „wesentlichen Gegenstand"[586] des Abkommens ab, der im Rahmen des Art. 181I2 EGV die Ziele des Art. 177 EGV verfolgen muss. Dieses Kriterium hilft hier indes nicht weiter, verfolgen doch sowohl Entwicklungsassoziation als auch -kooperation schwerpunktmäßig diese Zielvorgaben. Und der Vorrang der einen oder anderen Ermächtigungsgrundlage ist aus dem EGV nicht ersichtlich; auch ordnet ihn, wie bereits hergeleitet[587], ebenso wenig Art. 179III EGV für die Kooperation mit den AKP-Staaten an.
Nachdem sich die Abgrenzung nach dem inhaltlichen Schwerpunkt als undurchführbar erwiesen hat, gilt es, die Qualifizierung nach anderen materiellen Kriterien vorzunehmen. Hierbei bietet sich ein Vergleich der Tatbestandsvoraussetzungen der jeweiligen Abkommen[588] an. Doch erneut gelingt keine abschließende Klärung: Auch beim Kooperationsabkommen als

---

582 So auch: *Schmalenbach*, in: Calliess/ Ruffert (Hrsg.), EUV/ EGV, Art. 300, Rn. 76 (mit vielen weiteren Nachweisen dieser Auffassung).
Hinsichtlich der Justiziabilität gilt das Abschnitt D.II.2.1.4, Fn. 507, Gesagte.

583 Der gesamte EGV geht von der Prämisse aus, dass sämtliche Kompetenzen der EG von ihren Organen ausgeübt werden. Die Übertragung von Hoheitsrechten etwa an eine internationale Organisation und damit auch die Öffnung der Gemeinschaftsrechtsordnung für unmittelbar wirkendes Recht aus dieser externen Quelle erfordert infolgedessen eine explizite Ermächtigung im Gemeinschaftsvertrag (vgl. *Schmalenbach*, in: Calliess/ Ruffert (Hrsg.), EUV/ EGV, Art. 300, Rn. 74).

584 Ausführlicher zum Voranstehenden: *Schmalenbach*, in: Calliess/ Ruffert (Hrsg.), EUV/ EGV, Art. 300, Rn. 71ff, vor allem 76, Art. 310, Rn. 32.

585 Vgl. hierzu sogleich unten im Abschnitt.

586 EuGH, Rs. C-268/94, Portugal/ Rat, Slg. 1996, I-6177ff, I-6220, Ziffer 39.

587 Oben Abschnitt D.II.2.2.1.2.

588 Zu den Merkmalen der Assoziation oben Abschnitt D.II.2.1.1.

Völkerrechtsvertrag werden gegenseitige, asymmetrische Vertragspflichten begründet. Ebenso ist es der Kooperation möglich, eine gewisse institutionelle Struktur zu etablieren. Diese Möglichkeit ergibt sich allerdings nicht explizit aus dem Wortlaut des Art. 181I2 EGV, sondern indirekt aus Art. 300II UA 2, 2. Alt. EGV: Danach bedarf der Abschluss „sonstiger", nicht unter Art. 310 EGV fallender völkerrechtlicher Abkommen, die einen „institutionellen Rahmen schaffen", der Zustimmung des Parlaments – diese Variante wäre überflüssig, qualifizierte man jedes Institutionen konstituierende Abkommen als „Assoziierungsabkommen"[589]. Ferner ist auch das Kooperationsabkommen auf unbegrenzte Zeit angelegt[590]. Diese beiden Abkommenstypen gemeinsamen Strukturmerkmale vermögen damit keinen Aufschluss über die rechtliche Qualifizierung zu geben, so dass es insoweit der EG aus rechtlicher Sicht freisteht, entweder die Kooperation oder die Assoziation ihrem Vorhaben zugrunde zu legen[591].
Ein gewichtiges Abgrenzungskriterium ergibt sich jedoch nach wie vor aus der Betrachtung des „sekundären Assoziierungs- bzw. Kooperationsrechts": Zwar ermächtigt der Wortlaut des Art. 300III UA 2, 2. Alt. EGV („besonderer" institutioneller Rahmen) gleichermaßen die Kooperation, Institutionen einzusetzen, die *bindende* Beschlüsse für die Vertragsparteien fassen können[592]. Doch bilden mit derartigen Befugnissen ausgestattete Gremien nach wie vor die Ausnahme von der Regel[593]. Zudem ermächtigen diese Beschlussfassungsbefugnisse im Gegensatz zu ihren assoziationsrechtlichen Pendants[594] die völkerrechtlichen Kollektivgremien der Entwicklungskooperation inhaltlich (noch?) nicht zur Lenkung und dadurch Weiterentwicklung der Kooperation. Dies bedeutet aber umgekehrt, dass, wenn die Gemeinschaft in den vertraglich zu regelnden Beziehungen keine derart institutionelle Verdichtung anstrebt, kein nachvollziehbarer Grund besteht, Art. 310 EGV als Ermächtigung heranzuziehen.
Ein weiteres Entscheidungskriterium stellt der anvisierte materielle Regelungsbereich des geplanten Kontraktes dar. Der des Assoziationsabkommens erfasst die gesamte Bandbreite des EGV, der des Kooperationsvertrages ist auf entwicklungspolitische Zielsetzungen beschränkt. In den Fällen also, in denen zwar die Entwicklungszusammenarbeit nach wie vor im Fokus des künftigen Vertragswerks steht, die Beziehungen sich mit der Zeit aber intensiviert und vervielfältigt haben, und es diese mit zu fixieren gilt, bietet sich freilich die Assoziation an. Zumindest auf den ersten Blick, denn auch die Entwicklungskooperation darf neben den

---

[589] *Herrnfeld*, in: Schwarze (Hrsg.), EU-Kommentar, Art. 310, Rn. 12.

[590] Z.B. Art. 29 UA 2 des Kooperationsabkommens über Partnerschaft und Entwicklung mit Indien (ABl. 1994, Nr. L 223/24ff); Art. 57I des Abkommens über wirtschaftliche Partnerschaft, politische Koordinierung und Zusammenarbeit mit Mexiko (ABl. 2000, Nr. L 276/45ff); Art. 20II des Kooperationsabkommens über Partnerschaft und Entwicklung mit Bangladesch (ABl. 2001, Nr. L 118/48ff).

[591] Das Kriterium der „teilweisen Teilnahme am Gemeinschaftssystem" wurde im Rahmen dieses Strukturvergleichs aufgrund seiner Nichtanerkennung (oben Abschnitt D.II.2.1.1) bislang noch nicht bewertet. Fakt ist jedoch, dass die neuen Europa-Mittelmeer-Abkommen in gewisser Weise Gemeinschaftsrecht integrieren, indem z.B. die EG-Grundfreiheiten auch im Verhältnis der Vertragsparteien zumindest modifiziert Anwendung finden (z.B. Art. 31ff des Abkommens mit Tunesien (ABl. 1998, Nr. L 97/2ff)). Dadurch wird zwar eine gewisse Gemeinschafts*nähe* erkennbar; von einer echten *Teilnahme* am Gemeinschaftssystem kann hingegen keinesfalls gesprochen werden (so auch: *Schmalenbach*, in: Calliess/ Ruffert (Hrsg.), EUV/ EGV, Art. 310, Rn. 8; *Weber*, in: von der Groeben/ Schwarze (Hrsg.), EUV/ EGV, Art. 310, Rn. 10). Darüber hinaus resultiert diese „Quasiübernahme" von Gemeinschaftsrecht m.E. weniger aus der „Wiederannäherung" der Vertragspraxis an jenes einst aufgestellte Kriterium als vielmehr aus der praktischen Notwendigkeit infolge der geographischen Nähe von EG und Mittelmeerdrittstaaten. Das Cotonou-Abkommen weist nämlich diesbezüglich weitaus weniger Nähe zum Gemeinschaftssystem auf – wird aber ungeachtet dessen seit jeher auf Art. 310 EGV gestützt.
Intendiert aber die Gemeinschaft die vertragliche Normierung eines derartigen Näheverhältnisses im Vertragswerk, wird sie wohl auf Art. 310 EGV zurückgreifen, da dieser derartige Beziehungen *typischerweise* (Beitrittsassoziierung, vgl. oben Abschnitt D.II.2.1.2.1, Fn. 387) umfasst.

[592] Vgl. dazu bereits oben Abschnitt D.II.2.1.1, Fn. 357.

[593] Vgl. oben Abschnitt D.II.2.2.2.

[594] Siehe oben Abschnitte D.II.2.1.1, D.II.2.1.3.

ohnehin weit zu fassenden Zielvorgaben des Art. 177 EGV ferner „besondere Bereiche"[595] normieren. Zwar ist die diesbezügliche Kompetenz beschränkt. Doch bleibt es der Gemeinschaft in ihrer Vertragspraxis unbenommen, zum einen zusätzliche Rechtsgrundlagen heranzuziehen und damit den materiellen Regelungsbereich auszudehnen. Zum anderen kann sie das Kooperationsabkommen zusammen mit den Mitgliedstaaten als gemischten Vertrag abschließen und es damit auf zusätzliche Sachbereiche erweitern[596]. Daher hätten sowohl das neue Partnerschaftsabkommen von Cotonou[597] als auch die neuen Europa-Mittelmeer-Abkommen[598] statt auf Art. 310 EGV genau so gut auf Art. 181I2 EGV gestützt werden können.

Diese voranstehenden Überlegungen sind jedoch rein rechtstheoretischer Natur - denn vertragspraktisch sind historische und geographische Gründe dezisiv für die Wahl der Kompetenz: Wollen die Vertragspartner etwa mitunter eine Freihandelszone errichten bzw. beibehalten, so ist das Faktum maßgeblich, dass Abkommen mit präferenziellen Handelsbestimmungen in der Gemeinschaftspraxis seit jeher (überwiegend[599]) auf Art. 310 EGV statt auf Art. 133, 181 EGV gestützt wurden[600]. Beibehalten werden soll offensichtlich auch die Tradition, Abkommen mit Staaten, die in enger räumlicher Verbindung (Mittelmeerdrittstaaten) zur EG und/ oder mit einem Mitgliedstaat durch ehemals koloniale Beziehungen (Mittelmeerdritt- und AKP-Staaten) verbunden sind, einzig und allein auf Grundlage des Art. 310 EGV abzuschließen. Hierin spiegelt sich – wenn auch rudimentär – die ursprüngliche Funktion der konstitutionellen wie vertraglichen Assoziierung wider, nämlich die Herstellung bzw. Beibehaltung einer engen Bindung zwischen der Gemeinschaft und den „assoziierten" Staaten.

2.2.3.2 Handelsrecht

Handels- und entwicklungspolitische Aspekte vermengen sich bekanntermaßen seit jeher. Der EGV trennt aber die beiden Politiken (Titel IX – XX), so dass eine Unterscheidung angezeigt ist. Diese Abgrenzung ist auch insofern bedeutsam, als beim Abschluss eines Kooperationsabkommens das dem Parlament günstige Anhörungsverfahren des Art. 300III UA 1, S. 1 EGV Anwendung findet, während beim Abschluss eines Handelsabkommens i.S.d. Art.

---

[595] Vgl. EuGH, Rs. C-268/94, Portugal/ Rat, Slg. 1996, I-6177ff, I-6220, Ziffer 39.

[596] Was jedoch das Vertragsschlussverfahren verkompliziert (vgl. *Macleod/ Hendry/ Hyett*, The External Relations of the European Communities, S. 151ff). Aber auch die Entwicklungsassoziationen der sog. „dritten Generation", die mitunter den in den ausschließlichen mitgliedstaatlichen Zuständigkeitsbereich fallenden politischen Dialog normieren, müssen aus rechtlichen Gründen als gemischte Verträge abgeschlossen werden, so dass die EG bei der Wahl des Art. 310 EGV als Rechtsform insoweit auf keine verfahrensrechtliche Erleichterung setzen kann. Davon abgesehen werden, wie aber bereits angemerkt, die Mitgliedstaaten aus mehreren Gründen bereits „fakultativ" am Vertragsschluss beteiligt (zum Ganzen bereits oben Abschnitte D.II.2.1.2.1, D.II.2.1.2.3).

[597] Indirekt bestätigt durch Art. 179III EGV, vgl. oben im Abschnitt D.II.2.2.1.2. Zu dieser Zusammenarbeit unten Kapitel E „Regionale Entwicklungszusammenarbeit der Europäischen Gemeinschaft", Abschnitt E.I.

[598] Zu diesen ausführlich unten Kapitel E „Regionale Entwicklungszusammenarbeit der Europäischen Gemeinschaft", Abschnitt E.II. Die Heranziehung des Art. 181I2 EGV ließ sich unter anderem auch deshalb nicht in die Praxis umsetzen, da einige der Assoziationspartner, denen gegenüber die EG dieselben wirtschaftlichen und politischen Ziele, verbalisiert in der Strategie für eine „Partnerschaft Europa-Mittelmeer", verfolgt, von dieser nicht als Entwicklungsländer im Sinne des Titels XX eingestuft werden. Um aus diesen wirtschaftspolitischen Gründen die Einheitlichkeit der Rechtsgrundlage und somit die Form der Zusammenarbeit wahren zu können, musste Art. 310 EGV als Kompetenzgrundlage gewählt werden.

[599] Neuerdings anders: Das auf Art. 133III, 181I2 EGV basierende Europa-Mittelmeer-Interimsassoziationsabkommens mit der PLO (ABl. 1997, Nr. L 187/3ff), das eine Freihandelszone etabliert.

[600] Vgl.: *Vedder*, in: Grabitz/ Hilf (Hrsg.), EUV/ EGV, Art. 133, Rn. 150ff; *Bourgeois*, in: von der Groeben/ Schwarze (Hrsg.), EUV/ EGV, Art. 133, Rn. 147. Z.B. bei der kooperationsrechtlich geregelten Zusammenarbeit mit den ALA-Staaten werden die diesen gewährten Zollpräferenzen separat – durch das APS - geregelt (vgl. oben Kapitel B „Geschichte der Entwicklungszusammenarbeit der Europäischen Gemeinschaft", Abschnitte B.II.2, B.V).

133III EGV das Parlament nicht anzuhören ist. Nur wenn beide Abkommen Institutionen errichten, die zur rechtsverbindlichen Beschlussfassung befähigt sind, ist das Verfahren identisch: Das Parlament muss dem Vertragsschluss zustimmen (Art. 300III UA 2, 2. Alt. EGV).
Zunächst ist festzuhalten, dass Art. 133 EGV die Gemeinschaft nicht nur zum Einsatz klassischer handelspolitischer Instrumente ermächtigt, die den Handelsverkehr mit den Drittländern per se offen und spezifisch regeln. Vielmehr ist die EG darüber hinaus nicht gehindert, all diejenigen neuartigen oder gar sich noch zu entwickelnden Maßnahmen zu erlassen, die nach ihrer vorherrschenden, nicht notwendig aber ausschließlichen Zielsetzung darauf gerichtet sind, Handelsvolumen und Handelsströme zu beeinflussen[601]. Denn eine auf die herkömmlichen Aspekte beschränkte „Handelspolitik" wäre nach Auffassung des EuGH „dazu verurteilt, allmählich bedeutungslos zu werden" und könnte „nicht mehr sinnvoll betrieben werden"[602]. Aus diesem Grunde „bewirkt der Zusammenhang mit den Problemen der Entwicklung nicht, dass ein Rechtsakt nicht in den Bereich der gemeinsamen Handelspolitik [...] fällt"[603]. Auch Art. 178 EGV bestätigt dies, denn aus ihm ergibt sich ja gerade, dass ebenso *außerhalb* des Titels XX liegende, somit auf nicht-entwicklungspolitischen Ermächtigungsgrundlagen fußende Politiken die Ziele der Entwicklungszusammenarbeit zu berücksichtigen haben. Wenn allerdings entwicklungspolitische Aspekte gleichermaßen bestimmend sind, sie sich demnach nicht nur auf einen bloßen „Zusammenhang" mit der Entwicklungspolitik beschränken, sondern neben dem handelspolitischen Element einen „wesentlichen Gegenstand"[604] des Abkommens konstituieren, ist Art. 181I2 EGV gleichermaßen heranzuziehen – mit der Konsequenz des oben beschriebenen, strengeren Vertragsschlussverfahrens[605]. Wird dies versäumt, ist wohl nicht nur von einem formalen Fehler auszugehen, da sich die Anhörung und die anschließende Stellungnahme des Parlaments sehr wohl auf die inhaltliche Ausgestaltung des Abkommens auswirken können[606].
Stehen umgekehrt entwicklungspolitische Elemente eindeutig im Mittelpunkt, so sind einzelne Bestimmungen, die handelspolitische Zielsetzungen verfolgen, unbeachtlich, sofern diese Bestimmungen nicht Verpflichtungen von erheblicher Tragweite mit sich bringen[607]. Da die betreffenden handelsrechtlichen Vorschriften in den Entwicklungskooperationen indes fast durchgängig die konkreten Modalitäten dieser Zusammenarbeit regeln[608], ist grundsätzlich Art. 133III EGV kumulativ heranzuziehen[609]. Dabei findet in praxi grundsätzlich das Anhö-

---

[601] Vgl.: *Vedder*, in: Grabitz/ Hilf (Hrsg.), EUV/ EGV, Art. 133, Rn. 48, 42ff; EuGH, Rs. 45/86, Kommission/ Rat (APS I), Slg. 1987, S. 1493ff, 1522, Ziffer 20.

[602] EuGH, Rs. 45/86, Kommission/ Rat, Slg. 1987, S. 1493ff, 1522, Ziffer 20, unter Hinweis auf EuGH, Gutachten 1/78, Slg. 1979, S. 2871ff, 2913, Ziffer 44 (Internationales Naturkautschuk – Übereinkommen).

[603] EuGH, Rs. 45/86, Kommission/ Rat, Slg. 1987, S. 1493ff, S. 1522, Ziffer 20; EuGH, Gutachten 1/78, Slg. 1979, S. 2871ff, 2913, Ziffer 44 (Internationales Naturkautschuk-Übereinkommen).
Aufgrund dieser Zuständigkeitsabgrenzung werden beispielsweise die Rohstoffabkommen trotz ihrer evidenten entwicklungspolitischen Züge ausschließlich auf Art. 133 EGV gestützt (vgl. EuGH, Gutachten 1/78, Slg. 1979, S. 2871ff, 2911ff, Ziffern 41ff (Internationales Naturkautschuk-Übereinkommen)).

[604] EuGH, Gutachten 1/78, Slg. 1979, S. 2871ff, 2917, Ziffer 56 (Internationales Naturkautschuk-Übereinkommen). Auch aus der Sicht der Handelspolitik wird demnach mit diesem Abgrenzungskriterium argumentiert.

[605] Da dieses Verfahren die Mitwirkungsrechte des Parlaments hier nicht aushöhlt, sondern vielmehr verstärkt, stehen der Heranziehung des Art. 181I2 EGV keine rechtlichen Bedenken entgegen (vgl. oben Abschnitt D.II.2.2.1.3).

[606] Vgl. EuGH, Rs. C-268/94, Portugal/ Rat, Slg. 1996, I-6177ff, I-6229f, Ziffern 78f.

[607] Vgl. EuGH, Rs. C-268/94, Portugal/ Rat, Slg. 1996, I-6177ff, I-6220, Ziffer 39, mit weiteren Rechtsprechungsnachweisen.

[608] Vgl. EuGH, Rs. C-268/94, Portugal/ Rat, Slg. 1996, I-6177ff, I-6221, Ziffer 45.

[609] Die folgenden Kooperationsabkommen der EG stützen sich sowohl auf Art. 133 EGV als auch auf Art. 181 EGV (wobei die vor Inkrafttreten des Maastrichter Vertrages geschlossenen, auf Art. 235 EWGV gestützten Kooperationsabkommen nicht aufgeführt werden): mit Bangladesch (ABl. 2001, Nr. L 118/48ff), Kambodscha

rungsverfahren des Art. 300III UA 1, S. 1 EGV statt[610], die Mitwirkungsrechte des Parlaments bleiben damit unangetastet, so dass die kumulative Heranziehung des Art. 133III EGV auf keine rechtlichen Bedenken stößt[611].

2.3 Art. 179I EGV: Maßnahmen der Entwicklungszusammenarbeit

Art. 179I1 EGV ermächtigt den Rat, gemäß dem Verfahren der Kodezision (Art. 251 EGV) mit seinem Mitentscheidungsrecht des Parlaments Maßnahmen zur Verfolgung der Ziele der Entwicklungszusammenarbeit zu erlassen. Erst der Vertrag von Amsterdam hatte das bisherige Verfahren der Zusammenarbeit (Art. 252 EGV) gegen das der Mitentscheidung ausgetauscht und so die parlamentarische Mitwirkung an der Entwicklungszusammenarbeit erheblich aufgewertet. Für die finanzielle Durchführung dieser Maßnahmen hat die EIB nach Maßgabe ihrer Satzung[612] Sorge zu tragen (Art. 179II EGV).

2.3.1 Begriff der „Maßnahme"

Der Terminus „Maßnahme" wird im EGV nicht legal definiert. Ausschließen lässt sich jedoch zunächst einmal die Handlungsform des völkerrechtlichen Vertrages, die in Art. 181I2, 310 EGV ihre spezialgesetzlichen Regelungen gefunden hat[613]. Vom Anwendungsbereich des Art. 179I1 EGV erfasst werden hingegen Maßnahmen, die autonome, d.h. nicht-vertragliche Instrumente der Entwicklungszusammenarbeit schaffen. Denn aus dem Wortlaut des Art. 181I2 EGV geht keinesfalls hervor, dass das völkerrechtliche Abkommen die einzige Handlungsform konstituiert, um die Ziele der europäischen Entwicklungszusammenarbeit zu verwirklichen. Des Weiteren ermöglicht die Vorschrift den Erlass von „Durchführungsbestimmungen", die die in den Zuständigkeitsbereich der EG sowie unter die Sachkompetenz des Art. 179I EGV fallenden Bestimmungen der Entwicklungsassoziation und –kooperation umsetzen[614]. Dies ergibt sich unter anderem aus der Zusammenschau mit Art. 179III EGV, der als lex specialis die Durchführung des AKP-EG-Abkommens regelt und insoweit die diesbezüglichen Akte von den Vorgaben auch des Abs. I befreit[615]: Regelte nämlich Abs. I nicht auch Durchführungsvorschriften, wäre Abs. III größtenteils überflüssig. Die Kompetenz zur Verabschiedung derartiger Vorschriften reicht allerdings m.E. nur soweit, als nicht die in den einzelnen Abkommen eingesetzten Institutionen mit der Verabschiedung verbindlicher Durchführungsbeschlüsse betraut sind und diese Befugnisse damit Art. 179I EGV vorgehen. In einem solchen Fall findet denn auch bezüglich der Festlegung des internen Standpunkts der Gemeinschaft das speziellere völkerrechtliche Verfahren des Art. 300II UA 2, 2. Alt. EGV und nicht das des Art. 251 EGV statt, wobei allerdings die Mitwirkung des Parlaments bereits durch das besondere Vertragsschließungsverfahren des Art. 300III UA 2 EGV (Zustimmungserfordernis) sichergestellt worden ist. Diese Beschlüsse sind jedoch gemeinhin ebenso als völkerrecht-

---

(ABl. 1999, Nr. L 269/18ff), Laos (ABl. 1997, Nr. L 334/15ff), Nepal (ABl. 1996, Nr. L 137/15ff), Vietnam (ABl. 1996, Nr. L 136/29ff), Sri Lanka (ABl. 1995, Nr. L 85/33ff), Indien (ABl. 1994, Nr. L 223/24ff) sowie mit Jemen (ABl. 1998, Nr. L 72/18ff). Zudem das Europa-Mittelmeer-Interimsassoziationsabkommen mit der PLO (ABl. 1997, Nr. L 187/3ff). Das Abkommen über wirtschaftliche Partnerschaft, politische Koordinierung und Zusammenarbeit mit Mexiko (ABl. 2000, Nr. L 276/45ff) stützt sich darüber hinaus auf Art. 44II, 47, 55, 57II, 71 sowie 80II EGV.

[610] Siehe z.B. Beschluss des Rates vom 18.7.1994 über den Abschluss des Kooperationsabkommens über Partnerschaft und Entwicklung mit Indien (ABl. 1994, Nr. L 223/23).

[611] Siehe oben Abschnitt D.II.2.2.1.3.

[612] Abgedruckt in: *Sartorius II*, Nr. 266.

[613] Vgl. GA *La Pergola*, Schlussanträge zu EuGH, Rs. C-268/94, Portugal/ Rat, Slg. 1996, I-6177ff, I-6185, Ziffer 17, Fn. 16. Ebenso: *Schmalenbach*, in: Calliess/ Ruffert (Hrsg.), EUV/ EGV, Art. 179, Rn. 3; *Zimmermann*, in: von der Groeben/ Schwarze (Hrsg.), EUV/ EGV, Art. 179, Rn. 2, 7.

[614] GA *La Pergola*, Schlussanträge zu EuGH, Rs. C-268/94, Portugal/ Rat, Slg. 1996, I-6177ff, I-6185, Ziffer 17, Fn. 16.

[615] Dazu sogleich unten Abschnitt D.II.2.3.3.

liche Verträge zu qualifizieren, so dass zumindest zu deren Implementierung unzweifelhaft Art. 179II EGV zur Anwendung kommt, soweit die Gemeinschaft hierfür zuständig ist.

Grundsätzlich erlaubt die weit gefasste Formulierung „Maßnahme" zur Subsumtion *aller* Tätigkeiten, die für die Verwirklichung der Ziele der Entwicklungszusammenarbeit notwendig sind[616]:
Vor diesem Hintergrund sind unter den Terminus zunächst die Rechtsakte des Art. 249 EGV zu subsumieren. Dies ergibt sich bereits aus der Bezugnahme des Art. 179I EGV auf Art. 251 EGV[617]. Von den in Art. 249 EGV angebotenen Handlungsformen zieht die Praxis primär die der Verordnung heran. Dabei lassen sich zwei Kategorien unterscheiden: regionale Durchführungsverordnungen über finanzielle und technische Hilfe und thematische, besondere Instrumente der Entwicklungszusammenarbeit begründende Verordnungen. Erstere implementieren die jeweiligen bilateralen Kooperationsabkommen mit den ALA-Staaten[618] sowie das Assoziierungsabkommen mit Südafrika[619]. Die assoziationsrechtlich normierte Zusammenarbeit mit den Mittelmeerdrittländern wird zwar ebenfalls durch eine solche Verordnung[620] durchgeführt. Doch werden nicht alle von ihr umfassten Staaten als Entwicklungsländer i.S.d. des Titels XX klassifiziert, so dass die Gemeinschaft nach wie vor auf Art. 308 EGV als Ermächtigungsgrundlage ausweicht[621]. Die thematischen Verordnungen regeln im Gegensatz dazu regional übergreifend[622] folgende Sachbereiche: Nahrungsmittelhilfe[623], humanitäre Hilfe[624],

---

[616] *Zimmermann*, in: von der Groeben/ Schwarze (Hrsg.), EUV/ EGV, Art. 179, Rn. 10.
[617] *Zimmermann*, in: von der Groeben/ Schwarze (Hrsg.), EUV/ EGV, Art. 179, Rn. 10.
[618] Die VO (EWG) Nr. 443/92 vom 25.2.1992 *über die finanzielle und technische Hilfe zugunsten der Entwicklungsländer Asiens und Lateinamerikas sowie über die wirtschaftliche Zusammenarbeit mit diesen Ländern* (ABl. 1992, Nr. L 52/1ff) ist zwar noch auf Art. 308 EGV gegründet. Die noch im Gesetzgebungsverfahren begriffene Nachfolgeverordnung (Mitteilung der Kommission „*Vorschlag für eine Verordnung des Europäischen Parlaments und des Rates über die Zusammenarbeit der Gemeinschaft mit den Ländern Asiens und Lateinamerikas und zur Änderung der Verordnung (EG) Nr. 2258/96 des Rates*", KOM (2002) 340, endg. vom 2.7.2002) soll nunmehr auf Art. 179II EGV gestützt werden.
[619] VO (EG) Nr. 1726/2000 des Europäischen Parlaments und des Rates vom 29.6.2000 *über die Entwicklungszusammenarbeit mit Südafrika* (ABl. 2000, Nr. L 198/1ff). Zum AKP-Sonderstatus von Südafrika ausführlich unten Kapitel E „Regionale Entwicklungszusammenarbeit der Europäischen Gemeinschaft", Abschnitt E.I, Fn. 7.
[620] VO (EG) Nr. 1488/96 *über finanzielle und technische Begleitmaßnahmen (MEDA) zur Reform der wirtschaftlichen und sozialen Strukturen im Rahmen der Partnerschaft Europa-Mittelmeer* (ABl. 1996, Nr. L 189/1ff), fortan zumeist: MEDA I (geändert durch MEDA II (ABl. 2000, Nr. L 311/1ff)).
[621] Vgl. bereits oben Abschnitt D.II.2.2.3.1, Fn. 598.
[622] Die VO (EG) Nr. 856/1999 des Rates vom 22.4.1999 *über einen besonderen Rahmen zur Unterstützung der traditionellen AKP-Bananenlieferanten* (ABl. 1999, Nr. L 108/2ff) sowie die VO (EG) Nr. 266/2006 des EP und des Rates vom 15. Februar 2006 *zur Einführung von Begleitmaßnahmen für Staaten des AKP-EG-Zuckerprotokolls, die von der Reform der EU-Zuckermarktordnung betroffen sind* (ABl. 2006, Nr. L 50/1ff) gelten hingegen nur für die AKP-Region. Ebenso ist die VO (EG) Nr. 2130/2001 des EP und des Rates vom 29.10.2001 *über Maßnahmen im Bereich der Hilfe für entwurzelte Bevölkerungsgruppen in den Entwicklungsländern Asiens und Lateinamerikas* (ABl. 2001, Nr. L 287/3ff), geändert durch VO (EG) Nr. 107/2005 des EP und des Rates vom 12.1.2005 (ABl. 2005, Nr. L 23/1f) sowie VO (EG) Nr. 2110/2005 des EP und des Rates vom 14.12. 2005, Anhang I, Punkt 13 (ABl. 2005, Nr. L 344/11), nur auf die ALA-Länder anwendbar.
[623] VO (EG) Nr. 1292/96 des Rates vom 27.6.1996 *über die Nahrungsmittelhilfepolitik und -verwaltung sowie über spezifische Maßnahmen zur Erhöhung der Ernährungssicherheit* (ABl. 1996, Nr. L 166/1ff), geändert durch VO (EG) Nr. 1726/2001 des EP und des Rates vom 23.7.2001 (ABl. 2001, Nr. L 234/10), erneut geändert durch VO (EG) Nr. 1882/2003 des EP und des Rates vom 29.9.2003, Anhang II, Ziffer 24 (ABl. 2003, Nr. L 284/1ff, 18f) sowie zuletzt durch: VO (EG) Nr. 2110/2005 des EP und des Rates vom 14.12. 2005, Anhang I, Punkt 11 (ABl. 2005, Nr. L 344/9f).
[624] VO (EG) Nr. 1257/1996 des Rates vom 20.6.1996 *über die humanitäre Hilfe* (ABl. 1996, Nr. L 163/1ff), geändert durch VO (EG) Nr. 1882/2003 des EP und des Rates vom 29.9.2003, Anhang II, Ziffer 23 (ABl. 2003, Nr. L 284/1ff, 18).

Kofinanzierung von NGOs[625], Umwelt[626], Gesundheit[627], Geschlechtergleichstellung[628], Rehabilitation und Wiederaufbau[629], dezentralisierte Zusammenarbeit[630], Antipersonenlandminen[631], Migration[632] sowie Menschenrechte, Demokratisierung und Rechtsstaatlichkeit[633]. Seit Ende 2005 lässt sich gewissermaßen eine dritte Kategorie von Verordnungen ausmachen, nämlich eine verfahrensrechtliche[634]. An dieser Stelle sei jedoch angemerkt, dass im Rahmen der künftigen Finanziellen Vorausschau 2007 – 2013 wohl nur noch sechs, überwiegend neue Außenhilfe- einschließlich Entwicklungshilfeinstrumente angedacht sind[635], die die genannte

---

[625] VO (EG) Nr. 1658/98 des Rates vom 17.7.1998 *über die Kofinanzierung von Maßnahmen mit in der Entwicklungszusammenarbeit tätigen europäischen Nichtregierungsorganisationen (NRO) in den für die Entwicklungsländer wichtigen Bereichen* (ABl. 1998, Nr. L 213/1ff), geändert durch VO (EG) Nr. 1882/2003 des EP und des Rates vom 29.9.2003, Anhang II, Ziffer 28 (ABl. 2003, Nr. L 284/1ff, 20), sowie erneut geändert durch VO (EG) Nr. 2110/2005 des EP und des Rates vom 14.12. 2005, Anhang I, Punkt 8 (ABl. 2005, Nr. L 344/8).

[626] VO (EG) Nr. 2493/2000 des EP und des Rates vom 7.11.2000 *über Maßnahmen zur Förderung der vollen Einbeziehung der Umweltaspekte in den Entwicklungsprozess der Entwicklungsländer* (ABl. 2000, Nr. L 288/1ff), geändert durch VO (EG) Nr. 2110/2005 des EP und des Rates vom 14.12. 2005, Anhang I, Punkt 4 (ABl. 2005, Nr. L 344/6); VO (EG) Nr. 2494/2000 des EP und des Rates vom 7.11.2000 *über Maßnahmen zur Förderung der Erhaltung und nachhaltigen Bewirtschaftung tropischer und anderer Wälder in Entwicklungsländern* (ABl. 2000, Nr. L 288/6ff), geändert durch VO (EG) Nr. 2110/2005 des EP und des Rates vom 14.12. 2005, Anhang I, Punkt 5 (ABl. 2005, Nr. L 344/6f). Diese Verordnungen sind neben Art. 179I1 EGV zusätzlich auf Art. 175I EGV gestützt.

[627] VO (EG) Nr. 1567/2003 des EP und des Rates vom 15.7.2003 *über die Unterstützung von Strategien und Aktionen im Bereich der reproduktiven und sexuellen Gesundheit und der damit verbundenen Rechte in den Entwicklungsländern* (ABl. 2003, Nr. L 224/1ff), geändert durch VO (EG) Nr. 2110/2005 des EP und des Rates vom 14.12. 2005, Anhang I, Punkt 2 (ABl. 2005, Nr. L 344/5); VO (EG) Nr. 1568/2003 des EP und des Rates vom 15.7.2003 *über die Bekämpfung armutsbedingter Krankheiten (HIV/ Aids, Tuberkulose und Malaria) in den Entwicklungsländern* (ABl. 2003, Nr. L 224/7ff), geändert durch VO (EG) Nr. 2110/2005 des EP und des Rates vom 14.12. 2005, Anhang I, Punkt 1 (ABl. 2005, Nr. L 344/5); VO (EG) Nr. 2046/97 des Rates vom 13.10.1997 *über die Nord-Süd-Zusammenarbeit bei der Bekämpfung der Drogen und Drogenabhängigkeit* (ABl. 1997, Nr. L 287/1ff), geändert durch VO (EG) Nr. 1882/2003 des EP und des Rates vom 29.9.2003, Anhang III, Ziffer 74 (ABl. 2003, Nr. L 284/1ff, 47f), sowie erneut durch: VO (EG) Nr. 2110/2005 des EP und des Rates vom 14.12. 2005, Anhang I, Punkt 9 (ABl. 2005, Nr. L 344/8).

[628] VO (EG) Nr. 806/2004 des EP und des Rates vom 21.4.2004 *zur Förderung der Gleichstellung der Geschlechter im Rahmen der Entwicklungszusammenarbeit* (ABl. 2004, Nr. L 143/40ff).

[629] VO (EG) Nr. 2258/96 des Rates vom 22.11.1996 *über Rehabilitations- und Wiederaufbaumaßnahmen zugunsten der Entwicklungsländer* (ABl. 1996, Nr. L 306/1ff), geändert durch VO (EG) Nr. 1882/2003 des EP und des Rates vom 29.9.2003, Anhang III, Ziffer 64 (ABl. 2003, Nr. L 284/1ff, 44) sowie VO (EG) Nr. 2110/2005 des EP und des Rates vom 14.12. 2005, Anhang I, Punkt 10 (ABl. 2005, Nr. L 344/9).

[630] VO (EG) Nr. 1659/98 des Rates vom 17.7.1998 *über die dezentralisierte Zusammenarbeit* (ABl. 1998, Nr. L 213/6ff), geändert durch VO (EG) Nr. 955/2002 des EP und des Rates vom 13.5.2002 (ABl. 2002, Nr. L 148/1f), erneut geändert durch VO (EG) Nr. 625/2004 des EP und des Rates (ABl. 2004, Nr. L 99/1f).

[631] VO (EG) Nr. 1724/2001 des EP und des Rates vom 23.7.2001 *über Aktionen gegen Antipersonenlandminen in Entwicklungsländern* (ABl. 2001, Nr. L 234/1ff), geändert durch VO (EG) Nr. 2110/2005 des EP und des Rates vom 14.12. 2005, Anhang I, Punkt 3 (ABl. 2005, Nr. L 344/6).

[632] VO (EG) Nr. 491/2004 des EP und des Rates vom 10.3.2004 *zur Einrichtung eines Programms für die finanzielle und technische Hilfe für Drittländer im Migrations- und Asylbereich (AENEAS)* (ABl. 2004, Nr. L 80/1ff). Diese VO fußt neben Art. 179I1 EV zusätzlich auf Art. 181a EGV.

[633] VO (EG) Nr. 975/1999 des Rates vom 29.4.1999 *zur Festlegung der Bedingungen für die Durchführung von Maßnahmen auf dem Gebiet der Entwicklungszusammenarbeit, die zu dem allgemeinen Ziel der Fortentwicklung und Festigung der Demokratie und des Rechtsstaats sowie zur Wahrung der Menschenrechte und Grundfreiheiten beitragen* (ABl. 1999, Nr. L 120/1ff), geändert durch VO (EG) Nr. 1882/2003 des EP und des Rates vom 29.9.2003, Anhang III, Ziffer 89 (ABl. 2003, Nr. L 284/1ff, 52f), erneut geändert durch: VO (EG) Nr. 2240/2004 des EP und des Rates vom 15.12.2004 (ABl. 2004, Nr. L 390/3ff) sowie VO (EG) Nr. 2110/2005 des EP und des Rates vom 14.12. 2005, Anhang I, Punkt 6 (ABl. 2005, Nr. L 344/7).

[634] VO (EG) Nr. 2110/2005 des EP und des Rates vom 14.12.2005 *über den Zugang zur Außenhilfe der Gemeinschaft* (ABl. 2005, Nr. L 344/1ff).

[635] Diese drastische Vereinfachung des Instrumentariums beruht auf der „Notwendigkeit, bessere Voraussetzungen für die Kohärenz und Kontinuität des auswärtigen Handelns zu schaffen und mit den verfügbaren Ressour-

Palette thematischer und geographischer Verordnungen ab 1.1.2007 weitgehend substituieren. Drei davon decken ein bestimmtes geographisches Gebiet ab, um bereits bestehende bzw. noch genauer zu definierende, übergeordnete Politiken bzw. Strategien im Bereich der Außenbeziehungen – mithin ebenso der Entwicklungspolitik (vgl. Art. 3II1 EUV) – umsetzen zu können: die „Europäische Nachbarschaftspolitik" (ENP) (auch) gegenüber den Mittelmeerdrittländern, die Politik zur Unterstützung der wirtschaftlichen Zusammenarbeit und der Entwicklungszusammenarbeit mit den nicht von der ENP umfassten Entwicklungsländern[636] sowie – außerhalb der Entwicklungszusammenarbeit liegend – die Heranführungspolitik für die (potenziellen) Beitrittskandidaten. Zur Implementierung dieser Politiken werden entsprechend das auf Art. 179I, 181a II EGV basierende „Europäische Nachbarschafts- und Partnerschaftsinstrument" (ENPI)[637], das auf Art. 179I, 181a II EGV fußende „Instrument für die Entwicklungszusammenarbeit und die wirtschaftliche Zusammenarbeit" (DCECI)[638] sowie das auf Art. 181a I EGV gestützte „Heranführungshilfeinstrument" (IPA)[639] eingesetzt. Diese drei Hauptfinanzierungsinstrumente ergänzen drei weitere Verordnungen, mit denen auf besondere Bedürfnisse, insbesondere auf Krisensituationen reagiert werden kann: die auf Art. 308 EGV basierenden Instrumente für Stabilität[640] sowie für makrofinanzielle Hilfe[641] sowie das auf Art. 179I EGV fußende Instrument für humanitäre Hilfe[642].

---

cen mehr und besseres zu erreichen" (Kommissionsmitteilung über die *„Außenhilfeinstrumente im Rahmen der künftigen Finanziellen Vorausschau 2007- 2013"*, KOM (2004) 626, endg. vom 29.9.2004, S. 7).

636 Einschließlich der Drittländer i.S.d. Art. 181a I UA 1, S. 1 EGV.

637 *„Vorschlag für eine Verordnung des Europäischen Parlaments und des Rates mit allgemeinen Bestimmungen zur Schaffung eines Europäischen Nachbarschafts- und Partnerschaftsinstruments"*, KOM (2004) 628, endg. vom 29.9.2004. Zu diesem und der ENP vgl. unten Kapitel E „Regionale Entwicklungszusammenarbeit der Europäischen Gemeinschaft", Abschnitt E.II.4.

638 Vgl. der *„Vorschlag für eine Verordnung des Europäischen Parlaments und des Rates zur Schaffung eines Finanzierungsinstruments für die Entwicklungszusammenarbeit und die wirtschaftliche Zusammenarbeit"*, KOM (2004) 629, endg. vom 29.9.2004.

Das ENPI und das DCECI sind zwar als politikgesteuerte, geographische Finanzierungsinstrumente konzipiert, da sie eine bestimmte Politik bzw. Strategie implementieren. Gleichzeitig aber verfügen sie über einen thematisch recht umfassenden Geltungsbereich (vgl. Art. 1III DCECI; Art. 2II ENPI), ersetzen sie doch weitgehend die derzeit geltenden thematischen Verordnungen. Insofern zieht sich ein gewisser gemeinsamer thematischer Grundgehalt durch beide Instrumente. Eine neue Kommissionsmitteilung (*„Maßnahmen im Außenbereich durch thematische Programme im Rahmen der Finanziellen Vorausschau 2007 – 2013"*, KOM (2005) 324, endg. vom 3.8.2005) widmet sich nun diesen die derzeitigen VO ersetzenden thematischen Programminhalten, untergliedert sie in sieben (davon sechs entwicklungspolitisch relevante) Bestandteile, und unterbreitet Vorschläge, wie diese thematischen Programme künftig die beiden spezifisch geographischen Programminhalte ergänzen soll. An thematischen Programmen, denen im Rahmen der ENPI- und der DCECI-Finanzzuweisungen konkrete Mittel zugewiesen werden sollen, werden momentan vorgeschlagen: menschliche und soziale Entwicklung (Kommissionsmitteilung *„In die Menschen investieren – Mitteilung über das thematische Programm für menschliche und soziale Entwicklung und die Finanzielle Vorausschau für 2007 - 2013"* (KOM (2006) 18, endg. vom 25.1.2006); dezentrale Akteure (Kommissionsmitteilung *„Thematisches Programm „Nichtstaatliche Akteure und lokale Behörden im Entwicklungsprozess""*, KOM (2006) 19, endg. vom 25.1.2006); Umwelt (Kommissionsmitteilung *„Außenpolitisches Handeln: Thematisches Programm für Umweltschutz und nachhaltige Bewirtschaftung natürlicher Ressourcen einschließlich Energie"*, KOM (2006) 20, endg. vom 25.1.2006); Ernährungssicherheit (Kommissionsmitteilung *„Eine thematische Strategie für Ernährungssicherheit – Unterstützung der Agenda für Ernährungssicherheit im Hinblick auf die Verwirklichung der Millenniums-Entwicklungsziele"*, KOM (2006) 21, endg. vom 25.1.2006); Demokratie und Menschenrechte (Kommissionsmitteilung *„Thematisches Programm für die weltweite Förderung der Demokratie und der Menschenrechte im Rahmen der Finanziellen Vorausschau 2007 – 2013"*, KOM (2006) 23, endg. vom 25.1.2006); Migration und Asyl (Kommissionsmitteilung *„Thematisches Programm für die Zusammenarbeit mit Drittländern in den Bereichen Migration und Asyl"*, KOM (2006) 26, endg. vom 25.1.2006).

639 *„Vorschlag für eine Verordnung des Rates zur Schaffung eines Instruments für Heranführungshilfe (IPA)"*, KOM (2004) 627, endg. vom 29.9.2004.

640 *„Vorschlag für eine Verordnung des Rates zur Schaffung eines Instruments für Stabilität"*, KOM (2004) 630, endg. vom 29.9.2004.

Des Weiteren hebt Art. 179I2 EGV ausdrücklich die Möglichkeit[643] der Verabschiedung von Mehrjahresprogrammen hervor. Hilfeprogramme werden in der Regel auf Basis von thematischen oder regionalen Verordnungen ins Leben gerufen, die diese Programme zudem finanziell unterstützen. Diese Finanzhilfe ist grundsätzlich an den Haushaltsgrundsatz der Einjährigkeit (Art. 268 UA 1 EGV) gebunden, d.h. die Ausgaben müssen für jedes Haushaltsjahr veranschlagt und in den Plan eingesetzt werden. Die explizit normierte Option, *Mehr*jahresprogramme verabschieden zu können, indiziert demnach die Befugnis zur Ausdehnung der Laufzeit der gewährten Finanzhilfe und statuiert somit eine Ausnahme zum Jährlichkeitsgrundsatz. Diese nach dem Vorbild der fünfjährigen Finanzprotokolle der AKP-EG-Abkommen[644] konzipierte Regelung mildert Probleme der Praxis insoweit, als sich die Mittelausschüttungen über einen mehrjährigen Zeitraum erstrecken können, ohne dabei die Notwendigkeit aufzuwerfen, die Gelder auf Nachfolgeprogramme übertragen zu müssen[645].
Darüber hinaus kann der Rat jedoch auch auf andere, im EGV formal nicht normierte „uneigentliche Rechtsakte“ mit ihren überwiegend politischen Gestaltungs- bzw. Verpflichtungswirkungen zurückgreifen[646]. Auch hier lässt sich zwischen thematischen und regional begrenzten uneigentlichen Rechtsakten differenzieren[647]. Begründen lässt sich dieses Ergebnis mit der bereits erwähnten weit gefassten Formulierung „Maßnahme“; ferner indiziert der Wortlaut des Art. 179I2 EGV keineswegs, dass andere Handlungsformen als die dort ausdrücklich aufgeführten Mehrjahresprogramme, die ebenfalls keine rechtliche, sondern rein tatsächliche Bindungswirkung beanspruchen, unzulässig sind („können“). Diese Argumentation ermöglicht schließlich die Subsumtion des „policy dialogue“/ Politikdialog[648] unter den Maßnahmenbegriff.

Schließlich muss die Maßnahme „*zur* Verfolgung der Ziele des Artikels 177 *erforderlich[...]*“[649] sein, Art. 179I1 EGV. Demnach lässt schon der Wortlaut darauf schließen, dass die Gemeinschaft die „Zielförderungseignung“[650] der Maßnahme als Maßstab anzulegen hat. Folglich ist diese bereits dann als erforderlich einzustufen, wenn der konkrete Regelungsgegenstand einem oder mehreren Entwicklungszielen dient und sich hierfür ein Bedarf bzw. eine Notwendigkeit feststellen lässt[651].

---

641 Mitteilung der Kommission über die „*Außenhilfeinstrumente im Rahmen der künftigen Finanziellen Vorausschau 2007- 2013*“, KOM (2004) 626, endg. vom 29.9.2004, S. 11.

642 Die in Fn. 624 genannte VO wird aufrechterhalten, jedoch wird die in Fn. 623 genannte VO über Nahrungsmittelhilfe in die erstere eingearbeitet (Mitteilung der Kommission über die „*Außenhilfeinstrumente im Rahmen der künftigen Finanziellen Vorausschau 2007- 2013*“, KOM (2004) 626, endg. vom 29.9.2004, S. 11).

643 Zum diesbezüglichen Ermessen der Gemeinschaftsorgane oben Kapitel C „Ziele der Entwicklungszusammenarbeit“, Abschnitt C.I.1.

644 Hierzu ausführlich unten Kapitel E „Regionale Entwicklungszusammenarbeit der Europäischen Gemeinschaft“, Abschnitt E.I.2.4.2.1.

645 Vgl. auch: *Benedek*, in: Grabitz/ Hilf (Hrsg.), EUV/ EGV, Art. 179, Rn. 5.

646 *Schmalenbach*, in: Calliess/ Ruffert (Hrsg.), EUV/ EGV, Art. 179, Rn. 2.
Zu den uneigentlichen Rechtshandlungen bereits oben Kapitel C „Ziele der Entwicklungszusammenarbeit“, Abschnitt C.I.2.1.

647 Die wichtigsten Akte werden im Zuge dieser Arbeit ausgewertet, so dass an dieser Stelle von ihrer umfassenden Auflistung abgesehen werden kann, da dies den Rahmen dieser Arbeit übersteigen würde.

648 Zum Politikdialog oben Kapitel C „Ziele der Entwicklungszusammenarbeit“, Abschnitt C.II.3.2.

649 Hervorhebung durch die Verfasserin.

650 Vgl. *Pitschas*, in: Streinz (Hrsg.), EUV/ EGV, Art. 179, Rn. 5.

651 Eine solche Notwendigkeit ist bereits dann anzunehmen, wenn der Regelungsgegenstand ein entwicklungspolitisches Ziel explizit umsetzt (wie bspw. die VO (EG) Nr. 975/1999 des Rates vom 29.4.1999 *zur Festlegung der Bedingungen für die Durchführung von Maßnahmen auf dem Gebiet der Entwicklungszusammenarbeit, die zu dem allgemeinen Ziel der Fortentwicklung und Festigung der Demokratie und des Rechtsstaats sowie zur Wahrung der Menschenrechte und Grundfreiheiten beitragen* (ABl. 1999, Nr. L 120/1ff)), und der Regelungsgegenstand nicht bereits abschließend normiert ist. Liegt aber der Zusammenhang zu den Entwicklungszielen nicht auf der Hand, ist wohl zumindest eine diesbezügliche abstrakt-generelle

2.3.2 Sachkompetenz

Art. 179I EGV, der eine aus der Generalermächtigung des Art. 308 EGV ausgesonderte, diesem ergo vorrangige[652] Kompetenzgrundlage für eine „eigene Politik der Entwicklungszusammenarbeit“[653] generiert, erfasst nach seinem Wortlaut Tätigkeiten zur „Verfolgung der Ziele des Artikels 177 [EGV]“. Darunter sind, wie bereits im Abschnitt 2.2.1.3 ausführlich hergeleitet, neben den Zielen des Art. 177I, II auch die Zusagen i.S.d. Art. 177III 1. Alt. EGV zu subsumieren.

Ob eine Maßnahme diesen Zielen dient, sich demnach innerhalb des Umfangs der Regelungskompetenz nach Art. 179II EGV bewegt, ist erneut nach materiellen Gesichtspunkten zu entscheiden[654]: Danach kommt es vor allem darauf an, ob diese nach ihrem „wesentlichen Gegenstand“[655] die Ziele des Art. 177 EGV verfolgt[656]; unerheblich sind infolgedessen einzelne Bestimmungen der Maßnahme, die von diesem Ziel abweichen, sofern sie „nicht Verpflichtungen von solcher Tragweite mit sich bringen, daß diese Verpflichtungen in Wirklichkeit anderen Zielen dienen als der Entwicklungszusammenarbeit“[657]. Dabei müssen sich diese Feststellungen auf „objektive, gerichtlich nachprüfbare Umstände gründen“[658]. Liegt nach alldem der materielle Schwerpunkt eher in anderen Politikbereichen wie z.B. der Handelspolitik[659] oder dient die Maßnahme de facto nicht-entwicklungspolitischen Zielen, so tritt Art. 179I EGV zurück. Bestehen dennoch zwei oder mehrere inhaltliche Schwerpunkte, so sind die Gemeinschaftsorgane verpflichtet, die Maßnahme auf der Grundlage aller einschlägigen Regelungszuständigkeiten zu erlassen - es sei denn, dieser Rückgriff auf mehrere Rechts-

---

nicht auf der Hand, ist wohl zumindest eine diesbezügliche abstrakt-generelle Notwendigkeit festzustellen (vgl. z.B. Präambeln I, IV, V der VO (EG) Nr. 2258/96 des Rates vom 22.11.1996 *über Rehabilitations- und Wiederaufbaumaßnahmen zugunsten der Entwicklungsländer* (ABl. 1996, Nr. L 306/1ff)). Erst wenn die geplante Maßnahme genauer auszumachen ist – insbesondere wenn es bereits um spezielle Programme geht oder zumindest das anvisierte Empfängerland feststeht -, lässt sich dieser Maßstab verfeinern. Zu weitgehend deshalb: *Pitschas*, in: Streinz (Hrsg.), EUV/ EGV, Art. 179, Rn. 5f. Falsch: *Kuhn*, Humanitäre Hilfe der Europäischen Gemeinschaft, S. 374ff, der das Erforderlichkeitskriterium als Einfallstor für die Subsidiaritätsprüfung des Art. 5II EGV ansieht.

[652] Vgl. EuGH, Rs. C-268/94, Portugal/ Rat, Slg. 1996, I-6177ff, I-6216, Ziffer 21, mit weiteren Rechtsprechungsnachweisen.

[653] GA *La Pergola*, Schlussanträge zu EuGH, Rs. C-268/94, Portugal/ Rat, Slg. 1996, I-6177ff, I-6185, Ziffer 17.

[654] So auch: *Schmalenbach*, in: Calliess/ Ruffert (Hrsg.), EUV/ EGV, Art. 179, Rn. 4; *Benedek*, in: Grabitz/ Hilf (Hrsg.), EUV/ EGV, Art. 179, Rn. 3.

[655] EuGH, Rs. C-268/94, Portugal/ Rat, Slg. 1996, I-6177ff, I-6220, Ziffer 39. Zum Ganzen bereits detailliert oben Abschnitt D.II.2.2.1.3.

[656] EuGH, Rs. C-268/94, Portugal/ Rat, Slg. 1996, I-6177ff, I-6220, Ziffer 37.

[657] EuGH, Rs. C-268/94, Portugal/ Rat, Slg. 1996, I-6177ff, I-6220, Ziffer 39. „Verpflichtungen“ sind hier im Kontext nicht-vertraglicher Bestimmungen als (lediglich) gemeinschaftsintern wirkend zu verstehen.

[658] EuGH, Rs. 45/86, Kommission/ Rat, Slg. 1987, S. 1493ff, 1520, Ziffer 11.

[659] Das APS z.B. ist nach der Judikatur des EuGH trotz seiner evidenten entwicklungspolitischen Züge unter die Handelspolitik zu subsumieren: Denn wie bereits erörtert (oben Abschnitt D.II.2.2.3.2) ermächtigt Art. 133 EGV die Gemeinschaft auch zum Einsatz all derjenigen neuartigen oder gar sich noch zu entwickelnden Maßnahmen, die nach ihrer vorherrschenden, nicht notwendig aber ausschließlichen Zielsetzung darauf gerichtet sind, Handelsvolumen und Handelsströme zu beeinflussen, wäre doch eine auf die herkömmlichen Aspekte beschränkte „Handelspolitik“ nach Auffassung des EuGH „dazu verurteilt, allmählich bedeutungslos zu werden“ (EuGH, Rs. 45/86, Kommission/ Rat, Slg. 1987, S. 1493ff, 1522, Ziffer 20 (APS I) unter Hinweis auf EuGH, Gutachten 1/78, Slg. 1979, S. 2871ff, 2913, Ziffer 44 (Internationales Naturkautschuk – Übereinkommen)). Aus diesem Grunde sowie vor dem Hintergrund der Anerkennung des Zusammenhangs zwischen Handel und Entwicklung in der Völkergemeinschaft (EuGH, Rs. 45/86, Kommission/ Rat, Slg. 1987, S. 1493ff, 1521, Ziffer 17 (APS I)) und der Schaffung des APS als Ausdruck dieser „neuen Konzeption der internationalen Handelsbeziehungen, die den Zielen der Entwicklung breiten Raum einräumt“ (ebenda, Ziffer 19), „bewirkt der Zusammenhang mit den Problemen der Entwicklung nicht, dass ein Rechtsakt nicht in den Bereich der gemeinsamen Handelspolitik [...] fällt“ (ebenda, S. 1521, Ziffer 18 (APS I)).

grundlagen unterminierte die mit Art. 251 EGV verfolgte Intention der verstärkten Beteiligung des Parlaments am Gesetzgebungsverfahren der Gemeinschaft[660].
Gegen diese Bestimmung der Rechtsgrundlage nach materiellen Kriterien spricht auch nicht, dass die Ermächtigung des Art. 179I EGV „unbeschadet der übrigen Bestimmungen dieses Vertrags“ (Art. 179I EGV) besteht. *Geiger*[661] nimmt nämlich deshalb eine bloß subsidiäre Zuständigkeit nach Art. 179I EGV an, was obige Prüfung erübrigte. Zwar ist ihm zuzugestehen, dass eine Maßnahme nicht bereits deshalb auf diese Bestimmung zu stützen ist, weil sie *auch* die Ziele des Art. 177 EGV berührt; denn zutreffend wird im Schrifttum[662] darauf hingewiesen, dass Art. 178 EGV gerade daran anknüpft, dass andere Politiken der EG - die jedoch auf anderen Rechtsgrundlagen basieren - jene Ziele als Querschnittsthemen gleichermaßen zu beachten haben. Allerdings ist daraus nicht etwa der Schluss zu ziehen, die Vorschrift sei deshalb von vornherein subsidiär - abgesehen von Art. 179III EGV als lex specialis[663] - heranzuziehen. Vielmehr ergibt sich aus der Unbeschadetheitsformulierung lediglich, dass die Bestimmung nicht ihren eigenen Vorrang anordnet[664]. Eine Abgrenzung nach materiellen Aspekten bleibt somit unerlässlich.

2.3.3 Sonderstellung des AKP-EG-Abkommens

Art. 179III EGV statuiert einen Sonderstatus für die Zusammenarbeit mit den AKP-Staaten im Rahmen des AKP-EG-Abkommens, momentan also des Partnerschaftsabkommens von Cotonou[665]. Dies wirkt sich im Bezug zu Absatz I dahingehend aus, dass für Maßnahmen, die zur Durchführung dieses Partnerschaftsabkommens ergehen, Absatz III lex specialis[666] ist, der diese von den Voraussetzungen gemäß Absatz I befreit[667]. Konkret bedeutet dies eine Dispensation von der Verfahrensvorschrift des Art. 251 EGV. Hintergrund dieser Regelung ist die Vorstellung, die Bestimmungen des Abkommens nicht in die entwicklungspolitischen Maßnahmen einschließlich des Procedere ihrer Verabschiedung einbeziehen zu wollen[668] - freilich mit der heiklen Konsequenz, dass sich das Parlament auf den ersten Blick seiner Mitwirkungsrechte beraubt sieht.
Verabschiedet demnach der Ministerrat verbindliche Beschlüsse zur Implementierung des Abkommens, so richtet sich das Verfahren zur Bestimmung des internen Standpunktes der Gemeinschaft stattdessen nach Art. 300II UA 2 EGV[669], das nicht einmal eine (vorherige) Unterrichtung oder Anhörung des Parlaments vorsieht (vgl. Art. 300II UA 3 EGV). Geht es dabei um Fragen, die auch oder ausschließlich in die mitgliedstaatliche Zuständigkeit fallen,

---

[660] Vgl. EuGH, Rs. C-300/89, Kommission/ Rat, Slg. 1991, I-2867ff, I-2901, Ziffern 17ff, und oben Abschnitt D.II.2.2.1.3.
[661] *Geiger*, EUV/ EGV, Art. 179, Rn. 1. Ebenso: *Kuhn*, Humanitäre Hilfe der Europäischen Gemeinschaft, S. 371.
[662] *Zimmermann*, in: von der Groeben/ Schwarze (Hrsg.), EUV/ EGV, Art. 179, Rn. 3; *Zimmermann/ Martenczuk*, in: Schwarze (Hrsg.), EU-Kommentar, Art. 179, Rn. 2. Ähnlich der EuGH zu Art. 130s a.F./ 175 n.F. (Umweltpolitik) in: Rs. C-300/89, Kommission/ Rat, Slg. 1991, I-2867ff, I-2902, Ziffer 22.
[663] Hierzu sogleich Abschnitt D.II.2.3.3.
[664] Vgl. *Zimmermann*, in: von der Groeben/ Schwarze (Hrsg.), EUV/ EGV, Art. 179, Rn. 4; *Zimmermann/ Martenczuk*, in: Schwarze (Hrsg.), EU-Kommentar, Art. 179, Rn. 2.
[665] ABl. 2000, Nr. L 317/3ff.
[666] Lane, New Community Competences under the Maastricht Treaty, in: CMLRev. 1993, S. 939ff, 974; *Oppermann*, Europarecht, Rn. 1814; *Zimmermann*, in: von der Groeben/ Schwarze (Hrsg.), EUV/ EGV, Art. 179, Rn. 18; *Zimmermann/ Martenczuk*, in: Schwarze (Hrsg.), EU-Kommentar, Art. 179, Rn. 2; *Schmalenbach*, in: Calliess/ Ruffert (Hrsg.), EUV/ EGV, Art. 179, Rn. 10.
[667] *Schmalenbach*, in: Calliess/ Ruffert (Hrsg.), EUV/ EGV, Art. 179, Rn. 10. Wohl auch: *Kuhn*, Humanitäre Hilfe der Europäischen Gemeinschaft, S. 318; *Benedek*, in: Grabitz/ Hilf (Hrsg.), EUV/ EGV, Art. 179, Rn. 54.
[668] Vgl. *Pitschas*, in: Streinz (Hrsg.), EUV/ EGV, Art. 179, Rn. 20, 15.
[669] Ebenso: *Schmalenbach*, in: Calliess/ Ruffert (Hrsg.), EUV/ EGV, Art. 179, Rn. 12; *Pitschas*, in: Streinz (Hrsg.), EUV/ EGV, Art. 179, Rn. 20.

bestimmt Art. 1 des bereits bekannten „Internen Abkommens“[670] die Festlegung der gemeinsamen Haltung im Rat[671] – erneut ohne parlamentarische Beteiligung. Da sich dieses Ergebnis jedoch bereits mit der spezialgesetzlichen Regelung des Art. 300II UA 2 EGV begründen lässt, besitzt Art. 179III EGV insoweit lediglich deklaratorische Funktion[672]. Konstitutive Wirkung kommt der Vorschrift indes dadurch zu, dass sie die Gemeinschaft von den Verfahrensdirektiven des Art. 251 EGV dispensiert, wenn diese selbst – soweit zuständig - entwicklungspolitische Maßnahmen zur Implementierung des Vertrages erlässt. Ferner umfasst sie nach Sinn und Zweck auch Durchführungsbestimmungen der Gemeinschaft zu den genannten Ministerratsbeschlüssen. Denn wäre die Umsetzung dieser völkerrechtlichen Verträge dem Verfahrensregime des Art. 179I i.V.m. 251 EGV unterworfen, würde Abs. III über diesen „Umweg“ ausgehöhlt werden.

Die angedeutete Beschneidung parlamentarischer Beteiligungsrechte „kompensiert“ indes die Tatsache, dass erstens, wenn die EG das Abkommen implementiert, das Parlament dessen Regelungen – und diese bestimmen den materiellen Rahmen für die gemeinschaftsinterne Durchführung (vgl. Art. 300VII EG) - bereits inhaltlich im Vertragsschließungsverfahren abgesegnet hat (Art. 300III UA 2 EGV). Diese Zustimmung galt zweitens ebenso der inhaltlichen Reichweite der Befugnisse zum Erlass von Ministerratsbeschlüssen, die wiederum den rechtlichen Aktionsradius des Rates determiniert. Selbst die konkrete Ausübung dieser ohnehin „normierten“ Befugnisse vermag das Parlament indirekt mitzugestalten, kommt doch im Rahmen des Partnerschaftsabkommens von Cotonou die Besonderheit hinzu, dass es eine „Paritätische Parlamentarische Versammlung“ etabliert, die sich zur Hälfte aus Mitgliedern des Europäischen Parlaments konstituiert. Und diese Versammlung kann im Hinblick auf die Verwirklichung der Ziele Entschließungen verabschieden und Empfehlungen an den Ministerrat aussprechen, die dieser zu prüfen und zu berücksichtigen hat[673]. Infolgedessen vermag das Parlament durch ihre Vertreter in dieser Versammlung entweder Beschlüsse des Ministerrates zu initiieren oder aber auf diese mittels ihrer Entschließungen etc. inhaltlich Einfluss zu nehmen[674]. Mithin besitzt das Parlament Beteiligungs*möglichkeiten*, die, wenn es sie ausübt, zu Mitwirkungs*rechten* erwachsen. Dieses Faktum sowie die notwendige parlamentarische Zustimmung zum Assoziationsabkommen (Art. 300III UA 2 EGV) egalisieren daher m.E. den Dispens von den durch Art. 251 EGV bereitgestellten Mitwirkungsrechten und zerstreuen oben angemeldete Bedenken gegen diese rechtliche Auslegung des Art. 179III EGV.

Wie bereits hergeleitet[675], können *außerhalb* des „Rahmens“ des AKP-EG-Abkommens sehr wohl entwicklungspolitische Maßnahmen an die AKP-Staaten adressiert werden, d.h. solange und soweit dieses keine abschließende Regelungen trifft[676]. Dies gilt insbesondere für die

---

670 ABl. 2000, Nr. L 317/376f.

671 Ebenso: *Schmalenbach*, in: Calliess/ Ruffert (Hrsg.), EUV/ EGV, Art. 179, Rn. 12; *Pitschas*, in: Streinz (Hrsg.), EUV/ EGV, Art. 179, Rn. 20.

672 Oben Abschnitt D.II.2.3.1.

673 Art. 17II 4. Spiegelstrich, Art. 15III UA 2, S. 2 Cotonou (ABl. 2000, Nr. L 317/3ff). Der Abkommenswortlaut des Art. 15III UA 2, S. 2 Cotonou stellt die Berücksichtigung und die Prüfung dieser parlamentarischen Akte nicht ins Ermessen des Rates, so dass, wenn denn die Versammlung tätig wird, Anhörungs*rechte* durchaus bestehen.

674 Und diese Einflussnahme wirkt ferner bei der gemeinschaftsinternen Implementierung fort.

675 Hierzu oben Abschnitt D.II.2.2.1.2, insbesondere auch Fn. 527.

676 Vgl.: VO (EG) Nr. 856/1999 des Rates vom 22.4.1999 *über einen besonderen Rahmen zur Unterstützung der traditionellen AKP-Bananenlieferanten* (ABl. 1999, Nr. L 108/2ff) sowie VO (EG) Nr. 266/2006 des EP und des Rates vom 15. Februar 2006 *zur Einführung von Begleitmaßnahmen für Staaten des AKP-EG-Zuckerprotokolls, die von der Reform der EU-Zuckermarktordnung betroffen sind* (ABl. 2006, Nr. L 50/1ff). Auch die im Abschnitt D.II.2.3.1, Fn. 624 zitierte VO (EG) Nr. 1257/1996 des Rates vom 20.6.1996 *über die humanitäre Hilfe* (ABl. 1996, Nr. L 163/1ff) ist teilweise neben dem Partnerschaftsabkommen anwendbar. Dazu unten Kapitel E „Regionale Entwicklungszusammenarbeit der Europäischen Gemeinschaft“, Abschnitt E.I.2.4.2.2.3.

Südafrika - Kooperation, auf die das Abkommen aufgrund des AKP-Sonderstatus für Südafrika[677] nur eingeschränkt Anwendung findet.

677 Zu diesem Sonderstatus ausführlich Kapitel E „Regionale Entwicklungszusammenarbeit der Europäischen Gemeinschaft“, Abschnitt E.I, Fn. 7.

E. Regionale Entwicklungszusammenarbeit der Europäischen Gemeinschaft

Der letzte Abschnitt widmet sich schließlich der „regionalen Entwicklungszusammenarbeit der Europäischen Gemeinschaft", wobei das Attribut „regional" hier als Gegenstück zur „globalen" bzw. „thematischen" Entwicklungszusammenarbeit zu verstehen ist: Diese behandelt einen spezifischen Aspekt bzw. Sektor der Entwicklungspolitik, ist überwiegend in Verordnungen, d.h. autonom fixiert und richtet sich (zumeist) an alle „Entwicklungsländer" weltweit; jene hingegen wendet sich an bestimmte, geographisch und/ oder geschichtlich zusammenhängende „Regionen" und normiert die zudem grundsätzlich vertraglich geregelte Entwicklungskooperation thematisch umfassend. Innerhalb dieser so verstandenen regionalen, vertraglichen Zusammenarbeit lassen sich, wie bereits im Kapitel B „Geschichte der Entwicklungszusammenarbeit der Europäischen Gemeinschaft" manifest, drei „Gruppen" ausmachen: die der AKP-Staaten, der Mittelmeerdrittstaaten und schließlich die der ALA-Länder. Letztere eignen sich nur bedingt für eine einheitliche Darstellung: Hinter den „Asiatischen und Lateinamerikanischen Staaten" verbirgt sich nämlich – wie die Bezeichnung bereits impliziert – ein sowohl im Hinblick auf ihre Geschichte, Geographie als auch auf ihren sozioökonomischen Entwicklungsstand heterogener Staatenkomplex, der mehr oder weniger das Konglomerat all der Entwicklungsländer zusammenfasst, die nicht bereits den entwicklungspolitischen „Schwerpunktregionen" AKP- und Mittelmeerdrittstaaten zuzuordnen sind. Diese Heterogenität trifft zwar prinzipiell in großem Maße auch auf die aus historischen Gründen einheitlich behandelten AKP-Staaten zu; doch werden die Beziehungen zu diesen konträr zu jenen zusammenhängend, über ein einziges Vertragswerk bestimmt, nimmt man die künftig separat zu verhandelnden Handelsabkommen einmal aus. Freilich sind ebenso die Mittelmeerdrittstaaten durch jeweils separate Abkommen mit der EG verknüpft. Allerdings kann man hier, zumindest, was die geographische und geschichtliche Konnexität mit der EG und durchaus auch den Entwicklungsstand anbelangt, von einer homogenen Gruppe sprechen. Zudem zeichnet die noch vorzustellende „Erklärung von Barcelona" relativ engmaschige Richtlinien, was die Partnerschaft Europa-Mittelmeer und mit ihr den Inhalt der diesbezüglichen Abkommen betrifft – hier kann also ein Vertrag quasi als Repräsentant der übrigen herangezogen werden.

All diese Komponenten haben letztlich dazu geführt, das „Partnerschaftsabkommen von Cotonou" sowie das „Europa-Mittelmeer-Abkommen" mit Tunesien als Vertreter der regionalen Entwicklungszusammenarbeit herauszugreifen.

Diese Verträge sollen in diesem letzten Abschnitt ganz allgemein, vornehmlich aber unter folgenden Aspekten vorgestellt werden: Inwiefern haben sie die primärrechtlichen Zielvorgaben des Art. 177I, II EGV verinnerlicht und greifen dabei die konkrete Ausgestaltung dieser Vorgaben seitens der Gemeinschaftsorgane auf? Eine rechtliche Perspektive, die wohl eine gewisse Selektivität mit sich bringt, was die dargestellten Aspekte der Abkommen anbelangt, anders im Rahmen dieser Arbeit indes nicht zu handhaben ist. Aus eben diesem Grunde muss auch die spätere Übung bei der Anwendung der Verträge weitgehend außer acht bleiben, obwohl sie unter Umständen eine bedeutende Rolle bei deren Auslegung spielen[1].

Lediglich ergänzend soll das Thema Implementierung von „Komplementarität" (Art. 177I EGV) und „Koordinierung" (Art. 180 EGV)[2] aufgegriffen werden: Angesichts der Tatsache,

[1] Vgl. Art. 31 Nr. 3b) WVK (*Sartorius II*, Nr. 320).

[2] Was das Kohärenzgebot (Art. 178 EGV) anbelangt, so wurde sein Charakter als „Querschnittsklausel" ja bereits erläutert, der, nochmals zusammenfassend, bedeutet, dass die „Entwicklungsverträglichkeit" bei der Formulierung und Umsetzung *anderer* Gemeinschaftspolitiken zu prüfen ist und somit in dem hier untersuchten Zusammenhang nicht unmittelbar einschlägig ist.

dass zur parallelen Fokussierung auf diese Fragestellung ein weiterer, völlig anderer Betrachtungswinkel der Abkommen angezeigt wäre, der sich zudem auf die den Abkommen größtenteils ausgegliederten Verfahrensvorschriften richten müsste und so den Rahmen dieser Abhandlung übersteigen würde, sind die diesbezüglichen Ansätze der Abkommen bereits in die theoretische Behandlung jener zwei „K"s[3] eingeflossen. Die folgenden Ausführungen beschränken sich deshalb überwiegend auf Beschreibungen der diesbezüglich wichtigsten Aspekte.

I. AKP-EG-Kooperation

Die für die Entwicklungspolitik der Europäischen Gemeinschaft richtungweisende Konvention, das *„Partnerschaftsabkommen zwischen den Mitgliedern der Gruppe der Staaten in Afrika, im Karibischen Raum und im Pazifischen Ozean einerseits und der Europäischen Gemeinschaft und ihren Mitgliedstaaten andererseits"*, bekannt als das Partnerschaftsabkommen von Cotonou/ Benin[4], wurde am 23. Juni 2000 von der EG und ihren Mitgliedstaaten[5] sowie den nunmehr 77 AKP-Staaten[6] - inklusive Südafrika[7] - unterzeichnet. Im Frühjahr 2003 kam

---

[3] Vgl. oben Kapitel D „Gemeinschaftsrechtliche Handlungsvorgaben", Abschnitte D.I.2, D.I.1.

[4] ABl. 2000, Nr. L 317/3ff.
Aufgrund anhaltender Menschenrechtsverletzungen in Togo kam Lomé als Ort der Unterzeichnung nicht in Betracht. Als Alternative wurde zunächst Fidschi gewählt – doch nach dem dritten Staatsstreich seit 1987 vom 19. Mai 2000 unter dem Rebellenführer Georges Speight entschloss man sich, erneut den Unterzeichnungsort zu wechseln (vgl. *Windmeißer*, Der Menschenrechtsansatz in der EZ, S. 43, Fn. 72; *Hildenbrand*, Stichwort „Fidschi", in: Nohlen (Hrsg.), Lexikon Dritte Welt, S. 284ff, 285). Ausführlich zur Unterzeichnungszeremonie: *Karl*, Signing Ceremony in Cotonou, in: The Courier, September 2000, special issue Cotonou Agreement, S. 15ff.

[5] Für einen neuen Mitgliedstaat der EU ist ein „automatischer Beitritt" zum Abkommen dergestalt vorgesehen, dass er aufgrund einer entsprechenden Klausel in der Beitrittsakte ab dem Tag seines Beitritts Vertragspartei wird. Unterbleibt eine solche Klausel in der Beitrittsakte, so wird der neue Mitgliedsstaat durch Hinterlegung einer Beitrittsurkunde beim Generalsekretär des Rates der EU Partei des Abkommens (Art. 94III UA 2 Cotonou).

[6] Hinzugekommen waren sechs pazifische Inselstaaten: die Marshallinseln, Mikronesien, Nauru, Palau, die Cookinseln und Niue (beide assoziiert mit Neuseeland). Kuba als 78. Mitglied zog im April 2000 seine Kandidatur für eine Aufnahme in die AKP-Gruppe zurück, nachdem eine UN-Erklärung, die Kubas Menschenrechtspolitik verurteilte, von der EU unterstützt wurde (*Mouradian*, EU-CUBA: renewing the dialogue, in: The Courier, Nr. 188 (2001), S. 6f, 6; vgl. auch: *Arts*, ACP-EU Relations in a New Era, in: CMLRev. 2003, S. 95ff, 101, Fn. 20, mit weiterführenden Hinweisen). Derzeit besitzt Kuba jedoch einen „informellen Beobachterstatus" in den Wirtschaftspartnerschaftsverhandlungen (vgl. unten Abschnitt E.I.2.3.2.1) und stellte im Januar 2003 einen formellen Beitrittsantrag (*Carbone*, Taking further steps towards Cotonou membership, in: The Courier, Nr. 196 (2003), S. 6f, 6f). Im Mai 2003 wurde Kuba vom AKP-EG-Ministerrat Beobachterstatus im Rahmen des gesamten Partnerschaftsabkommens von Cotonou gewährt (*Kommission*, Gesamtbericht 2003, Ziffer 985).
Die schwarzafrikanischen AKP-Staaten machen 95% der Gesamtbevölkerung der AKP-Staaten aus, 80% der Leistungen kommen ihnen zugute (vgl. *Schmidt*, Aktuelle Aspekte der EU-Entwicklungspolitik, in: APUZ B19-20/2002, S. 29ff, 31).

[7] Eine Sonderstellung unter den AKP-Staaten nimmt Südafrika ein, das von der Gemeinschaft nicht stringent als Entwicklungsland betrachtet wird: Wenngleich sie ein früheres Kooperationsabkommen mit Südafrika aus dem Jahr 1994 (ABl. 1994, Nr. L 341/62f) u.a. noch auf Art. 181I2 EGV stützte, so handelt es sich ihrer Ansicht nach mittlerweile um einen halbindustrialisierten Staat mit (teilweise) international wettbewerbsfähigen Produkten (vgl. Art. 1b) des Abkommens über Handel, Entwicklung und Zusammenarbeit (AHEZ; ABl. 1999, Nr. L 311/3ff): *„Übergangsprozess"*; Art. 1 UA 2, 2IIa) der VO Nr. 1726/2000 des EP und des Rates *über die Entwicklungszusammenarbeit mit Südafrika* (ABl. 2000, Nr. L 198/1ff): Maßnahmen zur *„fortgesetzten* Integration" des Landes in die Weltwirtschaft. So auch z.B.: *Schmidt*, Aktuelle Aspekte der EU-Entwicklungspolitik, in: APUZ B19-20/2002, S. 29ff, 37; *Zimmermann*, in: von der Groeben/ Schwarze (Hrsg.), EUV/ EGV, Art. 177, Rn. 59). Konsequenz hieraus ist, dass das Partnerschaftsabkommen für Südafrika nur eingeschränkt anwendbar ist. So statuiert Art. 1 des Protokolls Nr. 3 über den Status Südafrikas (ABl. 2000, Nr. L 317/284ff), dass erstens das am 1.1.2000 in Kraft getretene AHEZ Vorrang vor den Bestimmungen des Partnerschaftsabkommens genießt, und dass zweitens lediglich bestimmte Vorschriften des Abkommens überhaupt Anwendung finden. Was

Osttimor als 78. Staat hinzu. Das Abkommen, das am 1. April 2003[8] in Kraft trat, ist an die Stelle des am 29. Februar 2000 ausgelaufenen, Vierten Abkommens von Lomé (Lomé IV)[9], getreten[10] und wurde gemäß der „Lomé-Tradition" als gemischtes (Assoziierungs-) Abkommen[11] geschlossen.

Inhaltlich hat sich das Partnerschaftsabkommen von Cotonou noch mehr als seine Vorgängerkonvention hin zu einem umfassenden „Abkommen mit *all-inclusive* Charakter"[12] gewandelt: Es beinhaltet Entwicklungszusammenarbeit, Handelsregelungen, einen Politik- und nunmehr auch einen politischen Dialog, basiert mithin auf einem Entwicklungsansatz, der alle Aspekte einer im Menschen zentrierten Entwicklung[13] anspricht. Hiervon verspricht man sich, die Entwicklung nachhaltig anzuregen sowie endogene, d.h. selbstbestimmte Prozesse in Gang zu setzen und so mit dem gegenwärtig geltenden entwicklungspolitischen Paradigma der „Ownership" konform zu gehen[14].

Insgesamt betrachtet stellt es im Vergleich zum Vorgängerabkommen im Wesentlichen das Reformprodukt der in den 90er Jahren laut gewordenen Kritik am Lomé-Komplex dar, wenn-

---

das AHEZ im Bereich des Handels anbelangt, so errichtet es eine Freihandelszone, wobei der Abbau der Handelsschranken asymmetrisch zugunsten Südafrikas verläuft (Art. 5ff AHEZ): Für Südafrika ist eine Übergangszeit von zwölf Jahren vorgesehen, für die Gemeinschaft eine zehnjährige Periode, an deren Ende ca. 90% des Handels liberalisiert sein wird (ca. 95% der südafrikanischen Industrie- und 75% der Agrarexporte; 86% der EU-Exporte nach Südafrika (*Schmidt*, Aktuelle Aspekte der EU-Entwicklungspolitik, in: APUZ B19-20/2002, S. 29ff, 37)). Neben der Regelung der Handelsbeziehungen und anderer handelsrelevanter Bereiche (Art. 19ff AHEZ) finden sich etwa Vorschriften zur wirtschaftlichen Zusammenarbeit (Art. 50ff AHEZ), zur klassischen Entwicklungszusammenarbeit (Art. 65ff AHEZ), zur Zusammenarbeit in anderen Bereichen wie Wissenschaft und Technologie, Kultur, ... (Art. 83ff AHEZ) und zur Finanzierung (Art. 93ff AHEZ). Des Weiteren existiert eine Finanzverordnung, die auf Grundlage des Art. 179 EGV ergangen ist (VO (EG) Nr. 1726/2000 des EP und des Rates vom 29. Juni 2000 *über die Entwicklungszusammenarbeit mit Südafrika* (ABl. 2000, Nr. L 198/1ff); diese zuletzt durch die VO (EG) Nr. 2110/2005 des EP und des Rates vom 14.12. 2005, Anhang I, Punkt 14 (ABl. 2005, Nr. L 344/11) geänderte VO ergänzt das AHEZ, vgl. Art. 93b) AHEZ, Präambel III der VO (EG) Nr. 1726/2000). Die auf der VO fußenden Programme fördern neben der Demokratisierung, dem Schutz der Menschenrechte, der öffentlichen Verwaltung und der stärkeren Beteiligung der Zivilgesellschaft die fortgesetzte Integration der südafrikanischen Wirtschaft in die Weltwirtschaft, die Schaffung von Arbeitsplätzen, die Privatwirtschaft, die regionale Zusammenarbeit und Integration sowie die Verbesserung der Lebensbedingungen (Art. 2II der VO (EG) Nr. 1726/2000).

Was die Anwendbarkeit des Partnerschaftsabkommens anbelangt, so beinhaltet Art. 8 des Protokolls Nr. 3 (ABl. 2000, Nr. L 317/284ff) eine diesbezügliche Übersichtstabelle. Sobald im Rahmen der Erörterung des Partnerschaftsakommens konkrete Bestimmungen für Südafrika unanwendbar sind, wird auf sie hingewiesen werden.

Eine Skizze über die EG-Südafrika Beziehungen zeichnet: *Schmidt*, Aktuelle Aspekte der EU-Entwicklungspolitik, in: APUZ B19-20/2002, S. 29ff, 36f.

[8] ABl. 2003, Nr. L 83/69.

[9] Siehe hierzu ausführlich oben Kapitel B „Geschichte der Entwicklungszusammenarbeit der Europäischen Gemeinschaft", Abschnitt B.III.2.4.

[10] Zur Verlängerung der Bestimmungen von Lomé IV bis zum 1. August 2000: Beschluss Nr. 1/2000 des AKP-EG-Botschafterausschusses vom 28. Februar 2000 über die ab 1. März 2000 geltenden Übergangsmaßnahmen (ABl. 2000, Nr. L 56/47ff) und Anhang zum Beschluss Nr. 1/2000 des AKP-EG-Botschafterausschusses (ABl. 2000, Nr. L 217/1ff); zur vorläufigen Anwendbarkeit bestimmter Vorschriften des Partnerschaftsabkommens von Cotonou: Beschluss Nr. 1/2000 des AKP-EG-Ministerrates vom 27. Juli 2000 über die Übergangsmaßnahmen für den Zeitraum zwischen dem 2. August 2000 und dem Inkrafttreten des AKP-EG-Partnerschaftsabkommens (ABl. 2000, Nr. L 195/46ff).

[11] Vgl. hierzu oben Kapitel D „Gemeinschaftsrechtliche Handlungsvorgaben", Abschnitt D.II.2.1.

[12] *Werther-Pietsch*, Strategie für Entwicklung, S. 85.

[13] Vgl. Art. 9I UA 1, 1. Hs. Cotonou.

[14] Vgl. *Werther-Pietsch*, Strategie für Entwicklung, S. 85. Vgl. dazu unten insbesondere die Abschnitte E.I.2.2.1 und E.I.2.2.2.3.

gleich das Konstrukt als solches überwiegend beibehalten wurde. Hierzu der Deutsche Bundestag[15]:

> „Das Abkommen von Cotonou stellt die bewährte Zusammenarbeit zwischen der Europäischen Gemeinschaft und ihren Mitgliedstaaten sowie den AKP-Staaten auf eine zeitgemäße Grundlage und gestaltet diese Beziehungen neu. Nach intensiven und schwierigen Verhandlungen haben AKP- und EG-Mitgliedstaaten Einigkeit darüber erzielt, einerseits die nun schon 25-jährige Tradition fortzusetzen, andererseits aber auch den veränderten wirtschaftlichen und politischen Gegebenheiten zu entsprechen".

Es verschafft den AKP-Staaten „einen langfristigen Planungsrahmen, der in Zeiten nationaler Haushaltssanierungen und Budgetkürzungen besonders in der Entwicklungszusammenarbeit nicht mehr selbstverständlich zu sein scheint"[16]. Dass die Gemeinschaft hiervon sowie von der Tatsache, dass besonders im Hinblick auf Afrika unverhohlene Kritik, vielerorts sogar Resignation angesichts offensichtlicher Unwirksamkeit der Entwicklungshilfe herrschte, unbeeindruckt das neue Abkommen schloss, ist demnach als wichtiges politisches Signal zu begreifen[17].

Im Folgenden soll jene Kritik in Form einer Übersicht über das von der Kommission veröffentlichte, sich mit jenen Fehlleistungen auseinandersetzende *„Grünbuch über die Beziehungen zwischen der Europäischen Union und den AKP-Staaten an der Schwelle zum 21. Jahrhundert: Herausforderungen und Optionen für eine neue Partnerschaft"*[18] aufgegriffen werden. Anschließend stellt die Arbeit den Inhalt des Partnerschaftsabkommens, quasi die Frucht der kontrovers geführten Diskussionen, vor.

1. „Grünbuch über die Beziehungen zwischen der Europäischen Union und den AKP-Staaten an der Schwelle zum 21. Jahrhundert": Diskussionsgrundlage für eine Revision der Zusammenarbeit

Wie soeben und bereits im Kapitel B „Geschichte der Entwicklungszusammenarbeit der Europäischen Gemeinschaft", Abschnitt B.III.2.4, angeklungen, wurde seit Beginn der 90er Jahre zunehmend Kritik an der Lomé-Kooperation geübt, die auch nach der Mid-Term Review von Lomé IV nicht abebbte, im Gegenteil. Nahezu unisono wurde der Ruf nach einer grundlegenden Revision, zumindest aber nach einem grundsätzlichen Neu-Überdenken der Zusammenarbeit laut.

Im November 1996 leitete die Kommission diesen Revisionsprozess durch die Veröffentlichung des ebenso umfangreichen wie schonungslos kritikübenden *„Grünbuch[s] über die Beziehungen zwischen der Europäischen Union und den AKP-Staaten an der Schwelle zum 21. Jahrhundert: Herausforderungen und Optionen für eine neue Partnerschaft"*[19] ein. Ge-

---

[15] *Bundestag*, Abkommen von Cotonou, in: BTDS 14/7053, S. 278ff, 278. Ähnlich: *Karl*, Time for a change, The Courier, Nr. 181 (2000), S. 3ff, 3f.

[16] *WEED* u.a. (Hrsg.), Die „Konvention von Cotonou", abgedruckt in: *HIZ*, Bd. 14, III B 20 13, S. 1ff, 2.

[17] Vgl. *Schmidt*, Aktuelle Aspekte der EU-Entwicklungspolitik, in: APUZ B19-20/2002, S. 29ff, 37.

[18] KOM (1996) 570, endg. vom 20.11.1996, bereits zitiert als: Grünbuch der Kommission über die AKP-EG Beziehungen vom November 1996.

[19] Vgl. hierzu das Interview mit Kommissar *Pinheiro*, „L'avenir des relations entre l'Union Européenne et les pays ACP", in: RMC 1997, S. 233ff, vor allem S. 235f, sowie die Stellungnahmen beispielsweise von: *Holtz*, Die Zukunft von Lomé, in: E+Z 1997, S. 188f; *Frisch*, Jenseits von Lomé IV, in: E+Z 1998, S. 96f; *Holland*, The EU and the Third World, S. 173f; *Wolf*, Partnerschaft auf dem Prüfstand, in: Integration 1997, S. 160ff, 168ff. Zu den unzähligen Stellungnahmen über die künftige Kooperation bereits im Vorfeld des Grünbuchs z.B.: *Frisch*, Zur Zukunft des Lomé-Abkommens, in: afrika spectrum 1996, S. 57ff, der vor dem aktuellen „Afro-Pessimismus" (ebenda S. 59) warnte und zur Fortsetzung des Lomé-Komplexes in revidierter Form aufrief: „Solchen leichtfertigen Ankündigungen [des Endes der privilegierten Zusammenarbeit] stelle ich die langjährige

mäß der Funktion eines Grünbuchs im Allgemeinen und hier im Besonderen formulierte der damalige Entwicklungskommissar, Prof. M. João de Deus Pinheiro, das hinter dem Papier stehende Anliegen folgendermaßen:

> „Das Grünbuch zielt darauf ab, Denkanstöße zu bieten, eine breite Diskussion auszulösen und den Dialog zwischen den Partnern vorzubereiten im Hinblick auf das Auslaufen des Lomé-Abkommens. Das Grünbuch richtet sich an alle Akteure der Entwicklungszusammenarbeit. *Es enthält keinen förmlichen Vorschlag, und die aufgeführten Optionen sollen den künftigen Vorschlägen der Kommission keineswegs vorgreifen.* Das Grünbuch liefert einen Beitrag zur Reflexion und zur Diskussion [...]"[20].

Knapp zwei Jahre vor Beginn der am 1. September 1998 beginnenden Verhandlungen über die Zukunft der Kooperation[21] also bilanzierte die Kommission recht kritisch die bisherige Zusammenarbeit, wobei sie ausführlich auf die prägenden politischen und sozioökonomischen Gegebenheiten in den AKP-Staaten einging; denn ihrer Auffassung nach konnte „eine kritische Beurteilung der bisherigen Kooperationspolitik der Reflexion über die Zukunft nützliche Anhaltspunkte liefern"[22]. Alsdann folgten Anregungen bzw. Möglichkeiten, wie sich „eine adäquatere und effizientere Partnerschaft, die den Herausforderungen des 21. Jahrhunderts gewachsen ist"[23], darstellen könnte.

Das bereits erwähnte veränderte geopolitische Umfeld[24] hatte die Europäische Union ihre wirtschafts-, außen- und gleichermaßen entwicklungspolitischen Ziele neu definieren lassen: weg von einer besonderen außenpolitischen Konzentration auf ihre Beziehungen zu den AKP-Staaten, hin zu einer Forcierung der vor allem handelspolitischen Kooperation mit den Transitionsländern, den Mittelmeerstaaten, den Ländern Asiens und nunmehr auch Lateinamerikas[25]. Für einen „Akteur von Weltrang"[26] bedeuteten diese veränderten internationalen Konstellationen, diese Facetten der Globalisierung, indes nicht ein Weniger oder gar das Aus der bisherigen Kooperation; vielmehr kam nunmehr auf die Union ein Mehr an wirtschaftlicher, vor allem aber politischer Verantwortung zu, die verlangte, gerade auch die Beziehungen zu den AKP-Staaten aufrechtzuerhalten[27]. Und nicht zuletzt wurzelte die Beibehaltung dieser

---

Erfahrung entgegen, daß man keine erprobte Politik aufgibt, bevor man sich eine bessere ausgedacht und sichergestellt hat, daß sie Chancen hat, die alte Politik abzulösen" (ebenda, S. 57). Er plädierte für eine künftige Vereinbarung „im Sinne einer erwachsenen, anspruchsvollen, schonungslos offenen Partnerschaft, aber eben einer Partnerschaft mit allen Konsequenzen" (ebenda, S. 65). Des Weiteren: *Brigaldino*, Neue Konturen der Zusammenarbeit, in: APUZ B20/1994, S. 26ff, 35ff; *Kappel*, Die entwicklungspolitischen Fehlleistungen des Kooperationsmodells von Lomé, in: JEP 1999, S. 247ff.

[20] Grünbuch der Kommission über die AKP-EG Beziehungen vom November 1996, S. IV.

[21] Art. 366III Lomé IV 1989 (ABl. 1991, Nr. L 229/3ff).

[22] Grünbuch der Kommission über die AKP-EG Beziehungen vom November 1996, S. 7.

[23] Grünbuch der Kommission über die AKP-EG Beziehungen vom November 1996, S. III.

[24] Zur Erinnerung: Die Auflösung des Ost-Blocks, die Ausweitung der Marktwirtschaft sowie ihre intensivierte Organisation in regionalen Blöcken, Demokratisierungsprozesse bei gleichzeitiger Ausbreitung von gewaltsamen, internen politischen und ethnischen Konflikten, die äußerst geringe Integration am Welthandel der AKP-Staaten (Teilnahme am Welthandel: 2%; an den internationalen Investitionsströmen: weniger als 1% (Quelle: Grünbuch der Kommission über die AKP-EG Beziehungen vom November 1996, S. 1)), die Liberalisierung und Globalisierung des Welthandels, der Maastrichter Vertrag, außenwirtschaftliche und –politische Attraktivitätsverluste des Lomé-Komplexes zugunsten neuer Märkte im Osten, aber auch in Lateinamerika und in Asien, Legitimitätsverluste der Entwicklungszusammenarbeit allgemein. Das Grünbuch der Kommission über die AKP-EG Beziehungen vom November 1996 widmet diesem Themenkomplex die Seiten V, 1ff.

[25] Grünbuch der Kommission über die AKP-EG Beziehungen vom November 1996, S. V. Vgl. auch: *Frisch*, Zur Zukunft des Lomé-Abkommens, in: afrika spectrum 1996, S. 57ff, 59f.

[26] Vgl. Grünbuch der Kommission über die AKP-EG Beziehungen vom November 1996, S. VI.

[27] Grünbuch der Kommission über die AKP-EG Beziehungen vom November 1996, S. VI. Aufschlussreich dazu: *Wolf*, Partnerschaft auf dem Prüfstand, in: Integration 1997, S. 160ff, 164ff, die hinsichtlich der Beibehaltung der Kooperation zu den AKP-Staaten aber eher von einer Interessensverlagerung auf die politische Ebene

Beziehungen auf „marketingstrategischen“ Gründen: Die Hilfe „zugunsten der ärmsten Länder [...trug] entscheidend zum Ansehen Europas in der Welt bei“[28] – wie die Kommission einmütig bekannte. Dementsprechend stellte die „Steigerung der Effizienz der Zusammenarbeit unter Nutzung der Erfahrungen der EG aus 40 Jahren Zusammenarbeit mit AKP-Ländern“[29] – somit die Fortsetzung des Lomé-Komplexes - erklärtes Diskussionsziel der Kommission dar.

Zu diesem Zwecke hatte sich die Kommission zunächst in umfassender und unbeschönigter Weise mit den Schwächen – auch den rein EU-internen[30] - auseinandersetzen müssen[31]. Diese manifestierten sich – grob zusammengefasst - auf drei Ebenen:
Erstens, was den allgemeinen Rahmen der Zusammenarbeit anbelangt, konstatierte die Kommission das Scheitern des „Partnerschaftsprinzips“. Das Grünbuch führte dazu Folgendes aus: „Die Beziehungen zwischen den Partnern wurden im Laufe der Zeit immer stärker dominiert durch die Abhängigkeit von der Hilfe, kurzfristige Erfordernisse und Krisenmanagement. Was den Dialog über die Wirtschafts- und Sozialpolitik angeht, so war mit manchen Ländern wegen schwacher Institutionen und häufig wenig leistungsfähigen Verwaltungen eine echte Partnerschaft kaum möglich. In diesen Ländern beschränkte sich die Partnerschaft häufig auf eine kurzfristige gemeinsame Mittelverwaltung“[32].
Damit eng verbunden war zweitens die Klage der Kommission hinsichtlich eines fehlenden politischen Engagements der AKP-Regierungen – eigentlich „Voraussetzung für eine tatsächliche Identifizierung mit den Reformen und Sektorstrategien“[33] als Prämisse für eine erfolgreiche Entwicklung. Die praktische Anwendung des in der entwicklungspolitischen Theorie geltenden, bereits vorgestellten[34] entwicklungspolitischen Paradigmas der „Ownership“ ließ mithin zu wünschen übrig.
Drittens, auf der Ebene der entwicklungspolitischen Strategien, wurde die finanzielle und technische Zusammenarbeit - trotz punktueller Erfolge[35] - durch die institutionellen und wirtschaftspolitischen Rahmenbedingungen[36] in den Empfängerländern nach wie vor konterka-

ausgeht. Als Argumente hierfür führt sie an: globale Auswirkungen der Umweltzerstörung, weltweite Zunahme hoher Einkommensunterschiede, durch bewaffnete Unruhen hervorgerufene Migration in die EU sowie wachsende internationale Kriminalität infolge wirtschaftlicher und politischer Instabilität insbesondere in Afrika. Im Ergebnis ebenso: *Frisch*, Zur Zukunft des Lomé-Abkommens, in: afrika spectrum 1996, S. 57ff, 58.

[28] Grünbuch der Kommission über die AKP-EG Beziehungen vom November 1996, S. 3.

[29] Grünbuch der Kommission über die AKP-EG Beziehungen vom November 1996, S. VII.

[30] Mangelnde Kohärenz der Entwicklungszusammenarbeit mit anderen Politiken; unzureichende Koordination der bilateralen, mitgliedstaatlichen Hilfe und der multilateralen Hilfe der EG sowie der Zusammenarbeit in den internationalen Organisationen: Grünbuch der Kommission über die AKP-EG Beziehungen vom November 1996, v.a. S. Xf, 5, 14, 33f, sowie *Holtz*, Die Zukunft von Lomé, in: E+Z 1997, S. 188f, 189.

[31] Grünbuch der Kommission über die AKP-EG Beziehungen vom November 1996, S. 7ff.

[32] Grünbuch der Kommission über die AKP-EG Beziehungen vom November 1996, S. VII, vgl. auch S. 8.

[33] Grünbuch der Kommission über die AKP-EG Beziehungen vom November 1996, S. 8, vgl. auch S. VII f.

[34] Oben Kapitel C „Ziele der Entwicklungszusammenarbeit“, Abschnitt C.II.3.2, sowie Kapitel D „Gemeinschaftsrechtliche Handlungsvorgaben“, Abschnitt D.I.1.2.2.

[35] Hauptsächlich Maßnahmen im Bereich der Infrastruktur und zugunsten des Sozialsektors.

[36] Hier wurden neben äußeren Faktoren wie der extremen Abhängigkeit vom Export einiger weniger Grunderzeugnisse hauptsächlich innere Faktoren genannt: unzureichende makroökonomische und sonstige wirtschaftliche Reformpolitik (resultierend in Haushaltsdefiziten, künstlich hohen Wechselkursen, einer Überregulierung der Märkte, einer Mißwirtschaft im öffentlichen Sektor, einer geringen Entwicklung der Humanressourcen sowie des Finanzsektors sowie in nicht vorhandener Infrastruktur (Grünbuch der Kommission über die AKP-EG Beziehungen vom November 1996, S. 12, 18)) oder aber hohe politische Instabilität (sich manifestierend in intransparenten und ineffizienten Verwaltungs- und Regierungsapparaten) – allesamt Faktoren, die Hand in Hand mit einer niedrigen Investitionsquote sowie mangelndem unternehmerischen Geist gingen (hierzu sowie zu weiteren Faktoren: Grünbuch der Kommission über die AKP-EG Beziehungen vom November 1996, S. 18. Ausführlich: *Wolf*, Partnerschaft auf dem Prüfstand, in: Integration 1997, S. 160ff, 161ff).

riert[37]. Dieses Umfeld erklärte gleichermaßen die enttäuschende Bilanz der Handelspräferenzen[38], denn lediglich jene Länder, die parallel zu den Präferenzen eine „entsprechende Politik der Diversifizierung"[39] eingeleitet hatten, konnten nun einen Handelserfolg verbuchen[40]. Und ganz grundsätzlich war zu verbuchen, dass die Entwicklungsbilanzen der einzelnen AKP-Länder erheblich divergierten, der Entwicklungsabstand zwischen den einzelnen Ländern sich mithin immer mehr zu verbreitern schien[41].

Aus diesen gewonnenen Erkenntnissen formulierte die Kommission schlagwortartig folgende Anforderungen an die künftige Zusammenarbeit: „Effizienzsteigerung" und „Diversifizierung".
Erstere betraf zunächst die Entwicklungszusammenarbeit im engeren Sinne: Anvisiert wurde hier eine stärkere Erfolgsorientierung, sei es durch Ausbau bzw. Verfeinerung bereits erprob-

---

[37] Insgesamt betrachtet mittelmäßige sozioökonomische Ergebnisse der AKP-Staaten, insbesondere in Subsahara-Afrika: Das Bruttoinlandsprodukt war zwar durchschnittlich um 1,7%/ Jahr in den 80er Jahren, um 2,4%/ Jahr in den 90er Jahren gestiegen, hohes Bevölkerungswachstum (mit 2,9% bzw. 2,6%/ Jahr das stärkste der Erde) führte jedoch zu sinkendem Pro-Kopf-Einkommen (*Babarinde/ Faber*, From Lomé to Cotonou, in: EFARev. 2004, S. 27ff, 34f). Auch der Anteil ausländischer Direktinvestitionen war vernichtend gering (5% der weltweiten ausländischen Direktinvestitionen gingen in die Entwicklungsländer insgesamt, jedoch nur 0,12% speziell an die AKP-Staaten (Quelle: *Donatella*, The private sector in the new agreement, in: The Courier, Nr. 181 (2000), S. 21ff, 21. Vgl. auch: Grünbuch der Kommission über die AKP-EG Beziehungen vom November 1996, Tabellen S. 58f, 64). Dieses schwache Wirtschaftswachstum zusammen mit der nach wie vor existierenden großen makroökonomischen Instabilität ließ zudem die Auslandsschulden explodieren (270% der Ausfuhrerlöse in 1996). Zum schwachen Wirtschaftswachstum kam vor allem in Subsahara-Afrika chronische Armut (zum Armutsbegriff oben Kapitel C „Ziele der Entwicklungszusammenarbeit", Abschnitt C.I.2.4): So bestand, was z.B. die (Aus-) Bildung anbelangt, eine unverändert hohe Analphabeten- (43%) sowie niedrige Einschulungsquote (36%) im Vergleich zu den anderen Entwicklungsländern (30%/ 47%; Stand 1996). Ebenso verhielt es sich mit der Lebenserwartung (51 Jahre; Stand 1993), der Kindersterblichkeit (93% im Vergleich zu 55%; Stand 1996) sowie mit dem Anteil der Bevölkerung ohne Gesundheitsversorgung (40% im Vergleich zu 20%; Stand: 1996). Das bereits erwähnte Bevölkerungswachstum vertiefte einerseits die Ernährungssicherungsprobleme; andererseits beschleunigte es nicht zuletzt auch die zunehmende Verstädterung, die ihrerseits zur Verschlechterung der Lebensbedingungen führte. Zum Voranstehenden: Grünbuch der Kommission über die AKP-EG Beziehungen vom November 1996, S. 15ff. Hierzu auch: *Kappel*, Die entwicklungspolitischen Fehlleistungen des Kooperationsmodells von Lomé, in: JEP 1999, S. 247ff, 248f. Allgemein zur strukturellen Unterentwicklung Afrikas: *Kappel*, Die anhaltende Unterentwicklung Afrikas, in: IPG 1999, S. 38ff.

[38] Trotz der nach wie vor großen Bedeutung der Handelspräferenzen für die AKP-Staaten (Stichworte: allgemeine Vergünstigung durch den vollkommen zollfreien Marktzugang für Fertigwaren und Verarbeitungserzeugnisse; Gewährung großzügiger Preise und Absatzgarantien im Rahmen der Protokolle über die Grunderzeugnisse Bananen, Zucker, Rindfleisch und Rum; Vorteile der liberalen Ursprungsregeln) wurden indes weder höhere Wachstumsraten in Bezug auf die Handelsentwicklung (sogar Halbierung des Anteils der AKP-Staaten am Welthandel in weniger als 20 Jahren (*Wolf*, Partnerschaft auf dem Prüfstand, in: Integration 1997, S. 160ff, 161f)) noch eine Ausfuhrdiversifizierung (80% ihrer Ausfuhrerlöse erwirtschaften die Staaten nach wie vor mit Rohstoffen) erzielt; die Anteile der AKP-Staaten am Gemeinschaftsmarkt konnten im Laufe der Lomé-Abkommen meist nicht einmal gehalten werden (1980: 8,5% der EU-Exporte, 8,1% der EU-Importe – 2001: 2,7% der EU-Exporte, 3% der EU-Importe (Quelle: *Babarinde/ Faber*, From Lomé to Cotonou, in: EFARev. 2004, S. 27ff, 29f)). Voranstehend auch: Grünbuch der Kommission über die AKP-EG Beziehungen vom November 1996, S. 11f. Umfassend zur Wirkung der Präferenzen auf den AKP-Handel: *Wolf*, Begrenzter Erfolg der Lomé-Abkommen, S. 50ff.

[39] Grünbuch der Kommission über die AKP-EG Beziehungen vom November 1996, S. VII.

[40] Voranstehend: Grünbuch der Kommission über die AKP-EG Beziehungen vom November 1996, S. VII, 11f. Zu diesen Ländern zählten: Mauritius, Botswana, Elfenbeinküste, Jamaika und Simbabwe. Zu den weiteren Gründen für diese Misere: Grünbuch der Kommission über die AKP-EG Beziehungen vom November 1996, S. 12. Informativ zu den Handelsstrukturen der AKP-Staaten sowie zu den Ursachen ihrer langsam voranschreitenden wirtschaftlichen Entwicklung: *Wolf*, Partnerschaft auf dem Prüfstand, in: Integration 1997, S. 160ff, 161ff.

[41] Grünbuch der Kommission über die AKP-EG Beziehungen vom November 1996, S. 16f.

ter Formen der Zusammenarbeit[42], sei es durch Entwicklung neuer Kooperationsformen[43], sowie eine Qualitäts- und Wirkungssteigerung bei der Verwendung der zur Verfügung stehenden, stetig knapper werdenden Ressourcen, und zwar sowohl auf Seiten der AKP-Staaten[44] wie auf Seiten der EU[45]. Des Weiteren – und hauptsächlich - hatte sie die institutionelle und (wirtschafts-) politische Einbettung der Entwicklungszusammenarbeit im Auge[46]. Ferner strebte die Kommission eine Diversifizierung an. Gegenstand dieser Diversifizierung war einerseits die Differenzierung der AKP-Staaten nach ihren spezifischen Anforderungen an die Entwicklungszusammenarbeit[47], die prinzipiell der Beibehaltung ihrer einheitlichen Form opponierte, zumindest aber die Frage nach der geographischen Reichweite der künfti-

---

[42] Im Einzelnen: verstärkte Förderung der Wirtschaft – vor allem durch Verbesserung der Wettbewerbsfähigkeit der Volkswirtschaften und durch verstärkte Unterstützung der Entwicklung der privaten Investitionstätigkeit sowie der Regionalintegration - zur Einbindung der AKP-Staaten in die Weltwirtschaft (Grünbuch der Kommission über die AKP-EG Beziehungen vom November 1996, S. XI f, XIII, 35, 36ff, 49f; kritischer: *Holtz*, Die Zukunft von Lomé, in: E+Z 1997, S. 188f, 189: „Integration in die Weltwirtschaft soweit wie nötig – binnenmarktorientierte Entwicklung soweit wie möglich"); weitere Intensivierung der Armutsbekämpfung, insbesondere durch Verbesserung der Beschäftigungslage und Förderung der Sozialpolitik (Grünbuch der Kommission über die AKP-EG Beziehungen vom November 1996, S. XII, 41ff); strategische Einbeziehung des Umweltschutzes (Grünbuch der Kommission über die AKP-EG Beziehungen vom November 1996, S. XII, 43); Erarbeitung einer adäquaten Handelsregelung, die die Integrationsstrategien der AKP-Staaten in die Weltwirtschaft berücksichtigt. Hier kamen als (miteinander kombinierbare) Regelungen hauptsächlich in Betracht: 1. Beibehaltung des Status quo, gegebenenfalls mit Ergänzungen für andere handelsrelevante Bereiche; 2. Einbeziehung in das APS, das heißt Verzicht auf vertragliche Regelung; 3. einheitliche, vertragliche Anwendung des Reziprozitätsprinzips; 4. Errichtung von Freihandelszonen mit einzelnen AKP-Ländern/ Ländergruppen, sog. „differenzierte Reziprozität" (Grünbuch der Kommission über die AKP-EG Beziehungen vom November 1996, S. XIII, 45ff, auch zu den Vor- und Nachteilen der jeweiligen Optionen; vgl. hierzu auch: *Holland*, The EU and the Third World, S. 174ff; *Wolf*, Partnerschaft auf dem Prüfstand, in: Integration 1997, S. 160ff, 170ff; *Frisch*, Jenseits von Lomé IV, in: E+Z 1998, S. 96f, 97; *Frisch*, Zur Zukunft des Lomé-Abkommens, in: afrika spectrum 1996, S. 57ff, 67ff).

[43] Beispielsweise neue Aktionsformen zur Unterstützung von Innovationsbereichen wie der Übergang zur Informationsgesellschaft (Grünbuch der Kommission über die AKP-EG Beziehungen vom November 1996, S. IX, 31, 40f. Ausdrücklich für eine Forcierung in diesem Gebiet: *Holtz*, Die Zukunft von Lomé, in: E+Z 1997, S. 188f, 189).

[44] Neugestaltung der Durchführungsmodalitäten der mittlerweile transparenzlos gewordenen finanziellen und technischen Hilfe (bislang: gleichzeitiger Ländereinsatz vielzähliger spezifischer Instrumente mit jeweils unterschiedlichen Verwaltungs- und Finanzierungsverfahren): Unter anderem Möglichkeit zur Bündelung und Differenzierung der Finanzmasse in nur drei Abteilungen für langfristige, kurzfristige bzw. unvorhergesehene Maßnahmen sowie für direkte Hilfe an staatsunabhängige Akteure (hierzu riet auch dringend: *Frisch*, Zur Zukunft des Lomé-Abkommens, in: afrika spectrum 1996, S. 57ff, 71f); verstärkte Koppelung der Hilfegewährung an Performancekriterien statt - wie bisher - Vergabe (fast) ausschließlich nach Entwicklungsindikatoren (so auch explizit: *Frisch*, Jenseits von Lomé IV, in: E+Z 1998, S. 96f, 97); Reformierungsoptionen hinsichtlich der Arten der Hilfen (beispielsweise direkte Haushaltshilfe und gezieltere Unterstützung einiger weniger Sektorpolitiken statt Projekthilfe) sowie der Verwaltung (gemeinsame, unilaterale Verwaltung durch die EG oder die Empfängerländer). Voranstehend: Grünbuch der Kommission über die AKP-EG Beziehungen vom November 1996, S. XIIIf, 51ff.

[45] Grünbuch der Kommission über die AKP-EG Beziehungen vom November 1996, S. 4f, 13f.

[46] Vgl. Grünbuch der Kommission über die AKP-EG Beziehungen vom November 1996, v.a. S. VII, 7ff, 13, vgl. auch S. 18ff, 30f, 36f, 43ff.

[47] Hierzu die Kommission in ihrem Grünbuch über die AKP-EG Beziehungen vom November 1996, S. 31: „Die AKP-Gruppe ist weder im politischen noch im wirtschaftlichen Sinne eine wirkliche Einheit. Sie ist das Ergebnis der geschichtlichen Entwicklung und der Beziehungen der darin zusammengefaßten Länder zur EU. Heute gibt es in der Gruppe Interessen und Entwicklungsmöglichkeiten, die in mancher Hinsicht divergieren, denn es herrscht eine Vielfalt an Einkommens- und Lebensverhältnissen, und die wirtschaftlichen Strukturen, die handelspolitischen Optionen und die Attraktivität der einzelnen Staaten für ausländische Direktinvestitionen sind höchst unterschiedlich". Vgl. hierzu *Frisch*, Jenseits von Lomé IV, in: E+Z 1998, S. 96f, 96; *Wolf*, Partnerschaft auf dem Prüfstand, in: Integration 1997, S. 160ff, 172f.

gen Zusammenarbeit aufwarf[48]. In Umsetzung der Erkenntnis, dass die EG nicht für alles zuständig sein konnte und durfte[49], sollte andererseits eine Diversifizierung der Akteure der Zusammenarbeit erreicht werden, indem die „Empfängerländer die Hauptverantwortung für die Reformen und die Entwicklungsstrategien“[50] übernahmen, oder, im weiteren Sinne formuliert, politisches Engagement demonstrierten[51], und auch nichtstaatliche Akteure in diese Verantwortung mit einzubeziehen waren[52]. Als hauptsächlicher Transformator dieses Vorhabens, das insgesamt der Verstärkung der „politischen Dimension“ der Partnerschaft dienen sollte, war ein vertiefter politischer Dialog angedacht[53] – im Hinblick auf die unterentwickelten institutionellen und politischen Kapazitäten zur Übernahme dieser Aufgabe, nicht selten auch auf den hierzu fehlenden politischen Willen sowie die fehlende Kanalisierungs- und Durchsetzungsfähigkeit eigener Entwicklungsideen der zivilen Akteure ein Unternehmen, das auf wackligen Beinen stand[54].
Nichtsdestotrotz aber kündigten diese beiden Eckpunkte des Grünbuchs bereits Tendenzen an, wie sie drei Jahre später in der OPS vom November 2000 sowie in der Kommissionsmitteilung über die Entwicklungspolitik vom April 2000 für die gesamte Entwicklungszusammenarbeit verallgemeinert werden sollten. Von daher ist wohl davon auszugehen, dass das Papier nicht nur für die Revision der Kooperation mit den AKP-Staaten, sondern darüber hinaus auch für die entwicklungspolitische Grundsatzdebatte wertvolle Anregungen liefern konnte.

Der Allgemeine Rat erteilte auf seiner Tagung am 29. Juni 1998 in Luxemburg der Kommission das Mandat für die am 30. September beginnenden Verhandlungen über das neue Abkommen[55]. Dieses Verhandlungsmandat stellte quasi das „Surrogat“[56] der dem Grünbuch folgenden, knapp zweijährigen EU-externen[57] und –internen[58] Debatte dar. An dieser Stelle sol-

[48] Grünbuch der Kommission über die AKP-EG Beziehungen vom November 1996, S. IX f, 30ff. Als Kooperationsvarianten für das neue Abkommen kamen deshalb für die Kommission in Betracht (Grünbuch der Kommission über die AKP-EG Beziehungen vom November 1996, S. X, 32f; zu dieser Thematik auch: *Wolf*, Partnerschaft auf dem Prüfstand, in: Integration 1997, S. 160ff, 169ff): 1. grundsätzliche Beibehaltung des Status quo; 2. Abschluss eines globalen Rahmenabkommens, ergänzt durch bilaterale Verträge; 3. Aufsplitterung des Lomé-Komplexes in regionale Abkommen; und 4. Abschluss eines besonderen Abkommens mit den LLDCs unter den AKP-Staaten, das auch anderen LLDCs offen stehen sollte. Strikt gegen eine Differenzierung nach dem jeweiligen Entwicklungsstand der Staaten: *Frisch*, Zur Zukunft des Lomé-Abkommens, in: afrika spectrum 1996, S. 57ff, 62.

[49] Die Übernahme von Verantwortung seitens der EG zum Zwecke einer größeren Effizienz der Zusammenarbeit, bezeichnete die Kommission als „dirigistisches Vorgehen“ (Grünbuch der Kommission über die AKP-EG Beziehungen vom November 1996, S. 8), das im Widerspruch zu dem bereits beschriebenen entwicklungspolitischen Paradigma stand, demzufolge sich die Empfängerländer mit dem Entwicklungsprozess identifizieren müssen (ebenda).

[50] Grünbuch der Kommission über die AKP-EG Beziehungen vom November 1996, S. IX.

[51] Vgl. Grünbuch der Kommission über die AKP-EG Beziehungen vom November 1996, S. VIII, 29f. So auch: *Frisch*, Jenseits von Lomé IV, in: E+Z 1998, S. 96f, 97.

[52] Grünbuch der Kommission über die AKP-EG Beziehungen vom November 1996, S. IX, 13, 31.

[53] Grünbuch der Kommission über die AKP-EG Beziehungen vom November 1996, S. IX, 30f.

[54] *Frisch* (Jenseits von Lomé IV, in: E+Z 1998, S. 96f, 97) lobte zwar grundsätzlich die Vorzüge des politischen Dialogs (Ausdruck einer reifen, erwachsenen Partnerschaft; kein Aufzwingen einer Meinung via Konditionalität, sondern gemeinsame Meinungsbildung; beiderseits akzeptierte Verpflichtungen als Grundlage der Zusammenarbeit; Verantwortungsübernahme der Empfängerstaaten (vgl. ebenda, S. 97)), betonte andererseits aber auch die bereits angesprochenen, häufig fehlenden Rahmenbedingungen eines effektiven politischen Dialogs.

[55] EU Council, Negotiation Directives for the Negotiations of a Development Partnership Agreement with the ACP Countries, Information Note 10117/98, Version Provisoire, 30th June 1998 (zitiert nach: *Wolf* (Hrsg.), The Future of EU-ACP Relations, S. 155).

[56] *Werther-Pietsch*, Strategie für Entwicklung, S. 83.

[57] Vgl. bereits oben Fn. 19.

[58] Als wichtige Gemeinschaftsdokumente sind zu nennen: der Martens-Bericht des EP vom Oktober 1997 (Dok. PE 223.237); Mitteilung der Kommission *„Orientierungslinien für die Aushandlung neuer Kooperationsabkom-*

len jedoch die Ausführungen beschränkt[59] und nur die absoluten Grundzüge des Mandats wiedergegeben werden.
Die vier fundamentalen Grundsätze, auf denen gemäß dem Verhandlungsmandat die künftige Partnerschaft mit den AKP-Staaten basieren sollte, lauteten wie folgt:

- AKP-Urheberschaft („Ownership"): Es sollte den AKP-Staaten selbst obliegen, ihre Entwicklungsstrategien zur Umsetzung der Ziele des Abkommens auszuarbeiten;
- Partizipation sowie Eigenverantwortung: Die Partnerschaft würde auf eine Vielzahl von Akteuren ausgedehnt werden;
- Dialog und Kontraktualität statt Konditionalität, sowie Einhaltung der eingegangenen Verpflichtungen;
- Differenzierung und Regionalisierung: Die Modalitäten und Schwerpunkte der Zusammenarbeit sollten sich am Entwicklungsstand des jeweiligen Partners, seinen Bedürfnissen, seiner Leistung und seiner langfristigen Entwicklungsstrategie orientieren, wobei der regionalen Dimension sowie den LLDC besondere Aufmerksamkeit geschenkt wurde.

Dieses „gestalterische Gerüst" komplettierten drei Hauptinterventionsbereiche, d.h. Bereiche, in denen die AKP-Staaten verstärkt unterstützt werden sollten:

- Unterstützung der Wachstumsfaktoren, der Entwicklung des Privatsektors, der Wettbewerbsfähigkeit und der Beschäftigung;
- Förderung sozialpolitischer Maßnahmen, sowie
- Unterstützung der regionalen Zusammenarbeit und Integration.

Diesen zur Seite gestellt wurden sog. „horizontale" Interventionsprinzipien – Grundsätze, die es systematisch in alle Bereiche der Zusammenarbeit einzubeziehen galt:

- Unterstützung politischer und institutioneller Reformen, des Kapazitäts- und Kompetenzaufbaus der verschiedenen Akteure der Partnerschaft;
- Integration geschlechterspezifischer Fragen und Gleichberechtigung von Mann und Frau, sowie
- Umsetzung der Grundsätze der nachhaltigen Verwaltung der Umwelt und der natürlichen Ressourcen.

Weitere wichtige Eckpunkte des Verhandlungsmandats waren die Komprimierung der Zusammenarbeit bei der Entwicklungsfinanzierung sowie die Änderung des bisherigen Handelsregimes. Letztere intendierte, das bisherige System einseitiger Präferenzen bis 2005 aufrechtzuerhalten, dann jedoch durch regionale Wirtschaftspartnerschaftsabkommen, die die Errichtung von Freihandelszonen anvisierten, zu substituieren[60]. Schließlich sollten die AKP-Staaten bei der Bewältigung anderer handelsrelevanter Bereiche (geistiges und kommerzielles Eigentum, Normung und Zertifizierung...) unterstützt werden[61].

---

men mit den Ländern in Afrika, im karibischen Raum und im Pazifischen Ozean (AKP)", KOM (1997) 537, endg. vom 29.10.1997. Die fünf Hauptlinien sind: 1. stärkeres politisches Engagement; 2. Eindämmung der Armut; 3. verstärkte Wirtschaftkooperation; 4. Rationalisierung und stärkere Differenzierung der Kooperationsinstrumente; 5. geographische Differenzierung.

[59] Die Komplexität des Mandats würde den Rahmen dieser Abhandlung sprengen. Für eine umfassendere Darstellung wird auf die in Fn. 61 genannten Beiträge verwiesen.

[60] Davon versprach sich die Kommission, den individuellen Bedürfnissen des jeweiligen Kooperationspartners besser Rechnung tragen zu können („regionaler Integrationsansatz") (*Windmeißer*, Der Menschenrechtsansatz in der EZ, S. 42).

[61] Voranstehend und für eine ausführliche Darstellung des Verhandlungsmandats: *Werther-Pietsch*, Strategie für Entwicklung, S. 92ff. Vgl. auch: *Holland*, The EU and the Third World, S. 186ff (hauptsächlich im Hinblick auf die künftige Handelsregelungen); *Windmeißer*, Der Menschenrechtsansatz in der EZ, S. 41.

Diese Grundsätze versuchte die Kommission in ihrer Verhandlungsführung[62] umzusetzen. Vorschlag der Kommission war es, zunächst ein umfassendes Entwicklungshilfeabkommen auszuhandeln. Anschließend sollte der Prozess zur Einrichtung von regionalen Freihandelszonen initiiert werden, während in der Übergangsphase zuvor (2000 – 2005) der Status quo der Handelsbeziehungen aufrechterhalten werden würde. Geplant war, diese Freihandelsabkommen mit regionalen Zusammenschlüssen abzuschließen. An diesem Konstrukt könnten sich alsdann ebenfalls Nicht-AKP-Staaten beteiligen[63].
Die AKP-Länder[64] konnten sich wenig mit der Regionalisierung des Handels anfreunden, befürchteten sie doch eine Ausdifferenzierung ihrer Gruppe[65] sowie die (Wieder-) Einführung von Gegenpräferenzen. Infolgedessen plädierten sie für eine verlängerte GATT-Ausnahmeregelung bis 2010, um die bisherigen Handelsregelungen erneut WTO-konform halten zu können. Des Weiteren verwehrten sich die Staaten einer vertraglichen Nominierung von Good Governance, vor allem kombiniert mit der Erhebung des Prinzips zu einem wesentlichen Vertragsbestandteil, dessen Nichtbeachtung Sanktionsmaßnahmen nach sich ziehen könnte[66]. Hier waren sich indes nicht einmal die EG-Mitgliedstaaten einig[67]. Bis auf diesen Punkt der Gestaltung von Good Governance als wesentlicher Vertragsbestandteil konnte sich die EG jedoch auf den am 30.9.1998 in Brüssel offiziell beginnenden Verhandlungen mit ihren Forderungen im Wesentlichen durchsetzen.

2. Inhalt

Für das Partnerschaftsabkommen von Cotonou ist eine Laufzeit von nunmehr 20 Jahren vereinbart worden (Art. 95I Cotonou[68]), wobei eine Revisionsklausel eine Überprüfung der Vorschriften nach jeweils fünf Jahren ermöglicht (Art. 95III)[69].
Von dieser langen Vertragsdauer verspricht sich die EG nicht zuletzt eine noch langfristigere Planungssicherheit[70]. Einen ähnlichen Hintergrund verfolgt die Beibehaltung der vertraglichen Vereinbarung der Finanz - „Protokolle“[71], die die finanzielle Dotierung für das Partnerschaftsabkommen normieren und für einen Zeitraum von jeweils fünf Jahren abgeschlossen werden (Art. 95II): Hier soll insbesondere der Berechenbarkeit und Sicherheit des Finanzzu-

[62] *Werther-Pietsch* (Strategie für Entwicklung, S. 107ff) stellt umfassend die Verhandlungen in den vier Verhandlungsuntergruppen auf Ministerebene sowie die Kernstreitpunkte dar. Vgl. hierzu auch: *Holland*, The EU and the Third World, S. 189ff. Die verschiedenen internen und externen Einflüsse bzw. Zwänge, denen die Verhandlungen innerhalb der EG und ihren Mitgliedstaaten unterworfen waren, analysiert: *Forwood*, The Road to Cotonou, in: Journal of Common Market Studies 2001, S. 423ff, 427ff. Ebenso: *Elgström*, Lomé and Post-Lomé: Asymmetric Negotiations and the Impact of Norms, in: EFARev. 2000, S. 175ff, 177ff.

[63] Voranstehend: *Windmeißer*, Der Menschenrechtsansatz in der EZ, S. 42.

[64] Nachstehend: *Windmeißer*, Der Menschenrechtsansatz in der EZ, S. 42f; *Werther-Pietsch*, Strategie für Entwicklung, S. 98f, S. 87f zur Meinungsbildung auf AKP-Seite. Diese entwirft auch eine interessante und informative Gegenüberstellung der AKP-EU-Verhandlungsmandate (ebenda, S. 99ff). Ebenso: *Bossuyt* u.a., Comparing the ACP and EU negotiating mandates, in: The Courier, Nr. 173 (1999), S. 72ff.

[65] Diese „kollektive AKP-Solidarität“ war ja bislang ihr größtes Verhandlungsgewicht (*Arts*, ACP-EU Relations in a New Era, in: CMLRev. 2003, S. 95ff, 107).

[66] *Gomes*, The political dimension of the new ACP-EU partnership, in: The Courier, Nr. 181 (2000), S. 10ff, 11.

[67] Gegen eine derartige Konditionalisierung stellte sich unter anderem die deutsche Ministerin für wirtschaftliche Zusammenarbeit und Entwicklung, Heidemarie Wieczorek-Zeul, vgl. *Windmeißer*, Der Menschenrechtsansatz in der EZ, S. 43.

[68] Artikel ohne nähere Bezeichnung sind im Folgenden solche des Partnerschaftsabkommens von Cotonou.

[69] Ausgenommen von dieser Regelung ist die wirtschaftliche und handelspolitische Zusammenarbeit, für die ein besonderes Überprüfungsverfahren vorgesehen ist, vgl. Art. 95III UA 1, S. 2.

[70] Vgl. *Bundestag*, Abkommen von Cotonou, in: BTDS 14/7053, S. 278ff, 279.

[71] „Finanzprotokoll“ ist eigentlich der Titel des Anhangs I; dieser und nachfolgend genannte Anhänge des Partnerschaftsabkommens von Cotonou sind Bestandteile der Konvention: Art. 100 UA 1, S. 1.

flusses Rechnung getragen werden (vgl. Art. 56Ic))[72]. Das Finanzvolumen des Ersten Finanzprotokolls[73] für das neue Abkommen beläuft sich für einen ab 1. März 2000 beginnenden Zeitraum auf 15 200 Millionen Euro[74].

Was die Neuerungen anbelangt, so sind überblicksmäßig folgende besonders hervorzuheben[75]:

- Forcierung der Armutsreduzierung, die Förderung einer nachhaltigen Entwicklung sowie einer schrittweisen Eingliederung der AKP-Staaten in die Weltwirtschaft (Art. 1 UA 2);
- Stärkung der politischen Dimension – unter anderem durch die Verankerung der Good Governance als fundamentales Element des Abkommens (Art. 9III), inklusive der Möglichkeit, bei schweren Fällen von Korruption Suspensionsmaßnahmen zu ergreifen (Art. 9III UA 2, S. 2 i.V.m. Art. 97), durch die Intensivierung des politischen Dialogs (Art. 8), die Integration einer Politik der Friedenskonsolidierung, der Konfliktprävention und – beilegung (Art. 11) sowie durch die erstmalige Behandlung der Einwanderungsthematik (Art. 13);
- Revision der Handelsregelungen zwischen den AKP- und EG-Staaten: Allmähliche Ablösung der bislang gewährten einseitigen Präferenzen durch gegenseitigen Marktzugang, der in WTO-konformen, regionalen Wirtschaftspartnerschaftsabkommen („economic partnership agreement" = EPA) bis Ende 2007 vertraglich normiert wird, wobei nach 2008 bis zu zwölf Jahre lange Übergangsfristen zur Vorbereitung auf diese veränderten Handelsbestimmungen gelten können (Art. 36f);
- Intensivierung der Partnerschaft – unter anderem durch Konzentration auf Strategien und Grundsätze, durch die Stärkung der Zivilgesellschaft (v.a. Art. 6Ib, 3. Spiegelstrich, 7) und der Privatwirtschaft (Art. 21, 74ff), durch die Förderung regionaler Integrationsprozesse (Art. 28ff, 67II) sowie nicht zuletzt mittels einer Effektivierung der Entwicklungsfinanzierung in Form des Ausbaus der „gleitenden Programmierung".

Um die administrative und politische Transparenz zu erhöhen[76], wurde die neue Konvention gegenüber den Vorgängerabkommen gravierend „entschlackt"[77]; sie inkludiert nur noch 100 Bestimmungen – gegenüber 369 Artikel in Lomé IV[78] -, aufgegliedert in sechs Teile: (1) Allgemeine Bestimmungen (Art. 1ff); (2) Institutionelle Bestimmungen (Art. 14ff); (3) Kooperationsstrategien (Art. 18ff); (4) Zusammenarbeit bei der Entwicklungsfinanzierung (Art. 55ff); (5) Allgemeine Bestimmungen für die am wenigsten entwickelten AKP-Staaten, die AKP-Binnenstaaten und die AKP-Inselstaaten (Art. 84ff) sowie (6) Schlussbestimmungen (Art. 91ff).

---

[72] Alternativ hierzu sind die Finanzhilfen an die Mittelmeer- und ALA-Länder in autonomen Verordnungen geregelt, die theoretisch jederzeit einseitig geändert werden können.

[73] ABl. 2000, Nr. L 317/67f.

[74] Punkt 1 des Finanzprotokolls (ABl. 2000, Nr. L 317/67f).

[75] Vgl. auch: *Karl*, Time for a change, The Courier, Nr. 181 (2000), S. 3ff, 4f; *Moreau*, The Cotonou Agreement – new orientations, in: The Courier, September 2000, special issue Cotonou Agreement, S. 6ff, 7.

[76] *WEED* u.a. (Hrsg.), Die „Konvention von Cotonou", abgedruckt in: *HIZ*, Bd. 14, III B 20 13, S. 1ff, 2.

[77] Diese Reduktion resultiert nicht zuletzt aus der Tatsache, dass viele Fragen nunmehr in die Anhänge verwiesen werden. Deutlich gestrafft wurde beispielsweise der bisherige Teil 2 Lomé IV (Art. 33 – 166): Seine Inhalte finden sich nun in den Art. 19 – 33 wieder, ergänzt um ein „Kompendium der Kooperationsstrategien", vgl. hierzu unten Abschnitt E.I.2.3.1.

[78] Nicht mitgezählt sind die in Lomé IV 1995 (ABl. 1998, Nr. L 156/3ff) eingefügten „a)" – Artikel.

Nachfolgend sollen nun die Bestimmungen des Partnerschaftsabkommens von Cotonou eingehend erläutert werden[79]. Dabei fließen die wichtigsten Ergebnisse der am 25.6.2005 in Luxemburg unterzeichneten, ersten Revision (Art. 95III) des Partnerschaftsabkommens in die Erläuterungen insoweit mit ein, als sie Art. 1 des Beschlusses Nr. 5/2005 des AKP-EG-Ministerrates vom 25.6.2005 für vorläufig anwendbar erklärt[80]. Ein endgültiges Inkrafttreten ist bis spätestens 1.1.2008 geplant[81]. Ziel dieses Revisionsprozesses war allerdings keinesfalls, am Acquis des Abkommens zu rütteln, sondern vielmehr dessen Effektivität und Qualität zu verstärken[82]. Infolgedessen sind die Modifikationen bzw. Neuerungen relativ moderat ausgefallen und betreffen - neben verbesserten Vorschriften für das „Verfahren und Verwaltungssysteme" (Abschnitt 2.4.4)[83] und die Investitionsfazilität[84] - die „Entwicklungsstrategien" (Abschnitt 2.3.1) sowie - hauptsächlich - die „Politische Dimension" (Abschnitt 2.2.2).

2.1 Präambel

Die Präambel des Regelwerkes stimmt auf den „Geist" des Abkommens ein, der durch die Statuierung der wichtigsten Vertragsziele bzw. –grundlagen dieses durchdringt und prägt - ein Grund, weshalb der Vorspruch so essenziell für die Auslegung der Vertragsbestimmungen[85] ist und infolgedessen eine Darstellung vor dem materiellen Abkommensteil gebietet:
Gleich zu Beginn der Präambel (Erwägungsgrund II) wird durch die Betonung der Armutsbeseitigung, der nachhaltigen Entwicklung sowie der schrittweisen Integration der AKP-Staaten in die Weltwirtschaft ein deutlicher Bezug zu den Zielen der Entwicklungszusammenarbeit (Art. 177I EGV) hergestellt. Ergänzend hierzu steht Präambel III, die der Entschlossenheit der

---

[79] Für eine Bewertung des Abkommens: *WEED* u.a. (Hrsg.), Die „Konvention von Cotonou", abgedruckt in: *HIZ*, Bd. 14, III B 20 13, S. 1ff; *Schmidt*, Aktuelle Aspekte der EU-Entwicklungspolitik, in: APUZ B19-20/2002, S. 29ff; *Brüne*, Die Konvention von Cotonou, in: Nord-Süd aktuell 2001, S. 338ff; *Martenczuk*, From Lomé to Cotonou, in: EFARev. 2000, S. 461ff (dieser vergleicht insbesondere das neue Abkommen mit dem Vorgängerabkommen Lomé IV); *Werther-Pietsch*, Strategie für Entwicklung, S. 116ff (mit Fokus auf die neue Menschenrechts- und Demokratieklausel sowie die Bestimmung über die gute Regierungsführung).
Für inhaltlich ausführliche Zusammenfassungen: *Zimmermann*, in: von der Groeben/ Schwarze (Hrsg.), EUV/ EGV, Art. 179, Rn. 20ff; *Bundestag*, Abkommen von Cotonou, in: BTDS 14/7053, S. 278ff; *Arts*, ACP-EU Relations in a New Era, in: CMLRev. 2003, S. 95ff; *Holland*, The EU and the Third World, S. 199ff.
Hintergrundwissen rund um das Partnerschaftsabkommen von Cotonou, insbesondere in den innovationsreichen Bereichen Handelsregelungen, Privatinvestitionen, Armutsreduzierung und Demokratie, bieten die diversen Beiträge in: *Wolf* (Hrsg.), The Future of EU-ACP Relations.

[80] Beschluss Nr. 5/2005 des AKP-EG-Ministerrates vom 25.6.2005 über die Übergangsmaßnahmen für den Zeitraum zwischen der Unterzeichnung und dem Inkrafttreten des geänderten AKP-EG-Partnerschaftsabkommens (ABl. 2005, Nr. L 287/1ff).
Anhang II dieses AKP-EG-Ministerratsbeschlusses Nr. 5/2005 vom 25.6.2005 (ABl. 2005, Nr. L 287/4ff) enthält die aufgrund der Revision geänderten bzw. neuen Bestimmungen, die als „Art. XX i.d.F. von Cotonou 2005" gekennzeichnet werden.
Einen Überblick über die wichtigsten Änderungen verschafft: http://ec.europa.eu/comm/development/body/cotonou/pdf/negociation_20050407_en.pdf (Stand: 6.6.2006).
Die Verhandlungen zur Überprüfung des Partnerschaftsabkommens von Cotonou wurden am 6. Mai 2004 anlässlich der AKP-EU-Ministerratstagung in Gabarone (Botswana) eingeleitet und am 23. Februar 2005 in Brüssel abgeschlossen. Am 25. Juni 2005 wurde in Luxemburg die überarbeitete Fassung des Vertrages unterzeichnet.

[81] Vgl. Anhang I zum AKP-EG-Ministerratsbeschluss Nr. 5/2005 vom 25.6.2005 (ABl. 2005, Nr. L 287/1ff).

[82] http://ec.europa.eu/comm/development/body/cotonou/pdf/negociation_20050407_en.pdf (Stand: 6.6.2006).

[83] Dabei bringt der AKP-EG-Ministerratsbeschlusses Nr. 5/2005 vom 25.6.2005 (ABl. 2005, Nr. L 287/1ff), auf den ersten Blick zweideutig zum Ausdruck, ob die geänderten Bestimmungen des Anhangs IV, Durchführungs- und Verwaltungsverfahren (ABl. 2005, Nr. L 287/19ff) vorläufig anwendbar sind: Präambel IV des Beschlusses nimmt diese ausdrücklich von der vorläufigen Anwendbarkeit aus, Art. 1I des Beschlusses jedoch nicht. Der insoweit eindeutige Wortlaut des Beschlusses hat indes seiner Präambel vorzugehen.

[84] Anhang II i.d.F. von Cotonou 2005 (ABl. 2005, Nr. L 287/18f).

[85] Vgl. Art. 31 Nr. 2 WVK (*Sartorius II*, Nr. 320).

Parteien Nachdruck verleiht, die Entwicklung der AKP-Staaten voranzutreiben, insbesondere einen höheren Lebensstandard zu erreichen, die Folgen der Globalisierung abzufedern und ihr eine stärkere soziale Dimension zu verleihen sowie die Partnerschaft, die „auf politischem Dialog, Entwicklungszusammenarbeit und Wirtschafts- und Handelsbeziehungen beruht" (Präambel IV), zu vertiefen. Neu in diesem Kontext ist überdies, dass internationale Entwicklungsziele als „Richtschnur" der Kooperation dienen müssen (Präambel X). In diesem Kontext weist Präambel X i.d.F. von Cotonou 2005 insbesondere auf die Millennium-Entwicklungsziele, namentlich auf Ziel eins, die Beseitigung der extremen Armut und des Hungers, hin[86]. Ausdrücklich hervorgehoben (Erwägungsgründe V, VI) wird erstmalig auch die neuere entwicklungspolitische Konzeption der Bedeutung des politisch-institutionellen Rahmens für eine nachhaltige Entwicklung, dessen Schaffung in den Verantwortungsbereich der betreffenden Länder falle[87]. Besondere Erwähnung verdient hierbei die ausdrückliche Integrierung der verantwortungsvollen Regierungsführung als langfristig entwicklungsfördernder Faktor (Präambel V).
Des Weiteren enthält das Partnerschaftsabkommen von Cotonou neben der bereits bekannten Bezugnahme auf die Grundsätze der UN-Charta, der Achtung der AEMR sowie der beiden UN-Pakte von 1966 eine im Gegensatz zu den Vorgängerabkommen noch größere Vielzahl an maßgebenden Referenzen auf das humanitäre Völkerrecht sowie auf diverse Sozialpakte (Präambeln VII, VIII, XII)[88]. Schließlich verweist das Partnerschaftsabkommen nunmehr auf diverse (weitere) Verpflichtungen, die sowohl auf einer Reihe von UN-Konferenzen (Präambel XI)[89] als auch im Rahmen der WTO (Präambel XIII)[90] eingegangen wurden, sowie auf die Erklärungen der AKP-Gipfeltreffen von Libreville (1997) und Santo Domingo (1999)[91] (Präambel IX).

2.2 Allgemeine Bestimmungen

2.2.1 Ziele und Grundprinzipien der Zusammenarbeit

Wie bereits die Vorgängerabkommen unterstützt das Partnerschaftsabkommen von Cotonou die wirtschaftliche, kulturelle und soziale Entwicklung der AKP-Staaten. Zwar dienen diese Facetten, wie oben im Abschnitt C.I.2.4 des Kapitels C „Ziele der Entwicklungszusammenarbeit" gezeigt, letztendlich der Reduzierung und langfristig der Bekämpfung der Armut. Das Partnerschaftsabkommen hingegen erhebt die Armutsbekämpfung im Einklang mit Art. 177I 3. Spiegelstrich EGV explizit zum eigenständig zu verfolgenden Ziel der AKP-EG-Kooperation. Dabei soll ihre Realisierung „in Einklang" (Art. 1 UA 2) mit den ebenfalls zum ersten Mal normierten Zielen der nachhaltigen Entwicklung und der schrittweisen Eingliederung der AKP-Staaten in die Weltwirtschaft (Art. 177I 1. und 2. Spiegelstrich EGV) erfolgen. Die zitierte Formulierung wirft allerdings die Frage auf, ob diese drei Elemente nebeneinan-

[86] Zu den Millennium-Entwicklungszielen oben Kapitel C „Ziele der Entwicklungszusammenarbeit", Abschnitt C.I.1, Fn. 33.

[87] Die Achtung der Menschenrechte, demokratischer und rechtsstaatlicher Grundsätze werden somit im Gegensatz zu den Vorgängerabkommen (z.B. Präambel IV Lomé IV 1989) in den Kontext einer nachhaltigen Entwicklung gesetzt.

[88] Vgl. dazu bereits oben Kapitel C „Ziele der Entwicklungszusammenarbeit", Abschnitt C.II.2.

[89] Zu diesen Konferenzen sowie zur Bindungswirkung der dort verabschiedeten Papiere bereits oben Kapitel „Ziele der Entwicklungszusammenarbeit", Fn. 8, Abschnitt C.I.1, Fn. 32.

[90] Z.B. die Entwicklungsagenda von Doha, die von der WTO-Ministerkonferenz 2001 verabschiedet wurde. Die Entwicklungsagenda von Doha kann unter http://www.wto.org/english/thewto_e/minist_e/min01_e/mindecl_e.htm (Stand 30.5.2006) abgerufen werden.

[91] Gipfeltreffen der Staats- und Regierungschefs der AKP-Gruppe in Libreville (Gabun) und Santo Domingo: „politisch bedeutsam[e], aber technisch- konservativ[e]" (*Frisch*, Jenseits von Lomé IV, in: E+Z 1998, S. 96f, 96) Äußerungen zu politischen Aspekten des zukünftigen Verhältnisses zu Europa.

der *das* bzw. *die* Ziele des Abkommens ausmachen (vgl. Präambel II, Art. 1 UA 3, S. 1, 19I1, 34I) oder ob dies nur auf das Ausmerzen von Armut zutrifft (Art. 1 UA 2) und die beiden anderen Aspekte somit bloße „Nebenziele" konstituieren. Zwar wurde bereits ausführlich hergeleitet, dass die Schwerpunktsetzung auf die Armutsbekämpfung auf keine rechtlichen Bedenken stößt und auch dem aktuellen entwicklungspolitischen Dogma entspricht, was zumindest tendenziell für die zweite Variante spräche. Doch lässt sich nicht einmal aus Art. 1 UA 2 eindeutig eine solche Priorisierung herleiten. Zudem gehen alle anderen Bestimmungen, in denen vom Ziel bzw. den Zielen der AKP-EG-Zusammenarbeit die Rede ist, von einem gleichberechtigten Nebeneinander von nachhaltiger Entwicklung (mit ihren drei, aus Art. 177I EGV herleitbaren Säulen wirtschaftliche und soziale Entwicklung und Umweltschutz[92] sowie den vier Elementen Menschenrechte, Demokratie, Rechtsstaatlichkeit und Good Governance[93]), Integration in die Weltwirtschaft sowie von Armutsbekämpfung aus. So kann für das Partnerschaftsabkommen von Cotonou nur festgestellt werden, dass es zwar löblicherweise sämtliche Entwicklungsaspekte des Art. 177I, II EGV als Abkommensziele normiert, sich jedoch den herrschenden paradigmatischen Strömungen mit ihrem Fokus auf die Armut verschlossen zeigt – wenngleich natürlich hinzuzufügen ist, dass eine derartige Schwerpunktsetzung ob des breiten Handlungsspielraums, den der Vertrag zur Verfügung stellt, den Vertragsparteien theoretisch offen stünde.
Ins Spiel gebracht wird nunmehr auch die friedens- und sicherheitspolitische Dimension des Abkommens (Art. 1 UA 1). Als „Beitrag" hierfür sehen die Vertragspartner die Förderung der sozioökonomischen Entwicklung an. Damit teilen die Vertragspartner die sich mittlerweile in der internationalen Gemeinschaft durchgesetzte Einsicht, dass „zwischen […] dem Weltfrieden, der internationalen und regionalen Sicherheit, der Gesamtsituation eines Landes, seiner politischen Stabilität sowie seiner Sozial- und Wirtschaftsentwicklung ein erheblicher Zusammenhang"[94] besteht.

Daneben durchdringen folgende vier „Grundprinzipien" (Art. 2) die Zusammenarbeit:
- Gleichheit der Partner und die bereits erwähnte Eigenverantwortung („ownership") für die Entwicklungsstrategien;
- Partizipation einer Vielzahl von Akteuren an der Entwicklungszusammenarbeit;
- zentrale Rolle des Dialogs und die Erfüllung hierbei eingegangener, beiderseitiger Verpflichtungen, sowie
- Differenzierung und Regionalisierung.

Die bisherige formale, den jeweiligen Inhalt der Kooperation mit einem Empfängerstaat betreffende Gleichbehandlung aller Partner – zudem manifest am nunmehr aufgehobenen Nicht-Diskriminierungsgrundsatz des Art. 174IIb) Lomé IV - wird also zugunsten des auf europäischer Ebene nahezu unisono verlangten und später auch in der OPS vom November 2000 sowie in der Kommissionsmitteilung über die Entwicklungspolitik vom April 2000 konkretisierten „differenzierten Konzepts" aufgehoben. Dieses gibt den Vertragspartnern explizit auf, die einzelnen Unterstützungsstrategien individuell auf den Entwicklungsstand, die spezi-

---

[92] Dies ist insofern einzuschränken, als die ökologische Komponente zwar im Rahmen des Art. 1 über „Ziele und Grundsätze" genannt wird (Art. 1 UA 3, S. 1, 2. Hs., UA 4, S. 6), jedoch nicht an so zentraler Stelle wie die wirtschaftliche und soziale Entwicklung (Art. 1 UA 1).
[93] Diese Verknüpfung ergibt sich ansatzweise aus Art. 1 (Art. 1 UA 1, UA 3, S. 1, 2. Hs., UA 4, S. 2), direkt aus Art. 9I (siehe unten Abschnitt E.I.2.2.2.2). Zu dieser Interdependenz allgemein bereits oben Kapitel C „Ziele der Entwicklungszusammenarbeit", Abschnitt C.II.3.1.
[94] Kommissionsmitteilung über Menschenrechte in den Außenbeziehungen vom November 1995, Punkt 72. Vgl. auch: Schlussfolgerungen des Europäischen Rates in Cannes, Punkt I.50, S. 52, abgedruckt in: Bulletin EG 6 – 1995, S. 23ff. Vgl. dazu bereits oben Kapitel C „Ziele der Entwicklungszusammenarbeit", Abschnitt C.II.3.2.

fischen Bedürfnisse sowie auf die Leistung des jeweiligen AKP-Staates hin auszurichten (Art. 2 4. Spiegelstrich) - eine grundlegende Neuerung gegenüber dem Vorgängerabkommen. Auch sonst spiegeln sich die von der Kommission anvisierten Verhandlungsziele in den zitierten Grundsätzen wider.

2.2.2 Politische Dimension

Wie bereits angeklungen, wurde die politische Dimension gegenüber der revidierten Vorgängerkonvention weiter intensiviert[95]. Dabei trägt das Partnerschaftsabkommen nicht nur den aus den Debatten um das Grünbuch hervorgegangenen Forderungen, sondern - einmal mehr – auch den aktuellen Postulaten der Menschenrechts-, Demokratie- und Rechtsstaatspolitik der EG gegenüber den Entwicklungsländern Rechnung. Das revidierte Partnerschaftsabkommen von 2005 verstärkt die politische Dimension erneut, indem es erstens die Präventivfunktion des politischen Dialogs über die „wesentlichen Elemente" des Abkommens – Vorbeugung von Situationen, die die Inanspruchnahme der Nichterfüllungsklausel bzw. des Konsultationsverfahrens nach Art. 96 nach sich ziehen können – festigt[96]. Zweitens führt die Revision weitere politische Zielsetzungen ein, z.B. zur Unterstützung des Internationalen Strafgerichtshofs (Präambeln VIIIb, a, Art. 11VI i.d.F. von Cotonou 2005), zur Bekämpfung des Terrorismus (Art. 11a i.d.F. von Cotonou 2005) sowie zur Nicht-Verbreitung von Massenvernichtungswaffen (Art. 11b i.d.F. von Cotonou 2005)[97]. Die beiden letzten Ziele nehmen eine Sonderstellung innerhalb des Partnerschaftsabkommens insofern ein, als zum einen der Rat der Europäischen Union, mithin ein „echtes" Organ der EU über die diesbezügliche finanzielle und technische Hilfe entscheidet. Zum anderen wird diese Hilfe nicht aus den Mitteln der AKP-EG-Zusammenarbeit (EEF, Darlehen der EIB) bestritten, sondern mittels „besonderer Instrumente"[98]. Da diese Bestimmungen momentan noch nicht anwendbar sind[99], wird von ihrer weiteren Darstellung abgesehen.

2.2.2.1 Politischer Dialog

Im Zentrum dieses Ansatzes steht ein umfassender, ausgewogener und intensiver politischer Dialog (Art. 8I), der bekanntlich eines der vier „Grundprinzipien" des Partnerschaftsabkommens von Cotonou konstituiert (Art. 2 3. Spiegelstrich). Nicht zuletzt die Tatsache, dass die Bestimmung noch vor der Menschenrechts- und Demokratieklausel des Art. 9 platziert ist, vermag die enorme Bedeutung des politischen Dialogs im Rahmen der AKP-EG-Kooperation zu unterstreichen. Und wie sogleich ein genauer Blick auf die von ihm behandelten Themen ergeben wird, beheimatet Art. 8 trotz der insoweit nicht differenzierenden Überschrift gleichfalls den Politikdialog[100]. Jedenfalls kann dieser Dialog in beiden Varianten zu „beiderseitigen Verpflichtungen" (Art. 8I; vgl. auch Art. 2 3. Spiegelstrich) führen, die wiederum den „Kern

[95] Ausführlich hierzu: *Gomes*, The political dimension of the new ACP-EU partnership, in: The Courier, Nr. 181 (2000), S. 10ff.

[96] Vgl. unten Abschnitt E.I.2.2.2.2.

[97] Art. 11bI i.d.F. von Cotonou 2005 konstituiert sogar ein „wesentliches Element" des Abkommens. Die einschlägige Nichterfüllungsklausel halten Art. 11bIV – VI i.d.F. von Cotonou 2005 bereit.

[98] Art. 11bII UA 2 i.d.F. von Cotonou 2005; Präambel VII des AKP-EG-Ministerratsbeschlusses Nr. 5/2005 vom 25.6.2005 (ABl. 2005, Nr. L 287/1ff); Erklärung XII (ABl. 2005, Nr. L 287/39; bei dieser und nachstehend zitierten, der Schlussakte des AKP-EG-Partnerschaftsabkommens (von 2000 bzw. 2005) beigefügten Erklärungen handelt es sich um sog. „auslegende Erklärungen" zu Bestimmungen des Partnerschaftsabkommens von Cotonou, die nicht Vertragsbestandteile sind (arg. ex Art. 100 UA 1, S. 1 (i.d.F. von Cotonou 2005)). Zu diesen „auslegenden Erklärungen" bereits oben Kapitel D „Gemeinschaftsrechtliche Handlungsvorgaben", Abschnitt D.II.1, insbesondere Fn. 286).

[99] Art. 1II des AKP-EG-Ministerratsbeschlusses Nr. 5/2005 vom 25.6.2005 (ABl. 2005, Nr. L 287/1ff).

[100] Zur Differenzierung vgl. bereits oben Kapitel C „Ziele der Entwicklungszusammenarbeit", Abschnitt C.II.3.2, Fn. 531.

[...der] Partnerschaft und [...der] Kooperationsbeziehungen"[101] der Vertragsparteien ausmachen. Diese „dynamische Perspektive"[102], die der Dialog eröffnet, macht ihn darüber hinaus zu einem wichtigen Instrument im Hinblick auf die Fortentwicklung der vertraglichen Beziehungen, da das Partnerschaftsabkommen explizit um derart konsensual fortentwickelte Neuerungen erweitert werden kann[103].
Dem politischen Dialog kommt unter Führung des AKP-EG-Ministerrates (Art. 15IIa))[104] - erstmals konkretisiert - namentlich die Aufgabe zu, Informationen auszutauschen, die Verständigung zwischen den Vertragspartnern zu fördern, die Abstimmung von Prioritäten, gemeinsamen Zeitplänen, aber auch Konsultationen zwischen den Parteien im Rahmen internationaler Gremien zu erleichtern. Ferner ist der Dialog dazu gedacht, Situationen, die eine Vertragspartei berechtigen würden, sich auf die Nichterfüllungsklausel zu stützen, im Wege der Konsultation als institutionalisierte Form des Dialogs zu lösen (Art. 96f) bzw. bereits das Entstehen solcher Situationen zu verhindern (Art. 8II3) - er soll ergo für Stabilität sorgen.
Diese im revidierten Partnerschaftsabkommen von 2005 sogar noch weiter ausgebaute[105] friedens- und sicherheitspolitische Ausrichtung determiniert mitunter die schwerpunktmäßigen Inhalte des politischen Dialogs (Art. 8III2, V)[106], an dem grundsätzlich auch (sub-) regionale Organisationen sowie Vertreter der organisierten Zivilgesellschaft, mithin dezentrale Akteure teilnehmen können (Art. 8VII). Generell wurden „alle in diesem Abkommen festgelegten Ziele und alle Fragen von gemeinsamem, allgemeinem, regionalem oder subregionalem Interesse" (Art. 8III1), einschließlich der Kooperationsstrategien, der allgemeinen und sektorbezogenen Politik (Art. 8III3) sowie die Querschnittsthemen (Art. 8III3, 31ff) zum Gegenstand des Dialogs aufgewertet. Diese Themen sind wohl eher dem entwicklungspolitischen „policy dialogue", dem Politikdialog, zuzuordnen. Daneben konzentriert er sich auf spezifische politische Fragen von beiderseitigem Interesse oder von allgemeiner Bedeutung für die Zielverwirklichung, wie auf den Handel mit Rüstungsgegenständen, die Höhe der Militärausgaben, Drogenmissbrauch, organisiertes Verbrechen, ethnische und religiöse Diskriminierung (Art. 8IV) sowie Migrationsfragen (Art. 13I UA 1). Letztere Themen sind überwiegend dem politischen Dialog zuzuordnen. Und nunmehr schließt der Politikdialog explizit auch eine regelmäßige Bewertung der Entwicklungen (in den AKP-Staaten, aber auch in der EG.) bei der Achtung der Menschenrechte, der demokratischen Grundsätze, des Rechtsstaatsprinzips sowie der verantwortungsvollen Staatsführung ein (Art. 8IV2, 9IV UA 2)[107].
Was das Procedere anbelangt, so erschöpft sich Art. 8VI i.d.F. von Cotonou 2005 in einer recht pauschalen Beschreibung der anvisierten „flexiblen" Handhabe. Statuierte das Partnerschaftsabkommen von Cotonou bislang nur, dass der Dialog „innerhalb oder außerhalb der gemeinsamen Organe" (Art. 8VI2) geführt wird, so fügt die revidierte Fassung ausdrücklich hinzu, dass hierzu auch die AKP-Staatengruppe und die Paritätische Parlamentarische Versammlung zu zählen sind (Art. 8VI i.d.F. von Cotonou 2005)[108].

---

[101] Art. 2 3. Spiegelstrich.
[102] *Werther-Pietsch*, Strategie für Entwicklung, S. 84.
[103] Vgl. *Werther-Pietsch*, Strategie für Entwicklung, S. 84. Derartige (formlose) Änderungen sind völkervertraglich auch möglich, vgl. Art. 39, insbesondere Art. 39 S. 2 2. Hs. WVK (*Sartorius II*, Nr. 320). Vgl. auch *Ipsen*, Völkerrecht, § 13, Rn. 4f.
[104] Zum Ministerrat unten E.I.2.6.
[105] Hierzu sogleich im Abschnitt E.I.2.2.2.2.
[106] Zu den Funktionen und Inhalten des Dialogs im Allgemeinen, aber auch hier im Besonderen vgl. bereits oben Kapitel C „Ziele der Entwicklungszusammenarbeit", insbesondere Abschnitte C.II.2, C.II.3.2.
[107] Kritische Anmerkungen zu dieser bereits vor der Ratifizierung des Partnerschaftsabkommens von Cotonou praktizierten Bewertung finden sich bei: *Windmeißer*, Der Menschenrechtsansatz in der EZ, S. 233ff. Zu den Faktoren, die den Menschenrechtsdialog im Partnerschaftsabkommen positiv wie negativ beeinflussen: *Arts*, Political dialogue, in: The Courier, Nr. 200 (2003), S. 21ff.
[108] Vgl. hierzu die Erklärung I (ABl. 2005, Nr. L 287/37).

2.2.2.2 Klausel über „wesentliche“ und „fundamentale“ Elemente des Abkommens und Konsultationsverfahren

Spricht man von der „politischen Dimension“ der Entwicklungszusammenarbeit, so darf bereits seit geraumer Zeit keinesfalls die Erwähnung der „wesentlichen Elemente“ der Zusammenarbeit fehlen, deren Verletzung Negativmaßnahmen bedingen kann (Art. 9II UA 4 i.V.m. 96): die Achtung der Menschenrechte, die demokratischen Grundsätze und das Rechtsstaatsprinzip. Diese Elemente und Good Governance sind gemäß Art. 9I UA 2 „fester Bestandteil einer nachhaltigen Entwicklung“[109]. Dadurch, dass diese wiederum bekanntermaßen ein Ziel der AKP-EG-Zusammenarbeit konstituiert (vgl. auch Art. 9I UA 1 1. Hs.), werden implizit auch jene vier Komponenten des Art. 177II EGV zu Abkommenszielen erhoben[110].
Als zumindest gewichtiger Schritt in Richtung Gewährleistung einer rechtssicheren und objektiveren Auslegung der Klauseln ist sicherlich die Tatsache zu bewerten, dass sich die Vertragspartnern erstmalig im Rahmen der AKP-Zusammenarbeit auf eine vertragliche Definition für „demokratische Grundsätze“ und das „Rechtsstaatsprinzip“ haben einigen können: Laut Art. 9II UA 2, S. 2 sind „demokratische[...] Grundsätze [...] weltweit anerkannte Grundsätze, auf die sich die Organisation des Staates stützt, um die Legitimität der Staatsgewalt, die Legalität des staatlichen Handelns, die sich in seinem Verfassungs-, Rechts- und Verwaltungssystem widerspiegelt, und das Vorhandensein von Partizipationsmechanismen zu gewährleisten“. Das Rechtsstaatsprinzip umfasst nach Auffassung der Vertragspartner „vor allem ein funktionierendes und allen zugängliches Rechtsschutzsystem, unabhängige Gerichte, die die Gleichheit vor dem Gesetz gewährleisten, und eine uneingeschränkt an das Gesetz gebundene Exekutive“ (Art. 9II UA 3).
Verantwortungsvolle Staatsführung, die in Art. 9III UA 1, S. 1 als „die transparente und verantwortungsbewusste Verwaltung der menschlichen, natürlichen, wirtschaftlichen und finanziellen Ressourcen und ihr Einsatz für eine ausgewogene und nachhaltige Entwicklung“ verstanden wird, erhebt das Abkommen aus den bereits bekannten Gründen „nur“ zu einem „fundamentalen Element“ (Art. 9III UA 2, S. 1). Und lediglich bestimmte Fälle des Verstoßes gegen dieses Element - schwere Fälle der Korruption, einschließlich Bestechungshandlungen, die zu solch schweren Fällen führen - berechtigen zu Maßnahmen i.S.d. Art. 97 (Art. 9III UA 2, S. 2)[111].

Das Partnerschaftsabkommen von Cotonou verfügt nun über zwei verschiedene Nichterfüllungsklauseln bzw. „Konsultationsverfahren“, wie es in der Abkommenssprache heißt[112]: Zum einen Art. 96, der die Verletzung wesentlicher Vertragsbestimmungen sanktioniert; zum anderen Art. 97, der bestimmte Mechanismen als Reaktion auf Korruptionsvorwürfe bereithält. Diese Bestimmungen gehen als leges speciales dem allgemeinen Streitbeilegungsverfahren bezüglich der Auslegung und Anwendung des Partnerschaftsabkommens von Cotonou vor (Art. 98).

---

[109] Vgl. bereits Präambel V.
[110] Vgl. bereits oben Abschnitt E.I.2.2.1.
[111] Ausführlich zum normativen Gehalt dieser vier Grundsätze bereits oben Kapitel C „Ziele der Entwicklungszusammenarbeit“, Abschnitt C.II.4.2; vgl. auch Abschnitt C.II.3.1.
[112] Für die Zuständigkeit sowie das Verfahren im Innenverhältnis gilt Art. 3 des Internen Abkommens zwischen den im Rat vereinigten Vertretern der Regierungen der Mitgliedstaaten über die zur Durchführung des AKP-EG-Partnerschaftsabkommens zu treffenden Maßnahmen und die dabei anzuwendenden Verfahren (ABl. 2000, Nr. L 317/376f) i.V.m. dem im Anhang festgelegten Verfahren (ABl. 2000, Nr. L 317/382).
Zur rechtlichen Bedeutung dieser Klauseln vgl. bereits oben Kapitel C „Ziele der Entwicklungszusammenarbeit“, Abschnitt C.II.4.1.

Im Gegensatz zur Standardklausel über die Nichterfüllung[113] berechtigt Art. 96[114] nur im Falle der Verletzung wesentlicher Vertragsbestimmungen im Sinne des Art. 9II UA 4 zu „geeigneten Maßnahmen" (Art. 96IIa) UA 4, S. 1 i.d.F. von Cotonou 2005)[115]. Die „geeigneten Maßnahmen" sind dabei wie bei der „bulgarischen Klausel" im Lichte des Verhältnismäßigkeitsprinzips zu ermitteln, insbesondere muss die Suspendierung des Abkommens ultima ratio bleiben (vgl. 96IIc) UA 1). Zudem steht das Ergreifen von Sanktionen nunmehr unter der ausdrücklichen Prämisse, dass nicht bereits ein „erschöpfender" politischer Dialog nach Art. 8, 9IV UA 2 eine Klärung der Vorwürfe herbeizuführen vermocht hat (vgl. Art. 96Ia) i.d.F. von Cotonou 2005, Art. 1I Anhang VII i.d.F. von Cotonou 2005[116]). Unklar, im Ergebnis aber wohl zu verneinen ist dabei die Frage, ob die Formen politischen Dialogs erst dann „erschöpft" sind, wenn nicht „bloß" ein „allgemeiner" politischer Dialog nach Art. 8, 9IV UA 2, sondern ein „intensivierter politischer Dialog" gemäß Art. 2 des Anhangs VII i.d.F. von Cotonou 2005 durchgeführt worden ist: Im Rahmen eines solchen, systematisch abzuhaltenden Dialogs, der lediglich formelle Zusammenkünfte als geeignete Foren betrachtet, können explizit z.B. (Zwischen-) Ziele im Hinblick auf die wesentlichen Abkommenselemente sowie Fristen für deren Implementierung vereinbart werden (Art. 2II, III Anhang VII i.d.F. von Cotonou 2005), die wiederum zu beiderseitigen Verpflichtungen führen (Art. 8I). Sinn machen würde die vorherige Durchführung eines „intensivierten Dialogs" allemal, da die diesbezüglichen Anforderungen an den „allgemeinen" Dialog inhaltlich wie formell nach wie vor unzureichend normiert sind (vgl. Art. 9IV UA 2) und ergo im Widerspruch zu dessen essenzieller Bedeutung für die Prävention von Konsultationen i.S.d. Art. 96 stehen. Doch verlangen Art. 96Ia) i.d.F. von Cotonou 2005, aber auch Art. 1I Anhang VII i.d.F. von Cotonou 2005 nur Gespräche nach Art. 8, 9IV UA 2 als Voraussetzung zur Eröffnung des Konsultationsverfahrens; und Art. 8VIa) i.d.F. von Cotonou 2005 verweist auf diese intensivierte Form lediglich optional, erhebt sie demnach nicht zum verbindlichen Standard. Umgekehrt fordert zwar Art. 2III Anhang VII i.d.F. von Cotonou 2005 einen intensivierten politischen Dialog, bevor Konsultationen aufgenommen werden dürfen. Doch angesichts des Wortlauts von Art. 8VIa) und 96Ia) i.d.F. von Cotonou 2005 wird man wohl davon ausgehen müssen, dass diese „strengere" Voraussetzung nur dann einschlägig ist, wenn die Vertragsparteien „freiwillig" den Weg dieses systematischen und formalisierten Dialogs gewählt haben[117]. Da aber Art. 2 Anhang VII Cotonou über den „intensivierten Dialog" ohnehin offen lässt, was denn nun genau einen „systematischen" und „förmlich geführten" Dialog auszeichnet, er darüber hinaus ebenso den Maßstab der Menschenrechts-, Demokratie- und Rechtstaatsdiskussionen (international anerkannte Standards und Normen) gegenüber dem im „allgemeinen" Dialog nicht erweitert[118] und er schließlich nicht einmal bestimmte zu vereinbarende Mindestinhalte aufgibt, dürfte diese Interpretation theoretisch nicht zu nennenswerten Auswirkungen für die Vertragspraxis

---

113 Zu den verschiedenen Kategorien von Nichterfüllungsklauseln bereits oben Kapitel C „Ziele der Entwicklungszusammenarbeit", Abschnitt C.II.2.

114 Vgl. auch: *Martenczuk*, From Lomé to Cotonou, in: EFARev. 2000, S. 461ff, 470f. Zur praktischen Anwendung des Art. 96: *Babarinde/ Faber*, From Lomé to Cotonou, in: EFARev. 2004, S. 27ff, 44ff.

115 Außerhalb dieses engen Anwendungsbereichs muss zur Suspendierung des Vertrages auf die WVK (*Sartorius II*, Nr. 320), insbesondere auf deren Art. 60 zurückgegriffen werden, der diesbezüglich jedoch strenge Voraussetzungen (erhebliche Vertragsverletzung) aufstellt (hierzu bereits oben Kapitel C „Ziele der Entwicklungszusammenarbeit", Abschnitt C.II.4.1).

116 ABl. 2005, Nr. L 287/29f. Zur Rechtsnatur der Cotonou (2000/ 2005) – Anhänge bereits oben Abschnitt E.I.2, Fn. 71.

117 So wohl auch: http://ec.europa.eu/comm/development/body/cotonou/pdf/negociation_20050407_en.pdf (Stand: 6.6.2006), Punkt 1.

118 Vgl. hierzu die Erklärung X (ABl. 2005, Nr. L 287/38), wo es heißt, dass die „international anerkannten Standards und Normen" Übereinkünfte sind, die in der Präambel des Abkommens genannt sind. Vgl. hierzu oben Kapitel C „Ziele der Entwicklungszusammenarbeit", Abschnitt C.II.4.2.

führen. Man muss daher tatsächlich konstatieren, dass Art. 2 Anhang VII 2005 keine *wesentlichen*, über den Acquis des Art. 8 hinausgehenden Standards *verbindlich* etabliert, die es unerträglich erscheinen ließen, den „intensivierten Dialog" nicht als Vorbedingung für die Durchführung des Konsultationsverfahrens anzusehen.
Jedenfalls aber gehen dem sanktionierenden Handeln Konsultationen als besondere Ausformung des Dialogs voraus (Art. 96IIa) UA 1, S. 2 i.d.F. von Cotonou 2005, Art. 3 Anhang VII i.d.F. von Cotonou 2005), die seit der Vertragsrevision nunmehr erst nach spätestens 30 Tagen nach dem diesbezüglichen Ersuchen der „verletzten" Vertragspartei beginnen und je nach Art und Schwere der Verletzung längstens 120 Tage dauern (vgl. Art. 96IIa) UA 3 i.d.F. von Cotonou 2005). Damit trägt das revidierte Partnerschaftsabkommen wohl dem Faktum Rechnung, dass es innerhalb der bislang vorgeschriebenen 15 bzw. 60 Tage äußerst schwierig gewesen sein dürfte, optimale Dialogvoraussetzungen zu finden. Das Forum und das genaue Procedere dieser Konsultationen werden jedoch einerseits im Hinblick auf eine flexible Handhabe je nach Bedeutung des Falles nach wie vor offen gelassen (Art. 96IIa) UA 2 i.d.F. von Cotonou 2005). Andererseits räumen die Vertragsparteien neuerdings zu Recht die „Notwendigkeit kontinuierlicher strukturierter Konsultationen nach Art. 96" (Art. 96IIa) UA 1, S. 2 i.d.F. von Cotonou 2005 i.V.m. Art. 3V1 Anhang VII i.d.F. von Cotonou 2005) ein. Vorgeschrieben ist daher nun zumindest, dass jene Frist von 30 Tagen für eine „gründliche Vorbereitung durch die Vertragsparteien sowie für eingehende Konsultationen innerhalb der AKP-Staatengruppe sowie zwischen der Gemeinschaft und ihren Mitgliedstaaten" (Art. 3III1 Anhang VII i.d.F. von Cotonou 2005) genutzt werden muss. Und während der nachfolgenden Konsultationen zwischen den Vertragsparteien sollten ferner grundsätzlich Fristen zur Behebung der Vertragsverletzung vereinbart werden (Art. 3III2 Anhang VII i.d.F. von Cotonou 2005). Darüber hinaus kann – und muss m.E. – der Ministerrat diesen absoluten Mindeststandard an Kontinuität weiter ausdifferenzieren (Art. 3V2 Anhang VII i.d.F. von Cotonou 2005), beispielsweise im Hinblick auf die Etablierung verbindlicher Stadien, Maßstäbe und Ziele für die Konsultationen[119]. Hierdurch wird keineswegs die gleichermaßen angestrebte Flexibilität angetastet; vielmehr könnten dadurch die Konsultationen strukturierter, transparenter und ergebnisorientierter, mithin effizienter durchgeführt werden – Effizienz, ein Anliegen, dass sich die Vertragsrevision ja selbst (wieder einmal) aufgegeben hatte.
Ausnahmsweise kann im Falle gescheiterter bzw. verweigerter Konsultationen (Art. 96IIa) UA 4, S. 1 i.d.F. von Cotonou 2005) oder aber in „besonders dringenden Fällen" auf einen vorherigen Schlichtungsversuch verzichtet werden (Art. 96IIa) UA 1, S. 1 i.d.F. von Cotonou 2005). Ein solcher wird als „ein außergewöhnlicher Fall einer besonders ernsten und flagranten Verletzung eines der in Artikel 9 Absatz 2 genannten wesentlichen Elemente, der eine sofortige Reaktion erfordert" (Art. 96IIb) UA 1), definiert. Damit wurde Punkt 1 der gemeinsamen Erklärung zu Art. 366a Lomé IV 1995[120] in den Vertragstext inkorporiert.

Ist die Gemeinschaft ein „wichtiger Partner bei der finanziellen Unterstützung der Wirtschaftspolitik und der sektorbezogenen Politik und der entsprechenden Programme" (Art. 97I) einer Vertragspartei, in der „schwere[...] Fälle[...] von Korruption, einschließlich Bestechungshandlungen, die zu schweren Fällen von Korruption führen" (Art. 9III UA 2, S. 2), auftreten, so ordnet auch Art. 97 Konsultationen an. Dabei lässt sich entsprechend der Intention der Kommission der Sanktionstatbestand so auslegen, dass das Konsultationsverfahren nicht nur in Korruptionsfällen anzuwenden ist, in denen es um Gemeinschaftsmittel geht.

---

[119] Vgl. ebenso: http://ec.europa.eu/comm/development/body/cotonou/pdf/negociation_20050407_en.pdf (Stand: 6.6.2006), Punkt 1.

[120] Anhang LXXXIII (ABl. 1998, Nr. L 156/55f). Vgl. hierzu: *Hoffmeister*, Menschenrechts- und Demokratieklauseln, S. 384f.

Denn nach seinem Wortlaut kann er umfassend in jedem Land, in dem die EG *prinzipiell* in bestimmtem Umfange finanziell involviert ist („ein wichtiger Partner bei der finanziellen Unterstützung", Art. 97I), und in dem die Korruption ergebnisorientierte Entwicklungsstrategien ernsthaft behindert, herangezogen werden. Mithin ist er nicht auf Korruptionsfälle begrenzt, die finanzielle Kooperationsmaßnahmen der EG *unmittelbar* betreffen. Für diese Interpretation spricht gleichfalls der Hintergrund der Bestimmung des Art. 97, nämlich die Korruption en gros bekämpfen zu wollen[121].

Der Schlichtungsversuch beginnt spätestens 30 Tage nach einem solchen Ersuchen und dauert nicht länger als 120 Tage (Art. 97II i.d.F. von Cotonou 2005). Scheitert dieser Versuch oder wird er abgelehnt, so können „geeignete Maßnahmen" angezeigt sein, die ebenfalls der Verhältnismäßigkeitsprüfung unterliegen (Art. 97III). Bemerkenswert ist hier, dass die Durchführung sofortiger Abhilfemaßnahmen zunächst als Aufgabe der mit den Korruptionsvorwürfen konfrontierten Vertragspartei betrachtet wird (Art. 97III2).

Trotz aller Zufriedenheit, die angesichts der erstmaligen Einbeziehung von Good Governance in ein Entwicklungshilfeabkommen als zumindest „fundamentales Element" mitsamt einer Nichterfüllungsklausel herrschen darf, kommt man indes nicht umhin, auf gewisse grundlegende Schwächen dieser Klauseln hinzuweisen: Erstens bleibt offen, wann denn nun die EG „ein wichtiger Partner bei der finanziellen Unterstützung" eines Landes ist. Zweitens: Was genau hat man unter „Korruption, einschließlich Bestechungshandlungen, die zu schweren Fällen von Korruption führen", zu verstehen[122]? Und gleichermaßen unbefriedigend gestaltet sich die Tatsache, dass die Nichterfüllungsklausel wohl nur einseitig anwendbar ist[123].

2.2.2.3 Positivmaßnahmen

In den wenigsten Abkommen sind neben den Menschenrechts- und Demokratieklauseln, in denen der positive Ansatz lediglich als „gemeinsames Anliegen" beider Vertragsparteien deklariert wird, zusätzlich „positive Konditionalitätsklauseln" verankert. Diese statuieren bekanntlich[124] konkrete (vertragliche) Regelungen hinsichtlich einer positiven Zusammenarbeit, d.h. hinsichtlich konkreter Unterstützungsmaßnahmen, mit denen ein unmittelbarer oder mittelbarer Beitrag zur Förderung der Menschenrechte, demokratischer Grundsätze und der Rechtsstaatlichkeit in Entwicklungsländern erbracht wird[125].

Eine Ausnahme hiervon bildet das Partnerschaftsabkommen von Cotonou, das gleichermaßen umfangreiche wie explizite Regelungen über Unterstützungsmaßnahmen bereithält: Gemäß Art. 9IV UA 1, 3 liegt ein „Schwergewicht" der AKP-EG-Partnerschaft auf den Bereichen Menschenrechte, Demokratisierung, Rechtsstaatlichkeit und verantwortungsvolle Staatsführung, die sie „aktiv" unterstützt. Zu diesem Zwecke fördert die EG zum einen politische, insti-

---

[121] Voranstehend vgl. Mitteilung der Kommission *„Governance in Entwicklungsländern"*, KOM (2003) 615, endg. vom 20.10.2003, Punkt 34.

[122] Zu dieser Problematik allgemein bereits oben Kapitel C „Ziele der Entwicklungszusammenarbeit", Abschnitt C.II.4.2. Einen Versuch, diesen Tatbestand zu definieren, unternimmt *Windmeißer*, Der Menschenrechtsansatz in der EZ, S. 400f.

[123] Hierzu: *Martenczuk*, From Lomé to Cotonou, in: EFARev. 2000, S. 461ff, 471f: Art. 97I geht nur von einem Sanktionstatbestand aus, bei dem ausschließlich die *EG* ein „wichtiger Partner bei der finanziellen Unterstützung" ist.

[124] Ausführlich zum möglichen Inhalt von Positivmaßnahmen oben Kapitel C „Ziele der Entwicklungszusammenarbeit", insbesondere Abschnitt C.II.3.2.

[125] Weitere Varianten der raren „positiven Konditionalitätsklauseln" finden sich lediglich in den Abkommen mit den zentralamerikanischen Staaten (Art. 27; ABl. 1999, Nr. L 63/39ff), mit Paraguay (Art. 2I; ABl. 1992, Nr. L 313/72ff), Mexiko (Art. 39; ABl. 2000, Nr. L 276/45ff) sowie mit Südafrika (Art. 39; ABl. 2000, Nr. L 276/45ff); vgl. nunmehr auch die Art. 6, 8 der noch nicht in Kraft getretenen Abkommen *über politischen Dialog und Zusammenarbeit* mit den zentralamerikanischen Staaten (KOM (2003) 677, endg. vom 10.11.2003) sowie mit der Andengemeinschaft (KOM (2003) 695, endg. vom 14.11.2003).

tutionelle und rechtliche Reformen und leistet zum anderen bei der Qualifizierung der öffentlichen und privaten Akteure sowie der Zivilgesellschaft Hilfe (Art. 9IV UA 3, S. 2). Primär Art. 33 präzisiert diese möglichen Interventionsbereiche, erhebt sie dadurch zum festen Bestandteil der Entwicklungszusammenarbeit und damit ebenfalls der gemeinsam zwischen dem betreffenden Staat und der Gemeinschaft erstellten Länderstrategiepapiere, in denen auch die finanziellen Mittel zur Erreichung dieser Strategien festgelegt sind[126]. Ein weiteres wichtiges Novum stellt die vertragliche Normierung der in Art. 33 unterstützen Bereiche, mithin des gesamten Spektrums an positiven Maßnahmen, zusätzlich als Querschnittsthemen der Entwicklungszusammenarbeit dar: Demgemäß müssen diese Elemente in alle Bereiche der Zusammenarbeit systematisch einbezogen werden, vgl. Art. 20II1, I. Die Verankerung des Institutionen- und Kapazitätenaufbaus sowohl als eigenständig zu verfolgender als auch als Querschnittsbereich gehen somit absolut konform mit den Forderungen, wie sie wenig später die Kommissionsmitteilung über die Entwicklungspolitik[127] sowie die OPS[128] vom November 2000 aufstellen werden.

Was nun jene Förderung der politischen, institutionellen und rechtlichen Reformen anbelangt, so beabsichtigen die Vertragsparteien zunächst, Strukturen, Institutionen und Verfahren zu entwickeln und zu stärken, die geeignet sind, die Achtung der Menschenrechte und der Demokratie zu unterstützen, den Rechtsstaat auszubauen, Good Governance zu gewährleisten sowie die Korruption zu bekämpfen (Art. 33I, II). Weiter beschreibt Art. 33III Modernisierungs- und Reformmaßnahmen des öffentlichen Sektors – u.a. des öffentlichen Dienstes, des Rechts, der Justiz oder aber der Verwaltung der öffentlichen Finanzen und des Vermögens - zwecks Effizienzsteigerung staatlichen Handelns, was diesen fünf Elementen, insbesondere den beiden letztgenannten, zumindest mittelbar zugute kommt.

Der zweite Förderansatz der Vertragspartner im Rahmen ihrer Positivmaßnahmen betrifft die Partizipation: Durch eine dezentrale Zusammenarbeit soll zum einen die Zusammenarbeit für eine möglichst breite Beteiligung unterschiedlichster Akteure geöffnet werden. Zum anderen gilt es, alle Teile der Gesellschaft in das wirtschaftliche und gesellschaftliche, aber auch politische Leben zu integrieren. Welcher Stellenwert der Partizipation als Garant eines „stabilen und demokratischen politischen Umfelds" (Art. 10I UA 1) zugemessen wird, zeigt sich zum einen an seiner Erhebung als eines der vier Grundprinzipien (Art. 2 2. Spiegelstrich); zum anderen an der hervorgehobenen Stelle, an der die innovativen Bestimmungen über die staatlichen und nichtstaatlichen Akteure der Zusammenarbeit im Partnerschaftsabkommen platziert sind (Art. 4 – 7); und drittens an den vielzähligen Verweisen auf vermehrte Information, Konsultation und Einbindung dieser Akteure in den Entwicklungsprozess. Mit diesen Regelungen soll bekanntermaßen[129] neben der Stärkung demokratischer Gesellschaftsstrukturen und der Menschenrechte eine grundsätzliche Identifikation mit den sowie eine umfassendere Akzeptanz der Entwicklungsstrategien bzw. –programme durch breite Gesellschaftsschichten, mithin deren Eigenverantwortung, erreicht werden (vgl. Art. 19I2). Und diese Ownership ist ja erfahrungsgemäß einer der Faktoren für eine erfolgreiche Entwicklung. Gleichermaßen

---

[126] Vgl. Art. 9IV UA 3, S. 1, 33, Art. 20II2 i.V.m. Art. 1ff des Anhang IV, Durchführungs- und Verwaltungsverfahren (ABl. 2000, Nr. 317/76ff). Ausführlich zum Verfahren unten im Abschnitt E.I.2.4.4.
Positivmaßnahmen stärken zwar einerseits die politische Dimension des Abkommens und werden daher in diesem Kontext erläutert. Andererseits sind sie im Gegensatz zu den sonstigen im Rahmen dieses Abschnitts E.I.2.2 erläuterten Bereichen, wie eben beschrieben, Gegenstand von Länderstrategien und somit ebenso der finanziellen Hilfe, so dass ihre Erläuterung bereits an dieser Stelle insofern systemwidrig ist.

[127] Vgl. dort Punkt 4.3 (6).

[128] Dort Punkte 19f.

[129] Vgl. oben Kapitel C „Ziele der Entwicklungszusammenarbeit", Abschnitt C.II.3.2.

wird mittels dieses partizipatorischen Ansatzes eine regelmäßige Überprüfung der Kooperationspolitik angestrebt[130].
Im Partnerschaftsabkommen wird nun zwar zunächst der Grundsatz insistiert, dass die *AKP-Staaten* und dabei vornehmlich die Regierungen als primäre Akteure der Zusammenarbeit die Leitlinien für ihre Entwicklung definieren; erstmals jedoch erkennen die Vertragspartner „die komplementäre Rolle der nichtstaatlichen Akteure" (Art. 4 S. 3) – und, seit der Abkommensrevision von 2005 - auch „der dezentralen örtlichen Behörden" (Art. 4 S. 3 i.d.F. von Cotonou 2005) und „ihr Potential zur Leistung von Beiträgen zum Entwicklungsprozess" (Art. 4 S. 3) an[131]. Doch dieses Potenzial ist erst herauszufiltern und zu stärken, um es alsdann nutzen zu können. Bevor also die nichtstaatlichen Akteure[132] und die dezentralen örtlichen Behörden[133] ihrer neuen Rolle gerecht zu werden vermögen, müssen sie einen Prozess der „Erziehung" bzw. der „Qualifizierung", d.h. der Mobilisierung und Herausbildung zum dezentralen Akteur der Zusammenarbeit, durchlaufen. Hierfür gilt es, gruppenspezifische und gemeinnützige nichtstaatliche Organisationen zu gründen und zu entwickeln, deren Organisations- und Vertretungskompetenzen sowie die Kommunikationsstrukturen zwischen ihnen und den nationalen Behörden zu stärken (vgl. Art. 4 4. Spiegelstrich, 33V, IVd), 7). Anschließend steht der aktiven Beteiligung an der die Entwicklung ihres Landes betreffenden Zusammenarbeit nichts mehr im Wege. Art. 4 legt nun die Art dieser Zusammenarbeit zunächst grundsätzlich fest und ergänzt sie durch die entsprechenden Bestimmungen im operativen Teil: So werden die Akteure über Kooperationspolitik und –strategien, Prioritäten und politischen Dialog (Art. 8VII, 15III UA 3, S. 1) nicht nur unterrichtet, sondern an den entsprechenden Konsultationen auch beteiligt (vgl. Art. 19III, Art. 2 S. 1 Anhang IV[134]). An der anschließenden Durchführung der Projekte und Programme können die nichtstaatlichen Akteure auch beteiligt werden (Art. 81 S. 2). Hierzu sind aber zuerst Vereinbarungen über die genaue Beteiligung dieser Organisationen an der Konzeption, Umsetzung und Evaluierung der Entwicklungsstrategien und –programme zu treffen (Art. 7 2. Spiegelstrich). Schließlich können die nichtstaatlichen und die dezentralen staatlichen Akteure unter bestimmten Bedingungen mit Finanzmitteln ausgestattet werden (Art. 58IIe), III i.d.F. von Cotonou 2005, Art. 70f)); und gemäß Punkt 9 Anhang I i.d.F. von Cotonou 2005[135] können nunmehr explizit 90 Mio. Euro für die Dezentralisierung im Zeitraum 2006 - 2007 verwendet werden.

2.2.2.4 Politik der Friedenskonsolidierung und der Konfliktprävention und -beilegung

Wie bereits in Art. 1 UA 1 grundsätzlich zum Ausdruck gebracht, können sich Entwicklungserfolge erst gar nicht einstellen, wenn in den jeweiligen Empfängerländern Bürgerkriege, bewaffnete Konflikte oder ethnische Spannungen herrschen. Diese wiederum sind meist selbst Folge soziopolitischer, kultureller oder wirtschaftlicher Ungleichheiten. Frieden, Stabilität

---

[130] Vgl. *Bundestag*, Abkommen von Cotonou, in: BTDS 14/7053, S. 278ff, 279.

[131] Vgl. zur Einbeziehung nichtstaatlicher Akteure auch: *Desesquelles*, The non-governmental actors, in: The Courier, Nr. 181 (2000), S. 6ff; *Schmidt*, Aktuelle Aspekte der EU-Entwicklungspolitik, in: APUZ B19-20/2002, S. 29ff, 33; das Spezialdossier „Non-state actors and Cotonou" in: The Courier 2003, Nr. 199, S. 13ff. Eine umfassende Analyse zum Potenzial bzw. den Ansätzen des Partnerschaftsabkommens, das Grundprinzip der Partizipation umzusetzen, offeriert auch: *Loquai*, Support for Democratic Decentralisation, S. 34ff.

[132] Eine Legaldefinition all dieser Akteure enthält Art. 6Ib). Hierunter fällt die Zivilgesellschaft in all ihren Formen (vgl. auch Art. 7; die Gemeinsame Erklärung I (ABl. 2000, Nr. L 317/316) listet etliche Organisationstypen auf, die gemäß den Vertragsparteien unter den Terminus Zivilgesellschaft subsumierbar sind) und nunmehr auch die Privatwirtschaft, die Wirtschafts- und Sozialpartner, einschließlich der Gewerkschaften. Die nichtsstaatlichen Akteure bedürfen jedoch der Anerkennung durch die Vertragspartner (Art. 6II).

[133] Hierunter sollen „alle Ebenen der Dezentralisierung" umfasst sein: Erklärung XI (ABl. 2005, Nr. L 287/39).

[134] ABl. 2000, Nr. L 317/76ff.

[135] Anhang I i.d.F. von Cotonou 2005, Finanzprotokoll (ABl. 2005, Nr. L 287/17).

und Entwicklung sind demnach eng miteinander verzahnt – was in besonderem Maße auch für die AKP-Staaten gilt[136]. In Umsetzung dieser Erkenntnis integrierten die Vertragsparteien die Regelungen über die Politik der Friedenskonsolidierung und der Konfliktprävention und –beilegung (Art. 11) in das Partnerschaftsabkommen von Cotonou. Im Fokus dieser Politik steht der diesbezügliche Aufbau regionaler, subregionaler und nationaler Kapazitäten (Art. 11I3). Und um soeben dargestellter Interdependenz zu genügen, stellt das Abkommen Elemente zur Förderung der politischen, wirtschaftlichen, sozialen und kulturellen Entwicklung in den Dienste auch der Friedens- und Sicherheitspolitik. Dabei pocht es namentlich auf eine ausgewogenere Verteilung der diesbezüglichen (Entwicklungs-) „Möglichkeiten", stellt demnach speziell einen Bezug zur Armutsbekämpfung her, liegt doch das Kernproblem der Armut weniger im absoluten Mangel an Ressourcen als vielmehr in der Ungleichheit ihrer Verteilung[137]. Unter den vielzähligen Maßnahmen, die das Abkommen weiter auflistet (Art. 11III – V), gilt spezielles Augenmerk einerseits der Bekämpfung der Antipersonenminen sowie der weiten Verbreitung bestimmter kleiner Waffenformate, inklusive dem illegalen Handel mit ihnen; andererseits muss Sorge darüber getragen werden, dass die im Rahmen der Entwicklungszusammenarbeit bereitgestellten Finanzmittel nicht für die Zwecke der Kriegsführung zweckentfremdet werden. Das revidierte Partnerschaftsabkommen von 2005 will darüber hinaus die Zusammenarbeit zur Prävention von Söldneraktivitäten forcieren (Art. 11IIIa) i.d.F. von Cotonou 2005). Besonderes Augenmerk richtet das revidierte Partnerschaftsabkommen darüber hinaus ebenso auf die Errichtung und das reibungslose Funktionieren des Internationalen Strafgerichtshofes (Art. 11VI i.d.F. von Cotonou 2005)[138], wird dies doch von den Vertragsparteien als eine „wichtige Entwicklung für den Frieden und die internationale Gerichtsbarkeit" (Präambel VIIIb, vgl. auch Präambel VIIIa i.d.F. von Cotonou 2005) benannt.

2.2.2.5 Einwanderung

Den Titel „politische Dimension" vervollständigt schließlich die neu eingeführte Vorschrift über Einwanderung (Art. 13)[139], die in einem „intensiven Dialog im Rahmen der AKP-EU-Partnerschaft behandelt" (Art. 13I, vgl. auch Art. 13Va), b)) wird.

Einleitend statuieren die Vertragsparteien zunächst, was Partnerschaft im Zusammenhang mit Einwanderung u.a. „bedeutet": dass legal im Hoheitsgebiet befindliche Drittstaatsangehöriger „fair behandelt" und ihnen im Zuge einer Integrationspolitik Rechte und Pflichten eingeräumt werden, die „denen ihrer eigenen Staatsangehörigen vergleichbar" sind, und dass die Diskriminierung „verringert" wird (Art. 13II)[140].

---

[136] Vgl. *Martenczuk*, From Lomé to Cotonou, in: EFARev. 2000, S. 461ff, 468. Dieser hält die Gewährleistung von Frieden und Sicherheit – vor allem in Afrika - als eine der größten Herausforderungen für die AKP-EG-Zusammenarbeit der nächsten Jahre. Auch bedauert er, dass der Vertragstext nicht die konkreten Auswirkungen auf die Vertragsbeziehungen zu Staaten regelt, die in bewaffnete Konflikte verwickelt sind (ebenda, S. 468f). Anwendbar ist daher das Vertragsrecht der WVK (vgl. hierzu bereits oben Abschnitt E.I.2.2.2.2, Fn. 115). Vgl. hierzu auch die Mitteilung der Kommission „*Die Entwicklungszusammenarbeit mit AKP-Staaten, die in bewaffnete Konflikte verwickelt sind*", KOM (1999) 240, endg. vom 19.5.1999.

[137] Vgl. bereits oben Kapitel C „Ziele der Entwicklungszusammenarbeit", Abschnitt C.I.2.4.

[138] Der Internationale Strafgerichtshof (International Criminal Court/ ICC) wurde am 11.3.2002 auf der Basis des „Römischen Statuts" (BGBl II 2000, S. 1394ff) eröffnet.

[139] Hierzu: *Martenczuk*, From Lomé to Cotonou, in: EFARev. 2000, S. 461ff, 472ff. Zu dieser Thematik in Lomé IV: *Zimmermann*, in: von der Groeben/ Schwarze (Hrsg.), EUV/ EGV, Art. 179, Rn. 33.

[140] Art. 13II enthält m.E. bereits aufgrund seines Wortlauts keine klare und eindeutige Verpflichtung, um so für das Individuum unmittelbar anwendbar zu sein. Denn er beschreibt lediglich einen Sollzustand, mithin mehr oder weniger bestimmte Ziele; und selbst diese formuliert er nicht klar und eindeutig: Was genau bedeutet „faire" Behandlung? Wann kann man von einer „Vergleichbarkeit" von Rechten und Pflichten sprechen? Welche Anstrengungen sind vonnöten, damit der „Verringerung" der Diskriminierung Genüge getan ist? Jedenfalls aber normiert die Bestimmung keinesfalls Verpflichtungen, deren Erfüllung oder deren Wirkung nicht vom Erlass eines weiteren Aktes abhängen (vgl. EuGH, Rs. 12/86, Meryem Demirel/ Stadt Schwäbisch Gmünd, S. 3719ff,

Art. 13III1 wird konkreter, indem er formuliert, dass die EG-Mitgliedstaaten den Arbeitnehmern aus AKP-Staaten, die legal in ihrem Hoheitsgebiet beschäftigt sind, dieselben Arbeits-, Entlohnungs- und Kündigungsbedingungen gewährleisten wie ihren eigenen Staatsangehörigen. Dabei kann davon ausgegangen werden, dass sich diese Arbeitnehmer gegenüber der EG, aber auch den Mitgliedstaaten auf diese Vorschrift berufen können, diese mithin unmittelbar anwendbar ist[141]. Denn Art. 13III1 enthält aufgrund seines Wortlauts und im Hinblick auf den Sinn und Zweck des Partnerschaftsabkommens klare und eindeutige Verpflichtungen, deren Erfüllung oder deren Wirkung nicht vom Erlass eines weiteren Aktes abhängen[142]. So hatte der EuGH bereits im Hinblick auf Jaunde II judiziert, dass das Abkommen gemäß seinem Sinn und Zweck grundsätzlich geeignet ist, die unmittelbare Anwendbarkeit bestimmter Vorschriften anzuerkennen[143]. Gleiches gilt für Lomé IV 1989, wie der EuGH explizit bestätigte[144], und muss wohl auch für das Partnerschaftsabkommen von Cotonou, das als Lomé IV-Nachfolgeabkommen[145] Sinn und Zweck der bisherigen AKP-EG-Zusammenarbeit im Wesentlichen fortführt, angenommen werden: Denn weder das dem Partnerschaftsabkommen nach wie vor innewohnende Ungleichgewicht der Verpflichtungen noch die Tatsache, dass sich die Konvention auf eine AKP-EG-Partnerschaft zum Zwecke der Förderung der Armutsbeseitigung, der nachhaltigen Entwicklung in den AKP-Staaten und deren Eingliederung in die Weltwirtschaft beschränkt und nicht etwa auf einen späteren Beitritt dieser Staaten zur EU abzielt, vermag die Individualwirksamkeit einiger Bestimmungen des Partnerschaftsabkommens auszuschließen[146]. Auch steht der Umstand, dass das Partnerschaftsabkommen ein besonderes Verfahren für die Beilegung von Streitigkeiten vorsieht, der Möglichkeit einer unmittelbaren Wirkung seiner Vorschriften nicht im Wege[147]. Weiter legt der Wortlaut des Art. 13III1 klar, eindeutig und unbedingt die beschriebenen Diskriminierungsverbote fest. Oder mit anderen Worten ausgedrückt: Er führt auf dem Gebiet der Arbeits-, Entlohnungs- und Kündigungsbedingungen einen eindeutigen, unbedingten Grundsatz ein, der ausreichend bestimmt ist, um von einem Gericht der Mitgliedstaaten bzw. der EG angewandt zu werden und der daher geeignet ist, die Rechtsstellung des einzelnen zu regeln. Art. 13III1 besitzt infolgedessen nicht nur reinen Programmcharakter. Hinzukommt, dass der EuGH bei ganz ähnlichen

---

3752, Ziffer 14). So ohne Begründung im Ergebnis: *Martenczuk*, From Lomé to Cotonou, in: EFARev. 2000, S. 461ff, 473.

[141] Für eine unmittelbare Anwendbarkeit dieser Bestimmung auch: *Zimmermann*, in: von der Groeben/ Schwarze (Hrsg.), EUV/ EGV, Art. 179, Rn. 34; vorsichtiger: *Martenczuk*, From Lomé to Cotonou, in: EFARev. 2000, S. 461ff, 473.

[142] Vgl. EuGH, Rs. 12/86, Meryem Demirel/ Stadt Schwäbisch Gmünd, S. 3719ff, 3752, Ziffer 14. Für das Nachfolgende sowie für die im Rahmen des Partnerschaftsabkommens behandelten Fragen zur unmittelbaren Wirkung bereits allgemein oben Kapitel D „Gemeinschaftsrechtliche Handlungsvorgaben", Abschnitt D.II.2.1.4.

[143] Vgl. EuGH, Rs. 87/75, Slg. 1976, Conceria Daniele Bresciani/ Italienische Finanzverwaltung, S. 129ff, S. 140f, Ziffern 16ff, insbesondere Ziffern 22/23. Bereits 1977 war dem EuGH die Frage vorgelegt worden, ob eine bestimmte Vorschrift von Lomé I unmittelbare Wirkung entfalte; der EuGH hatte diese nicht ausdrücklich beantwortet, sondern stellte lediglich fest, dass kein Verstoß gegen die betreffende Norm vorlag (EuGH, Rs. 65/77, Jean Razanatsimba, Slg. 1977, S. 2229ff, S. 2239, Ziffern 11/14). GA Reischl jedenfalls sprach sich in seinen Schlussanträgen für die Möglichkeit einer unmittelbaren Wirkung von Lomé I - Vorschriften aus (ebenda, S. 2243).

[144] EuGH, Rs. C-469/93, Amministrazione delle finanze dello Stato/ Chiquita Italia SpA, Slg. 1995, I-4533ff, I-4566ff, Ziffern 30ff.

[145] Der EuGH (Rs. C-469/93, Amministrazione delle finanze dello Stato/ Chiquita Italia SpA, Slg. 1995, I-4533ff, I-4567f, Ziffern 34, 36) begnügt sich hinsichtlich der Feststellung, dass die Bestimmungen von Lomé IV einer unmittelbaren Wirkung fähig seien, mit der lapidaren Begründung, dass Jaunde II - für das er bereits die diesbezügliche Eignung bejaht hat - Vorläufer von Lomé IV sei.

[146] So im Ergebnis auch: *Zimmermann*, in: von der Groeben/ Schwarze (Hrsg.), EUV/ EGV, Art. 179, Rn. 25.

[147] Vgl. EuGH, Rs. C-469/93, Amministrazione delle finanze dello Stato/ Chiquita Italia SpA, Slg. 1995, I-4533ff, I-4568, Ziffer 36.

assoziationsrechtlichen Vorschriften der Abkommen im Rahmen der Europa-Mittelmeer-Partnerschaft eine unmittelbare Anwendbarkeit bejaht[148].
Für sich illegal im Hoheitsgebiet der anderen Vertragspartner aufhaltende Staatsangehörige der Partner ist indes eine Rückübernahmeverpflichtung ausgehandelt worden (Art. 13Vc)). Ursprünglich wollte die Gemeinschaft diese Rücknahmeverpflichtung auch auf Drittstaatenangehörige ausdehnen, die über AKP-Staaten illegal in die EU einreisen. Dieses Vorhaben stieß jedoch in den AKP-Staaten einstimmig auf Widerstand[149]. Konsens fand sich schließlich dahingehend, dass Klauseln über ihre sowie die Behandlung Staatenloser in gesonderten, bilateralen Vereinbarungen über die genauen Rücknahmeverpflichtungen aufgenommen werden können (Art. 13Vc)ii))[150]. Art. 13 enthält des Weiteren Bestimmungen über Maßnahmen zur Eindämmung der Wanderbewegungen[151].
Auch in dieser Frage ist die AKP-EG-Partnerschaft wieder einmal Vorreiter für generelle Tendenzen in der EU-Außenpolitik: Denn auf dem EU-Gipfel 2002 in Sevilla wurde beschlossen, angesichts der wachsenden Bedeutung der Migrationsthematik für die europäischen Partner in künftige Kooperations-, Assoziations- oder ähnliche Verträge Klauseln über ein gemeinsames Management der Migrationsströme sowie über die zwingende Rücknahme illegaler Immigranten zu integrieren[152].

2.3 Kooperationsstrategien

Mit „Kooperationsstrategien" (Art. 18 – 54) wird ein neuer Begriff, vielmehr ein innovatives Konstrukt eingeführt, das – wie der Terminus bereits verrät – das das Partnerschaftsabkommen von Cotonou strategischer gestalten soll.
Hierzu formuliert der Vertragstext gleich eingangs (Art. 18):

> „Die Kooperationsstrategien beruhen auf den Entwicklungsstrategien und auf der wirtschaftlichen und handelspolitischen Zusammenarbeit, die in engem Zusammenhang stehen und einander ergänzen. Die Vertragsparteien sorgen dafür, dass die in den beiden genannten Bereichen unternommenen Anstrengungen sich gegenseitig verstärken".

Die Verwendung dieses Begriffs als Überschrift für Teil Drei ist trotzdem nicht geglückt: Denn im Folgenden werden nicht etwa bereits diese Strategien entworfen, sondern „erst" die grundsätzlich möglichen Bereiche der Zusammenarbeit mit den AKP-Staaten aufgezeigt.
Im Rahmen dieser denkbaren Unterstützungsbereiche nehmen die Vertragsparteien eine Zweiteilung vor: Sie unterscheiden zwischen der Entwicklungszusammenarbeit im engeren Sinne (Titel I, Art. 19ff) und der wirtschaftlichen und handelspolitischen Zusammenarbeit (Titel II, Art. 34ff). Beide Komponenten stehen, wie obige Definition insistiert, in engem Kontext zueinander, sollen sich ergänzen und gegenseitig verstärken. Die Tatsache, dass die beiden Kooperationskomponenten dieselben Ziele verfolgen bzw. zumindest in den Dienst derselben Ziele (Art. 19I1, 34I) gestellt werden – Armutsreduzierung, nachhaltige Entwicklung und schrittweise Integration in die Weltwirtschaft – bestätigt diesen Zusammenhang.

---

[148] Vgl. hierzu unten Abschnitt E.II.2.5.2.
[149] *Gomes*, The political dimension of the new ACP-EU partnership, in: The Courier, Nr. 181 (2000), S. 10ff, 11.
[150] Zur Kompetenz hinsichtlich des Abschlusses eines solchen Übereinkommens die Gemeinsame Erklärung II (ABl. 2000, Nr. L 317/316).
[151] Dies wären in erster Linie längerfristige Maßnahmen zur Unterstützung der wirtschaftlichen und sozialen Entwicklung der Herkunftsländer, zur Armutsbekämpfung, Verbesserung der Lebens- und Arbeitsbedingungen, Schaffung von Arbeitsplätzen sowie zur Förderung der (Aus-)Bildung, Art. 13IV.
[152] Vgl. „Presidency Conclusions Seville European Council 21 and 22 June 2002", DOC/02/13 (Brüssel, 22. Juni 2002), S. 8, Sektion 33 (zitiert nach: *Arts*, ACP-EU Relations in a New Era, in: CMLRev. 2003, S. 95ff, 104, Fn. 28).

2.3.1 Entwicklungsstrategien

„Zentrales Ziel [... der AKP-EG-Entwicklungszusammenarbeit im engeren Sinne] ist die Eindämmung und schließlich Besiegung der Armut, eine nachhaltige Entwicklung und die schrittweise Integration der AKP-Staaten in die Weltwirtschaft" (Art. 19I1).

Zu diesem Zwecke gibt auch Titel I über die „Entwicklungsstrategien" keine starren Strategien vor, sondern stellt einen „Pool" an allgemein formulierten Unterstützungsmöglichkeiten vor, den das Vertragswerk als sog. „einheitlichen Rahmen" (Art. 20I2, 1 UA 3, S. 2, UA 4) tituliert. Dieser „einheitliche Rahmen" besteht zum einen aus den drei Schwerpunktbereichen „wirtschaftliche Entwicklung" (Art. 21 – 24), „soziale und menschliche Entwicklung" (Art. 25 – 27) und „regionale Zusammenarbeit und Integration" (Art. 28 – 30). Hinzukommen „thematische und Querschnittsfragen" (Art. 31 – 33), d.h. Themen, die es gilt, in alle Unterstützungsbereiche einzubeziehen, darüber hinaus aber auch spezifisch zu unterstützen (Art. 20II).

Dieser Rahmen gehorcht einem „integrierten Konzept" (vgl. Art. 1 UA 3, S. 1, 2. Hs., 20I1), die Förderbereiche müssen demnach wirtschaftlichen, sozialen, kulturellen, umweltpolitischen und institutionellen Elementen gleichermaßen Rechnung tragen. Hiervon versprechen sich die Vertragsparteien die Gewährleistung von Komplementarität und Interaktion der einzelnen Aspekte (Art. 20I2). Aus ähnlichen Gründen werden die OPS vom November 2000 sowie die Kommissionsmitteilung über die Entwicklungspolitik vom April 2000 einen „integrierten Rahmen für Gemeinschaftsaktionen"[153] vorschlagen. Gleichzeitig antizipiert dieses Konzept, das bereits in der Präambel (Erwägungsgründe II – VI) sowie in der Zielbeschreibung (Art. 1) zum Ausdruck kommt, den in diesen beiden Papieren[154] explizit postulierten mehrdimensionalen Entwicklungsbegriff. Insoweit inkonsequent und diesem Verständnis von Entwicklung im Grunde zuwiderlaufend ist dann aber die beschriebene, künstliche Aufteilung in „Entwicklungsstrategien" (Titel I) und „wirtschaftliche und handelspolitische Zusammenarbeit" (Titel II), zumal Titel I in Art. 33IVe), i), vor allem aber in Art. 23d), e), f), g) und j) Bereiche der *wirtschaftlichen und handelspolitischen* Kooperation anführt, die eigentlich erst Titel II ausführlich beschreibt. Von daher muss es vielmehr so sein, dass *beide* Titel mögliche Unterstützungsbereiche vorstellen, insofern eher von integrierten „*Kooperations*strategien" denn von integrierten „*Entwicklungs*strategien" auszugehen ist.

Aus in diesem Sinne angebotenen Bereichen der Zusammenarbeit greift die EG nun partnerschaftlich mit dem jeweiligen Empfängerland und unter Einbindung nichtstaatlicher Akteure bestimmte Förderbereiche heraus, d.h. konzipiert Entwicklungs- bzw. Kooperationsstrategien, und zwar gemäß der individuellen Bedürfnisse, des Entwicklungsstandes und der Leistung des betreffenden Landes. Diese Unterstützungselemente werden alsdann gemeinsam in einem Länderstrategiepapier (LSP), im Cotonou – Jargon „länderspezifische Förderstrategie" (LFS) genannt, fixiert. Das genaue Procedere dieser „Programmierung" wird aber erst der Abschnitt 2.4.4 abhandeln.

Die Reduzierung der Kooperation auf einige wenige Unterstützungsbereiche, d.h. auf die genannten drei Schwerpunktbereiche sowie die thematischen und Querschnittsbereiche, soll das Partnerschaftsabkommen - wie vom Grünbuch der Kommission über die AKP-EG Beziehungen vom November 1996 gefordert - in einen strategischen, eben „integrierten" Rahmen gießen und dadurch ebenfalls seine Effizienz steigern. Zugleich scheinen hier erneut die Postulate der OPS vom November 2000 sowie der Kommissionsmitteilung über die Entwicklungspolitik vom April 2000 durch, die aus dergleichen Motivation heraus ebenfalls eine stärkere

[153] Mitteilung der Kommission über die Entwicklungspolitik vom April 2000, Punkt 4.1. Vgl. auch OPS vom November 2000, Punkte 12ff.

[154] Punkt 1 (Kommissionsmitteilung über die Entwicklungspolitik vom April 2000); Punkte 6ff, 12ff (OPS vom November 2000).

Konzentration auf eine begrenzte Anzahl von „prioritären" Kooperationsbereichen sowie Querschnittsthemen fordern[155].
Zur geforderten Entschlackung und somit gleichermaßen übersichtlicheren Gestaltung des Abkommens wurden die Schwerpunkt- und Querschnittsbereiche im Vertragstext selbst relativ knapp gehalten. Die genauen Erläuterungen hierüber wurden sozusagen ausgegliedert und in einem „Kompendium der Kooperationsstrategien" kollektiviert (Art. 20III)[156], dem es konsequenterweise obliegt, „praktische Leitlinien für die einzelnen Bereiche und Sektoren der Zusammenarbeit" (Art. 20III1) an die Hand zu geben. Diese Vorgehensweise gewährleistet gleichermaßen eine hohe Flexibilität jener Leitlinien, da der Ministerrat die Kompetenz besitzt, sie zu überprüfen und gegebenenfalls den wandelnden Gegebenheiten, Prioritäten etc. entsprechend zu modifizieren (Art. 20III2).

Im Folgenden sollen nun die Schwerpunktbereiche sowie thematischen und Querschnittsfragen vorwiegend daraufhin untersucht werden, inwieweit sie grundsätzlich den von der Gemeinschaft auf dem jeweiligen Sektor allgemein aufgestellten Anforderungen gerecht werden und sie darüber hinaus auch jene prioritären und Querschnittsbereiche widerspiegeln. Dabei werden sich die Ausführungen primär am Abkommenstext selbst orientieren. Dies ist ausreichend, um die grundlegenden Richtungen bzw. Inhalte der unterstützten Sektoren klar erkennen zu können. Hierzu parallel das Kompendium der Kooperationsstrategien vom Juni 2000 heranzuziehen, würde den Rahmen dieser Arbeit bei weitem übersteigen und zudem den Blick auf die wesentlichen Aussagen des Abkommens selbst verwässern. Davon abgesehen kommt dem Kompendium lediglich politische Verbindlichkeit zu[157]. Macht allerdings das Vertragswerk selbst keine oder nur spärliche Angaben zu den „wichtigen" Bereichen, so soll das Kompendium komplementär zu Rate gezogen werden.

2.3.1.1 Schwerpunktbereiche

2.3.1.1.1 Wirtschaftliche Entwicklung

Die Unterstützungsbereiche, die der Abschnitt über die „wirtschaftliche Entwicklung" (Art. 21 – 24) vorschlägt, korrelieren weitgehend mit den von der EG hier geforderten[158]: Förderung von makroökonomischen (Art. 22Ia), II) und sonstigen wirtschaftlichen Reformen (Art. 22Ib), II), Entwicklung der Privatwirtschaft (Art. 21) sowie des Handels und anderer Wirtschaftszweige (Art. 23f)).

Im Einklang mit der Erkenntnis, dass ein dynamischer *Privatsektor* zu einem „Schlüsselfaktor wirtschaftlichen Wachstums"[159] zählt und er durch die Schaffung von Arbeitsplätzen gleichermaßen die soziale Entwicklung vorantreibt, wollen die Vertragspartner zunächst einmal eine „dynamische[...], lebensfähige[...] und wettbewerbsfähige[...] Privatwirtschaft" (Art. 21I1) formen. Hierfür sind bekanntermaßen Maßnahmen zur Entwicklung der Unternehmen

---

[155] Zum Ganzen bereits ausführlich oben Kapitel C „Ziele der Entwicklungszusammenarbeit", Abschnitt C.I.2.4.
[156] Kompendium der Kooperationsstrategien, KOM (2000) 424, endg. vom 5.6.2000, bereits zitiert als: Kompendium der Kooperationsstrategien vom Juni 2000.
[157] Beim Kompendium handelt es sich weder um einen Anhang noch um ein Protokoll des Abkommens, die verbindliche Bestandteile der Konvention konstituieren (Art. 100 UA 1, S. 1). Vielmehr stellt es einen uneigentlichen Rechtsakt der Kommission dar. Zu diesen bereits oben C „Ziele der Entwicklungszusammenarbeit", Abschnitt C.I.2.1.
[158] Vgl. oben Kapitel C „Ziele der Entwicklungszusammenarbeit", Abschnitt C.I.2.2.1. Dort ebenfalls zu den für die „wirtschaftliche Entwicklung" allgemein geltenden Postulaten, zu denen im Folgenden Vergleiche hergestellt werden.
[159] Kommissionsmitteilung über „*Governance in Entwicklungsländern*", KOM (2003) 615, endg. vom 20.10.2003, Punkt 53.

aller Wirtschaftszweige, insbesondere auch der Kleinstunternehmen (Art. 21IV), notwendig. Zu diesem Zweck sieht Art. 21III finanzielle und technische Hilfe für die Gründung und Niederlassung bis hin zur Diversifizierung, Sanierung, Umstrukturierung, Modernisierung, aber auch zur Privatisierung lebens- und wettbewerbsfähiger Unternehmen sowie von Finanzintermediären vor. Daneben gilt es, die Qualität und Disponibilität finanzieller, aber auch nichtfinanzieller Dienstleistungen zu fördern (Art. 21II, vgl. auch IIIa)) – gerade letztere vermögen ja die unternehmerischen Fähigkeiten der Privatwirtschaft zu entwickeln (Art. 21I2b)) und sorgen dadurch zumindest mittelbar für die gewünschte Exportsteigerung. Weiter soll die Produktivität durch verbesserte Ausbildungssysteme sowie durch Zugangsmöglichkeiten zu wichtigen Produktionsfaktoren (Kapital, Kredit, Eigentum, Nutzungsrechte, Geschäftsinformationen, Beratungs- und technische Hilfsdienste) gesteigert werden (Art. 23a), b), vgl. auch 21IIIb)). Nicht zuletzt, um die öffentlichen Hilfeleistungen drosseln zu können[160], müssen schließlich private Investitionen angekurbelt werden. Hierfür gilt es grundsätzlich, günstige sozioökonomische, politische und institutionelle Rahmenbedingungen zu schaffen (vgl. Art. 21I1, IIId)); ein wichtiger Punkt, hatte doch die Tatsache, dass es den AKP-Staaten trotz Reformbemühungen nicht gelungen war, Kosten und Risiken für Privatinvestoren auf ein tragbares Niveau zu reduzieren, diese nach wie vor mit Zurückhaltung im Hinblick auf Investitionen reagieren lassen[161]. An dieser Stelle hält sich der Vertragstext indes mit einer Konkretisierung der Investitions(schutz)regeln zurück, holt dies aber später im Rahmen der Beschreibung der Bereiche, die für eine finanzielle Unterstützung in Betracht kommen (vgl. unten Abschnitt 2.4.2.2.4), nach.

Die Ziele der Förderung der Privatwirtschaft überschneiden sich im Allgemeinen wie auch hier im Besonderen mit denen der Unterstützung der allgemeinen *wirtschaftlichen Stabilität* (Art. 22Ib)): Stärkung der Privatwirtschaft, Schaffung eines günstigeren Umfelds für eine Steigung des Geschäftsvolumens, der Investitionen und der Arbeitsplätze, Liberalisierung der Handels- und Devisenregeln, oder aber Reformierung der Banken- und Finanzsysteme. Daneben ist zur Förderung der Regionalintegration weiterhin der regionalen Komponente der Strukturanpassung Rechnung zu tragen (Art. 67II, 22Ib)v)). Eine stärkere Steuerdisziplin, eine qualitativ bessere und ausgewogenere Steuerpolitik sowie ein transparenterer und effizienterer Haushaltsvollzug[162] sollen ferner für ein gesamtwirtschaftliches Wachstum, d.h. für *makroökonomische Stabilität* sorgen (Art. 22Ia)). Wie wichtig die wirtschaftliche Lebensfähigkeit sowie die soziale und politische Tragbarkeit (vgl. Art. 67I2) dieser makroökonomischen und wirtschaftlichen Strukturanpassungsmaßnahmen bzw. –programme (SAP)[163] ist, hatte bereits Lomé IV[164] erkannt; an dieser Tradition hält denn auch das Partnerschaftsabkommen von Cotonou ganz besonders fest (Art. 22II) und integriert darüber hinaus auch die ökologische Komponente (Art. 22IIb)). All die vorgenannten vertraglich verankerten Prinzipien für SAPs entsprechen im Wesentlichen den von der Kommission aufgestellten Leitlinien für eine „zweite Generation von Reformen"[165], die eine Fortführung und weitere Vertiefung der Struk-

[160] *Donatella*, The private sector in the new agreement, in: The Courier, Nr. 181 (2000), S. 21ff, 22.
[161] Vgl. Grünbuch der Kommission über die AKP-EG Beziehungen vom November 1996, S. 37.
[162] Damit fließt der Aufbau des Rechtsstaats und die Fähigkeit der Verwaltung, die vorhandenen Ressourcen auf effiziente und transparente Weise zu verwalten (Good Governance), auch in die Strukturanpassungshilfe mit ein (vgl. Mitteilung der Kommission „*Wirtschaftsreformprogramme und Strukturanpassungsprogramme der Gemeinschaft: Bilanz und Perspektiven*", KOM (2000) 58, endg. vom 4.2.2000, Punkt 2.3.1.4).
[163] Zu den SAP zählen entgegen des Wortlauts von Art. 22 sowohl makroökonomische als auch sonstige wirtschaftliche Stabilitätsmaßnahmen, vgl. Art. 67.
[164] Vgl. oben Kapitel B „Geschichte der Entwicklungszusammenarbeit der Europäischen Gemeinschaft", Abschnitt B.III.2.4.
[165] Mitteilung der Kommission „*Wirtschaftsreformprogramme und Strukturanpassungsprogramme der Gemeinschaft: Bilanz und Perspektiven*", KOM (2000) 58, endg. vom 4.2.2000, Punkt 2.3.

turanpassungsmaßnahmen, der regionalen Integration, die Intensivierung der ordnungsgemäßen Verwaltung öffentlicher Finanzen sowie die stärkere Förderung des Privatsektors vorsehen und schließlich der Berücksichtigung sozialer Sektoren besonderes Augenmerk schenken[166]. Und gemäß der obersten Priorität der Gemeinschaft, der Armutsreduzierung, verlangen die Leitlinien auch die Einbeziehung dieser Dimension in die Reformprogramme[167]. Auf diese Forderung geht ebenfalls das Partnerschaftsabkommen ein und verlangt (eines der wenigen Male explizit), dass die genannten Reformen die Eindämmung der Armut, insbesondere den Zugang zu den Sozialleistungen, zu gewährleisten haben (Art. 22III).

Erleichtern möchten die Partner schließlich allgemein den Zugang zu den Wirtschaftstätigkeiten und zu den Produktionsfaktoren, um letzten Endes sämtlichen Wirtschaftszweigen zum Aufschwung zu verhelfen (Art. 23).
Hierbei ist zunächst der *Handel* (Art. 23g)) zu nennen, der anerkanntermaßen einen essenziellen Faktor wirtschaftlichen Wachstums konstituiert und wie kaum ein anderer Wirtschaftszweig einen Beitrag zur Linderung der Armut leisten kann. Aus diesem Grunde setzen die Vertragsparteien – neben der speziellen Förderung des Handels (Wettbewerbsfähigkeit, Kapazitätssteigerung, etc.) im Rahmen der Unterstützungsstrategien für den Ausbau der Privatwirtschaft – erstmalig auf den sog. „Fairen Handel". Dabei handelt es sich um eine entwicklungsorientierte Initiative, die u.a. gewährleisten soll, dass einerseits Produzenten einen fairen Preis für ihr Erzeugnis bekommen und zweitens der Sozial- und Umweltschutz eine stärkere Berücksichtigung bei der Produktion findet. Der Käufer hingegen soll durch entsprechende Kampagnen darauf hingewiesen werden, dass er durch den Kauf eines „Fair Trade" Produkts zur nachhaltigen wirtschaftlichen und sozialen Entwicklung und daher gleichermaßen zur Armutsreduzierung in den Entwicklungsländern beiträgt[168].
Des Weiteren wollen die Vertragsparteien den *Bergbau- und Energiesektor* (Art. 23f)) sowie den *Dienstleistungssektor* fördern: Neben dem See- und Luftverkehr[169] und dem Tourismus, dem das Partnerschaftsabkommen dezidiert Potenzial gerade auch für die Armutsbekämpfung zumisst (Art. 23i), 24), stehen hier vor allem die Informations- und Kommunikationstechnologien (Art. 23e), j), vgl. auch Art. 25I3b)) im Fokus der Bemühungen, um auch den Entwicklungsländern den Übergang in eine Informationsgesellschaft zu ermöglichen und dadurch einen potenziellen Marginalisierungsfaktor soweit wie möglich zu neutralisieren.
Im Vertragstext etwas zu kurz (Art. 23e)), dafür im Kompendium der Kooperationsstrategien vom Juni 2000 näher ausgeführt (dort Punkt 2.2) wird ein weiterer „prioritärer Bereich" der EG, der ganz besonders auch zur Linderung der Armut beizutragen vermag, nämlich der Ausbau des *Transportwesens*. In diesem Zusammenhang plädieren die Partner insbesondere für eine optimale Unterhaltung und effiziente Nutzung der vorhandenen und ggf. Verbesserung der Verkehrsinfrastruktur und -dienstleistungen – insbesondere auch auf regionaler Ebene – sowie deren Kommerzialisierung.
Im Kontext der Entwicklung der Wirtschaftszweige widmen sich das Abkommen (Art. 23c), d)) und insbesondere das Kompendium der Kooperationsstrategien vom Juni 2000 (dort Punkt 2.1) schließlich dem vorrangigen Aktionsbereich der EG *„ländliche Entwicklung und Ernährungssicherung"*. Dieser wird erneut im Rahmen der „sozialen und menschlichen Entwicklung" (Art. 25I3b)) aufgegriffen, wo dieser Unterstützungsbereich – man denke an seinen

[166] Mitteilung der Kommission *„Wirtschaftsreformprogramme und Strukturanpassungsprogramme der Gemeinschaft: Bilanz und Perspektiven"*, KOM (2000) 58, endg. vom 4.2.2000, Punkte 2.3.1, 2.3.2.2.
[167] Mitteilung der Kommission *„Wirtschaftsreformprogramme und Strukturanpassungsprogramme der Gemeinschaft: Bilanz und Perspektiven"*, KOM (2000) 58, endg. vom 4.2.2000, Punkt 2.3.2.1.
[168] Zum Ganzen ausführlich: Kompendium der Kooperationsstrategien vom Juni 2000, Punkt 2.6.3.
[169] Art. 42; Kompendium der Kooperationsstrategien vom Juni 2000, Punkte 2.7.1, 2.7.2.

elementaren „Beitrag zur nachhaltigen Eindämmung der Armut“[170] - gleichermaßen beheimatet ist[171]. Was zunächst die Nahrungsmittelsicherung anbelangt, so gibt das Kompendium keine konkreten Strategien vor, lässt aber erkennen, dass es solche der AKP-Staaten unterstützt, die auf der von der EG propagierten Doppelstrategie (supply- und demand approach) basieren[172]. Auch die vorgeschlagenen Unterstützungselemente im Rahmen der „ländlichen Entwicklung“ in den AKP-Staaten[173] korrelieren weitgehend mit den hier allgemein anvisierten Aktionsschwerpunkten. Zum Zwecke der optimalen Unterstützung all der vorgenannten Komponenten steht nach wie vor das Zentrum für landwirtschaftliche Entwicklung (TZL) zur Verfügung[174]. Lediglich den Präventivaspekt, namentlich die Systeme zur Verringerung der Risikogefährdung, hat man (zumindest explizit) nicht bedacht. Allerdings ist umso erfreulicher hervorzuheben, dass im Sinne der Partizipation die ländliche Entwicklungsförderung gerade auch die lokalen (nicht-) staatlichen Akteure zu mündigen Kooperationspartnern[175] qualifizieren soll.

2.3.1.1.2 Soziale und menschliche Entwicklung

Abschnitt zwei über die „soziale und menschliche Entwicklung“ (Art. 25 – 27) widmet sich insbesondere drei Bereichen, nämlich der bereits in diesem Zusammenhang für die Entwicklungszusammenarbeit allgemein geforderten[176] Unterstützung des Sozialbereichs, namentlich der (Aus-) Bildung und des Gesundheitswesens (Art. 25), ferner Jugendfragen (Art. 26) und schließlich der kulturellen Entwicklung (Art. 27). Die Förderung dieser Elemente betrachten die Vertragspartner „als Beitrag zu einer breiten und ausgewogenen Verteilung der Früchte des Wachstums“ (Art. 20Ib)) - mithin als spezifischer Beitrag zur Armutsbekämpfung[177]. In Anbetracht der Bedeutung dieses Schwerpunktbereichs enttäuscht freilich die geringe vertragliche Regelungsdichte dieses Abschnitts: Bedeutende Unterstützungselemente werden lediglich im Kompendium der Kooperationsstrategien vom Juni 2000 ausdifferenziert.

Im Rahmen der *Entwicklung des Sozialbereichs* (Art. 25) haben es sich die Vertragsparteien zunächst generell zur Aufgabe gemacht, den Wirkungsbereich und die Qualität der sozialen Dienstleistungen zu optimieren, dabei hauptsächlich auch den speziellen Bedürfnissen benachteiligter Bevölkerungsgruppen besonderes Augenmerk zu schenken, sämtlichen Bevölkerungsschichten einen gleichberechtigten Zugang zu diesen Leistungen zu ermöglichen und ferner dafür zu sorgen, dass öffentliche Ausgaben in ausreichender Höhe in diesen Bereich fließen (Art. 25I1, 2). Darüber hinaus erscheint die Qualifizierung der Akteure im Sozialbereich unabdingbar, insbesondere wenn es darum geht, die Konzeption dieser Politik, die Verwaltung ihrer Programme und das vor Ort verfügbare Know-how zu optimieren, technische Innovationen und die Forschung voranzutreiben und sie alsdann auf die Lösung der sozialen Problemstellungen hin auszurichten (Art. 25II).
Was speziell die Verbesserung der (Aus-) Bildung (Art. 25I3a)) anbelangt – auch das Kompendium der Kooperationsstrategien vom Juni 2000 anerkennt die Unabdingbarkeit einer

[170] Kompendium der Kooperationsstrategien vom Juni 2000, Punkt 2.1.1, Ziffer 5.
[171] So auch seine Einordnung oben Kapitel C „Ziele der Entwicklungszusammenarbeit“, Abschnitt C.I.2.2.2.
[172] Vgl. Kompendium der Kooperationsstrategien vom Juni 2000, Punkt 2.1.2, Ziffern 8, 9.
[173] Kompendium der Kooperationsstrategien vom Juni 2000, Punkt 2.1.1, Ziffer 7; vgl. auch Punkte 2.1.3, 2.1.4, 2.1.5, 2.1.6.
[174] Art. 1b), 3 Anhang III, Institutionelle Unterstützung – ZUE und TZL (ABl. 2000, Nr. L 317/74f). Ein solches, wenngleich auf die Agrarforschung hin ausgerichtetes Zentrum hatte bereits Lomé II etabliert (vgl. oben B „Geschichte der Entwicklungszusammenarbeit der Europäischen Gemeinschaft“, Abschnitt B.III.2.2).
[175] Kompendium der Kooperationsstrategien vom Juni 2000, Punkt 2.1.1, Ziffer 7a), vgl. auch 7f).
[176] Vgl. oben Kapitel C „Ziele der Entwicklungszusammenarbeit“, Abschnitt C.I.2.2.2 zu den für die „soziale Entwicklung“ allgemein geltenden Postulaten, zu denen im Folgenden Vergleiche hergestellt werden.
[177] Vgl. oben Kapitel C „Ziele der Entwicklungszusammenarbeit“, Abschnitt C.I.2.4.

diesbezüglich effizienten Politik für das sozioökonomische Wachstum, namentlich auch für die Armutsbekämpfung[178] -, so geht aus den vom Kompendium hier vorgeschlagenen Maßnahmen[179] hervor, dass Kindern, Jugendlichen und ebenso Erwachsenen verschiedene (Aus-) Bildungsstufen, d.h. Grund-, berufsbezogene sowie Hochschulausbildung, zugänglich gemacht werden sollen. Damit erfüllt dieser Förderbereich inhaltlich die hier allgemein aufgestellten Anforderungen – zumindest im Großen und Ganzen, denn das Primat der Grundbildung wird mehr oder weniger zugunsten der anderen Ebenen aufgegeben.
Eng an diese allgemeinen Vorgaben lehnen sich ebenso die gesundheitspolitischen Maßnahmen an (Art. 25I3b), e)): Die Partner streben nämlich u.a. an, das Gesundheitssystem zu verbessern, insbesondere deren Dienste bezahlbar und allgemein zugänglich zu machen, weiter eine die Gesundheit begünstigende Umwelt zu schaffen und dabei auch den Zugang zu gesundheitlich unbedenklichem Wasser sowie zur Abwasserentsorgung zu erleichtern[180]. Ferner wollen sie HIV/ AIDS bekämpfen; Art. 25I3d) i.d.F. von Cotonou 2005 erweitert dies nunmehr um den Kampf auch gegen andere armutsbedingte Krankheiten wie z.B. Malaria und Tuberkulose. Daneben stehen bevölkerungspolitische Maßnahmen im Fokus der Aufmerksamkeit, die bekanntlich hauptsächlich die reproduktive Gesundheit und die Familienplanung zu verbessern suchen (Art. 25I3c)). Der Erfolg gerade auch dieser Maßnahmen hängt indes entscheidend vom Ausbau der sozialen Absicherung ab – einem Faktum, dem die Vertragspartner in Art. 25II, namentlich in Form der Einrichtung von Sozialentwicklungsfonds, gebührend Rechnung tragen. Betont wird schließlich, im Rahmen des sozialen Dialogs (vgl. Art. 8III3) „partizipative[...] Methoden" (Art. 25I3g)) zu fördern – leider ohne jedoch diese zu konkretisieren.
Für ein nachhaltiges Gelingen der Sozialpolitik ist die Abstimmung dieser Politik mit den makroökonomischen Reformen unerlässlich – eine Konnexität, aufgrund derer wohl die beiden Unterstützungsbereiche zusammen einen der gemeinschaftlichen prioritären Bereiche konstituieren. Diesem speziellen „Nachhaltigkeitsfaktor" ignorieren zwar die Bestimmungen über die Entwicklung des Sozialbereichs; doch wird dieses Manko zumindest dadurch größtenteils ausgeglichen, dass umgekehrt bereits bei der Formulierung makroökonomischer und sonstiger wirtschaftlicher Maßnahmen die sozialen Rahmenbedingungen unbedingt zu berücksichtigen und dabei ausdrücklich der Zugang zu den Sozialdiensten zu fördern ist (Art. 22II 1. Hs.).

Des Weiteren wollen die Vertragsparteien im Rahmen der „sozialen und menschlichen Entwicklung" eine forcierte *Jugendpolitik* (Art. 26) betreiben. Diese soll Kindern und Jugendlichen helfen, ihr psychisches, physisches, kreativ-innovatives, soziales und wirtschaftliches Potenzial zu erkennen und zu entfalten und dies für ihre Integration in Gesellschaft und Beruf - besonders im produktiven Sektor - zu nutzen. Da Kinder nicht selten ausnehmend stark von Krisen und Konflikten betroffen sind, sieht der Vertragstext zudem vor, diese mit Hilfe von Rehabilitationsprogrammen anschließend wieder in die Gesellschaft zu integrieren. Art. 26 S. 2 e) i.d.F. von Cotonou 2005 fördert nun auch den Jugend- und Studentenaustausch sowie die Teilnahme junger Bürger am öffentlichen Leben.

Mit einer Bestimmung über die *kulturelle Entwicklung* (Art. 27) endet schließlich der Abschnitt über die „soziale und menschliche Entwicklung". In diesem Zusammenhang sollen in erster Linie die kulturellen Wertvorstellungen und die kulturelle Identität gefördert, Kapazitä-

---

[178] Vgl. Kompendium der Kooperationsstrategien vom Juni 2000, Punkt 3.1, Ziffer 82.
[179] Kompendium der Kooperationsstrategien vom Juni 2000, Punkt 3.1, Ziffern 83ff.
[180] Vgl. für das Voranstehende auch: Kompendium der Kooperationsstrategien vom Juni 2000, Punkte 3.3, 3.4.

ten zur Erhaltung des kulturellen Erbes ausgebaut sowie das Kulturgewerbe entwickelt und dessen Marktzugang erweitert werden[181].

2.3.1.1.3 Regionale Zusammenarbeit und Integration

Abschnitt drei über die „regionale Zusammenarbeit und Integration" (Art. 28 – 30) hat sich zum Ziel gesetzt, die wirtschaftliche Entwicklung und den Handel[182] zwischen und in den Regionen[183] sowie die Diversifizierung der Wirtschaft zu beschleunigen und überdies die Freizügigkeit zwischen den Personen und Arbeitskräften sowie den freien Dienstleistungs-, Waren- und Kapitalverkehr zwischen den AKP-Staaten zu unterstützen (Art. 28 S. 3 b) – e)). Zu diesem Zwecke setzen die Vertragsparteien neben dem Aufbau hierfür notwendiger Kapazitäten, wie etwa regionaler Handels- und Wirtschaftskooperationen und –organisationen, zunächst einmal auf die Durchführung von makroökonomischen und anderen wirtschaftlichen Reformprogrammen auch auf regionaler Ebene (vgl. auch Art. 22Ib) v), 67II), ferner auf die Liberalisierung des Handels und der Zahlungen oder aber auf die Schaffung von Anreizen für grenzübergreifende Investitionen (Art. 29). Vor allem jedoch muss unbedingt versucht werden, die LLDCs unter den AKP-Staaten an diesem Aufbauprozess regionaler Märkte teilhaben und an den sich daraus ergebenden Vorteilen profitieren zu lassen (Art. 29b)). Denn gerade diese Länder laufen nicht zuletzt aufgrund ihrer oftmals beschränkten Marktgröße und mangelnden Wettbewerbsfähigkeit Gefahr, den Anschluss an die Weltwirtschaft vollends zu verlieren. Mithin dient die Süd-Süd-Kooperation bzw. –Integration – und zwar nicht nur den LLDCs - gewissermaßen als Zwischenstufe zur Vorbereitung auf den härteren Konkurrenzdruck des Welthandels[184] – aber auch des Handels mit der EG: Diese will nämlich, wie im Abschnitt 2.3.2.1 noch näher auszuführen sein wird, Freihandelsabkommen mit einzelnen oder Gruppen von AKP-Staaten abschließen, und zwar abhängig vom Fortschritt der Regionalintegration. Diese Abkommen wiederum fördern zumindest mittelbar die Eingliederung der AKP-Handelspartner in den Welthandel. Wohl basierend auf diesem Wissen um die Regionalintegration und –kooperation als „wesentliches Mittel zur Förderung der Integration in der Weltwirtschaft"[185] wurde diese auch zu einem der prioritären Faktoren der EG erhoben. Darüber hinaus gilt die regionale Integration und Kooperation außerdem als „Schlüsselelement für nachhaltige Entwicklung"[186], was nicht zuletzt daher rührt, dass sie sich als effektives Forum anbietet, neben wirtschaftlichen Themen auch andere grenzüberschreitende entwicklungspolitische Probleme gemeinsam anzugehen. In diesem Sinne listet Art. 30 denn auch ein breites Spektrum solch gemeinsamer „regionaler" Anliegen auf, angefangen vom Katastrophenschutz über die Verkehrs-, Kommunikations- und Informationsinfrastruktur und –dienstleistungen, den Umweltschutz, die Wasserressourcen und die Energie, ferner die (Aus-) Bildung und Gesundheit, bis hin zur Rüstungskontrolle sowie zur Bekämpfung des Drogenmissbrauchs, des organisierten Verbrechens, der Bestechung und der Korruption.

---

[181] Vgl. auch die Erklärungen XI, XII, XIII (ABl. 2000, Nr. L 317/318f).

[182] Der intraregionale Handel betrug bis dato nur 6% im Falle der afrikanischen Staaten (*WEED* u.a. (Hrsg.), Die „Konvention von Cotonou", abgedruckt in: *HIZ*, Bd. 14, III B 20 13, S. 1ff, 7ff).

[183] Zusammenarbeit zwischen (Sub-) Regionen, zwischen den einzelnen Staaten selbst, aber auch mit den ÜLGs. Nach Art. 28 UA 1 i.d.F. von Cotonou 2005 können fortan auch nicht zu den AKP-Staaten gehörende LDCs mit einbezogen werden.

[184] Zum Ganzen bereits oben Kapitel C „Ziele der Entwicklungszusammenarbeit", Abschnitt C.I.2.3.

[185] Mitteilung der Kommission „*Wirtschaftsreformprogramme und Strukturanpassungshilfen der Gemeinschaft: Bilanz und Perspektiven*", KOM (2000) 58, endg. vom 4.2.2000, Punkt 2.3.1.3. Vgl. auch Art. 35II, 28 S. 3 a).

[186] Kommissionsmitteilung über die Entwicklungspolitik vom April 2000, Punkt 4.3 (2).

2.3.1.2 Thematische und Querschnittsfragen

An „thematische[n] und Querschnittsfragen“ (Art. 31 – 33), mithin an Themen, die einerseits als solche spezifisch unterstützt werden können, andererseits „systematisch in alle Bereiche der Zusammenarbeit“ (Art. 20II1) einzubeziehen sind, nennt Abschnitt vier geschlechterspezifische Fragen (Art. 31), die Umwelt (Art. 32) und den Ausbau der Institutionen und Kapazitäten (Art. 33). Und auch jener „integrierte[...] Rahmen für Gemeinschaftsaktionen“[187] schlägt die beiden ersten Aspekte als Querschnittsthemen vor. Letzteren Bereich erhebt die EG zwar zu einem der sechs vorrangigen Aktionsfelder, doch fordert sie in diesem Zusammenhang ebenso, dass der Aufbau institutioneller Kapazitäten in den fünf anderen Feldern vonstatten zu gehen hat[188] – ein Faktum, das die „Zwitterstellung“ dieser Thematik veranschaulicht und deshalb gleichermaßen ihre Einordnung als Querschnittsaufgabe erlaubt.

Spricht man von den „benachteiligten Bevölkerungsgruppen“, so sind hierunter hauptsächlich auch die Frauen zu subsumieren, konstituieren sie doch nicht zuletzt aufgrund der Tatsache, dass ihnen vielerorts die politische und sozioökonomische Gleichberechtigung versagt wird, die Mehrheit der in Armut Lebenden[189]. Dementsprechend sind zunächst einmal spezifische Maßnahmen zur Verbesserung der Lage der Frau sowie zur Aufwertung ihrer Rolle angezeigt, die Art. 31 über *geschlechterspezifische Fragen* denn auch normiert: So wollen die Vertragsparteien beispielsweise (Art. 31 S. 3 b)) dafür sorgen, dass Frauen umfassender am politischen Leben partizipieren können, dass sie bei Soforthilfe- und Wiederaufbaumaßnahmen besonders berücksichtigt werden und ihnen der Zugang zu den wichtigsten sozialen Dienstleistungen sowie zu den Produktionsfaktoren erleichtert wird; Frauenorganisationen gilt es zu unterstützen. Additiv verfolgt auch das Partnerschaftsabkommen von Cotonou jenen „Empowerment-Ansatz“, d.h. es versucht, geschlechterspezifischen Fragen, mithin den Bedürfnissen und Prioritäten *beider* Geschlechter, in den entwicklungspolitischen Politiken, Konzepten, Maßnahmen etc. auf allen Ebenen Rechnung zu tragen (Art. 31 S. 3 a)). Zwar ist die grundsätzliche Verankerung dieses Erfolg versprechenden Ansatzes äußerst positiv zu bewerten; doch beschreibt der Abkommenstext mit keinem Wort, wie er sich diese Einbeziehung geschlechterspezifischer Fragen in concreto vorstellt, geschweige denn normiert diesbezüglich verbindliche Verfahrensvorschriften – eine Vorgehensweise, die der effektiven Implementierung dieses Ansatzes nicht unbedingt zuträglich ist.

Art. 32 widmet sich der *Umwelt und den natürlichen Ressourcen*, demnach der ökologischen Dimension von Entwicklung, die sich aus dem Adjektiv „nachhaltig“ (Art. 177I 1. Spiegelstrich) herleiten lässt und für die EG neben der sozialen und wirtschaftlichen Komponente daher gleichermaßen verbindlich ist[190]. Was nun die in diesem Rahmen anvisierten Ziele und Maßnahmen anbelangt, so halten sich die Vertragspartner erneut an die hierzu generell aufgestellten Forderungen, indem sie zum einen postulieren, dass der „Grundsatz der nachhaltigen Entwicklung“ (Art. 32Ia)) in alle Bereiche sowie in sämtliche implementierte Projekte und Programme zu integrieren ist. Bedauerlicherweise wird auf eine Definition von „nachhaltiger Entwicklung“ im speziell umweltpolitischen Kontext verzichtet, was angesichts der uneinheitlichen Verwendung des Nachhaltigkeitsbegriffs auch im Partnerschaftsabkommen von Cotonou mehr als sinnvoll wäre. Zum anderen möchten die Partner neben dem Kapazitätsausbau im Umweltbereich (Art. 32Ib), IIc)) mit spezifischen Maßnahmen und Programmen solchen

[187] Mitteilung der Kommission über die Entwicklungspolitik vom April 2000, Punkt 4.1.
[188] Hierzu bereits oben Kapitel C „Ziele der Entwicklungszusammenarbeit“, Abschnitt C.I.2.4.
[189] Vgl. zu dieser Thematik bereits oben Kapitel C „Ziele der Entwicklungszusammenarbeit“, Abschnitt C.I.2.2.2.
[190] Zum Ganzen bereits oben Kapitel C „Ziele der Entwicklungszusammenarbeit“, Abschnitt C.I.2.2.3.

essenziellen Problemen der „nachhaltigen Umweltpflege“ (Art. 32Ic)) und der „nachhaltigen Nutzung und Verwaltung der natürlichen Ressourcen“ (Art. 32I UA 1; vgl. auch Art. 32Ic)) begegnen, die einerseits im Fokus der internationalen Umweltdiskussion stehen (Art. 32Ic))[191] und/ oder andererseits ein spezielles Anliegen der AKP-Staaten (Art. 32II)[192] sind.

Obwohl das Partnerschaftsabkommen von Cotonou bereits im Zusammenhang mit der Normierung der Schwerpunkt- und der übrigen Querschnittsbereiche explizit den Aufbau von Kapazitäten und Institutionen aufgibt, sieht es in Art. 33 nochmals eine spezielle Bestimmung über die *Entwicklung der Institutionen und den Ausbau der Kapazitäten* vor – wohl, um der bereits erwähnten Bedeutung dieses Förderelements gerecht zu werden. Viele der hier anvisierten Maßnahmen, etwa die Beiträge zur (un-) mittelbaren Förderung von Menschenrechten, Demokratie, Rechtsstaatlichkeit und von Good Governance sowie zur Herausbildung dezentraler Akteure, wurden schon im Rahmen der Positivmaßnahmen in Abschnitt 2.2.2.3 angesprochen. Es bleibt demnach an dieser Stelle lediglich, auf den Kompetenz- und Kapazitätsaufbau zur (Wieder-) Einführung bzw. zum Ausbau der Marktwirtschaft hinzuweisen (Art. 33IV).

2.3.2 Wirtschaftliche und handelspolitische Zusammenarbeit

Titel II über die WTO-konforme „wirtschaftliche und handelspolitische Zusammenarbeit“ (Art. 34 – 54)[193] ist darauf ausgerichtet, die AKP-Staaten in die liberalisierte Weltwirtschaft[194] zu integrieren (Art. 34I, II3, IV) – und zwar harmonisch und schrittweise (Art. 34I, II3), wie es auch Art. 177I 3. Spiegelstrich EGV verlangt: Um wie anvisiert Nutzen aus der Globalisierung und mit ihr dem Weltmarkt ziehen zu können, müssen nämlich erst einmal deren Herausforderungen bewältigt werden; die AKP-Staaten haben sich daher zunächst „den neuen Bedingungen des Welthandels anzupassen“ (Art. 34II3)[195].

Dabei impliziert „harmonisch“ namentlich die Beachtung der besonderen ökologischen, wirtschaftlichen und sozialen Eigenheiten der AKP-Staaten: Die wirtschaftliche und handelspolitische Zusammenarbeit hat den „unterschiedlichen Bedürfnissen und dem unterschiedlichen Entwicklungsstand“ (Art. 35III1) dieser Staaten gebührend Aufmerksamkeit zu schenken – eine Vorgabe, die gleichermaßen das postulierte Grundprinzip der „Differenzierung“ (Art. 2 4. Spiegelstrich, 35III2) reflektiert und die dafür sorgt, dass vor allem struktur- und wettbewerbsschwache Volkswirtschaften den Anschluss an die Weltwirtschaft nicht verpassen. Zu diesem Zwecke intendieren die Vertragspartner denn auch, u.a. die Produktions-, Liefer- und Handelskapazitäten der AKP-Staaten auszubauen, Investitionsanreize zu schaffen (Art. 34III, 35I3) sowie die regionale Integration voranzutreiben (Art. 35II).

Die „schrittweise“ Eingliederung erlaubt einerseits Ausnahme- und Übergangsregelungen hinsichtlich der Handelsregelungen; andererseits schließt der Begriff keinesfalls aus, dass die AKP-Staaten mittel- oder langfristig an die volle Teilnahme am Welthandel herangeführt werden – ein „Fernziel“, das auch Art. 34II1 vorsieht.

---

[191] Hier werden insbesondere folgende Bereiche hervorgehoben (Art. 32Ic)): Tropenwälder, Wasser-, Küsten-, Meeres- und Fischereiressourcen, Biovielfalt, empfindliche Ökosysteme, erneuerbare Energiequellen, Desertifikation und Entwaldung, städtische Umweltprobleme, sanfter Tourismus, etc..

[192] Gefährdung der kleinen AKP-Inselstaaten z.B. infolge der Klimaveränderung; Desertifikation, Dürre.

[193] Der Titel über die „wirtschaftliche und handelspolitische Zusammenarbeit“ (Art. 34 – 54) ist für Südafrika nicht anwendbar (Art. 5I Protokoll Nr. 3 (ABl. 2000, Nr. L 317/284ff)). Der Staat nimmt jedoch als Beobachter am politischen Dialog zwischen den Vertragsparteien nach den Vorschriften der Art. 34 – 40 (Ziele und Grundsätze; neue Handelsregelung; Zusammenarbeit in internationalen Gremien) teil (Art. 5II Protokoll Nr. 3 (ABl. 2000, Nr. L 317//284ff)).

[194] Der Anteil am Welthandel von Schwarzafrika betrug 2002 gerade 2% (Quelle: *Schmidt*, Aktuelle Aspekte der EU-Entwicklungspolitik, in: APUZ B19-20/2002, S. 29ff, 34).

[195] Zum Ganzen bereits oben Kapitel C „Ziele der Entwicklungszusammenarbeit“, Abschnitt C.I.2.3.

Im Einklang mit den diesbezüglich allgemeinen Aussagen der EG versprechen sich die Vertragsparteien von einer in diesem Sinne harmonischen und schrittweisen Eingliederung in die Weltwirtschaft, die nachhaltige Entwicklung „begünstigen" und einen „Beitrag" zur Armutsbekämpfung leisten zu können (Art. 34I).

Im Folgenden sollen die unterschiedlichen Komponenten der „wirtschaftlichen und handelspolitischen Zusammenarbeit" näher beleuchtet werden, die der Vertragstext in folgende Kapitel untergliedert: „Neue Handelsregelung" (Art. 36ff), „Zusammenarbeit in internationalen Gremien" (Art. 39f), „Dienstleistungsverkehr" (Art. 41ff), „Handelsrelevante Bereiche" (Art. 44ff) sowie „Zusammenarbeit in anderen Bereichen" (Art. 53f). Hierbei handelt es sich mithin um Kooperationsbereiche, die speziell auf die Internationalisierung der Wirtschaft und des Handels hin ausgerichtet sind. Viele Maßnahmen zur Gewährleistung einer *harmonischen* und *schrittweisen* Eingliederung in den Weltmarkt, insbesondere die grundsätzliche Ankurbelung des Handels oder aber die Investitionspolitik, waren hingegen bereits Gegenstand des Titels über die „Entwicklungsstrategien". Infolgedessen erschöpft sich Titel II größtenteils in einem bloßen Aufgreifen dieser Förderbereiche, wenn er sie in die Dienste (auch) der harmonischen und schrittweisen Integration in die Weltwirtschaft stellt. Beide Elemente zusammen ergeben jedenfalls den prioritären Bereich gemeinschaftlicher Entwicklungszusammenarbeit „Handel und Entwicklung".

2.3.2.1 Die neue Handelsregelung und die Übergangsregelung bis Ende 2007

Was sich bereits in den Diskussionen in und um das Grünbuch der Kommission über die AKP-EG Beziehungen vom November 1996 ankündigte[196], war eine grundlegende Revision der Handelsregelungen, die gleichzeitig auch die angestrebte Differenzierung der AKP-Staaten einläutete. Tatsächlich konnte sich die Kommission mit ihrer dem neoliberalen Zeitgeist entsprechenden Forderung durchsetzen, schrittweise das alte, uniforme Lomé-System einseitiger Handelspräferenzen unter einer GATT-Ausnahmegenehmigung[197] abzubauen[198]

---

[196] Vgl. oben Abschnitt E.I.1, Fn. 42. Zu den neuen Handelsregelungen: *Babarinde/ Faber*, From Lomé to Cotonou, in: EFARev. 2004, S. 27ff, 39ff; *Karl*, Economic Partnership Agreement, in: The Courier, Nr. 195 (2002), S. 21ff; *Arts*, ACP-EU Relations in a New Era, in: CMLRev. 2003, S. 95ff, 104ff; *EDCPM* (Hrsg.), Cotonou Infokit: Regional Economic Partnership Agreement, abgedruckt in: BMZ (Hrsg.), Materialien, Das Abkommen von Cotonou – neue Wege in der AKP-EG-Partnerschaft, S. 18ff.

[197] Art. XXV Ziffer 5 GATT 1947/ 1994 (*Sartorius II*, Nr. 510). Vgl. auch oben Kapitel B „Geschichte der Entwicklungszusammenarbeit der Europäischen Gemeinschaft", Abschnitt B.II.2.

[198] *Dickson*, The Demise of the Lomé Protocols: Revising European Development Policy, in: EFARev. 2000, S. 197ff, 197, sieht diese Abkehr vom Präferenz-Modell als Ausdruck des Neoliberalismus, vom dem inzwischen auch die Gemeinschaft durchdrungen sei (vgl. bereits oben Kapitel B „Geschichte der Entwicklungszusammenarbeit der Europäischen Gemeinschaft", Abschnitt B.III.2.4, Fn. 249, und: *Sottoli*, Stichwort „Neoliberalismus", in: Nohlen (Hrsg.), Lexikon Dritte Welt, S. 599f, 599). Dieser These stehen gegenläufige Ansätze des sog. „Neo-Populismus" entgegen. Seine Vertreter weisen darauf hin, dass der Neoliberalismus zuungunsten sozialpolitischer Ziele agiere, und infolge des rückläufigen Einflusses des Staates die Idee einer doch grundsätzlich von Staat dirigierten Entwicklung zerstöre. Darüber hinaus bedinge die reduzierte Rolle des Staates den Verlust der notwendigen staatlichen Steuerungskapazitäten, die jedoch die Komplexität der Veränderungsprozesse benötige. Deshalb fordern die Anhänger dieser Schule vor allem die Rückbesinnung auf lokale Gemeinschaften, die Verurteilung der Industrialisierung als Verursacherin ökonomischer Ungleichheiten und ökologischer Schäden, und proklamieren den Gedanken der „self-reliance" und die Befriedigung der Grundbedürfnisse (voranstehend: *Dickson*, The Demise of the Lomé Protocols: Revising European Development Policy, in: EFARev. 2000, S. 197ff, 209ff, mit vielen weiterführenden Hinweisen; *Sottoli*, Stichwort „Neoliberalismus", in: Nohlen (Hrsg.), Lexikon Dritte Welt, S. 599f, 600). Die EG hat für sich anscheinend einen Mittelweg gefunden, propagiert sie zwar einerseits Liberalisierung und Strukturanpassung; andererseits hebt sie im selben Atemzug die „Sozialverträglichkeit" beider Instrumente hervor. Zudem insistiert sie im neuen Abkommen auf das Paradigma einer AKP-„Ownership" – letzteres indes auch der verschiedensten nicht-staatlichen Akteure der Zusammenarbeit. Ähnlich wohl auch: *Desesquelles*, The non-governmental actors, in: The Courier, Nr. 181 (2000), S. 6ff, 6.

und bis spätestens 31.12.2007[199] durch neue, WTO-konforme[200] Handelsregelungen, die sog. „Wirtschaftspartnerschaftsabkommen" (EPAs), zu substituieren (Art. 36ff)[201]. Hinter diesem Terminus verbergen sich regional zu verhandelnde Freihandelsabkommen, der gegenseitige Marktzugang kann demnach kontraktuell normiert werden[202]. „Kann" deshalb, weil im Einklang mit dem Grundsatz sowohl der Differenzierung (Art. 2 4. Spiegelstrich, 35III2) als auch der harmonischen und schrittweisen Eingliederung der AKP-Staaten in die Weltwirtschaft (Art. 34I) die EPAs lediglich eine Option für die AKP-Staaten bereithalten, ihr Abschluss daher keinesfalls zwingend ist (vgl. Art. 37V, VI). Gleichzeitig impliziert der Begriff „*Partnerschaft*", dass es sich um Abkommen handelt, die Rechte und Pflichten für beide Parteien beinhalten, deren Einhaltung für das Gelingen des Ganzen unerlässlich ist[203]. Die harmonische, schrittweise Einführung dieser Abkommen macht jenen Vorbereitungszeitraum bis Ende 2007 notwendig.

Um den vorgenannten Grundsätzen Rechnung zu tragen, sieht das Vertragswerk demnach besondere Bestimmungen zum einen für die *nicht* am wenigsten entwickelten Staaten[204], die sich im Hinblick auf ihre Wirtschaftskraft nicht befähigt sehen, ein solches Abkommen abzuschließen, zum anderen für die am wenigsten entwickelten Entwicklungsländer (LLDCs), vor. Was erstere Gruppe von Staaten anbelangt, so folgt der Einschätzung ihrer Lage die Ausarbeitung diverser Alternativen zu den Wirtschaftspartnerschaftsabkommen, die einerseits WTO-kompatibel sind, andererseits aber den bisherigen Status quo garantieren (Art. 37VI)[205].
Für die am wenigsten entwickelten AKP-Staaten sollte auf Grundlage der Lomé IV-Handelsregelungen spätestens 2005 ein nicht-reziproker zollfreier Zugang für im Wesentlichen alle ihrer Waren geschaffen[206] sowie die unübersichtlichen Ursprungsregelungen verein-

---

[199] In den einzelnen Abkommen können frühere Termine vereinbart werden, Art. 37I2.

[200] Art. XXXIV Ziffer 5 (*Sartorius II*, Nr. 510). Zur WTO-Kompatibilität der neuen „Wirtschaftspartnerschaftsabkommen" z.B.: *Matambalya/ Wolf*, The Cotonou Agreement and the Challenges of Making the New EU-ACP Trade Regime WTO Compatible, in: Journal of World Trade 2001, S. 123ff, 137ff; *Huber*, The Past, Present and Future ACP-EC Trade Regime and the WTO, in: EJIL 2000, S. 427ff, 434f, S. 433f, S. 435ff auch zur WTO-Kompatibilität der Handelsregelungen des Partnerschaftsabkommens außerhalb dieser „Wirtschaftspartnerschaftsabkommen".

[201] Zu den außenwirtschaftlichen Gründen, warum sich die EG zur Aufgabe der bisherigen einseitigen Handelspräferenzen gezwungen sieht: *Babarinde/ Faber*, From Lomé to Cotonou, in: EFARev. 2004, S. 27ff, 29ff. Folgende grundlegende Probleme kommen auf die AKP-Staaten infolge des Freihandels unter anderem zu: Verlust einer bedeutenden Einnahmequelle für den Staatshaushalt durch den Zollabbau im Rahmen der Freihandelsabkommen; Verlust von Arbeitsplätzen, u.a. durch Schließung großer Konzerne wegen nunmehr zollfreier Einfuhrmöglichkeit der bislang in den AKP-Staaten hergestellten Produkte aus Europa; mangels künftiger Importbarrieren Gefährdung der AKP-Agrarproduktion durch die im Rahmen der „Gemeinsamen Argrarmarktpolitik" subventionierte europäische landwirtschaftliche Produktion; beschränkte Möglichkeiten der AKP-Anbieter (niedrige Arbeitsproduktivität, unzureichende und unzuverlässige öffentliche Einrichtungen, mangelhafte, für den Transport notwendige Infrastruktur, durch AIDS gefährdetes Humankapital), für den Weltmarkt zu produzieren bzw. ihre Produkte dort zu platzieren (voranstehend: Unbekannt, Von Lomé zum Freihandel: Sind die AKP-Länder reif für den Weltmarkt?, in: E+Z 2002, S. 28).

[202] Vgl. Art. 36I, 37V.

[203] Kommissionsmitteilung über Handel und Entwicklung vom September 2002, Punkt 3.4.

[204] D.h. für die „normalen" Entwicklungsländer (LDCs).

[205] Dabei bietet sich die Eingliederung in das APS an. *Babarinde/ Faber*, From Lomé to Cotonou, in: EFARev. 2004, S. 27ff, 42, 46, sehen diese Option als wenig attraktiv, da das APS verglichen mit den Lomé-Präferenzen nur eine beschränkte Produktpalette umfasst, die zudem nach sensiblen und nicht-sensiblen Gütern unterscheidet (nur letztere gelangen zollfrei in die Gemeinschaft), geringere und erodierende Präferenzspannen aufweist und zudem nicht vertraglich geregelt ist.

[206] Vgl. hierzu näher *WEED* u.a. (Hrsg.), Die „Konvention von Cotonou", abgedruckt in: *HIZ*, Bd. 14, III B 20 13, S. 1ff, 6f.

facht (Art. 37IX)[207] werden. Zumindest dem ersten Postulat ist die EG bislang in Gestalt der „Everything but armes (EBA)/ Alles außer Waffen - Initiative" nachgekommen: Die Initiative, die streng formal betrachtet ein unbefristet geltender Zusatz zum jeweils aktuellen APS[208] ist, gewährt ab 2001 allen Waren mit Ursprung in den LLDCs und somit auch den AKP-LLDCs einen zollfreien Zugang ohne mengenmäßige Beschränkungen - ausgenommen eben Waffen und Munition[209]. Doch leider sieht sie für die besonders sensiblen Importprodukte Bananen, Reis und Zucker eine vollständige Liberalisierung erst ab 2006 (Bananen) bzw. 2009 vor[210].

Bis sich jedoch die AKP-Staaten für ein Handelsmodell entschieden haben, zumindest aber während jenes Vorbereitungszeitraums bis Ende 2007, wird das alte System nicht-reziproker Handelspräferenzen nach Maßgabe des Anhangs V[211] zum Partnerschaftsabkommen von Cotonou aufrechterhalten[212]:
Nach Art. 1 UA 1 Anhang V sind Waren mit Ursprung in den AKP-Staaten[213] grundsätzlich frei von Zöllen und Abgaben gleicher Wirkung[214] bei der Einfuhr in die Gemeinschaft. Dies gilt jedoch weiterhin nicht für landwirtschaftliche Erzeugnisse, die in Anhang I zum EGV

---

[207] Mangels genauem Zeitplan sowie eines institutionellen Rahmens für die angekündigte Reform der Ursprungsregeln zweifelt *WEED* u.a. (Hrsg.), Die „Konvention von Cotonou", abgedruckt in: *HIZ*, Bd. 14, III B 20 13, S. 1ff, 6, an der tatsächlichen Bereitschaft der EU, ihren Markt für Agrar- und Fertigprodukte zu öffnen.
[208] VO (EG) Nr. 416/2001 des Rates vom 28.2.2001 *zur Änderung der VO (EG) Nr. 2820/98 über ein Mehrjahresschema allgemeiner Zollpräferenzen für den Zeitraum 1. Juli 1999 bis 31. Dezember 2001 zwecks Ausweitung der Zollpräferenzen ohne mengenmäßige Beschränkungen auf Waren mit Ursprung in den am wenigsten entwickelten Ländern* (ABl. 2001, Nr. L 60/43ff).
[209] Präambel XIII der VO (EG) Nr. 416/2001 (ABl. 2001, Nr. L 60/43ff).
Zu dieser Initiative auch: *Schmidt*, Aktuelle Aspekte der EU-Entwicklungspolitik, in: APUZ B19-20/2002, S. 29ff, 35; *Schilder*, Alles außer Waffen, Zucker, Bananen und Reis?, in: NORD-SÜD aktuell 2001, S. 344ff; *Babarinde/ Faber*, From Lomé to Cotonou, in: EFARev. 2004, S. 27ff, 40ff, 46, vor allem zu den Vor- und Nachteilen für die LLDCs hinsichtlich der Optierung dieses Handelsmodells (als nachteilig werten sie zunächst die Tatsache, eine möglicherweise bestehende Mitgliedschaft in einer RTA (regional Trade Arrangement) aufgeben zu müssen (eine Mitgliedschaft ist die Regel, zieht man die Tatsache in Erwägung, dass 33 der 48 afrikanischen AKP-Staaten LLDCs sind), zumal wenn es sich bei der RTA um eine Zollunion handelt: Schließt nämlich diese mit der EG ein EPA ab, eröffnet die EPA der Gemeinschaft freien Marktzugang zu allen RTA-Mitgliedern – inklusive der LLDCs, die dann de facto ein reziprokes Freihandelsabkommen mit der EG hätten. Weiter sehen die Autoren insbesondere die fehlende Kontraktualität der EBA - Initiative kritisch. Zudem enthält die EBA - VO eine Klausel, wonach Schutzmaßnahmen ergriffen werden können, wenn die LLDC-Exporte sehr stark ansteigen (Art. 28II der VO (EG) Nr. 416/2001 (ABl. 2001, Nr. L 60/43ff))). Zum Anschluss an die EPAs – mit anderer Begründung - tendiert auch *Arts*, ACP-EU Relations in a New Era, in: CMLRev. 2003, S. 95ff, 108.
[210] Vgl. Präambeln IX, X der VO (EG) Nr. 416/2001 (ABl. 2001, Nr. L 60/43ff).
[211] Anhang V, Handelsregelung für den Vorbereitungszeitraum nach Artikel 37 Absatz I (ABl. 2000, Nr. L 317/90ff). Anhang V ist für Südafrika unanwendbar (Art. 8 Protokoll Nr. 3 (ABl. 2000, Nr. L 317/284ff)).
[212] Art. 36III, 37I i.V.m. Anhang V. Hierfür benötigten die Vertragsparteien erneut eine GATT-Ausnahmegenehmigung, die im November 2001 auf der WTO-Ministerkonferenz in Doha erteilt worden ist und bis Ende 2007 zugestanden wird, vgl. WTO Ministerial Conference, Fourth Session, WT/MIN (01)/15 (Doha, 14. November 2001). Vgl. hierzu: *Mouradian*, A new WTO round is launched, in: The Courier, Nr. 190 (2002), S. 6ff, insbesondere S. 7.
Laut der VO (EG) Nr. 602/98 des Rates vom 9.3.1998 *über die Ausdehnung der Verordnung (EG) Nr. 3281/94 und (EG) Nr. 1256/96 über das gemeinschaftliche Schema allgemeiner Zollpräferenzen auf die am wenigsten entwickelten Länder* (ABl. 1998, Nr. L 80/1ff) werden den LLDCs, die nicht Vertragsparteien der AKP-EG-Kooperation sind, über diese VO dieselben Handelsvorteile zugestanden wie den Ländern, die der Zusammenarbeit angehören (vgl. Präambeln IV ff).
[213] Zum Begriff der Ursprungsware im Rahmen des Partnerschaftsabkommens: Art. 7I Anhang V i.V.m. Protokoll Nr. 1 zu Anhang V (ABl. 2000, Nr. L 317/94ff).
[214] Zum nicht umfassten Verbot der Erhebung höherer Abgaben und Steuern für Waren aus dem Ausland (vergleichbar mit Art. 90 EGV): *Zimmermann*, in: von der Groeben/ Schwarze (Hrsg.), EUV/ EGV, Art. 179, Rn. 56, mit weiteren Nachweisen.

aufgelistet sind und einer gemeinsamen Marktorganisation nach Art. 34 EGV unterliegen oder die bei der Einfuhr in die Gemeinschaft im Rahmen der Durchführung der gemeinsamen Agrarpolitik einer Sonderregelung unterworfen sind (Art. 1a) Anhang V). Darüber hinaus bestehen die Sonderregeln für Zucker[215], Rindfleisch[216] und Rum[217] fort[218]. Die Sonderbestimmung für Bananen entfiel nicht zuletzt vor dem Hintergrund des Streits um die Bananenmarktverordnung[219].

---

[215] Vgl. Art. 13 Anhang V i.V.m. Protokoll Nr. 3 (ABl. 2000, Nr. L 317/267ff) zum Anhang V. Zum wortgleichen Zuckerprotokoll unter Lomé I vgl. bereits oben Kapitel B „Geschichte der Entwicklungszusammenarbeit der Europäischen Gemeinschaft", Abschnitt B.III.2.1. Das Protokoll ist unbeschränkt, d.h. auch noch nach der Übergangsfrist, gültig (vgl. Art. 1I des Protokolls Nr. 3 und Art. 13I Anhang V; *Zimmermann*, in: von der Groeben/ Schwarze (Hrsg.), EUV/ EGV, Art. 179, Rn. 60).
Die Reform der Gemeinsamen Marktordnung für Zucker wird die Staaten des AKP-Zuckerprotokolls mit stark veränderten Marktbedingungen konfrontieren, an die sie sich anpassen müssen. Dieser Anpassungsprozess soll zusätzlich zu der im Rahmen des AKP-EG-Partnerschaftsabkommens gewährten Hilfe unterstützt werden: VO (EG) Nr. 266/2006 des EP und des Rates vom 15. Februar 2006 *zur Einführung von Begleitmaßnahmen für Staaten des AKP-EG-Zuckerprotokolls, die von der Reform der EU-Zuckermarktordnung betroffen sind* (ABl. 2006, Nr. L 50/1ff).

[216] Vgl. Art. 14 Anhang V i.V.m. Protokoll Nr. 4 (ABl. 2000, Nr. L 317/275): Dieses sieht für rindfleischexportierende Staaten u.a. reduzierte Einfuhrzölle für bestimmte Kontingente vor.

[217] Die unter dem Lomé IV - Rumprotokoll (ABl. 1991, Nr. L 229/214) bestehenden Sonderregelungen in Form von Kontingentierungen wurden abgeschafft. Die Gemeinsame Erklärung XXV zu Rum (ABl. 2000, Nr. L 317/356f) sieht nunmehr vor, dass Rum und andere vergleichbare Getränke mit Ursprung in den AKP-Staaten fortan u.a. frei von Abgaben und ohne mengenmäßige Beschränkungen eingeführt werden dürfen (Punkt 1 der Gemeinsamen Erklärung).

[218] Die ökonomischen Vorteile dieser Protokolle sind evident: garantierte Absatzmärkte; Schaffung ausländischer Devisenquellen und von Arbeitsplätzen; Kontraktualität, die langfristige Entwicklungsplanung erleichtert. Die Nachteile sind indes gravierend: Förderung der entwicklungsländertypischen Struktur, Primärgüter herzustellen und Sekundärgüter teuer zu importieren; kein Anreiz zur Diversifizierung; dadurch, dass die Abnahmepreise teilweise über dem Weltmarkpreis lagen, bestand kein Grund, kostenintensive Produktionen zu effektivieren – fallen die Protokolle, können die Hersteller nicht gegenüber kostengünstigen Produzenten konkurrieren. Vgl. hierzu und allgemein zur Bedeutung der Rohstoffprotokolle für die bisherige AKP-EG Kooperation: *Dickson*, The Demise of the Lomé Protocols: Revising European Development Policy, in: EFARev. 2000, S. 197ff, 198ff.

[219] VO (EWG) Nr. 404/93 des Rates vom 13. Februar 1993 *über die Gemeinsame Marktorganisation für Bananen* (ABl. 1993, Nr. L 47/1), VO (EG) Nr. 1637/98 des Rates vom 20. Juli 1998 *zur Änderung der VO (EWG) Nr. 404/93 über die Gemeinsame Marktorganisation für Bananen* (ABl. 1998, Nr. L 219/28). Sowohl die Marktordnung von 1993 als auch die reformierte Marktordnung von 1998 waren als GATT-widrig angesehen worden, bevor sich die EG erneut zu einer Reform anschickte: VO (EG) Nr. 216/2001 des Rates vom 29.1.2001 *zur Änderung der VO (EWG) Nr. 404/93 über die gemeinsame Marktorganisation für Bananen* (ABl. 2001, Nr. L 31/2ff). Vgl. zu diesem Thema überblicksmäßig, jeweils mit vielen weiterführenden Hinweisen: *Zimmermann*, in: Groeben/ Thiesing/ Ehlermann (Hrsg.), EU-/ EG-Vertrag, Art. 130x, Rn. 52, und *Zimmermann*, in: von der Groeben/ Schwarze (Hrsg.), EUV/ EGV, Art. 179, Rn. 59; *Zimmermann/ Martenczuk*, in: Schwarze (Hrsg.), EU-Kommentar, Art. 179, Rn. 12; *Martenczuk*, From Lomé to Cotonou, in: EFARev. 2000, S. 461ff, 475f. Zum Ausgangssachverhalt und den gemeinschaftsrechtlichen Implikationen: *Petersmann*, Darf die EG das Völkerrecht ignorieren?, in: EuZW 1997, S. 325ff. Speziell zur fehlenden GATT-Konformität der VO (EWG) Nr. 404/93: *Meier*, Der Endbericht des WTO-Panels im Bananenrechtsstreit, in: EuZW 1997, S. 566ff. Zur GATT-Konformität der geänderten VO (EG) 1637/98: *Jürgensen*, WTO-Konformität der reformierten Gemeinsamen Marktorganisation für Bananen, in: RIW 1999, S. 241ff.
Das Zweite Bananenprotokoll (Protokoll Nr. 5, ABl. 2000, Nr. 317/276) enthält dementsprechend nur noch die allgemeine Verpflichtung der Gemeinschaft, mit den betreffenden AKP-Staaten darüber zu beraten, welche Maßnahmen zu treffen sind, um die Wettbewerbsfähigkeit zu steigern; die frühere Verpflichtung hingegen, die AKP-Staaten nicht ungünstiger zu stellen als zum Zeitpunkt des Inkrafttreten des Bananenprotokolls (1976) (vgl. Art. 1 Protokoll Nr. 5 Lomé IV 1989 (ABl. 1991, Nr. L 229/213)), wurde nicht mehr aufrechterhalten (diese Bestimmung wurde vom EuGH sogar als unmittelbar anwendbar interpretiert (EuGH, Rs. C-469/93, Amministrazione delle finanze dello Stato/ Chiquita Italia SpA, Slg. 1995, I-4533ff, I-4572, Ziffer 57)). Vgl. auch die Gemeinsame Erklärung XXII (ABl. 2000, Nr. L 317/322ff), wo es unter dem Stichwort „Bananen" heißt, dass die Einfuhrregelung für Bananen (vgl. VO Nr. 856/1999 des Rates vom 22.4.1999 *über einen besonderen Rah-*

Bei der Einfuhr von AKP-Ursprungswaren in die EU besteht ferner ein prinzipielles Verbot mengenmäßiger Beschränkungen sowie von Maßnahmen gleicher Wirkung (Art. 2I Anhang V)[220]. Jedoch legt Art. 2II Anhang V in Gestalt eines „ordre public Vorbehalts" Ausnahmen von diesem Verbot fest. Hier werden ausschließlich Gründe nicht-wirtschaftlicher Art angeführt, unter anderem die öffentliche Sittlichkeit, Ordnung und Sicherheit. Maßnahmen, die auf diesen Rechtfertigungsgründen beruhen, dürfen indes weder ein Mittel der willkürlichen Diskriminierung noch eine verschleierte Beschränkung des Handels zwischen den Vertragsparteien sein (Art. 2III Anhang V).
Schließlich ist es der Gemeinschaft möglich, im Falle bestimmter ernster wirtschaftlicher Störungen in einzelnen oder mehreren ihrer Mitgliedstaaten nach Durchführung von Konsultationen Schutzmaßnahmen zu treffen (Art. 8f Anhang V). Wichtig ist auch die Vorschrift des Art. 5 Anhang V, nach der die AKP-Staaten bis zum Ablauf der Übergangsregelung nach wie vor nicht verpflichtet sind, Liberalisierungsschritte in Richtung Reziprozität der Präferenzen einzuleiten. An den Grundsatz der Nichtdiskriminierung der EU-Mitgliedstaaten sowie der Meistbegünstigung sind sie indes (weiter) gebunden (Art. 5a), b) Anhang V)[221].

Die formellen Verhandlungen[222] für die EPAs, die wesentlich durch die bereits vorgestellten Grundsätze der Art. 34f charakterisiert[223] werden, haben am 27. November 2002 begonnen[224]. Dabei obliegt es den AKP-Staaten, in Abhängigkeit vom Prozess der regionalen Integration zu entscheiden, mit welchen Gruppen von AKP-Staaten sie ein EPA mit der EG eingehen und verhandeln wollen (Art. 37V). Nach Möglichkeit sollen demnach mit bestehenden bzw. noch zu bildenden „Regional Trade Arrangements" (RTA) in den AKP-Staaten EPAs abgeschlossen werden[225]. EPAs können aber auch mit einzelnen Staaten eingeführt werden[226]. Dieser

---

men zur Unterstützung der traditionellen AKP-Bananenlieferanten (ABl. 1999, Nr. L 108/2ff)) derzeit überprüft werde und dass die Vertragsparteien übereinkommen, im Rahmen der zukünftigen Bestimmung einen geeigneten Präferenzzugang für Bananen vorzusehen.

[220] Die klare, eindeutige und unbedingte Fassung der Art. 1 UA 1, 2I Anhang V verbietet es m.E., in ihnen lediglich eine Bestimmung mit Programmcharakter zu sehen, so dass die Bestimmungen für das Individuum unmittelbar anwendbar sein dürften. Ferner steht die bloße Existenz der – sogleich genannten - Schutzklauseln der unmittelbaren Wirkung der Art. 1 UA 1, 2I Anhang V, von denen nach Maßgabe dieser Klauseln abgewichen werden kann, nicht entgegen. Vgl. auch die Nachweise zur parallelen Rechtsprechung des EuGH bzgl. korrespondierender Bestimmungen des EGV bei *Oppermann*, Europarecht, Rn. 1273f. Grundsätzlich ist jedoch zu konstatieren, dass nach der Rechtsprechung des EuGH gleichartige Begriffe in von der Gemeinschaft mit Drittstaaten geschlossenen Abkommen nicht unbedingt ebenso auszulegen sind wie die entsprechenden Begriffe des EGV, sondern vielmehr im Lichte von Ziel und Zweck des fraglichen Abkommens (vgl. EuGH, Rs. 270/80, Polydor Limited und RSO Records Inc./ Harlequin Record Shops Limited und Simons Records Limited, Slg. 1982, S. 329ff, S. 348f, Ziffern 15ff; EuGH, Rs. C-469/93, Amministrazione delle finanze dello Stato/ Chiquita Italia SpA, Slg. 1995, I-4533ff, I-4571, Ziffer 52 (dort mit weiterem Rechtsprechungsnachweis)).

[221] Auf die Forderungen der AKP-Staaten, während der Übergangszeit den Marktzugang für ihre Produkte weiter zu erleichtern, ging die EG nicht ein (vgl. hierzu die Gemeinsame Erklärung XXIII, UA 3, und *Martenczuk*, From Lomé to Cotonou, in: EFARev. 2000, S. 461ff, 478).

[222] Eine gute Übersichtstafel zu den *theoretischen* Optionen für die verschiedenen AKP-Staaten, künftig ihre Handelsbeziehungen zur Gemeinschaft zu regeln, bieten: *Babarinde/ Faber*, From Lomé to Cotonou, in: EFA-Rev. 2004, S. 27ff, 40. Zu den verschiedenen Optionen auch: *Wolf*, Chances and Obstacles of Different Liberalisation Scenarios, in: *Wolf* (Hrsg.), The Future of EU-ACP Relations, S. 51ff. Diese liefert auch Schaubilder zur Exportstruktur der AKP-Staaten in die EU (ebenda, S. 53), zu den Handelspolitiken dieser Staaten (ebenda, S. 55) sowie zum EU-Handel mit den AKP-Staaten (ebenda, S. 60f).

[223] Vgl. hierzu auch: Kommissionsmitteilung über Handel und Entwicklung vom September 2002, Punkt 3.4.

[224] *Karl*, Economic Partnership Agreement, in: The Courier, Nr. 195 (2002), S. 21ff, 21. Einen kurzen Überblick über die jeweiligen Verhandlungsmandate bieten: *Arts*, ACP-EU Relations in a New Era, in: CMLRev. 2003, S. 95ff, 106ff, mit weiterführenden Nachweisen; *Qualmann/ Rojahn*, Der Cotonou-Vertrag, in: E+Z 2002, S. 354f.

[225] Die meisten von ihnen sind Zollunionen oder höhere Integrationsformen. Zu den bestehenden RTA in Sub-Sahara Afrika gehören unter anderem: Cedeao (Communauté économique des États de l'Afrique de l'Ouest – Wirtschaftsgemeinschaft der westafrikanischen Staaten) = ECOWAS (Economic Community of West African

Verhandlungsprozess, an dessen Ende schließlich die EPAs stehen sollen, gliedert sich gemäß dem bei der Einleitung des Prozesses im November 2002 vereinbarten Konzept in zwei Phasen: Phase I beinhaltet allgemeine Verhandlungen auf der Ebene aller AKP-Staaten; Phase II lief im Herbst 2003 an. In diesem Rahmen nahm die Kommission im Oktober 2003 in Brazzaville mit der zentralafrikanischen Region in Gestalt der CEMAC[227] sowie den Staaten São Tomé und Príncipe Verhandlungen auf. Selbige wurden - ebenfalls im Oktober 2003 - mit der westafrikanischen Region – Cedao/ UEMOA[228] - eingeleitet. Im Februar 2004 startete die EG ihre Verhandlungen mit den südostafrikanischen, im April desselben Jahres mit den karibischen, drei Monate später mit den südafrikanischen und schließlich im September 2004 mit den pazifischen Staaten[229].

Was den im Rahmen dieser EPA-Verhandlungen zu normierenden Zeitplan für den gegenseitigen Zollabbau anbelangt, so herrscht gemäß dem Grundsatz, dass die Eingliederung der AKP-Staaten in den Weltmarkt schrittweise und harmonisch vonstatten zu gehen hat (Art. 34I), ein Konsens der Vertragsparteien dahingehend, dabei den „Entwicklungsstand und die sozioökonomischen Auswirkungen der handelspolitischen Maßnahmen auf die AKP-Staaten sowie deren Fähigkeit zur Anpassung ihrer Wirtschaft an den Liberalisierungsprozess" (Art. 37VII3; vgl. auch Art. 35III1) gebührend zu berücksichtigen. Dieses behutsame, schrittweise (Art. 37VII1) Vorgehen benötigt Zeit und Flexibilität – ebenso wie das Faktum, dass die AKP-Staaten ab 2008 einen weitaus höheren Zollabbau für die künftige Freihandelszone bewerkstelligen müssen als die EG[230]. Konsequenz hieraus ist, dass zwar die neuen Freihandelsabkommen spätestens am 1.1.2008 in Kraft treten sollen, jedoch noch Übergangsfristen von bis zu 12 Jahren[231] zur eingehenden Vorbereitung der AKP-Märkte auf die der Region angepassten multilateralen Abkommen vorgesehen sind (vgl. Art. 37VII4).

States), CEMAC (Economic and Monetary Community of Central Africa – Zentralafrikanische Wirtschafts- und Währungsgemeinschaft), COMESA (Common Market for Eastern and Southern Africa), EAC (East African Community), SADC (Southern African Development Community), SACU (Southern African Customs Union), UEMOA (Union Économique et Monétaire Ouest-Africaine – westafrikanische Wirtschafts- und Währungsunion).

Folgende Faktoren hemmen nach Ansicht von *Qualmann/ Rojahn* (Der Cotonou-Vertrag, in: E+Z 2002, S. 354f, 355) die gemeinsame Aufgabenwahrnehmung – einschließlich der EPA-Verhandlungen - durch die bestehenden Regionalorganisationen: politische Rivalitäten zwischen den Regierungen; Mehrfachmitgliedschaften; geringe Ressourcenausstattung sowie fehlende Mandate.

Die pazifischen Inselstaaten haben sich im FIC (Forum Island Countries) zusammengeschlossen (am Zusammenschluss beteiligt sind ebenfalls Australien und Neuseeland), das über eine Struktur verfügt, in der EPA-Verhandlungen geführt werden könnten. Kritiker von EPAs im Allgemeinen und hier im Besonderen weisen jedoch darauf hin, dass für Staaten – wie die Pazifischen Inselstaaten -, die wenig in die EU zu exportieren haben, das Zugeständnis von z.B. Fischereirechten ein unverhältnismäßiger Preis für verstärkte Beziehungen zur Union sind (*Holland*, The EU and the Third World, S. 214).

[226] Dies ist möglicherweise nur Makulatur, denn die Gemeinschaft setzt bei ihren EPA-Verhandlungen auf Gruppierungen mit hohem *wirtschaftlichen* Integrationsniveau, vorzugsweise Zollunionen (*Qualmann/ Rojahn*, Der Cotonou-Vertrag, in: E+Z 2002, S. 354f, 355, mit weiteren Nachweisen).

[227] Vgl. oben Fn. 225.

[228] Vgl. oben Fn. 225.

[229] Voranstehend: http://www.auswaertiges-amt.de/diplo/de/Europa/Aussenpolitik/ Regionalabkommen/Cotonou Abkommen.html (Stand: 30.5.2006).

Viele Artikel zum Thema EPAs werden auf der Seite http://www.bilaterals.org/rubrique.php3?id_rubrique=17 (Stand: 30.5.2006) zusammengestellt.

[230] Die EG kann sich diesbezüglich auf einem gewissen Besitzstand ausruhen; es genügen geringfügigere Maßnahmen wie beispielsweise die Korrektur der Ursprungsregeln, um das Ziel der Handelsliberalisierung zu erreichen (vgl. Art. 37VII2). *Babarinde/ Faber* (From Lomé to Cotonou, in: EFARev. 2004, S. 27ff, 43) sind jedoch skeptisch, ob die Gemeinschaft den Marktzugang für sensible Waren wie Agrar- und Textilprodukte, öffnen wird. Aber auch die AKP-Staaten verhalten sich zurückhaltend mit voreiligen Reziprozitätszugeständnissen.

[231] *Holland*, The EU and the Third World, S. 210.

Zunächst aber muss bereits die Vorbereitungszeit intensiv zur Optimierung der sozioökonomischen Rahmenbedingungen für die Abkommen und dabei vor allem zur Stärkung wettbewerbsschwacher AKP-Staaten genutzt werden, um diesen ebenfalls die Teilnahme an den EPAs zu ermöglichen. Zu diesem Zwecke bieten sich „begleitende Maßnahmen" an, wie beispielsweise zum Kapazitätsaufbau im öffentlichen und privaten Sektor, zur Steigerung der Wettbewerbsfähigkeit, zur Implementierung von Steuerreformen, ferner zur Förderung von Investitionen oder zum Ausbau der Infrastruktur, besonders aber zur Stärkung regionaler Organisationen und des Regionalhandels (Art. 37III) – mit diesen regionalen Wirtschaftskooperationen werden ja spätestens Ende 2007 die EPAs geschlossen[232]. Gänzlich unerwähnt bleiben hingegen soziale Begleitmaßnahmen, die für eine harmonische und nachhaltige Integration in die Weltwirtschaft gleichermaßen unabdingbar sind; und auch die allgemeinen Verhandlungsgrundsätze des Art. 37VIII, 3 formulieren nicht einmal ansatzweise, wie sie die soziopolitischen Komponenten einzubeziehen gedenken[233].
All diese Vorgänge überprüfen die Vertragsparteien regelmäßig hinsichtlich ihrer Fortschritte und 2006 auch umfassend bzgl. der Frage, ob möglicherweise mehr Zeit für die Vorbereitung und Verhandlungen nötig ist (Art. 37IV).
Zur Unterstützung dieses Prozesses wird ein Paritätischer AKP-EG-Ministerausschuss für Handelsfragen eingesetzt, der sich aus Vertretern der AKP-Staaten und der Gemeinschaft konstituiert und mindestens einmal jährlich zusammentritt (Art. 38I, III). Der Ausschuss observiert die laufenden Handelsverhandlungen, prüft die Auswirkungen geplanter weiterer Liberalisierungen und die Entwicklung der AKP-Staaten; des Weiteren erarbeitet er Empfehlungen für die Erhaltung der AKP-Handelsvorteile (Art. 38II)[234].

2.3.2.2 Zusammenarbeit in internationalen Gremien

Zum Zwecke einer effektiven Teilnahme am multilateralen Handelssystem bekunden die Vertragsparteien im Rahmen dieses Kapitels (Art. 39f) ihre Absicht, an der Wirtschafts- und Handelspolitik auf internationaler Ebene, insbesondere in der WTO, aktiv teilzunehmen und dort eng zu kooperieren (Art. 39I, II1, vgl. auch Art. 37VIII). Konsequenterweise greift die Gemeinschaft den AKP-Staaten bei der Erlangung der aktiven Mitgliedschaft unter die Arme und hilft ihnen dabei, die für diesen Prozess erforderlichen Kapazitäten zu entwickeln (Art. 39IV, 33IVe), i)). Gleichzeitig leistet sie technische Hilfe, um bereits beigetretene Staaten in die Lage zu versetzen, sich aktiv an den Organisationen zu beteiligen, ferner ihren Verpflichtungen nachzukommen und dabei insbesondere das flexible Regelwerk der WTO, das versucht, dem unterschiedlichen Entwicklungsstand der einzelnen Länder gerecht zu werden, zu nutzen vermögen (Art. 39III).
Explizit wird darüber hinaus die Zusammenarbeit im Bereich der Grundstoffe hervorgehoben, um „für ein besseres Funktionieren der internationalen Grundstoffmärkte zu sorgen und die Markttransparenz zu erhöhen" (Art. 40I). Hierfür wollen sich die Vertragsparteien in internationalen Rohstoffgremien und Organisationen intensiver konsultieren. Ferner ist auf Ersuchen einer Partei ein Meinungsaustausch abzuhalten, wenn es etwa gilt, die Implementierung geltender Übereinkünfte zu effektivieren oder aber neue Abkommen abzuschließen bzw. bestehende zu verlängern (Art. 40II, III).

---

[232] Vgl. hierzu auch die Gemeinsame Erklärung XXIII (ABl. 2000, Nr. L 317/345).
[233] Zur Frage, ob Entwicklungsziele oder die WTO-Kompatibilität den Inhalt der künftigen EPAs determinieren werden, auch: *Arts*, ACP-EU Relations in a New Era, in: CMLRev. 2003, S. 95ff, 108f.
[234] Zu weiteren unterstützenden Gremien: *Arts*, ACP-EU Relations in a New Era, in: CMLRev. 2003, S. 95ff, 109.

2.3.2.3 Dienstleistungsverkehr

In Anbetracht der steigenden Bedeutung der Dienstleistungen[235] im internationalen Handel[236] einschließlich ihres positiven Einflusses auf die wirtschaftliche und soziale Entwicklung sind die Vertragsparteien darauf bedacht, in diesem Bereich auf verschiedenen Ebenen - auch auf internationalem Parkett - zusammenzuarbeiten und ihre Interessen zu wahren (Art. 41ff).
So bekräftigen die Vertragsparteien zunächst (Art. 41II) ihre Verpflichtungen im Rahmen des „General Agreement on Trade on Services" (GATS)[237] - eine Bekräftigung, die m.E. indes nicht bewirkt, dass ein Verstoß gegen die Bestimmungen des GATS gleichzeitig eine Verletzung des Partnerschaftsabkommens von Cotonou darstellt, die nach dem Vertragsrecht der WVK zu ahnden wäre[238]. Denn Art. 41II besitzt lediglich proklamatische Bedeutung dahingehend, dass trotz des Ausbaus der Zusammenarbeit auf dem Gebiet des Handels mit Dienstleistungen auch im Rahmen des Partnerschaftsabkommens die Bedeutung der Einhaltung der Verpflichtungen des GATS keineswegs geschmälert werden soll. Darüber hinaus ist der Verweis auf die „jeweiligen Verpflichtungen" (Art. 41II) zu pauschal, zu unbestimmt, um Verstöße eindeutig identifizieren und alsdann sanktionieren zu können. Dies gilt umso mehr, als die AKP-Staaten als Entwicklungsländer jeweils unterschiedliche Liberalisierungsstufen unter dem GATS als Rahmenabkommen vereinbaren können (Art. IV GATS) und somit eine noch höhere Rechtsunsicherheit hinsichtlich des „sanktionsfähigen Tatbestandes" herrschen würde. Darüber hinaus ist anzunehmen, dass, hätten die Vertragspartner intendiert, den Standard des GATS als auch für das Partnerschaftsabkommen verbindlich zu erklären, sie dies ausdrücklich so formuliert hätten. Dieses Ergebnis mag ob der wachsenden Bedeutung des Dienstleistungssektors unbefriedigend erscheinen, zumal der Vertragstext überdies keine unmittelbar anwendbaren Bestimmungen über die Dienstleistungsfreiheit[239] bereithält. Hier wird man wohl auf die neuen EPAs hoffen müssen: Diesbezüglich stipuliert nämlich Art. 41IV, dass im Rahmen dieser Abkommen gegebenenfalls die Öffnung des Dienstleistungsverkehrs fixiert werden kann.
Grundsätzlich gesprochen unterstützt die Gemeinschaft die AKP-Staaten dabei, ihre Kapazitäten zur Erbringung von Dienstleistungen zu erweitern[240], deren Wettbewerbsfähigkeit und so

---

[235] Hierzu zählt ein weites Spektrum an für die AKP-Staaten bedeutsamen Produkten wie Tourismus, Ingenieur-, Banken-, Funk-, Fernseh- oder Telekommunikationsdienstleistungen etc..

[236] 1994 überschritt der Handel erstmalig die Grenze von 1000 Mrd. US-$, 1999 betrug WTO-Angaben zufolge der Wert des Weltdienstleistungshandels 1340 Mrd. US-$, 2002 machte der Handel mit Dienstleistungen etwa 30% des Warenhandels aus (Quelle: *Windfuhr*, Stichwort „GATS", in: Nohlen (Hrsg.), Lexikon Dritte Welt, S. 305ff, 306).

[237] Allgemeines Abkommen über den Handel mit Dienstleistungen (ABl. 1994, Nr. L 336/190ff). Zur GATS-Mitgliedschaft der EG oben Kapitel B „Geschichte der Entwicklungszusammenarbeit der Europäischen Gemeinschaft", Abschnitt B.II.2, Fn. 91.
Das GATS ist das erste multilaterale, rechtlich verbindliche Abkommen für den Handel mit Dienstleistungen. Es wurde im Rahmen der Uruguay-Runde des GATT (Achte Verhandlungsrunde im Rahmen des GATT, 1986 – 1993) ausgehandelt und trat mit der neuen WTO am 1.1.1995 in Kraft. Nicht zuletzt wegen der Bedenken der Entwicklungsländer, zu viele nationale Souveränitätsrechte einzubüßen, weist das GATS eine geringe Regelungsdichte auf und versteht sich deshalb primär (noch) als Rahmenübereinkommen zur Liberalisierung des Handels mit Dienstleistungen. Weitere Verhandlungen, die Anfang 2000 aufgenommen worden sind, sollen das Rahmenabkommen vervollständigen. Im aktuellen Vertragstext werden hauptsächlich generelle Regeln und Disziplinen für den Dienstleistungshandel normiert. Dabei gelten diese Regeln nicht für alle Dienstleistungsbereiche, sondern lediglich für „listengebundene": Die Mitglieder lassen bestimmte Bereiche in Listen aufnehmen, für die sie dann Liberalisierungsschritte einleiten müssen – d.h., für die die Regeln des GATS gelten. Voranstehend: *Windfuhr*, Stichwort „GATS", in: Nohlen (Hrsg.), Lexikon Dritte Welt, S. 305ff, der einen sehr informativen Überblick über das GATS verschafft.

[238] Vgl. hierzu bereits oben Abschnitt E.I.2.2.2.2, Fn. 115.

[239] Mit Ausnahme bestimmter Seeverkehrsdienstleistungen, vgl. sogleich in diesem Abschnitt.

[240] Insbesondere in den Bereichen Arbeitsmarkt, Unternehmen, Verteilung, Finanzwesen, Tourismus, Kultur, Bau- und Ingenieurleistungen (Art. 41V2).

den Dienstleistungsverkehr hinsichtlich Wert und Volumen zu steigern (Art. 41V): Um nämlich vom Dienstleistungsverkehr profitieren zu können, müssen erst einmal Dienstleistungen wettbewerbsfähig – zumal auf dem Weltmarkt – angeboten werden. Ganz besonderes Augenmerk schenkt das Partnerschaftsabkommen dabei den Seeverkehrs- (Art. 42) sowie den Informations- und Kommunikationsdienstleistungen (Art. 43). Es widmet sich mithin Sektoren genauer, die bereits im Rahmen des Abschnitts 2.3.1.1.1 über die „Wirtschaftliche Entwicklung" thematisiert worden sind.
Den Seeverkehr identifiziert das Partnerschaftsabkommen von Cotonou zunächst zu Recht als Schlüssel zur Teilnahme am Welthandel und damit als eine der „Schubkräfte" der wirtschaftlichen Entwicklung (Art. 42I). Demgemäß verpflichten sich die Vertragsparteien, im Zuge der Liberalisierung des Seeverkehrs einen ungehinderten Zugang zum internationalen Seeverkehrsmarkt auf der Basis fairen Wettbewerbs zu gewährleisten (Art. 42II). Art. 42III konkretisiert („unter anderem" (Art. 42III)) diese Pflicht dahingehend, den von Staatsangehörigen oder Gesellschaften der anderen Vertragspartei betriebenen und den im Hoheitsgebiet der anderen Vertragspartei registrierten Schiffen u.a. für den Zugang zu den Häfen, für die Benutzung ihrer Infrastruktur und die Inanspruchnahme der dort angebotenen Hilfsdienstleistungen (einschließlich der diesbezüglichen Gebühren und sonstigen Abgaben, der Zollerleichterungen, der Zuweisung von Liegeplätzen und Lade- und Löscheinrichtungen) eine gegenüber den eigenen Schiffen nicht-diskriminierende Behandlung zukommen zu lassen[241]. Begleitet werden diese Verpflichtungen von Maßnahmen zur Förderung der Seeverkehrsdienstleistungen der AKP-Staaten, um deren Präsenz auf dem internationalen Seeverkehrsmarkt zu erhöhen (Art. 42IV).
Dass die Informations- und Kommunikationstechnologien sowie die aktive Beteiligung an der Informationsgesellschaft Vorbedingungen nicht nur für eine erfolgreiche Eingliederung in die Weltwirtschaft sind, wurde bereits hinreichend erläutert und anerkennt erneut Art. 43I. Vor diesem Hintergrund bestätigen die Vertragspartner – erneut programmatisch – ihre jeweiligen Verpflichtungen aus den einschlägigen internationalen Übereinkommen[242]; AKP-Staaten, die diesen bislang noch nicht beigetreten sind, fordern sie auf, Vertragspartei zu werden (Art. 43II). Darüber hinaus statuieren die Partner ihren Willen, sich in den entsprechenden internationalen Verhandlungen zu engagieren, den Einwohnern der AKP-Staaten den Zugang zu diesen Technologien zu erleichtern und ferner ihre Kommunikationssysteme zu harmonisieren und an Innovationen anzupassen (Art. 43III - V).

2.3.2.4 Weitere handelsrelevante Bereiche

Das für die AKP-EG Partnerschaft innovative Kapitel der Art. 44 – 52 beschäftigt sich mit „neuen handelsrelevanten Bereichen" (Art. 44I1). Dabei geht es um Bereiche, die zunehmend entweder selbst Gegenstand des Handels sind oder diesen (un-) mittelbar beeinflussen bzw. bedingen und die daher für die schrittweise Eingliederung der AKP-Staaten in die Weltwirtschaft eine fortschreitende Bedeutung erlangen (Art. 44I1)[243]: In erster Linie gesundheitspolizeiliche und pflanzenschutzrechtliche Anforderungen gelten als eine der größten Hemmnisse für eine Steigerung der Exporte der Entwicklungsländer in die Industriestaaten. Daneben schränken die Wettbewerbspolitik, Vorschriften betreffend das geistige Eigentum, technische Normen, umwelt- sowie arbeitsrechtliche Bestimmungen die Exportmöglichkeiten drastisch ein. Abkommen über diese „technischen", d.h. nichttarifären Handelshemmnisse sind ergo für

[241] Art. 13III dürfte nach Subsumtion unter die vom EuGH aufgestellten Kriterien unmittelbar anwendbar sein, da er die Ge- bzw. Verbote klar, eindeutig und unbedingt begründet.
[242] Namentlich wird hier das Protokoll über Basistelekommunikationsdienste im Anhang des GATS (ABl. 1994, Nr. L 336/190ff) genannt.
[243] Zum Ganzen bereits oben Kapitel C „Ziele der Entwicklungszusammenarbeit", Abschnitt C.I.2.3.

die Entwicklungsländer nicht zuletzt deshalb essenziell, da deren Beitritt und vor allem Einhaltung den Marktzugang zu Staaten eröffnet, die in diesen Bereichen über einen hohen Standard verfügen. Infolgedessen bietet die Gemeinschaft den AKP-Staaten Hilfe bei der Bewältigung dieser neuen Herausforderungen an (Art. 44II). Ferner haben sich die Vertragsparteien dazu entschlossen, ihre Zusammenarbeit – auch hinsichtlich Kapazitätsausbau - sowie ihre koordinierte Beteiligung an den (internationalen) Gremien und Übereinkünften in all diesen Sektoren zu intensivieren (Art. 44I; Art. 45III, 46VI, 47I, 48III, 49II, 50II, 51I). Verbindliche Maßstäbe zur Beseitigung technischer Handelshemmnisse, die speziell für die Zusammenarbeit zwischen den Vertragsparteien gelten, wurden leider an keiner Stelle vereinbart, weshalb nachfolgend nur ein kurzer Überblick über die „handelsrelevanten Bereiche" gegeben wird:
Was zunächst die so bedeutenden gesundheitspolizeilichen- und pflanzenschutzrechtlichen Maßnahmen (Art. 48) anbelangt, so statuieren die Vertragsparteien zwar ihr Recht, auf diesem Sektor zum Schutze des Lebens oder der Gesundheit von Mensch, Tier oder Pflanze eigene, wenn auch nicht-diskriminierende und nicht–handelsbeschränkende Maßnahmen zu ergreifen (Art. 48I). Wenn aber dadurch die Interessen der anderen Vertragspartei touchiert sein könnten, intendieren sie, nach Maßgabe ihrer Verpflichtungen aus dem „SPS-Übereinkommen"[244] die Koordinierung, die Konsultationen und die Information bei der Notifizierung und Durchführung der geplanten Aktionen zu intensivieren (Art. 48II).
In engem Zusammenhang zu diesen gesundheitspolizeilichen- und pflanzenschutzrechtlichen Aktionen steht die Vorschrift über die Verbraucherpolitik und den Schutz der Gesundheit der Verbraucher (Art. 51), in deren Zentrum sich eine Reihe verbraucher(schutz)politischer Maßnahmen befinden (Art. 51II).
Ferner wollen die Vertragsparteien in Anbetracht der wichtigen Rolle einer soliden Wettbewerbspolitik für ein günstiges Investitionsklima, eine nachhaltige Industrialisierung sowie für einen transparenten Marktzugang gegen wettbewerbsverhindernde, -verzerrende sowie -verfälschende Vorgänge angehen (Art. 45I, II). Gleichermaßen haben die Vertragsparteien vereinbart, die „missbräuchliche Ausnutzung einer beherrschenden Stellung auf dem gemeinsamen Markt der Gemeinschaft oder im Hoheitsgebiet der AKP-Staaten durch ein oder mehrere Unternehmen zu verbieten" (Art. 45II2)[245].
Die Notwendigkeit eines angemessenen und effektiven Schutzes des geistigen[246] und gewerblichen[247] Eigentums sowie der übrigen unter das „TRIPS-Übereinkommen"[248] fallenden

---

[244] Sanitory and Phytosanitory Measures - Übereinkommen über die Anwendung gesundheitspolizeilicher und pflanzenschutzrechtlicher Maßnahmen im Rahmen des WTO-Übereinkommens (ABl. 1994, Nr. L 336/40ff).

[245] Eine unmittelbare Anwendbarkeit dieser Norm erscheint zweifelhaft, da der Terminus „missbräuchliche Stellung" einer weiten Interpretation zugänglich ist und im Abkommen ebenso wenig näher definiert wird. Von daher ist nicht davon auszugehen, dass Art. 45II2 ausreichend bestimmt ist, um von einem Gericht etc. angewandt zu werden.

[246] Das geistige Eigentum umfasst für diesen Vertragszweck vor allem das Urheberrecht (auch an Computerprogrammen) und die verwandten Schutzrechte (u.a. für künstlerische Zeichnungen), Art. 46V 1. Hs..

[247] Das gewerbliche Eigentum für den hier relevanten Bereich ist in Art. 46V 2. Hs. legal definiert und schließt Folgendes ein: die Gebrauchsmuster, die Patente (inklusive für biotechnische Erfindungen, Pflanzenzüchtungen und andere Schutzrechte sui generis), die gewerblichen Muster, die geographischen Angaben (inklusive der Ursprungsbezeichnungen), die Marken für Waren und Dienstleistungen, die Topographien integrierter Schaltkreise, den Schutz von Datenbanken und den Schutz gegen unlauteren Wettbewerb i.S.d. Art. 10ff der „Pariser Verbandsübereinkunft zum Schutz des gewerblichen Eigentums" (BGBl. II 1984, S. 799ff) sowie den Schutz vertraulicher Informationen über Know-how.

[248] Das Abkommen über handelsrelevante Aspekte geistigen Eigentums (Agreement on Trade Related Aspects of Intellectual Property Rights; ABl. 1994, Nr. L 336/ 213ff), ebenfalls in der Uruguay-Runde ausgehandelt, trat mit der WTO und dem GATS am 1.1.1995 in Kraft, wobei Übergangsfristen bis 2016 für LDCs gelten. Zwar hatten sich die Entwicklungsländer anfänglich gegen die Einbeziehung eines Schutzes geistiger Eigentumsrechte in die GATT-Verhandlungen gesträubt – sie befürchteten eine Verteuerung ihres Zugangs zu hochwertigen Technologien -, doch machten ihnen die Industrieländer deutlich, dass ohne die Regelung dieser Rechte die

Rechte steht im Mittelpunkt des Art. 46. Demgemäß fordern die Vertragspartner dazu auf, diesem Übereinkommen, den in seinem Teil I aufgeführten einschlägigen internationalen Abkommen sowie der Artenschutzkonvention[249] beizutreten (Art. 46II, III). Was die Einhaltung des TRIPS anbelangt, so geht nämlich die Kommission davon aus, dass sie – neben dem Abbau nichttarifärer Handelshemmnisse - langfristig Auslandsinvestitionen anzieht sowie den Technologietransfer gewährleistet und dadurch die industrielle und technische Entwicklung des Landes fördert[250]. Dementsprechend wollen die Vertragspartner die Kooperation auf diesem Gebiet verstärken, ggf. thematisch erweitern und erwägen ergänzend, untereinander hier weitere Abkommen zu schließen (Art. 46VI, IV).
Geprägt von den Verpflichtungen der Vertragsparteien aus dem „TBT-Übereinkommen“[251] ist Ziel der Zusammenarbeit im Bereich der Normung, Zertifizierung und Qualitätssicherung (Art. 47), die Kompatibilität der diesbezüglichen Systeme zu fördern (Art. 47II)[252].
Weiter folgen Ausführungen über Handel und Umwelt (Art. 49)[253], die bestätigen, dass für die harmonische Eingliederung der Entwicklungsländer in die Weltwirtschaft die Berücksichtigung von Umweltaspekten unabdingbar ist: Konsens herrscht nämlich dahingehend, den Welthandel dergestalt fördern zu müssen, dass eine „nachhaltige und vernünftige Umweltpflege in Einklang mit den einschlägigen internationalen Übereinkünften und Verpflichtungen“ (Art. 49I1), wenngleich unter Berücksichtigung des jeweiligen Entwicklungsstandes der AKP-Staaten, gewährleistet ist (Art. 49I1). Infolgedessen soll die intensivierte Zusammenarbeit der Vertragsparteien auf diesem Gebiet unter dieser Prämisse sowie im Einklang mit den Grundsätzen von Rio[254] stehen (Art. 49II)[255].
Im Rahmen des Art. 50 über Handel und Arbeitsnormen bekräftigen die Vertragsparteien - wie bereits in der Präambel XII - ihr Eintreten für die international anerkannten arbeitsrechtlichen Mindestnormen, wie sie in den einschlägigen Übereinkommen der Internationalen Ar-

Uruguay-Runde insgesamt zum Scheitern verurteilt wäre und mit ihr auch die Handelsliberalisierungen in für die Entwicklungsländer wichtigen Bereichen. Grundsätzlich verpflichtet das TRIPS zur Errichtung international verbindlicher Standards zum Schutze geistigen Eigentums, die im Vergleich zu den Pflichten aus dem WIPO (World Intellectual Property Organization) – Abkommen strenger sind. Voranstehend: *Windfuhr*, Stichwort „TRIPS“, in: Nohlen (Hrsg.), Lexikon Dritte Welt, S. 808ff.

[249] Die Artenschutzkonvention (auch: Übereinkommen über die biologische Vielfalt / Biodiversitäts-Konvention) wurde auf der zweiten Welt-Umweltkonferenz 1992 in Rio (United Nations Conference on Ecology and Development (UNCED), auch Erdgipfel oder Rio-Konferenz genannt) verabschiedet. Sie trat 1993 in Kraft. In ihr sind Schritte gegen die Abnahme der Artenvielfalt (biodiversity) völkerrechtlich verbindlich festgelegt (voranstehend: *Nohlen/ Hillebrands*, Stichwort „Welt-Umweltkonferenz“, in: Nohlen (Hrsg.), Lexikon Dritte Welt, S. 882ff, 882f). Der Text der Konvention kann unter http://www.biodiv.org/convention/articles.asp (Stand: 30.5.2006) abgerufen werden.

[250] Kommissionsmitteilung über Handel und Entwicklung vom September 2002, Punkt 2.1.

[251] Übereinkommen über technische Handelshemmnisse (Agreement on Technical Barriers to Trade) im Rahmen des WTO-Übereinkommens (ABl. 1994, Nr. L 336/86ff).

[252] Hierfür kommen insbesondere eine stärkere Verwendung internationaler technischer Vorschriften, Normen und Konformitätsprüfungsverfahren, eine Kooperation im Bereich des Qualitätsmanagements und der – sicherung, die Unterstützung einschlägiger Qualifizierungsinitiativen oder aber die Entwicklung effektiver Arbeitsbeziehungen zwischen Normen-, Konformitätsprüfungs- und Zertifizierungseinrichtungen in Betracht (Art. 47II).

[253] Vgl. ergänzend die Gemeinsamen Erklärungen IX (vgl. hierzu: *Zimmermann*, in: von der Groeben/ Schwarze (Hrsg.), EUV/ EGV, Art. 179, Rn. 45), X (ABl. 2000, Nr. L 317/318).

[254] Vgl. soeben Fn. 249 und oben im Kapitel C „Ziele der Entwicklungszusammenarbeit“, Fn. 8.

[255] Demgemäß werden Maßnahmen wie die Verstärkung umweltbezogener Qualitätskontrollen bei Waren und Dienstleistungen oder die Verbesserung umweltfreundlicher Produktionsmethoden ins Auge gefasst (Art. 49II).

beitsorganisation[256] verbalisiert sind. Jedoch sind sich die Partner dahingehend einig, dass Arbeitsnormen nicht protektionistischen Intentionen dienen dürfen (Art. 50III)[257].

2.4 Zusammenarbeit bei der Entwicklungsfinanzierung

Schon seit jeher befinden sich Bestimmungen über die Entwicklungsfinanzierung, mithin Regelungen über die finanziellen Verpflichtungen der Gemeinschaft gegenüber den AKP-Staaten, sowie Durchführungs- und Verfahrensvorschriften in den Vertragstexten[258]. Wie bereits erwähnt, besitzt dieser kontraktuelle Charakter der Finanzierung der Entwicklungszusammenarbeit den Vorteil, den AKP-Staaten Sicherheit und Vorhersehbarkeit in Bezug auf die zu erwartenden Mittel geben zu können (vgl. auch Art. 56I3c)). In den Diskussionen in und um das Grünbuch der Kommission über die AKP-EG Beziehungen vom November 1996 tauchten jedoch häufig Vorwürfe auf, wonach die finanzielle und technische Zusammenarbeit mittlerweile bar jeder Transparenz sei, oder: Sie knüpfe die Hilfevergabe zu einseitig an Entwicklungsindikatoren statt verstärkt an Leistungskriterien[259]. Diese Kritik sollte nicht ungehört verhallen: Die Verhandlungspartner komprimierten und modifizierten Teil Vier des Partnerschaftsabkommens über die „Zusammenarbeit bei der Entwicklungsfinanzierung" (Teil Vier, Art. 55 – 83)[260]. Eine essenzielle Innovation in diesem Kontext stellt die Rationalisierung des Finanzinstrumentariums des 9. EEF dar: Seine Finanzmasse wird in nur noch drei „Schubladen" dividiert, nämlich in eine Zuschuss- und eine Investitionsfazilität sowie in ein Instrument zur Unterstützung der regionalen Zusammenarbeit.

Bevor allerdings diese Neuerung sowie die Anwendungsbereiche der Zusammenarbeit bei der Entwicklungsfinanzierung detailliert besprochen werden, sind vorab deren allgemeine Bestimmungen zu skizzieren. Am Ende dieses Abschnitts stehen schließlich Ausführungen zur Technischen Zusammenarbeit sowie zum Verfahren und den Verwaltungssystemen.

2.4.1 Allgemeine Bestimmungen

Durch die Bereitstellung adäquater finanzieller und technischer Hilfe im Rahmen der Zusammenarbeit bei der Entwicklungsfinanzierung sollen wie bisher die Ziele des Partnerschaftsabkommens – präzisiert in den partnerschaftlich konzipierten Kooperationsstrategien und –prioritäten[261] - erreicht werden (Art. 55). Dabei prägen jene „Grundprinzipien" (Art. 2) des Abkommens auch diesen Bereich der Zusammenarbeit (Art. 56): Beispielsweise gilt es, die Eigenverantwortung der lokalen Akteure – einschließlich der nichtstaatlichen - auf allen Ebenen des Entwicklungsprozesses zu unterstützen (Art. 56I3a), 57III), oder etwa durch eine

[256] Die zahlreichen Übereinkommen der IAO sind abrufbar unter: http://www.ilo.org/ilolex/german/docs/cv list.htm (Stand 30.5.2006).

[257] Im Rahmen der Zusammenarbeit auf diesem Gebiet wollen sich die Vertragspartner verstärkt um einen Informationsaustausch, um die Ausarbeitung, Verstärkung und Gewährleistung der praktischen Umsetzung des nationalen Arbeitsrechts kümmern (Art. 50II).

[258] Diese vertraglich geregelte Finanzierung ist nur das „wichtigste Finanzinstrument" im Rahmen der AKP-EG-Zusammenarbeit. Daneben kommen den Partnerländern ebenfalls „länderungebundene", sektorspezifische Hilfen zugute (zu diesen bereits oben Kapitel D „Gemeinschaftsrechtliche Handlungsvorgaben", Abschnitt D.II.2.3.1).

[259] Vgl. oben Abschnitt E.I.1, Fn. 44.

[260] Art. 4I Protokoll Nr. 3 (ABl. 2000, Nr. L 317/284ff) statuiert die Nichtanwendbarkeit der Bestimmungen über die Zusammenarbeit bei der Entwicklungsfinanzierung für Südafrika. Nach Art. 4II des Protokolls Nr. 3 kann es indes an dieser Zusammenarbeit in bestimmten Bereichen mit der Maßgabe teilnehmen, dass seine Teilnahme in vollem Umfang aus den in Titel VII (Art. 93 – 96 AHEZ (ABl. 1999, Nr. L 311/3ff)) des AHEZ vorgesehenen Mitteln finanziert wird. In einem solchen Falle kann Südafrika auch uneingeschränkt an der Beschlussfassung für die Durchführung dieser Hilfe mitwirken.

[261] Gemäß der oben getroffenen Feststellung (Abschnitt E.I.2.3.1) ist von *Kooperations-* statt von *Entwicklungs*strategien auszugehen.

flexible Handhabung der Finanzkooperation sowohl den Besonderheiten des jeweiligen Staates als auch des konkreten Projekts bzw. Programms Rechnung zu tragen (Art. 56I3d), II). Besonders betont wird gleichermaßen das Gebot einer effizienten, koordinierten und inhaltlich widerspruchsfreien, mithin konsistenten Zusammenarbeit (Art. 56I3e)) – Schlagwörter, die die Debatte sowohl um die Zukunft der AKP-EWG-Zusammenarbeit als auch um die allgemeine Entwicklungspolitik reflektieren.

Diesen Grundsätzen der Zusammenarbeit bei der Entwicklungsfinanzierung folgen Ausführungen darüber, wem der Zugang zu den Finanzierungen eröffnet ist (Art. 58). Generell lässt sich sagen, dass die finanzielle Unterstützung wie bisher in erster Linie an die „klassischen" Kooperationspartner geht, namentlich an die jeweiligen Regierungen, regionale und zwischenstaatliche Einrichtungen und an gemeinsame, zur Verwirklichung spezifischer Zwecke errichtete Einrichtungen der AKP- und EG-Staaten (Art. 58I i.d.F. von Cotonou 2005). Mit Zustimmung des betreffenden AKP-Staates bzw. der AKP-Staaten erreicht die Hilfe indes auch ein breites Spektrum weiterer, auch nichtstaatlicher Akteure wie beispielsweise Gesellschaften, Unternehmen und andere private Organisationen und private Wirtschaftsbeteiligte der AKP-Staaten (Art. 58II i.d.F. von Cotonou 2005). Diese Ausweitung der Finanzhilfeempfänger ist zwar im Hinblick auf die die AKP-EG-Kooperation dominierenden Grundprinzipien der Partizipation und der Ownership (Art. 2 2. Spiegelstrich) nur konsequent. Angesichts der diesbezüglich eher kritischen Haltung der AKP-Staaten läuft das Zustimmungserfordernis allerdings eher Gefahr, sich als Stolperstein für die Realisierung dieser ehrgeizigen Ambitionen vornehmlich der europäischen Vertragspartner zu entpuppen. Von daher ist es nur konsequent, dass Art. 58III i.d.F. von Cotonou 2005 nunmehr die nichtstaatlichen Akteure, „die lokalen Charakter haben", von diesem Erfordernis ausnimmt. Allerdings wird an anderer Stelle ein – wenngleich „neutrales" - Korrektiv insofern eingeführt, als der Ministerrat als gegenüber den jeweiligen AKP-Staaten unparteiischeres Organ Kriterien festlegt, nach denen diese nichtstaatlichen Akteure für eine Finanzierung in Betracht kommen[262]. Die Konditionen, unter denen die Finanzhilfe schließlich – gegebenenfalls mittels Intermediäre - an die Endbegünstigten (weiter) vergeben wird, regelt Art. 64.

Ausführungen über die Finanzierungsarten schließen den Titel über „Allgemeine Bestimmungen" ab. Diese befanden sich ebenfalls im Fokus der Reformierungsbestrebungen der Zusammenarbeit bei der Entwicklungsfinanzierung[263]: Weg von der Projekthilfe, hin zu direkter Haushaltshilfe für von den jeweiligen Entwicklungsländern ermittelte Schwerpunktbereiche und zur gezielten Bezuschussung einiger weniger partnerschaftlich konzipierter Sektorpolitiken, d.h. hin zur Programmhilfe[264], so resümierten nahezu unisono die Debattierenden. Gründe für diese Forderung gab es viele. Nicht nur waren enorme Unterschiede bei den Erfolgsra-

[262] Art. 4I2d) Anhang IV i.d.F. von Cotonou 2005, Durchführungs- und Verwaltungsverfahren (ABl. 2005, Nr. L 287/19ff). Diese Kriterien jedoch gelten auch für sonstige nichtstaatliche Akteure, d.h. die Zustimmung der AKP-Staaten gemäß Art. 58II i.d.F. von Cotonou 2005 dürfte wohl weniger willkürlich ausfallen. Genaueres lässt sich nicht vorhersagen, da Art und Umfang der Bindungswirkung dieser Kriterien nicht stipuliert wird.

[263] Vgl. bereits oben Abschnitt E.I.1, Fn. 44.

[264] Derartige Reformbewegungen leitete zwar schon Lomé III (vgl. oben Kapitel B „Geschichte der Entwicklungszusammenarbeit der Europäischen Gemeinschaft", Abschnitt B.III.2.3) ein und führte in der Folge zu einem Rückgang des relativen Anteils der Projekthilfe an den gesamten Mittelbindungen. Anfang der 90er Jahre durchgeführte Evaluierungen brachten aber erst schwarz auf weiß die bislang wenig empirisch belegte, geringe Effizienz der Projekthilfe zu Tage. Diese Resultate veranlassten die Kommission, eine Diskussion über verbesserte Arten der Hilfe zu lancieren (vgl. Grünbuch der Kommission über die AKP-EG Beziehungen vom November 1996, S. 10, 51ff, insbesondere S. 53ff).

ten zwischen den diversen Sektorprojekten auszumachen[265] - auch ist die Projekthilfe mit grundsätzlichen Schwächen behaftet: Hierzu zählt die Tatsache, dass die Projekthilfe den gesamtwirtschaftlichen Rahmenbedingungen zu wenig Rechnung trägt, die jedoch maßgeblichen Einfluss auf Erfolg oder Misserfolg der Projekte haben. Ebenso stellt sich diese Art der Hilfe als wenig adäquat heraus, sofern sie nicht Teil einer exakt definierten Sektorstrategie ist. Überdies neigt sie dazu, tatsächliche Probleme zu verschleiern und verzögert ergo notwendige grundlegende Reformen. Überwiegend scheiterte bislang auch die Identifizierung der Regierungen und/ oder der Begünstigten mit den Projekten[266] - mit der Konsequenz, dass auch die gewünschte Eigenverantwortung der AKP-Staaten auf sich warten ließ. Entwicklungsziele lassen sich demzufolge mittels einer Programmhilfe, idealiter finanziert durch Haushaltszuschüsse, effizienter und wirksamer umsetzen.

Dieser Ansatz wurde von den Vertragsparteien aufgegriffen. Dementsprechend betont das Partnerschaftsabkommen von Cotonou die Möglichkeit der Gewährung indirekter (durch Verwendung der Gegenwertmittel, die beim Einsatz der verschiedenen Instrumente der Zusammenarbeit erzielt werden) oder direkter Haushaltszuschüsse zur Unterstützung gesamtwirtschaftlicher oder sektorbezogener Reformen (Art. 61Ic), II, vgl. auch III, IV). Voraussetzung ist natürlich, dass das Empfängerland bereits *eigene* sektorspezifische Strategien verfolgt, die mit seinen Bedürfnissen und Möglichkeiten konform gehen[267] - denn hierfür soll die Budgethilfe ja verwendet werden. Ferner birgt diese Option gewisse Risiken für die Gemeinschaft - seien es die beschränkte Kontrollierbarkeit der tatsächlichen Verwendung der Zuschüsse, unzureichende Rahmenbedingungen, um die Mittel auch sinnvoll einsetzen zu können -, die sich in folgenden strengen Voraussetzungen für die Inanspruchnahme direkter Haushaltshilfe widerspiegeln: Der jeweilige Staat muss eine hinreichend transparente, verantwortungsvolle und effiziente Verwaltung der öffentlichen Ausgaben – mithin Elemente einer verantwortungsvollen Staatsführung -, eine von den wichtigsten Gebern anerkannte, genau definierte Gesamtwirtschaftspolitik oder Sektorpolitik sowie ein offenes und transparentes Beschaffungswesen garantieren (Art. 61II)[268].

Daneben existieren freilich weiterhin folgende „klassische" Finanzierungsarten: (Zuschüsse) für partnerschaftlich konzipierte Programme und Projekte (Art. 61Ia)) und für globale und sektorale Importprogramme (Art. 61Ie)), des Weiteren Kreditlinien, Garantiesysteme und Kapitalbeteiligungen (Art. 61Ib)).

---

[265] So lag die Erfolgsrate im Verkehrswesen 70%, in der Landwirtschaft und in der ländlichen Entwicklung hingegen jeweils unter 30%. Diesen Zahlen basieren auf einer Bewertung von 335 Projekten, die in den 80er Jahren begann (voranstehend: Grünbuch der Kommission über die AKP-EG Beziehungen vom November 1996, S. 10).

[266] Voranstehend: Grünbuch der Kommission über die AKP-EG Beziehungen vom November 1996, S. 10.

[267] Kommissionsmitteilung über Komplementarität vom Mai 1999, S. 9. In den Vorgängerkonventionen wurde Programmhilfe im Wesentlichen durch eine Bezuschussung von gemeinsamen Programmen der Vertragsparteien geleistet. Haushaltszuschüsse wurden nur vereinzelt, z.B. für SAP, gewährt.

[268] Diesen gegenüber stellt die *Kommission* folgende Vorteile (Grünbuch, S. 53): Direkte Haushaltshilfe „würde den Grundsatz einer reifen, auf Vertrauen gegründeten Partnerschaft bestätigen, in deren Rahmen die Verwaltung der Entwicklungsmittel den nationalen Behörden selbst überlassen bliebe. Anders als bei der Projekthilfe kommt es bei der Haushaltsbeihilfe nicht zur Zersplitterung bei der Mittelvergabe." Weitere Vorteile der Haushaltshilfe listet auch detailliert die Mitteilung der Kommission über *„Governance in Entwicklungsländern"*, KOM (2003) 615, endg. vom 20.10.2003, Punkte 44ff, auf.

2.4.2 Finanzielle Zusammenarbeit

2.4.2.1 Finanzierung

2.4.2.1.1 Finanzvolumen

Der Gesamtbetrag der Finanzhilfe für die AKP-Staaten beläuft sich gemäß dem Ersten Finanzprotokoll für den Zeitraum 1.3.2000 – 28.2.2005 bzw. 31.12.2007 auf 15,2 Mrd. Euro[269].
Der Betrag setzt sich wie folgt zusammen:
Der 9. EEF stellt 13,5 Mrd. bereit[270]. Trotz dieser nominalen Erhöhung gegenüber dem Vorgängerfonds bewirkt indes das Hinzutreten weiterer AKP-Vertragsstaaten keine Realerhöhung des Budgets[271]. Wie bereits der 1. EEF für die Assoziierung der ÜLGs stellt auch der 9. Fonds nach wie vor ein Sondervermögen ohne eigene Völkerrechtspersönlichkeit[272] dar, das von den Mitgliedstaaten unmittelbar durch ein „Internes Abkommen", mithin durch einen völkerrechtlichen Vertrag zwischen den im Rat vereinigten Vertretern der Regierungen der Mitgliedstaaten, errichtet wird[273]. Der Forderung, den EEF in den Gemeinschaftshaushalt einzustellen, d.h. ihn zu budgetisieren[274], hat man demnach immer noch nicht entsprochen[275]. Die jeweiligen Finanzbeiträge der Mitgliedstaaten klärt ein

---

[269] Art. 62I Cotonou i.V.m. Punkte 1, 5 Anhang I, Erstes Finanzprotokoll (ABl. 2000, Nr. L 317/67f).
Das Finanzprotokoll findet auf Südafrika keine Anwendung, Art. 4I, 8 Protokoll Nr. 3 (ABl. 2000, Nr. L 317/284ff). Die Finanzhilfe für Südafrika erfolgt in Form von Zuschüssen oder Darlehen. Erstere stammen aus einer im Rahmen des Gemeinschaftshaushalts eingesetzten, besonderen Finanzierungsfazilität (Art. 94a) AEHZ (ABl. 1999, Nr. L 311/3ff)), letztere aus Mitteln der EIB (Art. 95 AHEZ).

[270] Punkt 2 des Ersten Finanzprotokolls (ABl. 2000, Nr. L 317/67f). Darüber hinaus stellt der 9. EEF noch 175 Millionen Euro den ÜLGs zur Verfügung sowie 125 Millionen Euro erstmalig der Kommission zur Deckung der mit der Durchführung des EEF verbundenen Kosten (Art. 1II a), ii), iii) des Internen Abkommens (ABl. 2000, Nr. L 317/355ff). Die Mittelausstattung des 9. EEF beläuft sich insgesamt also auf 13,8 Mrd. Euro.

[271] Vgl. *WEED* u.a. (Hrsg.), Die „Konvention von Cotonou", abgedruckt in: *HIZ*, Bd. 14, III B 20 13, S. 1ff, 13.

[272] *Henze*, Aufgaben- und Ausgabenkompetenz der EG, in: EuR 1995, S. 76ff, 77.

[273] Hier: Internes Abkommen zwischen den im Rat vereinigten Vertretern der Regierungen der Mitgliedstaaten über die Finanzierung und Verwaltung der Hilfe der Gemeinschaft im Rahmen des Finanzprotokolls zu dem am 23. Juni 2000 in Cotonou, Benin, unterzeichneten Partnerschaftsabkommen zwischen den Mitgliedern der Gruppe der Staaten in Afrika, im Karibischen Raum und im Pazifischen Ozean einerseits und der Europäischen Gemeinschaft und ihren Mitgliedern andererseits und über die Bereitstellung von Finanzhilfe für die überseeischen Länder und Gebiete, auf die der Vierte Teil des EG-Vertrags Anwendung findet (ABl. 2000, Nr. L 317/355ff). Fortan: Internes Abkommen.

[274] Ausführlich zur Zulässigkeit dieser „Nichtbudgetierung" bereits oben Kapitel D „Gemeinschaftsrechtliche Handlungsvorgaben", Abschnitt D.II.2.1.2.1, Fn. 403.

[275] Ausführlich zum EEF, insbesondere auch zur Gemeinschaftskompetenz zur Schaffung des Fonds, zu seiner Struktur und Verwaltung: *Von Drygalski*, Die Fonds der Europäischen Gemeinschaften, S. 137ff.
Zu den immer vehementeren Budgetisierungsforderungen von Kommission und EP (vgl. die KOM: *Kommission*, Gesamtbericht 2003, Ziffer 983; das EP: Bulletin EG 5-2003, Ziffer 1.6.108). Detailliert zu Pro und Contra einer Einstellung des EEF in den Haushalt: Mitteilung der Kommission „*Auf dem Weg zu einer vollständigen Einbeziehung der Zusammenarbeit mit den AKP-Staaten in den EU-Haushalt*", KOM (2003) 590, endg. vom 8.10.2003.
Der Budgetisierung steht auch nicht die der Schlussakte des Vertrages von Maastricht beigefügte Erklärung Nr. 12 entgegen (die Erklärung ist abgedruckt in: *Sartorius II*, Nr. 148), vgl. dazu bereits oben Kapitel D „Gemeinschaftsrechtliche Handlungsvorgaben", Abschnitt D.II.2.2.1.2, Fn. 525. Und das ab 1.1.2007 voraussichtlich in Kraft tretende DCECI (vgl. oben Kapitel D „Gemeinschaftsrechtliche Handlungsvorgaben", Abschnitt D.II.2.3.1) geht implizit von der Eingliederung des 10. EEF in den Haushaltsplan aus, wenn es eine bestimmte Finanzsumme seines finanziellen Bezugsrahmens explizit für die Zusammenarbeit mit den AKP-Staaten ausweist (vgl. Art. 24I 2. Hs. des „*Vorschlag[s] für eine Verordnung des Europäischen Parlaments und des Rates zur Schaffung eines Finanzierungsinstruments für die Entwicklungszusammenarbeit und die wirtschaftliche Zusammenarbeit*", KOM (2004) 629, endg. vom 29.9.2004; vgl. auch: Kommissionsmitteilung über die „*Außenhilfeinstrumente im Rahmen der zukünftigen Finanziellen Vorausschau 2007 – 2013*", KOM (2004), endg. vom 29.9.2004, S. 10).

gen Finanzbeiträge der Mitgliedstaaten klärt ein besonderer, gegenüber dem 8. EEF gleich gebliebener[276] Verteilungsschlüssel[277]:

Abbildung 3: Verteilungsschlüssel des 9. und 10. EEF

Mitgliedstaat	Beitrag in Millionen Euro		Anteil in %	
	9. EEF	Geplanter 10. EEF (inkl. neuer Mitgliedstaaten)[278]	9. EEF	Geplanter 10. EEF
Belgien	540,96	540,96	3,92	3,76
Dänemark	295,32	295,32	2,14	2,05
Deutschland	3223,68	3223,68	23,36	22,43
Estland		9,30		0,06
Finnland	204,24	204, 24	1,48	1,42
Frankreich	3353,40	3353,40	24,30	23,33
Griechenland	172,50	172,50	1,25	1,20
Irland	85,56	85,56	0,62	0,60
Italien	1730,52	1730,52	12,54	12,04
Lettland		13,00		0,09
Litauen		20,20		0,14
Luxemburg	40,02	40,02	0,29	0,28
Malta		6,90		0,05
Niederlande	720,36	720,36	5,22	5,01
Österreich	365,70	365,70	2,65	2,54
Polen		274,30		1,91
Portugal	133,86	133,86	0,97	0,93
Schweden	376,74	376,74	2,73	2,62
Slowakische Republik		34,10		0,24
Slowenien		31,90		0,22
Spanien	805,92	805,92	5,84	5,61
Tschechische Republik		86,60		0,60
Ungarn		79,90		0,56
Vereinigtes Königreich	1751,22	1751, 22	12,69	12,18
Zypern		15,90		0,11
Insgesamt:	13800,00[279]	14372,10	100,00	100,00

Quelle: *Europäische Kommission* (Hrsg.), Consequences of enlargement , S. 61, Tabelle 17.

[276] *Bundestag*, Abkommen von Cotonou, in: BTDS 14/7053, S. 278ff, 284.
[277] Art. 1II a) des Internen Abkommens (ABl. 2000, Nr. L 317/355ff).
[278] Gemäß Art. 1IV des Internen Abkommen (ABl. 2000, Nr. L 317/355ff) ist die Aufteilung der Beiträge auf Vorschlag der Kommission durch einstimmigen Beschluss des Rates zu ändern. Der dargestellte Betrag sowie der Verteilungsschlüssel des 10. EEF beruhen nur auf vorläufigen Einschätzungen der Kommission.
[279] Diese Zahl bezieht sich auf den Gesamtbetrag des 9. EEF, vgl. oben Fn. 270.

Dabei sehen das Interne Abkommen[280] und die Erklärung XVIII („Erklärung der Gemeinschaft zum Finanzprotokoll")[281] eine tranchierte Mittelzahlung vor: Zunächst wurden 12,5 Mrd. bei Inkrafttreten des Protokolls freigegeben, die restliche Milliarde erst nach einer Überprüfung anhand von Performance-Kriterien, namentlich der Qualität der bislang finanzierten Entwicklungszusammenarbeit oder aber des Grades der tatsächlichen Inanspruchnahme der Mittel. Hierdurch soll der Absorptionsfähigkeit der AKP-Staaten entgegengetreten und die nationalen Konsolidierungsanstrengungen berücksichtigt werden[282].
Der Betrag aus dem 9. EEF wird durch die Übertragung von Restmitteln (9,9 Mrd. Euro)[283] aus dem 6., 7. und 8. Fonds auf den 9. EEF ergänzt. Der Gesamtbetrag all dieser Mittel kann bis 31.12.2007 in Anspruch genommen werden[284]. Diese Vorgehensweise beruht auf der Tatsache, dass der Durchführungszeitraum der jeweiligen Fonds aufgrund unter anderem bürokratischer und komplizierter Genehmigungsverfahren sehr viel mehr Zeit benötigt hat als seine tatsächliche fünfjährige Geltungsdauer[285]. Jedoch mehrten sich erneut Stimmen, die aus diversen Gründen dem 9. EEF ein ähnliches Schicksal, was die Höhe der Auszahlungen angeht, prophezeiten[286]. Sie sollten jedoch nicht vollends Recht behalten, betrug doch die Auszahlungsrate im Jahr 2004 immerhin 93,1%[287]. Weniger erfolgreiche Quoten bereits aus den Vorgängerjahren führten indes dazu, dass die Frist der Mittelbindung im Rahmen des 9. EEF und der aus den früheren EEFs übertragenen Restmittel auf Ende 2007 festgesetzt wurde. Diese Übertragung der Finanzmittel in den Zeitraum ab 1.3.2005 trägt aber auch der Tatsache Rechnung, dass das neue Zweite Finanzprotokoll mit seinem neuen Finanzvolumen (10. EEF) erst zusammen mit dem revidierten Partnerschaftsabkommen am 1.1.2008 in Kraft treten soll[288] und es ergo gilt, die dadurch auftretende Finanzierungslücke zu schließen.
Zum Finanzvolumen des EEF kommen Darlehen aus Eigenmitteln der EIB in Höhe von 1,7 Mrd. Euro hinzu[289]. Die EIB kann nämlich außerhalb ihres Kernaufgabengebiets, der Entwicklung des Gemeinsamen Marktes (vgl. Art. 267I 1. Hs. EGV), nach Maßgabe des Art. 18I

---

[280] Art. 2II, 12IV (ABl. 2000, Nr. L 317/355ff).

[281] ABl. 2000, Nr. L 317/320. Zur Rechtsnatur diese „auslegenden Erklärung" bereits oben Abschnitt E.I.2.2.2, Fn. 98.

[282] *Bundestag*, Abkommen von Cotonou, in: BTDS 14/7053, S. 278ff, 283.

[283] *Moreau*, The Cotonou Agreement – new orientations, in: The Courier, September 2000, special issue Cotonou Agreement, S. 6ff, 7; *Karl*, Time for a change, The Courier, Nr. 181 (2000), S. 3ff, 5.

[284] Punkt 5 des Ersten Finanzprotokolls (ABl. 2000, Nr. L 317/67f); Art. 1 des Beschlusses der im Rat vereinigten Vertreter der Regierungen der Mitgliedstaaten zur Festsetzung der Frist für Mittelbindungen im Rahmen des 9. Europäischen Entwicklungsfonds (ABl. 2005, Nr. L 156/19f); Präambel II, Art. 2IIb), c), 33 des Internen Abkommens (ABl. 2000, Nr. L 317/355ff). Letztere Vorschrift bestimmt darüber hinaus, dass sämtliche Restmittel nach den Vorschriften des Cotonou-Abkommens bereitgestellt werden und nicht nach dem jeweiligen Recht desjenigen Abkommens, aus dessen EEF die Restmittel stammen – ein Novum gegenüber den Vorgängerabkommen (vgl. *Martenczuk*, From Lomé to Cotonou, in: EFARev. 2000, S. 461ff, 480).

[285] Dabei wird schon seit längerem versucht, dem Problem des schleppenden Mittelabflusses abzuhelfen (vgl. *Betz*, Lomé IV, in: Jahrbuch Dritte Welt 1991, S. 104ff, 111).

[286] *Laryea*, Effective poverty eradication, in: The Courier, Nr. 181 (2000), S. 14ff, 16, der auch konkrete Maßnahmen gegen die geringe Auszahlungsrate des EEF vorschlägt. Ebenso: *Goulongana*, Together we must take up the challenges of the Cotonou Agreement, in: The Courier, September 2000, special issue Cotonou Agreement, S. 4f, 5.

[287] Vgl. die Mitteilung der Kommission „*Jahresbericht 2005 über die Entwicklungspolitik der Europäischen Gemeinschaft und die Umsetzung der Außenhilfe im Jahr 2004*", KOM (2005) 292, endg. vom 15.7.2005, S. 13f.

[288] Vgl. Präambel V des AKP-EG-Ministerratsbeschluss Nr. 5/2005 vom 25.6.2005 (ABl. 2005, Nr. L 287/1ff); Punkt 1 Anhang Ia i.d.F. von Cotonou 2005, Mehrjähriger Finanzrahmen für die Zusammenarbeit im Rahmen des Abkommens zur Änderung des Abkommens von Cotonou (ABl. 2005, Nr. L 287/18).

[289] Punkt 4 des Ersten Finanzprotokolls (ABl. 2000, Nr. L 317/67f). Aus Eigenmitteln der Bank stammen auch die Darlehen für die ÜLGs in Höhe von 20 Millionen Euro, Art. 5IIb) des Internen Abkommens (ABl. 2000, Nr. L 317/355ff).

UA 2 der EIB-Satzung[290] auch Darlehen für Investitionsvorhaben genehmigen, die außerhalb der europäischen Hoheitsgebiete der Mitgliedstaaten durchzuführen sind[291]. Die Bank ist ein autonomes Finanzierungsinstrument der EG, d.h. verfügt über eine eigene Rechtspersönlichkeit (Art. 266I EGV), eine eigene Verwaltung sowie über eigene Entscheidungsträger (Art. 8ff der EIB-Satzung[292]).
All diese Finanzmittel können auf Antrag der AKP-Staaten unter bestimmten Umständen auch für Kofinanzierungen, etwa mit Entwicklungsorganisationen, den Mitgliedstaaten, AKP- oder Drittstaaten, verwendet werden (Art. 65). Unangesprochen bleibt in diesem Zusammenhang indes leider die Möglichkeit, auf eine Kofinanzierung dann zurückzugreifen, wenn die finanzierte Maßnahme einem Bereich zuzuordnen ist, auf dem die EG nicht über einen komparativen Mehrwert verfügt, wie es die Strategiepapiere zur Komplementarität eigentlich vorsehen[293].

2.4.2.1.2 Finanzinstrumentarium des 9. EEF

Wie bereits oben als bedeutende Innovation angekündigt, wurde das Finanzinstrumentarium im Rahmen des 9. EEF gebündelt[294]: Statt wie bisher auf ein vielschichtiges und ergo kompliziertes, zudem voneinander unabhängig operierendes und kaum kohärentes Instrumentarium (Strukturanpassung[295], STABEX[296], SYSMIN[297], Soforthilfe[298], regionale Vorhaben[299], Programmhilfe[300], Risikokapital[301] und Zinsvergütungen[302]), konzentriert man sich nunmehr auf zwei Hauptinstrumente, die Zuschuss- und die Investitionsfazilität, ergänzt durch ein Zuschussinstrument zur Unterstützung der regionalen Zusammenarbeit. Erneut also fruchteten die Denkanstösse des Grünbuchs[303].
Das Zuschussinstrumentarium in Höhe von maximal 10 Mrd. Euro wird hauptsächlich (9,836 Mrd. Euro) für die Unterstützung der langfristigen Entwicklung, worunter die Finanzierung der NIPs[304] subsumiert wird, eingesetzt[305]: Diese NIPs legen die Finanzausstattung einerseits für die für die nächsten Jahre programmierte Hilfe fest; andererseits reservieren sie einen bestimmten Betrag für sog. „unvorhergesehenen Bedarf“, wie z.B. für Soforthilfe, für Beiträge zu international gebilligten Entschuldungsinitiativen sowie für die Unterstützung zur Begrenzung der negativen Auswirkungen der Instabilität der Ausfuhrerlöse[306]. Mithin kann ein Teil der Zuschussfazilität für solche „unprogrammierbaren“ Fälle verwendet werden. Des Weiteren sind 90 Millionen Euro für die Finanzierung des Haushalts des Zentrums für Unterneh-

---

[290] Abgedruckt in: *Sartorius II*, Nr. 266.
[291] Die Tätigkeit der EIB kann hier aufgrund der Spezialität des Art. 179III EGV auch gegenüber Art. 179II EGV nicht unter Art. 179II EGV subsumiert werden.
[292] Abgedruckt in: *Sartorius II*, Nr. 266. Die Satzung ist dem EGV als Protokoll beigefügt (Protokoll Nr. 10) und daher Bestandteil des EGV (Art. 311 EGV).
[293] Vgl. oben Kapitel D „Gemeinschaftsrechtliche Handlungsvorgaben“, Abschnitt D.I.2.2.2.
[294] Hier handelt es sich also um die Frage, auf welche „Schubladen“ die Finanzmittel *innerhalb* des EEF verteilt sind – zu unterscheiden von dem Problem, in welcher *Art* die so verteilten Mittel letzten Endes an die Begünstigten fließen.
[295] Art. 1Ia) i) des Zweiten Finanzprotokolls zu Lomé IV (ABl. 1998, Nr. L 156/29f).
[296] Art. 1Ia) iii) des Zweiten Finanzprotokolls zu Lomé IV (ABl. 1998, Nr. L 156/29f).
[297] Art. 1Ia) iv) des Zweiten Finanzprotokolls zu Lomé IV (ABl. 1998, Nr. L 156/29f).
[298] Art. 2 des Zweiten Finanzprotokolls zu Lomé IV (ABl. 1998, Nr. L 156/29f).
[299] Art. 3I, II iii) des Zweiten Finanzprotokolls zu Lomé IV (ABl. 1998, Nr. L 156/29f).
[300] Vgl. Art. 3II i), ii), iv) des Zweiten Finanzprotokolls zu Lomé IV (ABl. 1998, Nr. L 156/29f).
[301] Art. 1Ia) ii) des Zweiten Finanzprotokolls zu Lomé IV (ABl. 1998, Nr. L 156/29f).
[302] Art. 1Ib) des Zweiten Finanzprotokolls zu Lomé IV (ABl. 1998, Nr. L 156/29f).
[303] Vgl. oben Abschnitt E.I.1, Fn. 44.
[304] Zu den NIPs ausführlich unten Abschnitt E.I.2.4.4.1, insbesondere Abschnitt E.I.2.4.4.1.4.
[305] Punkt 3a) des Ersten Finanzprotokolls (ABl. 2000, Nr. L 317/67f).
[306] Art. 3II Anhang IV, Durchführungs- und Verwaltungsverfahren (ABl. 2000, Nr. 317/76ff).

mensentwicklung (ZUE)[307], 70 Millionen für das Zentrum für landwirtschaftliche Entwicklung (TZL)[308] sowie höchstens 4 Millionen Euro für die Paritätische Parlamentarische Versammlung[309] bestimmt[310]. Für die Verwaltung dieser Mittel zuständig ist die Kommission[311]. Zu diesem Zwecke wird ihr der „Ausschuss für den Europäischen Entwicklungsfonds" (EEF-Ausschuss) zur Seite gestellt, der aus Vertretern der Regierungen der Mitgliedstaaten unter Vorsitz eines Kommissionsvertreters besteht[312].
Die Förderung der regionalen Zusammenarbeit und Integration der AKP-Staaten, mithin die Finanzierung der regionalen Programmierung[313] wird gleichfalls in Form von Zuschüssen – bis zu 1,3 Mrd. Euro sind hierfür vorgesehen - gewährt. Diese werden ebenfalls von der Kommission verwaltet[314].
Für die Finanzierung der Investitionsfazilität stellt der 9. EEF 2,2 Mrd. Euro zur Verfügung[315]. Weitere 1,7 Milliarden Euro hält die EIB bereit[316]. Die Verwaltung dieser Fazilität, deren Aufgabe darin besteht, der Privatwirtschaft energisch und substanziell Aufschwung zu geben und die Investitionen anzukurbeln[317], obliegt der EIB[318]. Hierfür wird bei der Bank ein „Ausschuss für die Investitionsfazilität" eingesetzt, der sich aus Vertretern der Regierungen der Mitgliedstaaten zusammensetzt[319]. Die Finanzmittel werden in Form von Eigenkapital[320], Quasieigenkapital[321], Garantien[322] und Darlehen[323] an die Begünstigten vergeben.

2.4.2.2 Bereiche der Unterstützung

Die soeben vorgestellten Mittel müssen die AKP-Staaten in die Lage versetzen, die Ziele des Partnerschaftsabkommens zu verwirklichen (vgl. Art. 55) – Programme, Projekte und sonstige Maßnahmen zur Realisierung dieser Zielvorgaben konstituieren demnach den Anwendungsbereich der Finanzierungen (Art. 59). Art. 60 fasst diesen noch einmal zur Klarstellung zusammen, und die Art. 66ff erläutern ihn abermals detailliert. Von daher erschöpfen sich die Ausführungen größtenteils in Wiederholungen des Abschnitts 2.3 - einerseits. Andererseits hingegen vermag das Vertragswerk hier die Gelegenheit zu nutzen, all diese Unterstützungsbereiche speziell unter dem Aspekt darzustellen, wo denn genau die Finanzhilfen anzusetzen

---

307 Zu diesem unten Abschnitt E.I.2.4.2.2.4.
308 Vgl. oben Abschnitt E.I.2.3.1.1.1.
309 Zur Paritätischen Parlamentarischen Versammlung unten Abschnitt E.I.2.6.
310 Punkte 3a) i – iii) des Ersten Finanzprotokolls (ABl. 2000, Nr. L 317/67f).
311 Punkt 6 des Ersten Finanzprotokolls (ABl. 2000, Nr. L 317/67f).
312 Art. 21 des Internen Abkommens (ABl. 2000, Nr. L 317/355ff).
313 Zur regionalen Programmierung unten Abschnitt E.I.2.4.4.2.
314 Punkte 3b), 6 des Ersten Finanzprotokolls (ABl. 2000, Nr. L 317/67f).
315 Punkt 3c) des Ersten Finanzprotokolls (ABl. 2000, Nr. L 317/67f). Die Finanzierungsbedingungen regelt Anhang II, Finanzierungsbedingungen, zum Partnerschaftsabkommen von Cotonou (ABl. 2000, Nr. L 317/69ff). Vgl. nunmehr auch die durch die Revision des Cotonou-Abkommens geänderten Bestimmungen des Anhangs II (ABl. 2005, Nr. L 287/18f). Die Vergabe der Darlehen aus Eigenmitteln der EIB regelt sich ebenso nach diesen Bestimmungen (Punkt 4 des Ersten Finanzprotokolls, Art. 1, 4 der Finanzierungsbedingungen).
Abweichend vom Grundsatz, dass die Vorschriften über die Zusammenarbeit bei der Entwicklungsfinanzierung für Südafrika keine Anwendung finden, ist das Kapitel 5 (Art. 15) der Finanzierungsbedingungen des Anhangs II (ABl. 2000, Nr. L 317/69ff) auf Südafrika mit der Maßgabe anwendbar, dass seine Teilnahme in vollem Umfang aus den in Titel VII (Art. 93 – 96) des AHEZ (ABl. 1999, Nr. L 311/3ff) vorgesehenen Mitteln finanziert wird, Art. 8 Protokoll Nr. 3 (ABl. 2000, Nr. L 317/284ff).
316 Punkt 4 des Ersten Finanzprotokolls (ABl. 2000, Nr. L 317/67f).
317 Vgl. Art. 1, 3, 4Ia) der Finanzierungsbedingungen (ABl. 2000, Nr. L 317/69ff).
318 Punkt 6 des Ersten Finanzprotokolls (ABl. 2000, Nr. L 317/67f).
319 Art. 29 des Internen Abkommens (ABl. 2000, Nr. L 317/355ff).
320 Art. 2Ia) i), II der Finanzierungsbedingungen (ABl. 2000, Nr. L 317/69ff).
321 Art. 2Ia) ii), III, IV der Finanzierungsbedingungen (ABl. 2000, Nr. L 317/69ff).
322 Art. 2Ia) iii), V der Finanzierungsbedingungen (ABl. 2000, Nr. L 317/69ff).
323 Art. 2Ib), VI, VII und Art. 4 (Darlehen der EIB) der Finanzierungsbedingungen (ABl. 2000, Nr. L 317/69ff).

und welche Finanzierungsarten hier jeweils angedacht sind. Daneben werden hier erstmals Gegenstände der finanziellen Zusammenarbeit beschrieben, die naturgemäß keinen Raum im Rahmen der Strategien, mithin der *geplanten* Kooperation, beanspruchen und somit unter den „unvorhergesehenen Bedarf"[324] fallen: die Unterstützung der Entschuldung (Art. 66) und im Falle kurzfristiger Schwankungen der Ausfuhrerlöse (Art. 68) sowie die humanitäre Soforthilfe (Art. 72). Eine Zwitterstellung nehmen die Mikroprojekte und die dezentrale Zusammenarbeit (Art. 70f) ein: Deren Projekte müssen inhaltlich nämlich nicht an die in den jeweiligen NIPs vereinbarten Programme gekoppelt und somit nicht Gegenstand der programmierten Hilfe sein.

2.4.2.2.1 Verschuldung und Strukturanpassungshilfe

Die unzureichenden Lomé-IV Bestimmungen zur Verschuldensproblematik[325] waren kritisiert worden. Die Gemeinschaft hatte sich jedoch weitergehenden Regelungen mit der Begründung verschlossen, ihr Anteil an der Schuldenlast der AKP-Staaten wäre minimal (ca. 1%) und im Übrigen sollten Lösungsvorschläge besser in den zuständigen Foren (IWF, Pariser Club[326]) debattiert werden. Diese Argumentation hinkte, hatten doch die AKP-Staaten beträchtliche Schulden gegenüber den einzelnen EG-Mitgliedstaaten; diese wiederum verfügten über ein nicht zu vernachlässigendes Stimmgewicht im IWF, wo sie es bislang versäumt hatten, diesen Einfluss zugunsten der AKP-Staaten geltend zu machen[327].

Diese Haltung sollte sich im Partnerschaftsabkommen von Cotonou ändern: Die neuen Bestimmungen zur Verschuldensproblematik (Art. 60a), 66f)) reflektieren die Hilfsbereitschaft der internationalen Staatengemeinschaft – inklusive der EG - bei der Reduktion der Schuldenlast der AKP-Länder (Stichwort: „HIPC II" - Initiative[328]). Speziell in der Gemeinschaft hatten nicht zuletzt der weltweit ausgeübte Druck sowie geänderte Positionen seitens der Mitgliedstaaten diese Trendwende eingeleitet[329].

So normieren die Vertragsparteien, dass die Finanzmittel aus der Zuschussfazilität[330] des Abkommens auch für international gebilligte Entschuldungsinitiativen zugunsten der AKP-Staaten verwendet werden können (vgl. Art. 66I1), so insbesondere für die HIPC-Initiative[331]. Des Weiteren sollen noch nicht gebundene Mittel aus früheren Richtprogrammen rasch zur Auszahlung gelangen (Art. 66I2) und leistet die Gemeinschaft auf Wunsch technische Hilfe beim Schuldenmanagement (Art. 66II). Schließlich möchten die Vertragsparteien die Verschuldensproblematik in den internationalen Gesprächsrunden weiter thematisieren – ein Anliegen, dass ihnen offensichtlich gelang, wirft man einen Blick auf die Ergebnisse des G8 –

---

324 Vgl. auch Art. 3IIb) Anhang IV, Durchführungs- und Verwaltungsbestimmungen (ABl. 2000, Nr. L 317/76ff).

325 Vgl. oben Kapitel B „Geschichte der Entwicklungszusammenarbeit der Europäischen Gemeinschaft", Abschnitt B.III.2.4.

326 Der Pariser Club ist eine Bezeichnung für die Gruppe westlicher Gläubiger-Industrieländer, die seit 1956 in Ad-hoc-Sitzungen bei Zahlungsschwierigkeiten von Entwicklungsländern hinsichtlich bilateraler Forderungen Umschuldungen organisieren. Im Fokus dieser Neuverhandlungen zwischen den Entwicklungs- und den Gläubigerländern stehen günstigere Rückzahlungsbedingungen öffentlicher und öffentlich garantierter Kredite (der „Londoner Club" verhandelt die Umschuldung privater, nicht verbürgter Kredite); seit 1988 gewährt der Pariser Club auch Schuldenerlasse (voranstehend: *Nohlen*, Stichwort „Pariser Club", in: Nohlen (Hrsg.), Lexikon Dritte Welt, S. 658, 657; *Nohlen*, Stichwort „Umschuldung", in: Nohlen (Hrsg.), Lexikon Dritte Welt, S. 822; http://www.bundesfinanzministerium.de/cln_04/nn_2368/DE/Internationale__Beziehungen/Internationale__Schuldenstrategie__und__Umschuldung/node.html__nnn=true (Stand: 30.5.2006).

327 Voranstehend: *Betz*, Lomé IV, in: Jahrbuch Dritte Welt 1991, S. 104ff, 110.

328 Zur „HIPC" - Initiative oben im Kapitel C „Ziele der Entwicklungszusammenarbeit", Abschnitt C.I.2.2.1, Fn. 116 sowie Abschnitt C.I.2.4, Fn. 317.

329 *Holland*, The EU and the Third World, S. 207.

330 Vgl. Art. 3IIb) Anhang IV, Durchführungs- und Verwaltungsabkommen (ABl. 2000, Nr. L 317/76ff).

331 Vgl. die Gemeinsame Erklärung XVII (ABl. 2000, Nr. L 317/320).

Gipfels von Gleneagles/ Schottland im Juli 2005: Hier wurde beschlossen, einen Erlass von 100% auf die Schulden von HIPC-Ländern, die u.a. den sog. „Vollendungszeitpunkt“[332] gemäß der HIPC-Initiative erreicht haben, bei der IDA, dem IWF sowie dem Afrikanischen Entwicklungsfonds zu gewähren[333]. Das deutsche Bundesfinanzministerium erhofft sich durch diesen Vorstoß zusammen mit der „HIPC II“ – Initiative einen Schuldenerlass von nominal weit über 100 Mrd. US-$[334].
Ein Beitrag zur Entschuldung der AKP-Staaten im weiteren Sinne ist auch die Strukturanpassungshilfe (Art. 60b), 67), die zunächst für gesamtwirtschaftliche Stabilität, dadurch auch für die Konsolidierung der Haushalte sorgen und je nach den Reformfortschritten der jeweiligen Staaten schließlich die sektorspezifische Anpassung unterstützen soll[335]. Mit Unterstützung für die Strukturanpassung können weiterhin Staaten rechnen, die Reformprogramme durchführen, die zumindest von den wichtigsten multilateralen Gebern anerkannt, unterstützt oder mit ihnen vereinbart worden sind (Art. 67IV). Dieser Sachverhalt impliziert quasi die ansonsten zu erfüllenden Voraussetzungen, wonach – entsprechend der bereits oben im Abschnitt 2.3.1.1.1 vorgestellten und im Rahmen des Art. 67 repetierten Grundsätze und Ziele der Hilfe - die Reformen sowohl dem regionalen Zusammenhang, ihrer Effizienz, ihren Auswirkungen auf die wirtschaftliche, soziale und politische Entwicklung als auch den sozioökonomischen Problemen dieser Staaten Rechnung tragen müssen (Art. 67III). Die Unterstützung selbst wird wie bisher flexibel in Form von sektorbezogenen und allgemeinen Importprogrammen sowie als Haushaltszuschüsse[336] aus der Zuschussfazilität bereitgestellt (Art. 67V)[337]. Ausdruck dieser Flexibilität ist eine partnerschaftlich vorgenommene Bewertung der bereits implementierten oder anvisierten Reformen, die über die jeweils geeignete Hilfeform zu entscheiden vermag (Art. 67I3).

2.4.2.2.2 Unterstützung im Falle kurzfristiger Schwankungen der Ausfuhrerlöse

Bereits lange vor den vielfach zitierten Debatten in und um das Grünbuch zeichnete sich deutlich ab, dass STABEX und SYSMIN[338] wegen ihrer „strukturkonservierenden und abhängig-

---

[332] Hierzu: http://www.bundesfinanzministerium.de/cln_04/nn_2368/DE/Internationale__Beziehungen/Internationale__Schuldenstrategie__und__Umschuldung/node.html__nnn=true (Stand: 30.5.2006), Stichwort „Kölner Schuldeninitiative“.

[333] Zur Zugangsberechtigung und zu den sonstigen Modalitäten für diesen Schuldenerlass vgl. http://www.bundesfinanzministerium.de/cln_04/nn_2368/DE/Internationale__Beziehungen/Internationale__Schuldenstrategie__und__Umschuldung/node.html__nnn=true (Stand: 30.5.2006), Stichworte „Multilateraler Schuldenerlass“ sowie „Kosten und Finanzierung“. Dort auch zum Erfordernis dieses Vorstoßes neben der „HIPC II“ Initiative; http://www.g8.utoronto.ca/summit/2005gleneagles/summary.html (Stand: 30.5.2006), Stichwort: „Africa and Development“.

[334] http://www.bundesfinanzministerium.de/cln_04/nn_2368/DE/Internationale__Beziehungen/Internationale__Schuldenstrategie__und__Umschuldung/node.html__nnn=true (Stand: 30.5.2006), Stichwort „Multilateraler Schuldenerlass".

[335] Vgl. Grünbuch der Kommission über die AKP-EG Beziehungen vom November 1996, S. 54.

[336] Diese Form der Unterstützung wurde bereits in Art. 247II b), IV b) Lomé IV 1995 (ABl. 1998, Nr. L 156/3ff) verankert.

[337] Zum Durchführungsverfahren vgl. auch Mitteilung der Kommission „*Wirtschaftsreformprogramme und Strukturanpassungsprogramme der Gemeinschaft: Bilanz und Perspektiven*“, KOM (2000) 58, endg. vom 4.2.2000, Punkte 2.3.2.4, 2.3.3, 2.3.4.

[338] Vgl. zu den beiden Systemen bereits oben Kapitel B „Geschichte der Entwicklungszusammenarbeit der Europäischen Gemeinschaft“, Abschnitte B.III.2.1, B.III.2.2.
Zur Kritik an STABEX: Bis 1995 profitierten insgesamt 42 Staaten von den finanziellen Mitteln; Hauptempfänger waren nur 9 Staaten (insgesamt 63%, davon allein die Elfenbeinküste mit 19% (für voranstehende Zahlen: *Pietsch*, Revision von Lomé IV – Versuch einer Wertung, in: JEP 1996, S. 397ff, 407f)); obwohl STABEX im Laufe der Jahre auf 49 Produkte erweitert wurde, zogen hauptsächlichen Nutzen lediglich die Kaffee- (64%), die Baumwoll- (14%) und die Kakaoproduzenten (12% (Zahlen für das Jahr 1992: Sonderbericht des Rechnungsho-

keitsverstärkenden Wirkungen"[339] als eigenständige Instrumente nicht weiter fortbestehen würden. Vielmehr herrschte fast einhellig die Auffassung, dass die STABEX- und SYSMIN-Mittel effizienter genutzt werden könnten, wenn „sie im Rahmen gesamtwirtschaftlicher oder sektoraler Reformen für die Diversifizierung der Produktion eingesetzt werden"[340].
An deren Stelle tritt deshalb die prinzipielle Möglichkeit für die AKP-Staaten, im Falle kurzfristiger Schwankungen der Ausfuhrerlöse (Art. 60c), 68) grundsätzlich aller Arten von Waren eine adäquate finanzielle Hilfe aus den Finanzmitteln der Zuschussfazilität zu erhalten (Art. 68I, II, IV[341]). Hintergrund dieser Regelung ist, die ansonsten gefährdete Umsetzung sozioökonomischer Reformen und Politiken zu stützen, allgemein die negativen Auswirkungen der Instabilität der Ausfuhrerlöse abzufedern (Art. 68II i.d.F. von Cotonou 2005).
Was die konkrete Mittelzuweisung anbelangt, so wird die momentane Abhängigkeit der Wirtschaft vom jeweiligen Produkt ebenso beachtet wie die Tatsache, ob es sich um einen AKP-LLDC, -Binnenstaat oder –Inselstaat handelt (Art. 68III). Art. 68III i.d.F. von Cotonou 2005 verlangt darüber hinaus die besondere Behandlung derjenigen Länder, die die Folgen von gewaltsamen Auseinandersetzungen oder von Naturkatastrophen zu beseitigen haben. Die Finanzierungsbedingungen sehen des Weiteren - ähnlich der früheren Bestimmungen - bestimmte Auslöse- und mitunter auch Abhängigkeitsschwellen für die Mittelbereitstellung vor[342]: Verlangt wird ein Rückgang der Ausfuhrerlöse einer Ware um 10%/ 2% (LLDCs) gegenüber dem Erlös in den ersten drei Jahren des dem Anwendungsjahr vorausgehenden Vierjahreszeitraum. Zusätzlich fordert die Gemeinschaft nunmehr auch, dass das programmierte Haushaltsdefizit für das betreffende oder das darauf folgende Jahr um 2%[343] ansteigt[344]. Selbiges gilt für landwirtschaftliche und Bergbauprodukte, allerdings können nur solche Staaten

fes 2/1995 *über das Stabex-System im Rahmen des ersten Finanzprotokolls des Vierten Abkommens von Lomé, zusammen mit der Antwort der Kommission* (ABl. 1995, Nr. C 167/1ff, 5))). Grundsätzlich kann man auch sagen, dass von beiden Systemen nicht die bedürftigsten, sondern die „wirtschaftlich ohnehin besser gestellten rohstoffreichen Länder mit mittlerem Einkommen überdurchschnittlich profitierten" (*Brüne*, Die Konvention von Cotonou, in: Nord-Süd aktuell 2001, S. 338ff, 338). Des Weiteren (*Kappel*, Die entwicklungspolitischen Fehlleistungen des Kooperationsmodells von Lomé, in: JEP 1999, S. 247ff, 252f): Aufgrund summenmäßig beschränkter Gesamtzahlungen begrenzte Möglichkeit, extreme Erlösschwankungen aufzufangen; keine Anwendung auf die durch die EG-Marktordnung geschützten Agrarprodukte; aufgrund der Abhängigkeitsschwelle kein Anreiz zur Diversifizierung, da faktische Selbstbestrafung bei Unterschreiten der Schwelle durch Diversifizierung (gleiches gilt für SYSMIN); die Marktzugangsmöglichkeiten für Fertigwaren wurden vernachlässigt, lediglich die Exportanstrengungen für die traditionellen Ausfuhrgüter aus dem Primärsektor konnten die beiden Systeme erhöhen.

Eine kritische Bilanz der ersten 15 Anwendungsjahre ziehen ebenso: der eben zitierte Sonderbericht Nr. 2/1995 des Rechnungshofes (ABl. 1995, Nr. C 167/1ff); *Melnik*, Les causes d'insuffisance des ressources de STABEX pour certaines années d'application, in: RMC 1992, S. 26ff; Grünbuch der Kommission über die AKP-EG Beziehungen vom November 1996, S. 11.

Zu den Gründen für eine Abschaffung speziell von SYSMIN: Grünbuch der Kommission über die AKP-EG Beziehungen vom November 1996, S. 11.

[339] *WEED* u.a. (Hrsg.), Die „Konvention von Cotonou", abgedruckt in: *HIZ*, Bd. 14, III B 20 13, S. 1ff, 15. Vgl. hierzu bereits oben Fn. 338.

[340] Grünbuch der Kommission über die AKP-EG Beziehungen vom November 1996, S. 11.

[341] Art. 68IV verweist auf Anhang II (ABl. 2000, Nr. L 317/69ff), der die Finanzierungsbedingungen für die Investitionsfazilität regelt. Dort (Art. 9III2) wird jedoch wieder auf Anhang IV, Durchführungs- und Verwaltungsvorschriften (ABl. 2000, Nr. L 317/76ff), verwiesen, der für die Zuschussfazilität gilt.

[342] Art. 68IV i.V.m. Art. 9Ia), b) Anhang II, Finanzierungsbedingungen (ABl. 2000, Nr. 317/69ff).

[343] Art. 1 Beschluss Nr. 2/2004 des AKP-EG-Ministerrates vom 30.6.2004 über die Überprüfung der Bedingungen für die Finanzierung der Unterstützung im Falle kurzfristiger Schwankungen der Ausfuhrerlöse (ABl. 2004, Nr. L 297/18). Ursprünglich musste das Haushaltsdefizit 10% betragen (Art. 9Ib) Anhang II (ABl. 2000, Nr. L 317/69ff).

[344] *WEED* u.a. (Hrsg.), Die „Konvention von Cotonou", abgedruckt in: *HIZ*, Bd. 14, III B 20 13, S. 1ff, 15, hält es für viele der AKP-Staaten schwierig, die Höhe des Haushaltsdefizits korrekt zu ermitteln, da es ihnen an den hierfür erforderlichen wirtschaftlichen Rahmendaten fehlt.

die Hilfe in Anspruch nehmen, bei denen auf die Ausfuhrerlöse dieser Produkte mehr als 40% der Erlöse aus der Ausfuhr von Waren insgesamt entfallen. Die Tatsache, dass bei allen übrigen Waren auf eine derartige „Abhängigkeitsschwelle" verzichtet wurde, soll sowohl den Zugang zu diesen Mitteln erleichtern als auch Anreiz zur Diversifizierung geben.
Dabei kann diese Unterstützung maximal vier aufeinander folgende Jahre gewährt werden[345]. Über die konkrete Verwendung der Mittel treffen der jeweilige Staat und die Gemeinschaft Vereinbarungen[346] - die Zweckgebundenheit der Mittelverwendung wird demnach beibehalten.

2.4.2.2.3 Humanitäre Hilfe und Soforthilfe

Gegenstand der Art. 60g), 72f ist die „Humanitäre Hilfe und die Soforthilfe"[347]. Die in den vorhergehenden Abkommen eigenständig geregelte Flüchtlingshilfe wurde in die Bestimmungen inkorporiert (Art. 72IIId), IV).
Naturkatastrophen oder von Menschenhand ausgelöste Krisen (Kriege, gewaltsame, bewaffnete Konflikte) enden meist im wirtschaftlichen und sozialen Desaster, das die betroffene Bevölkerungsschicht existenziell bedroht. Hier setzt nun die Humanitäre und Soforthilfe an, deren Aufgabe darin besteht, den aus solchen Ausnahmezuständen resultierenden „dringenden Bedarf" (Art. 72I2) der Katastrophenopfer solange wie notwendig zu decken (Art. 72I, III, IV): Zunächst gilt es, während, aber natürlich auch nach derartigen Extremsituationen Menschenleben zu retten. Des Weiteren umschließt die humanitäre Soforthilfe die Bereitstellung optimaler Logistik, damit die Hilfsgüter finanziert, ausgeliefert und der betroffenen Bevölkerung direkt zur Verfügung stehen. Schließlich ist es unabdingbar, die infolge der Krise bzw. der Katastrophe Vertriebenen oder Flüchtenden zu versorgen und ihnen die freiwillige Rückkehr in ihre Heimat sowie die dortige Wiedereingliederung zu erleichtern. Diesen „Notstandsmaßnahmen" können Aktionen zum materiellen Wiederaufbau sowie zur sozialen Reaktivierung, sog. Rehabilitations- und Wiederaufbaumaßnahmen, folgen (Art. 73I, 72IIIc)). Denn um die langfristigen Entwicklungsziele des jeweiligen Landes nicht zu gefährden, ist es wichtig, dass der generelle Entwicklungsprozess nicht allzu lange unterbrochen wird. Erklärte Ziele dieser Folgeprojekte sind darum unter anderem, den Übergang von der Notstands- zur Entwicklungsphase zu erleichtern, die betroffene Bevölkerung wirtschaftlich und sozial zu reintegrieren, die Ursachen der Krise zu beseitigen sowie die Eigenverantwortung der entwicklungspolitischen Akteure für das Entwerfen einer nachhaltigen Entwicklungsstrategie für ihr Land zu unterstützen. Neben all diesen reaktiven Maßnahmen darf allerdings der präventive Ansatz nicht vergessen werden, der darin besteht, durch entsprechende Mechanismen Krisen und Katastrophen vorzubeugen (Art. 72IIIe)).
Grundsätzlich aber, so bringt Art. 73II m.E. zum Ausdruck, sollen „*kurzfristige* Soforthilfemaßnahmen" (Art. 73II)[348] aus dem Gemeinschaftshaushalt bereitgestellt werden. Dies bedeutet, dass insofern die autonom, über Verordnungen gewährte humanitäre Soforthilfe der vertraglich geregelten vorgeht[349]. Letztere ist nämlich nur dann einschlägig, wenn die Maßnahmen „nicht aus dem Gemeinschaftshaushalt finanziert werden können" (Art. 73II), d.h. wenn

---

[345] Art. 9II der Finanzierungsbedingungen (ABl. 2000, Nr. 317/69ff).
[346] Art. 9III der Finanzierungsbedingungen (ABl. 2000, Nr. 317/69ff).
[347] Die Soforthilfe ist Teil der humanitären Hilfe - zu den Begrifflichkeiten vgl. oben Kapitel B „Geschichte der Entwicklungszusammenarbeit der Europäischen Gemeinschaft", Abschnitt B.II.1, sowie Kapitel C „Ziele der Entwicklungszusammenarbeit", Abschnitt C.I.2.4
[348] Hervorhebung durch die Verfasserin.
[349] Zu diesen Verordnungen bereits oben Kapitel D „Gemeinschaftsrechtliche Handlungsvorgaben", Abschnitt D.II.2.3.1. Art. 179III EGV steht dieser Auslegung nicht entgegen, da das Partnerschaftsabkommen diesen Bereich bewusst nicht abschließend regelt (vgl. dazu oben Kapitel D „Gemeinschaftsrechtliche Handlungsvorgaben", Abschnitt D.II.2.3.3)

sie die Voraussetzungen der einschlägigen Verordnung nicht erfüllen[350]. Trifft letzteres zu bzw. handelt es sich nicht um lediglich kurzfristige Soforthilfemaßnahmen, so wird die Hilfeleistung auf der Basis des Partnerschaftsabkommens auf Antrag (Art. 72VI1) gewährt und orientiert sich alsdann nunmehr explizit an den individuellen Bedürfnissen und Interessen der Notleidenden sowie den Grundsätzen des humanitären Völkerrechts (Art. 72II). Dabei stammt die Finanzhilfe grundsätzlich aus der Zuschussfazilität, die für solch unvorhergesehene Fälle gewisse Mittel bereithält[351]; in Ausnahmefällen sowie auf Antrag des betreffenden AKP-Staates kann dieser kumulativ auch andere Mittel aus seinem NIP verwenden (vgl. Art. 72V)[352].

2.4.2.2.4 Investitionsförderung und Unterstützung der Entwicklung der Privatwirtschaft

Dass die Förderung der Privatwirtschaft und mit ihr gleichermaßen der Investitionen als „Schlüsselfaktor[en] wirtschaftlichen Wachstums"[353] gelten, die zudem einen erheblichen Beitrag zur sozialen Entwicklung leisten (vgl. auch Art. 75 UA 1), manifestiert sich bereits in ihrer ausführlichen und allen übrigen Unterstützungsbereichen vorangestellten Darstellung im Rahmen der „Entwicklungsstrategien" (Art. 21), vor allem aber im Rahmen der Erläuterung der Anwendungsbereiche der Zusammenarbeit bei der Entwicklungsfinanzierung[354]: Hier widmen sich fünf Bestimmungen ausführlich diesem Themenkomplex. Dabei soll entsprechend der jeweiligen Ziele und der Entwicklungsstrategien der jeweiligen AKP-Staaten finanzielle und technische Hilfe zur Entwicklung der Investitionen und der Privatwirtschaft geleistet werden (Art. 74)[355].

Art. 75 listet nochmals[356] diverse Ansätze auf, wie dieses Anliegen verwirklicht werden soll: Zunächst wollen die Vertragsparteien die Investitionsbereitschaft privater Investoren wecken. Dabei soll es schließlich zur Gründung von Kooperationen, Partnerschaften sowie Joint Ventures kommen. Ebenfalls angedacht wird, mittels bestimmter Anreize die (Einnahmen schaffende) Infrastruktur möglichst privat zu finanzieren. Für all diese Vorhaben sind investitionsgünstige Rahmenbedingungen zu schaffen, um die sich die Partner verstärkt bemühen wollen. Darüber hinaus intendieren sie, Informationsmaterial über Investitionsmöglichkeiten und –bedingungen zu verbreiten. Die Qualifizierung inländischer Institutionen, die ausländische Investitionen zu fördern und erleichtern suchen, wird ebenso angestrebt. Innovativ ist die Einrichtung eines AKP-EG-Forums für Unternehmen der Privatwirtschaft: Dieses Forum soll den Dialog, den Informationsfluss, Kooperationen und Partnerschaften zwischen Unternehmen

[350] Die Bestimmung bleibt aber leider eine genaue Definition dieser kurzfristigen Soforthilfemaßnahmen schuldig. Da aber Art. 73I die Maßnahmen „im Anschluss an die Notstandsphase" regelt, ist anzunehmen, dass die von Art. 72 anvisierten Aktionen unter diese kurzfristigen Maßnahmen zu subsumieren sind. Eine gewisse Rechtsunsicherheit verbleibt jedoch, was angesichts der unterschiedlichen Rechtsfolgen äußerst bedenklich erscheint.

[351] Art. 3IIb) Anhang IV, Durchführungs- und Verwaltungsverfahren (ABl. 2000, Nr. L 317/76ff), Art. 2Ia) i) S. 2 des Internen Abkommens (ABl. 2000, Nr. L 317/355ff).

[352] Zum Durchführungsverfahren vgl. unten Abschnitt E.I.2.4.4 sowie Art. 25 Anhang IV, Durchführungs- und Verwaltungsverfahren (ABl. 2000, Nr. L 317/76ff).

[353] Kommissionsmitteilung über *„Governance in Entwicklungsländern"*, KOM (2003) 615, endg. vom 20.10.2003, Punkt 53.

[354] Zum Ganzen detailliert: *Donatella*, The private sector in the new agreement, in: The Courier, Nr. 181 (2000), S. 21ff.

[355] Zu den Investitionsregelungen auch: *WEED* u.a. (Hrsg.), Die „Konvention von Cotonou", abgedruckt in: *HIZ*, Bd. 14, III B 20 13, S. 1ff, 11ff, 18.

[356] Vgl. bereits oben Abschnitt E.I.2.3.1.1.1, sowie inhaltlich ähnlich Art. 76Ia).

der Privatwirtschaft auf nationaler, regionaler sowie auf AKP-EG Ebene unterstützen[357]. Ähnliche Aufgaben obliegen dem im Rahmen des neuen Partnerschaftsabkommens institutionell gestärkten ZUE – dem Zentrum für Unternehmensentwicklung[358].
Des Weiteren konzediert das Partnerschaftsabkommen der Privatwirtschaft gegenüber ihren Vorgängerkonventionen, aber auch anderen Entwicklungshilfeverträgen denkbar weitreichenden Investitionsschutz[359]. So trägt Art. 77[360] der wachsenden Bedeutung von Investitionsgarantien für die Minimierung der Projektrisiken und der Maximierung des Privatkapitalzuflusses Rechnung: Dementsprechend werden nunmehr Investitionsgarantien bereitgestellt, beispielsweise in Form von Rückversicherungssystemen. Diese sollen die Risiken für die jeweiligen Investitionen decken, als da wären: Rechtsunsicherheit, Enteignungen, Beschränkungen des Devisenverkehrs, Kriege und zivile Unruhen (Art. 77II2a)). Ergänzt werden diese Maßnahmen durch die finanzielle, technische, aber auch institutionelle Unterstützung diverser Initiativen[361], die es sich gleichermaßen zur Aufgabe gemacht haben, die Geschäftsrisiken für Investoren zu verringern (Art. 77III, IV). Zur Investitionsförderung wird künftig auch weiter besonderes Gewicht auf den Abschluss diverser bi- oder multilateraler Investitionsförderungs- und Investitionsschutzabkommen gelegt, die ebenso als Grundlage für die eben genannten Garantiesysteme zu dienen vermögen (Art. 78I)[362]. Für den Fall, dass sich die Gemeinschaft und europäische Unternehmen an der Finanzierung einzelner Projekte von beiderseitigem Interesse beteiligen, können diese und die AKP-Staaten auch diesbezügliche spezifische Abkommen schließen (Art. 78II). Darüber hinaus wollen die Vertragsparteien Grundsätze für

---

[357] Die Vorschrift des Art. 75i) über das AKP-EG-Forum für Unternehmen der Privatwirtschaft ist für Südafrika in Ausnahme zum oben (Abschnitt E.I.2.4.1, Fn. 260) genannten Grundsatz anwendbar, Art. 8 Protokoll Nr. 3 (ABl. 2000, Nr. L 317/284ff).

[358] Zur genauen Funktion des ZUE, dessen Ursprung bereits auf Lomé I (oben Kapitel B „Geschichte der Entwicklungszusammenarbeit der Europäischen Gemeinschaft", Abschnitt B.III.2.1) zurückgeführt werden kann: Art. 1a), 2 Anhang III, Institutionelle Unterstützung (ABl. 2000, Nr. L 317/74f). Ausführlich zu den rechtlichen Fragen im Zusammenhang mit diesem Zentrum: *Hilf*, Die Organisationsstruktur, S. 190ff.
Trotz des Grundsatzes, dass die Vorschriften über die Zusammenarbeit bei der Entwicklungsfinanzierung für Südafrika keine Anwendung finden, gilt gemäß Art. 4II Protokoll Nr. 3 (ABl. 2000, Nr. L 317/284ff), dass der Staat an der Zusammenarbeit bei der Entwicklungsfinanzierung bzgl. Art. 75i), 78 mit der Maßgabe teilnehmen kann, dass seine Teilnahme in vollem Umfang aus den in Titel VII (Art. 93 – 96) des AHEZ (ABl. 1999, Nr. L 311/3ff) vorgesehenen Mittel finanziert wird.

[359] Vgl. zum Investitionsschutz ergänzend Art. 15I, II Anhang II (ABl. 2000, Nr. L 317/69ff) und *WEED* u.a. (Hrsg.), Die „Konvention von Cotonou", abgedruckt in: *HIZ*, Bd. 14, III B 20 13, S. 1ff, 13. Der Verein weist darauf hin, die Investitionsregeln jedoch nicht unkontrolliert zu liberalisieren; vielmehr plädiert er u.a. für einen verbindlichen Verhaltenskodex (Einhaltung menschenrechtlicher, sozialer und ökologischer Mindeststandards) für ausländische Privatinvestoren im Anhang des Abkommens, da viele Privatinvestoren bereits heute nicht an die international ausgehandelten Umwelt- und Sozialstandards gebunden sind. Die AKP-Staaten sollten deshalb fortan vielmehr darin bestärkt werden, eine eigene Investitionspolitik zu betreiben, statt auf Druck der Handelspartner hin den MAI-Standard via multilaterale Abkommen einführen zu müssen. Das MAI (Multilaterales Investitionsabkommen/ Multilateral Agreement on Investment), dessen Ratifizierung 1998 scheiterte, bietet ausländischen Kapitalanlagen einen Investitionsschutz, der über den in der WTO gewährten Standard (Agreement on TRIMS/ Trade Related Investment Measures – Abkommen über handelsrelevante Investitionsmaßnahmen (ABl. 1994, Nr. L 336/10ff)) hinausgeht und etwa nationale Umwelt- und Sozialgesetze als de-facto Diskriminierung einstuft (voranstehend: *WEED* u.a. (Hrsg.), Die „Konvention von Cotonou", abgedruckt in: *HIZ*, Bd. 14, III B 20 13, S. 1ff, 18, 12f).

[360] Vgl. hierzu ergänzend Art. 15III Anhang II (ABl. 2000, Nr. L 317/69ff).

[361] Dazu gehören unter anderem Garantiefonds, Regulierungsbehörden oder Schieds- und Gerichtsverfahren zur Erhöhung des Schutzes für Investitionen (Art. 77III). Erwogen wird im Zusammenhang auch der Vorschlag, eine AKP-EG-Garantiestelle einzurichten, die Investitionsgarantieprogramme zur Verfügung stellt und verwaltet (Art. 77IV2).

[362] Diese Bestimmung ist für Südafrika in Ausnahme zum oben (Abschnitt E.I.2.4.1, Fn. 260) genannten Grundsatz anwendbar, Art. 8 Protokoll Nr. 3 (ABl. 2000, Nr. L 317/284ff).

den Schutz und die Förderung von Investitionen, die in den einschlägigen Gremien entwickelt werden, in die EPAs aufnehmen (Art. 78III).
Finanziert wird die Zusammenarbeit sowohl aus Mitteln des EEF (Zuschuss-[363] und Investitionsfazilität[364]) als auch der EIB (Art. 76I, II).

2.4.2.2.5 Unterstützung der sektorbezogenen Politik, Mikroprojekte und dezentrale Zusammenarbeit

Die Bestimmung über die „Unterstützung der sektorbezogenen Politik" (Art. 69, 60d)) erklärt schließlich pauschal „die sektorbezogene Politik und die sektorbezogenen Reformen im sozialen und wirtschaftlichen Bereich" (Art. 69Ia)), insbesondere Maßnahmen zur Steigerung der Produktion und der Wettbewerbsfähigkeit der Ausfuhren (Art. 69Ib)), zur Verstärkung der Sozialdienste (Art. 69Ic)) sowie die Querschnittsfragen (Art. 69Id)) zum Anwendungsbereich der Zusammenarbeit bei der Entwicklungsfinanzierung. Art. 69I erhebt somit auch die übrigen, bislang noch nicht explizit thematisierten Unterstützungsbereiche des Teils Drei über die „Kooperationsstrategien" zum Gegenstand finanzieller Hilfe, die sowohl für eigene Sektorprogramme der Gemeinschaft, für Haushaltszuschüsse, Investitionen, den Wiederaufbau, die Ausbildung, technische Hilfe als auch für die institutionelle Unterstützung eingesetzt werden kann (Art. 69II)[365].
Programmhilfe besitzt den entscheidenden Vorteil, dass sie den gesamtwirtschaftlichen und sozialen Rahmenbedingungen eines Entwicklungslandes Rechnung zu tragen vermag, ausgewählte Bereiche demgemäß grundlegenden Reformen zugänglich sind. Dafür, dass aus diesen Schwerpunktbereichen untereinander ein stimmiges und widerspruchsfreies, mithin kohärentes Ganzes wird, sorgt der noch zu besprechende Prozess der partnerschaftlichen „Programmierung" der Hilfe, d.h. der gemeinsamen Fixierung der tatsächlich zu erwartenden Unterstützung. Doch dieser grundsätzlich „nachhaltigkeitsfreundliche" Ansatz kann nicht immer sämtliche Bedürfnisse berücksichtigen, geschweige denn immer auf die individuellen Nöte vor allem der lokalen Ebene eingehen; auch die Aktionen der dezentralen Akteure laufen Gefahr unterzugehen - Effekte, die aber nicht unerheblich das Streben nach Partizipation (Art. 2 2. Spiegelstrich) konterkarieren. Besondere Vorgehensweisen sind daher angezeigt, um dieses Manko zumindest zu relativieren.
Vor diesem Hintergrund behielt das Vertragswerk die Bestimmungen über „Mikroprojekte und dezentrale Zusammenarbeit" (Art. 70f) aus dem Vorgängerabkommen bei. Diese stellen gewissermaßen eine Ausnahme vom Grundsatz der Programmhilfe dar, indem sie unter bestimmten Umständen ausdrücklich Projekthilfe anordnen, die nicht Teil einer in den jeweiligen NIPs vereinbarten Sektorstrategie sein muss (Art. 71I): So werden sog. „Mikroprojekte" auf lokaler Ebene und Maßnahmen der dezentralen Zusammenarbeit unterstützt, „um den Entwicklungsbedürfnissen der örtlichen Gemeinschaft zu entsprechen und die Initiierung und Durchführung von Maßnahmen durch die Akteure der dezentralen Zusammenarbeit zu fördern, die einen Beitrag zur autonomen Entwicklung der AKP-Staaten leisten können" (Art. 70I UA 1, S. 1). Bei den geförderten Mikroprojekten geht es also um lokale Projekte, die wirtschaftliche und soziale Auswirkungen auf das Leben der Bevölkerung haben und deren Grundbedürfnisse befriedigen. Initiiert und durchgeführt werden sie unter der aktiven Beteiligung der örtlichen Gemeinschaft, die zugleich Begünstigte des Vorhabens ist (Art. 70 S. 2 a)). Besondere Förderungswürdigkeit wird ferner den „integrativen" Formen der dezentralen Zu-

[363] Zum Durchführungsverfahren vgl. unten Abschnitt E.I.2.4.4.
[364] Zum Durchführungsverfahren vgl. unten Abschnitt E.I.2.4.4, Fn. 374. Zur Rolle der Investitionsfazilität ausführlich: *Donatella*, The private sector in the new agreement, in: The Courier, Nr. 181 (2000), S. 21ff, 22f.
[365] Da die Privatwirtschaft und die Entwicklung der Investitionen m.E. abschließend in den Art. 74ff geregelt sind, kommt hier wohl nur eine Finanzierung aus der Zuschussfazilität in Betracht. Zum Durchführungsverfahren vgl. unten Abschnitt E.I.2.4.4.

sammenarbeit[366] zugesprochen, bei der dezentrale Akteure beider Vertragsparteien zusammen Maßnahmen durchführen und es dadurch zur Bündelung ihres Know-hows (Fachwissen, Procedere, etc.) kommt (Art. 70 S. 2 b)).
Die Höhe der bereitgestellten Mittel aus der Zuschussfazilität[367] betragen höchstens ¾ der Gesamtkosten des Projekts (Art. 71I).

2.4.3 Technische Zusammenarbeit

Ebenso wie die finanzielle soll die technische Zusammenarbeit (Art. 60f), 79f)) die Anstrengungen der AKP-Staaten unterstützen und fördern, die Projekt- und Programmziele zu realisieren (Art. 79II2), indem sie - ganz allgemein gesprochen - den Entwicklungsländern technische, wirtschaftliche und organisatorische Kenntnisse und Fähigkeiten vermittelt und die Voraussetzungen ihrer Anwendung verbessert[368]. Hier (Art. 79I) im Besonderen soll sie ferner sowohl den für den Ausbau der Humanressourcen, d.h. des Ausbildungsstandes der Bevölkerung, als auch den für den Erfolg der Entwicklung entscheidenden Institutionen beratend zur Seite stehen.
Obwohl der technischen Zusammenarbeit seit jeher ein eigener Titel bzw. ein eigenes Kapitel im jeweiligen Abkommen gewidmet worden ist, verteilen sich ihre Vorschriften über die gesamte Konvention - wie auch hier: Denn ebenso die technische Hilfe, die in sämtlichen Kooperationsbereichen benötigt wird und dementsprechend zum Einsatz gelangt (vgl. Art. 79III), bedarf einer Finanzausstattung, so dass die meisten „Spielarten“ technischer Hilfe bereits im Rahmen des Titels „Finanzielle Zusammenarbeit“ mit seiner Vorstellung der Anwendungsbereiche der Finanzhilfe geregelt sind. Art. 79II ergänzt nun diesen Bestand, stellt aber ebenso Regeln allgemeiner Art auf:
So betonen die Vertragsparteien zunächst grundsätzlich, dass die technische Hilfe effektiv und bedarfsorientiert sein muss – in concreto bedeutet dies, dass sie lediglich auf Antrag geleistet wird und den spezifischen Bedürfnissen des/ der Antragstellenden entsprechen soll. Die nachfolgend aufgelisteten Möglichkeiten technischer Unterstützung haben sich dementsprechend zum Ziel gesetzt, gerade die Fähigkeit der Staaten auszubauen, diesen Bedarf selbst ermitteln - und langfristig wohl auch selbst decken zu können. Die Erhöhung eigenen Fachwissens, Aktionen zur Qualifizierung des Personals sowie die Förderung von Wissenstransfers jeglicher Art - sei es mittels qualifizierter nationaler Führungskräfte der AKP-Staaten, die fortan als Berater fungieren, sei es zwischen Mitarbeitern von Beraterunternehmen aus EU- und AKP-Staaten – sind notwendige Schritte hierfür. Ferner soll bereits vorhandenes Humankapital (Sachverständige, Beratungsunternehmen, Bildungs- und Forschungseinrichtungen und anderes qualifiziertes Personal aus den AKP-Staaten), dessen Potenzial mittels einer „Bestandaufnahme“ transparent gemacht werden könnte, künftig verstärkt in aus dem EEF finanzierten Projekten und Programmen eingesetzt werden. In Industrieländer abgewanderte Facharbeiter hingegen versucht man, durch geeignete Anreize zur Rückkehr in die AKP-Staaten zu ermutigen (Art. 80). Daneben dient die technische Hilfe dem Kapazitätsaufbau in der Verwaltung sowie für die Planung, Durchführung und Evaluierung der Projekte – ein essenzieller Punkt, wenn die angestrebte Verstärkung der Eigenverantwortung, der Ownership der Regierungen auch im Rahmen der Umsetzung ihrer selbst konzipierten nationalen Entwicklungsstrategien nicht auf einen bloßen Programmcharakter beschränkt bleiben soll. Schließlich gilt es, den AKP-Staaten beim Haushaltsvollzug unter die Arme zu greifen. Hierbei handelt es sich um eine unabdingbare Ergänzung zum Vorstoß der Vertragspartner, immer mehr auf Haushaltszuschüsse umzusteigen, in deren Genuss ja nur Staaten kommen können, die u.a.

---

[366] Hierzu bereits oben Kapitel C „Ziele der Entwicklungszusammenarbeit“, Abschnitt C.II.3.2.
[367] Zum Durchführungsverfahren vgl. unten Abschnitt E.I.2.4.4.
[368] Vgl. *BMZ* (Hrsg.), Medienhandbuch, S. 241.

das Prinzip einer verantwortungsvollen und effizienten Verwaltung der öffentlichen Ausgaben bereits internalisiert haben.

2.4.4 Verfahren und Verwaltungssysteme

Dem Vorwurf mangelnder Transparenz und Effizienz war nicht nur das bisherige Lomé-Finanzinstrumentarium ausgesetzt; ebenso musste das Durchführungs- und Verwaltungsverfahren diesbezügliche Kritik einstecken. Auch von einer geringen Integrationsdichte dezentraler Akteure in das Verfahren und mangelnder Flexibilität des Procedere war die Rede[369]. Darüber hinaus wollten etliche die Performance-Kriterien stärker definiert wissen, die Mittelvergabe demnach noch strikter „politisieren".
Eine der Konsequenzen für das Verfahren und die Verwaltungssysteme (Art. 81ff) des neuen Partnerschaftsabkommens bestand deshalb darin, die Aufgaben und Zuständigkeiten zu dezentralisieren und die nichtstaatlichen Akteure an der Durchführung der sie betreffenden Bereiche zu beteiligen (Art. 81 S. 1, 2)[370]. Ferner wurden die Verfahrensvorschriften für die Programmierung, Ausarbeitung, Durchführung und Verwaltung der finanziellen und technischen Zusammenarbeit aus dem Vertragstext selbst ausgegliedert und separat im Anhang IV über das Durchführungs- und Verwaltungsverfahren[371] detailliert geregelt. Dies trägt der geforderten Flexibilität Rechnung, denn diese Bestimmungen können nunmehr vom AKP-EG-Ministerrat auf Empfehlung eines sog. „AKP-EG-Ausschusses für Entwicklungsfinanzierung" („AKP-EG-Ausschuss") – ein Unterorgan des Ministerrates (vgl. Art. 83I2) - überprüft und modifiziert werden, ohne dass es hierzu einer formellen Vertragsänderung bedarf (Art. 81 S. 4, 83IIc))[372].
Als definitiv entscheidender Schritt im Hinblick auf ein transparenteres und effizienteres Durchführungs- und Verwaltungsverfahren ist die grundlegende Modifizierung und durch die Vertragsrevision 2005 (Anhang IV i.d.F. von Cotonou 2005[373]) weitere Verfeinerung der nationalen Programmierung zu bewerten; die regionale Programmierung stellt gänzlich eine Innovation dar. Beide Facetten der Programmierung betreffen ausschließlich Maßnahmen, die aus der Zuschussfazilität finanziert werden (Art. 1 S. 1 Anhang IV)[374].

---

[369] Vgl. Grünbuch der Kommission über die AKP-EG Beziehungen vom November 1996, S. 55.

[370] Zum neuen Verfahren und dem Verwaltungssystem: *Eld-Thorffin*, Improving financial cooperation, in: The Courier, Nr. 181 (2000), S. 24f.

[371] Art. 81 S. 3 i.V.m. Anhang IV, Durchführungs- und Verwaltungsvorschriften (ABl. 2000, Nr. L 317/76ff). Für Südafrika sind lediglich folgende Bestimmungen des Anhangs IV anwendbar (Art. 8 Protokoll Nr. 3 (ABl. 2000, Nr. L 317/284ff)): Art. 6 – 14 (regionale Programmierung und Ausarbeitung), Art. 20 – 32 (Wettbewerb und Vorzugsbehandlung; Monitoring und Evaluierung) mit Ausnahme des Art. 27 (Vergabe der Aufträge).

[372] Darüber hinaus ist der Ausschuss mit bestimmten Überwachungs- und Kontrollfunktionen betraut (Art. 83II). Die Zusammensetzung sowie das Zusammentreten regelt Art. 83III.
Gemäß Art. 2II, 8 des Protokolls Nr. 3 (ABl. 2000, Nr. L 317/284ff) kann Südafrika ohne Stimmrecht im AKP-EG-Ausschuss mitarbeiten.

[373] ABl. 2005, Nr. L 287/19ff. Eine Kurzübersicht über die wesentlichen Änderungen des Anhangs IV verschafft: http://ec.europa.eu/comm/development/body/cotonou/pdf/negociation_20050407_en.pdf (Stand: 6.6.2006), Punkt 4.
Wird im Folgenden „i.d.F. von Cotonou 2005" in Klammern gesetzt, so bedeutet dies, dass die vorgenannten Artikel nur teilweise durch die Vertragsrevision modifiziert worden sind.

[374] Die Finanzierungsbedingungen für die Mittel aus der Investitionsfazilität sowie die Darlehen aus Eigenmitteln der EIB regelt der bereits erwähnte Anhang II, Finanzierungsbedingungen (ABl. 2000, Nr. L 317/69ff); vgl. nunmehr ergänzend die durch die Revision geänderten Bestimmungen des Anhang II (ABl. 2005, Nr. L 287/18f).

2.4.4.1 Nationale Programmierung

2.4.4.1.1 Nationale Entwicklungsstrategie

Im Einklang mit dem Ownership-Paradigma (Art. 2 1. Spiegelstrich) steht am Anfang des langen nationalen Programmierungsprozesses[375] nunmehr eine nationale Entwicklungsstrategie, die die „Grundsätze, Strategien und Modelle für die Entwicklung [...der] Wirtschaft und Gesellschaft" (Art. 4 S. 1) des jeweiligen AKP-Staates fixiert. Diese Strategie soll so weit wie möglich von dem einzelnen Staat eigenverantwortlich und „souverän" (Art. 4 S. 1, Art. 2 1. Spiegelstrich) entworfen werden – wobei Art. 2 1. Spiegelstrich allenfalls von einer „eingeschränkten Souveränität" ausgeht, sind die AKP-Staaten doch „verpflichtet"[376], dass die Strategie „zur Verwirklichung der Ziele der Partnerschaft [...sowie] unter gebührender Berücksichtigung der in Artikel 9 genannten wesentlichen Elemente [...des] Abkommens" (Art. 2 1. Spiegelstrich) festzulegen ist. Nicht zuletzt im Hinblick auf die Tatsache, dass das immer mehr in den Vordergrund rückende Finanzinstrumentarium der Haushaltszuschüsse Good Governance voraussetzt, ist allerdings die insoweit fehlende explizite „Bindung" an dieses „fundamentale Element" gleichermaßen inkonsequent wie enttäuschend[377]. Positiv hingegen muss hervorgehoben werden, dass die Vertragsparteien die Fähigkeiten der Regierung hinsichtlich der Analyse, Planung sowie Formulierung der Politiken unterstützen (Art. 33IVb)), damit die in den Strategien gesetzten entwicklungspolitischen Prioritäten auch tatsächlich bedarfsgerecht und effektiv sind. Daneben sind die Regierungen gehalten, die nichtstaatlichen Akteure zu konsultieren, um sich der Rückkopplung, der Unterstützung breiter Bevölkerungsschichten sicher zu sein (Art. 19III). Verbindlichere Verfahrensregeln für diese „Konsultationen" haben die Vertragspartner jedoch verpasst zu normieren.

2.4.4.1.2 Länderstrategiepapier/ länderspezifische Förderstrategie

Im Anschluss an den Entwurf dieser nationalen Entwicklungsstrategie arbeitet die Kommission[378] erstmalig ein Länderstrategiepapier (LSP = Country Strategy Paper/ CSP)[379], im Rahmen des Partnerschaftsabkommens als sog. „länderspezifische Förderstrategie" (LFS; Art.

[375] In ihrer grundsätzlichen Form existiert die nationale Programmierung bereits seit Lomé I (ABl. 1976, Nr. L 25/2ff), vgl. oben Kapitel B „Geschichte der Entwicklungszusammenarbeit der Europäischen Gemeinschaft", Abschnitt B.III.2.1.

[376] Diese grundsätzliche Verpflichtung wird jedoch im operativen Teil des Abkommens an keiner Stelle konkretisiert. Auch finden sich dort bzw. in den Verfahrens- und Verwaltungsvorschriften weder Überwachungs- noch etwaige Sanktionsmechanismen. Derartige Mechanismen knüpfen vielmehr erst an das „Nachfolgeprodukt", die sogleich zu besprechenden Länderstrategiepapiere, an. Dies beruht wohl auf der Tatsache, dass die Vergabe der Gemeinschaftshilfe ohnehin nicht *direkt* an diese nationale Strategie anknüpft und somit die Versäumnisse ob der Einhaltung dieser Verpflichtung insofern unbedenklich sind.

[377] Abzulehnen ist aber eine Bindung der AKP-Staaten an die international vereinbarten Ziele: Abgesehen davon, dass sich aus dem Vertragswerk nicht eindeutig ablesen lässt, ob eine etwaige Bindung nur die partnerschaftlich entworfenen Entwicklungsstrategien, mithin die Länderstrategien, im Auge hat (so wohl Art. 19II) oder darüber hinaus auch die nationalen Strategiepapiere der AKP-Staaten (tendenziell: Art. 1 UA 3, S. 1, 1. Hs.), ist eine diesbezügliche Verpflichtungswirkung aufgrund der lediglich programmatischen Einbeziehung diese Ziele (dazu sogleich Abschnitt E.I.2.4.4.1.2) abzulehnen.

[378] Zuständig für die Programmierung bei der Kommission ist die GD Entwicklung (GD DEV), für sämtliche Phasen des Projektzyklus hingegen „EuropeAid" (zu EuropeAid vgl. bereits oben Kapitel D „Gemeinschaftsrechtliche Handlungsvorgaben", Abschnitt D.I.1.2.2, Fn. 104). Weiterführende Internetseiten zur GD DEV: http://ec.europa.eu/comm/dgs/development/index_en.htm (Stand: 31.5.2006). Zur Zuständigkeitsverteilung vor der großen Reform der Verwaltung der Außenhilfe durch die Prodi-Kommission: *Holland*, The EU and the Third World, S. 85ff.

[379] Hierzu allgemein bereits oben Kapitel D „Gemeinschaftsrechtliche Handlungsvorgaben", Abschnitt D.I.2.2.2. Die CSP für die AKP-Staaten können unter http://ec.europa.eu/comm/development/body/csp_rsp/csp_en.cfm (Stand 31.5.2006) abgerufen werden.

1a), 2 Anhang IV, Art. 57IIa), IVa), b)) bezeichnet, aus – und zwar zusammen mit dem jeweiligen AKP-Staat und nach Konsultationen mit einem „breiten Spektrum von Akteuren des Entwicklungsprozesses" (Art. 2 UA 1, S. 1 Anhang IV). Prinzipiell wird also erkannt, dass Kooperation bzw. Konsultation auch auf der Ebene der Konzipierung der LSP unerlässlich sind, um den Prinzipien der Ownership und Partizipation zur effektiven Durchsetzung zu verhelfen (vgl. Art. 2 UA 1, S. 3 Anhang IV). Doch erneut haben es die Vertragsparteien versäumt, die beiden Postulate etwa durch Konkretisierung eines bindenden Procedere zu operationalisieren und sind so bedauerlicherweise hinter den diesbezüglichen – wenngleich lediglich politisch verbindlichen – verfahrensrechtlichen Anforderungen des sog. „Standardrahmens"[380] für CSP zurückgeblieben. Die inhaltlichen Vorgaben des „Standardrahmens" an das Papier hingegen konnten vertraglich fixiert werden (Art. 2 Anhang IV): So muss dieses neben einer Analyse der politischen, sozialen und wirtschaftlichen Rahmenbedingungen des betreffenden Landes unter anderem seine mittelfristigen, d.h. auf fünf Jahre hin ausgelegten Entwicklungsstrategien sowie die in den nationalen Entwicklungsstrategien normierten Prioritäten darlegen. Zu den Standardelementen dieses LFS gehört des Weiteren ein Überblick über die Aktivitäten anderer im jeweiligen Land aktiven Geber. Daran anlehnend müssen bedarfsgerechte „Antwortstrategien"[381], mithin adäquate Unterstützungsstrategien der EG dargelegt werden, die sich auf eine begrenzte Anzahl von Schwerpunktbereichen konzentrieren sollen und dabei auch die Querschnittsbereiche[382] zu berücksichtigen haben. Ausdrückliches Ziel dieser Begrenzung der Interventionsbereiche ist – wie auch vom „Standardrahmen" anvisiert - die Gewährleistung der Komplementarität mit unter anderem den bilateralen Aktionen der Mitgliedstaaten[383]. Im Kontext der inhaltlichen Anforderungen an die LSP anzusprechen, m.E. jedoch zu verneinen bleibt schließlich die Frage, ob das Partnerschaftsabkommen die Parteien dabei völkerrechtlich zur Beachtung der *international* vereinbarten Entwicklungsziele verpflichtet. Fest steht zwar zunächst, dass für die EG diese Ziele nach Maßgabe des Art. 177III EGV verbindlich sind; Zielsetzungen i.S.d Art. 177III 2. Alt. EGV unterliegen allerdings weiterhin lediglich einer Berücksichtigungspflicht[384]. Und für die AKP-Staaten ist die völkerrechtliche Verbindlichkeit eines internationalen Entwicklungsziels nur dann zu bejahen, wenn das jeweilige Entwicklungsland diesbezüglich eine völkerrechtlich verbindliche Zusage etc. abgegeben hat. Hieran können auch Art. 19II, 1 UA 3, S. 1, 1. Hs., Präambel XI sowie Präambel X i.d.F. von Cotonou 2005 nichts ändern. Denn diese verweisen nur programmatisch auf die Millennium-Entwicklungsziele und die auf den UN-Konferenzen vereinbarten internationalen Entwicklungsziele sowie die dort verabschiedeten Schlussfolgerungen (vgl. Präambel X i.d.F. von Cotonou 2005, Präambel XI, Art. 19II), ohne jedoch deren Inhalt als völkerrechtsverbindlichen Standard auch für die AKP-EG-Kooperation zu normieren: So ha-

---

380 Vgl. die Schlussfolgerungen des Rates zum *„Standardrahmen für die Länderstrategiepapiere"* vom 10.11.2000, Zusammenfassung abgedruckt in: Bulletin EG 11 – 2000, Ziffer 1.6.44, sowie bereits oben Kapitel D „Gemeinschaftsrechtliche Handlungsvorgaben", Abschnitt D.I.2.2.2.

381 Dem Internen Abkommen beigefügte Erklärungen zu Kapitel III, Erklärungen der Kommission, Punkt 1b) (ABl. 2000, Nr. L 317/373f).

382 Dem Internen Abkommen beigefügte Erklärungen zu Kapitel III, Erklärungen der Kommission, Punkt 1b) (ABl. 2000, Nr. L 317/373f).

383 Vgl. insbesondere auch Art. 15IV des Internen Abkommens (ABl. 2000, Nr. L 317/355ff).
Zu diesem Zwecke erfolgt bereits die Vorbereitung dieser LSP in Abstimmung mit den Mitgliedstaaten (Art. 15II des Internen Abkommens (ABl. 2000, Nr. L 317/355ff)). Das fertige Papier ist alsdann Gegenstand eines Meinungsaustausches im „EEF-Ausschuss" (Art. 15V UA 1, S. 2 des Internen Abkommens), der sich aus Vertretern der Regierungen der Mitgliedstaaten unter Vorsitz eines Kommissionsvertreters zusammensetzt (Art. 21I1, 2 des Internen Abkommens) und der ausdrücklich für die Gewährleistung der Widerspruchsfreiheit und Komplementarität von Gemeinschafts- und mitgliedstaatlicher Hilfe verantwortlich ist (Art. 22I1, 23II des Internen Abkommens).

384 Vgl. bereits oben Kapitel „Ziele der Entwicklungszusammenarbeit", Abschnitt C.I.1, Fn. 32.

ben die Vertragsparteien gemäß Art. 19II in ihren LSP lediglich „Bezug" auf diese Entwicklungsziele zu nehmen; und Art. 1 UA 3, S. 1, 1. Hs. formuliert in diesem Sinne weiter, dass diese die Entwicklungsstrategien der Vertragsparteien „durchdringen" – was nichts anderes bedeutet, als dass die internationalen Vorgaben als bloße „Richtschnur" (Präambel X i.d.F. von Cotonou 2005) bzw. Leitlinien für die LSP dienen sollen. Insofern bleibt es demzufolge ohne eine entsprechende völkerrechtlich verbindliche Erklärung etc. bei einer nur „politischen Verbindlichkeit" dieser internationalen Vorgaben – dies hingegen für sämtliche Vertragsparteien des Partnerschaftsabkommens, demnach auch für Länder, die an den einschlägigen Konferenzen nicht partizipierten.

2.4.4.1.3 Richtbetrag für die künftige Finanzzuweisung

Alsdann ermittelt die Gemeinschaft den Richtbetrag für die künftige Finanzzuweisung aus dem EEF (Art. 1b), 3 Anhang IV (i.d.F. von Cotonou 2005)). Dabei orientiert sich die Höhe der Zuweisung nicht zuletzt vor dem Hintergrund der angestrebten Differenzierung (Art. 2 4. Spiegelstrich) zum einen am Bedarf des betreffenden AKP-Staates, der nach wirtschaftlichen und sozialen Indikatoren bemessen wird (Art. 3Ia) Anhang IV i.d.F. von Cotonou 2005)[385]. Zum anderen werden nunmehr gleichberechtigt Leistungskriterien herangezogen; die jeweilige „Entwicklungsfähigkeit" der betreffenden Regierung ist demgemäß gleichermaßen ausschlaggebend für die Zuteilung der Finanzmittel und wird insbesondere nach folgenden Parametern bewertet, die sich aus den Abkommenszielen ableiten lassen (Art. 3Ib) Anhang IV): Fortschritte bei der Implementierung institutioneller Reformen, Leistung des Landes bei der Ressourcennutzung, effiziente Durchführung der laufenden Maßnahmen, Eindämmung bzw. Besiegung der Armut, Maßnahmen der nachhaltigen Entwicklung sowie schließlich Durchführung der Gesamtwirtschaftspolitik und der sektorbezogenen Politik. Hierbei handelt es sich mithin um eine bahnbrechende Neuerung, erfolgte doch zumindest bis einschließlich Lomé IV 1989 die Mittelzuteilung quasi automatisch, d.h. ausschließlich bedarfsorientiert. Ob sich demnach die jeweiligen Empfängerstaaten um die erfolgreiche Verwirklichung der Vertragsziele bemühten, überließ man mangels Performancekriterien mehr oder weniger dem jeweiligen Staat selbst, zumindest ein „geldwerter" Anreiz oder Vorteil war mit diesem Bemühen nicht direkt verbunden. Die Einführung eines derartigen ergebnisorientierten Ansatzes, mithin die Konditionierung der Hilfegewährung, gestaltete sich daher als unerlässlich, um der bislang nicht nur sporadisch zur Schau getragenen „Shopping-List" Mentalität[386] der Entwicklungsländer Einhalt zu gebieten, und mehr noch: Dieser Ansatz vermag zu bewirken, dass vertragliche Pflichten wie etwa die Einhaltung von Good Governance oder aber die Armutsbekämpfung nicht nur auf dem Papier bestehen, sondern ihre Nichteinhaltung mit möglicherweise schmerzhaften finanziellen Einbußen einhergeht und die Länder dadurch zumindest indirekt zur effizienten Befriedigung ihrer Länderbedürfnisse bewegt werden. Andererseits sind schlechte Leistungsparameter nicht unbedingt auf den mangelnden „Entwicklungswillen" des betreffenden Empfängerstaates zurückzuführen, so dass Bedarfskriterien als sinnvolles Korrektiv unbedingt aufrechtzuerhalten sind. Angesichts dieser nicht unbedingt miteinander kompatiblen Richtschnüre deren parallele und vor allem konsistente Anwendung zu gewährleisten, dürfte allerdings ein schwieriges Unterfangen sein[387].

---

[385] Pro-Kopf-Einkommen, Einwohnerzahl, Sozialindikatoren, Verschuldung, Rückgang der Ausfuhrerlöse und Abhängigkeit von den Ausfuhrerlösen unter besonderer Berücksichtigung der LLDCs, der AKP-Binnen- und -inselstaaten sowie der Staaten, die die Folgen von gewaltsamen Auseinandersetzungen oder Naturkatastrophen beseitigen müssen (Art. 3Ia) Anhang IV i.d.F. von Cotonou 2005).

[386] Vgl. *Holden*, The European Community's MEDA Aid Programme, in: EFARev. 2003, S. 347ff, 350.

[387] Ähnlich: *Gomes*, The political dimension of the new ACP-EU partnership, in: The Courier, Nr. 181 (2000), S. 10ff, 13.

2.4.4.1.4 Nationales Indikativ-/ Richtprogramm

Die LFS bildet anschließend zusammen mit dem so ermittelten Richtbetrag die Grundlage (Art. 4I Anhang IV i.d.F. von Cotonou 2005, Art. 3III Anhang IV) des sog. „nationalen Indikativ- bzw. Richtprogramms“ (NIP/ NRP; Art. 4 Anhang IV (i.d.F. von Cotonou 2005)), das – im Einklang mit dem Gedanken der Ownership - zunächst vom jeweiligen Entwicklungsland zu entwerfen ist und alsdann nach einem Meinungsaustausch mit der EG zwischen den Vertragsparteien vereinbart wird (Art. 4I1, III1 Anhang IV i.d.F. von Cotonou 2005, 2 Anhang IV). Der Zweck dieses alljährlich aktualisierten und sowohl für den betreffenden Staat als auch für die Gemeinschaft bindenden (Art. 4III3 Anhang IV i.d.F. von Cotonou 2005) NIP besteht darin, die LFS umzusetzen (Art. 1c) Anhang IV). Dementsprechend beinhaltet es unter anderem Angaben über die genauen Maßnahmen und Instrumente zur Umsetzung der Ziele in dem oder den fixierten Interventionsbereichen, ferner einen Zeitplan für die Implementierung und Evaluierung des NIP, für die Mittelbindungen und die Auszahlungen sowie konkrete (Leistungs- und Bedarfs-) Indikatoren für die Evaluierung. Auch die nichtstaatlichen Akteure, denen für ebenfalls zu benennende, nicht-gewinnorientierte Tätigkeiten ein Finanzrahmen bereitgestellt wird, müssen ausgewiesen sein (Art. 4I, III Anhang IV i.d.F. von Cotonou 2005).

2.4.4.1.5 Gleitende Programmierung

Diesen ergebnisorientierten wie gleichermaßen flexiblen Ansatz führt die „gleitende Programmierung“ (Art. 1d), 5 Anhang IV (i.d.F. von Cotonou 2005)) fort: Diverse Überprüfungen der LFS und/ oder des NIP garantieren, dass man auftretende Änderungen, sei es der wirtschaftlichen Lage, sei es der Prioritäten und Ziele des betreffenden Staates, zeitnah berücksichtigen und sich abzeichnenden Fehlentwicklungen, aber auch mangelnder Effizienz bei der Implementierung der Maßnahmen – gemessen an den vereinbarten Zielen und Erfolgsindikatoren - entgegenwirken kann. Unter diesem Blickwinkel erfolgt denn auch die jährliche operationelle Prüfung des NIP (vgl. Art. 5Ia), IV Anhang IV)[388]. Weitere Überprüfungen, nun zusammen mit der LFS, werden nach Ablauf der Hälfte sowie am Ende der Laufzeit des fünfjährigen Finanzprotokolls vorgenommen (Art. 5Ib), VI Anhang IV)[389]. Während aber im Rahmen der operationellen Überprüfung die Durchführung des Richtprogramms lediglich bewertet wird und „lediglich“ eine Korrektur der anvisierten Aktionen etc. im Raum steht, besteht bei den beiden anderen Überprüfungsterminen hingegen die Option, den finanziellen Rahmen anhand der Leistungs- und Bedarfskriterien neu zu definieren und gegebenenfalls auch zu modifizieren (Art. 5VII Anhang IV i.d.F. von Cotonou 2005)[390]. Aus diesem Grunde ist es möglich, dass die am Anfang der Laufzeit des Finanzprotokolls veranschlagten Finanzmittel dem Land tatsächlich zufließen; die Höhe der Finanzzuweisung kann aber genauso gut fallen oder steigen – je nach Leistung und Bedarf des jeweiligen Landes eben[391]. Unabhängig von dieser Abänderungsmöglichkeit bietet Art. 3V Anhang IV i.d.F. von Cotonou 2005 künftig einen zusätzlichen Anreiz für die AKP-Staaten, die Entwicklung des Landes über Gebühr voranzutreiben: Denn einer „außergewöhnlichen Leistung“ kann die EG in Form einer Mittel-

---

[388] Vgl. auch Art. 17 des Internen Abkommens (ABl. 2000, Nr. L 317/355ff).
[389] Vgl. auch Art. 18 des Internen Abkommens (ABl. 2000, Nr. L 317/355ff).
[390] Vgl. auch die Gemeinsame Erklärung XIX (ABl. 2000, Nr. L 317/320f).
Dies entspricht einer „doppelten Konditionalität“, da erstens bereits die Mittelauszahlung des EEF tranchiert ist (vgl. oben Abschnitt E.I.2.4.2.1.1), und zweitens die Freigabe der vollen Summe von der „Performance“ der AKP-Staaten abhängig ist.
[391] *Goulongana*, Together we must take up the challenges of the Cotonou Agreement, in: The Courier, September 2000, special issue Cotonou Agreement, S. 4f, 5.

erhöhung fortan flexibel Rechnung tragen. Selbiges gilt im Falle eines „besonderen Bedarfs“[392].

2.4.4.2 Regionale Programmierung

Die regionale Zusammenarbeit inkludiert Maßnahmen zugunsten und unter Mitwirkung von mindestens zwei AKP-Staaten, seit der Abkommensrevision von 2005 ferner von an diesen Maßnahmen teilnehmenden, nicht zu den AKP-Staaten gehörenden LDCs und/ oder einer regionalen Stelle, an der wiederum mehr als zwei AKP-Staaten sowie nicht zu den AKP-Staaten gehörende Länder beteiligt sind (Art. 6I Anhang IV i.d.F. von Cotonou 2005). Die Programmierung der regionalen Programme (vgl. Art. 7 Anhang IV) findet dementsprechend auf der Ebene der Regionen statt (Art. 8I Anhang IV)[393]. Ihr Verfahren ist dem der nationalen Programmierung angelehnt (Art. 8 Anhang IV) und soll hier daher nicht erneut ausgeführt werden.

2.4.4.3 Sonstige Bestimmungen

Anhang IV enthält darüber hinaus Bestimmungen über die Prüfung und Finanzierung (Art. 15ff Anhang IV i.d.F. von Cotonou 2005), die Durchführung (Art. 19a ff Anhang IV (i.d.F. von Cotonou 2005)), Monitoring und Evaluierung (Art. 32f Anhang IV) sowie über die Verwaltung der Mittel des Fonds und die ausführenden Akteure (Art. 34ff Anhang IV i.d.F. von Cotonou 2005). Diese Regelungen sollen jedoch lediglich in Grundzügen dargestellt werden[394]:

Im Rahmen der Projektdurchführung wählt der AKP-Staat zunächst die gewünschten, in der Regel mehrjährigen Projekte und Programme aus – diesbezügliche Vorschläge können aber auch von den nichtstaatlichen Akteuren erbracht werden, falls die Aktionen sie betreffen (Art. 57III)[395]. Sodann arbeitet der Staat die hierfür notwendigen Unterlagen aus und legt diese anschließend zur gemeinsamen Prüfung im AKP-EG-Ausschuss vor (Art. 15 Anhang IV i.d.F. von Cotonou 2005, Art. 57IIb), c)). Diese Überprüfung mündet in einem Finanzierungsvorschlag, über dessen Annahme schließlich - wie bereits in den Vorgängerabkommen - endgültig die Kommission im Namen der Gemeinschaft beschließt (Art. 16 Anhang IV i.d.F. von Cotonou 2005, Art. 57V)[396]. Im Anschluss daran vereinbaren die Kommission und der AKP-Staat ein Finanzierungsabkommen[397] über jedes einzelne, aus der Zuschussfazilität finanzierte Projekt bzw. Programm; nach dessen Unterzeichnung[398] kann mit der Auszahlung der Mittel nach dem im Abkommen festgelegten Finanzierungsplan begonnen werden (Art. 17 Anhang IV i.d.F. von Cotonou 2005).

Diesem Prozessabschnitt folgt die Durchführung der Projekte und Programme (Art. 19a ff Anhang IV (i.d.F. von Cotonou 2005)). Diese werden in Regie ausgeführt, direkt bezuschusst oder aber werden Aufträge für sie vergeben. Daneben stehen Direktauszahlungen etwa in Gestalt von Budgethilfe (Art. 19a, 24 Anhang IV i.d.F. von Cotonou 2005). Was z.B. die Auf-

---

392 Zu den Begriffen „besonderer Bedarf“ sowie „außergewöhnliche Leistung“: Erklärung IV (ABl. 2005, Nr. L 287/37).

393 Die regionalen Strategiepapiere der AKP-Staaten können unter http://ec.europa.eu/comm/development/body/csp_rsp/rsp_en.cfm (Stand 31.5.2006) abgerufen werden.

394 Hierzu: *Zimmermann*, in: von der Groeben/ Schwarze (Hrsg.), EUV/ EGV, Art. 179, Rn. 82ff.

395 Auch mit der Durchführung dieser Aktionen können die nichtstaatlichen Akteure in diesem Fall betraut werden, vgl. Art. 57III.

396 Ein häufig kritisierter Punkt, weicht diese Aufgabenverteilung doch vom Partnerschaftsprinzip ab. Auch die Vertragsrevision hält diese Kompetenzverteilung aufrecht.

397 Zum Inhalt dieses Abkommens: Art. 17II Anhang IV i.d.F. von Cotonou 2005. Zu etwaigen Vorfinanzierungsmöglichkeiten: Art. 19b Anhang IV i.d.F. von Cotonou 2005.

398 Zur Möglichkeit einer „rückwirkenden Finanzierung“: Art. 19 Anhang IV i.d.F. von Cotonou 2005.

tragsvergabe anbelangt, so obliegt es zunächst den AKP-Staaten und der Gemeinschaft gemeinsam, im Sinne der angestrebten Aufhebung der Lieferbindungen[399] für eine möglichst breite Beteiligung[400] an den Ausschreibungen für Bau-, Liefer- und Dienstleistungsaufträge zu gleichen Bedingungen zu sorgen (Art. 21 Anhang IV, Art. 57IVd)). Daran schließt die Aufgabe des AKP-Staates an, die Aufträge auszuarbeiten, auszuhandeln und schließlich zu vergeben (Art. 23ff, 35Ib) – e) Anhang IV (i.d.F. von Cotonou 2005), Art. 57IId))[401]. Auch sind sie im weiteren Verlauf für die Durchführung, Verwaltung und Fortführung der Projekte und Programme zuständig (Art. 35II Anhang IV i.d.F. von Cotonou 2005, Art. 57IIe), f)). Dabei kommt es jedoch dem AKP-Staat und der Gemeinschaft gemeinsam zu, die Auswirkungen und Ergebnisse der Projekte/ Programme zu überwachen und zu evaluieren und dadurch deren effiziente Durchführung zu gewährleisten (Art. 32f Anhang IV).
Es bleibt ein Hinweis auf die die finanzielle und technische Zusammenarbeit ausführenden Akteure (Art. 82; Art. 34ff Anhang IV i.d.F. von Cotonou 2005): Eine bedeutende Stellung hat hier die Kommission inne, die die finanzielle Abwicklung der aus Mitteln des Fonds finanzierten Maßnahmen – mit Ausnahme der Investitionsfazilität – gewährleistet (Art. 34 Anhang IV i.d.F. von Cotonou 2005)[402]. Weiter ist der von jeder AKP-Regierung benannte nationale Anweisungsbefugte zu erwähnen, der den Staat bei allen Maßnahmen vertritt, die aus dem Fonds[403] finanziert werden und dem das revidierte Partnerschaftsabkommen von 2005, werden die Fondsmittel von der Kommission dezentral verwaltet, gewichtige Aufgaben im Zusammenhang mit der Programmierung, Durchführung, Überwachung, Überprüfung etc. der Projekte und Programme anvertraut (Art. 35I Anhang IV i.d.F. von Cotonou 2005). Schließlich vertritt der Leiter der Delegation der Kommission diese in allen Zuständigkeiten und bei allen Tätigkeiten. Eine solche Delegation befindet sich in jedem AKP-Staat und bei jedem regionalen Zusammenschluss, sofern diese einen diesbezüglichen Wunsch äußern (Art. 36 Anhang IV)[404].

Zusammenfassend bleibt allerdings zu konstatieren, dass die Verantwortungsbereiche betreffend das Verfahren und die Verwaltungssysteme (Art. 57, 81) des neuen inklusive des revidierten Partnerschaftsabkommens gegenüber dem Vorgängerabkommen, allen forcierten Dezentralisierungsbestrebungen zum Trotze, im Wesentlichen gleich geblieben sind[405].

---

[399] D.h. die Aufhebung der Verpflichtung, wonach Empfängerländer die Hilfe lediglich für den Einkauf von Gütern und Dienstleistungen aus der Gemeinschaft verwenden können. Vgl. zum Ganzen z.B. Mitteilung der Kommission *„Aufhebung der Lieferbindungen: für eine wirksame Hilfe"*, KOM (2002) 639, endg. vom 18.11.2002.

[400] Zu diesem Zwecke hat das revidierte Partnerschaftsabkommen von 2005 erneut die allgemeinen Voraussetzungen für die Teilnahme an den Verfahren zur Vergabe von öffentlichen Aufträgen oder Zuschüssen gelockert: Art. 20, 22 Anhang IV i.d.F. von Cotonou 2005.

[401] Vgl. hierzu auch der Beschluss Nr. 3/90 des AKP-EWG-Ministerrates vom 29.3.1990 betreffend die Genehmigung und Anwendung der Allgemeinen Vorschriften, der Allgemeinen Bedingungen sowie der Schlichtungs- und Schiedsordnung für vom Europäischen Entwicklungsfonds (EEF) finanzierte Bau-, Liefer- und Dienstleistungsaufträge (ABl. 1990, Nr. L 382/1ff).

[402] Diese Aufgabe oblag vor der Revision dem von der Kommission benannten sog. „Hauptanweisungsbefugten" (Art. 34 Anhang IV).

[403] Hier ist der gesamte Fonds gemeint, und nicht nur der Fondsanteil, der auf die Zuschussfazilität entfällt, Art. 35I1 Anhang IV.

[404] In Art. 4V Anhang IV i.d.F. von Cotonou 2005 befindet sich nunmehr eine besondere Durchführungs- und Verwaltungsvorschriften für die AKP-Staaten, die sich in einer Krisensituation befinden.

[405] Vgl. Art. 222 Lomé IV 1989 (ABl. 1991, Nr. L 229/3ff).

2.5 Bestimmungen für die LLDCs, die AKP - Binnen- sowie - Inselstaaten

Diese Sonderbestimmungen (Art. 84 – 90) tragen dem Umstand Rechnung, dass nicht alle Staaten innerhalb des AKP-Komplexes den gleichen Entwicklungsstand aufweisen und dass bestimmte Staaten aufgrund ihrer geographischen Lage oder sonstiger Hemmnisse in ihrer Entwicklung benachteiligt sind oder gerade einen Konflikt beigelegt haben; die Bestimmungen operationalisieren demnach das der AKP-EG-Kooperation zugrunde liegende Prinzip der Differenzierung (Art. 2 4. Spiegelstrich). Dementsprechend kennt das Partnerschaftsabkommen von Cotonou Sonderregeln für die am wenigsten entwickelten AKP-Staaten (LLDCs)[406], für die AKP-Inselstaaten[407] und für die AKP-Binnenstaaten[408]. Mit speziell auf diese verschiedenen Bedürfnisse abgestimmten, (regional) differenzierten Maßnahmen versuchen die Vertragsparteien infolgedessen, entwicklungshemmenden Faktoren gezielter entgegenzutreten, um dadurch das Entwicklungstempo dieser Staaten zu beschleunigen (vgl. Art. 2 4. Spiegelstrich): Vorgesehen ist beispielsweise, die regionale wirtschaftliche Integration der LLDCs zu unterstützen, indem diese in die Lage versetzt werden sollen, sich am Aufbau regionaler Märkte verstärkt zu beteiligen und die daraus resultierenden Vorteile zu nutzen (Art. 29b), 86). Besonderes Augenmerk auf die spezifische Situation aller drei Länderkategorien wollen die Vertragsparteien im Rahmen der Zusammenarbeit auf dem Gebiet der Umwelt und der natürlichen Ressourcen (Art. 32IIa), b), 86, 88, 90) sowie im Bereich der wirtschaftlichen und handelspolitischen Zusammenarbeit (Art. 35III2, 86, 88, 90) richten. Die Sonderbehandlung der LLDCs bei den neuen Handelsregelungen (Art. 37IX, 86) wurde bereits beschrieben[409]. Ferner soll die Kooperation bei der Entwicklungsfinanzierung (Art. 56II, 86, 88, 90) und die Mittelzuweisung für kurzfristige Schwankungen der Ausfuhrerlöse (Art. 68III, 86, 88, 90)[410] die individuellen Bedürfnisse dieser Staatengruppen in besonderem Maße berücksichtigen[411].

2.6 Institutionen

Keine essenziellen Neuerungen bieten die Vorschriften über die Institutionen[412], Art. 14 – 17[413]. Hauptorgane[414] des Partnerschaftsabkommens bleiben der Ministerrat, der Botschafterausschuss und die Paritätische Parlamentarische Versammlung, Art. 14[415].

---

[406] Art. 85f i.V.m. Art. 1 Anhang VI, Liste der am wenigsten entwickelten, Binnen- und Inselstaaten (ABl. 2000, Nr. L 317/277f). Im Jahr 2000 waren 40 der 63 LLDCs (Weltbank-Kategorie) AKP-Staaten (*Babarinde/ Faber*, From Lomé to Cotonou, in: EFARev. 2004, S. 27ff, 34; gemäß der Liste in Anhang VI gehören mittlerweile 39 AKP-Staaten nach *EG*-Kategorisierung zu den LLDCs). Zur Kategorie der LLDCs bereits oben Kapitel A „Entwicklung – Entwicklungsländer - Entwicklungszusammenarbeit".

[407] Art. 87f i.V.m. Art. 2f Anhang VI (ABl. 2000, Nr. L 317/277f). Zur Kategorie der Inselstaaten bereits oben Kapitel A „Entwicklung – Entwicklungsländer - Entwicklungszusammenarbeit".
Zur Bedeutung des Beitritts von sechs Pazifischen Staaten zum Cotonou-Abkommen für die gesamten AKP-EG-Beziehungen: *Holland*, The EU and the Third World, S. 214; *MacRae*, An opportunity for the new Pacific ACP members, in: The Courier, September 2000, special issue Cotonou Agreement, S. 24ff.

[408] Art. 89f i.V.m. Art. 4f Anhang VI (ABl. 2000, Nr. L 317/277f). Zur Kategorie der Binnenstaaten bereits oben Kapitel A „Entwicklung – Entwicklungsländer - Entwicklungszusammenarbeit".

[409] Abschnitt E.I.2.3.2.1.

[410] Vgl. auch die Gemeinsame Erklärung XX (ABl. 2000, Nr. L 317/321).

[411] Dieser Ansatz spiegelt den Stand der internationalen Debatte um die Einrichtung eines sog. „Verwundbarkeits-Index" wider. Dieser Index sieht einheitliche Verhaltensmaßstäbe für internationale Übereinkünfte mit schwachen und benachteiligten Ländern vor (*WEED* u.a. (Hrsg.), Die „Konvention von Cotonou", abgedruckt in: *HIZ*, Bd. 14, III B 20 13, S. 1ff, 7).

[412] Vgl. bereits grundsätzlich oben Kapitel D „Gemeinschaftsrechtliche Handlungsvorgaben", Abschnitte D.II.2.1.3, D.II.2.1.4.

[413] Die Vorschriften über die Institutionen (Art. 14 – 17) sind für Südafrika prinzipiell anwendbar – von der Beschlussfassung über Bestimmungen, die für Südafrika unanwendbar sind, bleibt der Staat indes exkludiert (Art. 2II Protokoll Nr. 3 (ABl. 2000, Nr. L 317/284ff)).

Der Ministerrat (Art. 15)[416], in dessen Vorsitz ein Mitglied des Rates und ein Mitglied der Regierung der AKP-Staaten (Art. 15I UA 2) rotieren[417], determiniert wie bisher die politischen Leitlinien, fasst die für die Durchführung des Abkommens notwendigen Beschlüsse und kümmert sich weiterhin um eine effiziente Durchführung des Partnerschaftsabkommens (Art. 15IIb), c)). Diese Beschlüsse, für die bekanntlich das Konsensprinzip gilt, sind für die Vertragsparteien verbindlich (Art. 15III UA 1, S. 1, UA 2, S. 1)[418]. Deutlich aufgewertet hingegen wurde die Aufgabe des Ministerrates als Initiator, Organisator, Katalysator, kurz als Durchführungsorgan des politischen Dialogs – man betrachte ihren ersten Rang in der Enumeration der Funktionen (Art. 15IIa)). Weiter führt das Organ einen ständigen Dialog mit den Vertretern der Sozial- und Wirtschaftspartner und den sonstigen Akteuren der Zivilgesellschaft (Art. 15III UA 3)[419]. Hierin manifestiert sich erneut die angestrebte Forcierung des partizipatorischen Ansatzes, wenngleich mangels Festschreibung verbindlicher Verfahrensvorschriften das Gelingen dieses Ansatzes einmal mehr vom Willen des Ministerrates abhängt. Darüber hinaus hat er auch für das reibungslose Funktionieren der Konsultationsverfahren Sorge zu tragen (Art. 15IId)).

Bei dieser Aufgabenerfüllung sowie bei der Vorbereitung der Tagungen des Ministerrates wird dieser vom Botschafterausschuss (Art. 16), dem eigentlichen Handlungsorgan, unterstützt; darüber hinaus hat der Ausschuss die Beschlüsse des Ministerrates auszuführen (Art. 16II)[420]. Auch können ihm Befugnisse des Ministerrates übertragen werden (Art. 15IV i.V.m. 16II UA 1, S. 1).

Explizit ausdifferenziert und somit gestärkt wurde die Rolle der Paritätischen Parlamentarischen Versammlung[421] als beratendes, indes nicht entscheidungsbefugtes[422] Organ (Art. 17): So obliegt es ihr, demokratische Prozesse zu fördern, eine bessere Verständigung zwischen den Völkern der Vertragsparteien zu erleichtern und diese für Entwicklungsfragen zu sensibilisieren. Des Weiteren kommt dieser Versammlung die Aufgabe zu, die Entwicklung und die Partnerschaft betreffende Fragen zu erörtern, und schließlich im Hinblick auf die Zielverwirklichung des Abkommens Entschließungen zu verabschieden (Art. 17II)[423].

2.7 Schlussbestimmungen

Die wesentlichste Innovation im Rahmen des Teils Sechs des Partnerschaftsabkommens von Cotonou, die Nichterfüllungsklausel betreffend schwere Fälle von Korruption (Art. 97), erörterte bereits Abschnitt 2.2.2.2. Von dieser Neuerung abgesehen orientieren sich die übrigen

---

414 Über die strittige Bezeichnung „Organe" vgl. bereits oben Kapitel B „Geschichte der Entwicklungszusammenarbeit der Europäischen Gemeinschaft", Abschnitt B.III.2.1, Fn. 193.

415 Zu den Verwaltungskosten der gemeinsamen Organe: Protokoll Nr. 1 (ABl. 2000, Nr. L 317/280). Über die Vorrechte und Befreiungen der Personen, die an der Durchführung des Abkommens beteiligt sind: Protokoll Nr. 2 (ABl. 2000, Nr. L 317/281ff).
Vgl. auch die Gemeinsamen Erklärungen IV - VIII (ABl. 2000, Nr. L 317/316f).

416 Über die Tätigkeiten des Ministerrates: http://www.acpsec.org/ (Stand 31.5.2006) unter „Institutions ACP-UE". Zu seiner derzeit geltenden Geschäftordnung (Art. 15V): ABl. 2005, Nr. L 95/44ff.

417 Was das Zusammentreten des Ministerrates anbelangt, so findet es grundsätzlich auf Initiative des Präsidenten jährlich, aber auch nach Bedarf, statt. Form und geographische Zusammensetzung richten sich jeweils nach den Inhalten der anstehenden Themen (Art. 15I UA 3).

418 Zur Beschlussfähigkeit des Ministerrats sowie zu weiteren Handlungsformen: Art. 15III UA 1, 2.

419 In regelmäßigem Kontakt zu den genannten Akteuren steht ebenfalls die Paritätische Parlamentarische Versammlung, um deren Meinung zur Verwirklichung der Abkommensziele einzuholen, Art. 17III UA 2.

420 Zu seiner derzeit geltenden Geschäftsordnung (Art. 16III): ABl. 2005, Nr. L 95/51ff. Über seine Tätigkeiten: http://www.acpsec.org/ (Stand 31.5.2006) unter „Institutions ACP-UE".

421 Über die Tätigkeiten der Versammlung: http://www.acpsec.org/ (Stand 31.5.2006), unter „Institutions ACP-UE".

422 Vgl. *Weber*, in: von der Groeben/ Schwarze (Hrsg.), EUV/ EGV, Art. 310, Rn. 37.

423 Näheres zu den zweimal jährlich stattfindenden Plenarsitzungen: Art. 17III.

Schlussbestimmungen[424] im Wesentlichen an den entsprechenden Regelungen der Vorgängerabkommen. Erwähnenswert ist hingegen, dass die Mitgliedstaaten neben dem zwischenstaatlichen Streitbeilegungsverfahren des Art. 98 – mit diesem beschäftigte sich oben der Abschnitt D.II.2.1.3 im Kapitel D über die „Gemeinschaftsrechtliche Handlungsvorgaben" – einen weiteren Rechtsbehelf in Anspruch nehmen können: Die Mitgliedstaaten haben nämlich in Art. 6 des „Internen Abkommen[s] zwischen den im Rat vereinigten Vertretern der Regierungen der Mitliedstaaten über die zur Durchführung des Partnerschaftsabkommens zu treffenden Maßnahmen und die dabei anzuwendenden Verfahren"[425] vereinbart, dass Streitigkeiten, die sich zwischen ihnen im Zusammenhang mit dem Abkommen, mit den diesem beigefügten Protokollen und Anhängen sowie mit sämtlichen zu seiner Durchführung unterzeichneten Internen Abkommen ergeben, auf Antrag der betreibenden Partei dem EuGH vorgelegt werden. In einem solchen Falle also würde der EuGH aufgrund eines außerhalb der Gemeinschaftsverträge zwischen den Mitgliedstaaten geschlossenen völkerrechtlichen Vertrages – dem Internen Abkommen – tätig werden.

II. Partnerschaft Europa-Mittelmeer

Die „Partnerschaft Europa-Mittelmeer" wurde auf der Konferenz von Barcelona 1995 aus der Taufe gehoben und bildet seitdem den bevorzugten Rahmen der Kooperation zwischen der EU und den Mittelmeerpartnern[426]. Das erste bilaterale Abkommen, das die Gemeinschaft im Rahmen dieser Partnerschaft kontrahierte, ist das am 17. Juli 1995[427] unterzeichnete „*Europa-Mittelmeer-Abkommen zur Gründung einer Assoziation zwischen der Europäischen Gemeinschaft und ihren Mitgliedstaaten einerseits und der Tunesischen Republik andererseits*"[428]. Der gemischte völkerrechtliche Vertrag, der am 1. März 1998[429] in Kraft trat, erscheint auf den ersten Blick als eine bloße Revision des bisherigen „Kooperationsabkommens"[430], zu der Art. 6 des Zusatzprotokolls[431] zum „Kooperationsabkommen" aufrief. Auf den zweiten Blick und nach näherer Untersuchung hingegen wird sichtbar, dass der neue Vertrag vielmehr das Produkt einer grundlegenden Umstrukturierung der Europa-Mittelmeer-Zusammenarbeit ist,

---

[424] Art. 91 (Widerspruch zwischen diesem Abkommen und anderen Übereinkünften), Art. 92 (räumlicher Geltungsbereich), Art. 93 (Ratifizierung und Inkrafttreten), Art. 94 (Beitritt; vgl. ergänzend die Gemeinsamen Erklärungen XV, XVI (ABl. 2000, Nr. L 317/320). Hierzu: *Martenczuk*, From Lomé to Cotonou, in: EFARev. 2000, S. 461ff, 482f, vor allem zum nunmehr automatischen Beitritt neuer EU-Mitgliedsstaaten sowie zur Frage, ob auch ein Staat außerhalb des afrikanischen, karibischen und pazifischen Raums und etwaiger neuer EU-Mitglieder Vertragspartner werden könnte. Zu letzterer Fragestellung auch: *Zimmermann*, in: von der Groeben/ Schwarze (Hrsg.), EUV/ EGV, Art. 179, Rn. 93f).

[425] ABl. 2000, Nr. L 317/376f.

[426] Zu weiteren, jedoch mit weit weniger Kompetenzen, Ressourcen und/ oder Ambitionen ausgestatteten Foren: Philippart, The Euro-Mediterranean Partnership: A Critical Evaluation of an Ambitious Scheme, in: EFARev. 2003, S. 201ff, 212f.

[427] *Kommission*, Gesamtbericht 1995, S. 370.

[428] ABl. 1998, Nr. L 97/2ff. Vertragspartner ist nicht nur die EG, sondern auch die mittlerweile aufgelöste Europäische Gemeinschaft für Kohle und Stahl.
Fortan meist „Assoziierungsabkommen mit Tunesien"/ „(Europa-Mittelmeer-) Abkommen mit Tunesien".
Weitere Europa-Mittelmeer-Abkommen: mit Ägypten (ABl. 2004, Nr. L 304/39ff); Algerien (ABl. 2005, Nr. L 265/2ff); Israel (ABl. 2000, Nr. L 147/3ff); Jordanien (ABl. 2002, Nr. L 129/3ff); Libanon (KOM (2002) 170, endg. vom 8.4.2002; Inkrafttreten: 1.4.2006); Marokko (ABl. 2000, Nr. L 70/2ff); PLO zugunsten der Palästinensischen Behörde für das Westjordanland und den Gaza-Streifen (ABl. 1997, Nr. L 187/3ff; dies in Form eines zwar im Wesentlichen inhaltsgleichen, jedoch auf Art. 181I2, 133 EGV gestützten Kooperationsabkommens); Syrien: Ratifikation steht bevor.

[429] *Kommission*, Union Européenne – Maghreb: 25 ans de coopération 1976 - 2001, S. 24.

[430] Ausführlich hierzu oben Kapitel B „Geschichte der Entwicklungszusammenarbeit der Europäischen Gemeinschaft", Abschnitt B.IV, insbesondere B.IV.3, B.IV.4.

[431] ABl. 1987, Nr. L 297/36ff.

die nunmehr ihren Ausdruck in der „Partnerschaft Europa-Mittelmeer" findet. Denn das Assoziationsabkommen erfuhr im Vergleich zum Vorgängerabkommen eine umfassende Erweiterung, was sowohl die Kooperationsbereiche als auch die politische Dimension angeht. Ebenso wie beim Partnerschaftsabkommen von Cotonou kann man also auch hier von einem „Abkommen mit all-inclusive Charakter"[432] sprechen – wobei der (entwicklungs-) politische Sprung, der hier vollzogen wurde, gewiss ein größerer war als im Rahmen der AKP-EG-Zusammenarbeit, die stetig einer graduellen Evolution, ausgedrückt in periodischen Vertragsrevisionen, folgte. Das erklärt auch, warum das jüngere Partnerschaftsabkommen von Cotonou zuerst vorgestellt worden ist: Dieses entwickelte sich, wie im vorherigen Abschnitt erläutert, aus sich selbst heraus, aus seinen Erfahrungen und den Diskussionen der entwicklungspolitischen Öffentlichkeit, ohne sich jedoch die gerade abgeschlossenen neuen Europa-Mittelmeer-Abkommen, deren Regelungsinhalte durchaus ähnlich sind, als Vorbild auf die Stirn zu schreiben. Die Verhandlungsrichtlinien für die zu kontrahierenden Mittelmeerverträge hingegen orientierten sich eher an den „Europa-Abkommen" mit den mittel- und osteuropäischen Staaten (MOEL) – Abkommen[433]. Auch der Impuls hierfür kam von politischer Seite – der sog. „Erklärung von Barcelona", die die Arbeit im Folgenden erläutert, bevor sie sich ausführlich dem Assoziationsabkommen mit Tunesien – wiederum als pars pro toto für die neuen Verträge mit den Mittelmeerdrittstaaten – widmet. Im Anschluss daran soll dieVerordnung (EG) Nr. 1488/96 des Rates vom 23.7.1996 *über finanzielle und technische Begleitmaßnahmen (MEDA) zur Reform der wirtschaftlichen und sozialen Strukturen im Rahmen der Partnerschaft Europa-Mittelmeer*[434], geändert durch die Verordnung (EG) Nr. 2698/2000 des Rates vom 27.1.2000[435], als das „wichtigste Finanzinstrument der Europäischen Gemeinschaft zur Durchführung der Partnerschaft Europa-Mittelmeer"[436], vorgestellt werden.

1. Erklärung von Barcelona

Die den Restrukturierungsprozess der euromediterranen Zusammenarbeit einleitende „Erklärung von Barcelona"[437], verabschiedet von der EU[438] und ihren zwölf Partnern im Mittelmeerraum[439] auf der Europa-Mittelmeer-Ministerkonferenz in Barcelona am 27./ 28. November 1995, war von langer Hand vorbereitet worden: Bereits 1992 erkannte die Union die Notwendigkeit, zwischen Europa und den Mittelmeerdrittstaaten eine neue Dimension der bisherigen Entwicklungszusammenarbeit einzuläuten und eine „Partnerschaft" mittels neuer bilateraler Abkommen aufzubauen[440]. Zwei Jahre später schlug beispielsweise die Kommission in ihrer

---

[432] Vgl. oben Abschnitt E.I.

[433] Vgl.: *Droutsas*, Die Mittelmeerpolitik der EU, in: ecolex 1997, S. 131ff, 134; *Hakura*, The Euro-Mediterranean policy, in: CMLRev. 1997, S. 337ff, 352f; *Herrnfeld*, in: Schwarze (Hrsg.), EU-Kommentar, Art. 310, Rn. 11. Inhaltlich zu diesen Abkommen z.B. *Weber*, in: von der Groeben/ Schwarze (Hrsg.), EUV/ EGV, Art. 310, Rn. 68ff.

[434] ABl. 1996, Nr. L 189/1ff. Voranstehend bereits als MEDA I bezeichnet.

[435] Verordnung (EG) Nr. 2698/2000 des Rates vom 27.11.2000 *zur Änderung der Verordnung (EG) Nr. 1488/96 über finanzielle und technische Begleitmaßnahmen (MEDA) zur Reform der wirtschaftlichen und sozialen Strukturen im Rahmen der Partnerschaft Europa-Mittelmeer* (ABl. 2000, Nr. L 311/1). Voranstehend bereits zitiert als MEDA II.

[436] Beschluss 96/706/EG des Rates vom 6.12.1996, *Leitlinien für die MEDA-Richtprogramme*, Punkt 1 (ABl. 1996, Nr. L 325/21ff).

[437] Die Erklärung von Barcelona ist abgedruckt in: Bulletin EG 11 – 1995, Ziffer 2.3.1.

[438] Vertreten durch den Rat, die Kommission sowie die (damals) 15 Mitgliedstaaten.

[439] Die Maghreb- und Mashrik-Staaten sowie Israel, Malta, Türkei, Zypern und die Palästinensische Autonomiebehörde.

[440] Zunächst war der Ansatz auf den Maghreb (vgl. Mitteilung der Kommission *„Die künftigen Beziehungen zwischen Gemeinschaft und Maghreb"*, SEK (1992) 40, endg. vom 29.4.1992, Zusammenfassung abgedruckt in: Bulletin EG 4 – 1992, Ziffer 1.4.6; Erklärung des Europäischen Rates zu den europäisch-maghrebinischen Beziehungen, Bulletin EG 6 – 1992, Ziffer I.34) bezogen, dann wurde er auf den Mashrik und Israel erweitert

Mitteilung über die *„Stärkung der Mittelmeerpolitik der Europäischen Union: Entwicklung einer Partnerschaft Europa-Mittelmeer“*[441] vor, eine solche Partnerschaft im Interesse von Frieden, Stabilität und Sicherheit sowie zur Unterstützung der sozioökonomischen Entwicklung in der Region zu schaffen[442]. Den Nukleus der vorgeschlagenen Strategie bildete die langfristige Schaffung einer großen Freihandelszone[443], begleitet von einer weitreichenden, die gegenseitigen Interdependenzen abdeckenden sowie die gegenwärtigen Unzulänglichkeiten[444] beseitigenden Zusammenarbeit[445]. Deren Schwergewichte sollten auf der Förderung der Umgestaltung der Wirtschaft, eines ausgewogeneren sozioökonomischen Gleichgewichts sowie der regionalen Integration liegen – wie die Kommission sie in einer weiteren Mitteilung[446] festlegte. Diese Leitlinien billigend, formulierte der Europäische Rat in Cannes den Standpunkt der Union für die bevorstehende Konferenz in Barcelona, wonach sich die Partnerschaft auf folgende drei Schwerpunkte konzentrieren sollte: Politik und Sicherheit, Wirtschaft und Finanzen sowie soziale und menschliche Aspekte[447].

Zum Abschluss der Europa-Mittelmeer-Konferenz verpflichten sich ihre Teilnehmer denn auch einstimmig in der „Erklärung von Barcelona“, einen „multilateralen, dauerhaften und partnerschaftlichen Rahmen für ihre Beziehungen“[448] herzustellen. Von diesem Rahmen versprechen sich die Teilnehmer, dass er ihren Beziehungen eine „neue Dimension“ verleiht, die auf „einer umfassenden Zusammenarbeit und Solidarität beruht und [die] der besonderen Art

---

(KOM (1993) 375 (zitiert nach: Mitteilung der Kommission über die *„Stärkung der Mittelmeerpolitik der Europäischen Union: Entwicklung einer Partnerschaft Europa-Mittelmeer“*, KOM (1994) 427, endg. vom 19.10.1994, S. 12, Fn. 2, abgedruckt in: Sonderbeilage 2/95 zum Bulletin EG, S. 7ff)).

[441] KOM (1994) 427, endg. vom 19.10.1994, abgedruckt in: Sonderbeilage 2/95 zum Bulletin EG, S. 7ff, fortan meist: Kommissionsmitteilung über die Stärkung der Mittelmeerpolitik vom Oktober 1994. Diese Mitteilung erfolgte auf Veranlassung des Europäischen Rates von Korfu, vgl. Bulletin EG 6 – 1994, Ziffer I.10. Hierzu drängend auch: EP, *„Entschließung zur Mittelmeerpolitik der Europäischen Union“* (ABl. 1994, Nr. C 305/82f).

[442] Vgl. die Punkte 4, 7ff der Kommissionsmitteilung über die Stärkung der Mittelmeerpolitik vom Oktober 1994.

[443] Punkte 15ff der Kommissionsmitteilung über die Stärkung der Mittelmeerpolitik vom Oktober 1994.

[444] Im Bereich des Warenverkehrs: nach wie vor unzureichende Diversifizierung der Exporterzeugnisse - vor allem der Agrarprodukte; keine Verbesserung des Nahrungsmittelselbstversorgungsgrades; Rückgang des Anteils der Agrarausfuhren an den allgemeinen Exporten, schwacher regionaler Handel. Auf dem Gebiet der finanziellen und technischen Zusammenarbeit: mit Ausnahme der Strukturanpassungshilfe bislang Projekthilfe mit geringen gesamtwirtschaftlichen Auswirkungen; Geringfügigkeit des Finanzvolumens der EG angesichts der Verschuldung der Mittelmeerdrittstaaten und der Reformbedürftigkeit ihrer Wirtschaft; Gefährdung der Regionalintegration durch politische Instabilitäten. Im sozialen Bereich: weiterhin sehr niedriges Entwicklungsniveau (vgl. hierzu das Bruttosozialprodukt im Jahr 1990 pro Kopf der Bevölkerung des Maghreb: 1410, des Mashrik: 810, im Vergleich zu Israel: 10600, und Europa: 16000), hohes Bevölkerungswachstum (durchschnittlich 2%/ Jahr), hohe Arbeitslosigkeit und Sozialkosten (Gesundheit, Bildung, etc.), hoher Anteil der in der Landwirtschaft Beschäftigten, schlecht ausgebildetes Humankapital, hohe Analphabetismusquote (voranstehend: Kommissionsmitteilung über die Stärkung der Mittelmeerpolitik vom Oktober 1994, Anhang 2 sowie Punkt 15; Bulletin EG 6 – 1995, Ziffer I.51), Landflucht, Drogenhandel, Aufkommen religiöser Extremismen und des Terrorismus (Mitteilung der Kommission *„Verstärkung der Mittelmeerpolitik der Europäischen Union: Vorschläge für die Entwicklung einer Partnerschaft Europa-Mittelmeer“*, KOM (1995) 72, endg. vom 8.3.1995, Punkt 2.2, abgedruckt in: Sonderbeilage 2/92 zum Bulletin EG, S. 33ff).

[445] Punkte 18f der Kommissionsmitteilung über die Stärkung der Mittelmeerpolitik vom Oktober 1994.

[446] Kommissionsmitteilung über die *„Verstärkung der Mittelmeerpolitik der Europäischen Union: Vorschläge für die Entwicklung einer Partnerschaft Europa-Mittelmeer“*, KOM (1995) 72, endg. vom 8.3.1995, abgedruckt in: Sonderbeilage 2/95 zum Bulletin EG, S. 33ff, dort insbesondere Punkte 2.1 ff.

[447] Die Schlussfolgerungen des Vorsitzes des Rates sind abgedruckt in: Bulletin EG 6 – 1995, Ziffer I.49ff. Vgl. auch das EP, das diesen Prozess der Entwicklung einer „Europa-Mittelmeer Partnerschaft“ vehement befürwortete: *„Entschließung zu den Wirtschafts- und Handelsbeziehungen zwischen der Europäischen Union und den Ländern des Mittelmeerraums“* (ABl. 1995, Nr. C 323/ 159ff).

[448] Erklärung von Barcelona, Bulletin EG 5 – 1995, Ziffer 2.3.1, Präambel III, S. 154.

dieser durch Nachbarschaft und Geschichte gekennzeichneten Bindungen gerecht wird"[449]. Mit diesem multilateralen Ansatz einhergehen soll schließlich der Ausbau der bilateralen Beziehungen[450]. Inhaltlich wird die „Partnerschaft Europa-Mittelmeer" in der Überzeugung angestrebt, dass „es im Hinblick auf das allgemeine Ziel, den Mittelmeerraum zu einem Gebiet des Dialogs, des Austauschs und der Zusammenarbeit zu machen, in dem Frieden, Stabilität und Wohlstand gewährleistet sind, erforderlich ist, für die Stärkung der Demokratie und die Wahrung der Menschenrechte, für eine nachhaltige und ausgewogene wirtschaftliche und soziale Entwicklung, die Bekämpfung der Armut und ein besseres gegenseitiges Verständnis der Kulturen, die alle wesentliche Faktoren der Partnerschaft sind, Sorge zu tragen"[451].
Die „wesentlichen Faktoren" dieser politischen Absichtserklärung[452], die die vom Europäischen Rat in Cannes ausgearbeiteten drei Pfeiler widerspiegeln, bestechen zunächst durch einen außen- und sicherheitspolitischen Akzent (Art. 11ff EUV). Wirft man einen genaueren Blick auf die Komponenten, so wird jedoch deutlich, dass sie - zusammen mit der in diesem Kontext noch nicht explizit erwähnten schrittweisen Errichtung einer Freihandelszone – darüber hinaus mit den Vorgaben des Art. 177I, II EGV gleichermaßen konform gehen; der entwicklungspolitische Aspekt ist demnach keinesfalls verloren gegangen, ganz im Gegenteil. Vielmehr gestaltet sich diese Verbindung von entwicklungs- mit friedens- und sicherheitspolitischen Elementen wie schon im Partnerschaftsabkommen von Cotonou als Ausdruck der Erkenntnis, dass „zwischen den Menschenrechten einerseits und dem Weltfrieden, der internationalen und regionalen Sicherheit, der Gesamtsituation eines Landes, seiner politischen Stabilität sowie seiner Sozial- und Wirtschaftsentwicklung [andererseits] ein erheblicher Zusammenhang"[453] besteht.

1.1 Politische Partnerschaft und Sicherheitspartnerschaft

Besonderes Anliegen der sicherheitspolitischen Partnerschaft[454] ist die Stärkung des Friedens, der Sicherheit und der Stabilität im Mittelmeerraum – angesichts des Vordringens religiöser Extremismen und politischer Radikalisierung mit all ihren Auswirkungen auch auf Europa[455] ein vordringliches Anliegen der Konferenzteilnehmer. Zur Realisierung dieses Ziels setzen sie im Wesentlichen auf einen regelmäßigen politischen Dialog, der auf der Basis allseits akzeptabler völkerrechtlicher Prinzipien geführt wird. In diesem Sinne verpflichten sich die Partner

[449] Erklärung von Barcelona, Bulletin EG 5 – 1995, Ziffer 2.3.1, Präambel I, S. 154.
[450] Erklärung von Barcelona, Bulletin EG 5 – 1995, Ziffer 2.3.1, Präambel IV, S. 154.
[451] Erklärung von Barcelona, Bulletin EG 5 – 1995, Ziffer 2.3.1, Präambel VI, S. 154.
[452] Diese Erklärung genießt als politische Absichtserklärung eine politische Verpflichtungswirkung („Soft Law", vgl.: *Ipsen*, Völkerrecht, § 10, Rn. 15, vgl. auch § 19, Rn. 20; *Rhein*, Mit Geduld und Ausdauer zum Erfolg, in: IP 2/1996, S. 15ff, 16). An einer etwaigen völkerrechtlichen Verbindlichkeit fehlt es, da nach dem Inhalt der Barcelona-Erklärung die Teilnehmer der Konferenz „lediglich" ihre Intention bekunden wollen, eine Partnerschaft Europa-Mittelmeer mit den erklärten Grundsätzen und Zielen aufzubauen. Wie in concreto diese Partnerschaft aussehen wird, haben die Teilnehmer keineswegs verbindlich entschieden; ihre genaue Gestalt soll sich vielmehr erst u.a. in nachfolgenden Sitzungen, diversen Informations- und Kontaktaustauschen etc. herauskristallisieren, d.h. einem „offenen und weiterzuentwickelnden Prozeß" (Erklärung von Barcelona, Bulletin EG 11 – 1995, Ziffer 2.3.1, S. 158, vgl. auch S. 158f) vorbehalten bleiben, dessen *Grundlage* die Konferenz geschaffen hat (vgl. die Erklärung von Barcelona, Bulletin EG 11 – 1995, Ziffer 2.3.1, S. 158f). Mithin vermag die Erklärung zwar die euromediterranen Beziehungen recht intensiv zu gestalten, jedoch ist die von ihr vorgegebene politische Richtung jederzeit einer Revision zugänglich (vgl. *Ipsen*, Völkerrecht, § 10, Rn. 15).
[453] Kommissionsmitteilung über Menschenrechte in den Außenbeziehungen vom November 1995, Punkt 72. Vgl. auch: Schlussfolgerungen des Europäischen Rates in Cannes, Punkt I.50, S. 52, abgedruckt in: Bulletin EG 6 – 1995, S. 23ff.
[454] Erklärung von Barcelona, Bulletin EG 5 – 1995, Ziffer 2.3.1, S. 154f.
[455] Vgl. *Hakura*, The Euro-Mediterranean policy, in: CMLRev. 1997, S. 337ff, 343; *Nienhaus*, Euro-Mediterraner Freihandel: Motor der wirtschaftlichen Entwicklung?, in: APUZ B 39/97, S. 12ff, 12. *Dauderstädt* (Europa und Nordafrika: Mehr Paranoia als Partnerschaft, in: Reihe Eurokolleg 1996, S. 1ff, 9ff) hingegen kritisiert die voreilige Gegnerschaft Europas zum politischen Islam.

im Wege einer Grundsatzerklärung, insbesondere entsprechend der Ziele und Grundsätze der Charta der Vereinten Nationen sowie der AEMR zu handeln. Betont werden dabei vor allem die Entwicklung von Rechtsstaatlichkeit und Demokratie in den politischen Systemen, die Achtung der Menschenrechte und Grundfreiheiten sowie die Gewährleistung von Pluralismus und Toleranz in den Gesellschaften der Partner[456]. Des Weiteren proklamieren die Teilnehmer, sowohl die Souveränität[457], die souveräne Gleichheit[458], die Gleichberechtigung der Völker und das Selbstbestimmungsrecht[459] als auch das Interventionsverbot[460] zu achten. Ferner verpflichten sie sich untereinander zur friedlichen Streitbeilegung[461] und zu Gewaltverzicht[462]. Eine verstärkte Zusammenarbeit zur Bekämpfung des Terrorismus, der internationalen Kriminalität und des Drogenproblems sowie die Förderung der regionalen Sicherheit, insbesondere durch das Eintreten für die Nichtverbreitung von ABC-Waffen, runden diese sicherheitspolitische Partnerschaft ab.
Obwohl sich dieser Schwerpunkt der Barcelona-Erklärung in vagen Formulierungen erschöpft, verkörpert er nichtsdestotrotz einen Meilenstein in der Entwicklung der euromediterranen Beziehungen, waren doch die bisherigen Übereinkünfte trotz diffiziler Situation der Menschenrechte und der Demokratisierung vor Ort[463] bar jeder Politisierung. Und dies, obgleich die Lomé-Abkommen bereits seit geraumer Zeit derartige, die politische Neutralität aufhebende Bestimmungen, insbesondere, was die Achtung der Menschenrechte sowie demokratischer und rechtsstaatlicher Grundsätze anbelangt, beinhalten. Auch der Maastrichter Vertrag gebietet nunmehr explizit die Einbeziehung derartiger Prinzipien in die Entwicklungszusammenarbeit, nicht zuletzt, um die bislang oft strikte Entwicklungshilfe um die für notwendig erachtete politische Dimension zu erweitern.

1.2 Wirtschafts- und Finanzpartnerschaft

Als Herzstück der neuen Partnerschaft ist jedoch gewiss die Einrichtung einer Wirtschafts- und Finanzpartnerschaft[464] auszumachen, deren primäres Ziel in der „Schaffung einer Zone gemeinsamen Wohlstandes“[465] liegt. Darunter fallen folgende Einzelziele[466]: Die Beschleunigung der nachhaltigen sozioökonomischen Entwicklung, die Verbesserung der Lebensbedingungen und des Beschäftigungsstandards, die Verringerung des Entwicklungsgefälles Europa-Mittelmeer und schließlich die Förderung der regionalen Zusammenarbeit und Integration. Diese Partnerschaft, die dem unterschiedlichen Entwicklungsstand der einzelnen Partner Rechnung trägt, ruht in erster Linie auf der schrittweisen Errichtung einer Freihandelszone mit dem Jahr 2010 als Zieltermin, die „den größten Teil des Handels unter Wahrung der sich im Rahmen der WTO ergebenden Verpflichtungen erfaßt“[467]. Zu diesem Zwecke werden erstens die tarifären und nichttarifären Handelshemmnisse für Fertigerzeugnisse schrittweise beseitigt. Zweitens wird der Handel mit Agrarprodukten allmählich durch reziproke Präferen-

---

[456] Zum Ratifikationsstand der Mittelmeerdrittländer in Sachen UN-Menschenrechtsübereinkommen sowie bzgl. der grundlegenden Übereinkommen der ILO: Mitteilung der Kommission *„Europäische Nachbarschaftspolitik – Strategiepapier“*, KOM (2004) 373, endg. vom 12.5.2004, S. 34ff.
[457] Ausführlich zur Souveränität und der in ihr begründeten Rechte: *Bleckmann*, Völkerrecht, Rn. 147ff.
[458] Vgl. Art. 2 Nr. 1 UN-Charta (abgedruckt in: *Sartorius II*, Nr. 1). Hierzu: *Ipsen*, Völkerrecht, § 26, Rn. 7ff.
[459] Vgl. Art. 1 Nr. 2, 55 UN-Charta (*Sartorius II*, Nr. 1). Hierzu ausführlich: *Ipsen*, Völkerrecht, § 27ff.
[460] Vgl. bereits oben Kapitel C „Ziele der Entwicklungszusammenarbeit“, Abschnitt C.II.4.1, insbesondere Fn. 552.
[461] Art. 2 Nr. 3 UN-Charta (*Sartorius II*, Nr. 1). Hierzu: *Bleckmann*, Völkerrecht, Rn. 1096ff.
[462] Vgl. Art. 2 Nr. 4 UN-Charta (*Sartorius II*, Nr. 1), sowie detailliert: *Bleckmann*, Völkerrecht, Rn. 1129ff; *Ipsen*, Völkerrecht, § 59, Rn. 9ff.
[463] Vgl. *Rhein*, Mit Geduld und Ausdauer zum Erfolg, in: IP 2/1996, S. 15ff, 16.
[464] Erklärung von Barcelona, Bulletin EG 5 – 1995, Ziffer 2.3.1, S. 155ff.
[465] Erklärung von Barcelona, Bulletin EG 5 – 1995, Ziffer 2.3.1, S. 155.
[466] Erklärung von Barcelona, Bulletin EG 5 – 1995, Ziffer 2.3.1, S. 155ff.
[467] Erklärung von Barcelona, Bulletin EG 5 – 1995, Ziffer 2.3.1, S. 156.

zen liberalisiert. Und drittens sollen der Dienstleistungsverkehr sowie das Niederlassungsrecht im Einklang mit dem GATS etappenweise eine Liberalisierung erfahren[468]. Als Medium zur Verwirklichung dieser Freihandelszone, die sich überwiegend aus bilateralen Zonen konstituieren soll, dienen dementsprechend die neuen bzw. noch auszuhandelnden Europa-Mittelmeer-Assoziationsabkommen zwischen der EG, den Mitgliedstaaten und den Mittelmeerdrittstaaten sowie die Freihandelsabkommen zwischen den Partnern der Union[469]. Die euro-mediterrane Zone wird dann die weltweit größte Freihandelszone darstellen, die 600-800 Millionen Einwohner und 30-40 Länder inkludiert[470].
Einen weiteren Eckpfeiler dieser Wirtschafts- und Finanzpartnerschaft bildet die umfassende wirtschaftliche Zusammenarbeit[471], vor allem in den Bereichen Investitionen, regionale Zusammenarbeit, Unternehmensförderung, Umwelt, Rolle der Frau, Fischerei, Energie, Wasser, Landwirtschaft und integrierte ländliche Entwicklung. Dabei wird angestrebt, diese Zusammenarbeit ebenfalls größtenteils in den genannten Assoziationsabkommen zu realisieren.
Den Erfolg all dieser ehrgeizigen Vorhaben soll eine erheblich aufgestockte, vor allem die „endogene und nachhaltige Entwicklung und die Mobilisierung der örtlichen Wirtschaftsteilnehmer“[472] fördernde Finanzhilfe sicherstellen[473].

1.3 Partnerschaft im sozialen, kulturellen und menschlichen Bereich

Diese Partnerschaft im sozialen, kulturellen und menschlichen Bereich[474] will zunächst einmal die gegenseitige Annäherung der Gesellschaften und die Völkerverständigung fördern. Dabei setzen die Konferenzteilnehmer vor allem auf den Ausbau des Dialogs zwischen den Kulturen und Religionen sowie auf die Entwicklung der Humanressourcen einschließlich der (Aus-) Bildung – auch in Bezug auf kulturelle Gepflogenheiten.
Ein weiteres Schwergewicht dieser Partnerschaft liegt auf der konsequenten Unterstützung der „Bürgergesellschaft“[475], die einerseits der eben beschriebenen Völkerverständigung dient, andererseits als essenzieller Faktor im Prozess des Aufbaus der Europa-Mittelmeer Partnerschaft gilt. Zu diesem Zwecke soll das Instrumentarium der dezentralisierten Zusammenarbeit, das den Austausch zwischen den Akteuren der Entwicklung unterstützt, verfeinert, ferner die Zivilgesellschaft selbst, demokratische Institutionen und der Rechtsstaat gestärkt werden.
Schließlich widmet sich die Partnerschaft im sozialen, kulturellen und menschlichen Bereich neben der Zusammenarbeit im sozialen Bereich, insbesondere auch im Gesundheitswesen, in der Bekämpfung des Terrorismus, des Drogenhandels, der internationalen Kriminalität, des Rassismus, der Fremdenfeindlichkeit und der Intoleranz[476], dem heiklen Thema der Wanderungsbewegungen, namentlich der illegalen Einwanderung. Bestimmungen über die Arbeitnehmerfreizügigkeit hingegen sind nicht aufgenommen worden, obwohl die Mittelmeerdritt-

---

[468] Zu den begleitenden Maßnahmen, die die Schaffung dieser Freihandelszone erleichtern sollen: Erklärung von Barcelona, Bulletin EG 5 – 1995, Ziffer 2.3.1, S. 156.
[469] Erklärung von Barcelona, Bulletin EG 5 – 1995, Ziffer 2.3.1, S. 156: d.h. Freihandelsabkommen zwischen den Mittelmeerdrittstaaten untereinander sowie zwischen ihnen und assoziierten Staaten, die nicht EU-Mitgliedstaaten sind (MOEL, EFTA, Türkei. Voranstehend: *Droutsas*, Die Mittelmeerpolitik der EU, in: ecolex 1997, S. 131ff, 134).
[470] Kommissionsmitteilung über die Stärkung der Mittelmeerpolitik vom Oktober 1994, S. 7ff.
[471] Erklärung von Barcelona, Bulletin EG 5 – 1995, Ziffer 2.3.1, S. 156f.
[472] Erklärung von Barcelona, Bulletin EG 5 – 1995, Ziffer 2.3.1, S. 157.
[473] Ausführlich: Erklärung von Barcelona, Bulletin EG 5 – 1995, Ziffer 2.3.1, S. 157.
[474] Erklärung von Barcelona, Bulletin EG 5 – 1995, Ziffer 2.3.1, S. 157f.
[475] Erklärung von Barcelona, Bulletin EG 5 – 1995, Ziffer 2.3.1, S. 158.
[476] Dass sich die Inhalte der drei Aspekte der Europa-Mittelmeer-Partnerschaft wie hier überschneiden, liegt nicht zuletzt in der eingangs beschriebenen Interdependenz der entwicklungs- und friedenspolitischen Dimension begründet.

staaten ob der offensichtlichen Notwendigkeit[477] einer adäquaten Regelung darauf drängten[478].

Ein im Anschluss an die Konferenz festgelegtes Arbeitsprogramm dient dazu, „über regionale und multilaterale Aktionen die Ziele der Erklärung von Barcelona unter Wahrung ihrer Grundsätze [zu] verwirklichen“[479]. Und tatsächlich sind seither diverse kulturelle und wirtschaftliche Veranstaltungen sowie zahlreiche Konferenzen auf Minister- und Expertenebene durchgeführt worden. Den regelmäßigen Außenministerkonferenzen[480], vorbereitet von einem „Europa-Mittelmeer-Ausschuss für den Barcelona-Prozess“, beispielsweise kommt die Funktion zu, die Umsetzung der Barcelona-Erklärung zu überwachen und weitere geeignete (politische) Maßnahmen zu deren Zielerreichung festzulegen[481]. Zuletzt - und im Rahmen dieses Kapitels lediglich vollständigkeitshalber zu erwähnen - fand anlässlich des zehnjährigen Bestehens der Erklärung von Barcelona Ende November 2005 eine Außenministerkonferenz statt, auf der die Verpflichtungen der Erklärung grundsätzlich erneuert, gleichzeitig aber neue Akzente gesetzt worden sind[482]: So erfährt beispielsweise neben der umweltpolitischen[483] auch die soziale Dimension der Partnerschaft eine eindeutig stärkere Betonung; namentlich sollen die Anstrengungen der Mittelmeerpartner unterstützt werden, die Millennium-Entwicklungsziele betreffend Bildung sowie Geschlechtergleichstellung und Stärkung („Empowerment“) der Frauen[484] zu erfüllen[485]. Darüber hinaus gilt es, das Thema Migration noch umfassender und effektiver anzugehen[486]. Viele dieser modifizierten bzw. erweiterten Schwerpunkte dürften in das neue „Europäische Nachbarschafts- und Partnerschaftsinstrument“ (ENPI) einfließen, eine Finanzierungsverordnung, die MEDA II am 1.1.2007 ersetzen wird[487].

---

[477] 1992 lebten 4,6 Millionen Staatsbürger aus den Mittelmeerdrittländern legal in der EU. Zum Vergleich: aus den MOEL waren es im selben Jahr 0,7 Millionen (Zahlen: Kommissionsmitteilung über die Stärkung der Mittelmeerpolitik vom Oktober 1994, S. 7ff). Jene konnten sich nicht auf Art. 48 EGV stützen, da sie nicht Staatsbürger einer der Mitgliedstaaten waren (vgl. EuGH, Rs. C-355/93, Hayriye Eroglu/ Baden-Württemberg, Slg. 1994, I-5113ff, I-5141, Ziffer 21).

[478] *Hakura*, The Euro-Mediterranean policy, in: CMLRev. 1997, S. 337ff, 346.

[479] Arbeitsprogramm, Punkt I. Dieses ist im Anschluss an die „Erklärung von Barcelona“ in Bulletin EG 11 – 1995, Ziffer 2.3.2, S. 159ff, abgedruckt.

[480] Weitere Europa-Mittelmeer-Konferenzen auf Außenministerebene: Valletta (Malta) 1997, Palermo (Sizilien) 1998, Stuttgart (1999), Marseilles (Frankreich) 2000, Brüssel (Belgien) 2001, Valencia (Spanien) 2002 (voranstehend: *Benedek*, in: Grabitz/ Hilf (Hrsg.), EUV/ EGV, Art. 179, Rn. 36), Neapel (Italien) 2003 (*Kommission*, Annual Report 2004, Seite 81, Punkt 4.4.2).

[481] Vgl. Erklärung von Barcelona, abgedruckt in: Bulletin EG 11 – 1995, Ziffer 2.3.1, S. 158f. Eine Auflistung dieser Konferenzen/ Veranstaltungen findet sich in den „Gesamtberichten“ der *Kommission* eines jeden Jahrgangs unter dem Kapitel „Beziehungen zu den Mittelmeerländern und den Ländern des Nahen Ostens“. Überblickmäßig zu den Gremien, die für die Überwachung der Partnerschaft Europa-Mittelmeer zuständig sind und ihr neue Impulse geben sollen: Philippart, The Euro-Mediterranean Partnership: A Critical Evaluation of an Ambitious Scheme, in: EFARev. 2003, S. 201ff, 202f.

[482] Die Schlusserklärung der Konferenz ist abrufbar unter: http://ec.europa.eu/comm/external_relations/euromed/summit1105/chairmans_statement.pdf (Stand: 31.5.2006). Zur Umsetzung dieser Erklärung wurde wieder ein Arbeitsprogramm für die nächsten fünf Jahre verabschiedet: http://ec.europa.eu/comm/external_relations/euromed/summit1105/five_years.pdf (Stand: 31.5.2006).

[483] Vgl. die Schlusserklärung (vgl. Fn. 482) Punkt 6 sowie das Arbeitsprogramm (vgl. Fn. 482) Punkt 8j.

[484] Zu den Millennium-Entwicklungszielen bereits oben Kapitel C „Geschichte der Entwicklungszusammenarbeit der Europäischen Gemeinschaft“, Abschnitt C.I.1, Fn. 33.

[485] Vgl. die Schlusserklärung (vgl. Fn. 482) Punkt 7 sowie das Arbeitsprogramm (vgl. Fn. 482), insbesondere Punkte 9, 10.

[486] Siehe die Schlusserklärung (vgl. Fn. 482) Punkte 8f sowie das Arbeitsprogramm (vgl. Fn. 482), insbesondere Punkte 11, 12.

[487] Zum ENPI unten Abschnitt E.II.4.

Unter dem Vorzeichen dieses partnerschaftlichen Ansatzes der Erklärung von Barcelona 1995 standen dann auch die Verhandlungen über den Abschluss der bilateralen Assoziationsabkommen mit den Maghreb- und Mashrik-Staaten, die in den Fällen von Marokko und Tunesien schon 1994 in die Wege geleitet worden waren: Die konkreten Leitlinien sowie das darauf inhaltlich gründende Verhandlungsmandat für die künftige Politik waren bereits ab 1992 konzipiert bzw. erteilt worden[488]; als die Diskussion um eine Europa-Mittelmeer-Partnerschaft initiierende Texte „antizipierten" sie jedoch die Inhalte der Barcelonaerklärung - zumindest was die fundamentalen Aussagen anbelangt.
So sah das Verhandlungsmandat mit Tunesien – stellvertretend für die Maghreb-Staaten - im Einklang mit der späteren Erklärung von Barcelona folgende nun hinreichend bekannte Schwerpunktsetzung in den abzuschließenden Abkommen vor:

- politischer Dialog;
- umfassende wirtschaftliche, soziale und kulturelle Zusammenarbeit, sowie
- langfristige Schaffung einer Freihandelszone.

Die finanzielle Zusammenarbeit sollte zwar nach wie vor außerhalb der Verträge separat und entsprechend der „möglichen neuen Bedürfnisse der Partner"[489] geregelt werden. Gleichzeitig aber intendierte die Gemeinschaft nunmehr, die bisherigen bilateralen Protokolle und die seit wenigen Jahren koexistierende horizontale Finanzverordnung durch ein einziges, autonomes Finanzinstrument – nämlich in Gestalt der „MEDA-Verordnung" - zu substituieren.

2. Europa-Mittelmeer-Abkommen mit Tunesien

Das Europa-Mittelmeer-Abkommen mit Tunesien ist wie das bisherige „Kooperationsabkommen"[490] mit einer unbegrenzten Laufzeit ausgestattet (Art. 93 UA 1[491]). Etwaige Revisionsklauseln enthält das Vertragswerk zwar nicht – die Parteien sind jedoch nach Völkergewohnheitsrecht nicht gehindert, den Vertrag anzupassen[492].
Die Liste innovativer Regelungen, die das Assoziationsabkommen bereithält, ist lang; deshalb seien an dieser Stelle nur die bedeutendsten zusammengefasst:

- Politisierung des Abkommens – manifestiert in einer Menschenrechts- und Demokratieklausel (Art. 2) und der korrelierenden Suspensionsbestimmung (Art. 90) sowie in der Intensivierung des politischen Dialogs (Art. 3);
- Substitution der bislang gewährten einseitigen Präferenzen durch die schrittweise Errichtung einer WTO-konformen Freihandelszone bis zum Jahr 2010 (Art. 6ff);
- Ausbau der wirtschaftlichen Zusammenarbeit und der Kooperation im sozialen und kulturellen Bereich im Geiste des Partnerschaftsgedankens (Art. 42ff, 64ff);
- Integrierung von Bestimmungen über die Niederlassungsfreiheit (Art. 31), den Dienstleistungs- (Art. 32) und Kapitalverkehr (Art. 33ff) sowie über das Wettbewerbsrecht (Art. 36ff), deren inhaltliche Urheberschaft im EGV zu finden ist.

Das Abkommen gestaltet sich wie sein Vorgänger relativ übersichtlich, was die Anzahl der Bestimmungen anbelangt. So kommt das Regelwerk nämlich mit 96 Artikeln aus, die sich wie

---

[488] Zu den Leitlinien vgl. oben Abschnitt E.II.1, Fn. 440. Zum Verhandlungsmandat für Marokko und Tunesien: *Kommission*, Gesamtbericht 1993, S. 284f.
[489] Mitteilung der Kommission *„Die künftige Zusammenarbeit zwischen Gemeinschaft und Maghreb"*, SEK (1992) 40, endg. vom 29.4.1992, Zusammenfassung abgedruckt in: Bulletin EG 2- 1992, Ziffer 1.4.6.
[490] Das „Kooperationsabkommen" wird vom neuen Assoziationsabkommen mit Tunesien abgelöst, Art. 96II des Europa-Mittelmeer-Assoziationsabkommen.
[491] Artikel ohne nähere Angabe beziehen sich fortan auf das Europa-Mittelmeer-Abkommen mit Tunesien.
[492] Vgl. Art. 39ff WVK (*Sartorius II*, Nr. 320).

folgt in acht „Titel" gliedern: (1) Politischer Dialog (Art. 3ff); (2) Freier Warenverkehr (Art. 6ff); (3) Niederlassungsrecht und Dienstleistungsverkehr (Art. 31ff); (4) Zahlungen, Kapitalverkehr, Wettbewerb und sonstige wirtschaftliche Bestimmungen (Art. 33ff); (5) Wirtschaftliche Zusammenarbeit (Art. 42ff); (6) Zusammenarbeit im wirtschaftlichen und sozialen Bereich (Art. 64ff); (7) Finanzielle Zusammenarbeit (Art. 75ff) sowie (8) Bestimmungen über die Organe, Allgemeine und Schlussbestimmungen (Art. 78ff).

Nachfolgend erläutert die Arbeit die Bestimmungen des Europa-Mittelmeer-Abkommens mit Tunesien eingehend und beleuchtet sie dabei auf ihren entwicklungspolitischen Gehalt hin – eine Untersuchungsrichtung, die oft zu kurz kommt, wird die Zusammenarbeit mit den Mittelmeerdrittstaaten doch größtenteils nur in einem sicherheitspolitischen, mitunter noch ökonomischen Kontext besprochen. Eine gewisse Einseitigkeit, die wohl auf das vorwiegend wirtschafts- und sicherheitspolitische Interesse an dieser Partnerschaft, zum Ausdruck gebracht in der zuletzt im November 2005 bestätigten Barcelona-Erklärung, zurückzuführen sein dürfte. Wie jedoch bereits oben festgestellt, ist Fakt, dass die Erklärung insgesamt betrachtet sehr wohl eine ausgeprägte entwicklungspolitische Zielsetzung aufweist, bedient man sich nur eines dementsprechenden Betrachtungswinkels. Dass auch das Assoziationsabkommen mit Tunesien im Zeichen dieser Zielsetzung steht, insofern die diesbezügliche Tradition des vormaligen „Kooperationsabkommens" fortsetzt – nur eben mit deutlich (friedens-) politischen Akzenten als Ausfluss der Interdependenz von (sicherheits-) politischen und entwicklungspolitischen Elementen - soll die nachfolgende Darstellung ausführlich belegen.

2.1 Präambel

Ihrer „auslegungstechnischen" Bedeutung[493] folgend nennt die Präambel vorab die „Grundlagen" der Assoziation, die in der „Gegenseitigkeit", der „Partnerschaft" (Präambel II), im Dialog (Präambel VI), der „Wahrung der Grundsätze der Charta der Vereinten Nationen [,...] insbesondere der Achtung der Menschenrechte und der politischen und wirtschaftlichen Freiheiten" (Präambel III) sowie der „Entwicklungszusammenarbeit" (Präambel II) liegen. Obwohl der entwicklungspolitischen Kooperation demnach unstreitig eine gewichtige Rolle im Abkommen zukommt, werden einzelne spezifische, nach Art. 177I, II EGV zu verfolgende Entwicklungsziele anders als im Partnerschaftsabkommen von Cotonou nicht in den Kontext dieser Zusammenarbeit gestellt, sondern vielmehr dem dreiteiligen Konzept der Europa-Mittelmeer-Partnerschaft zugeordnet: So werten die Vertragspartner beispielsweise die Achtung der Grundsätze der Charta der Vereinten Nationen (Präambel III) zumindest nicht explizit als Garant einer nachhaltigen Entwicklung[494] - unter Berücksichtigung der Barcelona-Erklärung ist dieses Postulat zusammen mit dem Ausbau des politischen Dialogs (Präambeln VI, IX) statt dessen in Bezug zur (sicherheits-) politischen Partnerschaft[495] zu setzen. Und die mit Hilfe der schrittweisen Errichtung einer Freihandelszone beabsichtigte Integration Tunesiens in die Weltwirtschaft (Präambeln V, XI) – gleichermaßen primärrechtlich normierte entwicklungspolitische Zielvorgabe[496] - stellt einen Eckpfeiler der Wirtschafts- und Finanzpartnerschaft[497] dar; daneben trägt die Förderung der wirtschaftlichen Entwicklung (Präambeln VIII, X) Tunesiens, insbesondere durch die Schaffung eines „günstige[...n] Klima[s]" für die wirtschaftliche Zusammenarbeit (Präambel XIII) sowie durch die Forcierung der Regionalintegration (Präambel VII), selbstverständlich zur Realisierung der eben genannten

---

[493] Vgl. hierzu bereits oben Abschnitt E.I.2.1.

[494] Vgl. hierzu die Präambel im Cotonou-Abkommen oben E.I.2.1 sowie ausführlich oben Kapitel C „Ziele der Entwicklungszusammenarbeit", dort insbesondere Abschnitte C.II.2 und C.II.3.1.

[495] Vgl. oben E.II.1.1

[496] Art. 177I 2. Spiegelstrich EGV.

[497] Vgl. oben E.II.1.2.

Partnerschaft bei – der Beitrag dieses Vertragsziels zur entwicklungspolitischen Vorgabe des Art. 177I 1. und 3. Spiegelstrich EGV ist allerdings gleichermaßen evident. Schließlich erfüllt die angestrebte Unterstützung der sozialen Entwicklung Tunesiens (Präambeln VIII, X) sowohl die Kriterien des Art. 177I 1. Spiegelstrich EGV als auch die Vorstellungen, die die Teilnehmer der Barcelona-Konferenz von einer Partnerschaft im sozialen, kulturellen und menschlichen Bereich[498] haben.

2.2 Allgemeine Bestimmungen

2.2.1 Vertragsziele

Im Einklang mit der Präambel geht der materielle Vertragstext nun – d.h. noch vor dem ersten Titel, als für alle Bereiche des Abkommens gleichermaßen geltend - dazu über, die Ziele der Partnerschaft Europa-Mittelmeer explizit aufzulisten (Art. 1II):

- Ausbau eines sämtliche Kooperationsbereiche umfassenden politischen Dialogs;
- schrittweise Liberalisierung des Waren-, des Dienstleistungs- und des Kapitalverkehrs;
- Ausweitung des Handels sowie die Schaffung ausgewogener Wirtschafts- und Sozialbeziehungen, um die „Entwicklung und den Wohlstand Tunesiens [...] zu begünstigen“[499];
- Förderung der Regionalintegration, sowie
- Unterstützung der wirtschaftlichen, sozialen, kulturellen und finanziellen Zusammenarbeit.

Wie auch das Partnerschaftsabkommen von Cotonou verschreibt sich das Assoziationsabkommen einem Zielepluralismus. Dieser reflektiert (Art. 1II 2. – 4. Spiegelstrich, Präambel V[500]) zunächst die Vorgaben des Art. 177I 2. Spiegelstrich EGV. Dabei nennt Art. 1II zwar die Stärkung der regionalen Integration (4. Spiegelstrich), die bekanntlich[501] einer „harmonischen“ Integration in den internationalen Handel dient. Er schreibt allerdings nicht ausdrücklich fest, ob die Eingliederung *grundsätzlich* die besonderen ökologischen, wirtschaftlichen und sozialen Eigenheiten Tunesiens beachten, d.h. ob sie „harmonisch“ erfolgen muss. Ferner spiegelt der Zielekatalog die Anforderungen des Art. 177I 1. Spiegelstrich EGV insofern wider, als die soziale und wirtschaftliche Entwicklung zu fördern ist; den Umweltschutz als weiterer Eckpfeiler von Entwicklung lassen die Vertragsparteien indes unerwähnt. Das Nachhaltigkeitsgebot des Art. 177I 1. Spiegelstrich EGV wird darüber hinaus auch insofern unterlaufen, als Entwicklung nicht in Beziehung zu ihrer langfristigen Tragfähigkeit, mithin ihrer Dauerhaftigkeit gesetzt wird[502]. Keine explizite Berücksichtigung findet des Weiteren das Ziel der Armutsbekämpfung, und ob dieses in das Vertragsziel „Begünstigung des Wohlstandes des tunesischen Volkes“ (vgl. Art. 1II 3. Spiegelstrich) so ohne weiteres hinein interpretiert werden kann, bleibt zweifelhaft[503]. Ebenso wenig finden die allgemeinen Entwicklungsziele des Art. 177II EGV explizit EGV Berücksichtigung.

Damit lässt sich an dieser Stelle freilich noch nicht abschließend klären, ob das Abkommen daher hinter den Anforderungen des Art. 177I EGV zurückbleibt, der die Förderung sämtli-

---

[498] Hierzu E.II.1.3.

[499] Art. 1II 3. Spiegelstrich.

[500] Hierzu muss wohl zusätzlich die Präambel V zur Auslegung herangezogen werden (Art. 31II WVK (Sartorius II, Nr. 320)), da der Zielekatalog des Art. 1II nur die Instrumente zur Realisierung der Eingliederung in den Welthandel benennt.

[501] Siehe bereits oben Kapitel C „Ziele der Entwicklungszusammenarbeit“, Abschnitt C.I.2.3.

[502] Im Gegensatz hierzu Art. 2II i.d.F. von MEDA II (unten Abschnitt E.II.3.1.1).

[503] Dass dieses prioritäre Ziel unberücksichtigt bleibt, mag vielleicht daran liegen, dass sich diese Schwerpunktsetzung zum Zeitpunkt der Verhandlungen bzw. der Unterzeichnung des Abkommens noch nicht vollends durchgesetzt hatte. Der EGV jedenfalls aber normierte dieses Entwicklungsziel bereits.

cher Entwicklungsziele postuliert. Denn hierüber entscheidet vor allem auch die Ausgestaltung des operativen Teils des Abkommens, insbesondere ob hier diesen Zielen durch die Inkorporierung entsprechender Unterstützungsbereiche Genüge geleistet wird.
Allerdings, so bleibt hier abschließend in Erinnerung zu rufen, „darf" das Europa-Mittelmeer-Abkommen rechtlich betrachtet hinter den Vorgaben des Art. 177I, II EGV zurückbleiben. Denn das Abkommen muss keinesfalls *sämtliche*, wenngleich grundsätzlich gleichberechtigt nebeneinander stehende Zielsetzungen *gleichzeitig* fördern, sind doch die Gemeinschaftsorgane in der Wahl der Maßnahmen zur Verwirklichung dieser primärrechtlichen Ziele frei[504]. So hat sich die Gemeinschaft im Rahmen der AKP-EG-Kooperation entschlossen, beinahe[505] die gesamte Entwicklungszusammenarbeit vertraglich zu regeln, während sich die Partnerschaft Europa-Mittelmeer prinzipiell in eine vertraglich und in eine autonom geregelte Zusammenarbeit aufgliedert. Vom Grundsatz her[506] ist es daher der Gemeinschaft überlassen, wo sie letztendlich welche Elemente unterstützt[507].

2.2.2 Politische Dimension

Angesichts der Tatsache, dass noch das „Kooperationsabkommen" mit Tunesien politisch neutral konzipiert war, gestaltet sich der Schritt, den das neue Europa-Mittelmeer-Abkommen in Richtung Politisierung der Beziehungen genommen hat, geradezu bahnbrechend: Noch vor dem ersten Titel ist eine Menschenrechts- und Demokratieklausel in der Variante der sog. „einfachen Wesentlichkeitsklausel" (Art. 2) platziert, die durch eine „bulgarische Nichterfüllungsklausel" als Suspensionsbestimmung (Art. 90) ergänzt wird. Darüber hinaus räumt das Abkommen dem nunmehr institutionalisierten Politikdialog sogar einen eigenen Titel (Titel I, Art. 3ff) ein und manifestiert dadurch seine herausragende Bedeutung für die euro-mediterrane Partnerschaft. Zu Recht ist das Abkommen deshalb der Kategorie der sog. „Verträge der dritten Generation"[508] zuzurechnen.

2.2.2.1 „Einfache Wesentlichkeits-" und „bulgarische Nichterfüllungsklausel"

Das Assoziationsabkommen mit der tunesischen Republik ist eines der ersten Abkommen mit einem Nicht-AKP-Staat, in das eine Menschenrechts- und Demokratiebestimmung sowie eine Nichterfüllungsklausel nach dem Vorbild der Übereinkünfte mit den KSZE-Staaten inkorporiert wurde[509]. Die Aufnahme derartiger Bestimmungen speziell im Kontext der Partnerschaft Europa-Mittelmeer beruht nicht zuletzt auf der Annahme, dass die innere Stabilität der Staaten, mitunter beruhend auf der Achtung der Menschenrechte und demokratischer Grundsätze, auf mittlere Sicht als Komponente der Stabilität des gesamten Europa-Mittelmeer-Raums gesehen wird[510].

---

[504] Hierzu bereits oben Kapitel C „Ziele der Entwicklungszusammenarbeit", Abschnitt C.I.1, vgl. auch Abschnitt C.II.1.

[505] Aufgrund von Art. 179III EGV sind nur wenige thematische Verordnungen auf die AKP-Staaten anwendbar (dazu oben Abschnitt E.I.2.4.2.2.3 sowie oben Kapitel D „Gemeinschaftsrechtliche Handlungsvorgaben", Abschnitt D.II.2.3.3), so dass diese im Verhältnis zur vertraglichen Zusammenarbeit nicht maßgeblich ins Gewicht fallen.

[506] Manche Vorgaben – beispielsweise die Errichtung einer Freihandelszone – lassen sich nun mal lediglich vertraglich festlegen.

[507] Normiert die MEDA-VO im Folgenden Weitergehendes als das Europa-Mittelmeer-Abkommen, so soll in Fußnoten darauf hingewiesen werden.

[508] Vgl. zu dieser Kategorisierung bereits oben Kapitel B „Geschichte der Entwicklungszusammenarbeit der Europäischen Gemeinschaft", Abschnitt B.V, Fn. 449.

[509] Ausführlich hierzu und zum Nachfolgenden bereits oben Kapitel C „Ziele der Entwicklungszusammenarbeit", Abschnitt C.II.2.

[510] Schlussfolgerungen des Europäischen Rates in Cannes, Punkt I.50, S. 52, abgedruckt in: Bulletin EG 6 – 1995, S. 23ff.

Demgemäß statuiert zunächst Art. 2 die „Achtung der Grundsätze der Demokratie und der Menschenrechte [...als] wesentliches Element dieses Abkommens“[511]. Diese Bestimmung wird gemeinhin als „einfache Wesentlichkeitsklausel“ tituliert, da sie ungleich der in Verträge mit Nicht-AKP-Staaten systematisch einbezogenen „AEMR-Wesentlichkeitsklausel“ noch keine ausdrückliche Referenz auf den Menschenrechts- und Demokratiestandard der AEMR enthält. Die fehlende Bezugnahme lässt sich indes erklären: Der Rat beschloss jene Standardisierung erst Ende Mai 1995, mithin zu einem Zeitpunkt, zu dem die Unterzeichnung des Europa-Mittelmeer-Abkommens mit Tunesiens zu kurz bevorstand, als dass noch eine Modifizierung des Vertragstextes hätte vorgenommen werden können[512]. Wie aber bereits oben ausgeführt[513], bedarf es keiner expliziten Bezugnahme auf die AEMR, um identische Schutzbereiche zu erhalten: Eine gemäß Art. 31f WVK[514] vorzunehmende Vertragsauslegung ermittelt nämlich als Maßstab für den normativen Gehalt der Wesentlichkeitsklauseln die AEMR, die als Konkretisierung des historisch gewachsenen Menschenrechts- und Demokratieverständnis der VN (Art. 55c) UN-Charta[515]) qualifiziert wird. Und auf deren Grundsätze bezieht sich die zur Auslegung heranzuziehende Präambel III[516] des Assoziationsabkommens ausdrücklich in diesem Kontext. Alsdann können, sollte noch keine konsensfähige Auslegung zustande gekommen sein, der IPbpR und der IPwskR sowie diverse regionale Pakte zur weiteren Interpretation herangezogen werden. Bestätigt wird dies durch die Erklärung von Barcelona[517], in der sich Tunesien und die EU verpflichten, „entsprechend der Charta der Vereinten Nationen und der Allgemeinen Erklärung der Menschenrechte sowie entsprechend anderer völkerrechtlicher Verpflichtungen zu handeln, die sich insbesondere aus regionalen und internationalen Instrumenten ergeben, die sie unterzeichnet haben“[518].

Die Wesentlichkeitsklausel komplettiert eine Suspendierungsvorschrift in der Variante der sog. „bulgarischen Nichterfüllungsklausel“ (Art. 90II), die inhaltlich mit der ab Ende Mai

---

[511] Enttäuschend ist freilich, dass die Klausel die Achtung der Rechtstaatlichkeit, die der angestrebten Stabilität im Mittelmeerraum ebenso zuträglich ist, nicht zu einem „wesentlichen Element“ erhebt und damit hinter den Forderungen des Art. 177II EGV zurückbleibt. Wenigstens die MEDA-VO deklariert das Prinzip zu einem „wesentlichen Element“ (vgl. unten Abschnitt E.II.3.1.2.1). Gleichermaßen enttäuschend ist die Tatsache, dass die „Grundsätze der Demokratie“ nicht definiert sind.

[512] In anderen Europa-Mittelmeerabkommen, deren Unterzeichnung in einem größeren zeitlichen Abstand zu jener Ratserklärung stattfand, wird nämlich eine direkte Bezugnahme zur AEMR in der Wesentlichkeitsklausel vorgenommen, z.B. Art. 2 des Abkommens mit Jordanien (ABl. 2002, Nr. L 129/3ff; unterzeichnet 24.11.1997); Art. 2 des Abkommens mit der PLO (ABl. 1997, Nr. L 187/3ff; unterzeichnet 24.2.1997).

[513] Kapitel C „Ziele der Entwicklungszusammenarbeit“, Abschnitt C.II.4.2.

[514] *Sartorius II*, Nr. 320.

[515] *Sartorius II*, Nr. 1.

[516] Vgl. Art. 31II UA 1 WVK (*Sartorius II*, Nr. 320).

[517] Die Erklärung gehört allerdings nicht zum für die Vertragsinterpretation maßgeblichen „Zusammenhang“ i.S.d. Art. 31I WVK (*Sartorius II*, Nr. 320): Die von sämtlichen Vertragsparteien abgegebene Erklärung gibt zwar wie bereits beschrieben die allgemeine Ausrichtung, Ziele und Grundlagen der euro-mediterranen Partnerschaft vor. Dennoch handelt es sich nach Sinn und Zweck der Erklärung nicht um eine Übereinkunft, die zwischen allen Parteien „anläßlich des Vertragsabschlusses“ (Art. 31IIa) WVK) getroffen wurde. Ebenso wenig stellt die Erklärung eine „spätere Übereinkunft zwischen den Vertragsparteien über die Auslegung des Vertrags oder die Anwendung seiner Bestimmungen“ (Art. 31IIIa) WVK) dar. Zu einem anderen Ergebnis käme man nur, stufte man politische Absichtserklärungen (bereits oben Abschnitt E.II.1, Fn. 452) als völkerrechtliches „soft law“ entgegen der hierzu herrschenden Auffassung als weitere (vgl. Art. 38 IGH-Statut (*Sartorius II*, Nr. 2)) Völkerrechtsquelle (wohl *Bleckmann*, Völkerrecht, Rn. 227ff; verneinend z.B. *Ipsen*, Völkerrecht, § 20, Rn. 20ff, v.a. 22) und somit konsequenterweise als Völkerrechtssatz ein. Dann wäre die Barcelona-Erklärung als „in den Beziehungen zwischen den Vertragsparteien anwendbare einschlägige Völkerrechtssatz“ (Art. 31IIIc) WVK) zur Auslegung heranzuziehen.

[518] Erklärung von Barcelona, abgedruckt im Bulletin 11 – 1995, Ziffer 2.3.1, S. 154.

1995 standardisierten Nichterfüllungsklausel für Drittstaatenverträge identisch ist[519]. Diese Bestimmung geht im jeweiligen Vertragsverhältnis als spezielles Völkerrecht den Bestimmungen der WVK vor.
Ausweislich Art. 90II können sämtliche Vertragsverletzungen sanktioniert werden, demzufolge nicht nur die Verletzung „wesentlicher Vertragsbestandteile" im Sinne des Art. 2. Was die konkreten Sanktionen anbelangt, so darf grundsätzlich jede „geeignete Maßnahme" aus dem im Kapitel C „Ziele der Entwicklungszusammenarbeit", Abschnitt C.II.3.2 vorgestellten Katalog angewandt werden. Im Einklang mit dem Verhältnismäßigkeitsgrundsatz sollen jedoch neben der Berücksichtigung der Schwere der Vertragsverletzung[520] in erster Linie solche Mittel zum Einsatz kommen, die das „Funktionieren dieses Abkommens am wenigsten stören" (Art. 90II UA 2, S. 1), folglich die mildest Möglichen. Ebenso darf die Bevölkerung durch die Sanktionen keinesfalls in Mitleidenschaft gezogen werden[521]. Schließlich will eine neuere Kommissionsmitteilung neben diesen Negativmaßnahmen explizit auch positive Fördermaßnahmen unter „geeignete Maßnahmen" subsumiert wissen[522].
Generell sind dem Ergreifen von Maßnahmen zudem Konsultationen im Assoziationsrat[523] vorgeschaltet (Art. 90II UA 1, S. 2). Diese bezwecken, den Rat mit den zweckdienlichen Informationen zu versorgen, damit er die Situation eingehend prüfen und idealiter eine für beide Parteien zufrieden stellende Lösung entwickeln kann. Dass hierfür nicht einmal eine Frist, geschweige denn ein bestimmtes inhaltliches Vorgehen im Rahmen der Konsultationen vorgeschrieben ist, dürfte aber nicht unbedingt zu einer raschen Klärung der Situation beitragen.
Eine Ausnahme von diesem „institutionalisierten Dialog"[524] gilt in „dringenden Fällen" (Art. 90II UA 1, S. 2). Auf eine „gemeinsame Erklärung" für die Auslegung der Nichterfüllungsklausel, wie sie der Rat seit 1995 für Drittstaatenverträge einbezogen sehen will, kann hier jedoch nicht zurückgegriffen werden. Diese identifiziert „dringende Fälle" als „erhebliche Verletzungen des Abkommens durch eine Vertragspartei", die insbesondere in einem Verstoß gegen „wesentliche Bestandteile des Abkommens"[525] liegen. Es ist aber anzunehmen, dass der Assoziationsrat, sollte er mit einer Streitigkeit über die Auslegung des Terminus „dringende Fälle" befasst werden (vgl. Art. 86), im Sinne jener Erklärung entscheidet – auch wenn er hierzu selbstverständlich rechtlich nicht verpflichtet ist: Denn diese Institution besteht zur Hälfte aus Vertretern der Mitglieder des Rates und der Kommission, die gewiss ihren Einfluss dahingehend geltend machen, dass im Geiste der euro-mediterranen Partnerschaft sämtliche wortgleiche Bestimmungen der neuen Abkommen dieselbe Auslegung erfahren – und jene Erklärung ist in sämtliche nachfolgende Europa-Mittelmeer-Abkommen aufgenommen worden[526].
Im Übrigen sind „nachträgliche" Konsultationen obligatorisch (Art. 90II UA 2, S. 2).

---

[519] Vgl. zum (englischen) Wortlaut dieser Klausel oben Kapitel C „Ziele der Entwicklungszusammenarbeit", Abschnitt C.II.2.
[520] Vgl. Kommissionsmitteilung über die Berücksichtigung der Achtung demokratischer Grundsätze und der Menschenrechte vom Mai 1995, Punkt D b) 3, vorletzter UA.
[521] Kapitel C „Ziele der Entwicklungszusammenarbeit", Abschnitt C.II.4.1.
[522] *„Intensivierung der EU-Maßnahmen für die Mittelmeer-Partnerländer in den Bereichen Menschenrechte und Demokratisierung - Strategische Leitlinien"*, KOM (2003) 294, endg. vom 21.5.2003, Punkt 5.1.1.
[523] Zu diesem unten Abschnitt E.I.2.6.
[524] Vgl. bereits oben Kapitel C „Ziele der Entwicklungszusammenarbeit", Abschnitt C.II.3.2.
[525] Die (englische Fassung dieser) Erklärung ist abgedruckt in Abschnitt D, Ziffer (b) 3 der Kommissionsmitteilung über die Berücksichtigung der Achtung demokratischer Grundsätze und der Menschenrechte vom Mai 1995 bzw. oben in Kapitel C „Ziele der Entwicklungszusammenarbeit", Abschnitt C.II.2.
[526] Z.B. „Gemeinsame Erklärung zu Artikel 101", Punkt 1, 2. Spiegelstrich des Abkommens mit Jordanien (ABl. 2002, Nr. L 129/3ff, 174); „Gemeinsame Erklärung zu Artikel 70 des Abkommens [mit der PLO]", Punkt 1, 2. Spiegelstrich (ABl. 1997, Nr. L 187/3ff, 131).

2.2.2.2 Politischer Dialog

Die Etablierung eines politischen Dialogs ist gemäß der Erklärung von Barcelona das zentrale Element zur Schaffung einer (sicherheits-) politischen Partnerschaft, von der die Konferenzteilnehmer sich Wohlstand, Stabilität und Sicherheit im Mittelmeerraum erhoffen (vgl. Art. 3I2). Dementsprechend kommt dem Dialog vor allem die Aufgabe[527] zu, die Vertragsparteien einander anzunähern, das gegenseitige Verständnis zu erleichtern, regelmäßig Abstimmungen in internationalen Fragen von gemeinsamem Interesse vorzunehmen, ihre Standpunkte und Interessen zu respektieren sowie die Durchführung gemeinsamer Aktionen zu ermöglichen (Art. 3II). Zur Erreichung dieser Zielvorgaben werden „alle Fragen, die für die Vertragsparteien von gemeinsamen Interesse sind" (Art. 4), zum Gegenstand des Dialogs erhoben. Insbesondere sind Diskussionen darüber anzustrengen, wie durch die Kooperation zum einen der Frieden und die Stabilität, zum anderen die Entwicklung in der Mittelmeerregion gewährleistet werden können[528]. Obwohl also wie im Partnerschaftsabkommen einheitlich als „politischer Dialog" deklariert, unterfallen bestimmte Segmente - beispielsweise die Debatte um entwicklungspolitische Themen - eindeutig dem Politikdialog[529].

Beiden Facetten des Dialogs sind beispielsweise die Themen des „Dialogs im sozialen Bereich" (Art. 69f) zuzuordnen. Dieser wird im Abkommen zwar an gesonderter Stelle etabliert, findet aber im Rahmen des „politischen Dialogs" statt bzw. bedient sich zumindest dessen Modalitäten (Art. 70). Als vorzugswürdige Diskussionsthemen erhebt der Vertragstext (Art. 69III) hier „insbesondere" alle Probleme u.a. im Zusammenhang mit den Lebens- und Arbeitsbedingungen der Einwanderer, den Wanderungsbewegungen, der illegalen Einwanderung sowie der gegenseitigen Kenntnis ihrer Kultur und Gesellschaft, der Toleranz und der Beseitigung von Diskriminierungen. Dass sozialen Themen grundsätzlich eine solche Bedeutung zugemessen wird und die ausdrücklich genannten Diskussionsgegenstände zudem die programmatischen Ausführungen der Barcelona-Erklärung hinsichtlich der Inhalte einer „Partnerschaft im sozialen, kulturellen und menschlichen Bereich" umsetzen[530], ist freilich durchaus lobenswert. Doch muss konzediert werden, dass diese Themen beinahe ausschließlich Angelegenheiten betreffen, die in erster Linie für die europäischen Partner aufgrund ihrer geographischen Nähe zu Tunesien von besonderem Interesse sind: Fragen der Migration und der illegalen Einwanderung. Andere essenzielle soziale Thematiken – Gesundheit, Ausbildung, Rolle der Frau beispielsweise – wurden hingegen ausgeklammert; was zwar nicht heißt, dass sie nicht diskutiert werden dürfen („insbesondere"), aber darauf hinaus läuft, dass sie mangels verbindlicher Normierung eben auch nicht thematisiert werden müssen.

Ausdrücklich vorgesehen ist weiter ein Dialog über die Wirtschaftspolitik (vgl. Art. 44a)). Angesichts des maßgeblichen Einflusses der Ergebnisse dieses wirtschaftpolitischen Diskurses auf die nationale Programmierung im Rahmen der MEDA-Finanzverordnung[531] ist trotz diesbezüglich fehlender Regelung anzunehmen, dass er zumindest nach den institutionalisierten Modalitäten der Art. 3ff erfolgt.

Zur Thematisierung der menschenrechtlichen und demokratischen Situation hingegen konnten sich die Vertragspartner zumindest nicht explizit durchringen. Zu voreilig wäre es jedoch daraus zu schließen, dass die Debatte über die Achtung der Menschenrechte und demokratischer Grundsätze ergo nur „schadensbegrenzend" geführt werden kann, folglich erst nach einer Verletzung dieser Prinzipien im Rahmen des institutionalisierten Dialogs gemäß Art. 90II.

---

[527] Zu den Funktionen und Inhalten des Dialogs im Allgemeinen, aber auch hier im Besonderen vgl. bereits oben Kapitel C „Ziele der Entwicklungszusammenarbeit", insbesondere Abschnitte C.II.2, C.II.3.2.

[528] Art. 3I2.

[529] Zur Differenzierung vgl. bereits oben Kapitel C „Ziele der Entwicklungszusammenarbeit", Abschnitt C.II.3.2, Fn. 531.

[530] Vgl. oben Abschnitt E.II.1.3.

[531] Vgl. Art. 5III UA 2 i.d.F. von MEDA II; dazu unten insbesondere Abschnitt E.II.3.3.1.2.

Vielmehr eröffnet sich die Möglichkeit zum konstruktiven politischen Diskurs über diese Belange aufgrund der Tatsache, dass sie wesentliche Abkommenselemente konstituieren und somit als „Frage gemeinsamen Interesses" im Sinne des Art. 4 als Gegenstand des Dialogs in Betracht kommen - eine Vorgehensweise, die von der Kommission auch angestrebt wird[532]. Mangels ausdrücklicher vertraglicher Verankerung einer solchen „Präventivfunktion" im Hinblick auf die Vermeidung von „sanktionsbewehrten" Situationen i.S.d. 90 oder aber einer Bewertung der Entwicklungen bei der Achtung der Menschenrechte und der demokratischen Grundsätze hängt der Erfolg dieser Politik noch mehr als im Rahmen der AKP-EG-Zusammenarbeit vom Willen der Vertragsparteien ab.
Beheimatet ist der politische Dialog auf vielen Ebenen: So nennt Art. 5 neben diplomatischen Kreisen und der Ebene hoher Beamter, die die beiden Vertragsparteien vertreten, den Assoziationsrat[533] als primäres Forum des „regelmäßig[en]" und „sooft wie nötig" (Art. 5) stattfindenden Diskurses.

2.2.2.3 Positivmaßnahmen

Wie auch das Gros entwicklungspolitischer Verträge verfügt das Assoziationsabkommen mit Tunesien nicht über „positive Konditionalitätsklauseln", die konkrete Maßnahmen zur (un-)mittelbaren Förderung der Ziele des Art. 177II EGV vertraglich verankern[534]. Der positive Ansatz erschöpft sich demnach lediglich in der Statuierung der Achtung der Menschenrechte und der Grundsätze der Demokratie als „gemeinsames Anliegen" beider Vertragsparteien. Und wie bereits oben im Abschnitt 2.2.2.1 erwähnt, möchte die Kommission unter den „geeigneten Maßnahmen" i.S.d. Art. 90II UA 1, S. 1 gleichermaßen positive Förderelemente verstanden wissen. Allerdings dürfte sich die rechtliche Durchsetzbarkeit dieses Anliegens angesichts der nicht einmal ansatzweise vorgesehenen vertraglichen Verankerung konkreter Positivmaßnahmen – genannt seien z.B. politische, institutionelle und rechtliche Reformen zur aktiven Unterstützung von Menschenrechten und Demokratie - als schwierig erweisen. Ganz zu schweigen von Unterstützungsaktionen zur Festigung der Rechtsstaatlichkeit oder gar von Good Governance, die nicht einmal als „fundamentale Abkommenselemente" Eingang in das Vertragswerk haben finden können. Die Förderung all dieser Prinzipien beschränkte sich infolgedessen bis zum Inkrafttreten der MEDA-Verordnung, die diese Postulate positiv unterstützt[535], im Wesentlichen[536] auf Maßnahmen im Rahmen der „Europäischen Initiative für Demokratie und Menschenrechte/ EIDMR"[537]. Dabei hat erst unlängst ein UNDP-Bericht über die menschliche Entwicklung in der arabischen Welt ergeben, dass trotz erheblicher

---

532 Vgl. die Kommissionsmitteilung über die *„Intensivierung der EU-Maßnahmen für die Mittelmeer-Partnerländer in den Bereichen Menschenrechte und Demokratisierung - Strategische Leitlinien"*, KOM (2003) 294, endg. vom 21.5.2003, Punkt 5.1.1.
533 Zu diesem unten Abschnitt E.I.2.6.
534 Ausführlich zum möglichen Inhalt von Positivmaßnahmen oben Kapitel C „Ziele der Entwicklungszusammenarbeit", insbesondere Abschnitt C.II.3.2.
535 Siehe unten Abschnitt E.II.3.1.2.2.
536 Abgesehen vom oben beschriebenen politischen Dialog, der zumindest Demokratie und Menschenrechte zu thematisieren vermag und somit diese Postulate zumindest mittelbar stärkt.
537 Rechtsgrundlage dieser Initiative ist die bereits bekannte VO (EG) Nr. 975/1999 des Rates vom 29.4.1999 *zur Festlegung der Bedingungen für die Durchführung von Maßnahmen auf dem Gebiet der Entwicklungszusammenarbeit, die zu dem allgemeinen Ziel der Fortentwicklung und Festigung der Demokratie und des Rechtsstaats sowie zur Wahrung der Menschenrechte und Grundfreiheiten beitragen* (ABl. 1999, Nr. L 120/1ff), geändert durch VO (EG) Nr. 1882/2003 des EP und des Rates vom 29.9.2003, Anhang III, Ziffer 89 (ABl. 2003, Nr. L 284/1ff, 52f), erneut geändert durch: VO (EG) Nr. 2240/2004 des EP und des Rates vom 15.12.2004 (ABl. 2004, Nr. L 390/3ff).
Zur Förderung der Mittelmeerpartner im Rahmen der EIDMR: Kommissionsmitteilung über die *„Intensivierung der EU-Maßnahmen für die Mittelmeer-Partnerländer in den Bereichen Menschenrechte und Demokratisierung - Strategische Leitlinien"*, KOM (2003) 294, endg. vom 21.5.2003, Punkt 5.3.3.

Fortschritte in einigen Gebieten die weitere soziale, aber auch wirtschaftliche Entwicklung durch tiefverwurzelte Defizite in den dortigen Regierungsstrukturen beeinträchtigt wird[538]. Ebenso wenig können die Vertragspartner von sich behaupten, die durch eine dezentrale Zusammenarbeit zu erreichende Öffnung der Zusammenarbeit für eine möglichst breite Beteiligung unterschiedlichster Akteure, mit einem Wort: die Partizipation zu fördern und damit demokratische Grundsätze gleichermaßen zu konsolidieren. So ist die Zivilgesellschaft zumindest ausweislich des Vertragstexts weder am Dialog zu beteiligen, noch sind Maßnahmen zur Stärkung und Qualifizierung der Bürgergesellschaft oder zur Weiterentwicklung bzw. Schaffung der dezentralisierten Zusammenarbeit Gegenstand der Kooperation. Einzig im Rahmen der wirtschaftlichen Zusammenarbeit formuliert schüchtern eine Gemeinsame Erklärung[539], dass den Programmen über dezentrale Zusammenarbeit als Instrument zur Förderung des Erfahrungsaustausches und des Know-how-Transfers besondere Bedeutung zukommt. Im Gegensatz zu den Regierungen der AKP-Staaten hat sich demnach das Misstrauen der tunesischen Staatsmacht gegenüber Partizipation und dezentraler Zusammenarbeit (zumindest) zum Zeitpunkt der Vertragsverhandlungen bzw. des Vertragsschlusses noch nicht so weit gelegt[540], als dass diesbezüglich umfassende Stützungsmaßnahmen Eingang in das Regelungswerk hätten finden können. Damit setzt sich Tunesien zwar insofern in Widerspruch zur auch von ihm abgegebenen Barcelona-Erklärung, als diese in besonderer Weise die Rolle der Bürgergesellschaft und der dezentralisierten Zusammenarbeit zum einen für den erfolgreichen Aufbau der Partnerschaft, zum anderen für ein besseres Verständnis und eine Annäherung zwischen den Völkern propagiert[541]. Doch davon abgesehen fehlt es bereits der Erklärung an der so essenziellen Anerkennung des Zusammenhangs zwischen einer möglichst umfassenden (politischen, wirtschaftlichen und gesellschaftlichen) Beteiligung der Bevölkerung und einer Konsolidierung der Demokratie, der Wahrung der Menschenrechte sowie einer Ownership nichtstaatlicher Akteure; die Bedeutung der Partizipation wird mithin nicht gesehen, geschweige denn explizit bekräftigt. Von daher ist es zumindest zu erklären, warum sich das Abkommen diesen Prinzipien so völlig verschlossen zeigt und dementsprechend hinter den von der EG vorgeschlagenen Unterstützungsansätzen[542] zurückbleibt.

2.3 Freier Warenverkehr

Die stufenweise Errichtung einer WTO-konformen bilateralen Freihandelszone zwischen der EG und Tunesien bis spätestens 2010 (Titel II, Art. 6ff)[543] als Teil der Wirtschafts- und Fi-

[538] Eine Zusammenfassung des Berichts findet sich in Punkt 3 der Kommissionsmitteilung „*Intensivierung der EU-Maßnahmen für die Mittelmeer-Partnerländer in den Bereichen Menschenrechte und Demokratisierung – Strategische Leitlinien*", KOM (2003) 294, endg. vom 21.5.2003. Der Bericht umschreibt die Lage wie folgt: „Defizite bei der Regierungsführung behindern die Entwicklung demokratischer Werte und die Förderung und den Schutz der Menschenrechte; […]; Die Umsetzung der internationalen Menschenrechtsübereinkommen [, die von den meisten MEDA-Ländern ratifiziert worden sind,] ist schwach ausgeprägt; Dem Rechtssystem und dem Justizwesen fehlt es an ausreichender Unabhängigkeit; Im zivilen und politischen Bereich tätige NRO sind schwach, werden in ihren Tätigkeiten streng eingegrenzt und sind von internationalen Netzen abgeschnitten; […]; Autoritarismus und eine schlechte Bilanz in der Wirtschafts- und Sozialpolitik begünstigen die politische Marginalisierung und schüren radikale Bewegungen und Gewalt; Einige politische Lesarten des Islam berufen sich auf kulturelle Unterschiede, um die Universalität der Menschenrechte in Frage zu stellen."

[539] „Gemeinsame Erklärung zu Artikel 42 des Abkommens" (ABl. 1998, Nr. L 97/181). Sämtliche Erklärungen zu Bestimmungen des Assoziierungsabkommens sind Bestandteile des Abkommens, vgl. Art. 91.

[540] Vgl. auch *Rhein*, Mit Geduld und Ausdauer zum Erfolg, in: IP 2/1996, S. 15ff, 19.

[541] Erklärung von Barcelona, abgedruckt in: Bulletin EG, 11 – 1995, Ziffer 2.3.1, S. 158.

[542] Vgl. bereits oben Kapitel C „Ziele der Entwicklungszusammenarbeit", insbesondere Abschnitt C.II.3.2. Die MEDA-VO mag zwar Maßnahmen zur Stärkung der Bürgergesellschaft vorsehen (siehe unten Abschnitt E.II.3.1.2.2); in Sachen Partizipation und Ownership kann ihr jedoch ebenso wenig bescheinigt werden, den diesbezüglich allgemeinen Vorgaben der EG zu genügen (vgl. unten Abschnitte E.II.3.3.1, E.II.3.3.2).

[543] Solange die nachfolgenden Regelungen über den freien Warenverkehr nicht beeinträchtigt werden, können selbstverständlich Zollunionen oder Grenzverkehrsregelungen der Vertragsparteien aufrechterhalten bleiben

nanzpartnerschaft stellt – vor allem vor dem Hintergrund der Einrichtung weiterer solcher Zonen zwischen den Mittelmeerpartnern untereinander[544] - einen Beitrag dazu dar, die harmonische, schrittweise Eingliederung Tunesiens in die Weltwirtschaft (vgl. Art. 1II, 42II, 43I) entschieden voranzutreiben[545]. Dabei konzediert eine „schrittweise" Einbindung nicht nur Ausnahme- und Übergangsregelungen hinsichtlich der Handelsregelungen, sondern - mittel- oder langfristig – auch die volle Teilnahme am Welthandel – ein Ziel, das auch Präambel V kennt. Eine harmonische Integration indiziert namentlich die Berücksichtigung der besonderen ökologischen, wirtschaftlichen und sozialen Eigenheiten Tunesiens. Leider fehlt es Titel II aber an einer allgemeinen Beschreibung seiner Ziele und/ oder Grundsätze, so dass sich das Ziel einer harmonischen, schrittweisen Integration in den Weltmarkt lediglich aus einer Zusammenschau mit den Vertragszielen des Art. 1II sowie dem spezifischen Zielekatalog der „wirtschaftlichen Zusammenarbeit"[546] (Art. 42II, 43I) ergibt[547]. Anzukreiden ist den Vertragsparteien daher vehement, warum sie sich nicht dazu haben durchringen können, dieses Ziel ausdrücklich als für die Schaffung der Freihandelszone allgemein gültig zu formulieren. Hier besteht nämlich die Gefahr, dass in der Vorbereitungszeit bis höchstens 2010 insbesondere der primärrechtlich verankerten Vorgabe einer *harmonischen* Eingliederung (Art. 177I 2. Spiegelstrich EGV) – etwa in Gestalt sozialer, ökonomischer und ökologischer Begleitmaßnahmen – nicht Rechnung getragen wird. Diese Gefahr erscheint umso realistischer, verrät man bereits an dieser Stelle, dass es an einer verbindlichen Normierung expliziter Begleitmaßnahmen gänzlich fehlt und selbst die programmatische Zielbestimmung der Art. 42II, 43I im Ergebnis fast ausschließlich wirtschaftliche Maßnahmen fokussiert[548].

Jedenfalls gilt es, bis 2010 schrittweise bestehende Handelsbeschränkungen abzubauen. Dabei erfolgt dieser Abbau aufgrund der bereits bekannten Gründe[549] für gewerbliche (Art. 7ff) und landwirtschaftliche Produkte (Art. 15ff) uneinheitlich:
Zunächst verpflichtet der Vertragstext beide Vertragsparteien, im Handel mit gewerblichen Waren weder neue Einfuhrzölle noch Abgaben gleicher Wirkung einzuführen (Art. 8). Gewerbliche Waren mit Ursprung in Tunesien[550] dürfen – wie bisher - grundsätzlich frei von

---

bzw. errichtet werden (Art. 23I) – eine Bestimmung, die Tunesien unterstützen könnte, Freihandelszonen mit ihren mediterranen Nachbarn zu schaffen, und die so zu der von der Union anvisierten umfassenden Euro-mediterranen Freihandelszone beizutragen vermag.

[544] Am 1.1.2006 trat das „Agreement for the Establishment of a Free Trade Zone between the Arabic Mediterranean Nations"- auch "Agadir Agreement" genannt - in Kraft. Dabei handelt es sich um ein Abkommen, das zwischen Jordanien, Ägypten, Marokko und Tunesien schrittweise eine Freihandelszone errichtet. Das Abkommen ist abrufbar unter: http://www.bilaterals.org/article.php3?id_article=2513&var_recherche=agadir+agreement (Stand: 9.3.2006).

[545] Zu den positiven wie auch negativen Auswirkungen dieser Freihandelszone ausführlich: *Nienhaus*, Euro-Mediterraner Freihandel: Motor der wirtschaftlichen Entwicklung?, in: APUZ B 39/97, S. 12ff, sowie *derselbe*, Euro-Mediterrane Freihandelszone, in: Zippel (Hrsg.), Die Mittelmeerpolitik der EU, S. 91ff.

[546] Zur „wirtschaftlichen Zusammenarbeit" sogleich unten Abschnitt E.II.2.5.1.

[547] In diesem Sinne auch: Art. 75 UA 3, 4. und 5. Spiegelstrich.

[548] Vgl. unten Abschnitt E.II.2.5.1.
Im Rahmen der MEDA-VO müssen allerdings wirtschaftliche wie soziale Begleitmaßnahmen durchgeführt werden (vgl. unten Abschnitt E.II.3.2.2.1).

[549] Vgl. oben Kapitel B „Geschichte der Entwicklungszusammenarbeit der Europäischen Gemeinschaft", Abschnitte B.IV.2 und folgende.

[550] Als gewerbliche Waren definiert der Vertrag alle Erzeugnisse mit Ausnahme derer, die unter die Gemeinsame Agrarpolitik fallen, Art. 7 i.V.m. Anhang II, nunmehr Anhang I des EGV. Die Ursprungsregelung normiert Art. 29 i.V.m. Protokoll Nr. 4 zum Europa-Mittelmeer-Abkommen (ABl. 1989, Nr. L 97/69ff; sämtliche Abkommensprotokolle sind gemäß Art. 91 Bestandteile des Abkommens). Auch hier handelt es sich um eine Kumulierung der Ursprungsregelungen, das heißt ein Produkt muss nicht vollständig in Tunesien gewonnen bzw. hergestellt sein – Teile können etwa in den anderen Mittelmeerdrittstaaten produziert etc. werden -, um als Ursprungserzeugnis Tunesiens zu gelten. Hiervon verspricht sich die Gemeinschaft wie auch im Rahmen der AKP-EG-

Zöllen und Abgaben gleicher Wirkung sowie ohne mengenmäßige Beschränkungen und Maßnahmen gleicher Wirkung in die Gemeinschaft eingeführt werden (Art. 9). Eine Ausnahme formuliert der Vertragstext für eine Reihe von Produkten, die eine sog. „landwirtschaftliche Komponente"[551] enthalten: In diesem Falle gelten für diesen Anteil die auf Agrarerzeugnisse anwendbaren zollrechtlichen Bestimmungen entsprechend (Art. 10I, 15ff)[552]. Dabei enthalten die Art. 8f aufgrund ihres Wortlauts und im Hinblick auf Sinn und Zweck des Assoziationsabkommens klare und eindeutige Verpflichtungen, deren Erfüllung oder deren Wirkung nicht vom Erlass eines weiteren Aktes abhängen – mithin sind sie m.E. unmittelbar anwendbar[553]. Zwar hat sich der EuGH im Hinblick auf die Europa-Mittelmeer-Abkommen noch nicht zur Frage geäußert, ob die Abkommen gemäß ihrem Sinn und Zweck grundsätzlich geeignet sind, die unmittelbare Wirkung bestimmter Vorschriften anzuerkennen. Einschlägige Rechtsprechung existiert jedoch zur vorhergehenden Generation von Verträgen, den ersten „globalen" Mittelmeerabkommen, so z.B. zum Assoziationsabkommen mit Marokko[554]. Hier wies der EuGH darauf hin, dass weder das dem Assoziationsabkommen innewohnende Ungleichgewicht der Verpflichtungen – das Abkommen zielte im Wesentlichen darauf ab, die Entwicklung Marokkos voranzutreiben - noch die Tatsache, dass es sich darauf beschränkte, eine Zusammenarbeit zwischen den Parteien einzuführen, ohne einen zukünftigen Beitritt Marokkos zu den Gemeinschaften anzuvisieren, vermochten, die Eignung bestimmter Vorschriften für eine unmittelbare Anwendbarkeit auszuschließen[555]. Aufgrund der Zieleidentität dieser ersten „Globalabkommen" dürfte diese Rechtsprechung auf das Abkommen mit Tunesien von 1976[556] übertragbar sein[557]. Das hier gegenständliche Europa-Mittelmeer-Abkommen setzt freilich weitere Akzente; im Großen und Ganzen aber bleibt der Status quo der Vertragsziele aufrechterhalten. Insbesondere charakterisiert sich das Abkommen nach wie vor durch ungleiche Verpflichtungen und arbeitet ebenso wenig auf einen späteren EU-Beitritt Tunesiens hin. Jene Rechtsprechung dürfte hierauf also gleichermaßen übertragbar

---

Kooperation eine Ankurbelung des Regionalhandels und somit der Regionalintegration (vgl. die Mitteilung der Kommission *„Verstärkung der Mittelmeerpolitik der Europäischen Union: Vorschläge für die Entwicklung einer Partnerschaft Europa-Mittelmeer"*, KOM (1995) 72, endg. vom 8.5.1995, Punkt 2.1.1, abgedruckt in: Sonderbeilage 2/95 zum Bulletin EG, S. 33ff). Ob dieses Anliegen tatsächlich zu erreichen ist, erscheint bereits ob der Kompliziertheit der Regelung – nicht zuletzt infolge der Länge des Protokolls (ABl. 1998, Nr. L 97/69 – 169) - zweifelhaft. Ebenso: *Hakura*, The Euro-Mediterranean policy, in: CMLRev. 1997, S. 337ff, 357. Auf der Ministerkonferenz 2003 in Palermo wurde die Einführung eines „Pan-Euro-Mediterranean Protocols" gebilligt. Dieses soll die aktuellen Protokolle über die Ursprungsregelungen ersetzen (vgl. http://europa.eu/comm/external_relations/euromed/free_trade_area.htm (Stand: 31.5.2006).

[551] Vgl. die in Anhang 1 des Abkommens aufgelisteten Erzeugnisse (ABl. 1998, Nr. L 97/25ff. Die Anhänge 1 bis 7 sind Abkommensbestandteile, Art. 91).

[552] Selbiges gilt für bestimmte Industrieprodukte mit Ursprung in der Gemeinschaft, die eine „landwirtschaftliche Komponente" aufweisen (Art. 10II i.V.m. Anhang 2 (ABl. 1998, Nr. L 97/32ff)).

[553] Für sämtliche im Rahmen des Assoziierungsabkommens mit Tunesien behandelten Fragen zur unmittelbaren Wirkung bereits allgemein oben Kapitel D „Gemeinschaftsrechtliche Handlungsvorgaben", Abschnitt D.II.2.1.4.

[554] ABl. 1978, Nr. L 264/2ff. Hierzu: EuGH, Rs. C-18/90, Office national de l'emploi (ONEM)/ Bahia Kziber, Slg. 1991, I-199ff, I-225ff, Ziffern 15ff; EuGH, Rs. C-126/95, Hallouzi-Choho/ Bestuur van de Sociale Verzekeringsbank, Slg. 1996, I-4807ff, I-4827ff, Ziffern 19ff; EuGH, Rs. C-416/96, Nour Eddline El-Yassini/ Secretary of State for the Home Department, Slg. 1999, I-1209ff, I-1237ff, Ziffern 25ff, I-1245ff, Ziffern 54ff.

[555] Vgl. EuGH, Rs. C-18/90, Office national de l'emploi (ONEM)/ Bahia Kziber, Slg. 1991, I-199ff, I-226, Ziffer 21.

[556] Zu diesem und seinen Zielen bereits oben Kapitel B „Geschichte der Entwicklungszusammenarbeit der Europäischen Gemeinschaft", Abschnitt B.IV.3.

[557] So jedenfalls begründete der EuGH die Übertragbarkeit seiner Rechtsprechung zum Assoziierungsabkommen mit Marokko auf Algerien, vgl. EuGH, Rs. C-103/94, Zoulika Krid/ Caisse nationale d'assurance vieillesse des travailleurs salariés (CNAVTS), Slg. 1995, I-719ff, I-736, Ziffer 23. Vgl. auch EuGH, Rs. C-416/96, Nour Eddline El-Yassini/ Secretary of State for the Home Department, Slg. 1999, I-1209ff, I-1245ff, Ziffern 54ff, insbesondere Ziffer 61 mit den gleichen Kriterien bzgl. der Übertragbarkeit einer Rechtsprechung.

sein. Weiter legt der Wortlaut der Art. 8f klar, eindeutig und unbedingt die oben beschriebenen Ge- bzw. Verbote fest, die somit ausreichend bestimmt sind, um von einem Gericht der Mitgliedstaaten bzw. der EG angewandt zu werden und die daher geeignet sind, die Rechtsstellung des Einzelnen zu regeln. Die bloße Existenz der – sogleich aufgelisteten - Schutzklauseln (Art. 24ff) steht der unmittelbaren Wirkung der Art. 8f, von denen nach Maßgabe dieser Klauseln abgewichen werden kann, jedenfalls nicht entgegen[558].
Für die Abschaffung der Zölle und Abgaben gleicher Wirkung auf gemeinschaftliche Industrieprodukte[559] durch Tunesien wurde ein ausgeklügelter Zeitplan entworfen, der je nach Produkt unterschiedliche Übergangsfristen kennt und somit als Beitrag zur „schrittweisen" Eingliederung in die Weltwirtschaft (Art. 177I 2. Spiegelstrich EGV) zu werten ist (Art. 11): Angesichts der Tatsache, dass die bisherigen Zollzugeständnisse bekanntermaßen nur von der Gemeinschaft gewährt worden sind, und Tunesien somit vor weitaus größere Herausforderungen hinsichtlich der Schaffung der Freihandelszone gestellt ist, kann der Staat für ca. 30%[560] der eingeführten Waren die lange Übergangszeit bis 2010 ausschöpfen (Art. 11III 1. Alt.). Die Industrieerzeugnisse, die von dieser Regelung profitieren, lassen sich vornehmlich als „sensible Waren" einstufen, da es sich bei diesen um Güter handelt, die überwiegend vor Ort produziert werden und daher in Konkurrenz zu den Importgütern aus der Gemeinschaft stehen[561]. Die von tarifären Handelshemmnissen freie Einfuhr von Gütern hingegen, bei denen eben dieser Wettbewerb entfällt (ca. 12%)[562], muss Tunesien dementsprechend seit Inkrafttreten des Abkommens (Art. 11I) gewährleisten. Für eine dritte Kategorie wiederum, die ca. 28% der Importe ausmacht und primär Rohstoffe betrifft[563], gilt diesbezüglich eine Übergangsphase von fünf Jahren (Art. 11II). Der Import aller übrigen Produkte wird, bis auf die heiklen Textilwaren, die einer Sonderregelung unterfallen[564], nach dem Ablauf einer Vierjahresfrist ebenfalls in bestimmten zeitlichen Abschnitten bis 2010 liberalisiert (Art. 11III 2. Alt.). Von diesen vorgenannten Bestimmungen sind Ausnahmeregelungen (Art. 14) für junge Industrien oder bestimmte Wirtschaftszweige, die sich in der Umstrukturierung befinden oder mit ernsten Schwierigkeiten konfrontiert sind, möglich. Diese werden vom Assoziationsrat[565] bewilligt und sind grundsätzlich auf fünf Jahre befristet, können jedoch gegebenenfalls auch über 2010 hinaus zugestanden werden. Mithin handelt es sich dabei um (eine der wenigen expliziten) Konzessionen, die den niedrigen wirtschaftlichen Entwicklungsstand Tunesiens berücksichtigen und dadurch namentlich seiner harmonischen Eingliederung in die Weltwirtschaft (Art. 177I 2. Spiegelstrich EGV) dienen.

Im Bereich der landwirtschaftlichen Produkte und der Fischereierzeugnisse[566] verpflichten sich beide Vertragsparteien recht pauschal zu einer WTO-konformen[567], „stärkere[n] Liberali-

---

[558] Z.B.: EuGH, Rs. C-192/89, S.Z. Sevince/ Staatssecretaris van Justice, Slg. 1990, I-3461ff, I-3504, Ziffer 25.
[559] Zur Definition der Ursprungsprodukte vgl. wieder das Protokoll Nr. 4 (ABl. 1998, Nr. 97/69ff); zu den „Industrieprodukten" Art. 7 i.V.m. Anhang I des EGV.
[560] *Hakura*, The Euro-Mediterranean policy, in: CMLRev. 1997, S. 337ff, 342.
[561] *Hakura*, The Euro-Mediterranean policy, in: CMLRev. 1997, S. 337ff, 342.
[562] *Hakura*, The Euro-Mediterranean policy, in: CMLRev. 1997, S. 337ff, 342.
[563] *Hakura*, The Euro-Mediterranean policy, in: CMLRev. 1997, S. 337ff, 342.
[564] Vgl. die Gemeinsame Erklärung betreffend Textilwaren (ABl. 1998, Nr. L 97/182) sowie *Hakura*, The Euro-Mediterranean policy, in: CMLRev. 1997, S. 337ff, 342.
[565] Zu diesem unten Abschnitt E.I.2.6.
[566] Art. 15 i.V.m. Anhang II, nunmehr Anhang I des EGV.
Zur Bedeutung des Agrargüterhandels für den Außenhandel der Mittelmeerpartner allgemein: *Nienhaus*, Euro-Mediterrane Freihandelszone: Motor der wirtschaftlichen Entwicklung?, in: Zippel (Hrsg.), Die Mittelmeerpolitik der EU, S. 91ff, 102, Tabelle 3.
[567] Einschlägig ist hierbei insbesondere das „Übereinkommen über die Landwirtschaft", das dem „Übereinkommen zur Errichtung der WTO" (abgedruckt in: *Sartorius II*, Nr. 500) beigefügt ist (Anlage 1 A (3), ABl. 1994,

sierung" (Art. 16) – ein Postulat, das sich auf Seiten der Gemeinschaft bis dato mehr oder weniger in einem bloßen Lippenbekenntnis erschöpfte, hatte doch ihre protektionistische Agrarpolitik[568] vor allem hinsichtlich empfindlicher Erzeugnisse verhindert, dass die bislang an Tunesien gewährten Präferenzen zu ernst zu nehmenden Konzessionen wurden. Diese „Grundhaltung" – zudem klar in der Barcelona-Erklärung statuiert[569] - beeinflusste denn leider auch Art und Umfang der vertraglich abgegebenen Zugeständnisse. Ausgangspunkt für diese Vergünstigungen waren nämlich in der Tat die traditionellen Handelsströme, so dass es für die Einfuhr landwirtschaftlicher Produkte tunesischen Ursprungs[570] in die Gemeinschaft bis Ende 2000 vorerst im Wesentlichen bei den bereits bekannten ad-hoc Präferenzen blieb (Art. 17I i.V.m. Protokoll Nr. 1[571]): Kontingentierungen und Referenzmengen wurden beibehalten[572], wenn auch jährlich erhöht[573]; bestimmte Einfuhrzölle wurden gesenkt, einige sogar beseitigt[574]. Für Wein[575] und Olivenöl[576] galten nach wie vor Sondervorschriften. Die Fischereiprodukte mit Ursprung in Tunesien[577] können hingegen seit Inkrafttreten des Vertrages zoll- und abgabenfrei in die Gemeinschaft importiert werden (Art. 17I i.V.m. Protokoll Nr. 2[578]). Tunesien verpflichtete sich im Gegenzug, zunächst bis Ende 2000 im Rahmen festgelegter Zollkontingente[579] einen bestimmten Höchstzollsatz[580] bei der Einfuhr landwirtschaftlicher Ursprungsprodukte der Gemeinschaft nicht zu überschreiten (Art. 17II i.V.m. Protokoll Nr. 3[581]).

Darüber hinaus, d.h. ab dem Jahr 2000, bietet die Gemeinschaft keinen generellen Abbau von Zugangsbeschränkungen an, sondern lediglich Verhandlungen - hauptsächlich im Assoziationsrat - über gegenseitige Zugeständnisse[582].

Der Titel über den freien Warenverkehr wird abgerundet durch für den Handel mit Industrie- und Agrarprodukten gemeinsam anwendbare Bestimmungen, die überwiegend den bereits im „Kooperationsabkommen" etablierten Standard wiedergeben:

Art. 19 statuiert zunächst u.a. eine sog. „stand-still Klausel"[583], das heißt das Verbot, neue mengenmäßige Beschränkungen und Maßnahmen gleicher Wirkung einzuführen (Art. 19a)) sowie das Gebot, solch bestehende nichttarifäre Beschränkungen ab Inkrafttreten des Ab-

Nr. L 336/22ff). Eine Kurzvorstellung der hier relevanten Bestimmungen findet sich bei: *Hirsch*, The 1995 Trade Agreement, in: EFARev. 1996, S. 87ff, 112f.

568 Zu sonstigen, nicht-handelsbezogenen Gründen für die Protegierung des Agrarsektors: *Hirsch*, The 1995 Trade Agreement, in: EFARev. 1996, S. 87ff, 111, mit weiterführenden Hinweisen.

569 Vgl. Barcelona Erklärung, abgedruckt in Bulletin EG 11 – 1995, Ziffer 2.3.1, S. 156: Zugang zum Markt, soweit es „die jeweilige Agrarpolitik zulässt". Einschränkend gilt es natürlich anzumerken, dass diese Erklärung gleichermaßen von Tunesien abgegeben wurde.

570 Art. 17I, 29 i.V.m. Protokoll Nr. 4 (ABl. 1998, Nr. L 97/69ff).

571 ABl. 1998, Nr. L 97/57ff.

572 Art. 1III, IV Protokoll Nr. 1 (ABl. 1998, Nr. L 97/57ff) i.V.m. dem Protokollanhang, Spalte b), d).

573 Art. 1V Protokoll Nr. 1 (ABl. 1998, Nr. L 97/57ff).

574 Art. 1II Protokoll Nr. 1 (ABl. 1998, Nr. L 97/57ff) i.V.m. Spalte 1) des Anhangs.

575 Art. 2 Protokoll Nr. 1 (ABl. 1998, Nr. L 97/57ff).

576 Art. 3 Protokoll Nr. 1 (ABl. 1998, Nr. L 97/57ff).

577 Art. 17I, 29 i.V.m. Protokoll Nr. 4 (ABl. 1998, Nr. L 97/69ff).

578 ABl. 1998, Nr. L 97/66.

579 Protokoll Nr. 3 (ABl. 1998, Nr. L 97/67f), Anhang Spalte b).

580 Protokoll Nr. 3 (ABl. 1998, Nr. L 97/67f), Anhang Spalte a).

581 ABl. 1998, Nr. L 97/67f.

582 Vgl. Art. 18. Eine weitere Modifikationsbefugnis enthält Art. 20. Bis dato herrscht hier allerdings mehr oder weniger Stagnation. Das Arbeitsprogramm zur Barcelona-Erlärung vom November 2005 führt hierzu aus, dass Verhandlungen über die Liberalisierung des Handels betreffend landwirtschaftliche und Fischereiprodukte so schnell wie möglich mit den Partnerländern aufgenommen werden sollen (http://ec.europa.eu/comm/external_relations/euromed/summit1105/five_years.pdf (Stand: 31.5.2006), Punkt 8a)i)).

583 Vgl. *Weber*, in: von der Groeben/ Schwarze (Hrsg.), EUV/ EGV, Art. 310, Rn. 71.

kommens zu beseitigen (Art. 19b))[584]; weiters sind bei der Ausfuhr Zölle, Abgaben gleicher Wirkung sowie mengenmäßige Beschränkungen und Maßnahmen gleicher Wirkung untersagt (Art. 19c)). Dass den Ursprungsprodukten Tunesiens bei ihrer Einfuhr in die Gemeinschaft keine günstigere Behandlung zuteil wird als die Mitgliedstaaten einander gewähren, hält Art. 21 fest. Art. 22 enthält steuerrechtliche Bestimmungen betreffend Einfuhrausgleichsausgaben (Art. 22I) und Ausfuhrausgleichserstattungen (Art. 22II), die den Art. 90f EGV nachgebildet sind und primär Wettbewerbsverfälschungen zu Lasten einer der Vertragsparteien durch ungleiche Abgabensysteme verhindern wollen[585].
Eine Reihe sog. „Schutzklauseln" - ähnlich den bereits in das „Kooperationsabkommen" mit Tunesien aufgenommenen Bestimmungen[586] - normieren die Art. 24ff: So sind die Vertragsparteien befugt, jeweils „geeignete Maßnahmen" gegen Dumpingpraktiken im Sinne des Art. VI GATT (Art. 24), zur Abhilfe gegen die Überschwemmung eines Marktes mit Importprodukten, die bestimmte ernsthafte wirtschaftliche Probleme in der betroffenen Region (zumindest) hervorzurufen drohen (Art. 25), sowie schließlich zur Beseitigung speziell definierter, unerwünschter „erheblicher Schwierigkeiten" aufgrund der Befolgung des Art. 19c) (Art. 26) zu ergreifen[587].
Schließlich legt Art. 28 in Gestalt eines „ordre public Vorbehalts" weitere Ausnahmen vom Verbot der Einfuhr-, Ausfuhr-, sowie Durchfuhrverbote oder –beschränkungen fest, die auf Gründe nicht wirtschaftlicher Art zurückzuführen sein müssen[588].

2.4 Weitere Liberalisierungsvorschriften und handelsrelevante Bereiche

Titel III und IV halten eine Reihe von Liberalisierungsvorschriften bezüglich des Niederlassungsrechts und des Dienstleistungsverkehrs (Art. 31f) sowie des Zahlungs- und Kapitalverkehrs (Art. 33 – 35) bereit, die die diesbezüglichen Bestrebungen im Rahmen des Warenverkehrs komplettieren und die schrittweise Schaffung einer Freihandelszone erleichtern sollen[589] - und dementsprechend zumindest mittelbar darauf ausgerichtet sind, die Internationalisierung des Handels und der Wirtschaft voranzutreiben und dadurch die Einbindung Tunesiens in die Weltwirtschaft zu unterstützen.
Ferner widmet sich das Assoziationsabkommen jenen bereits von der AKP-EG-Zusammenarbeit her bekannten „neuen handelsrelevanten Bereichen", d.h. Gebieten, die zunehmend entweder selbst Gegenstand des Handels sind oder diesen (un-) mittelbar beeinflussen bzw. bedingen und die daher für die schrittweise Eingliederung Tunesiens in die Welt-

[584] Die oben genannten Kontingentierungen stellen jedoch freilich mengenmäßige Beschränkungen dar, die in Ausnahme zur Regel gestattet sind.
[585] Vgl. *Schweitzer/ Hummer*, Europarecht, Rn. 1426.
Die im vorangegangenen Absatz genannten Bestimmungen dürften nach Subsumtion unter die vom EuGH aufgestellten Kriterien allesamt unmittelbar anwendbar sein, da die Ge- bzw. Verbote klar, eindeutig und unbedingt begründet werden. Die bloße Existenz der – sogleich genannten - Schutzklauseln (Art. 24ff) steht der unmittelbaren Wirkung der 19, 21f, von denen nach Maßgabe dieser Klauseln abgewichen werden kann, jedenfalls nicht entgegen. Vgl. die Nachweise zur parallelen Rechtsprechung des EuGH bzgl. zu vergleichender Vorschriften des EGV (zur grundsätzlichen Übertragbarkeit einer solchen Rechtsprechung bereits oben Abschnitt E.I.2.3.2.1, Fn. 220) bei *Oppermann*, Europarecht, Rn. 1273f (Warenverkehr), Rn. 1159 (Steuerrecht). Für die „stand-still Klauseln": *Weber*, in: von der Groeben/ Schwarze (Hrsg.), EUV/ EGV, Art. 310, Rn. 71.
[586] Art. 35ff (ABl. 1978, Nr. L 265/2ff).
[587] Neben den in diesen Vorschriften sowie den in Art. 27III fixierten besonderen Verfahrensvoraussetzungen für die drei „sanktionsfähigen" Sachverhalte beschreibt das Vertragswerk in Art. 27II das „allgemeine" Procedere.
[588] Diese Regelung ist – bis auf Art. 28 S. 1, 2. Hs. – Art. 30 EGV nachgebildet. Art. 30 EGV bezieht sich jedoch ausdrücklich nur auf Art. 28f EGV, ist ergo nicht auf Zölle und Abgaben gleicher Wirkung anwendbar. Eine solche Einschränkung macht Art. 28 des Abkommens nicht, so dass von einer uneingeschränkten Anwendbarkeit auf tarifäre und nichttarifäre Handelshemmnisse auszugehen ist.
[589] Vgl. Erklärung von Barcelona, abgedruckt in: Bulletin EG 11 – 1995, Ziffer 2.3.1, S. 156.

wirtschaft eine immer gewichtiger werdende Bedeutung erlangen (Titel IV, Art. 36ff)[590]. Dabei ist allerdings vorab anzumerken, dass das Vertragswerk im Gegensatz zu seinem AKP-Pendant weit weniger Bestimmungen über technische Handelshemmnisse inkorporiert; Vorschriften über die so wichtigen gesundheitspolizeilichen und pflanzenschutzrechtlichen Maßnahmen fehlen beispielsweise nahezu gänzlich[591].

2.4.1 Niederlassungsrecht und Dienstleistungsverkehr

In Einklang mit den Forderungen der Teilnehmer der Barcelona-Konferenz nach einer Liberalisierung auch der Dienstleistungserbringung und des Niederlassungsrechts[592] finden sich nunmehr diesbezügliche Bestimmungen auch im neuen Europa-Mittelmeer-Abkommen mit Tunesien (Titel III, Art. 31f). Derartige Regelungen bieten indes prinzipiell nicht nur dem Aufbau der Wirtschafts- und Finanzpartnerschaft vielversprechende Perspektiven: Denn der Handel mit Dienstleistungen ist auch für die Entwicklungsländer mittlerweile zu einer nicht zu unterschätzenden Einnahmequelle und somit zum Motor der wirtschaftlichen, aber auch sozialen Entwicklung geworden[593]. Das Potenzial, diese Entwicklungschance energisch zu realisieren, besitzt Tunesien umso mehr, als es anders als beispielsweise die AKP-Staaten nur durch das Mittelmeer von Europa getrennt ist, und sich infolgedessen die Erweiterung des „traditionellen" Handelsverkehrs auf Dienstleistungen mit der Union verstärkt anbietet. Und angesichts dieser geographischen Nähe dürfte Ähnliches für das Niederlassungsrecht gelten. Des Weiteren stellt die angestrebte allgemeine Liberalisierung der Dienstleistungserbringung i.S.d. GATS[594] und des Niederlassungsrechts einen wichtigen Beitrag zur Integration Tunesiens in den Welthandel dar. Enttäuschend ist jedoch, dass der Vertragstext m.E. keine konkreten Obligationen für die Vertragsparteien[595], geschweige denn (unmittelbar anwendbare) Rechte begründet und somit auf einen rein programmatischen Charakter reduziert bleibt.
Denn die Vertragsparteien beschränken sich auf eine „Einbeziehung" des Niederlassungsrechts der Gesellschaften sowie der Liberalisierung der Dienstleistungserbringung in den „Geltungsbereich[...] dieses Abkommens" (Art. 31I). Dies bedeutet lediglich, dass die Gewährleistung diesbezüglicher Rechte zu einem Abkommens*ziel* (Art. 31II UA 1, vgl. auch Art. 1II 2. Spiegelstrich) erhoben wird, das ergo einen Gegenstand des Dialogs im Assoziationsrat[596] bildet (Art. 4, 31II). Dort gilt es zunächst unter Berücksichtigung der Verpflichtungen der Vertragsparteien aus dem GATS (Art. 31II UA 2), sich darüber Gedanken zu machen, in welchem Umfang die Parteien diese Rechte zum einzuhaltenden Standard in ihren Beziehungen erheben wollen, d.h. sie konkretisieren die Ziele des Art. 31I. Alsdann ist der Rat befugt, die „erforderlichen Empfehlungen" (Art. 31II UA 1) zur Verwirklichung dieser nun genau festgelegten Ziele auszusprechen. Erst diese unverbindlichen Akte sind zumindest nach der Meinung des EuGH grundsätzlich geeignet, bei entsprechendem Inhalt einklagbare Rechtspositionen zu begründen[597]; die Vertragsbestimmungen selbst hingegen konzedieren

[590] Zum Ganzen bereits oben Kapitel C „Ziele der Entwicklungszusammenarbeit", Abschnitt C.I.2.3.
[591] Dass viele technische Handelshemmnisse ungeregelt bleiben, mag daran liegen, dass sich die Vertragsparteien zum Zeitpunkt der Verhandlungen bzw. der Unterzeichnung dieser neuen Herausforderungen noch nicht deutlich bewusst waren und diese mangelnde Sensibilisierung mitunter wohl darauf zurückzuführen ist, dass die diesbezüglich einschlägigen, internationale Standards etablierenden Abkommen (z.B. TBT, SPS, TRIPS) erst mit der WTO am 1.1.1995 in Kraft traten.
[592] Erklärung von Barcelona, abgedruckt im Bulletin EG 11 – 1995, Ziffer 2.3.1, S. 156.
[593] Vgl. bereits oben Abschnitt E.I.2.3.2.3.
[594] ABl. 1994, Nr. L 336/190ff. Zu diesem bereits allgemein oben Abschnitt E.I.2.3.2.3, Fn. 237.
[595] Ebenso *Hirsch*, The 1995 Trade Agreement, in: EFARev. 1996, S. 87ff, 108 für die gleichlautenden Bestimmungen des Europa-Mittelmeer-Abkommens mit Israel.
[596] Zu diesem unten Abschnitt E.I.2.6.
[597] Vgl. hierzu bereits oben Kapitel D „Gemeinschaftsrechtliche Handlungsvorgaben", Abschnitt D.II.2.1.4, insbesondere Fn. 503.

diese noch nicht. Die Empfehlungen des Rates können aber auch eine Bewertung der Möglichkeiten beinhalten, ein Präferenzabkommen im Dienstleistungsverkehr abzuschließen, worauf der Verweis in Art. 31II UA 2 auf Art. V GATS, demzufolge die Mitglieder des Übereinkommens nicht gehindert sind, unter bestimmten Voraussetzungen derartige Abkommen zu schließen, hindeutet[598]. So gesehen normiert Art. 31 eher eine „Überprüfungsklausel" ob dieser Perspektive[599], nicht jedoch einklagbare Positionen. Bestätigt wird dieses Ergebnis darüber hinaus durch Art. 32I, der statuiert, dass die Vertragsparteien „in einer ersten Phase" (lediglich) ihre jeweiligen Verpflichtungen nach dem GATS bekräftigen. Dadurch wird aber, wie oben festgestellt[600], der Schutzbereich des GATS weder übertragen, für verbindlich erklärt, noch werden dadurch etwaige Rechte zugestanden[601].

2.4.2 Zahlungs- und Kapitalverkehr

Damit die Bezahlung der Waren und zunehmend auch der Dienstleistungen ungehindert vonstatten gehen kann, normiert zunächst Art. 33, dass laufende Zahlungen in frei konvertierbarer Währung, die im Zusammenhang mit diesen kurrenten Austauschgeschäften stehen, von den Vertragsparteien zu genehmigen sind. Art. 34 wiederum dient der Dynamisierung von Direktinvestitionen in Gesellschaften in Tunesien, die nach den geltenden Rechtsvorschriften gegründet sind, indem sich die Vertragsparteien hinsichtlich der Kapitalbilanztransaktionen im Zusammenhang mit diesen Investitionen auf ein Verbot von Beschränkungen des Kapitalverkehrs einigen konnten[602]. Bei „ernstlich drohenden Zahlungsbilanzschwierigkeiten" indes besteht unter bestimmten Voraussetzungen die Möglichkeit „restriktive Maßnahmen für die laufenden Transaktionen" zu ergreifen, die zudem dem Verhältnismäßigkeitsprinzip unterworfen sind (Art. 35 S. 1)[603].

---

598 Verhandlungen über den Abschluss derartiger Abkommen hat denn auch das Arbeitsprogramm zur Barcelona-Erklärung vom November 2005 konkret vor Augen (http://ec.europa.eu/comm/external_relations/euromed/summit1105/five_years.pdf (Stand: 31.5.2006), Punkt 8a)ii)).

599 Vgl. auch: Kommissionsmitteilung über die „*Verstärkung der Mittelmeerpolitik der Europäischen Union: Vorschläge für die Entwicklung einer Partnerschaft Europa-Mittelmeer*", KOM (1995) 72, endg. vom 8.5.1995, Punkt 2.1.1, abgedruckt in: Sonderbeilage 2/95 zum Bulletin EG, S. 33ff.

600 Vgl. oben Abschnitt E.I.2.3.2.3.

601 Selbst wenn dem so wäre: Die Bestimmungen des GATS als Anhang des GATT werden vom EuGH als grundsätzlich nicht unmittelbar anwendbar qualifiziert (vgl. oben Kapitel D „Gemeinschaftsrechtliche Handlungsvorgaben", Abschnitt D.II.2.1.4, Fn. 477). Eine Ausnahme ist hier jedoch für die Geltung des Meistbegünstigungsgrundsatzes des GATS (Art. II) anzudenken: Denn der Vertragstext verweist ausdrücklich auf diese spezielle Bestimmung (Art. 31I) und normiert Anwendungsfälle, die nicht von diesem Grundsatz umfasst werden (Art. 32II); der Grundsatz wird mithin explizit in das Vertragsrecht zwischen den beiden Parteien inkorporiert. Dies ist mit den Fällen vergleichbar, bei der der EuGH ausnahmsweise eine direkte Anwendung der WTO-Übereinkünfte und seiner Anhänge anerkennt (vgl. EuGH, Rs. C-149/96, Portugal/ Rat, Slg. 1999, I-8425ff, I-8439, Ziffer 49, mit weiteren Fundstellen: Umsetzung einer im Rahmen der WTO übernommenen Verpflichtung durch die Gemeinschaft/ ausdrückliche Verweisung der relevanten Gemeinschaftshandlung auf spezielle Bestimmungen der WTO-Übereinkünfte).

602 Art. 33f enthalten aufgrund ihres Wortlauts und im Hinblick auf den Sinn und Zweck des Abkommens m.E. klare und eindeutige Verpflichtungen, deren Erfüllung oder deren Wirkung nicht vom Erlass eines weiteren Aktes abhängt; sie sind demnach unmittelbar anwendbar. Die Tatsache, dass die Parteien ermächtigt sind, unter bestimmten Umständen einseitige Maßnahmen zu ergreifen (vgl. sogleich Art. 35), ist nach der Rechtsprechung des EuGH zumindest nicht geeignet, grundsätzlich die unmittelbare Wirkung einer Abkommensbestimmung auszuschließen.

603 Diese Schranke gilt m.E. auch für Art. 34: Zwar enthält nur Art. 33 die Einschränkung „vorbehaltlich des Artikels 35". Jedoch versteht sich Art. 35 bereits nach seinem Wortlaut als Beschränkung beider Rechte. Und weiter erlaubt er restriktive Maßnahmen für „laufende Transaktionen", worunter wiederum sowohl der Schutzbereich des Art. 33 (Zahlungen im Zusammenhang mit laufenden *Transaktionen*) als auch des Art 34 (Kapitalbilanz*transaktionen*) zu subsumieren sind. Diese gefundene Auslegung unterstützt des Weiteren die „Gemeinsame Erklärung zu den Artikeln 34, 35, 76 und 77 des Abkommens" (ABl. 1998, Nr. L 97/182).

2.4.3 Weitere handelsrelevante Bereiche

Art. 36 – 38 ist dem Wettbewerbsrecht gewidmet[604]: So etwa sind wettbewerbsbeschränkende bzw. –verfälschende Vereinbarungen und Verhaltensweisen von Unternehmen (Art. 36Ia))[605], die missbräuchliche Ausnutzung einer marktbeherrschenden Stellung eines Unternehmens (Art. 36Ib))[606] sowie staatliche Beihilfen jedweder Art, die sich durch die Begünstigung bestimmter Unternehmer oder Produktionszweige wettbewerbsverfälschend auswirken können (Art. 36Ic))[607], als mit dem ordnungsgemäßen Funktionieren des Abkommens unvereinbar, soweit diese geeignet sind, den Handel zwischen der Gemeinschaft und Tunesien zu beeinträchtigen (Art. 36I)[608]. Ein Vergleich mit den korrespondierenden Vorschriften des EGV (Art. 81I, 82I, 87I EGV) ergibt, dass diese assoziationsrechtlichen Bestimmungen den gemeinschaftsrechtlichen offensichtlich nachgebildet sind[609]. Bei dieser Übernahme gemeinschaftsrechtlicher Wettbewerbsregeln wollten es die Vertragsparteien indes nicht belassen; denn überdies stipuliert Art. 36II, dass über die Einordnung einer Verhaltensweise als „unvereinbar“ im Sinne des Art. 36I ab Inkrafttreten des Abkommens die Kriterien der Art. 81, 82 und 87 EGV[610], und zwar einschließlich des hierzu erlassenen Sekundärrechts, entscheiden (Art. 36II, III)[611]. Gleichermaßen verbindlich ist deshalb ebenso die einschlägige Rechtsprechung von EuGH und EuG[612].
Die Art. 37 betreffen staatliche Handelsmonopole (Art. 37), öffentliche Unternehmen sowie Unternehmen, denen „besondere oder ausschließliche Rechte übertragen wurden“ (Art. 38 S. 1). Erstere sollen progressiv so umgestaltet werden, dass nach einem Fünfjahreszeitraum nach Inkrafttreten des Abkommens jede „Diskriminierung in den Versorgungs- und Absatzbedingungen“ zwischen den Staatsangehörigen beider Vertragsparteien ausgeschlossen ist (Art. 37 S. 1). Art. 38 will ab demselben Zeitpunkt vom Assoziationsrat kontrolliert wissen, dass hinsichtlich der genannten Unternehmen keine Maßnahmen erlassen bzw. aufrechterhalten werden, die den Handel zwischen den Vertragsparteien beeinträchtigen. Andernfalls wären nämlich die Staaten in der Lage, ihren besonderen Einfluss auf diese Unternehmen zu einem wettbewerbswidrigen Verhalten auszunutzen[613].

---

[604] Ausführlich zu den wettbewerbsrechtlichen Regelungen im Rahmen der Europa-Mittelmeer-Abkommen: *Geradin/ Petit*, Competition Law and the Mediterranean Partnership, in: EFARev. 2003, S. 153ff.

[605] Vgl. Art. 81I EGV.

[606] Vgl. Art. 82I EGV.

[607] Vgl. Art. 87I EGV.
Zu den nicht-reziproken Übergangsregelungen für staatliche Beihilfen Tunesiens, die dem Entwicklungsstand des Mittelmeerpartners Rechnung tragen: Art. 36III UA 2, IV und *Geradin/ Petit*, Competition Law and the Mediterranean Partnership, in: EFARev. 2003, S. 153ff, 159f. Art. 36Ic) ist ferner für die Agrarprodukte i.S.d. Art. 15ff unanwendbar; für diese sind stattdessen die Art. 36f EGV (Art. 42f EGV a.F.) maßgeblich (Art. 36V).

[608] Zur Frage unmittelbarer Anwendbarkeit des Art. 36I vor Erlass der Durchführungsbestimmungen nach Art. 36III UA 1: *Geradin/ Petit*, Competition Law and the Mediterranean Partnership, in: EFARev. 2003, S. 153ff, 165f.
Zum Procedere, das dem Ergreifen „geeigneter Maßnahmen“ durch die betroffene Vertragspartei als Konsequenz solch unzulässiger Praktiken vorausgeht: Art. 36VI, III.

[609] Als Gründe für die Einbeziehung dieser Regelungen nach gemeinschaftlichem Vorbild nennen *Geradin/ Petit* (Competition Law and the Mediterranean Partnership, in: EFARev. 2003, S. 153ff, S. 156f): 1. Verstärkung der Verhandlungsposition der EG im Rahmen der einschlägigen WTO-Runden durch die Tatsache, dass eine Vielzahl an Staaten gemeinschaftsrechtliches Wettbewerbsrecht anwenden; 2. Vorbild der MOEL-Abkommen, die ebenfalls das EG-Wettbewerbsrecht integriert haben; 3. Wettbewerbsrechtliche Regelungen als Ausdruck höherer wirtschaftlicher Integration sowie als sinnvolle Ergänzung zu den klassischen handelsrechtlichen Bestimmungen.

[610] Art. 85, 86, 92 EGV a.F..

[611] Gegebenenfalls hat der Assoziationsrat binnen fünf Jahren die erforderlichen Durchführungsvorschriften zu erlassen, Art. 36III UA 1.

[612] *Geradin/ Petit*, Competition Law and the Mediterranean Partnership, in: EFARev. 2003, S. 153ff, 158.

[613] *Oppermann*, Europarecht, Rn. 1050, für die korrespondierende Vorschrift des EGV, Art. 86I.

Die Gewährleistung eines „angemessenen und wirksamen Schutz[es] der Rechte am geistigen, gewerblichen und kommerziellen Eigentum“[614] gemäß „den strengsten internationalen Normen“ (Art. 39I 1. Hs.) steht im Mittelpunkt des Art. 39. Gleich den Bestimmungen über die Liberalisierung des Niederlassungsrechts und der Dienstleistungserbringung soll auch hier der Vertragstext selbst keine Rechte begründen, sondern beschränkt sich auf einen rein programmatischen Inhalt. Und selbst der Verweis auf einen außerhalb des Abkommens liegenden, für beide Vertragsparteien verbindlichen Standard, dessen Einhaltung als Basis der Zusammenarbeit auf diesem Gebiet deklariert werden könnte, gelingt (noch) nicht. Denn das TRIPS ist zum Zeitpunkt des Inkrafttretens des Europa-Mittelmeer-Abkommens noch nicht auf das Entwicklungsland Tunesien anwendbar[615]; darüber hinaus ist der Ratifikationsstand Tunesiens bezüglich sonstiger Übereinkünfte über geistiges, gewerbliches und kommerzielles Eigentum mitunter lückenhaft. Aus diesem Grunde ist es zunächst angezeigt, dass Tunesien diese „Lücken“ schließt, wozu es sich vertraglich[616] verpflichtet hat. Gleichzeitig wollen die europäischen Vertragspartner Tunesien beim Ausbau der Strukturen, die für das geistige Eigentum verantwortlich sind, behilflich sein (Art. 51c)).
Abgerundet wird der Titel schließlich durch Regelungen über die Übernahme der gemeinschaftlichen technischen Vorschriften betreffend die Qualitätssicherung für gewerbliche Waren und landwirtschaftliche Nahrungsmittelerzeugnisse und das Zertifizierungsverfahren (Art. 40, 51a)). Zu diesem Zwecke wollen die Vertragspartner zum einen die tunesischen Kapazitäten, die für diese Bereiche zuständig sind, ausbauen (Art. 51c)), zum anderen spezielle Unterstützung bei der angestrebten Rechtsangleichung leisten (Art. 52).

2.5 Bereiche der Zusammenarbeit

Suchte man für die wirtschaftliche (Abschnitt 2.5.1), die soziale und kulturelle Zusammenarbeit (Abschnitt 2.5.2) der Europa-Mittelmeer-Kooperation ein Pendant im Rahmen des AKP-EG-Partnerschaftsabkommens, so ist dieses in jenen „Entwicklungsstrategien“ zu finden, hinter denen sich bekanntlich nichts anderes verbergen als diverse Unterstützungsmöglichkeiten – wirtschaftlicher, sozialer und regionaler Ausrichtung – sowie eine Reihe thematischer und Querschnittsfragen. Und - mit Ausnahme des gemeinschaftlich prioritären Aufbaus institutioneller Kapazitäten sowie der Ernährungssicherheit, die beide allenfalls am Rande Berücksichtigung finden - korrelieren die quantitativen Inhalte der Kooperationsbereiche des Europa-Mittelmeer-Abkommens mit denen der Querschnitts- und Schwerpunktbereiche sogar im Großen und Ganzen. Auf den ersten Blick wird dies freilich nicht evident. Denn zum Zeitpunkt der Verhandlungen bzw. der Unterzeichnung des Assoziationsabkommens hat sich noch nicht jener „strategische Ansatz“ Geltung verschafft, der zwischen prioritären bzw. Schwerpunkt- und Querschnittsfragen unterscheidet und sich zudem auf wenige Kooperationsbereiche konzentriert. Hierzu ist zwar anzumerken, dass man dem Europa-Mittelmeer-Abkommen keinesfalls vorzuwerfen vermag, sich in unzähligen Unterstützungsbereichen zu verlieren. Tatsächlich nämlich schreibt das Assoziationsabkommen nicht mehr Aktionsfelder fest als das Partnerschaftsabkommen oder aber die EG hier vorgibt. Was Ersterem allerdings fehlt und daher die Parallelität der Inhalte nicht direkt erkennen lässt, ist jene Struktur, jener „integrierte Ansatz“, der diese Felder in just die „Formate“ vorrangige bzw. Schwerpunktbereiche und Querschnittsfragen gießt. Dieses Manko jedoch begründet eine der wesentlichen Schwächen dieses Abkommens: So sind die so essenziellen Querschnittsfelder „geschlechter-

[614] Die „Gemeinsame Erklärung zu Artikel 39 des Abkommens“ (ABl. 1998, Nr. L 97/81) definiert, was unter diesem Begriff insbesondere zu subsumieren ist.
[615] Vgl. hierzu und allgemein zum TRIPS bereits oben Abschnitt E.I.2.3.2.4, Fn. 248.
[616] Punkt 1 Anhang 7 des Vertrages (ABl. 1998, Nr. L 97/56). Gemäß Punkt 2 Anhang 7 kann der Assoziationsrat diese Verpflichtung auf weitere Übereinkünfte ausdehnen. Punkt 3 zu dem bereits für beide Parteien verbindlichen Standard.

spezifische Fragen" sowie „Umweltschutz" zumindest nicht systematisch in alle übrigen Bereiche der Zusammenarbeit einzubeziehen[617]. Vielmehr werden diese Thematiken mehr oder weniger „isoliert" gefördert. Dies erscheint insbesondere im Hinblick auf das Nachhaltigkeitsgebot des Art. 177I 1. Spiegelstrich EGV sowie der Querschnittsklausel des Art. 6 EGV problematisch, da diese die Integrierung umweltpolitischer Belange in Programme zur sozialen und wirtschaftlichen Entwicklung primärrechtlich vorschreiben[618]. Zumindest aber wird Art. 177I 1. Spiegelstrich EGV nunmehr[619] insofern gerecht, als der Umweltschutz eigenständig zu fördern ist.
Eine weitere Schwäche des Europa-Mittelmeer-Abkommens liegt in der Qualität der angedachten Bereiche der Zusammenarbeit begründet, bleiben diese doch noch mehr als im Partnerschaftsabkommen von Cotonou – wie sogleich zu sehen sein wird – hinter den hierfür von der EG gestellten Anforderungen zurück. Wenngleich hier freilich einzuräumen ist, dass sich diese Vorgaben in ihrer konkreten Gestalt im Wesentlichen erst nach der Ratifizierung des Abkommens herauskristallisiert haben.
Ähnlich wie das Partnerschaftsabkommen von Cotonou nennt das Abkommen verschiedene *denkbare* Kooperationsbereiche – die genauen Prioritäten müssen die Vertragsparteien indes erst ermitteln und sodann festlegen. Wie dieser Prozess jedoch ablaufen soll, wird an keiner Stelle ausdifferenziert. Da es sich um eine „Partnerschaft" Europa-Mittelmeer handelt, ist zwar wohl davon auszugehen, dass die Vertragsparteien gemeinsam die prioritären Gebiete aussuchen. Der politische Dialog als grundsätzlich paritätisch besetztes Forum sowie seinen breit gefächerten Inhalten, die beinahe das gesamte Spektrum der vertraglich vorgesehenen Unterstützungsmöglichkeiten abdecken, wäre hierfür sicher ein adäquater Rahmen. Doch just diese Prioritätenfestsetzung wird nicht von seinem inhaltlichen Katalog umfasst. Ebenso wenig finden sich Hinweise im Abkommen, wonach sich Tunesien zunächst einmal selbst Gedanken über seine entwicklungspoltische Lage machen und auf diesen Erkenntnissen basierend eine eigene adäquate Entwicklungsstrategie entwerfen soll, die zur Prioritätenermittlung gleichermaßen herangezogen werden könnte. Oder mit anderen Worten: Worin das Europa-Mittelmeer-Abkommen den konkreten Beitrag Tunesiens an der Zusammenstellung der vorrangigen Aktionsbereiche sieht, um nicht zuletzt auch Aspekten der Ownership Geltung zu verschaffen[620], bleibt völlig offen.

2.5.1 Wirtschaftliche Zusammenarbeit

Ein weiterer Eckpfeiler der Wirtschafts- und Finanzpartnerschaft ist die Verstärkung einer auf beiderseitigem Interesse und dem Partnerschaftsgeist des Abkommens gründenden wirtschaftlichen Zusammenarbeit (Titel V, Art. 42ff).
Das – hier ausdrücklich normierte - Ziel dieses Kooperationsbereichs besteht darin, die Bemühungen Tunesiens um eine nachhaltige („langfristig[…] tragbare" (Art. 42II)) sozioökonomische Entwicklung zu unterstützen (Art. 42II). Insbesondere soll Tunesien dort unter die Arme gegriffen werden, wo infolge der Liberalisierung der tunesischen Wirtschaft, vor allem des Handels zwischen den Vertragsparteien, Schwierigkeiten für das Land auftreten (vgl. Art. 43I)[621] – ein Geltungsbereich der wirtschaftlichen Kooperation, der als Ausdruck des Willens

[617] Anders die MEDA-VO (unten Abschnitt E.II.3.2.2.2), die beide Gebiete als Querschnittsbereich normiert.
[618] Zum Ganzen oben Kapitel C „Ziele der Entwicklungszusammenarbeit", Abschnitt C.I.2.2.3.
[619] Art. 1II hat es ja versäumt, den Umweltschutz zum Vertragsziel zu erheben.
[620] Die MEDA-VO scheint zwar das Ownership-Prinzip vereinzelt zumindest implizit vorauszusetzen, doch wird seine Implementierung nicht zuletzt durch fehlende operative Regelungen erschwert (vgl. unten Abschnitte E.II.3.1.2.2, E.II.3.3).
[621] Nicht vergessen werden darf nämlich in diesem Zusammenhang, dass der Verzicht auf Zölle, Abgaben gleicher Wirkung etc. ein denkbar empfindliches Loch in der Haushaltskasse auch Tunesiens hinterlässt, das naturgemäß auch die sozioökonomische Entwicklung beeinträchtigt, wenn nicht gar zurückwirft (vgl. *Hakura*, The

der Gemeinschaft zu begreifen ist, eine „harmonische [...] Eingliederung" (Art. 177I 2. Spiegelstrich EGV) Tunesiens in die Weltwirtschaft bzw., als Vorstufe dazu, in die EG-Wirtschaft zu gewährleisten. Um nämlich künftig in der Freihandelszone dem einsetzenden Wettbewerbsdruck auch nur annähern standhalten zu können, muss sich die einheimische Industrie in besonderem Maße anpassen, gilt es, jahrzehntelang vernachlässigte Wirtschaftsreformen durchzuführen[622]. Da aber im Gegensatz zum Partnerschaftsabkommen von Cotonou das Assoziationsabkommen keine speziellen Maßnahmen verbindlich zu „Begleitmaßnahmen" erhebt, bleibt zu hoffen, dass die Vertragsparteien die vorgenannte programmatische Vorgabe auch realiter umsetzen und die vorgeschlagenen Unterstützungselemente der wirtschaftlichen Zusammenarbeit – darunter atypisch ebenso Maßnahmen zur Verbesserung des (Aus-) Bildungswesens und des Umweltschutzes[623] - gleichfalls zur Abmilderung der Auswirkungen der Wirtschaftsliberalisierung einsetzt. Selbiges gilt für die programmatische Ankündigung, derzufolge die wirtschaftliche Zusammenarbeit auch die soziale Entwicklung nachhaltig zu stärken (Art. 42II) und Umweltaspekte mit einzubeziehen hat (Art. 43IV). Ein energisches Vorantreiben einer solch nachhaltigen Entwicklung wäre schließlich nicht nur vertraglich und primärrechtlich obligatorisch, sondern ebenso politisch angezeigt, streben doch die europäischen Vertragspartner langfristig eine umfassende, enge wirtschaftliche und sozialpolitische Integration mit dem Maghreb-Staat an[624], weshalb bereits das Europa-Mittelmeer-Abkommen Rechtsangleichungsvorschriften zu diesem Zwecke bereithält[625].
Bevor der Vertragstext dazu übergeht, die wirtschaftlichen Kooperationsbereiche insbesondere hinsichtlich ihrer Ziele näher zu beschreiben, legt er für alle einheitlich fest, wie er sich die Realisierung dieser Zusammenarbeit vorstellt (Art. 44): So nennt er u.a. die Durchführung eines regelmäßigen wirtschaftspolitischen Dialogs der Vertragsparteien, eines Informationsaustausches, gemeinsamer Aktionen sowie das Zurverfügungstellen administrativer und technischer Hilfe (inklusive Beratung, Gutachtenerstellung und Ausbildungsmaßnahmen) als in Betracht kommende Mittel. Die Festlegung der Einzelheiten überlässt das Regelungswerk jedoch den Vertragsparteien (Art. 63).
Im Folgenden sollen nun diese Unterstützungsmöglichkeiten der wirtschaftlichen Zusammenarbeit vorgestellt werden, die sich im Wesentlichen auf die Förderung der Regionalintegration der Maghreb-Staaten (Art. 43II, 45), auf die Entwicklung der Wirtschaft, insbesondere der wachstums- und beschäftigungsintensiven Bereiche (Art. 43I, 46f, 49 – 60) sowie auf den Schutz der Umwelt und der Erhaltung des ökologischen Gleichgewichts (Art. 43IV, 48) konzentrieren. Vorschriften über Geldwäsche und Drogenbekämpfung (Art. 61f) schließen Titel IV ab. Dabei sollen nachfolgend die genauen Gründe für die Einbeziehung einzelner Unter-

---

Euro-Mediterranean policy, in: CMLRev. 1997, S. 337ff, 360; *Nienhaus*, Euro-Mediterraner Freihandel: Motor der wirtschaftlichen Entwicklung?, in: APUZ B 39/97, S. 12ff, 13, S. 15f hingegen zu den Vorteilen sinkender Importpreise).

[622] Informatives Hintergrundwissen zu dieser Thematik stellen *Rhein*, Mit Geduld und Ausdauer zum Erfolg, in: IP 2/1996, S. 15ff, 17, sowie *Nienhaus*, Euro-Mediterraner Freihandel: Motor der wirtschaftlichen Entwicklung?, in: APUZ B 39/97, S. 12ff, 13f, zusammen.

[623] Ob die im Rahmen der „Zusammenarbeit im sozialen und kulturellen Bereich" (Titel VI) vorgesehenen Förderelemente als die wirtschaftliche Entwicklung flankierende Maßnahmen eingesetzt werden können bzw. sogar müssen, lässt das Vertragswerk offen. Aus diesem Grunde bleibt ebenso die Frage unbeantwortet, ob sich jene „flankierende[n] sozialpolitische[n] Maßnahmen" (Art. 75 UA 3, 5. Spiegelstrich) in den vorgenannten umweltbezogenen und (Aus-) Bildungsmaßnahmen erschöpfen oder ob darüber hinaus grundsätzlich der Unterstützungskatalog des Titels VI mit eingeschlossen ist.

[624] Vgl. Art. 43II und unten Abschnitt E.II.4.

[625] Grundsätzlich wollen die europäischen Vertragspartner Tunesien bei der Angleichung seiner Rechtsvorschriften an das Gemeinschaftsrecht in sämtlichen unter das Abkommen fallenden Bereichen unterstützen (Art. 52). Auf vielen Gebieten ist dies sogar explizit vorgesehen (z.B. Art. 40I, 51a), 55b)) Des Weiteren sind zahlreiche Vorschriften des Abkommens, wie bereits erwähnt, dem EGV nachgebildet.

stützungselemente lediglich am Rande Erwähnung finden, da diese bereits allgemein[626] sowie wiederholend im Zusammenhang mit dem Partnerschaftsabkommen von Cotonou[627] ausreichend dargelegt worden sind.

Im Einklang mit der Auffassung der EG, dass die Regionalintegration und -kooperation einen der „Schlüsselfaktor[en] für die Schaffung einer Freihandelszone"[628], aber auch für die nachhaltige Entwicklung konstituiert und nicht zuletzt deshalb zu einem der prioritären Bereiche erhoben wurde, wollen die Vertragspartner im Rahmen der *regionalen Zusammenarbeit* (Art. 45, 43II) Maßnahmen von „regionaler Tragweite" (Art. 45 UA 1) unterstützen: So ist es zur Vorbereitung auf die Freihandelszone von besonderer Bedeutung, den Regionalhandel zwischen den Maghreb-Staaten sowie auf regionaler Ebene den Ausbau der Wirtschaftsinfrastrukturen, die wissenschaftliche und technologische Forschung und diverse Einrichtungen zu unterstützen (Art. 45a), f), c), d), g)). Und langfristig tragfähige Entwicklung (Art. 42II) gebietet gleichermaßen, grenzüberschreitende entwicklungspolitische Thematiken auch nichtwirtschaftlicher Natur gemeinsam anzupacken, wie den Umweltschutz oder aber die Kultur – wobei freilich einzuräumen ist, dass es hier gewiss weitaus mehr Problematiken auf regionaler Ebene gäbe, die verbindlich hätten festgeschrieben werden sollen. Jedenfalls aber können sämtliche vorgenannten Bereiche Gegenstand gemeinsamer bzw. kohärenter Programme und Politiken sein (Art. 45g)).

Die wirtschaftliche Entwicklungsförderung im Rahmen der Europa-Mittelmeer-Partnerschaft kennt - wie von der EG hier grundsätzlich gefordert - verschiedenste Förderansätze, die jedoch vornehmlich in puncto makroökonomische und sonstige wirtschaftliche Stabilitätsmaßnahmen hinter den diesbezüglichen gemeinschaftlichen Vorgaben zurück bleiben:
Die *industrielle Zusammenarbeit* (Art. 49) dient hier wie dort dem Postulat der Vertragspartner, die Wirtschaft zu modernisieren, ihre Wettbewerbsfähigkeit auf internationalem Parkett zu erhöhen[629] und dadurch den wirtschaftlichen Aufschwung zu forcieren. Dementsprechend richten sich auch die Bestimmungen der industriellen Zusammenarbeit aus, deren Hauptaugenmerk angesichts der Bedeutung der Privatwirtschaft für den industriellen Aufschwung auf der Dynamisierung des Privatsektors liegt[630]: Denn neben der Förderung der Zusammenarbeit sämtlicher Wirtschaftsbeteiligter (Art. 49a)) wollen die Vertragsparteien die Bemühungen der öffentlichen Hand, aber auch Privater, um Modernisierung und Umstrukturierung der tunesi-

---

[626] Zur nachhaltigen wirtschaftlichen Entwicklung: oben Kapitel C „Ziele der Entwicklungszusammenarbeit", Abschnitte C.I.2.2.1, C.I.2.2.3; zur schrittweisen, harmonischen Eingliederung in die Weltwirtschaft: ebenda, Abschnitt C.I.2.3. In diesen Abschnitten sind ebenfalls die allgemein geltenden Postulate der EG für die vorstehend genannten Entwicklungskomponenten beschrieben, zu denen im Folgenden Vergleiche hergestellt werden.

[627] Zur nachhaltigen wirtschaftlichen Entwicklung sowie zur schrittweisen, harmonischen Eingliederung in den Welthandel vgl. insbesondere die Abschnitte E.I.2.3.1.1.1, E.I.2.3.1.1.3, E.I.2.3.2.

[628] Erklärung von Barcelona, abgedruckt in: Bulletin EG 11 – 1995, Ziffer 2.3.1, S. 156. Informativ zu den Gründen für diese Schlüsselrolle speziell im Rahmen der Partnerschaft Europa-Mittelmeer: *Nienhaus*, Euro-Mediterraner Freihandel: Motor der wirtschaftlichen Entwicklung?, in: APUZ B 39/97, S. 12ff, 14f; *Nienhaus*, Euro-Mediterrane Freihandelszone, in: Zippel (Hrsg.), Die Mittelmeerpolitik der EU, S. 91ff, 103ff. Zum Anteil des Regionalhandels der Mittelmeerdrittländer: *Nienhaus*, Euro-Mediterrane Freihandelszone, in: Zippel (Hrsg.), Die Mittelmeerpolitik der EU, S. 91ff, 100, Tabelle 2.

[629] Arbeitsprogramm im Anschluss an die Erklärung von Barcelona, abgedruckt in: Bulletin EG 11 – 1995, Ziffer 2.3.2, S. 160. Vgl. auch die „Gemeinsame Erklärung zu Artikel 49 des Abkommens", UA 1 (ABl. 1998, Nr. L 97/181).

[630] Vgl. Kommissionsmitteilung über die *„Verstärkung der Mittelmeerpolitik der Europäischen Union: Vorschläge für die Entwicklung einer Partnerschaft Europa-Mittelmeer"*, KOM (1995) 72, endg. vom 8.5.1995, Punkt 2.1.2, abgedruckt in: Sonderbeilage 2/95 zum Bulletin EG, S. 33ff.

schen Industrie stützen (Art. 49b))[631]. Ferner möchten sie neben dem Industriepotenzial das Humankapital erhöhen (Art. 49d)), den Zugang zu Krediten für die Finanzierung von Investitionen erleichtern (Art. 49e)) und nicht zuletzt hierfür im Rahmen der Kooperation im Bereich der *Finanzdienstleistungen* (Art. 53) den tunesischen Finanzsektor stärken und umstrukturieren sowie die Finanzvorschriften verbessern. Schließlich normiert Art. 49c), dass günstige Rahmenbedingungen für Privatinitiativen zu schaffen sind, um die Absatz- und Exportleistung anzukurbeln und die Produktion zu diversifizieren. Diese Zielvorgabe bedingt konsequent einen weiteren Kooperationsbereich: *Investitionsförderung und Investitionsschutz* (Art. 50), der für ein günstiges Klima für ausländische Direktinvestitionen sorgen soll, die bekanntermaßen als „wesentlicher Anreiz für die wirtschaftliche und soziale Entwicklung“[632] gelten. Zu diesem Zwecke sind die Vertragsparteien bestrebt, sowohl diesbezügliche Verfahren zu vereinfachen, Mechanismen für Koinvestitionen einzuführen als auch Investitionsmöglichkeiten strukturiert zu ermitteln und alsdann hierüber zu informieren (Art. 50a)). Und schließlich ist geplant, die Investitionen gegebenenfalls durch den Abschluss von Investitionsschutzabkommen und/ oder Übereinkommen zur Vermeidung von Doppelbesteuerung zu steigern (Art. 50b))[633].
Auch wenn die vorgenannten Förderbereiche andere Bezeichnungen tragen - dahinter verbergen sich im Wesentlichen zwei Unterstützungsbereiche: Die Stützung des Privatsektors und die Durchführung wirtschaftlicher Stabilitätsmaßnahmen. Bedauerlicherweise spricht das Europa-Mittelmeer-Abkommen dagegen nicht einmal ansatzweise die Bedeutung der wirtschaftlichen Lebensfähigkeit oder aber der sozialen und politischen Tragfähigkeit der Strukturanpassungsmaßnahmen an. Überdies stellen diese keinen Bezug zu Armutsminderungsstrategien her. Völlig außer Acht bleibt zunächst ebenso die Stärkung der makroökonomischen Stabilität. Diesbezügliche Maßnahmen werden später im Rahmen des Titels VII über die „Finanzielle Zusammenarbeit“ behandelt (Art. 76)[634]. Der Grund hierfür ist in dem Umstand zu sehen, dass ähnlich wie im Rahmen der AKP-EG-Kooperation die europäischen Vertragspartner keine eigenen Aktionen im Rahmen der wirtschaftlichen Zusammenarbeit durchführen wollen[635]. Vielmehr sollen Maßnahmen Tunesiens zur Stärkung des makroökonomischen Gleichgewichts „lediglich“ Gegenstand finanzieller Unterstützung sein. Immerhin aber, so wird dort normiert (Art. 76), müssen diese unter anderem das soziale Wohlergehen der Bevölkerung erhöhen, um in den Genuss von Finanzhilfe gelangen zu können. Insgesamt betrachtet aber hinken die im Rahmen des Abkommens anvisierten Reformen dennoch weit hinter den von

---

[631] Vgl. hierzu auch die „Gemeinsame Erklärung zu Artikel 49 des Abkommens“, UA 2 (ABl. 1998, Nr. L 97/181).
[632] Vgl. Kommissionsmitteilung über die „*Verstärkung der Mittelmeerpolitik der Europäischen Union: Vorschläge für die Entwicklung einer Partnerschaft Europa-Mittelmeer*“, KOM (1995) 72, endg. vom 8.5.1995, Punkt 2.3.1, abgedruckt in: Sonderbeilage 2/95 zum Bulletin EG, S. 33ff. Vgl. auch die Barcelona-Erklärung, abgedruckt in Bulletin EG 11 - 1995, Ziffer 2.3.1, S. 156, sowie das daran anschließende Arbeitsprogramm, abgedruckt in: Bulletin EG 11 – 1995, Ziffer 2.3.2, S. 160.
Grundsätzlich werden sich jedoch nach Einschätzung von *Nienhaus* (Euro-Mediterraner Freihandel: Motor der wirtschaftlichen Entwicklung?, in: APUZ B 39/97, S. 12ff, 14) die Bedingungen für Direktinvestitionen durch die Freihandelszone sogar verschlechtern.
[633] Vgl. hierzu auch die „Gemeinsame Erklärung zu Artikel 50 des Abkommens“ (ABl. 1998, Nr. L 97/182).
[634] Strukturanpassungshilfe kannte bereits die VO (EWG) Nr. 1762/92 (ABl. 1992, Nr. L 181/1ff; vgl. hierzu oben Kapitel B „Geschichte der Entwicklungszusammenarbeit der Europäischen Gemeinschaft“, Abschnitt B.IV.5; Abschnitt B.III.2.4 allgemein zur Strukturanpassung (SAP).
[635] In einem solchen Falle konstituierten diese Aktionen mögliche Unterstützungsbereiche der „wirtschaftlichen Zusammenarbeit“.

der Kommission aufgestellten Leitlinien für eine „zweite Generation von Reformen“[636] sowie hinter den für dieses prioritären Bereich generell geltenden Anforderungen her[637].

Daneben listet das Assoziationsabkommen noch eine Reihe weiterer Kooperationsbereiche zur Ankurbelung der wirtschaftlichen Entwicklung auf:
Hier ist einmal mehr die Förderung des Wirtschaftszweigs Handel zu nennen, der bereits durch die geplante Freihandelszone sowie im Rahmen der Unterstützungsstrategien für die Stärkung der Industrie angekurbelt wird. Abgesehen davon findet sich eine *Zusammenarbeit im Zollwesen* (Art. 59), die die handelspolitischen Bestimmungen des Titels III sicherstellen will sowie den „fairen Handel“ (Art. 59I) - wobei sich hinter dieser Terminologie wohl nicht die entwicklungsorientierte „Fair Trade“ Initiative des Partnerschaftsabkommens von Cotonou verbirgt. Vielmehr muss „fairer Handel“ im Kontext dieser Vorschrift dahingehend ausgelegt werden, dass Zollkontrollen und –verfahren etc. zu vereinbaren sind, damit es hier bei der Errichtung der Freihandelszone zu keinen Unregelmäßigkeiten kommt (vgl. Art. 59a)).
Des Weiteren wollen die Vertragspartner einen weiteren prioritären Bereich der EG unterstützen, nämlich den Transport bzw. den *Verkehr* (Art. 55), wie es die Abkommensterminologie bezeichnet. In diesem Zusammenhang gilt es beispielsweise, die Verkehrsinfrastruktur, namentlich auch die transeuropäischen Verbindungen, umzustrukturieren und zu modernisieren (Art. 55a), c)), ihre Verwaltung sowie die Bedingungen für ihre Nutzung zu verbessern (Art. 55d)).
Im Fokus der Bemühungen steht ferner neben der Förderung des *Energiesektors* (Art. 57) und des *Fremdenverkehrs* (Art. 58) die *Zusammenarbeit in Wissenschaft, Technik und Technologie* (Art. 47): Um den Übergang Tunesiens in eine Informationsgesellschaft zu erleichtern, beabsichtigen die Vertragsparteien mitunter, die Forschungskapazitäten Tunesiens auszubauen oder aber technische Innovationen sowie den Technologie- und Know-how-Transfers voranzutreiben (Art. 47b), c)). Eng in Zusammenhang zu diesem Kooperationsbereich steht die Zusammenarbeit in Sachen *Telekommunikation und Informationstechnologie* (Art. 56), die sich hauptsächlich auf die Entwicklung und Verbreitung neuer Kommunikations- und Informationstechnologien konzentriert.
Die Zusammenarbeit in der *Landwirtschaft und Fischerei* (Art. 54) verfolgt die Ziele, die beiden Sektoren zu modernisieren und umzustrukturieren[638] sowie die Produktion und die Absatzmärkte zu diversifizieren (Art. 54a), b)). Angesichts der Tatsache, dass die ländliche Entwicklung und Ernährungssicherung einen prioritären Bereich der EG konstituieren und auch Tunesien nach wie vor damit beschäftigt ist, die bestehende Nahrungsmittelabhängigkeit zu verringern[639], enttäuschen die vorgeschlagenen Unterstützungselemente: Zwar lässt sich der von der EG aufgebrachte „supply approach“ noch halbwegs identifizieren, auch wenn die hierfür angedachten Komponenten äußerst sparsam ausfallen; doch weder der zweite Aspekt jener Doppelstrategie[640] – der „demand approach“ – noch etwaige Präventivelemente sind zumindest explizit berücksichtigt[641].

---

[636] Mitteilung der Kommission „*Wirtschaftsreformprogramme und Strukturanpassungsprogramme der Gemeinschaft: Bilanz und Perspektiven*“, KOM (2000) 58, endg. vom 4.2.2000, Punkt 2.3. Vgl. hierzu bereits oben Abschnitt E.I.2.3.1.1.1.
[637] Weitergehend die entsprechenden Anforderungen im Rahmen der MEDA-VO (vgl. unten Abschnitt E.II.3.2.2.1).
[638] Als Mittel hierfür nennt der Vertragstext (Art. 54a)): Modernisierung der Infrastrukturen und der Ausrüstung; Entwicklung von Verpackungs- und Lagerungstechniken; Verbesserung der privatwirtschaftlichen Vertriebs- und Vermarktungssysteme.
[639] Diese Tatsache bestand zumindest zum Zeitpunkt der Vertragsunterzeichnung.
[640] Hierzu bereits oben Kapitel C „Ziele der Entwicklungszusammenarbeit“, Abschnitt C.I.2.2.2.
[641] Hier offeriert auch die MEDA-VO keinen umfassenderen Unterstützungsansatz (siehe unten Abschnitt E.II.3.2.2.2).

Die atypische Platzierung der Kooperation auf dem Gebiet der *Bildung und Ausbildung* (Art. 46) im Rahmen der wirtschaftlichen Entwicklungsförderung - eigentlich der „Zusammenarbeit im sozialen und kulturellen Bereich" zuzurechnen - lässt bereits vermuten, dass die hierfür vorgeschlagenen Unterstützungskomponenten eher darauf abzielen, Kenntnisse und Qualifikationen der tunesischen Bevölkerung den Arbeitsmarktanforderungen anzupassen. Und tatsächlich hat Art. 46 vornehmlich die Erwachsenen-(Aus-)Bildung vor Augen, wenn er normiert, dass insbesondere die Berufsausbildung zu verbessern und der Zugang von Frauen namentlich zur Fach-, Hochschul- sowie Berufsausbildung zu erleichtern ist, sowie dauerhafte Beziehungen zwischen Facheinrichtungen der Vertragsparteien zu schaffen sind. Diese Schwerpunktsetzung lässt sich demnach auch nach genauerer Betrachtung der Vorschrift nicht anzweifeln. Wenngleich freilich konzediert werden muss, dass es Ziel dieses Kooperationsbereiches ganz allgemein ist, für eine Verbesserung der „Situation im Bildungs- und Ausbildungswesen" (Art. 46a)) zu sorgen. Und unter „Bildung" ist gleichermaßen die Grund- und Primarbildung zu subsumieren, so dass das Vertragswerk wenigstens implizit sämtlichen Förderansätzen der EG in Sachen (Aus-) Bildung Rechnung[642] zu tragen vermag.

Einen weiteren wichtigen Belang von gemeinsamem Interesse stellt der *Umweltschutz* (Art. 48) dar: Zum einen besteht auf diesem Gebiet eine gegenseitige Abhängigkeit – man denke nur an die gemeinsame Nutzung des Mittelmeers. Zum anderen ist es unabdingbar, die wirtschaftliche Entwicklung in Einklang mit dem Umweltschutz zu bringen, damit die entwicklungspolitisch unerlässliche Nachhaltigkeit (vgl. Art. 48 UA 1, 43IV) sichergestellt werden kann[643]. Um diese „nachhaltige Entwicklung" zu gewährleisten, soll der Zerstörung der Umwelt Einhalt geboten, und ihre Qualität, der Schutz der menschlichen Gesundheit sowie die vernünftige Nutzung der natürlichen Ressourcen verbessert werden (Art. 48 UA 1). Zu diesem Zwecke intendieren die Vertragsparteien, gemeinsam insbesondere die Boden- und Gewässerqualität zu erhalten bzw. zu optimieren, die Meeresverschmutzung zu reduzieren sowie die Auswirkungen vor allem des industriellen Aufschwungs (Stichwort Anlagensicherheit, Abfallentsorgung) in den Griff zu bekommen (Art. 48 UA 2).

Darüber hinaus wollen die Vertragsparteien kooperieren, um „*Geldwäsche*", insbesondere von Erlösen aus Drogendelikten, zu verhindern (Art. 61). In den Dienst der „*Drogenbekämpfung*" (Art. 62) ist schließlich ein letzter Bereich der Zusammenarbeit gestellt: Hier soll die widerrechtliche Erzeugung von Betäubungsmitteln und psychotropen Substanzen, die widerrechtliche Versorgung und der widerrechtliche Handel mit diesen Stoffen verhindert und bekämpft sowie jeglichem Missbrauch vorgebeugt werden (Art. 62I).

2.5.2 Zusammenarbeit im sozialen und kulturellen Bereich

Die „Partnerschaft im sozialen, kulturellen und menschlichen Bereich" gilt es, in Titel VI über die Zusammenarbeit im sozialen und kulturellen Bereich (Art. 64ff) in konkrete Aktionen umzusetzen: So finden sich hier Vorschriften über die Arbeitnehmerfreizügigkeit (Art. 64ff) und den bereits dargestellten Dialog im sozialen Bereich (Art. 69f)[644], ferner über Maßnahmen der Zusammenarbeit im sozialen (Art. 71ff) und kulturellen Bereich (Art. 74). Doch noch mehr als im Partnerschaftsabkommen von Cotonou kommt der Unterstützung des Sozialbereichs trotz seiner Bedeutung für die soziale Entwicklung sowie für die Armutsbekämpfung eine eher untergeordnete Rolle zu: Sein vertraglicher Regelungsinhalt bleibt weit hinter den

---

[642] Dazu oben Kapitel C „Ziele der Entwicklungszusammenarbeit", Abschnitt C.I.2.2.2.

[643] Voranstehend: Erklärung von Barcelona, abgedruckt in: Bulletin EG 11 – 1995, Ziffer 2.3.1, S. 156.

[644] Oben Abschnitt E.II.2.2.2.2.

hier für die Entwicklungszusammenarbeit allgemein vorgeschlagenen[645] Förderelementen zurück. Des Weiteren ist für ein nachhaltiges Gelingen der Sozialpolitik ihre Abstimmung mit den wirtschaftlichen Unterstützungsmaßnahmen unabdingbar – eine Konnexität, die die Bestimmungen über die Zusammenarbeit im sozialen und kulturellen Bereich gleichermaßen außer Acht lassen.

Zunächst einmal aber finden sich Bestimmungen wieder, deren Aufnahme in die Barcelona-Erklärung gescheitert war: Der Titel hält nämlich in seinem ersten Kapitel Sozialregelungen über die im Hoheitsgebiet des Gastlandes legal beschäftigten[646] Arbeitskräfte bereit. Derartige, wenn auch nicht umfassende *Arbeitnehmerfreizügigkeiten* waren in sehr ähnlicher Weise bereits in das „Kooperationsabkommen" mit Tunesien inkorporiert[647], und die Vertragsparteien wollten offensichtlich den Arbeitnehmern diese Rechte nicht verwehren, zumal diese größtenteils ohnehin nicht über bereits bilateral eingeräumte Freizügigkeiten hinausgehen[648]: Das Diskriminierungsverbot des unmittelbar anwendbaren[649] Art. 64I gebietet zunächst den Mitgliedstaaten, die in ihrem Hoheitsgebiet beschäftigten tunesischen Arbeitnehmer nicht aufgrund ihrer Nationalität im Hinblick auf die Arbeits-, Entlohnungs-[650] und nunmehr auch Kündigungsbedingungen gegenüber den eigenen Staatsangehörigen zu benachteiligen. Gleiches gilt für Wanderarbeiter aus den Mitgliedstaaten, die in Tunesien eine unselbständige Erwerbstätigkeit ausüben (Art. 64III)[651]. Ausnahmen oder Beschränkungen des Gleichbehand-

---

[645] Vgl. oben Kapitel C „Ziele der Entwicklungszusammenarbeit", Abschnitte C.I.2.2.2, C.I.2.4 zu den für die soziale Entwicklung sowie für die Armutsbekämpfung allgemein geltenden Postulaten, zu denen im Folgenden Vergleiche hergestellt werden. Dabei sollen nachfolgend die genauen Gründe für die Einbeziehung einzelner Unterstützungselemente nur am Rande erwähnt werden, da diese bereits allgemein sowie wiederholend im Zusammenhang mit dem AKP-EG-Partnerschaftsabkommen (Abschnitt E.I.2.3.1.1.2) ausreichend dargelegt worden sind.

[646] Art. 66.

[647] Vgl. oben Kapitel B „Geschichte der Entwicklungszusammenarbeit der Europäischen Gemeinschaft", Abschnitt B.IV.3.

[648] Zu diesen bilateralen Verträgen bereits oben Kapitel B „Geschichte der Entwicklungszusammenarbeit der Europäischen Gemeinschaft", Abschnitt B.IV.3, insbesondere auch die Fn. 346, 347. Soweit jedoch in diesen Verträgen eine günstigere Behandlung der Staatsangehörigen Tunesiens oder der Mitgliedstaaten vorgesehen ist, sind die diesbezüglichen Vorschriften dieser Verträge als leges speciales zu qualifizieren (Art. 68).

[649] Vgl. zur parallelen Rechtsprechung zum Assoziierungsabkommen mit Marokko von 1978 (zur Übertragbarkeit dieser Rechtsprechung bereits oben Abschnitt E.II.2.3) z.B.: EuGH, Rs. C-416/96, Nour Eddline El-Yassini/ Secretary of State for the Home Department, Slg. 1999, I-1209ff, I-1236ff, Ziffern 23ff, insbesondere Ziffer 32; *GA Van Gerven*, Schlussantrag zu EuGH, Rs. C-18/90, Office national de l'emploi (Onem)/ Kziber, Slg. 1991, I-199ff, I-215, Ziffer 11.

[650] Das Benachteiligungsverbot gilt für tunesische Arbeitnehmer hinsichtlich der Arbeits- und Entlohnungsbedingungen auch, wenn diese berechtigt sind, im Hoheitsgebiet eines Mitgliedstaates eine *befristete* unselbständige Erwerbstätigkeit auszuüben, Art. 64II.

[651] Der Gleichbehandlungsgrundsatz des Art. 64I impliziert kein Recht auf freien Zugang zum Binnenarbeitsmarkt. Art. 64I kann darüber hinaus ebenso wenig in Anspruch genommen werden, um die Verlängerung einer Aufenthaltsgenehmigung zu erwirken („Gemeinsame Erklärung zu Artikel 64 Absatz 1 des Abkommens" (ABl. 1998, Nr. L 97/182), S. 1; S. 2 zu einschlägigen Rechtsvorschriften bei Erteilung, Verlängerung und Verweigerung der Aufenthaltsgenehmigung). Dies dürfte weiterhin aber wohl dann nicht gelten, wenn die dem Betroffenen vom Mitgliedstaat gewährte Aufenthaltserlaubnis kürzer ist als der Zeitraum seiner vom jeweiligen Mitgliedstaat ordnungsgemäß genehmigten Beschäftigung im Lohn- oder Gehaltsverhältnis, und der Mitgliedstaat vor Ablauf der Arbeitserlaubnis eine Verlängerung der Aufenthaltserlaubnis abgelehnt hat, ohne dies mit Gründen des Schutzes eines berechtigten Interesses des Staates rechtfertigen zu können. Denn wenn dem Wanderarbeitnehmer während der Dauer seiner Arbeitserlaubnis nicht auch das Recht zustünde, sich in diesem Hoheitsgebiet aufzuhalten, wäre die praktische Wirksamkeit des Gleichberechtigungsgebotes ausgehöhlt (vgl. insbesondere: EuGH, Rs. C-237/91, Kazim Kus/ Landeshauptstadt Wiesbaden, Slg. 1992, I-6781ff, I-6816, Ziffer 30; EuGH, Rs. C-416/96, Nour Eddline El-Yassini/ Secretary of State for the Home Department, Slg. 1999, I-1209ff, I-1246ff, Ziffern 62ff). Weitere Zugeständnisse bzgl. des Zugangsrechts sind unter bestimmten Voraussetzungen im Rahmen der Familienzusammenführung für die im Gebiet eines Mitgliedstaates rechtmäßig woh-

lungsgrundsatzes lassen sich nur rechtfertigen, wenn die Maßnahmen die rechtmäßigen Interessen der Mitgliedstaaten, wie Gründe der öffentlichen Ordnung, Sicherheit und Gesundheit, wahren[652]. Darüber hinaus lässt Art. 65I UA 1 den in einem der Mitgliedstaaten tätigen tunesischen Arbeitnehmern und den mit ihnen zusammenlebenden und im Hoheitsgebiet des Gastlandes sich legal aufhaltenden[653] Familienmitgliedern[654] auch auf dem Gebiet der sozialen Sicherheit[655] eine gegenüber den eigenen Staatsangehörigen unterschiedlose Behandlung zukommen, wenn auch innerhalb der Grenzen der in den Absätzen II-IV definierten Voraussetzungen („vorbehaltlich")[656]: Nach Absatz II werden zugunsten dieser Personen[657] die Versicherungs-, Beschäftigungs- bzw. Aufenthaltszeiten für bestimmte Renten, die Krankheitsfürsorge und nun auch bei den Familienbeihilfen, den Leistungen bei Mutterschaft sowie bei der Gesundheitsfürsorge zusammengerechnet, wenn ein Arbeitnehmer in verschiedenen Mitgliedstaaten angestellt war. Wie auch im „Kooperationsabkommen" erhalten diese Wanderarbeiter ferner Familienzulagen für ihre innerhalb der EG ansässigen Familienmitglieder (Art. 65III). Schließlich sind die Arbeitnehmer befugt, Renten, auf die sie aufgrund eines Arbeitsunfalls oder einer Berufskrankheit Anspruch haben, frei nach Tunesien zu transferieren (Art. 65IV1). Eine Ausnahme macht der Vertragstext (Art. 65IV2) jedoch nunmehr für beitragsunabhängige Sonderleistungen. Eine den Absätzen I, III und IV entsprechende Behandlung der in tunesischem Hoheitsgebiet legal beschäftigten mitgliedstaatlichen Arbeitnehmer und ihrer Familienangehörigen muss auch Tunesien gewährleisten (Art. 65V).

Obwohl der Assoziationsrat erst die Bestimmungen erlassen musste, um die Gewährung der Rechte nach Art. 65 sicherzustellen (Art. 67I), ist zumindest das Diskriminierungsverbot des Art. 65I UA 1 seit Inkrafttreten des Abkommens unmittelbar anwendbar. Art. 65I UA 1 begründet nämlich klar, eindeutig und unbedingt das oben beschriebene Verbot. Insbesondere hängt die Verpflichtung nicht vom Erlass einer weiteren Maßnahme ab, denn die Beachtung

---

nenden Ehegatten und Kinder der rechtmäßig beschäftigten Wanderarbeitnehmer angedacht, vgl. „Gemeinsame Erklärung zu Artikel 64 des Abkommens" (ABl. 1998, Nr. L 97/182).

[652] EuGH, Rs. C-237/91, Kazim Kus/ Landeshauptstadt Wiesbaden, Slg. 1992, I-6781ff, I-6817f, Ziffer 34; EuGH, Rs. C-416/96, Nour Eddline El-Yassini/ Secretary of State for the Home Department, Slg. 1999, I-1209ff, I-1241f, I-1247, Ziffern 45, 65.

[653] Art. 66.

[654] Die Auslegung dieses Begriffs erfolgt im Einklang mit den Rechtsvorschriften des betreffenden Aufnahmelandes („Gemeinsame Erklärung zu Artikel 65 des Abkommens" (ABl. 1998, Nr. L 97/182). Dort heißt es zwar „Ausnahmelandes" – es handelt sich wohl um einen Schreibfehler).

[655] Der Begriff „soziale Sicherheit" wird nunmehr in Art. 65I UA 2 legal definiert, der Art. 4 der VO (EWG) Nr. 1408/71 *über die Anwendung der Systeme der sozialen Sicherheit auf Arbeitnehmer und Selbständige sowie deren Familienangehörige, die innerhalb der Gemeinschaft zu- und abwandern* (abgedruckt in: *Sartorius II*, Nr. 185) nachgebildet ist. Art. 4 der VO (EWG) Nr. 1408/71 wurde im Rahmen jener ersten „globalen" Mittelmeerabkommen zur Auslegung dieses Terminus herangezogen (z.B. EuGH, Rs. C-18/90, Office national de l'emploi (ONEM)/ Bahia Kziber, Slg. 1991, I-199ff, I-226, Ziffern 25f). Die Rechtsprechung zur Auslegung der „sozialen Sicherheit" im Sinne des Art. 4 der VO verliert deshalb keineswegs an Bedeutung. Dies bestätigt auch Art. 65I UA 3, der postuliert, dass eine Gleichbehandlung in der Gewährleistung der Rechte sowohl nach dem Europa-Abkommen als auch nach den nach Art. 51 EGV a.F. (Art. 40 EGV n.F.) erlassenen Richtlinien/ VO sicherzustellen ist – die oben genannte VO ist u.a. auf Art. 51 EGV a.F. gestützt (vgl. Präambel I).
Eine Übersicht der Rechtsprechung zu den Bestimmungen über die soziale Sicherheit von Wanderarbeitnehmern und deren in den Mitgliedstaaten lebenden Familienangehörigen: *Moore*, Freedom of movement and migrant workers' social security: an overview of the Court's jurisprudence, in: CMLRev. 1998, S. 409ff, 451ff; *Weiß*, Gibt es eine EU-Inländerdiskriminierung?, in: EuR 1999, S. 499ff, 514.

[656] EuGH, Rs. C-18/90, Office national de l'emploi (ONEM)/ Bahia Kziber, Slg. 1991, I-199ff, I-225f, Ziffer 18.

[657] Hier müssen die Familienangehörigen nicht mit dem tunesischen Arbeitnehmer zusammenleben; denn ausweislich des Wortlautes (Art. 65II) genügt es, dass sie innerhalb der Gemeinschaft wohnen.

des Diskriminierungsverbots soll durch die Einschaltung des Rates lediglich *erleichtert* werden, jedoch nicht von dieser Bedingung abhängen[658].

Grundsätzlich aber streben die Vertragsparteien an, den Migrationsdruck zumindest zu stabilisieren, indem sie den tunesischen Arbeitnehmern durch vermehrte Schaffung von Arbeitsplätzen oder von Berufsbildungsprogrammen in den Auswanderungszonen im eigenen Land Perspektiven bieten wollen (Art. 71 UA 2, a)). Und um der illegalen Einwanderung Herr zu werden, sollen Personen, die gegen das Aufenthalts- und Niederlassungsrecht des jeweiligen Gastlandes verstoßen haben, rückgeführt und wieder eingegliedert werden (Art. 71 UA 2, b), 69IIIc)). Neben diesen Aspekten der *Zusammenarbeit im sozialen Bereich*, die die zwischen den Vertragspartnern in besonderem Maße heikle Frage der Wanderungsbewegungen thematisieren, finden sich „klassische" Unterstützungselemente der sozialen Entwicklungsförderung wider: So sind Maßnahmen vorgesehen zur Verbesserung der Lebensbedingungen in den benachteiligten bevölkerungsreichen Gebieten (Art. 71 UA 2, g)) sowie des Gesundheitswesens, insbesondere des Systems der sozialen Sicherheit (Art. 71 UA 2, e)) und der Gesundheitsversorgung (Art. 71 UA 2, f)). Ferner sind tunesische Programme für Familienplanung und den Schutz der Mütter und der Kinder auszuarbeiten bzw. zu erweitern, mithin gilt es, reproduktive und sexuelle Rechte zu stärken (Art. 71 UA 2, d)). Die vorgenannten Maßnahmen entsprechen zwar – mit Ausnahme der gezielten Bekämpfung von AIDS/ HIV und anderen armutsbedingten Krankheiten, die keine Berücksichtigung findet – den für die Stärkung des Gesundheitswesens allgemein aufgestellten Anforderungen. Dies jedoch nur, was die groben Förderrichtungen anbelangt. Denn bis auf die genannten Schlagworte enthält sich der Vertragstext jeglicher Konkretisierung. Und ob für den Terminus „soziale Sicherheit" i.S.d. Art. 71 UA 2, c) die in Art. 65I UA 2 aufgestellte Definition und damit deren weiter Anwendungsbereich gilt, erscheint zumindest zweifelhaft, verweist nämlich Art. 71 UA 2, e) nicht auf diese Bestimmung. Ein derartiger Verweis erscheint aber notwendig: Zwar sind die Begriffe beide Male im Kontext des Titels VI erwähnt. Doch sind sie unterschiedlichen Bereichen dieser Zusammenarbeit zuzuordnen, die zudem unterschiedliche Ziele verfolgen: Dort im Rahmen der Bestimmungen über die Arbeitskräfte (Art. 64ff) geht es wohl vornehmlich um das Zugeständnis *europäischer* Maßstäbe in Sachen sozialer Sicherheit an tunesische Arbeitnehmer. Hier soll das diesbezügliche tunesische System verbessert werden. Ob sich die Vertragsparteien aber in letzterem Zusammenhang vertraglich haben verpflichten wollen, jenen hohen europäischen Standard i.S.d. Art. 65I UA 2 in Tunesien zu etablieren, ist m.E. eher auszuschließen.

Obwohl der Unterricht in Tunesien zwar im Gegensatz zu anderen Entwicklungsländern finanziell besser gestellt ist, vermag er dennoch nicht alle in gleichem Umfange zu erreichen oder aber traditionelle Diskriminierungsmuster zu überwinden[659]. Umso schwerer wiegt, dass zwar im Zusammenhang mit der Verringerung des Migrationsdrucks sowie der sogleich zu erläuternden Förderung der Stellung der Frau Bildungsprogramme für diese vorgesehen sind, die Bedeutung der (Aus-) Bildung für die soziale Entwicklung im Rahmen der Zusammenarbeit im sozialen und kulturellen Bereich allerdings nicht grundsätzlich anerkannt wird. Jene bereits oben angesprochene Vermutung, wonach Bildung in erster Linie als Instrument zur

---

658 Ausführlich zur Begründung der unmittelbaren Anwendbarkeit z.B. EuGH, Rs. C-18/90, Office national de l'emploi (ONEM)/ Bahia Kziber, Slg. 1991, I-199ff, I-225ff, Ziffern 15ff, insbesondere Ziffer 19. Die unmittelbare Anwendbarkeit der Art. 65II, III, IV dürfte wohl vom Erlass dieser Durchführungsbestimmungen abhängig sein (EuGH, Rs. C-126/95, Hallouzi-Choho/ Bestuur van de Sociale Verzekeringsbank, Slg. 1996, I-4807ff, I-4828, Ziffer 19).

659 Vgl. Punkt 3 der Kommissionsmitteilung *„Intensivierung der EU-Maßnahmen für die Mittelmeer-Partnerländer in den Bereichen Menschenrechte und Demokratisierung – Strategische Leitlinien"*, KOM (2003) 294, endg. vom 21.5.2003.

Herausbildung des Humankapitals zwecks Ankurbelung der wirtschaftlichen Entwicklung betrachtet wird, lässt sich damit immer noch nicht vollends aus der Welt schaffen.
In Anbetracht des Einflusses der Frau für den wirtschaftlichen und gesellschaftlichen Entwicklungsprozess werden Bildungsprogramme zur Aufwertung ihrer Rolle nicht nur im Rahmen der wirtschaftlichen Kooperation (Art. 46 UA 1b)) durchgeführt, sondern sind ebenfalls im Bereich der sozialen Zusammenarbeit von zentraler Bedeutung (Art. 71 UA 2, c)). Doch abgesehen von dieser „Bildungsinitiative" normiert das Europa-Mittelmeer-Abkommen keine weiteren Aktionsbereiche zur Stärkung der Rolle der Frau sowie zur Verbesserung ihrer Lage; ebenso wenig verfolgt es zusätzlich jenen „Empowerment-Ansatz". Und dass geschlechterspezifische Fragen nicht zu einem Querschnittsbereich erhoben worden sind, wurde bereits erwähnt. Einmal mehr also bleibt ein essenzieller Bereich sozialer Entwicklungsförderung sowie armutsbezogener Strategien mehr als unzureichend vertraglich geregelt, was umso schwerer wiegt, als nicht zuletzt die islamische Weltanschauung Tunesiens Frauen nach wie vor in besonderem Maße marginalisiert[660].

Eine Bestimmung über die *Zusammenarbeit im kulturellen Bereich* (Art. 74) rundet Titel VI ab: Im Einklang mit den Vorgaben der Barcelona-Erklärung verschreibt sie sich der „Verbesserung der beiderseitigen Kenntnis und des gegenseitigen Verständnisses" (Art. 74I). Zu erreichen sucht das Abkommen dies erneut über den Dialog, wofür es hier jedoch erst „solidere Voraussetzungen" (Art. 74I) zu schaffen gilt. Überdies ist eine gleichermaßen umfassende wie „intensive kulturelle Zusammenarbeit" (Art. 74I), die die jeweiligen kulturellen Hintergründe respektiert, geplant (Art. 74I). Ihr Hauptaugenmerk soll auf der Unterstützung folgender Gebiete liegen (Art. 74II): Jugend, schriftliche und audiovisuelle Ausdrucks- und Kommunikationsmittel, Schutz des kulturellen Erbes und Verbreitung von Kulturgütern.

2.6 Finanzielle Zusammenarbeit

Obgleich die bisherige vertragliche finanzielle Kooperation in Gestalt der Protokolle zugunsten eines autonomen Finanzverfahrens in Form der MEDA-Verordnung[661] aufgegeben worden ist, beinhaltet das Europa-Mittelmeer-Abkommen dennoch einen eigenen Titel über die finanzielle Zusammenarbeit (Titel VII, Art. 75ff). Der Grund hierfür liegt darin, dass zwar die endgültige Festlegung der konkreten Bereiche, die einer Finanzierung zugänglich sind, der separaten Verordnung vorbehalten ist. Nichtsdestotrotz fließen die individual-vertraglichen Spezifitäten in die Verteilung der Finanzmittel insofern mit ein, als sich die Programmierung der nach der MEDA-Verordnung zu finanzierenden Maßnahmen zum einen „im Einklang mit den Bestimmungen der [...] Assoziationsabkommen"[662] vollzieht. Zum anderen trägt sie den in diesem Rahmen mit dem jeweiligen Mittelmeerpartner festgelegten Prioritäten sowie den Ergebnissen des wirtschaftspolitischen Dialogs Rechnung[663].
Wie auch das Partnerschaftsabkommen von Cotonou schlüsselt daher ebenso das Europa-Mittelmeer-Abkommen diejenigen Unterstützungsbereiche, die für eine Finanzhilfe in Frage kommen, nochmals separat auf. In diesem Sinne nennt es neben den in Titel V und VI genannten Gebieten insbesondere (Art. 75 UA 3, 76):

- Unterstützung der Reformen zur Modernisierung der Wirtschaft;
- Anpassung der wirtschaftlichen Infrastruktur;
- Dynamisierung von Privatinvestitionen und beschäftigungswirksamen Tätigkeiten;

---

660 Vgl. Punkt 3 der Kommissionsmitteilung *„Intensivierung der EU-Maßnahmen für die Mittelmeer-Partnerländer in den Bereichen Menschenrechte und Demokratisierung – Strategische Leitlinien"*, KOM (2003) 294, endg. vom 21.5.2003.
661 Siehe unten Abschnitt E.II.3.
662 Art. 5I UA 2 MEDA I.
663 Art. 5III UA 2 i.d.F. von MEDA II.

- Milderung der Auswirkungen der schrittweisen Einführung einer Freihandelszone auf die tunesische Wirtschaft;
- sonstige flankierende sozialpolitische Maßnahmen[664], sowie
- im Rahmen der Strukturanpassungshilfe die Unterstützung der Strukturpolitik Tunesiens hinsichtlich der Wiederherstellung der finanziellen Gleichgewichte, der Schaffung günstiger wirtschaftlicher Rahmenbedingungen für die Wachstumsbeschleunigung und gleichzeitig die Anhebung des sozialen Wohlbefindens der Bevölkerung.

Die Tatsache, dass den Gegenstand der Finanzhilfe ganze Bereiche und nicht nur singuläre Aktionen bilden, lässt darauf schließen – und wird im Übrigen durch die entsprechenden MEDA-Vorschriften bestätigt -, dass die Projektfinanzierung im Rahmen der Partnerschaft Europa-Mittelmeer ein abgeschlossenes Kapitel darstellt und stattdessen Programmhilfe dominiert. Eine dauerhafte Umgestaltung der wirtschaftspolitischen Rahmenbedingungen ließe sich durch Projekthilfe nicht einmal ansatzweise verwirklichen – ein Faktum, dass im Rahmen der Lomé-Zusammenarbeit schon längst erkannt und zumindest versucht wurde, umzusetzen[665].

2.7 Institutionen

Wie auch das Vorgängerabkommen etabliert das neue Europa-Mittelmeer-Abkommen zwei „ständige" Institutionen (Titel VIII, Art. 78ff)[666]: den Assoziationsrat (Art. 78ff) und den Assoziationsausschuss (Art. 81ff). Einen Parlamentarischen Assoziationsausschuss bzw. eine Parlamentarische Versammlung[667] - wie bei den Assoziationen zumeist üblich - ruft das Abkommen erneut nicht ins Leben.

Der Assoziationsrat stellt auch hier das eigentliche politische Hauptorgan[668] dar: Es examiniert alle bedeutenden Fragen im Zusammenhang mit dem Abkommen sowie sonstige Fragestellungen von gemeinsamem Interesse (Art. 78 UA 2); hierüber kann der Rat „zweckdienliche Empfehlungen" abgeben (Art. 80 UA 2, S. 2). Weiter ist das Gremium befähigt, verbindliche Beschlüsse zur Erreichung der Vertragsziele sowie in den übrigen im Abkommen eingeräumten Fällen zu fassen (Art. 80 UA 1, 2, S. 1). Diesen beiden Formen sekundären Assoziationsrechts gemeinsam ist das Konsensprinzip (Art. 80 UA 3). Darüber hinaus kommt dem Ministerrat wie bereits dargestellt eine Schlüsselrolle vor allem im politischen und sozialen Dialog zu (Art. 3ff, 5a), 69f). Ferner hat der Ministerrat für das reibungslose Funktionieren der Konsultationsverfahren Sorge zu tragen (Art. 90II). Schließlich tritt er als politischer Mittler einerseits zwischen dem Europäischen Parlament und der tunesischen Nationalversammlung und andererseits zwischen dem Wirtschafts- und Sozialausschuss der Gemeinschaft und korrespondierenden tunesischen Gremien auf: Mit Hilfe entsprechender Maßnahmen optimiert der Rat die Zusammenarbeit und die Kontakte dieser Institutionen untereinander (Art. 85).

Die Zusammensetzung des Assoziationsrates entspricht dem bereits vorgestellten assoziationsrechtlichen Standard (Art. 79I)[669]. Er tritt auf Initiative des Vorsitzenden, den abwechselnd

---

[664] Vgl. hierzu bereits oben Abschnitt E.II.2.5.1, Fn. 623.

[665] Zu den grundsätzlichen Schwächen der Projekthilfe vgl. bereits oben Abschnitt E.I.2.4.1.

[666] Vgl. bereits grundsätzlich oben Kapitel D „Gemeinschaftsrechtliche Handlungsvorgaben", Abschnitte D.II.2.1.3, D.II.2.1.4.

[667] Vgl. zu diesem Gremium oben Kapitel D „Gemeinschaftsrechtliche Handlungsvorgaben", Abschnitt D.II.2.1.3.

[668] Über die strittige Bezeichnung als „Organe" vgl. bereits oben Kapitel B „Geschichte der Entwicklungszusammenarbeit der Europäischen Gemeinschaft", Abschnitt B.III.2.1, Fn. 193.

[669] Vgl. oben Kapitel D „Gemeinschaftsrechtliche Handlungsvorgaben", Abschnitt D.II.2.1.3.

ein Mitglied des Rates der EU und ein Mitglied der tunesischen Regierung stellt (Art. 79IV), grundsätzlich jährlich, darüber hinaus nach Bedarf, zusammen (Art. 78 UA 1).
Als Exekutivinstitution ist vorbehaltlich der diesbezüglichen Kompetenzen des Rates vornehmlich der Assoziationsausschuss eingesetzt (Art. 81I). Neben dieser Zuständigkeit für die Abkommensverwaltung kann der Ausschuss auch anstelle des Rates tätig werden, wenn und soweit ihm dieser seine Befugnisse übertragen hat (Art. 81II). In diesen beiden Fällen ist er befugt, einvernehmlich verbindliche Beschlüsse zu fassen (Art. 83) – eine Besonderheit, die den im Europa-Mittelmeer-Abkommen etablierten Assoziationsausschuss mit den üblicherweise in Assoziierungen eingesetzten Ausschüssen unterscheidet. Gemeinsam ist ihnen allen indes ihre Zusammensetzung (Art. 83I). Zusätzlich ist der Assoziationsrat befugt, erforderlichenfalls weitere Arbeitsgruppen oder Gremien für die Durchführung des Abkommens einzusetzen (Art. 84).

2.8 Schlussbestimmungen

Neben den Bestimmungen über die Organe sowie den bereits im Zuge der Vorstellung des Abkommens dargestellten Vorschriften enthält Titel VIII ferner Regelungen über einen mehrstufigen Streitschlichtungsmechanismus (Art. 86), der dem in Assoziierungen gewöhnlich etablierten Standard[670] entspricht und hier infolgedessen nicht nochmals vorzustellen ist. Weiter findet sich eine Bestimmung, die explizit das Ergreifen bestimmter Maßnahmen[671] rechtfertigt, die unter Umständen im Widerspruch zum Abkommen stehen (Art. 87). Art. 88 statuiert ein allgemeines Diskriminierungsverbot für die Gemeinschaft und Tunesien bei der Anwendung ihrer Regelungen gegenüber den Mitgliedstaaten bzw. Tunesien, deren jeweiligen Staatsangehörigen oder Gesellschaften. Schließlich beinhaltet Titel VIII eine Bekräftigung bestimmter Aspekte der grundsätzlich bei den Vertragsparteien verbliebenen Steuerhoheit (Art. 89), Regelungen über das Kündigungsrecht (Art. 93 UA 2), den territorialen Geltungsbereich (Art. 94) sowie den verbindlichen Wortlaut (Art. 95).

3. „MEDA"-Verordnungen

Zur Finanzierung der Maßnahmen der finanziellen und technischen Zusammenarbeit mit den Mittelmeerdrittstaaten wurde eine neue Haushaltslinie, genannt „MEDA" (B7-410), geschaffen, deren Rechtsgrundlage in der am 2.8.1996[672] in Kraft getretenen Verordnung (EG) Nr. 1488/96 des Rates vom 23. Juli 1996 *über finanzielle und technische Begleitmaßnahmen (MEDA) zur Reform der wirtschaftlichen und sozialen Strukturen im Rahmen der Partnerschaft Europa-Mittelmeer*[673] (MEDA I), geändert[674] durch die Verordnung (EG) Nr. 2698/2000[675] (MEDA II[676]), liegt. Hauptzweck dieser Verordnung ist es insbesondere im Hinblick auf den geplanten Freihandel mit der EG, „die Reform der wirtschaftlichen und so-

---

670 Vgl. oben Kapitel D „Gemeinschaftsrechtliche Handlungsvorgaben", Abschnitt D.II.2.1.3.
671 Maßnahmen zur Verhinderung der Weitergabe von Informationen, die den wesentlichen Sicherheitsinteressen widerspricht; Maßnahmen betreffend die Herstellung von oder den Handel mit Waffen, Munition und Kriegsmaterial oder eine für Verteidigungszwecke unentbehrliche Forschung, Entwicklung oder Produktion; Maßnahmen betreffend die Sicherheitsinteressen einer Vertragspartei.
672 Vgl. Art. 18 MEDA I.
673 ABl. 1996, Nr. L 189/1ff.
674 Die Änderung basiert auf Art. 15VI MEDA I.
675 ABl. 2000, Nr. L 311/1ff.
Speziell zu den MEDA II Modifikationen: *Euromed Special Feature*, „From ‚MEDA I' to ‚MEDA II': What's new?", Punkt 7, abrufbar unter: http://ec.europa.eu/comm/external_relations/euromed/publication/special_feature21_en.pdf (Stand: 31.5.2006).
676 Artikel von MEDA I, die durch MEDA II geändert worden sind, werden als „Art. XX i.d.F. von MEDA II" gekennzeichnet.

zialen Strukturen der Mittelmeerpartner zu bestärken und zu unterstützen"[677]. Die auf Art. 308 EGV gestützte[678], unbefristete Verordnung ersetzt die bisherigen bilateralen Protokolle, ferner die Verordnung (EWG) Nr. 1762/92 des Rates vom 29. Juni 1992 *zur Durchführung der zwischen der Gemeinschaft und den Drittländern des Mittelmeerraums geschlossenen Protokolle über finanzielle und technische Zusammenarbeit*[679] sowie die Verordnung (EWG) Nr. 1763/92 des Rates vom 29. Juni 1992 *über die finanzielle Zusammenarbeit mit allen Drittländern im Mittelmeerraum*[680].

Von der neuen, für sämtliche Mittelmeerdrittländer einschließlich Tunesien[681] grundsätzlich[682] geltenden Finanzverwaltung, für die kommissionsintern generell die GD „Außenbeziehungen" zuständig ist[683], verspricht sich die Kommission[684] mitunter Folgendes:

- Festlegung der konzedierten Beträge und zu fördernden Sektoren für einen kürzeren als den bisherigen Fünfjahreszeitraum;
- Förderung einer echten Diskussion über die prioritären Strategien;
- Teilhabe der Akteure der Zivilgesellschaft am Nutzen der Kooperation mit der Gemeinschaft;
- gesteigerte Flexibilität, damit ein Mehr an Effizienz und Transparenz in der Gestaltung der Mittelprogrammierung;

---

677 Beschluss 96/706/EG des Rates vom 6.12.1996, „*Leitlinien für die MEDA-Richtprogramme*", Punkt 1 (ABl. 1996, Nr. L 325/21ff), fortan zumeist kurz: Leitlinien für die MEDA-Richtprogramme vom Dezember 1996. Diese Leitlinien beanspruchen auch im Rahmen von MEDA II nach wie vor (politische) Geltung, vgl. http://ec.europa.eu/comm/external_relations/euromed/meda.htm (Stand: 31.5.2006), Punkt 3.

678 Art. 179I1 EGV schied nach Auffassung der Gemeinschaft aus, da „die geplanten Aktionen einerseits über den Rahmen der traditionellen Entwicklungsmaßnahmen hinausgehen und bestimmte Länder der Region andererseits nicht zu der Kategorie der „Entwicklungsländer" gehören", vgl. die Begründung zu MEDA I, Punkt 2, abgedruckt in der Sonderbeilage 2/95 zum Bulletin EG, S. 48.

679 ABl. 1992, Nr. L 181/1ff. Präambel XII 1. Hs., vgl. aber Art. 17II, Präambel XII 2. Hs. MEDA I: Soweit die bilateralen Finanzprotokolle noch über den 1.1.1997 hinaus gelten oder aber außer Kraft getretene Protokolle noch Restmittel vorweisen, verwaltet diese bzw. bindet diese Restmittel die VO (EWG) Nr. 1762/92.

680 ABl. 1992, Nr. L 181/5ff. Art. 17I MEDA I.
Die MEDA-VO ist ja nur das „wichtigste Finanzinstrument" im Rahmen der Partnerschaft Europa-Mittelmeer. Daneben kommen den Mittelmeerpartnern ebenfalls „länderungebundene", sektorspezifische Hilfen zugute (hierzu bereits oben Kapitel D „Gemeinschaftsrechtliche Handlungsvorgaben", Abschnitt D.II.2.3.1).

681 Weitere Partnerländer nach Anhang I MEDA I sind: die Maghreb-Staaten Algerien und Marokko, die Mashrik-Staaten Ägypten, Jordanien, Libanon und Syrien, Israel, die besetzten Gebiete im Gazastreifen und im Westjordanland, Türkei, Malta und Zypern. Malta und Zypern gehören mittlerweile der EU an; für die Türkei stammen die Finanzmittel seit 2002 aus einer separaten Haushaltslinie (http://ec.europa.eu/comm/external_relations/euromed/meda.htm (Stand: 31.5.2006), Punkt 3).

682 Grundsätzlich deshalb, da die nationale Programmierung in Gestalt der NIPs von Anfang an nur auf neun der zwölf Partner beschränkt ist: die Maghreb- und Mashrik-Staaten, Türkei sowie das Westjordanland/ Gaza. Malta und Zypern wurden bis zu ihren Beitritten außerhalb der MEDA-Budgetlinie unterstützt; Israel wird aufgrund seines hohen Entwicklungsgrades im Rahmen von MEDA grundsätzlich nur bei Regionalprogrammen (*Cox/ Chapman*, The European Community External Cooperation Programmes, S. 79; Leitlinien für die MEDA-Richtprogramme vom Dezember 1996, Punkte 12f), dezentralisierten Kooperationsmaßnahmen oder aber Projekten von umweltpolitischem Interesse (Kommissionsmitteilung über die „*Verstärkung der Mittelmeerpolitik der Europäischen Union: Vorschläge für die Entwicklung einer Partnerschaft Europa-Mittelmeer*", KOM (1995) 72, endg. vom 8.5.1995, Punkt 3.3, abgedruckt in: Sonderbeilage 2/95 zum Bulletin EG, S. 33ff) gefördert. Zur nationalen/ regionalen Programmierung im Rahmen der Partnerschaft Europa-Mittelmeer unten Abschnitt E.II.3.3.1.

683 Vgl. http://ec.europa.eu/comm/external_relations/euromed/meda.htm (Stand: 31.5.2006), Punkt 3, sowie unten Abschnitt E.II.3.3.1.1, Fn. 788.

684 Mitteilung der Kommission über die „*Verstärkung der Mittelmeerpolitik der Europäischen Union: Vorschläge für die Entwicklung einer Partnerschaft Europa-Mittelmeer*", KOM (1995) 72, endg. vom 8.5.1995, S. 43, abgedruckt in: Sonderbeilage 2/95 zum Bulletin EG, S. 33ff. Vgl. aber auch die Leitlinien für die MEDA-Richtprogramme vom Dezember 1996, Punkt 3.

- Flexibilitätsgewinn durch die Einführung von „Performance-Kriterien" im Rahmen der Auswahl der Maßnahmen, vor allem aber der Partner;
- regelmäßige Evaluierungen, sowie
- Vereinfachung der finanziellen Verwaltung und damit Steigerung ihrer Transparenz.

Manche dieser Verbesserungsvorschläge hätten sich auch im Rahmen der traditionellen, vertraglichen Protokolle realisieren lassen. Die Gemeinschaft jedenfalls beharrte auf ein nunmehr autonomes Prinzip in Gestalt der „MEDA–Verordnung", die im Folgenden – wiederum hauptsächlich unter entwicklungspolitischen Gesichtspunkten – untersucht wird. Obwohl die Verordnungen nicht nach Kapiteln, Titeln, Abschnitten etc. aufgegliedert sind, folgt die Arbeit einem Aufbau, der dem des Partnerschaftsabkommens von Cotonou – namentlich seinem Teil Vier über die „Zusammenarbeit bei der Entwicklungsfinanzierung" - sowie des Europa-Mittelmeer-Abkommens folgt, um eine bessere Vergleichbarkeit zu ermöglichen.

3.1 Allgemeine Bestimmungen

3.1.1 Ziele und Grundsätze der Verordnung

Durch die Bereitstellung entsprechender Finanzmittel im Rahmen der Finanziellen Zusammenarbeit sollen die Ziele der Partnerschaft – präzisiert in Strategiepapieren und Richtprogrammen[685] - „in vollem Umfang" realisiert werden (Art. 75 UA 1 des Abkommens mit Tunesien, Art. 2I MEDA I). Dabei wurden die nach der Verordnung schwerpunktmäßig zu unterstützenden Bereiche im Einklang mit den drei Hauptzielen der Partnerschaft Europa-Mittelmeer festgelegt und lauten wie folgt[686]:

- Nachhaltige Entwicklung;
- Stärkung der politischen Stabilität und der Demokratie;
- Errichtung einer Freihandelszone Europa-Mittelmeer;
- Verbesserung der Fähigkeiten der Mittelmeerdrittstaaten, sich in das weltweite Wirtschaftsgefüge einzugliedern;
- Reform der Wirtschafts-, Verwaltungs- und Sozialstrukturen der Mittelmeerdrittstaaten;
- Abmilderung der wirtschaftlichen, sozialen und ökologischen Folgen der Wirtschaftsreformen und der Errichtung der Freihandelszone;
- Verbesserung der Lebensbedingungen der unterprivilegierten Bevölkerungsgruppen;
- Intensivierung der regionalen Zusammenarbeit.

Die MEDA I/ II - Verordnung postuliert zwar Ziele, die das Europa-Mittelmeer-Abkommen zumindest nicht als allgemein gültig formuliert hat: So anerkennt sie die systematische Beachtung der Konnexität von wirtschaftlicher, sozialer und ökologischer Entwicklung, mithin nachhaltige Entwicklung, sowie die Tatsache, dass es für eine harmonische Eingliederung in den Welthandel neben wirtschaftlichen Begleitmaßnahmen auch flankierender sozialer und umweltbezogener Aktionen bedarf. Was allerdings immer noch ausdrücklich unerwähnt bleibt und daher den MEDA-Zielekatalog nach wie vor hinter den primärrechtlichen Vorgaben zurückbleiben lässt, ist das Ziel der Armutsbekämpfung (Art. 177I 3. Spiegelstrich EGV). Allerdings werden bestimmte Aspekte betont, die vornehmlich auch Bestandteil von Armutsbekämpfungsstrategien sind (Abfederung der Folgen der Wirtschaftsreformen und der Errichtung der Freihandelszone; Verbesserung der Lebensbedingungen der benachteiligten Bevölke-

---

[685] Art. 5II, III MEDA. Hierzu unten Abschnitt E.II.3.3.1.
[686] Nachfolgend: Art. 2I MEDA I, Art. 1I, 2II i.d.F. von MEDA II. Vgl. auch: Präambeln V, VI, VII, VIII,

rungsgruppen), so dass man durchaus andenken könnte, die Verordnung verankere zumindest „implizit" das Postulat des Art. 177I 3. Spiegelstrich EGV.
Ferner erhebt die MEDA-Verordnung die Stärkung der Demokratie zum Vertragsziel. Fraglich ist nur, warum sie die übrigen Komponenten des Art. 177II EGV hiervon ausnimmt, obwohl diese ein „wesentliches Element"[687] der Verordnung ausmachen.
Wem der Zugang zu den Finanzierungen eröffnet ist, stipuliert Art. 1II MEDA I: Traditionell geht die finanzielle Hilfe natürlich an die Staaten, Regionen und an diverse öffentliche Einrichtungen. Aspekte der dezentralisierten Zusammenarbeit beachtend können die Mittel nunmehr aber gleichermaßen lokale Behörden, regionale Organisationen, „lokale oder traditionelle Gemeinschaften" (Art. 1II MEDA I) sowie weitere nichtstaatliche Akteure wie z.B. private Unternehmer, Verbände, Stiftungen oder NGOs erreichen (Art. 1II MEDA I). Und im Gegensatz zum Partnerschaftsabkommen von Cotonou ist die Bewilligung der Finanzhilfe für den Nichtstaatssektor nicht von der Zustimmung des betreffenden Staates abhängig.

3.1.2 Politische Dimension

3.1.2.1 „Einfache Wesentlichkeits-" und „baltische Nichterfüllungsklausel"

Im Einklang mit der angestrebten Politisierung der Europa-Mittelmeer-Partnerschaft inkorporiert die MEDA-Verordnung eine „Menschenrechts-, Demokratie- und Rechtsstaatsklausel" in Gestalt einer „Negativklausel"[688]. Wie bereits festgestellt[689], ist die Gemeinschaft mangels Leistungsanspruch der Entwicklungsländer zwar grundsätzlich frei in der Gestaltung der Konditionalisierung nicht vertraglich geregelter Gemeinschaftshilfe. Auch im Hinblick auf das Interventionsverbot bleibt das politisierende Handeln der EG regelmäßig völkerrechtskonform. Einer völkerrechtlichen Rechtfertigung in Form einer „Wesentlichkeitsklausel" bedarf es infolgedessen grundsätzlich nicht. Doch bemüht sich die EG der rechtssicherheitswillen zumeist um die Einfügung einer derartigen (deklaratorischen) Klausel, die ihr eine explizite Rechtsgrundlage[690] für Negativmaßnahmen an die Hand gibt - so auch hier: Art. 3 MEDA I erhebt die Achtung demokratischer Grundsätze, der Rechtsstaatlichkeit, der Menschenrechte und Grundfreiheiten zu wesentlichen Elementen der Verordnung und lässt ihre Missachtung mit „geeignete[...n] Maßnahmen", d.h. gemäß dem Verhältnismäßigkeitsgrundsatz, sanktionieren. Diese Bestimmung ist in zweierlei Hinsicht interessant: Zum einen „vereint" sie „Wesentlichkeits- und Suspendierungsklausel"; zum anderen bezieht sie erfreulicherweise auch die Rechtsstaatlichkeit ausdrücklich als wesentliches Element ein, womit die Vorschrift gleichzeitig die entwicklungspolitischen Vorgaben des Art. 177II EGV erfüllt. „Fehlt eine wesentliche Voraussetzung hinsichtlich der Stützungsmaßnahmen", so die korrespondierende Verfahrensvorschrift in Art. 16[691], „so kann der Rat auf Vorschlag der Kommission mit qualifizierter Mehrheit über geeignete Maßnahmen entscheiden". Demgemäß kann beispielsweise

---

687 Hierzu sogleich im Abschnitt E.II.3.1.2.

688 Einen derartigen negativen Ansatz kannte auch die Verordnung (EWG) Nr. 1763/92 des Rates vom 29. Juni 1992 *über die finanzielle Zusammenarbeit mit allen Drittländern im Mittelmeerraum* (ABl. 1992, Nr. L 181/5ff) noch nicht.

689 Vgl. oben Kapitel C „Ziele der Entwicklungszusammenarbeit", Abschnitt C.II.4.1.

690 Für das gemeinschaftsinterne Verfahren gilt hinsichtlich der MEDA-VO: Art. 1 der Verordnung (EG) Nr. 780/98 des Rates vom 7. April 1998 *zur Änderung der Verordnung (EG) Nr. 1488/96 hinsichtlich des Verfahrens zur Annahme geeigneter Maßnahmen beim Fehlen einer wesentlichen Voraussetzung für die Fortsetzung der Stützungsmaßnahmen zugunsten eines Mittelmeer-Partnerlandes* (ABl. 1998, Nr. L 113/3), der Art. 16 MEDA I ändert. Vgl. hierzu *Pippan*, Menschenrechte und Demokratie, S. 182f.

691 Bzw. (vgl. Fn. 690) Art. 1 der Verordnung (EG) Nr. 780/98 *zur Änderung der Verordnung (EG) Nr. 1488/96 hinsichtlich des Verfahrens zur Annahme geeigneter Maßnahmen beim Fehlen einer wesentlichen Voraussetzung für die Fortsetzung der Stützungsmaßnahmen zugunsten eines Mittelmeer-Partnerlandes* (ABl. 1998, Nr. L 113/3).

die finanzielle Unterstützung herabgesetzt oder je nach Grad des Verstoßes gar ausgesetzt werden[692]. Vorherige Konsultationen sind nicht obligatorisch, so dass die Negativklausel eher der „Baltikum-Klausel“[693] gleicht.
Was abschließend den normativen Gehalt dieser Grundsätze anbelangt, so steht er grundsätzlich zur ausschließlichen Diskretion der Gemeinschaft, da es sich hier nicht um Klauseln in völkerrechtlichen Verträgen handelt, deren Schutzbereich konsensual zu entwickeln ist. Allerdings steht die Verordnung in untrennbarem Zusammenhang zur Barcelona-Erklärung, in der die Union und die Mittelmeerstaaten sich – freilich lediglich politisch verbindlich - zu einem normativen Standard bekennen, der dem im Rahmen völkerrechtlicher Verträge geltenden Gehalt entspricht[694].

3.1.2.2 Positivmaßnahmen

Die grundsätzliche Inkorporierung von Positivklauseln[695] zur Förderung der Demokratie, der Menschenrechte, der Rechtsstaatlichkeit sowie der verantwortungsvollen Staatsführung im Rahmen der MEDA-Verordnung ist, trotz mancher inhaltlicher Schwächen dieser Bestimmungen, in erster Linie im Hinblick auf die Realisierung der Vorgaben des Art. 177II EGV äußerst begrüßenswert[696]. Davon ganz zu schweigen, dass einen derartigen positiven Ansatz bislang weder das Europa-Mittelmeer-Abkommen mit Tunesien[697] noch die Verordnung (EWG) Nr. 1763/92 des Rates vom 29. Juni 1992 *über die finanzielle Zusammenarbeit mit allen Drittländern im Mittelmeerraum*[698] kennt/ gekannt hat. Und selbst die im Abkommen enthaltenen negativen „Menschenrechts- und Demokratieklauseln“ enthalten keinerlei Bezugnahme zur Rechtsstaatlichkeit, geschweige denn zu Good Governance.

Ebenso wie das Partnerschaftsabkommen von Cotonou setzen sich die Positivmaßnahmen zum einen aus gezielten Aktionen zur Förderung der vier Postulate, zum anderen aus der Unterstützung bei der Heranbildung einer „Bürgergesellschaft“ zusammen[699]. Und auch die MEDA-Verordnung betrachtet Demokratie, Menschenrechte und Rechtsstaatlichkeit als Bestandteile nachhaltiger Entwicklung – zumindest wird diese Trias im Rahmen der „Förderung einer nachhaltigen wirtschaftlichen und sozialen Entwicklung“ gestärkt[700]. Ohne erkennbare

---

[692] Zum möglichen Inhalt von Negativmaßnahmen oben Kapitel C „Ziele der Entwicklungszusammenarbeit“, insbesondere Abschnitt C.II.3.2.
[693] Vgl. bereits oben Kapitel C „Ziele der Entwicklungszusammenarbeit“, Abschnitt C.II.2, Fn. 407.
[694] Barcelona-Erklärung, abgedruckt in: Bulletin EG 11 – 1995, Ziffer 2.3.1, S. 154. Zum normativen Gehalt der Klauseln in völkerrechtlichenVerträgen oben Kapitel C „Ziele der Entwicklungszusammenarbeit“, Abschnitt C.II.4.2.
[695] Zum möglichen Inhalt von Positivmaßnahmen oben Kapitel C „Ziele der Entwicklungszusammenarbeit“, insbesondere Abschnitt C.II.3.2.
[696] Zum Stellenwert all dieser Prinzipien in den nationalen und regionalen Richtprogrammen: „*Intensivierung der EU-Maßnahmen für die Mittelmeer-Partnerländer in den Bereichen Menschenrechte und Demokratisierung - Strategische Leitlinien*“, KOM (2003) 294, endg. vom 21.5.2003, Punkt 5.3.
Positivmaßnahmen stärken zwar einerseits die politische Dimension der VO und werden daher in diesem Kontext erläutert. Andererseits sind sie im Gegensatz zu den sonstigen im Rahmen dieses Abschnitts E.II.3.1.2 erläuterten Bereichen Gegenstand von Länderstrategien/ Richtprogrammen und somit ebenso der finanziellen Hilfe, so dass ihre Erläuterung bereits an dieser Stelle insofern eigentlich systemwidrig ist.
[697] Abgesehen vom politischen Dialog über Menschenrechte und demokratische Grundsätze, die ebenfalls diesem Ziel dienen.
[698] ABl. 1992, Nr. L 181/5ff.
[699] Art. 2II i.d.F. von MEDA II i.V.m. Anhang II („Ziele und Einzelheiten der Anwendung des Artikels 2“), Punkt II, 1., 10., 16. Spiegelstrich, Punkt III UA 1, d), Punkt IV.
[700] Art. 2II i.d.F. von MEDA II i.V.m. Anhang II, Punkt II, 10., 14. Spiegelstrich.

Gründe hingegen wird Good Governance hierzu nicht in Beziehung gesetzt, ihr Ausbau wird quasi „isoliert" verfolgt[701].

Was zunächst die Stärkung der Demokratie und der Achtung der Menschenrechte im Rahmen der MEDA-Verordnung anbelangt, so zählt die Gemeinschaft insbesondere auf die Unterstützung und eine Kooperation mit den europäischen und mediterranen NGOs[702]. Allerdings versäumt sie es leider, weitere Fördermaßnahmen wie z.B. den so essenziellen Kapazitäts- und Institutionenausbau rechtlich verbindlich zu konkretisieren, so dass die Effizienz und Nachhaltigkeit der Menschenrechts- und Demokratiepolitik gegenüber den Mittelmeerpartnern doch durchaus in Zweifel zu ziehen ist.
Mit Hilfe einer justiziellen und strafrechtlichen Kooperation will die EG die Zusammenarbeit auf dem Gebiet der Rechtsstaatlichkeit vorantreiben. Ferner ist geplant, durch gezielte Maßnahmen die für die Gewährleistung einer unabhängigen und wirksamen Justiz verantwortlichen Organe zu stärken. Schließlich sollen Fortbildungsmaßnahmen für Stellen, die für die innere und zivile Sicherheit der Staaten zuständig sind, organisiert werden[703].
Von der Unterstützung wichtiger Einrichtungen und Akteure der „Bürgergesellschaft"[704] verspricht sich die EG die Förderung von Good Governance. Darüber hinaus strebt die Gemeinschaft zu diesem Zwecke an, die Fähigkeit der öffentlichen Verwaltung, Politiken zu entwickeln und alsdann auch umzusetzen, zu verbessern[705].

Weiters ist die Verordnung bestrebt, die dezentrale Zusammenarbeit zu stärken. Hiervon verspricht sich die EG zum einen, die Zusammenarbeit mit den Mittelmeerdrittstaaten für eine möglichst breite Beteiligung der „Bürgergesellschaft" zu öffnen; zum anderen gilt es, alle Teile der Gesellschaft in das wirtschaftspolitische und gesellschaftliche Leben zu integrieren[706]. Die Konzeption entspricht also der im Rahmen des Partnerschaftsabkommens von Cotonou angestrebten „Partizipation", nur wird dieser Terminus hier nicht verwendet. Ebenso wenig ist ein Unterschied darin auszumachen, dass die AKP-EG-Kooperation neben der Zivilgesellschaft auch dezentrale staatliche Akteure stärken will, umfasst doch „Bürgergesellschaft" i.S.d. MEDA-Verordnung sowohl nicht-staatliche[707] wie lokale staatliche Akteure[708].
Damit diese Akteure der eben beschriebenen Rolle gerecht zu werden vermögen, müssen sie erst einmal mobilisiert und herangebildet werden. Zu diesem Zwecke sieht die Verordnung zunächst vor, einen regen Austausch zwischen den Bürgergesellschaften beiderseits des Mittelmeers zu initiieren, indem diese in ihren Bemühungen unterstützt werden, ein funktionierendes und dauerhaftes Netzwerk aufzubauen. In solchen Netzen sieht die Gemeinschaft nämlich einerseits den Garanten für einen steten Informationsfluss[709]; zum anderen sollen sich in deren Rahmen nicht zuletzt auch die dezentralen Akteure herauskristallisieren, die als Empfänger der Gemeinschaftshilfe in Betracht kommen[710]. Weitere „Qualifizierungsmaßnahmen"

---

[701] Art. 2II i.d.F. von MEDA II i.V.m. Anhang II, Punkt IV.
[702] Art. 2II i.d.F. von MEDA II i.V.m. Anhang II, Punkt II, 10. Spiegelstrich.
[703] Art. 2II i.d.F. von MEDA II i.V.m. Anhang II, Punkt II, 14. Spiegelstrich.
[704] Zur „Bürgergesellschaft" sogleich.
[705] Art. 2II i.d.F. von MEDA II i.V.m. Anhang II, Punkt IV.
[706] Vgl. Art. 2II i.d.F. von MEDA II i.V.m. Anhang II, Punkt III, UA 1, d), UA 2, Punkt II, 1. Spiegelstrich; Leitlinien für die MEDA-Richtprogramme vom Dezember 1996, Punkt 17.
[707] Wissenschaftler, Verbände, Stiftungen, Gewerkschaften, NGOs, Medien, Privatunternehmen sowie Einrichtungen zu ihrer Unterstützung, Universitäten, kulturelle Einrichtungen (Art. 2II i.d.F. von MEDA II i.V.m. Anhang II, Punkt III, UA 1, d), 2. Spiegelstrich, Punkt IV).
[708] Lokale Gebietskörperschaften und Behörden, ländliche und dörfliche Gemeinden, Universitäten (Art. 2II i.d.F. von MEDA II i.V.m. Anhang II, Punkt III, UA 1, d), 2. Spiegelstrich, Punkt IV).
[709] Vgl. Art. 2II i.d.F. von MEDA II i.V.m. Anhang II, Punkt III, UA 1, d), UA 2.
[710] Zu den möglichen dezentralen Empfängern der Finanzhilfe bereits oben Abschnitt E.II.3.1.1.

wie etwa die Stärkung nichtstaatlicher Organisationen und lokaler dezentraler Akteure sowie die Entwicklung ihrer Organisations- und Vertretungskompetenzen sind zumindest nicht explizit vorgesehen. Diese sind allerdings notwendig, wenn die Gemeinschaft ihr weiteres Anliegen effektiv verwirklicht sehen will, die Bürgergesellschaft und namentlich ebenso die Bevölkerung sowohl an der Konzeption als auch an der Durchführung der Entwicklungsmaßnahmen zu beteiligen[711]. Denn je mehr hier der EG mündige und versierte Kooperationspartner gegenüberstehen, desto intensiver wird sie „freiwillig" mit ihnen dezentral zusammenarbeiten[712] und dadurch den entwicklungspolitischen Paradigmen der Partizipation und der „Ownership", die hiermit erstmalig explizit in ein Regelwerk der Partnerschaft Europa-Mittelmeer[713] Eingang finden, auch realiter Geltung verschaffen. Auf eine solche „freiwillige", d.h. auf eine nicht „verordnungstechnisch" geregelte Zusammenarbeit wird die Implementierung dieser Paradigmen jedoch bauen müssen, halten sich doch die Programmierungsvorschriften[714] hinsichtlich der konkreten, verbindlichen Beteiligung nicht-staatlicher und dezentraler lokaler Akteure der Entwicklungszusammenarbeit äußerst bedeckt.

3.2 Finanzielle Zusammenarbeit

3.2.1 Finanzierung

Vorab ist festzuhalten, dass die Finanzierung der Durchführung der Partnerschaft Europa-Mittelmeer, die der MEDA-Verordnung obliegt, grundsätzlich aus zwei verschiedenen „Töpfen" bestritten wird, nämlich einerseits aus dem Gemeinschaftshaushalt auf der Basis der eigens geschaffenen Budgetlinie „MEDA", und andererseits aus Mitteln der EIB.
Ein als „finanzieller Bezugsrahmen dienende[r] Betrag"[715] von 3 424,5 Millionen Euro[716] stand zunächst für den Zeitraum 1995 – 1999 zur Verfügung (Art. 1III UA 1 MEDA I) – Finanzierungsentscheidungen im Rahmen der MEDA-Haushaltslinie wurden demnach bereits zu einem Zeitpunkt getroffen, zu dem die Verordnung noch nicht in Kraft war[717]. Dies erklärt sich daraus, dass die Budgetlinie bereits geraume Zeit vor der Schaffung ihrer Rechtsgrundlage ins Leben gerufen worden war; mithin hatte die Gemeinschaft bis dato bedeutende Finanzhilfen „nur" aufgrund der Bereitstellung der Mittel im EG-Haushaltsplan gewährt, ohne jedoch vorher einen Basisrechtsakt zur Bewilligung dieser Aufgaben, etwa in Gestalt einer Verordnung, erlassen zu haben – eine Praxis, die der EuGH[718] später in anderem Zusammenhang für nichtig[719] erklärte. Hinzu kamen Eigenmittel der EIB in Höhe von 4,8 Mrd. Euro[720]. Die Finanzhilfe für die Mittelmeerdrittländer beläuft sich für den aktuellen Zeitraum 2000 – 2006 auf einen Betrag von 5,35 Milliarden Euro (Art. 1III UA 1 i.d.F. von MEDA II) sowie 6,4 Mrd. Euro seitens der EIB[721]. Obwohl die Entscheidungsverfahren in MEDA II bzgl. der Hilfegewährung modifiziert worden sind, kennt auch diese Verordnung im Gegensatz zum

---

711 Art. 2II i.d.F. von MEDA II i.V.m. Anhang II, Punkt II, 1. Spiegelstrich.
712 Vgl. Art. 2II i.d.F. von MEDA II i.V.m. Anhang II, Punkt VI, S. 2.
713 Außer Acht bleiben hier andere Assoziationsabkommen im Rahmen dieser Partnerschaft.
714 Vgl. sogleich Abschnitt E.II.3.3.
715 Art. 1III UA 1 MEDA I i.V.m. Präambel XIII; Erklärung des Europäischen Parlaments, des Rates und der Kommission vom 6. März 1995 zur Aufnahme von Finanzvorschriften in Rechtsakte, Nummer 2 (ABl. 1996, Nr. C 102/4).
716 Umrechnung ECU – Euro: 1:1 (http://ec.europa.eu/comm/external_relations/euromed/meda.htm (Stand: 31.5.2006), dort Punkt 2).
717 Die ersten Projekte liefen bereits 1995 an (*Kommission*, Union Européenne – Maghreb: 25 ans de coopération 1976 - 2001, S. 25, Fn. 8).
718 EuGH, Rs. C-106/96, Vereinigtes Königreich/ Kommission, Slg. 1998, I-2729ff.
719 Wenn auch „nur" mit ex-nunc Wirkung, vgl. EuGH, Rs. C-106/96, Vereinigtes Königreich/ Kommission, Urteil vom 12.5.1998, Slg. 1998, I-2729ff, I-2759ff, Ziffern 39ff.
720 http://ec.europa.eu/comm/external_relations/euromed/meda.htm (Stand: 31.5.2006), dort Punkt 2.
721 http://ec.europa.eu/comm/external_relations/euromed/meda.htm (Stand: 31.5.2006), dort Punkt 2.

Partnerschaftsabkommen von Cotonou erneut lediglich vereinzelt[722] eine tranchierte Mittelzahlung, die sich zudem an Leistungskriterien orientiert.

Abbildung 4: Mittelbindung und tatsächliche Auszahlung im Rahmen der MEDA-Haushaltslinie bis 31.12.2004 (in Millionen Euro)

	Haushaltslinie MEDA I (1995-1999)		Haushaltslinie MEDA II (2000-2004)	
	Mittelbindung	Tatsächliche Auszahlung	Mittelbindung	Tatsächliche Auszahlung
Bilaterale Kooperation				
Algerien	164,0	30,2	232,8	74,7
Ägypten	686,0	157,0	353,5	360,1
Westjordanland/ Gaza	111,0	59,0	350,3	327,2
Jordanien	254,0	108,4	204,4	241,8
Libanon	182,0	1,2	73,7	103,4
Marokko	660,0	127,5	677,1	443,2
Syrien	101,0	0,0	135,7	39,0
Tunesien	428,0	168,0	328,6	320,7
Insgesamt	2 586,0	651,3	2 356,1	1 910,1
Regionale Kooperation	471,0	222,5	739,8	478,4
SUMME INSGESAMT	3 057,0	874,0	3 096,0	2 388,0
Auszahlungsrate		29%[723]		77%

Quelle: www.europa.eu.int/comm/europeaid/projects/med/financial_en.htm, dort „Summary Table" (Stand: 16.3.2006).

An „Finanzinstrumenten", wenn man die im Rahmen des Partnerschaftsabkommens gewählte Begrifflichkeit übertragen will, hält die MEDA-Verordnung zwei Hauptinstrumente bereit: die Zuschussfazilität inklusive direkter Haushaltsbeihilfen und die Investitionsfazilität (Art. 6I1 MEDA I, Art. 7I UA 1, S. 2 i.d.F. von MEDA II)[724].

Das Zuschussinstrumentarium wird hauptsächlich für die Unterstützung der oben genannten Ziele der Partnerschaft Europa-Mittelmeer, mithin für die Förderung der nachhaltigen Entwicklung, für die Stärkung der politischen Stabilität und der Demokratie, der Errichtung der

[722] Vgl. unten Abschnitt E.II.3.2.2.1.

[723] Die tatsächliche Auszahlung kann hinter der anfänglichen Mittelbindung mitunter aus folgenden Gründen zurückbleiben: schleppende Entscheidungsverfahren, Probleme und Verzögerungen bei der Auszahlung selbst, Änderungen des programmierten Richtbetrages (dazu unten Abschnitt E.II.3.3.1), Eingreifen der „Negativklauseln" etc..
Zur sektoralen Verteilung der Mittel im Rahmen von MEDA I für den Maghreb: *Kommission*, Union Européenne – Maghreb: 25 ans de coopération 1976 - 2001, S. 27.

[724] Zur Frage, welche konkreten Ausgaben im Rahmen einer nach der VO getroffenen Maßnahme von der Finanzhilfe gedeckt ist: Art. 7I UA 1, S. 1, II i.d.F. von MEDA II, Art. 7III, IV MEDA I.

Freihandelszone, der Entwicklung der wirtschaftlichen, sozialen, menschlichen und kulturellen Zusammenarbeit sowie der regionalen Zusammenarbeit, eingesetzt[725]. Dabei können diese Mittel für die bilaterale, mit einem einzelnen Empfängerstaat oder die regionale, auf eine Region oder mehrere Partnerstaaten abgestimmte Kooperation verwendet werden. Speziell direkte Haushaltsbeihilfen sind vorgesehen, um vereinbarte Wirtschaftsreformprogramme, in erster Linie sektorbezogene Maßnahmen zur Strukturanpassung, zu unterstützen (Art. 7I UA 1, S. 2 i.d.F. von MEDA II). Darüber hinausgehende, insbesondere die Risiken der direkten Budgethilfe berücksichtigende Voraussetzungen für deren Gewährung definiert die Verordnung im Gegensatz zum Partnerschaftsabkommen von Cotonou[726] indes nicht. Die Zuständigkeit für die Verwaltung all dieser Mittel, die aus dem Gemeinschaftshaushalt finanziert werden, obliegt der Kommission (Art. 10I MEDA I).
Die Investitionsfazilität stellt in erster Linie Risikokapital und Zinsvergünstigungen (Art. 6I MEDA I) aus Mitteln der EIB bereit, die diese auch verwaltet (Art. 6IV UA 3, S. 1 i.d.F. von MEDA II). Risikokapital wird ähnlich wie im Rahmen des Partnerschaftsabkommens vorrangig für private oder gemischte Unternehmen des Produktivsektors bereitgestellt (Art. 6IV UA 1, 1. Hs. MEDA I), um den privaten Sektor, insbesondere den Finanzsektor, in den Mittelmeerdrittländern zu festigen (Art. 6IV UA 2, S. 1 i.d.F. von MEDA II). Seine Bereitstellung erfolgt in Form nachgeordneter und/ oder bedingter Darlehen, Minderheitsbeteiligungen und einer Finanzierung von Beteiligungen (Art. 6IV UA 2 MEDA I). Zinsvergünstigungen für Kredite hingegen werden primär für Kooperationsmaßnahmen im Umweltbereich gewährt (Art. 6I2 MEDA I).
Die so konzipierte finanzielle Unterstützung kann nach der Vorstellung der Gemeinschaft allein geleistet werden; daneben ist aber ebenso eine Kofinanzierung denkbar, sei es mit den Partnern im Mittelmeer selbst oder aber mit anderen Gebern, seien es öffentliche oder private Einrichtungen der Mitgliedstaaten, die EIB, Drittländer oder aber multilaterale Einrichtungen (Art. 4II1 i.d.F. von MEDA II). Ebenso wenig aber wie das Partnerschaftsabkommen bezieht die Verordnung zur Frage Stellung, ob diese gemeinsame Finanzierung vor allem dann in Betracht kommt, wenn die Gemeinschaft in dem zu finanzierenden Bereich über keinen Mehrwert verfügt[727]. Zumindest jedoch wird hier ein Initiator für die Kofinanzierungen bestellt, nämlich die Kommission, die zu diesem Zwecke einen „frühzeitigen gegenseitigen Informationsaustausch[...] mit den Mitgliedstaaten“ (vgl. Art. 4II2 i.d.F. von MEDA II) in die Wege leitet[728].

3.2.2 Bereiche der Zusammenarbeit

Dieser Abschnitt wird den Anwendungsbereich der Finanzierungen darstellen. Gewiss, viele der Beschreibungen werden eine bloße Wiederholung der im Abschnitt 2.5 bereits erläuterten Kooperationsbereiche beinhalten. Manche Unterstützungselemente sind jedoch neu bzw. werden stärker akzentuiert. Um demnach die Frage abschließend beantworten zu können, ob die Partnerschaft Europa-Mittelmeer den Vorgaben des Art. 177I, II EGV genügt[729], ist eine umfassende Darstellung angezeigt. Jedoch sollen auch hier die genauen Gründe für die Einbeziehung einzelner Unterstützungselemente nicht mehr näher beschrieben werden, sind diese doch

---

[725] Art. 6II1, 2I MEDA I, Art. 1I, 2II i.d.F. von MEDA II. Zur Schwerpunktsetzung innerhalb dieser Bereiche sogleich Abschnitt E.II.3.2.2.
[726] Zu diesen Risiken, aber auch zu den Vorteilen, Sinn und Zweck einer direkten Haushaltshilfe bereits oben Abschnitt E.I.2.4.1.
[727] Vgl. oben Kapitel D „Gemeinschaftsrechtliche Handlungsvorgaben“, Abschnitt D.I.2.2.2.
[728] Vgl. Art. 180II EGV. Allgemein zur Schlüsselrolle der Kommission im Rahmen des Koordinationsgebotes bereits oben Kapitel „Gemeinschaftsrechtliche Handlungsvorgaben“, Abschnitt D.I.1.2.
[729] Vgl. oben Abschnitt E.II.2.2.

bereits allgemein[730] sowie wiederholend im Kontext des Partnerschaftsabkommens von Cotonou[731] ausreichend diskutiert worden.

3.2.2.1 Strukturanpassungshilfe

Von Strukturanpassungsprogrammen verspricht sich die EG zweierlei: in wirtschaftlicher Hinsicht die Wiederherstellung des allgemeinen finanziellen Gleichgewichts sowie die Schaffung eines günstigen Umfelds für die Beschleunigung des Wirtschaftswachstums; in sozialer wie gesellschaftspolitischer Beziehung die Optimierung der Lebensverhältnisse der Bevölkerung in den Partnerstaaten[732]. Es geht also darum, das programmatische Credo der allgemeinen Ziele der Verordnung zu operationalisieren und mit Hilfe von SAPs die wirtschaftliche Reform nachhaltig voranzutreiben sowie die harmonische Eingliederung in den internationalen Handel zu erleichtern[733].

Hierzu setzt die Gemeinschaft folgende Akzente in ihrer Strukturanpassungshilfe[734]: Zunächst gilt es, Reformen der Mittelmeerpartner zu unterstützen, mit Hilfe derer der Privatsektor gestärkt wird und Arbeitsplätze geschaffen werden. Zu diesem Zwecke sind namentlich die Rahmenbedingungen für Unternehmen zu optimieren und klein- und mittelständische Unternehmen (KMU) zu fördern. Parallel hierzu ist anvisiert, Maßnahmen finanziell zu fördern, die darauf ausgerichtet sind, Märkte zu öffnen und Privatinvestitionen attraktiver zu gestalten[735]. Ein besonderes Augenmerk liegt ferner auf der Unterstützung von Reformen zur Intensivierung der industriellen und handelspolitischen Zusammenarbeit, und zwar sowohl zwischen der Gemeinschaft und den mediterranen Partnern als auch den Mittelmeerpartnern untereinander. Einen weiteren Schwerpunkt setzt die Gemeinschaft schließlich auf die Verbesserung der wirtschaftlichen Infrastruktur, und, wenn nötig, auch der Finanz- und Besteuerungssysteme. Dabei müssen all die vorgenannten Reformen wirtschaftlich tragfähig sein[736].

Wie immer, wenn einschneidende Reformen durchzuführen sind, wird gleichzeitig das soziale bzw. gesellschaftspolitische Gefüge - in erster Linie die Bevölkerung -, aber auch die Umwelt in Mitleidenschaft gezogen. Die Aktionen zur Unterstützung der Strukturanpassung können und dürfen daher soziale wie ökologische Aspekte nicht außer Acht lassen. Konsequenz hieraus ist zum einen, dass sich sämtliche Stützungsprogramme der besonderen Situation jedes Landes, insbesondere seiner sozialen Lage, anzupassen haben[737]. Zum anderen intendiert die Gemeinschaft, spezifische Begleitmaßnahmen in die Wege zu leiten, die die negativen Auswirkungen dieses Strukturanpassungsprozesses und der Errichtung der Freihandelszone, ins-

---

[730] Zur nachhaltigen sozialen Entwicklung oben Kapitel C „Ziele der Entwicklungszusammenarbeit", Abschnitte C.I.2.2.2, C.I.2.2.3; zur Armutsbekämpfung: ebenda, C.I.2.4; zur wirtschaftlichen Entwicklung: ebenda, Abschnitt C.I.2.2.1; zur schrittweisen, harmonischen Eingliederung in die Weltwirtschaft: ebenda, Abschnitt C.I.2.3. In diesen Abschnitten sind ebenfalls die allgemein geltenden Postulaten für die vorstehend genannten Entwicklungskomponenten beschrieben, zu denen im Folgenden Vergleiche hergestellt werden.

[731] Zur nachhaltigen wirtschaftlichen Entwicklung sowie zur schrittweisen, harmonischen Eingliederung in den Welthandel vgl. insbesondere die Abschnitte E.I.2.3.1.1.1, E.I.2.3.1.1.3, E.I.2.3.2. Zur nachhaltigen sozialen Entwicklung sowie zur Armutsbekämpfung insbesondere Abschnitt E.I.2.3.1.1.2.

[732] Vgl. Art. 2II i.d.F. von MEDA II i.V.m. Anhang II, Punkt I.b), 1., 2. Spiegelstrich. Ausführlich auch: Leitlinien für die MEDA-Richtprogramme vom Dezember 1996, Punkt 15.

[733] Vgl. Art. 2II i.d.F. von MEDA II i.V.m. Anhang II, Punkt I.

[734] Art. 2I MEDA I, Art. 2II i.d.F. von MEDA II i.V.m. Anhang II, Punkt I.a).

[735] Eine nachhaltige Förderung der Unternehmen und der Privatinvestitionen sehen die Europa-Mittelmeerpartner als Schlüssel zur Bewältigung der Herausforderungen im Zusammenhang mit der Freihandelszone an. Um diese Bereiche noch effektiver zu stärken, haben die Partner Ende 2004 die sog. „Euro-Mediterranean Charter for Enterprise" verabschiedet, die gemeinsame Prinzipien enthält, nach denen die einzelnen Staaten ihre Unternehmenspolitik dementsprechend ausrichten können. Die Charta ist abrufbar unter: http://ec.europa.eu/enterprise/enterprise_policy/ind_coop_programmes/med/doc/f1949_en.pdf (Stand: 31.5.2006).

[736] Vgl. Art. 2II i.d.F. von MEDA II i.V.m. Anhang II, Punkt I.b), UA 1, 3. Spiegelstrich.

[737] Art. 2II i.d.F. von MEDA II i.V.m. Anhang II, Punkt I.b), UA 1, 3. Spiegelstrich.

besondere in sozialer Hinsicht sowie auf der Ebene der Beschäftigung, ausgleichen, zumindest aber abmildern. Besonderes Augenmerk gilt dabei den „benachteiligsten Gruppen der Bevölkerung“[738]. Und schließlich ist dem Umweltschutz gebührend Rechnung zu tragen. Dieser Aspekt taucht zwar in den programmatischen Zielvorgaben der Verordnung auf (Art. 2II2 i.d.F. von MEDA II), wird aber leider im Kontext der SAP nicht gesondert aufgeführt. Jedoch ist der Umweltschutz als Querschnittsthema[739] - zumindest theoretisch - auch hier miteinzubeziehen.
Mit einer Strukturanpassungshilfe können nun Staaten rechnen, die Reformprogramme durchführen, die von den Bretton Woods Institutionen gebilligt oder als gleichwertig anerkannt sind, nicht notwendig aber finanziell von diesen Institutionen unterstützt werden. Gleichzeitig müssen die Reformen die spezifische Situation des Landes, und zwar sowohl in makroökonomischer Hinsicht[740] als auch im Hinblick auf die sektorbezogenen (sozialen wie wirtschaftlichen) Umstrukturierungen, die zur Schaffung der Freihandelszone Europa-Mittelmeer unerlässlich sind, berücksichtigen[741] - mithin haben sie den bereits geschilderten Vorgaben gleichermaßen zu genügen[742]. Die Unterstützung selbst wird als direkter Haushaltszuschuss bereitgestellt, der in Abhängigkeit vom „Realisierungsgrad“ der im Rahmen des Stützungsprogramms vereinbarten Ziele in Tranchen ausbezahlt wird[743].
Die voranstehenden Anforderungen an die von der EG unterstützten SAPs gehen zwar weit über die diesbezüglichen Vorgaben des Europa-Mittelmeer-Abkommens hinaus. Sie entsprechen allerdings immer noch nicht vollends jener „zweiten Generation von Reformen“[744], und zwar insoweit, als die Maßnahmen nicht auch für eine ordnungsgemäße Verwaltung öffentlicher Finanzen zu sorgen haben, d.h. Elemente einer verantwortungsvollen Staatsführung zu integrieren sind. Der armutsspezifischen Dimension hingegen wird zumindest dadurch implizit Rechnung getragen, dass soziale Komponenten ausdrücklich und in verstärktem Maße sowie zudem die benachteiligsten Bevölkerungsgruppen besonders zu berücksichtigen sind[745].
Was die MEDA-Verordnung indes positiv z.B. von der AKP-EG-Zusammenarbeit unterscheidet, ist ein neuer Ansatz, demzufolge die SAPs mitsamt ihrer flankierenden Maßnahmen zwar einen eigenen Förderbereich konstituieren; darüber hinaus aber werden sie in den Dienste einer *harmonischen* Integration in den Welthandel gestellt[746] und sorgen so mehr als im Partnerschaftsabkommen von Cotonou dafür, dass der Übergang in die Freihandelszone namentlich in sozialer Hinsicht fließend vonstatten geht.

---

738 Art. 2II i.d.F. von MEDA II i.V.m. Anhang II, Punkt I.b), UA 1, 4. Spiegelstrich.
739 Vgl. unten Abschnitt E.II.3.2.2.4.
740 Z.B. Verschuldung, Kosten des Schuldendienstes, Zahlungsbilanz, Haushalts- und Währungssituation, Pro-Kopf-Einkommen, Arbeitslosenquote (Art. 2II i.d.F. von MEDA II i.V.m. Anhang II, Punkt I.b), UA 2, 2. Spiegelstrich).
741 Voranstehend: Art. 2II i.d.F. von MEDA II i.V.m. Anhang II, Punkt I.b), UA 2, 1., 2. Spiegelstrich.
742 Anders als bei Cotonou (vgl. oben Abschnitt E.I.2.4.2.2.1) dürften diese Vorgaben nicht bereits *automatisch* erfüllt sein, wenn der Staat ein von den Bretton Woods anerkanntes bzw. mit ihnen vereinbartes Reformprogramm durchführt.
743 Art. 7I UA 1, S. 2, 2II i.d.F. von MEDA II i.V.m. Anhang II, Punkt I.b), UA 1, 5. Spiegelstrich.
744 Mitteilung der Kommission „*Wirtschaftsreformprogramme und Strukturanpassungsprogramme der Gemeinschaft: Bilanz und Perspektiven*“, KOM (2000) 58, endg. vom 4.2.2000, Punkt 2.3 (vgl. hierzu bereits oben Abschnitt E.I.2.3.1.1.1). Detailliert zu den Hauptmerkmalen der SAP unter MEDA I: Mitteilung der Kommission „*Wirtschaftsreformprogramme und Strukturanpassungsprogramme der Gemeinschaft: Bilanz und Perspektiven*“, KOM (2000) 58, endg. vom 4.2.2000, Punkt 3.2.2.1; zu den Schwerpunkten unter MEDA II: ebenda, Punkte 3.2.3, 3.3.
745 Ähnlich bereits oben Abschnitt E.II.3.1.1.
746 Vgl. Art. 2II i.d.F. von MEDA II i.V.m. Anhang II, Punkt I.

3.2.2.2 Unterstützung einer nachhaltigen wirtschaftlichen und sozialen Entwicklung

Beim Interventionsfeld Unterstützung einer nachhaltigen wirtschaftlichen und sozialen Entwicklung[747] handelt es sich um einen weiteren Bereich, der sowohl die allgemeinen Ziele und Grundsätze der Verordnung sowie das Postulat des Art. 177I EGV operationalisiert, wonach wirtschaftliche, soziale und ökologische Entwicklung miteinander einhergehen müssen, nicht zuletzt unter dem Aspekt dauerhaften Fortschritts und harmonischer Eingliederung in die Weltwirtschaft[748].
Die Unterstützungsbereiche, die die MEDA-Verordnung[749] nun auflistet, bleiben inhaltlich teils hinter den im Europa-Mittelmeer-Abkommen mit Tunesien normierten zurück, teils gehen sie über diese hinaus - die Armutsbekämpfung beispielsweise thematisiert sie erstmalig. Qualitativ jedenfalls umreißt die Verordnung diese Bereiche zumeist nur schlagwortartig. Insbesondere fehlt es überwiegend an einer Beschreibung konkreter Aktionen bzw. diese erfolgt in den lediglich politisch verbindlichen Leitlinien für die MEDA-Richtprogramme vom Dezember 1996. Dieser Umstand dürfte es den Mittelmeerdrittländern mitunter unmöglich machen, die EG rechtlich zur Durchführung spezieller Maßnahmen anzuhalten – ein Manko, das die soziale Entwicklungsförderung sowohl im Rahmen des Europa-Mittelabkommens mit Tunesien als auch im Rahmen der AKP-EG-Zusammenarbeit gleichermaßen kennt.

Wie gerade angesprochen, wird erstmals die von Art. 177I 3. Spiegelstrich EGV eingeforderte *Armutsbekämpfung* explizit zum Gegenstand von Hilfemaßnahmen der Gemeinschaft für die Mittelmeerdrittländer erhoben[750] – ein Postulat, das in den Verträgen mit Tunesien zumindest ausdrücklich unberücksichtigt bleibt: So verlangt die Verordnung, dass die „Früchte des Wachstums“[751] gleichmäßig verteilt werden. Dadurch soll gewährleistet werden, dass sich der wirtschaftliche Aufschwung auch auf die soziale Entwicklung positiv auswirkt und diese fördert – theoretisch zumindest. Denn praktisch enthält sich die Verordnung einer klaren Aussage darüber, wie sie sich die Beseitigung dieser Ungleichheiten in concreto vorstellt; oder ob bereits die soziale Entwicklungsförderung an sich als Beitrag zu einer ausgewogenen Verteilung dieser Früchte zählt, wie es z.B. das Partnerschaftsabkommen von Cotonou interpretiert[752]. Stattdessen gibt die Verordnung auf, die auf VN-Gipfeltreffen zur Armutsbekämpfung vereinbarten und in die internationalen Entwicklungsziele aufgenommenen Vorgaben zu „berücksichtigen“ – was der primärrechtlichen Forderung des Art. 177III 2. Alt. EGV entspricht, aber auch nicht über diese hinausgeht[753].

Was weiter die soziale Entwicklungsförderung anbelangt, so gilt es, den *Sozialbereich* zu entwickeln, insbesondere in Sachen Gesundheit, Familienplanung, Wasserversorgung, Sanie-

---

[747] Art. 2II i.d.F. von MEDA II i.V.m. Anhang II, Punkt II.
[748] Vgl. auch die Leitlinien für die MEDA-Richtprogramme vom Dezember 1996, Punkt 16.
Inwieweit dieses Interventionsfeld darüber hinaus auch den Vorgaben des Art. 177II EGV entspricht: vgl. bereits oben Abschnitt E.II.3.1.2.2.
[749] Genauer gesagt: Punkt II, Anhang II.
[750] Vgl. Art. 2II i.d.F. von MEDA II i.V.m. Anhang II, Punkt II, 3. Spiegelstrich. Vgl. hingegen die Präambel VI der Barcelona-Erklärung (Bulletin EG 11 – 1995, S. 153ff), wo „die Bekämpfung der Armut [... einer der] wesentliche[n] Faktoren der Partnerschaft“ ist.
[751] Vgl. Art. 2II i.d.F. von MEDA II i.V.m. Anhang II, Punkt II, 3. Spiegelstrich.
[752] Siehe oben Abschnitt E.I.2.3.1.1.2.
[753] Art. 177III EGV verlangt ebenso wie Art. 2II i.d.F. von MEDA II i.V.m. Anhang II, Punkt II, 3. Spiegelstrich eine „*Berücksichtigung*“ derartiger Zielsetzungen, jedoch keine unbedingte „Beachtung“. Zu den Unterschieden vgl. bereits oben Kapitel „Ziele der Entwicklungszusammenarbeit“, Abschnitt C.I.1, Fn. 32.

rung und Wohnraumversorgung[754]. Ob die vorgenannten Termini die von der EG hier allgemein geforderten Bereiche wie die Bekämpfung armutsbedingter Krankheiten, die Stärkung der reproduktiven und sexuellen Rechte oder aber die soziale Absicherung einschließen, bleibt fraglich. Und auch das Thema (Aus-) Bildung wird hier zunächst erneut ausgespart und stattdessen in den Kontext der wirtschaftlichen Entwicklung gestellt: So soll der Ausbau des beruflichen Ausbildungsstandes den wirtschaftlichen Aufschwung beflügeln und die Möglichkeiten der wissenschaftlichen und technologischen Forschung erweitern[755]. An anderer Stelle jedoch, nämlich im Kontext der im Abschnitt 3.2.2.4 zu erläuternden Querschnittsbereiche Geschlechtergleichstellung und Förderung der Jugendlichen[756], stellt die Verordnung darüber hinaus explizit die „Schulbildung", mithin ebenso die Grund- und Primarbildung, in den Vordergrund: Schulbildung soll helfen, einerseits Jugendliche in die Gesellschaft zu integrieren, andererseits das Potenzial von Frauen im wirtschaftspolitischen, aber auch im sozialen Leben herauszufiltern. Dadurch klingt zwar in gewisser Weise die Bedeutung der (Aus-) Bildung für die soziale Entwicklungsförderung an. Doch bleibt der EG vorzuwerfen, warum sie es dann unterlassen hat, dies dezidiert herauszustellen, indem sie Bildung wenigstens zu einem eigenen Förderbereich im Rahmen der sozialen Entwicklung erhebt. Davon, dass die MEDA-Vorschriften über (Aus-) Bildung den von der EG hier allgemein aufgestellten Anforderungen entsprechen, kann daher noch immer nicht die Rede sein[757].
Ferner sollen die *Lebensbedingungen in städtischen Gebieten* insbesondere durch Beschäftigungs- und sozialpolitische Strategien und Armutsbekämpfungsmaßnahmen verbessert werden[758]. Hieran knüpft ein weiterer Unterstützungsbereich an: Es gilt, den *ländlichen Raum* harmonisch und integriert zu entwickeln[759]. Hiervon verspricht sich die Gemeinschaft, die ländliche Armut zu bekämpfen, das Wohlstandsgefälle zwischen Land- und Stadtbevölkerung auszugleichen und die Abwanderung in die Städte mit all ihren negativen sozialen, politischen und ökologischen Folgen für die ohnehin bereits unzureichenden städtischen Lebensbedingungen einzudämmen[760]. Diese (politisch verbindliche) Ausrichtung dieses Förderelements ist zwar gewiss als richtiger Schritt in Richtung Reduzierung der ländlichen Armut zu werten. Zu just diesem Zwecke wäre es allerdings gleichermaßen von Bedeutung, Fragen der Ernährungssicherung zu thematisieren, die die Verordnung indes völlig ausblendet. Licht in diese Problematik vermag ebenso wenig die gleichfalls normierte verstärkte *landwirtschaftliche Zusammenarbeit* zu bringen, hat diese doch in erster Linie Aspekte der Normung und Qualitätssicherung vor Augen[761]. Dementsprechend bleibt die Verordnung noch mehr als das Europa-Mittelmeer-Abkommen hinter den für diesen prioritären Bereich von der EG aufgestellten Anforderungen zurück.

---

[754] Art. 2II i.d.F. von MEDA II i.V.m. Anhang II, Punkt II, 2. Spiegelstrich.
[755] Art. 2II i.d.F. von MEDA II i.V.m. Anhang II, Punkt II, 9. Spiegelstrich.
[756] Art. 2II i.d.F. von MEDA II i.V.m. Anhang II, Punkt V.
[757] Dies haben auch die Europa-Mittelmeer-Partner erkannt: So weisen sie in der „erneuerten" Barcelona-Erklärung sowie im begleitenden Arbeitsprogramm von 2005 besonders auf die essenzielle Rolle der Bildung für die politische, soziale und wirtschaftliche Entwicklung hin und legen dementsprechend einen wesentlichen Schwerpunkt der künftigen Partnerschaft auf die Realisierung der Millennium-Entwicklungsziele in Sachen (Aus-) Bildung (vgl. Punkt 7 der Schlusserklärung der Konferenz (http://ec.europa.eu/comm/external_relations/euromed/summit1105/chairmans_statement.pdf (Stand: 31.5.2006)), Punkte 9f des Arbeitsprogramms (http://ec.europa.eu/comm/external_relations/euromed/summit1105/five_years.pdf (Stand: 31.5.2006))).
[758] Art. 2II i.d.F. von MEDA II i.V.m. Anhang II, Punkt II, 4. Spiegelstrich; Leitlinien für die MEDA-Richtprogramme vom Dezember 1996, Punkt 16, 3. Spiegelstrich.
[759] Art. 2II i.d.F. von MEDA II i.V.m. Anhang II, Punkt II, 4. Spiegelstrich.
[760] Leitlinien für die MEDA-Richtprogramme vom Dezember 1996, Punkt 16, 1. Spiegelstrich.
[761] Art. 2II i.d.F. von MEDA II i.V.m. Anhang II, Punkt II, 5. Spiegelstrich.

Zum Zwecke der sozialen Entwicklung sollen weiter die *kulturelle Zusammenarbeit* sowie der *Jugendaustausch* gefördert werden[762]. Und aus denselben Gründen wie bereits das Europa-Mittelmeer-Abkommen strebt die Verordnung schließlich eine verstärkte Zusammenarbeit auf den Gebieten *Migration* und *organisierte Kriminalität* an[763].

Die Förderelemente im Rahmen der wirtschaftlichen Entwicklungsförderung, die die Verordnung nun auflistet, sind in Anbetracht der Tatsache, dass sich ihrer bereits der Bereich „Strukturanpassung" relativ umfassend annimmt, auf einige wenige reduziert: So will die Gemeinschaft neben der bereits erwähnten Zusammenarbeit in der Landwirtschaft ebenso die Kooperation auf dem Gebiet der *Fischerei* und der bestandserhaltenden *Nutzung der Meeresressourcen* verstärken[764]. Um den Übergang in die Informationsgesellschaft zu bewältigen, müssen ferner die *Informations- und Telekommunikationstechnologien* ausgebaut werden[765]. Des Weiteren gilt es, die wirtschaftlichen Infrastrukturen namentlich in den Bereichen *Energie* und *Verkehr* zu verbessern[766]. Genaue Vorschläge unterbreitet das Regelungswerk nicht, was umso mehr enttäuscht, als es sich beim Ausbau des Transportwesens um einen prioritären Bereich handelt. Gar noch weniger konkret wird die Verordnung zum primärrechtlich vorgegebenen Ziel des Schutzes und der Verbesserung der *Umwelt*[767]. In diesem Kontext gibt sie nämlich nur eine verstärkte Zusammenarbeit im Umweltbereich auf, namentlich sollen die Grundsätze der Vorbeugung sowie der Vorsorge „in besonderem Maße zu beachten"[768] sein.

3.2.2.3 Die Regionalzusammenarbeit

Geht es darum, für eine harmonische Eingliederung in die Weltwirtschaft oder, als Vorstufe hierzu, für eine ebensolche Errichtung der Freihandelszone Europa-Mittelmeer Sorge zu tragen, so darf die Förderung der regionalen Integration und Kooperation nicht fehlen. Diesen Zusammenhang stellt die MEDA-Verordnung im Rahmen ihres Unterstützungsschwerpunktes regionale, subregionale und grenzübergreifende Zusammenarbeit zwar nicht ausdrücklich her[769]. Doch wird dieser an anderer Stelle evident[770] und ist wohl auch hier zwischen den Zeilen erkennbar, wenn die Verordnung aufgibt, den Regionalhandel zu unterstützen, indem die diesbezüglich erforderliche Infrastruktur, namentlich im Verkehrs-, Kommunikations- und Energiebereich, auszubauen ist. Davon abgesehen strebt die Gemeinschaft recht pauschal an, insbesondere die für eine „großräumige regionale Zusammenarbeit"[771] nötigen Strukturen zwischen den Mittelmeerpartnern untereinander sowie zwischen diesen und den EU-Mitgliedstaaten aufzubauen bzw. zu festigen. Ferner sollen Rechts- und Verwaltungsvorschriften sollen zur Erleichterung dieser Kooperation verbessert werden. Inwiefern hier die regionale Zusammenarbeit darüber hinaus als Rahmen dafür genutzt wird, sich mit außerhalb des Handels liegenden, grenzübergreifenden entwicklungspolitischen Themen – mithin mit „sonstige[n] regionale[n] Aktivitäten"[772] - zu befassen, wird bedauerlicherweise zur Disposition der EG gestellt.

---

762 Art. 2II i.d.F. von MEDA II i.V.m. Anhang II, Punkt II, 11. Spiegelstrich.
763 Vgl. Art. 2II i.d.F. von MEDA II i.V.m. Anhang II, Punkt II, 12., 13. Spiegelstrich.
764 Art. 2II i.d.F. von MEDA II i.V.m. Anhang II, Punkt II, 6. Spiegelstrich.
765 Art. 2II i.d.F. von MEDA II i.V.m. Anhang II, Punkt II, 8. Spiegelstrich.
766 Art. 2II i.d.F. von MEDA II i.V.m. Anhang II, Punkt II, 8. Spiegelstrich.
767 Art. 2II i.d.F. von MEDA II i.V.m. Anhang II, Punkt II, 7. Spiegelstrich; Leitlinien für die MEDA-Richtprogramme vom Dezember 1996, Punkt 16, 2. Spiegelstrich.
768 Art. 2II i.d.F. von MEDA II i.V.m. Anhang II, Punkt II, 7. Spiegelstrich.
769 Art. 2II i.d.F. von MEDA II i.V.m. Anhang II, Punkt III.
770 Vgl. Art. 2II i.d.F. von MEDA II i.V.m. Anhang II, Punkt Ia), 2. Spiegelstrich.
771 Art. 2II i.d.F. von MEDA II i.V.m. Anhang II, Punkt III, UA 1, b), 3. Spiegelstrich.
772 Art. 2II i.d.F. von MEDA II i.V.m. Anhang II, Punkt III, UA 1, c).

3.2.2.4 Querschnittsthemen

Positiv hervorzuheben ist, dass die Verordnung ungleich des Abkommens mit Tunesien Querschnittsthemen normiert: hier werden geschlechterspezifische Aspekte, die Förderung der Jugend[773] sowie der Umweltschutz[774] genannt.
Im Bezug auf die *Geschlechtergleichstellung* verlangt die Verordnung, dass entsprechend jenes von der EG vertretenen „Empowerment-Ansatzes" sowohl die Konzipierung als auch Implementierung sämtlicher nach der Verordnung getroffenen Maßnahmen den Analysen über die Bedürfnisse und Potenziale von Männern und Frauen im wirtschaftlichen und im sozialen Leben Rechnung tragen müssen. Dabei soll insbesondere der Schulbildung und der Schaffung von Arbeitsplätzen von Frauen „besondere Bedeutung"[775] zukommen. Um für die gewünschte Gleichstellung der Geschlechter zu sorgen, dürfte es allerdings kaum damit getan sein, geschlechterspezifische Aspekte als Querschnittsthema zu verankern, ohne jedoch gleichzeitig auf ein Verfahren verweisen zu können, das konkret vorzeichnet, wie jener Empowerment-Ansatz denn nun in die Tat umzusetzen sei. Zumal die Verordnung bis auf die genannten Aktionen ebenso wenig spezifische Maßnahmen zur Aufwertung der Rolle der Frau aufgibt. Die MEDA-Unterstützungselemente in Sachen Geschlechtergleichstellung vermögen von daher kaum mehr zufrieden zu stellen als die im Rahmen des Assoziationsabkommens mit Tunesien[776].
Ähnlich negativ, da ebenso wenig ausdifferenziert, ist über die Art und Weise der Einbeziehung des Umweltschutzes als Querschittsthema zu bilanzieren, statuiert doch die Verordnung in diesem Kontext lediglich, das der Umweltschutz einen „bei der Vorbereitung und Durchführung der im Rahmen von Maßnahmen dieser Verordnung finanzierten Aktivitäten [...] gebührend"[777] zu berücksichtigenden Belang darstellt.
Um die Integration Jugendlicher in die Gesellschaft zu erleichtern, ist schließlich im Rahmen des letzten Querschnittsbereichs erneut die Schulbildung zu forcieren und sind Arbeitsplätze zu schaffen[778].

3.3 Programmierungsverfahren und Verwaltungssystem

Das MEDA-Programmierungs- und Verwaltungsverfahren ist in erster Linie das Resultat der Erfahrungen aus der Implementierung von vier Generationen bilateraler Finanzprotokolle und seit 1992 der Fazilität für regionale Zusammenarbeit[779]. Zwar gilt es wie bisher, die Prioritäten der Empfänger und die Entwicklung ihres Bedarfs bei der Programmierung der bezuschussten Bereiche[780] gebührend zu berücksichtigen[781]. Auch die Mehrjahresplanung wird, wenn auch reduziert auf eine Periode von drei Jahren, beibehalten, ermöglicht sie doch den Mittelmeerstaaten eine langfristigere Planung. Durch die Konzentrierung auf eine einzige

[773] Art. 2II i.d.F. von MEDA II i.V.m. Anhang II, Punkt V.
[774] Art. 2II i.d.F. von MEDA II i.V.m. Anhang II, Punkt VII.
[775] Art. 2II i.d.F. von MEDA II i.V.m. Anhang II, Punkt V, UA 1, S. 2.
[776] Nicht zuletzt aus diesem Grunde statuieren die Barcelona-Erklärung sowie ihr Arbeitsprogramm von 2005, im Rahmen der künftigen Partnerschaft einen weiteren Schwerpunkt auf die Implementierung des Millenniumsziels betreffend die Geschlechtergleichstellung zu legen (vgl. Punkt 7 der Erklärung (http://ec.europa.eu/comm/external_relations/euromed/summit1105/chairmans_statement.pdf (Stand: 31.5.2006)), Punkte 3a), c), 4e), 7h), 9a), e), 10d) des Arbeitsprogramms, (http://ec.europa.eu/comm/external_relations/euromed/summit1105/five_years.pdf (Stand: 31.5.2006))).
[777] Art. 2II i.d.F. von MEDA II i.V.m. Anhang II, Punkt VII.
[778] Art. 2II i.d.F. von MEDA II i.V.m. Anhang II, Punkt V, UA 2.
[779] VO (EWG) Nr. 1763/92 des Rates vom 29. Juni 1992 *über die finanzielle Zusammenarbeit mit allen Drittländern im Mittelmeerraum* (ABl. 1992, Nr. L 181/5ff).
[780] Zur Programmierung der Maßnahmen betreffend Zinsvergünstigungen und Risikokapital: Art. 5V, 12f i.d.F. von MEDA II.
[781] Art. 5I MEDA I.

Finanzverordnung soll nun jedoch der Streuung der Kooperationsbemühungen auf zu viele Maßnahmen und Empfänger Einhalt geboten werden[782]. Auch gilt es, die Programmierung neben den MEDA-Zielen ebenso nach den bilateral vereinbarten Reformvorhaben im Rahmen der Europa-Mittelmeer-Abkommen auszurichten. Weiters strebt die MEDA-Verordnung eine größere Anpassungsfähigkeit dahingehend an, die Erfahrungen bei der Programmimplementierung verwerten und den sich ändernden Bedürfnissen und Prioritäten der Mittelmeerpartner flexibler Rechnung tragen zu können. Flexibilität ist ferner angezeigt, wenn es darum geht, die Mittelzuweisungen dem Tempo des Reformprozesses sowie den Fortschritten bei der gesamtwirtschaftlichen Stabilisierung anzupassen[783]. Und nicht nur die Programmierung soll beweglich gehalten werden – auch die implementierten Maßnahmen und der geplante bilaterale Finanzrahmen sind im Lichte dieser Kriterien zu kontrollieren und gegebenenfalls zu modifizieren. Die Programmierung und Verwaltung ist demnach von Grundprinzipien bestimmt, die ebenso den einschlägigen Bestimmungen des Partnerschaftsabkommens von Cotonou[784] ihren Stempel aufdrücken.

3.3.1 Nationale Programmierung

Trotz dieser Neuerungen sind einzelne Bestandteile des Entscheidungsverfahrens der MEDA I - Verordnung dem Vorwurf mangelnder Effizienz ausgesetzt gewesen[785]. Auch sollte die Verknüpfung der MEDA-Programme mit den Reformen, die die Vertragspartner im Rahmen der bilateralen Assoziationsabkommen initiieren, gestärkt werden[786]. Als Konsequenz hieraus etabliert MEDA II unter anderem neue Elemente der Programmierung bzw. modifiziert bereits bewährte.

3.3.1.1 Länderstrategiepapier

Demgemäß finden erstmals die nach verpflichtender Stellungnahme des sog. „MED-Ausschusses"[787] von der Kommission[788] verabschiedeten Länderstrategiepapiere (LSP)[789]

---

[782] Leitlinien für die MEDA-Richtprogramme vom Dezember 1996, Punkt 3.

[783] Voranstehend vgl. die Leitlinien für die MEDA-Richtprogramme vom Dezember 1996, Punkt 3f; Art. 5I MEDA I.

[784] Vgl. oben Abschnitt E.I.2.4.4.1.

[785] Vgl.: Präambel V i.d.F. von MEDA II; *Euromed Special Feature*, „From ‚MEDA I' to ‚MEDA II': What's new?", S. 1f (abrufbar unter: http://ec.europa.eu/comm/external_relations/euromed/publication/special_feature 21_en.pdf (Stand: 31.5.2006)). Verdeutlicht wird dieses Manko mitunter durch die geringe Auszahlungsrate im Rahmen von MEDA I (vgl. oben Abbildung 4, Seite 361). Zu weiteren Schwächen in der Umsetzung von MEDA I: *Holden*, The European Community's MEDA Aid Programme, in: EFARev. 2003, S. 347ff, 351ff.

[786] *Euromed Special Feature*, „From ‚MEDA I' to ‚MEDA II': What's new?", S. 1f (abrufbar unter: http://ec.europa.eu/comm/external_relations/euromed/publication/special_feature21_en.pdf (Stand: 31.5.2006)).

[787] Der „MED-Ausschuss" (Art. 11I i.d.F. von MEDA II, Art. 11IV MEDA I), ein Verwaltungsausschuss, der sich aus Vertretern der Mitgliedstaaten unter Vorsitz eines Kommissionsvertreters zusammensetzt (Art. 11II i.d.F. von MEDA II i.V.m. Art. 4I Beschluss 1999/468/EG des Rates vom 28. Juni 1999 zur Festlegung der Modalitäten für die Ausübung der der Kommission übertragenen Durchführungsbefugnisse (ABl. 1999, Nr. L 184/23ff)), ist zur Unterstützung der Kommission eingerichtet.

[788] Art. 11II i.d.F. von MEDA II i.V.m. Art. 4II Beschluss 1999/468/EG des Rates vom 28. Juni 1999 zur Festlegung der Modalitäten für die Ausübung der der Kommission übertragenen Durchführungsbefugnisse (ABl. 1999, Nr. L 184/23ff).

Die GD Außenbeziehungen ist verantwortlich für die Aufstellung der Strategiepapiere und der Richtprogramme. Darauf aufbauend managt „EuropeAid" den gesamten Projektzyklus (vgl. http://ec.europa.eu/comm/external_relations/euromed/meda.htm (Stand: 31.5.2006), Punkt 3. Zu EuropeAid bereits oben Kapitel D „Gemeinschaftsrechtliche Handlungsvorgaben", Abschnitt D.I.1.2.2, Fn. 104). Die Überwachung der Evaluierung wiederum obliegt der GD Außenbeziehungen (*Euromed Special Feature*, „From ‚MEDA I' to ‚MEDA II': What's new?" (abrufbar unter: http://ec.europa.eu/comm/external_relations/euromed/publication/special _feature21_en.pdf (Stand: 31.5.2006)), S. 4. Mitunter kritisch zu dieser Aufgabenverteilung: *Holden*, The European Community's MEDA Aid Programme, in: EFARev. 2003, S. 347ff, 358ff). Die Zusammenarbeit mit dem

Einzug in die Gemeinschaftsunterstützung für die Mittelmeerdrittländer (Art. 5II i.d.F. von MEDA II). Dabei kongruieren die von der Verordnung vorgeschriebenen Inhalte der LSP weitgehend mit jenen – politisch verbindlichen – Leitlinien des sog. „Standardrahmens“[790] für LSP: So dient dieses unmittelbar geltende[791] Papier im Allgemeinen wie auch hier im Besonderen der Festlegung sämtlicher, das heißt nicht nur auf die MEDA-Verordnung bezogenen, langfristigen[792] Ziele und Leitlinien der Zusammenarbeit sowie der Ermittlung einiger weniger vorrangigen Maßnahmenbereiche der von der EG gewährten Unterstützung (Art. 5II2, Präambel VII i.d.F. von MEDA II)[793]. Der Ausarbeitung dieser Ziele und Maßnahmenbereiche zugrunde gelegt werden, ebenfalls „standardrahmengerecht“, Bewertungen und problembezogene Analysen. Ferner sind die „Prioritäten der Empfänger“ (Art. 5I UA 1 MEDA I) zu berücksichtigen. Mithin setzt die MEDA-Verordnung zumindest implizit voraus, dass sich das Empfängerland eigenständig mit der Lage im und den Bedürfnissen des Landes auseinanderzusetzen hat, um darauf aufbauend eine eigene Entwicklungsstrategie zu konzipieren, für die es Verantwortung übernimmt, und an der sich alsdann die Entwicklungsbemühungen anderer Geber einschließlich der EG[794] orientieren. Und über die Vorgaben jenes Standardrahmens hinausgehend soll, soweit möglich, bereits das LSP Referenzkriterien für seine Durchführung fixieren, damit das Erreichen der Zielvorgaben des Papiers leichter zu überprüfen ist (Art. 5II3, 4 i.d.F. von MEDA II).

Aus Art. 5II i.d.F. von MEDA II selbst geht jedoch nicht hervor, ob das Strategiepapier darüber hinaus auch die Strategien und Beiträge anderer Geber wie die der Mitgliedstaaten miteinzubeziehen hat. Eine derartige Miteinbeziehung stellt jedoch ein essenzielles Element eines LSP dar, kann doch dadurch das Ziel der genannten Beschränkung auf wenige Kooperationsbereiche, nämlich Komplementarität mit unter anderem den bilateralen mitgliedstaatlichen Aktionen herzustellen, allemal besser gewährleistet werden. Dieses inhaltliche Manko vermag allerdings eine allgemeine Verfahrensbestimmung auszugleichen, die aufgibt, dass sämtliche Programmierungskomponenten – und somit ebenso das hier gegenständliche LSP - bis hin zur Vorbereitung und Überwachung der Durchführung der finanzierten Maßnahme mit den diesbezüglichen bilateralen Bemühungen der Mitgliedstaaten abzustimmen sind (Art. 4I i.d.F. von MEDA II)[795]: So ist insbesondere die Kommission[796] dazu aufgerufen, zusammen mit den Mitgliedstaaten – im MED-Ausschuss[797] sowie in zweiwöchigen Koordinationssitzungen[798] -

---

Beitrittskandidaten Türkei wird hingegen von der „GD Erweiterung“ verwaltet (http://ec.europa.eu/comm/external_relations/euromed/meda.htm (Stand: 31.5.2006), Punkt 3).

789 Allgemein zu den LSP bereits oben Kapitel D „Gemeinschaftsrechtliche Handlungsvorgaben“, Abschnitt D.I.1.2.2. Die nationalen und regionalen Strategiepapiere können unter http://ec.europa.eu/comm/external_relations/euromed/meda.htm (Stand: 31.5.2006), Punkt 3, für sämtliche Mittelmeerpartner abgerufen werden. Die regionalen Strategiepapiere sollen hier jedoch nur vollständigkeitshalber erwähnt sein.

790 Vgl. die Schlussfolgerungen des Rates zum *„Standardrahmen für die Länderstrategiepapiere“* vom 10.11.2000, Zusammenfassung abgedruckt in: Bulletin EG 11 – 2000, Ziffer 1.6.44, sowie bereits oben Kapitel D „Gemeinschaftsrechtliche Handlungsvorgaben“, Abschnitt D.I.2.2.2.

791 Vgl. 9II, 11II i.d.F. von MEDA II i.V.m. Art. 4III1 Beschluss 1999/468/EG des Rates vom 28. Juni 1999 zur Festlegung der Modalitäten für die Ausübung der der Kommission übertragenen Durchführungsbefugnisse (ABl. 1999, Nr. L 184/23ff). Es dürfte sich somit um „Entscheidungen“ i.S.d. Art. 249IV EGV handeln.

792 Hier für die Periode 2000 – 2006, Art. 5II1 i.d.F. von MEDA II. Die LFS im Rahmen von Cotonou legen zwar ausweislich des Vertragstextes die „mittelfristigen“ Ziele fest, doch wird darunter ein ähnlich langer Zeitraum (fünf Jahre) subsumiert.

793 Zur Verabschiedung der Strategieprogramme oder der Änderungen hieran: Art. 9II, 11II i.d.F. von MEDA II.

794 Hier: in Gestalt des LSP.

795 Zu den Prinzipien der Komplementarität (Art. 177I EGV) und der Koordinierung (Art. 180 EGV) bereits oben Kapitel D „Gemeinschaftsrechtliche Handlungsvorgaben“, Abschnitte D.I.2, D.I.1. Vgl. ebenso Leitlinien für die MEDA-Richtprogramme vom Dezember 1996, Punkt 5.

796 Vgl. Art. 180II EGV.

797 Vgl. Art. 4I3 i.d.F. von MEDA II, Art. 11IV MEDA I.

einen regelmäßigen gegenseitigen Informationsaustausch zu initiieren (Art. 4I1 i.d.F. von MEDA II). Der Austausch kann auch vor Ort stattfinden (Art. 4I1 i.d.F. von MEDA II) – angedacht ist sie mit den Delegationen der Kommission, den örtlichen Vertretungen der Mitgliedstaaten und schließlich mit dem jeweiligen Partnerland[799]. Und dieser Abstimmung kommt nun gemeinhin die Aufgabe zu, die Komplementarität und Kohärenz[800], mithin die gegenseitige Ergänzung der gemeinschaftlichen und mitgliedstaatlichen Kooperationsmaßnahmen in all ihren Implementierungsphasen zu optimieren sowie Widersprüchlichkeiten zwischen diesen Aktionsebenen zu vermeiden (Art. 4I1 i.d.F. von MEDA II).
Diese Verfahrensvorschrift scheint zwar prinzipiell ebenso anzuerkennen, dass Kooperation auch auf der Ebene der Konzipierung des LSP unerlässlich ist, um dem Prinzip der Ownership zur effektiven Durchsetzung zu verhelfen. Denn von der „Koordinierung vor Ort" („coordination on the ground"[801], Art. 4I1 i.d.F. von MEDA II) verspricht sich die Gemeinschaft nicht zuletzt auch, die Eigenverantwortlichkeit der Partnerstaaten für die Programme und Projekte zu fördern[802]. Doch hat es die Gemeinschaft versäumt, das Postulat etwa durch Konkretisierung eines bindenden Procedere zu operationalisieren. Die Verordnung hält sich nämlich äußerst bedeckt, was die Rolle des Empfängerstaates, aber ebenso der nichtstaatlichen und dezentralen lokalen Akteure bei der Erarbeitung des Länderstrategieprogramms betrifft: So statuiert Art. 5II1 i.d.F. von MEDA II lediglich, dass das Strategiepapier auf „nationaler Ebene" aufgestellt wird. Und selbst die Abstimmung vor Ort räumt den Empfängerstaaten keine konkreten Beteiligungsrechte ein. Denn explizit normiert Art. 4I1 i.d.F. von MEDA II weder, dass diese Abstimmung auch tatsächlich die Empfänger einzuschließen hat, geschweige denn fixiert er ein genaues Verfahren oder aber den Inhalt ihrer Beteiligung. Demzufolge bleibt die MEDA-Verordnung noch mehr als das Partnerschaftsabkommen von Cotonou hinter den verfahrensrechtlichen Anforderungen des „Standardrahmens" für LSP zurück, die eine zwingende Beteiligung zumindest des Empfängerstaates an der Konzeption des Papiers vorsehen.

3.3.1.2 Nationales Richtprogramm

Diese Strategiepapiere bilden anschließend die Grundlage der von der Kommission nach Stellungnahme des MED-Ausschusses verabschiedeten[803] „nationalen Dreijahres-Richtprogramme" (NRP)[804], die die wichtigsten Ziele, die Leitlinien und die vorrangigen Un-

---

[798] Zumindest was die Staaten Jordanien, Libanon, Marokko, Tunesien und Algerien, teilweise auch Syrien betrifft (*Kommission*, Annual Report 2004, Seite 84, Punkt 4.4.5).

[799] *Euromed Special Feature*, „From ‚MEDA I' to ‚MEDA II': What's new?", S. 3 (abrufbar unter: http://ec.europa.eu/comm/external_relations/euromed/publication/special_feature21_en.pdf (Stand: 31.5.2006).

[800] Mit dieser Form der Kohärenz ist die im Rahmen dieser Arbeit als „innere Kohärenz" (vgl. oben Kapitel D „Gemeinschaftsrechtliche Handlungsvorgaben", Abschnitt D.I.1, Fn. 13) bezeichnete gemeint.

[801] *Euromed Special Feature*, „From ‚MEDA I' to ‚MEDA II': What's new?", S. 3 (http://ec.europa.eu/comm/external_relations/euromed/publication/special_feature21_en.pdf (Stand: 31.5.2006)).

[802] *Euromed Special Feature*, „From ‚MEDA I' to ‚MEDA II': What's new?", S. 3, vgl. auch S. 2 (abrufbar unter: http://ec.europa.eu/comm/external_relations/euromed/publication/special_feature21_en.pdf (Stand: 31.5.2006)).

[803] Art. 11II i.d.F. von MEDA II, Art. 4II Beschluss 1999/468/EG des Rates vom 28. Juni 1999 zur Festlegung der Modalitäten für die Ausübung der der Kommission übertragenen Durchführungsbefugnisse (ABl. 1999, Nr. L 184/23ff). Zur genauen Zuständigkeitsverteilung bereits oben Abschnitt E.II.3.3.1.1, Fn. 788.

[804] Art. 5III UA 1, S. 1 i.d.F. von MEDA II. Die „*regionalen* Dreijahres-Richtprogramme" (RRP; Art. 5III UA 1, S. 1 i.d.F. von MEDA II) sollen erneut lediglich vollständigkeitshalber erwähnt werden.
Zu den Richtprogrammen ferner: Leitlinien für die MEDA-Richtprogramme vom Dezember 1996, insbesondere die Punkte 11ff für die bilateralen/ nationalen Programme, die Punkte 18ff für die regionalen Programme. Diese NRPs/ RRPs, die unter http://ec.europa.eu/comm/external_relations/euromed/meda.htm (Stand: 31.5.2006), Punkt 3, für die Mittelmeerpartner (bzgl. der NIPs jedoch nur für die oben Abschnitt E.II.3, Fn. 682 genannten neun Partner) abgerufen werden können, sind im Großen und Ganzen mit den NIPs/RIPs des Cotonou-Abkommens identisch, vgl. dort Abschnitt E.I.2.4.4.1.4. Eine weitere informative Internetseite, die Links zu den

terstützungsbereiche festlegen. Im Gegensatz zu den Länderstrategiepapieren stehen im Fokus des NRP allerdings ausschließlich die durch die MEDA-Verordnung finanzierten Gebiete, und sein Programmierungszeitraum beschränkt sich lediglich auf die eben genannten drei Jahre[805]. Der Zweck dieses alljährlich aktualisierbaren und unmittelbar geltenden[806] Programms besteht nun darin, die Länderstrategie umzusetzen. Dementsprechend beschreibt es außerdem die in den vorrangigen Bereichen durchzuführenden Reformen (Art. 5III UA 4, S. 3 i.d.F. von MEDA II), konkretisiert die Indikatoren für die Bewertung der Richtprogramme, den finanziellen Richtbetrag sowie die Kriterien, die zur Finanzausstattung in eben dieser Höhe geführt haben (Art. 5III UA 3 i.d.F. von MEDA II)[807].

Aufgestellt wird das Richtprogramm ebenso wie das LSP von der Kommission in Abstimmung mit den Mitgliedstaaten sowie idealiter auch mit den Empfängerstaaten[808]. Dabei hat die Gemeinschaft bei dieser Konzipierung des Programms inklusive des Richtbetrags[809] einerseits sowohl die Prioritäten des jeweiligen Empfängers als auch die mit ihm im Rahmen des Assoziationsabkommens konsentierten sowie aus dem wirtschaftspolitischen Dialog resultierenden Prioritäten zu berücksichtigen (Art. 5I UA 1 MEDA I, Art. 5III UA 2 i.d.F. von MEDA II). Ferner sind der Bedarf des Entwicklungslandes[810] sowie seine Aufnahmefähigkeit heranzuziehen (Art. 5I UA 1 MEDA I). Andererseits kommen nunmehr erstmalig auch Performance-Kriterien ins Spiel: So werden die Fortschritte bei den SAPs (Art. 5I UA 1 MEDA I), der industriellen und sozialen Entwicklung im Rahmen der MEDA-Verordnung ebenso bedacht wie die Ergebnisse der wirtschaftlichen Zusammenarbeit entsprechend der Assoziationsabkommen (Art. 5III UA 4, S. 1 i.d.F. von MEDA II)[811]. Obwohl demzufolge die Prioritätensetzung durch die Partner und deren Bedarf nach wie vor eine gewichtige Rolle spielen - finanzielle Hilfe wird wie im Rahmen des Partnerschaftsabkommens keineswegs mehr automatisch gewährt; mithin wird der bisherige „"shopping-list" approach"[812] durch einen strate-

---

Seiten für die jeweilige bilaterale Zusammenarbeit mit den einzelnen Mittelmeerpartnern enthält, ist: http://ec.europa.eu/comm/europeaid/projects/med/bilateral_en.htm (Stand: 31.5.2006). Zu Einzelheiten der regionalen Zusammenarbeit: http://ec.europa.eu/comm/europeaid/projects/med/regional_en.htm (Stand: 31.5.2006).

805 Eines der Hauptanliegen der Kommission war es ja, den bisherigen Fünfjahreszeitraum für die Planung zu reduzieren, vgl. oben Abschnitt E.II.3.

806 Vgl. 9II, 11II i.d.F. von MEDA II i.V.m. Art. 4III1 Beschluss 1999/468/EG des Rates vom 28. Juni 1999 zur *„Festlegung der Modalitäten für die Ausübung der der Kommission übertragenen Durchführungsbefugnisse"* (ABl. 1999, Nr. L 184/23ff).

807 Zu sonstigen bei der Aufstellung der Richtprogramme zu beachtenden Aspekten: Leitlinien für die MEDA-Richtprogramme vom Dezember 1996, Punkt 6.

808 Da die im vorhergehenden Abschnitt E.II.3.3.1.1 vorgestellte allgemeine Verfahrensvorschrift des Art. 4I i.d.F. von MEDA II gleichermaßen für die Erstellung der NRP gilt, stellt sich jene Problematik hinsichtlich der Art und Weise der Einbeziehung des Empfängerstaates in die Konzipierung des Programms leider auch hier.

809 Ein gewisser Unterschied zu den Richtprogrammen des Cotonou-Abkommens ist daher insofern auszumachen, als die im Folgenden genannten Kriterien hier die Aufstellung des gesamten Programminhalts inklusive des Richtbetrags beeinflussen, dort hingegen nur die Höhe des Richtbetrags: Die Aufstellung des Richtbetrages wird von der MEDA-VO nämlich nicht gesondert beschrieben. Vielmehr betrachtet sie ihn als Teil des NRP (vgl. Art. 5III UA 3, S. 2 i.d.F. von MEDA II; *Euromed Special Feature*, „From ‚MEDA I' to ‚'MEDA II': What's new?", S. 4).

810 Maßgeblich ist auch hier der sozioökonomische Entwicklungsstand (Leitlinien für die MEDA-Richtprogramme vom Dezember 1996, Punkt 11).

811 Die Leistungsindikatoren des Art. 5III UA 4, S. 2 MEDA sind eigentlich Kriterien für die *Änderung* der Programme. Es ist aber anzunehmen, dass zumindest seit der „zweiten Generation" von Richtprogrammen ebenso nach diesen Parametern aufzustellen ist, da kein Grund auszumachen ist, warum strengere Kriterien für die Änderung der NRPs gelten sollten als für deren Aufstellung.
Zu den gravierenden Mankos der Programmierung – auch der Länderstrategiepapiere – in der Praxis, vor allem, was die Indikatoren für die Leistungsbemessung betrifft: *Holden*, The European Community's MEDA Aid Programme, in: EFARev. 2003, S. 347ff, 355fff.

812 *Holden*, The European Community's MEDA Aid Programme, in: EFARev. 2003, S. 347ff, 350.

gischen, leistungsorientierten Ansatz ersetzt. Wobei freilich die Frage berechtigt ist, warum nicht auch die Resultate der sozialen und kulturellen Zusammenarbeit im Rahmen der Europa-Mittelmeer-Abkommen in die Bewertung einfließen sollen.

3.3.1.3 Gleitende Programmierung

Mittels regelmäßiger Überprüfungen und Modifikationen der LSP sowie der NRP stellt die „gleitende Programmierung" sicher, dass auftretenden Änderungen wirtschaftlicher oder sozialer Natur, der Prioritäten des betreffenden Staates oder aber mangelnder Effizienz bei der Durchführung der Maßnahmen – gemessen an den fixierten Zielen und Erfolgsindikatoren – zeitnah entgegengetreten werden kann. So rechtfertigen die vorzeitige Anpassung eines LSP etwa unvorhergesehene Umstände oder aber entsprechende Ergebnisse - etwa mangelnde Effektivität des Papiers, eine Verschiebung der Prioritäten der Empfängerländer oder aber der langfristigen Ziele der Zusammenarbeit - der alle drei Jahre durchgeführten, umfassenden Evaluierung (vgl. Art. Art. 5II5, 15IV i.d.F. von MEDA II). Weniger umfangreiche und ohne ausdrückliche Abänderungsmöglichkeit versehene Bewertungen der im Gesamtrahmen der LSP erzielten Resultate sind hingegen einmal im Jahr angezeigt (Art. 15I i.d.F. von MEDA II). Eine solch jährliche Überprüfung ist ebenso für die NRP vorgesehen, jedoch mit dem Unterschied, dass diese Programme inklusive der Finanzzuweisungen[813] grundsätzlich aktualisiert werden können. Hierfür sind die im vorhergehenden Abschnitt 3.3.1.2 genannten Bedarfs- und Leistungskriterien ausschlaggebend (Art. 5III UA 4, 15I i.d.F. von MEDA II). Spätestens nach drei Jahren[814] muss die Kommission eine umfassende Evaluierung der Wirksamkeit auch der NRP durchführen (Art. 15IV i.d.F. von MEDA II).

3.3.2 Sonstige Bestimmungen

Die Verordnung enthält darüber hinaus Vorgaben über die Prüfung und Finanzierung (Art. 5IV, V, VI i.d.F. von MEDA II, Art. 6 MEDA I/ II), die Auftragsvergabe (Art. 8 MEDA I/ II) sowie über die Verwaltung der aus dem Gemeinschaftshaushalt finanzierten Maßnahmen (Art. 10 MEDA I/ II)[815] – im Gegensatz zum Partnerschaftsabkommen von Cotonou indes nur rudimentär geregelt:

Zur letztendlichen Projektdurchführung verabschiedet die Kommission[816] in der Regel jährlich unmittelbar geltende[817], auf den NRPs beruhende „Finanzierungspläne" (Art. 5IV i.d.F. von MEDA II). Diese enthalten eine Aufstellung und detaillierte Beschreibungen der konkret zu finanzierenden Vorhaben (Art. 5IV UA 2, S. 1 i.d.F. von MEDA II). Nur ausnahmsweise können singuläre, ebenfalls unmittelbar geltende[818] Finanzierungsbeschlüsse gefasst werden, die zwar ebenfalls auf den Richtprogrammen fußen, aber einem außerordentlichen, nicht von

---

[813] Da der Richtbetrag zum Pflichtinhalt eines Richtprogramms gehört (vgl. Art. 5III UA 3, S. 2 i.d.F. von MEDA II), muss sich die jährliche Aktualisierung m.E. ebenso auf die Finanzzuweisungen erstrecken.

[814] Weiters findet eine Halbzeitbewertung sowie eine Ex-Post-Bewertung der jeweiligen Projekte und Hauptinterventionsbereiche seitens der Kommission und der EIB statt (Art. 15III i.d.F. von MEDA II).

[815] Die Zinsvergünstigungen und das Risikokapital werden durch die EIB verwaltet (Art. 6IV UA 3, S. 1 i.d.F. von MEDA II). Art. 14 MEDA I setzt einen Ausschuss bei der EIB ein, den sog. „Ausschuss des Art. 14", der sich aus Vertretern der Mitgliedstaaten zusammensetzt. Dieser gibt u.a. Stellungnahmen für von der Bank vorgeschlagene Risikokapital- oder Zinsvergünstigungsprojekte ab (vgl. Art. 13III, IV, 12III i.d.F. von MEDA II).

[816] Zum Verfahren für die Annahme dieser Pläne einschließlich ihrer Änderungen: Art. 9II, 11II i.d.F. von MEDA II.

[817] Vgl. 9II, 11II i.d.F. von MEDA II i.V.m. Art. 4III1 Beschluss 1999/468/EG des Rates vom 28. Juni 1999 zur Festlegung der Modalitäten für die Ausübung der der Kommission übertragenen Durchführungsbefugnisse (ABl. 1999, Nr. L 184/23ff).

[818] Vgl. 9III, 11II i.d.F. von MEDA II i.V.m. Art. 4III1 Beschluss 1999/468/EG des Rates vom 28. Juni 1999 zur Festlegung der Modalitäten für die Ausübung der der Kommission übertragenen Durchführungsbefugnisse (ABl. 1999, Nr. L 184/23ff).

den Plänen gedeckten Planungsbedürfnis Rechnung tragen (vgl. Art. 5VI, 9III i.d.F. von MEDA II)[819]. Im Anschluss daran kontrahieren die Kommission und der jeweilige Empfänger ein Finanzierungsabkommen über jedes einzelne finanzierte Projekt bzw. Programm (vgl. Art. 6III UA 1, S. 1, 9VI i.d.F. von MEDA II).
Was weiter die Auftragsvergabe anbelangt, so obliegt es zunächst der Kommission zusammen mit den Mitgliedstaaten, für eine möglichst breite Beteiligung[820] an den Ausschreibungen für Bau-, Liefer- und Dienstleistungsaufträge zu gleichen Bedingungen zu sorgen (vgl. Art. 8I, II, III, VIII MEDA I, Art. 8IV i.d.F. von MEDA II). Anschließend werden die Aufträge, deren genaue Inhalte bereits die genannten Finanzierungsabkommen beschreiben (Art. 8V i.d.F. von MEDA II), von der Kommission vergeben (vgl. Art. 8VII i.d.F. von MEDA II).

Resümiert man die eben beschriebenen sowie die Vorschriften betreffend die nationale Programmierung im Hinblick auf die Integrierung der Empfängerstaaten und der nichtstaatlichen und dezentralen lokalen Akteure, mithin bezüglich der Stärkung ihrer Eigenverantwortung, so kann man leider relativ wenig Positives hervorheben. Denn mag dieses Paradigma auch im Rahmen der Programmierung noch annähernd Berücksichtigung finden, was die Einbeziehung der Empfängerstaaten anbelangt; allen anderen nichtstaatlichen Akteuren hingegen ist in diesem Verfahren noch keine Rolle zugeteilt worden. Darüber hinaus hat es die Verordnung vollständig versäumt, den Partnerstaaten mitsamt geeigneten nichtstaatlichen Akteuren Verantwortung für die Implementierung zu übertragen und so dem gleichermaßen anvisierten dezentralen Konzept[821] Rechnung zu tragen.

4. Exkurs: Europäische Nachbarschaftspolitik (ENP)

Seit Mai 2004 verfügt die Zusammenarbeit mit Osteuropa und den südlichen Mittelmeerländern – und somit auch mit den Mittelmeerdrittstaaten der Partnerschaft Europa-Mittelmeer - über einen neuen bzw. weiteren politischen Rahmen in Gestalt der sog. „Europäischen Nachbarschaftspolitik" (ENP), die Komponenten aller drei „Säulen" (EGV/ GASP/ PJZS) der EU umfasst[822]. Als Grundlage für die Entwicklung einer neuen „politischen Orientierungslinie"[823] bzw. Strategie gegenüber diesen Ländern diente zunächst die Kommissionsmitteilung „*Größeres Europa – Nachbarschaft: Ein neuer Rahmen für die Beziehungen der EU zu ihren östlichen und südlichen Nachbarn*" vom 11. März 2003[824]. Diese Orientierungslinien konkretisierten sich schließlich in der am 12. Mai 2004 verabschiedeten Mitteilung „*Europäische Nachbarschaftspolitik - Strategiepapier*"[825]. Als erster Schritt zur Verwirklichung dieser Politik

---

[819] Vgl. Art. 9III, V, 11II i.d.F. von MEDA II zur Annahme, Art. 9IV i.d.F. von MEDA II zur Änderung dieser Beschlüsse.

[820] Auch im Rahmen der Partnerschaft Europa-Mittelmeer wirken sich also die Bestrebungen der EG aus, die Lieferbindungen aufzuheben (hierzu bereits oben Abschnitt E.I.2.4.4.3, insbesondere Fn. 399). Fraglich ist dann aber, warum diese Bestimmung der MEDA-VO nicht entsprechend durch die VO (EG) Nr. 2110/2005 des EP und des Rates vom 14. Dezember 2005 *über den Zugang zur Außenhilfe der Gemeinschaft* (ABl. 2005, Nr. L 344/1ff) geändert wurde, die just für eine verstärkte Aufhebung der Lieferbindungen sorgen soll und zu diesem Zwecke die einschlägigen Bestimmungen einer Reihe thematischer und geographisch ausgerichteter VO der Entwicklungszusammenarbeit modifizierte.

[821] Vgl. Art. 2II i.V.m. Anhang II, Punkt VI, S. 2; Leitlinien für die MEDA-Richtprogramme vom Dezember 1996, Punkt 10.

[822] Kommissionsmitteilung über die „*Europäische Nachbarschaftspolitik – Strategiepapier*", KOM (2004) 373, endg. vom 12.5.2004, S. 5.

[823] Vgl. das NRP 2005 – 2006 für Tunesien, Punkt 3.3 (abrufbar auf: http://ec.europa.eu/comm/external_relations/tunisia/csp/tunisie_nip05_06_de.pdf (Stand: 31.5.2006)).

[824] KOM (2003) 104, endg. vom 11.3.2003.

[825] KOM (2004) 373, endg. vom 12.5.2004, fortan zumeist: Strategiepapier der Kommission über die ENP vom Mai 2004. Der Rat äußerte sich zustimmend in seinen „Schlussfolgerungen zur Europäischen Nachbarschaftspo-

sind die im Nachfolgenden vorzustellenden, bilateralen „ENP Aktionspläne" auszumachen, die bereits jetzt die konkrete Ausgestaltung sowohl des jeweiligen Europa-Mittelmeer-Abkommens als auch der MEDA-Programmierung beeinflussen. Allerdings erschöpfen sich diese Pläne in einer politischen Einflussnahme. Zudem sind - ganz allgemein betrachtet - die Grundsätze dieser Politik momentan weder sekundärrechtlich noch völkervertraglich bindend geregelt, weshalb die Arbeit diese bei der voranstehenden Betrachtung der Zusammenarbeit mit den Mittelmeerdrittländern außen vor gelassen hat. Doch ist es unerlässlich, die ENP zumindest „exkursmäßig" zu skizzieren, wird sie doch in naher Zukunft eine herausragende Rolle in diesen Beziehungen spielen: Denn die MEDA-Verordnung wird ab 2007 durch ein neues Finanzierungsinstrument, das „Europäische Nachbarschafts- und Partnerschaftsinstrument (ENPI)"[826], ersetzt. Dabei handelt es sich um eine auf Art. 179I, 181a II EGV gestützte Verordnung, die mitunter dafür konzipiert worden ist, die Implementierung der ENP zu gewährleisten. Und mittelfristig ist geplant, abhängig vom Grad der Umsetzung dieser politischen Verpflichtungen, neue „Europäische Nachbarschaftsabkommen" auszuhandeln, die die bilateralen Abkommen der jetzigen Generation, mithin auch die Europa-Mittelmeer-Abkommen, ersetzen[827].

Die Europäische Nachbarschaftspolitik ist in gewisser Weise als Reaktion, als Antwort auf die EU-Erweiterung zum 1. Mai 2004 zu betrachten, die aufgrund der Verschiebung der EU-Außengrenzen Chancen, aber auch Herausforderungen zu Tage gebracht hat. Dementsprechend hat die ENP zum Ziel, das Entstehen von Trennlinien zwischen der erweiterten Union und den neuen Nachbarn zu vermeiden und stattdessen allen beteiligten Staaten zu einem Mehr an Stabilität, Sicherheit und Wohlergehen zu verhelfen[828]. Man könnte auch sagen, die „Vision" der ENP besteht letztendlich darin, „ein[en] Ring aus Ländern, die die grundlegenden Werte und Ziele der EU teilen und in eine zunehmend engere Beziehung eingebunden werden, die über die Zusammenarbeit hinaus ein erhebliches Maß an wirtschaftlicher und politischer Integration beinhaltet"[829], um die EU zu bilden[830].

Zu diesem Zwecke wird den unmittelbaren Nachbarn Ägypten, Algerien, Israel, Jordanien, Libanon, Libyen, Moldawien, Marokko, der Palästinensischen Autonomiebehörde, Syrien, Tunesien, der Ukraine, Weißrussland sowie den südkaukasischen Ländern Armenien, Aserbaidschan und Georgien, die mit den Beitrittskandidaten Bulgarien, Rumänien und Türkei Meeres- oder Landesgrenzen teilen, eine „privilegierte Partnerschaft"[831] angeboten[832]. Diese

---

litik (ENP)" vom 14.6.2004 (Zusammenfassung abgedruckt in: Bulletin EG 6 – 2004, Ziffer 1.6.50), wenige Tage später billigte auch der Europäische Rat die ENP (Bulletin EG 6 – 2004, Ziffern I.16.63ff).

[826] *„Vorschlag für eine Verordnung des Europäischen Parlaments und des Rates mit allgemeinen Bestimmungen zur Schaffung eines Europäischen Nachbarschafts- und Partnerschaftsinstruments"*, KOM (2004) 628, endg. vom 29.9.2004.

Am *„Vorschlag für eine Verordnung des Rates über finanzielle und technische Begleitmaßnahmen (MEDA) zur Reform der wirtschaftlichen und sozialen Strukturen im Rahmen der Partnerschaft Europa-Mittelmeer"*, KOM (2004) 77, endg. vom 10.2.2004, der als „MEDA III" „MEDA II" ersetzt hätte, hält die EG demnach nicht mehr fest.

[827] Voranstehend vgl.: Strategiepapier der Kommission über die ENP vom Mai 2004, S. 26ff, 4f.

[828] Voranstehend vgl.: Strategiepapier der Kommission über die ENP vom Mai 2004, S. 2ff.

[829] Strategiepapier der Kommission über die ENP vom Mai 2004, S. 5.

[830] In diesem Sinne unterstützt die ENP ebenso die Anstrengungen zur Umsetzung der Ziele der vom Europäischen Rat am 12.12.2003 angenommenen „Europäischen Sicherheitsstrategie (ESS)": Eines der drei strategischen Ziele der ESS besteht darin, die Sicherheit der angrenzenden Nachbarn zu stärken und dadurch dafür zu sorgen, dass von den östlichen Grenzen der Union bis hin zum Mittelmeer ein Ring verantwortungsvoll regierter Staaten entsteht (Kapitel II der ESS, abrufbar unter: http://ue.eu.int/uedocs/cmsUpload/031208ESSIIDE.pdf (Stand: 6.6.2006)).

[831] Strategiepapier der Kommission über die ENP vom Mai 2004, S. 3.

wird als „Instrument zur Stärkung der Beziehungen zwischen der EU und Partnerländern“[833] betrachtet, die jedoch keinerlei Beitrittsperspektiven bietet – solche können gemäß Art. 49 EUV ja lediglich europäischen Ländern geboten werden. Inhaltlich will die „privilegierte Partnerschaft“ über bestehende Beziehungen hinausgehen, mithin ebenso die Partnerschaft Europa-Mittelmeer vertiefen, indem sie den genannten Staaten eine noch weitergehendere politische, sicherheits- und entwicklungspolitische, wirtschaftliche und kulturelle Zusammenarbeit offeriert. Gleichzeitig gründet sie auf einer gegenseitigen Verpflichtung für gemeinsame Werte (Demokratie, Menschenrechte, Rechtsstaatlichkeit, Good Governance, marktwirtschaftliche Prinzipien, nachhaltige Entwicklung). Ferner sollen gemeinsame Anstrengungen für bestimmte essenzielle Gesichtspunkte des auswärtigen Handelns der EU die Partnerschaft prägen (z.B. Bekämpfung des Terrorismus und der Verbreitung von Massenvernichtungswaffen, Einhaltung des Völkerrechts, Engagement für Konfliktlösung). Schließlich gilt es, bestehende Formen (sub-) regionaler Kooperation zu unterstützen[834].

Das Schlüsselelement zur Umsetzung dieser ambitionierten Ziele der ENP stellen die bilateralen, für drei bis fünf Jahre konzipierten „ENP Aktionspläne“ (ENP action plans) dar. Dort werden mit dem jeweiligen Partnerland erstens maßgeschneiderte Prioritäten für die genannte Zusammenarbeit in folgenden zentralen Bereichen festgelegt: politischer Dialog und politische Reformen, Handel und Rechtsangleichung, Justiz und Inneres, Sektorpolitik (Energie, Verkehr, Informationsgesellschaft, Umwelt, Forschung und Innovation), die soziale und menschliche (gegenseitige Kontakte der Bevölkerung („people to people“), Bekämpfung von Armut und Ungleichheit, (Aus-) Bildung, Gesundheitswesen, Sozialversorgung) sowie die regionale Dimension. Was zweitens die besagten gemeinsamen Werte anbelangt, so will die EU in den Aktionsplänen zwar grundsätzlich einen gewissen Standard etabliert wissen. Doch ist eine differenzierte Ausgestaltung insofern möglich, als die Pläne dem Stand der Beziehungen zum jeweiligen Land, dessen Bedürfnissen und Kapazitäten sowie den gemeinsamen Interessen von EU und dem betreffenden Partnerland Rechnung tragen müssen. Im Gegenzug zu nachgewiesenen Fortschritten bei der Realisierung dieser gemeinsamen Werte sowie bei der effektiven Implementierung der prioritären Reformen[835] wird die EU ihre Beziehungen zum jeweiligen Nachbarstaat vertiefen und ihm beispielsweise die Teilnahme am EU-Binnenmarkt anbieten und/ oder aber eine Integrierung in Sachen EG-Grundfreiheiten in Aussicht stellen. Anvisiert wird ferner, die Partnerländer an bestimmten Gemeinschaftsprogrammen teilnehmen zu lassen[836].

Was die Aufstellung dieser Aktionspläne anbelangt, so müssen sich die Kommission - in enger Abstimmung mit der Präsidentschaft und dem Hohen Vertreter für die GASP (Art. 18I,

---

[832] Zum geographischen Geltungsbereich der ENP: http://ec.europa.eu/comm/world/enp/policy_en.htm (Stand: 31.5.2006); http://ec.europa.eu/comm/world/enp/faq_en.htm (Stand: 31.5.2006), dort unter „Geograhical Coverage“.

[833] Strategiepapier der Kommission über die ENP vom Mai 2004, S. 3.

[834] Strategiepapier der Kommission über die ENP vom Mai 2004, S. 3f.

[835] Diese Fortschritte werden im Falle der Mittelmeerdrittländer in den durch die Europa-Mittelmeer-Abkommen eingerichteten Gremien überwacht; die Kommission wird Anfang 2007 hierüber Bericht erstatten (Strategiepapier der Kommission über die ENP vom Mai 2004, S. 3f, 10; http://ec.europa.eu/comm/world/enp/policy_en.htm (Stand: 31.5.2006)).

[836] Voranstehend vgl.: Strategiepapier der Kommission über die ENP vom Mai 2004, S. 3, 9f, S. 13ff (ausführlich bzgl. der Inhalte der Aktionspläne), S. 22ff (regionale Zusammenarbeit); http://ec.europa.eu/comm/world/enp/faq_en.htm (Stand: 31.5.2006), dort: „The ENP Action Plans and their implementation“; Mitteilung der Kommission „*Größeres Europa – Nachbarschaft: Ein neuer Rahmen für die Beziehungen der EU zu ihren östlichen und südlichen Nachbarn*“, KOM (2003) 104, endg. vom 11.3.2003, Punkt 3; NRP 2005 – 2006 für Tunesien, Punkt 3.3 (abrufbar auf: http://ec.europa.eu/comm/external_relations/tunisia/csp/tunisie_nip05_06_de.pdf (Stand: 31.5.2006)).

III, 26 EUV) -, und das betreffende Land in Sondierungsgesprächen über einen Entwurf des Plans verständigen[837]. Alsdann ist dieser von der EU sowie dem betreffenden Staat auf politischer Ebene zu billigen[838]. Schließlich wird der Aktionsplan als – lediglich politisch verbindliche - Empfehlung im Assoziationsrat[839] verabschiedet bzw. – exakt ausgedrückt – es wird im Assoziationsrat die Empfehlung ausgesprochen, diesen als politisch verbindliches Dokument[840] umzusetzen[841]. An dieser Stelle wird also deutlich, dass die Realisierung der ENP ebenso wie die der Partnerschaft Europa-Mittelmeer an die Assoziationsabkommen mit den jeweiligen Staaten anknüpft[842]. Mithin stellen diese Abkommen die Schnittstelle zwischen beiden Politiken dar. Wobei sich die ENP nicht als Ersatz oder Alternative zur Partnerschaft begreift, sondern vielmehr als Vehikel zu ihrer Vertiefung[843]. In diesem Zusammenhang geht man nämlich davon aus, dass das volle Potenzial dieser Abkommen in Sachen Ausbau der Zusammenarbeit und wirtschaftliche Integration noch nicht ausgeschöpft worden ist. Und die ENP, konkretisiert in den Aktionsplänen, soll nun den Vertragsparteien den Weg zu einer verstärkten Kooperation in einigen fixierten Bereichen aufzeigen und die diesbezüglichen Reformprioritäten klarer als bisher definieren, um „vollständigen Nutzen aus den vorhandenen Strukturen zu ziehen“[844]. So betrachtet verstehen sich die Aktionspläne als „Richtschnur für die Umsetzung bestehender Abkommen“[845].

---

[837] Vgl. „*Vorschlag für einen Beschluss des Rates über den Standpunkt der Europäischen Gemeinschaft und ihrer Mitgliedstaaten in dem durch das Europa-Mittelmeer-Abkommen zur Gründung einer Assoziation zwischen den Europäischen Gemeinschaften und ihren Mitgliedstaaten einerseits und der Republik Tunesien andererseits eingesetzten Assoziationsrat im Hinblick auf die Annahme einer Empfehlung zur Umsetzung des Aktionsplans EU-Tunesien*“, KOM (2004) 792, endg. vom 9.12.2004, S. 2.

[838] Zum Stand der politischen Billigung der Aktionspläne durch die EU und die Partnerländer: http://ec.europa.eu/comm/world/enp/faq_en.htm (Stand: 31.5.2006), unter der Frage „The ENP Action Plans and their implementation/ Which countries already have ENP Actions Plans? What about the others?“.

[839] Vgl. z.B. Art. 80II2 des Europa-Mittelmeer-Abkommens mit Tunesien (ABl. 1998, Nr. L 97/2ff).

[840] Mitteilung der Kommission „*Größeres Europa – Nachbarschaft: Ein neuer Rahmen für die Beziehungen der EU zu ihren östlichen und südlichen Nachbarn*“, KOM (2003) 104, endg. vom 11.3.2003, Punkt 4; http://ec.europa.eu/comm/world/enp/faq_en.htm (Stand: 31.5.2006), dort: „The ENP Action Plans and their implementation/ What is the legal status of the Action Plans?“.

Für ein Exempel eines solchen Aktionsplans: Anhang des Anhangs des „*Vorschlag[s] für einen Beschluss des Rates über den Standpunkt der Europäischen Gemeinschaft und ihrer Mitgliedstaaten in dem durch das Europa-Mittelmeer-Abkommen zur Gründung einer Assoziation zwischen den Europäischen Gemeinschaften und ihren Mitgliedstaaten einerseits und der Republik Tunesien andererseits eingesetzten Assoziationsrat im Hinblick auf die Annahme einer Empfehlung zur Umsetzung des Aktionsplans EU-Tunesien*“, KOM (2004) 792, endg. vom 9.12.2004.

[841] Vgl. z.B. Empfehlung des Assoziationsrates EU-Tunesien vom 4. Juli 2005 zur Umsetzung des Aktionsplans EU-Tunesien (ABl. 2005, Nr. C 327/3).

[842] Demgemäß ist die ENP noch nicht im Verhältnis zu Staaten „aktiviert“, gegenüber denen noch kein Abkommen in Kraft ist (Weißrussland, Libyen, Syrien): http://ec.europa.eu/comm/world/enp/policy_en.htm (Stand: 31.5.2006).

[843] „The neighbourhood policy is not an alternative or a replacement to our Euro-Mediterranean partnership, but a vehicle to enhance and deepen the Barcelona Partnership“ (Rede des ehemaligen Kommissars für Außenbeziehungen Chris Patten, abrufbar unter: http://ec.europa.eu/comm/external_relations/news/patten/speech04_101.htm (Stand: 31.5.2006)).

[844] Strategiepapier der Kommission über die ENP vom Mai 2004, S. 7. Das genaue Verhältnis Partnerschaft Europa-Mittelmeer und ENP bedarf jedoch m.E. noch einiger Reflexion, da in den hierzu verfügbaren Dokumenten der EG verschiedene und zudem kaum ausdifferenzierte Ansätze vertreten werden.

[845] Strategiepapier der Kommission über die ENP vom Mai 2004, S. 9. Vgl. auch: Präambel IV der Empfehlung des Assoziationsrates EU-Tunesien vom 4. Juli 2005 zur Umsetzung des Aktionsplans EU-Tunesien (ABl. 2005, Nr. C 327/3); http://ec.europa.eu/comm/world/enp/faq_en.htm (Stand: 31.5.2006), unter „The ENP Action Plans and their implementation/ What is the added value of the ENP Action Plans e.g. compared to existing Association or Cooperation Agreements with the EU?“.

Tatsächlich stellen die skizzierten Inhalte der Aktionspläne im Wesentlichen eine Konkretisierung und Vertiefung der Postulate der Partnerschaft Europa-Mittelmeer dar, die bereits Eingang in die Europa-Mittelmeer-

Die Aktionspläne liefern alsdann einen – wenngleich lediglich politisch verbindlichen - Bezugsrahmen für die Programmierung der Hilfe[846] für die von der Europäischen Nachbarschaftspolitik umfassten Staaten Osteuropas und Mittelasiens im Rahmen der sog. „TACIS-Verordnung“[847], sowie für die Mittelmeerdrittstaaten - mit Ausnahme Libyens[848] und mit gewissen Einschränkungen für Israel[849] - im Rahmen der MEDA-Verordnung[850]. Erst das neue „ENPI“, das ab 1.1.2007 beide vorgenannten Finanzinstrumente substituieren wird[851], erhebt die Aktionspläne zu „wichtige[n] Bezugspunkte[n]“[852] bei der Festlegung der prioritären Ziele im Hinblick auf die Programmierung der Gemeinschaftshilfe[853] und verschafft der Europäischen Nachbarschaftspolitik dadurch die notwendige rechtliche Verbindlichkeit, die sie für die effektive Umsetzung ihrer ehrgeizigen Ziele zweifelsohne benötigt.

Abkommen gefunden haben. In einigen Bereichen jedoch – z.B. die anvisierte Zusammenarbeit im Bereich Justiz und Inneres, die Achtung rechtsstaatlicher Grundsätze und von Good Governance, bestimmte GASP-Komponenten (Nichtverbreitung von Massenvernichtungswaffen, Bekämpfung des Terrorismus etc.) – sollen über die Aktionspläne Inhalte umgesetzt werden, die nicht Gegenstand sämtlicher Abkommen (z.B. des Europa-Mittelmeer-Abkommens mit Tunesien) sind. Möglicherweise trägt die vorgenannte Empfehlung (ABl. 2005, Nr. C 327/3) diesem Umstand, dieser Inhaltserweiterung insofern Rechnung, als der „Assoziationsrat empfiehlt, dass die Vertragsparteien den im Anhang beigefügten Aktionsplan EU-Tunesien [...] umsetzen, *soweit* [Hervorhebung durch die Verfasserin] diese Umsetzung auf die Verwirklichung der Ziele des Europa-Mittelmeer-Abkommens ausgerichtet ist“ (einziger Artikel der Empfehlung).

[846] Vgl.: Strategiepapier der Kommission über die ENP vom Mai 2004, S. 4; http://ec.europa.eu/comm/world/enp/faq_en.htm (Stand: 31.5.2006), unter „The ENP Action Plans and their implementation/ What is the added value of the ENP Action Plans e.g. compared to existing Association or Cooperation Agreement with the EU?".

[847] VO (EG, EURATOM) Nr. 99/2000 des Rates vom 29. Dezember 1999 *über die Unterstützung der Partnerstaaten in Osteuropa und Mittelasien* (ABl. 2000, Nr. L 12/1ff).

[848] Libyen ist nicht Mitglied der Partnerschaft Europa-Mittelmeer, hat aber unlängst seine Bereitschaft signalisiert, Schritte in diese Richtung einzuleiten (näher: Strategiepapier der Kommission über die ENP vom Mai 2004, S. 12f).

[849] Vgl. oben Abschnitt E.II.3, Fn. 682.

[850] Was beispielsweise das NRP 2005 – 2006 für Tunesien anbelangt, so konnte infolge der langen Ausarbeitungszeit des Papiers zwar noch die Mitteilung der Kommission *„Größeres Europa – Nachbarschaft: Ein neuer Rahmen für die Beziehungen der EU zu ihren östlichen und südlichen Nachbarn“*, KOM (2003) 104, endg. vom 11.3.2003, nicht mehr aber das Strategiepapier der Kommission über die ENP vom Mai 2004, geschweige denn der ENP Aktionsplan Europa-Tunesien vom Juli 2005 berücksichtigt werden (vgl. das NRP 2005 – 2006 für Tunesien, Punkte 3.3, 5 (abrufbar auf: http://ec.europa.eu/comm/external_relations/tunisia/csp/tunisie_nip05_06_de.pdf (Stand: 31.5.2006)).

[851] Art. 3 I I ENPI (vgl. oben Fn. 826).

[852] Art. 3 S. 2 ENPI (vgl. oben Fn. 826).

[853] Art. 3 S. 2 i.V.m. 7 I 2 ENPI (vgl. oben Fn. 826).

F. ZUSAMMENFASSUNG UND AUSBLICK

I. Zusammenfassung

1. AKP-EG-Kooperation

Wie keine seiner Vorgängerkonventionen verschreibt sich das Partnerschaftsabkommen von Cotonou dem Postulat, dass es sich bei der Entwicklungspolitik um einen mehrdimensionalen Prozess handelt. Dementsprechend inkorporiert das Abkommen denn auch die von Art. 177I, II EGV geforderten Facetten von Entwicklung, nämlich die politische, wirtschaftliche, menschliche und soziale sowie die ökologische Dimension. De facto allerdings nimmt das Vertragswerk eine Gewichtung vor, die die politische, vor allem aber die ökonomische Komponente über Gebühr hervorhebt.

Was zunächst die politische Seite anbelangt, so versteht es das Partnerschaftsabkommen von Cotonou einmal mehr, eine Vorreiterrolle in Sachen Menschenrechts-, Demokratie-, Rechtsstaats- und Good Governance Politik zu spielen.
In diesem Zusammenhang ist es den Vertragsparteien beispielsweise erstmalig gelungen, verantwortungsvolle Staatsführung als „fundamentales Element" des Partnerschaftsabkommens mitsamt eines Konsultationsverfahrens einzuführen - was trotz aller berechtigter Kritik an den Klauseln letztendlich unumstößlich als wichtiger Schritt in Richtung Schaffung eines verantwortungsvollen Ressourcenmanagements zu bewerten ist. Einen solchen Grund zur Beanstandung liefert auf den ersten Blick sicherlich das Faktum, dass nur bestimmte Elemente explizit sanktioniert werden können; doch wird dieses Manko an anderer Stelle kompensiert: Die Zuweisung bzw. spätere Anpassung der Finanzmittel erfolgt neben Bedarfs- gleichermaßen nach Leistungskriterien, und hier werden die Fortschritte bei der Durchführung institutioneller Reformen ebenso berücksichtigt wie die Leistung eines Landes bei der Nutzung der Ressourcen. Und um ferner in den Genuss direkter Haushaltszuschüsse zu gelangen, muss der betreffende Staat eine hinreichend transparente, verantwortungsvolle und effiziente Verwaltung der öffentlichen Ausgaben garantieren können. Mag diese Konditionierung der Hilfegewährung oft Gegenstand heftiger Kritik sein – m.E. ist dieses Korrektiv notwendig, um der Verschwendung und ineffizienten Nutzung der öffentlichen Hilfemittel Herr zu werden.
Zur Vorbildfunktion des Partnerschaftsabkommens von Cotonou in Sachen Politisierung trägt weiter die Tatsache bei, dass sich die Vertragsparteien erstmals auf gemeinsame Definitionen für die „demokratischen Grundsätze" sowie für das „Rechtsstaatsprinzip" – in vielen Entwicklungsverträgen nicht einmal grundsätzlich integriert – einigen konnten. Freilich ist dabei zu konzedieren, dass dies sehr wahrscheinlich immer noch nicht ausreicht, um einwandfrei und somit auch rechtssicher bestimmen zu können, wann diese Postulate im Sinne des Partnerschaftsabkommens verletzt sind. In diese Richtung hat zwar das revidierte Partnerschaftsabkommen von 2005 versucht, den politischen Dialog auszubauen, indem es seine Präventivfunktion intensiviert – m.E. sind diese Bemühungen aufgrund der im Kapitel E „Regionale Entwicklungszusammenarbeit der Europäischen Gemeinschaft", Abschnitt E.I.2.2.2.2 angeführten Erwägungen jedoch wenig Erfolg versprechend. Dennoch kann nicht von der Hand gewiesen werden, dass die bereits vorhandenen präventiven Elemente des politischen Dialogs – regelmäßige Bewertung der Entwicklungen in den Bereichen Menschenrechte, Demokratie, Rechtsstaatsprinzip sowie Good Governance oder aber Gespräche zur Vermeidung „sanktionsbewehrter" Situationen - wie in keinem anderen Entwicklungshilfeabkommen im Vordergrund stehen und ausreichend Potenzial bereit halten, für eine objektive und konsistente Umsetzung der Klauseln zu sorgen. Um dieses zu nutzen, dürfen es die Partner indes keinesfalls

dabei belassen, im unverbindlichen, strukturlosen Dialog steckenzubleiben. Vielmehr müssen sie darauf drängen, partnerschaftlich und individuell genaue Ziele zu definieren, diese mit Fristen zu versehen, sie in beiderseitige Verbindlichkeit erwachsen zu lassen und idealiter ebenso die zu erwartenden Konsequenzen im Falle ihrer Nichterfüllung zu fixieren. Dies würde es nämlich den Vertragsparteien künftig erlauben, einwandfrei festzustellen, *ob* konkret eine Verletzung einer beiderseitigen Verpflichtung vorliegt, d.h. *dass* eine Maßnahme im Raume steht und *worin* diese besteht. Ob dieses Potenzial ausgeschöpft werden wird, vermag demnach allein der diesbezügliche Wille der Vertragsparteien zu entscheiden, haben diese es doch im revidierten Partnerschaftsabkommen von 2005 erneut verpasst, den „intensivierten Dialog" und in diesem Rahmen die Vereinbarung der eben genannten Inhalte für verpflichtend zu erklären.
Einer der essenziellen politischen Errungenschaften des Partnerschaftsabkommens von Cotonou besteht schließlich in der Normierung umfangreicher Bestimmungen über positive Unterstützungsmaßnahmen und in diesem Kontext insbesondere über eine stärkere Partizipation der nichtstaatlichen Akteure in allen Phasen der Entwicklungszusammenarbeit, wofür die Partner bereit sind, zunächst deren Verwaltungs- und Vertretungskapazitäten entsprechend auszubauen. Von dieser breiten Beteiligung unterschiedlichster Akteure wiederum verspricht man sich bekanntermaßen ein deutliches Mehr an Eigenverantwortung der Zivilbevölkerung für ihre Entwicklung. Angesichts der Bedeutung, den man diesen Akteuren sowie dem Prinzip der Ownership eigentlich gewillt ist beizumessen, enttäuschen freilich all die beschriebenen, überaus pauschal gehaltenen Verpflichtungen des Partnerschaftsabkommens, namentlich die fehlende verbindliche Regelung des exakten Beitrags der nichtstaatlichen Akteure oder aber die fehlende Bereitstellung eines institutionellen Rahmens für diese Kooperation. Ferner hat auch das revidierte Partnerschaftsabkommen von 2005 die Vergabe von Finanzmitteln an nichtstaatliche Empfänger immer noch nicht restlos vom Zustimmungserfordernis der jeweiligen Regierungen entbunden. Doch trotz dieser offensichtlichen Schwächen darf nicht vergessen werden, dass diese „neue" Partnerschaft an alten Partnerschaftsmodellen rüttelt, d.h. an der klassischen Zusammenarbeit ausschließlich mit der Regierung, die dieser Entwicklung von daher etwas widerstrebend entgegenblickt. M.E. ein höchst beachtlicher Fortschritt ist von daher bereits die Verankerung der Partizipation als Grundprinzip, das mit zunehmender Akzeptanz in den AKP-Ländern sowie entsprechender Hartnäckigkeit seitens der europäischen Partner sicher eine immer breitere und selbstverständlichere Umsetzung erfahren wird.

Ein ganz besonderes, um nicht zu sagen, *das* Augenmerk der AKP-EG-Partnerschaft gilt dem Ziel der wirtschaftlichen Entwicklung und der Eingliederung der AKP-Staaten in die Weltwirtschaft. Ausdruck dieser Schwerpunktsetzung ist mitunter das Faktum, dass die Maßnahmen, die das Abkommen zu diesem Zwecke einfordert, quasi eins zu eins die diesbezügliche „Wunschliste" der EG reflektiert:
Für den Bereich der wirtschaftlichen Entwicklung sind dies – nochmals zusammengefasst - Aktionen zur makroökonomischen und wirtschaftlichen Stabilität, zur Förderung des Privatsektors und der Investitionen, des Handels und anderer Wirtschaftszweige, namentlich der Infrastruktur und der Informations- und Kommunikationsdienstleistungen. Dabei erschöpfen sich die einschlägigen Vertragsbestimmungen bekanntermaßen nicht nur in einer bloßen Auflistung der vorgenannten Aktionsfelder, sondern schildern detailliert die jeweils anvisierten Einzelmaßnahmen. Will man hier ein favorisiertes Feld der Vertragsparteien benennen, so dürfte die Wahl wohl auf die Entwicklung der Privatwirtschaft und der Investitionen fallen: Hierfür sprechen u.a. die neu geschaffene Investitionsfazilität, ferner die einschlägige Zwecksetzung des Zentrums für Unternehmensentwicklung sowie die umfangreichen investitionsschutzrechtlichen Normen. In Anbetracht des Beitrags, den dieser Bereich für die wirtschaftliche, aber auch soziale Entwicklung beizusteuern vermag, ist dieser Schwerpunktsetzung im

Prinzip auch nichts entgegenzusetzen. Doch müssen die Vertragsparteien aufpassen, die Investitionsregeln nicht dergestalt zu liberalisieren, dass mühsam eingeführte Umwelt- und Sozialstandards der AKP-Staaten insofern ausgehebelt werden, als sie für (ausländische) Investoren keine Geltung (mehr) beanspruchen. Mithin gilt es, kontraproduktive Auswirkungen eines Förderanliegens auf die anderen zu vermeiden. Stattdessen haben sich diese gegenseitig zu verstärken, um so dem sowohl primär- als auch vertragsrechtlich eingeforderten Nachhaltigkeitsgebot gerecht zu werden. Leider lässt sich die Gefahr, diesem Postulat zuwiderzuhandeln, nicht auf die eben beschriebenen Investitionsvorschriften reduzieren. Denn bis auf die makroökonomischen und wirtschaftlichen Stabilitätsmaßnahmen, die ausdrücklich dem soziopolitischen Umfeld des betreffenden Landes Rechnung tragen müssen, fehlen dem Abkommen diesbezügliche konkrete Anweisungen. Somit verbleibt es bei den Vertragsparteien, insbesondere bei den europäischen, darüber zu entscheiden, ob sie es bei einer weitgehend politischen Reminiszenz an das Nachhaltigkeitspostulat belassen oder aber ob sie es mit seiner Implementierung ernst meinen.

Weiter unternimmt das Partnerschaftsabkommen von Cotonou energische Schritte in Richtung Eingliederung der AKP-Staaten in den Welthandel. In die Dienste dieses Ziels stellt es neben den eben genannten Aktionen zum einen Maßnahmen, die die AKP-Staaten in die Lage versetzen sollen, sich wirksam am multilateralen Handelssystem, namentlich an der WTO und anderen einschlägigen Organisationen, zu beteiligen. Zum anderen reflektiert das Abkommen die Erkenntnis, dass nichttarifäre Handelshemmnisse mehr denn je über einen effektiven Marktzugang entscheiden und inkorporiert vor diesem Hintergrund einen relativ umfassenden Katalog „handelsrelevanter" Bestimmungen. Und drittens gilt der regionalen Integration und Zusammenarbeit besondere Aufmerksamkeit, die sich vor allem für die weniger entwickelten LDCs als unabdingbare Voraussetzung für deren erfolgreiche Einbindung in die Weltwirtschaft darstellt.

Den Nukleus der Bestrebungen, die AKP-Staaten in die Weltwirtschaft zu integrieren, bilden allerdings die neuen EPAs mit hinreichend wettbewerbs- und strukturstarken AKP-Staaten. Dabei liegt die größte Herausforderung für die EG einerseits darin, während der momentan laufenden Verhandlungsphase nach Maßgabe des Entwicklungsstandes der jeweiligen Staaten für eine Optimierung ihrer sozioökonomischen Rahmenbedingungen zu sorgen. Hierfür soll namentlich die Forcierung der Regionalintegration wertvolle Dienste leisten. Andererseits besteht sie darin, faire Handelsabkommen abzuschließen, die sowohl das doch unbestreitbare Gemeinschaftsinteresse, die Märkte des Südens durch völlige Handelsliberalisierungen zu erschließen, befriedigen als auch und vor allem sich durch Entwicklungskonformität auszeichnen. Eine solch „harmonische" und „schrittweise" Integration in den Weltmarkt verlangt Art. 177I 2. Spiegelstrich EGV und wird auch vom Partnerschaftsabkommen explizit hervorgehoben. Konträr zu dieser primärrechtlichen Verpflichtung sowie zu dieser allgemeinen Aussage des Abkommens bleiben indessen soziale Begleitmaßnahmen während jener Vorbereitungsphase gänzlich unerwähnt; und auch die allgemeinen Verhandlungsgrundsätze enthalten sich konkreter Aussagen darüber, wie die soziopolitischen Komponenten in die EPAs einzubeziehen sind. Das Vertragswerk erschöpft sich demnach in einer bloß programmatischen Ankündigung der Berücksichtigung des unterschiedlichen sozialen Entwicklungsstandes der AKP-Staaten. Inwieweit infolgedessen Förderelemente der „sozialen und menschlichen Entwicklung" spezifisch zur Abmilderung der sozialen Härten der Globalisierung und – quasi als Vorstufe hierzu - der Liberalisierung der AKP-EG-Handelsbeziehungen eingesetzt werden, unterliegt rechtlich betrachtet leider dem Ermessen der Vertragspartner. Ferner ist jene verstärkt vorgebrachte Auffassung[1] nicht ganz von der Hand zu weisen, wonach angesichts der weitgehend offensichtlichen ökonomischen Prioritäten der EPA-Verhandlungen die nicht-

[1] *Qualmann/ Rojahn*, Der Cotonou-Vertrag, in: E+Z 2002, S. 354f, 355.

wirtschaftliche Dimension der Integration – politische Stabilität, friedliche Konfliktbearbeitung in der Region etc. - hinter den handels- und wirtschaftspolitischen Zielen zurückzutreten droht und so möglicherweise in der Entstehung befindliche Integrationsprozesse behindert werden. Es bleibt demzufolge zu hoffen, dass dieses Manko im Zuge der „allgemeinen“ - d.h. nicht notwendigerweise in Bezug auf die abzuschließenden EPAs implementierten - Förderung der Regionalintegration und -kooperation ausgeglichen wird, die ebenso ein breites Spektrum nicht-wirtschaftlicher Ziele verfolgt.

Die geforderte Entschlackung und übersichtlichere Gestaltung des Abkommens in den Schwerpunkt- und Querschnittsbereichen mittels ihrer „externen“ Beschreibung im Kompendium der Kooperationsstrategien vom Juni 2000 ist den Vertragsparteien gelungen. Zumindest hinsichtlich des Gebiets „soziale und menschliche Entwicklung“: In nunmehr nur noch fünf Bestimmungen (Art. 23d), 25 - 27, 31) skizziert das Abkommen, welche Ziele und Maßnahmen etc. seine Vertragsparteien hier rechtlich verbindlich zu verfolgen haben. Diese Vorschriften decken zwar inhaltlich das Spektrum der von der EG für den Bereich der sozialen Entwicklung geforderten Unterstützungsaspekte im Großen und Ganzen ab. So werden die (Aus-) Bildungs- und Gesundheitspolitik, die Geschlechtergleichstellung, die ländliche Entwicklung und die Nahrungsmittelsicherheit allesamt thematisiert. Zusätzlich nimmt sich das Abkommen der Jugendpolitik sowie der kulturellen Entwicklung an. Eine halbwegs zufrieden stellende rechtliche Normierung insofern, als der Vertragstext selbst wenigstens die wesentlichen Gesichtspunkte der Förderstrategie fixiert, erfahren hingegen nur die geschlechterspezifischen Fragen. Wenngleich freilich zu bemängeln bleibt, dass sich die Vorschrift darüber ausschweigt, wie sie sich die Realisierung jenes „Empowerment“ - Ansatzes in concreto vorstellt. Bereits weniger ausdifferenziert ist die Verbesserung des Gesundheitswesens. Da es hier um einen Kernbereich sozialer Entwicklungsförderung geht und dieser überdies theoretisch ein denkbar weites Feld an Unterstützungselementen umfasst, fällt umso negativer ins Gewicht, dass die diesbezüglichen vertraglichen Ausführungen nur auf ein absolutes Minimum beschränkt sind und sich darüber hinaus auch jeglicher Konkretisierung enthalten. Und der nicht minder bedeutende Komplex (Aus-) Bildung wird gar nur genannt. Ähnliches gilt für die ländliche Entwicklung und die Nahrungsmittelsicherung - wobei hier freilich zu konzedieren ist, dass zur Unterstützung dieser Bereiche ein eigenes Zentrum, das TZL, vertraglich eingerichtet ist.
Demgegenüber steht ein Vielfaches an zudem überwiegend detaillierten Vorschriften über die wirtschaftliche Entwicklung und die entsprechende Zusammenarbeit (Art. 21 – 24, 28 – 30, 34 – 52), obwohl hier gleichfalls angedacht wäre, die ausführliche Schilderung der Aktionen etc. dem Kompendium zu überlassen. Dementsprechend verwundert es nicht, dass sich in diesem Papier im Vergleich zum Bereich der „menschlichen und sozialen Entwicklung“ kaum neue wirtschaftliche Förderelemente finden. Diese Vorgehensweise wirft die Frage auf, ob den Vertragspartnern bei der Redigierung des Vertragswerkes bewusst war, dass sie damit die genuin entwicklungspolitische Komponente der Zusammenarbeit über Gebühr schwächen werden. Denn die Leitlinien des Kompendiums reflektieren nun einmal lediglich politische Absichtsbekundungen. Diskutieren und fixieren die Vertragsparteien die Strategien für die soziale und menschliche Entwicklung beinahe ausschließlich im Kompendium, so kann nicht von der Hand gewiesen werden, dass sie diesem Bereich damit zumindest unbewusst einen Stellenwert geben, der hinter dem zurückbleibt, der der im Vertragswerk selbst normierten Wirtschafts- und Handelsförderung beigemessen wird. Und wenn auch die Parteien die Kompendiumsstrategien gleichermaßen fundiert wie umfassend konzipiert haben mögen, eine unterschiedlich rechtsverbindliche Regelungsdichte in den beiden Kernbereichen schaffen sie allemal. Dabei hätte es den Partnern durchaus offen gestanden, dem Kompendium den Rang eines Anhangs zum Abkommen einzuräumen und es somit zum rechtlich bindenden Ver-

tragsbestandteil zu erheben[2]. Der Einwand einer dadurch entstehenden mangelnden Flexibilität vermag jedenfalls nicht zu überzeugen, kann doch die Modifizierung eines Anhangs demselben Procedere unterstellt werden wie dem für das Kompendium vorgesehene[3]. So betrachtet hat es m.E. die AKP-EG-Entwicklungszusammenarbeit nicht geschafft, dieselben rechtlichen wie tatsächlichen Ausgangsbedingungen für die Förderung der sozialen und menschlichen Entwicklung wie für die Unterstützung der Wirtschaft und des Handels zu kreieren. Insofern spiegelt die Zusammenarbeit de facto eher die herrschenden neoliberalen Strömungen unserer Zeit wider, statt die vom Abkommen grundsätzlich propagierte, neopopulistisch beeinflusste mehrdimensionale Entwicklung durch entsprechende Vorschriften zu operationalisieren und ihr dadurch Nachdruck zu verleihen.

Es bleibt ein Blick auf die umweltpolitische Perspektive, die leider ähnlich wie die soziale und menschliche Entwicklung der „Abmagerungskur"[4] des Partnerschaftsabkommens von Cotonou zum Opfer gefallen ist: Zwar stipulieren die Vertragsparteien ehrgeizig, dass zum einen bestimmte Aspekte der Umweltpflege Gegenstand eigenständiger Unterstützung sein sollen. Zum anderen ist die Umweltkomponente in alle Bereiche der Entwicklungszusammenarbeit einzubeziehen. Im Rahmen der makroökonomischen und sonstigen wirtschaftlichen Stabilitätsmaßnahmen sowie der Entwicklung des Welthandels wird dieses Postulat erneut unterstrichen. Doch hier wie dort mangelt es an konkreten, verbindlichen Richtschnüren, die diese allgemein formulierten Pflichten in die Praxis umsetzen lassen. Und speziell im Kontext der Vorschrift über Handel und Umwelt wird zu Recht beanstandet[5], dass diese weder eine Abschätzung der ökologischen und sozialen Folgen einer weiteren Handelsliberalisierung noch den Mehrwert einer solchen Liberalisierung in Bezug auf nachhaltige Entwicklung, mithin etwaige Nachhaltigkeitsprüfungen, in den AKP-Staaten enthält. In diesem Punkt hilft nicht einmal das Kompendium der Kooperationsstrategien vom Juni 2000 weiter. Was die Integration von Umweltaspekten in einem so essenziellen Bereich der Förderung wirtschaftlicher Entwicklung anbelangt, so könnte es daher bei einem bloßen Lippenbekenntnis bleiben – was die Nachhaltigkeitsanforderungen des EGV erneut zu unterminieren droht.

Nach alledem ist erst einmal zu konstatieren, dass das Partnerschaftsabkommen von Cotonou theoretisch das Potenzial dazu hätte, dem im Rahmen der gemeinschaftlichen Entwicklungspolitik prioritären Ziel der Minderung und langfristig der Bekämpfung der Armut zu dienen: Unstreitig steht nämlich fest, dass sich im Abkommen sowohl die vorrangigen als auch die Querschnittsbereiche europäischer Entwicklungskooperation allesamt wieder finden. Und diese Aktionsbereiche wurden bekanntlich danach ausgewählt, inwieweit sie u.a. zur Armutsreduzierung beizutragen vermögen. Doch tauscht bereits das Abkommen selbst diese bedingungslose Fokussierung auf die Minderung der Armut durch jenen „Zielepluralismus" aus, der daneben die nachhaltige Entwicklung sowie die Eingliederung in die Weltwirtschaft als gleichberechtigte Ziele stellt. Das bedeutet, dass die vom Vertrag bereitgestellten Schwerpunkt- und Querschnittsthemen auch, aber eben nicht nur der Armutsbekämpfung zur Seite gestellt sind. Daraus lassen sich zunächst zwei Feststellungen treffen: Erstens weicht die AKP-EG-Kooperation von den (wenngleich lediglich politisch verbindlichen) Vorgaben der gemeinschaftlichen Entwicklungszusammenarbeit insoweit ab, als es dezidiert von einem „Zielepluralismus" ausgeht. Auf den Punkt bringt das Partnerschaftsabkommen von Cotonou damit zweitens jene bereits im Rahmen der Ausführungen zur Armutsbekämpfungsstrategie

[2] Art. 100 UA 1, S. 1.
[3] Vgl. Art. 100 UA 1, S. 2, 20III2.
[4] *WEED* u.a. (Hrsg.), Die „Konvention von Cotonou", abgedruckt in: *HIZ*, Bd. 14, III B 20 13, S. 1ff, 15.
[5] *WEED* u.a. (Hrsg.), Die „Konvention von Cotonou", abgedruckt in: *HIZ*, Bd. 14, III B 20 13, S. 1ff, 16.

der EG festgestellte Tatsache, wonach die prioritären und Querschnittsfelder der EG ohnehin nicht ausschließlich im Dienste der Armutsbekämpfung stehen, sondern gleichzeitig die nachhaltige Entwicklung und die Wirtschafts- und Strukturpolitik ankurbeln sollen.
Infolgedessen liegt es in den Händen der Vertragsparteien, ob sie mit den vertraglich vorgesehenen Aktionsfeldern sämtliche Abkommensziele unterstützen oder aber vorrangig nur eines oder zwei, und sich das dritte Ziel – in exemplo die Armutsbekämpfung - dann quasi als angenehmer, wenngleich uneingeschränkt erwünschter Nebeneffekt des bzw. der ersteren einstellen soll. Ein Verdacht, der sich in Anbetracht der oben beschriebenen Präferenzen, die der ökonomischen Entwicklung und der Integration in den Weltmarkt eingeräumt werden, freilich auftut. Trotzdem vermag das Partnerschaftsabkommen diese Bedenken auszuräumen: Zu sehr nämlich rückt es mittlerweile seine soziopolitischen Komponenten in den Mittelpunkt der Entwicklungsbemühungen in den AKP-Staaten; zu sehr stellt es bereits - zumindest auf dem Papier - bestimmte Förderelemente wirtschaftlichen Wachstums (makroökonomische und wirtschaftliche Stabilitätsmaßnahmen) in den Dienste der Armutsbekämpfung. Und die Fortschritte bei der Eindämmung bzw. Besiegung der Armut stellen nunmehr einen im Rahmen der Finanzzuweisung zu bewertenden Parameter dar. Ferner können die Mittel des Abkommens erstmalig für die Unterstützung international gebilligter Entschuldungsinitiativen verwendet werden. Sicherlich bieten Schuldenerlässe kein Allheilmittel zur Bekämpfung von Armut. Doch müssen die Staaten, um in den Genuss eines Erlasses beispielsweise im Rahmen der HIPC-Initiative zu kommen, ihre Bereitschaft zu umfassenden Bemühungen in der Armutsbekämpfung darlegen und über einen bestimmten Zeitraum auch nachweisen können – idealiter in Form der Erstellung und Implementierung sog. nationaler „Poverty Reduction Strategy Papers“ (PRSP) nach den von der Weltbank und dem IWF aufgestellten Kriterien. Die Armutsorientierung der Entschuldungsvorschrift des Partnerschaftsabkommens lässt sich somit kaum bestreiten. Schließlich soll das neu eingeführte Unterstützungsinstrument im Falle kurzfristiger Schwankungen der Ausfuhrerlöse explizit die negativen Auswirkungen dieser Instabilitäten auf die Durchführung sektorbezogener, d.h. sozialer Reformen begrenzen.
Diesen positiven Ansätzen steht die Tatsache gegenüber, dass das Abkommen an keiner Stelle einfordert, dass jeder einzelne, vor allem wirtschaftspolitische Förderbereich daraufhin zu untersuchen ist, inwieweit er auch zur Armutslinderung am besten beizutragen vermag bzw. ihr wenigstens nicht zuwiderläuft. Auch von einer gerechten Verteilung der Früchte wirtschaftlichen Wachstums – manifest beispielsweise an einer speziell forcierten Beschäftigungspolitik – ist hier zumindest explizit nicht die Rede. Des Weiteren erfahren die einzelnen Dimensionen eine durchwegs unterschiedliche Gewichtung, was ihre konkrete Ausgestaltung im Vertragstext und somit ebenfalls ihre rechtliche Verbindlichkeit anbelangt: Gerade die Bestimmungen über die soziale Komponente, die in hohem Maße über die armutsbezogene Wirkung des Partnerschaftsabkommens entscheiden und dies vom Abkommen auch dezidiert betont wird, legen größtenteils lediglich den Rahmen der diesbezüglichen Unterstützung fest.

Ein ähnliches Resümee kann man für das gleichermaßen vertragliche wie primärrechtliche Ziel der Realisierung einer nachhaltigen Entwicklung ziehen: Zwar hält das Partnerschaftsabkommen von Cotonou das theoretische Gerüst bereit, einer nachhaltigen Entwicklung insofern zu dienen, als es der Vielschichtigkeit und Komplexität „der“ Entwicklung gerecht wird und es zudem aufgibt, dass sich diese unterschiedlichen Komponenten gegenseitig ergänzen. Dies allerdings erneut nur grundsätzlich, denn - wie oben festgestellt – die Vertragsparteien stehen nur vereinzelt in der ausdrücklichen Pflicht, die Auswirkungen eines Unterstützungsbereichs auf andere Entwicklungskomponenten berücksichtigen zu müssen; an ein bestimmtes Procedere sind sie jedenfalls nicht gebunden. Und neben den Bestimmungen über die soziale Komponente fixieren auch die Vorschriften über die Umweltpolitik größtenteils nur einen diesbezüglichen Unterstützungsrahmen.

All die vorgenannten „Regelungs- und Verbindlichkeitsdefizite“, die im Partnerschaftsabkommen von Cotonou auszumachen sind - allen voran in Sachen Armutsbekämpfung, soziale und menschliche Entwicklung sowie Nachhaltigkeit -, können indes relativiert, zumindest aber (prinzipiell[6]) plausibel erklärt werden: Im Zuge der Realisierung des Ownership-Paradigmas mussten die Vertragsstaaten die verbindliche Regelungsdichte des Partnerschaftsabkommens zurückschrauben, so dass dieses über große Teile hinweg nur noch den Charakter eines „Rahmenabkommens“ besitzt. Denn die Staaten selbst sollen den bzw. die für ihre eigene Entwicklung geeigneten Schwerpunktbereiche auswählen; keinesfalls aber dürfen die europäischen Vertragspartner bestimmte Unterstützungselemente weiter einseitig oktroyieren. Dementsprechend fixiert das Abkommen selbst nur (noch) jenen sog. „einheitlichen Rahmen“, d.h. jenen Pool an Förder*möglichkeiten*. Und im Laufe des anschließenden Programmierungsprozesses, genauer gesagt in den NIPs, werden ja erst die exakten Unterstützungsfelder inklusive der für deren Verwirklichung vorgesehenen Maßnahmen etc. rechtsverbindlich festgelegt. Unzweifelhaft hängt es somit vom Willen der Vertragspartner ab, inwieweit es ihnen gelingt, dass in den letztendlich vereinbarten Unterstützungsbereichen sämtliche Entwicklungskomponenten ausgewogen vertreten sind, diese zudem miteinander in Einklang stehen und überdies der Armutsreduzierung ein adäquater Stellenrang gewährt wird. Die Gefahr allerdings, dass gerade ärmere Länder, die sich dennoch mit der Absicht tragen, Partner der EPAs zu werden, einseitig ihre Wirtschaft ankurbeln wollen und dabei weniger auf sozialen und ökologischen Ausgleich bedacht sind, besteht allemal. Solchen Tendenzen müssen die europäischen Vertragspartner gerade in Anbetracht ihres maßgeblichen Einflusses bei der Ausgestaltung der NIPs unbedingt Einhalt gebieten, wollen sie ihre Absicht, Armutsreduzierung und nachhaltige Entwicklung nicht nur mittels einer Ankurbelung der Wirtschaft der AKP-Staaten herbeizuführen, glaubhaft unterstreichen. Ansonsten nämlich geht die Etablierung jenes Paradigmas untragbar zu Lasten der Implementierung von im EGV primärrechtlich normierten Vorgaben sowie von in unzähligen Gemeinschaftsdokumenten prononcierten Prioritäten.

2. Partnerschaft Europa-Mittelmeer

Die genaue Auseinandersetzung mit der Partnerschaft Europa-Mittelmeer – exemplarisch dargestellt an der Zusammenarbeit mit dem Maghreb-Staat Tunesien – hat ergeben, dass diese über eine sehr akzentuierte entwicklungspolitische Struktur verfügt, die die primärrechtlichen Zielvorgaben der Art. 177I, II EGV widerspiegelt. Einem diesbezüglichen Vergleich mit der Zusammenarbeit gegenüber den AKP-Staaten hält die Partnerschaft freilich nicht stand. Vor allem dem Europa-Mittelmeer-Abkommen mit Tunesien merkt man an, dass es in der Zeit vor der endgültigen Etablierung jenes „integrierten Ansatzes“ der Gemeinschaft in Kraft trat: Gewiss, es greift bereits unzählige Facetten von Entwicklung auf. Zu zahlreich aber zeigen sich die Defizite in der inhaltlichen Umsetzung dieser Komponenten - gemessen an den diesbezüglichen gemeinschaftlichen Vorgaben. Überdies wird den Paradigmen der Nachhaltigkeit und der Armutsreduzierung – zumal als vorrangiger Unterstützungsbereich – definitiv nicht der ihnen gebührende Stellenrang eingeräumt, finden diese Postulate doch allenfalls zwischen den Zeilen, zumindest jedoch nicht systematisch und für jedermann erkennbar Berücksichtigung. Und obwohl die MEDA II – Verordnung und das Partnerschaftsabkommen von Cotonou im selben Jahr verabschiedet bzw. unterzeichnet wurden – in Sachen Inkorporierung herrschender Paradigmen ist das Partnerschaftsabkommen der Verordnung um einiges voraus.

[6] Nicht wegdiskutiert werden kann freilich, dass wirtschaftliche Entwicklungsaspekte de facto weniger unter diesem Verbindlichkeitsdefizit „leiden“.

Gerade was die politische Dimension betrifft, so vermag man der Partnerschaft Europa-Mittelmeer nicht gerade eine Vorbildfunktion zu quittieren.
Hier ist insbesondere die unzureichende Berücksichtigung von Good Governance anzusprechen, was angesichts ihrer herausragenden Rolle für ein verantwortungsvolles Ressourcenmanagement auch und gerade in einem Jahrzehnt, in dem sich die für eine effizientere Entwicklungszusammenarbeit plädierenden Stimmen unumstößlich Geltung verschafft haben, besonders enttäuschend anmutet: Die vertragliche Zusammenarbeit schenkt der verantwortungsvollen Regierungsführung keinerlei Beachtung und versperrt sich damit den Weg zur Thematisierung des Prinzips im Rahmen des Politikdialogs. Die MEDA-Verordnung inkorporiert das Postulat zwar, indes äußerst unzureichend. Denn statt dieses aus Gründen der Rechtssicherheit und effektiven Umsetzung etwa definitorisch zu konkretisieren und sodann zu einem „fundamentalen" oder gar „wesentlichen Element" zu erheben, fixiert die Verordnung lediglich eine äußerst überschaubare Anzahl an Positivmaßnahmen zu seiner Förderung. Zudem scheint dieser Maßnahmenkatalog abschließend zu sein, so dass die Verordnung wohl als Rechtsgrundlage für weitere Aktionen zur Implementierung essenzieller Aspekte von Good Governance, etwa zur grundlegenden Reformierung und Modernisierung des öffentlichen Sektors, insbesondere auch der Verwaltung der öffentlichen Finanzen, oder aber zur Bekämpfung der Korruption, ausscheidet. Hinzu kommt, dass im Gegensatz zur AKP-EG-Zusammenarbeit die Performance-Kriterien, nach denen die Programmierung der Hilfe für die Mittelmeerdrittländer inklusive der hierfür vorgesehenen Finanzausstattung erfolgt, etwaige Komponenten verantwortungsvoller Regierungsführung völlig außer Acht lassen. Und schließlich müssen weder die SAPs diesen Elementen Rechnung tragen, noch hängt die Gewährung von Haushaltshilfe von der Erfüllung derartiger Parameter ab. Ein akuter Handlungsbedarf in Sachen Good Governance lässt sich somit kaum von der Hand weisen.
Etwas erfreulicher, wenngleich keinesfalls als zufrieden stellend zu bezeichnen, stellt sich die Lage auf dem Gebiet der Wahrung der Menschenrechte und der Fortentwicklung und Festigung der Demokratie und des Rechtsstaats dar. Am „defizitärsten" präsentiert sich erneut die vertragliche Kooperation, wenn sie zwar die Achtung der Menschenrechte und der Demokratie als „wesentliche Elemente" handelt, die Rechtsstaatlichkeit hingegen außen vor lässt. Die Verletzung rechtsstaatlicher Prinzipien vermag somit keine vertraglichen Konsequenzen nach sich zu ziehen. Ungleich problematischer ist allerdings, dass die fehlende Einbeziehung des Prinzips ebenso wie im Falle der verantwortungsvollen Regierungsführung dazu führt, dass es als Gegenstand weder des institutionalisierten Dialogs im Rahmen des Konsultationsverfahrens noch des Politikdialogs in Betracht kommt. Davon abgesehen kann dieses gravierende Manko nicht durch die Tatsache ausgeglichen werden, dass wenigstens die MEDA-Verordnung die Rechtsstaatlichkeit zum „wesentlichen Element" erhebt. Denn die korrelierende Nichterfüllungsklausel verzichtet auf obligatorische Konsultationen mit dem „Verletzerstaat" und nimmt dadurch den Europa-Mittelmeer-Partnern die Möglichkeit, in einem solchen Verfahren zumindest „reaktiv" über die genauen Inhalte rechtsstaatlicher Prinzipien und deren Achtung und Festigung diskutieren zu können. Diese unbefriedigende Konsequenz trifft natürlich gleichermaßen die Thematisierung der Menschenrechte und der Demokratie im Rahmen der Verordnung. Doch vermögen die beiden Postulate zu diesem Zwecke theoretisch wenigstens auf den Politik- sowie den institutionalisierten Dialog des Europa-Mittelmeer-Abkommens auszuweichen. Zwar ist der Auslegungsmaßstab der Menschenrechts- und Demokratieklausel an sich hinreichend bekannt - dieser allein allerdings erscheint als nicht ausreichend, ist er doch zu generell gehalten, um den konkret einzuhaltenden Menschenrechts- und Demokratiestandard endgültig ausmachen und darauf aufbauend eine rechtssichere, gerechte und widerspruchsfreie Implementierung der vertraglichen Wesentlichkeits- und Suspendierungsvorschriften garantieren zu können. Folglich muss hierzu in erster Linie der Dialog in seiner präventiven Funktion bemüht werden – einen Auftrag, den ihm allerdings der

Abkommenstext an keiner Stelle explizit überträgt: Menschenrechte und Demokratie sind nämlich keinesfalls vertraglich vorgeschriebener Gegenstand des Meinungsaustausches, geschweige denn muss diese Politik dort weiter definiert, vorangetrieben und deren Entwicklung alsdann bewertet werden. Es bleibt der Rückgriff auf das Konsultationsverfahren, wo die beiden Postulate freilich diskutiert werden, allerdings nur schadensbegrenzend und grundsätzlich fallabhängig - eine einheitliche Linie für die Zukunft dürfte der institutionalisierte Dialog deshalb wohl kaum hervorzubringen imstande sein. Mithin besitzt der Dialog – zumindest ausweislich des Vertragstextes – kaum das Potenzial dazu, für eine erfolgreiche Menschenrechts- und Demokratiepolitik zu sorgen, so dass eine solche weitaus mehr als im Rahmen der AKP-EG-Zusammenarbeit vom Willen der Vertragspartner abhängt.
Was schließlich die Normierung positiver Unterstützungsmaßnahmen anbelangt, so gehört das Europa-Mittelmeer-Abkommen mit Tunesien leider zu der Mehrzahl an Verträgen, die solche Aktionen nicht verankert haben. Mehr als bedauerlich mutet hier namentlich die Tatsache an, dass Tunesien zumindest zum Zeitpunkt der Aushandlung des Assoziationsabkommens eine noch konservativere Haltung in Sachen Partizipation und dezentraler Zusammenarbeit eingenommen hatte als die AKP-Staaten, und u.a. daran die Einbeziehung dieser Postulate scheiterte. In Sachen Förderung der Integration, ergo ebenso der Stärkung der Ownership nichtstaatlicher und dezentraler Akteure vermag aber auch die MEDA-Verordnung eine kaum positivere Bilanz zu ziehen: Zwar muss man der Gemeinschaft zugestehen, dass ein bescheidener Anfang bereits gemacht worden ist, indem im Rahmen der „Entwicklung einer Bürgergesellschaft" diese nicht zuletzt deshalb „emanzipiert" werden soll, um geeignete nichtstaatliche Akteure für eine Zusammenarbeit zu identifizieren bzw. hervorzubringen. Gleichzeitig aber scheint die EG diesem Paradigma auf der operativen Ebene jegliche Gültigkeit abzusprechen, beteiligt sie doch diese Akteure nicht einmal formell an der Programmierung sowie Implementierung der Hilfe. Der Erfolg dieses Ansatzes dürfte daher mehr als bescheiden ausfallen und für die Gemeinschaft wohl Anlass genug sein, die notwendigen Weichen im „ENPI" zu stellen, um der Eigenverantwortung auch der nichtsstaatlichen und dezentralen Akteure für ihren Entwicklungsprozess Chancen einzuräumen. Diesbezügliche Absichten jedenfalls hätten die Teilnehmer der Barcelona Konferenz von 2005 jedenfalls bereits erklärt[7] und werden im Kontext der ENP gleichermaßen stipuliert[8].

Den wohl obersten Stellenrang räumt die Partnerschaft Europa-Mittelmeer – zumindest in ihrer letztendlich rechtlich verbindlichen Ausgestaltung – ihrem wirtschafts- und finanzpolitischen Pfeiler, bzw., entwicklungspolitisch ausgedrückt, der wirtschaftlichen Entwicklung und speziell der Eingliederung der Mittelmeerdrittstaaten in den Welthandel ein. Als Beleg für diese These kann zwar nicht vorbehaltlos ins Feld geführt werden, dass der vom Europa-Mittelmeer-Abkommen mit Tunesien sowie von der MEDA-Verordnung vorgesehene Maßnahmenkatalog die von der Gemeinschaft auf diesem Gebiet aufgestellten entwicklungspolitischen Anforderungen vollständig erfüllt. Doch kein anderer Kooperationsbereich der Partnerschaft stimmt mit diesen Vorgaben auch nur annähernd so weit überein und wird – ähnlich wie im Partnerschaftsabkommen von Cotonou – so detailliert ausdifferenziert. Vor allem aber

---

[7] Punkt 2 der Barcelona-Erklärung von 2005 (http://ec.europa.eu/comm/external_relations/euromed/summit 1105/chairmans_statement.pdf (Stand: 31.5.2006)). Vgl. auch Punkte 3a), e) des Aktionsprogramms der Barcelona-Erklärung von 2005 (http://ec.europa.eu/comm/external_relations/euromed/summit1105/five_years.pdf (Stand: 31.5.2006)).

[8] Das Strategiepapier der Kommission über die ENP vom Mai 2004 enthält zwar keine diesbezüglich expliziten Ausführungen. Anders jedoch das im Rahmen des ENPI relevante Papier (vgl. hierzu oben Kapitel D „Gemeinschaftsrechtliche Handlungsvorgaben", Abschnitt D.II.2.3.1, Fn. 638) *„Thematisches Programm „Nichtstaatliche Akteure und lokale Behörden im Entwicklungsprozess""*, KOM (2006) 19, endg. vom 19.1.2006.

halten die beiden Regelwerke ein umfassendes Gesamtpaket an Vorschriften bereit, das sogar noch umfassender als im Rahmen der AKP-EG-Zusammenarbeit darauf abzielt, die Partner am Mittelmeer – in erster Linie durch die Errichtung der Freihandelszone bis 2010 - wirtschaftlich in die EG zu integrieren.
So enthalten die Verordnung und das Europa-Mittelmeer-Abkommen zusammengenommen umfangreiche Bestimmungen zum Zwecke der wirtschaftlichen Entwicklungsförderung, namentlich zur Stärkung der makroökonomischen und wirtschaftlichen Stabilität, zur Unterstützung des Privatsektors und der Investitionen, des Handels und anderer Wirtschaftszweige, insbesondere der Technik und der Informations- und Kommunikationstechnologie. Gewiss, ein deutlicher Akzent wird auch hier auf die Entwicklung der Privatwirtschaft und der Investitionen gesetzt, was die umfassenden, vor allem vertraglichen Vorschriften sowie die eigens eingerichtete Investitionsfazilität im Rahmen der MEDA-Verordnung zweifelsohne belegen. Doch ist der Schwerpunkt der wirtschaftlichen Zusammenarbeit mit den Mittelmeerpartnern m.E. insofern breiter angelegt, als im Zentrum der Unterstützung ganz generell die wirtschaftliche und makroökonomische Stabilität – einschließlich der Stärkung des privaten Sektors und der Investitionen – steht, was insbesondere die MEDA-Verordnung deutlich herausstellt. Vornehmlich ihre Strukturanpassungspolitik einschließlich der vorgeschriebenen Begleitmaßnahmen macht nun bekanntlich einen eigenen Förderbereich aus; darüber hinaus – und hierin ist wohl das Hauptmotiv für die Akzentuierung dieser Politik zu finden – wird sie ausdrücklich in den Dienste des letztendlich wohl wichtigsten Ziels der Partnerschaft gestellt: der harmonischen wirtschaftlichen Einbindung der Mittelmeerdrittstaaten in die EG und mittelfristig in den Welthandel. Mithin sorgen die Strukturanpassungsprogramme und dabei namentlich ihre flankierenden Maßnahmen dafür, dass der Übergang in die Freihandelszone fließend vonstatten geht. Zusammen mit der Tatsache, dass die Verordnung den SAPs aufgibt, den sozialen Bedingungen des jeweiligen Landes Rechnung zu tragen, wird zudem deutlich, dass die SAPs als quasi einziger Unterstützungsbereich im Rahmen der wirtschaftlichen Entwicklungsförderung das Nachhaltigkeitsgebot implementieren. Dieses primärrechtlich eingeforderte Gebot führt vor allem in der vertraglichen Zusammenarbeit mit Tunesien insofern ein „Schattendasein", als es zum einen nicht als Abkommensziel ausgewiesen ist und zum anderen zwar als Ziel der Wirtschaftskooperation gehandelt wird, es aber mangels operationalisierender Vorschriften vom Willen der Vertragsparteien abhängt, ob die programmatische Vorgabe auch realiter umgesetzt wird. Die MEDA-Verordnung erhebt die nachhaltige Entwicklung dagegen lobenswerterweise zum Ziel der Verordnung; doch bis auf die genannte Konkretisierung für den Bereich der SAPs fehlen ihr ebenso greifbare Anweisungen, so dass es bezüglich der Implementierung des Gebots ebenso bei einem bloßen Lippenbekenntnis bleiben könnte.
Das Hauptaugenmerk der Partnerschaft Europa-Mittelmeer gilt jedoch – wie soeben angesprochen - der schrittweisen, harmonischen Eingliederung der Mittelmeerdrittstaaten in das weltweite Wirtschaftsgefüge. Dieser Einbindung vorgeschaltet ist - wie auch im Rahmen der AKP-EG-Zusammenarbeit - das Anliegen, die Staaten zunächst in den EG-Markt zu integrieren. Doch im Unterschied zur Kooperation mit den AKP-Staaten wollen die Partnerstaaten hier eine ungleich höhere Integrationsstufe etabliert wissen, will Europa diese Vertragspartner wirtschaftlich weitaus enger an sich binden – ein Vorhaben, das sich für die europäischen Vertragsstaaten aufgrund der geographischen Nähe dieser neuen Märkte jenseits des Mittelmeers geradezu aufdrängen dürfte. Mag ein derartiges „Zwischenziel" zwar zweifelsfrei angezeigt sein, um eine *harmonische* Integration in den Welthandel i.S.d. Art. 177I 2. Spiegelstrich EGV gewährleisten zu können. Doch vermitteln die einschlägigen operativen Bestimmungen der beiden untersuchten Regelwerke aller gegenteiligen programmatischen Zielvorgaben zum Trotz eher den Eindruck, die Eingliederung in die Weltwirtschaft als „Selbstläufer" zu betrachten, d.h. dass sich diese quasi automatisch aus der Einbindung in den EG-

Markt ergibt, fokussieren die genannten Bestimmungen doch verstärkt gerade dieses „Zwischenziel“:
Im Zentrum dieser Bemühungen steht zwar freilich die bis 2010 schrittweise Etablierung einer auf dem Europa-Mittelmeer-Abkommen gründenden, bilateralen Freihandelszone mit Tunesien, die eines der effektivsten Vehikel darstellt, das die europäischen Vertragspartner anbieten können, um mittelfristig die sowohl vom Abkommen als auch von der MEDA-Verordnung programmatisch vorgegebene Integration Tunesiens in das weltweite Wirtschaftsgefüge zu forcieren. In die Dienste dieses Ziels werden denn auch zum einen die autonom sowie vertraglich geregelte regionale Zusammenarbeit und Integration, zum anderen die eben beschriebene Strukturanpassungshilfe gestellt. An dieser Stelle ist nochmals herauszuheben, dass sich die Kooperation mit den Mittelmeerdrittländern gerade in diesem Förderelement positiv von der AKP-EG-Zusammenarbeit unterscheidet. Denn wie bereits angeklungen, sollen die Reformprogramme ausweislich der Verordnung die Errichtung der Freihandelszone vorbereiten und unterstützen und dabei für eine Optimierung insbesondere auch der sozialen Rahmenbedingungen sorgen. Hinzukommt, dass die Verordnung in diesem Kontext ausdrücklich aufgibt, spezifische Begleitmaßnahmen zu implementieren, die die negativen Auswirkungen (auch) der Errichtung der Freihandelszone - namentlich in sozialer Hinsicht sowie auf der Ebene der Beschäftigung -, zumindest abmildern sollen. Anders als das Partnerschaftsabkommen von Cotonou – und im Übrigen auch das Europa-Mittelmeer-Abkommen - erschöpft sich die Verordnung demzufolge nicht in einer bloß programmatischen Ankündigung einer harmonischen Eingliederung, sondern gibt konkrete Anweisungen an die Hand, die zumindest eine höhere Gewähr dafür bieten, dass die Wirtschaftsliberalisierungen insbesondere in sozialer Hinsicht fließender erfolgen können.
Davon abgesehen aber vernachlässigt das Assoziationskommen, dass es für einen effektiven Zugang zum internationalen Markt ebenso unerlässlich ist, sich umfassend am multilateralen Handelssystem zu beteiligen. Insbesondere stellen die europäischen Vertragspartner in diesem Kontext nicht einmal ansatzweise in Aussicht, den Beitritt Tunesiens zu den einschlägigen Organisationen zu unterstützen, oder aber, soweit bereits eine Mitgliedschaft vorliegt, dort mit dem Staat zu kooperieren und ihm bei der Erfüllung seiner Verpflichtungen behilflich zu sein. Und die Erkenntnis, dass sich nichttarifäre, den internationalen Handelsverkehr determinierende Handelshemmnisse zunehmend zu einer wesentlichen Vorbedingung eines effektiven Zugangs zum internationalen Markt herauskristallisiert haben, greift das Abkommen ebenfalls nur bedingt auf. Zur Beseitigung dieser Hemmnisse bietet das Abkommen dem Maghreb-Staat nämlich kaum[9] Hilfe dahingehend an, entsprechenden Konventionen beizutreten, dessen Bestimmungen zu implementieren und zur Bewältigung dieser neuen Herausforderungen unterstützend einzugreifen, mithin internationale Standards zu übernehmen. Stattdessen konzentrieren sich die Vertragspartner „lediglich“ darauf, Tunesien die Übernahme gemeinschaftsrechtlich verbindlicher Normen auf diesem Gebiet zu ermöglichen bzw. hat bereits das Vertragswerk selbst eine Angleichung dieser assoziationsrechtlichen Vorschriften an die entsprechenden Pendants des EGV vorgenommen. Dass es den Vertragsstaaten wohl vornehmlich darum geht, Tunesien in das europäische Wirtschaftsgefüge einzubinden, wird sogar noch deutlicher, ruft man sich in Erinnerung, dass die Staaten die gemeinschaftsrechtlichen - einschließlich der sekundärrechtlich sowie der durch die EuGH - Jurisdiktion entwickelten - Auslegungsmaßstäbe auf die harmonisierten assoziationsrechtlichen Bestimmungen erstrecken. Ganz davon zu schweigen, dass das Europa-Mittelmeer-Abkommen weit mehr als das Partnerschaftsabkommen von Cotonou *bilaterale* Liberalisierungsbestrebungen (Zahlungs-

[9] Eine Ausnahme ist wohl nur für den Bereich des geistigen Eigentums zu machen, dessen Schutz gemäß „den strengsten internationalen Normen“ (Art. 39I 1. Hs. Europa-Mittelmeer-Abkommen mit Tunesien) gewährleistet werden soll.

und Kapitalverkehr, Niederlassungsrecht, Dienstleistungsverkehr) forciert, und dass das Regelwerk grundsätzlich darauf abzielt, eine Rechtsangleichung der tunesischen Rechtsvorschriften an das Gemeinschaftsrecht auch und gerade auf wirtschaftlichem Gebiet voranzutreiben und zu unterstützen.
Es bleibt demnach abzuwarten, ob die Strategie der Vertragspartner aufgeht, sprich ob sich die Integration Tunesiens in den Welthandel als beabsichtigter Nebeneffekt einstellt, und die Gemeinschaft somit den in Art. 177I 2. Spiegelstrich EGV primärrechtlich geforderten Zielvorgaben gerecht wird – das „Wie" der Vertragserfüllung steht ja bekanntlich zur Disposition der EG.

Im Rahmen der Bewertung des Partnerschaftsabkommens von Cotonou- liefert das Faktum, dass es das Abkommen nicht vermocht hat, dieselben rechtlichen wie tatsächlichen Ausgangsbedingungen für die Förderung der sozialen Entwicklung wie für die Unterstützung der Wirtschaft und des Handels zu schaffen, zu Recht Anlass zur Kritik. Hält man sich jedoch die diesbezügliche Situation der Partnerschaft Europa-Mittelmeer vor Augen, so ist man gewillt, die gegenüber der AKP-EG-Zusammenarbeit geäußerten Bedenken zumindest stark zu relativieren.
Zwar ist die „Ausgangsposition" noch ähnlich ausgestaltet: Den Regelungen sowohl der MEDA-Verordnung als auch des Europa-Mittelmeer-Abkommens über die soziale Entwicklungsförderung steht auch hier ein Vielfaches an zudem überwiegend detaillierten Vorschriften über die wirtschaftliche Zusammenarbeit gegenüber. Doch bei genauerer Betrachtung wird deutlich, dass die soziale Komponente noch weniger als im Rahmen des Partnerschaftsabkommens operationalisiert worden ist: Hierzu ist erstens anzuführen, dass Verordnung und Abkommen zusammengenommen nicht einmal alle von der EG für den Bereich der sozialen Entwicklung aufgestellten Unterstützungselemente aufgreifen. So werden zwar die (Aus-) Bildungs- und Gesundheitspolitik, die Geschlechtergleichstellung, die ländliche Entwicklung und darüber hinaus ebenso die Jugendpolitik und die kulturelle Zusammenarbeit abgedeckt, nicht jedoch die Nahrungsmittelsicherheit. Dies gilt uneingeschränkt für die Verordnung und de facto ebenso für das Abkommen. Denn wenn auch letzteres im Rahmen seiner Zusammenarbeit in der Landwirtschaft eine Diversifizierungspolitik betreibt, die als Ausdruck jenes „supply approach" verstanden werden könnte - eine solche „ernährungssicherungsspezifische" Ausrichtung findet zu wenig konkrete Anhaltspunkte im Regelwerk, als dass Tunesien die Realisierung derartiger Maßnahmen rechtlich durchsetzen könnte.
Was zweitens die übrigen Felder sozialer Entwicklungsförderung anbelangt, so kann kein Bereich von sich behaupten, dass wenigstens die wesentlichen, von der Gemeinschaft geforderten Aspekte der Förderstrategie rechtlich in den beiden untersuchten Regelwerken normiert sind. Stattdessen fixieren die Vorschriften größtenteils nur einen diesbezüglichen Unterstützungsrahmen. Am ehesten noch hat die Gleichstellung der Geschlechter eine Ausdifferenzierung erfahren. Doch werden zum einen kaum Maßnahmen zur Aufwertung der Rolle der Frau normiert, und zum anderen bedient sich nur die MEDA-Verordnung jenes „Empowerment" - Ansatzes, dessen effektive Umsetzung mangels konkreter Implementierungsvorschriften zudem fraglich erscheint. Ähnlich lückenhaft stellt sich die rechtliche Verankerung der so essenziellen Verbesserung des Gesundheitswesens dar. Trotz des von der EG diesbezüglich vorgegebenen weiten Spektrums an Unterstützungselementen greifen sowohl die Verordnung als auch das Abkommen nämlich lediglich einige wenige Elemente auf. Die Bekämpfung von AIDS/ HIV und anderer armutsbedingter Krankheiten - ohne jeden Zweifel wichtiger Bestandteil der gemeinschaftlichen Strategie in Sachen Stärkung des Gesundheitswesens – wird beispielsweise erst gar nicht thematisiert. Obendrein werden selbst die benannten gesundheitspolitischen Aspekte nur schlagwortartig umrissen. Und den Bereich (Aus-) Bildung betrachten die beiden Regelwerke wohl eher als Instrument zur Herausbildung des

Humankapitals zwecks Ankurbelung der wirtschaftlichen Entwicklung denn als Kernbereich sozialer Entwicklungsförderung.
Und drittens können weder das Europa-Mittelmeer-Abkommen noch die Verordnung nicht einmal auf ein ergänzendes Kompendium setzen, das zumindest politisch verbindlich die lediglich skizzierten Maßnahmenbereiche ausdifferenziert.
Von daher hängt es mehr oder weniger vom Willen der Vertragspartner - bzw. im Falle der Verordnung - von der Gemeinschaft ab, ob die soziale Komponente als genuin entwicklungspolitisches Element der Zusammenarbeit tatsächlich die ihr gebührende Gewichtung erfährt.

Als kaum erfreulicher erweist sich der Blick auf die umweltpolitische Perspektive der MEDA-Verordnung und des Assoziationsabkommens. In diesem Zusammenhang fällt zunächst negativ ins Gewicht, dass das Abkommen den Umweltschutz nicht einmal zum Vertragsziel erhoben hat. Dass es dennoch Maßnahmen zum Schutz und zur Verbesserung der Umwelt aufgibt und zudem verlangt, dass die Umweltkomponente zumindest in die wirtschaftliche Zusammenarbeit zu integrieren ist, vermag dieses Manko auch nur bedingt zu relativieren. Denn der vertraglich vorgesehene Maßnahmenkatalog fällt bescheiden aus; und eine verbindliche Handhabe, wie nun ökologische Gesichtspunkte bei der Wirtschaftskooperation in concreto zu berücksichtigen sind, liefert das Vertragswerk ebenso wenig. Umso höhere Erwartungen werden mit der MEDA-Verordnung verknüpft, die sowohl die nachhaltige Entwicklung und damit auch deren ökologische Komponente als auch die Abmilderung der Folgen der Wirtschaftsliberalisierungen für die Umwelt als Verordnungsziele ausweist. Diese können allerdings nur enttäuscht werden, da die Verordnung in Sachen Umweltschutz als eigenständiger Unterstützungsbereich gar noch weniger konkret wird als das Abkommen. Und mag sie auch den Schutz der Umwelt zum Querschnittsthema erheben – Fakt ist, dass zur Realisierung dieser allgemein formulierten Pflicht erneut kein verbindliches Procedere vorgesehen ist. Zudem findet dieses Postulat nicht einmal Widerhall im Rahmen anderer Förderbereiche wie etwa der Unterstützung der SAPs oder aber der Errichtung der Freihandelszone. Dabei normiert die Verordnung just in diesem Zusammenhang explizit die Einbeziehung sozialer Elemente. Die EG muss sich also den Vorwurf gefallen lassen, warum sie hier nicht auch die ökologische Tragfähigkeit sowie die Durchführung umweltbezogener Begleitmaßnahmen ausdrücklich verankert hat, und so wenigstens insofern eine Umsetzung der umweltspezifischen Anforderungen des EGV gewährleistet wird. Festzuhalten bleibt somit, dass der Rahmen, den die beiden Regelwerke zur Verfügung stellen, nicht unbedingt geeignet ist, eine effektive Implementierung des primärrechtlichen Nachhaltigkeitsgebots sicherzustellen. Sei es aus diesem, sei es aus anderen Gründen, jedenfalls scheint es so, als hätten sich die Gemeinschaft und die Mittelmeerdrittpartner dazu entschlossen, die Umweltbelange im Mittelmeerraum stattdessen auf internationaler Ebene zu verfolgen[10].
Das Nachhaltigkeitsgebot des Art. 177I 1. Spiegelstrich EGV erfordert ferner, dass die Entwicklungszusammenarbeit den vielschichtigen Elementen von Entwicklung Rechnung trägt und diese Komponenten zudem aufeinander abstimmt. Doch auch dieser Facette des Nachhaltigkeitspostulats werden die beiden Regelwerke kaum vollumfänglich gerecht. Zwar normieren sowohl die MEDA-Verordnung als auch das Assoziationsabkommen breit gestreute Unterstützungsbereiche. Doch - wie oben festgestellt - sind diese verglichen mit den hier von der EG prononcierten Anforderungen keinesfalls vollständig. Darüber hinaus erfahren die einzel-

---

[10] Mittlerweile 21 Mittelmeeranrainerstaaten und die EG sind Vertragspartner der 1976 unter der Schirmherrschaft des UNEP angenommenen und 1978 in Kraft getretenen „Convention for the Protection of the Mediterranean Sea against Pollution" („Barcelona Convention"), die 1995 geändert und umbenannt („Convention for the Protection of the Marine Environment and the Coastal Region of the Mediterranean") wurde und in dieser modifizierten Gestalt 2004 in Kraft trat (ausführlich zum Voranstehenden unter http://www.unepmap.org/home.asp (Stand: 7.5.2006)).

nen Entwicklungskomponenten eine unterschiedliche rechtliche Regelungsdichte – im Gegensatz zu den Bestimmungen über die wirtschaftliche Entwicklung skizzieren die Vorschriften über die soziale sowie die ökologische Entwicklungsförderung ja größtenteils nur den Rahmen der zu stärkenden Bereiche. Und diese unterschiedliche rechtliche Verbindlichkeit und somit tatsächliche Gewichtung der einzelnen Elemente vermag deren ausgewogene Unterstützung wohl kaum voranzutreiben. Schließlich geben die Verordnung und das Abkommen der EG bzw. den Vertragspartnern nur in wenigen, bereits angemerkten Fällen dezidiert auf, für eine Kohärenz der einzelnen Förderbereiche Sorge zu tragen und zu diesem Zwecke die Auswirkungen eines Bereiches auf den anderen zu beachten.

Den Stellenwert der Reduzierung und langfristig der Bekämpfung der Armut im Rahmen des Europa-Mittelmeer-Abkommens sowie der MEDA-Verordnung auszumachen, erweist sich als nicht ganz einfach. Offensichtlich ist nämlich auf den ersten Blick nur, dass keines der beiden Regelwerke die Armutsbekämpfung explizit als eines der Verordnungs- bzw. Abkommensziele ausweist. Und ob die MEDA-Verordnung die Minderung der Armut zumindest als implizites Verordnungsziel etabliert, wenn sie in ihrem diesbezüglichen Katalog bestimmte Aspekte betont, die vornehmlich Bestandteil von Armutsbekämpfungsstrategien sind, ist letzten Endes nicht eindeutig festzustellen. Daraus lässt sich zunächst folgern, dass die primärrechtliche Vorgabe des Art. 177I 3. Spiegelstrich EGV weder vom Abkommen noch von der Verordnung wohl kaum als prioritärer Unterstützungsbereich, wie es das gemeinschaftliche Paradigma vorsähe, eingestuft wird. Umgekehrt kann deshalb freilich keinesfalls die Behauptung aufgestellt werden, dass die beiden Regelwerke der Armutsbekämpfung daher keinerlei Bedeutung zumessen und so hinter den Anforderungen des Art. 177I EGV zurückbleiben, der die Förderung *sämtlicher* Entwicklungsziele postuliert. Denn hierüber entscheidet vor allem auch die Ausgestaltung des operativen Teils des Abkommens bzw. der Verordnung, insbesondere ob hier diesem Ziel durch die Inkorporierung entsprechender Unterstützungsbereiche Genüge geleistet wird. Doch selbst diese Vorgehensweise vermag allenfalls das Potenzial der beiden Regelwerke für die Armutsbekämpfung auszuloten und nicht deren „de facto Stellenrang" zu bestimmen: Die diesbezügliche Strategie der EG kennt ja keine spezifischen Förderelemente, sondern richtet alle übrigen Entwicklungskomponenten gleichfalls auf das Ziel der Armutsminderung hin aus. Dessen ungeachtet normieren weder die MEDA-Verordnung noch das Europa-Mittelmeer-Abkommen eine derartige „Ausrichtungsverpflichtung", stellen sie doch keinen einzigen Förderbereich bzw. wenigstens bestimmte Elemente hiervon in die Dienste dieses vorrangigen Entwicklungsziels; ebenso wenig verlangen sie, die Art und Weise der Umsetzung dieser Bereiche/ Elemente davon abhängig zu machen, in welchem Umfang diese auch zur Armutslinderung beitragen können. Dass bzw. inwieweit demnach die wirtschaftlichen Unterstützungselemente einen Beitrag zur Armutslinderung leisten müssen, hängt somit ausschließlich vom Willen der Vertragspartner respektive der EG ab.
Allerdings erhebt die Verordnung die Armutsbekämpfung ausdrücklich zum Gegenstand von Hilfemaßnahmen im Rahmen der nachhaltigen sozialen und wirtschaftlichen Entwicklungsförderung, indem sie aufgibt, dass die „Früchte des Wachstums [...] einer breiten und gerechten Verteilung"[11] zugeführt werden. Einen viel versprechenden Ansatz vermag man darin leider nicht zu erkennen, da die Verordnung keinerlei Einzelmaßnahmen ausdifferenziert. Wie sie sich die Beseitigung dieser Ungleichheiten in concreto vorstellt, bleibt deshalb ungewiss. Dementsprechend läuft es letztendlich ebenso wie im Europa-Mittelmeer-Abkommen darauf hinaus, dass bereits die soziale Entwicklungsförderung an sich als Beitrag zu einer ausgewogenen Verteilung dieser Früchte zählt, sich der armutsbezogene Ansatz also in der Unterstützung der sozialen Entwicklung erschöpft. Doch wie bereits festgestellt, erfahren gerade die

[11] Art. 2II i.d.F. von MEDA II i.V.m. Anhang II, Punkt II, 3. Spiegelstrich.

Vorschriften über die soziale Komponente im Gegensatz zu ihren wirtschaftlichen Pendants eine äußerst unzureichende rechtliche Konkretisierung, entwerfen die beiden Regelwerke doch allenfalls den Rahmen der diesbezüglich geplanten Hilfe. Darüber hinaus hat selbst die MEDA-Verordnung jenes „integrierte Konzept" der EG noch nicht vollends verinnerlicht, fördert diese doch nicht einmal all diejenigen Kooperationsbereiche, geschweige denn in inhaltlich umfassender Form, die mitunter nach ihrer Bedeutung für die Armutslinderung ausgewählt sind[12].
Insgesamt betrachtet muss man demnach der Kommission zustimmen, wenn sie zugibt, dass die Armutsbekämpfung als prioritäres Postulat der Entwicklungszusammenarbeit sehr durch die spezifischen euro-mediterranen Ziele in den Schatten gestellt wird[13]. Die AKP-EG-Zusammenarbeit vermag sich zwar kaum weniger diesem grundsätzlichen Vorwurf zu entziehen; doch erhebt sie die Minderung und langfristig die Bekämpfung der Armut zumindest zum programmatischen Abkommensziel, dessen sich die Vertragspartner theoretisch bei all ihren Aktionen zu vergegenwärtigen haben. Davon abgesehen, dass das Partnerschaftsabkommen von Cotonou erstens eine ganze Reihe spezifisch armutsbezogener Aktionen vorsieht, das Abkommen zweitens jenes „integrierte Konzept" der EG zumindest dahingehend inkorporiert, als es sämtliche Kooperationsbereiche aufnimmt und es drittens im Hinblick auf die weniger ausdifferenzierten Bereiche – in concreto: die soziale Entwicklungsförderung – wenigstens auf ein diese Felder (politisch verbindlich) konkretisierendes und mit den gemeinschaftlichen Anforderungen korrelierendes Kompendium zurückgreifen kann. Von daher hat dieses vorrangige Ziel der Entwicklungszusammenarbeit hier eine noch schlechtere rechtliche wie tatsächliche Ausgangsposition als im Rahmen der AKP-EG-Partnerschaft.

Abschließend bleibt somit festzuhalten, dass zwar der (entwicklungs-) politische Sprung, den sowohl das Europa-Mittelmeer-Abkommen mit Tunesien als auch die MEDA-Verordnung im Hinblick auf deren Vorgängerabkommen bzw. –verordnungen vollzogen haben, gewiss ein größerer war als im Rahmen der AKP-EG-Zusammenarbeit. Dennoch sind die beiden Regelwerke mit ungleich größeren „Regelungs- und Verbindlichkeitsdefiziten" – gemessen an den politisch verbindlichen Konkretisierungen der EG für den Art. 177I, II EGV - behaftet als das Partnerschaftsabkommen von Cotonou. Mehr als die Funktion eines „Rahmenabkommens" bzw. einer „Rahmenverordnung" kann ihnen von daher ebenfalls kaum attribuiert werden. Hinter diesem Bestreben, lediglich den Rahmen für die theoretisch in Betracht kommenden Unterstützungsbereiche zu normieren, verbirgt sich freilich auch hier das Motiv, die Entscheidung über die letztendlich gewählten Bereiche und deren rechtlich verbindliche Konkretisierung in den Programmierungsprozess zu verschieben. Inwieweit es der EG ferner darauf ankommt, dass die Empfängerländer ihre entwicklungspolitischen Prioritäten in diesen Prozess einbringen können, bleibt allerdings zweifelhaft. Zumindest, wenn man sich in Erinnerung ruft, dass selbst die MEDA-Verordnung die Achtung des Ownership-Paradigmas allenfalls implizit anerkennt: Denn mag diese zwar eine „Berücksichtigung der Prioritäten der Empfänger" statuieren – Art und Weise dieser Berücksichtigungspflicht bleiben jedoch im Dunkeln; darüber hinaus können die Länder nicht einmal auf ein unmissverständlich verankertes Beteiligungsrecht an der Programmierung der Hilfe verweisen.
Aufgrund der geringeren Regelungs- und Verbindlichkeitsdichte als auch der unzureichenden Implementierung des Ownership-Prinzips hängt es somit weit mehr als im Rahmen des Part-

---

[12] Selbiges gilt zwar auch für das Europa-Mittelmeer-Abkommen. Doch hatte sich zum Zeitpunkt der Verhandlungen bzw. Unterzeichnung des Assoziierungsabkommens im Juli 1995 jenes „integrierte Konzept" der EG noch nicht vollends durchgesetzt, so dass man den Vertragspartnern hier insoweit wohl keinen Vorwurf machen kann.
[13] *Holden*, The European Community's MEDA Aid Programme, in: EFARev. 2003, S. 347ff, 354, insbesondere dort Fn. 20.

nerschaftsabkommens von Cotonou von der Praxis, mithin vom Willen der Gemeinschaft ab, inwieweit es ihr gelingt, dass sich die letztendlich programmierten Unterstützungsbereiche nicht nur in einer Perpetuierung der neoliberal akzentuierten Schwerpunktsetzung der beiden Regelwerke erschöpfen - oder mit anderen Worten ausgedrückt: inwieweit in diesen Unterstützungsbereichen sämtliche Entwicklungskomponenten ausgewogen vertreten sind, diese zudem aufeinander abgestimmt sind und überdies der Armutsreduzierung ein adäquater Stellenrang eingeräumt wird. Einen großen Teil dieser Verantwortung muss die EG jedoch unbedingt an die Empfängerländer übertragen, auch wenn sie hierzu vertraglich bzw. sekundärrechtlich nicht verpflichtet ist. Denn mag auch die Umsetzung des Eigenverantwortlichkeitsprinzips wie aufgezeigt gewisse Risiken mit sich bringen – diesen gegenüber überwiegt die Erkenntnis, dass es für eine nachhaltige Entwicklung unabdingbar ist, dass die Empfänger weitgehend selbst die Verantwortung für das soziale, wirtschaftliche und ökologische Wohlergehen ihres Landes übernehmen.

II. Ausblick

Eine sichere Prognose über die Zukunft der gemeinschaftlichen Entwicklungszusammenarbeit abzugeben, dürfte angesichts der vielen innen- und außenpolitischen Einflüsse, denen sie ausgesetzt ist, ein schwieriges Unterfangen darstellen. Nichtsdestotrotz hat diese Arbeit gezeigt, dass die alle acht bis zehn Jahre verabschiedeten entwicklungspolitischen Grundsatzpapiere über eine äußerst hohe politische Gestaltungskraft verfügen, weshalb sie als geeignetster Indikator für die Beantwortung der Frage, welchen Weg die entwicklungspolitische Zusammenarbeit in den jeweils kommenden Jahren einschlagen wird, herangezogen werden können. Von daher ist es abschließend unerlässlich, auf das neueste Strategiepapier der Europäischen Gemeinschaft hinzuweisen, entschied sich diese doch, entgegen ihrer Gewohnheiten nun bereits im fünften Jahr nach Veröffentlichung ihrer letzten Entwicklungsstrategie – der Erklärung des Rates und der Kommission über die „*Entwicklungspolitik der Europäischen Gemeinschaft*" (Overall Policy Statement/ OPS) - ein neues, weichenstellendes Papier für die Entwicklungszusammenarbeit der nächsten Jahre anzunehmen: Am 20.12.2005 verabschiedeten auf einen Vorschlag der Kommission hin[14] der Rat, die im Rat versammelten Vertreter der Regierungen der Mitgliedstaaten, das Europäische Parlament und die Kommission eine Gemeinsame Erklärung über „*The European Consensus on Development*"/ den „*Europäische[n] Konsens über Entwicklung*"[15].

Zu den Gründen für die Notwendigkeit eines solchen „Europäischen Konsenses" führt der seit 2004 für Entwicklung und humanitäre Hilfe zuständige Kommissar, Louis Michel, aus:

> „[...] Es ist wichtig, dass wir mehr tun, aber auch, dass wir es besser tun. Da die Entwicklungspolitik in die geteilte [d.h.: parallele] Zuständigkeit der Union und ihrer 25 Mitgliedstaaten fällt, ist dazu eine Strategie erforderlich, die auf Koordinierung und Harmonisierung setzt. Wenn wir wirklich wollen, dass die Armut der Vergangenheit angehört, müssen wir gemeinsam handeln"[16].

---

[14] Mitteilung der Kommission „*Vorschlag für eine Gemeinsame Erklärung des Rates, des Europäischen Parlaments und der Kommission – Die Entwicklungspolitik der Europäischen Union – „Der Europäische Konsens"*", KOM (2005) 311, endg. vom 13.7.2005.

[15] Der „*Europäische Konsens über Entwicklung*" – fortan zumeist: Europäischer Konsens vom Dezember 2005 - ist in seiner englischen Fassung abrufbar unter: http://ec.europa.eu/comm/development/body/development_policy_statement/docs/edp_declaration_signed_20_12_2005_en.pdf (Stand: 31.5.2005).

[16] Pressemitteilung vom 13.7.2005, Ref. IP/05/902, abrufbar unter: http://www.europa.eu.int/rapid/pressReleasesAction.do?reference=IP/05/902&format=HTML&aged=0&language=DE&guiLanguage=en (Stand: 31.5.2006).

Auf den ersten Blick offenbart diese Aussage keine Neuigkeiten. Eine auf den primärrechtlichen Geboten der Komplementarität und Koordinierung gründende effektive und effiziente Entwicklungspolitik stand bereits im Fokus der OPS vom November 2000. Doch obwohl sich die vorgenannten Gebote gleichermaßen an die Mitgliedstaaten richten, war von ihrer Seite lange Zeit kein wesentliches Interesse an einer Teilnahme an den gemeinschaftlichen Koordinierungsbestrebungen als Grundlage der Komplementaritätspolitik auszumachen gewesen[17]. Nun aber scheinen endlich auch die Mitgliedstaaten Konsequenzen aus der Erkenntnis gezogen zu haben, dass zur Effizienz- und Effektivitätssteigerung der Hilfe gemeinsame Koordinierungsbemühungen unabdingbar sind und es zu diesem Zwecke mitunter gilt, einen Konsens über eine gemeinsame Entwicklungsvision herzustellen, zu deren Realisierung gemeinschaftliche wie mitgliedstaatliche Ebene beitragen: Das Besondere dieser Gemeinsamen Erklärung besteht nämlich darin, dass zum ersten Mal in der knapp fünfzigjährigen Geschichte der europäischen Entwicklungszusammenarbeit ein gemeinsamer Rahmen für die Ziele, Werte und Grundsätze konkretisiert wird, der das entwicklungspolitische Vorgehen der EU, das heißt sowohl der 25 Mitgliedstaaten als auch der EG, „im Geiste der Komplementarität"[18] bestimmt.

Inhaltlich hingegen berücksichtigt der Europäische Konsens vom Dezember 2005 die Entwicklungen seit der Verabschiedung des letzten Strategiepapiers – vorab seien genannt die Festlegung der Millennium-Entwicklungsziele, die geänderte Sicherheitslage seit den Anschlägen vom 11. September in New York sowie die ansteigenden Auswirkungen der Globalisierung. Davon abgesehen führt das Strategiepapier zwar keine wesentlich neuen entwicklungspolitischen Maßstäbe ein, verändert allerdings größtenteils die Gewichtung bereits vorhandener Ziele, Grundsätze etc.; dies jedoch, ohne von der Armutsbekämpfung als vorrangiges Entwicklungsparadigma abzulassen. Deshalb sollen im Folgenden auch nur die essenziellen Aspekte dieser EU-Entwicklungsvision („EU Vision of Development"), die Teil I des Europäischen Konsenses vom Dezember 2005 beschreibt, skizziert werden. Worin alsdann der exakte Beitrag der EG zur Implementierung dieser Vision liegt, stellt Teil II des Papiers vor, wobei an einem Tätigwerden in Abhängigkeit von den „komparativen Vorteilen" der EG, d.h. an der bereits bekannten gemeinschaftlichen Vorstellung von Komplementarität, festgehalten wird.
Teil I widmet sich zunächst den gemeinsamen Zielen: Prioritäres Entwicklungsziel bleibt die Bekämpfung der Armut, und zwar in all ihren Facetten politischer, sozialer, wirtschaftlicher und ökonomischer Natur[19]. In diesem Zusammenhang sind insbesondere auch die acht Millennium-Entwicklungsziele zu verfolgen, deren Hauptaugenmerk[20] ebenfalls der Armutsreduzierung mitsamt ihrer unterschiedlichen Ausprägungen gilt[21]. Die Förderung der (nachhaltigen) Entwicklung in jeder ihrer mannigfaltigen Dimensionen[22] bestätigt die EU zwar als eigenständiges, zentrales („central"[23]) Ziel[24]; doch weist der Europäische Konsens vom Dezember 2005 im Gegensatz zu seinem Vorgängerpapier nunmehr zumindest implizit auf die

[17] Vgl. oben Kapitel D „Gemeinschaftsrechtliche Handlungsvorgaben", Abschnitt D.I.1.2.1, Fn. 56.
[18] Europäischer Konsens vom Dezember 2005, Teil I.
[19] Europäischer Konsens vom Dezember 2005, Punkte 5, 11.
[20] Vgl. *Kommission*, Report on Millennium Development Goals, Punkt 3.
[21] Europäischer Konsens vom Dezember 2005, Punkte 5, 6, 8, 12. Zu den Millennium-Entwicklungszielen oben Kapitel C „Ziele der Entwicklungszusammenarbeit", Abschnitt C.I.1, Fn. 33.
[22] Hierunter subsumiert die EU explizit Good Governance, Menschenrechte und sonstige politische, wirtschaftliche, soziale und ökologische Aspekte (Europäischer Konsens vom Dezember 2005, Punkt 7).
[23] Europäischer Konsens vom Dezember 2005, Punkt 7.
[24] Europäischer Konsens vom Dezember 2005, Punkt 7.

offensichtliche Verwobenheit des Nachhaltigkeitsgebotes mit der Armutsbekämpfung[25] hin, wenn er aufgibt, dass dieses prioritäre Entwicklungsziel „im Kontext der nachhaltigen Entwicklung“ zu implementieren ist[26]. Offen bleibt jedoch hier wie dort die Antwort auf die Frage, ob nicht nachhaltige Entwicklung letztendlich mit der Armutsreduzierung einher geht und daher die Minderung und Bekämpfung der Armut als zentrales Ziel der nachhaltigen Entwicklung angesehen werden kann. Unklar bleibt ferner, inwiefern das Nachhaltigkeitskonzept neben der Armutsbekämpfung „eigenständige“ Ziele verfolgt bzw. einen von ihr losgelösten, eigenen Förderbereich konstituiert. Unabhängig von der Klärung dieser Fragestellungen kann hingegen festgehalten werden, dass der ausgewiesene Schwerpunktbereich „Armutsbekämpfung im Kontext der nachhaltigen Entwicklung“ auch weiterhin den primärrechtlichen Vorgaben entspricht, sollen doch in diesem Rahmen ausdrücklich Aspekte gefördert werden, die vollständig die verschiedenen Postulate des Art. 177I, II EGV aufgreifen. Erneut also ist von keinem „echten“ Vorrang bzw. einer „isolierten“ Prioritätensetzung auszugehen, die eine umfassendere Untersuchung dieser Ermessensentscheidung notwendig erscheinen ließen[27].

Die gemeinsamen entwicklungspolitischen Grundsätze von EG und Mitgliedstaaten, die der Europäische Konsens vom Dezember 2005 nun auflistet, sind ebenfalls bereits hinreichend aus der bisherigen Gemeinschaftspraxis bekannt[28]: Ownership der Partnerstaaten für ihre Entwicklungsstrategien und –programme; politischer und Politikdialog zur Förderung der Entwicklungsziele; Partizipation der Zivilgesellschaft an der Entwicklung als Voraussetzung für ein Mehr an Demokratie, sozialer Gerechtigkeit sowie für eine Stärkung der Menschenrechte sowie die Unterstützung der Geschlechtergleichstellung. Zudem betont das neue Strategiepapier nunmehr dezidiert den Einsatz für „schwierige Partnerschaften“ und „nicht tragfähige bzw. anfällige Staaten“ („difficult partnerships“/ „fragile states“[29]) - ein Thema, das bislang überwiegend unter „Konfliktprävention und –beilegung“ subsumiert worden ist.

Im Dialog mit den Partnerländern sollen schließlich gemeinsame Werte der EU gefördert werden, wobei sich diese Werte überwiegend mit den gemeinsamen Entwicklungszielen und –grundsätzen überschneiden: Menschenrechte, Demokratie, Good Governance, Geschlechtergleichstellung, Rechtsstaatlichkeit, Frieden, Solidarität und Gerechtigkeit[30].

Zur Realisierung all der vorgenannten Ziele, Grundsätze und Werte ist die EU gewillt, die Finanzmittel beträchtlich aufzustocken[31] und die Wirksamkeit der Hilfe zu stärken. Im Zusammenhang mit der Qualitätssteigerung der Hilfe werden zahlreiche Initiativen und Projekte ins Auge gefasst – Aktionen zur Verbesserung der Koordinierung und Komplementarität gemeinschaftlicher und mitgliedstaatlicher Hilfe nehmen in diesem Zusammenhang einen festen Stellenrang ein[32]. Schließlich ruft die EU zur Gewährleistung der Kohärenz all derjenigen Politikbereiche außerhalb der Entwicklungszusammenarbeit auf, die mit Auswirkungen auf die Entwicklungsländer verbunden sein können[33].

---

[25] Vgl. oben Kapitel C „Ziele der Entwicklungszusammenarbeit“, Abschnitte C.I.2.2.3, C.I.2.4, dort insbesondere auch Fn. 301.

[26] Europäischer Konsens vom Dezember 2005, Punkt 5.

[27] Zum Ganzen bereits ausführlich oben Kapitel C „Ziele der Entwicklungszusammenarbeit“, Abschnitt C.I.1.

[28] Nachfolgend: Europäischer Konsens vom Dezember 2005, Punkte 14ff.

[29] Europäischer Konsens vom Dezember 2005, Punkt 20. Zur Definition dieser Begrifflichkeiten: Mitteilung der Kommission „*Vorschlag für eine Gemeinsame Erklärung des Rates, des Europäischen Parlaments und der Kommission – Die Entwicklungspolitik der Europäischen Union – „Der Europäische Konsens“*“, KOM (2005) 311, endg. vom 13.7.2005, Punkt 2.4, Fn. 5, 6.

[30] Europäischer Konsens vom Dezember 2005, Punkt 13.

[31] Zu den geplanten und zum Teil bereits erfolgten Aufstockungen der Finanzhilfe: Europäischer Konsens vom Dezember 2005, Punkt 23, Fn. 7.

[32] Voranstehend: Europäischer Konsens vom Dezember 2005, Punkte 25ff.

[33] Europäischer Konsens vom Dezember 2005, Punkte 35ff.

Teil II des Europäischen Konsenses vom Dezember 2005, der die Richtschnur für die Umsetzung der EU-Entwicklungsvision auf Gemeinschaftsebene liefert, beginnt zunächst mit der Übernahme der EU-Entwicklungsziele, -grundsätze und –werte auch für die gemeinschaftliche Entwicklungszusammenarbeit[34]. Alsdann stellt das Strategiepapier die prioritären Bereiche und Querschnittsthemen der nächsten Jahre vor, d.h. es identifiziert ähnlich wie bereits die OPS all die Aktionsfelder, in denen die Maßnahmen der Gemeinschaft verglichen mit den Leistungen der Mitgliedstaaten einen Mehrwert erbringen, indem komparative Vorteile[35] ausgeschöpft werden können. Hintergrund einer solchen Arbeitsteilung in Abhängigkeit von den jeweils existenten komparativen Vorteilen ist hier wie dort die Gewährleistung von Komplementarität, von einer sich gegenseitig ergänzenden Entwicklungszusammenarbeit beider Geberebenen[36]. Ob für die Festlegung dieser Schwerpunkt- und Querschnittsbereiche darüber hinaus maßgeblich war, inwieweit diese zur Armutsbekämpfung und zur nachhaltigen Entwicklung beizutragen vermögen, lässt sich dem Strategiepapier nicht explizit entnehmen; zumindest werden diese Gesichtspunkte nicht dezidiert als Auswahlkriterien ausgewiesen. Aufgrund der Tatsache, dass die „Armutsbekämpfung im Kontext der nachhaltigen Entwicklung" das prioritäre Ziel auch der gemeinschaftlichen Entwicklungszusammenarbeit darstellt[37], ist allerdings implizit davon auszugehen, dass die benannten Felder diesen beiden Aspekten nach der Vorstellung der EG weitestgehend gerecht werden. Andernfalls nämlich wäre die Zieleproklamation reine Makulatur. Ferner weisen viele Beschreibungen der einzelnen vorrangigen Aktionsfelder direkt/ indirekt auf deren Beitrag zur Bekämpfung der Armut sowie zur nachhaltigen Entwicklung hin[38] – eine Tatsache, die den Einfluss dieser beiden Elemente im Rahmen der Identifizierung der Schwerpunkt- und Querschnittsbereiche bestätigt.

Die Anzahl dieser Schwerpunktbereiche hat sich gegenüber der OPS um drei auf neun vergrößert. In diesen neun Bereichen finden sich zwar die „alten" vorrangigen Aktionsfelder allesamt wieder. Viele sind jedoch zusammengefasst worden und bilden nur noch einen einzigen Förderbereich (z.B. Handel, regionale Integration), andere Aspekte hingegen sind aus ihrem bisherigen Aktionsbereich herausgeschält worden und erfahren durch ihre Erhebung zu einem eigenständigen Schwerpunktbereich (Informations- und Kommunikationstechnologien; Wasser; Landwirtschaft; menschliche und soziale Entwicklung; Beschäftigung und soziale Kohäsion) nunmehr eine stärkere Fokussierung. Eine deutlichere Akzentuierung wird überdies jenen Querschnittsthemen zuteil, die das Strategiepapier gleichzeitig als eigenen Schwerpunktbereich ausweist (z.B. Menschenrechte, Good Governance, Umweltdimension):

(1) *Handel und Regionalintegration* einschließlich der Förderung gerechten und ökologisch nachhaltigen Wachstums, der harmonischen, schrittweisen Eingliederung in die Weltwirtschaft und der Verknüpfung von Handel und Armutsminderung;

(2) Unterstützung der Anstrengungen und Stärkung der Kapazitäten der Partnerländer, die *Umweltdimension* in die Entwicklung einzubeziehen und multilaterale Umweltübereinkommen umzusetzen, sowie Förderung europäischer, nationaler, regionaler und globaler Initiativen zur *nachhaltigen Bewirtschaftung der natürlichen Ressourcen*;

---

[34] Europäischer Konsens vom Dezember 2005, Punkte 41ff.

[35] Den komparativen Vorteilen der Gemeinschaftshilfe widmen sich ausführlich die Punkte 47ff des Europäischen Konsenses vom Dezember 2005. Dabei ist anzumerken, dass die genannten komparativen Vorteile zum Großteil den bereits vorgestellten (vgl. oben Kapitel D „Gemeinschaftsrechtliche Handlungsvorgaben", Abschnitt D.I.2.2.2) entspricht.

[36] Europäischer Konsens vom Dezember 2005, Punkt 46.

[37] Europäischer Konsens vom Dezember 2005, Punkt 42.

[38] Europäischer Konsens vom Dezember 2005, z.B. Punkte 83, 86, 97, 72f, 77, 80, 82, 88, 101.

(3) Förderung eines wirtschaftlich, finanziell, ökologisch und institutionell nachhaltigen *Verkehrswesens*, der *„Infrastrukturpartnerschaft“* sowie der *Informations- und Kommunikationstechnologien*;

(4) Integrierte Bewirtschaftung der *Wasserressourcen* einschließlich der Bereitstellung einer ausreichenden Menge an Trinkwasser guter Qualität und der angemessenen sanitären Versorgung und Hygiene für jedermann, sowie Verbesserung des Zugangs zu modernen, erschwinglichen, nachhaltigen und sauberen/ erneuerbaren *Energieversorungsleistungen*;

(5) Stärkung der *ländlichen Entwicklung* durch u.a. die Unterstützung von *Raumplanungskonzepten*, ferner Ankurbelung der *Landwirtschaft* durch u.a. die nachhaltige Intensivierung der Produktion, die Verbesserung des Zugangs zu Produktionsmitteln, der Wettbewerbsfähigkeit und des Risikomanagements, und schließlich Einsatz für die *Ernährungssicherheit*;

(6) Verbesserung der *Regierungsführung* vor allem in den Bereichen Finanzen, Steuern, Reformen des öffentlichen Sektors, des Justizsystems und zur Korruptionsbekämpfung, sowie Achtung der *Menschenrechte*, Stärkung *demokratischer Prinzipien* und der *Rechtsstaatlichkeit* sowie Unterstützung *ökonomischer und institutioneller Reformen* in Koordination mit den Bretton Woods Institutionen;

(7) *Prävention* gegen das Entstehen von *anfälligen Staaten* und schwierigen Partnerschaften, von *Konflikten*, Naturkatastrophen und anderen Krisen, sowie Konfliktlösung und Friedenssicherung durch u.a. die Bekämpfung der Ursachen gewalttätiger Konflikte;

(8) Unterstützung des Gesundheits- und Bildungswesens, der Kultur und der Geschlechtergleichstellung im Rahmen der menschlichen und *sozialen Entwicklung*;

(9) Förderung der *Beschäftigung* als essenzielle Voraussetzung für die Realisierung eines hohen Maßes an *sozialem Zusammenhalt.*

Hinzu kommen folgende Querschnittsbereiche[39]: Demokratie, Good Governance, Menschenrechte im Allgemeinen und Rechte der Kinder und der indigenen Völker im Besonderen, Geschlechtergleichstellung, Umweltdimension, Konfliktprävention sowie HIV/ AIDS.

Betrachtet man die künftigen Schwerpunkt- und Querschnittsbereiche, so wird sichtbar, dass die Europäische Gemeinschaft die wirtschaftliche Entwicklungskomponente doch sehr zurückgenommen hat, wohingegen sie die politische, soziale und ökologische Dimension von Entwicklung, angesichts der geänderten Sicherheitslage seit den Anschlägen vom 11. Oktober zudem die Sicherheitspolitik stärker in den Vordergrund gerückt hat. Angesichts der im Abschnitt I identifizierten Schwächen der regionalen Entwicklungszusammenarbeit, die allesamt auf sozialem und ökologischem, mitunter auch auf politischem Gebiet auszumachen sind, kann der EG nur angeraten werden, diese „Trendwende“ oder zumindest „Schwerpunkterweiterung“ der gemeinschaftlichen Entwicklungszusammenarbeit – ein Weniger an neoliberaler Akzentuierung, ein Mehr an Engagement für den Menschen, die Umwelt und Good Governance - nicht nur auf dem Papier einzuläuten, sondern alsbald mit Taten zu belegen. Als erster Schritt in Richtung Umsetzung dieser neuen Gewichtung können sicherlich die voraussichtlich ab 1.1.2007 in Kraft tretenden, politik- bzw. strategiegesteuerten sowie horizontalen Finanzverordnungen[40] betrachtet werden, verinnerlichen diese doch bereits größtenteils den

[39] Europäischer Konsens vom Dezember 2005, Punkte 100ff.
[40] Zu diesen oben im Kapitel D „Gemeinschaftsrechtliche Handlungsvorgaben“, Abschnitt D.II.2.3.1.

künftigen Ansatz. Gerade die Bestimmungen über den sachlichen Anwendungsbereich – der eben diese Schwerpunkterweiterung inkorporiert - sind allerdings kaum näher ausdifferenziert, was es den Empfängerstaaten durchaus erschweren oder gar unmöglich machen könnte, aus ihnen unmittelbar Rechte abzuleiten und die EG in Pflicht zu nehmen. Und zur zügigen Klärung ihrer Rechtsposition kann im Gegensatz zur vertraglich fixierten Hilfe auf kein zwischenstaatliches Streitschlichtungsverfahren zurückgegriffen werden. Zudem vermögen die Verordnungen keine paritätisch besetzten Gremien zu etablieren, in denen die Empfängerländer ihren entwicklungspolitischen Vorstellungen und Prioritäten als gleichberechtigter Partner Ausdruck verleihen und im Dialog mit den europäischen Partnern die genaue und auf ihr Land abgestimmte Richtung der künftigen Entwicklungspartnerschaft festlegen könnten[41]. Im Gegensatz dazu bleibt die wirtschaftliche Entwicklungsförderung in Gestalt der Handelspräferenzen bzw. der Freihandelszonen mit den Entwicklungsländern überwiegend vertraglich fixiert – man denke nur an die EPAs mit den AKP-Staaten oder die entsprechenden Passagen in den Europa-Mittelmeer-Abkommen.

Soll also die verstärkte Fokussierung auf politische, soziale und ökologische Entwicklungskomponenten nicht bei einem bloßen Lippenbekenntnis bleiben, so täte die Europäische Gemeinschaft gut daran, diese Schwerpunkte in die bestehenden entwicklungspolitischen Verträge einzuarbeiten. Dadurch wäre es den Empfängerstaaten möglich, die neuen Aktionsfelder gemeinsam mit den europäischen Vertragspartnern in einem vertraglichen Rahmen zu konkretisieren, voranzutreiben und präzise Ziele festzumachen. Diese müssten alsdann von der EG respektive der Kommission bei der Programmierung der Hilfe im Rahmen der neuen Verordnungen „berücksichtigt"[42] werden. Alternativ könnte die EG die geplanten Regelwerke dahingehend modifizieren, den Empfängerländern konkrete und vor allem ausdifferenzierte Beteiligungsrechte am Programmierungsprocedere einzuräumen, die diesen ebenfalls einen gewissen Einfluss auf die ihr Land betreffende Gestaltung der Entwicklungspolitik der nächsten Jahre sichern würden[43].

Wenn sich demnach die Europäische Gemeinschaft nicht den Vorwurf gefallen lassen möchte, dass die künftige Entwicklungs*zusammenarbeit* ohne rechtlich gesicherte „Mitbestimmung" und infolgedessen auch Ownership der Empfängerländer implementiert wird, so kommt sie m.E. nicht umhin, sich für eine der beiden vorgenannten Alternativen zu entscheiden.

---

[41] Ein auf die individuellen Bedürfnisse, Strategien, Prioritäten und örtlich vorherrschenden Rahmenbedingungen abgestimmtes „differenziertes" Entwicklungskonzept soll indes weiterhin verfolgt werden (vgl. Europäischer Konsens vom Dezember 2005, Punkte 56ff, 67f).

[42] Vgl. Art. 7II des geplanten ENPI (KOM (2004) 628, endg. vom 29.9.2004).

[43] Der Vorschlag zum DCECI spricht bislang nur eine Beteiligungs*möglichkeit* der Partnerländer an (Art. 4II des geplanten DCECI (KOM (2004) 629, endg. vom 29.9.2004)), der Vorschlag zum ENPI (KOM (2004) 428, endg. vom 29.9.2004) äußert sich diesbezüglich überhaupt nicht.

LITERATURVERZEICHNIS

Addo, Michael K. — A Critical Analysis of the Perennial International Law Problems of the EEC-ACP-Relationship
in: GYIL 1990, S. 37ff
zitiert:
Addo, International Law Problems of the EEC-ACP-Relationship, in: GYIL 1990, S. 37ff, XX

Allaya, Mahmoud — Die Arbeiterwanderung aus den Mittelmeerländern nach Europa
in: Regul, Rudolf (Hrsg.), Die Europäischen Gemeinschaften und die Mittelmeerländer, S. 135ff
Nomos, Baden-Baden 1977

Arnim, Henning von — Die Entwicklungspolitik der Europäischen Gemeinschaften am Beispiel des „Allgemeinen Präferenzsystems“
in: ZfZ 1984, S. 290ff
zitiert:
Arnim, Die Entwicklungspolitik der Europäischen Gemeinschaften, in: ZfZ 1984, S. 290ff, XX

Arts, Karin — ACP-EU Relations in a new Era: The Cotonou Agreement
in: CMLRev. 2003, S. 95ff
zitiert:
Arts, ACP-EU Relations in a New Era, in: CMLRev. 2003, S. 95ff, XX

Arts, Karin — Integrating Human Rights into Development Cooperation: The Case of the Lomé Convention
Kluwer Law International, The Hague u.a. 2000
zitiert:
Arts, Integrating Human Rights into Development Cooperation, S. XX

Arts, Karin — Political dialogue requires investment: meeting the human rights commitment of the Cotonou Agreement
in: The Courier, Nr. 200 (2003), S. 21ff
zitiert:
Arts, Political dialogue, in: The Courier, Nr. 200 (2003), S. 21ff, XX

Ay, Peter/ Kappel, Robert — Hindernisse und Potentiale in EU-Konzeptionen zur Armutsbekämpfung
in: JEP 1999, XV/2, S. 309ff

Babarinde, Olufemi/ Faber, Gerrit — From Lomé to Cotonou: Business as usual?
in: EFARev. 2004, S. 27ff
zitiert:
Babarinde/ Faber, From Lomé to Cotonou, in: EFARev. 2004, S. 27ff, XX

Bachmann, Ernst-Udo
Die Präferenzregelungen der Europäischen Gemeinschaft
in: ZfZ 1989, S. 13ff, 34ff

Bäcker, Gabriele
Kompetenzverteilung und Entscheidungsverfahren in der europäischen Entwicklungszusammenarbeit nach Maastricht
Institut für Entwicklungsforschung und Entwicklungspolitik der Ruhr-Universität Bochum, Bochum 1994
zitiert:
Bäcker, Kompetenzverteilung und Entscheidungsverfahren, S. XX

Barbagallo, Sveva
Evolution of the Legal Framework of the European Union's Development Cooperation Policy
in: Cosgrove-Sacks, Carol (Hrsg.), Europe, Diplomacy and Development, S. 193ff
Palgrave, New York 2001
zitiert:
Barbagallo, Evolution of the Legal Framework, in: Cosgrove-Sacks (Hrsg.), Europe, Diplomacy and Development, S. 193ff, XX

Baumgartner, Dirk
Institutionelle Aspekte des AKP-EWG-Abkommens von Lomé
in: EuR 1978, S. 105ff

Beck, Helmut
Die Differenzierung von Rechtspflichten in den Beziehungen zwischen Industrie- und Entwicklungsländern: eine völkerrechtliche Untersuchung für die Bereiche des internationalen Wirtschafts-, Arbeits- und Umweltrechts
Peter Lang, Frankfurt am Main u.a. 1994
zitiert:
Beck, Differenzierung von Rechtspflichten, S.

Becker, Jürgen
Die Partnerschaft von Lomé: eine neue zwischenstaatliche Kooperationsform des Entwicklungsvölkerrechts
Nomos Verlagsgesellschaft, Baden-Baden 1979
zitiert:
Becker, Partnerschaft von Lomé, S. XX

Becker, Jürgen
Entwicklungskooperation in einem sich wandelnden Weltsystem
Alfred Metzner, Frankfurt am Main 1982
zitiert:
Becker, Entwicklungskooperation, S. XX

Bell, Andrew
The Quest for Coherence between EU Policies: An unattainable Goal?
in: Cosgrove-Sacks, Carol (Hrsg.), Europe, Diplomacy and Development, S. 206ff
Palgrave, New York 2001
zitiert:
Bell, The Quest for Coherence, in: Cosgrove-Sacks (Hrsg.), Europe, Diplomacy and Development, S. 206ff, XX

Ben Salem, Hatem
Maghreb-CEE-pays de l'est: fatalité de la trilogie ou consécration du trilatéralisme?
in: RMC 1991, S. 451ff
zitiert:
Ben Salem, Maghreb-CEE-pays de l'est, in: RMC 1991, S. 451ff, XX

Benedek, Wolfgang
Menschenrechte und Entwicklung am Beispiel der Europäischen Union
in: Liebmann, Andreas/ Amon, Werner (Hrsg.) Dimensionen 2000: Umwelt, Friede und Entwicklung
Verlag Holzhausen, Wien 1997
zitiert:
Benedek, Menschenrechte, in: Liebmann/ Amon (Hrsg.), Dimensionen 2000, S. 145ff, XX

Benedikt, Clemens
Veränderungen der EU-Entwicklungspolitik im europäischen Integrationsprozess der 90er Jahre
in: JEP 2002, S. 119ff

Betz, Joachim
Das neue AKP-EG-Abkommen („Lomé IV")
in: Jahrbuch Dritte Welt, S. 104ff
Beck, München 1991
zitiert:
Betz, Lomé IV, in: Jahrbuch Dritte Welt 1991, S. 104ff, XX

Betz, Joachim
Stichwort „Entwicklungsländer"
in: Wolfrum, Rüdiger (Hrsg.), Handbuch der Vereinten Nationen, S. 123ff, Beck, München, 2. Auflage 1991
zitiert:
Betz, Stichwort „Entwicklungsländer", in: Wolfrum (Hrsg.), Handbuch VN, S. 123ff, XX

Betz, Joachim
The Social Effects of Adjustment Policy in LDCs
in: Intereconomics 1990, S. 125ff

Beyerlin, Ulrich
Staatliche Souveränität und internationale Umweltschutzkooperation
in: Recht zwischen Umbruch und Bewahrung
Festschrift für Rudolf Bernhardt, S. 937ff
Beyerlin, Ulrich/ Bothe, Michael/ Hofmann, Rainer/ Petersmann, Ernst-Ulrich (Hrsg.)
Springer Verlag, Berlin u.a. 1995
zitiert:
Beyerlin, Staatliche Souveränität und internationale Umweltschutzkooperation, in: Beyerlin u.a. (Hrsg.), Recht zwischen Umbruch und Bewahrung, S. 937ff, XX

Birnie, Patricia W./ Boyle, Alan E.
International Law and the Environment
Clarendon Press, Oxford 1992

Bleckmann, Albert	Der gemischte Vertrag im Europarecht in: EuR 1976, S. 301ff
Bleckmann, Albert	Europarecht: Das Recht der Europäischen Union und der Europäischen Gemeinschaften Heymanns, Köln u.a., 6. Auflage 1997 zitiert: *Bearbeiter*, in: Bleckmann, Europarecht, Ziffer
Bleckmann, Albert	Völkerrecht Nomos, Baden-Baden 2001
Boeckh, Andreas	Entwicklungstheorien: Eine Rückschau in: Nohlen, Dieter/ Nuscheler, Franz (Hrsg.), Handbuch der Dritten Welt, Band 1, S. 110ff J.H.W. Dietz Nachf., Bonn, 3. Auflage 1992
Boeckh, Andreas	Stichwort „Dependencia-Theorien" in: Nohlen, Dieter (Hrsg.), Lexikon Dritte Welt, S. 181ff Rowohlt, Reinbek 2002
Boeckh, Andreas/ Speier, Petra	Stichwort „Terms of Trade" in: Nohlen, Dieter (Hrsg.), Lexikon Dritte Welt, S. 782ff Rowohlt, Reinbek 2002
Bossuyt, Jean/ Carlsson, Jerker/ Laporte, Geert/ Oden, Bertil	Improving the Complementarity of European Union Development Cooperation: From the Bottom Up ECDPM Discussion Paper 4 ECDPM, Maastricht 1999 zitiert: *Bossuyt u.a.*, Improving the Complementarity, S. XX
Bossuyt, Jean/ Koulaïmah-Gabriel, Andrea/ Laporte, Geert/ Solignac Lecomte, Henri-Bernard	Comparing the ACP and EU negotiating mandates in: The Courier, Nr. 173 (1999), S. 72ff
Bothe, Michael	"Soft Law" in den Europäischen Gemeinschaften? in: Von Münch, Ingo (Hrsg.), Staatsrecht – Völkerrecht – Europarecht, FS für Hans-Jürgen Schlochauer, S. 761ff De Gruyter, Berlin u.a. 1981 zitiert: *Bothe*, „Soft Law", in: Von Münch (Hrsg.), Staatsrecht – Völkerrecht – Europarecht, S. 761ff, XX
Bourin, Philippe	La troisième génération de protocoles financiers avec les pays du Maghreb et du Mashrek in: RMC 1989, S. 19ff

Brandtner, Barbara — Die Entwicklungspolitik der EG und die Beziehungen zu den Staaten der Dritten Welt
in: Röttinger, Moritz/ Weyringer, Claudia (Hrsg.), Handbuch der europäischen Integration, S. 601ff
Manz, Wien, 1. Auflage 1991
zitiert:
Brandtner, Die Entwicklungspolitik der EG, in: Röttinger/ Weyringer (Hrsg.), Handbuch der europäischen Integration, S. 601ff, XX

Brandtner, Barbara/ Pirzio-Biroli, Corrado — Die Entwicklungspolitik der EU und die Beziehungen zu den Staaten der Dritten Welt
in: Röttinger, Moritz/ Weyringer, Claudia (Hrsg.), Handbuch der europäischen Integration, S. 580ff
Manz, Wien, 2. Auflage 1996
zitiert:
Brandtner/ Pirzio-Biroli, Die Entwicklungspolitik der EU, in: Röttinger/ Weyringer (Hrsg.), Handbuch der europäischen Integration, S. 580ff, XX

Brandtner, Barbara/ Rosas, Allan — Human Rights and the External Relations of the European Community: An Analysis of Doctrine and Practice
in: EJIL 1998, S. 468ff
zitiert:
Brandtner/ Rosas, Human Rights and the External Relations of the European Community, in: EJIL 1998, S. 468ff, XX

Brandtner, Barbara/ Rosas, Allan — Trade Preferences and Human Rights
in: Alston, Philip (Hrsg.), The EU and Human Rights, S. 699ff
Oxford University Press, Oxford u.a. 1999

Breitwieser, Franz — Entwicklungspolitisches Engagement der Europäischen Union
in: JEP 1994, S. 101ff

Brigaldino, Glenn — Neue Konturen der Zusammenarbeit zwischen der EU und den AKP-Staaten
in: APUZ B20/1994, S. 26ff
zitiert:
Brigaldino, Neue Konturen der Zusammenarbeit, in: APUZ B20/1994, S. 26ff, XX

Brüne, Stefan — Die Konvention von Cotonou
in: Nord-Süd aktuell 2001, S. 338ff

Bundesministerium für wirtschaftliche Zusammenarbeit und Entwicklung (Hrsg.) — Medienhandbuch Entwicklungspolitik 2002
zitiert:
BMZ (Hrsg.), Medienhandbuch, S. XXX

Calliess, Christian — Subsidiaritäts- und Solidaritätsprinzip in der Europäischen Union
Nomos, Baden-Baden 1996

Calliess, Christian/ Ruffert, Matthias (Hrsg.)	Kommentar des Vertrages über die Europäische Union und des Vertrages zur Gründung der Europäischen Gemeinschaft – EUV/ EGV – Luchterhand, Neuwied u.a., 2. Auflage 2002 zitiert: *Bearbeiter*, in: Calliess/ Ruffert (Hrsg.), EUV/ EGV, Art., Rn.
Carbone, Maurizio	Taking further steps towards Cotonou membership in: The Courier, Nr. 196 (2003), S. 6f
Chaltiel, Florence	L'Union Européenne et le development durable in: RMC 2003, S. 24ff
Clauss, Max Walter	Die Dritte Phase der Europäisch-Afrikanischen Assoziierung in: VRÜ 1968, S. 453ff
Cloos, Jim/ Reinesch, Gaston/ Vignes, Daniel/ Weyland, Joseph	Le Traité de Maastricht Émile Bruyante, Brüssel, 2. Auflage 1994
Cova, Colette	Les conséquences de l'élargissement pour les pays associés: un dossier insoluble in: RMC 1982, S. 377ff
Cova, Colette	Lomé IV: une Convention pour 10 ans in: RMC 1990, S. 1f
Cova, Colette	Une nouvelle politique méditerranéenne in: RMC 1990, S. 349f
Cox, Aidan/ Chapman, Jenny	The European Community External Cooperation Programmes Europäische Kommission, Brüssel 2000
DAC	Shaping the 21st Century: The Contribution of Development Co-operation OECD, Paris 1996 zitiert: *DAC*, Shaping the 21st Century, S. XX
Dauderstädt, Michael	Europa und Nordafrika: Mehr Paranoia als Partnerschaft in: Reihe Eurokolleg 1996, S. 1ff
Dauses, Manfred A.	Die Beteiligung der Europäischen Gemeinschaften an multilateralen Völkerrechtsübereinkommen in: EuR 1979, S. 119ff
David, Dominique	40 years of Europe-ACP partnership in: The Courier, September 2000, special issue Cotonou Agreement, S. 11ff

De Fleurieu, Marc Claret — Towards more effective development cooperation: the EU's coordination and harmonisation initiative
in: The Courier, Nr. 196 (2003), S. 18ff
zitiert:
De Fleurieu, EU's coordination and harmonisation, in: The Courier, Nr. 196 (2003), S. 18ff, XX

Dehousse, Renard — Community Competences: Are there Limits to Growth?
in: Dehousse, Renard (Hrsg.), Europe after Maastricht: an ever closer Union?
Beck, München 1994
zitiert:
Dehousse, Community Competences, in: Dehousse (Hrsg.), Europe after Maastricht, S. 103ff, XX

Denters, Erik — Good governance and development cooperation: towards a global approach
in: Ginther, Konrad/ Denters, Erik/ de Waart Paul J.I.M. (Hrsg.), Sustainable Development and Good Governance, S. 308ff
Martinus Nijhoff, Dordrecht u.a. 1995
zitiert:
Denters, Good Governance and development cooperation, in: Ginther/ Denters/ de Waart (Hrsg.), Sustainable development, S. 308ff, XX

Desesquelles, Gilles — The non-governmental actors
in: The Courier, Nr. 181 (2000), S. 6ff

Deutscher Bundestag — Denkschrift zum AKP-EG-Partnerschaftsabkommen (Abkommen von Cotonou)
in: Bundestagsdrucksache 14/7053, S. 278ff
zitiert:
Bundestag, Abkommen von Cotonou, in: BTDS 14/7053, S. 278ff, XX

Dickson, Anna K. — The Demise of the Lomé Protocols: Revising European Development Policy
in: EFARev. 2000, S. 197ff

Deutsches Institut für Entwicklungspolitik (Hrsg.) — Förderung der Zivilgesellschaft in Entwicklungsländern – am Beispiel der europäischen Entwicklungszusammenarbeit
Analysen und Stellungnahmen 6/99
DIE, Berlin 1999
zitiert:
DIE (Hrsg.), Förderung der Zivilgesellschaft in Entwicklungsländern, S. XX

Donatella, Fabrizio — The private sector in the new agreement
in: The Courier, Nr. 181 (2000), S. 21ff

Dörr, Oliver
Kompendium völkerrechtlicher Rechtssprechung
Mohr Siebeck, Tübingen 2004

Droutsas, Dimitri E.
Die Mittelmeerpolitik der EU
in: ecolex 1997, S. 131ff

EDCPM (Hrsg.)
Cotonou Infokit: Regional Economic Partnership Agreement
abgedruckt in: BMZ (Hrsg.), Materialien, Das Abkommen von Cotonou – neue Wege in der AKP-EG-Partnerschaft, S. 18ff
Bonn 2002

Ehlermann, C. – D.
Mixed Agreements – A List of Problems
in: O'Keeffe, David, Schermers, Henry G. (Hrsg.), Mixed Agreements
Kluwer Law and Taxation Publishers, Antwerpen u.a. 1984

Eld-Thorffin, Cecilia
Improving financial cooperation
in: The Courier, Nr. 181 (2000), S. 24f

Elgström, Ole
Lomé and Post-Lomé: Asymmetric Negotiations and the Impact of Norms
in: EFARev. 2000, S. 175ff

Elsenhans, Hartmut
Eklektizismus zur Erreichung von Kohärenz
in: Kappel, Robert (Hrsg.), Weltwirtschaft und Armut, S. 1ff
Deutsches Übersee Institut, Hamburg 1997

Europäische Kommission
Annual Report 2004 on the European Community's development policy and external assistance
Europäische Kommission, Brüssel 2004
zitiert:
Kommission, Annual Report 2004, S. XX

Europäische Kommission
Development Cooperation Policy in the Run-Up to 2000
Collection of the communications from the Commission to the Council and the European Parliament and of relevant resolutions, declarations and conclusions of the Council of Ministers May 1992/ May 1995
Europäische Kommission, Brüssel 1996
zitiert:
Kommission, Development Cooperation Policy, S. XX

Europäische Kommission
Europa – dritte Welt, ein Dialog
Europäische Kommission, Brüssel 1988

Europäische Kommission
European Commission Report on Millennium Development Goals 2000 – 2004
Europäische Kommission, Brüssel 2004
zitiert:
Kommission, Report on Millennium Development Goals, S. XX

Europäische Kommission
Fighting Hunger – Food Security at the heart of Poverty Reduction
Europäische Kommission, Brüssel 2001
zitiert:
Kommission, Fighting Hunger, S. XX

Europäische Kommission
Gender Equality in Development Co-operation
Europäische Kommission, Brüssel 2003
zitiert:
Kommission, Gender Equality, S. XX

Europäische Kommission
Gesamtbericht über die Tätigkeit der Europäischen Union, diverse Jahrgänge
Europäische Kommission, Brüssel, diverse Jahrgänge
zitiert:
Kommission, Gesamtbericht XXXX, S. XX

Europäische Kommission
Jahresbericht 2003 der Kommission an den Rat und das Europäische Parlament über die Entwicklungspolitik und die Aussenhilfe im Jahr 2002
Europäische Kommission, Brüssel 2003
zitiert:
Kommission, Jahresbericht 2003, Punkt XX

Europäische Kommission
The consequences of enlargement for development policy
Europäische Kommission, Brüssel 2003

Europäische Kommission
Union Européenne – Maghreb: 25 ans de coopération 1976 - 2001
Europäische Kommission, Brüssel 2000

Everling, Ulrich
Die Neuregelung des Assoziationsverhältnisses zwischen der Europäischen Wirtschaftsgemeinschaft und den afrikanischen Staaten und Madagaskar sowie den überseeischen Ländern und Hoheitsgebieten
in: ZaöRV 1964, S. 472ff
zitiert:
Everling, Die Neuregelung des Assoziationsverhältnisses, in: ZaöRV 1964, S. 472ff, XX

Everling, Ulrich
Probleme atypischer Rechts- und Handlungsformen bei der Auslegung des europäischen Gemeinschaftsrechts
in: Bieber, Roland/ Ress, Georg (Hrsg.), Die Dynamik des Europäischen Gemeinschaftsrechts
Nomos, Baden-Baden 1987
zitiert:
Everling, Probleme atypischer Rechts- und Handlungsformen, in: Bieber/ Ress, Dynamik des Europäischen Gemeinschaftsrechts, S. 417ff, XX

Faber, Gerrit
The European Community and development cooperation
Van Gorcum, Assen 1982

Falk, Katrin/ Schwehm, Johannes u.a.
Stichwort „HABITAT“
in: Nohlen, Dieter (Hrsg.), Lexikon Dritte Welt, S. 361
Rowohlt, Reinbek 2002

Fellner, Peter Christian
Die Vertragswerke von Lomé – eine Kurzeinführung
in: JEP 1994, S. 139ff

Fischer, Bernhard
Die Entwicklungszusammenarbeit der Europäischen Gemeinschaft vor und nach Maastricht
HWWA-Report Nr. 127
HWWA - Institut für Wirtschaftsforschung, Hamburg 1993

Fischer, Robert C.
Der Umfang der Befugnis der Europäischen Gemeinschaft zum Abschluß von Handels- und Assoziierungsabkommen
Kölner Schriftenreihe zum Europarecht, Band 25 (Die Außenbeziehungen der Europäischen Gemeinschaft), S. 1ff
Carl Heymann, Köln u.a. 1974

zitiert:
Fischer, Handels- und Assoziierungsabkommen, in: KSE Bd. 25, S. 1ff, XX

Fischer, Roger A.
Das Assoziationsrecht der Europäischen Gemeinschaften
Universitätsdissertation, Bonn 1994

zitiert:
Fischer, Assoziationsrecht, S. XX

Flaesch-Mougin, Catherine
Le traité de Maastricht et les compétences externes de la Communauté Européenne: à la recherche d'une politique externe de l'union
in: CDE 1993, S. 351ff

zitiert:
Flaesch-Mougin, Le traité de Maastricht, in: CDE 1993, S. 351ff, XX

Flory, Maurice
Handelspolitik und Entwicklungspolitik.
in: Kommission der Europäischen Gemeinschaften (Hrsg.), Dreißig Jahre Gemeinschaftsrecht
Europäische Kommission, Brüssel 1983

zitiert:
Flory, Handelspolitik und Entwicklungspolitik, in: Kommission (Hrsg.), Dreißig Jahre Gemeinschaftsrecht, S. 409ff, XX

Focke, Katharina
Die entwicklungspolitische Rolle des Europäischen Parlaments: Rückblick und Zukunftsperspektiven
in: Nuscheler, Franz/ Schmuck, Otto (Hrsg.), Die Süd-Politik der EG: Europas entwicklungspolitische Verantwortung in der veränderten Weltordnung, S. 59ff
Europa Union Verlag, Bonn 1992

Forwood, Genevra | Complementarity in the European Union's Development Policy: Fifteen plus One?
in: Cosgrove-Sacks, Carol (Hrsg.), Europe, Diplomacy and Development, S. 215ff
Palgrave, New York 2001
zitiert:
Forwood, Complementarity, in: Cosgrove-Sacks (Hrsg.), Europe, Diplomacy and Development, S. 215ff, XX

Forwood, Genevra | The Road to Cotonou: Negotiating a successor to Lomé
in: Journal of Common Market Studies 2001, S. 423ff
zitiert:
Forwood, The Road to Cotonou, in: Journal of Common Market Studies 2001, S. 423ff, XX

Franck, Thomas M. | The Emerging Right to Democratic Governance
in: AJIL 1992, 46ff

Frisch, Dieter | Grundzüge einer europäischen Entwicklungspolitik nach Maastricht
in: IPG 1994, S. 122ff

Frisch, Dieter | Jenseits von Lomé IV: Die Zukunft der EU-AKP-Beziehungen nach dem Jahr 2000
in: E+Z 1998, S. 96f
zitiert:
Frisch, Jenseits von Lomé IV, in: E+Z 1998, S. 96f, XX

Frisch, Dieter | „Lomé III": Das neue Abkommen zwischen der Europäischen Gemeinschaft und den AKP-Staaten
in: EA 1985, S. 57ff
zitiert:
Frisch, „Lomé III", in: EA 1985, S. 57ff, XX

Frisch, Dieter | Zur Zukunft des Lomé-Abkommens – Erste Überlegungen zur europäischen Afrika – Politik nach dem Jahr 2000
in: afrika spectrum 1996, S. 57ff
zitiert:
Frisch, Zur Zukunft des Lomé-Abkommens, in: afrika spectrum 1996, S. 57ff, XX

Gakunu, Peter | What future for trade?
in: The Courier, Nr. 181 (2000), S. 17ff

Geiger, Rudolf | EUV/ EGV
Vertrag über die Europäische Union und Vertrag über zur Gründung der Europäischen Gemeinschaft
Beck, München, 4. Auflage 2004
zitiert:
Geiger, EUV/ EGV, Art., Rn.

Geradin, Damien/ Petit, Nicolas — Competition Law and the Euro-Mediterranean Partnership
in: EFARev. 2003, S. 153ff

Gilsdorf, Peter — Die Außenkompetenzen der EG im Wandel – eine kritische Auseinandersetzung mit Praxis und Rechtsprechung –
in: EuR 1996, S. 145ff

zitiert:
Gilsdorf, Die Außenkompetenzen der EG, in: EuR 1996, S. 145ff, XX

Gilsdorf, Peter — Die Rechtswirkungen der im Rahmen von Gemeinschaftsabkommen erlassenen Organbeschlüsse
in: EuZW 1991, S. 459ff

Ginther, Konrad — Sustainable development and good governance: development and evolution of constitutional orders
in: Ginther, Konrad/ Denters, Erik/ de Waart Paul J.I.M. (Hrsg.), Sustainable Development and Good Governance, S. 150ff
Martinus Nijhoff, Dordrecht u.a.1995

zitiert:
Ginther, Sustainable development, in: Ginther/ Denters/ de Waart (Hrsg.), Sustainable development, S. 150ff, XX

Ginther, Konrad — Zivilgesellschaft und Entwicklung
in: VRÜ 30 (1997), S. 137ff

Gomes, Sophie da Câmara Santa Clara — The political dimension of the new ACP-EU partnership
in: The Courier, Nr. 181 (2000), S. 10ff

Goulongana, Jean-Robert — Together we must take up the challenges of the Cotonou Agreement
in: The Courier, September 2000, special issue Cotonou Agreement, S. 4f

Grabitz, Eberhard — Die Entwicklungspolitik der Europäischen Gemeinschaften – Ziele und Kompetenzen
in: EuR 1977, S. 217ff

zitiert:
Grabitz, Die Entwicklungspolitik der Europäischen Gemeinschaften, in: EuR 1977, S. 217ff, XX

Grabitz, Eberhard/ Hilf, Meinhard (Hrsg.) — Das Recht der Europäischen Union

Band II: EUV/ EGV
Loseblattsammlung
Beck, München, Stand April 2003

Altband I (bis Art. 136a aF)
Loseblattsammlung
Beck, München, Stand Juli 2000

Altband II (ab Art. 137 aF)
Loseblattsammlung
Beck, München, Stand Oktober 1999
zitiert:
Bearbeiter, in: Grabitz/ Hilf (Hrsg.), EUV/ EGV, Art. Rn.
Bearbeiter, in: Grabitz/ Hilf (Hrsg.), EUV/ EGV, Altband I, Art., Rn.
Bearbeiter, in: Grabitz/ Hilf (Hrsg.), EUV/ EGV, Altband II, Art., Rn.

Groeben, Hans von der/ Thiesing, Jochen/ Ehlermann, Claus-Peter (Hrsg.)
Kommentar zum EU-/ EG-Vertrag
Nomos Verlagsgesellschaft, Baden-Baden, 5. Auflage 1999
zitiert:
Bearbeiter, in: Groeben/ Thiesing/ Ehlermann (Hrsg.), EU-/ EG-Vertrag, Art., Rn.

Groeben/ Hans von der, Schwarze, Jürgen (Hrsg.)
Kommentar zum Vertrag über die Europäische Union und zur Gründung der Europäischen Gemeinschaft
Nomos, Baden-Baden, 6. Auflage 2003
(Fortsetzung von: von der Groeben/ Thiesing/ Ehlermann (Hrsg.), Kommentar zum EU/ EG-Vertrag, 5. Auflage)
zitiert:
Bearbeiter, in: von der Groeben/ Schwarze (Hrsg.), EUV/ EGV, Art., Rn.

Hailbronner, Kay
Die Freizügigkeit türkischer Staatsangehöriger nach dem Assoziations-Abkommen EWG/ Türkei
in: EuR 1984, S. 54ff
zitiert:
Hailbronner, Die Freizügigkeit türkischer Staatsangehöriger, in: EuR 1984, S. 54ff, XX

Hailbronner, Kay/ Klein, Eckhart/ Magiera, Siegfried/ Müller-Graff, Peter-Christian (Hrsg.)
Handkommentar zum Vertrag über die Europäische Union (EUV/ EGV)
Loseblattsammlung, Stand 1998
Carl Heymanns, Köln u.a. 1998
zitiert:
Bearbeiter, in: H/K/M/M-G (Hrsg.), EUV/ EGV, Art., Rn.

Hakura, Fadi S.
The Euro-Mediterranean policy: The implications of the Barcelona Declaration
in: CMLRev. 1997, S. 337ff
zitiert:
Hakura, The Euro-Mediterranean policy, in: CMLRev. 1997, S. 337ff, XX

Hartmann, Christoph
Demokratisierungsprozesse in Afrika und die europäische Entwicklungspolitik
in: Nord-Süd aktuell 1995, S. 425ff
zitiert:
Hartmann, Demokratisierungsprozesse in Afrika, S. 425ff, XX

Hasenpflug, Hajo
Ausgestaltung und handelspolitische Wirkungen der EG-Assoziierungs- und Präferenzpolitik gegenüber den Entwick-

lungsländern
in: Loch, Theo M./ Hasenpflug, Hajo (Hrsg.), Die Assoziierungs- und Präferenzpolitik der EG, S. 49ff
Europa Union Verlag, Bonn 1974

Hauff, Volker (Hrsg.)
Unsere gemeinsame Zukunft – Der Brundtland-Bericht der Weltkommission für Umwelt und Entwicklung
Eggenkamp Verlag, Gerven 1987
zitiert:
Hauff (Hrsg.), Unsere gemeinsame Zukunft, S. XX

Hein, Wolfgang
Unterentwicklung – Krise der Peripherie
Leske + Buderich, Opladen 1998
zitiert:
Hein, Unterentwicklung, S.

Heinz, Ursula
Stichwort „Weltwirtschaftsordnung"
in: Wolfrum, Rüdiger (Hrsg.), Handbuch der Vereinten Nationen, S. 1080ff
Beck, München, 2. Auflage 1991
zitiert:
Heinz, Stichwort „Weltwirtschaftsordnung", in: Wolfrum (Hrsg.), Handbuch VN, S. 1080ff, XX

Hemmer, Hans-Rimbert
Wirtschaftsprobleme der Entwicklungsländer
Franz Vahlen, München, 3. Auflage 2002

Henze, Thomas
Aufgaben- und Ausgabenkompetenz der Europäischen Gemeinschaft und ihrer Mitgliedstaaten im Bereich der Entwicklungspolitik
in: EuR 1995, S. 76ff
zitiert:
Henze, Aufgaben- und Ausgabenkompetenz der EG, in: EuR 1995, S. 76ff, XX

Hildenbrand/ Andreas
Stichwort „Fidschi"
in: Nohlen, Dieter (Hrsg.), Lexikon Dritte Welt, S. 284ff
Rowohlt, Reinbek 2002

Hilf, Meinhard
Die Organisationsstruktur der Europäischen Gemeinschaften
Springer, Berlin u.a. 1982
zitiert:
Hilf, Die Organisationsstruktur, S. XX

Hilpold, Peter
EU Development Cooperation at a Crossroads: The Cotonou Agreement of 23 June 2000 and the Principle of Good Governance
in: EFARev. 2002, S. 53ff

zitiert:
Hilpold, EU Development Cooperation at a Crossroads, in: EFARev. 2002, S. 53ff, XX

Hilpold, Peter
Konditionalität in den Beziehungen zwischen der EU und den AKP-Staaten: Menschenrechte, Demokratie, Rechtsstaatlichkeit und verantwortungsvolle Staatsführung
in: ZEuS 2002, S. 239ff
zitiert:
Hilpold, Konditionalität, in: ZEuS 2002, S. 239ff, XX

Hirsch, Günter
Die Rechtsprechung des Europäischen Gerichtshofes zu Assoziierungsabkommen
in: BayVBl. 1997, S. 449ff

Hirsch, Moshe
The 1995 Trade Agreement Between the European Communities and Israel: Three Unresolved Issues
in: EFARev. 1996, S. 87ff
zitiert:
Hirsch, The 1995 Trade Agreement, in: EFARev. 1996, S. 87ff, XX

Hoebnik, Paul
Coherence and Development Policy: the Case of the European Union
Paper for the EADI Conference "Globalisation, Competitiveness and Human Security: Challenges for Development Policy and Institutional Change"
Katholieke Universiteit Nijmegen 1996
zitiert:
Hoebnik, Coherence and Development Policy, XX

Hoebnik, Paul
Coherence and Development Policy: The Case of the European Union
in: Forster, Jacques/ Stokke, Olav (Hrsg.), Policy coherence in development co-operation, S. 323ff
Frank Cass, London u.a. 1999
zitiert:
Hoebnik, Coherence and Development Policy, in: Forster/ Stokke (Hrsg.), Policy coherence, S. 323ff, XX

Hoffmeister, Frank
Die Bindung der Europäischen Gemeinschaft an das Völkergewohnheitsrecht der Verträge
in: EWS 1998, S. 365ff

Hoffmeister, Frank
Menschenrechts- und Demokratieklauseln in den vertraglichen Außenbeziehungen der Europäischen Gemeinschaft
Springer, Berlin u.a. 1998
zitiert:
Hoffmeister, Menschenrechts- und Demokratieklauseln, S. XX

Holden, Patrick — The European Community's MEDA Aid Programme: A Strategic Instrument of Civilian Power?
in: EFARev. 2003, S. 347ff

zitiert:
Holden, The European Community's MEDA Aid Programme, in: EFARev. 2003, S. 347ff, XX

Holland, Martin — The European Union and the Third World
Palgrave, Basingstoke 2002

Holtz, Uwe — Die Zukunft von Lomé
in: E+Z 1997, S. 188f

Hörndler, Ira Elisabeth — Menschenrechte und Entwicklungshilfe: die Koppelung der Vergabe von Entwicklungshilfe an die Beachtung er Menschenrechte
V. Florentz, München 1996

zitiert:
Hörndler, Menschenrechte und Entwicklungshilfe, S. XX

Huber, Jürgen — The Past, Present and Future ACP-EC Trade Regime and the WTO
in: EJIL 2000, S. 427ff

Hummer, Waldemar — Stichwort „Allgemeines Präferenzsystem"
in: Nohlen, Dieter (Hrsg.), Lexikon Dritte Welt, S. 39ff
Rowohlt, Reinbek 2002

Interview mit Kommissar Pinheiro — L'avenir des relations entre l'Union Européenne et les pays ACP
in: RMC 1997, S. 233ff

zitiert:
Interview mit Kommissar *Pinheiro*, „L'avenir des relations entre l'Union Européenne et les pays ACP", in: RMC 1997, S. 233ff

Ipsen, Knut — Völkerrecht
Beck, München, 5. Auflage 2004

zitiert:
Ipsen, Völkerrecht, § Rn.

Jorna, Marc — Complementarity between EU and Member States development policies – empty rhetoric or substantive approach?
in: The Courier, Nr. 154 (1995), S. 78ff

zitiert:
Jorna, Complementarity between EU and Member States development policies, in: The Courier, Nr 154 (1995), S. 78ff, XX

Kappel, Robert — Die anhaltende Unterentwicklung Afrikas
in: IPG 1999, S. 38ff

Kappel, Robert	Die entwicklungspolitischen Fehlleistungen des Kooperationsmodells von Lomé in: JEP 1999, S. 247ff
Kappel, Robert	Scheitern der Lomé-Verhandlungen in: E+Z 1995, S. 96f
Kappel, Robert	Weiter so in der Afrika-Kooperation? – oder warum eine neue Dimension im Lichte neuer Theorien ansteht in: E+Z 1999, S. 336ff zitiert: *Kappel*, Weiter so in der Afrika-Kooperation?, in: E+Z 1999, S. 336ff, XX
Karl, Kenneth	Economic Partnership Agreements – hopes, fears and challenges in: The Courier, Nr. 195 (2002), S. 21ff zitiert: *Karl*, Economic Partnership Agreement, in: The Courier, Nr. 195 (2002), S. 21ff, XX
Karl, Kenneth	Signing Ceremony in Cotonou – A new era of cooperation in: The Courier, September 2000, special issue Cotonou Agreement, S. 15ff zitiert: *Karl*, Signing Ceremony in Cotonou, in: The Courier, September 2000, special issue Cotonou Agreement, S. 15ff
Karl, Kenneth	Time for a change in: The Courier, Nr. 181 (2000), S. 3ff
Kesper, Christiane/ Lauth, Hans-Joachim/ Schwersensky, Sven	Europäische Entwicklungspolitik nach dem Vertrag von Maastricht in: Außenpolitik 1993, S. 403ff
Kloster, Martin	Länderstrategiepapiere für die europäische EZ in: E+Z 2000, S. 239ff
Knopf, Peter	Europarechtliche und völkerrechtliche Fragen einer Entwicklungspolitik der Europäischen Gemeinschaft und ihrer Mitgliedstaaten Duncker & Humblot, Berlin 1983 zitiert: *Knopf*, Europarechtliche und völkerrechtliche Fragen einer Entwicklungspolitik, S. XX
Köhler, Volkmar	Die Entwicklungspolitik der Europäischen Gemeinschaft in: EA 1987, S. 709ff
Koulaïmah-Gabriel, Andrea	The EU and the Developing World: Coherence between the Common Foreign and Security Policy and Development Co-

operation
in: Forster, Jacques/ Stokke, Olav (Hrsg.), Policy coherence in development co-operation, S. 346ff
Frank Cass, London u.a. 1999

zitiert:
Koulaïmah-Gabriel, The EU and the Developing World, in: Forster/ Stokke (Hrsg.), Policy coherence, S. 346ff, XX

Koulaïmah-Gabriel, Andrea/ Oomen O.
Improving Coherence: Challenges for European Development Cooperation
Policy Management Brief No. 9
ECDPM, Maastricht 1997

zitiert:
Koulaïmah-Gabriel/ Oomen, Improving Coherence, S. XX

Koutrakos, Panos
The Interpretation of Mixed Agreements and the Preliminary Reference Procedure
in: CFARev. 2002, S. 25ff

Kranz, Jerzy
Lomé, le dialogue et l'homme
in: RTDE 1988, S. 451ff

Krennerich, Michael
Stichwort „Welternährungskonferenz"
in: Nohlen, Dieter (Hrsg.), Lexikon Dritte Welt, S. 361
Rowohlt, Reinbek 2002

Krenzler, Horst G./ Schneider, Henning C.
Die Gemeinsame Außen- und Sicherheitspolitik der Europäischen Union
in: EuR 1994, S. 144ff

Krohn, Hans-Broder
Das Abkommen von Lomé zwischen der Europäischen Gemeinschaft und den AKP-Staaten
in: EA 1975, S. 177ff

zitiert:
Krohn, Das Abkommen von Lomé, in: EA 1975, S. 177ff, XX

Krück, Hans
Die Freizügigkeit der Arbeitnehmer nach dem Assoziierungsabkommen EWG/ Türkei
in: EuR 1984, S. 289ff

zitiert:
Krück, Die Freizügigkeit der Arbeitnehmer, in: EuR 1984, S. 289ff, XX

Krück, Hans
Völkerrechtliche Verträge im Recht der Europäischen Gemeinschaften
Springer, Berlin u.a. 1977

zitiert:
Krück, Völkerrechtliche Verträge, S. XX

Kuhn, Marco
Humanitäre Hilfe der Europäischen Gemeinschaft: Entwicklung, System, primärrechtlicher Rahmen
Berlin Verlag A. Spitz, Berlin 2000
zitiert:
Kuhn, Humanitäre Hilfe der Europäischen Gemeinschaft, S. XX

Kuijper, Pieter-Jan
The Court and the Tribunal of the EC and the Vienna Convention on the Law of Treaties 1969
in: LIEI 1998, S. 1ff

Kuschel, Hans-Dieter
Das neue Lomé-Abkommen zwischen der EG und den AKP-Ländern
in: EA 1990, S. 333ff
zitiert:
Kuschel, Das neue Lomé-Abkommen, in: EA 1990, S. 333ff, XX

Lane, Robert
New Community Competences under the Maastricht Treaty
in: CMLRev. 1993, S. 939ff

Laryea, Guggi
Effective poverty eradication
in: The Courier, Nr. 181 (2000), S. 14ff

Leal-Arcas, Rafael
The European Community and Mixed Agreements
in: CFARev. 2001, S. 483ff

Lebullenger, Joël
La rénovation de la politique communautaire du développement
in: RTDE 1994, S. 631ff

Lehtinen, Terhi
The Coordination of European Development Cooperation in the Field: Myth or Reality?
ECDPM, Maastricht 2003
zitiert:
Lehtinen, Coordination of European Development, S. XX

Lenz, Carl Otto/ Borchardt, Klaus-Dieter (Hrsg.)
EU- und EG-Vertrag
Bundesanzeiger Verlagsgesellschaft, Köln, 3. Auflage 2003
zitiert:
Bearbeiter, in: Lenz/ Borchardt (Hrsg.), EUV/ EGV, Art. , Rn.

Linard, André
Greater coherence for EU international fisheries agreements
in: The Courier, Nr. 197 (2003), S. 15f

Lingnau, Hildegard
Neue Elemente in der Entwicklungszusammenarbeit der Europäischen Gemeinschaft zu Beginn der 90er Jahre
DIE, Berlin 1991
zitiert:
Lingnau, Neue Elemente in der Entwicklungszusammenarbeit, S. XX

Lingnau, Hildegard
Perspektiven der Lomé-Kooperation
in: Internationales Afrikaforum 1996, S. 255ff

Lister, Marjorie
The European Community and the developing world: the role of the Lomé Convention
Avebury, Aldershot 1988
zitiert:
Lister, The European Community, S. XX

Loch, Theo M.
Der Weg zu den Assoziierungsabkommen
in: Loch, Theo M./ Hasenpflug, Hajo (Hrsg.), Die Assoziierungs- und Präferenzpolitik der EG, S. 11ff
Europa Union Verlag, Bonn 1974

Loquai, Christiane
Strategic Priorities and Operational Challenges for European Support for Democratic Decentralisation in the Context of the new ACP-EU Partnership Agreement
ECDPM, Maastricht 2001
zitiert:
Loquai, Support for Democratic Decentralisation, S. XX

Loth, Wilfried
Der Weg nach Europa
Vandenhoeck & Ruprecht, Göttingen 1990

Lucron, Claude-Pierre
Méditerranée, Lomé: des politiques globales?
in: RMC 1988, S. 321ff

Macleod, I./ Hendry, D. D./ Hyett, Stephen
The External Relations of the European Communities
Clarendon Press, London 1996

MacRae, David
An opportunity for the new Pacific ACP members
in: The Courier, September 2000, special issue Cotonou Agreement, S. 24ff

Martenczuk, Bernd
Decisions of bodies established by international agreements and the community legal order
in: Kronenberger, Vincent (Hrsg.), The European Union and the International Legal Order: Discord or Harmony?, S. 141ff
T.M.C. Asser Press, The Hague 2001
zitiert:
Martenczuk, Decisions of bodies, in: Kronenberger (Hrsg.), The European Union and the International Legal Order, S. 141ff, XX

Martenczuk, Bernd
From Lomé to Cotonou: The ACP-EC Partnership Agreement in a Legal Perspective
in: EFARev. 2000, S. 461ff
zitiert:
Martenczuk, From Lomé to Cotonou, in: EFARev. 2000, S. 461ff, XX

Martin, Henri — Le SYSMIN, instrument de la coopération minière ACP-CEE et la convention de Lomé
in: RMC 1991, S. 26ff
zitiert:
Martin, Le SYSMIN, in: RMC 1991, S. 26ff

Matambalya, Francis A.S.T./ Wolf, Susanna — The Cotonou Agreement and the Challenges of Making the New EU-ACP Trade Regime WTO Compatible
in: Journal of World Trade 2001, S. 123ff

Matthias Herdegen — Auslegende Erklärungen von Gemeinschaftsorganen und Mitgliedstaaten zu EG-Rechtsakten
in: ZHR 1991, S. 52ff
zitiert:
Herdegen, Auslegende Erklärungen, in: ZHR 1991, S. 52ff, XX

Meessen, Karl Matthias — Das Abkommen von Lomé als gemischter Vertrag
in: EuR 1980, S. 36ff

Mégret, Jacques/ Waelbroeck, Michel/ Louis, Jean – Victor/ Vignes, Daniel/ Dewost, Jean-Louis (Hrsg.) — Le Droit de la Communauté Économique Européenne
Band 13 (La convention de Lomé), Band 12 (Relations extérieures)
Éditions de l'Université de Bruxelles, 1990 (Bd. 13); 1980 (Bd. 12)
zitiert:
Mégret u.a. (Hrsg.), La convention de Lomé, S. XX
Mégret u.a. (Hrsg.), Relations extérieures, S. XX

Meier, Gert — Die „Mitteilung" der Kommission: Ein Instrument der Normsetzung der Gemeinschaft?
in: Baur, Jürgen F./ Hopt, Klaus J./ Mailänder, K. Peter (Hrsg.), Festschrift für Ernst Steindorff zum 70. Geburtstag am 13. März 1990
Walter de Gruyter, Berlin u.a. 1990
zitiert:
Meier, Die „Mitteilung" der Kommission, in: Baur u.a. (Hrsg.), FS für Ernst Steindorff, S. 1303ff, XX

Melnik, Alexandre — Les causes d'insuffisance des ressources de STABEX pour certaines années d'application
in: RMC 1992, S. 26ff

Menck, Karl Wolfgang — Die Förderung der regionalen Zusammenarbeit zwischen den Entwicklungsländern durch die Europäische Union
in: APUZ B 12/96, S. 18ff

Menck, Karl Wolfgang — Entwicklungspolitik
in: Weidenfeld, Werner/ Wessels, Wolfgang (Hrsg.) Jahrbuch der Europäischen Integration 1989/90, S. 229ff
Europa Union Verlag, Bonn 1990

Menzel, Ulrich
40 Jahre Entwicklungsstrategie = 40 Jahre Wachstumsstrategie
in: Nohlen, Dieter und Nuscheler, Franz (Hrsg.), Handbuch der Dritten Welt, Band 1, S. 131ff
J.H.W. Dietz Nachf., Bonn, 3. Auflage 1992

Menzel, Ulrich
Das Ende der Dritten Welt und das Scheitern der großen Theorien
Suhrkamp, Frankfurt am Main 1992

Messner, Dirk
Stichwort „Schwellenländer"
in: Nohlen, Dieter (Hrsg.), Lexikon Dritte Welt, S. 708ff
Rowohlt, Reinbek 2002

Messner, Dirk
Zum Verhältnis von Nachhaltigkeit und Breitenwirkung
in: E+Z 2001, S. 13ff

Meyer, Klaus
Die zweite Konvention von Lomé
in: EA 1980, S. 11ff

Meyer, Ronald
Entschuldung und Armutsbekämpfung
in: E+Z 2003, S. 408ff

Moore, Matthew
Freedom of movement and migrant workers' social security: an overview of the Court's jurisprudence
in: CMLRev. 1998, S. 409ff

Moreau, Françoise
The Cotonou Agreement – new orientations
in: The Courier, September 2000, special issue Cotonou Agreement, S. 6ff

Mouradian, Anne-Marie
A new WTO round is launched
in: The Courier, Nr. 190 (2002), S. 6ff

Mouradian, Anne-Marie
EU-CUBA: renewing the dialogue
in: The Courier Nr. 188 (2001), S. 6f

Muller, Jean-Claude
Le système de stabilisation des recettes d'exportations (STABEX) dans la quatrième convention de Lomé
in: RMC 1991, S. 383ff
zitiert:
Muller, STABEX, in: RMC 1991, S. 383ff, XX

Müller, Manfred
Die Handelsregelungen in den Abkommen der Europäischen Gemeinschaft mit den Mittelmeerländern
in: Regul, Rudolf (Hrsg.), Die Europäischen Gemeinschaften und die Mittelmeerländer, S. 119ff
Nomos, Baden-Baden, 1977

Nadifi, Abdeladim | Le statut juridique des travailleurs maghrébins résidant dans la CEE
in: RMC 1989, S. 289ff

Nienhaus, Volker | Euro-Mediterrane Freihandelszone: Intensivierung der Wirtschaftsbeziehungen und Förderung nachhaltiger Entwicklung?
in: Zippel, Wulfdieter (Hrsg.), Die Mittelmeerpolitik der EU
Nomos, Baden-Baden 1999

zitiert:
Nienhaus, Euro-Mediterrane Freihandelszone, in: Zippel (Hrsg.), Die Mittelmeerpolitik der EU, S. 91ff, XX

Nienhaus, Volker | Euro-Mediterraner Freihandel: Motor der wirtschaftlichen Entwicklung?
in: APUZ B 39/97, S. 12ff

Nohlen, Dieter | Stichwort „Bevölkerung"
in: Nohlen, Dieter (Hrsg.), Lexikon Dritte Welt, S. 102ff
Rowohlt, Reinbek 2002

Nohlen, Dieter | Stichwort „Blockfreiheit, Blockfreienbewegung"
in: Nohlen, Dieter (Hrsg.), Lexikon Dritte Welt, S. 118f
Rowohlt, Reinbek 2002

Nohlen, Dieter | Stichwort „DAC"
in: Nohlen, Dieter (Hrsg.), Lexikon Dritte Welt, S. 173ff
Rowohlt, Reinbek 2002

Nohlen, Dieter | Stichwort „Entwicklung"
in: Nohlen, Dieter (Hrsg.), Lexikon Dritte Welt, S. 227ff
Rowohlt, Reinbek 2002

Nohlen, Dieter | Stichwort „Entwicklungsindikatoren"
in: Nohlen, Dieter (Hrsg.), Lexikon Dritte Welt, S. 233
Rowohlt, Reinbek 2002

Nohlen, Dieter | Stichwort „Entwicklungsländer"
in: Nohlen, Dieter (Hrsg.), Lexikon Dritte Welt, S. 233ff
Rowohlt, Reinbek 2002

Nohlen, Dieter | Stichwort „Entwicklungstheorien"
in: Nohlen, Dieter (Hrsg.), Lexikon Dritte Welt, S. 257ff
Rowohlt, Reinbek 2002

Nohlen, Dieter | Stichwort „Gemeinsamer Fonds"
in: Nohlen, Dieter (Hrsg.), Lexikon Dritte Welt, S. 311
Rowohlt, Reinbek 2002

Nohlen, Dieter — Stichwort „Gruppe der 77“
in: Nohlen, Dieter (Hrsg.), Lexikon Dritte Welt, S. 347
Rowohlt, Reinbek 2002

Nohlen, Dieter — Stichwort „Integriertes Rohstoffprogramm“
in: Nohlen, Dieter (Hrsg.), Lexikon Dritte Welt, S. 398f
Rowohlt, Reinbek 2002

Nohlen, Dieter — Stichwort „MSAC“
in: Nohlen, Dieter (Hrsg.), Lexikon Dritte Welt, S. 582f
Rowohlt, Reinbek 2002

Nohlen, Dieter — Stichwort „Neue Weltwirtschaftsordnung“
in: Nohlen, Dieter (Hrsg.), Lexikon Dritte Welt, S. 606ff
Rowohlt, Reinbek 2002

Nohlen, Dieter — Stichwort „Pariser Club“, in: Nohlen, Dieter (Hrsg.), Lexikon Dritte Welt, S. 658
Rowohlt, Reinbek 2002

Nohlen, Dieter — Stichwort „Rohstoffabkommen“
in: Nohlen, Dieter (Hrsg.), Lexikon Dritte Welt, S. 692f
Rowohlt, Reinbek 2002

Nohlen, Dieter — Stichwort „Schuldendienst“
in: Nohlen, Dieter (Hrsg.), Lexikon Dritte Welt, S. 707f
Rowohlt, Reinbek 2002

Nohlen, Dieter — Stichwort „Technische Hilfe/ Zusammenarbeit“
in: Nohlen, Dieter (Hrsg.), Lexikon Dritte Welt, S. 778
Rowohlt, Reinbek 2002

Nohlen, Dieter — Stichwort „Umschuldung“
in: Nohlen, Dieter (Hrsg.), Lexikon Dritte Welt, S. 822
Rowohlt, Reinbek 2002

Nohlen, Dieter — Stichwort „Weltbevölkerungskonferenz“, in: Nohlen, Dieter (Hrsg.), Lexikon Dritte Welt, S. 876
Rowohlt, Reinbek 2002

Nohlen, Dieter — Stichwort „Zuschusselement“
in: Nohlen, Dieter (Hrsg.), Lexikon Dritte Welt, S. 909
Rowohlt, Reinbek 2002

Nohlen, Dieter/ Barrios, Harald — Stichwort „Lomé-Abkommen“
in: Nohlen, Dieter (Hrsg.), Lexikon Dritte Welt, S. 525ff
Rowohlt, Reinbek 2002

Nohlen, Dieter/ Hillebrands, Bernd — Stichwort „Welt-Umweltkonferenz“
in: Nohlen, Dieter (Hrsg.), Lexikon Dritte Welt, S. 882ff
Rowohlt, Reinbek 2002

Nohlen, Dieter/ Mansilla, Felipe — Stichwort „Modernisierungstheorien“
in: Nohlen, Dieter (Hrsg.), Lexikon Dritte Welt, S. 572ff
Rowohlt, Reinbek 2002

Nohlen, Dieter/ Nuscheler, Franz — „Ende der Dritten Welt?“
in: Nohlen, Dieter und Nuscheler, Franz (Hrsg.), Handbuch der Dritten Welt, Band 1, S. 15ff
J.H.W. Dietz Nachf., Bonn, 3. Auflage 1992

Nohlen, Dieter/ Nuscheler, Franz — Indikatoren von Unterentwicklung und Entwicklung
in: Nohlen, Dieter und Nuscheler, Franz (Hrsg.), Handbuch der Dritten Welt, Band 1, S. 76ff
J.H.W. Dietz Nachf., Bonn, 3. Auflage 1992

Nohlen, Dieter/ Nuscheler, Franz — Was heißt Entwicklung?
in: Nohlen, Dieter und Nuscheler, Franz (Hrsg.), Handbuch der Dritten Welt, Band 1, S. 55ff
J.H.W. Dietz Nachf., Bonn, 3. Auflage 1992

Nohlen, Dieter/ Nuscheler, Franz — Was heißt Unterentwicklung?
in: Nohlen, Dieter und Nuscheler, Franz (Hrsg.), Handbuch der Dritten Welt, Band 1, S. 31ff
J.H.W. Dietz Nachf., Bonn, 3. Auflage 1992

Nohlen, Dieter/ Schwehm, Johannes — Stichwort „Transitionsstaaten“
in: Nohlen, Dieter (Hrsg.), Lexikon Dritte Welt, S. 797f
Rowohlt, Reinbek 2002

Nohlen, Dieter/ Thibaut, Bernhard — Stichwort „Nord-Süd-Konflikt“
in: Nohlen, Dieter (Hrsg.), Lexikon Dritte Welt, S. 618ff
Rowohlt, Reinbek 2002

Nohlen, Dieter/ Thibaut, Bernhard — Stichwort „STABEX“
in: Nohlen, Dieter (Hrsg.), Lexikon Dritte Welt, S. 741
Rowohlt, Reinbek 2002

Nuscheler, Franz — Stichwort „Strukturanpassung“
in: Nohlen, Dieter (Hrsg.), Lexikon Dritte Welt, S. 744
Rowohlt, Reinbek 2002

Odendahl, Guido — Das Rechts auf Entwicklung – The Right to Development: Entstehungsgeschichte, systematische Stellung und Inhalt eines individuellen sowie kollektiven Menschenrechts und Grundprinzips der Völkerrechtsordnung
Shaker, Aachen 1996

zitiert:
Odendahl, Das Recht auf Entwicklung, S. XX

OECD/ DAC — Außereuropäische interregionale Zusammenarbeit
Bericht 2002
abgedruckt in: HIZ, Loseblattsammlung, Bd. 15, III D 55 20, S. 1ff
Nomos, Baden-Baden, Stand Dezember 2003

Oestreich, Gabriele — Menschenrechte als Elemente der dritten AKP-EWG-Konvention von Lomé
Duncker & Humblot, Berlin 1990
zitiert:
Oestreich, Menschenrechte, S. XX

Oppermann, Thomas — Europarecht
Beck, München, 2. Auflage 1999

Osmanczyk, Edmund Jan — The Encyclopedia of The United Nations and International Relations
Taylor and Francis, New York, 2. Auflage 1990
zitiert:
Osmanczyk, Stichwort "…", Encyclopedia, S.

Oswald, Stefan/ Bäse, Knut/ Meyer, Frerk — Geberharmonisierung steigert die Effizienz
in: E+Z 2004, S. 76f

Pechstein, Matthias — Das Kohärenzgebot als entscheidende Integrationsdimension der Europäischen Union
in: EuR 1995, S. 247ff

Pellens, Martin — Entwicklungshilfe Deutschlands und der Europäischen Union: Rechtsgrundlagen und Verfahren bei der finanziellen und technischen Zusammenarbeit
Dr. Klöster, Berlin 1995
zitiert:
Pellens, Rechtsgrundlagen und Verfahren, S. XX

Petersmann, Ernst-Ulrich — Darf die EG das Völkerrecht ignorieren?
in: EuZW 1997, S. 325ff

Petersmann, Ernst-Ulrich — Die EWG als GATT-Mitglied – Rechtskonflikte zwischen GATT-Recht und Europäischem Gemeinschaftsrecht,
EuR 1985, S. 78ff
zitiert:
Petersmann, Die EWG als GATT-Mitglied, in: EuR 1985, S. 78ff, XX

Philippart, Eric — The Euro-Mediterranean Partnership: A Critical Evaluation of an Ambitious Scheme
in: EFARev. 2003, S. 201ff

Pietsch, Ursula	Europäische Entwicklungszusammenarbeit nach Maastricht – Strukturwandel internationaler Beziehungen in: AJPIL 1995, S. 379ff
Pietsch, Ursula	Revision von Lomé IV – Versuch einer Wertung in: JEP 1996, S. 397ff
Pippan, Christian	Die Förderung der Menschenrechte und der Demokratie als Aufgabe der Entwicklungszusammenarbeit der Europäischen Gemeinschaft Peter Lang Verlag, Frankfurt am Main 2002 zitiert: *Pippan*, Menschenrechte und Demokratie, S. XX
Pitschas, Christian	Die völkerrechtliche Verantwortlichkeit der Europäischen Gemeinschaft und ihrer Mitgliedstaaten Duncker & Humblot, Berlin 2001 zitiert: *Pitschas*, Die völkerrechtliche Verantwortlichkeit der EG, S. XX
Pitschas, Rainer	Recht und Gesetz in der Entwicklungszusammenarbeit in: Verwaltungs-Archiv 1990, S. 465ff
Ploetz, Carl (Begründer)	Der grosse Ploetz KOMETMA-Service und Verlagsgesellschaft, Köln, 33. Auflage 2002
Qualmann, Regine/ Rojahn, Anke	Der Cotonou-Vertrag: Gefährden die Verhandlungen die beginnende Regionalintegration in Afrika? in: E+Z 2002, S. 354f zitiert: *Qualmann/ Rojahn*, Der Cotonou-Vertrag, in: E+Z 2002, S. 354f, XX
Rack, Reinhard/ Lausegger, Stefan	The Role of the European Parliament: Past and Future in: Alston, Philip (Hrsg.), The EU and Human Rights, S. 801ff Oxford University Press, Oxford u.a. 1999
Regul, Rudolf	Struktur und Perspektiven einer Mittelmeerpolitik in: Regul, Rudolf (Hrsg.), Die Europäischen Gemeinschaften und die Mittelmeerländer, S. 25ff Nomos, Baden-Baden 1977
Reis Coutinho, Ana Cristina	Coordination of the European Union's Development Cooperation Policy: Analysis and Future Prospects in: Cosgrove-Sacks, Carol (Hrsg.), Europe, Diplomacy and Development, S. 225ff Palgrave, New York 2001 zitiert: *Reis Coutinho*, Coordination, in: Cosgrove-Sacks (Hrsg.), Europe, Diplomacy and Development, S. 225ff, XX

Renier, Yves | Les accords de coopération entre la Communauté Économique Européenne et les pays du Maghreb
in: RMC 1978, S. 123ff

zitiert:
Renier, Les accords de coopération, in: RMC 1978, S. 123ff, XX

Renier, Yves | Les conséquences de l'élargissement de la Communauté Européenne pour les pays méditerranéens
in: RMC 1984, S. 161ff

Renier, Yves | Les nouveaux protocoles financiers conclus entre la Communauté Économique Européenne et les pays du sud de la Méditerranée
in: RMC 1982, S. 484ff

zitiert:
Renier, Les nouveaux protocoles financiers, in: RMC 1982, S. 484ff, XX

Rhein, Eberhard | Mit Geduld und Ausdauer zum Erfolg
in: Internationale Politik 2/1996, S. 15ff

Riedel, Eibe/ Will, Martin | Human Rights Clauses in External Agreements of the EC
in: Alston, Philip (Hrsg.), The EU and Human Rights, S. 723ff
Oxford University Press, Oxford u.a. 1999

zitiert:
Riedel/ Will, Human Rights Clauses, in: Alston (Hrsg.), The EU and Human Rights, S. 723ff, XX

Rohde, Bettina/ Kaltenborn, Markus | Neuere Entwicklungen im Assoziationsrecht
in: Coen, Martin (Hrsg.), Europa '93 – auf dem Weg zur Europäischen Union, Festschrift für Prof. Dr. Dr. Albert Bleckmann zum 60. Geburtstag, S. 237ff
Verlag Neue Wirtschafts-Briefe, Herne 1993

zitiert:
Rohde/ Kaltenborn, Neuere Entwicklungen im Assoziationsrecht, in: FS Bleckmann, S. 237ff, XX

Rosas, Allan | Mixed Union – Mixed Agreements
in: Koskenniemi, Martti (Hrsg.), International Law Aspects of the European Union, S. 125ff
Kluwer, The Hague 1998

Salah, Mezdour | Les relations économiques Maghreb-CEE: suggestions pour une nouvelle politique
in: RMC 1992, S. 300ff

Sangmeister, Hartmut | Stichwort „Exporterlösstabilisierung"
in: Nohlen, Dieter (Hrsg.), Lexikon Dritte Welt, S. 275f
Rowohlt, Reinbek 2002

Sangmeister, Hartmut | Stichwort „Grundbedürfnisse, grundbedürfnisorientierte Ent-

wicklungsstrategien“
in: Nohlen, Dieter (Hrsg.), Lexikon Dritte Welt, S. 343ff
Rowohlt, Reinbek 2002

Sangmeister, Hartmut/ Nohlen, Dieter — Stichwort „LLDC“
in: Nohlen, Dieter (Hrsg.), Lexikon Dritte Welt, S. 523f
Rowohlt, Reinbek 2002

Sartorius II — Internationale Verträge – Europarecht
Loseblattsammlung
Beck, München 2003

Sasse, Christoph — Zur auswärtigen Gewalt der Europäischen Wirtschaftsgemeinschaft
in: EuR 1971, S. 208ff

Scharpenack, Holger — Das „Recht auf Entwicklung“
Peter Lang, Frankfurt am Main 1996

Schiffler, Gerhard — Das Abkommen von Lomé zwischen der Europäischen Wirtschaftsgemeinschaft und 46 Staaten Afrikas, des Karibischen und Pazifischen Raums
in: JIB 1975, S. 320ff
zitiert:
Schiffler, Das Abkommen von Lomé, in: JIB 1975, S. 320ff, XX

Schilder, Klaus — Alles außer Waffen, Zucker, Bananen und Reis?
in: NORD-SÜD aktuell 2001, S. 344ff

Schima, Bernhard — Das Subsidiaritätsprinzip im Europäischen Gemeinschaftsrecht
Manz, Wien 1994

Schläppi, Erika — Menschenrechte in der bilateralen Entwicklungszusammenarbeit
Nomos, Baden-Baden 1997
zitiert:
Schläppi, Menschenrechte, S. XX

Schmid, Annette — Stichwort „Gender“
in: Nohlen, Dieter (Hrsg.), Lexikon Dritte Welt, S. 311ff
Rowohlt, Reinbek 2002

Schmid, Annette — Stichwort „Ownership“
in: Nohlen, Dieter (Hrsg.), Lexikon Dritte Welt, S. 641f
Rowohlt, Reinbek 2002

Schmidt, Gerold — Zum Verhältnis des neuen Verfassungsrechts der Entwicklungspolitik der Europäischen Union zum Wirtschaftsrecht
in: RIW 1995, S. 268ff

zitiert:
Schmidt, Entwicklungspolitik der Europäischen Union, in: RIW 1995, S. 268ff, XX

Schmidt, Siegmar — Aktuelle Aspekte der EU-Entwicklungspolitik – Aufbruch zu neuen Ufern?
in: APUZ B19-20/2002, S. 29ff
zitiert:
Schmidt, Aktuelle Aspekte der EU-Entwicklungspolitik, in: APUZ B19-20/2002, S. 29ff, XX

Schwarze, Jürgen (Hrsg.) — EU-Kommentar
Nomos Verlagsgesellschaft, Baden-Baden 2000
zitiert:
Bearbeiter, in: Schwarze (Hrsg.), EU-Kommentar, Art., Rn.

Schweitzer, Michael/ Hummer, Waldemar — Europarecht
Luchterhand, Neuwied u.a., 5. Auflage 1996

Sen, Amartya — Ökonomie für den Menschen
Deutscher Taschenbuch Verlag, München 2002

Simma, Bruno/ Aschenbrenner, Jo Beatrix/ Schulte, Constanze — Human Rights Considerations in the Development Co-operation Activities of the EC
in: Alston, Philip (Hrsg.), The EU and Human Rights, S. 571ff
Oxford University Press, Oxford u.a. 1999

Simmonds, Kenneth R. — The Fourth Lomé Convention
in: CMLRev. 1991, S. 521ff

Simmonds, Kenneth R. — The Lomé Convention and the New International Economic Order
in: CMLRev. 1976, S. 315ff

Simmonds, Kenneth R. — The Second Lomé Convention: The innovative features
in: CMLRev. 1980, S. 99ff

Simmonds, Kenneth R. — The Third Lomé Convention
in: CMLRev. 1985, S. 389ff

Sottoli, Susanna — Stichwort „Kompensatorische Maßnahmen der Strukturanpassung"
in: Nohlen, Dieter (Hrsg.), Lexikon Dritte Welt, S. 481f
Rowohlt, Reinbek 2002

Sottoli, Susana — Stichwort „Neoliberalismus"
in: Nohlen, Dieter (Hrsg.), Lexikon Dritte Welt, S. 599f
Rowohlt, Reinbek 2002

Sottoli, Susana — Stichwort „Washington-Konsensus"
in: Nohlen, Dieter (Hrsg.), Lexikon Dritte Welt, S. 866f
Rowohlt, Reinbek 2002

Sottoli, Susana — Stichwort „Weltfrauenkonferenz"
in: Nohlen, Dieter (Hrsg.), Lexikon Dritte Welt, S. 877f
Rowohlt, Reinbek 2002

Sottoli, Susana/ Falk, Katrin — Stichwort „Weltsozialgipfel"
in: Nohlen, Dieter (Hrsg.), Lexikon Dritte Welt, S. 881f
Rowohlt, Reinbek 2002

Stein, Klaus D. — Der gemischte Vertrag im Recht der Außenbeziehungen der Europäischen Wirtschaftsgemeinschaft
Duncker & Humblot, Berlin 1986
zitiert:
Stein, Der gemischte Vertrag, S. XX

Streinz, Rudolf (Hrsg.) — EUV/ EGV
Beck, München 2003

Strübel, Michael — Stichwort „Sustainable Development"
in: Nohlen, Dieter (Hrsg.), Lexikon Dritte Welt, S. 759f
Rowohlt, Reinbek 2002

Taube, Günther — Festung oder offenes Haus?
in: NORD-SÜD aktuell, S. 660ff

Taylor, Celia R. — The right of participation in development projects
in: Ginther, Konrad/ Denters, Erik/ de Waart Paul J.I.M. (Hrsg.), Sustainable Development and Good Governance, S. 205ff
Martinus Nijhoff, Dordrecht u.a.1995

Tetzlaff, Rainer — Stichwort „Weltbank/ World Bank"
in: Nohlen, Dieter (Hrsg.), Lexikon Dritte Welt, S. 868ff
Rowohlt, Reinbek 2002

Tetzlaff, Rainer — Strukturanpassung – das kontroverse entwicklungspolitische Paradigma in den Nord-Süd-Beziehungen
in: Nohlen, Dieter und Nuscheler, Franz (Hrsg.), Handbuch der Dritten Welt, Band 1, S. 420ff
J.H.W. Dietz Nachf., Bonn, 3. Auflage 1992
zitiert:
Tetzlaff, Strukturanpassung, in: Nohlen/ Nuscheler (Hrsg.), Handbuch der Dritten Welt, Bd. 1, S. 420ff, XX

Thibaut, Bernhard/ Schwehm, Johannes — Stichwort „Verschuldung"
in: Nohlen, Dieter (Hrsg.), Lexikon Dritte Welt, S. 854ff
Rowohlt, Reinbek 2002

Todaro, Michael P.	Economic Development Addison-Wesley, Reading u.a., 7. Auflage 2000
unbekannt	Von Lomé zum Freihandel: Sind die AKP-Länder reif für den Weltmarkt? in: E+Z 2002, S. 28
Urban, Marion	Die Koordinierung der Entwicklungszusammenarbeit unter EU-Gebern Peter Lang, Frankfurt am Main u.a. 1997 zitiert: *Urban*, Die Koordinierung der Entwicklungszusammenarbeit, S. XX
Van Reisen, Mirjam	Global Player EU: Die Nord-Süd-Politik der Europäischen Union Terre des hommes, WEED, Osnabrück, Bonn 1999 zitiert: *Van Reisen*, Global Player EU, S. XX
Van Reisen, Mirjam	Directing EU Policy Towards Poverty Eradication ECDPM, Maastricht 2002
Vanhove, Norbert	Fremdenverkehr und Zahlungsbilanz der EG-Länder und der Mittelmeerländer in: Regul, Rudolf (Hrsg.), Die Europäischen Gemeinschaften und die Mittelmeerländer, S. 225ff Nomos, Baden-Baden 1977
Vedder, Christoph	Die auswärtige Gewalt des Europa der Neun Otto Schwartz & Co., Göttingen 1980
Vedder, Christoph	Die Wirtschaftskooperation der Gemeinschaft mit Drittländern – neue Möglichkeiten? in: Griller, Stefan/ Hummer, Waldemar (Hrsg.), Die EU nach Nizza – Ergebnisse und Perspektiven, S. 191ff Springer Verlag, Wien u.a. 2002 zitiert: *Vedder*, Die Wirtschaftskooperation der Gemeinschaft mit Drittländern, in: Griller/ Hummer (Hrsg.), Die EU nach Nizza, S. 191ff, XX
Vedder, Christoph	Rechtswirkungen von Assoziationsratsbeschlüssen - Die Kus-Entscheidung des EuGH – in: EuR 1994, S. 202ff zitiert: *Vedder*, Rechtswirkungen von Assoziationsratsbeschlüssen, in: EuR 1994, S. 202ff, XX
Von Borries, Reimer	Das Subsidiaritätsprinzip im Recht der Europäischen Union in: EuR 1994, S. 263ff

zitiert:
Von Borries, Subsidiaritätsprinzip, in: EuR 1994, S. 263ff, XX

Von Drygalski, Andrea
Die Fonds der Europäischen Gemeinschaften
Verlag V. Florentz, München 1988

Vonessen, Benjamin
Europäische Entwicklungshilfe und Umweltschutz
Duncker & Humblot, Berlin 1996
zitiert:
Vonessen, Europäische Entwicklungshilfe, S. XX

Weiß, Wolfgang
Gibt es eine EU-Inländerdiskriminierung?
in: EuR 1999, S. 499ff

Weltbank (Hrsg.)
World Development Report 1994
Oxford University Press, Oxford u.a. 1994

Weltbank (Hrsg.)
Weltentwicklungsbericht 1992
UNO-Verlag, Bonn 1992

Weltbank (Hrsg.)
Weltentwicklungsbericht 2003
UNO-Verlag, Bonn 2003

Werther-Pietsch, Ursula
Strategie für Entwicklung auf Grundlage der Menschenrechte und Demokratisierung
Südwind-Verlag, Wien 2001
zitiert:
Werther-Pietsch, Strategie für Entwicklung, S. XX

Windfuhr, Michael
Stichwort „GATS“
in: Nohlen, Dieter (Hrsg.), Lexikon Dritte Welt, S. 305ff
Rowohlt, Reinbek 2002

Windfuhr, Michael
Stichwort „Globalisierung“
in: Nohlen, Dieter (Hrsg.), Lexikon Dritte Welt, S. 332ff
Rowohlt, Reinbek 2002

Windfuhr, Michael
Stichwort „IWF“
in: Nohlen, Dieter (Hrsg.), Lexikon Dritte Welt, S. 427ff
Rowohlt, Reinbek 2002

Windfuhr, Michael
Stichwort „TRIPS“
in: Nohlen, Dieter (Hrsg.), Lexikon Dritte Welt, S. 808ff
Rowohlt, Reinbek 2002

Windmeißer, Anette
Der Menschenrechtsansatz in der Entwicklungszusammenarbeit
Verlag Österreich, Wien 2002
zitiert:
Windmeißer, Der Menschenrechtsansatz in der EZ, S. XX

Wolf, Susanna	Begrenzter Erfolg der Lomé-Abkommen Peter Lang, Frankfurt am Main u.a. 1996
Wolf, Susanna	Chances and Obstacles of Different Liberalisation Scenarios in: Wolf, Susanna (Hrsg.), The Future of EU-ACP Relations, S. 51ff Peter Lang, Frankfurt am Main u.a. 1999
Wolf, Susanna	Partnerschaft auf dem Prüfstand: Die EU und die AKP-Staaten in: Integration 1997, S. 160ff zitiert: *Wolf*, Partnerschaft auf dem Prüfstand, in: Integration 1997, S. 160ff, XX
Wolf, Susanna (Hrsg.)	The Future of EU-ACP Relations Peter Lang, Frankfurt am Main u.a. 1999
Wolfram, Dieter	Die Assoziierung überseeischer Gebiete an die EWG Carl Heymanns Verlag, Köln u.a. 1964
World Economy, Ecology and Development/ Terre des hommes (Hrsg.)	Die „Konvention von Cotonou" – Das neue Partnerschaftsabkommen zwischen den AKP-Staaten und der EU Stuttgart 2000 abgedruckt in: HIZ, Loseblattsammlung, Band 14, III B 20 13, S. 1ff Nomos, Baden-Baden, Stand April 2001 zitiert: *WEED* u.a. (Hrsg.), Die „Konvention von Cotonou", abgedruckt in: *HIZ*, Bd. 14, III B 20 13, S. 1ff, XX
Youngs, Richard	European Union Democracy Promotion Policies: Ten Years On in: EFARev. 2001, S. 355ff
Zingel, Wolfgang-Peter	Stichwort „Gebundene Hilfe" in: Nohlen, Dieter (Hrsg.), Lexikon Dritte Welt, S. 311 Rowohlt, Reinbek 2002

Verzeichnis abgekürzter Dokumente der Gemeinschaftsorgane

Verzeichnis abgekürzter Kommissionsdokumente

zeitliche Auflistung:

Memorandum über Entwicklungszusammenarbeit vom Juli 1971	*Über eine gemeinschaftliche Politik der Zusammenarbeit mit den Entwicklungsländern* Memorandum der Kommission vom 27. Juli 1971, Zusammenfassung in der Sonderbeilage 5/71 zum Bulletin der Europäischen Gemeinschaften, S. 4ff
Horizonte 2000	*Development cooperation policy in the run-up to 2000* SEC (1992) 915, endg. vom 15.5.1992 abgedruckt in: *Kommission*, Development Cooperation Policy, S. 9ff
Annex zu „Horizonte 2000"	*The Community's relations with the developing countries viewed in the context of the political union,* Annex zu „Horizonte 2000" vom 28.4.1992 abgedruckt in: *Kommission*, Development Cooperation Policy, S. 21ff
Kommissionsmitteilung* über Kooperationsverfahren vom Mai 1993	*Procedures for coordination between the Community and the Member States for coordination between the Community and the Member States at policy and operational levels* KOM (1993) 195, endg. vom 10.5.1993 abgedruckt in: *Kommission*, Development Cooperation Policy, S. 123ff
Kommissionsmitteilung* über die Stärkung der Mittelmeerpolitik vom Oktober 1994	*Stärkung der Mittelmeerpolitik der Europäischen Union: Entwicklung einer Partnerschaft Europa-Mittelmeer* KOM (1994) 427, endg. vom 19.10.1994 abgedruckt in: Sonderbeilage 2/95 zum Bulletin EG, S. 7ff
Kommissionsmitteilung* über die Berücksichtigung der Achtung demokratischer Grundsätze und der Menschenrechte vom Mai 1995	*The inclusion of respect for democratic principles and human rights in agreements between the community and third countries* KOM (1995) 216, endg. vom 23.5.1995

Kommissionsmitteilung* über Menschenrechte in den Außenbeziehungen vom November 1995	*Die Menschenrechte in den Außenbeziehungen der Europäischen Union: Von Rom zu Maastricht und danach* KOM (1995) 567, endg. vom 22.11.1995
Grünbuch der Kommission über die AKP-EG Beziehungen vom November 1996	*Grünbuch über die Beziehungen zwischen der Europäischen Union und den AKP-Staaten an der Schwelle zum 21. Jahrhundert* KOM (1996) 570, endg. vom 20.11.1996 veröffentlicht in: Amt für Veröffentlichungen der Europäischen Gemeinschaften, Luxemburg 1997
Kommissionsmitteilung* über Demokratisierung, Rechtsstaatlichkeit, Menschenrechte und verantwortungsvolle Staatsführung vom März 1998	*Demokratisierung, Rechtsstaatlichkeit, Menschenrechte und verantwortungsvolle Staatsführung: die Herausforderungen der Partnerschaft zwischen der Europäischen Union und den AKP-Staaten* KOM (1998) 146, endg. vom 12.3.1998
Kommissionsmitteilung* über Komplementarität vom Mai 1999	*Die Komplementarität der Entwicklungspolitik der Gemeinschaft und der Mitgliedstaaten* KOM (1999) 218, endg. vom 6.5.1999 abgedruckt in: HIZ, Loseblattsammlung, Bd. 14, III B 20 09, S. 1ff Nomos, Baden-Baden, Stand November 2000
Kommissionsmitteilung* über die Entwicklungspolitik vom April 2000	*Die Entwicklungspolitik der Europäischen Gemeinschaft* KOM (2000) 212, endg. vom 26.4.2000 abgedruckt in: HIZ, Loseblattsammlung, Bd. 14, III B 20 02, S. 1ff Nomos, Baden-Baden, Stand Februar 2001
Kompendium der Kooperationsstrategien vom Juni 2000	Kompendium der Kooperationsstrategien KOM (2000) 424, endg. vom 5.6.2000 abgedruckt in: Amt für amtliche Veröffentlichungen der Europäischen Gemeinschaften, Brüssel 2001
Kommissionsmitteilung* über die Rolle der EU bei der Förderung der Menschenrechte und der Demokratisierung vom Mai 2001	*Die Rolle der Europäischen Union (EU) bei der Förderung der Menschenrechte und der Demokratisierung in Drittländern* KOM (2001) 252, endg. vom 8.5.2001
Kommissionsmitteilung* über Handel und Entwicklung vom September 2002	*Handel und Entwicklung: Unterstützung der Entwicklungsländer bei der Nutzung der Vorteile des Handels* KOM (2002) 513, endg. vom 18.9.2002

Kommissionsmitteilung* über die Umsetzung des Konsenses von Monterrey vom März 2004	*Umsetzung des Konsenses von Monterrey in die Praxis: Beitrag der Europäischen Union* KOM (2004) 150, endg. vom 5.3.2004
Strategiepapier der Kommission über die ENP vom Mai 2004	*Europäische Nachbarschaftspolitik – Strategiepapier* KOM (2004) 373, endg. vom 12.5.2004

*: Der Terminus „Kommissionsmitteilung" kann durch „Mitteilung (der Kommission)" ersetzt sein.

Verzeichnis abgekürzter Ratsdokumente

zeitliche Auflistung:

Leitlinien für die MEDA-Richtprogramme vom Dezember 1996	*Leitlinien für die MEDA-Richtprogramme* Beschluss 96/706/EG des Rates vom 6.12.1996 abgedruckt in: ABl. 1996, Nr. L 325/21ff
Leitlinien des Rates zur operativen Koordinierung vom März 1998	*Leitlinien zur Verstärkung der operativen Koordinierung zwischen der Gemeinschaft und den Mitgliedstaaten im Bereich der Entwicklungszusammenarbeit* vom 9.3.1998 abgedruckt in: ABl. 1998, Nr. C 97/1ff

Verzeichnis abgekürzter gemeinsamer Dokumente von Rat und Kommission

OPS vom November 2000	*Entwicklungspolitik der Europäischen Gemeinschaft* Erklärung des Rates und der Kommission Dok. 13458/00, DEVGEN 140 vom 10.11.2000

Verzeichnis abgekürzter gemeinsamer Dokumente der Gemeinschaftsorgane und der im Rat vereinigten Vertreter der Regierungen der Mitgliedstaaten

Europäischer Konsens vom Dezember 2005	*Europäischer Konsens über Entwicklung* Gemeinsame Erklärung des Rates, der im Rat vereinigten Vertreter der Regierungen der Mitgliedstaaten, des Europäischen Parlaments und der Kommission vom 20.12.2005 http://ec.europa.eu/comm/development/body/development_policy_statement/docs/edp_declaration_signed_20_12_2005_en.pdf (Stand: 31.5.2005)

VERZEICHNIS SONSTIGER ABKÜRZUNGEN

AASM	Assoziierte Afrikanische Staaten und Madagaskar
ABl.	Amtsblatt der Europäischen Gemeinschaften
AEMR	Allgemeine Erklärung der Menschenrechte
AHEZ	Abkommen über Handel, Entwicklung und Zusammenarbeit
AJIL	American Journal of International Law
AJPIL	Austrian Journal of public and international Law
ALA	Entwicklungsländer Asiens und Lateinamerikas
AMRK	Amerikanische Menschenrechtskonvention
APS	Allgemeines Präferenzschema/ -system
APUZ	Aus Politik und Zeitgeschichte
ASEAN	Association of South-East Asian Nations
BayVBl.	Bayerische Verwaltungsblätter
BGBl.	Bundesgesetzblatt
BIP	Bruttoinlandsprodukt
BMZ	Bundesministerium für wirtschaftliche Zusammenarbeit und Entwicklung
BNE	Bruttonationaleinkommen
BTDS	Bundestagsdrucksache
CCA	Common Country Analysis
CDE	Cahier du Droit Européen
CDF	Comprehensive Development Framework
CDP	Committee for Development Planning/ Policy

Cedeao	Communauté économique des États de l'Afrique de l'Ouest
CEECs	Central and Eastern European Countries
CEMAC	Economic and Monetary Community of Central Africa
CFARev.	Common Foreign Affairs Review
CMLRev.	Common Market Law Review
COMESA	Common Market for Eastern and Southern Africa
Cotonou	Partnerschaftsabkommen zwischen den Mitgliedern der Gruppe der Staaten in Afrika, im Karibischen Raum und im Pazifischen Ozean einerseits und der Europäischen Gemeinschaft und ihren Mitgliedstaaten andererseits, ABl. 2000, Nr. L 317/3ff
Cotonou 2005	Abkommen zur Änderung des Partnerschaftsabkommens zwischen den Mitgliedern der Gruppe der Staaten in Afrika, im Karibischen Raum und im Pazifischen Ozean einerseits und der Europäischen Gemeinschaft und ihren Mitgliedstaaten andererseits, ABl. 2005, Nr. L 287/4ff
CSP	Country Strategy Paper
DAC	Development Assistance Committee
DCECI	Instrument für die Entwicklungszusammenarbeit und wirtschaftliche Zusammenarbeit
DIE	Deutsches Institut für Entwicklungspolitik
E+Z	Entwicklung und Zusammenarbeit
EA	Europa-Archiv
EAC	East African Community
EBA (- Initiative)	Everything but armes (Alles außer Waffen (- Initiative))
ECDPM	European Centre for Development Policy Management
ECHO	European Community Humanitarian Office
ECOSOC	Economic and Social Council
ECOWAS	Economic Community of West African States

EDF	European Development Fund
EEA	Einheitliche Europäische Akte
EEF	Europäischer Entwicklungsfonds
EFARev.	European Foreign Affairs Review
EIB	Europäische Investitionsbank
EIDMR	Europäische Initiative für Demokratie und Menschenrechte
EJIL	European Journal of International Law
EMRK	Europäische Menschenrechtskonvention
ENP	Europäische Nachbarschaftspolitik
ENPI	Europäisches Nachbarschafts- und Partnerschaftsinstrument
EP	Europäisches Parlament
EPA	Economic Partnership Agreement
EPRD	European Programme for Reconstruction and Development in South Africa
EPZ	Europäische Politische Zusammenarbeit
ESS	Europäische Sicherheitsstrategie
EuG	Gericht erster Instanz
EuGRZ	Europäische Grundrechte-Zeitschrift
EuR	Europarecht
EWG	Europäische Wirtschaftsgemeinschaft
EWGV	Vertrag zur Gründung der Europäischen Wirtschaftsgemeinschaft
EWS	Europäisches Wirtschafts- und Steuerrecht
FIC	Forum Island Countries
FS	Festschrift
GASP	Gemeinsame Außen- und Sicherheitspolitik

GATS	General Agreement on Trade in Services
GATT	General Agreement on Tariffs and Trade
GD	Generaldirektion
GYIL	German Yearbook of International Law
HICs	High-Income-Countries
HIPCs	Highly Indepted Poor Countries
HIZ	Handbuch für Internationale Zusammenarbeit
IAO	Internationale Arbeitsorganisation
IBRD	International Bank for Reconstruction and Development
ICJ (reports)	International Court of Justice
IDA	International Development Association
i.d.F.	in der Fassung
IFC	International Finance Corporation
IGH	Internationaler Gerichtshof
IP	Internationale Politik
IPA	Heranführungshilfeinstrument
IPbpR	Internationaler Pakt über bürgerliche und politische Rechte
IPG	Internationale Politik und Gesellschaft
IPwskR	Internationaler Pakt über wirtschaftliche, soziale und kulturelle Rechte
JEP	Journal für Entwicklungspolitik
JIB	Jahrbuch für internationales Recht
KOM	Kommission
KSE	Kölner Schriftenreihe zum Europarecht
LDCs	Less developed countries
LFS	Länderspezifische Förderstrategie

LICs	Low-Income-Countries
LIEI	Legal Issues of European Law
LLDCs	Least developed countries
LMICs	Lower-Middle-Income-Countries
Lomé I	Erstes AKP-EWG-Abkommen von Lomé, ABl. 1976, Nr. L 25/2ff
Lomé II	Zweites AKP-EWG Abkommen von Lomé, ABl. 1980, Nr. L 347/2ff
Lomé III	Drittes AKP-EWG-Abkommen von Lomé, ABl. 1986, Nr. L 86/3ff
Lomé IV	Viertes AKP-EWG-Abkommen von Lomé, ABl. 1991, Nr. L 229/3ff
Lomé IV 1995	Abkommen zur Änderung des Vierten AKP-EG-Abkommens von Lomé, ABl. 1998, Nr. L 156/3ff
LSP	Länderstrategiepapier
MAI	Multilateral Agreement on Investment
m.E.	meines Erachtens
MEDA I	Verordnung (EG) Nr. 1488/96 über finanzielle und technische Begleitmaßnahmen (MEDA) zur Reform der wirtschaftlichen und sozialen Strukturen im Rahmen der Partnerschaft Europa-Mittelmeer = Finanzierungsverordnung der Europa-Mittelmeer Partnerschaft
MEDA II	Verordnung (EG) Nr. 2698/2000 des Rates vom 27.11.2000 zur Änderung der Verordnung (EG) Nr. 1488/96 über finanzielle und technische Begleitmaßnahmen (MEDA) zur Reform der wirtschaftlichen und sozialen Strukturen im Rahmen der Partnerschaft Europa-Mittelmeer = MEDA I ändernde Finanzierungsverordnung der Europa-Mittelmeer Partnerschaft; Artikel von MEDA I, die durch MEDA II geändert worden sind, sind als „Art. XX i.d.F. von MEDA II" gekennzeichnet.
MERCSUR	Mercado común del sur

MIGA	Multilateral Investment Guarantee Agency
MOEL	Mittel- und Osteuropäische Länder
MSACs	Most Seriously Affected Countries
NGO	Non-Govermental-Organisation
NICs	Newly Industrialized Countries
NIP	Nationales Indikativprogramm/ National Indicative Programme
NISs	New Independent States
NRO	Nichtregierungsorganisation
NUS	Neue Unabhängige Staaten
OAU	Organization of African Unity
ODA	Official Development Aid
OPS	Overall Policy Statement
PJZS	Polizeiliche und Justizielle Zusammenarbeit in Strafsachen
POA	Programme of Action
PRSP	Poverty Reduction Strategy Papers
RE	Rechnungseinheiten
RFS	Regionale Förderstrategie
RIW	Recht der internationalen Wirtschaft
RMC	Revue du marché commun
RRP	Regionales Richtprogramm
RTA	Regional Trade Arrangement
RTDE	Revue trimestrielle de droit européen
SACU	Southern African Customs Union
SADC	Southern African Development Community
SAP	Strukturanpassungsmaßnahmen

SCR	Service Commun Relex
SIDs	Small Island Developing Countries
SILICs	Severly Indepted Low-Income Countries
SIMICs	Severly Indepted Middle-Income Countries
SNPA	Substantial New Programme of Action
SPS	Sanitory and Phytosanitory Measures
STABEX	System zur Stabilisierung der Exporterlöse
StWG	Gesetz zur Förderung der Stabilität und des Wachstums der Wirtschaft/ Stabilitätsgesetz
TBT	Technical Barriers to Trade
TRIMS	Trade Related Investment Measures
TRIPS	Trade Related Aspects of Intellectual Property Rights
TZL	Zentrum für landwirtschaftliche Entwicklung
UA	Unterabsatz
UEMOA	Union Économique et Monétaire Ouest-Africaine
ÜLGs	Überseeische Länder und Gebiete
UMCs	Upper middle income countries
UNCED	United Nations Conference on Ecology and Development
UNCTAD	UN Conference on Trade and Development
UNDAF	UN Development Assistance Framework
UNDP	UN-Development Programme
UNEP	United Nations Environmental Programme
VerwArchiv	Verwaltungs-Archiv
VN	Vereinte Nationen
VO	Verordnung
VRÜ	Verfassung und Recht in Übersee

WEED	World Economy, Ecology and Development
WTO	World Trade Organisation
WVK	Wiener Vertragsrechtkonvention
YUN	Yearbook of the United Nations
ZaöRV	Zeitschrift für ausländisches öffentliches Recht und Völkerrecht
ZEuS	Zeitschrift für Europarechtliche Studien
ZfZ	Zeitschrift für Zölle und Verbrauchssteuern
ZHR	Zeitschrift für Handelsrecht
ZIE	Zentrum für industrielle Entwicklung
ZUE	Zentrum für Unternehmensentwicklung

Ansonsten werden die üblichen Abkürzungen verwandt, deren Kenntnis vorausgesetzt werden darf.

FSC
www.fsc.org
MIX
Papier | Fördert
gute Waldnutzung
FSC® C083411

Kolibri 360 GmbH
Ferdinand-Jühlke-Straße 7
99095 Erfurt, Deutschland
produktsicherheit@kolibri360.de

Druck:
CPI Druckdienstleistungen GmbH
im Auftrag der
Kolibri 360 GmbH
Ferdinand-Jühlke-Str. 7
99095 Erfurt